广东统计年鉴

GUANGDONG STATISTICAL YEARBOOK

2014

（总第30期 No.30）

广东省统计局
国家统计局广东调查总队

Statistics Bureau of Guangdong Province
Guangdong Survey Office of National Bureau of Statistics

图书在版编目（ＣＩＰ）数据

广东统计年鉴. 2014：汉英对照 / 广东省统计局，国家统计局广东调查总队编.
--北京 : 中国统计出版社,2014.9
ISBN 978-7-5037-7174-3

Ⅰ. ①广…
Ⅱ. ①广… ②国…
Ⅲ. ①统计资料－广东省－2014－年鉴－汉、英
Ⅳ. ①C832.65-54

中国版本图书馆 CIP 数据核字(2014)第 181064 号

广东统计年鉴-2014

作　　者/ 广东省统计局　国家统计局广东调查总队
责任编辑/ 佘竞雄　刘金成
封面设计/ 广州九禾教育信息咨询有限公司
出版发行/ 中国统计出版社
地　　址/ 北京市丰台区西三环南路甲 6 号　邮政编码/100073
电　　话/ 邮购（010）63376909　书店（010）68783171
网　　址/ http://csp.stats.gov.cn
印　　刷/ 广州星河印刷有限公司
经　　销/ 新华书店
开　　本/ 890mm×1240mm　1/16
字　　数/ 1500 千字
印　　张/ 42
版　　别/ 2014 年 9 月第 1 版
版　　次/ 2014 年 9 月第 1 次印刷
定　　价/ 350.00 元

本书附同版本 CD-ROM 一张，光盘内容以书面文字为准。
如有印装差错，由本社发行部调换。

2014

编者说明

一、《广东统计年鉴－2014》(下简称《年鉴》)系统收录了全省及各市、县（区）2013年经济、社会各方面的统计数据，以及1978年以来各个主要时期全省主要统计数据，是一部全面反映广东国民经济和社会发展情况的资料性年刊。

二、本《年鉴》正文内容分为21个篇章，即：1. 综合；2. 国民经济核算；3. 人口；4. 从业人员和工资；5. 固定资产投资；6.对外经济；7. 能源、资源和环境；8. 财政、银行和保险；9. 价格指数；10. 人民生活；11. 农业；12. 工业；13. 建筑业；14. 运输和邮电；15.批发零售业；16.住宿餐饮业和旅游；17. 教育和科技；18.文化和体育；19.卫生、社会福利、社会保障和其他；20. 区域经济主要指标；21. 县（市）区主要经济指标。同时，附录有4个篇章：1. 部分省(市)主要统计指标；2. 中国香港特别行政区和中国澳门特别行政区主要统计资料；3. 中国台湾省主要统计指标；4. 部分国家和地区主要统计资料。为方便读者使用，各篇章前设有《简要说明》，对本篇章的主要内容、资料来源、统计范围、统计方法以及历史变动情况予以简要概述，篇末附有《主要统计指标解释》。

三、本《年鉴》资料主要来自政府各级统计局、国家统计局调查总队的各种定期统计报表和抽样调查资料；部分资料来自中央部属单位和省直有关部门。附录资料根据国家统计局有关资料整理。

四、本年鉴涉及珠江三角洲、东翼、西翼和山区的具体划分为：

珠江三角洲包括：广州、深圳、珠海、佛山、江门、东莞、中山、惠州和肇庆。

东翼指汕头、汕尾、潮州和揭阳。

西翼指湛江、茂名和阳江。

山区指韶关、河源、梅州、清远和云浮。

五、资料中所使用的度量衡单位，除灌溉、播种面积照顾我国使用习惯继续用“亩”为单位外，其余均采用国际统一标准计量单位。

六、本年鉴中部分数据合计数或相对数由于单位取舍不同而产生的计算误差，均未做机械调整。

七、本《年鉴》统计表中的符号使用说明：

“…”表示数据不足本表最小单位数；

“#”表示其中主要项；

“空格”表示该项统计指标数据不详或无该项数据；

“①”表示本表下有注解。

八、与2013年版《广东统计年鉴》相比较，本《年鉴》在内容上主要做了如下修订：参照《中国统计年鉴》，对部分篇章的名称、内容和布局进行调整；对个别过时或重复指标进行了删减，对部分篇幅进行了压缩整合；根据新的部门报表制度对个别专业内容进行了调整；行业分类除特殊注明以外，均按2011年版最新行业分类标准。

本《年鉴》在整理编辑过程中，得到省直有关部门和单位的大力支持，在此表示感谢!

EDITOR'S NOTES

I. Guangdong Statistical Yearbook 2014 (hereinafter referred to as the Yearbook) is an annual statistical publication, which reflects comprehensively the economic and social development of Guangdong Province. It covers data for 2013and key statistical data in some historically important years since 1978 at the provincial level and the local levels of city, county and district.

II. The Yearbook contains twenty–two chapters: 1.General Survey; 2. National Accounts; 3. Population; 4. Employment and Wages; 5. Investment in Fixed Assets; 6. Foreign Trade and Economic Cooperation ; 7. Energy, Resources and Environment ; 8. Government Finance, Banking and Insurance; 9. Price Indices; 10. People´s Living Conditions; 11. Agriculture; 12. Industry; 13. Construction; 14. Transport, Postal and Telecommunication Services; 15. Wholesale , Retail Trades and Tourism; 16. Hotels, Catering Services and Tourism ; 17. Education, Science and Technology; 18. Culture and Sports. 19.Public Health, Social Welfare, Social Insurance and Others; 20. Main Economic Indicators of Economic Regions; 21. Main Economic Indicators of Counties (County–level Cities) and Districts. Meanwhile, four chapters are listed as appendices: 1. Main Statistical Indicators of Some Provinces and Municipalities; 2. Main Statistics of Hong Kong and Macao Special Administrative Regions; 3. Main Statistical Indicators of Taiwan Province; 4. Main Statistics of Some Countries and Territories. To facilitate readers, the Brief Introduction at the beginning of each chapter provides a summary of the main contents of the chapter, data sources, statistical scope, statistical methods and historical changes. At the end of each chapter, Explanatory Notes on Main Statistical Indicators are included.

III. The data in the Yearbook are mainly obtained from regular statistical reports and sample surveys conducted by the statistical bureaus of all levels of government and the Survey Office of the National Bureau of Statistics in Guangdong. Some data are collected from the departments of the central government and the provincial government. Data in the appendices are compiled from statistical publications published by the National Bureau of Statistics and other sources.

IV. The pearl river delta, east wing, west wing and mountainous areas in the Yearbook are divided as following:

The pearl river delta include Guangzhou, Shenzhen, Zhuhai, Foshan, Jiangmen, Dongguan, Zhongshan, Huizhou and Zhaoqing.

The east wing includes Shantou, Shanwei, Chaozhou and Jieyang.

The west wing includes Zhanjiang, Maoming and Yangjiang.

The mountainous areas include Shaoguan, Heyuan, Meizhou, Qingyuan and Yunfu.

V. The units of measurement used in the Yearbook are internationally standard measurement units, except that the unit of cultivated land and sown areas uses"mu" with regard to the Chinese tradition.

VI. Statistical discrepancies on totals and relative figures due to rounding are not adjusted in the Yearbook.

VII. Notations used in the Yearbook:

" … " indicates that the figure is not large enough to be measured with the smallest unit in the table;

" # " indicates a major breakdown of the total;

" blank space " indicates that the data are unknown or are not available;

" ① " indicates footnotes at the end of the table.

VIII. In comparison with Guangdong Statistical Yearbook 2013,following revisions have been made in this new version in terms of the statistical contents and in editing: The position and name of some chapters have been adjusted in accordance with China Statistical Yearbook; Some obsolete or duplicate indicators have been deleted, and some tables have been integrated; According to departmental reporting system, some professional contents have been adjusted; Classification for national standard of industry classification is implementing new version of 2011 except others notified.

Acknowledgements: our gratitude goes to relevant departments and units under the provincial government, from which we have received tremendous support when compiling the Yearbook.

《广东统计年鉴—2014》
编委会和编辑出版人员

Guangdong Statistical Yearbook - 2014
EDITORIAL BOARD AND STAFF

目 录

CONTENTS

一、综合
General Survey

二、国民经济核算
National Economic Accounts

三、人口
Population

四、从业人员和职工工资
Employment and Wages

六、对外经济
Foreign Economy

九、价格指数

Price Indices

十一、农业

Agriculture

十三、建筑业
Construction

十四、运输和邮电
Transportation, Postal and Telecommunication Services

十六、住宿餐饮业和旅游
Hotels, Catering Services and Tourism

十七、教育和科技
Education and Technology

十八、文化与体育
Culture and Sports

二十、区域主要经济指标
Major Economic Regions

二十一、县（市）区主要经济指标
Counties and Districts Under City Administration

一、综合

GENERAL SURVEY

一 综合

简要说明

一、本篇资料反映广东行政区划、国民经济和社会发展综合资料，并收录了基本单位统计、企业宏观经济景气及广东部分规模以上服务业相关指标。

二、本篇资料分别由省民政厅、省统计局各专业处、综合处、法规处、普查中心、信息中心和国家统计局广东调查总队整理提供。

三、综合统计资料是根据广东省统计局各专业统计年报资料以及国家统计局、广东省有关部门提供的统计资料加工整理而成。

四、基本单位资料中的产业活动单位按“在地”原则，国民经济行业分类标准（GB/T 4754-2011)汇总。.

五、从 2012 年起，企业景气指数和企业家信心指数由国家统计局信息景气中心通过网上直报系统，对规模以上工业重点企业部分其他行业企业定期进行问卷调查所得，调查范围跟以往不同，数据不可直接对比。

六、部分规模以上服务业资料由广东省统计局服务业统计处整理、编辑。根据国家统计报表制度，2012 年部分规模以上服务业年报首次纳入“一套表”联网直报系统，统计内容为调查单位基本情况、财务状况，物业管理、房地产中介服务等行业的经营状况，调查方法为全面调查。部分规模以上服务业统计范围：包括交通运输、仓储和邮电业，信息传输、软件和信息技术服务业，租赁和商务服务业，科学研究和技术服务业，水利、环境和公共设施管理业，居民服务、修理和其他服务业，教育，卫生和社会工作，文化、体育和娱乐业以及物业管理、房地产中介服务等行业中年末从业人数 50 人以上或年营业收入 1000 万元以上的全部服务业法人企业。

1 General Survey

Brief Introduction

Ⅰ.The summary data in this chapter reflect the divisions of administrative areas, summary data on the national economy and social development, also covering statistics of basic units the macroeconomic climate of enterprises and related indications on some service enterprises above Designated size in Guangdong Province.

Ⅱ.The data are prepared and provided by the Civil Affairs Department of Guangdong Province., the Division of Professional Statistics, the Division of Comprehensive Statistics, the Division of Law, the Census Center of Statistics Bureau of Guangdong Province ,the Information Center and the Survey Office in Guangdong of National Bureau of Statistics respectively.

Ⅲ.The summary data are processed and prepared on the basis of the annual reports of various specialized fields provided by Statistics Bureau of Guangdong Province and the statistics provided by the National Bureau of Statistics and some related departments of Guangdong Province.

Ⅳ. The data on “Units of Industrial Establishments” of the basic industrial units are prepared on the principle of location and the standard of Industrial Classification of the National Economy(GB/T 4754-2011).

Ⅴ. From 2012, business climate index and entrepreneur confidence index are calculated from the regular survey of enterprises above the designated size in key industries and some enterprises in other industries conducted by the business center of the National Bureau of statistics information through the online reporting system. Since the investigation scope is different from the past, the data can not be directly compared with previous data.

Ⅵ. Data of some service enterprises above designated size are prepared and edited by the Division of Service Statistics of Statistics Bureau of Guangdong Province. According to the National Statistical Reporting System, some service enterprises above designated size have been integrated into the "network reporting" system since 2012. The data covers the basic information and financial condition of the Statistical units, the business condition of some sectors, like property management, real estate agency services,all statistics are based on complete survey. The Statistical Coverage of some service enterprises above designated size all the corporative enterprises of services sector with over 50 employees by the end of the year or with annual business revenue of over 10 million yuan, including transport, storage and postal services, information transmission, software and information technology services, leasing and business services, scientific research and technical services, management of Water Conservancy, Environment and Public Facilities, Households' service, repair and other services, education, health and social work, culture, sports and entertainment, real estate agent services, etc.

1-1 行政区划（2013年）

Divisions of Administrative Areas (2013)

单位：个　　(unit)

市 别	City	地级市 Number of Cities at Prefectural Level	县级市 Number of Cities at County Level	县 Number of Counties	自治县 Number of Autonomous Counties	市辖区 Number of Districts under the Jurisdiction of Cities	市辖镇 Number of Towns under the Jurisdiction of Cities	乡 Number of Townships	#民族乡 Ethnic Townships	街道 Number of Street Communities
全省合计	**Provincial Total**	**21**	**23**	**37**	**3**	**58**	**1128**	**11**	**7**	**446**
广 州	Guangzhou	1	2			10	34			136
深 圳	Shenzhen	1				6				57
珠 海	Zhuhai	1				3	15			9
汕 头	Shantou	1		1		6	32			37
佛 山	Foshan	1				5	21			11
#顺 德	Shunde						6			4
韶 关	Shaoguan	1	2	4	1	3	93	1	1	10
河 源	Heyuan	1		5		1	94	1	1	5
梅 州	Meizhou	1	1	5		2	104			6
惠 州	Huizhou	1		3		2	52	1	1	16
汕 尾	Shanwei	1	1	2		1	44			10
东 莞	Dongguan	1					28			4
中 山	Zhongshan	1					18			6
江 门	Jiangmen	1	4			3	61			17
阳 江	Yangjiang	1	1	2		1	38			9
湛 江	Zhanjiang	1	3	2		4	82	2		37
茂 名	Maoming	1	3	1		2	87			22
肇 庆	Zhaoqing	1	2	4		2	91	1	1	12
清 远	Qingyuan	1	2	2	2	2	77	3	3	5
潮 州	Chaozhou	1		1		2	41			9
揭 阳	Jieyang	1	1	2		2	61	2		20
云 浮	Yunfu	1	1	3		1	55			8

注：本行政区划截止2013年底。

Note: The divisions of administrative areas reflect the status at the end of 2013.

1-2 国民经济和社会发展总量与速度指标

指标	Item	1978	1990	2000
人口与就业	**Population and Employment**			
人口 （万人）	**Population (10000 persons)**			
年末户籍总人口	Population with Residence Registration at the Year-end	5064.15	6246.32	7498.54
年末常住人口	Permanent Population at the Year-end	5064.15	6347.19	8650.03
男性人口	Male	2624.57	3249.76	4402.87
女性人口	Female	2515.93	3097.43	4247.16
城镇人口	Urban Population			4757.52
乡村人口	Rural Population			3892.51
就业 （万人）	**Employment (10000 persons)**			
年末从业人员人数	Employed Persons at the Year-end	2275.95	3118.10	3989.32
城镇登记失业人数	Number of Registered Unemployed Persons in Urban Areas			
宏观经济	**Macro Economy**			
国民经济核算 （亿元）	**National Accounting (100 million yuan)**			
地区生产总值	Gross Domestic Product	185.85	1559.03	10741.25
第一产业	Primary Industry	55.31	384.59	986.32
第二产业	Secondary Industry	86.62	615.86	4999.51
#工业	Industry	76.12	523.42	4463.06
第三产业	Tertiary Industry	43.92	558.58	4755.42
人均地区生产总值 （元）	Per Capita Gross Domestic Product (yuan)	370	2484	12736
支出法地区生产总值（亿元）	Gross Domestic Product by Expenditure Approach(100 million yuan)	194.14	1541.99	10741.25
#最终消费支出	Final Consumption Expenditures	130.02	938.48	5714.46
居民消费	Household Consumption Expenditures	111.46	807.84	4474.11
政府消费	Government Consumption Expenditures	18.56	130.64	1240.35
资本形成总额	Gross Capital Formation	54.79	502.90	3850.81
固定资本形成总额	Gross Fixed Capital Formation	37.93	336.61	3093.82
存货增加	Changes in Inventories	16.86	166.29	756.99
货物和服务净流出	Net Exports of Goods and Services	9.33	100.61	1175.99
固定资产投资 （亿元）	**Investment in Fixed Assets (100 million yuan)**			
固定资产投资总额	Investment in Fixed Assets	27.23	381.47	3233.70
城镇	Urban	20.51	309.86	2710.57
#房地产开发	Real Estate Development		32.70	858.61
农村	Rural	6.72	71.61	523.13
施工房屋建筑面积(万平方米)	Floor Space of Buildings under Construction (10 000 sq.m)			23520.91
竣工房屋建筑面积(万平方米)	Floor Space of Buildings Completed (10 000 sq.m)			13492.94
消费 （亿元）	**Domestic Trade (100 million yuan)**			
社会消费品零售总额	Total Retail Sales of Consumer Goods	79.86	667.36	4379.81
对外贸易 （亿美元）	**Foreign Trade (USD 100 million)**			
货物进出口总额	Total Exports and Imports		418.98	1701.06
进口额	Imports		196.77	781.87
出口额	Exports		222.21	919.19
利用外资 （亿美元）	**Foreign Capital Utilized (USD 100 million)**			
实际利用外商直接投资	Foreign Direct Investment Actually Utilized		14.60	122.37
财政 （亿元）	**Government Finance (100 million yuan)**			
地方公共财政预算收入	Local Public Budgetary Revenue	41.82	131.02	910.56
地方公共财政预算支出	Local Public Budgetary Expenditure	28.70	150.69	1069.86
价格指数 （上年=100）	**Price Indices (preceding year=100)**			
商品零售价格指数	Retail Price Index	100.4	95.6	99.9
居民消费价格指数	Consumer Price Index	100.3	97.5	101.4
工业生产者出厂价格指数	Producer Price Index for Manufactured Goods			103.4
固定资产投资价格指数	Investment in Fixed Assets Price Indices			
能源生产与消费 （万吨标准煤）	**Production and Consumption of Energy (10000 tons of SCE)**			
能源生产总量	Total Energy Production		1006.24	3711.69
能源消费总量	Total Energy Consumption		4044.28	9447.70

Principal Aggregate Indicators on National Economic and Social Development and Growth Rates

2005	2010	2012	2013	速度指标(%) Indices and Growth Rates (%)									
				指数(2013为以下各年) Index (2013 as percentage of the following years)						平均增长速度 Average Annual Growth Rate			
				1978	1990	2000	2005	2010	2012	1979–2013	1991–2013	2001–2013	2006–2013
7899.64	8521.55	8635.89	8759.46	173.0	140.2	116.8	110.9	102.8	101.4	1.6	1.5	1.2	1.3
9194.00	10440.94	10594.00	10644.00	210.2	167.7	123.1	115.8	101.9	100.5	2.1	2.3	1.6	1.9
4652.16	5439.73	5572.44	5548.72	211.4	170.7	126.0	119.3	102.0	99.6	2.2	2.4	1.8	2.2
4541.84	5001.21	5021.56	5095.28	202.5	164.5	120.0	112.2	101.9	101.5	2.0	2.2	1.4	1.5
5578.92	6908.77	7140.36	7212.37			151.6	129.3	104.4	101.0			3.3	3.3
3615.08	3532.17	3453.64	3431.63			88.2	94.9	97.2	99.4			-1.0	-0.7
5022.97	5870.48	5965.95	6117.68				121.8	104.2	102.5				2.5
34.49	39.23	39.61	37.01				107.3	94.3	93.4				0.9
22557.37	46013.06	57067.92	62163.97	7508.0	1780.8	432.9	231.7	129.1	108.5	13.1	13.3	11.9	11.1
1428.27	2286.98	2847.26	3047.51	601.5	243.1	161.8	135.9	110.9	102.5	5.3	3.9	3.8	3.9
11356.60	23014.53	27700.97	29427.49	15321.2	3008.0	506.5	244.6	127.8	107.7	15.5	16.0	13.3	11.8
10489.73	21462.72	25810.07	27426.26	18483.0	3417.2	540.2	250.5	128.7	108.0	16.1	16.6	13.9	12.2
9772.50	20711.55	26519.69	29688.97	9444.9	1600.5	414.3	230.7	132.5	109.9	13.9	12.8	11.6	11.0
24647	44736	54095	58540	3554.3	1052.5	343.8	199.7	125.0	107.8	10.7	10.8	10.0	9.0
22557.37	46013.06	57067.92											
11450.96	22480.91	29264.26											
8968.54	17702.35	23022.47											
2482.42	4778.56	6241.79											
8239.73	17706.61	22871.85											
7418.23	16515.11	22033.82											
821.50	1191.50	838.03											
2866.68	5825.54	4931.81											
7164.11	16113.19	19307.53	22828.65	83836.4	5984.4	706.0	318.7	141.7	118.2	21.2	19.5	16.2	17.8
6038.77	12870.09	15937.34	18877.46	92040.3	6092.3	696.4	312.6	146.7	118.4	21.5	19.6	16.1	17.9
1591.90	3659.69	5352.79	6489.59		19845.8	755.8	407.7	177.3	121.2		25.9	16.8	19.2
1125.34	3243.10	3370.18	3951.19	58797.5	5517.7	755.3	351.1	121.8	117.2	20.0	19.0	16.8	18.1
38351.76	57221.79	62648.42	74295.64			315.9	193.7	129.8	118.6			9.3	8.6
17053.80	20420.60	14411.55	16199.46			120.1	95.0	79.3	112.4			1.4	-0.6
7915.51	17414.66	22677.1	25453.93	28396.1	3814.1	581.2	321.6	146.2	112.2	19.1	17.2	14.5	15.7
4280.02	7848.96	9839.47	10918.22		2605.9	641.8	255.1	139.1	111.0		15.2	15.4	12.4
1898.31	3317.05	4098.88	4554.58		2314.7	582.5	239.9	137.3	111.1		14.6	14.5	11.6
2381.71	4531.91	5740.59	6363.64		2863.8	692.3	267.2	140.4	110.9		15.7	16.0	13.1
123.64	202.61	235.49	249.52		1709.0	203.9	201.8	123.2	106.0		13.1	5.6	9.2
1807.20	4517.04	6229.18	7081.47	16933.2	5404.9	777.7	391.8	156.8	113.7	15.8	18.9	17.1	18.6
2289.07	5421.54	7387.86	8411.00	29306.6	5581.7	786.2	367.4	155.1	113.8	17.6	19.1	17.2	17.7
101.8	103.3	102.2	101.00										
102.3	103.1	102.8	102.50										
101.5	103.2	99.5	98.80										
101.6	103.0	101.5	101.40										
4758.79	4858.07	5088.88	5420.84		538.7	146.0	113.9	111.6	106.5		7.6	3.0	1.6
17920.98	27195.14	29144.01	30179.70		746.2	319.4	168.4	111.0	103.6		9.1	9.3	6.7

1-2 续表 1

指　标	Item	1978	1990	2000
产业	**Industry**			
农业	**Agriculture**			
农林牧渔业总产值 (亿元)	Gross Output Value of Farming, Forestry, Animal Husbandry and Fishery (100 million yuan)	85.94	600.71	1701.18
主要农产品产量 (万吨)	Output of Major Farm Products (10000 tons)			
粮食	Grain	1509.51	1896.39	1822.33
油料	Oil-bearing Crops	36.04	58.93	78.78
糖蔗	Sugarcane	835.42	2093.46	1137.59
茶叶	Tea	0.90	2.59	4.21
水果	Fruits	29.40	328.58	643.52
肉类	Meat	48.45	202.45	324.48
水产品	Aquatic Products	65.50	207.66	593.19
工业	**Industry**			
主要工业产品产量	Output of Major Industrial Products			
布 (亿米)	Cloth (100 million m)	2.27	4.59	16.99
机制纸及纸板 (万吨)	Machine-made Paper and Paperboard (10000 tons)	27.47	104.13	260.30
成品糖 (万吨)	Sugar (10000 tons)	96.15	184.50	91.30
家用电冰箱 (万台)	Household Refrigerators (10000 sets)		105.75	320.70
家用洗衣机 (万台)	Household Washing Machines (10000 sets)		143.01	244.18
彩色电视机 (万台)	Color Television Sets (10000 sets)		262.37	1531.53
照相机 (万架)	Cameras (10000 sets)		99.30	3545.88
原油 (万吨)	Crude Oil (10000 tons)	10.22	49.05	1393.17
发电量 (亿千瓦时)	Electricity (100 million kwh)	92.32	343.98	1292.69
粗钢 (万吨)	Raw Steel (10000 tons)	35.84	116.96	286.99
成品钢材 (万吨)	Steel Products (10000 tons)	43.67	133.74	406.28
水泥 (万吨)	Cement (10000 tons)	369.08	2070.91	5872.00
汽车 (万辆)	Motor Vehicles (10000 units)			3.94
规模以上工业企业主要指标	Main Indicators of Industrial Enterprises above Designated Size			
工业增加值 (亿元)	Value-added of Industry (101 million yuan)			3422.60
资产总计 (亿元)	Total Assets (100 million yuan)			14370.57
主营业务收入 (亿元)	Main Business Revenue (100 million yuan)		1287.91	12380.65
利润和税金总额 (亿元)	Pre-tax Profits (100 million yuan)	32.91	121.50	1042.77
建筑业	**Construction**			
建筑业企业年末从业人员(万人)	Number of Employed Persons in Construction Enterprises at the Year-end (10000 persons)	14.78	67.22	141.46
建筑业总产值(当年价) (亿元)	Gross Output Value (at current prices) (100 million yuan)	5.47	113.40	944.61
交通运输业	**Transportation**			
客运量 (万人)	Passenger Traffic (10000 persons)	15906	78046	164791
铁路	Railways	2410	4467	12165
公路	Highways	10897	70681	148945
水运	Civil Aviation	2546	2428	2363
民航	Civil Aviation	53	470	1318
货运量 (万吨)	Freight Traffic (10000 tons)	15204	85809	119216
铁路	Railways	3206	4803	15172
公路	Highways	3967	63709	75365
水运	Waterways	7887	16198	25696
管道	Pipelines	143	1091	2952
民航	Civil Aviation	1	8	31
港口货物吞吐量 (万吨)	Volume of Freight Handled at Ports (10000 tons)	7133	11904	31649

1-2 1 continued

2005	2010	2012	2013	速度指标(%) Indices and Growth Rates (%)									
				指数(2013为以下各年) Index (2013 as percentage of the following years)						平均增长速度 Average Annual Growth Rate			
				1978	1990	2000	2005	2010	2012	1979-2013	1991-2013	2001-2013	2006-2013
2447.57	3754.86	4656.85	4946.81	646.2	282.3	166.0	134.6	110.2	102.2	5.5	4.6	4.0	3.8
1394.97	1316.50	1396.33	1315.90	87.2	69.4	72.2	94.3	100.0	94.2	-0.4	-1.6	-2.5	-0.7
77.01	88.16	96.61	101.01	280.3	171.4	128.2	131.2	114.6	104.6	3.0	2.4	1.9	3.4
946.02	1134.35	1279.03	1358.77	162.6	64.9	119.4	143.6	119.8	106.2	1.4	-1.9	1.4	4.6
4.45	5.33	6.31	6.98	775.6	269.5	165.8	156.9	130.9	110.6	6.0	4.4	4.0	5.8
831.69	1128.73	1279.09	1368.73	4655.5	416.6	212.7	164.6	121.3	107.0	11.6	6.4	6.0	6.4
384.31	441.10	443.21	435.22	898.3	215.0	134.1	113.2	98.7	98.2	6.5	3.4	2.3	1.6
695.23	729.03	789.50	816.13	1246.0	393.0	137.6	117.4	111.9	103.4	7.5	6.1	2.5	2.0
24.82	28.27	23.54	27.53						123.5				
690.61	1434.68	1581.84	1911.14						114.0				
119.43	91.66	147.60	140.21						104.0				
601.51	1457.76	1654.97	1946.02						120.0				
266.41	467.83	606.96	665.24						123.4				
4089.62	4494.78	5810.12	6691.07						104.3				
4726.47	3798.93	3125.57	2667.49						86.8				
1470.03	1287.15	1209.29	1291.78						106.8				
2163.36	3101.28	3593.24	3796.25						104.7				
757.07	1239.34	1228.53	1735.22						126.0				
1365.77	2918.89	2992.96	3384.52						112.3				
8031.74	11536.67	11384.25	13394.93						117.1				
41.36	156.29	159.66	254.26						128.9				
9416.39	20338.34	22720.81	26540.01			785.9	277.6	132.7	108.7			17.2	13.6
27076.08	62626.90	71343.84	79655.27			554.4	294.2	127.2	113.3			14.1	14.4
34781.58	84114.85	93821.73	106361.21			860.0	306.1	126.6	110.9			18.0	15.0
2877.81	9418.42	9383.63	11008.36			1055.7	382.5	116.9	117.3			19.9	18.3
166.78	196.32	198.31	220.91	1494.6	328.6	156.2	132.5	112.5	111.4	8.0	5.3	3.5	3.6
2200.58	4742.09	6564.37	7927.13	144920.0	6990.4	839.2	360.2	167.2	120.8	23.1	20.3	17.8	17.4
161357	467049	586299	636816	4003.6	815.9	386.4	394.7	136.3	108.6	11.1	9.6	11.0	18.7
16106	14956	18528	20459	848.9	458.0	168.2	127.0	136.8	110.4	6.3	6.8	4.1	3.0
139158	442224	556510	604934	5551.4	855.9	406.1	434.7	136.8	108.7	12.2	9.8	11.4	20.2
2038	2241	2725	2426	95.3	99.9	102.7	119.0	108.3	89.0	-0.1	0.0	0.2	2.2
4055	7628	8535	8997	16975.4	1914.2	682.6	221.9	117.9	105.4	15.8	13.7	15.9	10.5
133992	205034	266359	305833	2011.5	356.4	256.5	228.2	149.2	114.8	9.0	5.7	7.5	10.9
18647	12170	12002	12042	375.6	250.7	79.4	64.6	99.0	100.3	3.9	4.1	-1.8	-5.3
84861	142389	189034	217630	5486.0	341.6	288.8	256.5	152.8	115.1	12.1	5.5	8.5	12.5
26422	43092	57737	68378	867.0	422.1	266.1	258.8	158.7	118.4	6.4	6.5	7.8	12.6
3989	7267	7458	7652	5350.9	701.4	259.2	191.8	105.3	102.6	12.0	8.8	7.6	8.5
73	116	128	131	13120.0	1640.0	423.2	179.7	113.1	102.5	15.0	12.9	11.7	7.6
70926	122258	140776	156373	2192.2	1313.6	494.1	220.5	127.9	111.1	9.2	11.8	13.1	10.4

1-2 续表 2

指　　标	Item	1978	1990	2000
邮电通信业	**Postal and Telecommunication Services**			
邮电业务总量 (亿元)	Total Business Volume (100 million yuan)	1.59	26.30	602.31
函件 (亿件)	Number of Letters Delivered (100 million pieces)		4.72	10.66
报刊累计数 (亿份)	Accumulated Number of Newspapers and Magazines Distributed (100 million copies)		11.63	10.78
本地电话用户 (万户)	Number of Subscribers of Local Telephones (10000 subscribers)		113.00	1414.94
#城市	Urban Areas		72.00	916.03
移动电话用户 (万户)	Number of Subscribers of Mobile Telephones (10000 subscribers)		1.11	1357.26
国际互联网用户 (万户)	Number of Internet Subscribers (10000 subscribers)			216.41
国际旅游	**International Tourism**			
入境旅游人数 (万人次)	Number of Overseas Visitor Arrivals (10000 person-times)	169.91	2527.54	6729.18
国际旅游外汇收入 (亿美元)	Foreign Exchange Earnings from International Tourism(USD 100 million)		7.17	41.12
金融保险	**Banking and Insurance**			
中资金融机构人民币存款余额 (亿元)	RMB Deposits of Domestic-funded Financial Institutions (100 million yuan)			16908.26
中资金融机构人民币贷款余额 (亿元)	Loans in Renminbi in Domestic-funded Financial Institutions (100 million yuan)			11203.80
保费收入 (亿元)	Premium Income (100 million yuan)		18.05	191.88
教育、科技、文化	**Education, Science and Technology and Culture**			
教育	**Education**			
专任教师数 (万人)	Full-time Teachers (10000 persons)			
普通高等学校	Institutions of Higher Education	0.90	1.57	2.04
中等学校	Secondary Schools	15.93	16.33	27.24
小学	Primary Schools	26.09	27.73	36.41
在校学生数 (万人)	Students Enrollment (10000 persons)			
普通高等学校	Institutions of Higher Education	3.07	9.59	29.95
中等学校	Secondary Schools	316.96	284.52	541.72
小学	Primary Schools	743.02	747.29	929.93
财政教育支出 (亿元)	Government Expenditures on Education (100 million yuan)		21.34	144.39
科技	**Science and Technology**			
研究与试验发展(R&D)活动人员 (万人)	Number of R&D Personnel (10000 persons)			
研究与试验发展(R&D)经费内部支出 (亿元)	Internal Expenditure on R&D (100 million yuan)			
研究与试验发展(R&D)活动课题(项目)数 (个)	Number of R&D Programs/Projects (item)			
文化	**Culture**			
出版数量	Number of Publications			
图书 (亿册)	Number of Books Published (100 million copies)	1.72	2.81	2.70
杂志 (万册)	Number of Magazines Issued (10000 copies)	1519	11325	26299
报纸 (亿份)	Number of Newspapers Issued (100 million copies)	3.19	13.81	34.63

1-2 2 continued

2005	2010	2012	2013	速度指标(%) Indices and Growth Rates (%)									
				指数(2013为以下各年) Index (2013 as percentage of the following years)						平均增长速度 Average Annual Growth Rate			
				1978	1990	2000	2005	2010	2012	1979–2013	1991–2013	2001–2013	2006–2013
2121.94	4832.94	2174.67	2507.99	691034.0	35170.5	1221.6	346.7	152.2	115.3	28.7	29.0	21.2	16.8
9.13	7.62	8.04	7		148.5	65.8	76.8	92.0	87.2		1.7	-3.2	-3.2
11.30	8.79	10.53	10.27		88.3	95.3	90.9	116.9	97.5		-0.5	-0.4	-1.2
3442.53	3169.14	3135.81	3099.89		2743.3	219.1	90.0	97.8	98.9		15.5	6.2	-1.3
2700.89	2236.05	2220.87	2265.73		3146.9	247.3	83.9	101.3	102.0		16.2	7.2	-2.2
6406.61	9710.09	12467.99	14706.06		1324870.1	1083.5	229.5	151.5	118.0		51.1	20.1	10.9
1006.36	1523.22	1975.39	2154.28			995.5	214.1	141.4	109.1			19.3	10.0
9579.12	10485.82	10794.72	10110.60	5950.6	400.0	150.3	105.5	96.4	93.7	12.4	6.2	3.2	0.7
63.97	124.32	156.23	162.78		2270.3	395.9	254.5	130.9	104.2		14.5	11.2	12.4
35783.57	78285.89	97463.20	111881.34			661.7	312.7	142.9	114.8			15.6	15.3
20745.27	46099.26	58540.62	66888.77			597.0	322.4	145.1	114.3			14.7	15.8
499.24	1593.19	1692.12	1902.91		10542.4	991.7	381.2	119.4	112.5		22.4	19.3	18.2
5.43	7.86	8.74	9.11	1012.2	580.3	446.6	167.8	115.9	104.2	6.8	7.9	12.2	6.7
35.13	45.48	48.23	48.67	305.5	298.1	178.7	138.6	107.0	100.9	3.2	4.9	4.6	4.2
40.38	43.07	43.24	43.75	167.7	157.8	120.2	108.3	101.6	101.2	1.5	2.0	1.4	1.0
87.47	142.66	161.68	170.99	5569.7	1783.0	570.9	195.5	119.9	105.8	12.2	13.3	14.3	8.7
715.52	939.39	906.49	853.75	269.4	300.1	157.6	119.3	90.9	94.2	2.9	4.9	3.6	2.2
1067.03	848.55	808.24	807.94	108.7	108.1	86.9	75.7	95.2	100.0	0.2	0.3	-1.1	-3.4
329.21	921.48	1501.22	1744.59		8175.2	1208.2	529.9	189.3	116.2		21.1	21.1	23.2
	44.66	62.91	65.24					146.1	103.7				
	808.75	1236.15	1443.45					178.5	116.8				
	72747	93179	107453					147.7	115.3				
2.26	2.31	2.96	3.30	192.0	117.5	122.3	146.1	143.0	111.6	1.9	0.7	1.6	4.9
20371	21201	18572	17460	1149.4	154.2	66.4	85.7	82.4	94.0	7.2	1.9	-3.1	-1.9
39.82	45.59	45.32	43.60	1366.8	315.7	125.9	109.5	95.6	96.2	7.8	5.1	1.8	1.1

1-2 续表 3

指 标	Item	1978	1990	2000
家庭、生活、环境	**Family, People's Livelihood and Environment**			
家庭	**Family**			
城镇居民平均每户家庭人口 (人)	Average Household Size in Urban Areas (person)	4.84	3.85	3.57
农村居民平均每户家庭人口 (人)	Average Household Size in Rural Areas (person)	5.99	5.65	5.15
婚姻	**Marriages and Divorces**			
结婚登记总数 (万对)	Registered Number of Marriages (10000 couples)		50.66	56.21
离婚数 (万对)	Number of Divorces (10000 couples)		2.58	4.75
居住	**Residence**			
城镇居民人均现住房建筑面积(平方米)	Per Capita Floor Space of Urban Residents (sq.m)	5.47	15.77	24.60
农村居民人均居住面积 (平方米)	Per Capita Floor Space of Rural Residents (sq.m)	8.73	17.39	22.42
生活	**People's Livelihood**			
城镇居民人均可支配收入 (元)	Per Capita Disposable Income of Urban Residents(yuan)	412.13	2303.15	9761.57
农村居民人均纯收入 (元)	Per Capita Net Income of Rural Residents (yuan)	193.25	1043.03	3654.48
城乡居民人民币储蓄存款余额 (亿元)	Savings Deposits by Urban and Rural Residents (100 million yuan)	17.56	752.16	8667.29
工资	**Wages**			
城镇单位从业人员工资总额 (亿元)	Earnings of Employed Persons in Urban Areas (100 million yuan)	30.59	223.29	1057.57
城镇单位从业人员平均工资 (元)	Average Earnings of Employed Persons in Urban Areas (yuan)	615	2929	13859
卫生	**Health Care**			
医院、卫生院 (个)	Number of Hospitals (unit)	1968	1885	2426
执业(助理)医师 (万人)	Number of Doctors (10000 persons)	4.79	8.11	11.12
医院、卫生院床位数 (万张)	Number of Hospital Beds (10000 units)	8.41	11.41	15.72
环境、灾害	**Environment and Disaster**			
废水中化学需氧量排放量 (万吨)	Volume of COD Discharged from Waste Water (10000 tuns)			95.1
废气中二氧化硫排放总量 (万吨)	Total Volume of Industrial Sulfur Dioxide Emission (1000 tuns)			90.5
火灾发生数 (起)	Number of Fire Disasters (time)		1725	8622
火灾损失 (万元)	Fire Loss (10000 yuan)		9102	10065
交通事故发生数 (起)	Number of Traffic Accidents (time)		25909	66072
交通事故损失 (万元)	Loss of Traffic Accidents (10000 yuan)		5044	27526

注：1. 2006-2009年年末常住人口根据2010年第六次全国人口普查快速汇总数据进行平滑调整。
2. 2003年起，职工改为单位从业人员，2000年数据作了相应调整。
3. 农业、工业总产值绝对数按当年价格计算，增长速度按可比价计算。
4. 工业指标统计范围为规模以上工业企业(即年主营业务收入500万元以上的法人工业企业，2000-2006年为全部国有工业企业及年主营业务收入500万元以上的非国有工业企业，2011年起，调整为年主营业务收入2000万元及以上的法人工业企业)。
5. 2000年起，粮食产量为抽样调查数据。
6. 1994年起，财政收入按税改新口经统计(即不含中央返还部分)。
7. 邮电业务总量2000年以前按1990年不变价计算，2000年至2010年按2000年不变价计算,2011年起按2010年不变价计算。
8. 1986年以前中等学校不含成人中专数据。
9. 城镇居民人均住房建筑面积1995、2000年为使用面积， 2005年以后为建筑面积。
10.2011年起，固定资产投资项目统计起点由50万元提高至500万元，且不包含农村农户投资；2010年以前为全社会固定资产投资。
11.2012年起,地方一般预算收入和地方一般预算支出统一更名为地方公共财政预算收入和地方公共财政预算支出。
12.2013年地区生产总值为初步核算数。
13.城乡居民储蓄存款余额为中资金融机构人民币储蓄存款。

1-2 3 continued

2005	2010	2012	2013	速度指标(%) Indices and Growth Rates (%)									
				指数(2013为以下各年) Index (2013 as percentage of the following years)						平均增长速度 Average Annual Growth Rate			
				1978	1990	2000	2005	2010	2012	1979–2013	1991–2013	2001–2013	2006–2013
3.27	3.21	3.19	3.15	65.1	81.8	88.2	96.3	98.1	98.7	-1.2	-0.9	-1.0	-0.5
5.00	4.95	4.82	4.82	80.5	85.3	93.6	96.4	97.4	100.0	-0.6	-0.7	-0.5	-0.5
58.94	85.71	87.07	86.65		171.0	154.1	147.0	101.1	99.5		2.4	3.4	4.9
8.09	12.70	15.54	17.70		686.0	372.6	218.8	139.3	113.9		8.7	10.6	10.3
33.18	34.13	34.40	34.57	632.0	219.2	140.5	104.2	101.3	100.5	5.4	3.5	2.7	0.5
25.71	29.23	31.67	33.00	378.0	189.8	147.2	128.4	112.9	104.2	3.9	2.8	3.0	3.2
14769.94	23897.80	30226.71	33090.05	8029.0	1436.7	339.0	224.0	138.5	109.5	13.3	12.3	9.8	10.6
4690.49	7890.25	10542.84	11669.31	6038.5	1118.8	319.3	248.8	147.9	110.7	12.4	11.1	9.3	12.1
19051.35	36219.15	44803.43	49287.89	280682.8	6552.8	568.7	258.7	136.1	110.0	25.5	19.9	14.3	12.6
2143.29	4484.29	6561.14	10467.44	34218.5	4687.8	989.8	488.4	233.4	159.5	18.1	18.2	19.3	21.9
24122	40432	50278	53318	8669.6	1820.3	384.7	221.0	131.9	106.0	13.6	13.4	10.9	10.4
2428	2444	2437	2447	124.3	129.8	100.9	100.8	100.1	100.4	0.6	1.1	0.1	0.1
11.80	16.85	19.21	20.37	425.3	251.2	183.2	172.6	120.9	106.0	4.2	4.1	4.8	7.1
19.26	27.71	32.47	34.65	412.0	303.7	220.4	179.9	125.0	106.7	4.1	4.9	6.3	7.6
105.8	85.8	180.3	173.39			182.3	163.9	202.0	96.2			4.7	6.4
129.4	105.5	79.9	76.19			84.2	58.9	72.2	95.3			-1.3	-6.4
3176	6065	8101	21100		1223.2	244.7	664.4	347.9	260.5		11.5	7.1	26.7
7629	17500	21798	37800		415.3	375.6	495.5	216.0	173.4		6.4	10.7	22.1
67756	30480	25719	25416		98.1	38.5	37.5	83.4	98.8		-0.1	-7.1	-11.5
20883	8051	7915	8011		158.8	29.1	38.4	99.5	101.2		2.0	-9.1	-11.3

Notes: a) Figures of "Permanent Population at the Year-end" have been adjusted in accordance with the flash sums of the 6th National Population Cencus in 2010.

b)The number of staff and workers has been recoded as employed persons in units since 2003.The data of 2000 have been adjusted accordingly

c)Figures in value terms on gross output value of agriculture and industry are calculated at current prices, whereas their growth rates are calculated at constant prices.

d)The statistical coverage of the industrial indicators refers to the industrial enterprises above designated size, i.e.legal person industrial enterprises with annual main business revenue over 5 million yuan.The industrial indicators from 2000 to 2006 covered all state-owned industrial enterprises and non-state-owned industrial enterprises with annual main business revenue over 5 million yuan. Since 2011, it refers to legal person industrial enterprises with annual principal business revenue of over 20 million yuan.

e) Figures of output of grain have been obtained from sample surveys since 2000.

f) Figures of government revenues since 1994 are calculated according to new standards stipulated in the tax reform (excluding revenues refunded by the central government).

g)The total business volume of postal and telecommunication services are at 1990 constant prices before 2000 and at 2000 constant prices from 2000 to 2010,and at 2010 constant price since 2010.

h) Before 1986, the figures of secondary schools excluded those of specialized secondary schools for adults.

i) The "per capital floor space of urban residents" of 1995 and 2000 are useable area, and that since 2005 are building area.

j) Since 2011, the cut-off point of investment statistics is changed from a minimum of 500,000 yuan to a minimum of 5,000,000 yuan, and the data do not include the investment made by rural households. Data before 2010 refer to total investment in fixed assets.

k) From 2012, the name of local government budgetary revenue and local government budgetary expenditure have been changed to local public budgetary revenue and local public budgetary expenditure.

l) The domestic GDP in 2013 are preliminary accounting numbers.

m) Savings deposits by urban and rural residents are savings deposits in Renminbi in domestic-funded financial institutions.

1-3 国民经济和社会发展结构指标

Composition Indicators of National Economic and Social Development

单位：%　　　(%)

指　　标	Item	2000	2005	2010	2012	2013
人口与就业	**Population and Employment**					
人口	**Population**					
城乡结构(常住人口)	Urban and Rural Composition(by permanent population)					
城镇	Urban	55.0	60.7	66.2	67.4	67.8
农村	Rural	45.0	39.3	33.8	32.6	32.2
性别结构(户籍人口)	Sexual Composition(by residential population)					
男	Male	51.6	51.7	51.5	51.5	51.5
女	Female	48.4	48.3	48.5	48.5	48.5
就业	**Employment**					
产业结构	Industrial Structure					
第一产业	Primary Industry	40.0	32.1	24.4	23.8	23.0
第二产业	Secondary Industry	27.9	38.1	42.4	42.1	41.9
第三产业	Tertiary Industry	32.1	29.8	33.2	34.2	35.1
按登记注册类型分组	Grouped by Status of Registration					
国有单位	State-owned Units	11.8	7.6	6.7	7.2	6.6
集体单位	Collective-owned Units	59.4	40.6	31.6	28.7	27.4
股份合作单位	Share-holding Cooperative Units	0.3	0.4	0.4	0.4	0.4
联营单位	Joint Ownership Units	0.2	0.3	0.3	0.3	0.2
有限责任公司	Limited Liability Corporations	1.0	4.1	5.2	5.8	7.1
股份有限公司	Share-holding Corporations Ltd.	0.7	1.0	1.5	1.8	2.4
外商投资单位	Units with Foreign Investment	1.1	4.3	4.9	5.1	6.3
港澳台投资单位	Units with Investment from Hong Kong，Macao and Taiwan	2.6	12.0	12.5	11.8	11.2
私营企业	Private Enterprises	5.5	13.3	17.7	19.6	19.4
个体经济	Individual Economy	7.7	14.6	17.8	18.0	17.7
宏观经济	**Macro Economy**					
国民经济核算	**National Accounts**					
地区生产总值产业结构	Industrial Structure of Gross Domestic Product					
第一产业	Primary Industry	9.2	6.3	5.0	5.0	4.9
第二产业	Secondary Industry	46.5	50.4	50.0	48.5	47.3
第三产业	Tertiary Industry	44.3	43.3	45.0	46.5	47.8
支出法地区生产总值结构	Domestic Expenditure Structure					
最终消费	Final Consumption	53.2	50.8	48.9	51.3	
居民消费	Household Consumption	41.7	39.8	38.5	40.3	
农村	Rural Households	12.6	6.2	4.9	5.5	
城镇	Urban Households	29.1	33.5	33.6	34.9	
政府消费	Government Consumption	11.5	11.0	10.4	10.9	
资本形成总额	Gross Capital Formation	35.9	36.5	38.5	40.1	
固定资本形成总额	Gross Fixed Capital Formation	28.8	32.9	35.9	38.6	
存货增加	Changes in Inventories	7.0	3.6	2.6	1.5	
净流出	Net Exports	10.9	12.7	12.7	8.6	
固定资产投资	**Investment**					
按登记注册类型分	Grouped by Status of Registration					
内资	Domestic-funded	81.2	74.9	85.4	84.8	87.0
国有	State-owned	37.7	25.9	32.0	21.4	23.6
集体	Collective-owned	12.2	4.6	4.6	4.5	5.0
股份合作	Cooperative	0.6	0.9	0.3	0.6	0.6
联营	Joint ownership	1.5	0.8	0.1	0.3	0.1
其他有限责任公司	Limited Liability	11.3	17.1	21.1	30.1	26.6
股份有限公司	Share-holding	4.7	5.3	5.4	5.4	5.6
私营	Private	6.4	15.5	13.7	18.1	20.8
个体	Induvidual	7.7	4.1	5.6	1.3	1.3
其他	Others	0.6	0.8	2.6	3.1	3.4
港澳台投资	Investment from Hong Kong, Macao & Taiwan	12.9	15.1	9.2	8.9	7.2
外商投资	Foreign investment	4.4	10.0	5.4	6.3	5.8

1-3 续表 1 continued

单位：% (%)

指 标	Item	2000	2005	2010	2012	2013
资金来源结构	Structure of Sources of Funds					
国家预算资金	State Budgetary Appropriation	1.7	0.9	2.2	4.4	4.3
国内贷款	Domestic Loans	17.2	17.2	16.8	14.4	15.0
利用外资	Foreign Investment	10.5	9.9	3.3	2.6	2.5
自筹投资	Fundraising	42.9	54.1	56.6	57.1	54.5
其他投资	Others	27.7	17.9	21.1	21.5	23.7
对外贸易	**Foreign Trade**					
出口按贸易方式分	Exports by Customs Regime					
一般贸易	Ordinary Trade	19.0	22.4	32.9	33.2	33.7
加工贸易	Processing Trade	78.1	73.5	60.8	56.6	50.8
其他	Others	2.9	4.1	6.3	10.3	15.5
进口按贸易方式分	Imports by Customs Regime					
一般贸易	Ordinary Trade	26.7	25.5	36.0	33.9	33.9
加工贸易	Processing Trade	63.1	61.7	51.4	50.0	44.6
其他	Others	10.2	12.8	12.6	16.1	21.5
利用外资	**Utilization of Foreign Capital**					
实际利用外资结构	Structure of Foreign Capital Actually Utilized					
外商直接投资	Foreign Direct Investment	84.0	81.5	96.4	97.7	98.5
外商其他投资	Other Foreign Investment	11.2	18.5	3.6	2.3	1.5
国内贸易	**Domestic Trade**					
社会消费品零售总额结构	Structure of Total Retail Sales of Consumer Goods					
城镇	Urban Areas	75.1	75.4	85.3	87.2	87.5
乡村	Rural Areas	24.9	24.6	14.7	12.8	12.5
能源生产与消费	**Production and Consumption of Energy**					
能源生产总量结构	Structure of Total Energy Production					
原煤	Coal	8.0	7.2			
原油	Crude Oil	53.6	44.1	37.9	34.0	34.1
电力	Electricity	27.1	36.2	40.7	44.2	47.5
天然气	Natural Gas	11.3	12.5	21.4	21.8	18.5
一次能源消费总量结构	Structure of Total Primary Energy Consumption					
原煤	Coal	52.2	52.8	48.1	48.7	47.9
原油	Crude Oil	35.0	26.1	29.1	26.8	26.4
电力	Electricity	12.6	20.8	19.1	18.2	19.4
天然气	Natural Gas	0.2	0.3	3.7	6.3	6.3
其他	Others					
农业	**Agriculture**					
农林牧渔业产值结构	Structure of Gross Output Value of Farming, Forestry, Animal Husbandry and Fishery					
农业	Farming	47.5	45.3	46.9	47.9	49.4
林业	Forestry	3.5	2.7	4.7	4.8	5.0
牧业	Animal Husbandry	26.5	26.1	25.2	24.3	22.4
渔业	Fishery	22.5	21.4	19.7	19.6	19.7
农林牧渔服务业	Services for Farming, Forestry, Animal Husbandry and Fishery	…	4.5	3.5	3.4	3.4
工业	**Industry**					
年主营业务收入2000万元以上工业产值结构	Structure of Gross Industrial Output Value of Non-state-owned Enterprises with Main Business Revenue over 20 Million Yuan					
按轻重工业分	Grouped by Light and Heavy Industry					
轻工业	Light Industry	52.9	40.4	38.3	37.5	38.0
重工业	Heavy Industry	47.1	59.6	61.7	62.5	62.0
按经济类型分	Grouped by Ownership					
国有工业	State-owned Industry	11.6	5.8	5.4	6.2	1.1
集体工业	Collective-owned Industry	9.6	1.3	0.9	0.5	0.4
股份合作工业	Share-holding Cooperative Industry	0.9	0.3	0.2	0.2	0.1
股份制工业	Share-holding Industry	14.3	25.8	35.7	38.7	48.0
外商投资工业	Industry with Foreign Investment	20.2	31.1	25.4	26.5	25.6
港澳台商投资工业	Industry with Investment from Hong Kong, Macao and Taiwan	38.0	32.6	27.6	23.4	22.4

1-3 续表 2 continued

单位：% (%)

指　标	Item	2000	2005	2010	2012	2013
按企业规模分	Grouped by Size of Enterprise					
大型企业	Large	36.2	34.9	33.0	45.4	43.2
中型企业	Medium-sized	11.4	33.0	33.3	28.0	26.5
小微型企业	Small and Micro	52.3	32.1	33.7	26.6	30.3
建筑业	**Construction**					
按登记注册类型分	Grouped by Status of Registration					
内资	Domestic-funded	97.6	98.3	96.5	97.6	97.5
国有	State-owned	38.8	25.4	20.3	17.2	11.3
集体	Collective-owned	33.2	10.5	6.2	4.8	4.3
股份合作	Cooperative	0.8	0.5	0.3	0.2	0.1
联营	Joint ownership	1.2	1.1	0.4	0.5	0.2
有限责任公司	Limited Liability	13.9	37.8	42.0	43.9	51.8
股份有限公司	Share-holding	5.2	5.4	7.3	9.8	10.3
私营	Private	4.4	17.5	18.6	19.4	19.4
其他	Others		0.1	1.0	1.9	0.0
港澳台投资	Investment from Hong Kong, Macao & Taiwan	1.6	1.2	1.5	1.2	0.8
外商投资	Foreign investment	0.8	0.5	2.0	1.2	1.6
交通运输和旅游	**Transportation and Tourism**					
货运量结构	Structure of Freight Traffic					
铁路	Railways	12.7	13.9	5.9	4.5	3.9
公路	Highways	63.2	63.3	69.4	71.0	71.2
水运	Waterways	21.6	19.7	21.0	21.7	22.4
民用航空	Civil Aviation	...	0.1	0.1	0.0	0.0
管道输油(气)	Pipelines	2.5	3.0	3.5	2.8	2.5
客运量结构	Structure of Passenger Traffic					
铁路	Railways	7.4	10.0	3.2	3.2	3.2
公路	Highways	90.4	86.2	94.6	94.9	95.0
水运	Waterways	1.4	1.3	0.5	0.5	0.4
民用航空	Civil Aviation	0.8	2.5	1.6	1.5	1.4
入境旅游人数结构	Composition of Tourists Visiting China					
外国人	Foreigners	4.2	5.6	6.2	7.1	7.4
港澳同胞	Compatriots from Hong Kong and Macao	92.9	92.1	91.8	91.1	90.7
台湾同胞	Compatriots from Taiwan	2.8	2.2	2.0	1.8	1.9
教育、科技、文化	**Education and Culture**					
教育	**Education**					
在校学生结构	Structure of Enrolled Students					
大学生	Colleges and Universities	2.1	5.0	8.4	9.9	10.7
中学生	Regular Secondary Schools	32.4	34.6	41.7	40.8	39.0
小学生	Primary Schools	65.5	60.4	49.9	49.3	50.4

1-3 续表 3 continued

单位：% (%)

指 标	Item	2000	2005	2010	2012	2013
专任教师结构	Structure of Full-time Teachers					
大学	Colleges and Universities	3.3	7.1	8.7	9.3	9.6
中学	Secondary Schools	37.3	40.1	43.5	44.4	44.4
小学	Primary Schools	59.4	52.8	47.8	46.2	46.0
科技	**Science and Technology**					
研究与试验发展(R&D)经费内部支出机构	Structure of Internal Expenditure on R&D					
科学研究与技术开发机构	Scientific Research and Technological Development Institutions			2.6	3.2	3.1
全日制普通高等学校	Full-time Regular Institutions of Higher Education			3.5	3.6	3.2
工业企业	Industrial Enterprises			87.0	87.2	85.7
其他	Others			6.8	6.1	8.0
文化	**Culture**					
文化事业机构人员结构	Structure of Persons Engaged in Cultural Activities					
艺术事业	Arts	32.7	29.9	27.8	16.2	26.0
图书馆事业	Library	10.6	12.9	13.8	16.1	19.3
群众文化事业	Mass Culture	28.3	35.5	35.4	38.9	50.7
教育事业	Education	2.9	3.6	2.8	2.9	3.6
其他文化事业	Other Cultural Activities	25.5	18.1	20.3	25.9	0.4
生活、卫生、环境	**People's Livelihood，Health Care and Environment**					
生活	**People's Livelihood**					
城镇居民消费结构	Consumption Structure of Urban Households					
食品类	Food	38.6	36.1	36.5	36.9	36.7
衣着类	Clothing	4.6	5.7	6.7	6.8	6.7
用品及其他	Articles for Daily Use and Others	43.1	48.2	46.4	46.9	46.9
居住	Residence	13.7	10.0	10.4	9.4	9.7
农村居民消费结构	Consumption Structure of Rural Households					
食品类	Food	49.8	48.3	47.7	49.1	49.0
衣着类	Clothing	3.9	3.9	3.9	4.3	4.2
用品及其他	Articles for Daily Use and Others	32.0	33.5	30.6	30.7	31.2
居住	Residence	14.3	14.3	17.9	16.0	15.6
卫生	**Health Care**					
卫生技术人员结构	Structure of Medical Technical Personnel					
#医生	Doctors	42.0	39.7	37.7	37.6	37.3
注册护士	Nurses	31.4	33.2	37.1	38.7	39.5
床位结构	Structure of Hospital Beds					
#医院	Hospitals	71.4	73.2	74.7	76.8	77.8
环境、灾害	**Environment and Disaster**					
工业污染源治理投资结构	Investment Structure of Treatment of Industrial Pollution Sources					
治理废水	Treatment of Waste Water		29.0	56.8	20.6	14.3
治理废气	Treatment of Waste Gas		47.4	20.5	67.7	71.3
治理固体废物	Treatment of Waste Solid Wastes		3.4	1.7	6.2	9.2
治理噪声	Treatment of Noise		0.6	0.1	0.3	0.1
治理其它	Treatment of Others		19.6	20.9	5.2	5.1
火灾事故损失额结构	Structure of Fire Losses Converted into Cash					
特大或重大	Extraordinarily Serious Fires				0	0.5
较大	Serious Fires			0.2	22.2	11.4
一般	Ordinary Fires			99.8	77.8	88.1
交通事故损失额结构	Structure of Losses from Traffic Accidents Converted into Cash					
机动车道	Roads for Motored Vehicles			81.5	83.6	85.4
非机动车道	Roads for Nonmotored Vehicles			1.4	1.2	1.4
混合道	Mixed Roads			12.8	10.6	8.9
其他道	Others			4.3	4.6	4.3

注：1. 由于数据计算进位的原因，部分结构总和不等于100。
2. 2007年起工业污染源治理投资结构进行了调整。

Note: a) Owing to the rounding-off of figures, some totals in this table are not equal to 100.
b) The investment structure of treatment of industrial pollution sources in 2007 has been modified.

1-4 国民经济和社会发展主要指标占全国比重

Percentage of National Total of Main Indicators of Economic and Social Development of Guangdong

指标	Item	2012			2013		
		广东 Guang-dong	全国 National Total	广东占全国(%) As Percentage of National Total	广东 Guang-dong	全国 National Total	广东占全国(%) As Percentage of National Total
人口	**Population**						
年末常住人口数 (万人)	Permanent Population at the Year-end (10000 persons)	10594	135404	7.8	10644	136072	7.8
土地面积 (万平方公里)	**Land Area (10000 sp.km)**	**17.96**	**960.00**	**1.9**	**17.96**	**960.00**	**1.9**
国内(地区)生产总值 (亿元)	**Gross Domestic Product (100 million yuan)**	**57067.92**	**519470.1**	**11.0**	**62164.0**	**568845.2**	**10.9**
第一产业	Primary Industry	2847.26	52373.6	5.4	3047.5	56957.0	5.4
第二产业	Secondary Industry	27700.97	235162.0	11.8	29427.5	249684.4	11.8
第三产业	Tertiary Industry	26519.69	231934.5	11.4	29689.0	262203.8	11.3
人均国内(地区)生产总值 (元)	**Per Capita Gross Domestic Product (yuan)**	**54095**	**38459**		**58540**	**41908**	
主要工农业产品产量	**Output of Major Farm Products and Industrial Products**						
粮食 (万吨)	Grain (10000 tons)	1396.33	58958.0	2.4	1315.90	60194.0	2.2
油料 (万吨)	Oil-bearing Crops (10000 tons)	96.61	3436.8	2.8	101.01	3517.0	2.9
肉类 (万吨)	Meat (10000 tons)	443.21	8387.2	5.3	435.22	8535.0	5.1
水产品 (万吨)	Aquatic Products (10000 tons)	788.87	5907.7	13.4	816.13	6172.0	13.2
水果 (万吨)	Fruits (10000 tons)	1390.1	24056.8	5.8	1485.40	25093	5.9
茶叶 (万吨)	Tea (10000 tons)	6.31	179.0	3.5	6.98	192.4	3.6
农用化肥 (万吨)	Chemical Fertilizer (10000 tons)	48.64	7296.0	0.7	53.92	7153.6	0.8
发电量 (亿千瓦时)	Electricity (100 million kwh)	3593.24	50210.4	7.2	3796.25	53975.9	7.0
水泥 (万吨)	Cement (10000 tons)	11384.25	220984.1	5.2	13394.93	241613.6	5.5
布 (亿米)	Cloth (100 million m)	23.54	848.9	2.8	27.53	882.7	3.1
机制纸及纸板 (万吨)	Machine-made Paper and Paperboard (10000 tons)	1581.84	11375.5	13.9	1911.14	11514.3	16.6
成品钢材 (万吨)	Steel (10000 tons)	2992.96	95577.8	3.1	3384.52	106762.2	3.2
成品糖 (万吨)	Sugar (10000 tons)	147.60	1409.5	10.5	140.21	1589.7	8.8
平板玻璃 (万重量箱)	Flat Glass (10000 wt.cases)	7982.16	75050.5	10.6	8586.64	77898.4	11.0
家用电冰箱 (万台)	Household Refrigerators (10000 units)	1654.97	8427.0	19.6	1946.02	9261.0	21.0
家用洗衣机 (万台)	Household Washing Machines (10000 units)	606.96	6741.5	9.0	665.24	7201.9	9.2
彩电电视机 (万台)	Color Television Sets (10000 sets)	5810.12	12823.3	47.3	6691.07	12776.1	52.4
房间空调器 (万台)	Room Air Conditioners (10000 sets)	5342.08	13281.1	40.2	5168.63	14332.9	36.1
汽车 (万辆)	Bicycles (10000 units)	159.66	1927.7	8.3	254.26	2211.7	11.5
微型电子计算设备(万台)	Microcomputers (10000 units)	5382.47	35411.0	15.2	3613.96	35246.3	10.3
固定资产投资	**Investment in Fixed Assets**						
固定资产投资额 (亿元)	Investment in Fixed Assets (100 million yuan)	19307.53	364835.1	5.3	22828.65	436527.70	5.2
#内资	Domestic Investment	16369.79	344020.8	4.8	19869.06	412611.84	4.8
港澳台商投资	Investment from Hong Kong, Macao and Taiwan	1716.85	10184.5	16.9	1636.73	10997.62	14.9
外商投资	Foreign Investment	1220.88	10629.7	11.5	1322.86	11018.99	12.0

1-4 续表 continued

指 标	Item	2012 广东 Guang-dong	2012 全国 National Total	2012 广东占全国(%) As Percentage of National Total	2013 广东 Guang-dong	2013 全国 National Total	2013 广东占全国(%) As Percentage of National Total
运输、邮电	**Transport, Postal and Telecommunication Services**						
货物周转量 (亿吨公里)	Freight Traffic (100 million ton-kilometers)	9780.56	173771	5.6	12495.93	168164.8	7.4
旅客周转量 (亿人公里)	Passenger Traffic (100 million personkilometers)	4372.06	33383.1	13.1	4852.41	27571.7	17.6
港口货物吞吐量 (万吨)	Volume of Freight Handled at Major Coastal Ports (10000 tons)	140776	1077600	13.1	156373	1176700	13.3
邮电业务总量 (亿元)	Total Business Volume of Postal and Telecommunication Services (100 million yuan)	2174.67	15019.3	14.5	2507.99	16679.1	15.0
财政金融	**Government Finance and Banking**						
地方公共财政预算收入 (亿元)	Local Public Budgetary Revenue (100 million yuan)	6229.18	61078.3	10.2	7081.47	68969.1	10.3
地方公共财政预算支出 (亿元)	Local Public Budgetary Expenditure (100 million yuan)	7387.86	107188.3	6.9	8411.00	119272.5	7.1
城乡居民人民币储蓄存款余额 (亿元)	Savings Deposits by Urban and Rural Residents (100 million yuan)	44803.43	399551.0	11.2	49287.89	447601.6	11.0
外经旅游	**Foreign Trade and International Tourism**						
进口总额 (亿美元)	Total Imports (USD 100 million)	4098.88	18178.3	22.5	4554.58	19503.2	23.4
出口总额 (亿美元)	Total Exports (USD 100 million)	5740.59	20489.3	28.0	6363.64	22093.7	28.8
实际外商直接投资(亿美元)	Foreign Direct Investment(USD 100 million)	235.49	1117.2	21.1	249.52	1175.9	21.2
国际旅游外汇收入(亿美元)	Total Foreign Exchange Earnings from International Tourism (USD 100 million)	156.23	500.3	31.2	162.78	516.6	31.5
国内贸易和物价	**Domestic Trade and Prices**						
社会消费品零售总额 (亿元)	Total Amount of Retail Sales of Consumer Goods (100 million yuan)	22677.11	210307.0	10.8	25453.90	237809.9	10.7
商品零售价格指数 (%)	General Retail Price Index (%)	102.2	102.0		101.0	101.4	
居民消费价格指数 (%)	General Consumer Price Index (%)	102.8	102.6		102.5	102.6	
人民生活	**People's Livelihood**						
城镇单位从业人员工资总额 (亿元)	Earnings of Urban Employed Persons (100 million yuan)	6561.14	70914.26	9.3	10467.44	92995.50	11.3
城镇居民人均可支配收入 (元)	Per Capita Disposable Income of Urban Households (yuan)	30226.71	24564.7		33090.05	26955.1	
农村居民人均纯收入 (元)	Per Capita Net Income of Rural Households (yuan)	10542.84	7916.6		11669.31	8895.9	
教育、科技、卫生	**Education, Science and Technology and Health Care**						
高等学校在校学生数(万人)	Students Enrolled in Colleges and Universities (10000 persons)	161.68	2391.3	6.8	170.99	2468.1	6.9
国有企事业单位专业技术人员 (万人)	Number of Scientific and Technological Personnel in State-owned Enterprises and Institutions (10000 persons)	145.90	2977.0	4.9	145.56		
医疗卫生机构床位数(万张)	Number of Hospital Beds (10000 units)	35.53	572.4	6.2	37.84	618.2	6.1
专业卫生技术人员 (万人)	Number of Medical Technical Personnel (10000 persons)	51.03	667.6	7.6	54.56	721.0	7.6

注：1. 本表水果产量含瓜果产量。

2. 全国2013年数为快报数并来自中国统计概要，广东2013年数据除地区生产总值外均为正式年报数。

Note: a) The output of fruits includes melons in this table

b) The 2013 data of the whole nation are based on flash reports and from China Statistical Abstract.The data of Guangdong in 2013 comes from formal annual reports except GDP.

1-5 各部门机构数

Grassroots Units in Various Sectors

部门	Sector	2005	2010	2012	2013
农村基层组织 （个）	**Rural Grassroots Units (unit)**				
镇政府	Town Governments	1145	1134	1131	1128
乡政府	Township Governments	11	11	11	11
村民委员会	Villagers' Committees	21825	22140	22191	19453
乡镇企业 （万个）	Township Enterprises (10000 units)	121.29	39.34	39.33	40.78
工业企业 （个）	**Industrial Enterprises (unit)**	**445657**	**481022**	**490757**	**500488**
规模以上工业	Industrial Enterprises above Designated Size	35157	53418	37811	41205
#国有工业	State-owned	1033	567	399	263
集体工业	Collective-owned	1272	872	375	290
建筑业企业 （个）	**Construction Enterprises (unit)**	**4182**	**4551**	**4637**	**4977**
#国有企业	State-owned	704	511	527	520
批发零售和住宿餐饮企业法人单位数 （万个）	**Number of Corporate Units in Wholesale and Retail Trades, Accommodations and Catering Services (10000 units)**	**11.52**	**18.63**	**30.37**	**30.93**
卫生事业 （个）	**Health Care (unit)**	**16318**	**16541**	**17470**	**19088**
#医院及卫生院	Hospitals and Health Centers	2428	2444	2437	2447
提供住宿的社会服务机构	Social Welfare Institutions	2070	2514	2488	1913
教育事业	**Education**				
普通高等学校 （所）	Regular Institutions of Higher Education (unit)	111	131	138	138
中等学校 （所）	Secondary Schools (unit)	5115	5146	5091	5111
#普通中学	Regular Secondary Schools	4282	4334	4326	4366
小学 （万所）	Primary Schools (10000 units)	2.12	1.68	1.34	1.18
幼儿园 （所）	Kindergartens (unit)	10359	11161	12720	13793
艺术表演团体 （个）	Art Performance Troupes (unit)	139	133	61	75
文化事业 （个）	Cultural Institutions (unit)	2132	2384	2293	2010
文物事业 （个）	Cultural Relic Establishments (unit)	209	208	205	260
广播电视 （座）	**Radio and Television (unit)**				
广播电台	Radio Stations	22	22	22	22
电视台	Television Stations	24	24	24	24
县、市广播电视台	Radio and Television Stations in Counties and County-level Cities	78	79	79	79
研究机构数 （个）	**Number of R&D Institutions (units)**		**4452**	**4751**	**5030**
科学研究与技术开发机构	Scientific Research and Technological Development Institutions		186	184	186
全日制普通高等学校	Full-time Regular Institutions of Higher Education		450	595	652
工业企业	Industrial Enterprises		3309	3455	3700
其他	Others		507	517	492

注：2007年起，乡镇企业按新口径统计。

Note: Since 2007, data of township enterprises are calculated according to new statistical coverage.

1-6 法人和产业活动单位数

Number of Corporate Units and Industrial Establishments

单位: 个 (unit)

项 目	Item	2012 法人单位数 Corporate Units	2012 产业单位数 Industrial Establishments	2013 法人单位数 Corporate Units	2013 产业单位数 Industrial Establishments
总 计	**Total**	**1009027**	**1188018**	**1093142**	**1276885**
按行业分	By Sector				
第一产业	Primary Industry	15663	17625	25711	26887
第二产业	Secondary Industry	325198	340150	335764	349364
采矿业	Mining	3234	3353	2793	2932
制造业	Manufacture	287165	295423	300698	306619
电力、燃气及水的生产和供应业	Production and Supply of Electric Power, Gas and Water	8525	10768	8427	10717
建筑业	Construction	26274	30606	23846	29096
第三产业	Tertiary Industry	668166	830243	731667	900634
批发和零售业	Wholesale and Retail Trades	285381	333376	290764	344444
交通运输、仓储和邮政业	Transport, Storage and Postal Services	25568	34685	26868	37366
住宿和餐饮业	Hotels and Catering Services	18366	22906	18580	24734
信息传输、软件和信息技术服务业	Information Transmission, Computer Services and Software	25049	31881	26872	32877
金融业	Finance	4759	24107	5447	25459
房地产业	Real Estate	46212	55574	41677	51790
租赁和商务服务业	Leasing and Business Services	96370	113972	130962	146872
科学研究和技术服务业	Scientific Research, Technical Services	30980	34170	37710	42331
水利、环境和公共设施管理业	Management of Water Conservancy, Environment and Public Facilities	5394	6577	5531	6539
居民服务、修理和其他服务业	Services to Households,Repair and Other Services	18961	21712	17421	19858
教育	Education	32585	42403	36348	43046
卫生和社会工作	Health and Social Service	9391	20310	10568	21263
文化、体育和娱乐业	Culture, Sports and Entertainment	9309	11211	14700	17358
公共管理、社会保障和社会组织	Public Administration,Social Security and Social Organizations	59841	77359	68219	86697
按注册类型分	By Status of Registration				
内资企业	Domestic-funded Enterprises	949310	1110928	1043023	1210368
国有企业	State-owned Enterprises	64844	115235	60579	101005
集体企业	Collective-owned Enterprises	28359	43673	28443	39737
股份合作企业	Share-holding Cooperative Enterprises	6946	11409	7865	11838
联营企业	Joint-operation Enterprises	1711	2640	5325	6585
有限责任公司	Limited Liability Corporations	137036	158447	204223	234561
股份有限公司	Share-holding Corporations Ltd.	11483	25648	12854	28911
私营企业	Private Enterprises	616127	656738	570795	614292
其他企业	Other Enterprises	82804	97138	152939	173439
港、澳、台商投资企业	Enterprises with Investment from Hong Kong,Macao and Taiwan	41742	50696	35544	43377
合资经营企业(港或澳、台资)	Joint Ventures	4987	6707	4171	5574
合作经营企业(港或澳、台资)	Cooperative Enterprises	2260	2800	1575	1909
港、澳、台商独资经营企业	Sole Investment Enterprises	33318	39354	27820	32943
港、澳、台商投资股份有限公司	Share-holding Corporations Ltd.	994	1611	694	1010
其他港、澳、台商投资	Other Enterprises	183	224	1284	1941
外商投资企业	Enterprises with Foreign Investment	17975	26394	14575	23140
中外合资经营企业	Sino-foreign Joint Ventures	3485	5242	2767	4669
中外合作经营企业	Sino-foreign Cooperative Enterprises	1014	1275	653	1009
外资企业	Foreign-funded Enterprises	12757	18699	9784	14946
外商投资股份有限公司	Share-holding Corporations Ltd.	566	979	436	773
其他外商投资	Other Enterprises	153	199	935	1743

1-7 各市法人和产业活动单位数
Number of Corporate Units and Industrial Establishments by City

单位：个 (unit)

市别	City	2012 法人单位数 Corporate Units	2012 产业单位数 Industrial Establishments	2013 法人单位数 Corporate Units	2013 产业单位数 Industrial Establishments
总计	**Total**	**1009027**	**1188018**	**1093142**	**1276885**
广州	Guangzhou	178738	206810	199910	230937
深圳	Shenzhen	255734	294167	238883	269607
珠海	Zhuhai	29884	34749	39434	45432
汕头	Shantou	31527	36027	32120	37772
佛山	Foshan	94412	105487	99491	112279
#顺德	Shunde	39458	45208	42144	47235
韶关	Shaoguan	16453	22911	19433	26094
河源	Heyuan	13493	18171	14529	18964
梅州	Meizhou	19682	28862	18510	26285
惠州	Huizhou	42854	51220	46836	56419
汕尾	Shanwei	6625	8228	7338	8732
东莞	Dongguan	94204	104240	107083	121677
中山	Zhongshan	49867	57408	63943	71243
江门	Jiangmen	36148	41543	40594	46220
阳江	Yangjiang	17797	20440	16039	19599
湛江	Zhanjiang	22261	31066	38456	48638
茂名	Maoming	22209	27793	29412	33668
肇庆	Zhaoqing	19717	25883	20201	26088
清远	Qingyuan	16346	21993	16001	23456
潮州	Chaozhou	14962	16770	15619	17397
揭阳	Jieyang	17466	20764	18133	21747
云浮	Yunfu	8648	13486	11177	14631
按经济区域分	By Region				
珠三角	Pearl River Delta	801558	921507	856375	979902
东翼	Eastern Region	70580	81789	73210	85648
西翼	Western Region	62267	79299	83907	101905
山区	Mountainous Region	74622	105423	79650	109430

1-8 按行业和登记注册类型分组的法人单位数（2013年）
Number of Corporate Units by Sector and by Status of Registration (2013)

单位：个 (unit)

项 目	Item	总 计 Total	内资企业 Domestic-funded Enterprises	国有企业 State-owned Enterprises	集体企业 Collective-owned Enterprises	股份合作企业 Share-holding Cooperative Enterprises
总 计	**Total**	**1093142**	**1043023**	**60579**	**28443**	**7865**
第一产业	Primary Industry	25711	25414	648	680	79
第二产业	Secondary Industry	335764	303881	1900	4002	1930
采矿业	Mining	2793	2745	37	64	38
制造业	Manufacture	300698	269276	910	2240	1650
电力、燃气及水的生产和供应业	Production and Supply of Electric Power, Gas and Water	8427	8220	498	1071	126
建筑业	Construction	23846	23640	455	627	116
第三产业	Tertiary Industry	731667	713728	58031	23761	5856
批发和零售业	Wholesale and Retail Trades	290764	283365	2621	4176	2564
交通运输、仓储和邮政业	Transport, Storage and Postal Services	26868	25554	1067	490	185
住宿和餐饮业	Hotels and Catering Services	18580	17706	379	290	325
信息传输、软件和信息技术服务业	Information Transmission, Computer Services and Software	26872	25522	363	65	81
金融业	Finance	5447	5123	254	33	137
房地产业	Real Estate	41677	39680	1097	2198	707
租赁和商务服务业	Leasing and Business Services	130962	128271	2811	11147	984
科学研究和技术服务业	Scientific Research, Technical Services	37710	36411	3240	507	194
水利、环境和公共设施管理业	Management of Water Conservancy, Environment and Public Facilities	5531	5427	2027	238	26
居民服务、修理和其他服务业	Services to Households,Repair and Other Services	17421	17209	450	343	325
教育	Education	36348	36250	15250	1384	120
卫生和社会工作	Health and Social Service	10568	10540	3630	987	46
文化、体育和娱乐业	Culture, Sports and Entertainment	14700	14490	1816	218	150
公共管理、社会保障和社会组织	Public Administration,Social Security and Social Organizations	68219	68180	23026	1685	12

1-8 续表 1 continued

单位：个 (unit)

项　　目	Item	联营企业 Joint-operation Enterprises	有限责任公司 Limited Liability Corpor-ations	股份有限公司 Share-holding Corpor-ations Ltd.	私营企业 Private Enter-prises	其他企业 Other Enter-prises
总　计	**Total**	**5325**	**204223**	**12854**	**570795**	**152939**
第一产业	Primary Industry	103	1678	182	4146	17898
第二产业	Secondary Industry	1478	71207	4262	206498	12604
采矿业	Mining	21	509	84	1714	278
制造业	Manufacture	1221	61640	3632	187217	10766
电力、燃气及水的生产和供应业	Production and Supply of Electric Power, Gas and Water	109	1005	134	4519	758
建筑业	Construction	127	8053	412	13048	802
第三产业	Tertiary Industry	3744	131338	8410	360151	122437
批发和零售业	Wholesale and Retail Trades	1778	64612	3468	189220	14926
交通运输、仓储和邮政业	Transport, Storage and Postal Services	187	6147	425	15943	1110
住宿和餐饮业	Hotels and Catering Services	85	3203	233	12195	996
信息传输、软件和信息技术服务业	Information Transmission, Computer Services and Software	139	5519	427	17943	985
金融业	Finance	30	1470	744	2271	184
房地产业	Real Estate	244	13571	740	19164	1959
租赁和商务服务业	Leasing and Business Services	604	21765	1298	54346	35316
科学研究和技术服务业	Scientific Research, Technical Services	181	7924	462	20649	3254
水利、环境和公共设施管理业	Management of Water Conservancy, Environment and Public Facilities	25	1141	57	1429	484
居民服务、修理和其他服务业	Services to Households,Repair and Other Services	108	2829	195	11197	1762
教育	Education	134	931	156	6039	12236
卫生和社会工作	Health and Social Service	57	209	24	1584	4003
文化、体育和娱乐业	Culture, Sports and Entertainment	88	1925	164	8041	2088
公共管理、社会保障和社会组织	Public Administration,Social Security and Social Organizations	84	92	17	130	43134

1-8 续表 2 continued

单位：个 (unit)

项 目	Item	港、澳、台商投资企业 Enterprises with Investment from Hong Kong, Macao and Taiwan	合资经营企业(港或澳、台资) Joint Ventures	合作经营企业(港或澳、台资) Cooperative Enterprises	港、澳、台商独资经营企业 Sole Investment Enterprises	港、澳、台商投资股份有限公司 Shareholding Corporations Ltd.	其他港、澳、台商投资 Other Enterprises
总 计	**Total**	**35544**	**4171**	**1575**	**27820**	**694**	**1284**
第一产业	Primary Industry	250	37	10	176	19	8
第二产业	Secondary Industry	23533	2667	818	19180	425	443
采矿业	Mining	35	5	3	26	1	
制造业	Manufacture	23200	2550	785	19054	415	396
电力、燃气及水的生产和供应业	Production and Supply of Electric Power,Gas and Water	124	59	14	45	5	1
建筑业	Construction	174	53	16	55	4	46
第三产业	Tertiary Industry	11761	1467	747	8464	250	833
批发和零售业	Wholesale and Retail Trades	4765	425	69	3881	104	286
交通运输、仓储和邮政业	Transport, Storage and Postal Services	910	154	220	457	16	63
住宿和餐饮业	Hotels and Catering Services	566	118	66	349	18	15
信息传输、软件和信息技术服务业	Information Transmission, Computer Services and Software	875	88	14	690	36	47
金融业	Finance	143	30	2	91	7	13
房地产业	Real Estate	1523	304	265	879	27	48
租赁和商务服务业	Leasing and Business Services	1720	170	41	1290	19	200
科学研究和技术服务业	Scientific Research, Technical Services	824	81	17	598	15	113
水利、环境和公共设施管理业	Management of Water Conservancy, Environment and Public Facilities	71	13	8	42	4	4
居民服务、修理和其他服务业	Services to Households,Repair and Other Services	132	15	9	86	1	21
教育	Education	53	9	7	28	1	8
卫生和社会工作	Health and Social Service	22	6		14		2
文化、体育和娱乐业	Culture, Sports and Entertainment	141	51	28	49	1	12
公共管理、社会保障和社会组织	Public Administration,Social Security and Social Organizations	16	3	1	10	1	1

1-8 续表 3 continued

单位：个 (unit)

项 目	Item	外商投资企业 Enterprises with Foreign Investment	中外合资经营企业 Sino-foreign Joint Ventures	中外合作经营企业 Sino-foreign Cooperative Enterprises	外资企业 Foreign-funded Enterprises	外商投资股份有限公司 Share-holding Corporations Ltd.	其他外商投资 Other Enter-prises
总 计	**Total**	**14575**	**2767**	**653**	**9784**	**436**	**935**
第一产业	Primary Industry	47	16	6	17	2	6
第二产业	Secondary Industry	8350	1613	308	5950	221	258
采矿业	Mining	13	6	3	2		2
制造业	Manufacture	8222	1562	292	5908	216	244
电力、燃气及水的生产和供应业	Production and Supply of Electric Power,Gas and Water	83	41	10	23	4	5
建筑业	Construction	32	4	3	17	1	7
第三产业	Tertiary Industry	6178	1138	339	3817	213	671
批发和零售业	Wholesale and Retail Trades	2634	381	37	1855	88	273
交通运输、仓储和邮政业	Transport, Storage and Postal Services	404	128	109	132	10	25
住宿和餐饮业	Hotels and Catering Services	308	70	28	181	13	16
信息传输、软件和信息技术服务业	Information Transmission, Computer Services and Software	475	73	16	334	19	33
金融业	Finance	181	76	2	81	10	12
房地产业	Real Estate	474	136	71	221	25	21
租赁和商务服务业	Leasing and Business Services	971	119	20	607	28	197
科学研究和技术服务业	Scientific Research and Technical Services	475	105	13	305	10	42
水利、环境和公共设施管理业	Management of Water Conservancy, Environment and Public Facilities	33	5	13	11	1	3
居民服务、修理和其他服务业	Services to Households,Repair and Other Services	80	14	6	43	3	14
教育	Education	45	3	7	18	1	16
卫生和社会工作	Health and Social Service	6	2				4
文化、体育和娱乐业	Culture, Sports and Entertainment	69	22	16	16	4	11
公共管理、社会保障和社会组织	Public Administration,Social Security and Social Organizations	23	4	1	13	1	4

1-9 各市按机构类型分法人单位数（2013年）
Number of Corporate Units by Type by City (2013)

单位：个 (unit)

市别	city	法人单位 Corporate Units	企业 Enterprises	事业单位 Institutions	机关 Gover-nment Agencies	社会团体 Social Organi-zations	民办非企业 Non-enterprise Units Run by l NGO	其他组织机构 Other Organi-zations
总计	**Total**	**1093142**	**911567**	**44127**	**10888**	**19885**	**17556**	**89119**
广州	Guangzhou	199910	175725	5320	1071	3090	2785	11919
深圳	Shenzhen	238883	230277	1844	474	1838	2231	2219
珠海	Zhuhai	39434	35923	868	321	750	700	872
汕头	Shantou	32120	25123	2069	479	1094	833	2522
佛山	Foshan	99491	89166	1776	357	990	1444	5758
#顺德	Shunde	42144	39536	609	59	157	639	1144
韶关	Shaoguan	19433	10232	1760	744	3450	521	2726
河源	Heyuan	14529	8970	1896	492	340	420	2411
梅州	Meizhou	18510	11139	2031	724	511	460	3645
惠州	Huizhou	46836	32958	2264	534	634	867	9579
汕尾	Shanwei	7338	3665	1405	418	261	190	1399
东莞	Dongguan	107083	98707	1647	466	488	1433	4342
中山	Zhongshan	63943	58979	812	146	399	1164	2443
江门	Jiangmen	40594	29892	1830	538	1359	659	6316
阳江	Yangjiang	16039	10919	1749	376	445	483	2067
湛江	Zhanjiang	38456	19057	3875	759	484	703	13578
茂名	Maoming	29412	17837	4077	601	1228	651	5018
肇庆	Zhaoqing	20201	12492	2069	622	620	493	3905
清远	Qingyuan	16001	10915	1447	552	781	477	1829
潮州	Chaozhou	15619	11290	1709	290	397	306	1627
揭阳	Jieyang	18133	11335	2305	496	348	508	3141
云浮	Yunfu	11177	6966	1374	428	378	228	1803
按经济区域分	By Region							
珠三角	Pearl River Delta	856375	764119	18430	4529	10168	11776	47353
东翼	Eastern Region	73210	51413	7488	1683	2100	1837	8689
西翼	Western Region	83907	47813	9701	1736	2157	1837	20663
山区	Mountainous Region	79650	48222	8508	2940	5460	2106	12414

1-10 各市按行业分法人单位数（2013年）
Number of Corporate Units by Sector by City (2013)

单位：个 (unit)

市别	city	总计 Total	第一产业 Primary Industry	第二产业 Secondary Industry	采矿业 Mining	制造业 Manufacture	电力、燃气及水的生产和供应业 Production and Supply of Electric Power, Gas and Water
全省	**Provincial Total**	**1093142**	**25711**	**335764**	**2793**	**300698**	**8427**
广州	Guangzhou	199910	1032	38804	27	34714	192
深圳	Shenzhen	238883	130	64888	43	61264	164
珠海	Zhuhai	39434	424	8076	9	5770	56
汕头	Shantou	32120	708	11539	47	10821	91
佛山	Foshan	99491	363	40754	23	39206	148
#顺德	Shunde	42144	60	17265	1	16791	33
韶关	Shaoguan	19433	1125	3344	210	1790	1047
河源	Heyuan	14529	1588	2815	316	1527	609
梅州	Meizhou	18510	2430	4662	342	2548	1331
惠州	Huizhou	46836	726	12790	138	9841	312
汕尾	Shanwei	7338	863	1372	20	1065	196
东莞	Dongguan	107083	199	54183	9	50896	184
中山	Zhongshan	63943	503	35178	10	33049	104
江门	Jiangmen	40594	658	15670	65	14449	216
阳江	Yangjiang	16039	519	4669	126	3761	406
湛江	Zhanjiang	38456	10818	5690	236	4736	145
茂名	Maoming	29412	279	5408	341	3984	644
肇庆	Zhaoqing	20201	713	5318	278	4039	622
清远	Qingyuan	16001	1021	4161	424	2260	1155
潮州	Chaozhou	15619	866	7454	18	7049	206
揭阳	Jieyang	18133	521	6111	38	5542	306
云浮	Yunfu	11177	225	2878	73	2387	293
按经济区域分	By Region						
珠三角	Pearl River Delta	856375	4748	275661	602	253228	1998
东翼	Eastern Region	73210	2958	26476	123	24477	799
西翼	Western Region	83907	11616	15767	703	12481	1195
山区	Mountainous Region	79650	6389	17860	1365	10512	4435

1-10 续表 1 continued

单位：个 (unit)

市 别	city	建筑业 Construction	第三产业 Tertiary Industry	批发和零售业 Wholesale and Retail Trades	交通运输、仓储和邮政业 Transport, Storage and Postal Services	住宿和餐饮业 Hotels and Catering Services	信息传输、软件和信息技术服务业 Information Transmission, Computer Services and Software
全 省	**Provincial Total**	**23846**	**731667**	**290764**	**26868**	**18580**	**26872**
广 州	Guangzhou	3871	160074	65074	5802	4867	7891
深 圳	Shenzhen	3417	173865	84195	9322	3661	10920
珠 海	Zhuhai	2241	30934	12994	1107	714	1486
汕 头	Shantou	580	19873	7880	892	508	405
佛 山	Foshan	1377	58374	28144	1630	1678	1265
#顺 德	Shunde	440	24819	13775	794	446	464
韶 关	Shaoguan	297	14964	3321	298	321	124
河 源	Heyuan	363	10126	2632	218	244	148
梅 州	Meizhou	441	11418	2690	291	218	145
惠 州	Huizhou	2499	33320	8252	769	586	602
汕 尾	Shanwei	91	5103	874	136	183	62
东 莞	Dongguan	3094	52701	23353	2012	1518	1454
中 山	Zhongshan	2015	28262	12505	869	1312	657
江 门	Jiangmen	940	24266	7428	684	500	416
阳 江	Yangjiang	376	10851	3059	222	315	149
湛 江	Zhanjiang	573	21948	7520	767	549	280
茂 名	Maoming	439	23725	7941	413	373	232
肇 庆	Zhaoqing	379	14170	3098	394	287	206
清 远	Qingyuan	322	10819	2539	368	191	167
潮 州	Chaozhou	181	7299	1700	255	203	102
揭 阳	Jieyang	225	11501	3020	242	203	100
云 浮	Yunfu	125	8074	2545	177	149	61
按经济区域分	By Region						
珠 三 角	Pearl River Delta	19833	575966	245043	22589	15123	24897
东 翼	Eastern Region	1077	43776	13474	1525	1097	669
西 翼	Western Region	1388	56524	18520	1402	1237	661
山 区	Mountainous Region	1548	55401	13727	1352	1123	645

1-10 续表 2 continued

单位：个 (unit)

市别	city	金融业 Finance	房地产业 Real Estate	租赁和商务服务业 Leasing and Business Services	科学研究和技术服务业 Scientific Research, Technical Services and Geological Prospecting	水利、环境和公共设施管理业 Management of Water Conservancy, Environment and Public Facilities
全　省	**Provincial Total**	**5447**	**41677**	**130962**	**37710**	**5531**
广　州	Guangzhou	770	11115	30909	10767	892
深　圳	Shenzhen	2119	7033	29475	11811	487
珠　海	Zhuhai	528	2163	5578	1769	196
汕　头	Shantou	155	859	1891	579	161
佛　山	Foshan	199	3239	10416	3278	527
#顺　德	Shunde	43	1206	3134	2079	289
韶　关	Shaoguan	112	670	1515	426	226
河　源	Heyuan	81	550	872	493	192
梅　州	Meizhou	73	390	955	338	184
惠　州	Huizhou	147	3676	11577	1125	381
汕　尾	Shanwei	37	165	287	134	78
东　莞	Dongguan	292	3532	10645	1634	365
中　山	Zhongshan	140	1753	5156	638	181
江　门	Jiangmen	142	1413	6627	580	247
阳　江	Yangjiang	72	692	1450	850	156
湛　江	Zhanjiang	85	974	2658	656	198
茂　名	Maoming	92	731	3983	683	216
肇　庆	Zhaoqing	103	930	2849	667	279
清　远	Qingyuan	83	955	1242	368	207
潮　州	Chaozhou	54	207	562	262	145
揭　阳	Jieyang	108	270	1430	335	96
云　浮	Yunfu	55	360	885	317	117
按经济区域分	By Region					
珠三角	Pearl River Delta	4440	34854	113232	32269	3555
东　翼	Eastern Region	354	1501	4170	1310	480
西　翼	Western Region	249	2397	8091	2189	570
山　区	Mountainous Region	404	2925	5469	1942	926

1-10 续表 3 continued

单位：个 (unit)

市 别	city	居民服务、修理和其他服务业 Services to Households and Other Services	教育 Education	卫生和社会工作 Health Care, Social Security and Social Welfare	文化、体育和娱乐业 Culture, Sports and Recreation	公共管理、社会保障和社会组织 Public Administration and Social Organizations
全 省	**Provincial Total**	**17421**	**36348**	**10568**	**14700**	**68219**
广 州	Guangzhou	4215	4576	1684	3137	8375
深 圳	Shenzhen	4075	3818	1065	2136	3748
珠 海	Zhuhai	805	910	406	608	1670
汕 头	Shantou	532	1961	352	521	3177
佛 山	Foshan	1616	2045	763	1135	2439
#顺 德	Shunde	510	697	459	442	481
韶 关	Shaoguan	188	865	463	350	6085
河 源	Heyuan	142	1354	237	209	2754
梅 州	Meizhou	131	856	618	303	4226
惠 州	Huizhou	451	1610	395	649	3100
汕 尾	Shanwei	65	916	152	164	1850
东 莞	Dongguan	1575	1940	731	1480	2170
中 山	Zhongshan	1656	1351	300	710	1034
江 门	Jiangmen	369	1188	440	493	3739
阳 江	Yangjiang	161	1179	202	250	2094
湛 江	Zhanjiang	397	2954	572	614	3724
茂 名	Maoming	288	2971	923	408	4471
肇 庆	Zhaoqing	184	1178	338	388	3269
清 远	Qingyuan	174	944	266	356	2959
潮 州	Chaozhou	144	1053	206	297	2109
揭 阳	Jieyang	141	1971	225	297	3063
云 浮	Yunfu	112	708	230	195	2163
按经济区域分	By Region					
珠 三 角	Pearl River Delta	14946	18616	6122	10736	29544
东 翼	Eastern Region	882	5901	935	1279	10199
西 翼	Western Region	846	7104	1697	1272	10289
山 区	Mountainous Region	747	4727	1814	1413	18187

1-11 各市按注册类型分法人单位数（2013年）

Number of Corporate Units by Status of Registration by City (2013)

单位：个 (unit)

市别	city	总计 Total	内资企业 Domestic-funded Enterprises	国有企业 State-owned Enterprises	集体企业 Collective-owned Enterprises	股份合作企业 Share-holding Cooperative Enterprises
全　省	**Provincial Total**	**1093142**	**1043023**	**60579**	**28443**	**7865**
广　州	Guangzhou	199910	191109	8297	8569	3096
深　圳	Shenzhen	238883	224358	2843	418	1345
珠　海	Zhuhai	39434	36795	1587	702	208
汕　头	Shantou	32120	31379	3347	1562	560
佛　山	Foshan	99491	96504	1826	1830	710
#顺　德	Shunde	42144	40873	398	457	82
韶　关	Shaoguan	19433	19069	2963	1375	100
河　源	Heyuan	14529	14118	2652	351	70
梅　州	Meizhou	18510	18209	2918	532	152
惠　州	Huizhou	46836	43940	3250	1342	139
汕　尾	Shanwei	7338	7158	1901	330	53
东　莞	Dongguan	107083	98138	1760	1924	382
中　山	Zhongshan	63943	61511	780	2074	76
江　门	Jiangmen	40594	38401	2356	1701	125
阳　江	Yangjiang	16039	15839	2163	267	33
湛　江	Zhanjiang	38456	38233	5101	1191	155
茂　名	Maoming	29412	29215	4884	1434	234
肇　庆	Zhaoqing	20201	19518	2896	865	89
清　远	Qingyuan	16001	15481	2095	410	113
潮　州	Chaozhou	15619	15253	2122	537	143
揭　阳	Jieyang	18133	17811	2863	622	46
云　浮	Yunfu	11177	10984	1975	407	36
按经济区域分	By Region					
珠三角	Pearl River Delta	856375	810274	25595	19425	6170
东　翼	Eastern Region	73210	71601	10233	3051	802
西　翼	Western Region	83907	83287	12148	2892	422
山　区	Mountainous Region	79650	77861	12603	3075	471

1-11 续表 1 continued

单位：个 (unit)

市别	city	联营企业 Joint-operation Enterprises	有限责任公司 Limited Liability Corporations	股份有限公司 Share-holding Corporations Ltd.	私营企业 Private Enterprises	其他企业 Other Enterprises
全 省	**Provincial Total**	**5325**	**204223**	**12854**	**570795**	**152939**
广 州	Guangzhou	699	22460	1764	128720	17504
深 圳	Shenzhen	1752	19966	2701	185076	10257
珠 海	Zhuhai	167	18553	459	10716	4403
汕 头	Shantou	154	9723	663	10137	5233
佛 山	Foshan	354	29889	1161	50040	10694
#顺 德	Shunde	127	18030	307	18481	2991
韶 关	Shaoguan	88	3997	265	3852	6429
河 源	Heyuan	83	2979	204	2904	4875
梅 州	Meizhou	120	2205	376	5670	6236
惠 州	Huizhou	169	6796	518	19922	11804
汕 尾	Shanwei	36	497	130	1980	2231
东 莞	Dongguan	249	32359	1576	51585	8303
中 山	Zhongshan	182	19082	110	35465	3742
江 门	Jiangmen	218	8273	458	15884	9386
阳 江	Yangjiang	79	3166	204	5545	4382
湛 江	Zhanjiang	351	3596	563	10903	16373
茂 名	Maoming	190	5272	460	6695	10046
肇 庆	Zhaoqing	162	4508	330	5160	5508
清 远	Qingyuan	90	3917	333	4641	3882
潮 州	Chaozhou	49	1720	177	7173	3332
揭 阳	Jieyang	86	3176	268	5416	5334
云 浮	Yunfu	47	2089	134	3311	2985
按经济区域分	By Region					
珠三角	Pearl River Delta	3952	161886	9077	502568	81601
东 翼	Eastern Region	325	15116	1238	24706	16130
西 翼	Western Region	620	12034	1227	23143	30801
山 区	Mountainous Region	428	15187	1312	20378	24407

1-11 续表 2 continued

单位：个 (unit)

市　别	city	港、澳、台商投资企业 Enterprises with Investment from Hong Kong, Macao and Taiwan	合资经营企业(港或澳、台资) Joint Ventures	合作经营企业(港或澳、台资) Cooperative Enterprises	港、澳、台商独资经营企业 Sole Investment Enterprises	港、澳、台商投资股份有限公司 Share-holding Corporations Ltd.	其他港、澳、台商投资 Other Enterprises
全　省	**Provincial Total**	**35544**	**4171**	**1575**	**27820**	**694**	**1284**
广　州	Guangzhou	5576	694	456	3675	67	684
深　圳	Shenzhen	10599	1018	197	9067	146	171
珠　海	Zhuhai	1889	309	62	1461	32	25
汕　头	Shantou	523	90	69	341	16	7
佛　山	Foshan	1919	597	66	1197	35	24
#顺　德	Shunde	889	315	22	528	10	14
韶　关	Shaoguan	294	44	27	188	24	11
河　源	Heyuan	344	34	7	242	33	28
梅　州	Meizhou	222	48	38	128	5	3
惠　州	Huizhou	2325	256	86	1885	69	29
汕　尾	Shanwei	159	12	11	122	14	
东　莞	Dongguan	6386	290	126	5632	133	205
中　山	Zhongshan	1709	177	32	1454	25	21
江　门	Jiangmen	1634	258	79	1235	37	25
阳　江	Yangjiang	149	37	37	65	7	3
湛　江	Zhanjiang	135	55	29	44	5	2
茂　名	Maoming	141	32	17	72	7	13
肇　庆	Zhaoqing	499	84	32	359	16	8
清　远	Qingyuan	393	41	29	299	8	16
潮　州	Chaozhou	261	41	119	93	6	2
揭　阳	Jieyang	237	34	43	154	4	2
云　浮	Yunfu	150	20	13	107	5	5
按经济区域分	By Region						
珠三角	Pearl River Delta	32536	3683	1136	25965	560	1192
东　翼	Eastern Region	1180	177	242	710	40	11
西　翼	Western Region	425	124	83	181	19	18
山　区	Mountainous Region	1403	187	114	964	75	63

1-11 续表 3 continued

单位：个 (unit)

市 别	city	外商投资企业 Enterprises with Foreign Investment	中外合资经营企业 Sino-foreign Joint Ventures	中外合作经营企业 Sino-foreign Cooperative Enterprises	外资企业 Foreign-funded Enterprises	外商投资股份有限公司 Share-holding Corporations Ltd.	其他外商投资 Other Enterprises
全 省	**Provincial Total**	**14575**	**2767**	**653**	**9784**	**436**	**935**
广 州	Guangzhou	3225	675	156	2181	83	130
深 圳	Shenzhen	3926	668	67	2643	92	456
珠 海	Zhuhai	750	174	23	504	22	27
汕 头	Shantou	218	56	39	105	10	8
佛 山	Foshan	1068	340	52	601	30	45
#顺 德	Shunde	382	124	19	214	7	18
韶 关	Shaoguan	70	25	12	28	4	1
河 源	Heyuan	67	9	11	34	2	11
梅 州	Meizhou	79	28	15	23	5	8
惠 州	Huizhou	571	115	35	370	30	21
汕 尾	Shanwei	21	3	4	9	2	3
东 莞	Dongguan	2559	195	48	2116	83	117
中 山	Zhongshan	723	134	11	535	20	23
江 门	Jiangmen	559	136	30	344	23	26
阳 江	Yangjiang	51	13	10	22	2	4
湛 江	Zhanjiang	88	40	7	25	4	12
茂 名	Maoming	56	24	3	17	2	10
肇 庆	Zhaoqing	184	52	14	102	6	10
清 远	Qingyuan	127	28	32	55	9	3
潮 州	Chaozhou	105	18	52	27	2	6
揭 阳	Jieyang	85	20	26	24	2	13
云 浮	Yunfu	43	14	6	19	3	1
按经济区域分	By Region						
珠 三 角	Pearl River Delta	13565	2489	436	9396	389	855
东 翼	Eastern Region	429	97	121	165	16	30
西 翼	Western Region	195	77	20	64	8	26
山 区	Mountainous Region	386	104	76	159	23	24

1-12 民营经济主要指标

Main Indicators on Private Economy

指　标	Indicator	2002	2005	2010	2012	2013	2013比2012增长(%) Growth Rate in 2013 over 2012 (%)
单位个数　（万个）	**Number of Units　(10000 units)**	**210.39**	**278.29**	**438.66**	**502.16**	**567.18**	**12.9**
#私营	Private	25.86	44.92	94.82	125.62	152.97	21.8
个体	Individual	175.31	227.40	334.63	361.91	398.97	10.2
从业人数　（万人）	**Number of Employed Persons(10000 persons)**	**1002.45**	**1503.11**	**2422.26**	**2855.49**	**3009.71**	**2.5**
#私营	Private	422.35	629.85	1032.87	1122.30	1201.41	2.5
个体	Individual	430.82	659.51	1022.46	1047.18	1092.42	1.7
地区生产总值（亿元）	**Gross Domestic Product　(100 million yuan)**	**5265.20**	**8826.99**	**19620.96**	**29319.97**	**32058.76**	**8.8**
第一产业	Primary Industry	438.48	602.97	2183.96	2798.78	2993.54	2.5
第二产业	Secondary Industry	2129.35	3779.58	8405.88	13188.68	14177.99	9.4
工业	Industry	1857.07	3303.98	7865.75	12139.35	13025.24	9.6
#规模以上	Above Designated Size	923.56	1744.42	5533.69	8606.28	10282.11	11.2
建筑业	Construction	272.28	475.60	540.13	1049.33	1152.75	7.6
第三产业	Tertiary Industry	2697.36	4444.44	9031.12	13332.51	14887.23	9.4
交通运输仓储和邮政业	Transport, Storage and Postal Services	287.09	390.70	733.25	1077.86	1202.81	11.0
批发零售贸易业	Wholesale and Retail Trades	1054.80	1650.06	3670.94	4399.52	4926.43	11.3
住宿和餐饮业	Hotels and Catering Services	280.41	415.95	940.79	1156.63	1247.20	6.8
金融业	Finance	36.25	49.18	170.08	668.44	725.66	8.7
房地产业	Real Estate	552.50	1115.79	1938.56	2526.29	2922.74	10.6
其他服务业	Other Services	486.30	822.76	1577.50	3503.77	3862.39	10.6
固定资产投资（亿元）	**Investment in Fixed Assets　(100 million yuan)**	**1501.71**	**2480.98**	**8625.20**	**10177.28**	**12780.32**	**10.6**
进出口总额（亿美元）	**Total Value of Imports and Exports　(USD 100 million)**						
出口总额	Exports	41.48	299.48	1002.43	1814.95	2284.74	25.9
进口总额	Imports	44.13	209.35	686.42	1055.95	1464.89	38.7
运输邮电业	**Transportation, Postal and Telecommunication Services**						
营业收入　（亿元）	Business Revenue　(100 million yuan)	122.10	177.38	313.78	469.35	550.93	12.1
批发零售贸易餐饮业（亿元）	**Wholesale and Retail Trades and Catering Services　(100 million yuan)**						
批发贸易业销售额	Sales Value of Wholesale Trade	8821.17	13520.35	30264.58	50694.03	62993.10	22.9
批发贸易业零售额	Retail Sales of Wholesale Trade	3455.13	5277.20	12098.52	16665.73	19330.97	15.6
批发零售贸易税金	Taxes of Wholesale and Retail Trades	119.60	184.07	402.40	601.67	766.84	14.3
餐饮业零售额	Retail Sales of Catering Services	618.01	889.69	1766.28	2265.50	2490.68	10.8
餐饮业税金	Taxes of Catering Services	16.42	23.50	58.21	77.92	85.77	9.5
税金　（亿元）	**Taxes　(100 million yuan)**	**535.71**	**1184.49**	**2933.09**	**6467.82**	**7081.87**	**9.5**
#私营	Private	141.72	310.24	763.64	1110.09	1217.24	9.6
个体	Individual	139.46	210.70	418.47	631.02	735.05	16.5

注：1. 从2012年开始，民营经济统计范围调整为集体企业、股份合作企业、集体联营企业、其他联营企业、私营企业、其他企业、个体工商户，以及国有与集体联营企业、其他有限责任公司、股份有限公司、“三资”企业中的集体控股、私人控股、其他控股部分。绝对数与其他年份不可比，增长速度可比。

2. 2010年从业人员数据根据人口普查结果作了调整，与之前年份不可比。

3. 2011年起，固定资产投资统计口径由50万元以上调整为500万元以上，数据与之前年份不可比。

Note: a)The statistical coverage of private economy in this table refers to collective enterprises,private enterprises,share-holding cooperative enterprises other joint-operation enterprises, other corporations and individual economy.

b)The numbers of employed persons in 2010 and 2011 have been adjusted in accordance with the results of the population census, hence the data are not comparable to the previous years.

c)The statistical coverage of enterprises above designated size since 2011 has been adjusted from those with main revenue of or above 500,000 yuan to 5,000,000 yuan, hence the data are not comparable to the previous years.

1-13 企业家信心指数（2013年）

Entrepreneur Confidence Index (2013)

项 目	Item	一季度 1st Quarter	二季度 2nd Quarter	三季度 3rd Quarter	四季度 4th Quarter
按行业分	**Grouped by Sector**				
工业	Industry	127.4	124.3	126.6	122.7
#采矿业	Mining	121.5	144.5	125.9	143.5
制造业	Manufacture	127.2	123.9	126.4	122.3
电力、热力、燃气及水生产和供应业	Production and Supply of Electric Power, Heat Power,Gas and Water	141.6	142.9	137.4	141.8
建筑业	Construction	121.8	120.0	122.7	122.2
交通运输、仓储及邮政业	Transport, Storage and Postal Services	112.2	117.4	112.5	122.8
批发和零售业	Wholesale and Retail Trades	114.3	114.7	116.2	114.3
房地产业	Real Estate	111.2	122.0	124.7	121.3
社会服务业	Social Services	127.0	128.3	126.2	129.3
信息传输、软件和信息技术服务业	Information transmission, Sottware and Information technology Services	140.4	136.5	141.3	144.2
住宿和餐饮业	Hotels and Catering Services	101.3	99.4	113.7	98.2

1-14 企业景气指数（2013年）

Business Climate Index (2013)

项 目	Item	一季度 1st Quarter	二季度 2nd Quarter	三季度 3rd Quarter	四季度 4th Quarter
按行业分	**Grouped by Sector**				
工业	Industry	129.8	127.9	128.3	123.3
#采矿业	Mining	133.2	136.1	124.1	137.0
制造业	Manufacture	129.6	127.6	128.1	122.9
电力、热力、燃气及水生产和供应业	Production and Supply of Electric Power, Heat Power,Gas and Water	144.8	145.6	139.5	145.7
建筑业	Construction	126.5	126.5	121.1	124.3
交通运输、仓储及邮政业	Transport, Storage and Postal Services	116.6	121.7	116.4	123.0
批发和零售业	Wholesale and Retail Trades	118.3	116.9	120.2	117.0
房地产业	Real Estate	119.6	124.5	130.5	128.2
社会服务业	Social Services	127.4	124.1	120.9	127.0
信息传输、软件和信息技术服务业	Information transmission, Sottware and Information technology Services	136.0	140.8	145.2	140.0
住宿和餐饮业	Hotels and Catering Services	100.2	100.2	107.5	91.4

1-15 工业主要行业大类企业家信心指数（2013年）
Entrepreneur Confidence Index by Major Sector of Industry(2013)

项　　目	Item	一季度 1st Quarter	二季度 2nd Quarter	三季度 3rd Quarter	四季度 4th Quarter
农副食品加工业	Processing of Farm and Sideline Food	135.6	121.6	136.9	129.1
食品制造业	Manufacture of Food	149.5	146.8	142.0	144.5
酒、饮料和精制茶制造业	Manufacture of Wine, Beverage and Refined Tea	142.5	151.4	131.4	139.7
烟草制品业	Tobacco Products	166.7	166.7	166.7	133.3
纺织业	Textile Industry	121.5	117.4	116.6	115.2
纺织服装、服饰业	Manufacture of Textile Garments, Footwear and Headgear	114.6	111.3	114.3	112.6
皮革、毛皮、羽毛及其制品和制鞋业	Leather, Fur, Feather, Down and Related Products	117.7	121.8	119.0	112.2
木材加工和木、竹、藤、棕、草制品业	Timber Processing, Bamboo, Cane, Palm Fiber&Straw Products	127.0	119.0	119.3	120.0
家具制造业	Furniure Manufacturing	121.7	118.5	127.2	121.8
造纸和纸制品业	Papermaking and Paper Products	121.9	119.2	122.9	120.7
印刷和记录媒介复制业	Printing and Record Medium Reproduction	126.3	127.6	127.2	114.1
文教、工美、体育和娱乐用品制造业	Manufacture of Cultural, Educational,Sports and Entertainment Articles	123.2	122.1	122.5	115.2
石油加工、炼焦和核燃料加工业	Petroleum Refining, Coking and Nuclear Fuel Processing	118.5	105.7	144.6	156.7
化学原料和化学制品制造业	Manufacture of Raw Chemical Materials and Chemical Products	130.6	126.2	126.2	127.0
医药制造业	Manufacture of Medicines	160.2	146.9	157.0	161.5
化学纤维制造业	Manufacture of Chemical Fibers	135.0	106.0	138.0	108.0
橡胶和塑料制品业	Rubber and Plastic Products	128.2	123.7	123.1	120.7
非金属矿物制品业	Nonmetal Mineral Products	116.2	126.4	126.0	122.3
黑色金属冶炼和压延加工业	Smelting and Pressing of Ferrous Metals	106.2	100.2	105.3	109.3
有色金属冶炼和压延加工业	Smelting and Pressing of Nonferrous Metals	124.2	125.4	130.1	122.5
金属制品业	Metal Products	127.4	126.6	129.0	124.6
通用设备制造业	Manufacture of General-purpose Machinery	128.0	130.6	128.0	125.3
专用设备制造业	Manufacture of Special-purpose Machinery	136.7	132.4	135.8	131.6
汽车制造业	Manufacture of Automobile	144.4	133.5	141.6	141.2
铁路、船舶、航空航天和其他运输设备制造业	Manufacture of Railway ,Ship,Aeronautics and Other Transportequipment	131.0	116.7	118.1	126.2
电气机械和器材制造业	Manufacture of Electrical Machinery and Equipment	133.0	128.1	131.0	127.1
计算机、通信和其它电子设备制造业	Manufacture of Communication Equipment, Computers and Other Electronic Equipment	131.0	124.6	130.5	122.4
仪器仪表制造业	Manufacture of Instruments and Meters	128.0	125.9	127.3	126.1
其他制造业	Other Manufactures	138.2	121.5	110.0	119.5
废弃资源综合利用业	Comprehensive Utilization of Waste	130.4	106.9	101.0	114.0
金属制品、机械和设备修理业	Manufacture of Metal Products,Machinery and Equipment Maintenance	172.0	130.0	145.0	122.9

1-16 工业主要行业大类企业景气指数（2013年）

Business Climate Index by Major Sector of Industry (2013)

项　　目	Item	一季度 1st Quarter	二季度 2nd Quarter	三季度 3rd Quarter	四季度 4th Quarter
农副食品加工业	Processing of Farm and Sideline Food	137.1	129.7	141.6	132.3
食品制造业	Manufacture of Food	149.6	150.3	144.1	141.3
酒、饮料和精制茶制造业	Manufacture of Wine, Beverage and Refined Tea	145.0	157.5	132.6	136.9
烟草制品业	Tobacco Products	180.0	166.7	180.0	166.7
纺织业	Textile Industry	124.8	123.0	116.1	112.5
纺织服装、服饰业	Manufacture of Textile Garments, Footwear and Headgear	119.1	117.0	117.3	112.5
皮革、毛皮、羽毛及其制品和制鞋业	Leather, Fur, Feather, Down and Related Products	121.2	125.9	119.4	112.4
木材加工及木、竹、藤、棕、草制品业	Timber Processing, Bamboo, Cane, Palm Fiber&Straw Products	145.3	123.8	116.1	126.3
家具制造业	Furniure Manufacturing	126.0	125.5	126.8	122.4
造纸和纸制品业	Papermaking and Paper Products	127.8	128.2	123.1	121.8
印刷和记录媒介复制业	Printing and Record Medium Reproduction	129.3	125.6	130.0	120.7
文教、工美、体育和娱乐用品制造业	Manufacture of Cultural, Educational,Sports and Entertainment Articles	124.6	124.3	124.9	116.9
石油加工、炼焦及核燃料加工业	Petroleum Refining, Coking and Nuclear Fuel Processing	113.9	108.6	141.5	160.0
化学原料和化学制品制造业	Manufacture of Raw Chemical Materials and Chemical Products	135.5	132.1	132.6	128.2
医药制造业	Manufacture of Medicines	159.7	144.8	155.4	163.1
化学纤维制造业	Manufacture of Chemical Fibers	143.3	122.0	132.0	132.0
橡胶和塑料制品业	Rubber and Plastic Products	128.6	124.9	123.0	121.8
非金属矿物制品业	Nonmetal Mineral Products	123.0	129.0	127.6	122.0
黑色金属冶炼和压延加工业	Smelting and Pressing of Ferrous Metals	100.3	104.9	109.3	109.6
有色金属冶炼和压延加工业	Smelting and Pressing of Nonferrous Metals	132.0	130.6	134.7	123.1
金属制品业	Metal Products	129.1	128.7	131.5	127.0
通用设备制造业	Manufacture of General-purpose Machinery	131.7	130.2	129.9	126.0
专用设备制造业	Manufacture of Special-purpose Machinery	138.1	135.4	136.6	132.7
汽车制造业	Manufacture of Automobile	138.9	135.1	146.3	140.8
铁路、船舶、航空航天和其他运输设备制造业	Manufacture of Railway ,Ship,Aeronautics and Other Transport equipment	130.2	122.1	124.2	122.6
电气机械和器材制造业	Manufacture of Electrical Machinery and Equipment	135.9	133.0	133.5	127.8
计算机、通信和其它电子设备制造业	Manufacture of Communication Equipment, Computers and Other Electronic Equipment	132.0	128.6	131.4	122.8
仪器仪表制造业	Manufacture of Instruments and Meters	128.9	126.6	130.0	125.6
其他制造业	Other Manufactures	128.7	115.7	115.0	115.5
废弃资源综合利用业	Comprehensive Utilization of Waste	126.1	109.6	109.5	107.0
金属制品、机械和设备修理业	Manufacture of Metal Products,Machinery and Equipment Maintenance	152.0	136.0	132.5	128.6

1-17 规模以上服务业企业分行业主要指标（2013年）

单位：亿元

项 目	Item	企业单位数（个）Number of Enterprises (unit)	年末资产总计 Total Assets at the end of the year 总量 Total	比2012年增长(%) Growth Rate in 2013 Over 2012(%)
全省总计	**Provincial Total**	**13495**	**53921.76**	**14.3**
按经济类型分	Grouped by Ownership			
内资企业	Domestic-funded Enterprises	11947	46711.91	14.4
#国有企业	State-owned Enterprises	673	8287.59	28.6
集体企业	Collective-owned Enterprises	636	767.94	4.3
有限责任公司	Limited Liability Corporations	4100	23016.88	12.7
私营企业	Private Enterprises	5106	3890.11	19.6
港澳台商投资企业	Enterprises with Investment from Hong Kong, Macao and Taiwan	932	4181.14	11.3
外商投资企业	Enterprises with Foreign Investment	616	3028.71	16.8
按行业分	Grouped by Sector			
交通运输、仓储和邮政业	Transport, Storage and Postal Services	2560	16721.17	20.9
铁路运输业	Railway Transport Service	10	4424.44	19.3
#铁路旅客运输	Railway Passenger Transport	4	3976.78	17.2
铁路货物运输	Railway Freight Transport	5	35.61	-7.3
道路运输业	Road Transport Services	1108	5737.21	33.0
#城市公共交通运输	Urban Public Trasport	208	3383.03	55.7
公路旅客运输	Highway Passenger Transport	204	262.35	11.5
道路货物运输	Road Freight Transport	567	281.73	10.1
水上运输业	Waterway Transport Service	240	2237.91	2.0
#水上旅客运输	Waterway Passenger Trasport	22	32.59	17.5
水上货物运输	Waterway Freight Transport	119	1153.07	6.9
航空运输业	Air Transport Service	22	2152.18	13.8
#航空客货运输	Air Passenger and Freight Transport	14	1885.52	14.7
管道运输业	Pipeline Transport Service	3	21.62	5.1
装卸搬运和运输代理业	Handling and Transportation Agency	813	1071.23	26.4
#运输代理业	Transportation Agency	720	891.82	32.6
仓储业	Warehousing Service	299	793.44	10.6
邮政业	Postal Service	65	283.13	100.5
#快递服务	Express Service	43	176.45	234.6
信息传输、软件和信息技术服务业	Information Transmission, Software and Information Technology Services	1574	5944.55	9.6
电信、广播电视和卫星传输服务	Telecommunications, Broadcasting Television and Satellite Transmission Services	168	3546.78	5.5
#电信	Telecommunications	147	3323.33	5.8
互联网和相关服务	Internet and Related Services	97	766.72	20.9
#互联网信息服务	Internet Information Services	71	741.12	20.8
软件和信息技术服务业	Software and Information Technology Services	1309	1631.04	14.4
#软件开发	Software Development	874	1102.47	15.8
信息系统集成服务	Information System Integration Service	226	247.26	7.6
信息技术咨询服务	Information Technology Consulting Services	55	114.13	14.7
物业管理业	Property Management Industry	1444	1214.17	10.9
房地产中介服务业	Real Estate Agent Services	131	421.44	57.2

Main Indicators of Service Enterprises above Designated Size by Sector(2013)

(100 million yuan)

本年折旧 Depreciation Drawn in Current Year		营业收入 Business Revenue		营业成本 Business Costs		营业税金及附加 Tax and Extra Charges on Business		销售费用 Selling Expenses	
总量 Total	比2012年增长(%) Growth Rate in 2013 Over 2012(%)	总量 Total	比2011年增长(%) Growth Rate in 2013 Over 2012(%)	总量 Total	比2012年增长(%) Growth Rate in 2013 Over 2012(%)	总量 Total	比2012年增长(%) Growth Rate in 2013 Over 2012(%)	总量 Total	比2012年增长(%) Growth Rate in 2013 Over 2012(%)
1097.59	**9.6**	**14680.57**	**12.3**	**10356.47**	**13.5**	**260.36**	**-21.0**	**975.39**	**14.9**
895.05	10.0	12249.88	12.7	9038.41	13.9	215.44	-19.7	771.61	13.3
158.72	15.7	1824.03	8.8	1475.56	9.6	38.67	-13.5	55.65	11.2
29.21	43.1	171.63	32.3	70.12	16.8	5.53	35.9	3.97	1.3
393.52	9.7	4501.56	11.4	3074.75	12.8	95.98	-17.5	381.36	15.6
86.33	0.7	3147.96	17.6	2437.78	19.5	42.95	-17.5	171.59	14.1
115.80	7.6	1424.75	13.5	765.72	16.1	24.04	-33.9	119.42	28.4
86.74	9.0	1005.95	6.3	552.33	5.0	20.89	-16.2	84.36	12.5
404.69	6.3	5353.83	11.8	4568.58	13.7	50.56	-47.2	141.16	13.7
80.20	13.5	794.34	13.4	688.87	15.7	20.78	13.2	5.11	209.2
79.62	13.6	790.60	13.4	685.80	15.7	20.66	13.2	5.11	209.2
0.56	-1.2	3.55	13.2	2.90	13.8	0.11	-2.1	…	
121.19	-1.8	1049.81	14.8	859.05	14.7	15.65	-37.5	17.23	4.5
35.36	-8.4	291.00	33.7	316.45	19.1	2.98	-54.6	1.94	-1.3
17.22	-10.4	142.56	13.1	118.81	16.1	1.45	-62.6	1.37	-12.9
13.31	26.3	351.95	9.8	296.32	11.2	2.32	-59.8	11.98	6.3
75.35	2.9	591.25	8.6	444.94	10.2	2.12	-78.8	5.08	52.9
3.29	80.6	17.47	7.9	11.67	5.2	0.19	-38.3	0.36	4.5
33.83	42.8	341.06	18.7	293.78	15.7	0.98	-64.8	2.99	60.4
88.46	20.3	1115.19	2.4	967.36	7.7	3.72	-86.9	79.66	8.6
77.64	22.7	1022.99	1.8	906.12	7.3	2.66	-89.5	78.15	8.2
1.44	1.2	4.93	-9.7	2.35	0.6	0.04	-80.0	0.08	37.4
12.85	11.8	1264.19	20.4	1167.30	21.9	2.57	-61.7	16.87	9.5
7.13	20.0	1204.94	21.4	1129.53	22.5	2.17	-57.0	15.76	10.1
15.80	-9.7	316.78	-3.3	264.74	-4.5	1.98	-51.3	12.73	23.3
9.41	-0.6	217.35	37.7	173.98	28.6	3.70	23.1	4.40	25.1
2.28	53.2	133.67	36.6	108.49	30.8	2.50	22.2	4.40	25.3
313.35	5.8	3325.33	11.6	1684.49	11.5	71.98	-10.0	509.01	19.0
277.93	10.2	1732.24	7.0	854.45	5.9	53.03	7.6	336.35	14.7
268.02	9.9	1664.95	7.1	815.37	6.2	51.42	9.1	331.78	14.7
15.45	-37.9	441.30	24.0	200.70	35.0	7.43	-44.1	40.39	40.8
14.94	-38.9	416.97	23.8	190.50	35.4	6.79	-45.9	36.18	41.1
19.96	5.0	1151.80	14.8	629.34	13.5	11.52	-33.8	132.27	25.1
12.66	32.8	812.29	17.9	428.49	16.3	7.94	-31.8	103.71	30.2
2.34	-42.8	166.20	6.9	104.37	8.5	1.65	-36.1	14.69	5.9
1.50	-23.8	65.99	4.6	40.12	6.4	0.97	-23.1	3.44	0.4
19.88	16.3	473.39	17.9	284.05	17.1	26.60	20.4	21.84	8.8
2.12	0.7	97.02	36.2	38.08	42.8	4.81	29.0	22.51	3.3

1-17 续表 1

单位：亿元

项　　目	Item	管理费用 Management Expenses 总量 Total	管理费用 比2012年增长(%) Growth Rate in 2013 Over 2012(%)	财务费用 Financial Expenses 总量 Total	财务费用 比2012年增长(%) Growth Rate in 2013 Over 2012(%)
全省总计	**Provincial Total**	**1659.39**	**11.5**	**359.18**	**-6.3**
按经济类型分	Grouped by Ownership				
内资企业	Domestic-funded Enterprises	1323.05	10.9	325.08	-4.0
#国有企业	State-owned Enterprises	198.30	4.5	77.66	6.7
集体企业	Collective-owned Enterprises	46.67	72.7	3.24	-7.4
有限责任公司	Limited Liability Corporations	499.56	10.8	144.16	-1.5
私营企业	Private Enterprises	331.45	13.0	42.59	21.1
港澳台商投资企业	Enterprises with Investment from Hong Kong, Macao and Taiwan	203.33	24.2	7.11	-48.2
外商投资企业	Enterprises with Foreign Investment	133.00	1.6	26.99	-13.4
按行业分	Grouped by Sector				
交通运输、仓储和邮政业	Transport, Storage and Postal Services	348.45	9.9	149.16	-11.2
铁路运输业	Railway Transport Service	66.47	9.5	61.14	4.1
#铁路旅客运输	Railway Passenger Transport	66.04	9.8	60.14	4.0
铁路货物运输	Railway Freight Transport	0.41	-19.6	1.01	16.3
道路运输业	Road Transport Services	91.32	10.7	55.81	0.9
#城市公共交通运输	Urban Public Trasport	30.19	18.8	13.55	-16.8
公路旅客运输	Highway Passenger Transport	20.29	8.2	1.59	12.9
道路货物运输	Road Freight Transport	25.14	12.0	3.45	21.0
水上运输业	Waterway Transport Service	47.72	-4.6	23.25	20.4
#水上旅客运输	Waterway Passenger Trasport	2.14	2.8	0.10	-69.7
水上货物运输	Waterway Freight Transport	20.76	-15.2	11.72	83.2
航空运输业	Air Transport Service	38.30	8.1	-6.59	-136.0
#航空客货运输	Air passenger and freight Transport	31.63	6.3	-6.72	-138.0
管道运输业	Pipeline Transport Service	0.82	8.5	0.00	-10.6
装卸搬运和运输代理业	Handling and Transportation Agency	48.96	11.2	4.63	-22.6
#运输代理业	Transportation Agency	41.28	12.2	3.39	-15.2
仓储业	Warehousing Service	25.19	13.0	10.61	2.7
邮政业	Postal Service	29.67	38.3	0.31	668.6
#快递服务	Express Service	16.26	109.9	0.23	1621.3
信息传输、软件和信息技术服务业	Information Transmission, Software and Information Technology Services	380.15	12.5	-22.50	9.9
电信、广播电视和卫星传输服务	Telecommunications, Broadcasting Television and Satellite Transmission Services	102.41	-1.8	-15.57	-0.9
#电信	Teleccommunications	90.37	-3.5	-14.41	-2.1
互联网和相关服务	Internet and Related Services	72.40	51.5	-6.84	84.5
#互联网信息服务	Internet Information Services	64.75	54.1	-7.04	79.0
软件和信息技术服务业	Software and Information Technology Services	205.33	10.6	-0.08	-92.1
#软件开发	Software Development	143.56	12.7	-1.34	-28.3
信息系统集成服务	Information System Integration Service	27.53	11.6	0.71	9.6
信息技术咨询服务	Information Technology Consulting services	11.32	-15.8	0.76	3.1
物业管理业	Property Management Industry	104.71	26.2	9.67	42.7
房地产中介服务业	Real Estate Agent Services	22.33	24.8	0.97	39.3

注：2012年11月，广东正式开始“营改增”试点，对增值税指标增幅产生影响。

1-17 1 continued

(100 million yuan)

利润总额 Total Profits		应交所得税 Income Taxes Payable		应付职工薪酬 Total Wages Payable		应交增值税 Value-added Taxes Payable		从业人员平均人数(万人) Average number of employed persons (10000 persons)
总量 Total	比2012年增长(%) Growth Rate in 2013 Over 2012(%)	总量 Total	比2012年增长(%) Growth Rate in 2013 Over 2012(%)	总量 Total	比2012年增长(%) Growth Rate in 2013 Over 2012(%)	总量 Total	比2012年增长(%) Growth Rate in 2013 Over 2012(%)	
2206.70	**11.0**	**324.94**	**2.7**	**2583.36**	**28.0**	**188.05**	**104.8**	**288.49**
1517.07	6.2	225.20	3.5	2156.10	28.8	142.46	101.9	248.01
115.88	6.5	23.45	2.6	492.42	45.0	21.73	274.3	27.07
42.00	51.3	2.67	29.1	41.65	48.7	0.61	137.5	9.00
694.58	-8.9	115.48	1.1	792.66	22.3	62.31	110.9	100.55
145.26	11.3	31.40	16.8	410.02	26.5	36.80	79.2	74.88
451.55	31.6	52.61	-0.2	254.20	23.7	31.69	135.8	24.06
238.09	10.3	47.13	2.2	173.06	24.7	13.91	77.4	16.42
287.13	2.0	72.04	1.5	940.97	39.9	46.24	161.2	78.01
-42.71	7.5	4.88	-10.8	234.37	74.3	2.25	56.7	2.01
-42.05	6.8	4.88	-10.9	232.40	75.4	2.24	56.2	1.86
-0.65	116.8	…	933.3	1.03	3.4	…		0.12
126.06	15.0	28.54	9.4	251.26	27.6	19.76	197.1	38.37
8.75	-348.0	2.19	39.1	148.10	31.9	8.03	1058.6	20.36
8.09	-7.8	2.25	5.8	32.67	18.6	3.76	241.3	6.90
16.52	14.4	3.94	13.8	43.78	32.6	7.20	57.2	7.83
90.42	2.2	16.66	43.2	104.53	56.0	7.88	1629.5	6.03
2.96	12.1	0.86	15.4	3.42	45.6	0.27	630.8	0.45
11.28	-0.3	5.38	161.7	62.95	83.3	3.42	-827.2	2.25
51.35	-21.5	9.42	-37.4	183.03	26.9	2.32	-25.1	9.79
28.98	-35.9	3.83	-53.4	157.68	28.9	0.64	-77.6	8.01
1.72	-18.8	0.44	-17.5	0.39	11.4	0.22		0.03
34.88	20.7	6.68	6.8	59.19	20.1	8.54	82.3	8.56
19.27	31.8	3.80	6.2	45.32	22.6	6.97	54.2	6.53
18.21	-12.1	4.48	-9.5	23.15	15.4	3.31	254.6	3.57
7.20	23.0	0.93	-6.7	85.06	41.4	1.96	352.1	9.66
2.13	13.4	0.70	-13.0	43.57	74.0	1.96	450.4	6.59
828.63	15.5	124.71	-1.3	461.39	23.3	69.02	59.3	38.43
474.83	15.1	91.81	5.9	169.65	13.2	4.06	687.8	13.39
462.65	15.5	91.36	6.5	150.71	12.6	0.95	158.5	12.03
144.97	17.2	12.81	-30.4	48.18	59.9	15.46	135.8	2.87
143.36	17.7	12.61	-30.1	44.08	61.3	14.72	133.0	2.41
208.82	15.4	20.09	-5.5	243.56	25.4	49.50	36.6	22.16
158.66	18.5	15.39	2.7	170.11	23.6	36.11	31.5	14.70
21.20	-2.5	2.10	-25.9	29.05	15.9	7.46	55.6	2.89
10.40	19.5	0.55	-59.7	19.98	18.6	2.02	67.5	1.83
39.95	15.8	10.02	4.8	164.59	25.5	1.21	19.4	36.64
10.16	71.1	2.43	37.9	41.91	51.0	0.50	238.8	5.71

Notes: On November 2012, Guangdong began “Sales Tax to Value-added Tax” pilot which has an impact on the growth of value-added tax index.

1-17 续表 2

单位：亿元

项目	Item	企业单位数(个) Number of Enterprises (unit)	年末资产总计 Total Assets at the end of the year	
			总量 Total	比2012年增长(%) Growth Rate in 2013 Over 2012(%)
租赁和商务服务业	Leasing and Business Services	4074	25259.18	11.5
租赁业	Leasing	91	425.52	58.6
#机械设备租赁	Machinery Equipment Leasing	84	421.40	59.3
商务服务业	Business Services	3983	24833.66	10.9
#企业管理服务	Enterprise Management Service	1804	21398.32	9.7
咨询与调查	Consultation and Investigation	497	1012.13	13.8
广告业	Advertising	443	322.76	25.5
旅行社及相关服务	Travel Agency and Related Services	320	211.08	51.0
科学研究和技术服务业	Scientific Research and Technical Services	1644	2098.62	14.7
研究和试验发展	Research and Experimental Development	251	627.88	22.0
#工程和技术研究和试验发展	Engineering and Technology Research and Experimental Development	199	536.82	21.0
专业技术服务业	Professional Technical Services	1256	1267.31	11.0
科技推广和应用服务业	Services of Science and Technology Exchanges and Promotion	137	203.44	17.5
水利环境和公共设施管理业	Management of Water Conservancy, Environment and Public Facilities	316	791.78	7.4
水利管理业	Management of Water Conservancy	21	10.22	-1.9
生态保护和环境治理业	Ecological Protection and Environmental Treatment	55	79.85	8.8
#生态保护	Ecological Protection	5	5.66	5.2
环境治理业	Environmental Treatment	50	74.19	9.1
公共设施管理业	Management of Public Facilities	240	701.71	7.4
居民服务、修理和其他服务业	Households' service, Repair and Other Services	565	155.75	10.9
居民服务业	Services to Households	170	52.65	3.5
机动车、电子产品和日用产品修理业	Motor Vehicle, Electronic Products and Consumer Products repair	145	36.25	10.0
#汽车、摩托车修理与维护	Automobile, Motorcycle Repair and Maintenance	91	19.04	6.5
其他服务业	Other Services	250	66.85	18.0
教育	Education	530	300.36	9.8
#中等教育	Secondary Education	130	80.41	4.5
高等教育	Higher Education	18	105.77	6.6
卫生和社会工作	Health and Social Work	245	174.12	11.1
卫生	Health	231	171.25	10.5
#医院	Hospital	173	155.93	10.6
社区医疗与卫生院	Community Medical and Health Center	12	2.01	2.2
社会工作	Social Work	14	2.87	60.1
文化、体育和娱乐业	Culture, Sports and Entertainment	412	840.62	9.0
新闻和出版业	News and Publication	64	247.05	1.0
#出版业	Publication	61	239.35	6.7
广播、电视、电影和影视录音制作业	Production of Radio, Television, Film and Video Recording	103	148.12	9.0
文化艺术业	Culture and Arts	33	14.63	-0.6
体育	Sports	96	199.02	3.7
娱乐业	Entertainment	116	231.80	25.8

1-17 2 continued

(100 million yuan)

本年折旧 Depreciation Drawn in Current Year		营业收入 Business Revenue		营业成本 Business Costs		营业税金及附加 Tax and Extra Charges on Business		销售费用 Selling Expenses	
总量 Total	比2012年 增长(%) Growth Rate in 2013 Over 2012(%)	总量 Total	比2012年 增长(%) Growth Rate in 2013 Over 2012(%)	总量 Total	比2012年 增长(%) Growth Rate in 2013 Over 2012(%)	总量 Total	比2012年 增长(%) Growth Rate in 2013 Over 2012(%)	总量 Total	比2012年 增长(%) Growth Rate in 2013 Over 2012(%)
251.69	19.9	3249.31	14.3	2259.92	16.2	61.36	-11.4	152.16	4.5
6.95	6.3	51.92	33.3	28.19	39.3	1.44	-16.0	4.37	17.0
6.87	5.8	50.21	35.8	27.34	42.9	1.40	-15.9	4.18	21.8
244.74	20.3	3197.38	14.1	2231.74	16.0	59.92	-11.3	147.80	4.2
213.40	16.7	1199.38	6.4	692.65	4.4	35.99	4.4	40.04	5.0
6.27	32.1	268.18	10.9	132.74	15.7	4.61	-44.0	28.08	-1.2
2.75	2.5	420.98	12.1	355.08	13.7	3.65	-50.2	22.04	4.4
5.78	146.5	405.83	8.6	372.72	8.1	2.00	-0.5	15.62	6.9
30.32	23.8	1326.91	9.7	954.82	8.6	21.50	-31.3	52.21	31.8
11.47	38.6	303.15	8.4	212.48	2.0	1.90	-34.5	12.41	22.3
9.01	39.4	267.00	6.5	192.37	1.2	1.57	-39.3	9.66	23.1
16.71	14.9	959.39	8.9	697.05	9.1	18.98	-30.6	36.19	37.4
2.13	28.5	64.37	32.1	45.29	40.6	0.62	-39.6	3.60	15.5
10.84	18.3	152.61	19.0	110.32	28.4	4.87	23.8	7.17	-4.2
0.58	22.1	5.91	3.2	4.36	5.9	0.14	-31.6	0.03	-4.6
2.29	4.5	27.68	18.2	19.88	29.9	0.29	12.6	0.97	-31.9
0.29	-29.9	3.16	22.5	1.38	74.8	0.09	13.7	0.51	-44.6
2.01	12.4	24.52	17.7	18.50	27.5	0.20	12.1	0.47	-9.5
7.97	22.7	119.03	20.1	86.07	29.4	4.44	27.9	6.17	2.3
4.42	16.7	142.79	8.8	93.28	11.0	5.08	2.2	17.08	-4.1
1.30	-9.5	39.60	-1.5	22.15	3.0	1.55	-10.1	8.01	-17.3
1.15	54.6	40.73	10.0	28.34	12.0	0.56	1.3	4.29	1.4
0.96	73.5	19.83	9.6	14.04	13.1	0.17	-9.5	2.06	-1.0
1.97	22.6	62.47	15.7	42.79	15.0	2.97	10.2	4.79	22.4
13.50	6.8	134.69	8.3	83.69	6.8	2.00	3.3	5.37	16.7
4.25	-4.8	34.99	10.0	26.00	9.3	0.11	26.6	0.10	-19.2
3.14	-10.5	27.71	12.6	16.09	12.6	0.12	5.4	0.05	168.5
11.75	14.9	140.08	18.2	101.60	18.8	0.36	22.2	9.82	24.6
11.66	14.8	138.29	17.9	100.98	18.6	0.35	22.1	9.45	24.8
10.79	14.2	122.25	16.8	90.87	17.9	0.29	25.5	6.79	16.8
0.09	40.8	1.65	2.2	1.25	12.2	0.00	0.5	0.27	14.2
0.09	26.5	1.78	50.1	0.62	70.2	0.00	29.8	0.37	19.1
35.04	0.3	284.60	4.0	177.65	6.3	11.24	-31.6	37.05	13.9
2.88	-7.1	96.95	-1.2	67.91	2.3	1.75	-54.4	9.61	2.9
2.81	-1.2	95.62	2.2	66.16	6.0	1.70	-53.6	9.61	3.1
3.77	-2.3	83.29	8.6	54.76	9.5	2.42	-54.7	11.56	21.2
0.41	-7.1	6.12	0.9	3.36	8.5	0.20	-15.3	0.79	-1.2
6.00	6.8	43.98	20.0	22.36	28.5	3.51	17.3	7.08	21.4
21.97	0.3	54.26	-3.2	29.25	-3.4	3.35	-16.5	8.02	14.3

1-17 续表 3

单位：亿元

项　目	item	管理费用 Management Expenses 总量 Total	比2012年增长(%) Growth Rate in 2013 Over 2012(%)	财务费用 Financial Expenses 总量 Total	比2012年增长(%) Growth Rate in 2013 Over 2012(%)
租赁和商务服务业	Leasing and Business Services	463.56	11.5	185.88	-6.0
租赁业	Leasing	9.05	16.4	2.87	80.7
#机械设备租赁	Machinery Equipment Leasing	8.62	16.8	2.83	82.2
商务服务业	Business Services	454.50	11.4	183.01	-6.7
#企业管理服务	Enterprise Management Service	257.40	8.8	178.05	-7.6
咨询与调查	Consultation and Investigation	74.91	22.5	1.98	-768.1
广告业	Advertising	26.41	3.6	1.10	55.4
旅行社及相关服务	Travel Agency and Related Services	11.32	3.4	0.73	17.8
科学研究和技术服务业	Scientific Research and Technical Services	186.71	7.5	16.57	34.6
研究和试验发展	Research and Experimental Development	42.80	9.0	7.69	8.6
#工程和技术研究和试验发展	Engineering and Technology Research and Experimental Development	31.21	1.8	6.23	4.8
专业技术服务业	Professional Technical Services	132.25	7.3	7.87	75.3
科技推广和应用服务业	Services of Science and Technology Exchanges and Promotion	11.65	4.8	1.01	36.2
水利环境和公共设施管理业	Management of Water Conservancy, Environment and Public Facilities	21.01	2.5	4.39	1.7
水利管理业	Management of Water Conservancy	1.00	37.3	0.26	1.8
生态保护和环境治理业	Ecological Protection and Environmental Treatment	3.58	12.7	0.62	-11.7
#生态保护	Ecological Protection	0.34	18.3	0.08	-26.6
环境治理业	Environmental Treatment	3.24	12.2	0.54	-8.9
公共设施管理业	Management of Public Facilities	16.42	-1.0	3.51	4.5
居民服务、修理和其他服务业	Households' service, Repair and Other Services	20.71	4.4	1.16	-11.6
居民服务业	Services to Households	5.97	1.5	0.31	0.1
机动车、电子产品和日用产品修理业	Motor Vehicle, Electronic Products and Consumer Products repair	5.42	9.9	0.25	-21.4
#汽车、摩托车修理与维护	Automobile, Motorcycle Repair and Maintenance	2.75	6.5	0.07	-56.2
其他服务业	Other Services	9.31	3.3	0.60	-12.2
教育	Education	36.01	14.5	2.24	-5.0
#中等教育	Secondary Education	8.03	2.8	0.33	7.1
高等教育	Higher Education	7.82	36.6	1.41	-10.9
卫生和社会工作	Health and Social Work	26.62	12.0	2.56	-11.0
卫生	Health	25.81	11.0	2.56	-11.0
#医院	Hospital	22.44	9.5	2.31	-14.1
社区医疗与卫生院	Community Medical and Health Center	0.31	-0.5	0.00	-85.1
社会工作	Social Work	0.81	61.8	0.00	5.1
文化、体育和娱乐业	Culture, Sports and Entertainment	49.15	4.5	9.07	22.7
新闻和出版业	News and Publication	15.91	0.2	0.47	39.1
#出版业	Publication	15.13	1.5	0.49	23.5
广播、电视、电影和影视录音制作业	Production of Radio, Television, Film and Video Recording	10.03	3.1	1.61	63.2
文化艺术业	Culture and Arts	2.27	-8.8	0.05	26.6
体育	Sports	14.19	10.4	2.31	29.6
娱乐业	Entertainment	6.75	10.8	4.63	9.0

1-17 3 continued

(100 million yuan)

利润总额 Total Profits		应交所得税 Income Taxes Payable		应付职工薪酬 Total Wages Payable		应交增值税 Value-added Tax Payable		从业人员平均人数（万人）Average Number of Employed Persons (10000 persons)
总量 Total	比2012年增长(%) Growth Rate in 2013 Over 2012(%)	总量 Total	比2012年增长(%) Growth Rate in 2013 Over 2012(%)	总量 Total	比2012年增长(%) Growth Rate in 2013 Over 2012(%)	总量 Total	比2012年增长(%) Growth Rate in 2013 Over 2012(%)	
881.55	7.8	83.54	5.0	461.05	23.0	30.74	126.3	65.62
7.45	59.0	1.51	25.7	5.91	33.7	0.47	-57.7	1.26
7.03	54.1	1.39	24.0	5.54	38.1	0.45	-59.1	1.19
874.10	7.5	82.03	4.7	455.14	22.9	30.27	142.7	64.36
606.20	-0.9	41.05	-12.2	174.42	15.7	11.87	71.0	19.99
64.78	77.0	11.09	60.5	81.05	20.9	5.61	246.5	7.95
19.07	-2.9	3.97	24.6	28.30	24.4	5.14	177.3	2.78
4.39	42.8	1.30	15.1	12.52	19.9	0.11	-39.3	2.39
119.77	31.3	21.87	19.0	277.70	19.3	32.17	195.1	23.67
32.37	38.9	4.85	37.7	42.55	21.5	3.89	75.1	3.70
27.53	44.7	4.39	40.2	34.54	20.7	3.47	76.4	2.87
83.92	25.2	15.99	14.5	222.61	19.4	27.48	247.1	18.54
3.48	287.4	1.03	14.4	12.54	11.3	0.79	4.5	1.42
12.20	35.3	3.15	17.4	27.74	22.3	1.01	-25.3	4.99
0.14	867.6	0.04	47.8	1.54	30.9	0.11	110.8	0.18
3.61	25.7	0.57	4.3	4.36	14.6	0.16	-76.1	0.53
0.75	83.0	0.11	24.1	0.67	47.5	0.01	22.4	0.10
2.87	16.2	0.46	0.5	3.69	10.2	0.15	-77.4	0.44
8.44	37.8	2.55	20.4	21.84	23.4	0.74	15.1	4.28
5.37	-4.2	1.60	-3.0	50.50	17.9	2.03	5.8	13.60
1.23	-35.7	0.61	-15.4	9.69	7.3	0.43	21.5	2.24
1.89	30.8	0.47	4.9	7.68	11.1	1.32	-2.3	1.29
0.65	41.9	0.19	-1.5	3.76	16.3	0.70	-15.1	0.69
2.25	0.2	0.53	8.0	33.13	23.1	0.28	30.7	10.08
10.87	19.0	1.34	4.9	49.76	10.0	0.07	-34.0	8.34
1.78	252.8	0.28	159.1	15.68	15.1	…	-93.3	2.51
5.62	14.8	0.05	350.0	7.12	12.2	…	692.9	0.81
-0.59	-138.5	0.81	-2.4	38.03	20.2	0.20	1293.2	5.92
-0.58	-137.5	0.80	-2.8	37.12	19.8	0.20	1293.2	5.67
-1.01	-177.5	0.66	-7.1	31.80	18.3	0.20		4.83
-0.02	-67.0	0.00	2425.0	0.52	8.1	…		0.10
-0.02	-377.0	0.01	164.9	0.91	39.6	…		0.25
11.68	-17.9	3.43	-0.5	69.73	11.0	4.86	172.7	7.57
7.13	-6.6	0.29	-39.6	28.53	5.4	2.65	146.6	1.97
7.81	-1.2	0.26	-39.5	27.03	6.2	2.65	146.6	1.90
6.00	36.3	0.69	-32.1	11.15	13.8	1.71	524.0	1.03
0.11	-84.1	0.06	-51.7	2.10	20.1	0.04	15.6	0.25
-4.15	39.0	1.01	71.7	16.77	13.8	0.20	62.3	2.31
2.58	-42.1	1.40	10.5	11.18	18.0	0.25	-9.7	2.01

1-18 各市规模以上服务业企业主要指标（2013年）

单位：亿元

市别	City	企业单位数（个）Number of Enterprises (unit)	年末资产总计 Total Assets at the end of the year		本年折旧 Depreciation Drawn in Current Year	
			总量 Total	比2012年增长(%) Growth Rate in 2013 Over 2012(%)	总量 Total	比2012年增长(%) Growth Rate in 2013 Over 2012(%)
广　州	Guangzhou	5363	26423.84	18.3	508.67	16.7
深　圳	Shenzhen	4203	18749.45	10.9	213.19	-9.4
珠　海	Zhuhai	471	1897.27	10.1	20.21	26.8
汕　头	Shantou	128	205.94	2.8	15.74	12.0
佛　山	Foshan	564	1479.71	7.1	75.33	54.3
#顺　德	Shunde	219	428.40	6.6	11.08	8.3
韶　关	Shaoguan	102	70.38	2.9	7.37	10.8
河　源	Heyuan	29	77.72	13.0	4.59	-3.6
梅　州	Meizhou	33	44.67	-5.9	5.85	-5.5
惠　州	Huizhou	294	970.47	26.9	40.10	3.0
汕　尾	Shanwei	33	45.76	10.1	8.44	-50.0
东　莞	Dongguan	1239	2235.51	13.3	96.78	12.5
中　山	Zhongshan	262	683.36	3.7	15.56	-11.4
江　门	Jiangmen	128	163.92	-3.6	14.21	4.3
阳　江	Yangjiang	59	58.88	0.1	6.49	28.6
湛　江	Zhanjiang	119	269.31	6.1	14.89	6.1
茂　名	Maoming	161	116.42	-0.8	11.57	12.9
肇　庆	Zhaoqing	96	93.44	5.9	13.39	61.6
清　远	Qingyuan	109	180.51	0.3	7.41	-31.1
潮　州	Chaozhou	43	45.26	7.8	4.72	25.9
揭　阳	Jieyang	46	62.08	1.2	8.76	96.0
云　浮	Yunfu	13	47.87	1.9	4.32	1.9
按经济区域分	By Region					
珠三角	Pearl River Delta	12620	52696.97	14.6	997.43	10.8
东　翼	Eastern Region	250	359.03	4.0	37.67	-3.8
西　翼	Western Region	339	444.61	3.4	32.95	12.3
山　区	Mountainous Region	286	421.15	2.3	29.54	-9.4

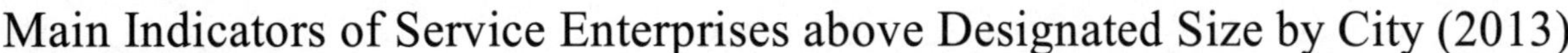

Main Indicators of Service Enterprises above Designated Size by City (2013)

(100 million yuan)

营业收入 Business Revenue		营业成本 Business Costs		营业税金及附加 Tax and Extra Charges on Business		销售费用 Selling Expenses	
总量 Total	比2012年增长(%) Growth Rate in 2013 Over 2012(%)	总量 Total	比2012年增长(%) Growth Rate in 2013 Over 2012(%)	总量 Total	比2012年增长(%) Growth Rate in 2013 Over 2012(%)	总量 Total	比2012年增长(%) Growth Rate in 2013 Over 2012(%)
6378.99	13.6	4749.90	12.9	138.83	22.5	398.33	13.7
5688.64	11.9	4033.15	15.5	123.02	46.2	336.64	17.9
324.90	10.7	212.10	7.5	8.27	7.0	21.77	17.4
124.51	5.5	81.55	10.4	3.26	28.1	13.70	10.2
396.02	12.9	244.85	16.7	11.67	7.6	40.43	15.3
110.44	20.1	75.31	19.5	3.08	11.6	4.97	11.1
41.36	13.4	27.66	18.8	1.08	16.4	5.23	4.2
23.36	11.7	14.43	12.1	0.61	-7.9	4.17	20.1
31.17	12.9	18.00	8.2	0.82	2.5	4.77	22.1
193.38	3.9	119.56	4.9	5.69	7.2	16.56	8.2
29.27	11.9	20.10	16.8	0.73	-6.7	3.84	11.4
667.49	12.0	345.15	7.6	15.86	7.7	48.53	14.5
201.39	20.0	124.49	28.7	5.20	-12.7	20.84	6.5
105.68	8.5	63.77	12.0	2.94	12.6	11.48	14.7
38.64	-1.8	24.27	-7.1	1.01	26.4	4.33	5.2
120.97	8.4	77.67	12.5	3.17	57.0	10.47	12.0
97.15	8.1	66.14	6.3	2.12	8.0	7.73	9.8
53.54	6.9	31.17	12.7	1.48	8.4	6.59	12.4
71.29	10.1	47.34	14.0	1.64	5.5	6.02	15.9
25.74	4.6	15.40	11.4	0.66	-2.3	4.11	3.9
45.67	-3.9	26.18	-8.4	1.08	-3.8	6.73	14.2
21.43	1.5	13.60	0.6	0.55	8.8	3.12	12.7
14010.02	12.6	9924.15	13.8	312.94	27.2	901.18	15.2
225.19	4.1	143.22	7.3	5.73	11.8	28.38	10.3
256.75	6.6	168.07	6.8	6.30	31.7	22.53	9.9
188.62	10.4	121.02	12.2	4.70	5.6	23.30	14.5

1-18 续表

单位：亿元

市别	City	管理费用 Management Expenses 总量 Total	管理费用 比2012年增长(%) Growth Rate in 2013 Over 2012(%)	财务费用 Financial Expenses 总量 Total	财务费用 比2012年增长(%) Growth Rate in 2013 Over 2012(%)	利润总额 Total Profits 总量 Total	利润总额 比2012年增长(%) Growth Rate in 2013 Over 2012(%)
广州	Guangzhou	705.23	11.4	161.67	-8.2	662.87	16.3
深圳	Shenzhen	667.80	13.3	113.60	-15.0	1023.72	5.6
珠海	Zhuhai	46.94	13.2	8.27	0.2	91.96	22.7
汕头	Shantou	11.39	1.1	2.88	-4.0	14.80	0.4
佛山	Foshan	44.40	11.7	12.57	10.0	56.67	-7.9
#顺德	Shunde	14.81	8.3	6.32	-5.7	10.77	193.3
韶关	Shaoguan	4.97	3.1	0.52	-15.2	2.79	3.7
河源	Heyuan	2.56	-1.9	0.25	20.7	2.00	34.3
梅州	Meizhou	3.15	-1.8	0.17	53.1	3.21	-4.2
惠州	Huizhou	20.17	5.4	13.21	51.7	40.76	15.9
汕尾	Shanwei	3.05	2.6	0.14	97.5	1.83	-0.8
东莞	Dongguan	71.17	11.3	29.64	11.7	172.90	27.9
中山	Zhongshan	20.29	10.4	6.57	44.1	47.42	30.9
江门	Jiangmen	9.53	2.4	1.73	-8.2	19.08	3.4
阳江	Yangjiang	4.05	0.0	0.47	3.6	5.94	10.4
湛江	Zhanjiang	15.76	10.2	1.62	-23.1	24.22	36.0
茂名	Maoming	7.24	1.3	0.80	0.0	11.15	13.0
肇庆	Zhaoqing	7.35	-20.0	0.53	3.9	7.48	-8.5
清远	Qingyuan	6.81	4.9	3.65	1.5	3.50	-37.1
潮州	Chaozhou	2.21	5.2	0.23	161.3	3.58	-21.7
揭阳	Jieyang	3.16	2.3	0.31	8.2	8.82	-5.0
云浮	Yunfu	2.15	0.7	0.35	-3.0	2.00	-4.9
按经济区域分	By Region						
珠三角	Pearl River Delta	1592.88	11.9	347.80	-6.4	2122.87	11.2
东翼	Eastern Region	19.81	2.0	3.56	3.3	29.03	-4.7
西翼	Western Region	27.05	6.1	2.88	-14.0	41.31	25.0
山区	Mountainous Region	19.65	2.0	4.94	1.0	13.50	-11.2

1-18 continued

(100 million yuan)

应交所得税 Income Taxes Payable		应付职工薪酬 Total Wages Payable		应交增值税 Value-added Tax Payable		从业人员平均人数(万人) Average Number of Employed Persons (10000 persons)
总量 Total	比2012年增长(%) Growth Rate in 2013 Over 2012(%)	总量 Total	比2012年增长(%) Growth Rate in 2013 Over 2012(%)	总量 Total	比2012年增长(%) Growth Rate in 2013 Over 2012(%)	
128.90	15.1	1290.06	41.0	72.91	161.5	106.55
114.81	-9.3	867.62	17.3	90.94	64.9	107.57
7.85	19.9	64.81	18.9	6.67	168.8	8.63
3.66	-14.2	19.42	7.2	0.36	282.0	3.09
10.89	-13.3	60.24	20.0	3.01	84.2	11.27
2.67	62.2	22.34	27.1	1.55	32.2	4.27
0.75	-7.7	8.58	18.7	0.30	240.8	1.82
0.37	10.7	3.80	26.5	0.11	4441.0	0.76
0.86	-4.6	5.41	13.8	0.19	584.7	0.85
6.18	-9.0	26.97	10.8	1.49	166.7	5.14
0.58	-13.8	5.76	9.7	0.06	109.2	0.96
21.37	3.8	108.60	17.8	7.25	310.1	20.85
8.72	49.3	30.24	24.5	1.67	168.7	5.51
3.93	-0.7	16.92	13.3	0.63	84.9	2.70
1.00	1.2	6.29	21.1	0.36	188.0	1.11
6.07	41.4	22.91	17.8	0.93	259.7	3.44
2.74	19.5	11.61	15.1	0.80	67.4	2.32
2.26	-2.7	9.19	9.3	0.34	217.7	1.71
1.42	-16.3	12.14	11.2	0.48	607.2	2.22
0.71	-24.2	3.48	45.9	-0.52		0.64
1.37	-14.3	5.77	22.5	0.06	-51.0	0.81
0.52	-8.2	3.52	8.6	0.02	132.3	0.53
304.91	2.6	2474.66	28.6	184.91	104.2	269.94
6.31	-15.4	34.44	13.0	-0.04	-117.0	5.50
9.81	29.5	40.81	17.5	2.10	142.7	6.86
3.92	-9.1	33.45	14.8	1.09	468.0	6.18

1-19 规模以上服务业企业财务指标

Main Financial Indicators of Service Enterprises above the Designated

单位：亿元 (100 million yuan)

项　　目	Item	2012	2013	2013年比2012年增长(%) Growth Rate in 2013 Over 2012(%)
一、年初存货	Inventory at the Year-beginning	779.94	1216.88	31.6
二、期末资产负债	Closing Balance			
固定资产原价	Original Value of Fixed Assets	17836.31	19258.69	2.1
本年折旧	Depreciation Drawn in Current Year	1084.35	1097.59	9.6
资产总计	Total Assets	43414.99	53921.76	14.3
负债合计	Total Liabilities	22216.36	27721.47	15.0
所有者权益合计	Total Creditors'Equity	21198.63	26200.29	13.5
三、损益及分配	Profits and Loss			
营业收入	Business Revenue	12701.12	14680.57	12.3
其中：主营业务收入	Main Business Revenue	12248.28	14061.03	11.6
营业成本	Business Costs	8983.97	10356.47	13.5
其中：主营业务成本	Main Business Costs	8530.39	9828.37	14.0
营业税金及附加	Tax and Extra Charges on Business	304.51	260.36	-21.0
其中：主营业务税金及附加	Tax and Extra Charges on Main Business	266.21	242.04	-16.1
销售费用	Sales Expenses	815.95	975.39	14.9
管理费用	Management Expenses	1358.23	1659.39	11.5
其中：税金	Taxes	33.46	39.51	7.7
财务费用	Financial Expenses	359.96	359.18	-6.3
其中：利息收入	Interest Revenue	82.76	158.46	54.9
利息支出	Interest Expense	460.15	483.57	-1.2
投资收益(损失以“-”号记)	Investment Income(loss with “-”mark)	798.78	868.80	3.7
营业利润	Business Profits	1745.12	1994.55	11.8
利润总额	Total Profits	1891.78	2206.70	11.0
应交所得税	Income Taxes Payable	298.98	324.94	2.7
四、人工成本及增值税	Labor Cost and Value-added Tax			
应付职工薪酬(本年贷方累计发生额)	Total Wages Payable(Credit Accumulated Amount in this year)	1895.31	2583.36	28.0
应交增值税	Value-added Tax Payable	82.69	188.05	104.8

注：增速按可比口径计算。

Note: The growdth rates are callculated on comparable coverage.

主要统计指标解释

行政区划 指国家对行政区域的划分。根据有关法规规定，我国的行政区域划分如下: (1)全国分为省、自治区、直辖市;(2)省、自治区分为自治州、县、自治县、市; (3)自治州分为县、自治县、市; (4)县、自治县分为乡、民族乡、镇; (5)直辖市和较大的市分为区、县; (6)国家在必要时设立的特别行政区。

发展速度 用以反映社会经济发展程度的相对指标，根据两个不同时期发展水平的对比而得。由于比较的标准时期不同，发展速度可分为定期发展速度和环比发展速度两种。

增长速度 发展速度－1（或100%）就是增长速度。即增长速度＝发展速度－1（或100%）。

平均每年增长速度 我国计算平均增长速度有两种方法，一种是习惯上经常使用的“水平法”，又称几何平均法，是以间隔最后一年的水平同基期水平对比来计算平均每年增长（或下降）的速度；另一种是“累计法”又称代数平均法或方程法，是以间隔年内各年水平的总和同基期水平对比来计算平均每年增长（或下降）的速度。具体计算方法，可参照中国财经出版社出版的《平均增长速度查对表》。

在一般正常情况下，两种方法计算的平均每年增长速度比较接近，但在经济发展不平衡出现大起大落时，两种方法计算的结果差别较大。

本《年鉴》内所列的平均每年增长速度都是用水平法计算的。从某年到某年平均增长速度的年份，均不包基期年在内。如1981－2010年平均每年增长速度，是以1980年为基期，2010年为报告期，年份从1981年算起，共30年。

当年价格 是报告期的实际价格，如工厂的出厂价格、农产品的收购价格、商品的零售价格等。按当年价格计算，是指一些以货币表现的物量指标，如工业总产值、国内生产总值等，按照当年的实际价格来计算总量。按当年价格计算的价值指标，在不同年份之间进行对比时，因为包含有各年间价格变动的因素，不能确切地反映实物量的增减变动。因此，在计算增长速度时都使用按可比价格计算的数字。

景气指数 又称景气度，是对企业景气调查中的定性指标进行量化描述。通过其上升和下降的动态变化，直观地反映经济所处的状态。景气指数的数值范围在0—200之间，100为景气指数的临界值：当景气指数大于100时，表明经济状况趋于上升或改善，处于景气状态；当景气指数小于100时，表明经济状况趋于下降或恶化，处于不景气状态。

Explanatory Notes on Main Statistical Indicators

Divisions of Administrative Areas refer to the divisions of administrative areas by the state. Relevant laws of the People' s Republic of China stipulate the following principles for the divisions of administrative areas: 1)The whole country is divided into provinces, autonomous regions and municipalities directly under the central government; 2) Provinces and autonomous regions are divided into autonomous prefectures, counties, autonomous counties and cities; 3) Autonomous prefectures are divided into counties, autonomous counties and cities; 4) Counties and autonomous counties are divided into townships, ethnic townships and towns, 5) Municipalities under the central government and large cities are divided into districts and counties; 6) The state will, when necessary, establish special administrative regions.

Development Rate is a relative indicator of the degree of social and economic development calculated through the comparison of two different periods in the degree of development. Development rate can take the form of either fixed-base development rate or chain base development rate.

Growth Rate is equal to development rate minus one (or 100%), i.e. growth rate = development rate −1 (or 100%)

Average Annual Growth Rate Two methods for calculating average annual growth rate are applied in China, one is the more commonly-used "level approach" or the method of calculating geometric average, which is derived by comparing the level of the last year of the interval to that of the base year; the other is called "accumulative approach" or algebraic average or equation method, which is derived by comparing the summation of the actual figure of each year in the interval to the figure in the base year. The detailed calculating methods can be found by reference to the Check Table of Average Growth Rate published by China Financial Publishing House.

Under normal conditions the results calculated by the two methods are fairly close, but they differed sharply when uneven economic development occurred with striking fluctuations in growth.

The average annual growth rates listed in this statistical yearbook are calculated by level approach. The base years are not included when the years are listed for average annual growth rates. For instance, the average annual growth rate of 30 years since 1981 is listed as average annual growth rate of 1981-2010, among which 1980 is the base year and 2010 is the reference year.

Current Price refers to the actual price in the reference period, such as ex-factory price, purchasing price of agricultural products, retail price of commodities, etc. Total values of some quantum indicators in value terms at current prices, such as gross industrial output value and gross domestic product, are calculated in accordance with actual prices of the current year. When comparing indicators of value over time at current prices, they cannot accurately reflect the changes in real term due to price fluctuations of each year. That is why growth rates are calculated at constant prices.

Climate Index refers a quantitative description of the qualitative indices of the business climate survey of an enterprise. The increase and decrease of the indices directly reflect the status of an economy. The indices are between 0 and 200. 100 is the critical value—when the index is above 100, the economic situation is improving and the business climate is favorable; when the index is below 100, the economic situation is deteriorating and the business climate is unfavorable.

二、国民经济核算

NATIONAL ECONOMIC ACCOUNTS

二 国民经济核算

简要说明

一、本篇资料反映广东国民经济核算情况。

二、国民经济核算资料主要包括地区生产总值及其有关资料。地区生产总值是根据不同产业部门、不同支出构成的特点和资料来源情况而采用不同方法计算的。

三、本年鉴公布的国民经济核算资料，最后一年数据不是最终数，还会发生变动。如果遇到普查，在能够获得更详细的基础资料情况下，地区生产总值的历史数据也会发生变动。1996 年，根据第一次第三产业普查结果，对 1992 年以前全省生产总值的历史数据作了调整；2005 年，根据全国第一次经济普查结果，对 1993-2004 年的全省生产总值历史数据作了调整；2008 年，根据全国第二次经济普查结果，对 2005-2008 年全省生产总值进行了调整。本年鉴数据是调整后的数据。2013 年全国第三次经济普查年份暂公布生产法初步核算数。

四、国民经济核算数据绝对数按当年价格计算，速度和指数按可比价格计算。

五、分市的国民经济核算数据由各市统计局提供，由于采取分级核算，各市数据相加不等于全省总计。

六、本篇资料由广东省统计局国民经济核算处整理提供。

2 National Economic Accounts

Brief Introduction

Ⅰ.The data in this chapter reflect the national accounts of Guangdong Province.

Ⅱ. The data on national accounts mainly include gross domestic product (GDP) and related data. Data on GDP are calculated with various approaches in accordance with the features of various industrial sectors, various expenditure structures and the data resources.

III. Data on the national accounts of the latest year published in the yearbook are not final and are subject to changes. The GDP data of past years may also be revised on the basis of more detailed basic data obtained during a census year. In 1996, the GDP figures of years prior to 1992 were adjusted in accordance with the result of the first tertiary industry census. In 2005, the GDP figures from 1993 to 2004 were adjusted in accordance with the result of the first national economic census. GDP data from 2005 to 2008 were adjusted in accordance with the result of the second national economic census in 2008. Data published in this yearbook are adjusted data. Preliminary accounting numbers are published temporarily in the third census year 2013.

IV. The data on national accounts are calculated at current prices, and the growth rates and the index are calculated at constant prices.

V. The data on national accounts by city are provided by the statistical bureaus of various cities. The sum of the city data is not equal to the provincial total due to the decentralized accounting approach.

VI. The data in this chapter are prepared and provided by the Division of National Accounts of Statistics Bureau of Guangdong Province.

2-1 地区生产总值

Gross Domestic Product

单位：亿元 (100 million yuan)

年份 Year	地区生产总值 Gross Domestic Product	第一产业 Primary Industry	第二产业 Secondary Industry	工业 Industry	建筑业 Construction	第三产业 Tertiary Industry	#交通运输、仓储和邮政业 Transport, Storage, and Post	#批发和零售业 Wholesale and Retail Trades	#金融业 Financial Interme-diation	#房地产业 Real Estate
1978	185.85	55.31	86.62	76.12	10.49	43.92	10.05	19.39	4.53	1.42
1979	209.34	66.62	91.65	82.36	9.29	51.06	11.26	23.52	4.74	1.62
1980	249.65	82.97	102.53	89.87	12.66	64.14	13.72	29.53	6.10	2.13
1981	290.36	94.30	120.34	103.60	16.74	75.71	16.71	33.57	6.76	2.79
1982	339.92	118.17	135.37	113.13	22.24	86.39	18.34	38.07	7.98	3.39
1983	368.75	121.24	152.27	125.82	26.45	95.24	19.47	41.42	8.94	4.09
1984	458.74	145.25	187.55	154.33	33.22	125.93	25.68	54.41	11.76	5.09
1985	577.38	171.87	229.82	185.81	44.01	175.69	35.91	79.86	12.74	6.16
1986	667.53	188.37	255.88	208.46	47.42	223.28	40.18	89.78	20.84	11.69
1987	846.69	232.14	330.35	273.77	56.58	284.20	53.20	104.17	34.25	16.44
1988	1155.37	306.50	460.17	386.35	73.82	388.70	65.22	145.89	46.80	22.84
1989	1381.39	351.73	554.13	464.06	90.07	475.53	79.02	136.65	72.70	41.36
1990	1559.03	384.59	615.86	523.42	92.45	558.58	101.61	152.90	82.46	42.87
1991	1893.30	416.00	782.67	675.55	107.12	694.63	138.54	185.77	94.83	54.09
1992	2447.54	465.83	1100.32	899.28	201.04	881.39	174.28	236.59	122.79	81.74
1993	3469.28	558.70	1704.88	1386.83	318.05	1205.70	233.15	340.49	149.29	126.25
1994	4619.02	692.25	2253.25	1865.44	387.80	1673.52	336.95	486.46	199.84	171.11
1995	5933.05	864.49	2900.22	2448.82	451.40	2168.34	433.10	647.77	229.27	230.75
1996	6834.97	935.24	3307.51	2842.85	464.66	2592.22	505.91	798.55	264.86	283.92
1997	7774.53	978.32	3704.39	3235.42	468.97	3091.81	642.37	944.61	302.87	342.54
1998	8530.88	994.55	4067.12	3564.25	502.87	3469.21	705.98	1073.36	306.39	419.76
1999	9250.68	1009.01	4359.00	3832.44	526.56	3882.66	766.84	1174.76	331.10	505.74
2000	10741.25	986.32	4999.51	4463.06	536.45	4755.42	938.74	1371.49	443.69	626.10
2001	12039.25	988.84	5506.06	4941.20	564.86	5544.35	1114.18	1543.83	450.81	696.41
2002	13502.42	1015.08	6143.40	5548.41	594.99	6343.94	1206.20	1761.27	454.65	808.16
2003	15844.64	1072.91	7592.78	6886.97	705.81	7178.94	1263.39	2009.33	534.28	955.66
2004	18864.62	1219.84	9280.73	8485.85	794.88	8364.05	1419.78	2321.59	602.68	1103.75
2005	22557.37	1428.27	11356.60	10489.73	866.87	9772.50	1031.93	2250.66	661.81	1430.37
2006	26587.76	1532.17	13469.77	12518.59	951.18	11585.82	1208.82	2606.79	899.91	1722.07
2007	31777.01	1695.57	16004.61	14942.91	1061.70	14076.83	1418.57	2912.30	1705.08	2029.77
2008	36796.71	1973.05	18502.20	17304.79	1197.41	16321.46	1634.45	3476.44	1972.40	2057.45
2009	39482.56	2010.27	19419.70	18091.56	1328.14	18052.59	1595.34	3907.43	2283.29	2470.63
2010	46013.06	2286.98	23014.53	21462.72	1551.81	20711.55	1825.29	4647.76	2658.76	2813.95
2011	53210.28	2665.20	26447.38	24649.60	1797.78	24097.70	2090.36	5681.17	2916.13	3321.31
2012	57067.92	2847.26	27700.97	25810.07	1890.90	26519.69	2367.46	6333.62	3171.96	3643.87
2013	62163.97	3047.51	29427.49	27426.26	2001.23	29688.97	2604.41	7039.20	3817.42	4207.46

注：2004年及以前年份第一产业不包括农林牧渔服务业，交通运输仓储和邮政业包括电信业，但不包括城市公共交通业，批发与零售业包括餐饮业（下表同）。

Notes: In 2004 and prior to it, the primary industry did not include service activities for farming, forestry, animal husbandry and fishery;transport, storage, and postal services included telecommunication services,but excluded urban public transport; and wholesale and retail trades included catering services. The same applies to the following tables.

2-2 地区生产总值指数

Indices of Gross Domestic Product

上年=100 (preceding year=100)

年份 Year	地区生产总值 Gross Domestic Product	第一产业 Primary Industry	第二产业 Secondary Industry	工业 Industry	建筑业 Construction	第三产业 Tertiary Industry	#交通运输、仓储和邮政业 Transport, Storage, and Post	#批发和零售业 Wholesale and Retail Trades	#金融业 Financial Intermediation	#房地产业 Real Estate
1978	101.0	104.3	97.1			101.2				
1979	108.5	106.1	104.3	107.6	89.5	117.6	112.7	123.1	103.1	115.2
1980	116.6	112.7	116.9	113.2	136.6	122.1	119.5	119.6	126.4	136.0
1981	109.0	105.1	112.9	110.8	122.0	110.0	107.5	106.8	106.4	129.5
1982	112.0	111.9	111.5	108.1	124.9	112.5	117.4	108.0	110.0	121.0
1983	107.3	103.6	110.1	109.6	111.6	108.9	105.0	106.9	110.0	117.9
1984	115.6	112.5	118.8	120.5	113.0	115.7	105.7	116.6	116.8	109.3
1985	118.0	106.2	120.7	120.9	120.1	128.7	123.1	127.6	130.0	148.3
1986	112.7	105.6	108.1	108.8	105.4	124.7	120.9	117.9	130.2	161.1
1987	119.6	109.6	127.5	131.6	112.1	120.6	122.2	116.5	140.3	132.2
1988	115.8	106.6	124.9	128.0	111.4	113.7	121.8	108.3	115.0	127.6
1989	107.2	107.2	108.6	110.8	97.1	105.7	118.2	80.1	133.0	141.4
1990	111.6	107.3	112.7	114.4	102.7	113.4	106.8	112.2	117.3	97.6
1991	117.7	105.4	123.6	123.0	127.5	119.4	128.3	119.6	107.2	114.3
1992	122.1	105.6	133.4	130.8	149.8	119.0	120.9	119.4	121.2	146.2
1993	123.0	102.5	136.3	139.8	117.0	116.7	124.9	122.0	102.5	129.0
1994	119.7	103.1	125.7	127.2	116.2	118.4	127.6	119.4	107.4	127.4
1995	115.6	105.4	118.7	119.6	112.8	114.6	117.3	115.9	101.8	122.2
1996	111.3	104.9	112.6	113.9	102.6	111.5	109.4	114.2	107.5	115.8
1997	111.2	104.7	112.9	114.4	100.0	110.7	109.1	113.6	109.6	111.6
1998	110.8	103.8	112.4	112.9	107.6	110.4	106.7	115.0	103.1	110.6
1999	110.1	103.9	110.6	110.9	107.5	111.2	105.7	110.4	110.8	119.3
2000	111.5	102.3	112.0	113.3	99.1	113.2	117.3	109.4	122.7	115.4
2001	110.5	102.2	110.7	111.2	106.1	112.0	114.0	111.6	101.7	108.7
2002	112.4	104.3	113.7	114.9	103.5	112.5	106.3	113.3	100.6	111.9
2003	114.8	102.2	120.3	121.0	113.1	111.3	106.1	111.6	110.6	115.3
2004	114.8	104.1	118.8	120.3	102.9	112.0	112.1	109.8	106.9	108.2
2005	114.1	104.9	115.2	115.9	106.6	114.3	118.8	111.1	107.7	121.2
2006	114.8	104.2	117.0	117.7	109.0	113.8	116.3	113.0	124.7	112.8
2007	114.9	103.2	117.1	117.8	107.5	113.8	111.0	108.0	141.8	113.1
2008	110.4	103.9	111.6	112.3	100.5	109.8	108.4	112.6	109.0	93.5
2009	109.7	104.9	109.2	108.8	115.4	110.8	105.8	115.7	115.1	121.3
2010	112.4	104.5	114.7	114.9	112.0	110.6	112.0	114.2	111.9	104.9
2011	110.0	104.2	110.5	110.8	107.3	110.0	113.2	113.1	104.1	106.0
2012	108.2	103.8	107.3	107.6	103.2	109.5	113.5	109.6	108.6	109.0
2013	108.5	102.5	107.7	108.0	103.9	109.9	109.5	110.5	118.0	111.2

2-3 地区生产总值指数

Indices of Gross Domestic Product

1978年=100 (1978=100)

年份 Year	地区生产总值 Gross Domestic Product	第一产业 Primary Industry	第二产业 Secondary Industry	工业 Industry	建筑业 Construction	第三产业 Tertiary Industry	#交通运输、仓储和邮政业 Transport, Storage, and Post	#批发和零售业 Wholesale and Retail Trades	#金融业 Financial Intermediation	#房地产业 Real Estate
1978	100.0	100.0	100.0	100.0	100.0	100.0	100.0	100.0	100.0	100.0
1979	108.5	106.1	104.3	107.6	89.5	117.6	112.7	123.1	103.1	115.2
1980	126.5	119.6	121.9	121.8	122.2	143.5	134.6	147.3	130.4	156.6
1981	137.9	125.8	137.6	135.0	149.1	157.8	144.8	157.2	138.6	202.8
1982	154.4	140.8	153.4	145.9	186.4	177.5	170.0	169.7	152.6	245.3
1983	165.6	145.9	168.8	159.9	208.0	193.3	178.6	181.5	167.8	289.1
1984	191.4	164.1	200.6	192.7	235.1	223.7	188.8	211.7	196.0	316.0
1985	225.7	174.2	242.1	233.0	282.4	287.9	232.5	270.1	254.7	468.8
1986	254.5	184.0	261.6	253.4	297.5	359.0	281.0	318.5	331.7	755.1
1987	304.5	201.7	333.4	333.4	333.5	433.0	343.4	370.9	465.3	998.5
1988	352.6	215.0	416.5	426.7	371.4	492.6	418.2	401.6	535.1	1273.9
1989	377.9	230.6	452.1	472.8	360.6	520.5	494.3	321.8	711.7	1801.5
1990	421.6	247.4	509.3	540.9	370.4	590.1	527.8	361.1	834.5	1758.4
1991	496.1	260.9	629.7	665.4	472.2	704.6	677.2	431.9	894.5	2009.4
1992	605.8	275.4	840.2	870.4	707.4	838.6	818.6	515.7	1084.5	2938.0
1993	745.1	282.4	1145.2	1217.2	827.9	979.1	1022.1	629.1	1111.4	3788.9
1994	891.9	291.2	1439.6	1547.9	962.4	1159.6	1304.3	751.2	1193.3	4828.9
1995	1030.6	306.9	1709.0	1850.6	1085.2	1329.3	1529.5	870.7	1214.2	5898.5
1996	1146.8	321.9	1924.2	2108.2	1113.5	1482.0	1673.6	994.7	1305.1	6832.5
1997	1275.1	336.9	2172.0	2412.2	1113.7	1640.1	1826.4	1129.7	1429.9	7621.7
1998	1412.9	349.6	2441.7	2723.9	1198.7	1810.5	1948.7	1299.0	1474.6	8430.9
1999	1555.9	363.3	2700.6	3021.1	1288.3	2013.9	2060.5	1434.6	1634.4	10060.7
2000	1734.3	371.7	3024.8	3421.5	1276.9	2279.9	2416.0	1570.1	2004.6	11611.0
2001	1916.2	379.9	3347.4	3805.4	1354.2	2554.0	2753.1	1751.8	2039.4	12625.5
2002	2153.3	396.3	3806.6	4372.0	1401.6	2873.3	2926.6	1984.9	2052.4	14124.3
2003	2473.0	405.1	4579.4	5292.0	1585.6	3198.8	3105.3	2215.4	2269.9	16289.3
2004	2838.7	421.8	5438.5	6365.6	1631.6	3582.9	3480.8	2433.5	2427.3	17629.0
2005	3239.7	442.5	6264.8	7378.1	1739.4	4093.5	4134.5	2704.2	2614.1	21371.6
2006	3719.4	461.1	7332.9	8685.2	1895.3	4656.3	4808.1	3055.7	3260.9	24097.0
2007	4272.3	475.9	8586.9	10234.0	2038.1	5296.7	5335.4	3301.6	4625.3	27255.5
2008	4718.1	494.5	9579.9	11496.4	2048.6	5817.7	5781.0	3718.0	5043.4	25488.8
2009	5173.4	518.9	10457.0	12504.1	2364.4	6446.7	6118.3	4302.2	5804.6	30924.9
2010	5817.5	542.5	11991.0	14360.9	2646.9	7128.5	6850.2	4911.0	6496.6	32444.3
2011	6398.5	565.1	13252.0	15904.8	2839.3	7844.2	7751.1	5556.8	6760.5	34395.6
2012	6920.3	586.9	14221.4	17113.9	2930.7	8592.8	8794.7	6092.1	7345.1	37491.3
2013	7508.0	601.5	15321.2	18481.9	3043.9	9444.9	9629.2	6734.0	8670.7	41689.7

2-4 地区生产总值产业构成

Composition of Gross Domestic Product by Industry

单位：%　　(%)

年份 Year	地区生产总值 Gross Domestic Product	第一产业 Primary Industry	第二产业 Secondary Industry	#工业 Industry	第三产业 Tertiary Industry
1978	100.0	29.8	46.6	41.0	23.6
1979	100.0	31.8	43.8	39.3	24.4
1980	100.0	33.2	41.1	36.0	25.7
1981	100.0	32.5	41.4	35.7	26.1
1982	100.0	34.8	39.8	33.3	25.4
1983	100.0	32.9	41.3	34.1	25.8
1984	100.0	31.7	40.9	33.6	27.4
1985	100.0	29.8	39.8	32.2	30.4
1986	100.0	28.2	38.3	31.2	33.5
1987	100.0	27.4	39.0	32.3	33.6
1988	100.0	26.5	39.8	33.4	33.7
1989	100.0	25.5	40.1	33.6	34.4
1990	100.0	24.7	39.5	33.6	35.8
1991	100.0	22.0	41.3	35.7	36.7
1992	100.0	19.0	45.0	36.7	36.0
1993	100.0	16.1	49.1	40.0	34.8
1994	100.0	15.0	48.8	40.4	36.2
1995	100.0	14.6	48.9	41.3	36.5
1996	100.0	13.7	48.4	41.6	37.9
1997	100.0	12.6	47.6	41.6	39.8
1998	100.0	11.7	47.7	41.8	40.6
1999	100.0	10.9	47.1	41.4	42.0
2000	100.0	9.2	46.5	41.6	44.3
2001	100.0	8.2	45.7	41.0	46.1
2002	100.0	7.5	45.5	41.1	47.0
2003	100.0	6.8	47.9	43.5	45.3
2004	100.0	6.5	49.2	45.0	44.3
2005	100.0	6.3	50.4	46.5	43.3
2006	100.0	5.8	50.6	47.1	43.6
2007	100.0	5.3	50.4	47.0	44.3
2008	100.0	5.4	50.3	47.0	44.3
2009	100.0	5.1	49.2	45.8	45.7
2010	100.0	5.0	50.0	46.6	45.0
2011	100.0	5.0	49.7	46.3	45.3
2012	100.0	5.0	48.5	45.2	46.5
2013	100.0	4.9	47.3	44.1	47.8

2-5 三次产业贡献率

Share of the Contributions of the Three Strata of Industry

单位：% (%)

年份 Year	地区生产总值 Gross Domestic Product	第一产业 Primary Industry	第二产业 Secondary Industry	#工 业 Industry	第三产业 Tertiary Industry
1979	100.0	30.0	16.6	24.2	53.4
1980	100.0	31.0	32.1	21.0	36.9
1981	100.0	22.4	45.4	31.0	32.2
1982	100.0	37.8	31.5	17.8	30.7
1983	100.0	18.7	45.1	33.4	36.2
1984	100.0	29.2	40.5	34.1	30.3
1985	100.0	12.2	39.8	31.4	48.0
1986	100.0	14.1	22.3	19.1	63.6
1987	100.0	14.7	47.3	42.9	38.0
1988	100.0	11.4	56.8	52.0	31.8
1989	100.0	25.5	46.2	48.8	28.3
1990	100.0	16.0	43.1	41.7	40.9
1991	100.0	7.5	53.1	44.8	39.4
1992	100.0	5.5	63.1	50.1	31.4
1993	100.0	2.1	72.0	66.8	25.9
1994	100.0	2.5	65.9	60.4	31.6
1995	100.0	4.7	63.9	58.5	31.4
1996	100.0	5.3	60.9	59.4	33.8
1997	100.0	4.9	63.5	63.5	31.6
1998	100.0	3.8	64.4	60.6	31.8
1999	100.0	4.0	59.5	55.7	36.5
2000	100.0	2.0	59.7	60.1	38.3
2001	100.0	2.0	47.3	44.4	50.7
2002	100.0	3.0	51.7	50.3	45.3
2003	100.0	1.2	64.5	60.6	34.3
2004	100.0	1.9	62.7	61.8	35.4
2005	100.0	2.3	55.0	53.2	42.7
2006	100.0	1.8	58.0	55.6	40.2
2007	100.0	1.2	59.0	57.2	39.7
2008	100.0	1.9	58.0	57.8	40.1
2009	100.0	2.5	50.1	45.2	47.4
2010	100.0	1.7	62.0	58.9	36.3
2011	100.0	2.1	52.7	50.2	45.2
2012	100.0	2.2	45.1	43.8	52.7
2013	100.0	1.3	45.4	44.0	53.3

注：三次产业贡献率指各产业增加值增量与GDP增量之比。

Notes: Industrial contribution rate refers to the proportion of the increment of every industrial value added to the increment of GDP.

2-6 三次产业对地区生产总值增长的拉动

Contribution of the Three Strata of Industry to GDP Growth

单位：百分点 (percentage points)

年份 Year	地区生产总值 Gross Domestic Product	第一产业 Primary Industry	第二产业 Secondary Industry	#工业 Industry	第三产业 Tertiary Industry
1979	8.5	2.6	1.4	2.0	4.5
1980	16.6	5.2	5.3	3.5	6.1
1981	9.0	2.0	4.1	2.8	2.9
1982	12.0	4.5	3.8	2.1	3.7
1983	7.3	1.4	3.3	2.4	2.6
1984	15.6	4.5	6.3	5.3	4.7
1985	18.0	2.2	7.2	5.6	8.6
1986	12.7	1.8	2.8	2.4	8.1
1987	19.6	2.9	9.3	8.4	7.6
1988	15.8	1.8	9.0	8.2	5.0
1989	7.2	1.8	3.3	3.5	2.1
1990	11.6	1.9	5.0	4.8	4.7
1991	17.7	1.3	9.4	7.9	7.0
1992	22.1	1.2	14.0	11.1	6.9
1993	23.0	0.5	16.5	15.3	6.0
1994	19.7	0.5	13.0	11.9	6.2
1995	15.6	0.8	9.9	9.1	4.9
1996	11.3	0.6	6.9	6.7	3.8
1997	11.2	0.6	7.1	7.1	3.5
1998	10.8	0.4	7.0	6.5	3.4
1999	10.1	0.4	6.0	5.6	3.7
2000	11.5	0.2	6.9	6.9	4.4
2001	10.5	0.2	5.0	4.7	5.3
2002	12.4	0.4	6.4	6.2	5.6
2003	14.8	0.2	9.5	9.0	5.1
2004	14.8	0.3	9.3	9.1	5.2
2005	14.1	0.3	7.8	7.5	6.0
2006	14.8	0.3	8.6	8.2	5.9
2007	14.9	0.2	8.8	8.5	5.9
2008	10.4	0.2	6.0	6.0	4.2
2009	9.7	0.2	4.9	4.4	4.6
2010	12.4	0.2	7.7	7.3	4.5
2011	10.0	0.2	5.3	5.0	4.5
2012	8.2	0.2	3.7	3.6	4.3
2013	8.5	0.1	3.9	3.7	4.5

注：三次产业拉动指GDP增长速度与各产业贡献率之乘积。
Notes: Industrial pulling rate is the growth rate of GDP multiplying industrial contribution rate.

2-7 地区生产总值项目结构

Components of Gross Domestic Product

单位：亿元 (100 million yuan)

年份 Year	地区生产总值 Gross Domestic Product	劳动者报酬 Compensation of Employees	生产税净额 Net Taxes on Production	固定资产折旧 Depreciation of Fixed Assets	营业盈余 Operating Surplus
1978	185.85	112.58	25.13	21.07	27.07
1979	209.34	126.64	28.07	23.67	30.96
1980	249.65	151.09	32.62	28.25	37.69
1981	290.36	175.16	38.66	33.28	43.26
1982	339.92	207.09	43.58	38.11	51.14
1983	368.75	222.02	48.33	41.82	56.58
1984	458.74	274.33	59.74	52.06	72.61
1985	577.38	343.38	74.24	65.66	94.10
1986	667.53	393.11	84.86	77.99	111.57
1987	846.69	486.39	108.63	99.73	151.94
1988	1155.37	662.14	149.93	135.89	207.41
1989	1381.39	769.17	176.84	169.99	265.39
1990	1559.03	864.69	197.92	192.05	304.37
1991	1893.30	1031.46	248.47	240.20	373.17
1992	2447.54	1287.81	352.00	328.48	479.25
1993	3469.28	1822.72	478.22	450.06	718.29
1994	4619.02	2451.06	630.43	635.37	902.15
1995	5933.05	3077.86	827.17	904.23	1123.79
1996	6834.97	3584.34	985.78	1076.00	1188.84
1997	7774.53	4053.33	1111.15	1209.40	1400.66
1998	8530.88	4858.94	1268.93	1369.14	1033.86
1999	9250.68	5109.07	1375.14	1592.07	1174.40
2000	10741.25	5600.63	1759.12	1853.60	1527.91
2001	12039.25	6104.83	1939.52	1988.27	2006.62
2002	13502.42	7116.01	1988.13	2162.42	2235.87
2003	15844.64	7941.03	2303.35	2471.85	3128.41
2004	18864.62	9016.48	2659.30	2843.99	4344.85
2005	22557.37	10618.90	3177.03	3622.78	5138.66
2006	26587.76	12075.99	4038.50	4275.66	6197.61
2007	31777.01	14212.84	4947.40	4740.53	7876.24
2008	36796.71	16658.38	5796.13	5231.17	9111.03
2009	39482.56	17849.91	6020.88	5524.55	10087.22
2010	46013.06	20452.36	6841.07	6159.34	12560.29
2011	53210.28	24287.53	8567.19	6986.46	13369.10
2012	57067.92	27239.83	8988.68	7535.69	13303.72

2-8 支出法地区生产总值
Gross Domestic Product by Expenditure Approach

年份 Year	支出法地区生产总值(亿元) Gross Domestic Product by Expenditure Approach (100 million yuan)	最终消费支出 Final Consumption Expenditure	资本形成总额 Gross Capital Formation	货物和服务净流出 Net Exports of Goods and Services	最终消费率(消费率)(%) Final Consumption Rate (%)	资本形成率(投资率)(%) Capital Formation Rate (%)
1978	194.14	130.02	54.79	9.33	67.0	28.2
1979	215.43	147.11	55.86	12.46	68.3	25.9
1980	259.32	180.93	71.37	7.02	69.8	27.5
1981	305.22	201.43	96.74	7.05	66.0	31.7
1982	349.13	233.21	112.35	3.57	66.8	32.2
1983	367.36	252.07	113.49	1.80	68.6	30.9
1984	446.06	288.26	150.07	7.72	64.6	33.6
1985	568.98	347.18	238.58	-16.78	61.0	41.9
1986	650.99	415.91	256.75	-21.67	63.9	39.4
1987	815.05	516.02	312.33	-13.29	63.3	38.3
1988	1129.64	667.03	462.07	0.54	59.0	40.9
1989	1348.54	857.33	472.75	18.46	63.6	35.1
1990	1541.99	938.48	502.90	100.61	60.9	32.6
1991	1847.99	1081.39	610.18	156.42	58.5	33.0
1992	2440.58	1359.08	987.96	93.54	55.7	40.5
1993	3465.31	1852.06	1554.46	58.79	53.4	44.9
1994	4618.25	2598.57	1930.86	88.82	56.3	41.8
1995	5933.05	3363.38	2394.79	174.89	56.7	40.4
1996	6834.97	3859.32	2782.89	192.75	56.5	40.7
1997	7774.53	4245.18	2974.45	554.90	54.6	38.3
1998	8530.88	4582.16	3331.11	617.60	53.7	39.0
1999	9250.68	5083.60	3511.30	655.78	55.0	38.0
2000	10741.25	5714.46	3850.81	1175.99	53.2	35.9
2001	12039.25	6255.92	4392.51	1390.82	52.0	36.5
2002	13502.42	7286.63	4762.90	1452.89	54.0	35.3
2003	15844.64	8643.44	5911.97	1289.23	54.6	37.3
2004	18864.62	10162.04	7214.70	1487.89	53.9	38.2
2005	22557.37	11450.96	8239.73	2866.68	50.8	36.5
2006	26587.76	12635.59	9307.90	4644.28	47.5	35.0
2007	31777.01	14842.85	10701.48	6232.69	46.7	33.7
2008	36796.71	17202.13	12257.94	7336.63	46.7	33.3
2009	39482.56	19179.39	14951.42	5351.75	48.6	37.9
2010	46013.06	22480.91	17706.61	5825.54	48.9	38.5
2011	53210.28	26074.76	21003.62	6131.90	49.0	39.5
2012	57067.92	29264.26	22871.85	4931.81	51.3	40.1

2-9 资本形成总额及构成

Gross Capital Formation and Its Composition

年份 Year	资本形成总额（亿元） Gross Capital Formation (100 million yuan)			比重(资本形成总额＝100) Proportion (gross capital formation=100)	
		固定资本形成总额 Gross Fixed Capital Formation	存货增加 Change in Inventories	固定资本形成总额 Gross Fixed Capital Formation	存货增加 Change in Inventories
1978	54.79	37.93	16.86	69.2	30.8
1979	55.86	41.81	14.05	74.8	25.2
1980	71.37	57.15	14.23	80.1	19.9
1981	96.74	73.39	23.34	75.9	24.1
1982	112.35	94.64	17.71	84.2	15.8
1983	113.49	96.80	16.69	85.3	14.7
1984	150.07	133.04	17.03	88.7	11.3
1985	238.58	163.84	74.74	68.7	31.3
1986	256.75	182.15	74.59	70.9	29.1
1987	312.33	197.01	115.32	63.1	36.9
1988	462.07	286.00	176.07	61.9	38.1
1989	472.75	266.68	206.07	56.4	43.6
1990	502.90	336.61	166.29	66.9	33.1
1991	610.18	396.49	213.70	65.0	35.0
1992	987.96	683.66	304.30	69.2	30.8
1993	1554.46	1110.69	443.77	71.5	28.5
1994	1930.86	1375.09	555.76	71.2	28.8
1995	2394.79	1819.17	575.62	76.0	24.0
1996	2782.89	1919.41	863.48	69.0	31.0
1997	2974.45	2079.15	895.30	69.9	30.1
1998	3331.11	2473.82	857.30	74.3	25.7
1999	3511.30	2870.40	640.89	81.7	18.3
2000	3850.81	3093.82	756.99	80.3	19.7
2001	4392.51	3447.52	944.99	78.5	21.5
2002	4762.90	4023.73	739.17	84.5	15.5
2003	5911.97	4986.53	925.44	84.3	15.7
2004	7214.70	5957.86	1256.83	82.6	17.4
2005	8239.73	7418.23	821.50	90.0	10.0
2006	9307.90	8489.71	818.19	91.2	8.8
2007	10701.48	9964.01	737.47	93.1	6.9
2008	12257.94	11471.36	786.58	93.6	6.4
2009	14951.42	14025.08	926.33	93.8	6.2
2010	17706.61	16515.11	1191.50	93.3	6.7
2011	21003.62	19432.79	1570.83	92.5	7.5
2012	22871.85	22033.82	838.03	96.3	3.7

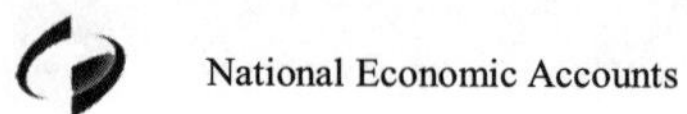

2-10 最终消费及构成
Final Consumption Expenditure and Its Composition

年份 Year	最终消费支出(亿元) Final Consumption Expenditure (100 million yuan)	居民消费支出 Household Consumption	农业居民 Rural Households	非农业居民 Non-rural Households	政府消费支出 Government Consumption	比重 Proportion: 最终消费支出=100 Final Consumption Expenditure=100: 居民消费支出 Household Consumption	政府消费支出 Government Consumption	居民消费支出=100 Household Consumption=100: 农业居民 Rural Households	非农业居民 Non-rural Households
1978	130.02	111.46	71.34	40.12	18.56	85.7	14.3	64.0	36.0
1979	147.11	128.48	81.91	46.57	18.63	87.3	12.7	63.8	36.2
1980	180.93	156.51	95.95	60.55	24.42	86.5	13.5	61.3	38.7
1981	201.43	175.12	110.62	64.50	26.31	86.9	13.1	63.2	36.8
1982	233.21	202.70	127.93	74.76	30.51	86.9	13.1	63.1	36.9
1983	252.07	220.14	134.45	85.69	31.93	87.3	12.7	61.1	38.9
1984	288.26	250.92	145.05	105.87	37.34	87.0	13.0	57.8	42.2
1985	347.18	298.00	160.16	137.84	49.17	85.8	14.2	53.7	46.3
1986	415.91	349.52	185.03	164.49	66.39	84.0	16.0	52.9	47.1
1987	516.02	442.20	218.69	223.51	73.82	85.7	14.3	49.5	50.5
1988	667.03	566.25	282.86	283.39	100.77	84.9	15.1	50.0	50.0
1989	857.33	743.90	366.82	377.08	113.42	86.8	13.2	49.3	50.7
1990	938.48	807.84	401.62	406.22	130.64	86.1	13.9	49.7	50.3
1991	1081.39	923.37	412.36	511.00	158.02	85.4	14.6	44.7	55.3
1992	1359.08	1118.52	470.01	648.51	240.55	82.3	17.7	42.0	58.0
1993	1852.06	1574.61	617.45	957.16	277.45	85.0	15.0	39.2	60.8
1994	2598.57	2287.69	845.03	1442.66	310.88	88.0	12.0	36.9	63.1
1995	3363.38	2912.58	1021.83	1890.75	450.80	86.6	13.4	35.1	64.9
1996	3859.32	3343.01	1188.44	2154.56	516.32	86.6	13.4	35.6	64.4
1997	4245.18	3539.62	1222.48	2317.15	705.56	83.4	16.6	34.5	65.5
1998	4582.16	3781.21	1281.92	2499.29	800.95	82.5	17.5	33.9	66.1
1999	5083.60	4072.05	1297.91	2774.14	1011.55	80.1	19.9	31.9	68.1
2000	5714.46	4474.11	1348.67	3125.44	1240.35	78.3	21.7	30.1	69.9
2001	6255.92	4733.53	1415.25	3318.28	1522.40	75.7	24.3	29.9	70.1
2002	7286.63	5449.58	1424.04	4025.54	1837.05	74.8	25.2	26.1	73.9
2003	8643.44	6537.53	1263.84	5273.69	2105.91	75.6	24.4	19.3	80.7
2004	10162.04	7953.60	1224.22	6729.38	2208.44	78.3	21.7	15.4	84.6
2005	11450.96	8968.54	1408.30	7560.24	2482.42	78.3	21.7	15.7	84.3
2006	12635.59	9895.13	1425.11	8470.02	2740.46	78.3	21.7	14.4	85.6
2007	14842.85	11781.66	1552.25	10229.41	3061.19	79.4	20.6	13.2	86.8
2008	17202.13	13599.73	1787.13	11812.60	3602.40	79.1	20.9	13.1	86.9
2009	19179.39	15261.28	2028.28	13233.01	3918.11	79.6	20.4	13.3	86.7
2010	22480.91	17702.35	2263.93	15438.42	4778.56	78.7	21.3	12.8	87.2
2011	26074.76	20504.11	2768.58	17735.53	5570.65	78.6	21.4	13.5	86.5
2012	29264.26	23022.47	3123.49	19898.98	6241.79	78.7	21.3	13.6	86.4

2-11 三大需求对地区生产总值增长的贡献率和拉动

Contribution Share and Contribution of the Three Components of GDP to GDP Growth

年份 Year	最终消费支出 Final Consumption Expenditure		资本形成总额 Gross Capital Formation		货物和服务净流出 Net Exports of Goods and Services	
	贡献率(%) Contribution Share (%)	拉动(百分点) Contribution (percentage points)	贡献率(%) Contribution Share (%)	拉动(百分点) Contribution (percentage points)	贡献率(%) Contribution Share (%)	拉动(百分点) Contribution (percentage points)
1979	95.7	5.3	-13.8	-0.8	18.2	1.0
1980	71.3	13.0	33.5	6.1	-4.8	-0.9
1981	50.5	6.3	56.4	7.1	-6.9	-0.9
1982	72.7	8.3	40.6	4.6	-13.2	-1.5
1983	124.4	5.6	-12.9	-0.6	-11.5	-0.5
1984	56.5	8.5	42.2	6.3	1.3	0.2
1985	32.0	6.9	80.6	17.4	-12.6	-2.7
1986	83.6	8.8	15.5	1.6	0.8	0.1
1987	38.6	4.9	34.9	4.4	26.4	3.3
1988	-2.8	-0.3	60.1	7.4	42.8	5.2
1989	110.8	9.4	-35.6	-3.0	24.8	2.1
1990	60.9	7.2	9.5	1.1	29.6	3.5
1991	39.9	7.1	35.1	6.3	25.0	4.5
1992	56.0	12.4	65.2	14.5	-21.1	-4.7
1993	50.2	11.6	60.1	13.9	-10.3	-2.4
1994	53.8	10.4	36.1	7.0	10.1	1.9
1995	50.2	8.0	40.2	6.4	9.6	1.5
1996	45.3	5.1	52.0	5.9	2.7	0.3
1997	21.8	2.4	6.9	0.8	71.3	8.0
1998	39.8	4.3	43.7	4.7	16.5	1.8
1999	55.5	5.6	21.2	2.2	23.2	2.3
2000	33.8	3.9	25.5	2.9	40.7	4.7
2001	46.2	4.8	48.5	5.1	5.3	0.6
2002	68.5	8.5	22.8	2.8	8.8	1.1
2003	63.6	9.4	50.2	7.5	-13.8	-2.0
2004	50.5	7.5	37.2	5.5	12.3	1.8
2005	43.0	6.1	30.2	4.3	26.8	3.8
2006	31.5	4.7	28.5	4.2	40.0	5.9
2007	45.5	6.8	22.8	3.4	31.7	4.7
2008	45.9	4.8	34.4	3.6	19.6	2.0
2009	64.8	6.3	80.4	7.8	-45.2	-4.4
2010	53.5	6.7	46.2	5.8	0.2	0.0
2011	49.2	4.9	48.9	4.9	1.8	0.2
2012	54.4	4.4	43.7	3.6	1.9	0.2

注：1. 三大需求指支出法地区生产总值的三大构成项目，即最终消费支出、资本形成总额、货物和服务净流出；
2. 贡献率指三大需求增量与地区支出法生产总值增量之比。
3. 拉动指地区生产总值增长速度与三大需求贡献率的乘积。

Notes: a) Three major demands refer to three major components of gross domestic product by expenditure approach,i.e.final consumption expenditure, gross capital formation, and net exports of goods and services.
b) Contribution rate refers to the proportion of the increment of three major demands to the increment of gross domestic product by expenditure approach.
c) Pulling rate is the growth rate of gross regional product multiplying the contribution rates of three major demands.

2-12 人均地区生产总值及人均消费水平

Per Capita Gross Domestic Product and Consumption

年份 Year	人均地区生产总值 Per Capita Gross Domestic Product		人均消费水平 Per Capita Consumption					
			居民 Households		农业居民 Rural Households		非农业居民 Non-rural Households	
	绝对数(元) Absolute Figure (yuan)	增长速度(%) Growth Rate (%)	绝对数(元) Absolute Figure (yuan)	增长速度(%) Growth Rate (%)	绝对数(元) Absolute Figure (yuan)	增长速度(%) Growth Rate (%)	绝对数(元) Absolute Figure (yuan)	增长速度(%) Growth Rate (%)
1978	370		222		171		466	
1979	410	6.9	252	8.3	196	9.8	507	2.6
1980	481	14.8	302	14.9	228	14.1	620	12.7
1981	550	7.1	332	7.9	260	13.3	627	-1.9
1982	633	10.0	377	10.3	298	10.4	696	8.3
1983	675	5.6	403	7.2	310	5.1	764	8.5
1984	827	13.8	453	10.3	334	7.8	878	9.7
1985	1026	16.2	529	5.7	372	-2.6	1038	10.2
1986	1164	10.6	609	9.5	430	6.3	1146	8.4
1987	1443	17.0	754	6.4	515	4.9	1382	1.1
1988	1926	13.2	944	-3.5	651	0.5	1716	-6.8
1989	2251	4.8	1212	19.7	831	23.1	2188	15.0
1990	2484	9.1	1287	9.3	896	12.9	2263	4.7
1991	2941	14.7	1434	8.3	906	0.2	2712	14.8
1992	3699	18.8	1690	14.7	1023	9.7	3210	15.7
1993	5085	19.3	2308	20.5	1347	17.6	4280	17.0
1994	6530	15.5	3234	17.8	1831	14.3	5870	15.7
1995	8129	12.0	3991	10.1	2206	8.4	7091	7.6
1996	9139	8.6	4470	6.9	2547	11.6	7660	2.3
1997	10130	8.4	4612	-2.1	2597	-0.4	7807	-4.8
1998	10819	7.9	4796	4.2	2681	5.8	8054	2.2
1999	11415	7.1	5025	4.5	2661	0.8	8598	5.9
2000	12736	7.1	5305	0.2	2680	-1.3	9189	0.2
2001	13852	7.2	5445	1.9	2759	3.0	9312	0.3
2002	15365	11.1	6199	13.2	2904	5.7	10358	10.2
2003	17798	13.4	7342	17.0	3032	3.4	11136	6.4
2004	20876	13.1	8800	15.9	3386	8.2	12409	7.9
2005	24647	12.7	9799	10.0	3915	13.2	13609	8.5
2006	28534	12.8	10619	7.4	4009	2.2	14695	6.9
2007	33272	12.1	12336	12.9	4401	5.0	16982	12.6
2008	37638	7.9	13911	7.1	4975	5.6	19101	7.1
2009	39436	7.1	15243	10.9	5533	6.9	20852	11.3
2010	44736	9.5	17211	9.3	6255	9.4	23159	7.5
2011	50807	8.0	19578	7.9	7854	14.1	25527	5.3
2012	54095	7.4	21823	8.3	8898	7.7	28269	7.9
2013	58540	7.8						

2-13 人均地区生产总值及人均消费水平指数

Indices of Per Capita Gross Domestic Product and Consumption

年份 Year	人均地区生产总值 Per Capita Gross Domestic Product		人均消费水平 Per Capita Consumption					
			居 民 Households		农业居民 Rural Households		非农业居民 Non-rural Households	
	绝对数(元) Absolute Figure (yuan)	1978年为100(%) 1978=100 (%)	绝对数(元) Absolute Figure (yuan)	1978年为100(%) 1978=100 (%)	绝对数(元) Absolute Figure (yuan)	1978年为100(%) 1978=100 (%)	绝对数(元) Absolute Figure (yuan)	1978年为100(%) 1978=100 (%)
1978	370	100.0	222	100.0	171	100.0	466	100.0
1979	410	106.9	252	108.3	196	109.8	507	102.6
1980	481	122.6	302	124.4	228	125.2	620	115.6
1981	550	131.3	332	134.2	260	141.9	627	113.4
1982	633	144.4	377	148.1	298	156.7	696	122.8
1983	675	152.5	403	158.7	310	164.8	764	133.3
1984	827	173.5	453	175.0	334	177.6	878	146.3
1985	1026	201.6	529	184.9	372	172.9	1038	161.2
1986	1164	223.1	609	202.5	430	183.7	1146	174.7
1987	1443	260.9	754	215.6	515	192.6	1382	176.6
1988	1926	295.4	944	208.1	651	193.6	1716	164.6
1989	2251	309.6	1212	249.0	831	238.2	2188	189.3
1990	2484	337.7	1287	272.1	896	269.0	2263	198.2
1991	2941	387.5	1434	294.7	906	269.5	2712	227.5
1992	3699	460.3	1690	338.1	1023	295.7	3210	263.2
1993	5085	549.0	2308	407.5	1347	347.8	4280	308.1
1994	6530	633.9	3234	480.2	1831	397.6	5870	356.5
1995	8129	709.8	3991	528.9	2206	430.8	7091	383.5
1996	9139	770.8	4470	565.4	2547	480.6	7660	392.3
1997	10130	835.2	4612	553.4	2597	478.6	7807	373.5
1998	10819	900.8	4796	576.9	2681	506.5	8054	381.6
1999	11415	965.1	5025	602.6	2661	510.6	8598	404.2
2000	12736	1033.7	5305	603.5	2680	503.8	9189	405.0
2001	13852	1108.3	5445	615.2	2759	519.0	9312	406.3
2002	15365	1231.8	6199	696.1	2904	548.8	10358	447.6
2003	17798	1396.4	7342	814.5	3032	567.2	11136	476.2
2004	20876	1579.1	8800	944.4	3386	613.6	12409	513.8
2005	24647	1779.5	9798	1039.1	3915	694.6	13607	557.5
2006	28534	2006.6	10619	1116.3	4009	709.7	14695	596.4
2007	33272	2248.7	12336	1260.1	4401	745.0	16982	671.4
2008	37638	2426.0	13911	1349.9	4975	787.0	19101	719.2
2009	39436	2597.6	15243	1496.7	5533	841.1	20852	800.4
2010	44736	2843.3	17211	1636.2	6255	920.4	23159	860.3
2011	50807	3071.3	19578	1765.5	7854	1050.1	25527	905.9
2012	54095	3297.6	21823	1912.0	8898	1131.7	28269	977.2
2013	58540	3554.3						

2-14 各市地区生产总值
Gross Domestic Product by City

单位: 亿元 (100 million yuan)

市 别	City	2000	2005	2009	2010	2011	2012	2013
广 州	Guangzhou	2492.74	5154.23	9138.21	10748.28	12423.44	13551.21	15420.14
深 圳	Shenzhen	2187.45	4950.91	8201.32	9581.51	11505.53	12950.06	14500.23
珠 海	Zhuhai	332.35	635.45	1038.66	1208.60	1404.93	1503.76	1662.38
汕 头	Shantou	450.16	635.88	1035.87	1208.97	1275.74	1425.01	1565.90
佛 山	Foshan	1050.38	2429.38	4820.90	5651.52	6210.23	6613.02	7010.17
#顺 德	Shunde	364.59	825.12	1670.18	1951.06	2153.90	2317.33	2556.78
韶 关	Shaoguan	192.72	337.03	578.75	683.10	816.81	906.48	1010.07
河 源	Heyuan	87.22	204.81	405.50	475.14	579.29	615.26	680.33
梅 州	Meizhou	180.50	314.61	519.29	612.85	707.54	744.75	800.01
惠 州	Huizhou	439.19	803.92	1414.70	1729.95	2093.08	2367.55	2678.35
汕 尾	Shanwei	128.49	205.75	390.04	465.08	550.55	610.41	671.75
东 莞	Dongguan	820.25	2183.20	3763.91	4246.45	4735.39	5010.17	5490.02
中 山	Zhongshan	345.44	885.72	1566.41	1850.65	2193.20	2441.04	2638.93
江 门	Jiangmen	504.66	801.70	1340.88	1570.42	1830.64	1880.39	2000.18
阳 江	Yangjiang	160.20	294.40	527.27	639.84	766.82	887.03	1039.84
湛 江	Zhanjiang	373.81	680.97	1156.67	1405.06	1700.23	1860.22	2060.01
茂 名	Maoming	417.36	738.35	1231.25	1492.09	1745.31	1936.18	2160.17
肇 庆	Zhaoqing	249.78	435.05	862.00	1085.87	1324.41	1462.35	1660.07
清 远	Qingyuan	157.92	323.28	715.14	869.79	1003.03	1025.03	1093.04
潮 州	Chaozhou	177.87	282.39	480.18	559.24	647.22	706.65	780.34
揭 阳	Jieyang	311.09	414.00	816.09	1009.51	1225.86	1396.79	1605.35
云 浮	Yunfu	137.70	201.84	344.51	400.97	481.37	530.29	602.30
按经济区域分	By Region							
珠 三 角	Pearl River Delta	8422.24	18279.55	32147.00	37673.26	43720.86	47779.56	53060.48
东 翼	Eastern Region	1067.61	1538.02	2722.18	3242.81	3699.38	4138.87	4623.35
西 翼	Western Region	951.37	1713.72	2915.19	3536.99	4212.36	4683.43	5260.01
山 区	Mountainous Region	756.06	1381.57	2563.18	3041.86	3588.03	3821.81	4185.76

2-15　各市地区生产总值指数

Indices of Gross Domestic Product by City

上年=100　　(preceding year=100)

市　别	City	2000	2005	2009	2010	2011	2012	2013
广　州	Guangzhou	113.3	112.9	111.7	113.2	111.3	110.5	111.6
深　圳	Shenzhen	115.7	115.1	110.7	112.2	110.0	110.0	110.5
珠　海	Zhuhai	112.0	113.1	106.6	112.9	111.3	107.0	110.5
汕　头	Shantou	107.0	111.3	110.7	113.9	112.0	109.5	110.0
佛　山	Foshan	112.5	119.4	113.5	114.3	111.4	108.2	110.0
#顺　德	Shunde	114.5	118.9	114.1	114.5	111.6	108.0	110.2
韶　关	Shaoguan	111.3	110.1	110.1	112.5	112.1	110.0	112.1
河　源	Heyuan	110.7	122.9	110.1	113.3	113.1	111.6	112.0
梅　州	Meizhou	108.2	107.8	109.8	114.1	113.6	110.1	111.1
惠　州	Huizhou	111.3	115.9	113.2	118.0	114.6	112.6	113.6
汕　尾	Shanwei	111.5	116.0	116.3	118.1	114.0	113.5	112.2
东　莞	Dongguan	119.7	119.5	105.3	110.3	108.0	106.1	109.8
中　山	Zhongshan	112.4	120.9	110.2	113.9	113.1	111.0	110.0
江　门	Jiangmen	110.2	112.6	109.7	114.5	113.0	108.1	109.8
阳　江	Yangjiang	109.6	113.9	112.2	116.8	114.9	113.0	115.3
湛　江	Zhanjiang	107.1	113.3	110.6	114.2	113.0	109.6	112.0
茂　名	Maoming	111.2	114.1	110.3	114.1	110.8	110.6	113.2
肇　庆	Zhaoqing	110.6	115.7	113.9	117.5	114.7	111.0	111.5
清　远	Qingyuan	108.3	127.8	112.8	112.9	108.3	105.1	108.2
潮　州	Chaozhou	105.6	111.4	112.5	114.1	113.0	110.6	111.0
揭　阳	Jieyang	105.4	111.3	116.0	119.6	114.6	111.3	114.5
云　浮	Yunfu	105.3	113.4	110.5	113.8	114.3	112.8	113.3
按经济区域分	By Region							
珠三角	Pearl River Delta	113.7	115.7	109.4	112.2	109.9	108.1	109.4
东　翼	Eastern Region	106.7	111.9	112.1	115.0	112.2	110.2	110.5
西　翼	Western Region	109.4	113.8	110.4	114.2	111.1	110.0	112.0
山　区	Mountainous Region	108.7	115.7	110.4	113.1	110.5	108.6	108.4

注：2009年起区域生产总值增速由广东省统计局统一调整核算，以前年份增速由分市汇总计算。

Note: The GDP growth rates of 2009 are calculated by Statistics Bureau of Guangdong Province, and those of the previous years are calculated by each city.

2-16 各市第三产业增加值
Value-added of the Tertiary Industry by City

单位：亿元 (100 million yuan)

市 别	City	2000	2005	2009	2010	2011	2012	2013
广 州	Guangzhou	1376.75	2978.79	5560.77	6557.45	7641.92	8616.79	9963.90
深 圳	Shenzhen	1085.80	2298.64	4367.55	5051.67	6155.65	7206.12	8198.14
珠 海	Zhuhai	145.14	273.58	465.88	514.23	603.98	688.38	770.21
汕 头	Shantou	193.39	264.83	409.32	466.22	552.28	604.37	660.94
佛 山	Foshan	435.03	876.52	1687.44	2003.63	2220.43	2369.16	2530.76
#顺 德	Shunde	138.89	309.32	610.51	713.40	906.91	1029.64	1156.67
韶 关	Shaoguan	73.00	138.05	260.74	301.82	356.40	403.78	450.51
河 源	Heyuan	35.87	81.93	141.35	170.26	200.35	237.33	260.15
梅 州	Meizhou	61.30	112.56	203.79	236.19	280.89	318.44	345.73
惠 州	Huizhou	121.70	273.09	535.45	608.00	753.32	865.76	991.09
汕 尾	Shanwei	44.48	76.53	148.84	174.81	202.05	226.95	247.81
东 莞	Dongguan	343.64	934.78	1926.04	2069.07	2351.32	2615.78	2951.06
中 山	Zhongshan	141.09	315.59	616.73	725.81	911.51	1025.24	1108.35
江 门	Jiangmen	200.73	303.66	459.08	581.18	695.01	770.06	828.34
阳 江	Yangjiang	50.21	103.32	189.75	227.93	267.52	302.08	333.14
湛 江	Zhanjiang	133.24	222.75	461.45	538.15	645.65	752.15	824.24
茂 名	Maoming	143.73	311.83	530.02	626.81	729.38	802.51	893.66
肇 庆	Zhaoqing	104.93	200.36	376.98	438.94	510.72	554.41	606.59
清 远	Qingyuan	55.77	124.83	274.45	351.83	415.23	455.68	494.65
潮 州	Chaozhou	62.59	99.08	180.76	209.57	248.32	268.48	289.48
揭 阳	Jieyang	98.11	146.66	274.36	319.62	362.21	397.23	437.18
云 浮	Yunfu	42.90	65.34	116.06	135.11	157.19	184.13	207.42
按经济区域分	By Region							
珠 三 角	Pearl River Delta	3954.80	8455.01	15995.92	18549.99	21843.86	24711.70	27948.4
东 翼	Eastern Region	398.57	587.10	1013.28	1170.22	1364.85	1497.02	1635.41
西 翼	Western Region	327.18	637.90	1181.23	1392.89	1642.54	1856.74	2051.04
山 区	Mountainous Region	268.84	522.71	996.39	1195.21	1410.05	1599.37	1758.45

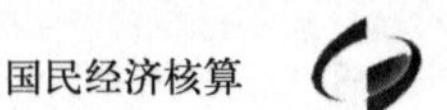

2-17 各市第三产业增加值指数

Indices of Value-added of the Tertiary Industry by City

上年=100 (preceding year=100)

市别	City	2000	2005	2009	2010	2011	2012	2013
广州	Guangzhou	116.3	113.3	113.4	113.6	111.3	112.0	113.3
深圳	Shenzhen	113.3	112.2	112.5	110.1	108.5	112.3	111.7
珠海	Zhuhai	108.9	109.1	111.1	107.1	111.6	112.1	109.2
汕头	Shantou	106.9	109.9	111.3	111.8	113.6	107.3	107.9
佛山	Foshan	113.6	112.3	113.8	113.4	110.8	106.6	107.6
#顺德	Shunde	116.1	115.6	116.2	113.7	111.5	108.0	109.8
韶关	Shaoguan	110.9	113.9	113.0	113.9	112.6	109.1	110.5
河源	Heyuan	112.4	117.1	110.9	113.1	112.3	109.5	108.9
梅州	Meizhou	112.6	110.9	111.6	113.6	115.3	109.8	111.5
惠州	Huizhou	108.6	117.4	114.7	110.6	116.1	111.1	111.0
汕尾	Shanwei	112.0	117.1	121.2	114.7	109.4	109.5	106.9
东莞	Dongguan	120.0	119.3	111.4	104.1	109.0	106.5	109.4
中山	Zhongshan	110.0	126.0	112.5	112.0	113.0	107.1	109.0
江门	Jiangmen	110.2	104.0	108.1	111.9	109.9	112.2	106.8
阳江	Yangjiang	111.1	120.5	115.4	117.2	112.3	110.9	109.6
湛江	Zhanjiang	110.4	114.2	117.7	116.5	119.3	111.7	113.2
茂名	Maoming	114.4	120.5	116.2	117.7	111.2	108.1	115.2
肇庆	Zhaoqing	112.2	120.2	113.1	111.4	111.4	105.3	108.5
清远	Qingyuan	120.0	118.2	111.9	117.6	112.7	106.4	108.8
潮州	Chaozhou	107.8	110.2	117.2	114.0	113.8	111.0	107.3
揭阳	Jieyang	107.2	112.0	118.2	112.7	108.1	105.4	108.4
云浮	Yunfu	104.7	111.0	113.7	110.8	110.1	113.8	110.1
按经济区域分	By Region							
珠三角	Pearl River Delta	113.9	113.7	110.5	110.4	109.7	109.7	111.5
东翼	Eastern Region	107.7	111.4	112.7	112.2	110.7	107.8	107.7
西翼	Western Region	112.3	118.2	116.2	116.9	113.2	109.9	113.0
山区	Mountainous Region	111.9	114.4	111.0	113.6	111.8	109.0	109.3

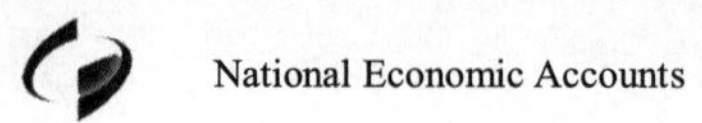

2-18 各市地区生产总值（2013年）
Gross Domestic Product by City (2013)

单位：亿元 (100 million yuan)

市别	City	地区生产总值 Gross Domestic Product	第一产业 Primary Industry	第二产业 Secondary Industry	工业 Industry	建筑业 Construction
广　州	Guangzhou	15420.14	228.87	5227.38	4754.85	472.53
深　圳	Shenzhen	14500.23	5.25	6296.85	5889.05	407.79
珠　海	Zhuhai	1662.38	43.11	849.05	775.57	73.48
汕　头	Shantou	1565.90	87.18	817.79	751.93	65.86
佛　山	Foshan	7010.17	139.05	4340.36	4201.80	138.56
#顺　德	Shunde	2556.78	43.60	1356.51	1305.32	51.19
韶　关	Shaoguan	1010.07	131.30	428.26	360.30	67.96
河　源	Heyuan	680.33	83.08	337.11	311.56	25.54
梅　州	Meizhou	800.01	164.71	289.57	241.24	48.33
惠　州	Huizhou	2678.35	136.67	1550.59	1464.70	85.89
汕　尾	Shanwei	671.75	108.26	315.69	291.13	24.55
东　莞	Dongguan	5490.02	20.09	2518.88	2436.14	82.73
中　山	Zhongshan	2638.93	66.87	1463.71	1404.17	59.54
江　门	Jiangmen	2000.18	158.81	1013.03	964.01	49.02
阳　江	Yangjiang	1039.84	192.92	513.78	457.78	56.00
湛　江	Zhanjiang	2060.01	421.44	814.33	726.17	88.16
茂　名	Maoming	2160.17	373.15	893.35	826.47	66.88
肇　庆	Zhaoqing	1660.07	262.38	791.10	737.87	53.23
清　远	Qingyuan	1093.04	167.67	430.72	385.68	45.04
潮　州	Chaozhou	780.34	54.94	435.92	412.62	23.31
揭　阳	Jieyang	1605.35	154.39	1013.78	962.72	51.06
云　浮	Yunfu	602.30	135.25	259.63	231.88	27.76
按经济区域分	By Region					
珠三角	Pearl River Delta	53060.48	1061.10	24050.94	22628.17	1422.77
东　翼	Eastern Region	4623.35	404.77	2583.18	2418.41	164.77
西　翼	Western Region	5260.01	987.51	2221.46	2010.42	211.04
山　区	Mountainous Region	4185.76	682.02	1745.29	1530.66	214.63

2-18 续表 continued

单位：亿元 (100 million yuan)

市别	City	第三产业 Tertiary Industry	交通运输、仓储和邮政业 Transport, Storage and Post	批发和零售业 Wholesale and Retail Trades	住宿和餐饮业 Hotels and Catering Services	金融业 Financial Intermediation	房地产业 Real Estate	其他服务业 Others
广州	Guangzhou	9963.90	996.25	2274.96	430.35	1146.37	1272.28	3843.69
深圳	Shenzhen	8198.14	504.09	1765.43	269.77	2008.16	1334.42	2316.27
珠海	Zhuhai	770.21	30.35	177.94	38.46	94.90	132.44	296.13
汕头	Shantou	660.94	38.72	233.01	48.96	32.33	67.87	240.05
佛山	Foshan	2530.76	148.74	574.48	106.12	272.54	453.69	975.20
#顺德	Shunde	1156.67	109.95	211.09	36.91	94.13	188.62	647.01
韶关	Shaoguan	450.51	68.40	84.89	36.19	23.69	46.51	190.82
河源	Heyuan	260.15	15.36	53.19	20.20	30.99	48.94	91.47
梅州	Meizhou	345.73	32.63	62.86	20.19	27.77	37.12	165.16
惠州	Huizhou	991.09	121.31	214.00	83.35	78.07	178.51	315.85
汕尾	Shanwei	247.81	17.33	83.21	23.99	9.87	31.59	81.81
东莞	Dongguan	2951.06	153.28	554.91	175.48	240.22	578.43	1248.74
中山	Zhongshan	1108.35	48.43	223.64	54.14	114.39	164.31	503.44
江门	Jiangmen	828.34	74.98	171.33	38.64	79.62	131.52	332.26
阳江	Yangjiang	333.14	39.69	100.14	37.57	25.42	41.38	88.94
湛江	Zhanjiang	824.24	158.81	180.20	41.30	31.57	77.64	334.72
茂名	Maoming	893.66	63.77	343.35	75.60	21.56	58.41	330.98
肇庆	Zhaoqing	606.59	43.36	159.10	55.38	45.06	49.12	254.58
清远	Qingyuan	494.65	68.94	84.92	53.85	35.18	69.78	181.98
潮州	Chaozhou	289.48	25.16	94.84	10.43	22.11	31.69	105.26
揭阳	Jieyang	437.18	17.57	220.21	26.60	16.11	36.75	119.93
云浮	Yunfu	207.42	14.91	42.05	13.59	12.18	26.78	97.91
按经济区域分	By Region							
珠三角	Pearl River Delta	27948.44	2120.78	6115.79	1251.69	4079.32	4294.72	10086.14
东翼	Eastern Region	1635.41	98.78	631.27	109.98	80.42	167.90	547.05
西翼	Western Region	2051.04	262.26	623.69	154.47	78.55	177.44	754.64
山区	Mountainous Region	1758.45	200.24	327.91	144.02	129.81	229.13	727.33

2-19 各市地区生产总值增长速度（2013年）

Growth Rates of Gross Domestic Product by City (2013)

单位：%　　(%)

市别	City	地区生产总值 Gross Domestic Product	第一产业 Primary Industry	第二产业 Secondary Industry	工业 Industry	建筑业 Construction
广　州	Guangzhou	11.6	2.7	9.2	9.9	1.6
深　圳	Shenzhen	10.5	-19.8	9.0	9.3	4.6
珠　海	Zhuhai	10.5	5.4	11.8	10.6	28.8
汕　头	Shantou	10.0	3.9	12.1	12.6	6.0
佛　山	Foshan	10.0	2.8	11.4	11.9	-0.9
#顺　德	Shunde	10.2	3.1	10.7	11.1	-0.5
韶　关	Shaoguan	12.1	4.8	16.0	16.1	15.5
河　源	Heyuan	12.0	6.2	15.6	15.7	14.0
梅　州	Meizhou	11.1	5.6	13.0	14.0	8.6
惠　州	Huizhou	13.6	3.6	16.0	16.6	4.7
汕　尾	Shanwei	12.2	3.9	18.3	20.4	2.1
东　莞	Dongguan	9.8	-0.3	10.3	10.4	4.5
中　山	Zhongshan	10.0	2.2	10.9	11.6	-5.3
江　门	Jiangmen	9.8	3.0	12.6	13.0	3.0
阳　江	Yangjiang	15.3	5.1	23.4	24.8	12.8
湛　江	Zhanjiang	12.0	6.1	13.4	13.6	11.0
茂　名	Maoming	13.2	3.3	15.0	15.2	12.2
肇　庆	Zhaoqing	11.5	5.6	15.7	17.1	-2.0
清　远	Qingyuan	8.2	4.8	8.5	9.5	-0.2
潮　州	Chaozhou	11.0	4.9	14.2	14.2	13.5
揭　阳	Jieyang	14.5	4.1	18.8	19.7	3.5
云　浮	Yunfu	13.3	4.0	19.9	21.3	6.8
按经济区域分	By Region					
珠三角	Pearl River Delta	9.4	2.4	7.6	7.9	3.2
东　翼	Eastern Region	10.5	4.0	13.2	13.8	5.3
西　翼	Western Region	12.0	4.6	14.1	14.3	11.9
山　区	Mountainous Region	8.4	4.8	9.0	9.0	8.9

2-19 续表 continued

单位：% (%)

市 别	City	第三产业 Tertiary Industry	交通运输、仓储和邮政业 Transport, Storage and Post	批发和零售业 Wholesale and Retail Trades	住宿和餐饮业 Hotels and Catering Services	金融业 Financial Interme-diation	房地产业 Real Estate	其他服务业 Othres
广州	Guangzhou	13.3	6.9	17.2	6.9	15.6	19.7	11.2
深圳	Shenzhen	11.7	9.0	14.2	2.5	15.0	10.8	9.7
珠海	Zhuhai	9.2	11.1	11.1	2.0	12.0	18.4	4.3
汕头	Shantou	7.9	9.3	11.9	4.9	10.4	6.1	4.9
佛山	Foshan	7.6	7.0	8.6	4.1	9.8	8.7	6.5
#顺德	Shunde	9.8	5.9	9.0	4.0	9.2	6.2	13.2
韶关	Shaoguan	10.5	12.9	10.8	8.5	11.5	16.1	8.5
河源	Heyuan	8.9	9.5	8.7	4.1	16.6	12.7	6.2
梅州	Meizhou	11.5	7.9	10.6	6.0	17.4	9.0	13.0
惠州	Huizhou	11.0	11.9	11.4	2.5	14.6	21.3	7.3
汕尾	Shanwei	6.9	9.3	6.7	2.9	15.8	6.2	6.8
东莞	Dongguan	9.4	10.8	9.8	0.6	18.6	13.6	7.2
中山	Zhongshan	9.0	12.2	6.1	0.9	13.0	11.8	9.3
江门	Jiangmen	6.8	11.0	3.8	2.5	12.8	12.3	4.7
阳江	Yangjiang	9.6	26.8	8.7	6.7	13.1	12.8	3.1
湛江	Zhanjiang	13.2	7.9	32.4	4.3	14.0	13.2	9.1
茂名	Maoming	15.2	6.8	29.7	4.7	19.4	3.1	9.6
肇庆	Zhaoqing	8.5	8.9	14.0	3.4	14.2	10.1	5.1
清远	Qingyuan	8.8	6.5	6.6	5.3	14.7	12.1	9.8
潮州	Chaozhou	7.3	6.8	7.9	6.0	10.0	10.0	5.8
揭阳	Jieyang	8.4	10.2	10.9	7.6	14.8	4.5	4.3
云浮	Yunfu	10.1	18.8	15.1	4.1	9.5	13.4	7.0
按经济区域分	By Region							
珠三角	Pearl River Delta	11.5						
东翼	Eastern Region	7.7						
西翼	Western Region	13.0						
山区	Mountainous Region	9.3						

2-20 各市地区生产总值产业构成（2013年）
Composition of Gross Domestic Product by Industry by City (2013)

单位：%　　　　(%)

市别	City	地区生产总值 Gross Domestic Product	第一产业 Primary Industry	第二产业 Secondary Industry	#工业 Industry	第三产业 Tertiary Industry
广州	Guangzhou	100.0	1.5	33.9	30.8	64.6
深圳	Shenzhen	100.0	…	43.4	40.6	56.6
珠海	Zhuhai	100.0	2.6	51.1	46.7	46.3
汕头	Shantou	100.0	5.6	52.2	48.0	42.2
佛山	Foshan	100.0	2.0	61.9	59.9	36.1
#顺德	Shunde	100.0	1.7	53.1	51.1	45.2
韶关	Shaoguan	100.0	13.0	42.4	35.7	44.6
河源	Heyuan	100.0	12.2	49.6	45.8	38.2
梅州	Meizhou	100.0	20.6	36.2	30.2	43.2
惠州	Huizhou	100.0	5.1	57.9	54.7	37.0
汕尾	Shanwei	100.0	16.1	47.0	43.3	36.9
东莞	Dongguan	100.0	0.3	45.9	44.4	53.8
中山	Zhongshan	100.0	2.5	55.5	53.2	42.0
江门	Jiangmen	100.0	7.9	50.7	48.2	41.4
阳江	Yangjiang	100.0	18.6	49.4	44.0	32.0
湛江	Zhanjiang	100.0	20.5	39.5	35.3	40.0
茂名	Maoming	100.0	17.3	41.4	38.3	41.3
肇庆	Zhaoqing	100.0	15.8	47.7	44.4	36.5
清远	Qingyuan	100.0	15.3	39.4	35.3	45.3
潮州	Chaozhou	100.0	7.0	55.9	52.9	37.1
揭阳	Jieyang	100.0	9.6	63.2	60.0	27.2
云浮	Yunfu	100.0	22.5	43.1	38.5	34.4
按经济区域分	By Region					
珠三角	Pearl River Delta	100.0	2.0	45.3	42.6	52.7
东翼	Eastern Region	100.0	8.7	55.9	52.3	35.4
西翼	Western Region	100.0	18.8	42.2	38.2	39.0
山区	Mountainous Region	100.0	16.3	41.7	36.6	42.0

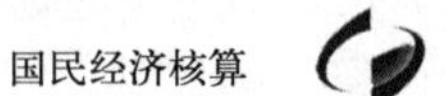

2-21 各市人均地区生产总值

Per Capita Gross Domestic Product by City

单位：元 (yuan)

市 别	City	2000	2005	2009	2010	2011	2012	2013
广 州	Guangzhou	25626	53809	79383	87458	97588	105909	119695
深 圳	Shenzhen	32800	60801	84147	94296	110421	123247	136948
珠 海	Zhuhai	27770	45320	68042	77888	89794	95471	104786
汕 头	Shantou	9741	12883	19982	22776	23596	26231	28661
佛 山	Foshan	20231	42066	71691	80313	86073	91259	96310
#顺 德	Shunde	22213	42382	72881	81154	87263	93494	102470
韶 关	Shaoguan	7028	11608	20245	24050	28760	31702	35063
河 源	Heyuan	3826	7483	14163	16301	19505	20536	22499
梅 州	Meizhou	4728	7670	12453	14554	16623	17396	18603
惠 州	Huizhou	13877	21909	33142	38650	45331	50873	57144
汕 尾	Shanwei	5262	7419	13336	15845	18682	20608	22560
东 莞	Dongguan	13679	33287	48988	52798	57470	60557	66109
中 山	Zhongshan	15077	36435	54156	60797	70014	77527	83393
江 门	Jiangmen	12851	19546	30999	35622	41063	42028	44546
阳 江	Yangjiang	7377	12717	22260	26676	31491	36096	42017
湛 江	Zhanjiang	6231	10243	16708	20161	24163	26240	28859
茂 名	Maoming	7981	12729	20847	25496	29811	32678	36063
肇 庆	Zhaoqing	7422	11890	22554	27987	33642	36864	41479
清 远	Qingyuan	5003	9079	19479	23569	26957	27320	28928
潮 州	Chaozhou	7444	11215	18381	21107	24169	26252	28837
揭 阳	Jieyang	6001	7417	14075	17264	20780	23532	26866
云 浮	Yunfu	6399	8664	14741	17074	20302	22115	24863
按经济区域分	By Region							
珠三角	Pearl River Delta	20280	40336	61231	68633	77637	84355	93114
东 翼	Eastern Region	7294	9729	16479	19371	21850	24315	27002
西 翼	Western Region	7099	11608	19182	23239	27485	30271	33712
山 区	Mountainous Region	5344	8838	16120	19006	22205	23467	25513

注：2009年以后区域人均生产总值增速由广东省统计局统一调整核算，以往年份增速由分市汇总计算。

Note: The growth rates after per capital GDP after 2009 are calculated by Statistics Bureau of Guangdong Province, and those of the previous years are calculated by each city.

2-22 各市人均地区生产总值指数
Indices of Per Capita Gross Domestic Product by City

上年=100 (preceding year=100)

市别	City	2000	2005	2009	2010	2011	2012	2013
广州	Guangzhou	108.3	114.3	105.2	106.1	107.5	110.0	110.9
深圳	Shenzhen	105.2	111.6	106.0	107.6	107.3	109.0	109.6
珠海	Zhuhai	104.9	110.3	104.2	111.0	110.3	106.3	109.7
汕头	Shantou	104.5	110.3	109.0	111.2	109.9	109.0	109.3
佛山	Foshan	106.3	117.8	108.6	109.2	108.6	107.7	109.5
#顺德	Shunde	108.0	116.4	108.9	109.1	108.7	107.6	109.9
韶关	Shaoguan	111.8	108.7	110.8	113.2	112.1	109.3	111.3
河源	Heyuan	111.9	118.3	107.8	111.2	111.0	110.6	111.0
梅州	Meizhou	108.9	106.4	109.5	112.9	112.4	109.5	110.6
惠州	Huizhou	107.7	113.0	108.9	112.5	111.1	111.7	112.8
汕尾	Shanwei	110.2	113.3	115.4	117.7	113.5	113.0	111.7
东莞	Dongguan	106.6	119.4	100.5	105.3	105.4	105.7	109.4
中山	Zhongshan	105.4	120.6	104.9	108.3	109.9	110.5	109.4
江门	Jiangmen	108.8	112.1	107.8	112.4	111.7	107.7	109.4
阳江	Yangjiang	109.6	112.7	111.9	115.3	113.2	111.9	114.5
湛江	Zhanjiang	106.0	111.3	110.2	113.4	111.9	108.8	111.2
茂名	Maoming	110.5	112.0	111.2	115.2	110.7	109.3	111.9
肇庆	Zhaoqing	109.9	114.1	113.1	115.7	113.0	110.2	110.5
清远	Qingyuan	108.8	124.8	112.5	112.3	107.4	104.2	107.4
潮州	Chaozhou	104.3	110.7	111.2	112.5	111.8	110.1	110.4
揭阳	Jieyang	103.0	110.2	115.5	118.6	113.6	110.7	113.7
云浮	Yunfu	105.1	111.9	110.5	113.3	113.2	111.5	112.2
按经济区域分	By Region							
珠三角	Pearl River Delta	107.2	114.6	104.9	107.3	107.1	107.5	108.8
东翼	Eastern Region	104.7	110.6	111.0	113.5	111.0	109.6	109.9
西翼	Western Region	108.6	111.8	110.6	114.0	110.4	108.9	111.0
山区	Mountainous Region	109.2	113.4	109.9	112.4	109.5	107.8	107.7

 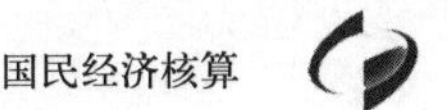

2-23 各市人均地区生产总值指数

Indices of Per Capita Gross Domestic Product by City

2000年=100 (2000=100)

市别	City	2000	2005	2009	2010	2011	2012	2013
广州	Guangzhou	100.0	194.0	268.8	285.1	306.3	336.9	373.5
深圳	Shenzhen	100.0	174.5	242.1	260.5	279.5	304.8	334.2
珠海	Zhuhai	100.0	163.0	236.7	262.8	290.0	308.2	338.2
汕头	Shantou	100.0	130.5	191.4	212.8	233.9	255.0	278.8
佛山	Foshan	100.0	191.4	305.8	333.9	362.7	390.6	427.6
#顺德	Shunde	100.0	189.1	303.0	330.5	359.3	386.5	424.3
韶关	Shaoguan	100.0	155.9	255.9	289.7	324.8	355.0	395.1
河源	Heyuan	100.0	179.3	326.4	363.2	403.1	446.0	495.0
梅州	Meizhou	100.0	147.9	217.5	245.6	276.0	302.1	334.1
惠州	Huizhou	100.0	156.7	233.4	262.6	291.8	325.9	367.6
汕尾	Shanwei	100.0	158.1	276.9	326.0	370.1	418.0	466.7
东莞	Dongguan	100.0	230.2	332.4	350.2	369.0	389.9	426.4
中山	Zhongshan	100.0	228.6	321.8	348.4	383.0	423.2	463.2
江门	Jiangmen	100.0	153.4	234.2	263.2	294.1	316.8	346.5
阳江	Yangjiang	100.0	163.5	265.3	306.0	346.3	387.6	444.0
湛江	Zhanjiang	100.0	146.8	227.8	258.5	289.2	314.5	349.7
茂名	Maoming	100.0	158.9	243.4	280.4	310.5	339.2	379.7
肇庆	Zhaoqing	100.0	160.3	277.3	320.9	362.6	399.5	441.5
清远	Qingyuan	100.0	181.2	350.9	394.2	423.4	441.1	473.7
潮州	Chaozhou	100.0	151.6	237.2	266.8	298.2	328.2	362.4
揭阳	Jieyang	100.0	125.8	220.9	262.0	297.5	329.2	374.4
云浮	Yunfu	100.0	139.9	225.1	255.0	288.6	321.8	361.1
按经济区域分	By Region							
珠三角	Pearl River Delta	100.0	187.6	271.3	291.0	311.8	335.3	364.7
东翼	Eastern Region	100.0	135.3	214.1	243.0	269.6	295.4	324.6
西翼	Western Region	100.0	154.9	239.9	273.5	301.9	328.9	365.2
山区	Mountainous Region	100.0	158.5	266.9	300.0	328.4	353.9	380.9

主要统计指标解释

国内（地区）生产总值 指按市场价格计算的一个国家（或地区）所有常住单位在一定时期内生产活动的最终成果。国内（地区）生产总值有三种计算方法，即生产法、收入法和支出法。三种方法分别从不同的方面反映国内生产总值及其构成。

三次产业 三次产业的划分是世界上较为常用的产业结构分类，但各国的划分不尽一致。我国的三产产业划分是：

第一产业是指农业、林业、畜牧业、渔业和农林牧渔服务业。

第二产业是指采矿业，制造业，电力、煤气及水的生产和供应业，建筑业。

第三产业是指除第一、二产业以外的其他行业。

劳动者报酬 指劳动者从事生产活动所获得的全部报酬。包括劳动者获得的各种形式的工资、奖金和津贴，既有货币形式的，也有实物形式的，还包括劳动者所享受的公费医疗和医药卫生费、上下班交通补贴、单位支出的社会保险费、住房公积金等。

生产税净额 指生产税减生产补贴后的余额。生产税指政府对生产单位从事生产、销售和经营活动以及因从事生产活动使用某些生产要素（如固定资产、土地、劳动力）所征收的各种税、附加费和规费。生产补贴与生产税相反，指政府对生产单位的单方面转移支付，因此视为负生产税，包括政策性亏损补贴、价格补贴等。

固定资产折旧 指一定时期内为弥补固定资产损耗按照规定的固定资产折旧率提取的固定资产折旧，或按国民经济核算统一规定的折旧率虚拟计算的固定资产折旧。它反映了固定资产在当期生产中的转移价值。各类企业和企业化管理的事业单位的固定资产折旧是指实际计提的折旧费；不计提折旧的政府机关、非企业化管理的事业单位和居民住房的固定资产折旧是按照统一规定的折旧率和固定资产原值计算的虚拟折旧。原则上，固定资产折旧应按固定资产的重置价值计算，但是目前我国尚不具备对全社会固定资产进行重估价的基础，所以暂时还不能采用上述办法。

营业盈余 指常住单位创造的增加值扣除劳动者报酬、生产税净额和固定资产折旧后的余额。它相当于企业的营业利润加上生产税补贴，但要扣除从利润中开支的工资和福利等。

支出法国内（地区）生产总值 是从最终使用的角度反映一个国家（或地区）一定时期内生产活动最终成果的一种方法，包括最终消费支出、资本形成总额及货物和服务净出口三部分。计算公式为：

支出法国内（地区）生产总值=最终消费支出+资本形成总额+货物和服务净出口

最终消费支出 指常住单位为满足物质、文化和精神生活的需要，从本国经济领土和国外购买的货物和服务的支出。不包括非常住单位在本国经济领土内的消费支出。最终消费支出分为居民消费支出和政府消费支出。

居民消费支出 指常住住户在一定时期内对于货物和服务的全部最终消费支出。居民消费支出除了直接以货币形式购买的货物和服务的消费之外，还包括以其他方式获得的货物和服务的消费，即所谓的虚拟消费支出。居民虚拟消费支出包括如下几种类型：单位以实物报酬及实物转移的形式提供给劳动者的货物和服务；住户生产并由本住户消费发的货物和服务，其中的服务仅指住户的自有住房服务和付酬的家庭雇员提供的家庭和个人服务；金融机构提供的金融媒介服务等。

政府消费支出 指政府部门为全社会提供公共服务的消费支出和免费或以较低价格向住户提供的货物和服务的净支出。前者等于政府服务的产出价值减去政府单位所获得的经营收入后的价值，后者等于政府部门免费或以较低价格向住户提供的货物和服务的市场价值减去向住户收取的价值。

资本形成总额 指常住单位在一定时期内获得的减去处置的固定资产和存货的净额，包括固定资本形成总额和存货增加两部分。

固定资本形成总额 指生产者在一定时期内获得的固定资产减处置的固定资产的价值总额。固定资产是通过生产活动生产出来的，且其使用年限在一年以上、单位价值在规定标准以上的资产，不包括自然资产。可分为有形固定资本形成总额和无形固定资本形成总额。有形固定资本形成总额包括一定时期内完成的建筑工程、安装工程、设备工器具购置（减处置）价值，以及土地改良、新增役、种、奶、毛、娱乐用牲畜和新增经济林木价值。无形固定资本形成总额包括矿藏的勘探、计算机软件等获得减处置。

存货增加 指常住单位存货实物量变动的市场价值，即期末价值减期初价值的差额，再扣除当期由于价格变动而产生的持有收益。存货增加可以是正值，也可以是负值；正值表示存货上升，负值表示存货下降。存货包括生产单位购进的原材料、燃料和储备物资等存货，以及生产单位生产的产成品、在制品和半成品等存货。

货物和服务净流出 指货物和服务流出减货物和服务流入的差额。流出包括常住单位向非常住单位出售或无偿转让的各种货物和服务的价值；流入包括常住单位从非常住单位购买或无偿得到的各种货物和服务价值。由于服务活动的提供与使用同时发生，一般把常住单位从非常住单位得到的服务作为流入，常住单位向非常住单位提供的服务作为流出。

Explanatory Notes on Main Statistical Indicators

Gross Domestic (Regional) Product refers to the final products at market prices produced by all resident units in a country (or a region) during a certain period of time. It is calculated with three approaches, i.e. production approach, income approach and expenditure approach, which reflect gross domestic product and its composition from different aspects.

Three Strata of Industry Classification of economic activities into three strata of industry is a common practice in the world, although the grouping varies to some extent from country to country. In China economic activities are categorized into the following three strata of industry:

Primary industry refers to agriculture, forestry, animal husbandry and fishery and services in support of these industries.

Secondary industry refers to mining and quarrying, manufacturing, production and supply of electricity, water and gas, and construction.

Tertiary industry refers to all other economic activities not included in the primary or secondary industries.

Value-added refers to value newly created in the process of production by resident units and the transfer value of fixed assets. It can be calculated by both production approach and income approach. In terms of production approach, it is the total output minus intermediate input. In terms of income approach, it is the summation of laborers' remuneration, net taxes on production, depreciation of fixed assets and operating surplus.

Laborers' Remuneration refers to the whole payment of various forms earned by laborers from productive activities they are engaged in, including wages, bonuses and allowances earned in monetary form and in kind, as well as free medical services provided to the laborers and the medicine expenses, traffic subsidies, and social insurance fee and housing fund paid by the laborers' working units for them.

Net Taxes on Production refers to the residual of the taxes on production minus the subsidies on production. The taxes on production refers to the various taxes, extra charges and fees levied on the production units on their production, sale and business activities as well as on some factors of production, such as fixed assets, land and labor force, used in the production activities they are engaged in. In contrast to the taxes on production, the subsidies on production refer to the unilateral transfer of part of the government's revenue to the production units and are therefore regarded as negative taxes on production. They include subsidies on the loss due to implementation of government policies and price subsidies, etc.

Depreciation of Fixed Assets refers to the depreciation of fixed assets of a given period, drawn in accordance with the stipulated depreciation rate for the purpose of compensating the wear loss of the fixed assets or the depreciation of fixed assets calculated in a fictitious way in accordance with the stipulated unified depreciation rate in the national economic accounting system. It reflects the value of transfer of the fixed assets in the production of the current period. The depreciation of fixed assets in various enterprises and institutions managed as enterprises refers to the depreciation expenses actually drawn and calculated as part of the cost. In government agencies and institutions not managed as enterprises which do not draw the depreciation expenses, as well as for the houses of residents, the depreciation of fixed assets is the imputed depreciation, which is calculated in accordance with the stipulated unified depreciation rate and the original value of the fixed assets. In principle, the depreciation of fixed assets should be calculated on the basis of the repurchase value of the fixed assets. However, there is no actual condition to reevaluate all the fixed assets in China. Therefore, the above-mentioned methods are temporarily adopted at present.

Operating Surplus refers to the balance of the value-added created by the resident units deducting the laborers' remuneration, net taxes on production and the depreciation of fixed assets. It is equivalent to the business profit of the enterprises plus subsidies on production, but the wages and welfare expenses paid from the profits should be deducted.

Gross Domestic (Regional) Product Calculated by Expenditure Approach refers to the method of measuring the final results of production activities of a country (region) during a given period from the perspective of final uses. It includes final consumption expenditure, gross capital formation and net export of goods and services. The formula for computation is.:

GDP by expenditure approach = final consumption expenditure + gross capital formation + net export of goods and services

Final Consumption refers to the total expenditure of resident units for purchases of goods and services from both the domestic economic territory and abroad to meet the needs of material, cultural and spiritual life. It does not include the expenditure of non-resident units on consumption in the economic territory of the country. The final consumption expenditure is broken down into household consumption expenditure and government consumption expenditure.

Household Consumption Expenditure refers to the total expenditure of resident households on the final consumption of goods and services. In addition to the consumption of goods and services paid for in monetary form by the resident households , the expenditure on goods and services obtained by the resident households in other ways is also included in the household consumption, which includes: (a) goods and services provided to the households by the units in the form of payment in kind and transfer in kind; (b) goods and services produced and consumed by the households themselves, where services refer only to services related to residential buildings owned by the households and paid services for the households; (c) services of financial intermediary provided by financial institutions; (d) insurance services provided by insurance companies; etc.

Government Consumption Expemditure refers to the expenditure on the consumption of public services provided by the government to the whole society and the net expenditure on goods and services provided by the government for households free of charge or at low prices. The former equals the output value of the government services minus the value of operating income obtained by the government departments. The latter equals the market value of goods and services provided by the government free of charge or at low prices for households minus the value charged by the government on households.

Total Capital Formation refers to the net value of change within a certain period calculated as fixed assets acquired minus those disposed plus inventory, which includes total fixed assets formation and increase in inventory.

Total Fixed Capital Formation refers to the value of fixed assets acquired minus the value of fixed assets disposed within a certain period, where fixed assets refer to assets produced through productive activities with a term of use of over one year and a unit price above designated standards, excluding natural assets. Total fixed capital formation can be classified into total tangible assets formation and total intangible assets formation. Total tangible assets formation includes the value of the construction projects, installation projects completed and the equipment, apparatus and instruments purchased as well as the value of land improved, the value of draught animals, breeding stock, milk, wool and recreational animals and newly-increased economic forest in a certain period. Total intangible assets formation includes value acquired through the prospecting of minerals, computer software, and other operations minus the disposal of them.

Changes in Inventories refers to the market value of the change in the physical volume of inventory of resident units during a given period, i.e. the difference between the values at the beginning and at the end of the period minus the gains due to the change in prices. The changes in inventories can have a positive or a negative value. A positive value indicates an increase in inventory while a negative value indicates a decrease in inventory. The inventory includes raw materials, fuels and reserve materials purchased by the production units as well as the inventory of finished products, semi-finished products and work-in-progress.

Net Outflow of Goods and Services refers to the difference between the outflow of goods and services andthe inflow of goods and services. The outflow includes the value of various goods and services sold or gratuitously transferred by resident units to nonresident units. The inflow includes the value of various goods and services purchased or gratuitously acquired by resident units from non-resident units. As the provision of services and the use of them happen simultaneously, the acquisition of services by resident units from abroad is usually treated as inflow while the acquisition of services by non-resident units in this country is usually treated as outflow.

三、人口

POPULATION

三　人口

简要说明

一、本篇资料反映广东人口发展变化基本情况，主要内容包括：

1. 年末常住人口、性别比例、年龄比例、城镇人口比例以及人口出生率、人口死亡率和人口自然增长率。数据由广东省统计局根据人口普查、1%人口抽样调查或年度人口变动情况抽样调查推算所得。

2. 1990-2009 年年末常住人口数、出生率、死亡率以及自然增长率，除人口普查和 1%人口抽样调查年份直接推算外，其余年份数据均已按人口普查和 1%人口抽样调查结果作平滑调整。

3. 户籍总人口、按性别分和按农业、非农业分的人口以及迁移人口等，数据来源于广东省公安厅人口统计年报。

二、本资料由广东省统计局人口和就业统计处整理提供。

3 Population

Brief Introduction

Ⅰ. The data in this chapter show the basic conditions of development and changes of population in Guangdong, including mainly:

1. Permanent population at the year-end, proportion of population by sex, proportion of population by age, proportion of urban population, birth rate, death rate and natural growth rate of population. The data are estimated by Guangdong Provincial Bureau of Statistics on the basis of population censuses, the one percent sample survey on population, or annual sample surveys on population changes.

2. Permanent population at the year-end, birth rate, death rate and natural growth rate of population from 1990 to 2009 result from smooth adjustment on population census and national one-percent sample survey on population with the exceptions of 1990 and 2000 data, which are direct estimates from the result of population censuses and 1996.

3. The total population with residence registration, population by sex, by agricultural and non-agricultural population, and migrant population are obtained from the annual reports of population of Guangdong Provincial Department of Public Security.

Ⅱ. The date in this chapter are prepared and provided by the Division of Population and Employment Statistics of Statistics Bureau of Guangdong Province.

3-1 人口主要指标
Main Population Indicators

项 目	Item	1995	2000	2005	2010	2012	2013
年末常住人口 （万人）	**Permanent Population at the Year-end (10000 persons)**	**7387.49**	**8650.03**	**9194.00**	**10440.94**	**10594.00**	**10644.00**
男性比例 (%)	Proportion of Male Population (%)	50.7	50.9	50.6	52.1	52.6	52.1
女性比例 (%)	Proportion of Female Population (%)	49.3	49.1	49.4	47.9	47.4	47.9
0-14岁人口比例 (%)	Proportion of Population Aged 0-14 (%)		24.2	21.3	16.9	16.0	14.6
15-64岁人口比例 (%)	Proportion of Population Aged 15-64 (%)		69.8	71.3	76.3	77.0	77.2
65岁及以上人口比例(%)	Proportion of Population Aged 65 And Over (%)		6.0	7.4	6.8	7.0	8.2
城镇人口比例 (%)	Proportion of Urban Population (%)	39.3	55.0	60.7	66.2	67.4	67.8
人口密度（人/平方公里）	Population Density (person/sq.km.)	411	486	511	581	590	593
户籍人口	**Population with Residence Registration**						
年末总户数 （万户）	Total Households at the Year-end (10000 households)	1631.03	1901.91	2096.29	2296.61	2325.13	2360.29
年末总人口 （万人）	Total Population at the Year-end(10000 persons)	6788.74	7498.54	7899.64	8521.55	8635.89	8759.46
#农业人口	Agricultural Population	4753.37	5160.26	3792.32	4054.37	4090.05	4031.97
非农业人口比例 (%)	Proportion of Non-agricultural Population (%)	29.98	31.18	51.67	52.15	52.17	53.69
性别比 (女=100)	Sex Ratio (female=100)	106.5	106.7	106.9	106.2	106.2	106.3
人口变动情况 (‰)	**Status of Population Changes (‰)**						
出生率	Birth Rate	16.93	12.91	11.70	11.18	11.60	10.71
死亡率	Death Rate	5.33	4.77	4.68	4.21	4.65	4.69
自然增长率	Natural Growth Rate	11.60	8.14	7.02	6.97	6.95	6.02
迁入率	Immigration Rate	16.04	16.59	13.65	12.07	11.34	11.25
迁出率	Emigration Rate	13.31	12.94	8.97	8.35	13.04	8.94
总迁移率	Total Migration Rate	29.35	29.53	22.62	20.42	24.38	20.19
净迁移率	Net Migration Rate	2.73	3.65	4.68	3.72	-1.70	2.32
跨省净迁移率	Net Cross-Provincial Migration Rate	1.09	1.01	2.55	2.52	0.84	2.14

3-2 年末户籍总人口

Total Population with Residence Registration at the Year-end

单位：万人 (10000 persons)

年份 Year	总人口 Total Population	按性别分 By Sex		按农业、非农业分 By Agricultural & Non-agricultural Population		人口密度（人/平方公里） Population Density (person/sq.km.)
		男 Male	女 Female	非农业人口 Non-agricultural Population	农业人口 Agricultural Population	
1978	5064.15	2586.68	2477.47	823.23	4240.92	285
1980	5227.67	2671.28	2556.39	909.71	4317.96	294
1982	5415.35	2771.86	2643.49	971.46	4443.89	304
1983	5494.12	2818.92	2675.20	1001.05	4493.07	309
1984	5576.62	2865.90	2710.72	1097.36	4479.26	313
1985	5655.60	2909.52	2746.08	1197.92	4457.68	318
1986	5740.70	2955.68	2785.02	1254.60	4486.10	323
1987	5832.15	3003.09	2829.06	1309.91	4522.24	328
1988	5928.31	3053.50	2874.81	1366.54	4561.77	333
1989	6024.98	3106.37	2918.61	1422.75	4602.23	338
1990	6246.32	3213.20	3033.12	1477.31	4769.01	353
1991	6348.95	3266.26	3082.69	1540.92	4808.03	363
1992	6463.17	3327.67	3135.50	1640.80	4822.37	373
1993	6581.60	3390.37	3191.23	1808.09	4773.51	386
1994	6691.46	3450.68	3240.78	1964.72	4726.74	401
1995	6788.74	3501.19	3287.55	2035.37	4753.37	411
1996	6896.77	3559.54	3337.23	2107.80	4788.97	421
1997	7013.73	3620.32	3393.41	2173.50	4840.23	433
1998	7115.65	3676.95	3438.70	2219.07	4896.58	444
1999	7298.88	3769.70	3529.18	2276.42	5022.46	457
2000	7498.54	3871.13	3627.41	2338.29	5160.25	486
2001	7565.33	3905.28	3660.05	2391.31	5174.02	486
2002	7649.29	3948.25	3701.04	2767.31	4881.98	492
2003	7723.42	3989.24	3734.18	3681.93	4003.07	499
2004	7804.75	4025.87	3778.88	3797.92	3973.52	507
2005	7899.64	4080.74	3818.90	4082.06	3792.32	511
2006	8048.71	4154.03	3894.68	4149.42	3880.37	525
2007	8156.05	4204.47	3951.58	4242.85	3894.02	537
2008	8267.09	4263.24	4003.85	4297.78	3950.53	550
2009	8365.98	4309.11	4056.87	4358.05	3990.01	563
2010	8521.55	4388.61	4132.94	4443.96	4054.37	581
2011	8637.19	4445.48	4191.71	4505.68	4111.72	584
2012	8635.89	4448.45	4187.44	4504.96	4090.05	590
2013	8759.46	4513.51	4245.95	4702.83	4031.97	592

注：1. 2003年起，“按农业、非农业分”的人口，不包括未落常住户口的人数，3-7表同；
2. 人口密度数为常住人口的人口密度。
3. 2006-2009年年末常住人口根据2010年第六次全国人口普查快速汇总数据进行平滑调整，人口密度也作了相应的调整。

Note: a) Population grouped by agricultural and non-agricultural population since 2003 does not include the number who does not register as permanent population. The same applies to Table 4-7.
b) The population density refers to that of the permant population.
c) Figures of"Permanent Population at the Year-end"have been adjusted in accordance with the flash sums of the 6th National Population Cescus in 2010. Figures of "Population Density" have been adjusted accordingly.

3-3 人口自然变动情况
Status of Natural Population Changes

单位：万人、‰ (10000 persons, ‰)

年 份 Year	出生 Birth		死 亡 Death		自然增长 Natural Growth	
	出生人数 Number of Birth	出生率 Birth Rate	死亡人数 Number of Death	死亡率 Death Rate	自然增长人数 Number of Natural Growth	自然增长率 Rate of Natural Growth
1978	111.23	22.14	27.35	5.44	83.88	16.70
1980	118.31	22.82	28.40	5.48	89.91	17.34
1982	123.98	23.09	31.79	5.92	92.19	17.17
1983	114.55	21.00	34.47	6.32	80.08	14.68
1984	114.86	20.75	34.37	6.21	80.49	14.54
1985	115.70	20.60	35.53	6.33	80.17	14.27
1986	126.23	22.15	32.48	5.70	93.75	16.45
1987	128.00	22.12	32.98	5.70	95.02	16.42
1988	122.90	20.90	29.81	5.07	93.09	15.83
1989	121.15	20.27	34.25	5.73	86.90	14.54
1990	140.11	22.26	36.25	5.76	103.86	16.50
1991	131.31	20.40	38.04	5.91	93.27	14.49
1992	125.17	18.92	40.00	6.05	85.17	12.87
1993	120.00	17.59	38.00	5.57	82.00	12.02
1994	121.00	17.11	38.00	5.37	83.00	11.74
1995	123.54	16.93	38.91	5.33	84.63	11.60
1996	124.80	16.69	42.11	5.63	82.69	11.06
1997	118.40	15.43	37.83	4.93	80.57	10.50
1998	117.00	14.84	40.00	5.07	77.00	9.77
1999	110.00	13.57	39.00	4.81	71.00	8.76
2000	108.85	12.91	40.21	4.77	68.64	8.14
2001	107.99	12.42	39.63	4.56	68.36	7.86
2002	103.94	11.82	39.73	4.52	64.21	7.30
2003	108.00	12.13	41.98	4.71	66.02	7.42
2004	106.73	11.81	41.62	4.60	65.11	7.21
2005	107.11	11.70	42.24	4.68	64.87	7.02
2006	108.96	11.69	41.53	4.46	67.43	7.24
2007	112.00	11.73	44.00	4.61	68.00	7.12
2008	112.00	11.46	43.00	4.40	69.00	7.06
2009	113.00	11.29	43.00	4.29	70.00	6.99
2010	115.00	11.18	43.27	4.21	71.73	6.97
2011	109.44	10.45	45.56	4.35	63.88	6.10
2012	122.37	11.60	49.06	4.65	73.31	6.95
2013	113.73	10.71	49.80	4.69	63.93	6.02

注：2006-2009年年末常住人口根据2010年第六次全国人口普查快速汇总数据进行平滑调整，出生率、死亡率、自然增长率也作了相应的调整。

Note: Figures of"Permanent Population at the Year-end" have been adjusted in accordance with the flash sums of the 6th National Population Census in 2010. Figures of "Birth Rate", "Death Rate", "Natural Growth Rate" have been adjusted accordingly.

3-4 户籍人口迁移变动情况
Status of Migrant Changes

单位：万人、‰ (10000 persons, ‰)

年份 Year	迁入 Immigration		迁出 Emigration		总迁移 Total Migration		净迁移 Net Migration	
	迁入人数 Number of Immigration	迁入率 Immigration Rate	迁出人数 Number of Emigration	迁出率 Emigration Rate	总迁人数 Total Number of Migration	总迁移率 Total Migration Rate	净迁移人数 Net Number of Migration	净迁移率 Net Migration Rate
1978	81.83	16.29	75.58	15.04	157.41	31.33	6.25	1.25
1980	91.45	17.64	82.09	15.83	173.54	33.47	9.36	1.81
1982	71.63	13.34	65.06	12.11	136.69	25.45	6.57	1.23
1983	66.26	12.14	59.35	10.88	125.61	23.02	6.91	1.26
1984	92.30	16.67	83.31	15.05	175.61	31.72	8.99	1.62
1985	100.10	17.82	84.90	15.12	185.00	32.94	15.20	2.70
1986	85.61	15.02	70.83	12.43	156.44	27.45	14.78	2.59
1987	92.89	16.05	73.26	12.66	166.15	28.71	19.63	3.39
1988	93.82	15.96	73.46	12.49	167.28	28.45	20.36	3.47
1989	95.26	15.94	73.87	12.36	169.13	28.30	21.39	3.58
1990	94.39	15.38	77.07	12.56	171.46	27.94	17.32	2.82
1991	97.23	15.44	83.74	13.30	180.97	28.74	13.49	2.14
1992	135.89	21.21	108.39	16.92	244.28	38.13	27.50	4.29
1993	158.20	24.25	128.06	19.63	286.26	43.88	30.14	4.62
1994	140.93	21.24	115.72	17.44	256.65	38.68	25.21	3.80
1995	108.09	16.04	89.74	13.31	197.83	29.35	18.35	2.73
1996	113.47	16.58	88.88	12.99	202.35	29.57	24.59	3.59
1997	130.94	18.83	98.90	14.22	229.84	33.05	32.04	4.61
1998	117.93	16.69	94.18	13.33	212.11	30.02	23.75	3.36
1999	107.68	14.94	89.13	12.37	196.81	27.31	18.55	2.57
2000	122.72	16.59	95.76	12.94	218.48	29.53	26.96	3.65
2001	109.88	14.59	92.34	12.26	202.22	26.85	17.54	2.33
2002	102.26	13.44	81.95	10.77	184.21	24.21	20.31	2.67
2003	105.27	13.70	83.22	10.83	188.49	24.53	22.05	2.87
2004	133.91	17.25	104.26	13.43	238.17	30.68	29.65	3.82
2005	107.21	13.65	70.45	8.97	177.66	22.62	36.76	4.68
2006	145.49	18.25	80.56	10.10	226.05	28.35	64.93	8.14
2007	119.95	14.80	71.67	8.85	191.62	23.65	48.28	5.96
2008	110.56	13.46	79.47	9.68	190.03	23.14	31.09	3.79
2009	96.80	11.64	64.93	7.81	161.73	19.45	31.87	3.83
2010	101.90	12.07	70.48	8.35	172.38	20.42	31.43	3.72
2011	94.47	11.01	65.37	7.62	159.84	18.63	29.10	3.39
2012	97.91	11.34	112.62	13.04	210.53	24.38	-14.70	-1.70
2013	97.86	11.25	77.72	8.94	175.58	20.19	20.14	2.32

3-5 各市年末常住人口数

Permanent Population at the Year-end by City

单位：万人 (10000 persons)

市 别	City	2000	2005	2008	2009	2010	2011	2012	2013
广 州	Guangzhou	994.80	949.68	1115.34	1186.97	1270.96	1275.14	1283.89	1292.68
深 圳	Shenzhen	701.24	827.75	954.28	995.01	1037.20	1046.74	1054.74	1062.89
珠 海	Zhuhai	123.65	141.57	151.12	154.18	156.16	156.76	158.26	159.03
汕 头	Shantou	467.78	494.45	514.78	522.02	539.62	541.71	544.81	547.91
佛 山	Foshan	534.05	580.03	657.44	687.47	719.91	723.10	726.18	729.57
#顺 德	Shunde	169.42	195.53	223.81	234.62	246.31	247.34	248.38	249.34
韶 关	Shaoguan	273.65	292.26	286.70	285.04	283.02	285.00	286.87	289.27
河 源	Heyuan	226.78	278.24	285.48	287.12	295.82	298.18	301.01	303.76
梅 州	Meizhou	380.52	411.84	416.29	417.72	424.46	426.81	429.41	430.70
惠 州	Huizhou	321.80	370.69	418.65	435.08	460.11	463.36	467.40	470.00
汕 尾	Shanwei	245.71	279.87	291.84	293.12	293.90	295.50	296.90	298.62
东 莞	Dongguan	644.84	656.07	750.60	786.08	822.48	825.48	829.23	831.66
中 山	Zhongshan	236.47	243.46	281.95	296.53	312.27	314.23	315.50	317.39
江 门	Jiangmen	395.24	410.29	428.48	436.64	445.08	446.55	448.27	449.76
阳 江	Yangjiang	217.20	232.14	236.54	237.19	242.53	244.49	247.00	247.96
湛 江	Zhanjiang	603.43	668.95	691.12	693.44	700.38	706.92	710.92	716.71
茂 名	Maoming	524.82	584.04	593.43	587.81	582.64	588.26	596.76	601.25
肇 庆	Zhaoqing	337.69	367.60	380.62	383.77	392.22	395.14	398.23	402.21
清 远	Qingyuan	314.98	359.37	366.58	367.70	370.38	373.80	376.60	379.11
潮 州	Chaozhou	240.44	252.01	259.78	262.70	267.21	268.37	270.00	271.21
揭 阳	Jieyang	524.61	559.69	578.45	581.18	588.30	591.54	595.59	599.47
云 浮	Yunfu	215.49	233.99	234.01	233.41	236.29	237.92	241.65	242.84
按经济区域分	By Region								
珠三角	Pearl River Delta	4289.78	4547.14	5138.48	5361.72	5616.39	5646.51	5689.64	5715.19
东 翼	Eastern Region	1478.54	1586.02	1644.85	1659.02	1689.03	1697.12	1709.69	1717.21
西 翼	Western Region	1345.45	1485.13	1521.09	1518.44	1525.55	1539.67	1556.85	1565.92
山 区	Mountainous Region	1411.42	1575.7	1589.06	1591.00	1609.97	1621.70	1637.82	1645.68

注：1.2006-2009年年末常住人口根据2010年第六次全国人口普查快速汇总数据进行平滑调整。

2. 2012年各市年末常住人口与全省差额14.78万人，为难以确定常住地人口。

Note: a) Figures of permanent population at the year-end have been adjusted in accordance with the flash sums of the 6th National Population Cencus in 2010.

b) There are fourteen and forty seven thousand and eight hundred population balance between permanent population by city and provincial permanent population which are difficult to define the resident population in 2012.

3-6 各市城镇人口占常住人口的比例

Proportion of Urban Population to Permanent Population by City

单位：%　　　　(%)

市　别	City	2000	2005	2008	2009	2010	2011	2012	2013
全　省	**Provincial Total**	**55.00**	**60.68**	**63.37**	**63.40**	**66.17**	**66.50**	**67.40**	**67.76**
广　州	Guangzhou	83.79	91.51	82.23	82.53	83.78	84.13	85.02	85.27
深　圳	Shenzhen	92.46	100.00	100.00	100.00	100.00	100.00	100.00	100.00
珠　海	Zhuhai	85.48	87.90	85.14	87.16	87.65	87.80	87.82	87.85
汕　头	Shantou	67.00	72.34	70.28	69.58	68.46	69.34	69.50	69.79
佛　山	Foshan	75.06	78.39	91.82	92.36	94.09	94.86	94.87	94.88
#顺　德	Shunde	69.38	72.64	96.34	97.13	97.74	98.49	98.50	98.51
韶　关	Shaoguan	51.13	49.76	46.88	47.29	52.53	52.77	53.30	53.73
河　源	Heyuan	26.53	32.47	40.50	40.50	40.04	40.18	40.46	40.65
梅　州	Meizhou	37.21	41.63	46.00	46.20	43.01	43.27	43.57	46.00
惠　州	Huizhou	51.66	55.01	61.27	61.27	61.84	62.19	63.90	66.00
汕　尾	Shanwei	52.58	51.88	52.59	57.00	54.18	54.55	54.60	54.70
东　莞	Dongguan	60.04	73.02	86.39	86.39	88.46	88.60	88.67	88.75
中　山	Zhongshan	60.67	74.29	86.14	86.34	87.82	87.87	87.92	88.00
江　门	Jiangmen	47.08	56.78	49.45	61.81	62.30	62.80	63.20	64.10
阳　江	Yangjiang	41.92	44.09	45.89	46.72	46.81	46.97	48.00	48.80
湛　江	Zhanjiang	38.47	39.71	38.94	38.99	36.68	37.26	38.30	39.10
茂　名	Maoming	37.45	39.30	37.04	37.50	35.06	35.92	37.43	38.33
肇　庆	Zhaoqing	32.52	38.99	40.96	41.60	42.39	42.45	42.62	43.82
清　远	Qingyuan	32.60	38.46	43.67	45.57	47.54	47.65	47.93	48.00
潮　州	Chaozhou	43.41	53.62	59.20	62.10	62.75	63.15	63.15	63.15
揭　阳	Jieyang	37.91	41.15	45.36	45.36	47.31	47.60	49.00	50.03
云　浮	Yunfu	35.86	37.26	36.58	36.78	36.96	37.17	39.10	39.34
按经济区域分	By Region								
珠三角	Pearl River Delta	71.59	77.32	80.17	81.60	82.72	83.01	83.84	84.03
东　翼	Eastern Region	50.45	54.75	56.63	57.69	57.71	58.21	59.05	59.38
西　翼	Western Region	38.64	40.23	39.28	39.62	37.67	38.29	39.72	40.45
山　区	Mountainous Region	36.96	40.16	43.25	43.84	44.29	44.49	45.30	45.98

注：1. 本表2000、2005年数据按国家统计局1999年发布的《关于统计上划分城乡的规定(试行)》计算；2006年起数据按国家统计局2006年颁布的《关于统计上划分城乡的暂行规定》计算。

2. 2006-2009年年末常住人口根据2010年第六次全国人口普查快速汇总数据进行平滑调整，城镇人口占常住人口的比重也作了相应的调整。

Note: a)The 2000 and 2005 data in this table are calculated according to Interim Regulations on Statistical Classification of Urban and Rural Populationissued by National Bureau of Statistics in 1999. The 2006 data are calculated according to Provisional Regulations on Statistical Classification of Urban and Rural Population issued by National Bureau of Statistics in 2006.

b)Figures of"Permanent Population at the Year-end" have been adjusted in accordance with the flash sums of the 6th National Population Census in 2010 and the proportion of urban population to permanent population is also adjusted.

3-7 各市年末户籍人口数（2013年）

Total Population with Residence Registration at the Year-end by City (2013)

单位：万人 (10000 persons)

市别	City	总人口 Total Population	按性别分 By Sex		按农业、非农业分 By Agricultural & Non-agricultural Population	
			男 Male	女 Female	非农业人口 Non-agricultural Population	农业人口 Agricultural Population
广　州	Guangzhou	832.31	420.14	412.17	753.08	78.46
深　圳	Shenzhen	324.32	169.15	155.17	324.32	
珠　海	Zhuhai	108.57	55.42	53.15	108.57	
汕　头	Shantou	540.00	270.65	269.35	534.93	5.07
佛　山	Foshan	381.61	189.83	191.78	381.61	
#顺　德	Shunde	125.94	62.56	63.38	125.94	
韶　关	Shaoguan	328.01	170.07	157.94	160.35	167.15
河　源	Heyuan	360.95	184.00	176.95	78.04	282.90
梅　州	Meizhou	524.96	268.71	256.25	137.39	387.57
惠　州	Huizhou	343.37	174.26	169.11	204.45	138.92
汕　尾	Shanwei	352.53	183.50	169.03	170.15	181.49
东　莞	Dongguan	188.93	95.83	93.10	96.91	91.66
中　山	Zhongshan	154.09	76.51	77.58	82.50	71.14
江　门	Jiangmen	393.00	198.06	194.94	220.11	172.38
阳　江	Yangjiang	285.13	151.77	133.36	116.57	165.74
湛　江	Zhanjiang	804.23	427.59	376.64	297.46	506.77
茂　名	Maoming	757.69	405.98	351.71	267.91	488.17
肇　庆	Zhaoqing	429.82	223.31	206.51	120.00	301.60
清　远	Qingyuan	409.78	212.47	197.31	120.85	288.86
潮　州	Chaozhou	267.16	135.00	132.16	89.62	177.54
揭　阳	Jieyang	682.68	348.85	333.83	333.59	340.78
云　浮	Yunfu	290.34	152.42	137.92	104.43	185.77
按经济区域分	By Region					
珠三角	Pearl River Delta	3156.02	1602.51	1553.51	2291.55	854.16
东　翼	Eastern Region	1842.37	938.00	904.37	1128.29	704.88
西　翼	Western Region	1847.05	985.34	861.71	681.94	1160.68
山　区	Mountainous Region	1914.04	987.67	926.37	601.06	1312.25

3-8 各市年末户籍迁移人口数（2013年）

Number of Migrant Population at the Year-end by City (2013)

单位：人 (person)

市别	City	迁入 Immigration		迁出 Emigration		净迁移 Net Migration	
		省内迁入 Within Guangdong	省外迁入 Outside Guangdong	迁往省内 Within Guangdong	迁往省外 Outside Guangdong	省内 Within Guangdong	省外 Outside Guangdong
广州	Guangzhou	53070	59680	39340	30334	13730	29346
深圳	Shenzhen	77491	146224	5678	15378	71813	130846
珠海	Zhuhai	6864	14114	4563	7112	2301	7002
汕头	Shantou	10426	4973	16143	4313	-5717	660
佛山	Foshan	13613	12684	6081	6229	7532	6455
#顺德	Shunde	3619	5101	1748	2985	1871	2116
韶关	Shaoguan	11132	11843	18511	10687	-7379	1156
河源	Heyuan	6112	11295	15797	8364	-9685	2931
梅州	Meizhou	34126	6860	38295	6167	-4169	693
惠州	Huizhou	38956	20172	70246	10255	-31290	9917
汕尾	Shanwei	23709	4050	16507	4588	7202	-538
东莞	Dongguan	6429	12383	3278	7757	3151	4626
中山	Zhongshan	12072	9171	7403	3412	4669	5759
江门	Jiangmen	32334	7284	33262	9420	-928	-2136
阳江	Yangjiang	14337	2314	16841	2001	-2504	313
湛江	Zhanjiang	73920	9798	82488	9362	-8568	436
茂名	Maoming	44544	13599	42964	21266	1580	-7667
肇庆	Zhaoqing	37999	5799	55227	5872	-17228	-73
清远	Qingyuan	13261	9369	16551	10136	-3290	-767
潮州	Chaozhou	12583	2258	16196	2137	-3613	121
揭阳	Jieyang	66260	8931	66606	13807	-346	-4876
云浮	Yunfu	10707	5873	12282	4304	-1575	1569
按经济区域分	By Region						
珠三角	Pearl River Delta	278828	287511	225078	95769	53750	191742
东翼	Eastern Region	112978	20212	115452	24845	-2474	-4633
西翼	Western Region	132801	25711	142293	32629	-9492	-6918
山区	Mountainous Region	75338	45240	101436	39658	-26098	5582

主要统计指标解释

总人口 指一定时点、一定地区范围内有生命的个人的总和。按不同的统计范围可分为常住人口和户籍人口；统计时点通常为每年 12 月 31 日 24 时。

0-14 岁人口比例 （少年儿童人口系数或少年儿童人口比例） 指 0-14 岁的少年儿童人口与同期总人口之比，反映人口的年龄结构特征。通常以百分比表示。

15-64 岁人口比例 （成年人口系数或成年人口比例） 指 15-64 岁的成年人口与同期总人口之比，反映人口的年龄结构特征。通常以百分比表示。

65 岁及以上人口比例 （老年人口系数或老年人口比例） 指 65 岁及以上的老年人口与同期总人口之比，反映人口的老龄化程度。通常以百分比表示。

城镇人口比例 指城镇人口与同期总人口之比，反映该区域人口的城镇化水平。通常以百分比表示。

人口密度 指某一时点单位土地面积上居住的人口数。通常以每平方公里常住的人口数表示。

非农业人口 指按常住户口性质划分的人口。具体为：（1）设区市的市区和不设区市的市区所辖街道办事处区域内的常住人口；（2）市辖镇、县辖镇所辖居民委员会或镇政府驻地村民委员会区域内的常住人口。按非农业、农业分的人口中，不包括未落常住户口的人数。

性别比 总人口（或分年龄人口）中男性人数与女性人数之比。通常以每 100 个女性人口相应有多少男性人口表示。

其计算公式为：性别比=男性人口数/女性人口数×100

出生率 也称粗出生率。指某一人口在一定时期（通常为一年）内活产婴儿数与同期总人口的生存人口数（或同期平均总人口、年中人口数）之比。通常以千分比表示。

死亡率 也称粗死亡率。指一定时期（通常为一年）内全部死亡人数与同期平均总人口之比，反映该时期人口的死亡强度。通常以千分比表示。

自然增长率 指一定时期（通常为一年）内人口自然增加数（出生人口减死亡人口）与同期平均总人口之比。通常以千分比表示。

迁入率（迁出率） 指一定时期（通常为一年）内迁入（迁出）人数与同期平均总人口之比。通常以千分比表示。

总迁移率 指一定时期（通常为一年）内人口迁移总量（迁入人口加迁出人口）与同期平均总人口之比。通常以千分比表示。

净迁移率 指一定时期（通常为一年）内人口迁入迁出相抵后（迁入人口减迁出人口）与同期平均总人口之比。通常以千分比表示。

跨省净迁移率 指一定时期（通常为一年）内省外迁入人口和迁往省外（含出国）人口之差与同期平均总人口之比。通常以千分比表示。

Explanatory Notes on Main Statistical Indicators

Total Population refers to the total number of people alive within a given area at a certain point of time. It can be divided into the permanent population and the population with residence registration according to different statistical coverage. The reference time of the statistics on total population is usually taken at midnight of December 31.

Proportion of Population Aged 0-14 (coefficient of child population or proportion of child population) refers to the proportion of population aged 0-14 in the total population during the same period of time. It is an indicator of age structure, usually expressed in percentage.

Proportion of Population Aged 15-64 (coefficient of adult population or proportion of adult population) refers to the proportion of population aged 15-64 in the total population during the same period of time. It is an indicator of age structure, usually expressed in percentage.

Proportion of Population Aged 65 and Over (coefficient of aged population or proportion of aged population) refers to the proportion of population aged 65 and over in the total population during the same period of time. It is an indicator of population ageing, usually expressed in percentage.

Proportion of Urban Population refers to the proportion of urban population in the total population during the same period of time. It is an indicator of population urbanization in a certain region, usually expressed in percentage.

Population Density refers to the number of people located in a given land area at a certain point of time, usually expressed in the number of permanent population per square kilometer.

Non-agricultural Population refers to a population classified by the status of permanent population, including (1) the permanent population under the jurisdiction of urban districts or sub-district offices in cities without urban districts; and (2) the permanent population under the jurisdiction of neighborhood committees of townships in cities and counties or villagers' committees where the township governments are located.

Sex Ratio refers to the ratio of the male population to the female population among the total population (or population grouped by age), usually expressed in the number of males per 100 females.

The following formula is used:

Sex Ration = Number of Male Population / Number of Female Population ×100

Birth Rate (or Crude Birth Rate) refers to the ratio of live births to the total number of population alive (or average population, mid-year population) during a certain period of time (usually one year), expressed in ‰.

Death Rate (or Crude Death Rate) refers to the ratio of deaths to the average population during a certain period of time (usually one year), expressed in ‰. Death rate reflects the death intensity of the population during the same period of time.

Natural Growth Rate refers to the ratio of natural increase in population (number of births minus number of deaths) during a certain period of time (usually one year) to the average population of the same period, expressed in ‰.

Immigration Rate (Emigration Rate) refers to the ratio of the number of immigration (emigration) to the average population during a certain period of time (usually one year), expressed in ‰.

Total Migration Rate refers to the ratio of the total number of migration (number of immigration plus number of emigration) to the average population during a certain period of time (usually one year),expressed in ‰.

Net Migration Rate refers to the ratio of the net number of migration (number of immigration minus number of emigration) to the average population during a certain period of time (usually one year), expressed in ‰

Net Migration Rate across Province refers to the ratio of the number of immigration from outside the province minus the number of emigration to outside the province (including those going abroad) to the average population during a certain period of time (usually one year), expressed in ‰.

四、从业人员和工资

EMPLOYMENT AND WAGES

四　从业人员和工资

简要说明

一、本篇资料反映广东劳动就业与工资的基本情况。主要内容包括全社会从业人员数、城镇单位在岗职工人数、城镇私营企业和个体工商业从业人数、在岗职工工资总额、平均工资和城镇登记失业率等。

二、本篇资料由广东省统计局人口和就业处整理提供。

三、本篇资料主要根据国家统计调查制度搜集汇总，部分由省人力资源和社会保障厅、省工商行政管理局等部门提供并加工整理。

四、本篇资料中的城镇单位从业人员、在岗职工及其工资统计范围只包括城镇国有、集体及其他经济类型单位，不包括私营企业和个体劳动者。根据国家劳动统计报表制度的统一规定，从 2013 年年报起，将原属于乡镇企业且符合城镇非私营单位条件的“四上”企业（即规模以上工业企业、有资质的建筑业及全部房地产开发经营企业、限额以上批发和零售业、限额以上住宿和餐饮业、部分规模以上服务业企业）纳入城镇单位从业人员及工资统计的范围。

五、1998 年，劳动统计年报中对全部调查单位改按企业登记注册类型分组。即国有单位中不再包括国有联营和有限责任公司中的国有独资公司；城镇集体单位中不再包括集体联营和股份合作企业；其他单位则包括国有联营和有限责任公司中的国有独资公司，集体联营和股份合作企业。

4 Employment and Wages

Brief Introduction

Ⅰ. The data in this chapter show the basic conditions of labor employment and wages of Guangdong Province, mainly including the number of all employed persons, number of fully employed staff and workers in units in urban areas, number of the persons employed in urban private enterprises and self-employed persons in industry and commerce, total wages and average wage of fully employed staff and workers and registered urban unemployment rate, etc.

Ⅱ. The data in this chapter are prepared and provided by the Division of Population and Employment Statistics of Statistics Bureau of Guangdong Province.

Ⅲ. The data in this chapter are collected and tabulated mainly in accordance with the statistical survey scheme of the National Bureau of Statistics, part of which are processed and prepared from figures provided by Guangdong Provincial Department of Human Resources and Social Security, Guangdong Provincial Administration for Industry and Commerce and some other related organs.

Ⅳ. The statistical coverage of urban unit employed persons, fully employed staff and workers, staff and workers and wages in this chapter only includes state-owned units, collective-owned units and other types of ownership in urban areas, but excludes private enterprises and self-employed individuals. According to the The National Reporting Form System on Labour Wage Statistics, from the 2013 annual report.,the four enterprises original part of township enterprise and urban corporate unit excluding private units those are industrial enterprises above designated size,quality of the construction industry and real estate development enterprises,wholesale and retail trade enterprises above designated size, hotels and catering service enterprises above designated size and part of the service industry above designated size, are brought into the scope of statistics on employed person in urban areas and total wage bills.

Ⅴ. In annual labor reports since 1998, survey units are categorized by registration status. As a result, exclusively state-invested companies in state-owned joint ownership units and limited liability companies are no longer entered as state-owned units, and collective-owned joint ownership units and cooperative units are no longer entered as urban collective-owned units. These units excluded from the categories of state-owned joint ownership units and urban collective-owned units are now categorized as units of other types of ownership.

4-1 从业人员主要指标
Main Indicators of Employed Persons

指　　标	Item	1995	2000	2005	2010	2012	2013
从业人员人数　（万人）	**Number of Employed Persons (10000 persons)**	**3551.20**	**3989.32**	**5022.97**	**5870.48**	**5965.95**	**6117.68**
#城镇单位从业人员	Urban Employed Persons	911.90	759.21	904.27	1118.52	1303.98	1966.98
国有单位	State-owned Units	548.98	425.52	380.19	400.65	430.33	402.75
城镇集体单位	Urban Collective-owned Units	202.36	105.97	68.70	57.66	55.28	58.52
其他各种单位	Units of Other Types of Ownership	160.56	227.73	455.38	660.21	818.38	1505.71
#城镇私营企业从业人员	Employed Persons in Urban Private Enterprises	76.00	161.73	660.05	896.69	907.42	935.31
#城镇个体从业人员	Self-employed Individuals in Urban Areas	168.90	278.40	369.17	429.99	441.15	493.06
第一产业劳动者	Employed Persons in Primary Industry	1473.60	1593.68	1609.89	1435.17	1418.38	1405.06
第二产业劳动者	Employed Persons in Secondary Industry	1199.00	1114.86	1916.16	2487.25	2509.69	2563.50
第三产业劳动者	Employed Persons in Tertiary Industry	878.60	1280.78	1496.92	1948.06	2037.88	2149.12
城镇失业人员就业数	Employees from Urban Unemployed Persons	43.67	52.65	59.48	65.20	68.50	67.70
城镇单位从业人员工资总额（亿元）	**Earnings of Urban Employed Persons (100 million yuan)**	**734.14**	**1057.57**	**2143.29**	**4484.29**	**6561.14**	**10467.44**
国有单位	State-owned Units	458.86	612.17	1078.00	1951.16	2545.59	2473.02
城镇集体单位	Urban Collective-owned Units	124.32	93.04	90.36	129.01	171.77	205.38
其他各种单位	Units of Other Types of Ownership	150.96	352.37	974.93	2404.12	3843.78	7789.04
城镇单位从业人员平均工资（元）	**Average Labor Remuneration of Urban Employed Persons (yuan)**	**8250**	**13859**	**24122**	**40432**	**50278**	**53318**
国有单位	State-owned Units	8540	14296	28553	49027	59423	62653
城镇集体单位	Urban Collective-owned Units	6395	8605	13249	22453	30947	35650
其他各种单位	Units of Other Types of Ownership	9546	15538	22018	36779	46814	51553

注：2003年起城镇职工改为城镇从业人员,2000年的数据作了相应调整。2007年以前城镇个体从业人员的数据已作相应调整。2006-2010年从业人员人数，根据“六普”资料作了相应调整。

Note: Since 2003, the urban staff and workers have been referred to as the urban employed persons. The figures in 2000 are adjusted correspondingly. The data on self-employed individuals before 2007 have been adjusted accordingly.Figures of"Number of Employed Persons"from 2006 to 2010 have been adjusted in accordance with the results of the 6th population census.

4-2 从业人员年末人数

Number of Employed Persons at the Year-end

单位：万人 (10000 persons)

年份 Year	从业人员年末人数 Number of Employed Persons at the Year-end	#城镇单位从业人员 Urban Employed Persons	#城镇私营企业从业人员年末人数 Employed Persons in Urban Private Enterprises	#城镇个体从业人员年末人数 Self-employed Individuals in Urban Areas
1978	2275.95	515.85		
1979	2304.95	535.37		
1980	2367.78	563.62		
1981	2423.79	587.34		
1982	2521.38	608.12		
1983	2569.70	612.65		
1984	2637.49	631.77		
1985	2731.11	660.82		
1986	2811.92	686.20		
1987	2910.99	720.34		
1988	2994.72	747.67		
1989	3041.27	762.61		
1990	3118.10	785.49		
1991	3259.20	827.58	19.58	121.63
1992	3367.21	858.12	26.21	146.75
1993	3433.91	877.16	39.51	191.30
1994	3493.15	879.84	58.22	209.90
1995	3551.20	911.90	76.00	168.90
1996	3641.30	904.07	89.40	241.76
1997	3701.90	897.32	105.80	250.71
1998	3783.87	884.80	126.42	265.08
1999	3796.32	857.07	132.95	268.00
2000	3989.32	759.21	161.73	278.40
2001	4058.63	737.12	182.09	280.71
2002	4134.37	751.23	303.07	295.68
2003	4395.93	781.14	443.70	346.56
2004	4681.89	830.72	541.21	365.38
2005	5022.97	904.27	660.05	369.17
2006	5177.02	954.44	666.04	324.98
2007	5341.50	1001.46	733.14	371.53
2008	5471.72	1007.87	761.43	375.79
2009	5688.62	1055.03	834.06	433.40
2010	5870.48	1118.52	896.69	429.99
2011	5960.74	1238.22	899.46	433.18
2012	5965.95	1303.98	907.42	441.15
2013	6117.68	1966.98	935.31	493.06

注：2007年以前城镇个体从业人员的数据已作相应调整。2006—2010年从业人员人数,根据“六普”资料作了相应调整。

Note: The data on self- employed individuals before 2007 have been adjusted accordingly . Figures of “Number of Employed Persons” from 2006 to 2010 have been adjusted in accordance with the results of the 6th population census.

4-3 按各种分组的从业人员年末人数
Number of Employed Persons at the Year-end by Grouping

单位：万人 (10000 persons)

项目	Item	2000	2005	2010	2012	2013
从业人员总数	**Total Number of Employed Persons**	**3989.32**	**5022.97**	**5870.48**	**5965.95**	**6117.68**
按登记注册类型分组	Grouped by Status of Registration					
#国有单位	State-owned Units	471.03	380.19	392.84	431.50	401.96
集体单位	Collective-owned Units	2368.89	2037.35	1856.34	1713.34	1679.26
股份合作单位	Cooperative Units	11.07	20.19	25.51	26.10	25.93
联营单位	Joint Ownership	7.28	16.53	15.99	15.46	11.16
有限责任公司	Limited Liability Corporations	38.29	205.69	307.64	348.01	433.25
股份有限公司	Share-holding Corporations Ltd.	29.79	52.33	87.29	105.14	147.04
外商投资单位	Foreign Funded Units	43.47	216.68	289.61	305.65	383.75
港澳台投资单位	Units Funded by Entrepreneurs from Hong Kong, Macao and Taiwan	103.74	602.72	732.06	705.12	682.85
私营企业	Private Enterprises	217.54	666.20	1039.69	1167.90	1189.34
个体经济	Individuals	308.88	732.92	1044.11	1072.33	1084.39
按国民经济行业分组	Grouped by Economic Sector					
农、林、牧、渔业	Farming, Forestry, Animal Husbandry and Fishery		1609.89	1435.17	1419.75	1406.21
采矿业	Mining and Quarrying		15.92	12.48	13.14	13.23
制造业	Manufacture		1666.23	2214.67	2217.23	2240.27
电力、热力、燃气及水生产和供应业	Production and Supply of Electric Power,Gas and Water		24.27	31.94	34.66	35.72
建筑业	Construction		209.74	228.17	247.31	275.95
批发和零售业	Wholesale and Retail Trade		562.18	763.92	790.16	827.69
交通运输、仓储和邮政业	Transport, Storage and Postal Services		117.65	160.53	160.58	173.06
住宿和餐饮业	Hotels and Catering Services		166.67	201.71	221.38	228.17
信息传输、软件和信息技术服务业	Information Transmission, Computer Services and Software		36.72	53.94	62.08	77.89
金融业	Finance		29.83	55.28	57.70	53.91
房地产业	Real Estate		44.31	69.58	73.74	86.77
租赁和商务服务业	Leasing and Business Services		61.11	90.21	91.12	110.43
科学研究、技术服务业	Scientific Research and Technical Services		16.35	26.41	33.42	42.48
水利、环境和公共设施管理业	Water Conservancy, Environment and Public Facilities Management		15.42	19.88	21.96	23.50
居民服务、修理和其他服务业	Resident Services and Other Services		179.84	159.15	168.22	172.71
教育	Education		113.18	131.55	138.45	136.77
卫生和社会工作	Health Care and Social Work		44.01	57.57	63.62	61.89
文化、体育和娱乐业	Culture, Sports and Recreation		17.03	25.63	24.57	25.34
公共管理、社会保障和社会组织	Public Administration and Social Organizations		92.61	132.71	126.86	125.69

注：2000年没有按新的行业分组进行整理，2003年起年末从业人员采用新的报表制度和行业分组进行统计。2006-2010年从业人员人数，根据“六普”资料作了相应调整。

Note: The figures of 2000 are not adjusted according to the new sector grouping. Since 2003,the number of employed persons at end of the year is calculated according to the new reporting system and sector grouping . Figures of “Number of Employed Persons” from 2006 to 2010 have been adjusted in accordance with the results of the 6th population census.

4-4 各市从业人员年末人数

Number of Employed Persons at the Year-end by City

单位：万人 (10000 persons)

市别	City	2000	2005	2008	2009	2010	2011	2012	2013
广州	Guangzhou	503.69	574.46	652.90	679.15	711.07	743.18	751.30	759.93
深圳	Shenzhen	308.50	576.26	682.35	723.61	758.14	764.54	771.20	899.20
珠海	Zhuhai	78.90	94.01	99.92	101.57	103.02	104.09	104.93	106.32
汕头	Shantou	207.13	179.81	210.70	225.87	237.91	238.55	239.05	239.67
佛山	Foshan	193.50	348.69	397.80	424.38	443.46	445.13	437.25	437.29
#顺德	Shunde	42.99	90.31	102.13	136.00	159.07	160.72	155.71	156.36
韶关	Shaoguan	142.20	138.44	141.01	141.26	142.51	142.65	143.10	143.78
河源	Heyuan	151.05	118.20	127.96	130.55	133.15	135.47	136.59	135.19
梅州	Meizhou	207.23	211.98	209.63	209.70	208.07	209.48	211.00	211.93
惠州	Huizhou	186.70	222.62	243.74	252.16	260.14	267.94	270.04	277.27
汕尾	Shanwei	136.01	117.78	119.98	119.25	119.15	119.23	119.45	119.68
东莞	Dongguan	97.88	388.13	511.18	571.45	626.25	628.54	631.40	633.25
中山	Zhongshan	122.45	188.85	199.73	204.34	207.34	208.64	208.84	210.30
江门	Jiangmen	208.68	214.53	232.90	243.11	249.55	253.03	248.34	244.30
阳江	Yangjiang	129.57	146.63	128.09	129.50	131.34	137.87	131.98	128.97
湛江	Zhanjiang	314.87	305.00	312.78	318.07	319.78	329.13	331.64	336.37
茂名	Maoming	279.31	287.36	276.77	277.09	273.18	275.58	278.30	280.54
肇庆	Zhaoqing	202.63	215.05	211.85	212.33	213.05	215.13	215.55	216.22
清远	Qingyuan	178.76	195.95	195.02	196.85	196.07	197.49	197.68	200.14
潮州	Chaozhou	121.00	129.18	133.68	137.13	138.48	138.80	134.98	131.02
揭阳	Jieyang	253.79	253.70	262.07	265.14	270.26	273.55	271.94	273.64
云浮	Yunfu	131.20	114.30	121.66	126.10	128.57	132.73	131.41	132.66
按经济区域分	By Region								
珠三角	Pearl River Delta	1902.93	2822.60	3232.38	3412.10	3572.01	3630.21	3638.83	3784.09
东翼	Eastern Region	717.93	680.47	726.43	747.39	765.79	770.13	765.42	764.01
西翼	Western Region	723.75	738.99	717.64	724.66	724.30	742.58	741.92	745.88
山区	Mountainous Region	810.44	778.87	795.28	804.47	808.37	817.81	819.78	823.70

注：2003年起从业人员数采用新的报表制度进行统计，部分市的数据有较大的波动。2006-2010年从业人员人数,根据“六普”资料作了相应调整。

Note: Since 2003, the number of employed persons is calculated according to the new reporting system, which leads to relatively big changes in the data of some cities. Figures of"Number of Employed Persons"from 2006 to 2010 have been adjusted in accordance with the results of the 6th population census.

 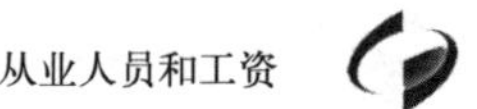

4-5 各市按三次产业分从业人员年末人数

Number of Employed Persons at the Year-end by Strata of Industry by City

单位：万人 (10000 persons)

市别	City	2012				2013			
		合计 Total	第一产业 Primary Industry	第二产业 Secondary Industry	第三产业 Tertiary Industry	合计 Total	第一产业 Primary Industry	第二产业 Secondary Industry	第三产业 Tertiary Industry
全省	**Provincial Total**	**5965.95**	**1418.38**	**2509.69**	**2037.88**	**6117.68**	**1405.06**	**2563.50**	**2149.12**
广州	Guangzhou	751.30	64.68	282.56	404.06	759.93	64.53	262.73	432.68
深圳	Shenzhen	771.20	0.13	373.24	397.82	899.20	0.13	437.32	461.75
珠海	Zhuhai	104.93	6.18	48.94	49.80	106.32	6.08	54.22	46.02
汕头	Shantou	239.05	68.68	106.88	63.49	239.67	65.19	109.61	64.86
佛山	Foshan	437.25	26.75	258.19	152.32	437.29	24.74	256.89	155.66
#顺德	Shunde	155.71	6.00	102.39	47.33	156.36	5.70	101.08	49.58
韶关	Shaoguan	143.10	59.13	31.32	52.65	143.78	59.22	32.32	52.24
河源	Heyuan	136.59	72.76	29.64	34.19	135.19	69.52	29.77	35.90
梅州	Meizhou	211.00	92.48	47.59	70.92	211.93	90.31	48.62	73.00
惠州	Huizhou	270.04	52.15	134.13	83.75	277.27	51.84	137.61	87.82
汕尾	Shanwei	119.45	52.89	31.81	34.75	119.68	52.46	32.11	35.11
东莞	Dongguan	631.40	6.01	480.95	144.44	633.25	5.93	482.37	144.95
中山	Zhongshan	208.84	10.01	140.83	57.99	210.30	9.88	142.48	57.94
江门	Jiangmen	248.34	76.31	104.69	67.35	244.30	78.91	99.74	65.65
阳江	Yangjiang	131.98	48.77	44.83	38.39	128.97	47.96	43.77	37.25
湛江	Zhanjiang	331.64	202.80	48.30	80.54	336.37	202.05	50.99	83.33
茂名	Maoming	278.30	147.20	57.36	73.74	280.54	145.00	59.61	75.93
肇庆	Zhaoqing	215.55	116.50	51.86	47.20	216.22	116.00	52.03	48.20
清远	Qingyuan	197.68	107.13	44.83	45.72	200.14	106.24	44.29	49.61
潮州	Chaozhou	134.98	39.01	65.16	30.82	131.02	39.23	61.19	30.60
揭阳	Jieyang	271.94	92.30	97.74	81.90	273.64	92.59	96.60	84.45
云浮	Yunfu	131.41	76.52	28.85	26.04	132.66	77.25	29.25	26.17
按经济区域分	By Region								
珠三角	Pearl River Delta	3638.83	358.71	1875.38	1404.74	3784.09	358.04	1925.38	1500.66
东翼	Eastern Region	765.42	252.87	301.59	210.95	764.01	249.47	299.51	215.03
西翼	Western Region	741.92	398.77	150.48	192.67	745.88	395.01	154.37	196.50
山区	Mountainous Region	819.78	408.03	182.23	229.52	823.70	402.53	184.24	236.92

4-6 城镇单位从业人员年末人数（2013年）

Number of Employed Persons in Urban Units at the Year-end (2013)

单位：万人 (10000 persons)

项目	Item	从业人员 Employed Persons				在岗职工 Fully Employed Staff and Workers			
			国有单位 State-owned Units	城镇集体单位 Urban Collective-owned Units	其他单位 Other Types of Ownership		国有单位 State-owned Units	城镇集体单位 Urban Collective-owned Units	其他单位 Other Types of Ownership
合　计	**Total**	**1966.98**	**402.75**	**58.52**	**1505.71**	**1905.16**	**391.66**	**55.82**	**1457.69**
按企业、事业和机关分	Grouped by Enterprises,Institutions and Agencies								
企业	Enterprises	1668.154	35.301	55.154	1496.1	1613.29	34.309	52.569	1448.6
事业	Institutions	198.44	38.62	2.60	3.75	193.42	37.75	2.54	3.56
机关	Organ	92.15	97.57	0.03	0.13	90.66	93.49	0.03	0.12
民营非盈利组织	Private Non-profit Organizations	1.40	216.77	0.03	1.25	1.33	212.20	0.03	1.18
其他	Others	6.83	14.50	0.71	4.48	6.46	13.91	0.64	4.24
按国民经济行业分	Grouped by Economic Sector								
农、林、牧、渔业	Farming, Forestry, Animal Husbandry and Fishery	5.70	5.41	0.07	0.22	5.64	5.36	0.07	0.21
采矿业	Mining and Quarrying	2.93	0.71	0.14	2.08	2.89	0.70	0.13	2.06
制造业	Manufacture	1020.52	6.39	16.02	998.11	1010.44	6.26	15.78	988.40
电力、热力、燃气及水生产和供应业	Production and Supply of Electric Power, Gas and Water	32.18	10.59	1.13	20.46	31.98	10.51	1.08	20.39
建筑业	Construction	162.28	29.45	18.52	114.31	136.64	27.78	16.74	92.13
批发和零售业	Wholesale and Retail Trade	95.77	8.34	3.20	84.24	93.50	8.14	3.06	82.29
交通运输、仓储和邮政业	Transport, Storage and Postal Services	83.32	22.95	1.09	59.29	80.82	22.46	1.07	57.28
住宿和餐饮业	Hotels and Catering Services	39.34	3.09	0.73	35.52	37.61	2.98	0.71	33.92
信息传输、软件和信息技术服务业	Information Transmission, Computer Services and Software	33.20	4.13	0.09	28.98	32.82	3.97	0.09	28.77
金融业	Finance	43.34	10.78	4.10	28.46	36.58	10.07	4.06	22.45
房地产业	Real Estate	52.47	4.08	1.68	46.72	50.86	4.04	1.55	45.27
租赁和商务服务业	Leasing and Business Services	55.78	11.86	7.54	36.38	53.53	10.76	7.34	35.43
科学研究、技术服务业	Scientific Research and Technical Services	29.51	8.81	0.68	20.03	28.61	8.53	0.66	19.42
水利、环境和公共设施管理业	Water Conservancy, Environment and Public Facilities Management	16.27	11.35	0.75	4.17	15.64	10.94	0.74	3.96
居民服务、修理和其他服务业	Resident Services and Other Services	7.26	1.48	0.19	5.58	7.10	1.43	0.19	5.48
教育	Education	118.64	105.83	0.73	12.08	115.81	103.79	0.68	11.34
卫生和社会工作	Health Care and Social Work	55.93	49.83	1.78	4.31	54.33	48.31	1.77	4.25
文化、体育和娱乐业	Culture, Sports and Recreation	10.86	6.25	0.09	4.52	10.53	6.02	0.08	4.42
公共管理、社会保障和社会组织	Public Administration and Social Organizations	101.67	101.41	0.01	0.25	99.84	99.60	0.01	0.22
按产业分	Grouped by Industry								
第一产业	Primary Industry	5.70	5.41	0.07	0.22	5.64	5.36	0.07	0.21
第二产业	Secondary Industry	1217.91	47.14	35.81	1134.96	1181.96	45.25	33.74	1102.98
第三产业	Tertiary Industry	743.37	350.20	22.65	370.53	717.56	341.05	22.02	354.50

4-7 各市城镇单位从业人员和在岗职工（2013年）
Number of Employed Persons and of Fully Employed Staff and Workers in Urban Units by City (2013)

单位：万人 (10000 persons)

市 别	City	从业人员 Employed Persons 合计 Total	国有单位 State-owned Units	城镇集体单位 Urban Collective-owned Units	其他单位 Other Types of Ownership	在岗职工 Fully Employed Staff and Workers 合计 Total	国有单位 State-owned Units	城镇集体单位 Urban Collective-owned Units	其他单位 Other Types of Ownership
年末人数	**Year-end Number**								
广 州	Guangzhou	324.59	72.37	10.42	241.80	309.95	70.63	9.96	229.36
深 圳	Shenzhen	457.41	50.07	4.03	403.30	445.84	48.60	4.02	393.22
珠 海	Zhuhai	74.56	10.23	1.78	62.55	71.13	9.89	1.71	59.53
汕 头	Shantou	55.53	22.06	3.43	30.03	53.02	21.26	3.29	28.47
佛 山	Foshan	174.22	20.68	2.86	150.69	171.52	20.09	2.80	148.63
#顺 德	Shunde	78.07	6.57	0.29	71.20	77.05	6.50	0.28	70.27
韶 关	Shaoguan	35.74	14.52	2.62	18.59	32.78	14.24	2.16	16.39
河 源	Heyuan	25.39	11.06	0.70	13.63	24.95	11.01	0.68	13.26
梅 州	Meizhou	29.48	16.34	1.71	11.43	28.22	16.04	1.67	10.52
惠 州	Huizhou	86.08	18.10	1.93	66.05	83.91	17.80	1.91	64.20
汕 尾	Shanwei	24.93	9.01	2.89	13.02	24.33	8.81	2.61	12.91
东 莞	Dongguan	244.92	15.39	5.89	223.64	239.82	15.19	5.73	218.90
中 山	Zhongshan	90.85	8.13	2.43	80.29	88.62	7.67	2.42	78.53
江 门	Jiangmen	59.52	13.92	2.28	43.33	56.64	12.86	2.05	41.73
阳 江	Yangjiang	24.52	9.96	2.65	11.91	23.06	9.72	2.48	10.86
湛 江	Zhanjiang	50.26	28.61	2.54	19.11	48.96	27.93	2.49	18.53
茂 名	Maoming	44.83	21.54	3.19	20.09	42.64	21.26	3.14	18.24
肇 庆	Zhaoqing	40.66	15.33	1.33	23.99	38.83	14.10	1.29	23.45
清 远	Qingyuan	31.45	12.26	0.63	18.56	30.96	12.09	0.63	18.24
潮 州	Chaozhou	21.10	8.04	1.33	11.72	20.36	7.82	1.06	11.48
揭 阳	Jieyang	39.06	16.09	3.09	19.89	38.28	15.74	2.94	19.60
云 浮	Yunfu	21.21	8.52	0.78	11.91	20.64	8.40	0.77	11.47
年平均人数	**Annual Average Number**								
广 州	Guangzhou	316.71	67.17	10.58	238.96	302.87	65.51	10.09	227.27
深 圳	Shenzhen	459.72	49.03	4.18	406.51	449.31	47.69	4.17	397.45
珠 海	Zhuhai	74.74	10.17	1.76	62.81	71.18	9.82	1.70	59.66
汕 头	Shantou	54.61	21.81	3.33	29.47	52.23	21.03	3.22	27.98
佛 山	Foshan	173.07	20.68	2.85	149.53	170.56	20.17	2.79	147.60
#顺 德	Shunde	77.29	6.64	0.30	70.35	76.33	6.56	0.28	69.49
韶 关	Shaoguan	35.04	14.38	2.52	18.15	32.91	14.11	2.11	16.70
河 源	Heyuan	25.31	11.00	0.64	13.67	24.90	10.96	0.62	13.32
梅 州	Meizhou	29.16	16.25	1.63	11.29	27.90	15.95	1.58	10.36
惠 州	Huizhou	87.01	17.79	1.94	67.28	84.90	17.50	1.93	65.48
汕 尾	Shanwei	24.80	8.97	2.99	12.84	24.15	8.76	2.66	12.72
东 莞	Dongguan	250.24	15.22	5.87	229.16	244.92	15.01	5.70	224.21
中 山	Zhongshan	92.14	8.02	2.43	81.69	89.91	7.55	2.43	79.94
江 门	Jiangmen	59.70	13.79	2.22	43.69	56.96	12.79	2.03	42.14
阳 江	Yangjiang	23.38	9.94	1.92	11.52	22.10	9.72	1.84	10.54
湛 江	Zhanjiang	49.76	28.65	2.53	18.58	48.51	28.01	2.46	18.03
茂 名	Maoming	43.75	21.28	3.14	19.32	42.04	21.01	3.09	17.94
肇 庆	Zhaoqing	40.80	15.25	1.27	24.27	39.01	14.03	1.24	23.73
清 远	Qingyuan	31.49	12.23	0.59	18.67	31.04	12.07	0.59	18.38
潮 州	Chaozhou	21.09	8.15	1.36	11.58	20.35	7.89	1.06	11.40
揭 阳	Jieyang	38.87	15.97	3.07	19.83	38.10	15.63	2.92	19.55
云 浮	Yunfu	21.10	8.46	0.77	11.87	20.55	8.35	0.76	11.44

4-8 各市城镇单位各行业在岗职工年末人数（2013年）

Number of Fully Employed Staff and Workers in Urban Units at the Year-end by Sector and by City (2013)

单位：万人 (10000 persons)

市别	City	合计 Total	农、林、牧、渔业 Farming, Forestry, Animal Husbandry and Fishery	采矿业 Mining and Quarrying	制造业 Manufacture	电力、热力、燃气及水的生产和供应业 Production and Supply of Electric Power,Gas and Water	建筑业 Construction	批发和零售业 Wholesale and Retail Trade	交通运输、仓储和邮政业 Transport, Storage and Postal Services	住宿和餐饮业 Hotels and Catering Services	信息传输、软件和信息技术服务业 Information Transmission, Computer Services and Software
广州	Guangzhou	309.95	0.22	0.02	97.76	3.71	20.28	27.99	33.49	10.08	9.30
深圳	Shenzhen	445.84	0.07	0.40	254.26	2.01	34.27	24.46	20.91	9.38	12.45
珠海	Zhuhai	71.13	0.69	0.02	39.74	0.52	6.06	3.06	2.28	2.04	1.74
汕头	Shantou	53.02	0.05	0.02	18.14	0.90	12.81	2.41	1.48	0.64	0.78
佛山	Foshan	171.52	0.02	0.04	123.09	1.52	5.53	5.60	3.44	2.30	1.47
#顺德	Shunde	77.05			59.61	0.33	2.42	2.50	0.94	0.67	0.18
韶关	Shaoguan	32.78	0.24	0.63	9.89	1.22	5.69	1.06	0.89	0.52	0.30
河源	Heyuan	24.95	0.09	0.12	10.73	0.58	0.99	0.62	0.85	0.40	0.29
梅州	Meizhou	28.22	0.06	0.16	6.19	1.15	3.45	0.88	0.84	0.29	0.48
惠州	Huizhou	83.91	0.09	0.03	55.59	0.94	2.66	2.66	1.95	0.83	0.67
汕尾	Shanwei	24.33	0.46	0.03	13.78	0.44	0.56	0.78	0.37	0.20	0.35
东莞	Dongguan	239.82	0.07		195.91	0.90	3.32	6.23	2.88	4.02	0.79
中山	Zhongshan	88.62	0.00	0.00	67.06	0.73	2.57	3.02	1.51	1.48	0.52
江门	Jiangmen	56.64	0.05	0.01	31.20	0.95	4.23	2.28	1.89	1.26	0.46
阳江	Yangjiang	23.06		0.02	6.30	0.39	4.82	1.08	0.78	0.36	0.26
湛江	Zhanjiang	48.96	1.89	0.60	7.63	1.00	9.55	2.46	2.66	1.06	0.68
茂名	Maoming	42.64	0.87	0.17	7.03	1.15	9.53	2.57	1.16	0.46	0.39
肇庆	Zhaoqing	38.83	0.06	0.19	18.63	0.59	1.98	1.41	1.22	0.62	0.41
清远	Qingyuan	30.96	0.14	0.03	12.96	0.85	1.96	0.76	0.83	0.74	0.41
潮州	Chaozhou	20.36	0.02	0.00	10.00	0.99	0.96	0.53	0.42	0.19	0.34
揭阳	Jieyang	38.28	0.48		15.96	0.89	4.16	2.23	0.59	0.47	0.49
云浮	Yunfu	20.64	0.06	0.41	8.10	0.38	1.26	1.42	0.38	0.28	0.23
按经济区域分	By Region										
珠三角	Pearl River Delta	1506.28	1.27	0.71	883.22	11.86	80.89	76.70	69.57	32.01	27.82
东翼	Eastern Region	135.99	1.01	0.05	57.88	3.21	18.50	5.95	2.86	1.51	1.97
西翼	Western Region	114.66	2.76	0.79	20.96	2.55	23.90	6.10	4.60	1.88	1.33
山区	Mountainous Region	137.55	0.60	1.34	47.87	4.19	13.36	4.74	3.79	2.22	1.71

4-8 续表 continued

单位：万人 (10000 persons)

市别	City	金融业 Finance	房地产业 Real Estate	租赁和商务服务业 Leasing and Business Services	科学研究、技术服务业 Scientific Research, Technical Services and Geological Prospecting	水利、环境和公共设施管理业 Water Conservancy, Environment and Public Facilities Management	居民服务、修理和其他服务业 Resident Services and Other Services	教育 Education	卫生和社会工作 Health Care, Social Security and Social Welfare	文化、体育和娱乐业 Culture, Sports and Recreation	公共管理、社会保障和社会组织 Public Administration and Social Organizations
广州	Guangzhou	6.51	16.28	19.18	13.37	4.87	2.38	16.46	9.25	3.64	15.16
深圳	Shenzhen	8.94	16.57	20.04	7.77	1.22	1.87	9.19	5.80	2.27	13.98
珠海	Zhuhai	1.31	2.72	1.51	0.77	0.84	0.19	2.62	1.45	0.35	3.26
汕头	Shantou	1.14	0.78	0.35	0.36	0.67	0.06	6.25	2.14	0.23	3.80
佛山	Foshan	2.78	2.93	1.75	1.11	0.82	0.61	8.60	4.41	0.36	5.14
#顺德	Shunde	0.90	1.28	0.86	0.59	0.33	0.12	3.07	1.56	0.12	1.56
韶关	Shaoguan	0.75	0.57	0.45	0.37	0.69	0.05	3.74	1.73	0.18	3.82
河源	Heyuan	0.53	0.48	0.27	0.18	0.22	0.03	3.78	1.29	0.18	3.32
梅州	Meizhou	0.90	0.30	0.22	0.38	0.70	0.03	5.71	2.16	0.19	4.12
惠州	Huizhou	1.36	1.67	0.86	0.46	0.80	0.08	4.77	2.41	0.41	5.69
汕尾	Shanwei	0.32	0.09	0.22	0.07	0.20	0.01	3.10	0.80	0.13	2.40
东莞	Dongguan	2.80	2.28	4.37	1.06	0.21	1.28	3.57	4.45	0.75	4.92
中山	Zhongshan	1.31	1.68	0.90	0.50	0.25	0.03	2.90	1.73	0.25	2.20
江门	Jiangmen	1.66	0.72	0.38	0.31	0.46	0.10	4.14	2.30	0.20	4.06
阳江	Yangjiang	0.60	0.46	0.19	0.15	0.37	0.03	2.80	1.22	0.10	3.14
湛江	Zhanjiang	1.32	0.65	1.20	0.49	1.08	0.05	8.67	3.00	0.29	4.68
茂名	Maoming	1.06	0.55	0.52	0.36	0.63	0.03	8.95	2.62	0.29	4.31
肇庆	Zhaoqing	0.90	0.58	0.41	0.27	0.47	0.07	4.65	2.25	0.19	3.95
清远	Qingyuan	0.78	0.76	0.11	0.23	0.38	0.10	3.84	1.73	0.15	4.20
潮州	Chaozhou	0.50	0.23	0.22	0.17	0.24	0.06	2.78	1.01	0.10	1.57
揭阳	Jieyang	0.65	0.32	0.31	0.14	0.35	0.03	6.20	1.45	0.17	3.38
云浮	Yunfu	0.46	0.23	0.07	0.08	0.18	0.02	3.11	1.13	0.10	2.75
按经济区域分	By Region										
珠三角	Pearl River Delta	27.56	45.43	49.39	25.62	9.93	6.61	56.89	34.05	8.41	58.34
东翼	Eastern Region	2.62	1.42	1.11	0.74	1.47	0.16	18.33	5.40	0.63	11.16
西翼	Western Region	2.98	1.66	1.91	1.01	2.07	0.10	20.41	6.84	0.69	12.13
山区	Mountainous Region	3.42	2.34	1.11	1.24	2.17	0.23	20.18	8.03	0.80	18.21

4-9 城镇单位女性从业人员年末人数（2013年）

Number of Females Employed in Urban Units at the Year-end (2013)

单位：万人 (10000 persons)

行 业	Sector	合计 Total	国有单位 State-owned Units	城镇集体单位 Urban Collective-owned Units	其他单位 Other Types of Ownership
合 计	**Total**	**820.10**	**158.80**	**20.56**	**640.75**
农、林、牧、渔业	Farming, Forestry, Animal Husbandry and Fishery	1.91	1.82	0.02	0.06
采矿业	Mining and Quarrying	0.60	0.13	0.03	0.44
制造业	Manufacture	478.98	2.09	9.99	466.90
电力、热力、燃气及水生产和供应业	Production and Supply of Electric Power, Gas and Water	7.68	2.73	0.32	4.62
建筑业	Construction	17.64	3.21	2.08	12.35
批发和零售业	Wholesale and Retail Trade	47.53	3.04	1.16	43.34
交通运输、仓储和邮政业	Transport, Storage and Postal Services	20.88	5.16	0.29	15.43
住宿和餐饮业	Hotels and Catering Services	20.37	1.58	0.41	18.38
信息传输、软件和信息技术服务业	Information Transmission, Computer Services and Software	11.57	1.22	0.03	10.32
金融业	Finance	21.90	5.31	1.66	14.93
房地产业	Real Estate	18.15	1.41	0.56	16.19
租赁和商务服务业	Leasing and Business Services	18.42	2.53	1.75	14.15
科学研究、技术服务业	Scientific Research and Technical Services	9.61	2.80	0.16	6.66
水利、环境和公共设施管理业	Water Conservancy, Environment and Public Facilities Management	6.93	4.61	0.33	1.99
居民服务、修理和其他服务业	Resident Services and Other Services	3.31	0.54	0.07	2.70
教育	Education	66.23	58.43	0.56	7.24
卫生和社会工作	Health Care and Social Work	35.00	31.08	1.10	2.81
文化、体育和娱乐业	Culture, Sports and Recreation	4.77	2.61	0.04	2.11
公共管理、社会保障和社会组织	Public Administration and Social Organizations	28.63	28.51	…	0.12

4-10 城镇单位职工工资总额与年平均工资

Total Wages Bill and Average Wage of Staff and Workers in Urban Units

年份 Year	工资总额（亿元） Total Wages Bill (100 million yuan)				平均工资（元） Average Wage (yuan)			
	合计 Total	国有单位 State-owned Units	城镇集体单位 Urban Collective-owned Units	其他单位 Other Types of Ownership	合计 Total	国有单位 State-owned Units	城镇集体单位 Urban Collective-owned Units	其他单位 Other Types of Ownership
1978	30.59	22.67	7.92		615	638	558	
1979	35.56	26.37	9.19		685	718	605	
1980	42.83	32.00	10.83		789	828	691	
1981	49.40	37.01	12.39		873	912	774	
1982	56.69	43.03	13.66		961	1000	856	
1983	60.85	46.25	14.60		1021	1061	907	
1984	72.82	52.66	19.59	0.57	1187	1261	1017	1697
1985	88.91	63.42	23.85	1.64	1393	1458	1216	2209
1986	102.13	73.10	26.69	2.34	1541	1619	1330	2198
1987	121.10	84.99	31.99	4.12	1743	1805	1544	2469
1988	162.76	113.60	41.23	7.93	2250	2320	1979	3134
1989	200.39	139.38	47.74	13.27	2678	2763	2302	3641
1990	223.29	154.96	50.06	18.27	2929	3000	2508	3972
1991	268.19	179.81	60.15	28.23	3358	3383	2931	4558
1992	334.61	222.27	72.06	40.28	4027	4059	3510	5157
1993	455.33	300.91	83.79	70.63	5327	5431	4388	6435
1994	612.73	401.80	107.03	103.90	7117	7410	5565	8216
1995	734.14	458.86	124.32	150.96	8250	8540	6395	9546
1996	803.50	512.22	124.35	166.93	9127	9494	6799	10569
1997	858.35	539.95	120.36	198.04	9698	10032	6814	11635
1998	899.68	530.11	105.59	263.98	10233	10432	6671	12410
1999	970.70	567.54	101.72	301.44	11309	11579	7025	13492
2000	1038.38	604.59	91.81	341.98	13823	14387	8615	15240
2001	1146.11	663.85	82.67	399.59	15682	16779	9040	16392
2002	1306.32	737.63	80.26	488.43	17814	19696	9881	17597
2003	1515.58	841.02	83.52	591.05	19986	22944	10836	18782
2004	1771.05	942.39	84.73	743.94	22116	25979	11937	20267
2005	2085.64	1058.97	88.63	938.04	23959	28835	13240	21500
2006	2413.63	1165.88	94.91	1152.84	26186	31352	14520	23794
2007	2854.99	1343.92	104.01	1407.06	29443	36396	16328	26215
2008	3294.17	1520.88	110.28	1663.02	33110	40775	18461	29580
2009	3698.34	1687.96	114.71	1895.66	36355	44964	20347	32377
2010	4363.82	1913.19	125.99	2324.64	40358	49610	22470	36347
2011	5444.34	2235.58	149.68	3059.08	45152	54739	25679	41390
2012	6397.01	2508.29	165.71	3723.02	50577	60116	31219	46860
2013	10213.35	2434.53	196.96	7581.85	53611	63390	35812	51717

注：从2000年起统计口径为在岗职工。

Note: Since 2000, statistical coverage refers to the fully employed staff and workers.

4-11 各市城镇单位从业人员工资总额和在岗职工年平均工资（2013年）

Earnings of Employed Persons and Wages of Fully Employed Staff and Workers in Urban Units by City (2013)

市别	City	从业人员工资 Earnings of Employed Persons				在岗职工工资 Wages of Fully Employed Staff and Workers			
		合计 Total	国有单位 State-owned Units	城镇集体单位 Urban Collective-owned Units	其他单位 Other Types of Ownership	合计 Total	国有单位 State-owned Units	城镇集体单位 Urban Collective-owned Units	其他单位 Other Types of Ownership
总额（亿元）	**Total(100 million yuan)**								
广州	Guangzhou	2172.45	561.69	42.49	1568.27	2110.78	553.63	40.83	1516.31
深圳	Shenzhen	2879.08	437.30	12.69	2429.09	2813.51	431.05	12.60	2369.86
珠海	Zhuhai	417.65	77.83	8.26	331.56	398.50	76.07	8.19	314.24
汕头	Shantou	230.94	107.24	8.62	115.08	222.74	104.06	8.39	110.30
佛山	Foshan	868.08	139.09	13.10	715.89	858.86	137.10	12.99	708.77
#顺德	Shunde	395.42	35.19	1.29	358.95	391.29	34.87	1.25	355.16
韶关	Shaoguan	154.03	73.72	9.23	71.08	147.77	72.99	7.98	66.81
河源	Heyuan	103.25	48.79	1.97	52.48	102.33	48.70	1.91	51.71
梅州	Meizhou	114.94	69.87	4.52	40.55	111.26	69.21	4.43	37.62
惠州	Huizhou	410.14	110.19	6.84	293.11	400.10	109.29	6.78	284.03
汕尾	Shanwei	97.25	33.31	10.22	53.72	94.99	32.93	8.66	53.41
东莞	Dongguan	1071.16	114.98	22.29	933.89	1049.98	113.86	21.88	914.24
中山	Zhongshan	446.15	64.75	8.60	372.80	435.61	62.99	8.55	364.07
江门	Jiangmen	252.78	72.56	8.88	171.33	244.07	69.39	8.42	166.26
阳江	Yangjiang	93.82	41.39	5.75	46.68	89.24	40.75	5.47	43.02
湛江	Zhanjiang	199.90	118.25	7.36	74.30	196.63	116.44	7.22	72.97
茂名	Maoming	186.40	92.25	11.17	82.98	180.30	91.56	11.05	77.69
肇庆	Zhaoqing	179.45	81.04	4.32	94.09	174.21	77.75	4.24	92.22
清远	Qingyuan	147.78	76.42	3.08	68.28	146.42	75.99	3.07	67.36
潮州	Chaozhou	79.60	36.96	4.18	38.46	77.26	36.48	2.91	37.87
揭阳	Jieyang	161.87	62.52	9.68	89.68	159.76	61.73	9.29	88.74
云浮	Yunfu	84.03	39.58	2.13	42.31	82.36	39.29	2.10	40.98
平均工资(元)	**Average Wage (yuan)**								
广州	Guangzhou	68594	83617	40167	65629	69692	84514	40455	66718
深圳	Shenzhen	62626	89191	30337	59754	62619	90393	30207	59627
珠海	Zhuhai	55884	76561	46824	52792	55985	77504	48112	52670
汕头	Shantou	42286	49163	25873	39051	42645	49475	26058	39420
佛山	Foshan	50158	67247	45945	47875	50356	67968	46528	48021
#顺德	Shunde	51160	52999	43101	51021	51261	53138	44261	51112
韶关	Shaoguan	43958	51276	36669	39171	44898	51740	37783	40017
河源	Heyuan	40787	44363	30602	38389	41098	44451	30974	38810
梅州	Meizhou	39412	42991	27807	35929	39882	43389	27965	36306
惠州	Huizhou	47139	61956	35179	43567	47126	62462	35186	43379
汕尾	Shanwei	39220	37128	34209	41848	39333	37570	32533	41970
东莞	Dongguan	42806	75568	38000	40753	42870	75846	38409	40776
中山	Zhongshan	48420	80785	35323	45634	48449	83424	35269	45545
江门	Jiangmen	42339	52624	39954	39215	42851	54260	41413	39458
阳江	Yangjiang	40128	41653	29905	40517	40383	41940	29687	40818
湛江	Zhanjiang	40176	41269	29125	39993	40534	41564	29314	40466
茂名	Maoming	42607	43346	35554	42941	42889	43589	35747	43299
肇庆	Zhaoqing	43989	53141	33889	38768	44660	55398	34158	38859
清远	Qingyuan	46926	62508	52013	36564	47172	62968	52331	36640
潮州	Chaozhou	37748	45375	30787	33202	37962	46212	27388	33233
揭阳	Jieyang	41643	39134	31508	45234	41932	39508	31815	45380
云浮	Yunfu	39816	46765	27564	35657	40085	47068	27688	35813

4-12 城镇单位从业人员工资总额（2013年）
Earnings of Employed Persons in Urban Units (2013)

单位：亿元 (100 million yuan)

项 目	Item	合计 Total	国有单位 State-owned Units	城镇集体单位 Urban Collective-owned Units	其他单位 Other Types of Ownership
合 计	**Total**	**10467.44**	**2473.02**	**205.38**	**7789.04**
按企业、事业和机关分	Grouped by Enterprises, Institutions and Organ				
企业	Enterprises	8613.82	684.10	189.91	7739.81
事业	Institutions	1211.31	1175.47	11.71	24.13
机关	Organ	594.34	593.39	0.09	0.85
民营非盈利组织	Private Non-profit Organizations	6.70	0.94	0.12	5.64
其他	Others	41.27	19.13	3.54	18.60
按国民经济行业分	Grouped by Economic Sector				
农、林、牧、渔业	Farming, Forestry, Animal Husbandry and Fishery	14.36	13.41	0.19	0.75
采矿业	Mining and Quarrying	20.27	5.66	0.55	14.06
制造业	Manufacture	4757.36	45.50	56.80	4655.06
电力、热力、燃气及水生产和供应业	Production and Supply of Electric Power, Gas and Water	286.44	78.52	7.06	200.86
建筑业	Construction	648.33	117.08	52.82	478.43
批发和零售业	Wholesale and Retail Trade	491.99	47.58	7.39	437.01
交通运输、仓储和邮政业	Transport, Storage and Postal Services	507.81	105.67	3.16	398.97
住宿和餐饮业	Hotels and Catering Services	138.35	13.83	2.65	121.88
信息传输、软件和信息技术服务业	Information Transmission, Computer Services and Software	330.29	32.38	0.40	297.50
金融业	Finance	491.50	132.24	22.82	336.44
房地产业	Real Estate	275.84	18.19	6.03	251.63
租赁和商务服务业	Leasing and Business Services	334.90	60.58	24.89	249.43
科学研究、技术服务业	Scientific Research and Technical Services	262.16	73.85	3.71	184.60
水利、环境和公共设施管理业	Water Conservancy, Environment and Public Facilities Management	70.38	48.54	2.36	19.48
居民服务、修理和其他服务业	Resident Services and Other Services	31.02	7.61	0.51	22.89
教育	Education	695.06	626.81	3.11	65.14
卫生和社会工作	Health Care and Social Work	380.05	342.07	10.44	27.54
文化、体育和娱乐业	Culture, Sports and Recreation	71.33	45.07	0.42	25.84
公共管理、社会保障和社会组织	Public Administration and Social Organizations	660.02	658.44	0.05	1.52
按产业分	Grouped by Industry				
第一产业	Primary Industry	14.36	13.41	0.19	0.75
第二产业	Secondary Industry	5712.40	246.75	117.24	5348.41
第三产业	Tertiary Industry	4740.68	2212.86	87.94	2439.88

4-13 城镇单位在岗职工工资总额（2013年）

Total Wages Bill of Fully Employed Staff and Workers in Urban Units (2013)

单位：亿元 (100 million yuan)

项　目	Item	合计 Total	国有单位 State-owned Units	城镇集体单位 Urban Collective-owned Units	其他单位 Other Types of Ownership
合　计	**Total**	**10213.35**	**2434.53**	**196.96**	**7581.85**
按企业、事业和机关分	Grouped by Enterprises, Institutions and Organ				
企业	Enterprises	8382.31	665.57	181.81	7534.93
事业	Institutions	1194.35	1159.88	11.60	22.87
机关	Organ	590.14	589.22	0.09	0.83
民营非盈利组织	Private Non-profit Organizations	6.40	0.89	0.12	5.39
其他	Others	40.15	18.97	3.34	17.84
按国民经济行业分	Grouped by Economic Sector				
农、林、牧、渔业	Farming, Forestry, Animal Husbandry and Fishery	14.24	13.31	0.19	0.73
采矿业	Mining and Quarrying	20.16	5.63	0.53	14.00
制造业	Manufacture	4690.03	44.96	55.34	4589.73
电力、热力、燃气及水生产和供应业	Production and Supply of Electric Power, Gas and Water	285.71	78.23	7.03	200.45
建筑业	Construction	560.49	110.02	47.87	402.60
批发和零售业	Wholesale and Retail Trade	482.34	46.97	7.15	428.22
交通运输、仓储和邮政业	Transport, Storage and Postal Services	500.57	104.49	3.09	392.98
住宿和餐饮业	Hotels and Catering Services	134.53	13.33	2.60	118.61
信息传输、软件和信息技术服务业	Information Transmission, Computer Services and Software	327.62	31.66	0.39	295.58
金融业	Finance	466.52	128.79	22.75	314.98
房地产业	Real Estate	269.20	18.08	5.61	245.51
租赁和商务服务业	Leasing and Business Services	324.34	57.48	24.10	242.76
科学研究、技术服务业	Scientific Research and Technical Services	255.84	72.23	3.67	179.94
水利、环境和公共设施管理业	Water Conservancy, Environment and Public Facilities Management	68.89	47.59	2.33	18.96
居民服务、修理和其他服务业	Resident Services and Other Services	30.34	7.36	0.50	22.49
教育	Education	684.28	620.91	3.00	60.37
卫生和社会工作	Health Care and Social Work	373.40	335.88	10.36	27.16
文化、体育和娱乐业	Culture, Sports and Recreation	70.04	44.27	0.41	25.37
公共管理、社会保障和社会组织	Public Administration and Social Organizations	654.81	653.35	0.05	1.42
按产业分	Grouped by Industry				
第一产业	Primary Industry	14.24	13.31	0.19	0.73
第二产业	Secondary Industry	5556.39	238.85	110.76	5206.78
第三产业	Tertiary Industry	4642.72	2182.37	86.00	2374.35

4-14 城镇单位从业人员年平均工资（2013年）
Average Earning of Employed Persons in Urban Units (2013)

单位：元 (yuan)

项　目	Item	合计 Total	国有单位 State-owned Units	城镇集体单位 Urban Collective-owned Units	其他单位 Other Types of Ownership
合　计	**Total**	**53318**	**62653**	**35650**	**51553**
按企业、事业和机关分	Grouped by Enterprises, Institutions and Organ				
企业	Enterprises	51693	61864	34989	51548
事业	Institutions	61472	61599	45742	65881
机关	Organ	64806	64811	32944	67947
民营非盈利组织	Private Non-profit Organizations	50616	76296	36180	48331
其他	Others	60912	117277	49808	41956
按国民经济行业分	Grouped by Economic Sector				
农、林、牧、渔业	Farming, Forestry, Animal Husbandry and Fishery	25010	24591	28885	34243
采矿业	Mining and Quarrying	71564	77616	41882	71321
制造业	Manufacture	45824	70729	34656	45846
电力、热力、燃气及水生产和供应业	Production and Supply of Electric Power, Gas and Water	89166	74001	62587	98529
建筑业	Construction	42074	41334	30480	44120
批发和零售业	Wholesale and Retail Trade	51718	56952	23219	52281
交通运输、仓储和邮政业	Transport, Storage and Postal Services	65969	58503	29423	68980
住宿和餐饮业	Hotels and Catering Services	35460	43986	34853	34710
信息传输、软件和信息技术服务业	Information Transmission, Computer Services and Software	100239	78598	44330	103517
金融业	Finance	117218	124625	56517	123321
房地产业	Real Estate	53601	45583	35808	54953
租赁和商务服务业	Leasing and Business Services	60605	51837	32628	69395
科学研究、技术服务业	Scientific Research and Technical Services	90549	84594	56910	94326
水利、环境和公共设施管理业	Water Conservancy, Environment and Public Facilities Management	43555	43009	31477	47243
居民服务、修理和其他服务业	Resident Services and Other Services	42172	51411	26654	40291
教育	Education	58948	59457	46541	55107
卫生和社会工作	Health Care and Social Work	69058	69700	60015	65315
文化、体育和娱乐业	Culture, Sports and Recreation	65259	71669	47972	56739
公共管理、社会保障和社会组织	Public Administration and Social Organizations	65242	65247	37814	64338
按产业分	Grouped by Industry				
第一产业	Primary Industry	25010	24591	28885	34243
第二产业	Secondary Industry	46547	53529	33515	46664
第三产业	Tertiary Industry	64921	64483	38980	66938

4-15 城镇单位在岗职工年平均工资（2013年）

Annual Average Wage of Fully Employed Staff and Workers in Urban Units (2013)

单位：元 (yuan)

项　目	Item	合计 Total	国有单位 State-owned Units	城镇集体单位 Urban Collective-owned Units	其他单位 Other Types of Ownership
合　计	**Total**	**53611**	**63390**	**35812**	**51717**
按企业、事业和机关分	Grouped by Enterprises, Institutions and Organ				
企业	Enterprises	51903	62737	35109	51711
事业	Institutions	62151	62300	46203	65673
机关	Organ	65390	65394	32944	70936
民营非盈利组织	Private Non-profit Organizations	51064	78017	36918	48679
其他	Others	62438	120400	51861	42367
按国民经济行业分	Grouped by Economic Sector				
农、林、牧、渔业	Farming, Forestry, Animal Husbandry and Fishery	25068	24632	28849	35197
采矿业	Mining and Quarrying	72239	78750	40873	71944
制造业	Manufacture	45631	71409	34365	45650
电力、热力、燃气及水生产和供应业	Production and Supply of Electric Power, Gas and Water	89494	74333	64915	98657
建筑业	Construction	42766	41217	30430	45422
批发和零售业	Wholesale and Retail Trade	51906	57581	23384	52407
交通运输、仓储和邮政业	Transport, Storage and Postal Services	67111	59017	29464	70385
住宿和餐饮业	Hotels and Catering Services	36106	43986	35364	35409
信息传输、软件和信息技术服务业	Information Transmission, Computer Services and Software	100559	80017	44084	103580
金融业	Finance	129493	129645	56835	142593
房地产业	Real Estate	53960	45756	36323	55304
租赁和商务服务业	Leasing and Business Services	61037	53788	32534	69273
科学研究、技术服务业	Scientific Research and Technical Services	91268	85516	57940	94945
水利、环境和公共设施管理业	Water Conservancy, Environment and Public Facilities Management	44299	43735	31631	48239
居民服务、修理和其他服务业	Resident Services and Other Services	42216	51415	26588	40378
教育	Education	59400	60032	48363	54151
卫生和社会工作	Health Care and Social Work	69769	70520	60027	65210
文化、体育和娱乐业	Culture, Sports and Recreation	66197	73149	48447	57069
公共管理、社会保障和社会组织	Public Administration and Social Organizations	65902	65903	36138	67118
按产业分	Grouped by Industry				
第一产业	Primary Industry	25068	24632	28849	35197
第二产业	Secondary Industry	46552	54002	33518	46643
第三产业	Tertiary Industry	65776	65258	39296	67931

4-16 各市年末城镇登记失业人数和失业率

Number of Registered Unemployed Persons and Unemployment Rate in Urban Area at the Year-end by City

市别	City	2005		2010		2012		2013	
		失业人员(人) Unemp-loyed Persons (person)	失业率(%) Unemp-loyment Rate (%)	失业人员(人) Unemp-loyed Persons (person)	失业率(%) Unemp-loyment Rate (%)	失业人员(人) Unemp-loyed Persons (person)	失业率(%) Unemp-loyment Rate (%)	失业人员(人) Unemp-loyed Persons (person)	失业率(%) Unemp-loyment Rate (%)
合　计	**Total**	**344904**	**2.6**	**392274**	**2.5**	**396062**	**2.5**	**370119**	**2.4**
广　州	Guangzhou	54162	2.1	76485	2.3	75503	2.4	66121	2.2
深　圳	Shenzhen	26746	2.4	35302	2.5	38165	2.4	38787	2.4
珠　海	Zhuhai	11453	2.8	12501	2.7	11339	2.3	10972	2.3
汕　头	Shantou	17731	3.1	16127	2.8	15391	2.4	16781	2.4
佛　山	Foshan	26062	2.0	19628	1.9	23085	2.4	21580	2.3
韶　关	Shaoguan	18831	3.3	16928	3.0	15159	2.8	12965	2.4
河　源	Heyuan	14096	3.1	13951	3.0	10940	2.5	10289	2.5
梅　州	Meizhou	14510	2.7	14200	2.5	13750	2.4	13173	2.3
惠　州	Huizhou	14001	2.6	15696	2.3	16869	2.4	17317	2.3
汕　尾	Shanwei	9436	3.3	11314	2.7	12156	2.6	11961	2.4
东　莞	Dongguan	4437	1.3	8655	1.7	12150	2.3	11226	2.2
中　山	Zhongshan	6593	2.1	9246	2.1	9785	2.3	8973	2.3
江　门	Jiangmen	19639	2.7	21380	2.4	24119	2.4	24827	2.3
阳　江	Yangjiang	14608	3.1	15012	2.9	12952	2.5	11519	2.3
湛　江	Zhanjiang	22835	3.0	23882	3.0	23374	2.8	20416	2.3
茂　名	Maoming	22203	3.4	30504	3.1	29796	2.8	24096	2.4
肇　庆	Zhaoqing	10668	2.7	11662	2.3	12671	2.4	12781	2.4
清　远	Qingyuan	9796	3.1	14257	3.1	14785	2.8	13672	2.3
潮　州	Chaozhou	8142	2.7	8362	2.3	8682	2.4	8711	2.3
揭　阳	Jieyang	10350	2.8	11357	3.0	9708	2.4	8863	2.3
云　浮	Yunfu	8605	3.0	5825	2.8	5683	2.8	5089	2.4
按经济区域分	By Region								
珠三角	Pearl River Delta	173761		210555		223686		212584	
东　翼	Eastern Region	45659		47160		45937		46316	
西　翼	Western Region	59646		69398		66122		56031	
山　区	Mountainous Region	65838		65161		60317		55188	

主要统计指标解释

就业人员 指在16周岁及以上，从事一定社会劳动并取得劳动报酬或经营收入的人员。这一指标反映了一定时期内全部劳动力资源的实际利用情况，是研究我国基本国情国力的重要指标。

单位就业人员 指报告期末最后一日24时在本单位中工作，并取得工资或其他形式劳动报酬的人员数。该指标为时点指标，不包括最后一日当天及以前已经与单位解除劳动合同关系的人员，是在岗职工、劳务派遣人员及其他就业人员之和。就业人员不包括：

(1)离开本单位仍保留劳动关系，并定期领取生活费的人员；

(2)利用课余时间打工的学生及在本单位实习的各类在校学生；

(3)本单位因劳务外包而使用的人员。

城镇私营和个体就业人员 城镇私营就业人员指在工商管理部门注册登记，其经营地址设在县城关镇(含县城关镇)以上的私营企业就业人员，包括私营企业投资者和雇工。城镇个体就业人员指在工商管理部门注册登记，并持有城镇户口或在城镇长期居住，经批准从事个体工商经营的就业人员，包括个体经营者和在个体工商户劳动的家庭帮工和雇工。

在岗职工 指在本单位工作且与本单位签订劳动合同，并由单位支付各项工资和社会保险、住房公积金的人员，以及上述人员中由于学习、病伤、产假等原因暂未工作仍由单位支付工资的人员。在岗职工还包括：

(1)应订立劳动合同而未订立劳动合同人员(如使用的农村户籍人员)；

(2)处于试用期人员；

(3)编制外招用的人员；

(4)派往外单位工作，但工资仍由本单位发放的人员(如挂职锻炼、外派工作等情况)。

工资总额 指根据《关于工资总额组成的规定》(1990年1月1日国家统计局发布的一号令)进行修订，在报告期内(季度或年度)直接支付给本单位全部就业人员的劳动报酬总额。包括计时工资、计件工资、奖金、津贴和补贴、加班加点工资、特殊情况下支付的工资，是在岗职工工资总额、劳务派遣人员工资总额和其他就业人员工资总额之和。

工资总额是税前工资，包括单位从个人工资中直接为其代扣或代缴的房费、水费、电费、住房公积金和社会保险基金个人缴纳部分等。

工资总额不论是计入成本的还是不计入成本的，不论是以货币形式支付的还是以实物形式支付的，均应列入工资总额的计算范围。

平均工资 是指在报告期内单位发放工资的人均水平。计算公式为：

$$\text{平均工资} = \frac{\text{报告期工资总额}}{\text{报告期平均人数}}$$

城镇登记失业人员 指有非农业户口，在一定的劳动年龄内(16周岁至退休年龄)，有劳动能力，无业而要求就业，并在当地劳动保障部门进行失业登记的人员。

城镇登记失业率 城镇登记失业人员与城镇单位就业人员(扣除使用的农村劳动力、聘用的离退休人员、港澳台及外方人员)、城镇单位中的不在岗职工、城镇私营业主、个体户主、城镇私营企业和个体就业人员、城镇登记失业人员之和的比。

Explanatory Notes on Main Statistical Indicators

Employed Persons refer to persons aged 16 and over who are engaged in gainful employment and thus receive remuneration payment or earn business income. This indicator reflects the actual utilization of total labour force during a certain period of time and is often used for the research on China's economic situation and national power.

Persons Employed in Various Unitsrefer to the total number of employees who work at his unit and obtain wages or other forms of payment at the end of the reporting period. This indicator is a kind of time point index and it equals to the sum of the number of employed staff and workers, labor dispatch personnel and other employed persons. Employed persons do not include:

1)persons who have left their working units while keeping their labour contract (employment relation) unchanged and receiving regular alimony;

2)students who do part-time jobs in spare time and all kinds of enrolled students who do internship in various units;

3)persons employed due to labor outsourcing;

4)persons who dissolve labor contracts with their units on the last day of reporting period or before.

Persons Employed in Private Enterprises and Self-Employed Individuals in Urban Areas Persons employed in private enterprises refer to the persons employed in the private enterprises which have been registered at the departments of industrial and commercial administration for which the business operation are situated at a county town (i.e. a town where the county government is located), or at urban areas with administrative hierarchy higher than a county town. The self-employed individuals in urban areas refer to persons who hold the certificates of residence in urban areas or have resided in the urban areas for a long time and have been registered at the departments of industrial and commercial administration and approved to be engaged in individual industrial or commercial business, including self-employed persons as well as helpers and hired laborers who work in individual households.

Employed Staff and Workersrefer to persons who signed labor contracts with working units and working units would pay wages, social insurance and housing funds for them. Persons who have their work posts but are temporarily absent from work for reasons of study or on sick, injury or maternal leave and still receive wages from their working units are also included. Employed staff and workers also include:

1)Persons who should have signed the labor contracts but not (like people with rural household registration);

2)Employees on probation;

3)Employees beyond the staffing quota;

4)Employees who are sent to other working units but still obtain wages from their original units (situations like on-the-job placement, expatriated assignment, etc.)

1)Employed Staff and Workers do not include: Dispatched personnel who work and are paid directly by the working units; they shall be counted into "labour dispatch personnel" of the working units;

2)Personnel through labor outsourcing, they shall be counted into "employed staff and workers" of the units which contracted them.

Total Wage Bill It is revised according to the "Provision of Composition of Total Wages" (Order No.1 by National Bureau of Statistics on January, $1^{st,}$,1990), total wage bill refers to the total remuneration payment to all employed persons in various units during the reporting period (by quarter or by year), including hourly-paid wages, piece-rate wages, bonuses, allowance and subsidies, overtime wages and wages paid under special circumstances. It equals to the sum of total wages of employed staff and workers, dispatch labors and other employed persons.

Total wage bill is pre-tax wages, including the room charges, utility bills, housing funds and social insurance paid or withheld by employee's units.

Total wage bill, whether or not included in cost, whether or not paid in money or in kind, shall be included in the calculation of total wage.

Average Wage refers to the average per capita wage in money terms during a certain period of time for employed persons. It shows the general level of wage income of staff and worker during a certain period of time, one major indicator to reflect the wage level. It is calculated as follows:

$$\text{Average Wage} = \frac{\text{Total Wage Bill of Employed Persons at Reference Time}}{\text{Average Number of Persons Employed at Reference Time}}$$

Registered Unemployed Persons in Urban Areas refer to the persons with non-agricultural household registration at certain working ages (16 years old to retirement age), who are capable of working, unemployed and willing to work, and have been registered at the local employment service agencies to apply for a job.

Registered Unemployment Rate in Urban Areas refers to the ratio of the number of the registered unemployed persons to the sum of the number of persons employed in various units (minus the employed rural labour force, re-employed retirees, and Hong Kong, Macao, Taiwan or foreign employees), laid-off staff and workers in urban units, owners of private enterprises in urban areas, owners of self-employed individuals in urban areas, employees of private enterprises in urban areas, employee of self-employed individuals in urban areas, and the registered unemployed persons in urban areas.

五、固定资产投资

INVESTMENT IN FIXED ASSETS

五 固定资产投资

简要说明

一、本篇资料反映广东省固定资产投资的基本情况，主要包括：固定资产投资，城镇、房地产开发、国有单位固定资产投资情况以及各市固定资产投资的主要指标数据。

二、本篇资料由广东省统计局固定资产投资统计处整理提供。

三、固定资产投资统计的资料来源主要为全面统计报表。按照现行的固定资产投资统计报表制度，固定资产投资按登记注册类型可分为：国有、集体、股份合作、联营、有限责任公司、股份有限公司、私营、个体、其他、港澳台投资、外商投资。

四、2011 年起，固定资产投资项目统计起点由 50 万元提高到 500 万元，且不包含农户投资；2010 年以前为全社会固定资产投资。

五、2011 年报起，原国家预算内资金改为国家预算资金。

5 Investment in Fixed Assets

Brief Introduction

Ⅰ.The data in this chapter reflect the basic conditions of investment in fixed assets of Guangdong Province, mainly including investment in fixed assets in the whole province, investment in fixed assets in the urban area, real estate development, investment in fixed assets by state-owned units, and main indicators on investment in fixed assets by city.

Ⅱ.The data in this chapter are prepared and provided by the Division of Investment and Construction Statistics of Statistics Bureau of Guangdong Province.

Ⅲ.The data sources for the statistics of investment in fixed assets mainly come from complete statistical report forms. According to the present regulations on the statistics of investment in fixed assets, the investment in fixed assets is classified by the following status of registration: state-owned units, collective-owned units, joint ownership units, share-holding corporations, units with funds from Hong Kong, Macao and Taiwan, foreign-funded units, self-employed individuals and others.

Ⅳ.Since 2011, the cut-off point of investment statistics is changed from a minimum of 500,000 yuan to a minimum of 5,000,000 yuan, and the data do not include the investment made by rural households. Data before 2010 refer to total investment in fixed assets.

Ⅴ.Since 2011, state budget is changed to state and local budget.

5-1 固定资产投资主要指标

Main Indicators of Investment in Fixed Assets

项目	Item	1995	2000	2005	2010	2012	2013
投资完成额 （亿元）	**Investment (100 million yuan)**	**2327.22**	**3233.70**	**7164.11**	**16113.19**	**19307.53**	**22828.65**
按城乡分	Grouped by Urban or Rural Area						
城镇	Urban Area	1935.97	2710.57	6038.77	12870.09	15937.34	18877.46
#房地产开发	Real Estate Development	563.89	858.61	1591.90	3659.69	5352.79	6489.59
农村	Rural Area	391.25	523.13	1125.34	3243.10	3370.18	3951.19
按登记注册类型分	Grouped by Status of Registration						
内资	Domestic	1874.41	2676.65	5368.63	13759.62	16369.79	19869.06
国有	State-owned	1122.84	1219.19	1858.90	5152.60	4129.75	5393.84
集体	Collective-owned	363.67	393.23	328.17	735.49	872.63	1133.36
股份合作	Cooperative		19.43	66.56	49.91	118.89	145.26
联营	Joint		47.78	56.36	15.05	48.42	20.71
其他有限责任公司	Other Limited Liability		366.63	1221.77	3393.58	5804.88	6082.64
股份有限公司	Share-holding		153.58	377.11	869.46	1045.92	1286.29
私营	Private	17.22	207.67	1107.61	2212.44	3497.50	4749.81
个体	Self-employed Individual	249.78	248.51	295.86	909.02	252.63	287.38
其他	Others	120.90	20.63	56.29	422.07	599.17	769.77
港澳台投资	Funds from Hong Kong, Macao and Taiwan	197.93	416.34	1081.10	1489.78	1716.85	1636.73
外商投资	Foreign Funded	254.88	140.71	714.39	863.78	1220.88	1322.86
按构成分	Grouped by Use of Funds						
建筑安装工程	Construction and Installation	1507.92	2103.78	4520.62	10396.22	12794.53	15262.61
设备工具器具购置	Purchase of Equipments and Instruments	464.75	597.29	1593.83	2966.13	3366.14	3982.71
其他费用	Others	354.55	532.63	1049.67	2750.84	3146.85	3583.33
按三次产业分	Grouped by Three Strata of Industry						
第一产业	Primary Industry	14.27	23.40	28.72	181.83	274.28	354.13
第二产业	Secondary Industry	682.40	768.82	2868.44	5241.53	6544.31	7423.12
第三产业	Tertiary Industry	1630.55	2441.48	4266.94	10689.83	12488.93	15051.40
按财务拨贷款合计	**Grouped by Source of Funds**	**2509.38**	**3396.79**	**7948.02**	**18864.04**	**22656.13**	**27561.74**
国家预算资金	State and Local Budget	26.98	56.80	69.13	411.16	1002.17	1173.87
国内贷款	Domestic Loans	376.11	584.34	1366.09	3171.76	3255.23	4147.42
利用外资	Foreign Investment	465.13	357.05	786.05	630.48	599.17	683.35
自筹资金	Self-raising Funds	941.71	1456.24	4300.92	10668.57	12925.48	15019.94
其他资金	Others	699.45	942.35	1425.83	3982.07	4874.07	6537.15
房屋建筑面积(万平方米)	**Floor Space of Buildings (10000 sq.m)**						
施工面积	Floor Space under Construction	21364.88	23520.91	38351.76	57221.79	62648.42	74295.64
竣工面积	Floor Space Completed	10689.48	13492.94	17053.80	20420.60	14411.55	16199.46
#住宅	Residential Buildings	7308.18	8888.66	9633.54	12267.54	5677.81	5667.31
实际销售商品房屋面积 （万平方米）	**Floor Space of Commercial Buildings Actually Sold (10000 sq.m)**	**1000.41**	**2259.95**	**5038.91**	**7321.76**	**7898.99**	**9836.39**
#住宅	Residential Buildings	850.44	2009.34	4546.32	6552.81	7157.63	8830.95

注：1. 2011年起固定资产投资项目统计起点由50万元提高至500万元，且不包含农村农户投资；2010年以前为全社会固定资产投资，下表同。

2. 2011年报起，原国家预算内资金改为国家预算资金，下表同。

Note: a)Since 2011,the cut-off point of investment statistics is changed from a minimum of 500,000 yuan to a minimum of 5,000,000 yuan, and the data do not include the investment made by rural households. Data before 2010 refer to total investment in fixed assets. The same applies to all tables following.

b) Since 2011, state budget is changed to state and local budget.The same applies to all tables following.

5-2 固定资产投资总额
Investment in Fixed Assets

单位：亿元 (100 million yuan)

年份 Year	投资总额 Total Investment	按城乡分 By Urban and Rural Areas		
		城镇 Urban Area	#房地产开发 Real Estate Development	农村 Rural Area
1978	27.23	20.51		6.72
1979	28.29	20.65		7.64
1980	38.29	26.81		11.48
1981	60.40	39.15		21.25
1982	84.73	57.34		27.39
1983	88.71	62.11		26.60
1984	130.37	89.86		40.51
1985	184.59	149.71		34.88
1986	216.50	179.49	10.00	37.01
1987	251.01	208.87	16.29	42.14
1988	353.59	315.06	21.96	38.53
1989	347.34	294.95	48.15	52.39
1990	381.47	309.86	32.70	71.61
1991	478.20	391.75	49.75	86.45
1992	921.75	702.59	125.57	219.16
1993	1629.87	1307.33	316.53	322.54
1994	2141.15	1734.91	404.13	406.24
1995	2327.22	1935.97	563.89	391.25
1996	2327.64	1945.72	528.85	381.92
1997	2298.14	1899.22	528.31	398.92
1998	2668.13	2224.24	602.72	443.89
1999	3027.56	2553.41	710.20	474.15
2000	3233.70	2710.57	858.61	523.13
2001	3536.41	3003.72	972.34	532.69
2002	3970.69	3343.46	1115.25	627.23
2003	5030.57	4235.14	1233.52	795.43
2004	6025.53	5121.45	1355.84	904.08
2005	7164.11	6038.77	1591.90	1125.34
2006	8132.37	6618.77	1843.51	1513.60
2007	9596.95	7525.46	2519.13	2071.49
2008	11165.06	8789.19	2932.34	2375.87
2009	13353.15	10395.03	2961.32	2958.12
2010	16113.19	12870.09	3659.69	3243.10
2011	16843.83	14111.53	4809.91	2732.30
2012	19307.53	15937.34	5352.79	3370.18
2013	22828.65	18877.46	6489.59	3951.19

注：1. 1993年以前房地产开发投资主要是商品房建设投资。
2. 2011年起固定资产投资项目统计起点由50万元提高至500万元，且不包含农村农户投资；2010年以前为全社会固定资产投资。

Notes: a) Prior to 1993, investment in real estate development focused mainly on the construction of commercial buildings.
b) Since 2011, the cut-off point of investment statistics is changed from a minimum of 500,000 yuan to a minimum of 5,000,000 yuan, and the data do not include the investment made by rural households. Data before 2010 refer to total investment in fixed assets.

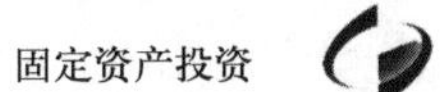

5-3 按资金来源和构成分固定资产投资

Investment in Fixed Assets by Source of Funds and Structure of Investment

年 份 Year	按财务拨贷款资金来源分 By Source of Funds				按构成分 By Structure of Investment		
	国家预算资金 State Budget Funds	国内贷款 Domestic Loans	利用外资 Foreign Investment	自筹和其他资金 Fundraising and Others	建筑安装工程 Construction and Installation	设备工具器具购置 Purchase of Equipment and Instruments	其他费用 Others
投资额(亿元)Investment (100 million yuan)							
1985	15.02	45.70	19.00	104.87	138.31	32.71	13.57
1990	12.92	73.92	61.07	261.60	246.56	103.97	30.94
1995	26.98	376.11	465.13	1641.16	1507.92	464.75	354.55
1996	22.52	347.75	494.70	1573.54	1507.04	498.79	321.81
1997	21.75	296.54	477.70	1605.60	1511.58	464.55	322.01
1998	46.53	414.58	394.44	1971.60	1688.14	546.06	433.93
1999	60.95	549.97	323.63	2167.05	1960.22	588.35	478.99
2000	56.80	584.34	357.06	2398.59	2103.78	597.29	532.63
2001	58.10	592.65	361.09	2680.24	2293.93	698.49	543.99
2002	73.58	749.21	439.31	3040.07	2548.91	783.70	638.08
2003	90.23	950.98	568.95	3996.32	3201.16	977.70	851.71
2004	72.39	1132.08	655.75	4864.42	3784.12	1247.82	993.59
2005	69.13	1366.09	786.05	5726.75	4520.62	1593.83	1049.67
2006	105.55	1659.26	865.58	6662.41	5221.87	1796.20	1114.29
2007	179.42	1755.86	984.01	8494.11	6088.11	1979.44	1529.39
2008	253.16	1877.90	779.48	9293.86	7140.54	2264.31	1760.21
2009	379.74	2695.36	682.36	12131.70	8800.83	2467.73	2084.60
2010	411.16	3171.76	630.48	14650.64	10396.22	2966.13	2750.84
2011	412.55	2827.15	574.03	15797.27	11019.16	3022.94	2801.72
2012	1002.17	3255.23	599.17	17799.55	12794.53	3366.14	3146.85
2013	1173.87	4147.42	683.35	21557.09	15262.61	3982.71	3583.33
构成(%) Percentage (%)							
1985	8.1	24.8	10.3	56.8	74.9	17.7	7.4
1990	3.2	18.1	14.9	63.9	64.6	27.3	8.1
1995	1.1	15.0	18.5	65.4	64.8	20.0	15.2
1996	0.9	14.3	20.3	64.5	64.7	21.4	13.8
1997	0.9	12.3	19.9	66.9	65.8	20.2	14.0
1998	1.6	14.7	14.0	69.7	63.3	20.5	16.3
1999	2.0	17.7	10.4	69.9	64.7	19.4	15.8
2000	1.7	17.2	10.5	70.6	65.1	18.5	16.5
2001	1.6	16.1	9.8	72.6	64.9	19.8	15.4
2002	1.7	17.4	10.2	70.7	64.2	19.7	16.1
2003	1.6	17.0	10.1	71.3	63.6	19.4	16.9
2004	1.1	16.8	9.8	72.3	62.8	20.7	16.5
2005	0.9	17.2	9.9	72.1	63.1	22.2	14.7
2006	1.1	17.9	9.3	71.7	64.2	22.1	13.7
2007	1.6	15.4	8.6	74.4	63.4	20.6	15.9
2008	2.1	15.4	6.4	76.1	64.0	20.3	15.7
2009	2.4	16.9	4.3	76.4	65.9	18.5	15.6
2010	2.2	16.8	3.3	77.7	64.5	18.4	17.1
2011	2.1	14.4	2.9	80.6	65.4	17.9	16.6
2012	4.4	14.4	2.6	78.6	66.3	17.4	16.3
2013	4.3	15.0	2.5	78.2	66.9	17.4	15.7

注：1. 1986年及以后的资金来源为财务拨贷款数，各项相加不等于投资总额。

2. 2011年起固定资产投资项目统计起点由50万元提高至500万元，且不包含农村农户投资；2010年以前为全社会固定资产投资。

3. 2011年报起，原国家预算内资金改为国家预算资金。

Note: a) The source of funds since 1986 refers to financial appropriations, which do not add up to total investment.

b) Since 2011, the cut-off point of investment statistics is changed from a minimum of 500,000 yuan to a minimum of 5,000,000 yuan, and the data do not include the investment made by rural households. Data before 2010 refer to total investment in fixed assets.

c) Since 2011, state budget is changed to state and local budget.

5-4 按构成分固定资产投资（2013年）
Investment in Fixed Assets by Structure of Investment (2013)

项目	Item	投资 Total	城镇 Urban	#房地产开发 Real Estate Develop	农村 Rural
建设项目个数（个）	**Number of Projects (unit)**				
施工项目	Projects under Construction	31082	21484		9598
全部建成投产项目	Projects Completed and Put into Use	19896	13013		6883
计划总投资（亿元）	**Total Planned Investment (100 million yuan)**	**91060.73**	**83910.97**	**38206.81**	**7149.76**
自开始建设累计完成投资	Investment Completed Since the Beginning of Construction	56570.31	51182.13	24855.00	5388.18
本年投资总额（亿元）	**Total Investment in this year (100 million yuan)**	**22828.65**	**18877.46**	**6489.59**	**3951.19**
#住宅	Residential Buildings	4849.44	4778.61	4530.63	70.83
按隶属关系分	Investment by Jurisdiction of Management				
中央	Central Investment	1489.35	1461.74	223.23	27.60
地方	Local Invesement	21339.31	17415.72	6266.36	3923.58
按构成分	Grouped by Structure				
建筑安装工程	Construction and Installation	15262.61	12841.58	4809.49	2421.02
设备工具器具购置	Purchase of Equipment and Instruments	3982.71	2908.32	65.47	1074.39
其他费用	Others	3583.33	3127.56	1614.63	455.77
财务拨贷款合计（亿元）	**Total Financial Appropriations (100 million yuan)**	**27561.74**	**23605.66**	**10472.94**	**3956.08**
国家预算资金	State and Local Budget	1173.87	1067.69		106.18
国内贷款	Domestic Loans	4147.42	3904.23	2143.59	243.19
利用外资	Foreign Investment	683.35	561.82	36.29	121.53
自筹资金	Self-raising Funds	15019.94	11791.81	2798.34	3228.12
其他资金	Others	6537.15	6280.10	5494.72	257.06
新增固定资产（亿元）	**Newly Increased Fixed Assets (100 million yuan)**	**14976.47**	**11892.34**	**2819.33**	**3084.13**
房屋建筑面积（万平方米）	**Floor Space of Buildings (10000 sq.m)**				
施工面积	Floor Space under Construction	74295.64	66769.61	46480.47	7526.02
竣工面积	Floor Space Completed	16199.46	12576.01	6273.30	3623.45
#住宅	Residential Buildings	5667.31	5406.79	4748.25	260.52

注：施工项目个数不含房地产开发。

Note: The total number projects under construction excludes the projects of real estate development.

5-5 各市固定资产投资额

Investment in Fixed Assets by City

单位：亿元 (100 million yuan)

市 别	City	2000	2005	2007	2008	2009	2010	2011	2012	2013
全省总计	**Provincial Total**	**3233.70**	**7164.11**	**9596.95**	**11165.06**	**13353.15**	**16113.19**	**16843.83**	**19307.53**	**22828.65**
广 州	Guangzhou	923.67	1514.01	1858.64	2101.45	2659.85	3263.57	3412.20	3758.39	4447.30
深 圳	Shenzhen	677.12	1182.32	1345.00	1464.32	1709.15	1944.70	2060.92	2314.43	2490.20
珠 海	Zhuhai	95.08	218.23	339.32	351.32	410.51	501.55	637.39	787.62	960.89
汕 头	Shantou	112.48	154.14	206.69	261.36	291.90	361.68	438.15	611.92	780.90
佛 山	Foshan	198.96	741.43	1052.23	1230.64	1470.56	1719.63	1933.96	2128.33	2375.60
#顺 德	Shunde	64.11	185.04	269.33	301.74	342.60	392.75	416.11	449.88	499.24
韶 关	Shaoguan	56.82	139.75	217.59	283.79	356.50	433.73	472.20	548.48	664.52
河 源	Heyuan	26.54	111.10	232.09	174.79	198.15	242.74	237.34	278.59	342.73
梅 州	Meizhou	44.45	97.66	125.00	140.54	162.98	195.52	197.65	230.14	280.50
惠 州	Huizhou	77.41	352.37	486.91	588.74	758.97	894.02	1024.21	1208.68	1401.30
汕 尾	Shanwei	36.21	101.86	175.08	206.27	289.43	366.99	329.65	391.56	462.09
东 莞	Dongguan	102.89	592.20	841.21	943.07	1094.08	1114.98	1079.31	1180.35	1383.94
中 山	Zhongshan	109.95	320.92	399.22	444.95	545.61	660.37	766.95	893.43	962.93
江 门	Jiangmen	104.34	228.87	316.64	378.22	492.07	631.77	741.79	850.41	1000.84
阳 江	Yangjiang	33.23	82.25	135.16	171.70	239.49	329.20	400.66	483.67	598.66
湛 江	Zhanjiang	68.94	168.00	242.83	295.32	393.23	526.57	490.76	572.28	795.58
茂 名	Maoming	73.57	147.72	130.71	145.74	180.01	244.54	214.51	427.37	660.53
肇 庆	Zhaoqing	75.29	178.01	270.57	326.31	462.77	625.21	710.03	852.60	1007.78
清 远	Qingyuan	48.37	222.42	483.40	703.47	841.24	996.92	486.07	437.95	505.97
潮 州	Chaozhou	30.70	97.59	120.83	128.31	162.98	182.78	198.94	224.16	253.63
揭 阳	Jieyang	68.43	115.16	203.19	265.79	393.50	564.07	658.08	663.51	829.39
云 浮	Yunfu	32.98	103.44	129.19	142.76	240.19	312.66	353.08	463.66	623.38
按经济区域分	By Region									
珠 三 角	Pearl River Delta	2364.71	5328.37	6909.74	7829.03	9603.55	11355.80	12366.76	13974.24	16030.78
东 翼	Eastern Region	247.82	468.75	705.79	861.73	1137.80	1475.51	1624.81	1891.15	2326.01
西 翼	Western Region	175.74	397.97	508.70	612.76	812.73	1100.32	1105.92	1483.32	2054.77
山 区	Mountainous Region	209.16	674.38	1187.27	1445.35	1799.06	2181.56	1746.34	1958.82	2417.10

注：1. 2008年前全省总计中含不分区部分。
2. 2011年起固定资产投资项目统计起点由50万元提高至500万元，且不包含农村农户投资；2010年以前为全社会固定资产投资。

Note: a) Provincial total prior to 2008 includes investment unclassified by region.
b) Since 2011, the cut-off point of investment statistics is changed from a minimum of 500,000 yuan to a minimum of 5,000,000 yuan , and the data do not include the investment made by rural households. Data before 2010 refer to total investment in fixed assets.

5-6 各市按城乡分固定资产投资（2013年）
Investment in Fixed Assets by Urban-rural Division and by City (2013)

单位：亿元 (100 million yuan)

市别	City	投资 Total	城镇 Urban	#房地产开发 Real Estate Development	农村 Rural
全省总计	**Provincial Total**	**22828.65**	**18877.46**	**6489.59**	**3951.19**
广州	Guangzhou	4447.30	4248.02	1572.43	199.28
深圳	Shenzhen	2490.20	2490.20	876.90	
珠海	Zhuhai	960.89	947.64	272.58	13.25
汕头	Shantou	780.90	724.21	147.03	56.69
佛山	Foshan	2375.60	1234.23	737.32	1141.37
#顺德	Shunde	499.24	331.88	171.84	167.36
韶关	Shaoguan	664.52	639.90	123.64	24.62
河源	Heyuan	342.73	285.82	89.18	56.91
梅州	Meizhou	280.50	243.30	77.02	37.20
惠州	Huizhou	1401.30	1243.53	593.47	157.77
汕尾	Shanwei	462.09	406.31	16.66	55.78
东莞	Dongguan	1383.94	1141.07	497.66	242.87
中山	Zhongshan	962.93	697.42	399.12	265.51
江门	Jiangmen	1000.84	748.15	241.79	252.69
阳江	Yangjiang	598.66	524.96	88.96	73.70
湛江	Zhanjiang	795.58	521.07	154.78	274.51
茂名	Maoming	660.53	502.82	77.36	157.71
肇庆	Zhaoqing	1007.78	575.61	171.48	432.17
清远	Qingyuan	505.97	410.20	187.83	95.77
潮州	Chaozhou	253.63	143.44	41.91	110.19
揭阳	Jieyang	829.39	604.15	57.04	225.24
云浮	Yunfu	623.38	545.43	65.44	77.95
按经济区域分	By Region				
珠三角	Pearl River Delta	16030.78	13325.86	5362.75	2704.92
东翼	Eastern Region	2326.01	1878.11	262.64	447.90
西翼	Western Region	2054.77	1548.85	321.10	505.92
山区	Mountainous Region	2417.10	2124.65	543.11	292.45

注：2011年起固定资产投资项目统计起点由50万元提高至500万元，且不包含农村农户投资；2010年以前为全社会固定资产投资。

Note: Since 2011, the cut-off point of investment statistics is changed from a minimum of 500,000 yuan to a minimum of 5,000,000 yuan, and the data do not include the investment made by rural households. Data before 2010 refer to total investment in fixed assets.

 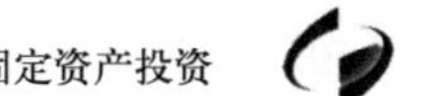

5-7 各市按登记注册类型分固定资产投资（2013年）

Investment in Fixed Assets by Status of Registration and City (2013)

单位：亿元 (100 million yuan)

市别	City	总计 Total	内资 Domestic	国有 State-owned	集体 Collective-owned	股份合作 Cooperative	联营 Joint
全省总计	**Provincial Total**	**22828.65**	**19869.06**	**5393.84**	**1133.36**	**145.26**	**20.71**
广 州	Guangzhou	4447.30	3573.48	1246.81	320.37	19.77	8.07
深 圳	Shenzhen	2490.20	2089.37	796.58	12.66	69.76	
珠 海	Zhuhai	960.89	847.37	456.42	5.79	8.28	
汕 头	Shantou	780.90	731.40	119.62	61.02	3.08	0.92
佛 山	Foshan	2375.60	2031.97	258.15	191.56	16.82	3.74
#顺 德	Shunde	499.24	410.03	60.05	47.64	10.97	2.58
韶 关	Shaoguan	664.52	621.96	224.16	14.67	3.16	1.54
河 源	Heyuan	342.73	309.42	71.15	1.74	2.43	0.44
梅 州	Meizhou	280.50	268.15	82.81	6.62	0.12	
惠 州	Huizhou	1401.30	1172.38	265.32	23.06	2.58	0.35
汕 尾	Shanwei	462.09	420.70	59.23	49.06	0.24	0.20
东 莞	Dongguan	1383.94	1127.26	176.02	120.03	0.16	1.33
中 山	Zhongshan	962.93	782.49	119.57	38.16	3.62	0.27
江 门	Jiangmen	1000.84	870.48	332.85	20.51	1.47	0.47
阳 江	Yangjiang	598.66	578.91	194.27	17.50	0.40	
湛 江	Zhanjiang	795.58	740.84	232.80	50.12	3.55	1.33
茂 名	Maoming	660.53	641.83	171.05	18.90	1.44	
肇 庆	Zhaoqing	1007.78	933.77	152.06	79.31	1.29	0.80
清 远	Qingyuan	505.97	484.25	188.78	7.24	1.09	
潮 州	Chaozhou	253.63	243.81	50.60	4.70	0.97	
揭 阳	Jieyang	829.39	792.30	97.83	88.32	1.89	1.25
云 浮	Yunfu	623.38	606.95	97.77	2.04	3.15	
按经济区域分	By Region						
珠三角	Pearl River Delta	16030.78	13428.56	3803.79	811.44	123.74	15.03
东 翼	Eastern Region	2326.01	2188.20	327.28	203.10	6.19	2.36
西 翼	Western Region	2054.77	1961.58	598.11	86.52	5.39	1.33
山 区	Mountainous Region	2417.10	2290.73	664.66	32.30	9.94	1.99

5-7 续表 Continued

单位：亿元 (100 million yuan)

市别	City	其他有限责任公司 Other Limited Liability	股份有限公司 Share-holding	私营 Private	个体 Self-employed Indicuvual	其他 Others	港、澳台商投资 Funds from Hong Kong Macao and Twaiwan	外商投资 Foreign Funded
全省总计	**Provincial Total**	**6082.64**	**1286.29**	**4749.81**	**287.38**	**769.77**	**1636.73**	**1322.86**
广州	Guangzhou	855.28	437.09	655.64	15.25	15.20	444.48	429.34
深圳	Shenzhen	398.82	262.64	478.62		70.30	220.37	180.46
珠海	Zhuhai	161.60	72.35	138.60	0.10	4.21	62.47	51.06
汕头	Shantou	398.00	43.22	89.30	2.83	13.39	28.58	20.92
佛山	Foshan	988.41	90.48	422.80	9.44	50.57	162.78	180.86
#顺德	Shunde	211.33	12.17	51.99	4.99	8.32	47.72	41.49
韶关	Shaoguan	227.73	15.42	106.04	5.63	23.61	27.73	14.82
河源	Heyuan	90.81	41.07	97.03	0.79	3.97	19.45	13.86
梅州	Meizhou	66.69	10.77	94.51	1.24	5.39	6.58	5.78
惠州	Huizhou	406.53	27.68	382.85	13.73	50.28	152.40	76.52
汕尾	Shanwei	14.25	19.28	116.13	2.59	159.72	20.19	21.20
东莞	Dongguan	428.22	35.44	314.05	19.01	32.99	146.04	110.64
中山	Zhongshan	359.80	13.80	209.11	21.34	16.83	126.05	54.39
江门	Jiangmen	199.45	13.81	283.21	5.02	13.70	66.27	64.09
阳江	Yangjiang	121.02	34.85	179.13	4.13	27.61	13.29	6.46
湛江	Zhanjiang	141.24	56.50	219.81	8.05	27.45	42.02	12.71
茂名	Maoming	193.09	9.04	205.64	4.51	38.17	14.49	4.21
肇庆	Zhaoqing	247.50	13.55	379.91	24.71	34.65	44.69	29.32
清远	Qingyuan	196.80	17.97	66.77	0.62	4.98	12.38	9.33
潮州	Chaozhou	100.23	16.12	54.57	4.28	12.32	8.76	1.07
揭阳	Jieyang	261.32	45.86	155.84	10.51	129.48	4.01	33.09
云浮	Yunfu	225.85	9.35	100.25	133.59	34.95	13.70	2.74
按经济区域分	By Region							
珠三角	Pearl River Delta	4045.61	966.85	3264.78	108.60	288.73	1425.55	1176.67
东翼	Eastern Region	773.80	124.48	415.85	20.22	314.92	61.54	76.28
西翼	Western Region	455.35	100.39	604.58	16.69	93.22	69.80	23.39
山区	Mountainous Region	807.88	94.58	464.60	141.88	72.90	79.85	46.52

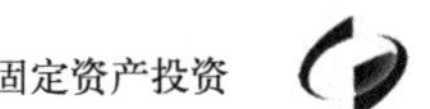

5-8 各市按主要行业分固定资产投资（2013年）

Investment in Fixed Assets by Sector and by City (2013)

单位：亿元

市别	City	合计 Total	农、林、牧、渔业 Agriculture, Forestry, Animal Husbandry and Fishery	采矿业 Mining	制造业 Manufacturing	电力、燃气及水的生产和供应业 Production and Supply of Electricity, Gas and Water	建筑业 Construction	批发和零售业 Wholesale and Retail Trades
全省总计	**Provincial Total**	**22828.65**	**354.24**	**167.90**	**6044.49**	**1133.46**	**77.16**	**670.53**
广州	Guangzhou	4447.30	10.84		581.26	101.60	33.94	188.08
深圳	Shenzhen	2490.20	3.13		328.92	48.01	2.90	23.78
珠海	Zhuhai	960.89	0.36	80.12	114.32	56.73		4.06
汕头	Shantou	780.90	8.57	0.06	358.45	43.92	3.25	14.74
佛山	Foshan	2375.60	7.62		844.73	65.99		66.79
#顺德	Shunde	499.24	5.92		125.20	1.54		18.76
韶关	Shaoguan	664.52	54.31	15.67	177.11	43.23		20.33
河源	Heyuan	342.73	5.43	4.70	97.36	11.66	1.45	3.46
梅州	Meizhou	280.50	13.06	3.19	64.33	22.27	0.09	6.59
惠州	Huizhou	1401.30	9.66	1.84	387.40	33.31		17.78
汕尾	Shanwei	462.09	36.08		103.65	39.60	2.29	35.81
东莞	Dongguan	1383.94	1.17	0.25	375.06	41.70	0.68	24.14
中山	Zhongshan	962.93	0.90		245.98	48.74	0.81	37.71
江门	Jiangmen	1000.84	9.34	0.33	302.42	204.05	0.08	28.25
阳江	Yangjiang	598.66	32.06	0.64	151.59	160.81	8.15	27.90
湛江	Zhanjiang	795.58	54.29	13.15	206.45	40.01		49.71
茂名	Maoming	660.53	19.55	25.77	317.31	40.62	2.21	13.81
肇庆	Zhaoqing	1007.78	49.73	15.02	453.70	37.75	5.05	37.49
清远	Qingyuan	505.97	6.43	2.54	80.20	24.56	0.03	1.96
潮州	Chaozhou	253.63	7.77		113.80	18.62	0.75	5.99
揭阳	Jieyang	829.39	10.62	0.31	411.60	33.32	0.60	25.76
云浮	Yunfu	623.38	13.34	4.31	328.86	16.95	14.87	36.41
按经济区域分	By Region							
珠三角	Pearl River Delta	16030.78	92.74	97.56	3633.78	637.88	43.47	428.06
东翼	Eastern Region	2326.01	63.03	0.37	987.49	135.47	6.89	82.30
西翼	Western Region	2054.77	105.90	39.57	675.35	241.44	10.36	91.42
山区	Mountainous Region	2417.10	92.57	30.41	747.86	118.68	16.44	68.75

5-8 续表 1 Continued 1

单位：亿元 (100 million yuan)

市别	City	交通运输、仓储和邮政业 Transport, Storage and Post	住宿和餐饮业 Hotels and Catering Services	信息传输、软件和信息技术服务业 Information Transmission, Software and Information Technology Services	金融业 Financial Intermediation	房地产业 Real Estate	租赁和商务服务业 Leasing and Business Services	科学研究和技术服务 Scientific Research, Technical Service
全省总计	**Provincial Total**	**2429.47**	**464.78**	**342.97**	**77.81**	**7867.62**	**259.28**	**165.16**
广州	Guangzhou	653.29	84.36	150.19	10.27	1943.54	40.82	77.12
深圳	Shenzhen	415.66	15.52	34.19	42.86	1220.93	44.41	19.07
珠海	Zhuhai	149.29	35.86	2.76	0.18	281.72	26.51	7.23
汕头	Shantou	30.36	13.02	18.55		178.32	1.08	0.08
佛山	Foshan	83.09	59.99	24.66	4.10	859.36	71.57	9.44
#顺德	Shunde	11.84	6.40	1.70		189.82	34.75	0.34
韶关	Shaoguan	64.34	28.65	0.39	0.08	153.65	4.15	3.18
河源	Heyuan	46.20	12.34	2.45		99.25	4.81	0.43
梅州	Meizhou	43.02	9.15	0.59		81.83	0.18	0.15
惠州	Huizhou	132.93	30.24	14.07		634.33	8.40	4.35
汕尾	Shanwei	28.29	16.43	2.38	0.07	126.76	1.90	0.59
东莞	Dongguan	174.90	8.10	22.99	10.49	578.09	7.05	23.60
中山	Zhongshan	51.29	2.51	13.68	1.53	442.82	30.21	3.90
江门	Jiangmen	58.46	34.66	12.03		253.70	1.39	0.82
阳江	Yangjiang	20.72	25.57	6.19	2.27	93.40	3.56	0.79
湛江	Zhanjiang	89.52	24.90	7.52	0.20	186.02	3.52	3.07
茂名	Maoming	47.42	11.79	8.11	0.54	89.04	1.51	2.67
肇庆	Zhaoqing	101.48	12.11	5.21	1.79	183.03	3.87	2.72
清远	Qingyuan	95.21	3.87		1.09	200.57	0.06	0.94
潮州	Chaozhou	23.40	1.05	3.57	1.99	44.45	0.96	1.47
揭阳	Jieyang	67.29	15.42	6.79	0.34	141.31	2.43	1.46
云浮	Yunfu	53.33	19.24	6.64		75.50	0.89	2.07
按经济区域分	By Region							
珠三角	Pearl River Delta	1820.38	283.35	279.79	71.22	6397.53	234.23	148.26
东翼	Eastern Region	149.33	45.92	31.30	2.41	490.84	6.38	3.60
西翼	Western Region	157.66	62.26	21.82	3.01	368.46	8.59	6.53
山区	Mountainous Region	302.10	73.24	10.06	1.17	610.80	10.08	6.77

5-8 续表 2 Continued 2

单位: 亿元 (100 million yuan)

市 别	City	水利、环境和公共设施管理业 Management of Water Conservancy, Environment and Public Facilities	居民服务和其他服务业 Services to Households and Other Services	教育 Education	卫生和社会工作 Health and Social Service	文化、体育和娱乐业 Culture, Sports and Entert-ainment	公共管理、社会保障和社会组织 Public Management, Social Security and Social Organization	国际组织 International Organizations
全省总计	**Provincial Total**	**1832.06**	**43.92**	**354.79**	**185.99**	**245.66**	**111.35**	
广　州	Guangzhou	338.32	8.73	92.84	65.74	40.74	25.63	
深　圳	Shenzhen	199.26	1.65	25.54	25.39	24.67	14.29	
珠　海	Zhuhai	149.78	1.50	19.86	7.15	20.56	2.91	
汕　头	Shantou	71.66	6.14	11.76	5.69	3.72	11.55	
佛　山	Foshan	221.65	9.82	19.43	7.31	19.96	0.09	
#顺　德	Shunde	71.71	4.64	8.45	2.60	15.58		
韶　关	Shaoguan	69.54	6.50	7.26	5.03	8.39	2.73	
河　源	Heyuan	39.05	0.46	9.07	1.27	2.05	1.27	
梅　州	Meizhou	23.68	0.13	5.60	3.08	2.21	1.36	
惠　州	Huizhou	95.39	0.49	11.77	10.89	5.78	2.68	
汕　尾	Shanwei	47.96	1.00	8.02	1.56	6.02	3.68	
东　莞	Dongguan	64.97	0.95	27.91	6.33	12.50	3.07	
中　山	Zhongshan	37.39		7.14	7.04	29.85	1.43	
江　门	Jiangmen	73.19	0.66	6.41	2.49	9.12	3.43	
阳　江	Yangjiang	39.85		7.68	4.43	4.41	8.64	
湛　江	Zhanjiang	73.02	0.51	19.13	8.16	15.28	1.14	
茂　名	Maoming	39.33	1.40	16.40	4.95	11.34	6.75	
肇　庆	Zhaoqing	72.17	1.01	6.83	2.99	11.22	4.60	
清　远	Qingyuan	60.99	0.21	21.25	2.97	1.15	1.93	
潮　州	Chaozhou	18.21	0.59	2.77	3.05	4.21	0.97	
揭　阳	Jieyang	63.54	1.82	16.75	4.65	12.41	12.97	
云　浮	Yunfu	33.10	0.36	11.37	5.81	0.08	0.25	
按经济区域分	By Region							
珠三角	Pearl River Delta	1252.15	24.81	217.72	135.34	174.40	58.12	
东　翼	Eastern Region	201.36	9.56	39.31	14.96	26.36	29.16	
西　翼	Western Region	152.19	1.91	43.21	17.54	31.03	16.52	
山　区	Mountainous Region	226.36	7.65	54.56	18.16	13.88	7.55	

5-9 国有经济固定资产投资主要指标

Main Indicators of Investment in Fixed Assets of State-owned Economy

项 目	Item	1995	2000	2005	2010	2012	2013
建设项目个数 （个）	**Number of Projects (unit)**						
施工项目	Projects under Construction	6748	8934	7095	8669	8208	8933
全部建成投产项目	Projects Completed and Put into Use	3217	4070	3062	4659	3993	4683
投资总额 （亿元）	**Total Investment (100 million yuan)**	**1122.84**	**1286.91**	**2062.31**	**5152.6**	**4712.82**	**5393.84**
#住宅	Residential Buildings	193.93	185.38	54.08	171.36	268.06	272.30
按构成分	Grouped by Structure of Investment						
建筑安装工程	Construction and Installation	680.01	835.63	1365.02	3558.7	3413.78	3841.22
设备工具器具购置	Purchase of Equipment and Instruments	254.30	222.31	345.90	741.84	594.81	719.06
其他费用	Others	188.53	228.97	351.41	852.06	704.23	833.57
按建设性质分	Grouped by Type of Construction						
#新建	New Construction	685.99	635.88	1220.11	3291.99	3387.02	4033.18
扩建	Expansion	258.41	280.76	478.22	684.71	446.83	506.06
改建	Reconstruction	101.85	128.62	262.00	844.39	742.66	684.30
按资金来源分	Grouped by Source of Funds						
国家预算资金	State and Local Budget	19.31	48.77	58.78	366.85	922.39	1055.21
国内贷款	Domestic Loans	186.84	275.53	558.68	1111.67	1087.13	1093.32
利用外资	Foreign Investment	142.71	55.08	9.28	35.97	54.35	48.24
自筹资金	Self-raising Funds	550.53	743.32	1282.55	3303.88	2499.28	3022.67
其他资金	Others	223.45	164.21	153.02	533.65	440.29	521.56
新增固定资产 （亿元）	**Newly Increased Fixed Assets (100 million yuan)**	**634.07**	**1022.34**	**1195.42**	**3305.85**	**2940.55**	**4101.68**
房屋建筑面积（万平方米）	**Floor Space of Buildings (10000 sq.m)**						
施工面积	Floor Space under Construction	7425.60	5010.21	3878.94	5043.04	6260.86	6777.11
竣工面积	Floor Space Completed	2486.51	2062.14	1592.14	1261.43	1197.18	1590.57
#住宅	Residential Buildings	1385.38	1024.44	343.53	231.48	299.83	276.14

注：1. 建设项目个数、投资总额按建设性质分不含房地产开发部分。

2. 2011年起固定资产投资项目统计起点由50万元提高至500万元，且不包含农村农户投资；2010年以前为全社会固定资产投资。

3. 2011年报起，原国家预算内资金改为国家预算资金。

Note: a) Number of projects and total investment by type of construction exclude real estate development.

b) Since 2011, the cut-off point of investment statistics is changed from a minimum of 500,000 yuan to a minimum of 5,000,000 yuan, and the data do not include the investment made by rural households. Data before 2010 refer to total investment in fixed assets.

c) Since 2011, state budget is changed to state and local budget.

5-10 基础产业和基础设施完成投资额

Completed Investment in Basic Industries and Infrastructure

单位：亿元 (100 million yuan)

年份 Year	基础产业 Basic Industries	基础设施 Infrastructure	电力、燃气及水的生产和供应业 Production and Supply of Electric Power, Gas and Water	交通运输和邮政业 Transport and Postal Services	信息传输、互联网和相关服务业 Information Transmission, Internet and Related Services	水利、环境和公共设施管理业 Management of Water Conservancy, Environment and Public Facilities
1990	139.95	132.62	24.73	46.77	28.75	32.37
1995	779.53	738.70	137.77	260.49	160.13	180.31
2000	1159.40	1098.68	204.91	387.43	238.16	268.18
2001	1187.24	1049.32	225.93	340.61	247.38	235.40
2002	1237.56	1127.94	300.13	348.87	242.34	236.60
2003	1655.29	1426.24	338.85	473.57	264.35	349.47
2004	2221.66	1858.46	548.32	627.93	267.91	414.30
2005	2612.47	2154.45	691.16	675.40	241.07	546.82
2006	2800.36	2392.07	714.76	820.49	218.37	638.45
2007	2989.95	2462.09	636.07	891.56	214.35	720.11
2008	3559.61	2935.03	749.57	1106.76	242.05	836.65
2009	5151.98	4488.32	1222.37	1664.65	278.46	1322.84
2010	5981.47	5394.68	1332.84	1908.64	239.17	1914.02
2011	5314.74	4544.10	934.31	1657.06	343.39	1609.34
2012	5642.85	4693.66	1063.32	1700.77	298.32	1631.25
2013	6578.24	5477.03	1133.46	2243.47	268.04	1832.06

注：2011年起固定资产投资项目统计起点由50万元提高至500万元，且不包含农村农户投资；2010年以前为全社会固定资产投资。

Note: Since 2011, the cut-off point of investment statistics is changed from a minimum of 500,000 yuan to a minimum of 5,000,000 yuan , and the data do not include the investment made by rural households.Data before 2010 refer to total investment in fixed assets.

5-11 按行业分城镇投资主要指标（2013年）
Main Indicators of Investment in Urban Area by Sector (2013)

行业	Sector	投资额（亿元） Investment (100 million yuan)	施工项目个数（个） Number of Projects under Construction (unit)	全部建成投产项目个数（个） Number of Projects Completed and Put into Use (unit)	新增固定资产（亿元） Newly Increased Fixed Assets (100 million yuan)
全省总计	**Provincial Total**	**18877.46**	**22619**	**13404**	**12224.02**
农、林、牧、渔业	**Farming, Forestry, Animal Husbandry and Fishery**	**153.02**	**582**	**428**	**119.75**
农业	Farming	53.99	183	125	36.83
林业	Forestry	19.87	80	66	16.88
畜牧业	Animal Husbandry	17.42	72	45	11.75
渔业	Fishery	21.54	101	81	18.35
农、林、牧、渔服务业	Service Activities for Farming, Forestry, Animal Husbandry and Fishery	40.20	146	111	35.94
采矿业	**Mining**	**132.33**	**136**	**70**	**25.36**
煤炭开采和洗选业	Mining and Washing of Coal	0.09			0.09
石油和天然气开采业	Extraction of Petroleum and Natural Gas	89.34	7	4	0.66
黑色金属矿采选业	Mining and Dressing of Ferrous Metal Ores	5.65	13	4	1.35
有色金属矿采选业	Mining and Dressing of Non-Ferrous Metal Ores	12.61	25	12	5.20
非金属矿采选业	Mining and Dressing of Nonmetal Ores	22.59	85	44	15.63
开采辅助活动	Auxiliary Minning Operations	1.29	4	4	1.90
其他采矿业	Mining of Other Ores	0.76	2	2	0.52
制造业	**Manufacture**	**3833.42**	**8107**	**4993**	**2850.20**
农副食品加工业	Processing of Farm and Sideline Food	95.74	276	165	66.27
食品制造业	Manufacture of Food	91.87	214	147	68.40
酒、饮料和精制茶制造业	Manufacture of Wine, Beverage and Refined Tea	60.33	102	53	40.10
烟草制品业	Tobacco Products	8.72	12	6	3.16
纺织业	Textile Industry	129.86	301	251	116.92
纺织服装、服饰业	Manufacture of Textile Garments, Apparel	202.32	511	390	174.14
皮革、毛皮、羽毛及其制品和制鞋业	Leather, Fur, Feather and Related Products, and Footwear	59.90	231	178	51.67
木材加工及木、竹、藤、棕、草制品业	Timber Processing, Bamboo, Cane, Palm Fiber & Straw Products	45.05	135	82	27.26
家具制造业	Manufacture of Furniture	65.99	150	88	35.55
造纸和纸制品业	Papermaking and Paper Products	62.27	161	109	40.47
印刷业和记录媒介复制业	Printing and Record Medium Reproduction	73.67	225	164	60.48
文教、工美、体育和娱乐用品制造业	Manufacture of Culture, Arts, Sports and Entertainment Articles	118.98	314	242	101.70
石油加工、炼焦及核燃料加工业	Petroleum Refining, Coking and Nuclear Fuel Processing	136.89	155	41	30.90
化学原料及化学制品制造业	Manufacture of Raw Chemical Materials and Chemical Products	233.61	493	271	176.75
医药制造业	Manufacture of Medicines	93.61	221	114	69.58
化学纤维制造业	Manufacture of Chemical Fibers	5.82	12	8	5.38
橡胶和塑料制品业	Manufacture of Rubber and Plastic Products	161.61	500	341	143.33
非金属矿物制品业	Nonmetal Mineral Products	357.21	899	488	242.89
黑色金属冶炼及压延加工业	Smelting and Pressing of Ferrous Metals	60.90	65	44	36.50
有色金属冶炼及压延加工业	Smelting and Pressing of Nonferrous Metals	65.69	100	46	45.36
金属制品业	Metal Products	184.55	472	337	197.09
通用设备制造业	Manufacture of General-purpose Machinery	133.57	282	165	114.93
专用设备制造业	Manufacture of Special-purpose Machinery	165.99	383	227	109.87
汽车制造业	Manufacture of Automobile	201.76	155	78	135.38

注：1. 施工项目个数不含房地产开发。
2. 2011年起固定资产投资项目统计起点由50万元提高至500万元，且不包含农村农户投资。

Note: a) The number of projects under construction does not include those of real estate development.
b) Since 2011, the cut-off point of investment statistics is changed from a minimum of 500,000 yuan to a minimum of 5,000,000 yuan, and the data do not include the investment made by rural households. Data before 2010 refer to total investment in fixed assets.

5-11 续表 1 continued 1

行 业	Sector	投资额(亿元) Investment (100 million yuan)	施工项目个数(个) Number of Projects under Construction (unit)	全部建成投产项目个数(个) Number of Projects Completed and Put into Use (unit)	新增固定资产(亿元) Newly Increased Fixed Assets (100 million yuan)
铁路、船舶、航空航天和其他运输设备制造业	Manufacture of Railway, Slip, Aeronautics and Other Transport Equipment	48.84	72	35	54.31
电气机械及器材制造业	Manufacture of Electrical Machinery and Equipment	277.89	589	338	209.29
计算机、通信和其他电子设备制造业	Manufacture of Computers, Communication Equipment and Other Electronic Equipment	591.60	737	386	411.48
仪器仪表制造业	Manufacture of Instrments and Meters	40.19	88	47	26.19
其他制造业	Other Manufactures	27.93	68	37	17.10
废弃资源综合利用业	Comprehensive Utilization of Waste	20.08	86	77	17.44
金属制品、机械和设备修理业	Manufacture of Metal Products, Machinery and Equipment Maintenance	11.02	19	10	5.99
电力、热力、燃气及水生产和供应业	**Production and Supply of Electric Power, Heat Power, Gas and Water**	**1014.15**	**1256**	**545**	**601.41**
电力、热力生产和供应业	Production and Supply of Electric Power and Heat Power	810.05	794	295	449.20
燃气生产和供应业	Production and Supply of Gas	82.41	86	33	52.94
水的生产和供应业	Production and Supply of Water	121.69	376	217	99.27
建筑业	**Construction**	**66.75**	**118**	**53**	**43.46**
房屋建筑业	Housing Construciton	8.65	20	15	5.80
土木工程建筑业	Civil Engineering Construction	29.73	53	13	15.87
建筑安装业	Construction and Installation	2.68	4	2	1.22
建筑装饰和其他建筑业	Architectural Decoration and Other Construction	25.68	41	23	20.56
批发和零售业	**Wholesale and Retail Trades**	**486.78**	**968**	**729**	**345.10**
批发业	Wholesale	199.13	345	251	144.65
零售业	Retail Trade	287.65	623	478	200.45
交通运输、仓储和邮政业	**Transport, Storage and Postal Services**	**2220.26**	**1225**	**560**	**1758.07**
铁路运输业	Railway Transport	180.26	36	11	41.92
道路运输业	Road Transport	1393.97	836	394	1115.96
水上运输业	Waterway Transport	127.85	97	42	100.91
航空运输业	Air Transport	329.12	19	4	408.90
管道运输业	Pipeline Transport	2.84	3	1	2.04
装卸搬运和运输代理业	Transportation and Handling	33.28	51	30	18.01
仓储业	Storage	138.77	151	55	59.99
邮政业	Postal Services	14.17	32	23	10.33
住宿和餐饮业	**Hotels and Catering Services**	**321.56**	**577**	**383**	**204.29**
住宿业	Hotels	262.15	414	250	155.36
餐饮业	Catering Services	59.42	163	133	48.92
信息传输、软件和信息技术服务业	**Information Transmission, Software and Information Technology Services**	**337.27**	**977**	**849**	**355.95**
电信、广播电视和卫星传输服务	Telecommunications, Broadcasting Television and Satellite Transmission Services	226.44	753	717	265.99
互联网和相关服务	Internet and Related Services	38.37	110	69	29.93
软件和信息技术服务业	Software and Information Technology Services	72.46	114	63	60.03
金融业	**Finance**	**71.92**	**64**	**31**	**23.68**
货币金融服务	Monetary and Financial Services	21.29	42	27	15.38

5-11 续表 2 continued 2

行业	Sector	投资额(亿元) Investment (100 million yuan)	施工项目个数(个) Number of Projects under Construction	全部建成投产项目个数(个) Number of Projects Completed and Put into Use	新增固定资产(亿元) Newly Increased Fixed Assets (100 million yuan)
资本市场服务	Capital Market Services	17.61	12	3	7.76
保险业	Insurance	31.22	7		
其他金融活动	Other Financial Activities	1.80	3	1	0.53
房地产业	**Real Estate**	**7659.21**	**1805**	**1236**	**3739.85**
房地产业	Real Estate	7659.21	1805	1236	3739.85
租赁和商务服务业	**Leasing and Business Services**	**193.49**	**203**	**107**	**109.67**
租赁业	Leasing	1.54	5	4	1.54
商务服务业	Business Services	191.95	198	103	108.12
科学研究、技术服务业	**Scientific Research, Technological Services**	**138.54**	**213**	**102**	**92.36**
研究与试验发展	Research and Experimental Development	54.56	74	31	33.69
专业技术服务业	Professional Technical Services	40.66	84	39	26.06
科技推广和应用服务业	Science and Technology Popularization and Application Services	43.33	55	32	32.61
水利、环境和公共设施管理业	**Management of Water Conservancy, Environment and Public Facilities**	**1459.14**	**3430**	**1809**	**1075.63**
水利管理业	Management of Water Conservancy	194.86	632	351	120.40
生态保护和环境治理业	Ecological Protection and Environmental Treatment	50.60	140	73	45.99
公共设施管理业	Management of Public Facilities	1213.68	2658	1385	909.24
居民服务、修理和其他服务业	**Households' service, Repair and Other Services**	**33.41**	**99**	**67**	**27.55**
居民服务业	Services to Households				
机动车、电子产品和日用	Motor Vehicle, Electronic Products and	17.77	57	40	16.10
产品修理业	Consumer Products Repair	13.11	25	18	9.76
其他服务业	Other Services	2.53	17	9	1.70
教育	**Education**	**300.44**	**864**	**493**	**283.08**
教育	Education	300.44	864	493	283.08
卫生和社会工作	**Health and Social Work**	**172.24**	**415**	**224**	**147.26**
卫生	Health	156.15	341	184	136.22
社会工作	Social Work	16.09	74	40	11.03
文化、体育和娱乐业	**Culture, Sports and Recreation**	**189.23**	**417**	**241**	**110.73**
新闻出版业	Publication	3.61	5	3	4.39
广播、电视、电影和影视录音制作业	Production of Radio, Television, Film and Video Recording	7.76	32	21	4.83
文化艺术业	Culture and Arts	81.87	197	94	41.43
体育	Sports	53.45	103	60	32.25
娱乐业	Recreation	42.54	80	63	27.83
公共管理、社会保障和社会组织	**Public Administration, Social Security and Social Organizations**	**94.30**	**366**	**190**	**69.87**
中国共产党机关	Organs of Communist Party of China	5.05	4	2	4.83
国家机构	Government Agencies	70.73	286	136	52.38
人民政协、民主党派	Chinese Peoples Political Consultative Conference, Democratic Parties				
社会保障	Social Security	1.35	10	8	1.20
群众社团、社会团体和其他成员组织	Mass Organizations, Social Organizations and Other Member Organizations	14.07	46	29	8.72
基层群众自治组织	Self-governing Mass Organizations at the Grass-roots Level	3.11	20	15	2.74
国际组织	**International Organizations**				

5-12 城镇各行业财务拨贷款资金来源主要指标(2013年)
Main Indicators on Sources of Funds and Loans for Investment by Sector (2013)

单位: 亿元 (100 million yuan)

项　目	Item	本年资金来源合计 Sources of Funds	国家预算资金 State and Local Budget	国内贷款 Domestic Loans	利用外资 Foreign Investment	自筹资金 Self-raising Fund	其他资金 Others
全省总计	**Provincial Total**	**23665.20**	**1068.34**	**3907.22**	**561.82**	**11847.52**	**6280.30**
农、林、牧、渔业	**Farming, Forestry, Animal Husbandry and Fishery**	**154.97**	**15.70**	**0.71**	**0.77**	**113.97**	**23.81**
农业	Farming	54.79	6.23	0.16	0.59	38.28	9.52
林业	Forestry	19.27	2.15			13.60	3.51
畜牧业	Animal Husbandry	17.99	1.02	0.25		14.64	2.08
渔业	Fishery	21.65	0.13	0.30		15.86	5.35
农、林、牧、渔服务业	Service Activities for Farming, Forestry, Animal Husbandry and Fishery	41.27	6.17		0.18	31.59	3.34
采矿业	**Mining**	**135.69**	**0.29**	**1.17**	**10.18**	**121.36**	**2.69**
煤炭开采和洗选业	Mining and Washing of Coal	0.09				0.09	
石油和天然气开采业	Extraction of Petroleum and Natural Gas	85.31			9.55	75.75	
黑色金属矿采选业	Mining and Dressing of Ferrous Metal Ores	8.61		0.18		6.58	1.85
有色金属矿采选业	Mining and Dressing of Non-Ferrous Metal Ores	13.74	0.29	0.26	0.63	12.23	0.33
非金属矿采选业	Mining and Dressing of Nonmetal Ores	25.91		0.73		24.67	0.51
开采辅助活动	Auxiliary Minning Operations	1.27				1.27	
其他采矿业	Mining of Other Ores	0.77				0.77	
制造业	**Manufacture**	**4147.86**	**18.32**	**233.89**	**254.98**	**3526.91**	**113.76**
农副食品加工业	Processing of Farm and Sideline Food	100.04		5.80	1.92	86.58	5.75
食品制造业	Manufacture of Food	91.67		4.85	7.12	77.88	1.82
酒、饮料和精制茶制造业	Manufacture of Wine,Beverage and refined tea	64.37	0.83	3.75	6.20	48.83	4.77
烟草制品业	Tobacco Products	8.78	0.29			8.31	0.19
纺织业	Textile Industry	125.70	0.61	1.88	3.69	117.81	1.71
纺织服装、服饰业	Manufacture of Textile Garments, Apparel	203.50		7.38	2.84	188.80	4.49
皮革、毛皮、羽毛及其制品和制鞋业	Leather, Fur, Feather and Related Products, and Footwear	58.01		1.33	3.48	45.28	7.93
木材加工及木、竹、藤、棕、草制品业	Timber Processing, Bamboo, Cane, Palm Fiber & Straw Products	57.67		0.81		49.54	7.31
家具制造业	Manufacture of Furniture	75.37		3.72	4.24	64.70	2.71
造纸和纸制品业	Papermaking and Paper Products	65.21		1.62	1.51	60.13	1.95
印刷业和记录媒介复制业	Printing and Record Medium Reproduction	78.78	0.03	1.71	3.12	72.03	1.89
文教、工美、体育和娱乐用品制造业	Manufacture of Culture, Arts, Sports and Entertainment Articles	122.32		4.69	4.29	104.83	8.51
石油加工、炼焦及核燃料加工业	Petroleum Refining, Coking and Nuclear Fuel Processing	146.83	7.93	14.01		124.90	
化学原料及化学制品制造业	Manufacture of Raw Chemical Materials and Chemical Products	246.03	0.41	8.63	4.91	221.66	10.42
医药制造业	Manufacture of Medicines	99.28	0.41	5.59	0.30	92.67	0.31
化学纤维制造业	Manufacture of Chemical Fibers	6.53		0.42	0.20	5.90	
橡胶和塑料制品业	Manufacture of Rubber and Plastic Products	167.61	0.11	3.43	11.28	147.90	4.88
非金属矿物制品业	Nonmetal Mineral Products	388.28	0.06	20.68	21.65	335.66	10.23
黑色金属冶炼及压延加工业	Smelting and Pressing of Ferrous Metals	78.86		27.78	0.08	50.69	0.31
有色金属冶炼及压延加工业	Smelting and Pressing of Nonferrous Metals	65.86		4.14	2.50	53.58	5.64
金属制品业	Metal Products	196.24		10.96	7.54	170.65	7.09
通用设备制造业	Manufacture of General-purpose Machinery	143.63	0.19	5.02	10.81	125.73	1.89
专用设备制造业	Manufacture of Special-purpose Machinery	178.02	1.08	4.95	6.28	164.16	1.55
汽车制造业	Manufacture of Automobile	296.31	0.04	5.01	22.69	261.52	7.06

注：1. 2011年起固定资产投资项目统计起点由50万元提高至500万元，且不包含农村农户投资；2010年以前为全社会固定资产投资。
2. 2011年报起，原国家预算内资金改为国家预算资金。

Note: a) Since 2011, the cut-off point of investment statistics is changed from a minimum of 500,000 yuan to a minimum of 5,000,000 yuan, and the data do not include the investment made by rural households. Data before 2010 refer to total investment in fixed assets.
b) Since 2011, state budget is changed to state and local budget.

5-12 续表 1 Contuned 1

单位: 亿元 (100 million yuan)

项 目	Item	本年资金来源合计 Sources of Funds	国家预算内资金 State Budget	国内货款 Domestic Loans	利用外资 Foreign Inves-tment	自筹资金 Self-raising Fund	其他资金 Others
铁路、船舶、航空航天和其他运输设备制造业	Manufacture of Railway, Slip, Aeronautics and Other Transport Equipment	52.82	4.88	2.52	1.72	42.72	0.98
电气机械及器材制造业	Manufacture of Electrical Machinery and Equipment	301.41	0.25	10.64	19.09	267.41	4.02
计算机、通信和其他电子设备制造业	Manufacture of Computers, Communication Equipment and Other Electronic Equipment	621.07	1.09	66.82	100.38	445.38	7.40
仪器仪表制造业	Manufacture of Instrments and Meters	46.96	0.03	1.63	5.43	39.62	0.25
其他制造业	Other Manufactures	27.16	0.08	2.56	1.51	22.60	0.41
废弃资源综合利用业	Comprehensive Utilization of Waste	20.53		1.17	0.20	18.75	0.41
金属制品、机械和设备修理业	Manufacture of Metal Products, Machinery and Equipment Maintenance	11.47		0.40		9.19	1.88
电力、热力、燃气及水生产和供应业	**Production and Supply of Electric Power, Heat Power, Gas and Water**	**1027.88**	**67.30**	**388.14**	**3.66**	**537.99**	**30.78**
电力、热力生产和供应业	Production and Supply of Electric Power and Heat Power	823.59	41.02	348.97	2.00	413.10	18.49
燃气生产和供应业	Production and Supply of Gas	82.44	1.09	24.94	1.66	53.79	0.96
水的生产和供应业	Production and Supply of Water	121.85	25.20	14.23		71.10	11.33
建筑业	**Construction**	**71.02**	**4.49**	**7.15**		**56.66**	**2.72**
房屋建筑业	Housing Construciton	8.94	0.54	0.03		6.98	1.39
土木工程建筑业	Civil Engineering Construction	32.75	3.95	0.55		27.11	1.14
建筑安装业	Construction and Installation	3.11	0.01			3.11	
建筑装饰和其他建筑业	Architectural Decoration and Other Construction	26.22		6.56		19.47	0.19
批发和零售业	**Wholesale and Retail Trades**	**512.24**	**1.48**	**19.69**	**3.46**	**446.04**	**41.58**
批发业	Wholesale	213.79	0.40	7.77	1.00	189.95	14.66
零售业	Retail Trade	298.45	1.07	11.92	2.46	256.08	26.91
交通运输、仓储和邮政业	**Transport, Storage and Postal Services**	**2380.33**	**174.16**	**766.08**	**215.67**	**1044.29**	**180.13**
铁路运输业	Railway Transport	204.05	20.44	63.75	0.94	78.52	40.39
道路运输业	Road Transport	1529.08	139.55	542.82	20.15	703.49	123.08
水上运输业	Waterway Transport	126.78	4.63	31.52		81.69	8.95
航空运输业	Air Transport	330.33	3.50	110.02	188.74	28.06	
管道运输业	Pipeline Transport	2.84				2.24	0.60
装卸搬运和运输代理业	Transportation and Handling	36.47	0.04	2.39		30.63	3.42
仓储业	Storage	135.82	5.40	15.57	5.61	105.74	3.51
邮政业	Postal Services	14.96	0.60		0.23	13.93	0.20
住宿和餐饮业	**Hotels and Catering Services**	**368.16**	**0.16**	**43.77**	**9.39**	**300.07**	**14.76**
住宿业	Hotels	303.74	0.06	41.14	3.92	250.31	8.30
餐饮业	Catering Services	64.41	0.10	2.63	5.47	49.76	6.46
信息传输、软件和信息技术服务业	**Information Transmission, Software and Information Technology Services**	**339.76**	**18.02**	**6.71**	**2.74**	**308.79**	**3.50**
电信、广播电视和卫星传输服务	Telecommunications, Broadcasting Television and Satellite Transmission Services	221.40	4.47	2.40	1.78	212.49	0.26
互联网和相关服务	Internet and Related Services	41.91	1.33	1.83		38.63	0.12
软件和信息技术服务业	Software and Information Technology Services	76.44	12.22	2.47	0.96	57.67	3.12
金融业	**Finance**	**76.45**	**2.20**	**0.32**		**73.64**	**0.29**
货币金融服务	Monetary and Financial Services	19.69	2.20	0.32		16.88	0.29

5-12 续表 2 Continued 2

单位：亿元 (100 million yuan)

项目	Item	本年资金来源合计 Sources of Funds	国家预算内资金 State Budget	国内贷款 Domestic loans	利用外资 Foreign Inives-tment	自筹资金 Self-raising Fund	其他资金 Others
资本市场服务	Capital Market Services	14.84				14.84	…
保险业	Insurance	40.05				40.05	
其他金融活动	Other Financial Activities	1.88				1.88	
房地产业	**Real Estate**	**11718.30**	**90.58**	**2225.34**	**40.71**	**3748.25**	**5613.42**
房地产业	Real Estate	11718.30	90.58	2225.34	40.71	3748.25	5613.42
租赁和商务服务业	**Leasing and Business Services**	**231.98**	**14.04**	**22.02**		**193.71**	**2.21**
租赁业	Leasing	1.58	0.45	0.10		0.74	0.29
商务服务业	Business Services	230.40	13.59	21.92		192.97	1.92
科学研究、技术服务业	**Scientific Research, Technological Services**	**148.43**	**18.66**	**6.92**	**12.00**	**112.47**	**10.38**
研究与试验发展	Research and Experimental Development	60.42	7.21	5.56		46.50	1.15
专业技术服务业	Professional Technical Services	46.39	9.97	0.90		33.94	1.59
科技推广和应用服务业	Science and Technology Popularization and Application Services	41.62	1.48	0.46	12.00	32.03	7.64
水利、环境和公共设施管理业	**Management of Water Conservancy, Environment and Public Facilities**	**1498.67**	**432.11**	**132.19**	**2.19**	**777.53**	**154.65**
水利管理业	Management of Water Conservancy	197.88	73.88	21.49		86.61	15.91
生态保护和环境治理业	Ecological Protection and Environmental Treatment	57.56	18.56	0.42	0.06	35.85	2.68
公共设施管理业	Management of Public Facilities	1243.23	339.67	110.28	2.13	655.08	136.07
居民服务、修理和其他服务业	**Households'service,Repair and Other Services**	**35.55**	**0.87**	**0.65**		**32.30**	**1.73**
居民服务业	Services to Households	20.34	0.72			17.90	1.72
机动车、电子产品和日用产品修理业	Motor Vehicle, Electronic Products and Consumer Products repair	13.03	0.15	0.59		12.28	0.01
其他服务业	Other Services	2.19		0.06		2.13	
教育	**Education**	**323.57**	**90.14**	**19.74**	**15.67**	**170.29**	**27.73**
教育	Education	323.57	90.14	19.74	15.67	170.29	27.73
卫生和社会工作	**Health and Social Work**	**182.31**	**54.06**	**8.26**		**108.32**	**11.67**
卫生	Health	162.56	50.23	7.78		96.00	8.55
社会工作	Social Work	19.75	3.83	0.48		12.32	3.12
文化、体育和娱乐业	**Culture, Sports and Recreation**	**199.21**	**28.29**	**21.11**	**2.40**	**121.48**	**25.92**
新闻出版业	Publication	3.37	0.01	0.43		2.91	0.01
广播、电视、电影和影视录音制作业	Production of Radio, Television, Film and Video Recording	9.09	0.55	0.08		7.05	1.42
文化艺术业	Culture and Arts	86.38	17.24	6.53		50.91	11.70
体育	Sports	54.67	10.47	8.48	0.91	24.64	10.17
娱乐业	Recreation	45.70	0.02	5.59	1.49	35.98	2.62
公共管理、社会保障和社会组织	**Public Administration, Social Security and Social Organizations**	**101.90**	**36.82**	**0.37**		**46.29**	**18.42**
中国共产党机关	Organs of Communist Party of China	5.19	4.88			0.31	
国家机构	Government Agencies	75.05	31.85	0.37		30.92	11.92
人民政协、民主党派	Chinese Peoples Political Consultative Conference, Democratic Parties						
社会保障	Social Security	1.35	0.10			1.20	0.06
群众社团、社会团体和其他成员组织	Mass Organizations, Social Organizations and Other Member Organizations	17.18				11.67	5.51
基层群众自治组织	Self-governing Mass Organizations at the Grass-roots Level	3.12				2.19	0.93
国际组织	**International Organizations**						

5-13 各市城镇财务拨贷款资金来源主要指标(2013年)

Main Indicators on Sources of Funds and Loans for Investment by City (2013)

单位: 亿元 (100 million yuan)

市别	City	本年资金来源合计 Sources of Funds	国家预算资金 State and Local Budget	国内贷款 Domestic Loans	利用外资 Foreign Investment	自筹资金 Self-raising Fund	其他资金 Others
全省总计	**Provincial Total**	**23665.20**	**1068.34**	**3907.22**	**561.82**	**11847.52**	**6280.30**
广州	Guangzhou	5124.34	200.18	868.19	224.03	2453.65	1378.29
深圳	Shenzhen	3564.49	341.55	674.24	46.47	1666.87	835.36
珠海	Zhuhai	1295.10	65.53	379.45	66.74	434.92	348.47
汕头	Shantou	732.05	22.20	69.82	0.74	580.50	58.80
佛山	Foshan	1795.28	47.61	347.39	25.11	699.64	675.52
#顺德	Shunde	515.32	10.49	68.46	7.09	243.25	186.04
韶关	Shaoguan	712.55	21.12	68.68	14.42	471.05	137.27
河源	Heyuan	317.45	11.15	40.11	4.44	202.61	59.14
梅州	Meizhou	285.56	22.31	31.93	1.61	188.05	41.66
惠州	Huizhou	1443.79	44.52	210.59	22.40	695.76	470.52
汕尾	Shanwei	421.85	7.18	29.58	14.48	229.58	141.04
东莞	Dongguan	1591.60	42.30	219.49	95.11	618.71	615.99
中山	Zhongshan	996.20	30.73	160.49	7.02	394.06	403.90
江门	Jiangmen	965.82	20.21	270.28	11.26	404.84	259.25
阳江	Yangjiang	581.64	52.01	98.62	5.99	344.91	80.11
湛江	Zhanjiang	624.44	16.28	85.38	0.08	361.25	161.46
茂名	Maoming	617.17	53.43	41.74	1.15	414.41	106.44
肇庆	Zhaoqing	667.08	11.34	70.70	11.27	393.27	180.50
清远	Qingyuan	522.41	22.71	100.68	2.03	196.50	200.49
潮州	Chaozhou	170.09	17.39	16.95	0.45	106.38	28.92
揭阳	Jieyang	645.96	16.28	67.40	0.53	520.25	41.50
云浮	Yunfu	590.33	2.31	55.49	6.50	470.34	55.69
按经济区域分	By Region						
珠三角	Pearl River Delta	17443.70	803.97	3200.83	509.40	7761.72	5167.78
东翼	Eastern Region	1969.95	63.04	183.76	16.20	1436.70	270.26
西翼	Western Region	1339.88	121.72	157.10	6.10	943.09	111.87
山区	Mountainous Region	2428.30	79.61	296.90	29.00	1528.54	494.25

注：1. 2011年起固定资产投资项目统计起点由50万元提高至500万元，且不包含农村农户投资；2010年以前为全社会固定资产投资。
2. 2011年报起，原国家预算内资金改为国家预算资金。

Note: a) Since 2011, the cut-off point of investment statistics is changed from a minimum of 500,000 yuan to a minimum of 5,000,000 yuan, and the data do not include the investment made by rural households. Data before 2010 refer to total investment in fixed assets.
b) Since 2011, state budget is changed to state and local budget.

5-14 各市按构成和建设性质分城镇固定资产投资（2013年）

Investment in Fixed Assets in Urban Area by Composition of Funds,Type of Construction and City (2013)

单位：亿元 (100 million yuan)

市别	City	投资额 Total Investment	按构成分 By Composition of Funds			按建设性质分 By Type of Construction		
			建筑安装工程 Construction and Installion	设备、工具器具购置 Purchase of Equipment and Instruments	其他费用 Others	#新建 New Construction	#扩建 Expansion	#改建和技术改造 Recons-truction and Technological Transformation
全省总计	**Provincial Total**	**18877.46**	**12841.58**	**2908.32**	**3127.56**	**14883.27**	**1531.93**	**1609.14**
广州	Guangzhou	4248.02	2788.61	680.77	778.65	3031.73	304.66	459.36
深圳	Shenzhen	2490.20	1772.45	363.67	354.07	2218.90	45.02	220.00
珠海	Zhuhai	947.64	709.91	97.29	140.44	848.29	31.09	47.87
汕头	Shantou	724.21	360.17	275.30	88.74	320.52	312.21	78.82
佛山	Foshan	1234.23	873.79	66.31	294.13	1082.90	51.40	92.42
#顺德	Shunde	331.88	241.26	23.41	67.20	295.51	16.12	20.25
韶关	Shaoguan	639.90	488.99	73.74	77.17	534.62	52.89	44.82
河源	Heyuan	285.82	227.45	35.70	22.68	233.35	29.09	7.27
梅州	Meizhou	243.30	167.85	37.87	37.58	186.78	14.47	40.52
惠州	Huizhou	1243.53	939.48	149.11	154.94	1058.11	67.32	50.69
汕尾	Shanwei	406.31	279.37	69.81	57.13	223.58	87.66	87.13
东莞	Dongguan	1141.07	720.83	177.19	243.04	927.01	29.56	59.90
中山	Zhongshan	697.42	434.29	85.69	177.45	582.01	45.82	40.78
江门	Jiangmen	748.15	413.40	179.46	155.29	606.65	86.65	24.34
阳江	Yangjiang	524.96	404.48	75.92	44.56	471.32	28.48	22.19
湛江	Zhanjiang	521.07	446.93	30.92	43.21	407.85	59.26	51.46
茂名	Maoming	502.82	312.17	120.32	70.33	300.50	81.73	114.54
肇庆	Zhaoqing	575.61	334.84	134.66	106.10	437.60	58.79	44.13
清远	Qingyuan	410.20	317.76	29.01	63.42	375.45	15.75	16.27
潮州	Chaozhou	143.44	102.44	16.77	24.23	112.00	12.45	18.62
揭阳	Jieyang	604.15	383.77	104.01	116.37	472.47	80.76	48.24
云浮	Yunfu	545.43	362.62	104.81	78.00	451.63	36.89	39.79
按经济区域分	By Region							
珠三角	Pearl River Delta	13325.86	8987.59	1934.15	2404.12	10793.20	720.31	1039.49
东翼	Eastern Region	1878.11	1125.75	465.89	286.47	1128.57	493.08	232.81
西翼	Western Region	1548.85	1163.58	227.17	158.11	1179.67	169.46	188.19
山区	Mountainous Region	2124.65	1564.67	281.12	278.86	1781.84	149.08	148.66

注：2011年起固定资产投资项目统计起点由50万元提高至500万元，且不包含农村农户投资。

Note: Since 2011, the cut-off point of investment statistics is changed from a minimum of 500,000 yuan to a minimum of 5,000,000 yuan, and the data do not include the investment made by rural households.

5-15 各市农业、能源、原材料、运输邮电业投资和比重（2013年）

Volume and Proportion of Investment in Capital Construction of Agriculture, Energy,Raw Materials, Transport, Post and Telecommunications (2013)

市 别	City	投资额(亿元) Volume of Investment (100 million yuan)				比重(以投资总额为100) Proportion (total investment=100)			
		农、林、牧、渔业 Farming, Forestry, Animal Husbandry and Fishery	能 源 Energy	原材料 Raw Materials	交通运输、仓储和邮政业 Transport, Storage and Postal Services	农、林、牧、渔业 Farming, Forestry, Animal Husbandry and Fishery	能 源 Energy	原材料 Raw Materials	交通运输、仓储和邮政业 Transport, Storage and Postal Services
全省总计	**Provincial Total**	**354.24**	**1205.89**	**1236.24**	**2429.47**	**1.6**	**5.3**	**5.4**	**10.6**
广 州	Guangzhou	10.84	96.91	67.21	653.29	0.2	2.2	1.5	14.7
深 圳	Shenzhen	3.13	34.83	19.42	415.66	0.1	1.4	0.8	16.7
珠 海	Zhuhai	0.36	136.96	6.44	149.29		14.3	0.7	15.5
汕 头	Shantou	8.57	40.18	23.44	30.36	1.1	5.1	3.0	3.9
佛 山	Foshan	7.62	47.06	136.30	83.09	0.3	2.0	5.7	3.5
#顺 德	Shunde	5.92	1.46	10.07	11.84	1.2	0.3	2.0	2.4
韶 关	Shaoguan	54.31	39.77	97.92	64.34	8.2	6.0	14.7	9.7
河 源	Heyuan	5.43	10.26	28.76	46.20	1.6	3.0	8.4	13.5
梅 州	Meizhou	13.06	20.63	17.15	43.02	4.7	7.4	6.1	15.3
惠 州	Huizhou	9.66	45.45	46.27	132.93	0.7	3.2	3.3	9.5
汕 尾	Shanwei	36.08	37.04	5.87	28.29	7.8	8.0	1.3	6.1
东 莞	Dongguan	1.17	36.63	16.34	174.90	0.1	2.6	1.2	12.6
中 山	Zhongshan	0.90	38.31	27.59	51.29	0.1	4.0	2.9	5.3
江 门	Jiangmen	9.34	179.75	55.98	58.46	0.9	18.0	5.6	5.8
阳 江	Yangjiang	32.06	156.89	39.61	20.72	5.4	26.2	6.6	3.5
湛 江	Zhanjiang	54.29	51.70	74.80	89.52	6.8	6.5	9.4	11.3
茂 名	Maoming	19.55	94.42	117.03	47.42	3.0	14.3	17.7	7.2
肇 庆	Zhaoqing	49.73	35.64	151.11	101.48	4.9	3.5	15.0	10.1
清 远	Qingyuan	6.43	23.93	48.20	95.21	1.3	4.7	9.5	18.8
潮 州	Chaozhou	7.77	17.28	10.59	23.40	3.1	6.8	4.2	9.2
揭 阳	Jieyang	10.62	47.15	40.62	67.29	1.3	5.7	4.9	8.1
云 浮	Yunfu	13.34	15.10	205.58	53.33	2.1	2.4	33.0	8.6
按经济区域分	By Region								
珠 三 角	Pearl River Delta	92.74	651.53	526.66	1820.38	0.6	4.1	3.3	11.4
东 翼	Eastern Region	63.03	141.64	80.53	149.33	2.7	6.1	3.5	6.4
西 翼	Western Region	105.90	303.02	231.44	157.66	5.2	14.7	11.3	7.7
山 区	Mountainous Region	92.57	109.70	397.60	302.10	3.8	4.5	16.4	12.5

注：2011年起固定资产投资项目统计起点由50万元提高至500万元，且不包含农村农户投资。

Note: Since 2011, the cut-off point of investment statistics is changed from a minimum of 500,000 yuan to a minimum of 5,000,000 yuan, and the data do not include the investment made by rural households.

 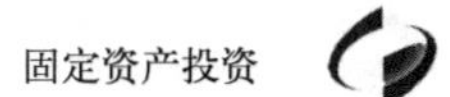

5-16 各市工业投资和比重（2013年）

Investment in Industry and Proportion by City (2013)

单位：亿元 (100 million yuan)

市别	City	投资额（亿元） Volume of Investment (100 million yuan)				比重（以投资总额为100） Proportion (total investment=100)			
		工业合计				合计			
		Total	采矿业 Mining	制造业 Manufa-cturing	电力、燃气及水的生产和供应业 Production and Supply of Electri-city,Gas and Water	Total	采矿业 Mining	制造业 Manufa-cturing	电力、燃气及水的生产和供应业 Production and Supply of Electri-city,Gas and Water
全省总计	**Provincial Total**	**7345.86**	**167.90**	**6044.49**	**1133.46**	**32.2**	**0.7**	**26.5**	**5.0**
广州	Guangzhou	682.86		581.26	101.60	15.4		13.1	2.3
深圳	Shenzhen	376.93		328.92	48.01	15.1		13.2	1.9
珠海	Zhuhai	251.17	80.12	114.32	56.73	26.1	8.3	11.9	5.9
汕头	Shantou	402.42	0.06	358.45	43.92	51.5	…	45.9	5.6
佛山	Foshan	910.72		844.73	65.99	38.3		35.6	2.8
#顺德	Shunde	126.73		125.20	1.54	25.4		25.1	0.3
韶关	Shaoguan	236.00	15.67	177.11	43.23	35.5	2.4	26.7	6.5
河源	Heyuan	113.72	4.70	97.36	11.66	33.2	1.4	28.4	3.4
梅州	Meizhou	89.80	3.19	64.33	22.27	32.0	1.1	22.9	7.9
惠州	Huizhou	422.54	1.84	387.40	33.31	30.2	0.1	27.6	2.4
汕尾	Shanwei	143.25		103.65	39.60	31.0		22.4	8.6
东莞	Dongguan	417.00	0.25	375.06	41.70	30.1	…	27.1	3.0
中山	Zhongshan	294.72		245.98	48.74	30.6		25.5	5.1
江门	Jiangmen	506.80	0.33	302.42	204.05	50.6	…	30.2	20.4
阳江	Yangjiang	313.04	0.64	151.59	160.81	52.3	0.1	25.3	26.9
湛江	Zhanjiang	259.61	13.15	206.45	40.01	32.6	1.7	26.0	5.0
茂名	Maoming	383.71	25.77	317.31	40.62	58.1	3.9	48.0	6.2
肇庆	Zhaoqing	506.47	15.02	453.70	37.75	50.3	1.5	45.0	3.7
清远	Qingyuan	107.30	2.54	80.20	24.56	21.2	0.5	15.9	4.9
潮州	Chaozhou	132.42		113.80	18.62	52.2		44.9	7.3
揭阳	Jieyang	445.23	0.31	411.60	33.32	53.7	…	49.6	4.0
云浮	Yunfu	350.12	4.31	328.86	16.95	56.2	0.7	52.8	2.7
按经济区域分	By Region								
珠三角	Pearl River Delta	4369.22	97.56	3633.78	637.88	27.3	0.6	22.7	4.0
东翼	Eastern Region	1123.33	0.37	987.49	135.47	48.3	…	42.5	5.8
西翼	Western Region	956.36	39.57	675.35	241.44	46.5	1.9	32.9	11.8
山区	Mountainous Region	896.95	30.41	747.86	118.68	37.1	1.3	30.9	4.9

注：2011年起固定资产投资项目统计起点由50万元提高至500万元，且不包含农村农户投资。

Note: Since 2011, the cut-off point of investment statistics is changed from a minimum of 500,000 yuan to a minimum of 5,000,000 yuan, and the data do not include the investment made by rural households.

5-17 投资效益指标
Indicators on Investment Efficiency

项目	Item	2005	2009	2010	2012	2013
固定资产交付使用率	**Rate of Fixed Assets Put into Use**					
本年完成投资 (亿元)	Investment Completed in Current Year (100 million yuan)	7164.11	13353.15	16113.19	19307.5251	22828.65
本年新增固定资产(亿元)	Newly Increased Fixed Assets in Current Year (100 million yuan)	4668.97	7926.97	10744.63	13034.40	14976.47
固定资产交付使用率(%)	Rate of Fixed Assets Put into Use (%)	65.2	59.4	66.7	67.5	65.6
建成项目投产率	**Rate of Projects Completed and Put into Use**					
本年施工项目 (个)	Number of Projects under Construction (unit)	23472	45646	50626	28825	31082
本年建成投产项目 (个)	Projects Completed and Put into Use (unit)	10680	31420	36926	17438	19896
建成项目投产率 (%)	Rate of Projects Completed and Put into Use(%)	45.5	68.8	72.9	60.5	64.0
房屋建筑面积	**Floor Space of Buildings Completed**					
本年房屋施工面积 (万平方米)	Floor Space of Buildings under Construction (10000 sq.m)	38351.76	49419.17	57221.79	62648.42	74295.64
本年房屋竣工面积 (万平方米)	Floor Space of Buildings Completed (10000 sq.m)	17053.80	18736.95	20420.60	14411.55	16199.46
房屋面积竣工率 (%)	Rate of Floor Space of Buildings Completed(%)	44.5	37.9	35.7	23.0	21.8
建设周期	**Period to Complete Total Planned Investment**					
计划总投资 (亿元)	Total Planned Investment (100 million yuan)	26335.04	48414.85	62193.20	79749.39	91060.73
本年完成投资 (亿元)	Investment Completed in Current Year (100 million yuan)	7164.11	13353.15	16113.19	19307.53	22828.65
建设周期 (年/月)	Period to Complete Total Planned Investment (year/month)	3/8	3/8	3/10	4/2	4/0

注：2011年起固定资产投资项目统计起点由50万元提高至500万元，且不包含农村农户投资；2010年以前为全社会固定资产投资。

Note: Since 2011, the cut-off point of investment statistics is changed from a minimum of 500,000 yuan to a minimum of 5,000,000 yuan, and the data do not include the investment made by rural households.Data before 2010 refer to total investment in fixed assets.

5-18 新增主要生产能力或效益

Newly Increased Production Capacity or Efficiency

指标	Item	2005	2010	2011	2012	2013
石油加工:	Petroleum Refining:					
蒸馏设备能力 (处理万吨/年)	Distillation Equipment Capacity (10000 tons/year)	300		30.00		3
裂化设备能力 (处理万吨/年)	Cracking Equipment Capacity (10000 tons/year)	10	102	120		4.6
加氢精制设备能力 (处理万吨/年)	Hydro-refining Equipment Capacity (10000 tons/year)	120	200	60		
钢材:	Steels:				203.05	293.95
热轧钢材 (万吨/年)	Hot-roll (10000 tons/year)	280.35	103.60	93.50		
冷轧(拔)钢材 (万吨/年)	Non-hot-roll (10000 tons/year)	377.55	75.45	309.15		
铜冶炼 (吨/年)	Copper Smelting (tons/year)	25477	155000	250000	10200	1500
铝加工材 (吨/年)	Aluminum Processing (tons/year)	119780	184230	208860	505436	404317
铜加工材 (吨/年)	Copper Material (tons/year)				406800	
发电机组装机容量 (万千瓦)	Capacity of Generating Sets (10000 kw)	526.93	763.96	1198.79	1164.53	501.07
#水力发电 (万千瓦)	Hydropower (10000 kw)	37.32	108.39	119.43	676.00	32.18
火力发电 (万千瓦)	Thermal Power (10000 kw)	433.57	580.00	868.30	423.38	264.60
输电线路(11万伏及以上) (公里)	Transmission Lines(≥110000kv) (km)	4066.05	6996.95	5463.29	3438.37	2581.96
水泥 (万吨/年)	Cement (10000 tons/year)	1792.15	1750.50	1873.00	1838	1033
塑料树脂及共聚物 (吨/年)	Plastic Resin and Copolymer (ton/year)	32999	340713	120360	289918	236100
内燃机 (台/年)	Internal Combustion Engine (set/year)				120000	380
(万千瓦/年)	(10000 kw/year)				1284	734
轿车制造 (辆/年)	Manufacture of Car (one/year)				240000	100000
电视机 (万部/年)	Television (10000 units/year)				205	5
新建公路 (公里)	Newly Constructed Highways (km)	1860.61	3028.90	1249.13	1482.10	2809.09
#高速公路 (公里)	Express Highways (km)	187.86	508.70	156.34	255.49	112.40
改建公路 (公里)	Reconstructed Highways (km)	5379.79	4253.65	1660.54	2745.62	3975.84
#一级公路 (公里)	First Class Highways (km)	309.70	237.85	196.59	124.83	121.18
新建独立公路桥梁 (延长米)	Length of Newly Constructed Highway Bridges (m)	13032.4	22739.2	6043.50	13799.00	12061.60
(座)	Number of Newly Constructed Highway Bridges (unit)	118	48	13	29	37
新(扩)建港口码头 (年吞吐量: 万吨)	Annual Handling Capacity of Newly Constructed or Expanded Ports (10000 tons)	3158	3516	2244	1938	2600
(泊位:个)	Number of Berths in Newly Constructed or Expanded Ports (unit)	13	28	19	12	9
新(扩)建客、货运站 (个)	Number of Newly Constructed or Expanded Passenger and Freight Stations (unit)	29	22	13	15	13
(平方米)	Area of Newly Constructed or Expanded Passenger and Freight Stations (sq.m)	90564	221957	205782	73926	211283
程控交换机(指安装能力)(万线/年)	Program-controlled Switchboards (10 000 lines/year)	81.87		10.1	42	
飞机购置 (架)	Aircraft Purchase (unit)				31	38
城市自来水供水能力 (万吨/日)	Capacity of City Tap Water Supply (10000 tons/day)	359.41	62.77	22.3	20.27	29.70
城市污水处理能力 (万吨/日)	Disposal Capacity of City Sewage (10000 tons/day)	124.46	506.88	65.7	67.65	34.36

注：2011年起固定资产投资项目统计起点由50万元提高至500万元，且不包含农村农户投资；2010年以前为全社会固定资产投资。

Note: Since 2011, the cut-off point of investment statistics is changed from a minimum of 500,000 yuan to a minimum of 5,000,000 yuan, and the data do not include the investment made by rural households. Data before 2010 refer to total investment in fixed assets.

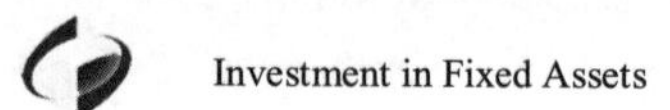

5-19 各市建筑面积及价值（2013年）
Floor Space and Value of Buildings by City (2013)

市别	City	施工建筑面积（万平方米）Floor Space under Construction (10000 sq.m)	#住宅 Residential Buildings	竣工建筑面积（万平方米）Floor Space Completed (10000 sq.m)	#住宅 Residential Buildings
总计	**Provincial Total**	**74295.64**	**36326.92**	**16199.46**	**5667.31**
广州	Guangzhou	13959.31	5753.99	3683.50	897.97
深圳	Shenzhen	6459.18	3097.46	931.11	231.54
珠海	Zhuhai	2455.87	1316.36	598.93	308.25
汕头	Shantou	1960.44	842.51	621.89	147.92
佛山	Foshan	6909.48	3505.55	1873.19	525.80
#顺德	Shunde	554.97	38.13	270.00	31.03
韶关	Shaoguan	2128.38	981.07	461.93	218.95
河源	Heyuan	1218.77	628.96	216.72	165.98
梅州	Meizhou	929.32	644.16	214.85	155.50
惠州	Huizhou	9366.72	4617.68	1353.42	610.66
汕尾	Shanwei	801.72	431.07	489.40	247.11
东莞	Dongguan	4187.95	2166.42	440.73	220.20
中山	Zhongshan	5221.75	2887.47	1003.68	472.86
江门	Jiangmen	3434.78	1487.51	862.08	276.66
阳江	Yangjiang	1523.89	833.99	323.49	89.65
湛江	Zhanjiang	2659.16	1138.48	422.13	174.52
茂名	Maoming	1813.40	944.60	372.53	117.62
肇庆	Zhaoqing	2423.97	1524.30	554.19	256.03
清远	Qingyuan	2765.68	2013.56	313.53	237.50
潮州	Chaozhou	581.49	387.22	146.07	77.53
揭阳	Jieyang	2598.88	733.59	1208.28	172.42
云浮	Yunfu	895.50	390.99	107.83	62.64
城镇总计	**Urban Total**	**66769.61**	**35797.09**	**12576.01**	**5406.79**
广州	Guangzhou	13235.21	5673.52	3199.06	824.29
深圳	Shenzhen	6459.18	3097.46	931.11	231.54
珠海	Zhuhai	2416.33	1316.36	589.88	308.25
汕头	Shantou	1871.65	840.99	566.98	147.92
佛山	Foshan	5231.74	3434.41	769.28	469.07
#顺德	Shunde	268.81	32.92	90.25	29.03
韶关	Shaoguan	2085.25	963.71	444.25	211.99
河源	Heyuan	1134.33	617.62	211.05	165.11
梅州	Meizhou	886.26	642.30	212.84	155.50
惠州	Huizhou	8944.35	4599.54	1146.86	601.93
汕尾	Shanwei	689.09	404.62	439.37	233.16
东莞	Dongguan	3448.25	2072.19	332.60	217.85
中山	Zhongshan	4371.53	2867.65	769.65	459.80
江门	Jiangmen	2783.73	1483.61	520.59	273.06
阳江	Yangjiang	1499.57	832.60	304.73	89.65
湛江	Zhanjiang	2242.85	1117.43	317.24	165.62
茂名	Maoming	1524.63	904.84	242.70	101.86
肇庆	Zhaoqing	2176.65	1500.43	391.55	235.79
清远	Qingyuan	2552.46	1923.60	272.69	208.40
潮州	Chaozhou	531.15	385.50	114.25	76.38
揭阳	Jieyang	1857.53	728.10	698.44	167.21
云浮	Yunfu	827.85	390.60	100.89	62.42

注：2011年起固定资产投资项目统计起点由50万元提高至500万元，且不包含农村农户投资。

Note: Since 2011, the cut-off point of investment statistics is changed from a minimum of 500,000 yuan to a minimum of 5,000,000 yuan, and the data do not include the investment made by rural households.

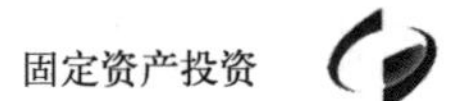

5-20 房地产开发主要指标

Main Indicators on Real Estate Development

项　目	Item	2000	2005	2010	2012	2013
土地开发及购置（万平方米）	**Land Development and Purchases(10000 sq.m)**					
本年土地购置面积	Land Space Purchased in Current Year	1942.30	2894.12	1726.31	1805.44	2250.96
本年完成投资额　（亿元）	**Investment Completed in Current Year (100 million yuan)**	**858.61**	**1591.90**	**3659.69**	**5352.79**	**6489.59**
#住宅	Residential Buildings	593.74	1065.74	2539.03	3704.98	4530.63
#经济适用房屋	Economically Affordable Housing	19.52	2.86	24.66		
资金来源小计　（亿元）	**Source of Funds (100 million yuan)**	**1064.51**	**2233.60**	**7426.13**	**7918.27**	**10472.94**
#国内贷款	Domestic Loans	228.53	385.75	1256.11	1507.53	2143.59
利用外资	Foreign Investment	39.16	37.16	90.85	29.06	36.29
自筹资金	Self-raising Funds	287.71	702.33	1582.94	2414.64	2798.34
房屋建筑面积　（万平方米）	**Floor Space of Buildings (10000 sq.m)**					
施工面积	Floor Space under Construction	9922.12	15110.04	29301.36	39296.27	46480.47
#住宅	Residential Buildings	7400.38	11399.99	22253.76	29253.24	33690.67
#经济适用房屋	Economically Affordable Housing (Cancelled)	301.75	70.80	151.15		
竣工面积	Floor Space Completed	3161.39	4385.16	5659.10	6356.12	6273.30
#住宅	Residential Buildings	2598.52	3476.73	4589.22	4918.16	4748.25
#经济适用房屋	Economically Affordable Housing	180.42	33.86	50.74		
商品房屋销售额　（亿元）	**Total Sales (100 million yuan)**	**729.50**	**2238.66**	**5480.77**	**6407.81**	**8941.05**
#住宅	Residential Buildings	597.36	1886.39	4589.82	5488.39	7476.10
#经济适用房屋	Economically Affordable Housing	14.83	4.70	25.78		
商品房屋销售面积(万平方米)	**Floor Space of Buildings Sold (10000 sq.m)**	**2259.95**	**5038.91**	**7321.76**	**7898.99**	**9836.39**
#住宅	Residential Buildings	2009.34	4546.32	6552.81	7157.63	8830.95
#经济适用房屋	Economically Affordable Housing	106.74	33.96	69.34		

注：2010年国家取消本年土地开发面积指标，2011年取消经济适用房相关指标。

Note: In 2010,the index of"Land Space Developed in Current Year"is cancelled by the nation.In 2011,the index of"Economically Affordable Housing" is cancelled.

5-21 房地产开发投资情况（2013年）

Investment in Real Estate Development (2013)

单位：亿元 (100 million yuan)

按登记注册类型分组	By Registration Status	完成投资额 Investment Completed	#住宅 Residential Buildings
全省总计	**Provincial Total**	**6489.59**	**4530.63**
内资	Domestic	5379.06	3839.68
国有	State-owned	234.92	188.88
集体	Collective-owned	57.71	47.06
股份合作	Cooperative	19.61	17.20
联营	Joint	0.04	0.03
有限责任公司	Limited Liability	2996.40	2106.51
股份有限公司	Share-holding	205.66	153.82
私营	Private	1817.40	1286.76
其他	Others	47.31	39.41
港澳台商投资	Funds from Hong Kong, Macao and Taiwan	748.65	444.43
外商投资	Foreign Funded	361.88	246.51

5-22 房地产开发房屋建筑面积及价值（2013年）

Floor Space and Value of Buildings in Real Estate Development (2013)

按登记注册类型分组	By Registration Status	房屋建筑面积(万平方米) Floor Space of Buildings(10000 sq.m)			竣工房屋价值(万元) Value of Buildings Completed (10000yuan)	
		施工面积 Floor Space of Buildings under Construction	竣工面积 Floor Space of Buildings Completed	#住宅 Residential Buildings		#住宅 Residential Buildings
全省总计	**Provincial Total**	**46480.47**	**6273.30**	**4748.25**	**21143801**	**15365265**
内资	Domestic-funded Economy	39407.65	5286.73	4039.87	17294106	12702484
国有	State-owned	1519.22	167.35	128.43	672517	514432
集体	Collective-owned	488.16	89.00	79.73	184997	164077
股份合作	Cooperative	150.43	8.34	8.09	21026	20089
联营	Joint	13.64				
有限责任公司	Limited Liability	21365.59	2938.08	2277.82	9145143	6939921
股份有限公司	Share-holding	1258.74	134.95	68.04	1038312	491788
私营	Private	14235.88	1879.77	1421.90	5980892	4368703
其他	Others	375.98	69.24	55.86	251219	203474
港澳台商投资	Funds from Hong Kong, Macao and Taiwan	4766.83	648.75	464.47	2722125	1852662
外商投资	Foreign Funded	2305.99	337.82	243.91	1127570	810119

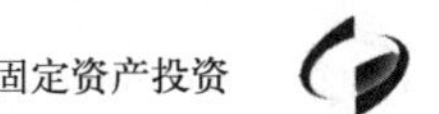

5-23 各市房地产开发投资情况（2013年）

Investment in Real Estate Development by City (2013)

单位：亿元 (100 million yuan)

市别	City	完成投资额 Investment Completed	#住宅 Residential Buildings	#别墅、高档公寓 Villas,High-grade Apartments	办公楼 Office Buildings	商业营业用房 Houses for Business Use	其他 Others
广州	Guangzhou	1572.43	950.68	67.78	166.84	205.88	249.03
深圳	Shenzhen	876.90	590.48	55.83	64.48	84.46	137.48
珠海	Zhuhai	272.58	209.66	4.75	11.49	18.23	33.20
汕头	Shantou	147.03	102.47	4.48	3.65	11.27	29.63
佛山	Foshan	737.32	500.52	58.70	41.16	75.43	120.22
#顺德	Shunde	171.84	119.24	5.54	9.93	21.29	21.38
韶关	Shaoguan	123.64	93.68	5.60	0.93	14.22	14.82
河源	Heyuan	89.18	63.47	9.07	2.08	15.09	8.54
梅州	Meizhou	77.02	57.21	3.43	0.13	5.88	13.80
惠州	Huizhou	593.47	469.78	84.21	11.90	52.96	58.83
汕尾	Shanwei	16.66	12.29		0.21	1.55	2.61
东莞	Dongguan	497.66	367.68	101.07	15.71	55.24	59.02
中山	Zhongshan	399.12	291.58	15.15	3.85	48.94	54.75
江门	Jiangmen	241.79	173.82	30.42	1.45	37.29	29.23
阳江	Yangjiang	88.96	65.29	10.73	1.40	10.51	11.76
湛江	Zhanjiang	154.78	120.34	1.93	4.80	12.51	17.13
茂名	Maoming	77.36	59.87	8.04	0.64	5.76	11.09
肇庆	Zhaoqing	171.48	128.57	16.33	2.85	18.94	21.12
清远	Qingyuan	187.83	149.79	27.34	2.97	18.66	16.41
潮州	Chaozhou	41.91	28.74		0.00	1.68	11.48
揭阳	Jieyang	57.04	47.79	0.82	0.00	3.74	5.52
云浮	Yunfu	65.44	46.91	5.17	0.73	7.23	10.57
按经济区域分	By Region						
珠三角	Pearl River Delta	5362.75	3682.76	434.24	319.73	597.38	762.88
东翼	Eastern Region	262.64	191.30	5.31	3.86	18.24	49.24
西翼	Western Region	321.10	245.50	20.71	6.84	28.77	39.99
山区	Mountainous Region	543.11	411.06	50.62	6.84	61.07	64.13

5-24 各市房地产开发房屋建筑面积及价值（2013年）
Floor Space and Value of Buildings in Real Estate Development by City (2013)

市别	City	房屋建筑面积(万平方米) Floor Spaceof Buildings(10000 sq.m)			竣工房屋价值(万元) Value of Buildings Completed (10000 yuan)	
		施工面积 Floor Space of Buildings under Construction	竣工面积 Floor Space of Buildings Completed	#住宅 Residential Buildings		#住宅 Residential Buildings
广州	Guangzhou	8159.31	1141.30	709.60	3736910	2269103
深圳	Shenzhen	4003.49	353.55	196.33	2749875	1512005
珠海	Zhuhai	1853.75	381.62	300.09	1441414	1157009
汕头	Shantou	1117.89	191.19	144.60	502218	337923
佛山	Foshan	4672.12	604.42	439.11	2729512	1932863
#顺德	Shunde	1460.36	205.08	165.09	821258	634935
韶关	Shaoguan	1198.95	223.87	189.22	558892	459600
河源	Heyuan	743.95	154.89	142.08	432932	378676
梅州	Meizhou	732.56	163.40	146.87	371186	324211
惠州	Huizhou	5810.67	634.77	506.10	1825822	1442244
汕尾	Shanwei	176.30	42.22	35.23	95951	82251
东莞	Dongguan	2837.95	264.94	191.31	1138633	894110
中山	Zhongshan	3712.86	558.84	443.63	1568486	1273530
江门	Jiangmen	1994.66	321.89	272.41	905256	772129
阳江	Yangjiang	1109.83	108.61	89.21	221617	174084
湛江	Zhanjiang	1369.82	188.49	152.10	615083	464837
茂名	Maoming	1028.13	102.92	85.09	202410	167850
肇庆	Zhaoqing	1889.83	272.69	220.47	715868	580861
清远	Qingyuan	2291.77	240.14	200.56	575903	477601
潮州	Chaozhou	470.72	80.48	74.99	159968	143498
揭阳	Jieyang	803.99	163.97	147.01	405493	370886
云浮	Yunfu	501.90	79.12	62.23	190372	149994
按经济区域分	By Region					
珠三角	Pearl River Delta	34934.65	4534.02	3279.05	16811776	11833854
东翼	Eastern Region	2568.91	477.85	401.84	1163630	934558
西翼	Western Region	3507.78	400.02	326.41	1039110	806771
山区	Mountainous Region	5469.13	861.41	740.96	2129285	1790082

5-25 按用途分商品房屋销售面积(2013年)

Floor Space of Commercialized Buildings Sold by Use(2013)

单位：万平方米 (10 000 sq.m)

按登记注册类型分组	By Registration Status	商品房销售面积合计 Floor Space of Commercialized Buildings Sold	按用途分 By use 住宅 Residential Buildings	#别墅、高档公寓 Villas, Highgrade Apartments	办公楼 Office Buildings	商业营业用房 Houses for Business Use	其他 Others
全省总计	**Provincial Total**	**9836.39**	**8830.95**	**732.46**	**256.86**	**433.61**	**314.96**
内资	Domestic-funded Economy	8464.03	7656.04	605.69	208.27	365.82	233.90
国有	State-owned	253.56	221.38	3.64	16.06	9.35	6.77
集体	Collective-owned	149.64	142.69	0.55	0.18	2.95	3.81
股份合作	Cooperative	17.54	17.43	0.22		0.01	0.09
联营	Joint	9.45	9.45				
有限责任公司	Limited Liability	4603.53	4150.82	467.86	116.37	204.71	131.63
股份有限公司	Share-holding	284.62	241.25	2.33	10.43	26.19	6.75
私营	Private	3047.67	2781.54	121.04	65.17	117.98	82.98
其他	Others	98.04	91.48	10.06	0.06	4.63	1.87
港澳台商投资	Funds from Hong Kong, Macao and Taiwan	847.04	704.97	55.48	40.37	49.33	52.37
外商投资	Foreign Funded	525.31	469.94	71.29	8.22	18.46	28.69

5-26 按用途分商品房屋销售额(2013年)

Sales Volume of Commercialized Buildings Sold by Use(2013)

单位：万元 (10 000 yuan)

按登记注册类型分组	By Registration Status	商品房销售额合计 Floor Space of Commercialized Buildings Sold	按用途分 By use 住宅 Residential Buildings	#别墅、高档公寓 Villas, Highgrade Apartments	办公楼 Office Buildings	商业营业用房 Houses for Business Use	其他 Others
全省总计	**Provincial Total**	**89410531**	**74761038**	**8296583**	**5340643**	**6798146**	**2510704**
内资	Domestic-funded Economy	73828694	62552490	6768092	3851827	5517449	1906928
国有	State-owned	3028726	2445165	72295	392151	149234	42176
集体	Collective-owned	1079357	1031214	2749	1295	30191	16657
股份合作	Cooperative	342776	340233	2590		830	1713
联营	Joint	219524	219524				
有限责任公司	Limited Liability	39332232	33567318	5208651	1852200	2991042	921672
股份有限公司	Share-holding	4704288	3694836	55589	296706	592359	120387
私营	Private	24350457	20588201	1319580	1308976	1660162	793118
其他	Others	771334	665999	106638	499	93631	11205
港澳台商投资	Funds from Hong Kong, Macao and Taiwan	10580177	7884867	805293	1300582	946713	448015
外商投资	Foreign Funded	5001660	4323681	723198	188234	333984	155761

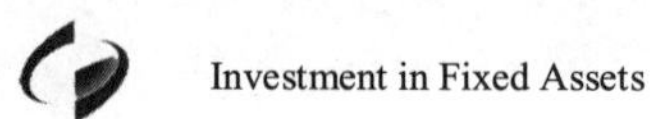

5-27 各市商品房屋销售情况（2013年）
Sales of Commercial Buildings by City (2013)

市别	City	商品房销售面积（万平方米）Floor Space of Buildings Actually Sold (10000 sq.m)	#住宅 Residential Buildings	商品房销售额（万元）Sales Volume of Buildings Actually Sold (10000 yuan)	#住宅 Residential Buildings
广州	Guangzhou	1699.98	1398.47	26060033	19514542
深圳	Shenzhen	588.58	527.16	14362533	12349964
珠海	Zhuhai	342.25	307.55	3926118	3436032
汕头	Shantou	172.97	159.14	1263436	1112859
佛山	Foshan	940.74	789.02	8524657	6972635
#顺德	Shunde	299.76	244.17	2310813	1940045
韶关	Shaoguan	347.21	327.38	1538307	1367828
河源	Heyuan	192.42	183.21	881128	801700
梅州	Meizhou	188.23	174.01	848040	764590
惠州	Huizhou	1149.46	1092.76	6721088	6138971
汕尾	Shanwei	21.24	20.30	99970	87722
东莞	Dongguan	803.09	723.96	7280663	6325059
中山	Zhongshan	780.34	698.35	4720825	4049656
江门	Jiangmen	426.81	387.67	2543227	2274756
阳江	Yangjiang	265.36	245.26	1292470	1109235
湛江	Zhanjiang	286.24	275.44	1562020	1475402
茂名	Maoming	329.87	309.81	1429533	1308796
肇庆	Zhaoqing	465.39	414.67	2315856	1930059
清远	Qingyuan	506.52	482.99	2590658	2400493
潮州	Chaozhou	72.90	71.03	388175	365233
揭阳	Jieyang	110.37	107.96	393436	373240
云浮	Yunfu	146.41	134.82	668358	602266
按经济区域分	By Region				
珠三角	Pearl River Delta	7196.64	6339.61	76455000	62991674
东翼	Eastern Region	377.47	358.43	2145017	1939054
西翼	Western Region	881.48	830.51	4284023	3893433
山区	Mountainous Region	1380.79	1302.41	6526491	5936877

主要统计指标解释

固定资产投资额 是以货币形式表现的在一定时期内建造和购置固定资产的工作量以及与此有关的费用的总称。它是反映固定资产投资规模、结构和发展速度的综合性指标，又是观察工程进度和考核投资效果的重要依据。固定资产投资按登记注册类型可分为国有、集体、联营、股份制、私营和个体、港澳台商、外商、其他等。

1. 城镇固定资产投资 指城镇各种登记注册类型的企业、事业、行政单位及个体户进行的计划总投资500万元及500万元以上的建设项目投资和房地产开发投资。县城及以上区域内发生的投资，县及县以上各级政府及主管部门直接领导、管理的建设项目和企事业单位的投资均为城镇固定资产投资。

2. 农村固定资产投资 包括农村区域范围内进行的计划总投资500万元及500万元以上的企业、事业、行政单位投资，不包括农村农户投资。

房地产开发投资 各种登记注册类型的房地产开发公司 、商品房建设公司及其他房地产开发单位统一开发的包括统代建、拆迁还建的住宅、厂房、仓库、饭店、宾馆、度假村、写字楼、办公楼等房屋建筑物和配套的服务设施、土地开发工程，如道路、给水、排水、供电 、供热、通讯、平整场地等基础设施工程的投资。包括实际从事房地产开发或经营活动的附营房地产开发单位。不包括单纯的土地交易活动。

固定资产投资的资金来源 根据固定资产投资的资金来源不同，分为国家预算内资金、国内贷款、债券、利用外资、自筹资金和其他资金来源。

(1) 国家预算资金 自 2011 年起，按照全国人大和国务院的要求，各级财政的所有资金，包括税收和非税收入，均必须纳入预算管理，我国已不存在预算外资金的概念，因此各级政府用于固定资产投资的财政资金均为预算资金。由于已经没有预算外资金，因此名称改为国家预算资金，包括中央预算资金和地方预算资金，旧的国家预算内资金的内容和现中央预算资金的内容基本一致。

国家预算包括一般预算、政府性基金预算、国有资本经营预算和社保基金预算。各类预算中用于固定资产投资的资金全部作为国家预算资金填报，其中一般预算中用于固定资产投资的部分包括基建投资、车购税、灾后恢复重建基金和其他财政投资。各级政府债券也应归入国家预算资金。

(2) 国内贷款 指报告期固定资产投资单位向银行及非银行金融机构借入的用于固定资产投资的各种国内借款，包括银行利用自有资金及吸收存款发放的贷款、上级主管部门拨入的国内贷款、国家专项贷款（包括煤代油贷款、劳改煤矿专项贷款等），地方财政专项资金安排的贷款、国内储备贷款、周转贷款等。

(3) 债券 是企业（公司）或金融机构通过发行各种债券筹集到的用于固定资产投资的资金，包括由银行代理发行的重点企业债券和重点建设债券。

(4) 利用外资 指报告期内收到的用于固定资产建造和购置的国外资金（包括设备、材料、技术）。包括对外借款、外商直接投资、外商其他投资。不包括我国自有外汇资金。

(5) 自筹资金 指固定资产投资单位报告期内收到的，由各地区、各部门及企事业单位筹集用于固定资产投资的预算外资金，包括中央各部门、各级地方和企事业单位的自筹资金。

(6) 其他资金来源 指报告期收到的除以上各种资金之外其他用于固定资产投资的资金。包括集资、个人资金、无偿捐赠的资金及其他单位拨入的资金。

新增生产能力（或工程效益） 指通过固定资产投资活动而增加的设计能力（或工程效益），是以实物形态表示的固定资产投资成果的指标，也是考核投资经济效果的重要依据之一。

房屋建筑面积 是房屋建筑物勒脚以上外墙外围的水平截面面积，包括房屋建筑物的有效面积和结构面积。房屋建筑面积统计指标是建设规模和建设成果的重要指标之一，也是检查工程形象进度、计算工程造价、分析投资效果、研究施工任务和建筑材料之间平衡情况的重要依据。

住宅 指供人们居住的房屋，包括职工家属宿舍、集体宿舍（包括职工单身宿舍和学生宿舍）及供居住的各种公寓等。住宅建筑面积中不包括作为人防用、不住人的地下室面积和供办公用的公寓。

房屋施工面积 指在报告期内施工的全部房屋建筑面积。包括本期新开工的面积和上期开工跨入本期继续施工的面积，以及上期已停建在本期恢复施工的房屋面积。本期竣工和本期施工后又停缓建的房屋，其建筑面积仍计入本期房屋施工面积中。

房屋竣工面积 指在报告期内房屋建筑按照设计要求已经全部完工，达到住人和使用条件，经验收鉴定合格（或达到竣工验收标准），正式移交使用的各栋房屋建筑面积的总和。

房屋建筑面积竣工率 是指一定时期内房屋竣工面积与施工面积的比率。它是从房屋建筑施工速度的角度反映投资效果的指标。

新增固定资产 指已经完成建造和购置过程，并已交付生产或使用单位的固定资产的价值。它是表示固定资产投资成果的价值指标，也是反映建设进度，计算固定资产投资效果的重要依据。

固定资产交付使用率 指一定时期新增固定资产与同期完成投资额的比率。它是反映各个时期固定资产动用速度，衡量建设过程中投资效果的一个综合性指标。

建设项目投产率 是建设周期的逆指标，是指一定时期内全部建成投产项目个数与同期施工项目个数的比率。它是从建设速度的角度反映投资效果的指标。

Explanatory Notes on Main Statistical Indicators

Amount of Investment in Fixed Assets refers to the sum in monetary terms of the volume of activities in the construction and purchase of fixed assets as well as related expenses. It is not only a comprehensive indicator of the size, proportional relations and developmental pace of investment in fixed assets, but also an important basis to follow the progress of projects and check the result of investment on. By status of registration, investment in fixed assets consists state-owned, collectively-owned, cooperative, joint, limited-liability, share-holding,, private, self-employed individual, funds from Hong Kong, Macao and Taiwan, foreign funded, and others.

1. Urban Investment in Fixed Assets refers to construction projects involving a total planned investment of 5,000,000 yuan and over by enterprises of various types of ownership, institutions, administrative units and individuals in urban areas, investment in real estate development. In other words, all investments that take place in county towns and urban areas, investment in construction projects under the direct leadership and management of government agencies at and above county levels and investments by enterprises and institutions at and above county levels are covered in urban investment in fixed assets.

2.Rural Investment in Fixed Assets refers to projects involving a total planned investment of 5,000,000 yuan and over by enterprises, institutions, administrative units and individuals in rural areas, excluding those by rural households.

Investment in Real Estate Development refers to investment by real estate development companies, commercialized buildings construction companies and other real estate development units of various types of ownership in the construction of buildings, such as residential buildings, factory buildings, warehouses, hotels, guesthouses, holiday villages, office buildings, and the complementary service facilities and land development projects, such as roads, water supply, water drainage, power supply, heating supply, telecommunications, land leveling and other infrastructural projects. It does not include activities in pure land transactions.

Sources of Funds for Investment in Fixed Assets are categorized as funds from the State budget, domestic loans, foreign investment, self-raised funds, and others, depending on the sources of investment.

(1)State Budgetary Funds Since 2011, in accordance with the requirements of the National People's Congress and the State Council, budgetary funds at all levels, including tax and non-tax revenues, must be included into budgetary management. As a result, the concept of "extra-budgetary funds" no longer exist. Therefore, all the fiscal funds used in fixed asset investment by governments at all levels are state budgetary funds. Without extra-budgetary funds, the name is changed into State Budgetary Funds. It includes central budgetary funds and local budgetary funds. The contents of the previously named "Fund from the State budget" is basically the same as the content of the central budgetary funds.

State budget includes general budget, government fund budget, state-owned capital operation budget and social insurance fund budget. Of all the budgets, the funds used in fixed asset investment are recorded as state budgetary funds. In general budget, the funds used in fixed asset investment include investment in infrastructure, vehicle purchase tax, post-disaster reconstruction fund and other fiscal investments. Government bonds at all levels shall also be included in state budgetary funds.

(2) Domestic loans refer to loans of various forms borrowed by investing units from banks and non-bank financial institutions during the reference period for the purpose of investment in fixed assets, including loans issued by banks from their self-owned funds and deposit, loans appropriated by higher authorities, special loans by government, loans arranged by local government from special funds, domestic reserve loan, and working loan.

(3) Bonds refer to funds raised by enterprises (companies) and financial institutions through issuing various bonds for the purpose of investment in fixed assets, including key enterprise bonds and key construction bonds issued through the agency of banks.

(4) Foreign investment refers to foreign funds received during the reference period for the purpose of construction and purchase of fixed assets (including equipment, materials and technologies). It includes foreign loans, foreign direct investment and other foreign investment, but excludes self-owned foreign exchanges of China.

(5) Fundraising refers to extra-budgetary funds received and raised by enterprises and institutions at all levels during the reference period for the purpose of investment in fixed assets, including funds raised by various departments under the central government, government departments of various levels, enterprises and institutions.

(6) Other funds refer to funds received during the reference period for the purpose of investment in fixed assets which are not included in the above-mentioned sources, including mass financing, individual funds, donations and funds from other units.

Newly Increased Production Capacity (or Project Efficiency) refers to the increase of designed capacity or project efficiency through investment in fixed assets, which is not only an indicator of the accomplishment in kind of investment in fixed assets but also an important basis to check the economic result of investment on..

Floor Space of Buildings refers to level cross-section floor space in each story of buildings calculated from the outside line of building walls above the plinth, including the effective space and structural space occupied by constructions. It is one of the important indicators of construction size and results, as well as an important foundation for checking the progress of projects, calculating the value of project, analyzing the investment result and studying the balance between building materials.

Residential Buildings refer to buildings used as residence by people, including dormitories for families of staff and workers, mass dormitories like those for single workers and students, and various apartments. The floor space of residential buildings excludes the floor space of basement used for air-raid shelters and other purposes than residence and apartments used as offices.

Floor Space under Construction refers to total floor space of all buildings under construction during the reference period, including floor space of newly started buildings during the reference period, floor space of construction extended from the previous period to the current period, and floor space of construction suspended during the previous period but resumed in the current period. Floor space of construction completed in the current period and floor space of construction started and then suspended in the current period are also included in floor space under construction.

Floor Space of Buildings Completed refers to total floor space of all buildings completed in the reference period, which have come up to the designed standards with proper conditions of residence and use, and have been examined and accepted (or met the standards for completion), and put into use.

Completion Rate of Floor Space of Buildings refers to the ratio of the floor space of buildings completed in a certain period of time to the floor space of buildings under construction in the same period, which reflects the investment result of the construction industry from the perspective of the speed of project construction.

Newly Increased Fixed Assets refer to the value of fixed assets which have been completed and transferred to production units or users. It is a value indicator of the achievements of investment in fixed assets as well as an important basis to evaluate the result of investment in fixed assets on.

Rate of Projects of Fixed Assets Completed and Put into Use refers to the ratio of newly increased fixed assets to total investment made in the same period. It is a comprehensive indicator of the speed of the deployment of fixed assets and investment efficiency.

Rate of Construction Projects Completed and Put into Use is the inverse indicator of construction period, referring to the ratio of the number of construction projects completed and put into use in certain period of time to the number of projects under construction in the same period. This reflects the investment efficiency from the perspective of the speed of project construction.

六、对外经济

FOREIGN ECONOMY

六　对外经济

简要说明

一、本篇资料综合反映广东对外贸易、利用外资、对外承包工程和劳务合作以及“三资”企业工商登记等历年概况和近年发展的详细情况。

二、本篇资料由广东省统计局贸易外经处负责整理、编辑。

三、资料来源和统计范围：

1．人民币对美元、日元、港元的年平均汇价资料来源于外汇管理部门，是根据当年国家外汇管理局提供的每日汇价进行加权平均计算而得出的。

2．进出口贸易规模、结构情况资料，来源于广州海关，统计范围为在广东境内经海关报关注册登记的经营单位（包括有进出口经营权和无进出口经营权的经营单位）。进出口商品价值，出口按离岸价（FOB）、进口按到岸价（CIF）统计；进出口商品分类按海关合作理事会制定的《商品名称及编码协调制度》（HS）目录进行分类统计。

3. 利用外资规模、结构和广东对外承包工程和劳务合作状况资料来源于广东省商务厅。

4. 外商投资企业注册登记情况资料来源于广东省工商行政管理局。

5. 对外开放使用口岸分布状况资料来源于广东省商务厅。

6　Foreign Economy

Brief Introduction

Ⅰ. The data in this chapter show the development of Guangdong's foreign trade, utilization of foreign capital, contracted projects and labor services cooperation with foreign countries or regions, and registration status of enterprises with foreign investment over the years.

Ⅱ. The data in this chapter are prepared and edited by the Division of Trade and External Economic Relations Statistics of Statistics Bureau of Guangdong Province.

Ⅲ. Data sources and statistical coverage:

(1) The data on the average exchange rates of RMB yuan to US dollar, Japanese yen and Hong Kong dollar over the years come from the State Administration of Foreign Exchange. The annual average exchange rate is calculated as the weighted mean of the daily exchange rates provided by the State Administration of Foreign Exchange in current year.

(2) The data on the size and composition of Guangdong's imports and exports come from Guangzhou Customs Office. The statistics cover the operating units (with or without the right to handle imports and exports) which have a declaration and register at customs within the boundary of Guangdong. The values of export commodities are calculated on an FOB basis, while the values of import commodities are calculated on a CIF basis. The Harmonized Commodity Description and Coding System (HS) stipulated by the Customs Cooperation Council is used in the classification of import and export commodities.

(3) The data on the scale and composition of the utilization of foreign capital and the conditions of contracted projects and labor cooperation with foreign countries or territories in Guangdong come from the Department of Foreign Trade and Economic Cooperation of Guangdong Province.

(4) The data on registration status of enterprises with foreign investment come from the Administration of Industry and Commerce of Guangdong Province.

(5) The data on the distribution of ports opening to the outside world come from the Department of Foreign Trade and Economic Cooperation of Guangdong Province.

6-1 对外经济主要指标

Main Indicators of Foreign Trade and Economic Cooperation

指　标	Item	2000	2005	2010	2012	2013	2013比2012增长(%) Growth Rate in 2013 over 2012 (%)
进出口总额 (亿美元)	Total Value of Imports and Exports (USD 100 million)	1701.06	4280.02	7848.96	9839.47	10918.22	10.9
出口总额	Total Exports	919.19	2381.71	4531.91	5740.59	6363.64	10.9
#农产品	Farm Produce		24.04	56.71	75.04	81.31	8.4
机电产品	Machanical and Electrical Products	499.75	1644.17	3156.48	3894.54	4395.69	12.9
高新技术产品	High and New-tech Products	170.20	835.70	1753.39	2213.70	2564.07	15.8
进口总额	Total Imports	781.87	1898.31	3317.05	4098.88	4554.58	11.0
#农产品	Farm Produce		35.38	97.93	138.21	148.82	5.6
机电产品	Machanical and Electrical Products	358.34	1146.46	2055.00	2453.31	2836.64	15.6
高新技术产品	High and New-tech Products	183.15	704.66	1489.79	1860.68	2186.64	17.5
签订利用外资协议(合同)项目 (个)	Number of Projects with Contracted Foreign Capital (unit)	16879	11786	6022	6263	5740	-8.4
#外商直接投资	Foreign Direct Investment	4245	8384	5641	6043	5520	-8.7
签订利用外资协议(合同)金额 (亿美元)	Amount of Contracted Foreign Capital (USD 100 million)	110.86	267.57	251.70	354.46	366.63	3.4
#外商直接投资	Foreign Direct Investment	86.84	237.44	246.01	349.94	363.13	3.8
实际利用外资额 (亿美元)	Amount of Foreign Capital Actually Utilized (USD 100 million)	145.75	151.74	210.26	241.06	253.27	5.1
#外商直接投资	Foreign Direct Investment	122.37	123.64	202.61	235.49	249.52	6.0
外商投资企业年底工商登记数 (户)	Number of Registered Enterprises with Foreign Investment at the Year-end (unit)	49865	58762	71525	74551	100639	35.0
投资总额 (亿美元)	Total Investment (USD 100 million)	2165.09	2889.27	4212.60	4786.45	5126.40	7.1
注册资本 (亿美元)	Registered Capital (USD 100 million)	1280.86	1677.35	2494.93	2832.69	3037.15	7.2
对外承包工程合同数 (份)	Number of Contracted Projects with Foreign Countries and Territories (unit)	86	2061	605	517	617	19.3
合同金额 (亿美元)	Contracted Value (USD 100 million)	3.66	32.68	98.67	190.51	236.65	24.2
完成营业额 (亿美元)	Value of Turnover Fulfilled(USD 100 million)	3.45	24.72	82.08	160.53	228.65	42.4
对外劳务人员合同工资总额(亿美元)	Contracted Value (USD 100 million)	1.29	3.28	7.66	4.66	5.39	15.7
对外劳务人员实际工资总额(亿美元)	Value of Turnover Fulfilled(USD 100 million)	1.08	3.09	5.84	3.86	4.47	15.8

注：1. 2004年后实际利用外商直接投资统计口径作了调整，与2003年以前的年份不可比。
2. 2011年对外劳务合作统计口径调整。

Note: a) The foreign direct investment actually utilized since 2004 has been adjusted, incomparable to values of preceding years.
b) The labour services with foreign countries and regions has been adjusted in 2011.

6-2 人民币对主要外币年平均汇价

Annual Average Exchange Rates of RMB Yuan against Main Convertible Currencies

单位：人民币，元 (RMB/yuan)

年份 Year	100美元 100 US Dollars	100日元 100 Japanese Yen	100港元 100 Hong Kong Dollars	100欧元 100 Euros
1987	372.21	2.5799	47.74	
1988	372.21	2.9082	47.70	
1989	376.59	2.7360	48.28	
1990	478.38	3.3233	61.39	
1991	532.27	3.9602	68.45	
1992	551.49	4.3608	71.24	
1993	576.19	5.2020	74.41	
1994	861.87	8.4370	111.53	
1995	835.07	8.9225	107.96	
1996	830.57	7.6238	107.40	
1997	828.97	6.8623	107.09	
1998	827.90	6.3487	106.88	
1999	827.83	7.2913	106.66	
2000	827.84	7.6950	106.17	
2001	827.71	6.8098	106.07	
2002	827.70	6.6651	106.08	801.45
2003	827.70	7.1347	106.24	937.77
2004	827.70	7.6552	106.23	1029.00
2005	819.17	7.4484	105.00	1019.53
2006	797.18	6.8570	102.62	1001.90
2007	760.40	6.4632	97.46	1041.75
2008	694.51	6.7427	89.19	1022.27
2009	683.10	7.2986	88.12	952.70
2010	676.95	7.7279	87.13	897.25
2011	645.88	8.1050	82.97	900.11
2012	631.25	7.9029	81.04	810.78
2013	619.36	6.3354	79.85	821.95

6-3 进出口总额

Total Value of Imports and Exports

单位：亿美元 (USD 100 million)

年份 Year	进出口总额 Total Imports and Exports	出口 Exports	进口 Imports	差额 Balance
1987	210.37	101.40	108.97	-7.57
1988	310.19	148.17	162.02	-13.85
1989	355.78	181.13	174.65	6.48
1990	418.98	222.21	196.77	25.44
1991	525.21	270.73	254.48	16.25
1992	657.48	334.58	322.90	11.68
1993	783.44	373.94	409.50	-35.56
1994	966.63	502.11	464.52	37.59
1995	1039.72	565.92	473.80	92.12
1996	1099.60	593.46	506.14	87.32
1997	1301.20	745.64	555.56	190.08
1998	1297.98	756.18	541.80	214.38
1999	1403.68	777.05	626.63	150.42
2000	1701.06	919.19	781.87	137.32
2001	1764.87	954.21	810.66	143.55
2002	2210.92	1184.58	1026.34	158.24
2003	2835.22	1528.48	1306.74	221.74
2004	3571.29	1915.69	1655.60	260.09
2005	4280.02	2381.71	1898.31	483.40
2006	5272.07	3019.48	2252.59	766.89
2007	6340.35	3692.39	2647.96	1044.43
2008	6834.92	4041.88	2793.04	1248.83
2009	6111.18	3589.56	2521.62	1067.93
2010	7848.96	4531.91	3317.05	1214.86
2011	9133.34	5317.93	3815.41	1502.52
2012	9839.47	5740.59	4098.88	1641.71
2013	10918.22	6363.64	4554.58	1809.06

注：进出口差额负数为入超。

Note: A negative balance indicates trade deficit. That is, imports surpassing exports.

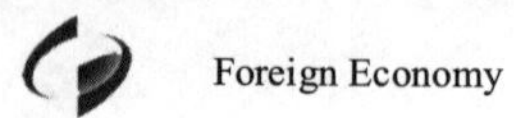

6-4 按贸易方式和经济类型分的进出口额

Total Value of Imports and Exports by Customs Regime and Ownership Type

单位：亿美元 (USD 100 million)

项　　目	Item	2000		2005		2010	
		出口 Exports	进口 Imports	出口 Exports	进口 Imports	出口 Exports	进口 Imports
总　计	**Total**	**919.19**	**781.87**	**2381.71**	**1898.31**	**4531.91**	**3317.05**
按贸易方式分	By Customs Regime						
一般贸易	Ordinary Trade	174.36	208.55	533.21	485.00	1492.16	1192.60
来料加工	Processing and Assembling with Customer's Materials	265.80	179.09	402.71	286.27	513.93	331.39
补偿贸易	Compensation Trade	0.08		0.01		…	
进料加工	Processing and Assembling with Import Materials	452.00	314.62	1347.97	884.13	2241.82	1375.22
加工设备	Processing Equipments		15.24		24.49		7.48
外资设备	Foreign-funded Equipments		34.53		64.44		31.16
保税仓库	Bonded Warehouse	24.04	23.36	97.54	142.07	280.61	364.80
捐赠	Donation	0.02	0.19	0.04	0.09	…	0.17
其他	Others	2.89	6.29	0.21	11.81	3.38	14.23
按经济类型分	By Type of Ownership						
国有经济	State-owned Economy	389.65	317.51	445.63	396.43	545.07	471.22
集体经济	Collective-owned Economy	25.31	25.64	88.66	47.70	163.86	68.82
私营经济	Private Economy	6.14	5.54	299.48	209.35	998.97	686.25
外商投资经济	Foreign-funded Economy	495.09	425.27	1546.77	1240.07	2818.47	2026.45
其他经济	Others	3.00	7.91	1.17	4.76	5.55	64.32

6-4 续表 continued

项目	Item	2011		2012		2013	
		出口 Exports	进口 Imports	出口 Exports	进口 Imports	出口 Exports	进口 Imports
总　计	**Total**	**5317.93**	**3815.41**	**5740.59**	**4098.88**	**6363.64**	**4554.58**
按贸易方式分	By Customs Regime						
一般贸易	Ordinary Trade	1836.92	1370.51	1903.30	1388.64	2145.75	1542.37
来料加工	Processing and Assembling with Customer's Materials	499.16	312.25	417.19	263.30	358.82	237.81
补偿贸易	Compensation Trade	…					
进料加工	Processing and Assembling with Import Materials	2615.99	1649.95	2831.59	1787.05	2875.38	1795.18
加工设备	Processing Equipments		5.59		5.27		2.24
外资设备	Foreign-funded Equipments		27.10		19.08		14.53
保税仓库	Bonded Warehouse	362.50	432.69	584.67	613.38	965.02	944.94
捐赠	Donation	…	0.06	…	…	0.03	
其他	Others	3.36	17.26	3.83	22.16	18.64	17.51
按经济类型分	By Type of Ownership						
国有经济	State-owned Economy	567.31	470.48	518.66	415.77	504.76	401.56
集体经济	Collective-owned Economy	179.54	63.91	151.02	47.70	150.88	44.92
私营经济	Private Economy	1318.09	846.17	1660.75	1008.18	2130.95	1419.72
外商投资经济	Foreign-funded Economy	3247.63	2250.96	3405.23	2306.43	3572.93	2347.78
其他经济	Others	5.36	183.90	4.93	320.80	4.13	340.59

6-5 按产品类型分的进出口额

Total Value of Imports and Exports by Product Type

单位：亿美元 (USD 100 million)

项　目	Item	2000	2005	2010	2011	2012	2013
出口总额	**Total Exports**	**919.19**	**2381.71**	**4531.91**	**5317.93**	**5740.59**	**6363.64**
#农产品	Farm Produce		24.04	56.71	69.70	75.04	81.31
机电产品	Machanical and Electrical Products	499.75	1644.17	3156.84	3597.19	3894.54	4395.69
金属制品	Metal Products	15.45	89.46	133.67	152.76	151.69	156.94
机械及设备	Machinery and Equipments	133.33	544.24	867.14	943.67	1010.09	1002.39
电器及电子产品	Electric and Electronic Products	228.00	738.51	1704.46	1983.79	2151.00	2600.31
运输工具	Transport Equipments	14.87	54.27	112.87	135.98	133.06	130.48
仪器仪表	Instruments and Meters	28.77	80.60	172.15	186.86	251.18	273.87
其他	0thers	79.38	137.09	166.56	194.12	197.51	231.69
#高新技术产品	High and New-tech Products	170.20	835.70	1753.39	1975.25	2213.70	2564.07
生物技术	Biotechnology	0.09	0.11	0.07	0.14	0.08	0.15
生命科学技术	Life Sciences Technology	2.12	4.65	13.26	15.16	16.73	18.06
光电技术	Photoelectric Technology	6.01	28.75	102.20	102.97	152.66	158.74
计算机与通信技术	Computer and Communication Technology	141.54	730.56	1448.96	1626.15	1693.16	1775.66
电子技术	Electronic Technology	17.54	62.65	162.74	200.17	316.41	571.60
计算机集成制造技术	Computer Integrated Manufacturing Technology	1.46	4.79	14.86	17.49	18.33	22.77
材料技术	Material Technology	0.26	2.54	7.39	8.86	12.16	13.12
航空航天技术	Aerospace Technology	0.14	0.88	3.05	3.41	3.18	2.91
其他	Others	1.04	0.77	0.86	0.90	0.98	1.06
进口总额	**Total Imports**	**781.87**	**1898.31**	**3317.05**	**3815.41**	**4098.88**	**4554.58**
#农产品	Farm Produce		35.38	97.93	119.79	138.21	148.82
机电产品	Machinery and Electrical Products	358.34	1146.46	2055.00	2266.18	2453.31	2836.64
金属制品	Metal Products	3.19	15.55	26.38	30.15	29.51	29.86
机械及设备	Machinery and Equipments	105.39	261.22	407.40	454.46	460.32	425.79
电器及电子产品	Electric and Electronic Products	204.74	683.30	1256.87	1406.53	1525.33	1938.66
运输工具	Transport Equipments	8.63	40.46	77.20	74.43	72.97	68.94
仪器仪表	Instruments and Meters	21.64	135.33	270.26	282.08	337.04	346.60
其他	0thers	14.75	10.61	16.89	18.54	28.15	26.79
#高新技术产品	High and New-tech Products	183.15	704.66	1489.79	1656.95	1860.68	2186.64
生物技术	Biotechnology	0.10	0.31	0.50	0.70	0.92	1.00
生命科学技术	Life Sciences Technology	2.86	6.32	14.43	17.44	20.20	23.01
光电技术	Photoelectric Technology	2.55	7.68	183.90	188.22	240.66	246.18
计算机与通信技术	Computer and Communication Technology	64.65	216.85	384.11	469.72	539.25	577.68
电子技术	Electronic Technology	90.48	410.38	790.21	848.76	930.42	1228.49
计算机集成制造技术	Computer Integrated Manufacturing Technology	16.12	35.17	59.04	73.69	64.30	46.60
材料技术	Material Technology	1.46	8.97	19.08	20.42	23.33	24.70
航空航天技术	Aerospace Technology	1.81	18.85	37.34	36.84	39.86	37.89
其他	Others	3.12	0.13	1.18	1.15	1.74	1.10

6-6 广东同主要国家(地区)进出口额

Total Value of Imports and Exports with Main Countries and Regions

单位：亿美元 (USD 100 million)

国别（地区）	Country (Region)	2012			2013		
		进出口 Total	出口 Exports	进口 Imports	进出口 Total	出口 Exports	进口 Imports
合计	**Total**	**9839.47**	**5740.59**	**4098.88**	**10918.22**	**6363.64**	**4554.58**
亚洲	**Asia**	**6535.19**	**3480.50**	**3054.68**	**7456.06**	**4030.30**	**3425.76**
中国香港	Hong Kong, China	2276.48	2199.60	76.88	2687.70	2621.97	65.73
中国澳门	Macao, China	18.82	16.48	2.34	21.37	17.63	3.75
中国台湾	Taiwan, China	586.32	72.61	513.71	752.71	80.61	672.10
日本	Japan	720.21	268.37	451.84	679.48	263.96	415.52
韩国	Republic of Korea	619.35	207.02	412.33	702.33	238.36	463.97
菲律宾	Philippines	101.05	39.20	61.85	105.76	42.10	63.65
泰国	Thailand	201.78	70.02	131.77	201.86	72.50	129.37
马来西亚	Malaysia	216.09	73.49	142.59	268.14	90.17	177.97
新加坡	Singapore	173.52	85.75	87.77	178.69	94.00	84.69
印度尼西亚	Indonesia	121.27	62.14	59.13	111.48	58.48	53.01
印度	India	100.40	77.20	23.20	100.67	72.55	28.12
沙特阿拉伯	Saudi Arabia	56.19	37.13	19.06	58.41	39.79	18.61
阿联酋	United Arab Emirates	76.93	61.35	15.58	89.32	72.35	16.98
东盟	Association of Southeast Asian Nations	923.65	397.06	526.59	1022.21	456.17	566.04
非洲	**Africa**	**413.86**	**144.84**	**269.03**	**447.94**	**156.67**	**291.27**
埃及	Egypt	15.14	14.40	0.74	12.73	12.21	0.52
南非	South Africa	275.72	28.17	247.55	296.82	31.21	265.61
欧洲	**Europe**	**1123.12**	**783.25**	**339.86**	**1157.11**	**813.01**	**344.10**
比利时	Belgium	51.04	34.99	16.05	47.58	33.84	13.74
丹麦	Denmark	19.86	14.54	5.32	19.31	12.82	6.48
英国	United Kingdom	133.59	114.87	18.72	143.77	123.46	20.31
德国	Germany	222.33	142.83	79.49	228.68	141.15	87.53
法国	France	112.50	65.53	46.97	96.69	67.20	29.49
意大利	Italy	72.77	48.01	24.76	78.51	49.40	29.11
荷兰	Netherlands	117.89	101.26	16.63	126.49	107.85	18.64
西班牙	Spain	52.76	36.41	16.35	47.78	37.78	10.00
奥地利	Austria	9.57	4.45	5.12	10.92	5.18	5.74
芬兰	Finland	16.29	11.81	4.48	14.64	10.31	4.33
瑞士	Switzerland	69.39	9.06	60.33	82.94	8.91	74.03
波兰	Poland	26.88	25.57	1.31	29.21	26.90	2.31
俄罗斯	Russia	77.50	64.54	12.96	80.14	70.03	10.12
欧盟	European Union	948.00	685.69	262.31	966.02	711.63	254.39
拉丁美洲	**Latin America**	**380.16**	**272.49**	**107.67**	**374.61**	**272.58**	**102.03**
阿根廷	Argentina	21.06	14.47	6.59	20.32	14.50	5.82
巴西	Brazil	90.88	66.55	24.33	98.68	72.93	25.75
智利	Chile	48.78	22.18	26.60	43.88	21.50	22.38
墨西哥	Mexico	72.33	60.04	12.29	80.28	67.41	12.87
北美洲	**North America**	**1184.31**	**974.72**	**209.58**	**1285.89**	**1003.77**	**282.12**
加拿大	Canada	90.75	63.52	27.24	96.81	66.48	30.34
美国	United States of America	1093.31	910.96	182.34	1188.72	936.95	251.76
大洋洲及其他	**Oceania and others**	**202.84**	**84.78**	**118.06**	**166.92**	**87.31**	**79.61**
澳大利亚	Australia	133.26	73.29	59.97	144.48	76.18	68.30
新西兰	New Zealand	17.04	8.82	8.22	19.19	8.47	10.72

注：本表数字按产销国别原则统计。
Note:The data in the table are calculated on the basis of production and consumption courtries.

6-7 进出口市场结构
Market Structure of Imports and Exports

单位：亿美元 (USD 100 million)

地　区	Region	2000		2005		2010	
		金额 Amount	比重(%) Percentage (%)	金额 Amount	比重(%) Percentage (%)	金额 Amount	比重(%) Percentage (%)
出口总额	**Total Value of Exports**	**919.19**	**100.0**	**2381.71**	**100.0**	**4531.91**	**100.0**
亚洲	Asia	491.57	53.5	1269.40	53.3	2504.24	55.3
#港澳地区	Hong Kong and Macao	321.05	34.9	850.10	35.7	1542.96	34.0
中国台湾	Taiwan, China	17.51	1.9	35.38	1.5	57.72	1.3
日本	Japan	77.47	8.4	138.41	5.8	216.39	4.8
东盟	Association of Southeast Asian Nations	42.41	4.6	115.79	4.9	313.30	6.9
中东十七国	The Seventeen Countries of the Middle East			59.87	2.5	171.89	3.8
非洲	Africa	9.70	1.1	36.91	1.5	120.58	2.7
欧洲	Europe	137.14	14.9	385.00	16.2	741.72	16.4
#欧盟	European Union	125.79	13.7	333.12	14.0	667.32	14.7
俄罗斯	Russia	1.43	0.2	15.93	0.7	45.58	1.0
拉丁美洲	Latin America	21.21	2.3	58.33	2.4	203.46	4.5
北美洲	North America	247.14	26.9	600.59	25.2	894.62	19.7
#美国	United States of America	236.27	25.7	571.07	24.0	838.53	18.5
大洋洲及其他	Oceania and others	12.43	1.4	31.47	1.3	67.29	1.5
进口总额	**Total Value of Imports**	**781.87**	**100.0**	**1898.31**	**100.0**	**3317.05**	**100.0**
亚洲	Asia	602.64	77.1	1542.61	81.3	2610.49	78.7
#港澳地区	Hong Kong and Macao	53.35	6.8	64.26	3.4	60.84	1.8
中国台湾	Taiwan, China	151.28	19.3	308.64	16.3	438.43	13.2
日本	Japan	140.13	17.9	302.52	15.9	465.92	14.0
东盟	Association of Southeast Asian Nations	91.25	11.7	253.22	13.3	492.97	14.9
中东十七国	The Seventeen Countries of the Middle East			67.56	3.6	108.79	3.3
非洲	Africa	7.61	1.0	19.01	1.0	61.52	1.9
欧洲	Europe	84.64	10.8	165.93	8.7	300.21	9.1
#欧盟	European Union	70.03	9.0	134.60	7.1	262.20	7.9
俄罗斯	Russia	6.22	0.8	12.34	0.7	15.17	0.5
拉丁美洲	Latin America	8.52	1.1	40.83	2.2	95.29	2.9
北美洲	North America	60.26	7.7	101.15	5.3	169.96	5.1
#美国	United States of America	53.05	6.8	89.19	4.7	144.97	4.4
大洋洲及其他	Oceania and others	18.21	2.3	28.78	1.5	79.59	2.4

6-7 续表 continued

单位：亿美元 (USD 100 million)

地　区	Region	2011 金额 Amount	2011 比重(%) Percentage (%)	2012 金额 Amount	2012 比重(%) Percentage (%)	2013 金额 Amount	2013 比重(%) Percentage (%)
出口总额	**Total Value of Exports**	**5317.93**	**100.0**	**5740.59**	**100.0**	**6363.64**	**100.0**
亚洲	Asia	3059.93	57.5	3480.50	60.6	4030.30	63.3
#港澳地区	Hong Kong and Macao	1886.89	35.5	2216.08	38.6	2639.60	41.5
中国台湾	Taiwan, China	74.90	1.4	72.61	1.3	80.61	1.3
日本	Japan	247.71	4.7	268.37	4.7	263.96	4.1
东盟	Association of Southeast Asian Nations	378.95	7.1	397.06	6.9	456.17	7.2
中东十七国	The Seventeen Countries of the Middle East	216.42	4.1	206.02	3.6	236.46	3.7
非洲	Africa	144.77	2.7	144.84	2.5	156.67	2.5
欧洲	Europe	827.78	15.6	783.25	13.6	813.01	12.8
#欧盟	European Union	729.43	13.7	685.69	11.9	711.63	11.2
俄罗斯	Russia	61.91	1.2	64.54	1.1	70.03	1.1
拉丁美洲	Latin America	262.07	4.9	272.49	4.7	272.58	4.3
北美洲	North America	940.90	17.7	974.72	17.0	1003.77	15.8
#美国	United States of America	881.44	16.6	910.96	15.9	936.95	14.7
大洋洲及其他	Oceania and others	82.48	1.6	84.78	1.5	87.31	1.4
进口总额	**Total Value of Imports**	**3815.41**	**100.0**	**4098.88**	**100.0**	**4554.58**	**100.0**
亚洲	Asia	2896.36	75.9	3054.68	74.5	3425.76	75.2
#港澳地区	Hong Kong and Macao	63.50	1.7	79.22	1.9	69.48	1.5
中国台湾	Taiwan, China	448.45	11.8	513.71	12.5	672.10	14.8
日本	Japan	484.07	12.7	451.84	11.0	415.52	9.1
东盟	Association of Southeast Asian Nations	552.60	14.5	526.59	12.8	566.04	12.4
中东十七国	The Seventeen Countries of the Middle East	143.29	3.8	143.04	3.5	164.05	3.6
非洲	Africa	155.39	4.1	269.03	6.6	291.27	6.4
欧洲	Europe	343.13	9.0	339.86	8.3	344.10	7.6
#欧盟	European Union	289.58	7.6	262.31	6.4	254.39	5.6
俄罗斯	Russia	18.26	0.5	12.96	0.3	10.12	0.2
拉丁美洲	Latin America	105.90	2.8	107.67	2.6	102.03	2.2
北美洲	North America	191.72	5.0	209.58	5.1	282.12	6.2
#美国	United States of America	162.95	4.3	182.34	4.4	251.76	5.5
大洋洲及其他	Oceania and others	122.91	3.2	118.06	2.9	109.29	2.4

6-8 进出口商品分类金额

Total Value of Imports and Exports by Category of Commodities

单位：万美元 (USD 10000)

商品类别	Category of Commodities	2012		2013	
		出口 Exports	进口 Imports	出口 Exports	进口 Imports
总　计	**Total Value**	**57405853**	**40988798**	**63636385**	**45545796**
第一类 活动物；动物产品	**Live Animals and Animal Products**	**180601**	**199060**	**210884**	**245045**
活动物	Live Animals	24752	636	23769	2564
肉及食用杂碎	Meat and Edible Haslets	32389	95229	29987	100290
水产品	Aquatic Products	108063	39777	141213	52872
乳品、蛋品、天然蜂蜜、其他食用动物产品	Dairy Products, Eggs, Natural Honey and Other Edible Animal Products	7805	55326	6678	79667
其他动物产品	Other Animal Products	7591	8092	9236	9653
第二类 植物产品	**Plant Products**	**125034**	**657335**	**111174**	**680878**
树苗及花草	Saplings, Flowers and Herbs	3548	2437	5436	3781
蔬菜	Edible Vegetables	29505	7856	23226	7629
水果及坚果	Fruits and Nuts	36158	198465	31224	210495
咖啡、茶叶及调味香料	Coffee, Tea and Spices	14932	8982	15717	5286
谷物	Cereals	51	106565	18	105529
制粉工业产品	Flour, Starch and Related Products	13532	16235	14355	18130
植物油籽及果实、种子、药材及饲料	Oil Seeds and Kernels, Seeds, Medical Materials and Forage	20001	307569	12787	319749
虫胶、树胶、树脂	Shellac, Gum, Resin	3915	3055	4951	3459
编结植物材料、其他植物产品	Stuff of Knitting Plant, Other Plants and Related Products	3391	6170	3461	6819
第三类 动、植物油脂及蜡	**Animal Fat, Vegetable Oil and Wax**	**14800**	**154292**	**15634**	**80808**
动、植物油脂及蜡	Animal Fat, Vegetable Oil and Wax	14800	154292	15634	80808
第四类 食品、烟草及制品	**Food, Tobacco and Related Products**	**416535**	**264839**	**462836**	**354623**
动物产品制品	Animal Products	159371	2106	184948	2949
糖及糖食	Sugar and Sugar Products	47835	14711	56566	30797
可可及可可制品	Cocoa and Cocoa Products	10585	10372	12311	11638
粮食及乳制品、糕饼点心	Foodstuff, Dairy Products and Pastry Products	45644	82325	48381	115158
蔬菜、水果等植物制品	Products of Vegetables and Fruits	26507	10537	30114	12535
杂项制品	Miscellaneous Edible Products	37383	27343	41003	31473
饮料、酒及醋	Beverages, Liquor and Vinegar	72470	65451	72484	78356
食品的残渣、动物饲料	Dreg of Food, Animal Forage	6600	51716	5848	59703
烟草及烟草制品	Tobacco and Related Products	10141	279	11180	12014
第五类 矿产品	**Minerals**	**565740**	**2686589**	**605760**	**2810258**
盐、硫磺、建筑材料	Salt, Sulphur, Building Materials	35707	69933	42717	65938
矿砂、矿渣及矿灰	Ore, Slag and Mortar	3751	266562	3667	291584
矿物燃料、矿物油及产品	Mineral Fuels, Mineral Oils and Related Products	526282	2350095	559376	2452736
第六类 化工产品	**Chemicals**	**734124**	**1568170**	**749481**	**1574799**
无机化学品	Inorganic Chemicals	89859	112549	100543	108108
有机化学品	Organic Chemicals	128375	505188	136577	499211
药品	Medicinal and Pharmaceutical Products	62151	163569	60665	192755
肥料	Fertilizer	16500	22034	17405	14555
鞣料、染料浸膏、染料、颜料、油漆、油墨	Tanning Materials, Dyeing Extracts, Dyestuff, Colourant, Paint and Printing Ink	62380	114218	58753	115372

6-8 续表 1 continued

单位：万美元 (USD 10000)

商品类别	Category of Commodities	2012 出口 Exports	2012 进口 Imports	2013 出口 Exports	2013 进口 Imports
化妆品及其原料、芳香料制品	Cosmetics and Cosmetic Raw Materials, Perfume Products	114860	43643	121468	45902
洗涤用品	Detergents	46923	71427	53948	74997
蛋白类物质、改性淀粉、胶、酶	Protein Materials, Modified Starch, Gum and Enzyme	49165	103915	48853	104197
炸药、烟火制品、易燃材料制品	Explosive, Pyrotechnic Products, Inflammable Material Products	8567	372	6610	420
照相及电影用品	Photographic and Film Products	32288	78978	30187	74685
杂项化学产品	Miscellaneous Chemical Products	123055	352276	114470	344599
第七类 塑料、橡胶及其制品	**Plastics, Rubber and Related Products**	**1401436**	**2464316**	**1524918**	**2491785**
塑料及其制品	Plastics and Related Products	1260002	2268669	1389587	2304290
橡胶及其制品	Rubber and Related Products	141434	195648	135332	187496
第八类 皮革、毛皮及其制品、旅行用品、手提包	**Leather, Furs and Related Products, Travel Articles, Handbags**	**820566**	**297649**	**917175**	**322408**
生皮及皮革	Raw Hides and Leather	19421	243641	20228	263171
皮革制品、旅行用品及手提包	Leather Products, Travel Articles and Handbags	764498	20613	857040	21736
毛皮、人造毛皮及制品	Furs, Artificial Furs and Related Products	36647	33395	39908	37501
第九类 木及木制品、草柳编结品	**Wood and Wooden Products, Straw and Wicker Knitting Products**	**156955**	**226728**	**159590**	**274630**
木及木制品、木炭	Wood and Wooden Products, Charcoal	128651	225777	129611	273678
软木及软木制品	Cork and Related Products	175	254	142	319
草柳编结品	Straw and Wicker Knitting Products	28129	697	29836	633
第十类 木浆、纸、纸板及制品	**Wood Pulp, Paper, Paperboard and Related Products**	**524894**	**510767**	**578244**	**499191**
木浆及其他纤维素浆、废碎纸板	Wood Pulp and Cellulose Pulp, Waste Paper and Paperboard	174	323914	233	331685
纸及纸板、纸浆、纸制品	Paper, Paperboard, Paper Pulp, Paper Products	304253	148271	353202	122563
书籍、印刷品、设计图纸	Books, Printed Matter, Design Blueprint	220467	38582	224809	44943
第十一类 纺织原料及纺织制品	**Textile Materials and Products**	**4109731**	**798222**	**4335610**	**864611**
蚕丝	Natural Silk	14514	4087	12673	3716
羊毛、动物毛、毛纱线及制品	Wool, Animal Hair, Woolen Yarn and Woven Fabrics	20056	19591	22276	20426
棉花	Cotton	242155	307925	251677	354949
其他纺织纤维、纸纱线及机织物	Other Textile Fibers, Yarn and Related Woven Fabrics	22104	13271	25295	12638
化学纤维长丝	Chemical Fiber, Continuous Filament	59463	115795	61089	117298
化学纤维短丝	Chemical Fiber, Staple Fiber	38570	61126	38069	61229
絮胎、毡尼及无纺物、特种纱线、线绳索缆	Wadding, Felt and Adhesive-bond Fabrics, Special Yarn, Threads, Ropes, Cables	61870	34280	66971	36953
地毯及纺织铺地制品	Carpets and Related Woven Products	20574	1382	18230	1039
特种机织物、纺织装饰品、刺绣品	Special Woven Fabrics, Woven Ornaments, Embroidery	75116	24491	69993	27841
浸渍、涂布、包覆或层压的纺织物	Impregnated, Coated, Covered or Laminated Textile Products	91373	51953	96055	55611
针织物及钩编织物	Knit Wear and Crocheted Fabrics	309040	102362	327827	104165
针织或钩编的服装及衣着附件	Knitted or Crocheted Garments and Clothing Accessories	1824872	22695	1885122	26623
非针织或非钩编的服装及衣着附件	Garments Not Knitted or Not Crocheted and Clothing Accessories	1152489	33377	1262392	34505
其他纺织制成品、成套物品	Other Textile Products	177537	5886	197941	7620
第十二类 鞋帽伞杖、加工羽毛、人造花、人发制品	**Footwear, Headgear, Umbrellas, Canes, Processed Feather, Artificial Flowers, Wigs**	**1535128**	**26403**	**1619851**	**24819**
鞋类及零件	Footwear and Accessories	1376615	23171	1446581	21436
帽类及零件	Headgear and Accessories	70837	911	72300	1053

6-8 续表 2 continued

单位：万美元 (USD 10000)

商品类别	Category of Commodities	2012		2013	
		出口 Exports	进口 Imports	出口 Exports	进口 Imports
伞、杖、鞭及零件	Umbrellas, Canes, Whips and Accessories	34598	1341	35805	1126
加工羽毛、羽绒及制品、人造花、人发制品	Processed Feathers, Down and Related Products, Artificial Flowers, Wigs	53077	980	65165	1205
第十三类 石材制品、陶瓷产品、玻璃及其制品	**Stone Products, Ceramics, Glass and Glassware**	**934348**	**339708**	**1050241**	**398753**
矿物材料的制品	Stone and Related Products	106065	33905	102660	35851
陶瓷产品	Ceramics	562802	8763	617983	8559
玻璃及其制品	Glass and Glassware	265481	297041	329598	354343
第十四类 珠宝首饰、硬币	**Jewellery, Coins**	**3628713**	**623412**	**3711214**	**916623**
珠宝首饰	Jewellery	3628713	623412	3711214	916623
第十五类 贱金属及其制品	**Base Metals and Related Products**	**2249517**	**2683972**	**2341694**	**2468058**
钢铁	Iron and Steel	284320	549386	306411	537623
钢铁制品	Iron and Steel Products	794661	189655	793372	171936
铜及其制品	Copper and Related Products	141716	1297409	126972	1128372
镍及其制品	Nickel and Related Products	817	33601	875	28143
铝及其制品	Aluminum and Related Products	420817	400632	447815	379764
铅及其制品	Lead and Related Products	375	2726	670	1217
锌及其制品	Zinc and Related Products	5200	59331	7033	70501
锡及其制品	Tin and Related Products	4485	32120	6732	30548
其他贱金属金属陶瓷及其制品	Other Base Metals, Metallic Ceramics and Related Products	25694	29721	44375	34930
贱金属工具器具利口器餐具及零件	Base Metal Tools, Utensils, Sharp Tools, Dinner-sets and Accessories	237661	49154	251555	48877
贱金属杂项制品	Miscellaneous Base Metal Products	333770	40237	355884	36147
第十六类 机械、电气设备、电视机及音响设备	**Machinery, Electric Equipment, TV Sets, Sound Appliances**	**31610881**	**19856437**	**36027042**	**23644531**
核反应堆、锅炉、机械设备及零件	Nuclear Reactor, Boilers, Mechanic Equipment and Accessories	10100882	4603184	10023941	4257897
机电、电气设备、电视机及音响设备	Machinery, Electric Equipment, TV Sets and Sound Appliances	21509999	15253253	26003101	19386634
第十七类 车辆、航空器、船舶及有关运输设备	**Vehicles, Aircraft, Ships and Related Transport Equipment**	**1330580**	**729725**	**1304756**	**689399**
铁道及电车机车、车辆及零件	Rail Locomotives, Tramcars and Accessories	212752	3183	203683	1477
车辆及零附件	Vehicles and Related Parts and Accessories	799019	373022	835133	363388
航空器、航天器及零件	Aircraft, Spacecraft and Related Parts and Accessories	7302	305834	8928	288696
船舶及浮动结构体	Ships and Related Products	311507	47685	257012	35838
第十八类 仪器、医疗器械、钟表及乐器	**Instruments, Medical Instruments and Equipment,Clocks and Watches, Musical Instruments**	**2904433**	**3586982**	**3162350**	**3682308**
光学、照相电影、计量检验、医疗仪器设备	Optical, Photographic, Film, Measuring and Checking, Medical Instruments and Equipment	2511847	3370381	2738713	3465992
钟表及零件	Clocks, Watches and Parts	345050	211985	379151	212360
乐器及零附件	Musical Instruments and Parts	47536	4616	44486	3955
第十九类杂项制品	**Miscellaneous Manufactured Articles**	**4155417**	**157618**	**4742636**	**158995**
家具、床上用品、照明装置、发光标志	Furniture, Bed Articles, Lighting Apparatus, Radiate Marks	2298989	48684	2686282	46105
玩具、游戏、运动用品及零附件	Toys, Game Goods, Sports Articles and Related Parts and Accessories	1645695	77575	1830906	76382
杂项制品	Miscellaneous Manufactured Articles	210733	31359	225447	36508
第二十类 艺术品、收藏品及古物	**Works of Art, Collection Pieces and Antiques**	**3681**	**338**	**3413**	**381**
第二十一类 特殊交易品及未分类商品	**Special Trading Goods and Unclassified Goods**	**2740**	**3156235**	**1881**	**3362894**

6-9 出口主要商品数量和金额
Main Export Commodities in Volume and Value

单位：万美元 (USD 10000)

商品名称		Item		2012 数量 Volume	2012 金额 Value	2013 数量 Volume	2013 金额 Value
活猪	(万头)	Live Hogs	(10000 heads)	70	19996	68	18807
活家禽	(万只)	Live Poultry	(10000 heads)	646	2644	632	2511
鲜、冻猪肉	(吨)	Fresh and Frozen Pork	(ton)	15188	6321	14076	5824
冻鸡	(吨)	Frozen Chicken	(ton)	2956	918	2789	828
水产品	(吨)	Aquatic Products	(ton)	412879	244230	477192	303173
#活鱼	(吨)	Live Fish	(ton)	49715	18087	56515	23186
鲜冻对虾	(吨)	Fresh and Frozen Prawn	(ton)	7587	5218	8559	6755
谷物	(吨)	Cereals	(ton)	118799	8082	113371	7383
#大米	(吨)	Rice	(ton)	25	1		
蔬菜	(吨)	Vegetables	(ton)	821333	32655	701259	27649
#鲜蔬菜	(吨)	Fresh Vegetables	(ton)	775771	22917	653082	16588
鲜、干果类	(吨)	Fresh and Dried Fruit	(ton)	368348	35728	305484	30686
#柑桔橙	(吨)	Mandarins and Oranges	(ton)	126472	12023	80794	8127
食用油籽	(吨)	Edible Oil Seeds	(ton)	4120	411	2369	247
食用植物油	(吨)	Edible Vegetable Oil	(ton)	20112	4261	17225	4002
食糖	(吨)	Sugar	(ton)	39810	3613	36413	3205
茶叶	(吨)	Tea	(ton)	6316	4966	7169	6481
猪肉罐头	(吨)	Canned Pork	(ton)				
蘑菇罐头	(吨)	Canned Mushroom	(ton)	6665	1179	6084	1097
羽毛、羽绒	(吨)	Feather and Down	(ton)	2818	3250	3400	5584
药材	(吨)	Medicinal Materials	(ton)	84651	20998	14090	14477
纸烟	(万条)	Cigarettes	(10000 cartons)	1491	5383	1169	4059
生丝	(吨)	Raw Silk	(ton)	1013	4850	823	4535
成品油	(吨)	Finished Petroleum Products	(ton)	3812799	313869	3827335	303549
合成有机染料	(吨)	Synthetic Organic Dyestuff	(ton)	9472	5342	4374	1780
医药品	(吨)	Medicinal and Pharmaceutical Products	(ton)	60857	95031	63747	95162
#抗菌素	(吨)	Antibiotics	(ton)	8310	27335	8635	29415
烟花爆竹	(吨)	Fireworks and Firecrackers	(ton)	30504	6989	26973	6206
松香、树脂	(吨)	Rosin, Resin	(ton)	79767	12565	45537	9282
轮胎	(万条)	Rubber Tire	(10000 units)	4007	65318	3654	59207
纸及纸板	(吨)	Paper and Paperboard	(ton)	427152	45014	761608	73919
纺织品		Textiles			1123141		1179349
#棉纱线	(吨)	Cotton Yarn	(ton)	155458	75161	143491	67424
丝绸		Silk			8635		7392
棉布		Cotton Cloth			179536		189389
麻纺布	(万米)	Linen Cloth	(10000 m)	5131	18139	5966	22365
混纺布	(万米)	Blended Cloth	(10000 m)	4155	4870	2914	3665
玻璃制品		Glass Products			110868		125039
家用陶瓷		Porcelain and Pottery Wares for Household Use			173064		186360
家用或装饰用木制品	(吨)	Wood Articles for Household or Decoration Use	(ton)	114434	31010	98244	30649
珍珠、宝石		Pearls and Precious Stones			184860		175585

6-9 续表 continued

单位：万美元 (USD 10000)

商品名称		Item		2012 数量 Volume	2012 金额 Value	2013 数量 Volume	2013 金额 Value
贵金属及首饰		Precious Metal and Jewelry			2167226		2577262
钢材	(吨)	Steel Products	(ton)	2667995	353819	2787849	374562
铝材	(吨)	Aluminum Products	(ton)	606027	210828	689925	229109
铜材	(吨)	Copper Products	(ton)	137367	108201	128312	105934
工具		Tools			103724		115208
微波炉	(万个)	Microwave Ovens	(10000 units)	4077	174320	4212	184490
电扇	(万台)	Electric Fans	(10000 sets)	38043	264295	37549	288060
普通缝纫机	(万台)	Sewing Machines	(10000 sets)	334	17024	302	13570
金属加工机床	(台)	Machine Tools	(set)	199471	26527	221764	30786
电子计算器	(万台)	Electric Calculators	(10000 sets)	16252	39955	15313	41134
数据处理设备	(万台)	Data Processing Equipment	(10000 sets)	95866	5176401	98522	4946801
电动、发电机	(万台)	Electric Motors and Generators	(10000 sets)	206732	335920	207599	363232
静止式变流器	(万个)	Static Converters	(10000 units)	218340	994722	239325	1152513
原电池	(万个)	Primary Cells and Batteries	(10000 units)	1520600	97384	1539800	96068
蓄电池	(万个)	Electric Accumulators	(10000 units)	115240	316284	107016	335846
有线电话	(万台)	Landline Telephone Sets	(10000 sets)	9956	161260	9093	160483
手持或车载无线电话	(万台)	Hand-held or Vehicle-mounted Cordless Telephone	(10000 sets)	62236	3476778	74018	4055220
扬声器	(万个)	Loudspeakers	(10000 units)	100354	330183	101323	367844
收录机、组合音响	(万台)	Radio Recorders and Audio Systems	(10000 sets)	18707	290167	16405	255203
彩电(整套散件)	(万台)	Colour TV Sets (Complete Sets of Spare Parts)	(10000 sets)	3119	490450	3247	504674
集成电路、微电子件	(万个)	Integrated Circuit and Parts of Electronic Compoments	(10000 units)	2043600	1613685	2605500	3854192
集装箱	(个)	Containers	(unit)	502347	208399	577882	200068
自行车	(万辆)	Bicycles	(10000 units)	921	69300	676	57811
船舶	(艘)	Ships	(unit)	168944	303125	229921	210374
照相机	(万架)	Cameras	(10000 sets)	5344	277951	3636	217630
手表	(万只)	Wrist Watches	(10000 units)	43337	152342	36223	168098
#电子手表	(万只)	Electronic Watches	(10000 units)	42944	147391	35819	162562
日用钟	(万只)	Clocks	(10000 units)	9795	28492	7019	26469
家具		Furniture			1541270		1745059
床垫、卧具用品		Mattress and Bedding Articles			75468		82058
灯具、照明用品		Lights and Lighting Apparatus			634132		817898
箱包、旅行用品		Boxes and Bags, Travel Goods			700431		782366
服装、衣着附件		Garments and Clothing Accessories			3141726		3310648
#织物服装		Textile Garments			2749039		2904167
皮革服装	(万件)	Leather Garments	(10000 pcs)	141	6493	133	7814
皮革手套	(万双)	Leather Gloves	(10000 pairs)	24745	32300	21952	33726
帽类	(万个)	Headgear	(10000 units)	143323	68123	135801	69783
鞋	(万双)	Footwear	(10000 pairs)	362080	1323433	340539	1391691
#橡胶、塑料鞋	(万双)	Rubber and Plastic Shoes	(10000 pairs)	264978	543533	261256	610359
皮鞋	(万双)	Leather Shoes	(10000 pairs)	37400	525774	34496	526142
塑料制品		Plastic Articles			765400		884205
玩具		Toys			783797		846195
体育用品及设备		Sports Articles and Facilities			316971		327682

6-10 进口主要商品数量和金额
Volume and Value of Main Import Commodities

单位：万美元 (USD 10000)

商品名称		Item		2012		2013	
				数量 Volume	金额 Value	数量 Volume	金额 Value
谷物	(吨)	Cereals	(ton)	2653568	108217	2639968	107634
#小麦	(吨)	Wheat	(ton)	514885	16634	518790	18766
稻谷和大米	(吨)	Paddy and Rice	(ton)	1245380	63503	1206457	59369
大豆	(吨)	Soybean	(ton)	4158180	252816	4065458	244329
鲜、干果类	(吨)	Fresh and Dried Fruit	(ton)	1128293	196990	1073745	209376
#香蕉	(吨)	Mandarins and Oranges	(ton)	53524	3358	8941	848
食用植物油	(吨)	Edible Vegetable Oil	(ton)	1005482	107603	462207	41221
#棕榈油	(吨)	Palm Oil	(ton)	970929	100680	402962	32830
食糖	(吨)	Sugar	(ton)	138045	7766	507277	22111
饲料	(吨)	Forage	(ton)	226746	29394	191224	31005
纸烟	(万条)	Cigarettes	(carton)	4	34	1089	11534
天然橡胶	(吨)	Natural Rubber	(ton)	98405	27396	91546	21787
合成橡胶	(吨)	Synthetic Rubber	(ton)	244113	79928	229141	68050
原木	(立方米)	Logs	(cu.m)	1586481	77464	1679931	82722
锯材	(立方米)	Sawn Timber	(cu.m)	3184558	121188	4184419	164754
纸浆	(吨)	Paper Pulp	(ton)	1560449	95365	1501941	96524
羊毛	(吨)	Wool	(ton)	2520	1744	3267	2084
原棉	(吨)	Raw Cotton	(ton)	134684	28055	165365	34366
合成纤维	(吨)	Synthetic Fiber	(ton)	43738	10691	42464	11267
#聚酯纤维	(吨)	Polyester Fiber	(ton)	31626	5349	30624	5434
聚丙烯睛纤维	(吨)	Polyacrylonitrile Fibre	(ton)	7183	2185	7288	2101
人造纤维	(吨)	Artificial Fiber	(ton)	4178	1251	3258	834
铁矿砂	(吨)	Iron Ore	(ton)	11770947	148297	12817820	164995
氧化铝	(吨)	Aluminum Oxide	(ton)	741376	26915	704533	26392
原油	(万吨)	Crude Oil	(10000 tons)	1191	949740	1418	1098584
成品油	(万吨)	Finished Petroleum Products	(10000 tons)	423	367095	576	460269
液化石油气	(万吨)	LPG	(10000 tons)	569	266425	597	284511
乙二醇	(吨)	Glycol	(ton)	119405	12218	139364	14893
对苯二甲酸	(吨)	Terephthalic Acid	(ton)	179857	19486	211335	23010
己内酰胺	(吨)	Caprolactam	(ton)	121801	31028	110881	26655
医药品	(吨)	Medicinal and Pharmaceutical Products	(ton)	42873	168850	36267	198624
#抗菌素	(吨)	Antibiotics	(ton)	136	3233	81	2543
肥料	(吨)	Fertilizer	(ton)	444142	24219	316328	14552
#氯化钾	(吨)	Potassium Chloride	(ton)	104163	4869	188331	7430
复合肥料	(吨)	Compound Fertilizer	(ton)	205742	12574	81090	4973
合成有机染料	(吨)	Synthetic Organic Dyestuff	(ton)	11340	9401	9554	8131
初级型状聚乙烯	(吨)	Polyethylene in Primary Form	(ton)	1101581	150108	1165402	170412
初级型状聚丙烯	(吨)	Polypropylene in Primary Form	(ton)	1769155	259839	1602003	248173
初级型状聚苯乙烯	(吨)	Polystyrene in Primary Form	(ton)	1741829	333279	1596761	319375
#ABS树脂	(吨)	ABS Copolymer Resin	(ton)	998252	205180	929450	194753
初级型状聚氯乙烯	(吨)	Polyvinyl Chloride in Primary Form	(ton)	668197	69418	568461	62300
初级型状聚酯	(吨)	Polyester in Primary Form	(ton)	864858	267734	876626	271353
农药	(吨)	Pesticides	(ton)	5771	3519	6125	3787
牛皮革、马皮革	(吨)	Cattlehide and Horsehide	(ton)	394611	174870	444224	189497

6-10 续表 continued

单位：万美元 (USD 10000)

商品名称	Item	2012 数量 Volume	2012 金额 Value	2013 数量 Volume	2013 金额 Value
胶合板 (立方米)	Plywood (cu.m)	92245	4757	73142	3234
纸及纸板 (吨)	Paper and Paperboard (ton)	1152686	122820	831305	97431
#牛皮纸 (吨)	Kraft-paper (ton)	224236	16263	164031	13212
毛纱线 (吨)	Wool and Cotton Thread (ton)	12780	12062	11724	12639
棉纱线 (吨)	Cotton Yarn (ton)	538155	186789	661917	228616
合成纤维纱线 (吨)	Synthetic Fiber,Continuous Filament and Yarn(ton)	170088	81775	158180	86247
丝绸	Silk		3936		3559
棉布	Cotton Cloth		89440		84606
化纤布 (万米)	Chemical Fibre Cloth (10000 m)	39803	52662	36495	50483
钢材 (吨)	Steel Products (ton)	4566199	534771	4716740	494251
#钢铁板材 (吨)	Iron & Steel Plate (ton)	4061371	428710	4208932	398784
铜材 (吨)	Copper Products (ton)	421574	384754	400712	363707
铝材 (吨)	Aluminium Products (ton)	224717	115664	180116	96654
制冷压缩机 (台)	Refrigeration Compressors (set)	5807891	35330	5727758	33154
空调 (台)	Air Conditioners (set)	16860	2667	7455	2025
制冷设备	Refrigerating Equipments		5423		6080
机械装卸设备	Mechanical Handling Equipments		59323		61850
建筑采矿设备	Building and Mining Equipments		30394		52082
食品机械	Food-processing Machinery		7306		9104
造纸、纸品机械	Paper and Pulp Mill Machinery		19047		14701
印刷机械	Printing Machinery		570688		503075
纺织机械	Textile Machinery		39257		43405
工业缝纫机 (台)	Industrial Sewing Machines (set)	5829	2829	3508	1214
机床 (台)	Machine Tools (set)	20461	179603	14351	127610
橡、塑加工机械	Rubber and Plastic Processing Machinery		49775		60788
数据处理设备 (万台)	Data Processing Equipments (10000 sets)	26708	1479079	29095	1329311
电动、发电机 (万台)	Electric Motors and Generators (10000 sets)	139696	144000	122058	139635
发电机组、变流机 (台)	Generating Sets and Converters (set)	2547	13336	3061	16338
电视机 (台)	TV Sets (set)	19241	551	18485	914
#彩色电视机 (台)	Colour TV Sets (set)	19241	551	18485	914
半导体器件 (万个)	Parts of Semi-conductor Devices (10000 units)	18879000	913381	19904900	1249088
电路保护装置	Circuit Protection Devices		735005		768566
显像管 (万只)	Kinescopes (10000 units)	83	1660	35	687
集成电路、电子件(万个)	Integrated Circuits and Parts of Electronic Components (10000 units)	9228200	7404316	10206500	10062381
电线、电缆 (吨)	Electric Wires and Cables (ton)	106569	204595	110547	259268
汽车及底盘 (辆)	Motor Vehicles and Chassis (unit)	11056	32942	10342	35150
#小轿车 (辆)	Sedan Cars (unit)	791	2689	622	1849
旅行车 (辆)	Station Wagons (unit)	677	1823	1355	3988
船舶 (艘)	Ships (unit)	1549	5150	1507	6146
塑料制品	Plastic Products		116571		116683
印刷品 (吨)	Presswork (ton)	43945	38582	41802	44943

6-11 各市出口总额
Total Value of Exports by City

单位：亿美元 (USD 100 million)

市 别	City	2000	2005	2010	2011	2012	2013
全省合计	**Provincial Total**	**919.19**	**2381.71**	**4531.91**	**5317.93**	**5740.59**	**6363.64**
广 州	Guangzhou	117.90	266.68	483.79	564.68	589.15	628.07
深 圳	Shenzhen	345.64	1015.22	2041.80	2453.99	2713.56	3057.02
珠 海	Zhuhai	36.46	107.68	208.62	239.77	216.37	265.81
汕 头	Shantou	25.95	31.82	49.35	59.53	61.63	66.02
佛 山	Foshan	57.36	170.80	330.38	390.91	401.50	425.23
#顺 德	Shunde	25.94	85.55	144.30	169.27	171.47	186.77
韶 关	Shaoguan	1.32	3.40	6.59	7.22	8.70	9.20
河 源	Heyuan	0.93	2.96	17.15	19.16	19.53	22.47
梅 州	Meizhou	2.97	3.10	9.51	10.94	12.70	15.44
惠 州	Huizhou	44.97	106.55	202.32	231.22	292.04	333.20
汕 尾	Shanwei	3.64	6.42	11.12	12.77	14.69	19.51
东 莞	Dongguan	171.42	409.29	696.03	783.26	850.53	908.61
中 山	Zhongshan	36.77	122.54	225.04	245.46	246.44	264.75
江 门	Jiangmen	29.85	60.25	104.09	122.52	129.70	139.99
阳 江	Yangjiang	5.43	9.13	16.06	19.19	19.64	20.92
湛 江	Zhanjiang	3.78	9.57	16.84	20.95	22.09	26.23
茂 名	Maoming	10.03	2.39	5.59	5.99	6.29	8.06
肇 庆	Zhaoqing	7.40	14.16	25.97	33.08	37.81	48.26
清 远	Qingyuan	2.41	9.32	19.33	23.43	23.82	22.50
潮 州	Chaozhou	6.94	14.80	23.41	27.09	26.96	27.83
揭 阳	Jieyang	5.98	11.32	30.80	37.92	38.10	43.80
云 浮	Yunfu	2.03	4.31	8.13	8.84	9.34	10.72
按经济区域分	By Region						
珠三角	Pearl River Delta	847.77	2273.18	4318.02	5064.89	5477.09	6070.93
东 翼	Eastern Region	42.51	64.36	114.68	137.30	141.38	157.17
西 翼	Western Region	19.24	21.09	38.49	46.13	48.02	55.21
山 区	Mountainous Region	9.67	23.08	60.72	69.61	74.09	80.33

6-12 各市进口总额

Total Value of Imports by City

单位：亿美元 (USD 100 million)

市 别	City	2000	2005	2010	2011	2012	2013
全省合计	**Provincial Total**	**781.87**	**1898.31**	**3317.05**	**3815.41**	**4098.88**	**4554.58**
广 州	Guangzhou	115.60	268.08	553.83	596.94	582.52	560.89
深 圳	Shenzhen	293.80	812.69	1425.83	1685.76	1954.47	2317.73
珠 海	Zhuhai	55.19	149.58	226.21	276.53	240.44	277.07
汕 头	Shantou	16.17	17.78	24.31	28.35	26.39	26.33
佛 山	Foshan	45.91	86.31	186.21	217.98	209.08	214.17
#顺 德	Shunde	21.48	40.55	42.28	51.50	48.72	56.65
韶 关	Shaoguan	1.36	5.80	9.16	10.57	11.73	14.02
河 源	Heyuan	0.67	2.32	10.01	8.77	9.73	9.85
梅 州	Meizhou	0.52	0.52	2.21	2.71	2.33	2.19
惠 州	Huizhou	37.12	83.66	140.03	156.91	202.90	240.70
汕 尾	Shanwei	2.44	5.66	9.39	12.27	13.74	22.23
东 莞	Dongguan	148.82	334.39	519.63	569.07	594.64	622.09
中 山	Zhongshan	24.12	64.97	86.08	96.39	88.78	91.48
江 门	Jiangmen	18.48	30.29	39.25	54.37	58.02	57.34
阳 江	Yangjiang	0.77	1.12	1.97	2.31	2.59	2.88
湛 江	Zhanjiang	7.89	8.70	18.59	23.10	24.91	28.90
茂 名	Maoming	2.56	1.28	2.43	3.25	4.11	4.17
肇 庆	Zhaoqing	4.11	7.60	17.94	24.04	25.71	21.91
清 远	Qingyuan	1.98	7.82	18.35	21.97	21.55	21.08
潮 州	Chaozhou	1.27	4.12	14.82	14.72	15.35	11.34
揭 阳	Jieyang	1.84	2.60	5.47	4.32	4.65	3.12
云 浮	Yunfu	1.24	3.02	5.34	5.05	5.23	5.10
按经济区域分	By Region						
珠三角	Pearl River Delta	743.15	1837.57	3195.01	3678.00	3956.56	4403.38
东 翼	Eastern Region	21.72	30.16	53.98	59.67	60.13	63.01
西 翼	Western Region	11.22	11.10	22.99	28.66	31.62	35.95
山 区	Mountainous Region	5.78	19.48	45.07	49.08	50.57	52.24

6-13 各市外商投资企业出口总额

Total Value of Exports of Enterprises with Foreign Investment by City

单位：亿美元 (USD 100 million)

市 别	City	2000	2005	2010	2011	2012	2013
全省合计	**Provincial Total**	**495.09**	**1546.77**	**2818.47**	**3247.63**	**3405.23**	**3572.93**
广 州	Guangzhou	60.29	167.64	285.26	322.61	339.31	329.87
深 圳	Shenzhen	194.97	675.85	1207.70	1384.31	1401.59	1458.41
珠 海	Zhuhai	26.24	89.05	166.03	186.36	160.13	168.36
汕 头	Shantou	7.10	15.33	20.74	22.83	23.16	23.10
佛 山	Foshan	36.21	109.33	188.74	218.09	216.78	212.18
#顺 德	Shunde	18.22	66.65	107.10	124.17	122.89	130.27
韶 关	Shaoguan	0.64	1.38	4.16	4.76	5.75	6.14
河 源	Heyuan	0.63	2.46	14.04	15.82	16.32	18.91
梅 州	Meizhou	0.78	0.72	5.13	5.58	6.28	6.63
惠 州	Huizhou	31.56	92.11	176.15	198.48	261.51	305.69
汕 尾	Shanwei	0.85	5.35	8.98	9.98	11.75	14.76
东 莞	Dongguan	83.51	235.32	442.62	542.80	633.64	683.56
中 山	Zhongshan	20.16	75.70	150.74	166.44	165.20	175.57
江 门	Jiangmen	15.15	37.13	65.71	78.54	80.29	84.95
阳 江	Yangjiang	1.27	2.42	4.22	3.83	3.18	2.79
湛 江	Zhanjiang	1.36	4.43	8.98	10.77	10.01	11.29
茂 名	Maoming	2.92	1.13	2.34	2.62	2.18	2.38
肇 庆	Zhaoqing	4.16	8.00	18.15	19.83	18.57	20.61
清 远	Qingyuan	1.18	6.44	17.73	20.60	20.36	19.79
潮 州	Chaozhou	3.14	7.36	10.40	11.22	9.11	7.79
揭 阳	Jieyang	1.65	6.08	13.84	14.99	13.76	14.27
云 浮	Yunfu	1.31	3.54	6.81	7.18	6.35	5.87
按经济区域分	By Region						
珠 三 角	Pearl River Delta	472.26	1490.13	2701.10	3117.46	3277.01	3439.19
东 翼	Eastern Region	12.75	34.12	53.96	59.02	57.78	59.93
西 翼	Western Region	5.54	7.98	15.54	17.21	15.37	16.46
山 区	Mountainous Region	4.54	14.54	47.87	53.93	55.06	57.34

6-14 各市外商投资企业进口总额

Total Value of Imports of Enterprises with Foreign Investment by City

单位：亿美元 (USD 100 million)

市 别	City	2000	2005	2010	2011	2012	2013
全省合计	**Provincial Total**	**425.27**	**1240.07**	**2026.45**	**2250.96**	**2306.43**	**2347.78**
广　州	Guangzhou	57.91	154.97	308.54	336.84	326.89	314.39
深　圳	Shenzhen	162.17	565.67	907.10	961.33	945.24	944.01
珠　海	Zhuhai	25.19	87.45	126.75	146.43	118.16	117.35
汕　头	Shantou	7.20	11.35	11.11	11.48	9.84	9.75
佛　山	Foshan	34.02	62.50	96.17	102.20	102.62	93.13
#顺　德	Shunde		32.76	30.62	31.49	27.98	27.54
韶　关	Shaoguan	0.93	1.30	1.24	2.08	1.52	1.91
河　源	Heyuan	0.46	2.17	9.02	7.76	7.25	8.95
梅　州	Meizhou	0.47	0.40	1.62	1.59	1.68	1.51
惠　州	Huizhou	24.37	68.30	118.95	140.70	185.41	224.43
汕　尾	Shanwei	0.61	4.82	7.48	9.67	11.18	18.15
东　莞	Dongguan	70.59	188.21	302.97	365.15	434.17	454.63
中　山	Zhongshan	15.61	48.98	66.98	75.14	70.57	72.65
江　门	Jiangmen	12.09	18.99	25.64	39.28	40.57	39.39
阳　江	Yangjiang	0.21	0.18	0.65	0.69	0.28	1.28
湛　江	Zhanjiang	6.60	6.86	9.61	13.94	17.34	16.17
茂　名	Maoming	0.29	0.39	0.34	0.34	0.68	0.41
肇　庆	Zhaoqing	2.97	5.52	12.89	15.32	12.94	12.04
清　远	Qingyuan	1.12	5.56	12.02	13.71	12.71	11.82
潮　州	Chaozhou	0.55	2.71	2.68	2.54	3.30	2.28
揭　阳	Jieyang	0.89	1.61	1.44	1.50	1.48	1.19
云　浮	Yunfu	1.02	2.13	3.24	3.28	2.61	2.36
按经济区域分	By Region						
珠三角	Pearl River Delta	404.92	1200.59	1965.99	2182.39	2236.56	2272.02
东　翼	Eastern Region	9.25	20.49	22.72	25.18	25.80	31.36
西　翼	Western Region	7.09	7.43	10.60	14.97	18.30	17.85
山　区	Mountainous Region	4.00	11.56	27.14	28.42	25.78	26.55

6-15 外商投资企业进出口主要指标
Main Indicators on Imports and Exports of Enterprises with Foreign Investment

单位：亿美元 (USD 100 million)

项目	Item	2005		2010		2012		2013	
		出口 Exports	进口 Imports	出口 Exports	进口 Imports	出口 Exports	进口 Imports	出口 Exports	进口 Imports
总计	**Total**	**1546.77**	**1240.07**	**2818.47**	**2026.45**	**3405.23**	**2306.43**	**3572.93**	**2347.78**
按贸易方式分	By Customs Regime								
一般贸易	Ordinary Trade	133.38	146.51	410.06	422.79	528.63	495.91	589.42	512.17
来料加工	Processing and Assembling with Customer's Materials	61.54	48.60	170.21	92.69	204.73	112.91	198.86	110.89
进料加工	Processing and Assembling with Import Materials	1301.35	863.11	2108.57	1277.01	2467.71	1427.10	2524.95	1434.40
加工设备	Processing Equipments		7.67		3.80		3.69		2.49
外资设备	Foreign-funded Equipments		64.44		31.08		19.08		14.53
保税仓库	Bonded Warehouse	50.50	109.34	129.64	194.82	203.75	241.89	259.52	271.26
其他	Others		0.40		4.26	0.40	5.85	0.17	2.03
按经济类型分	By Type of Ownership								
合作经营企业	Joint Ventures	99.02	61.19	102.88	31.49	96.98	30.79	94.48	28.59
合资经营企业	Cooperative Enterprises	355.07	286.71	547.47	400.27	716.83	488.11	778.77	536.05
外资(独资)企业	Enterprises with Sole Foreign Investment	1092.68	892.17	2168.18	1593.78	2591.42	1787.53	2699.67	1783.14
按产品类型分	By Type of Product								
机电产品	Machanical and Electrical Products	1181.08	830.47	2193.11	1410.55	2599.39	1620.55	2707.86	1649.13
#机械及设备	Machinery and Equipments	423.96	185.02	698.87	292.57	807.32	322.11	762.38	283.34
电器及电子产品	Electric and Electronic Products	525.14	526.56	1147.05	861.46	1349.24	991.85	1470.09	1064.87
高新技术产品	High and New-tech Products	666.60	532.70	1319.76	1013.65	1549.46	1199.33	1589.77	1220.67
#计算机与通信技术	Computer and Communication Technology	581.19	166.53	1078.35	282.89	1252.52	390.76	1264.57	398.59
电子技术	Electronic Technology	52.88	323.14	141.33	524.26	157.95	555.71	183.66	588.65
按主要国家(地区)分	By Main Country (Region)								
亚洲	**Asia**	**862.45**	**1045.16**	**1633.98**	**1702.51**	**2105.43**	**1948.02**	**2259.27**	**1990.76**
中国香港	Hong Kong, China	607.66	29.49	1126.75	20.32	1369.55	22.85	1461.42	15.10
中国澳门	Macao, China	7.83	1.30	7.33	0.42	6.83	0.60	7.34	0.69
中国台湾	Taiwan, China	23.88	223.12	40.67	309.90	54.01	326.90	59.34	353.99
日本	Japan	95.05	210.14	151.99	323.34	210.87	338.17	213.27	310.84
韩国	Republic of Korea	33.61	112.10	74.05	210.60	180.61	301.23	207.34	316.17
东盟	Association of Southeast Asian Nations	66.47	169.02	145.72	281.30	183.66	299.62	203.70	299.93
中东十七国	The Seventeen Countries of the Middle East	19.27	17.56	52.12	30.75	63.02	42.48	69.52	41.09
非洲	**Africa**	**8.14**	**9.79**	**26.80**	**18.55**	**33.33**	**26.28**	**34.50**	**35.57**
欧洲	**Europe**	**235.13**	**85.50**	**419.16**	**139.20**	**448.68**	**145.07**	**449.77**	**134.89**
欧盟	European Union	219.15	73.19	388.63	125.03	407.49	129.42	407.69	123.49
#英国	United Kingdom	37.99	7.33	64.93	9.81	69.76	9.82	71.41	9.27
德国	Germany	45.19	22.74	83.00	45.76	87.95	40.53	85.51	41.50
法国	France	17.73	9.16	36.52	13.14	38.09	19.45	37.99	15.11
意大利	Italy	13.43	9.01	29.20	12.20	24.75	14.05	25.51	15.37
荷兰	Netherlands	49.55	3.79	67.51	7.65	74.23	10.33	73.03	8.92
芬兰	Finland	2.67	2.18	4.57	3.03	5.51	2.24	4.44	2.41
瑞士	Switzerland	4.95	7.15	4.68	7.38	5.74	9.74	5.85	7.04
俄罗斯	Russia	7.11	3.32	18.85	4.98	27.36	3.78	28.37	1.87
拉丁美洲	**Latin America**	**26.07**	**25.63**	**94.11**	**51.30**	**119.46**	**60.03**	**124.23**	**52.57**
北美洲	**North America**	**397.71**	**60.22**	**608.83**	**92.91**	**654.43**	**105.36**	**661.58**	**111.45**
加拿大	Canada	16.90	7.30	31.26	11.74	37.12	13.26	37.62	14.28
美国	United States of America	380.81	52.95	577.56	81.15	617.08	92.10	623.64	97.18
大洋洲	**Oceania**	**17.27**	**13.77**	**35.64**	**21.06**	**43.90**	**21.29**	**43.58**	**21.83**
澳大利亚	Australia	15.54	12.64	32.20	18.95	39.09	18.99	38.57	17.93
新西兰	New Zealand	1.57	1.08	2.94	2.08	4.07	2.22	4.33	3.77

6-16 外商投资企业出口主要商品数量和金额

Volume and Value of Main Export Commodities of Enterprises with Foreign Investment

单位：万美元 (USD 10000)

商品名称		Item		2012 数量 Volume	2012 金额 Value	2013 数量 Volume	2013 金额 Value
活猪	(万头)	Live Hogs	(10000 heads)	5	1192	4	1185
活家禽	(万只)	Live Poultry	(10000 heads)	10	63	10	64
冻鸡	(吨)	Frozen Chicken	(ton)				
水产品	(吨)	Aquatic Products	(ton)	135442	83090	141050	98337
#活鱼	(吨)	Live Fish	(ton)	313	53	1078	492
鲜冻对虾	(吨)	Fresh and Frozen Prawn	(ton)	3282	2247	4624	3820
谷物	(吨)	Cereals	(ton)	110618	7637	105969	6931
蔬菜	(吨)	Vegetables	(ton)	36710	7548	38688	7555
#鲜蔬菜	(吨)	Fresh Vegetables	(ton)	25522	1498	24284	1391
鲜、干果类	(吨)	Fresh and Dried Fruit	(ton)	5518	1778	3423	2509
#柑桔橙	(吨)	Mandarins and Oranges	(ton)	672	45		
食用植物油	(吨)	Edible Vegetable Oil	(ton)	15292	3492	15556	3559
食糖	(吨)	Sugar	(ton)	5569	286	6010	383
茶叶	(吨)	Tea	(ton)	104	99	220	172
烤鳗鱼	(吨)	Daked Eel	(ton)	1627	7074	1170	3955
蘑菇罐头	(吨)	Canned Mushroom	(ton)	1307	264	1986	403
羽毛、羽绒	(吨)	Feather and Down	(ton)	803	1201	1240	3027
药材	(吨)	Medicinal Materials	(ton)	4737	7005	4449	7367
成品油	(吨)	Finished Petroleum Products	(ton)	1716506	170394	1705543	166589
合成有机染料	(吨)	Synthetic Organic Dyestuff	(ton)	5197	4118	765	330
医药品	(吨)	Medicinal and Pharmaceutical Products	(ton)	38462	44218	41500	44073
#抗菌素	(吨)	Antibiotics	(ton)	6681	19392	6920	20527
美容护肤用品	(吨)	Cosmetic and Skin Care Products	(ton)	42561	40139	40491	39769
口腔清洁剂	(吨)	Dental Cleanser	(ton)	80149	16618	93987	19085
轮胎	(万条)	Rubber Tire	(10000 units)	2471	34344	2389	32410
纸及纸板	(吨)	Paper and Paperboard	(ton)	162465	18599	467164	38792
纺织品		Textiles			601137		632357
#棉纱线	(吨)	Cotton Yarn	(ton)	81169	39725	92780	40745
丝绸		Silk			352		315
棉布		Cotton Cloth			65554		67539
麻纺布	(万米)	Linen Cloth	(10000 m)	375	1241	293	1330
混纺布	(万米)	Blended Cloth	(10000 m)	178	348	302	415
玻璃制品		Glass Products			26831		23931
家用陶瓷		Porcelain and Pottery Wares for Household Use			51731		51433
家用或装饰用木制品	(吨)	Wood Articles for Household or Decoration Use	(ton)	50786	12644	45455	12102
珍珠、宝石		Pearls and Gems			171758		146857
贵金属及首饰		Precious Metal and Jewelry			767918		1068325
钢材	(吨)	Steel Products	(ton)	1166926	188572	1176364	190812
铝材	(吨)	Aluminum Products	(ton)	183506	64159	244963	79254
铜材	(吨)	Copper Products	(ton)	105806	82657	99837	81632
工具		Tools			57408		63547
微波炉	(万个)	Microwave Ovens	(10000 units)	4018	171911	4166	182616
电扇	(万台)	Electric Fans	(10000 sets)	26336	156834	25173	156581
普通缝纫机	(万台)	Sewing Machines	(10000 sets)	211	15524	150	11792

6-16 续表 continued

单位：万美元 (USD 10000)

商品名称	Item	2012 数量 Volume	2012 金额 Value	2013 数量 Volume	2013 金额 Value
金属加工机床 (台)	Machine Tools (set)	60400	7712	58986	9474
电子计算器 (万台)	Electronic Calculators (10000 sets)	10507	33134	10463	35473
数据处理设备 (万台)	Data Processing Equipment (10000 sets)	61342	4549683	56448	4006931
#显示器 (万台)	Displays (10000 sets)	766	83268	406	46347
电动、发电机 (万台)	Electric Motors and Generators (10000 sets)	145845	195750	148893	221056
静止式变流器 (万个)	Static Converters (10000 units)	129770	663834	138754	699489
原电池 (万个)	Primary Cells and Batteries (10000 units)	516400	41670	524700	42442
蓄电池 (万个)	Electric Accumulators (10000 units)	60032	145839	47975	142052
有线电话 (万台)	Landline Telephone Sets (10000 sets)	7474	132269	6735	127474
手持或车载无线电话(万台)	Hand-held or Vehicle-mounted Cordless Telephones (10000 units)	28924	2479632	34423	2832133
扬声器 (万个)	Loudspeakers (10000 sets)	48642	180968	50948	199416
收录机、组合音响 (万台)	Radio Recorders and Audio Systems(10000 sets)	5672	171140	4375	127722
彩电(整套散件) (万台)	Colour TV Sets (Complete Sets of Spare Parts) (10000 sets)	1246	196907	1487	230030
电路保护装置	Circuit Protection Devices		536516		556592
半导体器件 (万个)	Parts of Semi-conductor Devices (10000 units)	8819300	303919	9054900	330644
集成电路、微电子件(万个)	Integrated Circuits and Parts of Electronic Components (10000 units)	1310100	365327	1436000	594067
电线、电缆	Electric Wires and Cables		451331		494668
集装箱 (个)	Containers (unit)	488038	206134	518689	196439
自行车 (万辆)	Bicycles (10000 units)	292	37409	285	34078
船舶 (艘)	Ships (unit)	115438	124982	201947	72074
照相机 (万架)	Cameras (10000 sets)	4676	267624	3208	206951
手表 (万只)	Wrist Watches (10000 units)	16671	102425	20760	132796
#电子手表 (万只)	Electronic Watches (10000 units)	16488	99226	20522	128441
日用钟 (万只)	Clocks (10000 units)	3938	15653	3582	15119
家具	Furniture		595117		614446
床垫、卧具用品	Mattresses and Bedding Articles		35941		37016
灯具、照明用品	Lights and Lighting Apparatus		298816		352594
箱包、旅行用品	Boxes, Bags and Travel Goods		328295		345580
服装、衣着附件	Garments and Clothing Accessories		1132351		1187712
#织物服装	Textile Garments		914063		955571
皮革服装 (万件)	Leather Garments (10000 units)	50	3609	57	4297
裘皮服装	Fur Garments		2572		3078
皮革手套 (万双)	Leather Gloves (10000 pairs)	12491	17322	10960	16850
帽类 (万个)	Headgear (10000 units)	62030	40973	65068	42590
鞋 (万双)	Footwear (10000 pairs)	106047	664757	96577	642881
#橡胶、塑料鞋 (万双)	Rubber and Plastic Shoes (10000 pairs)	63530	190986	57733	189295
皮鞋 (万双)	Leather Shoes (10000 pairs)	23949	357160	20699	326665
塑料制品	Plastic Articles		411059		481102
圣诞用品	Articles for Christmas		40332		45922
玩具	Toys		438901		490372
体育用品及设备	Sports Articles and Facilities		237502		233091

6-17 外商投资企业进口主要商品数量和金额

Volume and Value of Main Import Commodities by Enterprises with Foreign Investment

单位：万美元 (USD 10000)

商品名称	Item	2012 数量 Volume	2012 金额 Value	2013 数量 Volume	2013 金额 Value
谷物 (吨)	Cereals (ton)	668219	21988	670126	24542
#小麦 (吨)	Wheat (ton)	206285	6675	245991	8962
面粉 (吨)	Flour (ton)	4806	202	4124	174
大豆 (吨)	Soya Bean (ton)	1379316	83802	1195093	72219
食用植物油 (吨)	Edible Vegetable Oil (ton)	323405	34420	253029	22987
#棕榈油 (吨)	Palm Oil (ton)	293816	29049	197106	15888
食糖 (吨)	Sugar (ton)	22445	1423	29569	1731
饲料 (吨)	Forage (ton)	83700	11646	81569	13196
天然橡胶 (吨)	Natural Rubber (ton)	49482	15205	46811	12051
合成橡胶 (吨)	Synthetic Rubber (ton)	146858	48962	147241	45693
原木 (立方米)	Logs (cu.m)	139456	4594	221774	6226
纸浆 (吨)	Paper Pulp (ton)	1017835	62858	837072	55385
羊毛 (吨)	Wool (ton)	2305	1662	3253	2083
原棉 (吨)	Raw Cotton (ton)	89530	18542	106020	22578
合成纤维 (吨)	Synthetic Fiber (ton)	29482	7760	26593	7972
#聚酯纤维 (吨)	Polyester Fiber (ton)	21103	3612	17523	3155
聚丙烯晴纤维 (吨)	Polyacrylonitrile Fibre (ton)	4386	1447	5396	1634
人造纤维 (吨)	Artificial Fiber (ton)	2398	683	2787	713
铁矿砂 (吨)	Iron Ore (ton)	804894	9576	1127978	15679
氧化铝 (吨)	Aluminium Oxide (ton)	4183	990	4658	857
原油 (吨)	Crude Oil (ton)	1987137	160719	1716118	138639
成品油 (吨)	Finished Petroleum Products (ton)	1549858	157276	1910981	182398
苯乙烯 (吨)	Styrene (ton)	265071	38564	201838	34630
乙二醇 (吨)	Glycol (ton)	96111	9785	136887	14610
对苯二甲酸 (吨)	Terephthalic Acid (ton)	143415	15488	187567	20449
己内酰胺 (吨)	Caprolactam (ton)	87885	22469	79044	18987
医药品 (吨)	Medicinal and Pharmaceutical Products(ton)	16672	62743	17132	80319
肥料 (吨)	Fertilizer (ton)	441881	24167	311896	14463
#氯化钾 (吨)	Potassium Chloride (ton)	104163	4869	188331	7430
复合肥料 (吨)	Compound Fertilizer (ton)	205702	12567	81027	4971
合成有机染料 (吨)	Synthetic Organic Dyestuff (ton)	8652	7134	7270	5998
初级型状聚乙烯 (吨)	Polyethylene in Primary Form (ton)	552016	75541	536592	78438
初级型状聚丙烯 (吨)	Polypropylene in Primary Form (ton)	942717	142402	899846	141323
初级型状聚苯乙烯(吨)	Polystyrene in Primary Form (ton)	1131329	226397	1115134	227797
#ABS树脂 (吨)	ABS Copolymer Resin (ton)	638236	137438	645618	138137
初级型状聚氯乙烯(吨)	Polyvinyl Chloride in Primary Form (ton)	561247	57655	475949	51441
初级型状聚酯 (吨)	Polyester in Primary Form (ton)	615841	199557	636354	205038
农药 (吨)	Pesticides (ton)	1964	1185	1550	1085
牛皮革、马皮革 (吨)	Cattlehide and Horsehide (ton)	196172	133134	198196	139596
胶合板 (立方米)	Plywood (cu.m)	49266	2817	30516	1316
纸及纸板 (吨)	Paper and Paperboard (ton)	752952	81918	597470	69831
#牛皮纸 (吨)	Kraft-paper (ton)	130275	9355	92204	7286

6-17 续表 continued

单位：万美元 (USD 10000)

商品名称	Item	2012 数量 Volume	2012 金额 Value	2013 数量 Volume	2013 金额 Value
毛纱线 (吨)	Wool and Cotton Thread (ton)	9136	9218	9171	10422
棉纱线 (吨)	Cotton Yarn (ton)	389204	147142	430716	162545
合成纤维纱线 (吨)	Synthetic Fiber, Continuous Filament and Yarn(ton)	126345	67420	135687	77012
丝绸	Silk		3292		3188
棉布	Cotton Cloth		74173		70870
化纤布 (万米)	Chemical Fibre Cloth (10000 m)	28649	39006	28259	39769
钻石 (千克拉)	Diamond (1000 carats)	1396	216557	1364	266328
钢材 (吨)	Steel Products (ton)	3644608	421504	3844769	389274
#钢铁板材 (吨)	Iron & Steel Plate (ton)	3304858	346190	3480926	323326
铜材 (吨)	Copper Products (ton)	335440	318120	344974	315094
铝材 (吨)	Aluminium Products (ton)	174242	90582	146926	78720
制冷压缩机 (台)	Refrigeration Compressors (set)	3716612	18520	4317796	20711
空调 (台)	Air Conditioners (set)	11984	1477	5732	749
制冷设备	Refrigeration Equipments		3470		4070
机械装卸设备	Mechanical Handling Equipments		43287		44633
建筑采矿设备	Building and Mining Equipments		7284		9090
食品机械	Food-processing Machinery		5495		7208
造纸、纸品机械	Paper and Pulp Mill Machinery		12225		9827
印刷机械	Printing Machinery		503540		435812
纺织机械	Textile Machinery		20591		26801
工业缝纫机 (台)	Industrial Sewing Machines (set)	2418	802	2909	851
机床 (台)	Machine Tools (set)	10136	105909	6341	77984
橡、塑加工机械	Rubber and Plastic Processing Machinery		34826		37837
数据处理设备 (万台)	Data Processing Equipment (10000 sets)	20960	1028925	21833	825421
电动、发电机 (万台)	Electric Motors and Generators (10000 sets)	107019	110471	110545	121601
发电机组、变流机 (台)	Generating Sets and Converters (set)	391	3896	1148	7468
电视摄像机 (万台)	Pickup Cameras (10000 sets)	19870	183194	23819	197690
电视机 (台)	Colour TV Sets (set)	17784	433	11373	647
半导体器件 (万个)	Parts of Semi-conductor Devices (10000 units)	11526600	574611	12170000	627537
电路保护装置	Circuit Protection Devices		578783		598219
显像管 (万只)	Kinescopes (10000 units)	13	287	1	18
集成电路、电子件(万个)	Integrated Circuits and Parts of Electronic Components (10000 units)	5635300	4214307	5821700	4504117
电线、电缆 (吨)	Electric Wires and Cables (ton)	81055	175207	80242	192070
汽车及底盘 (辆)	Motor Vehicles and Chassis (unit)	8855	21556	6686	16069
#小轿车 (辆)	Sedan Cars (unit)	740	2183	384	926
货车 (辆)	Trucks (unit)				
船舶 (艘)	Ships (unit)	164	736	91	895
塑料制品 (吨)	Plastic Products (ton)	96763	96056	95723	96057
印刷品 (吨)	Presswork (ton)	20724	12861	29095	16269

6-18 私营企业进出口主要指标

Main Indicators on Imports and Exports of Private Enterprises

单位：亿美元 (USD 100 million)

项目	Item	2000 出口 Exports	2000 进口 Imports	2005 出口 Exports	2005 进口 Imports	2010 出口 Exports	2010 进口 Imports
总 计	**Total**	**6.14**	**5.54**	**299.48**	**209.35**	**998.97**	**686.25**
按贸易方式分	By Customs Regime						
一般贸易	Ordinary Trade	5.72	4.27	216.69	137.75	763.62	466.50
来料加工	Processing and Assembling with Customer's Materials	0.09	0.07	57.06	45.63	96.67	65.93
进料加工	Processing and Assembling with Import Materials	0.28	0.16	19.40	11.35	98.21	49.02
加工设备	Processing Equipments				0.94		1.18
保税仓库	Bonded Warehouse	0.04	1.03	6.27	13.64	38.85	102.74
其他	Others			0.06	0.04	1.62	0.88
按产品类型分	By Type of Product						
机电产品	Machanical and Electrical Products	2.24	2.50	133.91	95.56	482.54	330.47
#机械及设备	Machinery and Equipments	0.23	1.07	25.82	26.73	83.08	69.15
电器及电子产品	Electric and Electronic Products	0.81	0.61	61.36	51.40	261.44	211.93
高新技术产品	High and New-tech Products	0.28	1.22	35.67	49.92	182.03	249.02
#计算机与通信技术	Computer and Communication Technology	0.20	0.72	30.04	15.38	153.63	56.05
电子技术	Electronic Technology	0.02	0.20	1.58	28.96	10.83	146.52
按主要国家(地区)分	By Main Country (Region)						
亚洲	**Asia**	**3.21**	**3.75**	**156.90**	**146.87**	**526.28**	**469.85**
中国香港	Hong Kong, China	1.66	0.24	87.26	13.38	235.66	18.49
中国澳门	Macao, China	0.15	0.01	2.09	0.61	3.59	0.53
中国台湾	Taiwan, China	0.08	0.72	3.44	26.27	11.16	76.31
日本	Japan	0.25	1.04	9.61	26.19	32.28	64.90
韩国	Republic of Korea	0.08	0.68	4.74	14.97	16.55	59.91
东盟	Association of Southeast Asian Nations	0.52	0.91	24.68	30.23	108.28	120.28
中东十七国	The Seventeen Countries of the Middle East	0.33	0.03	20.16	5.12	84.28	14.09
非洲	**Africa**	**0.16**	**0.02**	**11.60**	**3.12**	**52.67**	**13.49**
欧洲	**Europe**	**0.85**	**1.01**	**50.91**	**32.99**	**182.97**	**94.17**
欧盟	European Union	0.74	0.82	41.84	27.23	156.68	81.29
#英国	United Kingdom	0.14	0.08	7.33	2.40	24.01	5.35
德国	Germany	0.13	0.36	8.31	11.00	31.10	23.77
法国	France	0.06	0.04	4.00	1.87	18.70	8.52
意大利	Italy	0.11	0.12	4.41	2.86	16.04	6.04
荷兰	Netherlands	0.12	0.02	5.72	0.69	15.45	3.13
俄罗斯	Russia	0.01	0.01	3.96	3.52	15.68	8.00
拉丁美洲	**Latin America**	**0.29**	**0.08**	**14.08**	**5.39**	**65.99**	**25.84**
北美洲	**North America**	**1.50**	**0.56**	**60.48**	**14.44**	**153.33**	**46.34**
加拿大	Canada	0.09	0.06	5.14	1.64	13.98	10.76
美国	United States of America	1.42	0.49	55.34	12.80	139.34	35.58
大洋洲及其他	**Oceania and others**	**0.12**	**0.12**	**5.51**	**6.54**	**17.74**	**32.34**
澳大利亚	Australia	0.10	0.10	4.80	5.30	15.49	29.62
新西兰	New Zealand	0.01	0.02	0.59	1.20	1.86	2.65

6-18 续表 continued

单位：亿美元 (USD 100 million)

项目	Item	2011 出口 Exports	2011 进口 Imports	2012 出口 Exports	2012 进口 Imports	2013 出口 Exports	2013 进口 Imports
总计	**Total**	**1318.09**	**846.17**	**1660.75**	**1008.18**	**2130.95**	**1419.72**
按贸易方式分	By Customs Regime						
一般贸易	Ordinary Trade	960.12	564.83	1003.38	580.83	1170.34	663.03
来料加工	Processing and Assembling with Customer's Materials	95.26	62.14	82.34	53.70	70.94	44.57
进料加工	Processing and Assembling with Import Materials	183.19	63.52	311.66	63.99	309.88	95.78
加工设备	Processing Equipments		0.54		0.34		0.36
保税仓库	Bonded Warehouse	78.06	153.89	260.68	308.78	563.63	615.59
其他	Others	1.46	1.25	2.68	0.54	16.17	0.38
按产品类型分	By Type of Product						
机电产品	Machanical and Electrical Products	622.43	427.25	854.81	595.90	1260.69	983.01
#机械及设备	Machinery and Equipments	104.60	100.70	117.02	87.51	144.56	98.77
电器及电子产品	Electric and Electronic Products	346.14	265.00	524.30	404.14	871.33	767.80
高新技术产品	High and New-tech Products	250.87	334.77	446.61	492.61	747.42	814.02
#计算机与通信技术	Computer and Communication Technology	196.35	78.15	244.40	100.30	307.59	137.00
电子技术	Electronic Technology	33.00	185.93	148.26	299.84	378.41	576.83
按主要国家(地区)分	By Main Country (Region)						
亚洲	**Asia**	**744.74**	**596.20**	**1056.07**	**752.14**	**1458.00**	**1096.72**
中国香港	Hong Kong, China	374.35	23.73	693.68	40.36	1028.87	29.12
中国澳门	Macao, China	3.56	0.55	3.84	1.12	4.69	2.56
中国台湾	Taiwan, China	12.83	87.80	12.04	153.90	15.71	290.26
日本	Japan	38.40	82.66	32.23	67.85	30.28	72.45
韩国	Republic of Korea	21.52	77.76	20.26	83.57	24.02	126.14
东盟	Association of Southeast Asian Nations	141.27	164.41	148.19	152.31	185.39	196.58
中东十七国	The Seventeen Countries of the Middle East	107.25	16.73	101.30	18.28	121.09	22.31
非洲	**Africa**	**68.05**	**17.32**	**70.96**	**22.12**	**82.60**	**28.23**
欧洲	**Europe**	**217.30**	**107.93**	**213.30**	**98.57**	**239.83**	**103.83**
欧盟	European Union	181.19	95.00	174.48	84.53	197.53	91.09
#英国	United Kingdom	27.00	5.04	30.03	4.97	37.10	7.63
德国	Germany	39.40	26.22	34.66	27.27	36.43	35.44
法国	France	18.23	12.40	17.87	11.07	20.02	8.27
意大利	Italy	17.55	7.33	16.22	7.68	17.70	9.58
荷兰	Netherlands	17.62	4.86	17.80	5.01	20.80	5.92
俄罗斯	Russia	22.04	6.50	25.43	6.94	29.88	6.15
拉丁美洲	**Latin America**	**90.15**	**27.94**	**100.23**	**32.81**	**99.06**	**32.75**
北美洲	**North America**	**173.94**	**55.23**	**194.63**	**69.16**	**222.54**	**124.22**
加拿大	Canada	15.06	11.30	16.28	10.99	18.59	13.11
美国	United States of America	158.88	43.93	178.34	58.18	203.95	111.10
大洋洲及其他	**Oceania and others**	**23.91**	**34.62**	**25.55**	**33.37**	**28.92**	**32.92**
澳大利亚	Australia	18.87	31.33	21.37	24.13	25.22	26.48
新西兰	New Zealand	4.42	3.19	3.41	5.32	2.85	6.14

6-19 利用外资情况

Utilization of Foreign Capital

年份 Year	签订项目 (个) Number of Signed Projects (unit)	#外商直接投资 Foreign Direct Investment	合同外资额 (万美元) Amount of Contracted Foreign Capital (USD 10000)	#外商直接投资 Foreign Direct Investment	实际利用外资 (万美元) Amount of Foreign Capital Actually Utilized (USD 10000)	#外商直接投资 Foreign Direct Investment
1979	1642	70	22889	14616	9143	3074
1980	5048	188	138920	120046	21419	12320
1981	6803	236	167507	156206	28837	17326
1982	8171	151	155916	147698	28103	17123
1983	11318	412	72660	61552	40685	24523
1984	17452	1105	144489	116958	64379	54163
1985	13621	1640	256521	200073	91910	51529
1986	9417	774	183480	85902	142829	64392
1987	6999	1186	201750	124647	121671	59396
1988	7662	2741	382748	224196	243965	91906
1989	6636	2438	362311	243813	239915	115644
1990	7196	3042	316751	268958	202347	145984
1991	8507	4554	580152	490530	258250	182286
1992	12916	9769	1986673	1885764	486147	355150
1993	19012	16768	3489660	3314887	965225	749805
1994	11956	10558	2638753	2382441	1144664	939708
1995	9345	8177	2610480	2483244	1210037	1018028
1996	5955	4608	1744639	1554584	1389943	1162362
1997	17737	3744	964527	769202	1420519	1171083
1998	15459	4349	1237802	916180	1509945	1202005
1999	14824	3013	871592	617451	1447383	1220300
2000	16879	4245	1108598	868393	1457466	1223720
2001	13198	5317	1580386	1343463	1575526	1297240
2002	11706	6613	1890108	1617119	1658946	1311071
2003	11472	7306	2446711	2178926	1894081	1557779
2004	10530	8322	2217800	1936046	1289900	1001158
2005	11786	8384	2675695	2374365	1517358	1236391
2006	11276	8452	2838923	2456820	1780780	1451065
2007	11705	9506	3646583	3393817	1961771	1712603
2008	8980	6999	3071447	2863991	2126657	1916703
2009	5693	4346	1824109	1755834	2028688	1953460
2010	6022	5641	2516987	2460075	2102646	2026098
2011	7289	7035	3485492	3469238	2232847	2179836
2012	6263	6043	3544579	3499424	2410578	2354911
2013	5740	5520	3666273	3631343	2532719	2495210

注：1. 2002年起外商直接投资统计口径调整，企业投资总额内的境外借款只包括外方股东贷款。
2. 2004年实际利用外商直接投资统计口径作了调整，与2003年以前的年份不可比。
3. 2004年起签订项目数、合同外资额、实际利用外资不包含对外借款。

Notes:a) Since 2002, the foreign direct investment statistic has been adjusted, of which the overseas borrowings in total investment of enterprises only include loans by foreign shareholders.
b) The foreign direct investment actually utilized of 2004 is adjusted, incomparable to values of preceding years.
c) Since2004,the number of signed projects,amount of contracted foreign capital and foreign capital actually utilized exclude foreign borrowings

6-20 分方式利用外资（2013年）

Utilization of Foreign Capital by Type (2013)

指　标	Item	签订项目（个）Number of Signed Projects (unit)	合同外资额（万美元）Amount of Contracted Foreign Capital (USD 10000)	实际利用外资（万美元）Amount of Foreign Capital Actually Utilized (USD 10000)
总　计	**Total**	**5740**	**3666273**	**2532719**
外商直接投资	**Foreign Direct Investment**	**5520**	**3631343**	**2495210**
合资经营企业	Joint Ventures	481	480678	497253
合作经营企业	Cooperative Enterprises	22	41605	48370
外资(独资)企业	Enterprises with Sole Foreign Investment	5014	3086787	1910803
外商投资股份制	Foreign Share-holding Corporations Ltd.	3	22273	38784
合作开发	Cooperative Development			
其他	Others			
外商其它投资	**Other Foreign Investment**	**220**	**34930**	**37509**
对外发行股票	Shares Issued Abroad			
国际租赁	International Lease			
补偿贸易	Compensation Trade			
加工装配	Processing and Assembly	220	34930	37509

6-21 分行业外商直接投资（2013年）

Foreign Direct Investment by Sector (2013)

指　标	Item	签订项目（个）Number of Signed Projects (unit)	合同外资额（万美元）Amount of Contracted Foreign Capital (USD 10000)	实际利用外资（万美元）Amount of Foreign Capital Actually Utilized (USD 10000)
总　计	**Total**	**5520**	**3631343**	**2495210**
农、林、牧、渔业	Farming, Forestry, Animal Husbandry and Fishery	121	53841	15143
采矿业	Mining	3	1888	1188
制造业	Manufacture	1549	1943568	1281843
电力、燃气及水的生产和供应业	Production and Supply of Electric Power, Gas and Water	22	55444	62635
建筑业	Construction	32	17113	8786
交通运输、仓储和邮政业	Transport, Storage and Postal Services	73	66094	60441
信息传输、计算机服务和软件业	Information Transmission, Computer Services and Software	108	33583	27536
批发和零售业	Wholesale and Retail Trades	2337	460020	272670
住宿和餐饮业	Hotels and Catering Services	72	25088	18857
金融业	Finance	105	231537	97790
房地产业	Real Estate	68	372970	337237
租赁和商务服务业	Leasing and Business Services	783	260207	192480
科学研究、技术服务和地质勘查业	Scientific Research, Technical Servicesand Geologic Prospecting	165	48791	50568
水利、环境和公共设施管理业	Management of Water Conservancy, Environment and Public Facilities	6	12109	32503
居民服务和其他服务业	Services to Households and Other Services	51	32646	18641
教育	Education	5	988	339
卫生、社会保障和社会福利业	Health, Social Security and Social Welfare	3	5222	4665
文化、体育和娱乐业	Culture, Sports and Recreation	17	10234	11888
公共管理和社会组织	Public Administration and Social Organizations			

6-22 分国别(地区)外商直接投资

Foreign Direct Investment by Country (Region)

指 标	Item	1979-2013	2000	2005	2010	2012	2013
签订协议(合同)数(个)	**Number of Agreements (Contracts) Signed (unit)**	**173252**	**4245**	**8384**	**5641**	**6043**	**5520**
亚洲	**Asia**	**149021**	**3482**	**6912**	**4992**	**5423**	**4982**
#中国香港	Hong Kong, China	125323	2474	5208	4051	4525	4064
中国台湾	Taiwan, China	11325	482	531	326	219	244
中国澳门	Macao, China	8761	304	448	133	184	230
日本	Japan	2311	51	191	108	99	65
新加坡	Singapore	2299	76	137	72	68	70
韩国	Republic of Korea	1748	52	108	97	134	125
马来西亚	Malaysia	799	14	52	47	37	31
泰国	Thailand	662	12	11	8	14	5
文莱	Brunei	628		99	19	12	17
印度尼西亚	Indonesia	189	6	15	4	5	10
印度	India	133		9	18	16	16
约旦	Jordan	117		15	16	12	8
伊朗	Iran	113		7	16	21	12
非洲	**Africa**	**958**	**14**	**85**	**120**	**97**	**86**
#毛里求斯	Mauritius	503	12	58	20	6	6
塞舌尔	Seychelles	322			73	68	47
埃及	Egypt	42	1	6	2	6	6
欧洲	**Europe**	**2663**	**81**	**223**	**114**	**151**	**115**
#英国	United Kingdom	701	18	39	14	14	18
德国	Germany	418	11	35	19	18	19
法国	France	345	7	34	17	16	16
意大利	Italy	342	8	36	16	30	14
荷兰	Netherlands	194	14	17	9	4	8
瑞士	Switzerland	128	3	11	5	7	8
西班牙	Spain	122	4	8	7	20	3
瑞典	Sweden	54	2	5	1	6	1
丹麦	Denmark	53	1	6	4	4	5
比利时	Belgium	52		5	1	4	2
奥地利	Austria	36		2	2	1	1
芬兰	Finland	35	2	6	2	3	3
波兰	Poland	33		1	1	2	
挪威	Norway	26	2	3	1		
拉丁美洲	**Latin America**	**6248**	**428**	**605**	**158**	**123**	**128**
#维尔京群岛	Virgin Islands	5455	380	534	138	93	109
开曼群岛	Cayman Islands	360	26	33	5	14	7
巴拿马	Panama	90	3	3	1	5	
伯利兹	Belize	63	9	7	5	2	
巴哈马	Bahamas	59	8	2			
委内瑞拉	Venezuela	46	2	2	2	3	
北美洲	**North America**	**5546**	**229**	**412**	**139**	**123**	**120**
#美国	United States of America	4646	193	332	110	96	85
加拿大	Canada	1003	32	73	28	27	33
百慕大	Bermuda	44	3	6	1		2
大洋洲	**Oceania**	**2979**	**96**	**319**	**154**	**140**	**118**
#萨摩亚	Samoa	2024	52	233	114	101	82
澳大利亚	Australia	880	31	68	30	32	29
新西兰	New Zealand	124	4	9	5	4	4
东萨摩亚	East Samoa	47	8	1			
其它	**Others**	**627**	**2**	**18**	**31**	**45**	**41**
投资性公司投资	Investment Companies	244		14	31	42	38

6-22 续表 1 continued

指　　标	Item	1979-2013	2000	2005	2010	2012	2013
协议利用外资额(万美元)	**Amount of Utilization of Foreign Capital through Signed Agreements (USD 10000)**	**50027802**	**868393**	**2374365**	**2460075**	**3499424**	**3631343**
亚洲	**Asia**	**39606632**	**548646**	**1566619**	**2065786**	**2996066**	**2967352**
#中国香港	Hong Kong, China	33546098	412219	1220865	1853437	2423988	2681123
新加坡	Singapore	1275394	46516	53125	37456	140532	77281
中国台湾	Taiwan, China	1267014	48354	60237	29271	55718	51054
日本	Japan	1219405	19608	99260	37066	140325	82001
中国澳门	Macao, China	1211597	12863	79936	44138	64032	66983
韩国	Republic of Korea	481614	8143	14018	30011	135372	10352
文莱	Brunei	129241		18576	8679	10901	4124
印度尼西亚	Malaysia	78859		3587	3573	6937	7358
缅甸	Burma	5794	1776	10	251	500	
叙利亚	Syria	4201		66	248	40	3006
土耳其	Turkey	2374		105	291	325	692
约旦	Jordan	1770		145	263	214	142
伊朗	Iran	1735		42	191	678	112
非洲	**Africa**	**335003**	**4397**	**33060**	**17872**	**32158**	**32137**
#毛里求斯	Mauritius	260292	4275	30220	10292	8181	15441
塞舌尔	Seychelles	49068			7401	13674	12854
尼日利亚	Nigeria	5294		2013	143	4900	46
欧洲	**Europe**	**1628399**	**28033**	**69444**	**37902**	**71279**	**143663**
#英国	United Kingdom	428887	7158	9593	-2261	662	27011
荷兰	Netherlands	395423	5948	10817	7537	23594	46623
法国	France	265375	5670	19646	5187	3140	21525
德国	Germany	234363	2461	6428	4971	21466	22447
瑞士	Switzerland	67862	619	344	244	5042	8586
意大利	Italy	54436	411	3116	1315	5500	3646
西班牙	Spain	33215	858	1227	3945	2849	
丹麦	Denmark	20806	765	2884	3646	897	527
爱尔兰	Eire	18661		211	3748	5534	68
芬兰	Finland	15997	440	6709	208	877	6365
奥地利	Austria	13587		251	2884	866	1047
瑞典	Sweden	11947	333	1291	31	3286	793
比利时	Belgium	7573	187			2518	594
葡萄牙	Portugal	3356	13	2105		8	19
拉丁美洲	**Latin America**	**5143638**	**208680**	**490204**	**155430**	**201682**	**245702**
#维尔京群岛	Virgin Islands	4571341	181692	430621	137874	183442	188250
开曼群岛	Cayman Islands	418602	20578	41739	8907	16399	50668
巴巴多斯	Barbados	47121		10476		20	978
巴拿马	Panama	32432	1793	911	921	1516	294
巴哈马	Bahamas	28878	2897	1569	8718		630
伯利兹	Belize	18794	1690	1486	875	1667	75
委内瑞拉	Venezuela	5494	15	19	320	1047	531
巴西	Brazil	5038		7	20	150	2685
北美洲	**North America**	**1466785**	**48580**	**74124**	**34076**	**33087**	**49812**
#美国	United States of America	1146092	44389	42046	28995	22795	22872
加拿大	Canada	183740	3126	11111	927	8398	4120
百慕大	Bermuda	136289	1039	20937	4154	1651	22820
大洋洲	**Oceania**	**924323**	**26715**	**94320**	**72007**	**50631**	**58654**
#萨摩亚	Samoa	723224	16151	74611	70040	51282	43155
澳大利亚	Australia	140352	7507	13045	281	976	12033
马绍尔群岛	Marshall Islands	21420	1073	1962	1196	86	1828
新西兰	New Zealand	14369	108	1302	284		151
其它太洋岛屿	Other Pacific Islands	4470		802	126	7	
其它	**Others**	**923022**	**3342**	**46594**	**76972**	**114521**	**134023**
投资性公司投资	Investment Companies	686551		44913	76806	112789	133009

6-22 续表 2 continued

指　　标	Item	1979-2013	2000	2005	2010	2012	2013
实际利用外资(万美元)	**Foreign Capital Actually Utilized (USD 10000)**	**32375352**	**1223720**	**1236391**	**2026098**	**2354911**	**2495210**
亚洲	**Asia**	**24279108**	**927071**	**794244**	**1486723**	**1809978**	**1930728**
#中国香港	Hong Kong, China	20088989	744826	582361	1291738	1478493	1619922
日本	Japan	1186626	30852	94365	51044	111224	88352
新加坡	Singapore	900524	49115	29207	46482	117213	101174
中国台湾	Taiwan, China	823192	49746	33370	24543	23165	12324
中国澳门	Macao, China	643201	26137	28579	30189	25819	38446
韩国	Republic of Korea	304410	13671	10904	20658	36032	54536
文莱	Brunei	88153		6911	8825	10237	4000
马来西亚	Malaysia	79527	4993	3761	5133	3002	1501
泰国	Thailand	61615	2895	1044	998	412	970
印度尼西亚	Indonesia	48197	3352	473	877	38	7419
阿联酋	Unit Arab Emirates	22370	100	2070	5370	1037	28
菲律宾	Philippines	8684	191	69	91		3
印度	India	4562	964	407	69	259	176
非洲	**Africa**	**198129**	**4272**	**11283**	**16972**	**13643**	**19526**
#毛里求斯	Mauritius	171135	4576	10776	14738	9008	11549
塞舌尔	Seychelles	34739			7401	4346	7853
欧洲	**Europe**	**1180099**	**38643**	**83276**	**78713**	**73353**	**161543**
#荷兰	Netherlands	295508	7886	38768	9646	31696	43630
英国	United Kingdom	269860	8258	12096	1859	1111	27787
法国	France	218614	4551	14148	52008	12290	37039
德国	Germany	166650	10057	8041	3657	11992	22963
瑞士	Switzerland	53984	3349	2385	2839	1151	11725
意大利	Italy	50377		4991	1736	3374	5385
西班牙	Spain	27978	44	1052	2089	3783	1669
芬兰	Finland	19162	2302	150	18	2	4150
奥地利	Austria	15283	101	178	1000	1714	422
卢森堡	Luxembourg	13931	90		660	735	3122
丹麦	Denmark	12502		235	201	468	202
瑞典	Sweden	11352	360	257	500	3283	1666
爱尔兰	Ireland	8463		286	2010	115	914
比利时	Belgium	5319	499	73	60	1336	420
拉丁美洲	**Latin America**	**4400301**	**161983**	**237757**	**303059**	**250871**	**231317**
#维尔京群岛	Virgin Islands	3896175	149200	210548	270979	216916	198181
开曼群岛	Cayman Islands	369772	6694	20526	24644	30055	31558
巴哈马	Bahamas	45941	3543	2183	1649	64	188
巴巴多斯	Barbados	41208		1100	3254	347	435
巴拿马	Panama	24903	1544	1541	1953	1685	577
北美洲	**North America**	**1016131**	**74453**	**34704**	**40816**	**60233**	**47372**
#美国	United States of America	795868	66972	25694	25388	46850	20817
百慕大	Bermuda	120714	2320	6252	13341	10895	23735
加拿大	Canada	97661	5161	2728	2087	2369	2756
大洋洲	**Oceania**	**690614**	**14510**	**57743**	**53171**	**40367**	**42357**
#萨摩亚	Samoa	578183	8942	50651	49714	36652	37279
澳大利亚	Australia	81737	4697	4315	2869	2094	3508
马绍尔群岛	Marshall Islands	7891	680	959	183	927	1118
新西兰	New Zealand	6920	86	189	181	535	407
其它	**Others**	**610970**	**2788**	**17384**	**46644**	**106466**	**62367**
投资性公司投资	Investment Companies	389659		16770	35196	103145	61396
创业投资公司投资	Resuccess Investments Limited	1524				848	676

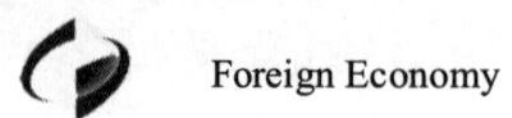

6-23 各市外商直接投资
Foreign Direct Investment by City

市别	City	2012 签订项目(个) Number of Signed Projects (unit)	2012 合同外资额(万美元) Amount of Contracted Foreign Capital (USD 10000)	2012 实际利用外资(万美元) Amount of Foreign Capital Actually Utilized (USD 10000)	2013 签订项目(个) Number of Signed Projects (unit)	2013 合同外资额(万美元) Amount of Contracted Foreign Capital (USD 10000)	2013 实际利用外资(万美元) Amount of Foreign Capital Actually Utilized (USD 10000)
全省合计	**Provincial Total**	**6043**	**3499424**	**2354911**	**5520**	**3631343**	**2495210**
广州	Guangzhou	1095	680186	457489	1092	711432	480383
深圳	Shenzhen	2428	626184	522940	2056	669998	546784
珠海	Zhuhai	253	218978	144677	272	237064	168728
汕头	Shantou	18	15653	13051	24	21465	14820
佛山	Foshan	155	330471	234983	205	353477	252090
#顺德	Shunde	54	95804	72296	89	102369	76888
韶关	Shaoguan	69	31736	17169	69	35695	18935
河源	Heyuan	73	24287	19710	85	30290	21111
梅州	Meizhou	177	37338	11877	186	41601	13311
惠州	Huizhou	327	265479	172787	284	289227	183413
汕尾	Shanwei	35	77225	34517	33	27409	15241
东莞	Dongguan	690	381031	336938	506	404110	393775
中山	Zhongshan	193	131881	80394	173	132102	64637
江门	Jiangmen	153	136478	86982	167	121754	92301
阳江	Yangjiang	54	66040	15303	41	70359	16533
湛江	Zhanjiang	12	31958	8726	9	8107	13181
茂名	Maoming	23	15226	8004	50	22384	11472
肇庆	Zhaoqing	154	291321	115159	129	311168	124104
清远	Qingyuan	37	36465	30296	43	39359	21161
潮州	Chaozhou	29	17806	14208	24	14781	10107
揭阳	Jieyang	40	59010	19166	38	63109	22072
云浮	Yunfu	28	24671	10535	34	26452	11051
按经济区域分	By Region						
珠三角	Pearl River Delta	5448	3062009	2152349	4884	3230332	2306215
东翼	Eastern Region	122	169694	80942	119	126764	62240
西翼	Western Region	89	113224	32033	100	100850	41186
山区	Mountainous Region	384	154497	89587	417	173397	85569

6-24 对外经济技术合作情况

Economic and Technical Cooperation with Foreign Countries and Regions

年 份 Year	对外承包工程 Contracted Projects				对外劳务合作 Labor Services		
	签订合同数（宗） Number of Contracts Signed (unint)	合同金额（万美元） Contracted Value (USD 10000)	营业金额（万美元） Value of Turnover (USD 10000)	年末在外人数（人） Number of Persons Abroad at the Year-end (person)	劳务人员合同工资总额（万美元） Total Wages of Contract Workers (USD 10000)	劳务人员实际收入总额（万美元） Actual Total Income of Contract Workers (USD 10000)	年末在外人数（人） Number of Persons Abroad at the Year-end (person)
1985	28	1897	2491	305	424	433	1197
1990	23	5953	7586	688	6055	3189	8045
1995	29	19183	10924	850	20593	17775	33263
1996	37	14823	9474	1680	11784	19365	23319
1997	67	22435	10940	354	17356	14743	22857
1998	28	13331	17526	566	12925	14464	20816
1999	63	52961	21857	603	9327	13230	19128
2000	86	36555	34515	634	12941	10777	19564
2001	250	53924	26192	641	13271	11752	30695
2002	165	64827	58986	643	19114	17059	18922
2003	193	97055	86898	730	23132	21926	21738
2004	810	168338	161287	856	27392	28315	17043
2005	2061	326752	247189	606	32762	30878	20469
2006	1625	458442	344170	752	41898	37030	27024
2007	757	597733	546069	946	80824	62927	27880
2008	331	844352	686045	886	68209	58420	33691
2009	556	814859	758799	2105	45718	59469	33124
2010	605	986740	820815	4554	76575	58428	33901
2011	528	1343526	1134158	4017	46578	46445	38621
2012	517	1905053	1605342	3863	46643	38600	44301
2013	617	2366492	2286507	3243	53917	44689	54272

注：1. 2009年以后，“对外承包工程”包含“对外设计咨询”。
2. 2011年对外劳务合作统计口径调整。

Note: a) Since 2009, foreign design cousultation is inclued in foreign contracted projects.
b) The statistics coverage of foreign labor service has been adjusted in 2011.

6-25 分行业外商投资企业工商注册登记情况（2013年末）

Registration Status of Enterprises with Foreign Investment by Sector (Year-end of 2013)

行业	Sector	企业数（户）Number of Registered Enterprises (unit)	投资总额（亿美元）Total Investment (USD 100 million)	注册资本（亿美元）Registered Capital (USD 100 million)	#外方 Capital Invested by Foreign Partners
总计	**Total**	**100639**	**5126.40**	**3037.15**	**2516.59**
农、林、牧、渔业	Farming, Forestry, Animal Husbandry and Fishery	1617	40.84	28.75	26.47
采矿业	Mining	85	6.47	3.36	2.76
制造业	Manufacture	48304	2849.25	1717.02	1479.62
电力、燃气及水的生产和供应业	Production and Supply of Electric Power, Gas and Water	583	314.61	109.85	54.75
建筑业	Construction	658	98.47	41.64	26.30
交通运输、仓储和邮政业	Transport, Storage and Postal Services	2863	224.01	114.18	69.16
信息传输、计算机服务和软件业	Information Transmission, Computer Services and Software	4650	96.21	68.75	59.28
批发和零售业	Wholesale and Retail Trades	18645	259.48	167.72	142.96
住宿和餐饮业	Hotels and Catering Services	3896	64.71	41.49	34.63
金融业	Finance	1057	60.30	55.53	43.17
房地产业	Real Estate	4716	646.49	386.31	346.75
租赁和商务服务业	Leasing and Business Services	8174	249.06	174.99	133.97
科学研究、技术服务和地质勘查业	Scientific Research, Technical Services and Geological Prospecting	3361	145.05	82.66	58.13
水利、环境和公共设施管理业	Management of Water Conservancy, Environment and Public Facilities	132	15.44	8.47	7.27
居民服务和其他服务业	Households and Other Servies	1242	21.79	15.05	13.24
教育	Education	55	1.26	0.73	0.61
卫生、社会保障和社会福利业	Health Care, Social Security and Social Welfare	27	3.48	2.12	1.37
文化、体育和娱乐业	Culture, Sports and Recreation	413	27.04	17.23	14.97
其他	Others	161	2.43	1.32	1.18

6-26 各市外商投资企业工商注册登记情况（2013年末）

Registration Status of Enterprises with Foreign Investment by City (Year-end of 2013)

市 别	City	企业数(户) Number of Registered Enterprises(unit)	投资总额 (亿美元) Total Investment (USD 100 million)	注册资本 (亿美元) Registered Capital (USD 100 million)	#外 方 Capital Invested by Foreign Partners
全省合计	**Provincial Total**	**100639**	**5126.40**	**3037.15**	**2516.59**
广 州	Guangzhou	18487	1167.37	621.63	522.07
深 圳	Shenzhen	32583	1170.17	697.95	531.92
珠 海	Zhuhai	4906	329.23	191.74	161.39
汕 头	Shantou	1397	63.30	40.59	32.41
佛 山	Foshan	5541	369.57	222.52	185.01
#顺 德	Shunde	2029	116.21	72.84	56.51
韶 关	Shaoguan	656	31.86	21.57	18.92
河 源	Heyuan	1140	46.45	32.09	29.34
梅 州	Meizhou	1207	21.78	16.39	14.01
惠 州	Huizhou	6627	363.49	217.43	188.51
汕 尾	Shanwei	497	37.24	24.98	24.28
东 莞	Dongguan	11867	546.32	371.46	353.36
中 山	Zhongshan	3621	186.76	111.02	101.44
江 门	Jiangmen	4701	290.13	160.08	124.73
阳 江	Yangjiang	560	31.59	21.06	18.08
湛 江	Zhanjiang	580	46.59	24.60	15.04
茂 名	Maoming	590	16.93	10.99	8.85
肇 庆	Zhaoqing	1819	109.12	67.22	60.94
清 远	Qingyuan	869	85.65	53.03	42.61
潮 州	Chaozhou	592	16.27	10.79	7.58
揭 阳	Jieyang	650	20.74	15.70	13.39
云 浮	Yunfu	444	17.56	10.16	8.73
局 本 部	Unclassified by Region	1305	158.29	94.15	53.94

6-27 一类口岸开放使用情况（2013年末）

Opening and Operating Status of Category-1 Ports (Year-end of 2013)

市别	City	个数 Number	口岸类型 Name of Ports 水运	Water Transport	陆运	Land Transport	空运 Air Transport
合计	**Total**	**59**	**40**		**14**		**5**
广州	Guangzhou	6	广州港口岸	Guangzhou Port	天河铁路客运	Tianhe Railway Station for Passenger Service	白云机场 Baiyun Airport
			广州南沙港口岸	Nansha Port			
			广州莲花山港口岸	Lianhuashan Port			
			增城新塘港客运口岸	Xintang Port			
深圳	Shenzhen	18	蛇口码头	Shekou Port	罗湖	Luohu	深圳机场 Shenzhen Airport
			赤湾码头	Chiwan Port	文锦渡	Wenjindu	
			梅沙旅游专用口岸	Meisha Port	沙头角	Shatoujiao	
			东角头码头	Dongjiaotou Port	皇岗	Huanggang	
			妈湾码头	Mawan Port	深圳湾	Shenzhen Bay	
			盐田码头	Yiantian Port	福田	Futian	
			大亚湾核电站专用码头	Dayawan Port	笋岗铁路货运	Sungang Railway Freight	
			西冲旅游专用口岸	Xichong Port			
			大铲湾港区	Dachan Bay Port			
			深圳机场配套客、货、油码头	Shenzhen Airport Passenger,Cargo, Oil Terminal Facilities			
珠海	Zhuhai	8	九州港口岸	Jiuzhou Port	拱北	Gongbei	
			湾仔口岸	Wanzai Port	横琴	Hengqin	
			珠海港口岸	Zhuhai Port	珠澳跨境工业区专用口岸	The Industrial Zone Dedicated port cross-border between The Pearl River Delta and Macao	
			万山港口岸	Wanshan Port			
			斗门港口岸	Doumen Port			
汕头	Shantou	4	汕头港口岸	Shantou Port			揭阳潮汕机场(临时开放) Jieyang Chaoshan Airport (Temporary Open)
			潮阳港口岸	Chaoyang Port			
			南澳港口岸	Nanao Port			
梅州	Meizhou	1					梅州机场 Meizhou Airport
惠州	Huizhou	1	惠州港口岸	Huizhou Port			
汕尾	Shanwei	1	汕尾港口岸	Shanwei Port			
东莞	Dongguan	2	虎门港口岸	Humen Port	东莞铁路客运	Dongguan Railway Stations for Passenger Service	
中山	Zhongshan	1	中山港口岸	Zhongshan Port			
江门	Jiangmen	5	江门客运港口岸	Jiangmen Port			
			开平三埠港客运口岸	Sanfu Port			
			台山广海港口岸	Guanghai Port			
			鹤山港客运口岸	Heshan Port			
			新会港口岸	Xinhui Port			
佛山	Foshan	4	顺德容奇港口岸	Shunde Port	佛山铁路客运	Foshan Railway Stations for Passenger Service	
			南海港口岸	Nanhai Port			
			高明港客运口岸	Gaoming Port			
阳江	Yangjiang	1	阳江港口岸	Yangjiang Port			
湛江	Zhanjiang	2	湛江港口岸	Zhanjiang Port			湛江机场 Zhanjiang Airport
茂名	Maoming	1	水东港口岸	Shuidong Port			
肇庆	Zhaoqing	2	肇庆港客运口岸	Zhaoqing Port	肇庆铁路客运	Zhaoqing Railway Station for Passenger Service	
潮州	Chaozhou	1	潮州港口岸	Chaozhou Port			
揭阳	Jieyang	1	揭阳港口岸	Jieyang Port			

注：2013年末全省二类口岸88个,其中水运83个,陆运5个。进出境货运车辆检查场64个。

Note : There are 88 category-2 ports of Guangdong province in 2013, including 83 water transports and 5 land transports. There are 64 freight vehicle inspection yard in the border

主要统计指标解释

进出口总额 指实际进出我国国境的货物（包括贸易和非贸易）的价值总和。主要包括对外贸易实际进出口货物，来料加工装配、补偿贸易、进料加工进出口货物，国家间及国际组织无偿援助物资和赠送品，华侨、港澳台同胞和外籍华人捐赠品，租赁期满归承租人所有的租赁货物，边境地方贸易及边境地区小额贸易进出口货物（边民互市贸易除外），中外合资、合作经营企业、外商独资经营企业进出口货物和公用物品，到、离岸价格在规定限额以上的进出口货样和广告品（无商业价值、无使用价值和免费提供出口的除外），从保税仓库提取在中国境内销售的进出口货物，以及其他进出口货物。进出口总额反映一个国家在对外经济贸易方面实际进出口货物的总规模。

产消国 即原产国（地）和最终目的国。原产国指进口货物的生产、开采或加工制造的国家。最终目的国指出口货物已知的消费、使用或进一步加工制造的国家。

利用外资 指我国政府、部门、企业和其他经济组织通过对外借款、吸收客商直接投资以及向境外发行债券、股票等方式筹借的境外资金。

外资的形式可以是现汇、实物、工业产权或专有技术等有形资本和无形资本。

我国自有外汇和中国银行自有外汇资金发放的外汇贷款购置国外设备和材料，华侨、港澳同胞的捐赠，联合国或其他国际组织的无偿赠送资金、无偿援建的项目均不属于外资范围 。

利用外资的方式有：对外借款，外国（或港澳地区）企业和经济组织或个人在我国境内开办独资企业、与我国境内的企业或组织共同开办合资企业、合作经营(企业)项目或合作开发资源，以及补偿贸易、国际租赁等。

补偿贸易 是以商品或劳务偿还贷款的一种贸易方式。即由客商提供设备、原材料、生产技术，以这些设备、原材料、生产技术生产的产品或是用双方协商的其他产品价值去支付 （偿还）进口设备、原材料价款。

对外借款 指我国政府、部门、企业和中国银行等单位向国际金融组织 、外国政府、企业等借用的长期、短期资本，到期需还本付息。借款按不同渠道划分为：①外国政府贷款； ②国际金融组织贷款；③外国银行贷款；④出口信贷；⑤发行债券。

外商直接投资 指外国企业和经济组织或个人（包括华侨、港澳同胞以及我在境外注册的企业）按我国有关政策、法规，在我国境内开办外商独资企业，与我国境内的企业或经济组织共同举办中外合资企业、合作经营企业或合作开发资源的投资，以及外商从企业得到收益的再投资。2002 年起“外商直接投资”统计口径调整，“企业投资总额内的境外借款”只包括“企业投资总额内直接投资者对企业的贷款,即外方股东贷款”。不包括“直接投资者提供担保的第三方对企业的贷款即外方股东担保贷款”和“其他方式的企业境外借款即其他境外借款。”

国际租赁 指出租者用自有资金，或向银行借款购买资本设备租给承租者在约定的期限内使用，承租者依约按期付给出租者一定租金，在租赁期内设备的使用属于承租者，设备的所有权属于出租者，租期满后，出租者对设备具有支配权：收回、作价出卖或赠送企业。

中间价 指人民银行每日公布的银行买入卖出外汇的参考价。银行在买入卖出业务中可以在中间价上下浮动 5 ‰。

Explanatory Notes on Main Statistical Indicators

Total Imports and Exports refer to the real value of commodities (both trade and non-trade) imported and exported across the border of China. They mainly include actual imports and exports through foreign trade, imported and exported goods in the categories of processing and assembling of customer's materials, compensation trade, and processing of import materials, supplies and gifts as aid given gratis between governments and by international organizations, donations by overseas Chinese, compatriots in Hong Kong, Macao and Taiwan and Chinese with foreign citizenship, leasing commodities owned by tenants at the expiration of leasing period, local trade and Small-amount trade in border areas (excluding exchange trade between border residents), imported and exported commodities and articles for public use of Sino-foreign joint ventures, cooperative enterprises and ventures with sole foreign investment. Also included are import or export of samples and advertising articles above designated CIF or FOB prices (excluding goods of no trading or use value and free commodities for export), import and export goods sold in China from bonded warehouse and other import and export goods. Total imports and exports is an indicator of the total size of actual imported and exported goods of a country in foreign trade and economic cooperation.

Production and Consumption Countries refer to the country of origin and the country of final destination. The country of origin refers to the country where the imported goods are produced, exploited or processed. The country of final destination refers to the country where the imported goods are consumed, utilized or further processed.

Utilization of Foreign Capital refers to funds financed from abroad by means of loans, foreign direct investment, and issuing bonds and shares undertaken by the Chinese governments at all levels, various departments, enterprises and other economic units.

The types of foreign capital include tangible capital and intangible capital, such as remittance, goods, industrial property rights and know-how.

Those excluded are the purchases of foreign equipment and materials with loans from state-owned foreign exchange and foreign exchange owned by the Bank of China, donations by overseas Chinese, compatriots in Hong Kong and Macao, and funds and projects as aid given gratis by the United Nations and other international organizations.

Utilization of foreign capital takes the forms of loans from abroad, sole investment in enterprises in the boundary of China by foreign (or Hong Kong and Macao) enterprises, economic organizations or individuals, investment in Sino-foreign joint ventures, cooperative projects (enterprises), cooperative exploitation of natural resources with enterprises or organizations in China, compensation trade and international lease, etc.

Compensation Trade is a kind of trade returning loans with commodities or services, i.e. imported equipment, raw materials and production technology provided by foreign entrepreneurs are repaid (returned) by means of the products produced with such equipment, raw materials and production technology or by means of the value of other products negotiated by both sides.

Foreign Loans refer to long-term capital and short-term capital borrowed from international financial organizations, foreign governments and enterprises by the Chinese governments at all levels, by various departments, enterprises and the Bank of China, etc, and repaid with interest at maturity. Foreign loans can be divided according to channels into: ①loans from foreign governments; ②loans from international financial organizations; ③loans from foreign banks; ④export credit; ⑤bonds and shares issued abroad.

Foreign Direct Investment refers to investment inside China by foreign enterprises and economic organizations or individuals (including overseas Chinese, compatriots from Hong Kong and Macao, and Chinese enterprises registered abroad), following the relevant policies and laws of China, for the establishment of foreign sole investment enterprises, Sino-foreign joint ventures and cooperative enterprises or for cooperative exploitation of resources with enterprises or economic organizations in China, and re-investment of foreign entrepreneurs with the profits gained from such enterprises and corporations. Starting from 2002, the foreign direct investment statistic has been adjusted such that the overseas borrowings in total investment of enterprises only include loans to the enterprises by direct investors or, in other terms, loans by foreign shareholders, but exclude loans from the third party guaranteed by the direct investors or, in other terms, loans guaranteed by the foreign shareholders, and overseas borrowings by enterprises in other manners or, in other terms, other overseas borrowings.

International Lease refers to the lease of which tenants rent the equipment purchased by lessors with their own money or loans from banks during a fixed period and repay a sum of leasing expenses to lessors according to contracts. During the leasing period, tenants have the right to use the equipment while lessors maintain possession of the equipment. At the expiration of the leasing period, lessors have the right to dispose the equipment: take it back, sell it at a fixed price, or donate it to an enterprise.

Middle Exchange Rate refers to the reference rate of banks buying and selling foreign exchanges issued by the People's Bank of China on a daily basis. There is a 5‰ floating range for the middle exchange rate in the operation of banks buying and selling foreign exchanges.

七、能源、资源和环境

ENERGY, RESOURCES AND ENVIRONMENT

七 能源、资源和环境

简要说明

一、本篇资料反映广东自然资源状况、能源生产、能源消费、能耗水平和环境保护事业等情况。能源情况主要包括：能源生产、消费及品种构成，分行业能源消费总量，综合能源平衡，各市能源单耗，能源生产和消费弹性系数，能源加工转换效率，生活用能源消费等资料。自然资源包括土地 、气候、森林、水利、矿产资源情况。环保部分主要包括水环境、大气环境、生态环境、城市环境、农村环境、自然灾害，“三废”的排放、治理、综合利用，环境管理、环保系统自身建设情况等。

二、本篇资料由广东省统计局综合处、能源统计处根据有关资料和调查结果整理提供。

三、能源资料取自全省《地区能源平衡表》和《工业企业能源购进、消费及库存表》等。地区能源平衡表编制范围为辖区内生产和消费能源的单位，其中规模以上工业企业的能源消费根据国家统计局制发的报表制度由统计系统搜集资料逐级汇总上报；加工转换消费来源于《工业企业能源购进、消费及库存附表》；其他数据来源于有关厅 (局)、公司或企业。矿产、土地资源资料由省国土资源厅提供；海洋资料由省海洋与渔业局提供；气象资料由省气象局提供；森林资源资料由省林业厅提供；水利资料由省水利厅提供；环保事业情况由环保部门提供。

四、关于数据口径与计算的说明：

1. 能源生产与消费弹性系数分别以能源生产、消费增长速度与地区生产总值增长速度相比求得。
2. 能源平衡表中，进口量和出口量采用海关统计数据，电力折算标准煤系数按平均发电煤耗计算。
3. 能源加工转换效率表中的电力折算标准煤系数采用当量值计算，每千瓦小时折 0.1229 千克标准煤。

7 Energy ,Resources and Environment

Brief Introduction

Ⅰ. The data in this chapter reflect the natural resource, energy production, consumption, and efficiency and environmental protection of Guangdong Province. The data on energy mainly including the energy production and consumption and their composition, the energy consumption by sector, the overall balance of energy, energy consumption per unit by city, the elasticity ratios of energy production and consumption, the efficiency of energy conversion and the consumption of energy for non-production use, etc. The data on natural resource cover land, climate, forest, water conservancy and mineral resources. The data on environmental protection mainly include water environment, atmospheric environment, ecological environment, urban environment, rural environment, natural disasters, the discharge, treatment and comprehensive utilization of waste water，waste gas and solid wastes， environment management and the improvement of environmental protection departments, etc. The data are provided by Guangdong Provincial Bureau of Environmental Protection.

Ⅱ. The data in this chapter are prepared and provided by the Division of Comprehensive Statistics of Statistics Bureau of Guangdong Province and the Division of Energy Statistics of Statistics Bureau of Guangdong Province.

Ⅲ. The data in this chapter come from the Energy Balance Sheet of the whole province and the Sheets of Energy Purchase, Consumption and Storage of Key Energy Consumption Industrial Enterprises. The coverage of the regional energy balance includes the units that produce and consume energy. Among them, the data on the energy consumption of industrial enterprises above designated size are collected by the statistical agencies in accordance with the statistical reporting scheme stipulated by the National Bureau of Statistics and tabulated and reported to the higher authorities level by level; the data on the energy processing, transformation and consumption are derived from the Sheets of Energy Purchase, Consumption and Storage of Key Energy Consumption Industrial Enterprises; other data are provided by related government departments, companies and enterprises. The data on mineral and land resources are provided by the Land and Resources Department of Guangdong Province. The data on ocean are provided by the Oceanic and Fishery Administration of Guangdong Province. The data on meteorological phenomena are provided by the Meteorological Bureau of Guangdong Province. The data on forest are provided by the Forestry Administration of Guangdong Province. The data on water conservancy are provided by the Water Resources Department of Guangdong Province. The data on environmental protection are provided by Guangdong Provincial Bureau of Environmental Protection.

Ⅳ. Data coverage and calculation:

(1) The elasticity ratio of energy production is calculated as the quotient of the growth rate of energy production divided by the growth rate of GDP; and the elasticity ratio of energy consumption is calculated as the quotient of the growth rate of energy consumption divided by the growth rate of GDP.

(2) In the energy balance sheet, the data on the imports and exports are data from the customs statistics.The ratio for converting electric power into the standard coal equivalent is calculated according to the average consumption of coal for generating electricity.

(3) In the table on the efficiency of energy conversion, the ratio for converting electric power into the standard coal equivalent is calculated on the basis of heat value equivalent.One kilowatt is equal to 0.1229 kg SCE.

7-1 能源生产总量及构成

Total Production of Energy and its Composition

项　　目	Item	1990	1995	2000	2005	2010	2012	2013
能源生产总量	**Total Energy Production**	**1006.24**	**2622.53**	**3711.69**	**4758.79**	**5268.89**	**5088.88**	**5418.49**
（万吨标准煤）	**(10000 tons of SCE)**							
构　成　(%)	Composition (%)	100.0	100.0	100.0	100.0	100	100	100
原　煤	Coal	63.1	29.1	8.0	7.2			
原　油	Crude Oil	7.0	35.5	53.6	44.1	37.9	34.0	34.1
电　力	Electricity	29.9	34.9	27.1	36.2	40.7	44.2	47.5
天然气	Natural Gas		0.5	11.3	12.5	21.5	21.8	18.5

7-2 能源消费总量及构成

Total Consumption of Energy and Its Composition

年份 Year	一次能源消费量 (万吨标准煤) Primary Energy Consumption (10000 tons of SCE)	构成(%) Composition(%)					终端能源消费量 (万吨标准煤) Final Energy Consumption (10000 tons of SCE)	构成(%) Composition(%)				
		合计 Total	原煤 Coal	原油 Crude Oil	电力 Elect-ricity	天然气 Natural Gas		合计 Total	原煤 Coal	油品 Oil Products	电力 Elect-ricity	其他 Others
1990	3690.25	100.0	56.5	35.3	8.2		3936.44	100.0	33.6	22.4	33.0	11.0
1995	6147.61	100.0	56.4	28.5	14.9	0.2	7062.28	100.0	27.0	20.9	39.7	12.4
2000	7983.46	100.0	52.2	35.0	12.6	0.2	9080.20	100.0	17.1	22.6	45.4	14.9
2001	8169.60	100.0	52.5	34.0	13.5		9775.15	100.0	15.9	22.6	46.1	15.4
2002	9036.40	100.0	51.9	31.0	17.1		10861.68	100.0	14.5	21.6	49.2	14.7
2003	10462.09	100.0	53.5	28.6	17.7	0.2	12414.48	100.0	17.8	22.6	44.5	15.1
2004	12013.14	100.0	51.4	28.4	20.0	0.2	14487.74	100.0	11.7	20.7	52.6	15.0
2005	13086.58	100.0	52.8	26.1	20.8	0.3	17255.84	100.0	10.9	23.6	50.7	14.8
2006	15281.00	100.0	50.4	26.2	22.1	1.3	19254.03	100.0	12.5	23.7	48.7	15.1
2007	17344.10	100.0	52.0	24.2	20.3	3.5	21427.33	100.0	12.0	22.2	49.3	16.5
2008	17679.13	100.0	50.8	24.6	20.5	4.1	22671.76	100.0	13.8	21.2	48.5	16.5
2009	19235.86	100.0	46.5	27.5	20.6	5.4	23943.39	100.0	12.2	20.9	46.3	20.6
2010	22317.17	100.0	47.1	28.5	18.8	5.6	26344.85	100.0	11.4	18.9	47.0	22.7
2011	24131.26	100.0	51.5	26.1	16.2	6.2	27780.05	100.0	12.3	17.3	48.6	21.8
2012	24080.97	100.0	48.7	26.8	18.2	6.3	28377.06	100.0	11.6	17.2	49.2	22.0
2013	25645.23	100.0	47.9	26.4	19.4	6.3	29349.23	100.0	11.6	17.5	49.1	21.9

7-3 综合能源平衡表
Overall Energy Balance Sheet

单位：万吨标准煤 (10000 tons of SCE)

项目	Item	1990	1995	2000	2005	2012	2013
可供本地区消费的能源量	**Total Energy Available for Consumption by Locality**	**4044.28**	**7344.82**	**9447.70**	**17920.985**	**29144.01**	**30179.70**
年初库存量	Stock at the Year-beginning	583.00	614.43	675.20	800.55	1599.37	1551.98
一次能源生产量	Primary Energy Output	1006.24	2622.53	3711.69	4758.79	5088.88	5418.49
外省调入量	Allocation from Other Provinces	2955.36	4293.08	5628.27	10054.81	17527.03	19403.68
进口量	Imports	473.83	1575.45	2757.39	4585.56	8241.96	8529.54
境内轮船和飞机在境外加油量	Petroleum Consumed by Chinese Airplanes and Ships Abroad	12.28			42.07	220.07	217.93
本省调出量(-)	Allocation over Other Provinces(-)	-113.82	-609.34	-1599.39	-1066.35	-839.13	-1902.10
出口量(-)	Exports(-)	-153.11	-509.37	-980.31	-543.10	-821.43	-1255.33
境外轮船和飞机在境内加油量(-)	Petroleum Consumed by Foreign Airplanes and Ships in China(-)	-70.30	-50.82	-62.51	-5.21	-320.75	-333.10
年末库存量(-)	Stock at the Year-end(-)	-649.20	-610.24	-779.26	-1013.78	-1551.98	-1451.39
加工转换投入(-)产出(+)量	**Input Output in Processing and Transformation**	**-13.74**	**-11.86**	**-35.74**	**-36.04**	**89.12**	**98.39**
火力发电	Thermal Power					2.05	
供热	Heating					-140.00	-150.47
洗选煤	Coal Washing				-6.10		
炼焦	Coking	-4.21	-6.95	-3.85	-5.19	-5.51	-9.04
炼油	Petroleum Refining	-6.90	-1.86	-26.89	-16.03	-93.41	-102.15
制气	Gas Production		-3.05	-5.00	-6.96	0.03	0.35
回收能	Recovery of Energy		19.07	96.59	307.64	330.80	364.03
损失量	**Losses**	**113.33**	**271.16**	**331.76**	**629.11**	**856.07**	**928.86**
#运输和输配损失	Losses in Transmission	104.17	266.75	318.75	619.64	792.81	919.01
终端消费量	**End-use**	**3936.44**	**7062.28**	**9080.20**	**17255.84**	**28377.06**	**29349.23**
第一产业	Primary Industry	193.15	349.96	353.56	458.07	463.59	475.55
农、林、牧、渔业	Farming, Forestry, Animal Husbandry and Fishery	193.15	349.96	353.56	458.07	463.59	475.55
第二产业	Secondary Industry	2775.58	4626.99	5790.91	11246.12	18357.07	18608.83
工业	Industry	2728.01	4521.20	5693.02	11060.98	17641.61	17895.78
#用作原材料、燃料	As Raw Materials and Fuel	335.68	99.90	86.44	408.03	1082.12	1236.88
建筑业	Construction	47.57	105.76	97.90	185.14	715.46	713.05
第三产业	Tertiary Industry	515.11	1093.40	1648.93	3466.34	5721.75	6241.77
交通运输仓储及邮电通信业	Transport, Storage, Postal and Telecommunication Services	339.43	577.29	957.92	1917.42	2950.94	3341.99
批发和零售贸易业、餐饮业	Wholesale and Retail Trade and Catering	92.16	283.01	403.21	751.52	1304.26	1379.72
其他	ServicesOthers	83.52	233.10	287.81	797.40	1466.55	1520.07
生活消费	Residential Consumption	452.60	991.92	1286.80	2085.32	3834.65	4023.08
城镇	Urban Areas	296.73	659.27	818.33	1409.98	2442.38	2588.19
乡村	Rural Areas	155.87	332.61	468.45	675.34	1392.27	1434.89
平衡差额	**Balance**	**-19.23**	**-0.48**			**-0.01**	
消费量合计	**Total Energy Consumption**	**4063.51**	**7345.30**	**9447.70**	**17920.98**	**29144.01**	**30179.70**

注：本表指标2010年口径与往年不同，含生物质能源消费量。
Notes: Different from previous years, the coverage of 2010 includes the consumption of bioenergy. The same applies to all tables following.

7-4 分行业能源消费总量和原煤、电力消费量（2013年）
Consumption of Total Energy, Coal and Electricity by Sector (2013)

行 业	Sector	能源消费总量（万吨标准煤）Total Energy Consumption (10000 tons of SCE)	原煤消费量（万吨）Coal Consumption (10000 tons)	电力消费量（亿千瓦小时）Electricity Consumption (100 million kwh)
消费总量	**Total**	**30179.70**	**16967.26**	**4830.13**
农、林、牧、渔业	**Farming,Forestry,Animal Husbandry and Fishery**	**475.55**	**60.14**	**82.13**
工业合计	**Industry**	**18682.30**	**16812.73**	**3206.62**
采矿业	**Mining and Quarrying**	**501.52**	**6.60**	**18.99**
煤炭开采和洗选业	Mining and Washing of Coal	162.86		0.01
石油和天然气开采业	Extraction of Petroleum and Natural Gas	234.93		0.46
黑色金属矿采选业	Mining and Dressing of Ferrous Metal Ores	23.06	0.35	6.03
有色金属矿采选业	Mining and Dressing of Nonferrous Metal Ores	14.55	1.06	4.10
非金属矿采选业	Mining and Dressing of Nonmetal Ores	65.68	5.19	8.30
开采辅助活动	Auxiliary Minning Operations	0.28		0.09
其他采矿业	Mining and Dressing of Other Ores	0.16		
制造业	**Manufacturing**	**15720.99**	**5440.64**	**2470.64**
农副食品加工业	Processing of Farm and Sideline Food	432.76	112.10	40.55
食品制造业	Manufacture of Food	152.30	29.18	25.58
酒、饮料和精制茶制造业	Manufacture of Wine, Beverage and Tea	99.42	33.41	17.05
烟草制品业	Tobacco Products	10.69	3.76	1.90
纺织业	Textile Industry	722.70	542.70	99.84
纺织服装、服饰业	Manufacture of Textile Garments, Footwear and	320.89	62.80	71.11
皮革、毛皮、羽毛(绒)及其制品业	Leather, Fur, Feather, Down and Related Products	207.43	10.88	53.15
木材加工及木、竹、藤、棕、草制品业	Timber Processing, Bamboo, Cane, Palm Fiber & Straw Products	139.69	2.35	24.56
家具制造业	Manufacture of Furniture	107.83	0.36	29.35
造纸及纸制品业	Papermaking and Paper Products	1034.58	1133.76	154.57
印刷业和记录媒介的复制	Printing and Record Medium Reproduction	121.48	2.99	31.19
文教、工美、体育和娱乐用品制造业	Manufacture of Cultural, Educational and Sports Articles	207.95	4.47	58.00
石油加工、炼焦及核燃料加工业	Petroleum Refining, Coking, and Nuclear Fuel Processing	1431.98	115.87	56.00
化学原料及化学制品制造业	Manufacture of Raw Chemical Materials and Chemical Products	1191.92	176.75	131.73
医药制造业	Manufacture of Medicines	148.10	45.21	18.29
化学纤维制造业	Manufacture of Chemical Fibers	57.91	8.34	12.27
橡胶和塑料制品业	Rubber Products	748.73	87.55	189.87
非金属矿物制品业	Nonmetal Mineral Products	3513.68	2527.72	322.53
黑色金属冶炼及压延加工业	Smelting and Pressing of Ferrous Metals	1282.95	357.26	157.64
有色金属冶炼及压延加工业	Smelting and Pressing of Nonferrous Metals	606.90	63.32	96.91
金属制品业	Metal Products	570.39	20.38	144.57
通用设备制造业	Manufacture of General-purpose Machinery	169.84	0.70	44.86
专用设备制造业	Manufacture of Special-purpose Machinery	158.20	0.41	44.96
汽车制造业	Manufacture of Automobile	209.99	0.45	58.08
铁路、船舶、航空航天和其他运输设备制造业	Manufacture of Railway ,Ship,Aeronautics and Other Transport Equipment	88.03	3.68	20.44
电气机械及器材制造业	Manufacture of Electrical Machinery and Equipment	598.43	7.30	164.24
通信设备、计算机及其他电子设备制造业	Manufacture of Communication Equipment, Computers and Other Electronic Equipment	1231.50	12.21	365.61
仪器仪表制造业	Manufacture of Instruments and Meters	64.92	0.11	18.69
其他制造业	Handicraft and Other Manufactures	50.13	68.09	8.51
废弃资源综合利用业	Recycling and Disposal of Waste	33.25	6.53	6.86
金属制品、机械和设备修理业	Manufacture of Metal Products,Machinery and Equipment Maintenance	6.42		1.73
电力、燃气及水的生产和供应业	**Production and Supply of Electric Power,Gas and Water**	**2459.79**	**11365.49**	**716.99**
电力、热力的生产和供应业	Production and Supply of Electric Power and Heat Power	2310.44	11364.47	672.27
燃气生产和供应业	Production and Supply of Gas	16.47	1.02	3.38
水的生产和供应业	Production and Supply of Water	132.88		41.34
建筑业	**Construction**	**713.05**	**3.56**	**50.73**
交通运输、仓储及邮政业	**Transport, Storage,Postal and Telecommunication Services**	**3385.94**	**2.64**	**72.06**
批发和零售贸易餐饮业	**Wholesale and Retail Trade and Catering Services**	**1379.72**	**41.87**	**261.04**
其他行业	**Others**	**1520.07**	**2.15**	**446.18**
生活消费	**Non-production Consumption**	**4023.08**	**44.17**	**711.37**

7-5 各市电力消费量

Electricity Consumption by City

单位：亿千瓦小时 (100 million kwh)

市别	City	2000	2005	2007	2008	2009	2010	2011	2012	2013
全省总计	**Provincial Total**	**1334.58**	**2673.56**	**3394.05**	**3506.78**	**3609.64**	**4060.13**	**4399.02**	**4619.42**	**4830.13**
广州	Guangzhou	238.78	425.67	527.13	545.92	567.08	625.90	663.55	694.13	710.69
深圳	Shenzhen	190.35	440.21	562.52	585.92	585.68	663.55	696.02	714.01	721.48
珠海	Zhuhai	30.82	61.58	83.89	89.60	91.72	102.26	112.56	117.47	121.73
汕头	Shantou	43.91	87.60	106.90	112.87	120.92	136.81	149.69	154.36	160.62
佛山	Foshan	168.84	316.29	398.28	396.00	416.77	463.08	485.62	506.95	527.06
韶关	Shaoguan	35.81	58.72	68.28	73.52	72.96	84.06	95.60	96.67	109.28
河源	Heyuan	9.27	23.90	37.46	38.96	43.94	51.52	58.91	58.38	65.60
梅州	Meizhou	22.70	40.40	49.36	52.03	56.00	60.88	66.20	66.33	69.78
惠州	Huizhou	43.53	105.22	145.59	153.57	165.83	192.46	209.66	227.36	248.44
汕尾	Shanwei	9.35	16.87	21.98	24.46	26.72	29.73	32.32	35.19	37.74
东莞	Dongguan	179.78	419.83	515.40	514.16	495.58	562.00	586.07	604.28	622.51
中山	Zhongshan	54.54	123.63	153.88	156.60	161.58	186.65	198.55	206.49	217.10
江门	Jiangmen	64.65	113.63	140.60	140.26	141.97	165.21	187.68	196.14	207.31
阳江	Yangjiang	12.09	22.46	28.91	30.39	32.76	40.43	47.48	64.00	77.15
湛江	Zhanjiang	24.15	49.09	62.46	63.82	68.98	78.68	85.43	93.45	98.16
茂名	Maoming	29.98	40.11	54.47	56.54	60.47	65.80	70.71	75.12	81.94
肇庆	Zhaoqing	24.00	48.58	68.30	78.08	87.92	105.08	122.09	131.03	142.50
清远	Qingyuan	22.60	59.47	97.73	96.25	109.09	125.53	135.71	142.44	156.74
潮州	Chaozhou	13.95	33.17	44.03	48.07	51.41	59.16	63.65	66.12	68.20
揭阳	Jieyang	22.51	51.13	69.30	75.47	85.57	98.68	112.67	120.87	138.50
云浮	Yunfu	12.14	21.55	27.75	29.08	30.58	34.89	39.06	42.43	48.93
按经济区域分	By Region									
珠三角	Pearl River Delta	995.29	2054.64	2595.60	2660.10	2714.12	3066.18	3261.79	3397.86	3518.83
东翼	Eastern Region	89.72	188.77	242.20	260.87	284.62	324.38	358.33	376.55	405.06
西翼	Western Region	66.22	111.66	145.84	150.75	162.21	184.91	203.63	232.57	257.25
山区	Mountainous Region	102.52	204.04	280.58	289.84	312.57	356.88	395.49	406.25	450.33

注：由于各市电力消费量不包含线损，全省数不等于分市数合计。

Note: Becausee the electricity consumption by region doesn't include line losses , the sum of electricity consumption by cities is different from the provincial total.

7-6 各市单位GDP能耗
Energy Consumption per Unit of GDP by City

市别	City	单位GDP能耗（吨标准煤/万元）Energy Consumption per Unit of GDP (tons of SCE/10000 yuan)					上升或下降(±%) Changes(±%)			
		2005	2009	2010	2012	2013	2009	2010	2012	2013
全省总计	**Provincial Total**	**0.79**	**0.684**	**0.664**	**0.532**	**0.508**	**-4.27**	**-2.94**	**-5.38**	**-4.55**
广州	Guangzhou	0.78	0.651	0.621	0.506	0.480	-4.01	-4.60	-4.94	-5.14
深圳	Shenzhen	0.59	0.529	0.513	0.451	0.428	-2.76	-2.94	-4.51	-5.12
珠海	Zhuhai	0.66	0.581	0.560	0.480	0.456	-3.60	-3.67	-4.75	-4.98
汕头	Shantou	0.69	0.608	0.588	0.501	0.481	-3.85	-3.19	-4.48	-3.99
佛山	Foshan	0.89	0.694	0.664	0.556	0.530	-6.93	-4.38	-4.53	-4.54
韶关	Shaoguan	2.14	1.737	1.710	1.279	1.224	-4.51	-1.57	-4.31	-4.31
河源	Heyuan	0.96	0.809	0.800	0.671	0.647	-3.65	-1.06	-6.36	-3.67
梅州	Meizhou	1.43	1.229	1.189	0.947	0.904	-3.90	-3.23	-4.86	-4.51
惠州	Huizhou	0.86	0.947	0.892	0.782	0.748	-0.95	-5.82	-3.91	-4.35
汕尾	Shanwei	0.58	0.528	0.517	0.463	0.436	-5.60	-2.02	-3.63	-5.69
东莞	Dongguan	0.86	0.705	0.691	0.604	0.571	-4.48	-2.02	-4.46	-5.35
中山	Zhongshan	0.78	0.646	0.636	0.535	0.514	-4.03	-1.50	-3.91	-3.98
江门	Jiangmen	0.87	0.732	0.715	0.583	0.557	-5.79	-2.30	-5.23	-4.49
阳江	Yangjiang	0.87	0.709	0.702	0.580	0.557	-3.56	-1.00	-3.91	-3.97
湛江	Zhanjiang	0.74	0.641	0.639	0.527	0.506	-2.76	-0.30	-4.21	-4.04
茂名	Maoming	1.33	1.146	1.097	0.881	0.844	-3.73	-4.25	-5.16	-4.21
肇庆	Zhaoqing	0.99	0.844	0.823	0.641	0.615	-4.80	-2.44	-4.94	-4.03
清远	Qingyuan	1.73	1.481	1.452	1.102	1.071	-3.82	-1.96	-6.82	-2.81
潮州	Chaozhou	1.47	1.274	1.232	1.048	0.997	-3.54	-3.32	-5.55	-4.82
揭阳	Jieyang	1.03	0.874	0.855	0.696	0.665	-3.15	-2.21	-5.00	-4.50
云浮	Yunfu	1.53	1.294	1.274	1.056	1.015	-3.27	-1.54	-6.95	-3.90

注：2005-2010年计算单位GDP能耗的GDP按2005年可比价计算，2011年起按2010年可比价计算。

Note: From year 2005 to 2010 GDP in energy consumption per unit of GDP is calculated at comparable prices of 2005 and since 2011 calculated at comparable prices of 2010 .

7-7 各市单位GDP电耗增长速度

Growth Rate of Electricity Consumption per Unit by GDP by City

单位：% (%)

市 别	City	2006	2007	2008	2009	2010	2011	2012	2013
全省总计	**Provincial Total**	**-2.13**	**-1.30**	**-6.44**	**-6.13**	**0.03**	**-1.46**	**-2.90**	**-3.62**
广 州	Guangzhou	-4.05	-2.29	-7.98	-6.96	-2.53	-4.74	-4.59	-8.21
深 圳	Shenzhen	-5.05	0.54	-7.44	-9.33	1.00	-4.69	-3.28	-8.30
珠 海	Zhuhai	0.91	-0.35	-2.21	-3.92	-1.21	-1.05	-2.49	-6.23
汕 头	Shantou	-1.23	-1.97	-4.44	-3.19	-0.62	-2.27	-5.87	-5.37
佛 山	Foshan	-5.89	-5.93	13.72	-7.23	-2.76	-5.83	-3.48	-5.07
韶 关	Shaoguan	-10.21	-2.22	-2.81	-9.88	2.44	1.45	-7.32	0.80
河 源	Heyuan	-1.54	1.50	-5.70	2.45	3.54	1.11	-11.21	0.30
梅 州	Meizhou	-4.50	3.64	-4.58	-2.00	-4.67	-4.25	-8.37	-5.32
惠 州	Huizhou	0.26	0.65	-5.48	-4.56	-1.64	-4.93	-3.68	-3.82
汕 尾	Shanwei	-1.21	-3.83	-3.89	-6.05	-5.82	-4.61	-4.08	-4.46
东 莞	Dongguan	-5.69	-7.64	-12.49	-8.42	2.84	-3.40	-2.85	-6.17
中 山	Zhongshan	-10.40	-3.16	-8.38	-6.34	1.38	-5.98	-6.31	-4.42
江 门	Jiangmen	-4.57	-2.22	-9.93	-7.73	1.60	0.53	-3.32	-3.71
阳 江	Yangjiang	-8.39	0.51	-5.98	-3.92	5.66	2.24	19.28	4.50
湛 江	Zhanjiang	-1.59	0.58	-8.51	-2.25	-0.12	-3.89	0.74	-6.17
茂 名	Maoming	3.01	2.35	-5.46	-3.00	-4.65	-2.99	-3.95	-6.32
肇 庆	Zhaoqing	-0.82	5.62	-1.16	-1.12	1.74	1.33	-3.31	-2.46
清 远	Qingyuan	3.35	-8.24	-18.07	-2.54	-2.32	-0.18	-0.10	1.74
潮 州	Chaozhou	4.63	-1.17	-2.68	-4.89	0.85	-4.75	-6.12	-7.05
揭 阳	Jieyang	2.62	-2.61	-6.09	-2.23	-3.58	-0.34	-3.62	-1.80
云 浮	Yunfu	-8.30	6.81	-5.01	-4.84	0.24	-2.04	-3.70	1.74

7-8 各市单位工业增加值能耗增长速度

Growth Rate of Energy Consumption per Unit of Industrial Value-added by City

单位：% (%)

市 别	City	2006	2007	2008	2009	2010	2011	2012	2013
全省总计	**Provincial Total**	**-2.96**	**-5.28**	**-11.32**	**-6.94**	**-6.88**	**-5.13**	**-11.18**	**-4.97**
广 州	Guangzhou	-5.08	-8.33	-10.72	-10.52	-12.61	-10.06	-16.98	-10.89
深 圳	Shenzhen	-3.04	-3.76	-4.46	-3.59	-3.72	-24.02	-12.68	-9.49
珠 海	Zhuhai	-9.83	18.53	-2.40	-5.74	-10.52	-6.61	-16.62	-9.17
汕 头	Shantou	-6.99	-12.94	-22.49	12.65	18.74	-4.37	-22.41	5.35
佛 山	Foshan	-7.95	-12.02	-21.24	-9.37	-10.48	-8.17	-4.91	-11.45
韶 关	Shaoguan	-9.36	-13.19	-18.93	-3.87	-2.11	-4.32	-16.04	-10.61
河 源	Heyuan	-14.19	-1.07	-21.87	61.14	-1.15	0.03	-27.94	-15.94
梅 州	Meizhou	-2.59	-8.03	-8.02	12.84	-15.33	-24.00	-18.71	-3.25
惠 州	Huizhou	186.43	13.03	-11.13	0.69	-16.87	0.15	-11.08	-18.18
汕 尾	Shanwei	-4.00	-2.12	684.61	-22.70	-14.25	2.75	6.26	-30.74
东 莞	Dongguan	-10.66	-10.07	-10.94	-0.26	-10.92	-6.12	-11.42	-8.45
中 山	Zhongshan	-11.47	-6.34	-6.07	-11.70	-3.84	-8.51	-21.83	-12.34
江 门	Jiangmen	7.60	-0.79	-19.13	-18.45	-12.91	-0.96	-15.35	-0.53
阳 江	Yangjiang	-15.79	-7.09	-12.60	11.54	58.95	-5.11	-17.53	-16.69
湛 江	Zhanjiang	-9.13	-8.47	-14.82	-4.04	-4.35	-4.94	-5.21	-7.40
茂 名	Maoming	-8.48	-2.36	-6.46	-6.26	-9.91	-7.48	-20.08	-11.53
肇 庆	Zhaoqing	-8.48	-11.37	-10.81	-14.14	-7.65	-8.44	-9.04	-9.31
清 远	Qingyuan	-14.17	-24.69	-23.67	-11.14	-16.28	-11.77	-20.63	-0.74
潮 州	Chaozhou	-4.06	31.02	-3.91	-10.54	17.93	17.99	-18.92	-16.05
揭 阳	Jieyang	-8.80	36.80	-5.25	-15.50	-15.49	-18.98	-23.59	24.31
云 浮	Yunfu	-18.33	-14.97	-15.61	-4.05	-9.70	-17.32	-25.69	-21.35

7-9 平均每天各种能源消费量
Average Daily Energy Consumption by Variety

能源品种	Energy Variety	1990	1995	2000	2005	2012	2013
合　计(吨标准煤)	**Total　(ton of SCE)**	**112476**	**201241**	**248773**	**472363**	**777453**	**804088**
煤　炭　(吨)	Coal　(Ton)	50828	72961	59590	78227	150928	149815
焦　炭　(吨)	Coke　(Ton)	2871	3613	3973	8058	14936	16005
原　油　(吨)	Crude Oil　(Ton)	754	143	250	178	437	569
燃料油　(吨)	Fuel Oil　(Ton)	4874	7195	9248	18288	8427	8881
汽　油　(吨)	Gasoline　(Ton)	3878	7700	8226	19330	34379	38074
煤　油　(吨)	Kerosene　(Ton)	866	1535	2444	4212	6661	7104
柴　油　(吨)	Diesel Oil　(Ton)	7025	11334	18726	34920	42122	42062
液化石油气　(吨)	Liquefied Petroleum Gas(Ton)	549	5110	8720	16676	17421	18835
电　力(万千瓦时)	Electricity　(10000 kwh)	9836	19698	33978	69671	119813	124810

7-10 平均每人年生活用能源
Annual per Capita Energy Consumption of Households

能源品种	Energy Variety	1990	1995	2000	2005	2010	2012	2013
合　计(千克标准煤)	**Total　(kg of SCE)**	**72.04**	**146.11**	**148.90**	**227.85**	**296.18**	**363.49**	**378.86**
煤　炭　(千克)	Coal　(kg)	56.77	40.07	9.63	10.54	6.96	6.02	6.11
汽　油　(千克)	Gasoline　(kg)	1.65	4.50	4.42	14.57	28.97	38.18	45.91
煤　油　(千克)	Kerosene　(kg)	1.95	1.18	0.24	0.33	0.35	0.37	0.38
柴　油　(千克)	Diesel Oil　(kg)		0.37	0.57	0.98	1.39	1.58	1.75
液化石油气　(千克)	Liquefied Petroleum Gas(kg)	1.76	24.51	31.47	43.66	36.97	43.06	42.95
电　力　(千瓦时)	Electricity　(kwh)	63.90	165.24	239.09	359.06	536.60	653.89	669.90

7-11 分品种生活能源年消费总量

Annual Total Energy Consumption of Households by Variety

能源品种	Energy Variety	1990	1995	2000	2005	2010	2012	2013
合　计(万吨标准煤)	**Total (10000 tons of SCE)**	**454.71**	**991.92**	**1286.80**	**2100.39**	**3046.36**	**3834.65**	**4023.08**
煤　炭　(万吨)	Coal (10000 tons)	348.03	272.01	83.22	96.46	71.56	63.56	64.89
汽　油　(万吨)	Gasoline (10000 tons)	10.44	30.54	38.20	133.36	297.95	402.75	487.55
煤　油　(万吨)	Kerosene (10000 tons)	11.98	8.00	2.10	2.98	3.60	3.88	3.99
柴　油　(万吨)	Diesel Oil (10000 tons)		2.54	4.90	8.93	14.30	16.72	18.55
液化石油气　(万吨)	Liquefied Petroleum Gas(10000 tons)	10.78	166.41	271.96	399.55	380.26	454.27	456.12
电　力(亿千瓦小时)	Electricity (100 million kwh)	39.17	112.18	206.62	328.62	551.92	689.82	711.37

7-12 能源加工转换效率

Efficiency of Energy Conversion

单位：% (%)

年 份 Year	火力发电 Thermal Power Generation	供 热 Heating	炼 焦 Coking	炼 油 Petroleum Refining	制 气 Gas Production
1990	31.13	79.21	93.48	99.44	
1995	31.85	80.07	90.93	99.89	86.17
2000	37.20	87.19	94.35	99.02	79.18
2001	37.21	85.09	95.23	99.12	77.90
2002	36.36	76.40	94.27	98.40	80.08
2003	40.69	71.43	82.36	98.57	78.67
2004	35.53	86.10	91.53	99.29	79.70
2005	36.22	95.99	96.66	99.53	79.18
2006	37.74	88.49	96.95	99.80	95.40
2007	38.80	70.66	99.02	99.79	97.22
2008	38.00	77.34	98.43	99.10	95.65
2009	38.69	82.15	98.31	99.58	93.47
2010	38.90	82.80	99.08	98.12	87.81
2011	38.22	79.19	98.69	98.54	89.87
2012	38.49	78.26	97.57	98.17	89.77
2013	38.87	79.52	96.01	98.48	91.00

7-13 能源生产弹性系数

Elasticity Ratio of Energy Production

年 份 Year	能源生产比上年增长% Growth Rate of Energy Production over Preceding Year(%)	电力生产比上年增长% Growth Rate of Electricity Production over Preceding Year(%)	本省生产总值比上年增长% Growth Rate of Gross Domestic Product(GDP) over Preceding Year(%)	能源生产弹性系数 Elasticity Ratio of Energy Production	电力生产弹性系数 Elasticity Ratio of Electricity Production
1986	1.0	8.0	12.7	0.08	0.63
1990	0.3	15.3	11.6	0.02	1.32
1995	14.7	6.6	15.6	0.94	0.42
1996	43.3	10.7	11.3	3.83	0.95
1997	8.5	8.0	11.2	0.76	0.71
1998	-4.1	5.6	10.8		0.52
1999	-10.3	9.8	10.1		0.97
2000	5.8	18.7	11.5	0.50	1.63
2001	-8.2	5.9	10.5		0.56
2002	6.5	12.4	12.4	0.52	1.00
2003	12.7	17.7	14.8	0.86	1.20
2004	18.6	11.9	14.8	1.26	0.80
2005	-6.7	7.4	13.8		0.54
2006	-8.1	8.5	14.6		0.58
2007	-5.7	8.9	14.7		0.61
2008	12.5	-0.4	10.1	1.24	
2009	-0.6	-0.6	9.7		
2010	10.6	20.1	12.4	0.85	1.62
2011	-0.2	15.6	10.0		1.56
2012	5.0	-1.8	8.2	0.61	
2013	6.5	6.7	8.5	0.76	0.79

7-14 能源消费弹性系数

Elasticity Ratio of Energy Consumption

年份 Year	能源消费比上年增长（%） Growth Rate of Energy Consumption over Preceding Year(%)	电力消费比上年增长% Growth Rate of Electricity Consumption over Preceding Year(%)	本省生产总值比上年增长% Growth Rate of Gross Domestic Product(GDP) over Preceding Year(%)	能源消费弹性系数 Elasticity Ratio of Energy Consumption	电力消费弹性系数 Elasticity Ratio of Electricity Consumption
1986	8.4	4.7	12.7	0.66	0.37
1990	4.1	14.3	11.6	0.35	1.24
1995	9.2	7.6	15.6	0.59	0.49
1996	5.5	8.9	11.3	0.48	0.79
1997	2.7	7.1	11.2	0.24	0.64
1998	5.3	7.5	10.8	0.49	0.70
1999	4.3	10.0	10.1	0.42	0.99
2000	8.2	22.9	11.5	0.71	1.99
2001	7.7	9.3	10.5	0.74	0.88
2002	11.6	15.7	12.4	0.93	1.27
2003	15.4	20.3	14.8	1.04	1.37
2004	16.1	17.5	14.8	1.09	1.18
2005	16.8	12.0	13.8	1.22	0.87
2006	11.2	12.4	14.6	0.77	0.85
2007	10.9	13.0	14.7	0.74	0.88
2008	5.3	3.3	10.1	0.52	0.32
2009	6.9	2.9	9.7	0.71	0.30
2010	8.9	12.5	12.4	0.72	1.00
2011	5.8	8.3	10.0	0.58	0.83
2012	2.3	5.0	8.2	0.28	0.61
2013	3.6	4.5	8.5	0.42	0.53

7-15 自然资源（2013年）

Natural Resources (2013)

项　目		Item		2013
一、土地资源和海洋		**Land Resources and Sea**		
土地面积	（平方公里）	Total Land Area	(sq.km)	179692.69
耕　地	（万公顷）	Cultivated Land	(10000 hectares)	261.44
林　地	（万公顷）	Afforested Land	(10000 hectares)	1006.66
园　地	（万公顷）	Plantation	(10000 hectares)	130.17
牧草地	（万公顷）	Grass Land	(10000 hectares)	0.32
海域总面积	（万平方公里）	Total Area of Sea	(10000 sq.km)	41.9
海洋滩涂面积	（万公顷）	Sea Beach Area	(10000 hectares)	20.4
海岛面积	（平方公里）	Area of Islands	(sq.km)	1592.7
大陆海岸线长度	（公里）	Length of Continental Coastline	(km)	4144.4
岛屿岸线长度	（公里）	Length of Island Coastline	(km)	2428.7
岛屿个数	（个）	Number of Islands	(unit)	1431
二、气候		**Climate**		
年平均降雨量	（毫米）	Annual Average Precipitation	(mm)	2124.5
年平均气温	（摄氏度）	Annual Average Temperature	(℃)	21.9
年日照时数	（小时）	Annual Sunshine Hours	(hour)	1715.1
三、森林		**Forest**		
活立木蓄积量	（亿立方米）	Total Standing Stock Volume	(100 million cu.m)	5.24
森林覆盖率	（%）	Forest Coverage Rate	(%)	58.2
四、水力水产		**Hydropower and Aquatic Products**		
水力资源理论蕴藏量	（万千瓦）	Theoretical Hydropower Resources	(10000 kw)	1137.2
#可开发装机容量		Developable Resources		824.5
海水养殖可养面积	（万公顷）	Cultivatable Area in Marine Areas	(10000 hectares)	77.6
淡水可养面积	（万公顷）	Cultivatable Area in Freshwater Areas	(10000 hectares)	49.46
五、矿产		**Mineral Resources**		
煤保有资源储量	（万吨）	Ensured Reserve of Coal	(10000 tons)	59858.99
铁矿石保有资源储量	（万吨）	Ensured Reserve of Iron Ore	(10000 tons)	65956.88
硫铁矿保有资源储量	（万吨）	Ensured Reserve of Pyrite Ore	(10000 tons)	39469.13

注：1. 海岛面积、岛岸线长度、岛屿个数是1994年调查数据。
2. 海域总面积包括200海里专属经济区面积。
3. 土地资源数据未经国土资源部认可，仅供参考，最终数据以国土资源部确认的为准。

Notes: a) Data of the area of islands，length of island coastline and number of islands were obtained from surveys in 1994.
b) Total area of sea includes 200 sea miles of exclusive economic zone.
c) The land data in this table is for reference only because the data has not been examined or confirmed by Ministry of Land and Resources The final result is subject to be comfired by Ministry of Land and Resources.

7-16 各地区年平均气温
Average Temperature by Region

单位: 摄氏度 (℃)

年份 Year	粤北 Northern Regions	粤东北 North Eastern Regions	粤西北 North Western Regions	粤东 Eastern Regions	粤中 Central Regions	粤西 Western Regions
1980	20.7	21.5	22.5	21.2	22.2	23.4
1985	20.2	20.9	22.0	21.1	21.6	22.6
1990	21.1	21.5	22.8	21.8	22.6	23.4
1995	20.0	20.0	22.2	21.6	22.3	23.0
1996	19.9	21.4	22.4	21.9	21.6	23.3
1997	20.4	21.3	22.7	22.1	22.0	23.7
1998	21.2	22.5	23.3	23.0	22.8	24.5
1999	20.8	21.9	22.7	22.6	22.5	24.0
2000	20.4	21.9	22.6	22.5	22.5	23.8
2001	20.5	22.0	22.5	22.7	22.6	23.8
2002	21.0	22.3	22.8	23.0	23.0	24.1
2003	20.9	21.9	22.9	22.6	23.0	24.4
2004	20.8	21.6	22.6	22.6	22.8	23.2
2005	20.5	21.6	22.5	22.3	22.8	23.0
2006	20.8	22.1	23.1	22.8	23.2	23.4
2007	21.2	22.0	23.0	22.9	23.2	23.2
2008	20.5	21.5	22.1	22.3	22.5	22.4
2009	20.6	22.3	22.9	22.6	23.0	23.3
2010	20.0	21.8	22.4	22.3	22.5	23.3
2011	19.6	21.7	22.3	22.1	21.4	22.4
2012	19.6	22.0	22.4	22.3	21.7	23.2
2013	20.0	21.2	22.7	22.6	21.5	23.0

7-17 各地区年降雨量

Annual Precipitation by Region

单位：毫米 (mm)

年份 Year	粤北 Northern Regions	粤东北 North Eastern Regions	粤西北 North Western Regions	粤东 Eastern Regions	粤中 Central Regions	粤西 Western Regions
1980	1459.4	1461.7	1586.1	1369.1	1492.2	2274.0
1985	1360.2	1607.8	1726.9	1481.3	1706.0	2411.3
1990	1436.6	1709.0	1284.8	2236.9	1239.5	1510.2
1995	1506.9	1171.0	1766.4	1512.2	1752.4	2082.9
1996	1633.1	1361.5	1693.1	1409.0	1683.4	1222.6
1997	2045.3	1847.5	1815.3	2040.9	1997.3	2344.3
1998	1862.3	1458.2	1737.5	1593.6	1736.1	1266.4
1999	1314.3	1033.8	1318.7	1517.4	1620.4	1392.6
2000	1565.8	1850.9	1318.2	1486.7	1798.9	1762.7
2001	1689.8	1560.3	1889.2	1947.9	2678.9	2314.5
2002	1814.9	1110.3	1480.9	1409.7	1866.7	2263.3
2003	1388.2	1415.2	1251.8	1406.6	1338.7	1372.4
2004	1156.3	1251.8	1034.7	1379.7	1636.5	1068.5
2005	1772.2	1647.3	1905.2	1631.3	1986.2	1387.3
2006	1782.8	2040.2	1727.0	2507.7	2175.7	1149.8
2007	1502.3	1399.2	1252.4	1482.2	1370.3	1620.8
2008	1553.1	1300.2	2221.0	2123.6	2284.0	1865.2
2009	1275.5	1246.7	1440.4	927.9	1472.6	1849.9
2010	2104.4	1416.1	1419.6	1350.3	2353.6	1952.3
2011	1443.0	1233.1	1277.2	1027.0	1632.3	1408.5
2012	2056.3	1460.5	1919.2	1247.1	1813.9	2068.6
2013	1654.0	1930.2	1736.2	1887.2	2095.4	2084.2

7-18 各地区年日照时数
Annual Sunshine Hours by Region

单位：小时 (hour)

年份 Year	粤 北 Northern Regions	粤东北 North Eastern Regions	粤西北 North Western Regions	粤 东 Eastern Regions	粤 中 Central Regions	粤 西 Western Regions
1980	1754.1	1811.1	1945.8	1989.2	1921.8	2036.5
1985	1701.6	1926.7	1613.3	1900.6	1406.0	1868.4
1990	1613.9	1893.1	1542.8	1921.3	1648.7	1877.4
1995	1420.6	1868.7	1704.6	2038.3	1559.6	1828.3
1996	1626.5	1965.7	1796.9	2094.8	1564.7	2042.3
1997	1349.1	1490.2	1454.9	1985.8	1209.8	1895.1
1998	1578.3	1689.6	1546.1	1917.5	1469.4	1994.0
1999	1564.0	1819.7	1699.0	2237.0	1599.5	2050.7
2000	1497.2	1672.6	1714.1	2126.3	1609.2	1855.3
2001	1613.0	1884.0	1559.2	2199.8	1651.0	1794.6
2002	1506.4	1813.2	1521.7	2266.6	1566.5	1783.8
2003	1821.1	2030.1	1762.6	2341.5	1741.6	2144.5
2004	1818.5	2117.1	1640.2	2433.5	1767.4	2024.7
2005	1491.2	1736.4	1345.6	1849.5	1288.5	1784.4
2006	1487.7	1779.4	1454.8	1843.5	1328.7	1664.3
2007	1736.3	1750.6	1722.4	1961.2	1616.0	1778.7
2008	1545.0	1853.1	1638.8	1852.1	1482.2	1864.4
2009	1852.9	1962.9	1531.8	2059.8	1671.8	1981.8
2010	1631.0	1676.9	1356.5	1855.5	1484.0	1878.4
2011	1783.8	1901.1	1709.7	2077.9	1878.4	1822.3
2012	1501.0	1660.3	1361.1	1650.4	1471.2	1544.0
2013	1731.5	1827.8	1624.2	1865.8	1582.9	1811.2

7-19 各市土地面积和人口密度

Land Area and Population Density by City

市 别	City	土地面积 (平方公里) Land Area (sq.km)	人口密度 （人/平方公里 ） Population Density (persons/sq.km)						
			2000	2005	2009	2010	2011	2012	2013
全省合计	**Provincial Total**	**179692.69**	**486**	**511**	**563**	**581**	**584**	**590**	**592**
广 州	Guangzhou	7248.86	1337	1277	1629	1744	1750	1771	1783
深 圳	Shenzhen	1996.78	3596	4239	5095	5311	5360	5282	5323
珠 海	Zhuhai	1724.32	758	839	932	944	948	918	922
汕 头	Shantou	2186.61	2263	2395	2322	2400	2409	2492	2506
佛 山	Foshan	3797.73	1400	1507	1786	1871	1879	1912	1921
#顺 德	Shunde	806.57	2100	2424	2909	3054	3067	3078	3091
韶 关	Shaoguan	18412.53	149	159	155	154	155	156	157
河 源	Heyuan	15653.63	143	176	184	189	191	192	194
梅 州	Meizhou	15864.51	240	259	263	267	269	271	271
惠 州	Huizhou	11346.14	288	332	383	405	408	412	414
汕 尾	Shanwei	4864.52	465	531	598	600	603	610	614
东 莞	Dongguan	2460.01	2615	2662	3180	3328	3340	3371	3381
中 山	Zhongshan	1783.67	1313	1352	1647	1735	1746	1769	1779
江 门	Jiangmen	9505.42	414	430	458	467	468	472	473
阳 江	Yangjiang	7955.87	278	297	298	304	307	310	312
湛 江	Zhanjiang	13260.76	487	536	524	530	535	536	540
茂 名	Maoming	11427.07	457	510	515	510	515	522	526
肇 庆	Zhaoqing	14891.23	227	247	259	265	267	267	270
清 远	Qingyuan	19035.54	164	188	192	193	195	198	199
潮 州	Chaozhou	3145.93	780	810	847	862	866	858	862
揭 阳	Jieyang	5265.38	999	1068	1104	1117	1123	1131	1139
云 浮	Yunfu	7785.11	277	301	300	304	306	310	312

注：1. 2000、2005年数据来源于2000年广东省第五次全国人口普查公报和广东省2005年全国1%人口抽样调查公报。2008-2009年年末常住人口根据2010年第六次全国人口普查快速汇总数进行了平滑调整。2009年人口密度按调整后的土地面积数据计算。

2. 土地面积为2012年数据，全省合计面积包含岛屿面积。

Note: a) Data of 2000 and 2005 are based on the Communique of the Fifth National Population Census in Guangdong in 2000 and the Communique of 1% National Population Sample Survey in 2005.The year-end populations from 2008 to 2009 have been adjusted in accordance with the fast sum figure obtained from the 6th National Population Census.The population density of 2009 is calculated in accordance with the adjusted land area.

b) Data on land area are the data of 2012, provincial total area includes areas of the islands with jurisdiction.

7-20 环境保护基本情况

Basic Conditions of Environmental Protection

项　目	item	2000	2005	2010	2012	2013
水环境	**Water Environment**					
降水量 (毫米)	Precipitation (mm)		1765.7	1927.1	1979.3	2179.3
水资源总量 (亿立方米)	Total Amount of Water Resource (100 million cu.m)		1747.5	1998.8	2026.6	2263.2
人均水资源量 (立方米/人)	Per Capita Amount of Water Resource (cu.m/person)		1901	1915	1922	1910
用水总量 (亿立方米)	Total Water Consumption (100 million cu.m)		459.0	469.0	451.0	443.2
#农业用水	Agriculture		236.7	231.3	227.6	223.7
工业用水	Industry		133.9	138.8	121.6	119.5
生活用水	Living		83.5	90.4	95.3	94.8
生态环境补水	Ecology		4.9	8.6	6.5	5.2
万元GDP用水量(立方米/万元)	Water Consumption per 10000 Yuan of GDP (cu.m/10000 yuan)		205	103	75	71
万元工业增加值用水量 (立方米/万元)	Water Consumption per 10000 Yuan of Value-added of Industry (cu.m/10000 yuan)		128	65	46	44
废水排放总量 (亿吨)	Total Volume of Waste Water Discharged(100 million tons)	44.75	63.84	72.30	83.85	86.25
#城镇生活污水	Living Waste Water	33.35	40.68	53.59	65.19	69.13
工业废水	Industrial Waste Water	11.41	23.16	18.70	18.61	17.05
废水中COD排放量 (万吨)	Volume of COD Discharged from Waste Water(10000 tons)	95.10	105.80	85.84	180.29	173.39
废水中氨氮排放量 (万吨)	Volume of Ammonia and Nitrogen Discharged from Waste Water (10000 tons)		10.0	10.7	22.4	21.6
大气环境	**Atmospheric Environment**					
工业废气排放总量 (亿立方米)	Total Volume of Industrial Waste Gas Emission (100 million cu.m)	8326	13447	24092	27078	28434
二氧化硫排放总量 (万吨)	Total Volume of Industrial Sulfur Dioxide Emission (10000 tons)	90.5	129.4	105.1	79.9	76.2
#工业二氧化硫	Volume of Industrial Sulfur Dioxide Emission	88.2	127.4	98.9	77.2	73.2
氮氧化物排放总量 (万吨)	Nitrogen Oxides (10000 tons)				130.3	120.4
#工业氮氧化物	Industrial Nitrogen Oxides				80.9	72.3
烟(粉)尘排放总量 (万吨)	Volume of Soot(Dust) Emission (10000 tons)				32.8	35.4
#工业烟(粉)尘排放量	Volume of Industrial Soot(Dust) Emission				26.8	29.7
空气质量达二级标准城市数(个)	Number of Cities Meeting Grade Ⅱ Air Quality Standard (unit)		21	21	21	21
生态环境	**Ecological Environment**					
人均耕地面积 (亩)	Per Capita Area of Cultivated Land (mu)		0.48	0.45	0.45	0.45
累计水土流失治理面积(千公顷)	Area of Soil Erosion under Control (1000 hectares)		39.9	44.6	39.5	44.1
森林面积 (万公顷)	Forest Area (10000 hectares)		921.20	1036.28	1061.68	1074.28

7-20 续表 1 continued

项目	item	2000	2005	2010	2012	2013
森林覆盖率 (%)	Forest Coverage Rate (%)		55.5	57.0	57.7	58.2
人均森林面积 (公顷)	Per Capita Forest Area (hectare)		0.1	0.1	0.1	0.1
活立木蓄积量 (万立方米)	Volume of Standing Forest Stock (10000 cu.m)		36459	43936	49204	52425
森林蓄积量 (万立方米)	Stock Volume of Forest (10000 cu.m)		34469	43190	48639	51647
当年营造林面积 (万公顷)	Afforested Area in Current Year (10000 hectares)		1.95	9.51	10.80	13.91
自然保护区数 (个)	Number of Natural Reserves (unit)	153	293	368	368	369
自然保护区面积 (万公顷)	Area of Natural Reserves (10000 hectares)	299.5	333.7	182.4	178.4	171.9
城市环境	**Urban Environment**					
城区面积 (平方公里)	Urban Area (sq.km)		26645.5	18130.10	15984.1	16136.5
#建成区面积	Built-up Area		3619.05	4618.07	5026.44	5232.11
城市建设用地面积 (平方公里)	Area of City Land Used for Construction (sq.km)		3080.17	4774.76	4083.37	4000.64
城市供水总量 (万立方米)	Total Volume of Water Supply in Urban Areas(10000 cu.m)		738573	806144	817348	815410
#生活用水量	Domestic Water Consumption		410932	394036	410690	425461
城市用水普及率 (%)	Popularization Rate of Tap Water in Urban Areas (%)		98.8	98.4	97.6	97.5
城市污水排放量 (万吨)	Volume of Municipal Sewage Discharge (10000 tons)		460562	506546	615779	636504
城市污水处理量 (万吨)	Volume of Municipal Sewage Disposal (10000 tons)		207403	436041	549661	586519
城市污水处理厂集中处理率(%)	Rate of Municipal Sewage Disposal (%)		45.0	73.1	88.0	92.0
城市生活垃圾清运量 (万吨)	Transportation Amount of Urban Domestic Waste (10000 tons)		1722.60	1398.01	2106.54	2092.12
城市生活垃圾无害化处理量 (万吨)	Volume of Harmless Disposal of Urban Domestic Waste (10000 tons)		871.60	1938.55	1654.71	1770.32
城市生活垃圾无害化处理率(%)	Rate of Harmless Disposal of Urban Domestic Waste (%)		50.6	72.1	79.1	84.6
城市燃气普及率 (%)	Popularization Rate of Gas in Urban Areas (%)		95.4	95.8	94.9	96.9
城市人均公园绿地面积(平方米)	Per Capita Urban Public Green Area (sq.m)		11.00	13.29	15.82	15.94
建成区绿化覆盖率 (%)	Green Coverage Rate in Built-up Areas (%)		33.5	41.3	41.2	41.5
城市公共交通车辆运营数(标台)	Number of Public Transportation Vehicles (Unit)				61948	65844
农村环境	**Rural Environment**					
农村改水受益率 (%)	Percentage of Population Benefiting from Water Improvement (%)		98.6	99.0	98.8	99.0
农村自来水普及率 (%)	Popularization Rate of Tap Water in Rural Areas (%)		75.0	83.9	86.7	88.4
农村卫生厕所普及率 (%)	Popularization Rate of Sanitary Toilets in Rural Areas (%)		75.0	85.8	88.6	90.0
无害化卫生厕所普及率 (%)	Popularization Rate of Harmless Sanitary Toilets (%)			77.7	81.1	83.2
农村沼气池产气总量 (万立方米)	Total Output of Biogas from Rural Biogas Pools (10000 cu.m)		9415	18724	35203	35399

注：从2007年起，城市环境所有指标统计范围为县级以上市，不包括不设市和县城。

Note: Since 2007, the statistical coverage of urban environment refers to the county-level cities, excluding counties.

7-20 续表 2 continued

项目	item	2000	2005	2010	2012	2013
自然灾害	**Natural Disasters**					
地质灾害次数 (次)	Number of Geological Disasters (unit)		155	600	231	1502
地质灾害直接经济损失(万元)	Direct Economic Loss due to Geological Disasters (10000 yuan)		58747	22732	4309	19685
海洋灾害发生次数 (次)	Number of Marine Disasters (time)		16	14	39	13
海洋灾害直接经济损失 (亿元)	Direct Economic Loss due to Marine Disasters (100 million yuan)				17.48	74.41
森林火灾次数 (次)	Number of Forest Fires (time)		212	59	65	158
突发环境事件 (次)	Emergent Environment Cases (time)		31	30	23	14
工业固体废物	**Industrial Solid Wastes**					
固体废物产生量 (万吨)	Volume of Industrial Solid Wastes Produced (10000 tons)	1694.30	2896.20	5455.80	5965.49	5911.84
固体废物排放量 (万吨)	Volume of Industrial Solid Wastes Discharged (10000 tons)	11.7	13.9	14.2	3.1	1.6
固体废物贮存量 (万吨)	Volume of Industrial Solid Wastes Accumulated (10000 tons)	360.4	376.7	177.4	252.5	168.9
固体废物综合利用量 (万吨)	Solid Wastes Comprehensively Utilized (10000 tons)			4952.60	5198.30	5023.74
工业"三废"治理设施	**Facilities for Treatment of Industrial Waste**					
工业废水处理设施总数 (套)	Water, Waste Gas and Solid Wastes (set)	7273	5971	9651	10608	9918
工业废气治理设施总数 (套)	Number of Facilities for Treatment of Waste Water (set)	10901	7872	12789	18667	19392
企事业单位污染治理	**Number of Facilities for Treatment of Waste Gas**					
污染治理资金 (万元)	Pollution Treated by Enterprises and Institutions Funds for Pollution Treatment (10000 yuan)	167707	370384	310584	280995	372162
当年安排治理项目 (个)	Number of Projects for Pollution Treatment in Current Year (unit)	2543	1327	657	615	510
当年竣工项目数 (个)	Number of Projects Completed in Current Year (unit)	1438	1071	613	629	596
环境管理	**Environmental Management**					
环保投资占GDP比重 (%)	Percentage of Investment in Environmental Protection in GDP (%)	2.00	2.50	3.08	0.47	0.20
当年制定环保法规及标准 (件)	Number of Environment Protection Laws, Regulations, Standards Drawn up in Current Year (item)	4	1	9	1	
排污费收入总额 (万元)	Total Fees for Discharging Waste in Current Year	60191	98077	88401	87351	92938

7-21 各市“三废”排放情况（2013年）

Statistics on Discharge of Waste Water, Waste Gas and Solid Wastes by City (2013)

市别	City	废水排放总量（亿吨） Total Volume of Waste Water Discharged (100 million tons)	#工业废水 Industrial Waste Water	工业废气排放总量（亿立方米） Total Volume of Industrial Waste Gas Emission (100million cu.m)	工业烟尘排放总量（万吨） Volume of Industrial Soot(Dust) Emission (10000 tons)	工业固体废物产生量（万吨） Volume of Industrial Solid Wastes Produced (10000tons)	工业固体废物丢弃量（万吨） Volume of Industrial Solid Wastes Discharged (10000 tons)
全 省	**Province Total**	**86.25**	**17.05**	**28433.66**	**29.7**	**5911.8**	**1.56**
广 州	Guangzhou	15.67	2.14	3774.00	1.67	555.6	
深 圳	Shenzhen	15.54	1.53	2067.30	0.19	111.3	
珠 海	Zhuhai	2.35	0.55	1327.56	0.96	264.7	
汕 头	Shantou	2.56	0.57	927.39	0.74	159.2	0.01
佛 山	Foshan	8.53	1.74	2460.25	4.99	519.6	
#顺 德	Shunde	2.95	0.54	493.96	0.91	61.1	
韶 关	Shaoguan	1.81	0.80	1205.70	0.51	758.2	0.08
河 源	Heyuan	1.10	0.16	446.86	0.46	251.0	
梅 州	Meizhou	1.20	0.51	1278.00	0.95	420.7	
惠 州	Huizhou	3.96	0.83	1509.51	2.30	167.5	
汕 尾	Shanwei	1.27	0.20	493.22	0.41	69.6	
东 莞	Dongguan	10.37	2.42	3047.30	1.55	529.0	0.66
中 山	Zhongshan	4.06	0.89	713.20	1.74	99.8	0.46
江 门	Jiangmen	3.81	1.17	1481.66	1.25	257.5	
阳 江	Yangjiang	0.99	0.22	796.74	1.21	235.6	0.2
湛 江	Zhanjiang	2.46	0.62	1093.80	0.99	262.5	0.07
茂 名	Maoming	2.00	0.46	896.95	1.15	108.5	
肇 庆	Zhaoqing	2.27	1.02	1423.11	3.19	163.2	
清 远	Qingyuan	1.70	0.37	1031.99	3.25	187.2	
潮 州	Chaozhou	1.30	0.30	923.94	0.61	80.0	
揭 阳	Jieyang	2.47	0.61	622.06	0.30	115.4	0.08
云 浮	Yunfu	0.84	0.14	913.14	1.24	595.7	

7-22 各市环境保护基本情况

Basic Statistics on Urban Sanitation by City

市别	City	城镇污水处理率 (%) Rate of Sewage Treatment				城镇生活垃圾无害化处率 (%) Rate of Consumption Waste Treatment			
		2010	2011	2012	2013	2010	2011	2012	2013
全省	**Province Total**	**73.1**	**77.6**	**88.0**	**92.0**	**72.1**	**72.8**	**79.1**	**84.6**
广州	Guangzhou	88.1	79.4	82.7	91.4	92.0	81.4	80.4	87.1
深圳	Shenzhen	88.9	85.4	96.1	96.2	94.6	95.0	95.1	98.4
珠海	Zhuhai	84.7	86.0	86.6	88.5	92.3	100	100	100
汕头	Shantou	57.9	90.3	90.2	92.0	64.4	65.4	65.7	80.6
佛山	Foshan	79.7	95.9	99.0	94.3	95.6	79.8	83.4	99.4
韶关	Shaoguan	53.6	80.1	81.9	81.5	100	100	100	98.1
河源	Heyuan	43.0	89.4	89.4	89.4	96.5	99.7	100	100
梅州	Meizhou	33.7	59.3	53.3	80.0	100	100	100	100
惠州	Huizhou	71.5	91.7	92.1	97.0	100	100	100	88.2
汕尾	Shanwei	18.6	60.0	85.6	86.0		60.0	80.0	80.0
东莞	Dongguan	91.1	85.1	95.1	95.2	100	39.3	54.4	63.7
中山	Zhongshan	85.1	87.8	90.7	90.7	100	100	100	100
江门	Jiangmen	63.5	77.9	88.2	88.9	100	50.1	100	100
阳江	Yangjiang	54.6	63.5	83.5	81.8	100	100	100	100
湛江	Zhanjiang	39.6	93.5	96.6	90.0	97.4	97.5	97.7	100
茂名	Maoming	34.4	68.3	85.8	86.7			63.0	100
肇庆	Zhaoqing	70.5	82.0	85.4	94.1	83.8	100	98.5	98.7
清远	Qingyuan	70.4	65.1	83.6	83.8	100	76.1	100	100
潮州	Chaozhou	33.5	86.0	86.2	86.3	100	100	100	100
揭阳	Jieyang	20.8	71.0	80.8	74.1	90.0	100	92.1	93.0
云浮	Yunfu	63.7	80.7	98.6	81.5	100	100	100	100

7-22 续表 continued

市别	City	城市公共交通车辆标准运营数（标台）Number of Public Transportation Vehicles (unit)				城市人均公园绿地面积（平方米）Per Capital Area of Parks and Green Land in City (sq.m)			
		2010	2011	2012	2013	2010	2011	2012	2013
全 省	**Province Total**			**61948**	**65844**	**13.29**	**14.38**	**15.82**	**15.94**
广 州	Guangzhou	10232	17861	18600	19658	11.87	15.05	19.64	19.72
深 圳	Shenzhen	14677	20204	19757	19883	16.4	16.50	16.60	16.70
珠 海	Zhuhai	1557	1887	2154	2375	13.7	13.81	19.02	18.5
汕 头	Shantou	1111	1284	1371	1208	12.2	12.80	13.10	13.90
佛 山	Foshan	3715	4899	5385	5433	10.2	10.42	10.86	12.13
韶 关	Shaoguan	460	564	590	522	11.8	11.77	11.78	12.14
河 源	Heyuan	294	300	324	267	12.1	12.10	12.11	12.36
梅 州	Meizhou	238	350	362	523	11.8	11.85	11.85	12.83
惠 州	Huizhou	1124	1225	1425	1770	11.1	12.16	14.91	16.8
汕 尾	Shanwei	199	183	219	267	10.7	12.11	12.89	13.21
东 莞	Dongguan	6129	6278	6331	6092	15.3	16.69	16.53	16.71
中 山	Zhongshan	2151	2240	2338	2472	11.9	13.43	14.33	17.41
江 门	Jiangmen	924	1228	1406	1427	11.0	12.50	16.92	17.35
阳 江	Yangjiang	143	136	157	174	10.6	10.83	11.12	11.51
湛 江	Zhanjiang	735	865	894	941	12.7	12.81	12.92	12.93
茂 名	Maoming	392	489	482	491	10.0	11.12	12.12	12.58
肇 庆	Zhaoqing	443	466	564	618	22.7	22.57	22.67	21.67
清 远	Qingyuan	633	667	757	875	11.3	11.42	11.52	15.94
潮 州	Chaozhou	140	197	199	212	10.3	12.21	12.80	13.08
揭 阳	Jieyang	377	379	271	270	12.9	13.14	15.91	8.39
云 浮	Yunfu	176	245	313	367	12.1	12.60	12.82	13.52

主要统计指标解释

能源生产总量 指一定时期内全国（地区）一次能源生产量的总和，是观察全国（地区）能源生产水平、规模、构成和发展速度的总量指标。一次能源生产量包括原煤、原油、天然气、水电、核能及其他动力能（如风能、地热能等）发电量。不包括低热值燃料生产量、生物质能、太阳能等的利用和由一次能源加工转换而成的二次能源产量。

能源消费总量 指一定时期内全国（地区）生产和生活消费的各种能源的总和，是观察能源消费水平、构成和增长速度的总量指标，能源消费总量包括原煤和原油及其制品、天然气、电力。不包括低热值燃料、生物质能和太阳能等的利用 。能源消费总量分为三部分，即终端能源消费量、能源加工转换损失量和损失量。

(1)终端能源消费量 指一定时期内全国（地区）生产和生活消费的各种能源在扣除了用于加工转换二次能源消费量和损失量以后的数量。

(2)能源加工转换损失量 指一定时期内全国（地区）投入加工转换的各种能源数量之和与产出各种能源产品之和的差额。它是观察能源在加工转换过程中损失量变化的指标。

(3)能源损失量 指一定时期内能源在输送、分配、储存过程中发生的损失和由客观原因造成的各种损失量。不包括各种气体能源放空、放散量。

能源生产弹性系数 是研究能源生产增长速度与国民经济增长速度之间关系的指标。计算公式：

$$能源生产弹性系数=\frac{能源生产总量增长速度}{国民经济增长速度}$$

国民经济增长速度，可根据不同的目的或需要，用国民生产总值，国内生产总值等指标来计算，本资料是采用国内生产总值指标计算的。

电力生产弹性系数 是研究电力生产增长速度与国民经济增长速度之间关系的指标。一般来说，电力的发展应当快于国民经济的发展，也就是说电力应超前发展。计算公式：

$$电力生产弹性系数=\frac{电力生产量增长速度}{国民经济增长速度}$$

能源消费弹性系数 是反映能源消费增长速度与国民经济增长速度之间比例关系的指标。计算公式：

$$能源消费弹性系数=\frac{能源消费量增长速度}{国民经济增长速度}$$

电力消费弹性系数 是反映电力消费增长速度与国民经济增长速度之间比例关系的指标。计算公式：

$$电力消费弹性系数=\frac{电力消费量增长速度}{国民经济增长速度}$$

能源加工转换效率 指一定时期内能源经过加工、转换后，产出的各种能源产品的数量与同期内投入加工转换的各种能源数量的比率。它是观察能源加工转换装置和生产工艺先进与落后、管理水平高低等的重要指标。计算公式：

$$能源加工转换效率=\frac{能源加工、转换产出量}{能源加工、转换投入量}\times 100\%$$

土地资源 土地指陆地的表层部分，它主要由岩石、岩石的风化物和土壤构成。土地资源按利用类型可以分为农用地、建筑用地和未利用地。农用地包括耕地、园地、林地、牧草地和水面。建筑用地包括居

民点及工矿用地、交通用地和水利设施用地。未利用地指农用地和建筑用地以外的土地，包括滩涂、荒漠、戈壁、冰川和石山等。

耕地面积 指经过开垦用以种植农作物并经常进行耕耘的土地面积。包括种有作物的土地面积、休闲地、新开荒地和抛荒未满三年的土地面积。

林业用地面积 指生长乔木、竹类、灌木、沿海红树林等林木的土地面积，包括有林地、灌木林、疏林地、未成林造林地、迹地、苗圃等。

草地面积 指牧区和农区用于放牧牲畜或割草，植被盖度在 5% 以上的草原、草坡、草山等面积。包括天然的和人工种植或改良的草地面积。

森林资源 指森林、林木、林地以及依托森林、林木、林地生存的野生动物、植物和微生物。林木指树木和竹子。森林指以乔木为主体的植物群落，是集生的乔木及与共同作用的植物、动物、微生物和土壤、气候等的总体。

活立木总蓄积量 指一定范围内土地上全部树木蓄积的总量，包括森林蓄积、疏林蓄积、散生木蓄积和四旁树蓄积。

森林覆盖率 指一个国家或地区森林面积占土地总面积的百分比。森林覆盖率是反映森林资源的丰富程度和生态平衡状况的重要指标。在计算森林覆盖率时，森林面积包括郁闭度 0.2 以上的乔木林地面积和竹林地面积，国家特别规定的灌木林地面积、农田林网以及四旁(村旁、路旁、水旁、宅旁)林木的覆盖面积。计算公式为:

$$\text{森林覆盖率}(\%)=\frac{\text{森林面积}}{\text{土地总面积}}\times 100\%$$

森林面积 指由乔木树种构成，郁闭度 0.2 以上(含 0.2)的林地或冠幅宽度 10 米以上的林带的面积，即有林地面积。森林面积包括天然起源和人工起源的针叶林面积、阔叶林面积、针阔混交林面积和竹林面积，不包括灌木林地面积和疏林地面积。

森林蓄积量 指一定森林面积上存在着的林木树干部分的总材积。它是反映一个国家或地区森林资源总规模和水平的基本指标之一，也是反映森林资源的丰富程度、衡量森林生态环境优劣的重要依据。

水资源 水在自然界中以固体、液体和气态三种聚集状态存在，分布于海洋、陆地(包括土壤)以及大气之中，通过水循环形成水资源。水资源包括经人类控制并直接可供灌溉、发电、给水、航运、养殖等用途的地表水和地下水，以及江河、湖泊、井、泉、潮汐、港湾和养殖水域等。水资源是发展国民经济不可缺少的重要自然资源。

矿产资源 矿产资源指由地质作用形成的，具有利用价值的，呈固态、液态、气态的自然资源，是社会发展的重要物质基础。

矿产基础储量 基础储量是查明矿产资源的一部分。它能满足现行采矿和生产所需的指标要求，是控制的、探明的并通过可行性或预可行性研究认为属于经济的、边界经济的部分，用未扣除设计、采矿损失的数量表表示。

矿产保有资源储量 指查明的矿产资源储量（资源储量=基础储量+资源量）扣除已开采部分损失量和加减应勘查，重算或其它原因增减量而得出的年底实有资源储量。

废水排放总量 包括生产废水和生活污水。生产废水指企、事业单位在生产、科研过程中所有排放口向外环境排放的废水量总和。生活污水指城镇居民区和企、事业单位职工集中居住区排放的污水量。

工业废水排放总量 指经过工业企业厂区所有排放口排到企业外部的工业废水量。包括外排的直接冷却水、超标排放的矿井地下水和与工业废水混排的厂区生活污水，不包括外排的间接冷却水（清污不分流的间接冷却水应计算在内）。

废气排放总量 指燃料燃烧和生产工艺过程中排放的各种废气总量,以标准状态下每年万标立方米表示。

燃料燃烧过程废气排放量 指燃煤、燃油、燃气锅炉、锻造加热炉、退火炉和其它工业炉窑在燃烧过程(燃料和物料不混合的纯加热过程)中所排废气的总量。它可以根据烟气计算公式或经验计算公式求得。

工业固体废物产生量 指工业企业在生产过程中产生的固体状、半固体状和高浓度液体状废弃物的总量，包括冶炼废渣、粉煤灰、炉渣、煤矸石、化工废渣、尾矿、放射性废渣和其它废渣等；不包括矿山开采的剥离废石和掘进废石(煤矸石和呈酸性或碱性的废石除外)。酸性或碱性废石是指采掘的废石其流经水、雨淋水 PH 值小于 4 或 PH 值大于 10. 5 者。

工业固体废物综合利用量 指已用作农业肥料、造田、生产建筑材料、筑路以及其它方式综合利用的固体废物量（包括当年利用往年的工业固体废物堆存量)。综合利用量由原产固体废物的单位统计。

Explanatory Notes on Main Statistical Indicators

Total Energy Production refers to the total production of primary energy by all energy producing enterprises in the country (region) in a given period of time. It is a comprehensive indicator of the capacity, scale, composition and development speed of energy production of the country (region). The production of primary energy includes that of coal, crude oil, natural gas, hydropower and electricity generated by nuclear energy and other means such as wind power and geothermal power. However, it excludes the production of fuel of low calorific value, bioenergy, solar energy and secondary energy converted from primary energy.

Total Domestic Energy Consumption refers to the total consumption of energy of various kinds by production sectors and households in the country (region) in a given period of time. It is a comprehensive indicator of the scale, composition and development speed of energy consumption. The total energy consumption includes that of coal, crude oil and their products, natural gas and electricity, but excludes the consumption of fuel of low calorific value, bioenergy and solar energy. Total domestic energy consumption can be divided into three parts:

(1) Final Energy Consumption: This refers to the total energy consumption by production sectors and households in the country (region) in a given period of time, excluding primary energy consumption and loss in the process of conversion into secondary energy.

(2)Loss During the Process of Energy Conversion: This refers to the total input of various kinds of energy for conversion minus the total output of various kinds of energy in the country (region) in a given period of time. It is an indicator of the loss that occurs during the process of energy conversion.

(3)Loss: This refers to the total loss of energy during the course of energy transmission, distribution and storage and the loss caused by any objective reason in a given period of time, excluding the loss of various kinds of gas due to gas discharges and stocktaking.

Elasticity Ratio of Energy Production is an indicator of the relationship between the growth rate of energy production and the growth rate of the national economy. The formula is:

$$\text{Elasticity Ratio of Energy Production} = \frac{\text{Growth Rate of Energy Production}}{\text{Growth Rate of National Economy}}$$

The average annual growth rate of the national economy can be shown by the gross national product, gross domestic product and other indicators, depending on the purposes or needs. The gross domestic product is used in the calculation of the ratio in this chapter.

Elasticity Ratio of Electricity Production is an indicator of the relationship between the growth rate of electricity production and the growth rate of the national economy. Generally speaking, the growth rate of electricity production should be higher than that of the national economy; in other words, electricity production should develop in advance of the national economy. Its formula is:

$$\text{Elasticity Ratio of Electricity Production} = \frac{\text{Growth Rate of Electricity Production}}{\text{Growth Rate of National Economy}}$$

Elasticity Ratio of Energy Consumption is an indicator of the relationship between the growth rate of energy consumption and the growth rate of the national economy. The formula is:

$$\text{Elasticity Ratio of Energy Consumption} = \frac{\text{Growth Rate of Energy Consumption}}{\text{Growth Rate of National Economy}}$$

Elasticity Ratio of Electricity Consumption is an indicator of the relationship between the growth rate of electricity consumption and the growth rate of the national economy. The formula is:

$$\text{Elasticity Ratio of Electricity Consumption} = \frac{\text{Growth Rate of Electricity Consumption}}{\text{Growth Rate of National Economy}}$$

Efficiency of Energy Processing and Conversion refers to the ratio of the total output of energy products of various kinds after processing and conversion to the total input of energy of various kinds for processing and conversion in the same reference period. It is an important indicator of the current conditions of energy processing and conversion equipment, production technique and management. The formula is:

$$\text{Efficiency of Energy Processing \& Conversion} = \frac{\text{Output of Energy after Processing \& Conversion}}{\text{Input of Energy for Processing \& Conversion}} \times 100\%$$

Land Resource **Land** refers to the surface of the earth, consisting of mainly rocks and its weathering and earth. Land resource can be classified, by its utilization, as land for agriculture, land for construction and unused land. Land for agriculture includes cultivated land, plantation, forestland, grassland and waters. Land for construction includes land for residential purpose, for manufacturing and mining, for transportation and for water conservancy projects. Unused land refers to land other than land for agriculture and construction, including beaches, deserts, Gobi, glaciers and rock mountains.

Area of Cultivated Land refers to area of land reclaimed for the regular cultivation of various farm crops, including crop-cover land, fallow, newly reclaimed land and land laid idle for less than 3 years.

Area of Afforested Land refers to land for trees, bamboos, bushes and mangrove including forest-cover land, bush-covered land, sparse forest land, land planned for forestation, slash and nurseries of young trees.

Area of Grassland refers to areas of grassland, grass-slopes and grass-covered hills with a vegetation-covering rate of over 5% that are used for animal husbandry or harvesting of grass. It includes natural, cultivated and improved grassland areas.

Forest Resource refers to forests, trees, forestland and wild animals, plants and microorganism that live on forests and trees. Trees include trees and bamboos. Forest refers to the population of clusters of trees and other plants, animals and microorganism as well as the earth and climate that have interactions with the trees.

Total Standing Stock Volume refers to the total stock volume of trees growing in land, including trees in forests, tress in sparse forests, scattered trees and trees planted by the side of villages, farm houses and along roads and rivers.

Forest Coverage Rate refers to the ratio of area of afforested land to total land area. It is a very important indicator that reflects the status of abundance of forest resource and ecosystem balance. Forest area includes the area of trees and bamboo growing with a canopy density above 0.2, the area of shrubby trees according to regulations of the government, the area of forest land inside farm land and the area of trees planted by the side of villages, farm houses and along roads and rivers. The formula for calculating forest coverage rate is as follows:

Forest Coverage Rate (%) = (Area of Afforested Land/Area of Total Land) × 100%

Forest Area refers to wooded area, i.e. the area of forest where trees and bamboo grow with a canopy density above 0.2 (inclusive) or a crown width above 10 meters, including natural and planted coniferous forest, broad-leaved forest, mixed forest, and bamboo groves, but excluding shrubbery and open forest.

Stock Volume of Forest refers to total stock volume of wood growing in forest area, which shows the total size and level of forest resources of a country or a region. It is also an important indicator of the richness of forest resource and the status of forest ecological environment.

Water Resource Water exists in the nature in solid, liquid and gaseous states, is distributed in the ocean, land (including earth) and air, and constitutes water resource through circulation. Water resource includes surface water and underground water that is controlled by human beings for irrigation, power-generation, water supply, navigation and cultivation. It also includes rivers, lakes, wells, springs, tides, gulfs and water area for cultivation. Water resource as an indispensable natural resource for the development of national economy.

Mineral Resources refer to useful natural resources enriched due to geological processes, in the form of solid, liquid or gas. Minerals are important material basis for social development.

Basic Reserves of Mineral Resources Basic reserves are part of total identified mineral resources that meet present mining and production standards, which is the part of reserve controlled, proven, and found to be of economic or marginal value through feasibility assessment or pre-feasibility study. Basic reserves are indicated as a figure including designing and mining loss.

Ensured Reserves of Mineral Resources refer to the actual reserves of mineral resources at the year-end, calculated as the proven reserves of mineral resources (Reserves of Mineral Resources = Basic Reserves + Resource) minus losses in previous extraction processes, plus or minus increases or losses due to exploration, recalculation or other reasons.

Total Volume of Waste Water Discharged includes the volume of production waste water and domestic sewage Production waste water refers to the total waste water discharged in the process of production and scientific research by enterprises and institutions, through all outlets to the outside environment Domestic sewage refers to the sewage volume discharged in the urban residential areas and the residential areas of staff and workers of enterprises and institutions.

Total Volume of Industrial Waste Water Discharged refers to the volume of industrial waste water discharged, through all outlets to the outside of industrial enterprises, including direct cooling water, underground water from mines that does not meet the discharge standards, and domestic sewage mixed up with industrial waste water when discharged, but excluding indirect cooling water discharged (except unclassified discharge of indirect cooling water).

Total Volume of Waste Gas Emission refers to waste gas emitted from burning of fuels and from the production process, and is measured by 10, 000 standard cubic meters each year under normal condition.

Volume of Waste Gas Emission from Burning of Fuels refers to the total volume of waste gas emitted from burning of fuels (the pure heating process not mixed with materials), such as burning of coal, burning of oil, gas fired boiler, forging furnace, annealing furnace and other industrial furnaces It can be calculated with the gas smoke formula or an empirical formula.

Volume of Industrial Solid Wastes Produced refers to the total volume of solid, semi solid or high concentration liquid residues produced by industrial enterprises in their production process, including residues from melting, slag, powdered coal ash, gangue, chemical residues, tailings, radioactive residues and other residues, but excluding stripped or dug stones in mining (except gangue and acid or alkali waste stones, which are waste stones washed or soaked by water with a PH value smaller than 4 or larger than 10. 5).

Volume of Industrial Solid Wastes Utilized in a Comprehensive Way refers to the volume of solid wastes utilized in a comprehensive way, such as the solid wastes utilized as fertilizers, building materials, for building up fields and making roads or for other purposes (including the volume of industrial solid wastes stored up in previous years and utilized in the current year). Statistical data on utilization of industrial solid wastes are collected by solid wastes producing units.

八、财政、银行和保险

GOVERNMENT FINANCE, BANKING AND INSURANCE

八　财政、银行和保险

简要说明

一、本篇资料反映广东地方公共财政预算收支、银行、保险等方面的基本情况。

二、本篇资料由广东省统计局综合处负责整理、编辑。

三、资料来源：

财政资料根据广东省财政厅提供的历年《广东省财政总决算报表》的有关项目加工整理。

银行资料由中国人民银行广州分行提供。

保险业务资料由中国保险监督管理委员会广东监管局提供。

8　Government Finance，Banking and Insurance

Brief Introduction

Ⅰ. The data in this chapter show the basic situation of local government general budgetary revenue and expenditure, banking and insurance of Guangdong Province.

Ⅱ. The data in this chapter are prepared by the Division of Comprehensive Statistics of Statistics Bureau of Guangdong Province.

Ⅲ. Data sources:

The data on local government finance are prepared in accordance with the related tables of the Total Final Accounts of Government Finance of Guangdong provided by Guangdong Provincial Department of Finance.

The data on banking are provided by Guangzhou Branch of the People's Bank of China.

The data on insurance are provided by Guangdong Bureau of China Insurance Regulatory Commission.

8-1 地方公共财政预算收支和增长速度

Local Government General Budgetary Revenue and Expenditure and Their Growth Rates

单位：亿元 (100 million yuan)

年份 Year	地方公共财政预算收入 Local Government General Budgetary Revenue	地方公共财政预算支出 Local Government General Budgetary Expenditure	收支差额 Balance	增长速度（%） Growth Rate (%) 地方公共财政预算收入 Local General Government Budgetary Revenue	地方公共财政预算支出 Local General Government Budgetary Expenditure	财政收入占地区生产总值的比重(%) Percentage of Budgetary Revenue to GDP (%)
1978	41.82	28.70	13.12	17.9	42.6	22.5
1979	36.25	29.88	6.37	-13.3	4.1	17.3
1980	37.79	27.04	10.75	4.2	-9.5	15.1
1981	41.01	29.60	11.41	8.5	9.5	14.1
1982	42.23	33.34	8.89	3.0	12.6	12.4
1983	44.29	37.45	6.84	4.9	12.3	12.0
1984	49.28	47.18	2.10	11.3	26.0	10.7
1985	69.27	66.74	2.53	40.6	41.5	12.0
1986	82.41	89.55	-7.14	19.0	34.2	12.3
1987	95.88	96.59	-0.71	16.3	7.9	11.3
1988	107.57	115.20	-7.63	12.2	19.3	9.3
1989	136.87	141.16	-4.29	27.2	22.5	9.9
1990	131.02	150.69	-19.67	-4.3	6.8	8.4
1991	177.35	182.48	-5.13	35.4	21.1	9.4
1992	222.64	219.61	3.03	25.5	20.3	9.1
1993	346.56	331.27	15.29	55.7	50.8	10.0
1994	298.70	416.83	-118.13	-13.8	25.8	6.5
1995	382.34	525.63	-143.29	28.0	26.1	6.4
1996	479.45	601.23	-121.78	25.4	14.4	7.0
1997	543.95	682.66	-138.71	13.5	13.5	7.0
1998	640.75	825.61	-184.86	17.8	20.9	7.5
1999	766.19	1034.44	-268.25	19.6	25.3	8.3
2000	910.56	1069.86	-159.30	18.8	3.4	8.5
2001	1160.51	1321.33	-160.82	27.5	23.5	9.6
2002	1201.61	1521.08	-319.47	3.5	15.1	8.9
2003	1315.52	1695.63	-380.11	9.5	11.5	8.3
2004	1418.51	1852.95	-434.44	7.8	9.3	7.5
2005	1807.20	2289.07	-481.87	27.4	23.5	8.1
2006	2179.46	2553.34	-373.88	20.6	11.5	8.3
2007	2785.80	3159.57	-373.77	27.8	23.7	9.0
2008	3310.32	3778.57	-468.25	18.8	19.6	9.3
2009	3649.81	4334.37	-684.56	10.3	14.7	9.2
2010	4517.04	5421.54	-904.50	23.8	25.1	9.8
2011	5514.84	6712.40	-1197.56	22.1	23.8	10.4
2012	6229.18	7387.86	-1158.68	13.0	10.1	10.9
2013	7081.47	8411.00	-1329.53	13.7	13.8	11.4

注：自2012年起，地方一般预算收入和地方一般预算支出统一更名为地方公共财政预算收入和地方公共财政预算支出。

Note: From 2012, the name of local government budgetary revenue and local government budgetary expenditure have been changed to local public budgetary revenue and local public budgetary expenditure.

8-2 地方公共财政预算收支基本情况

Basic Conditions of Local Government General Budgetary Revenue and Expenditure

单位：亿元 (100 million yuan)

指标	Item	2000	2005	2009	2010	2011	2012	2013
一、财政收入	**Local Government Budgetary Revenue**	**910.56**	**1807.20**	**3649.81**	**4517.04**	**5514.84**	**6229.18**	**7081.47**
各项税收	Taxes	798.61	1526.97	3130.61	3803.47	4548.66	5073.88	5767.94
#增值税	Value-added Tax	132.13	323.59	580.27	657.82	701.17	793.84	1058.85
营业税	Business Tax	272.42	555.77	1073.35	1244.26	1431.16	1556.80	1636.20
企业所得税	Corporate Income Tax	167.42	236.45	523.03	678.75	827.90	891.03	974.68
个人所得税	Individual Income Tax	84.80	132.43	238.99	287.26	341.40	322.71	348.02
城市维护建设税	City Maintenance and Construction Tax	30.00	64.34	113.91	135.97	295.45	338.31	383.48
印花税	Stamp Tax	32.94	20.57	52.26	69.93	74.42	81.16	95.57
非税收入	Non-tax Revenue	111.95	280.23	569.20	713.57	966.18	1155.30	1313.53
#国有资本经营收入	Operating Income from State-owned Capital			66.78	90.00	86.09	120.08	123.02
罚没收入	Penalty Receipts	40.71	60.33	88.90	95.62	112.33	139.99	134.89
行政性收费收入	Charge of Administrative and Units	41.05	103.41	164.06	293.43	369.64	391.62	450.10
专项收入	Special Program Receipts	21.01	52.42	81.95	97.35	179.78	202.56	233.09
其他收入	Others	7.49	34.77	48.62	55.29	115.64	158.80	182.34
二、财政支出	**Local Government Budgetary Expenditure**	**1069.86**	**2289.07**	**4334.37**	**5421.54**	**6712.40**	**7387.86**	**8411.00**
一般公共服务	Expenditure for General Public Services			625.26	685.39	807.41	892.62	996.45
教育	Expenditure for Education	144.75	329.21	803.20	921.48	1227.87	1501.22	1744.59
科学技术	Expenditure for Science and Technology			168.50	214.44	203.92	246.71	344.94
文化体育与传媒	Expenditure for Culture, Sports and Media	26.33	50.84	111.50	166.16	170.56	137.64	141.68
社会保障与就业	Expenditure for Social Safety Net and Employment Effort			401.50	469.58	548.65	611.04	746.97
医疗卫生	Expenditure for Medical and Health Care	47.73	82.36	252.85	304.04	433.75	505.14	569.32
节能保护	Expenditure for Energy Conservation and Environment Protection			100.80	239.16	232.62	235.44	307.78
城乡社区事务	Expenditure for Urban and Rural Community Affairs			358.63	407.64	518.16	623.28	664.77
农林水事务	Expenditure for Agriculture, Forestry and Water Conservancy			279.21	325.02	420.34	539.56	595.28
交通运输	Expenditure for Transportation			249.13	318.17	533.40	503.57	688.04
其他支出	Other Expenditure			290.30	331.54	382.36	282.93	308.71

8-3 各市人均地方公共财政预算收入

Per Capita Local Government General Budgetary Revenue by City

单位：元 (yuan)

市 别	City	2000	2005	2007	2008	2009	2010	2011	2012	2013
全 省	**Provincial Total**	**1087.68**	**1974.59**	**2916.83**	**3386.00**	**3645.50**	**4390.34**	**5265.78**	**5904.72**	**6668.67**
广 州	Guangzhou	2061.72	3875.93	5110.97	5735.56	6103.90	7100.70	7693.97	8615.73	8862.98
深 圳	Shenzhen	3327.64	5064.37	7379.55	8575.37	9037.32	10892.78	12856.12	14105.11	16350.94
珠 海	Zhuhai	2024.57	3492.54	5194.40	6184.14	6643.34	8025.47	9166.01	10323.14	12241.05
汕 头	Shantou	409.83	596.51	844.33	1002.83	1129.16	1368.64	1582.87	1773.45	2051.88
佛 山	Foshan	1146.57	2265.69	3153.36	3542.73	3787.59	4349.20	4736.35	5300.29	6020.44
#顺 德	Shunde			3270.61	3625.81	3895.47	4439.32	4945.20	5507.95	6193.72
韶 关	Shaoguan	314.70	686.57	1036.88	1264.88	1424.05	1683.27	1898.17	2150.02	2491.77
河 源	Heyuan	111.86	311.21	544.90	628.47	704.99	860.81	1056.23	1256.37	1613.41
梅 州	Meizhou	188.06	370.01	554.67	652.21	737.88	924.97	1101.64	1314.38	1613.10
惠 州	Huizhou	408.85	946.27	1570.40	1900.54	2379.32	2931.87	3526.46	4316.39	5337.57
汕 尾	Shanwei	170.37	255.84	423.79	542.52	674.01	893.66	1109.94	1387.30	1617.23
东 莞	Dongguan	503.97	1585.20	2658.48	2851.21	3008.51	3454.53	3799.37	4306.79	4928.56
中 山	Zhongshan	762.08	2231.98	3289.91	3636.68	3818.31	4578.83	5848.99	6411.82	7123.35
江 门	Jiangmen	540.87	1014.97	1492.10	1757.69	1933.44	2365.62	2673.09	3018.13	3519.54
阳 江	Yangjiang	179.12	375.62	551.75	692.41	850.92	1116.06	1435.25	1754.75	2170.56
湛 江	Zhanjiang	207.35	361.18	556.57	662.64	760.55	950.34	1137.36	1298.97	1483.88
茂 名	Maoming	173.63	366.48	530.68	610.59	706.11	887.70	1129.39	1318.51	1508.45
肇 庆	Zhaoqing	325.95	558.68	868.72	1147.86	1463.01	1979.41	2342.76	2616.91	3017.68
清 远	Qingyuan	143.50	372.24	766.31	1021.02	1362.84	1972.39	2265.84	2315.36	2456.43
潮 州	Chaozhou	192.52	343.30	528.75	620.11	698.43	877.50	1018.33	1186.31	1370.58
揭 阳	Jieyang	178.24	200.52	301.99	387.31	497.84	660.97	785.70	955.16	1116.16
云 浮	Yunfu	169.61	400.53	597.05	711.80	803.48	1002.33	1256.82	1533.09	1889.12
按经济区域分	By Region									
珠三角	Pearl River Delta	1442.48	2688.72	3894.02	4465.44	4804.27	5717.85	6525.32	7284.81	8188.04
东 翼	Eastern Region	252.38	356.63	527.91	643.61	758.87	960.44	1133.50	1327.14	1541.01
西 翼	Western Region	189.61	365.50	545.66	646.91	753.48	952.37	1181.64	1377.88	1601.12
山 区	Mountainous Region	187.58	423.54	696.40	853.39	1009.27	1300.73	1524.16	1712.03	2001.04

注：本表按年末常住人口数计算。

Note: The data in this table are calculated by year-end permanent population.

8-4 各市地方公共财政预算收支

Local Government General Budgetary Revenue and Expenditure by City

单位: 亿元 (100 million yuan)

市别	City	地方公共财政预算收入 Local Government General Budgetary Revenue							
		2000	2005	2008	2009	2010	2011	2012	2013
全省合计	**Provincial Total**	**910.56**	**1807.20**	**3310.32**	**3649.81**	**4517.04**	**5514.84**	**6229.18**	**7081.47**
广 州	Guangzhou	200.55	371.26	621.84	702.65	872.65	979.48	1102.40	1141.80
深 圳	Shenzhen	221.92	412.38	800.36	880.82	1106.82	1339.57	1482.08	1731.26
珠 海	Zhuhai	24.23	48.97	92.32	101.41	124.53	143.41	162.60	194.20
汕 头	Shantou	18.94	29.44	51.22	58.54	72.65	85.58	96.34	112.11
佛 山	Foshan	59.53	130.85	227.99	254.70	306.05	341.73	384.08	438.21
#顺 德	Shunde	21.22	47.38	79.34	89.29	106.75	122.06	136.52	154.14
韶 关	Shaoguan	8.63	19.93	36.38	40.71	47.81	53.91	61.48	71.78
河 源	Heyuan	2.55	8.52	17.61	20.18	25.09	31.37	37.64	48.79
梅 州	Meizhou	7.18	15.18	27.11	30.77	38.95	46.89	56.27	69.37
惠 州	Huizhou	12.94	34.72	78.07	101.57	131.23	162.83	200.88	250.17
汕 尾	Shanwei	4.16	7.09	15.75	19.71	26.23	32.71	41.09	48.15
东 莞	Dongguan	30.22	103.97	209.22	231.16	277.84	313.06	356.32	409.29
中 山	Zhongshan	17.46	54.26	100.12	110.44	139.38	183.22	201.89	225.42
江 门	Jiangmen	21.24	41.63	74.68	83.63	104.29	119.17	135.03	158.03
阳 江	Yangjiang	3.89	8.70	16.36	20.16	26.77	34.95	43.12	53.72
湛 江	Zhanjiang	12.44	24.01	45.71	52.65	66.23	80.03	92.09	105.92
茂 名	Maoming	9.08	21.26	36.37	41.70	51.95	66.12	78.12	90.36
肇 庆	Zhaoqing	10.97	20.44	43.56	55.92	76.80	92.23	103.81	120.77
清 远	Qingyuan	4.53	13.25	37.38	50.04	72.79	84.31	86.87	92.82
潮 州	Chaozhou	4.60	8.64	16.02	18.25	23.25	27.27	31.93	37.09
揭 阳	Jieyang	9.24	11.19	22.37	28.87	38.65	46.35	56.70	66.69
云 浮	Yunfu	3.65	9.33	16.63	18.78	23.54	29.80	36.76	45.76
按经济区域分	By Region								
珠三角	Pearl River Delta	599.06	1218.48	2248.16	2522.29	3139.58	3674.70	4129.09	4669.16
东 翼	Eastern Region	36.94	56.38	105.36	125.36	160.78	191.91	226.07	264.04
西 翼	Western Region	25.41	53.96	98.44	114.51	144.95	181.10	213.33	250.00
山 区	Mountainous Region	26.54	66.21	135.11	160.48	208.18	246.28	279.02	328.52

8-4 续表 continued

单位：亿元 (100 million yuan)

市别	City	地方公共财政预算支出 Local Government General Budgetary Expenditure							
		2000	2005	2008	2009	2010	2011	2012	2013
全省合计	**Provincial Total**	**1069.86**	**2289.07**	**3778.57**	**4334.37**	**5421.54**	**6712.40**	**7387.86**	**8411.00**
广　州	Guangzhou	240.72	438.41	713.35	789.92	977.32	1181.25	1343.65	1386.13
深　圳	Shenzhen	225.04	599.16	889.86	1000.84	1266.07	1590.56	1569.01	1690.83
珠　海	Zhuhai	31.14	57.77	105.68	121.31	166.41	190.37	212.20	252.03
汕　头	Shantou	27.90	50.14	87.43	99.35	121.71	151.66	172.93	191.26
佛　山	Foshan	72.48	150.85	244.51	266.99	363.35	388.68	433.96	488.40
#顺　德	Shunde	25.16	54.21	77.34	83.23	134.52	130.50	148.25	149.63
韶　关	Shaoguan	19.94	44.55	71.33	88.59	100.24	128.56	148.04	168.32
河　源	Heyuan	16.78	37.00	63.20	79.24	94.55	110.04	134.47	169.72
梅　州	Meizhou	23.84	46.25	81.37	97.26	117.98	148.21	175.53	206.30
惠　州	Huizhou	20.14	52.41	106.30	134.75	185.44	227.21	274.08	328.29
汕　尾	Shanwei	9.99	20.05	40.12	53.21	56.51	74.37	87.99	105.31
东　莞	Dongguan	33.61	117.04	218.26	232.62	289.83	351.92	385.58	444.66
中　山	Zhongshan	19.24	56.71	101.22	117.90	145.85	192.67	215.32	237.24
江　门	Jiangmen	28.18	54.24	92.60	111.08	132.98	165.30	188.12	212.61
阳　江	Yangjiang	11.00	23.17	45.93	56.64	64.92	81.05	102.90	114.30
湛　江	Zhanjiang	27.82	57.95	111.01	123.27	153.65	186.81	218.24	265.44
茂　名	Maoming	20.67	45.28	83.97	98.28	122.49	161.79	192.27	218.59
肇　庆	Zhaoqing	20.09	40.64	78.99	106.93	127.66	157.01	176.49	200.40
清　远	Qingyuan	16.35	38.15	76.19	100.05	132.81	157.76	172.01	185.65
潮　州	Chaozhou	11.31	21.36	37.43	44.30	55.99	63.50	77.81	86.22
揭　阳	Jieyang	19.50	30.99	62.34	76.79	94.68	123.92	149.48	163.75
云　浮	Yunfu	11.18	23.87	41.35	48.54	69.28	77.18	95.15	109.08
按经济区域分	By Region								
珠三角	Pearl River Delta	690.64	1567.23	2550.77	2882.33	3654.91	4444.97	4798.40	5240.59
东　翼	Eastern Region	68.70	122.50	227.30	273.64	328.89	413.45	488.21	546.54
西　翼	Western Region	59.49	126.40	240.91	278.18	341.06	429.65	513.42	598.33
山　区	Mountainous Region	88.09	189.83	333.43	413.69	514.86	621.75	725.20	839.08

8-5 中外资金融机构本外币存贷款余额

Deposits and Loans in Foreign Currencies in Chinese and Foreign Financial Institutions Foreign Financial Institutions

单位：亿元 (100 million yuan)

指　　标	Item	2005	2010	2011	2012	2013
各项存款	**Total Deposits**	**38119.91**	**82019.40**	**91590.15**	**105099.55**	**119685.15**
单位存款	Corporate Deposits			44915.61	51192.82	58088.94
#活期存款	Demand Deposits			17979.66	18661.48	19684.03
定期存款	Time Deposits			13792.53	16723.79	18729.08
通知存款	Notice Deposits			1828.43	1943.45	1698.63
保证金存款	Margin Deposits			5453.64	6490.81	7184.61
个人存款	Personal Deposits			41795.46	47263.03	53085.11
储蓄存款	Savings Deposits	20267.76	36965.75	41061.56	46265.58	50638.64
保证金存款	Margin Deposit			26.52	52.23	72.90
结构性存款	Structure Deposits			707.38	945.21	2373.56
财政性存款	Fiscal Deposits			2448.67	3147.06	4261.58
临时性存款	Temporary Deposits			172.46	222.10	266.36
委托存款(净)	Trusted Deposits			134.28	134.33	356.17
其他存款	Other Deposits			2123.66	3140.21	3626.99
各项贷款	**Total Loans**	**23261.21**	**51799.3**	**58615.27**	**67077.08**	**75664.16**
(一)境内贷款	Domestic Loans			56971.33	65263.22	73820.54
短期贷款	Short-term			16674.28	21642.86	25550.38
中长期贷款	Medium & Long-term Loans			38334.14	40986.95	45767.47
个人贷款	Personal Loans			13158.15	14641.30	17120.55
#个人消费贷款	Personal Consumption Loans			11331.35	12429.88	14344.58
(二)境外贷款	Overseas Loans			1643.94	1813.87	1843.62

注：2011年起银行资金来源项目使用新的分类。
Note: Since 2011, new categorization is applied to items of bank fund sources.

8-6 中资金融机构人民币存贷款余额
Deposits and Loans in Renminbi in Chinese and Foreign Financial Institutions

单位：亿元 (100 million yuan)

指 标	Item	2005	2010	2011	2012	2013
各项存款	**Total Deposits**	**35783.57**	**78285.89**	**86849.26**	**97463.20**	**111881.34**
单位存款	Corporate Deposits			41610.10	45122.55	52057.48
#活期存款	Demand Deposits			16525.34	17217.17	18521.85
定期存款	Time Deposits			12331.95	13983.56	16517.86
通知存款	Notice Deposits			1773.97	1915.33	1514.93
保证金存款	Margin Deposits			5141.06	4644.31	5440.74
个人存款	Personal Deposits			40445.63	45786.44	51550.46
储蓄存款	Savings Deposits	19051.35	36219.15	39725.24	44803.43	49287.89
保证金存款	Margin Deposit			25.00	50.15	71.02
结构性存款	Structure Deposits			695.39	932.86	2191.55
财政性存款	Fiscal Deposits	1107.74	2303.33	2449.31	3147.57	4262.12
临时性存款	Temporary Deposits			126.70	183.51	203.83
委托存款(净)	Trusted Deposits			132.64	133.91	355.30
其他存款	Other Deposits			2084.87	3089.21	3452.14
各项贷款	**Total Loans**	**20745.27**	**46099.26**	**52167.25**	**58540.62**	**66888.77**
(一)境内贷款	Domestic Loans			51742.54	58118.90	66472.65
短期贷款	Short-term			13833.83	17260.08	21204.93
中长期贷款	Medium & Long-term Loans			36264.27	38643.84	43139.75
个人贷款	Personal Loans			13093.14	14554.53	16985.36
#个人消费贷款	Personal Consumption Loans			11266.35	12343.11	14222.02
(二)境外贷款	Overseas Loans			424.70	421.72	416.11

注：2011年起银行资金来源项目使用新的分类。

Note: Since 2011, new categorization is applied to items of bank fund sources.

8-7 各市中资金融机构基本情况

Basic Conditions of Chinese-funded Financial Institutions by City

市 别	City	2005				2010			
		机构数(个) Number of Financial Institutions	年末从业人员(人) Number of Employed Persons at the Year-end	各项存款(亿元) Total Deposits (100 million yuan)	各项贷款(亿元) Total Loans (100 million yuan)	机构数(个) Number of Financial Institutions	年末从业人员(人) Number of Employed Persons at the Year-end	各项存款(亿元) Total Deposits (100 million yuan)	各项贷款(亿元) Total Loans (100 million yuan)
全省合计	**Provincial Total**	**15433**	**222738**	**35783.57**	**20745.27**	**14983**	**258254**	**78285.89**	**46099.26**
广 州	Guangzhou	2053	45800	11065.22	6873.34	2395	58412	22775.49	14597.74
深 圳	Shenzhen	1119	28354	8478.18	6168.03	1286	41483	20210.75	13708.16
珠 海	Zhuhai	417	6798	925.47	424.33	406	7664	2542.56	1203.85
汕 头	Shantou	655	9196	955.34	391.08	632	9476	1849.14	627.91
佛 山	Foshan	1913	21732	3770.74	2056.29	1775	25815	8293.02	4729.61
#顺 德	Shunde	645	6909	1204.02	689.91	627	7921	2531.53	1615.82
韶 关	Shaoguan	406	5153	461.78	166.55	401	5317	903.67	346.28
河 源	Heyuan	349	3759	204.20	107.99	325	3828	496.83	335.32
梅 州	Meizhou	635	7373	429.79	206.37	529	6371	835.07	330.25
惠 州	Huizhou	664	8012	781.79	367.23	650	9065	2038.58	1096.21
汕 尾	Shanwei	246	2937	140.77	57.21	217	2965	326.96	130.20
东 莞	Dongguan	1262	14985	2933.40	1500.52	1221	19395	5915.54	3302.49
中 山	Zhongshan	586	7837	1131.19	479.02	568	9017	2596.88	1324.65
江 门	Jiangmen	906	11627	1163.76	534.17	819	11194	2214.97	973.75
阳 江	Yangjiang	289	3986	245.37	99.66	268	3806	564.19	283.93
湛 江	Zhanjiang	931	10663	705.32	285.97	780	10321	1556.00	714.40
茂 名	Maoming	717	7915	521.02	225.46	612	7670	1025.39	361.30
肇 庆	Zhaoqing	551	7120	478.15	229.43	494	6874	1057.35	642.04
清 远	Qingyuan	471	5510	386.23	175.08	447	5620	986.45	510.26
潮 州	Chaozhou	304	4087	324.04	132.34	275	4187	649.81	205.91
揭 阳	Jieyang	613	6120	468.15	169.19	586	6178	963.79	400.68
云 浮	Yunfu	346	3774	213.66	96.02	297	3596	483.45	274.32
按经济区域分	By Region								
珠三角	Pearl River Delta	9642	159817	35103.66	20939.71	9614	188919	67645.13	41578.51
东 翼	Eastern Region	1762	22454	2147.42	788.51	1710	22806	3789.69	1364.70
西 翼	Western Region	1846	22857	1692.94	643.84	1660	21797	3145.59	1359.62
山 区	Mountainous Region	2156	25791	1958.72	810.10	1999	24732	3705.47	1796.43

8-7 续表 continued

市别	City	2012 机构数(个) Number of Financial Institutions	2012 年末从业人员(人) Number of Employed Persons at the Year-end	2012 各项存款(亿元) Total Deposits (100 million yuan)	2012 各项贷款(亿元) Total Loans (100 million yuan)	2013 机构数(个) Number of Financial Institutions	2013 年末从业人员(人) Number of Employed Persons at the Year-end	2013 各项存款(亿元) Total Deposits (100 million yuan)	2013 各项贷款(亿元) Total Loans (100 million yuan)
全省合计	**Provincial Total**	**15477**	**286657**	**97463.20**	**58540.62**	**15776**	**298795**	**111881.34**	**66888.77**
广　州	Guangzhou	2485	63627	28270.68	17554.90	2558	67572	31884.73	19652.37
深　圳	Shenzhen	1371	46944	25910.24	17305.47	1434	49534	29830.99	19803.58
珠　海	Zhuhai	430	9426	2987.35	1651.85	449	10096	3813.45	1928.43
汕　头	Shantou	643	10321	2196.17	773.00	651	10528	2478.32	929.74
佛　山	Foshan	1825	30065	9734.79	6078.40	1853	31466	10998.84	6799.46
#顺　德	Shunde	652	10166	3060.44	2172.94	663	10580	3365.31	2448.63
韶　关	Shaoguan	413	5489	1107.17	464.32	417	5650	1248.91	549.09
河　源	Heyuan	333	4105	634.62	468.21	338	4172	749.56	568.63
梅　州	Meizhou	533	6639	1059.31	452.17	535	6739	1239.89	543.38
惠　州	Huizhou	675	10470	2497.37	1483.72	698	11110	2968.18	1804.88
汕　尾	Shanwei	220	3181	416.27	188.08	221	3221	480.15	223.85
东　莞	Dongguan	1273	21827	7392.17	4157.48	1279	21909	8580.54	4740.10
中　山	Zhongshan	596	10243	3212.63	1774.51	607	10805	3774.47	2098.54
江　门	Jiangmen	854	12050	2800.20	1329.71	866	12495	3203.78	1556.47
阳　江	Yangjiang	274	4321	725.28	430.34	277	4421	812.98	523.42
湛　江	Zhanjiang	790	11270	1887.26	1043.20	801	11758	2153.39	1190.33
茂　名	Maoming	621	8047	1328.32	539.41	623	8184	1567.01	637.10
肇　庆	Zhaoqing	506	7716	1319.93	868.63	516	7913	1535.48	1019.99
清　远	Qingyuan	453	6277	1198.75	708.17	459	6279	1383.02	837.66
潮　州	Chaozhou	285	4348	829.90	270.76	289	4412	912.78	308.33
揭　阳	Jieyang	594	6471	1298.50	608.60	598	6647	1523.88	710.25
云　浮	Yunfu	303	3820	656.31	389.71	307	3884	740.99	463.17
按经济区域分	By Region								
珠三角	Pearl River Delta	10015	212368	84125.35	52204.67	10260	222900	96590.45	59403.82
东　翼	Eastern Region	1742	24321	4740.84	1840.43	1759	24808	5395.14	2172.17
西　翼	Western Region	1685	23638	3940.85	2012.94	1701	24363	4533.38	2350.85
山　区	Mountainous Region	2035	26330	4656.16	2482.58	2056	26724	5362.36	2961.93

注：1. 本表存贷款统计口径为中资金融机构人民币存贷款。
2. 机构数和年末从业人员统计范围为银行业及相关金融机构(不含人民银行、外资银行及资产管理公司)。

Notes: a) Deposits and loans in this table refer to the deposits and loans in Renminbi in domestic-funded financial institutions.
b) The number of financial institutions and the number of employed persons at the year-end refer to those in banking and related financial institutions (excluding the People's Bank of China, foreign-funded banks and assets management companies).

8-8 各市中外资金融机构本外币存贷款

Deposits and Loans in Renminbi and Foreign Currencies in Chinese and Foreign Financial Institutions by City

单位：亿元 (100 million yuan)

市别	City	各项存款 Total Deposits							
		2000	2005	2008	2009	2010	2011	2012	2013
全省合计	**Provincial Total**	**18975.25**	**38119.91**	**56119.26**	**69691.46**	**82019.40**	**91590.15**	**105099.55**	**119685.15**
广州	Guangzhou	6161.70	11734.10	16929.46	20944.19	23953.96	26460.80	30186.57	33838.20
深圳	Shenzhen	3918.58	9486.76	14260.93	18357.47	21937.89	25095.78	29662.40	33943.15
珠海	Zhuhai	519.03	1014.08	1575.36	2105.20	2748.70	2980.01	3449.70	4121.58
汕头	Shantou	597.13	995.64	1365.86	1623.06	1873.03	1989.65	2285.36	2530.16
佛山	Foshan	2107.92	3906.93	5713.95	7211.14	8462.33	9116.84	10167.55	11387.13
#顺德	Shunde	684.72	1249.91	1698.29	2158.35	2531.53	2757.91	3146.27	3453.20
韶关	Shaoguan	262.37	468.35	674.42	794.40	907.75	1005.35	1117.81	1255.76
河源	Heyuan	90.66	205.94	334.76	409.59	500.02	561.36	638.58	754.24
梅州	Meizhou	218.35	438.71	601.71	705.69	839.63	946.24	1063.83	1245.21
惠州	Huizhou	392.42	823.96	1336.94	1778.95	2090.14	2401.05	2696.97	3138.79
汕尾	Shanwei	77.79	144.45	233.51	279.78	332.70	373.30	422.71	487.35
东莞	Dongguan	1320.97	3036.77	4460.25	5094.92	6077.87	6756.66	7691.24	8874.91
中山	Zhongshan	616.26	1186.76	1823.11	2211.13	2665.35	2993.67	3469.71	4021.81
江门	Jiangmen	801.04	1279.67	1683.39	1995.14	2285.75	2559.66	2905.50	3335.27
阳江	Yangjiang	142.00	248.75	394.33	477.87	575.32	649.29	729.35	816.84
湛江	Zhanjiang	406.80	716.97	1075.80	1316.10	1565.19	1728.19	1902.35	2173.39
茂名	Maoming	330.84	524.90	736.44	855.78	1028.67	1188.72	1332.42	1571.63
肇庆	Zhaoqing	280.18	493.23	728.75	920.63	1072.54	1210.67	1355.59	1594.43
清远	Qingyuan	212.76	393.96	651.26	832.57	995.36	1117.31	1215.34	1401.35
潮州	Chaozhou	161.87	328.97	476.78	556.31	653.27	743.18	836.51	919.35
揭阳	Jieyang	238.84	473.60	726.87	816.18	967.03	1130.77	1311.12	1529.69
云浮	Yunfu	117.76	217.40	335.41	405.35	486.93	581.66	658.93	744.90
按经济区域分	By Region								
珠三角	Pearl River Delta	16118.10	32962.25	48512.14	60618.78	71294.51	79575.13	91585.24	104255.28
东翼	Eastern Region	1075.63	1942.66	2803.02	3275.34	3826.04	4236.89	4855.70	5466.56
西翼	Western Region	879.64	1490.63	2206.57	2649.75	3169.17	3566.20	3964.12	4561.87
山区	Mountainous Region	901.90	1724.37	2597.56	3147.60	3729.68	4211.93	4694.49	5401.45

8-8 续表 continued

单位：亿元 (100 million yuan)

市 别	City	各项贷款 Total Loans 2000	2005	2008	2009	2010	2011	2012	2013
全省合计	**Provincial Total**	**12954.62**	**23261.21**	**33835.86**	**44510.22**	**51799.30**	**58615.27**	**67077.08**	**75664.16**
广 州	Guangzhou	4265.18	7622.20	11080.08	13851.83	16284.31	17732.88	19936.52	22016.18
深 圳	Shenzhen	2906.82	7596.72	11188.40	14783.39	16808.12	19248.73	21808.34	24680.07
珠 海	Zhuhai	318.86	486.72	748.46	1062.44	1472.54	1638.21	1920.30	2071.90
汕 头	Shantou	387.59	421.36	426.74	570.47	661.52	728.18	811.95	971.93
佛 山	Foshan	1550.91	2122.74	2999.73	4101.97	4868.99	5615.15	6391.47	7111.31
#顺 德	Shunde	498.38	704.48	944.33	1232.06	1615.82	1873.13	2243.78	2514.95
韶 关	Shaoguan	147.67	169.68	221.29	320.02	376.06	425.23	497.90	581.38
河 源	Heyuan	63.05	108.13	201.33	294.26	338.69	389.26	472.89	573.18
梅 州	Meizhou	150.54	206.44	206.52	274.26	331.10	389.97	454.04	547.53
惠 州	Huizhou	224.31	409.44	752.10	1134.26	1225.71	1439.09	1735.12	2036.92
汕 尾	Shanwei	64.01	57.21	66.04	98.56	131.12	157.59	190.83	228.54
东 莞	Dongguan	647.10	1540.48	2432.88	3017.07	3441.99	3860.92	4446.82	4989.50
中 山	Zhongshan	356.58	498.05	844.27	1196.59	1373.62	1626.77	1969.07	2315.87
江 门	Jiangmen	571.00	565.45	624.73	892.58	1032.46	1205.30	1467.17	1715.51
阳 江	Yangjiang	88.46	100.66	159.22	229.38	292.24	369.12	445.73	537.60
湛 江	Zhanjiang	289.74	310.03	476.92	629.71	721.00	868.48	1067.54	1227.29
茂 名	Maoming	220.45	230.93	222.90	299.77	362.40	444.74	540.64	642.08
肇 庆	Zhaoqing	220.51	232.13	374.15	568.31	652.01	766.51	893.63	1051.40
清 远	Qingyuan	151.26	179.13	276.44	442.53	520.62	617.00	725.87	853.65
潮 州	Chaozhou	110.33	137.20	160.08	192.71	219.41	256.64	290.20	322.97
揭 阳	Jieyang	132.30	169.40	235.03	335.18	407.06	502.33	615.58	717.84
云 浮	Yunfu	87.97	97.10	138.56	214.93	278.34	333.17	395.46	471.52
按经济区域分	By Region								
珠 三 角	Pearl River Delta	11061.27	21073.93	31044.80	40608.44	47159.74	53133.57	60568.45	67988.65
东 翼	Eastern Region	694.23	785.17	887.89	1196.92	1419.10	1644.74	1908.56	2241.28
西 翼	Western Region	598.65	641.62	859.04	1158.86	1375.65	1682.34	2053.91	2406.96
山 区	Mountainous Region	600.49	760.49	1044.14	1546.00	1844.81	2154.62	2546.16	3027.27

8-9 各市金融机构储蓄存款

Savings Deposits in Financial Institutions by City

单位：亿元 (100 million yuan)

市 别	City	中资金融机构人民币储蓄存款 Savings Deposits in Renminbi in Chinese-funded Financial Institutions							
		2000	2005	2008	2009	2010	2011	2012	2013
全省合计	**Provincial Total**	**8667.29**	**19051.35**	**27417.52**	**31345.78**	**36219.15**	**39725.24**	**44803.43**	**49287.89**
广 州	Guangzhou	2239.64	5024.69	6836.35	7920.13	9013.15	9911.95	11174.68	12178.58
深 圳	Shenzhen	1082.43	3229.38	4905.93	5723.76	6717.05	7251.39	8132.16	8926.10
珠 海	Zhuhai	216.08	480.87	705.06	805.37	957.58	1066.39	1196.27	1331.14
汕 头	Shantou	351.40	733.50	1009.82	1153.31	1291.11	1365.36	1528.12	1661.21
佛 山	Foshan	1216.98	2358.78	3436.10	3885.33	4406.34	4653.70	5155.01	5548.32
#顺 德	Shunde	407.94	790.88	1150.10	1321.66	1500.57	1587.37	1784.58	1888.90
韶 关	Shaoguan	165.47	313.97	430.87	486.34	559.16	616.99	698.58	784.91
河 源	Heyuan	69.96	145.12	223.38	262.84	313.64	363.82	415.52	479.29
梅 州	Meizhou	155.14	318.77	435.56	496.90	578.33	662.21	757.67	885.46
惠 州	Huizhou	249.31	522.21	771.66	867.49	1031.63	1172.86	1349.23	1533.01
汕 尾	Shanwei	54.18	108.39	166.91	195.42	229.73	259.39	296.29	337.14
东 莞	Dongguan	672.07	1728.28	2636.76	2902.66	3384.45	3697.27	4187.68	4467.60
中 山	Zhongshan	354.65	725.06	1058.85	1220.95	1442.18	1582.18	1747.90	1930.79
江 门	Jiangmen	483.75	851.93	1158.16	1289.06	1461.98	1644.86	1852.48	2029.55
阳 江	Yangjiang	104.99	189.91	276.08	320.14	385.69	432.63	494.59	556.95
湛 江	Zhanjiang	298.14	505.70	707.45	810.79	940.08	1076.41	1245.66	1404.49
茂 名	Maoming	247.45	410.02	567.27	640.08	750.67	851.75	984.03	1135.23
肇 庆	Zhaoqing	184.21	335.91	482.80	554.14	650.23	744.57	851.29	973.60
清 远	Qingyuan	146.27	273.86	436.68	496.56	590.26	660.50	741.99	837.35
潮 州	Chaozhou	104.19	242.65	352.30	404.48	459.60	507.78	585.92	644.11
揭 阳	Jieyang	180.82	387.29	574.27	622.66	714.16	808.42	947.98	1125.55
云 浮	Yunfu	90.13	165.09	245.27	287.35	342.13	394.81	460.38	517.51
按经济区域分	By Region								
珠三角	Pearl River Delta	6699.12	15257.09	21991.67	25168.89	29064.60	31725.17	35646.70	38918.70
东 翼	Eastern Region	690.59	1471.82	2103.30	2375.88	2694.60	2940.94	3358.31	3768.00
西 翼	Western Region	650.58	1105.62	1550.80	1771.02	2076.44	2360.79	2724.28	3096.67
山 区	Mountainous Region	626.97	1216.81	1771.76	2029.99	2383.51	2698.34	3074.14	3504.52

8-9 续表 continued

单位：亿元 (100 million yuan)

市别	City	中外资金融机构本外币储蓄存款 Savings Deposits in Renminbi and Foreign Currencies in Chinese and Foreign Financial Institutions							
		2000	2005	2008	2009	2010	2011	2012	2013
全省合计	**Provincial Total**	**10028.65**	**20267.76**	**28181.18**	**32136.32**	**36965.75**	**41061.56**	**46265.58**	**50638.64**
广　州	Guangzhou	2677.84	5475.77	7111.27	8214.21	9302.33	10260.54	11557.00	12496.69
深　圳	Shenzhen	1391.53	3525.70	5125.66	5943.09	6918.19	7963.54	8910.98	9690.28
珠　海	Zhuhai	262.40	513.72	727.86	828.04	982.54	1102.85	1234.72	1360.23
汕　头	Shantou	399.25	765.26	1025.32	1168.73	1305.62	1384.40	1549.33	1679.13
佛　山	Foshan	1364.95	2465.51	3494.11	3945.01	4460.82	4707.06	5215.16	5602.58
#顺　德	Shunde	453.34	825.15	1167.79	1340.39	1517.91	1603.10	1805.47	1904.01
韶　关	Shaoguan	172.46	320.00	434.19	489.72	562.11	619.79	701.41	787.84
河　源	Heyuan	71.32	146.36	224.14	263.60	314.33	364.52	416.29	480.14
梅　州	Meizhou	166.95	326.86	439.94	501.32	582.20	665.74	761.27	888.88
惠　州	Huizhou	276.61	548.27	785.09	881.28	1044.17	1185.53	1362.56	1545.08
汕　尾	Shanwei	58.88	111.83	168.79	197.35	231.32	261.45	298.38	340.35
东　莞	Dongguan	753.77	1796.69	2677.51	2945.59	3425.89	3750.36	4246.97	4517.59
中　山	Zhongshan	409.23	764.69	1080.43	1242.83	1462.96	1603.23	1771.65	1950.56
江　门	Jiangmen	607.53	951.96	1219.45	1353.17	1516.72	1690.52	1898.06	2073.97
阳　江	Yangjiang	107.92	192.35	277.34	321.41	386.82	433.90	496.04	558.52
湛　江	Zhanjiang	310.22	514.85	713.00	816.81	945.28	1081.46	1251.64	1410.98
茂　名	Maoming	251.70	413.71	569.35	642.22	752.61	853.88	986.18	1137.67
肇　庆	Zhaoqing	197.68	347.39	489.87	561.40	657.31	751.94	862.12	981.92
清　远	Qingyuan	152.70	279.69	439.91	499.84	593.11	663.28	744.74	840.57
潮　州	Chaozhou	111.07	246.32	354.25	406.51	461.35	510.18	588.53	647.49
揭　阳	Jieyang	190.83	392.24	576.52	624.85	716.17	810.98	950.56	1128.99
云　浮	Yunfu	93.82	168.58	247.20	289.35	343.92	396.41	462.00	519.18
按经济区域分	By Region								
珠三角	Pearl River Delta	7941.54	16389.71	22711.25	25914.60	29770.92	33015.57	37059.20	40218.90
东　翼	Eastern Region	760.03	1515.65	2124.88	2397.43	2714.46	2967.02	3386.80	3795.95
西　翼	Western Region	669.84	1120.91	1559.69	1780.44	2084.70	2369.23	2733.86	3107.18
山　区	Mountainous Region	657.25	1241.49	1785.38	2043.84	2395.67	2709.74	3085.72	3516.61

8-10 财产保险公司主要指标
Main Indicators of Property Insurance Companies

单位：万元 (10000 yuan)

项 目	Item	2005		2010	
		保费收入 Premium Income	赔款支出 Indemnity Expenditure	保费收入 Premium Income	赔款支出 Indemnity Expenditure
合 计	**Total**	**1685170.63**	**845800.87**	**4448165.78**	**2033172.29**
企业财产保险	Enterprise Property Insurance	222004.35	173826.76	351292.22	183461.19
家庭财产保险	Household Property Insurance	12407.59	1170.37	21282.82	8106.04
#投资型家财险	Of Which: Investment-Linked Household Property Insurance	446.66	164.19	94.28	39.39
机动车辆保险	Motor Vehicle Insurance	1063848.58	529693.38	3226433.10	1480270.14
工程保险	Project Insurance	42979.14	12776.23	114572.14	34954.38
责任保险	Liability Insurance	58002.34	19459.36	152882.02	53781.74
信用保险	Credit Insurance	23565.76	10567.38	169656.19	23650.28
保证保险	Guarantee Insurance	16905.26	24343.42	21311.67	3303.65
#机动车辆消费贷款保证保险	Of Which: Motor Vehicle Consumption Loan Guarantee Insurance	250.61	22936.13	677.83	1880.55
个人贷款抵押房屋保证保险	Personal Loan Home Mortgage Guarantee Insurance	14236.25	292.60	-1426.3	347.16
船舶保险	Ship Insurance	44728.47	17886.27	72556.10	41911.92
货物运输保险	Freight Transport Insurance	54008.64	22312.82	97472.09	46828.17
特殊风险保险	Peculiar Risk Insurance	68514.78	3559.03	56890.54	60442.32
农业保险	Agriculture Insurance	1402.67	1115.53	10915.63	11289.18
健康险	Health Insurance	9787.22	4084.66	61987.52	45552.78
意外伤害保险	Accident Injury Insurance	66225.36	23567.92	90593.62	37625.61
其他险	Other Property Insurance	790.47	1437.75	974.31	-272.21

8-10 续表 continued

单位：万元 (10000 yuan)

项 目	Item	2012		2013	
		保费收入 Premium Income	赔款支出 Indemnity Expenditure	保费收入 Premium Income	赔款支出 Indemnity Expenditure
合 计	**Total**	**5945717.47**	**3169726.96**	**6893185.27**	**3687147.79**
企业财产保险	Enterprise Property Insurance	436317.10	276186.41	490361.23	348070.02
家庭财产保险	Household Property Insurance	28777.77	4908.57	34438.63	8622.12
#投资型家财险	Of Which: Investment-Linked Household Property Insurance	1260.00	112.70	942.86	104.01
机动车辆保险	Motor Vehicle Insurance	4199161.55	2387272.08	4939532.04	2697476.04
工程保险	Project Insurance	114142	42058.83	101565.39	59631.84
责任保险	Liability Insurance	227736.57	87408.53	269565.66	104944.55
信用保险	Credit Insurance	191319.05	72591.59	216083.36	110549.88
保证保险	Guarantee Insurance	146644.96	10258.17	173482.88	20178.06
#机动车辆消费贷款保证保险	Of Which: Motor Vehicle Consumption Loan Guarantee Insurance	220.78	1101.46	236.18	173.59
个人贷款抵押房屋保证保险	Personal Loan Home Mortgage Guarantee Insurance	3610.74	204.49	3948.17	200.43
船舶保险	Ship Insurance	48154.34	38851.89	39556.99	28372.75
货物运输保险	Freight Transport Insurance	128523.65	62370.27	127119.29	69316.84
特殊风险保险	Peculiar Risk Insurance	147285.63	48146.74	144095.42	42123.86
农业保险	Agriculture Insurance	44667.69	24326.80	65143.20	36830.09
健康险	Health Insurance	103001.45	77406.05	135824.15	117442.58
意外伤害保险	Accident Injury Insurance	129661.25	37817.85	155931.32	43178.77
其他险	Other Property Insurance	324.44	123.19	485.73	410.40

注：本表数据包括深圳，来源于中国保险监督管理委员会广东监管局。
Note: The data in the table include those of Shenzhen， and are obtained from Guangdong Bureau of China Insurance Regulatory Commission.

8-11 人身保险公司主要指标

Main Indicators of Life Insurance Companies

单位：亿元 (100 million yuan)

项　目	Item	2005	2010	2012	2013
保费收入	**Premium Income**	**330.72**	**1148.37**	**1097.55**	**1213.59**
按险种分	Premium by Line of Business:				
寿险	Life Insurance	283.77	1056.69	970.75	1057.87
个人业务	Personal Business	242.75	1021.96	963.68	1047.77
新单保费	New Business Premium	122.71	659.94	410.89	435.58
续期保费	Renewal Premium	120.03	362.02	552.79	612.19
团体业务	Group Business	41.02	34.73	7.07	10.10
新单保费	New Business Premium	38.99	28.60	3.81	6.98
续期保费	Renewal Premium	2.04	6.14	3.26	3.11
意外伤害险	Accident Injury Insurance	13.14	22.94	30.92	38.02
一年期以内业务	Within One-year	0.81	1.07	1.66	2.38
一年期业务	One Year	12.32	21.10	26.65	29.67
一年以上业务	Over One-year Period Business		0.78	2.61	5.97
健康险	Health Insurance	33.81	68.73	95.88	117.70
一年期以内及一年期业务	Within One Year and One-year Period Business	13.07	23.47	28.84	33.58
个人业务	Personal Business	8.21	9.39	9.99	10.75
团体业务	Group Business	4.86	14.07	18.85	22.83
一年期以上业务	Over One-year Period Business	20.75	45.27	67.04	84.12
个人业务	Personal Business	16.73	43.31	66.89	83.88
团体业务	Group Business	4.01	1.96	0.15	0.24
按新型产品分:	Premium by New Product:				
寿险保费收入合计	Total Life Insurance Premium Income	283.77	1056.69	970.75	1057.87
普通寿险	Ordinary Insurance	86.25	95.06	104.09	126.00
新单保费	New Business Premium	15.12	7.89	13.49	30.57
续期保费	Renewal Premium	71.13	87.16	90.60	95.43
分红寿险	Dividend Insurance	161.43	805.02	857.32	921.60
新单保费	New Business Premium	116.84	574.61	399.35	410.55
续期保费	Renewal Premium	44.60	230.41	457.97	511.05
投资连结保险	Investment Link Insurance	7.32	30.57	0.89	0.99
万能寿险	Universal Life Insurance	28.76	126.05	8.46	9.27
赔付支出	**Total Payment Expenditure**	**38.92**	**123.26**	**168.04**	**250.38**
赔款支出	Total Indemnity Expenditure	12.80	21.64	25.36	30.62
意外伤害险	Accident Injury Insurance	3.96	4.57	5.77	5.99
一年期以内业务	Within One-year Period Business	0.09	0.07	0.07	0.19
一年期业务	One-year Period Business	3.87	4.51	5.70	5.80
一年期以内及一年期健康险	Within One Year and One-year Period Health Insurance Business	8.84	17.07	19.59	24.63
个人业务	Personal Business	4.48	4.87	4.72	5.07
团体业务	Group Business	4.36	12.20	14.87	19.56
死伤医疗给付合计	Total Payment for Death, Injury and Medical Treatment	5.72	13.77	19.26	23.57
寿险	Life Insurance	3.91	8.64	11.48	13.06
个人业务	Personal Business	3.73	7.53	10.28	11.69
团体业务	Group Business	0.18	1.11	1.19	1.37
一年期以上健康险	Over One-year Period Health Insurance	1.81	5.13	7.79	10.51
个人业务	Personal Business	0.99	3.87	7.69	10.48
团体业务	Group Business	0.82	1.26	0.09	0.03
满期给付合计	Total Mature Payment	9.55	60.71	89.47	159.61
寿险	Life Insurance	9.55	54.46	89.08	158.71
个人业务	Personal Business	8.25	51.36	85.56	155.72
团体业务	Group Business	1.30	3.10	3.53	2.99
一年期以上健康险	Over One-year Period Health Insurance		6.26	0.38	0.90
个人业务	Personal Business		4.04	0.38	0.90
团体业务	Group Business		2.21	…	…
年金给付合计	Total Annuity Payment	10.85	27.13	33.95	36.58
个人业务	Personal Business	7.22	23.21	30.61	34.34
团体业务	Group Business	3.63	3.92	3.35	2.24
退保金	**Withdrawal Amount Insured**	**42.51**	**142.62**	**130.40**	**182.40**
寿险	Life Insurance	41.94	140.77	128.83	180.67
个人业务	Personal Business	22.05	112.26	127.91	178.98
团体业务	Group Business	19.89	28.51	0.92	1.69
一年期以上健康险	Over One-year Period Health Insurance	0.57	1.85	1.57	1.73

注：本表数据包括深圳，来源于中国保险监督管理委员会广东监管局。
Note: The data in the table include those of Shenzhen and are obtained from Guangdong Bureau of China Insurance Regulatory Commission.

8-12　保险业务主要指标
Main Indicators of Insurance Business

指　标	Indicators	2006	2007	2008	2009	2010	2011	2012	2013
保费收入　（亿元）	**Premium of Insurance (100 million yuan)**	**607.18**	**809.31**	**1124.98**	**1231.17**	**1421.68**	**1578.96**	**1692.12**	**1902.91**
财产险	Property Insurance	195.76	260.75	292.62	336.17	429.62	507.54	571.31	660.14
人寿险	Life Insurance	346.76	477.17	734.66	805.63	892.71	947.90	970.75	1057.87
健康险	Health Insurance	42.06	45.14	70.03	60.63	67.34	85.03	106.18	131.29
人身意外伤害险	Personal Accident Insurance	22.61	26.24	27.67	28.74	32.01	38.50	43.89	53.61
各项赔款和给付（亿元）	**Payment (100 million yuan)**	**158.94**	**221.17**	**283.17**	**306.67**	**318.21**	**398.66**	**485.01**	**619.09**
财产险	Property Insurance	100.78	128.38	172.04	181.85	194.77	232.31	305.45	352.65
人寿险	Life Insurance	38.22	73.22	84.88	92.84	85.58	109.28	134.51	208.35
健康险	Health Insurance	12.96	11.32	17.88	24.05	29.52	48.26	35.50	47.78
人身意外伤害险	Personal Accident Insurance	6.98	8.25	8.37	7.93	8.34	8.81	9.55	10.31
保险公司数　（家）	**Number of Insurance Companies (unit)**	**39**	**47**	**57**	**61**	**65**	**69**	**82**	**84**
#财产保险公司	Property Insurance Companies	21	24	27	29	32	34	39	39
人身保险公司	Life Insurance Companies	18	23	30	32	33	35	43	45
#中资保险公司	Domestic Funded Insurance Companies	25	34	39	40	41	46	57	58
外资保险公司	Foreign-funded Insurance Companies	14	13	18	21	24	23	25	26
保险公司总资产（亿元）	**Total Assets of Insurance Companies(100 million yuan)**	**1334.64**	**1656.86**	**2182.28**	**2605.12**	**3252.03**	**4002.30**	**4684.92**	**5607.95**
财产险公司	Property Insurance Companies	208.95	270.09	335.51	308.45	289.98	317.78	363.93	417.30
寿险公司	Life Insurance Companies	1115.45	1363.86	1823.48	2269.83	2916.99	3556.80	4113.22	4893.34
保险公司分支机构（家）	**Number of Institutions of Insurance Companies (Unit)**	**1886**	**1998**	**2192**	**2285**	**2288**	**2359**	**2425**	**2540**
从业人员数　（万人）	**Employed Persons (person)**	**15.66**	**19.18**	**24.23**	**25.38**	**26.47**	**29.17**	**29.19**	**31.13**

8-13 分市原保险保费收入和赔付支出情况（2013年）

Premium of Primary Insurance and Payment by City (2013)

单位：亿元 (100 million yuan)

地 区	Region	原保险保费收入 Premium of Primary Insurance			赔付支出 Payment		
		小计 Sub-total	财产险业务 Property Insurance	人身险业务 Life Insurance	小计 Sub-total	财产险业务 Property Insurance	人身险业务 Life Insurance
全省合计	**Provincial Total**	**1902.91**	**660.14**	**1242.77**	**619.09**	**352.65**	**266.44**
广 州	Guangzhou	474.89	160.37	314.52	148.26	87.50	60.76
深 圳	Shenzhen	468.76	172.80	295.97	125.19	86.30	38.89
珠 海	Zhuhai	59.00	18.66	40.34	22.05	9.74	12.32
汕 头	Shantou	50.20	13.98	36.22	23.97	10.77	13.19
佛 山	Foshan	175.81	66.42	109.39	62.61	33.71	28.90
韶 关	Shaoguan	24.30	7.51	16.78	9.35	4.20	5.14
河 源	Heyuan	13.09	5.34	7.75	4.93	2.74	2.19
梅 州	Meizhou	24.39	7.42	16.97	9.62	4.09	5.54
惠 州	Huizhou	64.57	21.52	43.05	19.76	11.91	7.86
汕 尾	Shanwei	7.53	2.72	4.81	2.92	1.90	1.01
东 莞	Dongguan	207.04	69.52	137.52	56.37	37.26	19.11
中 山	Zhongshan	82.88	27.41	55.47	27.37	14.36	13.01
江 门	Jiangmen	58.18	19.16	39.02	24.57	10.07	14.50
阳 江	Yangjiang	18.10	7.14	10.96	7.96	3.82	4.14
湛 江	Zhanjiang	36.75	11.33	25.42	14.25	6.44	7.80
茂 名	Maoming	34.17	10.59	23.57	10.87	5.42	5.44
肇 庆	Zhaoqing	26.17	9.97	16.20	11.10	5.35	5.75
清 远	Qingyuan	21.92	8.94	12.98	10.68	4.97	5.71
潮 州	Chaozhou	18.02	5.50	12.52	8.95	3.07	5.88
揭 阳	Jieyang	25.28	9.21	16.06	13.45	6.93	6.52
云 浮	Yunfu	11.86	4.61	7.24	4.89	2.10	2.79

主要统计指标解释

财政收入 指国家财政参与社会产品分配所取得的收入，是实现国家职能的财力保证。主要包括：

（1）各项税收：包括国内增值税、国内消费税、进口货物增值税和消费税、出口货物退增值税和消费税、营业税、企业所得税、个人所得税、资源税、城市维护建设税、房产税、印花税、城镇土地使用税、土地增值税、车船税、船舶吨税、车辆购置税、关税、耕地占用税、契税、烟叶税等。

（2）非税收入：包括专项收入、行政事业性收费、罚没收入和其他收入。

财政支出 指国家财政将筹集起来的资金进行分配使用，以满足经济建设和各项事业的需要。主要包括：一般公共服务、外交、国防、公共安全、教育、科学技术、文化教育与传媒、社会保障和就业、医疗卫生、环境保护、城乡社区事务、农林水事务、交通运输、商业服务等事务。

信贷资金 指金融机构以信用方式积聚和分配的货币资金。金融机构信贷资金的来源有各项存款、对国际金融机构负债、流通中货币、银行自有资金及当年结益等；信贷资金的运用有各项贷款、黄金占款、外汇占款、财政借款及在国际金融机构中的资产等。

存款 机构或个人在保留资金或货币所有权的条件下，以不可流通的存款凭证为依据，暂时让渡或接受资金使用权所形成的债权或债务。存款可分为单位存款、个人存款、财政性存款等项目。

贷款 机构或个人在保留资金或货币所有权的条件下，以不可流通的贷款凭证或类似凭证为依据，暂时让渡或接受资金使用权所形成的债权或债务。贷款分个人贷款、单位贷款、融资租赁等项目。

储蓄存款 个人客户在其他存款性公司开立账户并存入资金或货币，由其他存款性公司出具存款凭证，个人客户凭存款凭证可以支取本金或利息的存款。

保险金额 指保险人承担赔偿或者给付保险金责任的最高限额。

保费 指投保人为取得保险人在约定范围内所承担赔偿责任而支付给保险人的费用。

赔款 指保险人根据保险合同的规定，向被保险人支付的赔偿保险责任损失的金额。

给付 包括死伤医疗给付和满期给付。死伤医疗给付是指保险人根据人寿保险及长期健康保险合同的规定，因被保险人在保险期内发生保险责任范围内的保险事故支付给被保险人（或受益人）的金额。满期给付是指被保险人生存期满，保险人按人寿保险合同规定支付给被保险人的满期保险金额。

Explanatory Notes on Main Statistical Indicators

Government Revenue refers to income for the government finance through participating in the distribution of social products. It is the financial guarantee to ensure government functioning. The contents of government revenue include the following main items:

(1) Various tax revenues, including domestic value added tax (VAT), domestic consumption tax, VAT and consumption tax from imports, VAT and consumption tax rebate for exports, business tax, corporate income tax, individual income tax, resource tax, city maintenance and construct tax, house property tax, stamp tax, urban land use tax, land appreciation tax, tax on vehicles and boat operation, ship tonnage tax, vehicle purchase tax, tariffs, farm land occupation tax, deed tax, and tobacco leaf tax, etc.

(2) Non-tax revenue, including special program receipts, charge of administrative and institutional units, penalty receipts and others non-tax receipts.

Government Expenditure refers to the distribution and use of the funds which the government finance has raised, so as to meet the needs of economic construction and various causes. It mainly includes the following items: expenditure for general public services, expenditure for foreign affairs, expenditure for national defence, expenditure for public security, expenditure for education, Expenditure for science and technology, expenditure for culture, sport and media, expenditure for social safety net and employment effort, expenditure for medical and health care, expenditure for environment protection, expenditure for urban and rural community affairs, expenditure for agriculture, forestry and water conservancy, expenditure for transportation, expenditure for industry, commerce and banking.

Credit Funds refer to the monetary funds accumulated and distributed in the means of credit by the financial institutions. The sources of credit funds include deposits, liabilities to international financial institutions, currency in circulation, self-owned funds and current retained profits, etc. The uses of credit funds include loans, position for bullion purchase, position for foreign exchange purchase, advances to treasury, and assets with international financial institutions.

Deposit refers to the creditor's right or debt that is formed when the institution or individual temporarily gives up or accepts the right to use the capital while keeping the ownership of the capital with the untransferrable deposit certificate as the proof. It includes corporate deposits, personal deposits, fiscal deposits, etc..

Loan refers to the creditor's right or debt that is formed when the institution or individual temporarily gives up or accepts the right to use the capital while keeping the ownership of the capital with the untransferrable loan certificate or other certificates as the proof. It includes personal loans, corporate loans, financial lease, etc..

Savings Deposits refer to the capital which is deposited in the account opened in the reserve corporation by the individual with a deposit certificate as the proof, the principal and interest of which can be withdrew with the deposit certificate.

Amount Insured refers to the maximum that the insurant will get for the claim of the case sured.

Premium is the fee paid by the insurant to the insurer to obtain the obligation of compensation from the insurance within the agreed terms. is the compensation paid by the insurer to the insurant in accordance with the insurance contract.

Settled Claim is the compensation paid by the insurer to the insurant in accordance with the insurance contract.

Payment includes payment for death, injury or medical treatment and payment at maturity. Payment for death, injury or medical treatment refers to the money paid to the insurant (or the beneficiary) in accordance with the life or health insurance contract when the insurant encounters accidents within the insured period covered in the contract. Payment at maturity refers to the payment to the insurant in accordance with the life insurance contract at the end of the insured period.

九、价格指数

PRICE INDICES

九 价格指数

简要说明

一、本篇资料反映生产、流通、消费与投资等环节的价格变动情况。主要包括居民消费价格指数、商品零售价格指数、农业生产资料价格指数、工业生产者出厂价格指数、工业生产者购进价格指数、农产品生产者价格指数和固定资产投资价格指数。

二、本篇资料由国家统计局广东调查总队消费价格调查处和生产投资价格调查处整理提供。

三、居民消费价格指数、商品零售价格指数采用分层随机抽样调查方法编制，即在全省选择不同经济区域的市、县以及有代表性的商品和服务项目作为样本，对市场价格进行经常性调查，以样本推断总体。

四、工业生产者出厂价格指数和工业生产者购进价格指数均采用重点调查与典型调查相结合的方法统计。

五、固定资产投资价格指数采用重点调查与典型调查相结合的方法统计。

六、农产品生产者价格指数采用抽样调查和重点调查相结合的调查方法进行统计。

9 Price Indices

Brief Introduction

Ⅰ. The data in this chapter reflect price changes in production, circulation，consumption and investment, including mainly consumer price indices, retail price indices, price indices of means of agricultural production, producer price indices for manufactured goods, producer price indices for purchased goods, producers' price indices for farm products and price indices for investment in fixed assets.

Ⅱ. The data are prepared and provided by the Division of Consumers Price Survey and the Division of Production Price Survey under Guangdong Survey Office of the National Bureau of Statistics.

Ⅲ. The data for the calculation of consumer price indices and retail price indices in the province are collected through stratified random sampling. Cities and counties distributed in different economic regions of the province are selected as sample areas, and representative commodities and services are selected as sample commodities and services. Regular surveys are conducted to collect data on market prices. The data on the population are estimated on the basis of the sample.

Ⅳ. The data for the calculation of producer price indices for manufactured goods and producer price indices for purchased goods are all collected through key-point survey combined with typical survey.

Ⅴ. The data for the calculation of price indices of investment in fixed assets are collected through key-point survey combined with typical survey.

Ⅵ. The data for the calculation of producers' price indices of farm products are collected through sampling survey combined with key-point survey.

9-1 各种价格指数

Price Indices

上年=100 (preceding year=100)

年份 Year	商品零售价格指数 Retail Price Index	居民消费价格指数 Consumer Price Index	城市居民消费价格指数 Urban Household	农村居民消费价格指数 Rural Household	工业生产者出厂价格指数 Producer Price Index for Manufactured Goods	工业生产者购进价格指数 Producer Price Index for Purchased Goods	固定资产投资价格指数 Price Index for Investment in Fixed Assets
1978	100.4		100.3				
1979	103.0		104.6				
1980	108.5		109.5				
1981	109.3		106.3				
1982	102.3		102.6				
1983	100.7		102.8				
1984	101.2	101.3	101.9	100.4			
1985	113.6	114.8	117.1	111.2			
1986	104.8	104.9	104.7	105.3			
1987	111.7	111.2	112.8	109.7			
1988	130.2	129.4	129.5	129.3			
1989	121.0	122.1	121.9	122.4			
1990	95.6	97.5	97.4	97.6			
1991	100.6	101.2	102.3	99.9			
1992	105.8	107.3	108.4	105.9			
1993	118.2	121.6	122.0	120.6			
1994	118.9	121.7	121.0	122.5			
1995	111.6	114.0	113.1	115.3			
1996	104.4	107.0	107.2	106.5			
1997	100.1	101.9	102.1	101.5	100.1	97.3	
1998	97.0	98.2	98.3	98.1	94.8	91.4	
1999	96.7	98.2	98.4	97.7	97.7	97.8	
2000	99.9	101.4	102.2	100.0	103.4	110.9	
2001	98.7	99.3	99.2	99.6	98.5	99.1	100.2
2002	98.5	98.6	98.6	98.6	96.5	96.3	99.7
2003	100.0	100.6	100.7	100.4	99.3	104.1	102.2
2004	102.9	103.0	102.6	103.7	101.7	110.6	106.4
2005	101.8	102.3	102.0	102.7	101.5	105.0	101.6
2006	101.5	101.8	101.8	101.6	101.4	103.6	100.7
2007	103.4	103.7	103.7	103.5	101.3	103.3	102.4
2008	106.0	105.6	105.5	105.8	103.1	107.9	108.6
2009	96.8	97.7	97.6	97.8	95.8	93.8	96.7
2010	103.3	103.1	103.1	103.2	103.2	107.3	103.0
2011	105.1	105.3	105.3	105.6	103.7	107.3	105.5
2012	102.2	102.8	102.8	102.9	99.5	99.5	101.5
2013	101.0	102.5	102.4	102.7	98.8	98.2	101.4

9-2 各种价格定基指数
Fixed-base Price Indices

年份 Year	商品零售价格指数(1978年为100) Retail Price Index (1978=100)	居民消费价格指数(1983年为100) Consumer Price Index (1983=100)	城市居民消费价格指数(1983年为100) Urban Household (1983=100)	农村居民消费价格指数(1983年为100) Rural Household (1983=100)	工业生产者出厂价格指数(1996年为100) Producer Price Index for Manufactured Goods (1996=100)	工业生产者购进价格指数(1996年为100) Producer Price Index for Purchased Goods (1996=100)	固定资产投资价格指数(2000年为100) Price Index for Investment in Fixed Assets (2000=100)
1978	100.0						
1979	103.0						
1980	111.8						
1981	122.0						
1982	124.9						
1983	125.7	100.0	100.0	100.0			
1984	127.2	101.3	101.9	100.4			
1985	144.5	116.3	119.3	111.6			
1986	151.5	122.0	124.9	117.6			
1987	169.2	135.7	140.9	129.0			
1988	220.3	175.5	182.5	166.8			
1989	266.6	214.3	222.5	204.1			
1990	254.8	209.0	216.7	199.2			
1991	256.4	211.5	221.7	199.0			
1992	271.3	226.9	240.3	210.7			
1993	320.6	275.9	293.1	254.2			
1994	381.3	335.8	354.7	311.3			
1995	425.6	382.8	401.2	359.0			
1996	444.3	409.6	430.1	382.3	100.0	100.0	
1997	444.7	417.4	439.1	388.1	100.1	97.3	
1998	431.4	409.9	431.6	380.7	94.9	88.9	
1999	417.1	402.5	424.7	371.9	92.7	86.9	
2000	416.7	408.1	434.1	371.9	95.9	96.4	100.0
2001	411.3	405.3	430.6	370.4	94.5	95.5	100.2
2002	405.1	399.6	424.6	365.3	91.2	92.0	99.9
2003	405.1	402.0	427.5	366.7	90.6	95.8	102.1
2004	416.9	414.1	438.6	380.3	92.1	106.0	108.6
2005	424.4	423.6	447.4	390.5	93.5	111.3	110.3
2006	430.8	431.2	455.5	396.8	94.8	115.3	111.1
2007	445.4	447.2	472.3	410.7	96.0	119.1	113.8
2008	472.2	472.2	498.3	434.5	99.0	128.4	123.6
2009	457.1	461.3	486.3	424.9	94.9	120.4	119.5
2010	472.2	475.6	501.4	438.5	97.9	129.2	123.0
2011	496.3	500.8	528.0	463.1	101.4	138.6	129.9
2012	507.2	514.8	542.8	476.5	100.9	137.9	131.8
2013	512.3	527.7	555.8	489.4	99.7	135.4	133.6

9-3 居民消费价格分类指数（2013年）

Consumer Price Indices by Category (2013)

上年=100 (preceding year=100)

项　目	Item	全省 Provincial Indices	城市 Urban Indices	农村 Rural Indices
居民消费价格指数	**Consumer Price Index**	**102.5**	**102.4**	**102.7**
非食品价格指数	**Non-foods Price Index**	**101.9**	**101.9**	**101.8**
服务项目价格指数	**Service Price Index**	**103.6**	**103.7**	**103.5**
工业品价格指数	**Industrial Products Price Index**	**100.5**	**100.5**	**100.7**
扣除食品烟酒和能源价格指数	**Price Index Deducting Foods, Tobacco, Liquor and Energy Sources**	**102.0**	**102.0**	**102.0**
扣除鲜菜鲜果价格指数	**Price Index Deducting Fresh Vegetables and Fruits**	**102.1**	**102.1**	**102.1**
消费品价格指数	**Consumer Goods Price Index**	**102.0**	**101.9**	**102.5**
食品	**Foods**	**103.6**	**103.5**	**104.3**
粮食	Grain	101.9	101.7	102.5
#大米	Rice	100.7	100.6	101.4
粮食制品	Grain Products	103.1	103.0	103.4
淀粉及制品	Starches and Its Products	102.9	103.6	99.8
干豆类及豆制品	Beans and Bean Products	103.4	103.3	103.5
油脂	Oil or Fat	101.0	101.1	100.7
肉禽及其制品	Meat, Poultry and Processed Products	102.0	102.0	101.7
#猪肉	Pork	99.6	99.9	98.4
蛋	Eggs	105.4	105.3	105.6
水产品	Aquatic Products	104.4	103.9	106.8
菜	Vegetables	110.7	109.8	114.8
#鲜菜	Fresh Vegetables	111.4	110.4	116.4
干菜及菜制品	Dried Vegetables and Vegetable Products	103.6	104.0	101.7
调味品	Flavoring	101.6	101.2	103.1
糖	Carbohydrate	100.2	100.0	101.0
#食糖	Sugar	97.7	97.4	98.6
糖果	Candy	102.4	102.6	101.6
茶及饮料	Tea and Beverages	100.8	100.7	101.5
茶叶	Tea	100.8	100.9	100.2
饮料	Beverages	100.8	100.5	102.3
干鲜瓜果	Dried and Fresh Melons and Fruits	105.5	105.4	106.4
#鲜瓜果	Fresh Melons and Fruits	106.5	106.3	108.0
糕点饼干面包	Cake, Biscuit and Bread	101.6	101.8	100.6
液体乳及乳制品	Milk and Its Products	105.5	105.7	103.8
在外用膳食品	Outward Dinner Food	102.7	102.7	102.5
其它食品	Other Foods	101.4	101.6	100.9
烟酒及用品	**Tobacco, Liquor and Articles**	**100.6**	**100.5**	**100.7**
烟草	Tobacco	101.0	100.8	101.8
酒	Liquor	99.9	100.1	99.3
衣着	**Clothing**	**101.6**	**101.4**	**103.1**
服装	Garments	101.8	101.5	103.9
衣着材料	Clothing Material	100.4	100.5	100.3
鞋袜帽	Footgear and Hats	100.9	101.0	100.9

9－3 续表 continued

上年=100 (preceding year=100)

项　目	Item	全省 Provincial Indices	城市 Urban Indices	农村 Rural Indices
衣着加工服务	Clothing Manufacturing Services	104.0	104.1	103.6
家庭设备用品及维修服务	**Household Facilities, Articles and Services**	**101.8**	**101.8**	**101.4**
耐用消费品	Durable Consumer Goods	99.7	99.6	101.0
家具	Furniture	101.7	101.6	102.4
家庭设备	Household Facilities	98.5	98.4	100.0
室内装饰品	Interior Decorations	100.1	100.5	98.8
床上用品	Bed Articles	98.6	98.2	100.8
家庭日用杂品	Daily-use Household Articles	100.7	100.6	101.0
家庭服务及加工维修服务	Household Services and Maintenance and Renovation	109.8	110.4	104.8
医疗保健和个人用品	**Health Care and Personal Articles**	**101.3**	**101.4**	**101.1**
医疗保健	Health Care	101.6	101.7	101.3
#中药材及中成药	Traditional Chinese Medicine	104.4	104.7	102.9
西药	Western Medicine	98.6	98.4	99.6
医疗保健服务	Health Care Services	101.9	101.9	101.8
个人用品及服务	Personal Articles and Services	100.8	100.9	100.7
化妆美容用品	Cosmetics	100.8	100.9	100.5
清洁化妆用品	Sanitary Articles	101.8	101.9	101.2
个人饰品	Personal Ornaments	95.0	94.6	96.8
个人服务	Personal Services	105.1	105.6	103.0
交通和通信	**Transportation and Communication**	**99.5**	**99.5**	**99.5**
交通	Transportation	100.0	100.0	100.1
交通工具	Transportation Facility	99.2	99.1	99.7
车用燃料及零配件	Fuels and Parts	98.9	98.9	99.2
车辆使用及维修费	Fees for Vehicles Use and Maintenance	102.1	102.3	100.9
市区公共交通费	Incity Traffic Fare	100.3	100.4	100.0
城市间交通费	Intercity Traffic Fare	100.9	100.8	101.8
通信	Telecommunication	98.7	98.7	98.7
通信工具	Communication Facility	90.8	90.3	93.3
通信服务	Communication Service	99.9	99.9	99.8
娱乐教育文化用品及服务	**Recreation, Education, Culture Articles and Services**	**101.9**	**101.8**	**102.4**
文娱用耐用消费品及服务	Durable Consumer Goods for Cultural and Recreational Use and Services	96.7	96.3	98.7
教育	Education	103.8	103.8	103.7
教材及参考书	Teaching Materials and Reference Books	101.4	101.2	102.4
教育服务	Education Services	104.3	104.3	104.1
文化娱乐类	Culture and Recreation	101.0	101.0	101.1
文化娱乐用品	Cultural and Recreational Articles	100.3	100.3	100.1
书报杂志	Newspapers and Magazines	101.4	101.3	102.1
文娱费	Expenditure on Culture and Recreation	101.4	101.4	101.5
旅游	Touring and Outing	102.3	102.0	104.7
居住	**Residence**	**103.7**	**103.8**	**102.9**
建房及装修材料	Building and Building Decoration Materials	101.6	101.8	100.9
住房租金	Rental Housing	106.9	106.8	108.1
自有住房	Private Housing	105.3	105.4	105.1
水、电、燃料	Water, Electricity and Fuels	101.7	101.9	100.4

9-4 商品零售价格分类指数（2013年）

Retail Price Indices by Category (2013)

上年=100 (preceding year=100)

项 目	Item	全省 Provincial Indices	城市 Urban Indices	农村 Rural Indices
商品零售价格指数	**Retail Price Index**	**101.0**	**100.8**	**101.6**
食品	**Foods**	**103.8**	**103.6**	**104.2**
粮食	Grain	102.4	102.3	102.6
#大米	Rice	101.0	100.7	101.5
粮食制品	Grain Products	103.7	103.7	103.6
淀粉及制品	Starches and Its Products	103.7	104.9	100.1
干豆类及豆制品	Beans and Bean Products	103.8	103.9	103.7
油脂	Oil or Fat	100.9	101.0	100.8
肉禽及其制品	Meat, Poultry and Processed Products	102.0	102.2	101.5
食用畜肉及副产品	Edible Meat and By-products	103.0	103.1	102.7
禽	Poultry	99.8	99.7	100.0
肉禽加工制品	Processed Products	101.3	102.2	99.0
蛋	Eggs	105.1	104.8	106.0
水产品	Aquatic Products	104.4	103.6	107.1
鱼	Fish	102.2	101.2	105.0
其它水产品	Other Aquatic Products	108.8	107.9	112.3
菜	Vegetables	111.1	110.0	114.4
#鲜菜	Fresh Vegetables	111.9	110.5	116.0
干菜及菜制品	Dried Vegetables and Vegetable Products	103.7	104.6	101.7
调味品	Flavoring	101.9	100.9	103.8
糖	Carbohydrate	100.6	100.3	101.2
#食糖	Sugar	98.2	97.8	98.9
糖果	Candy	102.8	103.2	101.9
干鲜瓜果	Dried and Fresh Melons and Fruits	105.6	105.3	106.4
#鲜瓜果	Fresh Melons and Fruits	106.5	106.0	108.0
糕点饼干面包	Cake, Biscuit and Bread	101.7	102.0	100.6
液体乳及乳制品	Milk and Its Products	105.7	106.1	103.8
在外用膳食品	Outward Dinner Food	102.4	102.5	102.4
其它食品	Other Foods	101.7	102.1	100.9
饮料、烟酒	**Beverages, Tobacco and Liquor**	**100.4**	**100.2**	**100.7**
茶及饮料	Tea and Beverages	100.8	100.6	101.4
茶叶	Tea	101.0	101.4	100.2
饮料	Beverages	100.7	100.1	102.2
烟草	Tobacco	100.7	100.2	101.8
酒	Liquor	99.4	99.8	98.9
服装、鞋帽	**Garments, Shoes and Hats**	**101.7**	**101.2**	**103.0**
服装	Garments	102.2	101.6	103.9
男式服装	Men's Garments	100.8	99.6	104.1
女式服装	Women's Garments	103.3	103.2	103.7
儿童服装	Children's Garments	102.2	101.2	103.9
鞋袜帽	Footgear and Hats	100.6	100.5	100.8
其它	Others	100.0	98.9	101.3
纺织品	**Textiles**	**98.0**	**96.8**	**100.8**
衣着材料	Clothing Materials	99.4	99.2	99.7
床上用品	Bed Articles	97.5	95.9	101.3
家用电器及音像器材	**Household Appliances, Audio and Video Equipment**	**97.9**	**97.3**	**99.3**
家庭设备	Household Facilities	98.5	98.0	100.1

9-4 续表 continued

上年=100 (preceding year=100)

项　目	Item	全省 Provincial Indices	城市 Urban Indices	农村 Rural Indices
文娱用耐用消费品	Durable Consumer Goods for Cultural and Recreational Use	96.7	95.6	98.5
音像器材	Audio and Video Equipment	98.5	98.6	98.5
文化办公用品	**Cultural and Office Appliances**	**99.3**	**99.3**	**99.2**
日用品	**Articles for Daily Use**	**100.4**	**100.3**	**100.9**
日用百货	General Merchandise for Daily Use	100.2	100.0	100.9
日用杂品	Miscellaneous for Daily Use	100.2	100.0	100.7
洗涤用品	Detergents	100.5	100.3	101.4
其它日用品	Other Articles for Daily Use	100.7	100.7	100.5
体育娱乐用品	**Sports and Recreation Articles**	**100.6**	**100.5**	**101.2**
体育用品	Sports Articles	101.0	100.8	101.6
娱乐用品	Recreation Articles	100.4	100.3	100.7
交通、通信用品	**Transportation and Communication Appliances**	**97.3**	**97.3**	**97.3**
交通运输机械	Transportation Machinery	98.9	98.9	98.9
通信器材	Communication Equipment	93.5	92.6	95.6
家具	**Furniture**	**101.6**	**101.4**	**102.4**
化妆品	**Cosmetics**	**101.4**	**101.5**	**100.9**
金银珠宝	**Gold, Silver and Jewelry**	**90.6**	**90.3**	**92.1**
中西药品及医疗保健用品	**Traditional Chinese & Western Medicines and Health Care Articles**	**100.8**	**100.8**	**100.9**
医疗器具及用品	Medical Apparatus and Articles	100.7	101.0	99.6
中药材及中成药	Traditional Chinese Medicinal Materials and Medicines	103.5	103.8	102.8
西药	Western Medicines	98.0	97.5	99.2
保健器具及用品	Health Care Appliances and Articles	101.8	102.1	101.0
书报杂志及电子出版物	**Books, Newspapers, Magazines and Electronic Publications**	**101.0**	**100.8**	**101.6**
教材及参考书	Teaching Materials and Reference Books	101.2	100.9	102.0
书报杂志	Newspapers and Magazines	101.6	101.5	101.9
电子音像制品	Electronic Audio and Video Products	100.1	100.1	99.9
燃料	**Fuels**	**99.2**	**99.2**	**99.4**
煤炭及制品	Coal and Its Products	97.3	95.1	99.8
石油及制品	Petroleum and Its Products	99.3	99.3	99.4
建筑材料及五金电料	**Building Materials and Hardware**	**100.8**	**100.9**	**100.3**
建筑装璜材料	Building Decoration Materials	100.6	100.7	100.3
五金电料	Hardware	101.3	101.6	100.2

9-5 居民消费价格分类指数
Consumer Price Indices by Category

上年=100 (preceding year=100)

项　目	Item	2005	2009	2010	2011	2012	2013
居民消费价格指数	**Consumer Price Index**	**102.3**	**97.7**	**103.1**	**105.3**	**102.8**	**102.5**
非食品价格指数	**Non-food Price Index**	**100.9**	**97.2**	**101.8**	**102.5**	**101.4**	**101.9**
服务项目价格指数	**Service Price Index**	**101.7**	**97.8**	**101.4**	**103.3**	**101.6**	**103.6**
工业品价格指数	**Industrial Products Price Index**		**96.8**	**102.0**	**101.9**	**101.3**	**100.5**
扣除食品烟酒和能源价格指数	**Price Index Deducting Foods, Tobacco, Liquor and Energy Sources**		**98.3**	**100.9**	**102.0**	**101.3**	**102.0**
扣除鲜菜鲜果价格指数	**Price Index Deducting Fresh Vegetables and Fruits**	**102.0**	**97.5**	**102.5**	**105.3**	**102.5**	**102.1**
消费品价格指数	**Consumer Goods Price Index**	**102.4**	**97.6**	**103.7**	**106.2**	**103.3**	**102.0**
食品	**Food**	**104.7**	**98.5**	**105.9**	**111.4**	**105.6**	**103.6**
粮食	Grain	101.8	104.3	107.5	112.7	105.0	101.9
#大米	Rice	101.5	105.4	109.2	115.4	105.9	100.7
粮食制品	Grain Products	103.2	103.9	103.7	109.2	104.9	103.1
淀粉及制品	Starches and Its Products	102.4	101.7	103.7	106.6	104.9	102.9
干豆类及豆制品	Beans and Bean Products	105.1	99.9	111.3	102.5	100.2	103.4
油脂	Oil or Fat	99.9	83.2	105.2	109.8	106.0	101.0
#食用植物油	Edible Vegetable Oil	100.2	82.8	106.8	110.3	107.0	101.5
肉禽及其制品	Meat, Poultry and Processed Products	105.8	92.1	102.0	118.9	104.4	102.0
#猪肉	Pork	102.7	83.6	100.6	128.8	100.6	99.6
蛋	Eggs	104.6	99.5	107.5	112.9	98.2	105.4
水产品	Aquatic Products	109.3	101.0	106.0	112.1	107.3	104.4
菜	Vegetables	110.2	99.9	117.4	101.2	114.9	110.7
#鲜菜	Fresh Vegetables	111.4	99.9	118.7	100.3	117.5	111.4
干菜及菜制品	Dried Vegetables and Vegetable Products	100.7	100.2	107.3	105.4	101.5	103.6
调味品	Flavoring	100.6	102.3	102.4	105.1	103.1	101.6
糖	Carbohydrate	104.2	101.7	107.2	111.7	103.0	100.2
茶及饮料	Tea and Beverages	101.0	101.1	100.4	104.0	102.4	100.8
茶叶	Tea	102.8	100.4	100.2	103.6	102.3	100.8
饮料	Beverages	99.6	101.5	100.5	104.2	102.4	100.8
干鲜瓜果	Dried and Fresh Melons and Fruits	99.8	104.0	112.0	113.0	98.9	105.5
#鲜瓜果	Fresh Melons and Fruits	99.1	104.6	111.2	112.5	98.4	106.5
糕点饼干面包	Cake, Biscuit and Bread	101.8	101.6	104.2	106.9	104.0	101.6
液体乳及乳制品	Milk and Its Products	99.0	100.5	103.6	105.9	103.9	105.5
在外用膳食品	Outward Dinner Food	102.8	101.8	103.9	109.8	106.8	102.7
其它食品	Other Foods	102.5	101.7	100.9	104.1	103.7	101.4
烟酒及用品	**Tobacco, Liquor and Articles**	**101.3**	**102.7**	**102.3**	**102.6**	**102.6**	**100.6**
烟草	Tobacco	101.7	102.5	102.0	100.8	100.8	101.0
酒	Liquor	101.6	103.8	102.9	105.4	105.3	99.9
衣着	**Clothing**	**98.3**	**97.3**	**99.6**	**101.9**	**104.0**	**101.6**
服装	Garments	98.0	97.4	100.4	102.1	104.7	101.8
男式服装	Men's Garments	96.9	96.7	98.7	100.5	103.7	100.3
女式服装	Women's Garments	98.7	98.3	101.9	102.8	105.1	102.9
儿童服装	Children's Garments	98.6	95.7	98.3	103.9	105.5	102.1
衣着材料	Clothing Material	100.7	100.5	102.7	106.1	101.2	100.4
鞋袜帽	Footgear and Hats	98.7	96.1	96.6	100.6	102.5	100.9

9－5 续表 continued

上年=100 (preceding year=100)

项 目	Item	2005	2009	2010	2011	2012	2013
衣着加工服务	Clothing Manufacturing Services	100.4	100.2	100.5	105.3	102.5	104.0
家庭设备用品及维修服务	**Household Facilities, Articles and Services**	**100.6**	**99.3**	**100.0**	**102.8**	**101.9**	**101.8**
耐用消费品	Durable Consumer Goods	99.3	97.4	98.4	99.9	99.5	99.7
家具	Furniture	98.9	98.3	100.0	101.3	100.7	101.7
家庭设备	Household Facilities	99.5	96.9	97.5	99.1	98.9	98.5
室内装饰品	Interior Decorations	100.5	100.0	100.3	101.7	100.9	100.1
床上用品	Bed Articles	99.3	97.0	98.0	103.6	98.6	98.6
家庭日用杂品	Daily-use Household Articles	101.3	102.0	99.9	100.9	102.0	100.7
家庭服务及加工维修服务	Household Services and Maintenance and Revonation	104.4	101.6	105.3	113.9	109.9	109.8
医疗保健和个人用品	**Health Care & Personal Articles**	**99.2**	**100.9**	**103.8**	**103.9**	**101.9**	**101.3**
医疗保健	Health Care	99.1	100.7	104.4	104.5	101.7	101.6
#中药材及中成药	Traditional Chinese Medicinal Materials and Medicines	97.7	100.7	112.2	114.2	104.4	104.4
西药	Western Medicines	98.9	100.8	102.0	100.2	99.8	98.6
医疗保健服务	Health Care Services	100.4	100.3	100.2	100.2	101.1	101.9
个人用品及服务	Personal Articles and Services	99.5	101.4	102.4	103.1	102.3	100.8
化妆美容用品	Cosmetics	97.5	100.5	99.8	100.6	101.4	100.8
清洁化妆用品	Sanitation Articles	99.5	101.2	101.2	101.8	103.1	101.8
个人饰品	Personal Ornaments	101.5	101.9	108.3	107.2	99.9	95.0
个人服务	Personal Services	99.9	102.2	101.4	103.4	104.3	105.1
交通和通信	**Transportation and Communication**	**99.1**	**97.4**	**99.6**	**99.8**	**99.2**	**99.5**
交通	Transportation	100.7	97.2	101.3	102.5	100.6	100.0
交通工具	Transportation Facility	95.0	96.5	97.3	97.6	98.4	99.2
车用燃料及零配件	Fuels and Parts	110.7	91.1	111.2	111.4	102.5	98.9
车辆使用及维修	Fees for Vehicles Use and Maintenance	100.4	100.8	99.9	102.8	101.3	102.1
市区公共交通费	Incity Traffic Fare	101.2	100.1	101.5	101.5	101.0	100.3
城市间交通费	Intercity Traffic Fare	101.7	100.6	101.6	101.9	101.2	100.9
通信	Communication	97.5	97.6	97.5	96.1	97.3	98.7
通信工具	Communication Facility	87.5	83.9	86.6	85.3	86.8	90.8
通信服务	Communication Service	100.0	99.9	99.3	98.3	99.1	99.9
娱乐教育文化用品及服务	**Recreation, Education, Culture Articles and Services**	**100.3**	**98.0**	**100.4**	**101.0**	**100.7**	**101.9**
文娱用耐用消费品及服务	Durable Consumer Goods for Cultural and Recreational Use and Services	93.6	92.3	96.0	94.3	95.4	96.7
教育	Education	102.5	100.6	100.4	101.3	103.0	103.8
教材及参考书	Teaching Materials and Reference Books	102.4	101.8	100.5	100.6	101.1	101.4
教育服务	Education Services	102.5	100.3	100.4	101.4	103.3	104.3
文化娱乐类	Culture and Recreation	100.7	101.4	100.3	100.9	100.6	101.0
文化娱乐用品	Cultural and Recreational Articles	99.0	98.7	100.3	101.3	100.8	100.3
书报杂志	Newspapers and Magazines	101.8	105.3	100.3	101.1	100.7	101.4
文娱费	Expenditure on Culture and Recreation	101.4	101.1	100.2	100.5	100.4	101.4
旅游	Touring and Outing	100.3	95.7	104.0	106.3	100.3	102.3
居住	**Residence**	**104.4**	**93.5**	**104.8**	**104.5**	**101.8**	**103.7**
建房及装修材料	Building and Building Decoration Materials	101.3	98.3	103.3	102.6	101.9	101.6
住房租金	Rental Housing	99.9	100.7	103.0	107.3	102.1	106.9
自有住房	Private Housing	105.7	86.8	102.0	105.1	101.2	105.3
水、电、燃料	Water, Electricity and Fuels	106.9	92.2	107.7	103.7	102.5	101.7

9-6 商品零售价格分类指数

Retail Price Indices by Category

上年=100 (preceding year=100)

项 目	Item	2005	2009	2010	2011	2012	2013
商品零售价格指数	**Retail Price Index**	**101.8**	**96.8**	**103.3**	**105.1**	**102.2**	**101.0**
食品	**Food**	**104.6**	**98.6**	**106.4**	**111.6**	**105.6**	**103.8**
粮食	Grain	102.0	104.2	106.9	112.0	104.9	102.4
#大米	Rice	101.6	105.4	108.5	114.8	105.8	101.0
粮食制品	Grain Products	103.5	104.3	103.5	109.2	105.3	103.7
淀粉及制品	Starches and Its Products	102.6	101.4	103.1	107.1	105.7	103.7
干豆类及豆制品	Beans and Bean Products	104.8	101.4	112.2	103.2	100.3	103.8
油脂	Oil or Fat	100.1	83.5	105.4	109.6	106.1	100.9
#食用植物油	Edible Vegetable Oils	100.3	83.6	107.4	110.3	107.3	101.6
肉禽及其制品	Meat, Poultry and Processed Products	105.6	92.5	102.3	119.0	104.7	102.0
食用畜肉及副产品	Edible Meat and By-products	104.2	88.3	101.7	124.3	104.7	103.0
禽	Poultry	109.8	99.3	104.4	112.4	103.2	99.8
肉禽加工制品	Processed Products	104.3	97.9	101.1	110.6	106.9	101.3
蛋	Eggs	105.1	98.8	108.2	112.4	97.7	105.1
水产品	Aquatic Products	108.9	100.6	106.3	111.6	107.5	104.4
鱼	Fish	111.7	99.6	104.0	111.6	107.5	102.2
其它水产品	Other Aquatic Products	104.6	101.9	109.6	111.5	107.6	108.8
菜	Vegetables	109.5	99.6	118.0	101.8	114.2	111.1
#鲜菜	Fresh Vegetables	110.6	99.4	119.0	100.9	117.0	111.9
干菜及菜制品	Dried Vegetables and Vegetable Products	100.2	100.7	107.5	106.2	100.6	103.7
调味品	Flavoring	100.7	102.4	102.3	105.2	103.9	101.9
糖	Carbohydrate	103.9	101.9	107.3	112.5	103.3	100.6
#食糖	Sugar	109.9	100.6	120.3	127.1	101.7	98.2
干鲜瓜果	Dried and Fresh Melons and Fruits	99.6	103.5	111.7	114.4	98.4	105.6
#鲜瓜果	Fresh Melons and Fruits	99.1	103.9	110.3	114.1	97.9	106.5
糕点饼干面包	Cake, Biscuit and Bread	101.8	101.9	104.7	107.0	104.2	101.7
液体乳及乳制品	Milk and Its Products	99.1	100.9	103.8	105.8	103.9	105.7
在外用膳食品	Outward Dinner Food	102.7	102.3	104.1	109.9	106.8	102.4
其它食品	Other Foods	102.6	101.4	100.5	103.8	103.7	101.7
饮料、烟酒	**Beverages, Tobacco and Liquor**	**101.3**	**101.9**	**101.7**	**103.4**	**103.1**	**100.4**
茶及饮料	Tea and Beverages	100.8	101.0	100.8	104.5	103.0	100.8
茶叶	Tea	102.0	100.2	100.7	104.9	103.3	101.0
饮料	Beverages	100.0	101.6	100.8	104.3	102.8	100.7
烟草	Tobacco	101.5	101.7	101.3	101.1	101.1	100.7
酒	Liquor	101.8	103.4	103.3	105.7	106.0	99.4
服装、鞋帽	**Garments, Shoes and Hats**	**97.8**	**97.0**	**99.5**	**101.9**	**103.8**	**101.7**
服装	Garments	97.5	97.0	100.5	102.6	104.5	102.2
男式服装	Men's Garments	96.6	96.5	98.2	101.2	104.1	100.8
女式服装	Women's Garments	98.1	98.0	102.7	103.2	104.7	103.3
儿童服装	Children's Garments	98.2	95.1	99.3	103.9	105.1	102.2
鞋袜帽	Footgear and Hats	98.6	96.4	96.3	100.0	102.1	100.6
其它	Others	97.9	100.8	100.9	100.8	100.7	100.0
纺织品	**Textiles**	**99.1**	**98.2**	**97.9**	**104.4**	**99.0**	**98.0**
衣着材料	Clothing Materials	100.4	99.8	100.9	106.3	102.3	99.4
床上用品	Bed Articles	98.5	97.7	96.8	103.7	97.7	97.5
家用电器及音像器材	**Household Appliances, Audio and Video Equipment**	**96.6**	**94.9**	**96.6**	**97.0**	**98.1**	**97.9**
家庭设备	Household Facilities	99.4	96.7	97.4	99.2	99.5	98.5

9-6 续表 continued

上年＝100 (preceding year＝100)

项 目	Item	2005	2009	2010	2011	2012	2013
文娱用耐用消费品	Durable Consumer Goods for Cultural and Recreational Use	93.3	91.9	95.4	93.7	96.0	96.7
音像器材	Audio and Video Equipment	96.5	98.1	97.7	98.4	97.8	98.5
文化办公用品	**Cultural and Office Articles**	**94.8**	**95.3**	**98.4**	**99.0**	**99.4**	**99.3**
日用品	**Articles for Daily Use**	**101.0**	**100.9**	**100.0**	**101.5**	**102.0**	**100.4**
日用百货	General Merchandise for Daily Use	100.4	101.1	100.5	102.6	101.7	100.2
日用杂品	Sundries for Daily Use	101.8	100.8	99.9	100.9	102.1	100.2
洗涤用品	Detergents	100.4	102.2	100.3	101.1	103.2	100.5
其它日用品	Miscellaneous for Daily Use	101.5	99.7	99.4	101.1	101.2	100.7
体育娱乐用品	**Sports and Recreation Articles**	**99.9**	**97.6**	**98.5**	**101.1**	**101.7**	**100.6**
体育用品	Sports Articles	100.8	100.9	99.4	102.3	103.4	101.0
娱乐用品	Recreation Articles	99.0	94.0	97.4	100.2	100.4	100.4
交通、通信用品	**Transportation and Communication Facilities**	**91.6**	**92.7**	**94.0**	**94.6**	**95.0**	**97.3**
交通运输机械	Transportation Machinery	94.9	96.7	97.8	97.8	97.4	98.9
通讯器材	Communication Equipment	88.2	88.1	89.5	88.5	89.9	93.5
家具	**Furniture**	**99.2**	**98.4**	**100.1**	**101.9**	**100.4**	**101.6**
化妆品	**Cosmetics**	**98.8**	**100.4**	**100.1**	**101.3**	**102.3**	**101.4**
金银珠宝	**Gold, Silver and Jewelry**	**105.3**	**102.4**	**112.6**	**112.5**	**101.8**	**90.6**
中西药品及医疗保健用品	**Traditional Chinese & Western Medicines and Health Care Articles**	**98.9**	**100.6**	**105.7**	**105.8**	**101.7**	**100.8**
医疗器具及用品	Medical Apparatus and Articles	101.0	102.0	103.8	100.5	103.9	100.7
中药材及中成药	Traditional Chinese Medicinal Materials and Medicines	98.1	100.7	112.1	115.0	103.5	103.5
西药	Western Medicines	99.1	100.4	101.9	99.9	100.0	98.0
保健器具及用品	Health Care Appliances and Articles	99.5	100.8	103.5	104.1	100.9	101.8
书报杂志及电子出版物	**Books, Newspapers, Magazines and Electronic Publications**	**100.8**	**102.6**	**99.7**	**100.5**	**100.4**	**101.0**
教材及参考书	Teaching Materials and Reference Books	101.6	102.7	99.7	100.3	101.0	101.2
书报杂志	Newspapers and Magazines	101.8	105.6	100.3	101.1	100.6	101.6
电子音像制品	Electronic Audio-video Products	97.7	97.1	98.3	99.9	99.6	100.1
燃料	**Fuels**	**115.6**	**85.2**	**115.4**	**111.1**	**102.5**	**99.2**
煤炭及制品	Coal and Its Products	120.9	96.7	109.3	107.9	100.1	97.3
石油及制品	Petroleum and Its Products	115.2	84.2	116.1	111.3	102.6	99.3
建筑材料及五金电料	**Building Materials and Hardware**	**100.8**	**98.5**	**103.5**	**103.5**	**100.4**	**100.8**
建筑装璜材料	Building Decoration Materials	100.9	97.7	104.5	104.1	100.0	100.6
五金电料	Hardware	100.3	100.9	100.5	101.6	101.5	101.3

9-7 居民消费定基价格分类指数（2013年）

Fixed-base Consumer Price Indices by Category (2013)

2010年=100　　(2010=100)

项　目	Item	全省 Provincial Indices	城市 Urban Indices	农村 Rural Indices
居民消费价格指数	**Consumer Price Index**	**111.0**	**110.8**	**111.7**
非食品价格指数	**Non-food Price Index**	**105.8**	**105.7**	**106.5**
服务项目价格指数	**Service Price Index**	**108.7**	**108.8**	**108.3**
工业品价格指数	**Industrial Products Price Index**	**103.7**	**103.4**	**105.3**
扣除食品烟酒和能源价格指数	**Price Index Deducting Foods, Tobacco, Liquor and Energy Sources**	**105.3**	**105.2**	**106.0**
扣除鲜菜鲜果价格指数	**Price Index Deducting Fresh Vegetables and Fruits**	**110.2**	**110.1**	**110.6**
消费品价格指数	**Consumer Goods Price Index**	**111.9**	**111.7**	**112.9**
食品	**Food**	**121.9**	**122.0**	**121.4**
粮食	Grain	120.5	121.0	118.9
#大米	Rice	123.2	124.0	120.2
粮食制品	Grain Products	118.2	118.5	116.7
淀粉及制品	Starches and Its Products	115.1	117.0	107.0
干豆类及豆制品	Beans and Bean Products	106.2	106.0	107.0
油脂	Oil or Fat	117.5	117.6	117.2
肉禽及其制品	Meat, Poultry and Processed Products	126.6	126.5	127.1
#猪肉	Pork	129.1	129.2	128.5
蛋	Eggs	116.8	118.5	110.1
水产品	Aquatic Products	125.5	126.3	121.7
菜	Vegetables	128.7	128.0	131.8
#鲜菜	Fresh Vegetables	131.2	130.1	136.7
干菜及菜制品	Dried Vegetables and Vegetable Products	110.7	111.6	107.2
调味品	Flavoring	110.2	109.7	111.8
糖	Carbohydrate	115.2	114.0	121.1
#食糖	Sugar	125.3	125.5	124.8
茶及饮料	Tea and Beverages	107.3	107.3	107.0
茶叶	Tea	106.8	106.9	105.8
饮料	Beverages	107.6	107.6	107.8
干鲜瓜果	Dried and Fresh Melons and Fruits	117.9	117.4	121.2
#鲜瓜果	Fresh Melons and Fruits	117.9	117.1	122.9
糕点饼干面包	Cake, Biscuit and Bread	112.9	113.8	106.8
液体乳及乳制品	Milk and Its Products	116.1	116.9	109.5
在外用膳食品	Outward Dinner Food	120.3	120.8	115.8
其它食品	Other Foods	109.6	110.2	106.7
烟酒及用品	**Tobacco, Liquor and Articles**	**105.9**	**105.8**	**106.1**
烟草	Tobacco	102.6	102.4	103.5
酒	Liquor	110.9	111.3	109.5
衣着	**Clothing**	**107.7**	**107.5**	**108.8**
服装	Garments	108.8	108.6	110.0
衣着材料	Clothing Material	107.9	107.7	108.3
鞋袜帽	Footgear and Hats	104.2	104.1	104.9
衣着加工服务	Clothing Manufacturing Services	112.2	113.5	109.2

9-7 续表 continued

2010年=100 (2010=100)

项 目	Item	全省 Provincial Indices	城市 Urban Indices	农村 Rural Indices
家庭设备用品及维修服务	**Household Facilities, Articles and Services**	**106.6**	**106.8**	**105.7**
耐用消费品	Durable Consumer Goods	99.2	98.6	103.4
家具	Furniture	103.8	103.4	106.3
家庭设备	Household Facilities	96.6	96.0	101.5
室内装饰品	Interior Decorations	102.8	102.8	103.0
床上用品	Bed Articles	100.7	100.1	104.0
家庭日用杂品	Daily-use Household Articles	103.7	103.4	105.5
家庭服务及加工维修服务	Household Services and Manufacturing Upkeep	137.5	140.3	114.9
医疗保健和个人用品	**Health Care & Personal Articles**	**107.3**	**107.1**	**108.5**
医疗保健	Health Care	107.9	107.5	110.1
#中药材及中成药	Traditional Chinese Medicinal Materials and Medicines	124.5	123.0	132.3
西药	Western Medicines	98.6	98.0	101.9
医疗保健服务	Health Care Services	103.2	103.4	102.4
个人用品及服务	Personal Articles and Services	106.3	106.4	105.9
化妆美容用品	Cosmetics	102.9	103.2	101.1
清洁化妆用品	Sanitation Articles	106.9	107.1	105.7
个人饰品	Personal Ornaments	101.7	101.0	105.7
个人服务	Personal Services	113.3	114.2	109.7
交通和通信	**Transportation and Communication**	**98.5**	**98.3**	**99.5**
交通	Transportation	103.1	102.8	105.0
交通工具	Transportation Facility	95.3	94.6	99.7
车用燃料及零配件	Fuels and Parts	113.0	113.2	112.0
车辆使用及维修	Fees for Vehicles Use and Maintenance	106.4	106.9	103.0
市区公共交通费	Incity Traffic Fare	102.9	102.7	105.1
城市间交通费	Intercity Traffic Fare	104.1	103.3	109.5
通信	Communication	92.3	92.1	93.1
通信工具	Communication Facility	67.2	65.1	78.1
通信服务	Communication Service	97.3	97.4	96.6
娱乐教育文化用品及服务	**Recreation, Education, Culture Articles and Services**	**103.7**	**103.4**	**105.4**
文娱用耐用消费品及服务	Durable Consumer Goods for Cultural and Recreational Use and Services	87.0	85.5	94.7
教育	Education	108.3	108.6	106.4
教材及参考书	Teaching Materials and Reference Books	103.2	103.5	102.3
教育服务	Education Services	109.3	109.5	107.9
文化娱乐类	Culture and Recreation	102.6	102.5	103.5
文化娱乐用品	Cultural and Recreational Articles	102.5	102.4	102.9
书报杂志	Newspapers and Magazines	103.2	103.0	104.2
文娱费	Expenditure on Culture and Recreation	102.3	102.2	103.5
旅游	Touring and Outing	109.1	107.9	119.2
居住	**Residence**	**110.3**	**110.5**	**109.7**
建房及装修材料	Building and Building Decoration Materials	106.2	106.3	105.7
住房租金	Rental Housing	117.1	117.1	117.5
自有住房	Private Housing	112.1	112.0	112.2
水、电、燃料	Water, Electricity and Fuels	108.1	108.3	107.4

9-8 各市居民消费价格分类指数（2013年）

Consumer Price Indices by Category and by City (2013)

上年=100　　(preceding year=100)

市 别	City	总指数 General Index	服务项目 Services	食品 Food	#粮食 Grain	油脂 Oil or Fat	肉禽及其制品 Meat, Poultry and Processed Foods	蛋 Eggs	水产品 Aquatic Products	菜 Vegetables	干鲜瓜果 Dried and Fresh Melons and Fruits
广 州	Guangzhou	102.6	103.7	104.1	103.4	101.9	101.7	102.4	106.5	109.7	104.0
深 圳	Shenzhen	102.7	105.2	102.9	100.9	101.6	103.3	107.4	100.5	110.2	104.8
珠 海	Zhuhai	102.3	104.2	102.9	101.3	99.9	101.2	108.1	100.1	107.0	106.2
汕 头	Shantou	102.5	103.7	103.2	102.4	99.7	103.7	102.8	101.9	114.2	101.5
佛 山	Foshan	102.5	103.6	103.5	100.4	102.0	101.9	106.1	103.0	107.5	109.7
#顺 德	Shunde	102.2	105.1	102.2	103.6	100.8	100.8	104.5	98.4	107.3	104.6
韶 关	Shaoguan	101.9	102.3	103.1	103.9	99.8	103.1	107.2	106.1	105.7	105.4
河 源	Heyuan	102.1	102.6	103.6	100.6	101.7	103.0	100.5	106.2	108.6	110.4
梅 州	Meizhou	101.8	101.5	103.6	102.3	104.8	101.6	104.9	103.0	111.9	106.9
惠 州	Huizhou	102.1	101.6	104.6	100.7	101.0	100.8	107.5	107.4	114.5	109.0
汕 尾	Shanwei	102.5	101.0	106.1	100.3	100.1	103.8	102.0	111.5	116.3	104.1
东 莞	Dongguan	101.9	102.1	103.1	98.8	102.9	101.4	105.9	104.3	107.8	100.6
中 山	Zhongshan	101.6	101.9	103.5	102.2	97.0	99.8	108.4	103.0	112.7	103.3
江 门	Jiangmen	101.8	102.1	102.2	102.9	101.6	98.9	104.1	101.0	108.6	108.2
阳 江	Yangjiang	101.5	101.2	103.5	102.7	101.1	97.8	105.5	110.9	111.8	104.5
湛 江	Zhanjiang	102.1	102.2	103.6	103.2	97.1	100.0	104.3	104.9	116.5	108.1
茂 名	Maoming	102.1	102.2	103.1	99.4	99.8	99.0	104.1	109.1	106.8	108.1
肇 庆	Zhaoqing	102.9	105.5	104.4	103.0	100.1	102.1	106.0	113.3	100.6	109.0
清 远	Qingyuan	101.6	101.2	103.5	98.6	99.2	99.8	101.6	103.5	113.2	113.9
潮 州	Chaozhou	102.0	102.6	104.3	101.0	96.4	103.5	108.1	107.9	111.0	105.6
揭 阳	Jieyang	102.5	103.5	105.0	100.6	98.3	105.1	107.9	105.5	114.9	108.7
云 浮	Yunfu	102.8	106.3	102.8	102.9	98.2	99.3	104.1	102.3	107.4	111.2

9-8 续表 continued

上年＝100 (preceding year＝100)

市 别	City	在外用膳食品 Dining Out	烟酒及用品 Tobacco, Liquor and Articles	衣着 Clothing	家用设备用品及维修服务 Household Facilities, Articles and Services	医疗保健和个人用品 Health Care and Personal Articles	交通和通信 Transportation and Communication	娱乐教育文化用品及服务 Recreation, Education and Culture Articles and Services	居住 Residence
广 州	Guangzhou	103.8	100.7	100.3	100.4	99.5	98.8	101.3	105.9
深 圳	Shenzhen	100.2	98.8	101.9	101.9	101.8	100.2	103.3	104.8
珠 海	Zhuhai	103.5	100.8	100.7	102.0	101.1	99.6	101.5	104.7
汕 头	Shantou	101.7	102.9	101.4	102.9	102.6	100.3	102.6	102.3
佛 山	Foshan	102.5	100.8	103.1	103.4	101.6	99.5	101.9	103.4
#顺 德	Shunde	102.4	98.4	102.3	102.2	100.3	98.8	103.4	105.2
韶 关	Shaoguan	100.3	99.9	100.2	99.8	100.9	98.7	104.7	101.2
河 源	Heyuan	101.1	98.3	102.8	101.0	101.1	100.0	100.2	102.8
梅 州	Meizhou	100.5	98.7	102.1	101.0	102.0	99.3	101.1	100.6
惠 州	Huizhou	105.4	101.1	101.9	101.4	100.5	99.9	97.5	102.3
汕 尾	Shanwei	107.4	101.3	99.6	101.6	100.8	100.6	99.9	99.7
东 莞	Dongguan	103.9	100.5	100.5	104.4	102.4	98.6	100.3	102.5
中 山	Zhongshan	105.4	99.2	102.2	101.7	100.8	98.4	101.8	100.6
江 门	Jiangmen	101.9	99.7	102.4	100.9	102.1	100.6	100.4	103.0
阳 江	Yangjiang	102.0	99.9	100.1	100.4	101.6	97.9	102.3	100.5
湛 江	Zhanjiang	102.6	99.2	102.4	99.0	100.5	99.5	102.2	102.2
茂 名	Maoming	101.0	100.1	100.6	102.1	102.9	99.9	102.4	101.9
肇 庆	Zhaoqing	105.4	100.6	100.2	99.5	104.4	99.3	101.4	104.6
清 远	Qingyuan	103.4	100.2	101.7	101.3	101.3	99.7	97.2	101.4
潮 州	Chaozhou	100.6	99.7	101.0	102.4	98.8	98.7	102.9	100.7
揭 阳	Jieyang	101.7	98.1	101.9	100.9	101.1	99.8	103.1	100.7
云 浮	Yunfu	103.4	101.2	100.1	103.2	101.7	100.1	104.6	104.6

9-9 各市服务项目价格分类指数（2013年）

Service Price Indices by Category and by City (2013)

上年=100 (preceding year=100)

市别	City	总指数 General Index	#家庭服务加工维修 Household Services and Maintenance	医疗保健服务 Health Care Services	个人服务 Personal Services	市区公共交通费 Incity Traffic Fare	城市间交通费 Intercity Traffic Fare	通信服务 Communi-cation Services	教育服务 Education Services	文娱费 Expenditure on Culture and Recreation	旅游 Touring and Outing	住房租金 Rental Housing
广州	Guangzhou	103.7	110.0	99.8	103.5	100.0	100.1	100.0	103.6	100.1	101.8	108.0
深圳	Shenzhen	105.2	111.6	109.4	105.4	99.9	100.9	99.9	109.2	101.1	100.2	109.0
珠海	Zhuhai	104.2	110.0	100.6	101.3	100.0	101.1	100.0	103.0	101.0	102.7	105.3
汕头	Shantou	103.7	111.0	99.7	107.7	107.5	101.7	100.0	103.9	105.1	101.6	104.2
佛山	Foshan	103.6	110.6	101.6	103.7	100.2	100.4	99.9	101.0	99.8	108.3	107.9
#顺德	Shunde	105.1	107.6	101.3	106.9	100.0	98.8	100.0	102.0	101.5	108.4	106.4
韶关	Shaoguan	102.3	100.6	98.2	101.9	97.8	101.5	98.9	111.6	99.9	99.0	98.5
河源	Heyuan	102.6	100.2	101.1	105.2	100.8	101.7	99.7	103.9	99.9	97.7	103.9
梅州	Meizhou	101.5	103.5	99.4	112.5	100.0	101.7	100.0	102.5	100.0	104.6	100.5
惠州	Huizhou	101.6	118.7	100.0	102.9	100.0	99.9	100.0	101.9	100.4	89.8	105.2
汕尾	Shanwei	101.0	111.3	100.0	107.4	102.9	101.4	100.0	101.2	100.0	95.9	100.0
东莞	Dongguan	102.1	110.9	98.5	102.6	98.5	101.7	99.7	103.2	100.0	101.0	106.9
中山	Zhongshan	101.9	107.3	101.6	102.9	100.0	97.2	100.2	103.7	99.7	108.5	100.8
江门	Jiangmen	102.1	100.1	98.6	95.5	105.0	100.5	100.0	100.3	100.0	100.8	106.1
阳江	Yangjiang	101.2	102.6	99.9	106.9	100.0	97.2	99.8	100.0	100.0	113.2	100.0
湛江	Zhanjiang	102.2	103.4	100.3	110.2	100.6	99.4	100.1	102.7	108.0	99.9	102.7
茂名	Maoming	102.2	108.5	100.0	104.9	103.2	99.8	99.6	101.4	104.9	106.6	103.1
肇庆	Zhaoqing	105.5	113.2	100.5	117.1	100.0	100.6	99.9	104.4	102.9	99.6	111.1
清远	Qingyuan	101.2	115.5	101.8	99.2	106.5	98.8	100.0	102.2	100.5	88.2	101.6
潮州	Chaozhou	102.6	113.1	101.2	99.0	100.5	96.1	99.5	104.6	100.4	106.7	102.6
揭阳	Jieyang	103.5	106.1	99.9	110.5	111.9	102.4	99.8	106.2	101.7	103.8	101.3
云浮	Yunfu	106.3	117.1	102.2	102.0	102.7	103.3	99.4	114.7	101.0	100.1	109.2

9-10 各市居民消费定基价格分类指数（2013年）

Fixed-base Consumer Price Indices by Category and by City (2013)

2010年=100 (2010=100)

市别	City	总指数 General Index	服务项目 Services	食品 Food	烟酒及用品 Tobacco, Liquor and Articles	衣着 Clothing	家用设备用品及维修服务 Household Facilities, Articles and Services	医疗保健和个人用品 Health Care and Personal Articles	交通和通信 Transportation and Communication	娱乐教育文化用品及服务 Recreation, Education and Culture Articles and Services	居住 Residence
广州	Guangzhou	111.5	107.5	126.5	107.9	106.0	106.4	103.8	95.9	100.5	113.2
深圳	Shenzhen	111.3	110.4	120.3	107.1	109.2	106.5	110.2	100.4	107.2	110.8
珠海	Zhuhai	110.5	110.1	119.1	104.9	105.5	106.5	110.1	98.2	107.1	111.2
汕头	Shantou	110.7	109.1	119.1	108.6	106.8	109.2	108.0	99.2	106.2	108.5
佛山	Foshan	111.0	111.3	121.9	103.5	112.4	108.0	107.2	97.8	102.2	111.9
#顺德	Shunde	110.7	113.4	118.7	106.9	108.1	106.8	104.3	97.8	111.8	114.3
韶关	Shaoguan	109.9	108.5	121.8	103.8	101.1	99.6	99.8	96.4	111.0	106.7
河源	Heyuan	110.6	110.8	117.1	109.6	109.5	106.4	107.6	95.4	99.8	117.3
梅州	Meizhou	109.0	106.0	118.1	104.9	108.7	102.7	107.9	98.1	100.0	107.3
惠州	Huizhou	110.2	107.7	122.0	104.2	112.4	101.7	102.1	100.6	98.6	110.3
汕尾	Shanwei	110.6	103.5	124.8	107.8	99.7	108.1	102.8	102.2	98.7	105.3
东莞	Dongguan	109.9	106.4	121.6	103.5	102.9	111.7	109.9	97.5	102.5	108.5
中山	Zhongshan	109.5	105.0	122.1	105.8	104.9	109.8	106.9	95.4	105.3	105.3
江门	Jiangmen	109.6	107.6	116.5	105.1	103.8	108.3	112.9	102.2	104.4	107.2
阳江	Yangjiang	109.5	102.9	122.2	107.3	103.2	99.7	108.8	99.9	100.7	104.0
湛江	Zhanjiang	110.7	105.8	123.0	103.4	105.3	103.9	103.2	99.9	103.9	107.5
茂名	Maoming	110.4	105.2	121.3	102.5	101.9	104.9	107.6	100.4	102.8	108.5
肇庆	Zhaoqing	111.6	108.6	123.6	103.8	109.4	104.3	112.8	99.1	99.9	108.8
清远	Qingyuan	109.6	104.5	119.7	106.7	118.0	107.5	110.9	95.6	98.3	104.5
潮州	Chaozhou	109.3	105.7	121.6	88.3	104.6	106.6	101.9	97.4	104.0	105.9
揭阳	Jieyang	110.3	107.5	120.7	108.1	106.7	107.5	106.0	100.3	106.3	104.5
云浮	Yunfu	111.6	119.1	116.9	104.9	96.2	114.9	106.8	100.6	110.3	116.8

9-11 工业生产者出厂价格指数

Producer Price Indices for Manufactured Goods

上年=100 (preceding year=100)

项目	Item	2005	2009	2010	2011	2012	2013
工业生产者出厂价格指数	**Producer Price Index for Manufactured Goods**	**101.5**	**95.8**	**103.2**	**103.7**	**99.5**	**98.8**
按轻重工业分	**Grouped by Light and Heavy Industries**						
轻工业	Light Industry	99.8	97.3	101.7	103.1	100.7	99.6
以农产品为原料	Using Farm Products as Raw Materials	101.3	98.2	103.1	105.1	102.1	100.6
以非农产品为原料	Using Non-farm Products as Raw Materials	99.4	97.1	101.3	101.8	99.8	99.0
重工业	Heavy Industry	105.1	93.2	105.7	104.0	98.8	98.3
采　掘	Mining and Quarrying	128.6	69.0	127.9	120.5	98.8	96.3
原　料	Raw Materials	107.4	94.6	107.9	108.4	100.3	98.3
加　工	Processing	101.2	94.2	103.3	102.3	98.3	98.3
按生产生活资料分	**Grouped by Production and Living Materials**						
生产资料	Production Materials	102.5	94.6	104.1	104.6	99.0	98.3
采　掘	Mining and Quarrying	128.6	69.0	127.9	120.5	98.8	96.3
原　料	Raw Materials	107.2	94.4	108.3	108.6	100.2	98.4
加　工	Processing	100.3	95.5	102.4	103.1	98.6	98.4
生活资料	Living Materials	99.7	98.2	101.4	101.9	100.5	99.6
食　品	Food	101.9	97.4	103.3	106.0	102.6	99.8
衣　着	Clothing	100.5	99.0	101.3	103.9	102.5	101.7
一般日用品	Articles for Daily Use	101.6	99.6	102.7	103.4	100.5	99.8
耐用消费品	Durable Consumer Goods	97.5	97.0	99.9	99.0	99.1	98.6
按工业部门分	**Grouped by Industrial Sectors**						
冶金工业	Metallurgical Industry	104.9	89.3	109.1	107.9	94.9	97.0
电力工业	Power Industry	102.4	102.3	98.7	100.6	102.1	99.0
煤炭及炼焦工业	Coal and Coking Industry	111.6	108.9	107.0			
石油工业	Petroleum Industry	124.9	81.5	122.1	116.5	103.3	96.9
化学工业	Chemical Industry	103.6	95.5	105.3	107.7	98.6	98.8
机械工业	Machine Manufacturing Industry	98.8	96.5	100.2	100.5	99.1	98.6
建筑材料工业	Building Materials Industry	96.2	98.4	104.3	104.4	101.2	100.2
森林工业	Timber Industry	100.4	100.6	103.4	102.2	100.9	100.8
食品工业	Food Industry	101.7	96.9	103.7	106.9	103.5	100.9
纺织工业	Textile Industry	101.5	99.7	102.2	110.6	101.8	98.6
缝纫工业	Tailoring Industry	100.4	98.3	101.1	103.5	102.1	101.2
皮革工业	Leather Industry	101.2	100.8	101.8	104.6	103.7	103.1
造纸工业	Paper Making Industry	101.0	96.2	107.0	101.0	97.6	96.8
文教艺术用品工业	Industry for Cultural, Educational & Art Articles	100.6	100.1	100.0	101.2	101.1	99.2
其它工业	Others	101.1	102.7	106.4	103.5	99.4	99.7

9-12 各市工业生产者出厂价格指数

Producer Price Indices for Manufactured Goods by City

上年=100 (preceding year=100)

市 别	City	2005	2009	2010	2011	2012	2013
全 省	**Provincial Total**	**101.5**	**95.8**	**103.2**	**103.7**	**99.5**	**98.8**
广 州	Guangzhou	101.7	96.5	102.4	103.1	99.7	98.0
深 圳	Shenzhen	98.7	95.3	101.4	101.8	99.9	98.0
珠 海	Zhuhai	100.8	96.5	102.2	103.3	99.4	98.6
汕 头	Shantou	102.4	98.7	102.4	103.8	100.6	99.6
佛 山	Foshan	101.8	96.3	102.8	104.0	99.5	98.9
韶 关	Shaoguan	103.2	86.4	107.5	108.6	95.8	96.9
河 源	Heyuan	103.9	93.0	104.6	105.7	96.7	98.3
梅 州	Meizhou	101.9	96.5	103.8	105.0	99.1	98.8
惠 州	Huizhou	97.5	93.7	104.0	104.0	99.4	97.1
汕 尾	Shanwei	99.7	97.2	102.3	103.2	99.9	98.8
东 莞	Dongguan	100.4	96.8	102.6	102.9	99.8	98.9
中 山	Zhongshan	101.4	97.6	102.6	103.1	99.9	99.4
江 门	Jiangmen	102.1	96.7	103.6	104.4	99.7	99.4
阳 江	Yangjiang	103.0	94.2	103.8	105.5	99.2	98.6
湛 江	Zhanjiang	111.8	89.9	110.4	111.6	102.0	99.1
茂 名	Maoming	112.1	91.4	114.7	113.0	102.0	98.2
肇 庆	Zhaoqing	100.6	95.9	105.9	105.7	98.4	99.0
清 远	Qingyuan	103.5	92.3	108.0	106.8	97.3	98.6
潮 州	Chaozhou	102.5	97.4	101.3	104.6	102.2	100.4
揭 阳	Jieyang	101.6	96.4	102.9	105.1	99.7	99.2
云 浮	Yunfu	101.6	94.9	104.7	105.8	100.7	99.4

9-13 分行业工业生产者出厂价格指数

Producer Price Indices for Manufactured Goods by Sector

上年=100 (preceding year=100)

项 目	Item	2005	2010	2012	2013
工业生产者出厂价格指数	**Producer Price Index for Manufactured Goods**	**101.5**	**103.2**	**99.5**	**98.8**
按工业行业分	**Grouped by Industrial Sector**				
#石油和天然气开采业	Extraction of Petroleum and Natural Gas	134.3	138.9	102.7	93.6
黑色金属矿采选业	Mining and Processing of Ferrous Metal Ores	128.2	119.6	80.2	99.3
有色金属矿采选业	Mining and Processing of Non-ferrous Metal Ores	122.3	130.2	94.4	102.1
非金属矿采选业	Mining and Processing of Nonmetal Ores	102.3	105.1	100.8	100.0
农副食品加工业	Processing of Foods from Agricultural Products	103.1	107.1	104.6	101.5
食品制造业	Processing of Foodstuff	101.2	102.2	101.5	100.5
饮料制造业	Manufacture of Beverages	99.4	100.3	104.8	100.5
烟草制品业	Manufacture of Tobacco	100.7	98.9	101.3	100.3
纺织业	Textile Industry	101.6	101.3	101.3	99.5
纺织服装、鞋、帽制造业	Manufacture of Textile Garments, Footwear and Headgear	99.9	101.5	102.6	101.2
皮革、毛皮、羽毛(绒)及其制品业	Manufacture of Leather, Fur, Feather and Related Products	101.1	101.9	103.8	103.2
木材加工及木、竹、藤、棕、草制品业	Processing of Timber, Manufacture of Wood, Bamboo, Rattan, Palm and Straw Products	100.9	104.0	100.1	98.7
家具制造业	Manufacture of Furniture	100.7	102.3	101.7	101.0
造纸及纸制品业	Manufacture of Paper and Paper Products	101.0	107.2	97.6	96.8
印刷业和记录媒介的复制	Printing, Reproduction of Recording Media	99.5	101.5	102.5	99.2
文教体育用品制造业	Manufacture of Cultural, Educational and Sports Articles	101.5	99.5	101.3	100.0
石油加工、炼焦及核燃料加工业	Processing of Petroleum, Coking, Processing of Nuclear Fuel	122.7	119.6	103.4	97.4
化学原料及化学制品制造业	Manufacture of Raw Chemical Materials and Chemical Products	102.3	108.1	97.2	98.1
医药制造业	Manufacture of Medicines	101.5	102.0	101.3	101.3
化学纤维制造业	Manufacture of Chemical Fibers	104.5	120.9	95.5	97.3
橡胶制品业	Manufacture of Rubber	102.8	102.1	102.5	98.2
塑料制品业	Manufacture of Plastics	106.3	102.9	99.1	99.2
非金属矿物制品业	Manufacture of Non-metallic Mineral Products	97.3	103.9	101.2	100.4
黑色金属冶炼及压延加工业	Smelting and Pressing of Ferrous Metals	103.3	107.9	89.5	92.4
有色金属冶炼及压延加工业	Smelting and Pressing of Nonferrous Metals	108.5	118.7	92.5	95.5
金属制品业	Manufacture of Metal Products	103.6	102.8	99.6	99.3
通用设备制造业	Manufacture of General-purpose Machinery	102.2	104.1	98.4	99.5
专用设备制造业	Manufacture of Special-purpose Machinery	100.6	98.5	99.8	98.9
交通运输设备制造业	Manufacture of Transport Equipment	99.1	99.6	99.9	98.6
电气机械及器材制造业	Manufacture of Electrical Machinery and Equipment	102.5	102.3	99.4	99.4
通信设备、计算机及其他电子设备制造业	Manufacture of Communication Equipment, Computers and Other Electronic Equipment	97.1	99.0	98.5	98.0
仪器仪表及文化、办公用机械制造业	Manufacture of Measuring Instruments, and Machinery for Cultural Activity and Office Work	100.1	99.8	100.9	99.1
工艺品及其他制造业	Manufacture of Artwork and Other Manufacturing	100.5	109.3	97.4	98.3
废弃资源和废旧材料回收加工业	Recycling and Disposal of Waste		113.4	94.0	99.5
电力、热力的生产和供应业	Production and Supply of Electric Power and Heat Power	102.4	98.8	102.2	99.0
燃气生产和供应业	Production and Supply of Gas	115.9	112.1	103.3	98.0
水的生产和供应业	Production and Supply of Water	100.8	102.8	103.9	101.5

9-14 工业生产者购进价格指数
Producer Price Indices for Purchased Goods

上年=100 (preceding year=100)

项目	Item	2005	2010	2012	2013
工业生产者购进价格指数	**Producer Price Index for Purchased Goods**	**105.0**	**107.3**	**99.5**	**98.2**
按材料类别分	**Grouped by Type of Material**				
燃料、动力类	Fuels and Power	112.2	107.8	102.4	95.7
黑色金属材料类	Ferrous Materials	110.5	106.6	94.1	97.1
#钢材	Steel	108.5	105.9	95.4	95.8
其它	Others	114.2	107.6	91.9	99.1
有色金属材料和电线类	Nonferrous Materials and Wires	111.4	117.8	93.9	97.5
化工原料类	Chemical Materials	107.2	109.4	97.1	97.8
木材及纸浆类	Timber and Paper Pulp	102.3	107.6	98.2	99.0
建筑材料及非金属矿类	Building Materials and Nonmetal Minerals	100.6	113.6	97.0	99.2
其它工业原材料及半成品类	Other Raw Materials and Semi-finished Products	99.1	103.7	98.9	99.2
农副产品类	Farm and Products	104.8	112.9	100.6	100.0
纺织原料类	Textile Raw Materials	99.1	109.3	103.1	99.6
按行业分(企业法)	**Grouped by Sector**				
#石油和天然气开采业	Extraction of Petroleum and Natural Gas	108.7	114.5	92.6	98.1
黑色金属矿采选业	Mining and Dressing of Ferrous Metal Ores	113.5	109.5	99.0	98.0
有色金属矿采选业	Mining and Dressing of Nonferrous Metal Ores	107.0	113.7	108.9	96.9
非金属矿采选业	Mining and Dressing of Nonmetal Ores	109.7	108.8	98.1	83.3
其他矿采选业	Mining and Dressing of Other Ores	104.2	103.8		
农副食品加工业	Processing of Foods from Agricultural Products	106.0	110.1	102.2	99.5
食品制造业	Processing of Foodstuff	104.7	109.0	99.1	101.9
饮料制造业	Manufacture of Beverages	104.9	108.0	95.9	95.8
烟草制品业	Manufacture of Tobacco	107.9	113.2	100.1	97.6
纺织业	Textile Industry	104.8	106.7	97.9	98.2
纺织服装、鞋、帽制造业	Manufacture of Textile Garments, Footwear and Headgear	102.9	104.5		
皮革、毛皮、羽毛(绒)及其制品业	Manufacture of Leather, Fur, Feather and Related Products	103.5	104.4	104.2	108.9
木材加工及木、竹、藤、棕、草制品业	Processing of Timber, Manufacture of Wood, Bamboo, Rattan, Palm and Straw Products	108.3	105.6	102.8	100.8
家具制造业	Manufacture of Furniture	104.9	104.4		
造纸及纸制品业	Manufacture of Paper and Paper Products	107.1	114.4	99.6	96.1
印刷业和记录媒介的复制	Printing, Reproduction of Recording Media	108.4	106.6		
文教体育用品制造业	Manufacture of Cultural, Educational and Sports Articles	105.3	107.6	105.0	99.1
石油加工、炼焦及核燃料加工业	Processing of Petroleum, Coking, Processing of Nuclear Fuel	108.5	110.9	103.2	97.8
化学原料及化学制品制造业	Manufacture of Raw Chemical Materials and Chemical Products	107.2	107.8	93.1	96.8
医药制造业	Manufacture of Medicines	104.1	108.1	102.7	97.8
化学纤维制造业	Manufacture of Chemical Fibers	106.9	113.8	94.6	96.5
橡胶制品业	Manufacture of Rubber	111.4	105.5	106.7	98.5
塑料制品业	Manufacture of Plastics	107.0	108.4	97.4	98.0
非金属矿物制品业	Manufacture of Non-metallic Mineral Products	105.5	105.3	99.0	97.3
黑色金属冶炼及压延加工业	Smelting and Pressing of Ferrous Metals	108.6	108.6	91.9	92.1
有色金属冶炼及压延加工业	Smelting and Pressing of Nonferrous Metals	105.1	110.2	96.8	97.0
金属制品业	Manufacture of Metal Products	106.1	106.9	98.5	98.2
通用设备制造业	Manufacture of General-purpose Machinery	104.6	106.5	97.2	96.9
专用设备制造业	Manufacture of Special-purpose Machinery	106.1	103.8		
交通运输设备制造业	Manufacture of Transport Equipment	103.9	105.4	91.7	96.0
电气机械及器材制造业	Manufacture of Electrical Machinery and Equipment	107.2	106.3	95.2	96.7
通信设备、计算机及其他电子设备制造业	Manufacture of Communication Equipment, Computers and Other Electronic Equipment	105.3	102.9	97.8	98.9
仪器仪表及文化、办公用机械制造业	Manufacture of Measuring Instruments, and Machinery for Cultural Activity and Office Work	103.1	101.7	99.9	98.4
工艺品及其他制造业	Manufacture of Artwork and Other Manufacturing	105.2	104.9		
废弃资源和废旧材料回收加工业	Recycling and Disposal of Waste		126.4	103.5	99.1
电力、热力的生产和供应业	Production and Supply of Electric Power and Heat Power	111.4	110.4		
燃气生产和供应业	Production and Supply of Gas	116.5	122.1	100.8	96.9
水的生产和供应业	Production and Supply of Water	104.9	99.1	101.0	98.5

9-15 固定资产投资价格指数

Price Indices for Investment in Fixed Assets

上年=100 (preceding year=100)

项　　目	Item	2005	2009	2010	2011	2012	2013
固定资产投资价格指数	**Price Index of Investment in Fixed Assets**	**101.6**	**96.7**	**103.0**	**105.5**	**101.5**	**101.4**
建筑安装、装饰工程	Construction, Installation and Decoration	102.3	95.3	104.3	108.0	101.9	101.9
人工费	Manpower	104.5	105.0	109.0	111.2	109.6	108.9
材料费	Materials	101.7	92.9	103.4	107.5	99.6	99.7
钢材	Steel	100.2	87.2	103.4	108.9	95.9	96.0
木材	Timber	101.3	101.2	103.1	105.4	102.3	102.6
水泥	Cement	100.0	98.1	105.7	106.2	99.2	101.3
地方建筑材料	Local Building Materials	103.3	97.6	102.9	106.9	104.1	103.6
化工材料	Chemical Materials	106.7	97.0	106.2	108.3	104.1	101.1
电料	Electrical Materials and Appliances	105.0	96.8	101.7	103.4	101.8	100.7
其他材料	Other Materials	101.7	99.4	101.3	103.1	101.7	101.7
机械费	Machinery	101.8	102.4	102.7	106.2	104.2	103.7
设备、工器具购置	Purchase of Equipment, Tools and Instruments	98.7	97.4	99.8	100.5	98.7	99.1
其他费用	Others	102.2	101.6	101.4	101.8	103.3	101.7

9-16 农业生产资料价格分类指数

Price Indices for Means of Agricultural Production by Category

上年=100 (preceding year=100)

项　　目	Item	2005	2009	2010	2011	2012	2013
农业生产资料价格指数	**Price Index of Means of Agricultural Production**	**105.8**	**98.2**	**101.7**	**109.6**	**104.0**	**99.7**
农用手工工具	Farm Handtools	102.4	101.0	101.7	104.2	102.0	102.0
饲料	Forage	104.2	102.6	102.1	105.1	104.3	104.9
混合饲料	Mixed Forage	103.8	98.5	101.5	105.2	103.7	103.5
其他	Others	104.6	110.7	103.4	104.9	105.7	108.0
产品畜	Product Livestock	105.6	84.4	95.9	129.0	103.3	89.7
半机械化农具	Semi-mechanized Farm Tools	102.3	100.1	100.9	102.3	101.4	100.9
机械化农具	Mechanized Farm Machinery	102.0	101.1	100.6	103.3	101.6	99.5
化学肥料	Chemical Fertilizer	108.0	97.3	101.7	113.3	105.5	98.4
氮肥	Nitrogenous Fertilizer	105.9	93.7	101.9	119.0	105.3	98.1
磷肥	Phosphate Fertilizer	112.6	96.3	102.0	111.4	107.7	98.6
钾肥	Potash Fertilizer	119.0	100.2	99.8	103.8	103.1	104.7
复合肥料	Compound Fertilizer	105.5	100.1	101.8	109.0	105.3	97.2
农药及农药器械	Pesticide and Its Appliances	101.7	96.7	100.0	102.7	100.7	100.7
化学农药	Chemical Pesticide	101.4	96.0	99.8	102.9	100.4	100.9
杀虫剂	Insecticide	101.3	95.4	100.8	102.5	100.2	99.9
杀菌剂	Bactericide	100.8	98.1	98.8	103.4	100.5	102.1
除草剂	Herbicide	102.0	95.9	98.0	103.2	100.7	102.1
农药器械	Appliances for Pesticide	103.7	101.4	101.3	101.6	102.3	99.2
农用机油	Oil for Farm Machinery	107.7	96.0	108.4	109.7	101.5	99.1
其他农业生产资料	Other Means of Agricultural Production	110.7	101.5	104.0	108.5	105.0	101.5
农用种子	Seeds for Farming	111.9	102.7	103.6	112.6	107.8	102.2
其他	Others	108.9	99.8	104.6	102.2	100.3	100.1
农用薄膜	Pellicle for Farming	108.9	99.0	105.7	101.5	100.6	100.2
其他	Others		101.6	102.3	103.3	99.8	100.0
农业生产服务	Services for Agricultural Production		108.9	103.2	104.8	107.0	102.0
排灌费	Expenditure of Irrigation and Drainage		99.3	99.9	100.2	101.7	100.0
机械作业费	Expenditure of Mechanical Operations		107.9	101.6	110.5	111.7	101.9
农业用电	Agricultural Use of Electricity				100.5	100.6	100.0
农业用工	Agricultural Labor				104.6	111.1	106.1

9-17 农产品生产者价格指数

Producer Price Indices for Agricultural Products

上年=100 (preceding year=100)

项 目	Item	2005	2009	2010	2011	2012	2013
农产品生产者价格指数	**Producer Price Indices of Agricultural Products**	**103.5**	**95.0**	**107.9**	**112.4**	**103.4**	**103.5**
农业产品	**Farm Products**	**104.5**	**98.8**	**113.4**	**108.6**	**106.9**	**106.3**
谷物	Cereal	99.7	101.4	107.8	119.4	106.0	100.0
#稻谷	Rice	99.8	101.4	107.7	120.7	106.0	99.9
薯类	Potato	103.2	108.3	109.5	119.9	90.3	110.5
油料	Oil-bearing Crops	102.9	92.1	114.4	129.5	104.2	99.9
豆类	Beans	107.1	94.4	117.6	117.1	102.0	107.1
糖料	Sugar Crops	107.3	102.9	131.1	121.4	75.6	93.6
未加工烟草	Raw Tobacco	86.7	110.1	106.8	112.3	122.1	108.1
蔬菜及食用菌	Vegetables & Edible Fungi	108.0	97.2	115.6	100.8	111.5	109.5
#叶菜类蔬菜	Leaf Vegetable				104.9	112.1	111.8
白菜类蔬菜	Chinese Cabbage Vegetable				106.7	108.5	113.2
芥菜类蔬菜	Mustard Vegetable				99.7	110.7	107.6
甘蓝类蔬菜	Brassica Vegetable				106.6	112.2	108.8
根茎类蔬菜	Root Vegetable				125.4	108.0	94.6
瓜菜类蔬菜	Coucurbita Vegetable				87.3	106.5	116.5
豆类蔬菜	Bean Vegetable				93.0	115.6	107.0
茄果类蔬菜	Solanaceous Vegetable				72.8	127.1	101.3
莴苣及菊苣类蔬菜	Lettuce Vegetable				91.3	118.4	115.1
葱蒜类蔬菜	Bulb Vegetable				89.9	106.5	105.0
花卉	Flowers	96.0	91.5	97.3	107.3	103.4	100.2
盆景及园艺产品	Potted Landscape and Gardening Products				106.2	101.3	95.0
水果及坚果	Fruit and Nuts	103.1	95.2	113.9	110.0	104.1	112.4
茶及饮料原料	Tea and Beveage Raw Meterials	104.7	101.7	99.6	116.0	117.3	99.7
中草药材	Medicinal Herbs	102.9	86.7	126.9	113.1	103.1	118.6
林业产品	**Forestry Products**	**103.9**	**98.9**	**116.9**	**108.7**	**101.8**	**105.2**
育种和育苗	Seed breeding and seedling				111.2	104.2	107.1
木材采伐产品	Wood logging	104.2	97.0	113.1	106.8	101.8	103.3
竹材采伐产品	Bamboo logging	101.2	99.4	115.7	106.6	104.2	101.9
林产品	Forestry products	105.5	95.9	132.1	116.4	92.5	110.0
饲养动物及其产品	**Farm Animal and Products**	**100.8**	**89.7**	**99.2**	**121.7**	**97.6**	**99.7**
活牲畜	Live Animals	100.5	101.1	95.6	129.1	94.2	99.1
#猪	Pig	97.1	83.4	96.8	132.3	91.2	97.2
牛	Cattle and Buffalo	101.0	101.7	92.4	105.6	129.8	121.4
活家禽	Live Birds	105.3	101.7	104.0	111.1	101.7	99.6
#鸡	Chicken	105.2	101.8	102.1	111.3	102.2	100.9
鸭	Duck	104.7	101.2	106.0	112.5	100.3	99.1
畜禽产品	Animal and Bird Products				107.1	103.5	105.5
#鸡蛋	Chicken Eggs	103.3	104.7	102.1	107.8	103.6	103.5
鸭蛋	Duck Eggs	119.9	100.0	100.0	102.9	103.3	109.9
渔业产品	**Fishing Products**	**104.6**	**94.2**	**107.9**	**107.6**	**104.5**	**102.8**
海水养殖产品	Marine Farm Products				106.1	104.2	100.0
#海水养殖鱼	Marine farm fish				111.2	99.5	94.3
海水养殖虾	Marine farm shrimp				103.0	101.5	97.5
海水捕捞产品	Marine Catching Products				113.8	108.5	106.6
#海水捕捞鲜鱼	Marine catching fish				121.9	109.6	108.1
海水捕捞虾	Marine catching shrimp				100.9	110.7	104.8
淡水养殖产品	Freshwater Farm Products				108.3	101.9	102.5
#养殖淡水鱼	Freshwater fram fish				104.7	100.3	101.6
淡水养殖虾	Freshwater fram shrimp				119.3	102.7	107.9
淡水捕捞产品	Freshwater catching products				109.0	109.7	105.2
#捕捞淡水鱼	Freshwater catching fish				106.0	108.7	103.0
淡水捕捞鲜虾	Freshwater catching shrimp				104.5	120.4	105.1

注：2011年开始农产品生产者价格调查制度变更，部分分类指标以前年份没数据。

Note: Since 2011, the system of agricultural product price survey is changed, therefore no data are available for some indexes in previous years.

主要统计指标解释

居民消费价格指数 是度量生活消费品及服务项目价格水平随着时间而变动的相对数，反映居民家庭购买的消费品及服务项目价格水平的变动情况。该指数是宏观经济分析、决策、调控和价格总水平监测以及国民经济核算的重要指标，其按年度计算的变动率通常被用来作为反映通货膨胀(或紧缩)程度的指标。

城市居民消费价格指数 是反映城市居民家庭所购买的生活消费品和服务项目价格变动趋势和变动程度的相对数。编制该指数，可以观察和分析消费品的零售价格和服务项目价格变动对城市居民生活消费支出的影响，作为研究城市居民生活和制定工资政策的依据。

农村居民消费价格指数 是反映农村居民家庭所购买的生活消费品和服务项目价格变动趋势和变动程度的相对数。编制该指数，可以观察农村消费品的零售价格和服务项目价格变动对农村居民生活消费支出的影响，反映农村居民生活水平的实际变化情况，为分析和研究农村居民生活问题提供依据。

商品零售价格指数 是度量市场商品零售价格水平变动趋势和变动程度的相对数，反映商品在流通过程中最后一个环节的价格即工业、商业、餐饮业和其他零售企业向城乡居民、机关团体出售生活消费品和办公用品价格水平的变动趋势和变动程度。其目的在于掌握商品价格的变动趋势，为国家宏观调控和国民经济核算提供参考依据。

工业生产者出厂价格指数 是反映工业企业产品第一次出售时的出厂价格变化趋势和变动幅度的相对数（2010 年前称工业品出厂价格指数），是综合了工业企业出售给本企业以外所有单位和个人的各种产品价格指数计算取得。是反映某一时期工业生产领域价格变动情况的重要经济指标，也是制定有关经济政策和国民经济核算的重要依据。

工业生产者购进价格指数 是反映工业企业作为中间投入产品购进价格的变化趋势和变动幅度的相对数（2010 年前称原材料、燃料、动力购进价格指数）。反映工业企业作为生产投入而从物资交易市场和能源、原材料生产企业购买原材料，燃料和动力产品时，所支付的价格水平变动趋势和程度的重要指标，是扣除工业企业物质消耗成本中的价格变动影响的重要依据。

固定资产投资价格指数 是反映全社会及各类工程固定资产投资价格变动幅度和变动趋势的相对数。编制该价格指数，用以消除按现价计算的固定资产指标中的价格变动因素，真实地反映全社会及各类工程固定资产投资的规模、速度、结构和效益，为国家及各部门科学地制定、检查固定资产投资计划和进行国民经济核算提供科学的、可靠的依据。

农业生产资料价格指数 是反映一定时期内农业生产资料在流通领域最后一个环节的价格即工业、商业及其他单位和个人向农民出售农业生产资料及服务价格水平的变动趋势和程度的相对数。其编制目的是了解农业生产中物质资料及服务投入价格的变动状况，为制定经济政策提供依据。1994 年以前，农业生产资料价格指数为商品零售价格指数的一个类别，此后单独编制。

农产品生产者价格指数 是反映农产品生产者第一手(直接)出售其产品时实际获得的单位产品价格。开展农产品生产者价格调查是为了全面收集农产品生产者价格资料，客观反映农产品生产者价格水平和结构变动情况，满足农业与国民经济核算需要，为各级政府制定农业保护与农产品流通政策提供决策依据，向社会各界提供优质的农产品价格信息报务。

Explanatory Notes on Main Statistical Indicators

Consumer Price Indices measure the relative change with time in prices of consumer goods and services, reflecting the rates of change in consumer goods and services purchased by households. It is an important indicator for macroeconomic analysis, decision-making, regularization and control, supervision of general price level and national economic accounting. The annualized rates of change are generally considered as an indicator of inflation or deflation.

Consumer Price Indices of Urban Households reflect the trend and degree of changes in prices of consumer goods and services purchased by urban households and can be used to observe and analyze the impact of price changes in consumer goods and services on urban household living expenditures, thus providing the basis for policy making concerning the living cost and the wages of urban staff and workers.

Consumer Price Indices of Rural Households reflect the trend and degree of changes in prices of consumer goods and services purchased by rural households and can be used to observe and analyze the impact of change in prices of consumer goods and services on living expenditure and actual changes in the living standards of rural residents, thus providing the basis for analysis and research on the conditions of life in rural areas.

Retail Price Indices measure the relative trend and degree of changes in retail prices of commodities, reflecting the trend of changes in prices in the last link of circulation, i.e. prices of consumer goods and office appliances sold to households or organizations by enterprises of industry, commerce, catering services and other retail trades. It reflects the trend of price changes and provides a reference for macroeconomic adjustment and control as well as national economic accounting.

Producer Price Indices for Manufactured Goods reflect the trend and degree of changes in general ex-factory prices of all manufactured goods on first sale (it was referred to as Ex-factory Price Indices for Industrial Goods). It is calculated on the basis of sales of manufactured goods by an industrial enterprise to all units outside the enterprise, as well as sales of consumer goods to residents.It is an import index reflecting the price changes on the course of industrial production, and provides important data for economic policy making and national economic accounting

Producer Price Indices for Purchased Goods reflect the trend and degree of changes in prices paid by industrial enterprises when they purchase production input (it was referred to as Purchasing Price Indices of Raw Materials, Fuels and Power). They reflect changes in the level and degree of prices paid by industrial enterprises when they purchase production input such as raw materials, fuels and power from the market or from other energy or raw materials producing enterprises. These indices provide an important basis for measuring the material consumption of industrial enterprises after removing the influence of price changes.

Price Indices of Investment in Fixed Assets reflect the trend and degree of changes in prices of investment in fixed assets in various projects and in the whole country. It can be used to remove the factor of price changes in the data of investment in fixed assets calculated at current prices, to truly reflect the scale, growth rate, structure, proportion and efficiency of investment in fixed assets in various projects and in the whole country, and to provide a scientific and reliable basis for formulating the plan for investment in fixed assets and examining its fulfillment as well as for conducting national economic accounting.

Price Indices for Means of Agricultural Production reflect the trend and degree of changes in the prices of the means of agricultural production at the final stage of the circulation, or the prices at which industrial, commercial or other units sell the means of agricultural production or services to farmers. Compilation of these indices helps to understand the changes in prices of input into agricultural production and services and facilitate formulation of economic policies. Before 1994, price indices for means of agricultural production were asub-category in the retail price indices for commodities, and it has been compiled separately since 1994.

Producer Price Indices of Agricultural Products refer to the actual prices per unit of agricultural products at which the producers of the agricultural products directly sell them. The purpose of conducting the survey of producer prices of agricultural products is to comprehensively collect the data on the producer prices of agricultural products, objectively reflect the situations of the level and structural changes of the producer prices of agricultural products, meet the needs of conducting the agricultural accounts and national accounts, provide the government at different levels with the base data for making the policies of protecting agriculture and circulation of agricultural products and provide the various social circles with the high quality information on the prices of agricultural products.

十、人民生活

PEOPLE'S LIVING CONDITIONS

十　人民生活

简要说明

一、本篇资料反映广东城乡居民生活状况，主要内容包括城镇居民和农村居民家庭人口、人均收入与消费支出结构、住房面积和主要耐用消费品拥有量等。

二、本篇资料由国家统计局广东调查总队居民收支调查处、住户专项调查处整理提供。

三、城乡居民调查资料采用二相抽样和多阶段抽样相结合的调查方法统计。

四、2013 年国家统计局推行城乡住户调查一体化改革，将过去城镇与农村分别开展的调查体系，按照统一指标、统一方法、统一标准、统一调查、统一程序、统一发布原则，整合为城乡一体化住户调查新体系。由于新老调查方案在调查范围和对象、城乡划分标准、样本抽选方法、计算和汇总方式、指标名称和口径等方面变化较大，改革后调查数据与历史数据可比性差，新口径与旧口径指标数据衔接困难。为此，2013 年城乡居民收支数据的篇幅大幅减少，只有城镇与农村居民可支配收入及其四大类收入数据、消费支出及其八大类消费数据，以及城乡居民主要耐用品拥有量数据，其他中类以下数据暂无法提供，2014 年编印时，我们将按新口径一并提供。

10 People's Living Conditions

Brief Introduction

Ⅰ. The data in this chapter show the basic conditions of the people’s livelihood in the urban and rural areas of Guangdong Province. The main contents include urban and rural households population, per capita income and consumption expenditure structure, housing area and possession of the major consumer goods.

Ⅱ. The data in this chapter are prepared and provided by the Division of Household Survey under Guangdong Survey Office of the National Bureau of Statistics.

Ⅲ. The survey data of urban and rural residents are collected through two-phase sampling scheme combined with multi-stage sampling scheme.

Ⅳ. In 2013 National Bureau of Statistics of China began to prompt the integrated reform of urban and rural household survey. According to the principle of unified index, unified standard, unified survey, unified software, unified release, the old system of urban and rural household survey are integrated into the new system of urban-rural household survey. Because there are great difference of survey scope and object, survey methodology, sample selection, data collection methodology between the old and new system of household survey, the data produced by the new system of household survey are not comparable to that produced by the old system. Therefore , the data of income and expenditure of urban and rural household are greatly reduced, only the disposable Income and four large categories of income, total expenditure and eight large categories of expenditure and major durable consumer goods owned by urban and rural Households could be collected and other data of medium and small categories are unable to be collected. In 2014, new coverage of data of household survey will be published.

10-1 城镇居民家庭基本情况
Basic Conditions of Urban Households

项 目	Item	2000	2005	2010	2012	2013
平均每户家庭人口 （人）	**Average Household Size (person)**	**3.57**	**3.27**	**3.21**	**3.19**	**3.15**
平均每户就业人口 （人）	**Average Number of Employed Persons per Household (person)**	**1.97**	**1.72**	**1.70**	**1.74**	**1.73**
平均每户就业率 （%）	**Percentage of Employment per Household (%)**	**55.2**	**52.6**	**52.9**	**54.5**	**54.9**
住房总建筑面积（平方米/人）	**Total Floor Space of Housing (sq.m/person)**		**33.18**	**34.13**	**34.40**	**34.57**
人均家庭总收入 （元）	**Per Capita Total Income of Households (yuan)**	**9853.65**	**16249.89**	**26896.86**	**34044.38**	**36503.91**
可支配收入	Disposable Income	9761.57	14769.94	23897.80	30226.71	33090.05
工薪收入	Income of Wages and Salaries	7418.31	12265.04	18902.43	23632.2	25286.45
经营净收入	Net Business Income	545.59	1043.51	2666.53	3603.89	3791.29
财产性收入	Income from Properties	429.94	417.25	956.60	1468.73	1609.73
转移性收入	Income from Transfers	1459.81	2524.09	4371.30	5339.56	5816.44
人均消费支出 （元）	**Per Capita Consumption Expenditure (yuan)**	**8016.91**	**11809.87**	**18489.53**	**22396.35**	**24133.26**
食品	Food	3096.33	4265.19	6746.62	8258.44	8856.91
衣着	Clothing	369.99	673.90	1230.72	1520.59	1614.87
居住	Residence	1099.99	1181.42	1925.21	2099.75	2339.12
家庭设备用品及服务	Household Facilities, Articles and Services	603.19	605.12	1208.03	1467.20	1539.09
医疗保健	Health Care and Medical Services	346.56	704.90	929.50	1048.28	1122.71
交通和通讯	Transport and Telecommunication	1076.80	2333.05	3419.74	4176.66	4544.21
教育文化娱乐服务	Educational, Cultural and Recreational Services	921.44	1669.09	2375.96	2954.13	3222.4
杂项商品和服务	Miscellaneous Goods and Services	502.61	377.20	653.75	871.3	893.95
消费支出构成 （%）	**Composition of Consumption Expenditure (%)**	**100.0**	**100.0**	**100.0**	**100.0**	**100.0**
食品	Food	38.6	36.1	36.5	36.9	36.7
衣着	Clothing	4.6	5.7	6.7	6.8	6.7
居住	Residence	13.7	10.0	10.4	9.4	9.7
家庭设备用品及服务	Household Facilities, Articles and Services	7.5	5.1	6.5	6.5	6.4
医疗保健	Health Care and Medical Services	4.3	6.0	5.0	4.7	4.6
交通和通讯	Transport and Telecommunication	13.4	19.8	18.5	18.6	18.8
教育文化娱乐服务	Educational, Cultural and Recreational Services	11.5	14.1	12.9	13.2	13.4
杂项商品和服务	Miscellaneous Goods and Services	6.4	3.2	3.5	3.9	3.7

10-2 城镇居民人均可支配收入及生活消费支出

Per Capita Disposable Income and Consumption Expenditure of Urban Households

年份 Year	人均可支配收入(元) Per Capita Disposable Income (yuan)	增长速度(%) Growth Rate (%)			人均消费支出(元) Per Capita Consumption Expenditure (yuan)	增长速度(%)		恩格尔系数(%) Engle Coefficient (%)
		名义增长(上年为100) Nominal Growth (preceding year=100)	实际增长(上年为100) Real Growth (preceding year=100)	实际增长(1978年为100) Real Growth (1978=100)		名义增长(上年为100) Nominal Growth (preceding year=100)	实际增长(上年为100) Real Growth (preceding year=100)	
1978	412.13				399.96			66.6
1979	416.33	1.0	-3.4	96.6	424.96	6.3	1.5	67.0
1980	472.57	13.5	3.7	100.1	485.76	14.3	4.5	65.5
1981	560.69	18.6	11.6	111.7	517.44	6.5	0.2	65.8
1982	631.45	12.6	9.8	122.7	592.08	14.4	11.5	64.2
1983	714.20	13.1	10.0	135.0	660.12	11.5	8.5	64.5
1984	818.37	14.6	12.4	151.8	744.36	12.8	10.7	63.6
1985	954.12	16.6	-0.4	151.1	889.56	19.5	2.1	58.3
1986	1102.09	15.5	10.3	166.7	998.88	12.3	7.2	58.6
1987	1320.89	19.9	6.3	177.1	1215.84	21.7	7.9	56.7
1988	1583.13	19.9	-7.4	163.9	1506.99	23.9	-4.3	56.7
1989	2086.21	31.8	8.1	177.2	1921.05	27.5	4.6	56.5
1990	2303.15	10.4	13.3	200.8	1983.86	3.3	6.0	57.2
1991	2752.18	19.5	16.8	234.6	2388.77	20.4	17.7	53.1
1992	3476.70	26.3	16.5	273.4	2830.62	18.5	10.4	51.5
1993	4632.38	33.2	9.2	298.6	3777.43	33.4	10.3	48.9
1994	6367.08	37.4	13.6	339.2	5181.30	37.2	13.4	46.4
1995	7438.68	16.8	3.3	350.4	6253.68	20.7	6.7	48.0
1996	8157.81	9.7	2.3	358.4	6736.09	7.7	0.5	47.3
1997	8561.71	5.0	2.8	368.4	6853.48	1.7	-0.3	46.0
1998	8839.68	3.2	5.0	387.0	7054.09	2.9	4.7	44.1
1999	9125.92	3.2	4.9	406.0	7517.81	6.6	8.3	40.6
2000	9761.57	7.0	4.7	424.9	8016.91	6.6	4.3	38.6
2001	10415.19	6.7	7.6	457.0	8099.63	1.0	1.8	38.1
2002	11137.20	9.1	10.6	495.7	8988.48	11.0	12.6	38.5
2003	12380.40	11.2	10.4	547.2	9636.24	7.2	6.5	37.2
2004	13627.65	10.1	7.3	587.0	10694.79	11.0	8.2	37.0
2005	14769.94	8.4	6.3	623.8	11809.87	10.4	8.2	36.1
2006	16015.58	8.4	6.5	664.3	12432.22	5.3	3.4	36.2
2007	17699.30	10.5	6.6	707.9	14336.87	15.3	11.2	35.3
2008	19732.86	11.5	5.7	748.3	15527.97	8.3	2.7	37.8
2009	21574.72	9.3	12.0	838.1	16857.51	8.6	11.3	36.9
2010	23897.80	10.8	7.5	901.0	18489.53	9.7	6.4	36.5
2011	26897.48	12.6	6.9	963.2	20251.82	9.5	4.0	36.9
2012	30226.71	12.4	9.3	1052.8	22396.35	10.6	7.6	36.9
2013	33090.05	9.5	6.9	1125.4	24133.26	7.8	5.3	36.7

注：1. 可支配收入=家庭总收入-交纳所得税-个人交纳的社会保障支出-记帐补贴

2. 消费性支出指用于日常生活的全部支出，包括食品、衣着、家庭设备用品及服务 、医疗保健、交通和通讯、娱乐教育文化服务、居住、杂项商品和服务等八大类支出。

3. 2002年人均可支配收入增幅按可比口径计算。

Notes: a) Disposable Income = Total Income of Households - Income Tax Payable - Personal Expenditure on Social Security - Sample Household Subsidy for Keeping Dairies .

b) Consumption expenditure refers to total expenditure of the sample households for consumption in daily life,including expenditure on eight categories: food, clothing, household facilities, articles and services, health care and medical services, transport and telecommunication, recreational, residence, miscellaneous goods and services.educational and cultural services.

c) The growth rates of per capita disposable income of 2002 were calculated at comparable prices.

10-3 各市城镇居民人均可支配收入和消费支出
Per Capita Disposable Income and Consumption Expenditure of Urban Households by City

市别	City	可支配收入(元) Disposable Income (yuan)					消费支出(元) Consumption Expenditure (yuan)				
		2000	2005	2010	2012	2013	2000	2005	2010	2012	2013
广州	Guangzhou	13621.83	18287.24	30658.49	38053.52	42049.14	10988.99	14468.24	25011.61	30490.44	33156.83
深圳	Shenzhen	21577.24	28665.25	32380.86	40741.88	44653.10	18200.67	21188.84	22806.54	26727.68	28812.44
珠海	Zhuhai	15375.90	18907.73	25381.58	32978.21	36374.97	12616.21	14323.66	20369.83	24083.48	26130.58
汕头	Shantou	8966.64	12229.17	15178.59	20023.54	22206.11	7663.77	9505.66	13218.23	17985.51	19550.25
佛山	Foshan	11976.98	17680.10	27244.68	34579.72	38037.69	10662.58	14485.61	21995.08	26163.76	28309.19
韶关	Shaoguan	7208.56	10908.36	18020.61	23183.63	25594.73	6159.81	8113.64	12910.02	16290.45	17642.56
河源	Heyuan			13177.19	16519.83	18436.13			8371.12	11201.71	12232.27
梅州	Meizhou	7310.32	8842.84	14727.66	18699.15	20737.36	6166.69	6757.02	11008.39	13120.51	14025.83
惠州	Huizhou	10327.78	15762.77	23565.24	29965.02	32991.49	8945.02	12651.95	19740.50	22278.90	24061.21
汕尾	Shanwei			13915.46	18422.00	20485.26			10013.15	13799.60	15013.96
东莞	Dongguan	14226.05	22881.80	35690.02	42944.23	46594.49	12603.21	21767.78	25732.81	31369.01	33251.15
中山	Zhongshan			25356.59	31129.83	34273.94			18833.13	22287.55	24092.84
江门	Jiangmen			21152.50	27016.58	29772.27			15560.79	18448.45	19905.88
阳江	Yangjiang			14640.57	19120.11	21433.64			10429.52	13330.48	14516.89
湛江	Zhanjiang	7096.96	9867.36	15305.05	20227.32	22371.42	6329.84	7669.84	11824.74	15617.99	17117.32
茂名	Maoming			14360.23	18034.13	20035.92			10182.14	14300.49	15487.43
肇庆	Zhaoqing	7300.73	10097.20	16832.37	21754.40	23929.84	6750.84	7476.65	12163.85	15728.70	17160.01
清远	Qingyuan			15768.21	19513.81	21367.62			10595.41	12399.05	13217.39
潮州	Chaozhou			13669.14	17645.05	19674.23			11925.87	15553.97	16860.50
揭阳	Jieyang			14907.37	18900.98	20980.09			12163.96	14517.19	15997.94
云浮	Yunfu			14612.53	18332.14	20440.34			10535.32	14406.12	15745.89

10-4 农村居民家庭基本情况
Basic Conditions of Rural Households

项　　目	Item	2000	2005	2010	2012	2013
平均每户常住人口　　（人）	**Average Number of Permanent Residents per Household (person)**	**5.15**	**5.00**	**4.95**	**4.82**	**4.82**
平均每人住房建筑面积（平方米）	**Per Capita Living Space (sq.m)**	**22.42**	**25.71**	**29.23**	**31.67**	**33.00**
人均总收入　　（元）	**Per Capita Total Income (yuan)**	**4574.43**	**5957.83**	**9386.84**	**12521.37**	**13842.60**
人均纯收入　　（元）	**Per Capita Net Income (yuan)**	**3654.48**	**4690.49**	**7890.25**	**10542.84**	**11669.31**
工资性收入	Income of Wages and Salaries	1362.16	2562.39	4799.52	6804.43	7552.92
家庭经营纯收入	Income from Household Operations	2002.93	1731.97	2203.74	2566.10	2773.95
转移性收入	Income from Properties	215.71	228.88	485.85	615.84	709.18
财产性收入	Income from Transfers	73.68	167.25	401.15	556.47	633.26
人均消费支出　　（元）	**Per Capita Consumption Expenditure (yuan)**	**2646.02**	**3707.73**	**5515.58**	**7458.56**	**8343.45**
食品	Food	1317.48	1789.42	2630.05	3658.66	4088.29
衣着	Clothing	104.21	143.50	215.51	319.46	349.21
居住	Residence	378.86	530.30	986.70	1196.10	1304.95
家庭设备、用品及服务	Household Facilities, Articles and Services	125.65	152.12	235.01	378.53	421.27
交通和通讯	Transport and Telecommunication	205.52	411.64	637.08	760.07	877.16
文化教育娱乐用品及服务	Cultural, Educational and Recreational Articles and Services	313.46	360.73	326.53	466.63	525.39
医疗保健	Health Care and Medical Services	100.31	203.85	307.43	446.46	520.17
其他商品和服务	Other Commodities and Services	100.53	116.17	177.27	232.66	257.01
消费支出构成　　（%）	**Composition of Consumption Expenditure(%)**	**100.0**	**100.0**	**100.0**	**100.0**	**100.00**
食品	Food	49.8	48.3	47.7	49.1	49.0
衣着	Clothing	3.9	3.9	3.9	4.3	4.2
居住	Residence	14.3	14.3	17.9	16.0	15.6
家庭设备、用品及服务	Household Facilities, Articles and Services	4.7	4.1	4.3	5.1	5.0
交通和通讯	Transport and Telecommunication	7.8	11.1	11.6	10.2	10.5
文化教育娱乐用品及服务	Cultural, Educational and Recreational Articles and Services	11.9	9.7	5.9	6.3	6.3
医疗保健	Health Care and Medical Services	3.8	5.5	5.6	6.0	6.2
其他商品和服务	Other Commodities and Services	3.8	3.1	3.2	3.1	3.2

 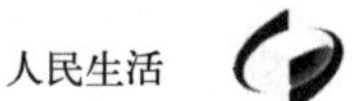

10-5 农村居民人均纯收入及生活消费支出

Per Capita Net Income and Consumption Expenditure of Rural Households

年份 Year	人均纯收入(元) Per Capita Net Income (yuan)	增长速度(%) Growth Rate (%) 名义增长(上年为100) Nominal Growth (preceding year=100)	实际增长(上年为100) Real Growth (preceding year=100)	实际增长(1978年为100) Real Growth (1978=100)	人均生活消费支出(元) Per Capita Living Expenditure (yuan)	增长速度(%) Growth Rate (%) 名义增长(上年为100) Nominal Growth (preceding year=100)	实际增长(上年为100) Real Growth (preceding year=100)	实际增长(1978年为100) Real Growth (1978=100)	恩格尔系数(%) Engle Coefficient (%)
1978	193.25	7.9		100.0	184.89	-2.6		100.0	61.7
1979	222.72	15.2	13.6	113.6	205.18	11.0	10.1	110.1	59.9
1980	274.37	23.2	19.4	135.6	222.22	8.3	3.9	114.4	60.4
1981	325.37	18.6	11.4	151.1	266.05	19.7	12.1	128.2	59.3
1982	381.79	17.3	12.7	170.3	312.44	17.4	16.2	149.0	58.4
1983	395.92	3.7	7.0	182.2	328.76	5.2	6.3	158.4	60.3
1984	425.34	7.4	7.2	195.3	346.19	5.3	5.0	166.3	59.3
1985	495.31	16.5	9.8	214.5	388.00	12.1	5.7	175.8	60.4
1986	546.43	10.3	7.6	230.8	454.06	17.0	11.1	195.3	58.8
1987	662.24	21.2	11.1	256.4	545.25	20.1	9.5	213.9	57.3
1988	808.70	22.1	2.7	263.3	684.67	25.6	3.2	220.7	55.2
1989	955.02	18.1	2.0	268.6	870.59	27.2	7.3	236.8	53.7
1990	1043.03	9.2	1.6	272.9	932.63	7.1	-0.3	236.1	57.7
1991	1143.06	9.6	9.4	298.5	942.40	1.1	1.2	238.9	57.4
1992	1307.65	14.4	10.4	329.6	1060.29	12.5	8.8	259.9	54.0
1993	1674.78	28.1	6.1	349.7	1391.01	31.2	6.8	277.6	52.8
1994	2181.52	30.3	3.8	363.0	1882.00	35.3	3.6	287.6	55.6
1995	2699.24	23.7	6.5	386.6	2255.01	19.8	5.3	302.9	54.5
1996	3183.46	17.9	7.6	415.9	2584.16	14.6	6.9	323.8	51.6
1997	3467.69	8.9	4.2	433.4	2617.65	1.3	0.3	324.7	52.3
1998	3527.14	1.7	3.4	448.2	2683.18	2.5	3.8	337.1	51.1
1999	3628.93	2.9	6.2	475.9	2645.94	-1.4	1.7	342.8	50.7
2000	3654.48	0.7	0.9	480.2	2646.02	…	…	342.9	49.8
2001	3769.79	3.2	3.5	497.0	2703.36	2.2	2.5	351.4	49.9
2002	3911.91	3.8	5.1	522.4	2825.01	4.5	6.0	372.5	47.6
2003	4054.58	3.6	3.4	540.1	2927.35	3.6	3.4	385.2	47.9
2004	4365.87	7.7	4.0	561.8	3240.78	10.7	6.7	411.0	48.8
2005	4690.49	7.4	4.5	587.0	3707.73	14.4	11.4	457.9	48.3
2006	5079.78	8.3	6.4	624.6	3885.97	4.8	3.2	472.6	48.6
2007	5624.04	10.7	6.5	665.5	4202.32	8.1	4.5	493.8	49.7
2008	6399.77	13.8	7.6	715.8	4872.96	15.9	9.6	541.3	49.0
2009	6906.93	7.9	10.7	792.4	5019.81	3.0	5.3	570.0	48.3
2010	7890.25	14.2	10.3	874.0	5515.58	9.9	6.5	607.1	47.7
2011	9371.73	18.8	11.9	978.0	6725.55	21.9	15.5	701.2	49.1
2012	10542.84	12.5	9.3	1069.0	7458.56	10.9	7.8	755.9	49.1
2013	11669.31	10.7	7.8	1152.4	8343.45	11.9	9.0	823.9	49.0

注：农村居民现金纯收入受农村生活消费品价格指数和农村服务项目价格指数以及农业生产资料价格指数的影响(购买生产性固定资产部分)；实物纯收入受自产自用产品价格指数影响。名义增长扣除物价因素影响后为实际增长。

Note: The figures of per capita net income in cash of rural households are affected by the rural consumer price indices,rural services price indices,and price indices of means of agricultural production (for the purchase of productive fixed assets); whereas the figures of real net income in kind are affected by the price indices of products for self-consumption. Real growth is nominal growth with price factors deducted.

10-6 各市农村居民人均纯收入和生活消费支出

Per Capital Net Income and Living Expenditure of Rural Residents by City

市别	City	2010		2012		2013	
		人均纯收入（元） Per Capita Net Income (yuan)	人均生活消费支出（元） Per Capita Living Expenditure (yuan)	人均纯收入（元） Per Capita Net Income (yuan)	人均生活消费支出（元） Per Capita Living Expenditure (yuan)	人均纯收入（元） Per Capita Net Income (yuan)	人均生活消费支出（元） Per Capita Living Expenditure (yuan)
广州	Guangzhou	12675.55	8985.81	16788.48	10964.52	18887.04	11688.20
珠海	Zhuhai	10187.10	8070.79	13399.29	10099.20	14940.21	11415.76
汕头	Shantou	6517.94	5960.49	9031.68	7296.08	10097.42	7944.50
佛山	Foshan	12202.28	8539.28	15683.50	11458.11	17502.79	12693.93
#顺德	Shunde	12543.03	9641.14	16062.50	11149.29	18111.30	14385.93
韶关	Shaoguan	6317.20	4930.25	8579.70	6633.70	9583.57	7325.95
河源	Heyuan	5644.64	4949.17	7771.71	6204.99	8772.57	6946.14
梅州	Meizhou	6366.69	5578.38	9036.39	6728.88	10147.86	7353.32
惠州	Huizhou	9077.20	6028.82	12414.66	8285.96	14028.57	9465.10
汕尾	Shanwei	6315.52	5751.51	8569.40	7137.65	9563.45	7806.82
东莞	Dongguan	20486.46	11839.70	24943.90	16188.73	27213.80	17003.41
中山	Zhongshan	14928.00	9007.72	19347.08	11321.27	21726.77	12311.72
江门	Jiangmen	8588.65	6411.91	11345.39	8355.11	12684.15	9396.34
阳江	Yangjiang	6654.51	6069.74	9201.90	8485.65	10315.33	9171.20
湛江	Zhanjiang	6909.21	4579.29	9561.04	6911.52	10689.24	7906.60
茂名	Maoming	6801.63	4320.01	9506.02	6623.60	10703.78	7624.93
肇庆	Zhaoqing	7524.04	5080.96	10365.81	6429.73	11661.54	7502.95
清远	Qingyuan	6385.65	4976.62	8611.71	6766.91	9662.34	7350.70
潮州	Chaozhou	6373.20	6026.94	8889.38	7635.45	9938.32	8035.34
揭阳	Jieyang	6128.42	4745.31	8046.29	6150.90	9019.90	6594.58
云浮	Yunfu	6743.91	5179.94	9222.00	6860.81	10282.53	7934.74
按经济区域分	By Region						
珠三角	Pearl River Delta	11431.40	7735.98	14892.49	9944.96	16662.82	10952.59
东翼	Eastern Region	6307.32	5443.79	8543.92	6862.36	9558.46	7389.74
西翼	Western Region	6823.34	4688.35	9480.45	7045.97	10634.11	7998.22
山区	Mountainous Region	6245.91	5189.07	8632.40	6602.99	9685.68	7334.59

注：1. 本表数据来自市县农村住户调查

2. 深圳因完全城市化没有开展农村居民调查，因此无相关数据。

Notes: a) Data of this table are obtained from rural household surveys conducted by statistics bureaus of respective cities and counties.

b) Due to complete urbanization, Shenzhen City did not conduct rural household survey in Shenzhen City, and hence data of Shenzhen are available.

10-7 居民平均每百户主要耐用品年末拥有量

Number of Major Durable Consumer Goods Owned per 100 Households at the Year-end

项目		Item		2000	2005	2010	2012	2013
城镇居民平均每百户主要耐用品年末拥有量		**Number of Major Durable Consumer Goods Owned per 100 Urban Households**						
摩托车	(辆)	Motorcycle	(set)	58.84	72.83	44.90	42.58	40.88
家用汽车	(辆)	Car	(set)	1.70	9.69	26.58	36.63	37.07
洗衣机	(台)	Washing Machine	(set)	97.50	97.23	97.68	98.55	99.21
电冰箱	(台)	Refrigerator	(set)	81.87	93.90	96.62	99.15	101.88
彩色电视机	(台)	Color Television	(set)	135.59	155.26	142.99	141.07	139.18
计算机	(台)	Computer	(set)	25.78	70.34	96.80	113.89	134.00
组合音响	(台)	Hi-fi Stereo Component System	(set)	48.55	56.88	49.83	48.15	46.30
摄像机	(台)	Pickup Camera	(set)	1.97	6.41	12.05	13.89	14.72
微波炉	(台)	Microwave Oven	(set)	29.86	61.05	69.90	71.90	73.56
空调器	(台)	Air Conditioner	(set)	98.04	168.66	206.86	226.89	231.86
移动电话	(台)	Mobile Telephone	(set)	57.94	187.39	222.12	242.74	246.17
农村居民平均每百户主要耐用品年末拥有量		**Number of Major Durable Goods Owned per 100 Rural Households**						
热水器	(台)	Water Heater	(unit)	20.94	38.67	57.89	65.94	70.38
电视机	(台)	Television	(set)	102.42	112.19	120.63	118.93	117.80
#彩色电视机	(台)	Color Television	(set)	73.20	103.91	119.26	118.32	117.53
空调机	(台)	Refrigerator	(set)	3.05	18.13	36.17	55.29	60.43
洗衣机	(台)	Washing Machine	(set)	25.00	29.49	45.78	55.16	60.55
摩托车	(辆)	Motorcycle	(unit)	54.18	86.88	107.11	108.16	108.42
电冰箱	(台)	Refrigerator	(set)	15.12	24.73	49.10	66.39	72.33
电话机	(部)	Telephone	(set)	40.82	82.38	82.38	69.29	63.75
移动电话	(部)	Mobile Telephone	(set)	14.49	116.41	203.83	244.48	247.05
家用计算机	(台)	Computer	(set)	1.95	9.26	19.53	31.68	40.35

主要统计指标解释

居民消费水平 居民消费水平是指按人口平均计算的居民消费额。居民消费水平表明国家对人民的物质文化生活需要的满足程度，它是反映一个国家（或地区）的经济发展水平和人民物质文化生活水平的综合指标。居民消费水平，可以按国民收入口径，即居民物质产品消费进行计算，也可以按国内生产总值口径，即包括劳务以内的总消费进行计算。根据计算居民消费的不同价格，可以计算出按当年价格计算的居民消费和按可比价格计算的居民消费水平，后者便于观察居民实际消费水平的增长变化。为了观察居民消费的实物构成，还可以进一步计算各种消费品的平均消费的数量和金额，以反映居民在取得基本生存资料的基础上逐步向享受资料和发展资料的方向发展的趋势。

城镇居民家庭可支配收入 是指居民家庭在支付个人所得税和交纳的社会保障支出之后，所余下的实际收入。即用实际收入减掉个人所得税减掉个人交纳的社会保障支出以及记帐补贴。

城镇居民家庭消费性支出 是指调查户用于日常生活的全部支出，包括食品、衣着、家庭设备用品及服务、医疗、保健、交通和通讯、娱乐教育文化服务、居住、杂项商品和服务八大类支出。

农村居民家庭总收入 是指调查期内农村住户和住户成员从各种来源渠道得到的收入总和。按收入的性质划分为工资性收入、家庭经营收入、财产性收入和转移性收入。

农村居民家庭纯收入 是指农村住户当年从各个来源得到的总收入相应地扣除所发生的费用后的收入总和。纯收入主要用于再生产投入和当年生活消费支出，也可用于储蓄和各种非义务性支出。“农民人均纯收入”按人口平均的纯收入水平，反映的是一个地区或一个农户农村居民的平均收入水平。计算方法：

纯收入＝总收入-家庭经营费用支出-税费支出-生产性固定资产折旧-农村亲友赠送收入。

Explanatory Notes on Main Statistical Indicators

Consumption Level of Residents refers to per capita consumption of residents. Reflecting the degree of satisfaction by the nation of needs in people's material and cultural life, it is a comprehensive indicator of the economic development of a country (or region) and the standard of the material and cultural life of people.

Consumption level of residents can be calculated either in terms of national income (i.e. the material product consumption of residents) or in terms of gross domestic product (i.e. the total consumption including that of labor services). Through calculating different prices of consumption by residents, the consumption of residents at current prices and that at comparable prices are obtained respectively. The latter is used to reflect the growth of actual consumption of residents. In order to observe the composition of residential consumption in kind, the volume and value of average consumption of various consumer goods can be further calculated to reflect the growing needs of residents for means of pleasure and development upon satisfaction of the n eeds for means of existence.

Disposable Income of Urban Households refers to the actual income of households after paying personal income tax and expenditure on social security, i.e. total income of households minus personal income tax, expenditure on social security and sample household subsidy for keeping dairies.

Consumption Expenditure of Urban Households refers to total expenditure of the sample households for consumption in daily life, including expenditure on eight categories: food, clothing, household facilities, articles and services, health care and medical services, transport and telecommunication, recreational, educational and cultural services, residence, miscellaneous goods and services.

Total Income of Rural Households refers to the sum of income earned from various sources by the rural households and their members during the reference period, and is classified into income from wages and salaries, income from household operations, income from properties and income from transfers.

Net Income of Rural Households refers to the total income of rural households from all sources minus all corresponding expenses. The net income is mainly used as input for reproduction and as consumption expenditure of the current year, and also used for savings and non-compulsory expenses of various forms. "Per capita net income of farmers" is the level of net income averaged by population which reflects the average income level of rural households in a given area. The formula for calculation is as follows:

Net Income = Total Income - Household Operation Expenses - Taxes and Fees - Depreciation of Fixed Assets for Production - Gifts from Rural Relatives.

十一、农业

AGRICULTURE

十一 农业

简要说明

一、本篇资料反映广东省农业生产和农村经济的基本情况。内容主要包括农村劳动力、农业产值、主要产品产量、农村居民家庭主要农产品生产与出售情况、农业自然灾害和乡镇企业等方面的统计资料。

二、本篇资料主要由广东省统计局农村社会经济统计处和国家统计局广东调查总队农村住户调查处整理提供。

三、本篇资料主要来源于《广东省农林牧渔业综合统计报表制度》和农村住户调查资料。农林牧渔业综合统计报表制度的统计范围包括各市县区的各种经济类型的全部农林牧渔业以及各非农行业附属的农林牧渔业生产单位。

四、根据国务院第二次全国农业普查条例，本篇资料的 2006、2007 年部分数据以普查结果为基础做了调整。

11 Agriculture

Brief Introduction

Ⅰ.The data in this chapter show the basic conditions of agricultural production and rural economy in Guangdong Province, including mainly rural labor force, output value of agriculture, output of major products, production and sale of major agricultural products by rural households, as well as statistics on natural disasters in agriculture and township enterprises.

Ⅱ.The data in this chapter are mainly prepared and provided by the Division of Rural Socio-economic Statistics of Statistics Bureau of Guangdong Province and Division of Rural Household Survey under Guangdong Survey Office of the National Bureau of Statistics.

Ⅲ.The data in this chapter mainly come from The Comprehensive Statistical Report System on Farming, Forestry, Animal Husbandry and Fishery of Guangdong Province and sample surveys on rural households. The statistical coverage of the statistical reporting summary scheme includes all productive units of farming, forestry, animal husbandry and fishery and units engaged in farming, forestry, animal husbandry and fishery in non-agricultural sectors with various types of ownership in cities, counties and districts of Guangdong Province.

Ⅳ. Some data of 2006 and 2007 in this chapter are adjusted in accordance with the regulations of the second national agricultural census.

11-1　农业主要指标
Main Indicators of Agriculture

指　　标	Item	2000	2005	2010	2012	2013	2013比2012增长（%）Growth Rate in 2013 over 2012 (%)
乡镇户数　（万户）	Number of Rural Households (10000 households)	1419.91	1540.84	1686.62	1720.29	1721.96	0.1
乡镇人口　（万人）	Rural Population (10000 persons)	6046.62	6451.55	6805.44	6936.95	6973.03	0.5
乡镇从业人员　（万人）	Number of Rural Employed Persons(10000 persons)	2789.89	3089.48	3425.28	3507.49	3560.97	1.5
#第一产业	Primary Industry	1572.07	1533.48	1468.25	1376.77	1363.95	-0.9
有效灌溉面积　（万亩）	Irrigated Area (10000 mu)	2217.77	1976.72	1910.32	2023.34	2047.58	1.2
农业机械总动力（亿瓦特）	Total Agricultural Machinery Power (100 million W)	176.39	178.21	225.34	241.44	249.79	3.5
化肥施用量(折纯)(万吨)	Consumption of Chemical Fertilizers (100 percent equivalent,10000 tons)	176.20	204.62	237.29	245.38	243.91	-0.6
农药施用量　（万吨）	Consumption of Pesticides (10000 tons)	8.47	8.70	10.44	11.39	11.01	-3.3
农村用电量（亿千瓦时）	Electricity Consumed in Rural Areas (100 million kwh)	405.45	766.43	1044.26	1187.50	1234.84	4.0
农业总产值　（亿元）	Gross Output Value of Agriculture (100 million yuan)	1701.18	2447.57	3754.86	4656.85	4946.81	2.2
农业增加值　（亿元）	Value-added of Agriculture (100 million yuan)	1000.06	1442.80	2286.98	2847.26	3047.51	2.5
主要产品产量　（万吨）	Output of Major Products (10000 tons)						
粮食	Grain	1822.33	1394.97	1316.5	1396.33	1315.90	-5.8
糖蔗	Sugarcane	1137.59	946.02	1134.35	1279.30	1358.77	6.2
花生	Peanuts	77.68	75.86	87.13	95.52	99.85	4.5
烟叶	Tobacco	6.21	6.30	5.51	5.81	5.70	-2.0
蔬菜	Vegetables	2214.8	2596.02	2718.59	2982.71	3144.47	5.4
水果	Fruits	643.52	831.69	1128.73	1279.09	1368.73	7.0
水产品	Aquatic Products	593.19	695.23	729.03	789.50	816.13	3.4
猪肉	Pork	206.85	256.28	275.46	276.39	277.77	0.5
荒山造林面积　（万亩）	Afforested Area in Barren Mountains (10000 mu)	25.76	27.51	142.72	161.27	178.62	10.8
乡镇企业单位数（万个）	Number of Township Enterprises (10000 units)	76.66	121.29	39.34	39.33	40.78	3.7
乡镇企业人数　（万人）	Number of Employed Persons in Township Enterprises (10000 persons)	928.28	1207.90	1115.00	1094.86	1141.58	4.3
乡镇企业营业收入（亿元）	Business Income of Township Enterprises (100 million yuan)	8555.76	13993.09	23974.61	30630.96	35206.38	14.9
乡镇企业实交国家税金（亿元）	Taxes Actually Handed Over to the State by Township Enterprises (100 million yuan)	196.44	330.19	688.34	916.82	1065.46	16.2
乡镇企业利润总额（亿元）	Total Profits of Township Enterprises (100 million yuan)	457.2	653.29	1293.61	1900.06	2310.59	21.6

注：1. 表中农业总产值、农业增加值按当年价格计算,增长速度按可比价格计算。
2. 2004年起，粮食产量含大豆。
3. 乡镇企业相关指标2007年起按新口径统计。

Notes: a) Gross output value and value-added of agriculture in this table are calculated at current prices, whereas the growth rates are calculated at comparable prices.
b) Since 2004, the output of grain has included that of soybeans.
c) Since 2007, data of township enterprises has been calculated in accordance with new stipulations.

11-2 农村基层组织情况
Basic Conditions of Rural Grassroots Units

项　目	Item	1995	2000	2005	2010	2012	2013
农村基层组织　（个）	**Rural Grassroots Units (unit)**						
镇政府	Number of Town Governments	1531	1556	1145	1134	1131	1128
乡政府	Number of Township Governments	61	33	11	11	11	11
村民委员会	Number of Villagers' Committees	22869	22962	21825	22140	22191	19453
乡镇户数　（万户）	**Number of Rural Households (10000 households)**	**1283.73**	**1419.91**	**1540.84**	**1686.62**	**1720.29**	**1721.96**
乡镇人口　（万人）	**Population in Rural Areas (10000 persons)**	**5622.31**	**6046.62**	**6451.55**	**6805.44**	**6936.95**	**6973.03**
乡镇从业人员　（万人）	**Number of Rural Employed Persons(10000 persons)**	**2519.21**	**2789.89**	**3089.48**	**3425.28**	**3507.49**	**3560.97**
#农、林、牧、渔业	Farming, Forestry, Animal Husbandry and Fishery	1431.98	1572.07	1533.48	1468.25	1376.77	1363.95
按性别分	Grouped by Sex						
男	Male	1301.24	1450.37	1615.99	1802.67	1851.06	1881.12
女	Female	1217.97	1339.52	1473.49	1622.61	1656.43	1679.86

11-3 农业机耕、农田水利、化肥和农药施用量及农村用电量
Statistics on Tractor Ploughing, Irrigatws Area, Consumption of Chemical Fertilizers, Pesticides and Electricity in Rural Areas

项　目	Item	1995	2000	2005	2010	2012	2013
有效灌溉面积　（万亩）	Irrigated Area (10000 mu)	2232.41	2217.77	1976.72	1910.32	2023.34	2047.58
旱涝保收面积　（万亩）	Areas Unaffected by Drought or Floods (10000 mu)	1645.58	1626.68	1403.06	1345.55	1416.74	1444.99
化肥施用量　（万吨）	Consumption of Chemical Fertilizers (10000 tons)						
实物量	Gross Weight	601.09	611.12	661.55	739.86	770.25	776.27
#氮肥	Nitrogenous Fertilizer	271.75	248.15	246.05	254.28	262.43	262.34
磷肥	Phosphate Fertilizer	146.00	153.01	165.64	186.89	195.92	198.18
钾肥	Potash Fertilizer	78.69	79.35	93.77	104.50	107.79	108.64
折纯量	Effective Weight	195.71	176.20	204.62	237.28	245.38	243.91
#氮肥	Nitrogenous Fertilizer	99.49	95.89	93.78	100.01	102.8	100.54
磷肥	Phosphate Fertilizer	27.16	18.36	18.96	21.50	21.83	21.90
钾肥	Potash Fertilizer	34.14	35.84	41.54	46.99	48.28	48.38
农药施用量　（万吨）	Consumption of Pesticides (10000 tons)	8.04	8.47	8.70	10.44	11.39	11.01
农村小型水电站　（个）	Small-scale Hydropower Stations in Rural Areas (unit)	7988	5478	5121	5666	5911	5892
发电能力　（万千瓦）	Generating Capacity (10000 kw)	130.14	142.57	184.57	223.96	244.01	244.23
农村用电量　（亿千瓦时）	Electricity Consumed in Rural Areas(100 million kwh)	186.27	405.45	766.43	1044.26	1187.50	1234.84
农业机械总动力(亿瓦特)	Total Agricultural Machinery Power (100 million w)	166.96	176.39	178.21	225.34	241.44	249.79

11-4 各市农村基层组织情况（2013年）

Basic Conditions of Rural Grassroots Units by City (2013)

市 别	City	乡镇个数(个) Number of Townships (unit)	乡镇户数(万户) Number of Rural Households (10000 households)	乡镇人口(万人) Rural Population (10000 persons)	乡镇从业人员(万人) Rural Employed Persons (10000 persons)	#第一产业 Primary Industry	按性别分 By Sex 男 Male	女 Female
广 州	Guangzhou	34	147.24	512.22	319.28	64.68	163.96	155.33
深 圳	Shenzhen							
珠 海	Zhuhai	15	16.44	59.49	32.95	8.65	17.66	15.29
汕 头	Shantou	32	93.98	447.77	184.04	64.63	98.44	85.61
佛 山	Foshan	21	90.27	342.06	218.88	23.93	115.45	103.43
#顺 德	Shunde	6	28.20	101.27	58.00	5.67	30.56	27.45
韶 关	Shaoguan	93	63.11	230.80	109.95	59.24	57.77	52.18
河 源	Heyuan	94	69.68	319.65	146.60	68.88	77.97	68.63
梅 州	Meizhou	104	113.99	394.96	182.92	78.42	94.46	88.46
惠 州	Huizhou	52	82.82	364.48	212.68	51.62	109.41	103.26
汕 尾	Shanwei	44	69.82	340.19	141.02	51.52	81.58	59.44
东 莞	Dongguan	28	50.95	170.17	95.16	5.93	50.90	44.26
中 山	Zhongshan	18	66.46	255.67	173.52	9.90	89.40	84.12
江 门	Jiangmen	61	85.63	302.35	177.22	78.95	89.41	87.81
阳 江	Yangjiang	38	67.45	257.30	128.50	47.72	69.99	58.51
湛 江	Zhanjiang	82	148.60	664.70	324.63	197.40	174.00	150.63
茂 名	Maoming	87	127.92	524.18	252.94	140.70	135.79	117.15
肇 庆	Zhaoqing	91	89.66	342.09	166.94	114.47	84.62	82.32
清 远	Qingyuan	77	86.43	356.55	182.37	101.11	94.51	87.86
潮 州	Chaozhou	41	56.11	233.87	112.13	39.23	58.65	53.48
揭 阳	Jieyang	61	123.63	579.77	255.52	82.43	140.48	115.05
云 浮	Yunfu	55	71.77	274.77	143.74	74.55	76.67	67.06
按经济区域分	By Region							
珠 三 角	Pearl River Delta	320	629.49	2348.53	1396.63	358.12	720.82	675.81
东 翼	Eastern Region	178	343.53	1601.59	692.71	237.81	379.14	313.57
西 翼	Western Region	207	343.96	1446.18	706.07	385.81	379.78	326.29
山 区	Mountainous Region	423	404.98	1576.73	765.57	382.21	401.38	364.19

注：乡镇个数为广东省民政厅统计年报数。

Note: The number of townships comes from the annual reports of Guangdong Provincial Department of Civil Affairs.

11-5 农业自然灾害情况

Statistics on Agriculture Covered and Affected by Natural Disasters

项目	Item	2000	2005	2010	2012	2013
农作物受灾面积 （万亩）	Area of Farm Crops Covered by Natural Disasters (10000 mu)	948.43	1088.03	916.21	625.84	1726.65
#绝收面积	Area without Output	84.14	201.39	106.45	36.03	186.08
受灾人口 （万人）	Number of Persons Covered by Natural Disasters(10000 persons)	1801.00	1504.00	1197.00	499.52	2194.16
紧急转移安置人口(万人)	Number of Persons Receiving Evacuation and Re-settlement (10000 persons)	27.73	59.66	71.61	52.61	232.31
饮水困难人口 （万人）	Number of Persons Lacking Access to Clean Drinking Water (10000 persons)	23.16	57.81	1.96	0.32	8.11
因灾死亡人口 （人）	DeathToll in Natural Disasters (person)	102	113	177	48	174
因灾伤病人口 （人）	Number of Wounded Persons in Natural Disasters (person)	14454	4448	1121	89	2164
倒塌房屋 （间）	Number of Broken Buildings (room)	27743	96583	73666	12522	68682
损坏房屋 （间）	Number of Damaged Buildings (room)	74052	285668	137066	55158	197167
因灾死亡大牲畜(头、只)	Number of Large Livestock Killed in Natural Disasters (head)	62417	39562	74002	17128	71668
直接经济损失 （亿元）	Volume of Direct Economic Loss (100 million yuan)	38.20	82.06	180.01	75.75	492.42

11-6 农村经济主要比例关系和效益指标

Main Proportions and Efficiency Indicators of Rural Economy

项目	Item	2000	2005	2010	2012	2013
投入产出率 （%）	**Input-output Ratio (%)**					
农林牧渔业	Farming, Forestry, Animal Husbandry and Fishery	41.2	41.1	39.1	38.9	38.4
农业	Farming	31.6	30.1	30.2	30.2	30.2
林业	Forestry	24.7	25.8	25.5	25.5	25.5
牧业	Animal Husbandry	54.6	55.1	54.7	54.6	54.6
渔业	Fishery	41.4	43.0	40.2	40.2	40.2
农林牧渔服务业	Services for Farming, Forestry, Animal Husbandry and Fishery		69.9	58.7	58.7	58.7
产出率	**Output Ratio**					
园地 （元/亩）	Garden Plot (yuan/mu)	914	1258	2206	2753	3107
淡水养殖水面(元/亩)	Freshwater Aquatic Cultivation Area (yuan/mu)	3643	4965	6930	8116	8665
生猪出栏率 （%）	Slaughtered Fattened Hog Rate (%)	146	162	156	162	166

11-7 农副产品人均拥有量

Per Capita Possession of Farm and Sideline Products

单位：公斤/人 (kg/person)

年份 Year	粮食 Grain	#稻谷 Rice	花生 Peanuts	糖蔗 Sugarcane	蔬菜 Vegetables	水果 Fruits	肉类 Meat	#猪肉 Pork	#家禽 Poultry	水产品 Aquatic Products
1978	298.08	262.35	6.94	164.97		5.81				12.93
1980	321.73	291.51	9.56	159.68		5.57				12.12
1985	283.68	257.14	10.09	323.82		20.56				19.49
1990	303.60	270.09	9.28	335.17	156.38	52.60				33.25
1991	295.09	260.14	8.84	360.12	174.23	62.74				35.86
1992	280.11	247.91	9.33	351.38	186.22	70.19				38.84
1993	249.79	218.60	10.12	245.79	207.73	61.70				41.66
1994	250.53	216.08	9.60	210.53	225.65	60.51				47.33
1995	267.55	230.55	10.38	218.43	250.98	61.43				52.57
1996	276.57	237.84	10.68	203.58	270.43	55.74	36.54	23.49	12.67	57.74
1997	282.77	240.01	10.65	234.25	284.58	59.59	39.30	25.18	13.59	74.53
1998	266.70	239.01	9.82	228.88	282.63	64.14	41.78	26.60	14.61	78.46
1999	268.59	226.18	10.17	169.04	289.04	86.40	43.28	28.00	14.52	79.91
2000	246.30	206.59	10.50	153.76	295.36	86.98	43.27	27.59	14.87	80.17
2001	228.57	191.37	10.59	142.51	314.28	78.43	44.05	28.24	14.99	80.95
2002	195.10	163.46	9.88	149.39	319.31	91.87	44.92	28.78	14.53	82.56
2003	193.59	162.68	10.50	123.97	334.59	93.49	46.42	30.14	14.51	84.38
2004	179.03	144.66	9.85	121.17	327.70	101.47	46.81	31.02	14.04	86.47
2005	176.58	141.40	9.60	119.75	328.63	105.28	48.65	32.44	14.39	88.01
2006	154.36	126.22	9.51	127.43	295.77	111.01	47.47	31.24	14.72	81.86
2007	157.51	128.25	9.40	134.49	288.31	116.56	47.29	28.86	16.84	81.45
2008	150.41	121.36	9.74	130.55	294.11	118.96	49.83	30.72	17.69	82.25
2009	157.12	126.48	10.00	133.41	306.86	126.93	51.04	31.33	18.23	84.01
2010	154.49	124.46	10.22	133.11	319.03	132.46	51.76	32.32	17.95	85.55
2011	157.57	127.00	10.52	139.25	330.08	139.52	50.33	31.37	17.40	88.24
2012	161.69	130.45	11.06	148.14	345.39	148.11	51.32	32.00	17.77	91.42
2013	150.23	119.30	11.40	155.12	358.98	156.26	49.69	31.71	16.33	93.17

注：1. 表中2006、2007年数据为第二次全国农业普查后调整数。
2. 表中数据均按户籍人口计算。

Note: a) Data of 2006 and 2007 in this table are adjusted according to the second national agricultural census.
b)The data are calculated according to population with residence registration.

11-8 农村居民家庭出售主要农产品数量
Amount of Major Farm Products Sold by Rural Households

项　目	Item	1995	2000	2005	2010	2012	2013
平均每人出售量	**Per Capita Amount Sold**						
粮食(原粮)(公斤)	Grain (Raw) (kg)	61.96	86.36	90.55	82.20	71.95	
#稻谷 (公斤)	Rice (kg)	50.89	75.34	79.72	75.54	59.27	
油料 (公斤)	Oil-bearing Crops (kg)	4.08	4.42	5.92	3.04	4.35	
糖料 (公斤)	Sugar Crops (kg)	164.65	96.35	194.27	182.60	102.18	
烟叶 (公斤)	Tobacco (kg)	0.82	2.03	1.62	1.89	2.54	
蔬菜 (公斤)	Vegetables (kg)	206.29	255.31	278.88	227.88	155.40	
果用瓜 (公斤)	Melons (kg)	5.69	25.11	5.36	6.20	17.31	
水果 (公斤)	Fruits (kg)	48.55	24.20	48.59	71.22	56.83	
茶叶 (公斤)	Tea (kg)	0.04	0.25	0.17	0.07	0.09	
平均每户出售量	**Amount Sold per Household**						
生猪 (头)	Fattened Hogs (head)	1.62	2.01	1.85	1.46	2.06	
猪肉 (公斤)	Pork (kg)	162.92	165.42	177.98	120.76	170.80	
肉牛 (头)	Beef Cattle (head)	0.01	0.02	0.01	0.01	0.01	
兔 (只)	Rabbits (head)	0.03	0.05	0.02	0.02	0.01	
家禽 (只)	Poultry (head)	34.29	30.34	89.74	39.46	17.59	
蛋类 (公斤)	Eggs (kg)	0.61	1.87	0.65	0.45	0.53	
蜂蜜 (公斤)	Honey (kg)	0.05	0.46	0.11	0.06	0.49	
蚕茧 (公斤)	Silkworm Cocoon (kg)	5.88	3.78	4.27	2.56	1.99	
牛羊奶 (公斤)	Milk (kg)	1.13	0.11	0.35	0.30	0.48	
水产品 (公斤)	Aquatic Products (kg)	102.40	175.92	155.56	154.56	157.40	

11-9 农林牧渔业总产值

Gross Output Value of Farming, Forestry, Animal Husbandry and Fishery

单位：亿元 (100 million yuan)

年份 Year	农林牧渔业总产值 Gross Output Value of Farming, Forestry, Animal Husbandry and Fishery	农业产值 Farming	林业产值 Forestry	牧业产值 Animal Husbandry	渔业产值 Fishery	农林牧渔服务业产值 Services for Farming,Forestry, Animal Husbandry and Fishery
1978	85.94	59.56	4.98	15.98	5.42	
1979	91.53	67.19	7.67	13.58	3.09	
1980	126.25	97.15	6.83	17.75	4.52	
1981	133.85	99.33	7.81	21.62	5.09	
1982	135.52	98.33	8.33	21.73	7.13	
1983	169.96	120.06	10.72	28.57	10.61	
1984	200.07	141.22	12.13	33.81	12.91	
1985	245.21	149.09	21.09	54.68	20.35	
1986	279.15	168.68	24.38	60.74	25.35	
1987	348.61	214.47	16.74	78.26	39.14	
1988	473.78	277.38	27.66	114.28	54.46	
1989	548.60	323.15	28.00	134.60	62.85	
1990	600.71	359.39	28.46	143.68	69.18	
1991	654.82	388.90	29.64	156.08	80.20	
1992	737.11	428.99	32.86	175.36	99.90	
1993	899.03	486.46	35.51	223.16	153.90	
1994	1151.38	628.17	41.07	279.98	202.16	
1995	1445.48	777.72	46.12	349.11	272.53	
1996	1577.89	825.60	49.64	398.12	304.53	
1997	1656.46	851.35	52.10	425.67	327.34	
1998	1705.44	861.97	54.65	441.61	347.21	
1999	1745.02	859.66	58.77	457.51	369.08	
2000	1701.18	807.94	59.64	450.18	383.42	
2001	1722.35	817.95	56.78	457.56	390.06	
2002	1781.06	841.77	57.09	465.91	416.29	
2003	1908.66	851.72	55.72	482.83	432.74	85.65
2004	2154.79	959.97	61.72	571.09	466.45	95.56
2005	2447.57	1109.18	66.25	638.61	523.79	109.74
2006	2536.27	1235.40	67.60	623.34	519.03	90.90
2007	2821.24	1328.70	73.45	775.62	541.87	101.60
2008	3298.01	1481.69	79.41	967.91	652.59	116.41
2009	3337.59	1551.03	88.30	917.14	661.23	119.89
2010	3754.86	1760.18	176.34	947.25	741.44	129.66
2011	4384.44	2042.16	208.68	1146.42	843.01	144.18
2012	4656.85	2229.27	222.74	1134.14	914.04	156.66
2013	4946.81	2444.70	249.43	1106.86	975.28	170.53

注：1. 本表按当年价格计算。
2. 表中2006、2007年数据为第二次全国农业普查后调整数。
3. 从2010年起，农业产值、林业产值统计范围作了调整，原农业中的野生植物采集归入林业，原林业中板栗、桂皮等归入农业。

Note: a) Data in value terms in this table are calculated at current prices.
b) Data in value terms of 2006 and 2007 in this table are adjusted according to the second national agricultural census.
c) Since 2010, the coverage of the output value of agriculture and that of forestry have been adjusted. The output value of wild plants have been moved from Farming to Forestry, and those of chestnuts and cinnamon bark have beenmoved from Forestry to Farming.

11-10 农林牧渔业总产值指数（1978年＝100）
Indices of Gross Output Value of Farming, Forestry, Animal Husbandry and Fishery (year of 1978=100)

1978年＝100 (year of 1978=100)

年份 Year	农林牧渔业总产值 Gross Output Value of Farming, Forestry, Animal Husbandry and Fishery	农业产值 Farming	林业产值 Forestry	牧业产值 Animal Husbandry	渔业产值 Fishery	农林牧渔服务业产值 Services for Farming,Forestry, Animal Husbandry and Fishery
1978	100.0	100.0	100.0	100.0	100.0	
1979	99.2	99.4	85.1	104.6	93.7	
1980	110.2	111.8	108.3	104.4	102.8	
1981	112.8	110.3	119.6	122.9	111.9	
1982	131.2	127.4	133.4	148.6	135.0	
1983	134.6	127.2	140.4	159.8	164.3	
1984	147.1	138.9	147.6	175.5	185.5	
1985	157.8	145.5	154.8	202.2	216.2	
1986	167.5	151.0	173.4	219.6	257.0	
1987	183.6	165.8	166.9	237.7	313.2	
1988	197.7	173.4	223.2	259.2	350.3	
1989	213.2	186.9	232.3	279.4	389.9	
1990	228.9	201.5	215.7	306.2	429.3	
1991	243.0	211.9	213.8	332.6	470.1	
1992	257.7	220.3	218.9	357.8	536.5	
1993	267.6	213.7	222.6	398.9	644.5	
1994	279.5	219.5	227.5	415.1	716.3	
1995	302.7	237.1	239.6	443.5	800.1	
1996	320.9	245.0	246.5	485.9	882.9	
1997	342.7	263.7	249.2	509.5	953.5	
1998	359.3	272.7	258.1	535.8	1033.7	
1999	379.1	286.8	271.8	563.9	1101.9	
2000	389.3	288.6	281.3	579.6	1184.5	
2001	400.1	295.6	294.0	592.7	1230.1	
2002	426.1	323.4	285.8	601.4	1310.6	
2003	438.2	331.6	277.8	614.8	1367.5	100.0
2004	457.9	350.5	287.2	625.9	1433.1	107.8
2005	479.9	362.3	295.5	660.4	1514.2	120.5
2006	499.1	375.2	280.8	680.7	1605.1	132.3
2007	515.5	385.3	291.3	701.0	1670.8	143.1
2008	535.9	391.5	300.6	749.9	1749.3	155.0
2009	562.6	413.3	323.7	778.5	1838.6	163.2
2010	586.6	433.0	338.1	803.1	1920.9	171.4
2011	609.6	456.8	365.7	794.2	2021.4	180.8
2012	632.2	474.2	388.7	810.1	2120.4	191.1
2013	646.2	487.9	410.3	795.4	2205.2	203.2

注：1. 本表按可比价格计算。
2. 表中2007年数据为第二次全国农业普查后调整数。

Note: a) The indices are calculated at comparable prices.
b) Indices of 2007 in this table are adjusted according to the second national agricultural census.

11-11 农林牧渔业总产值指数（上年=100）

Indices of Gross Output Value of Farming, Forestry, Animal Husbandry and Fishery (preceding year=100)

上年=100 (preceding year=100)

年份 Year	农林牧渔业总产值 Gross Output Value of Farming, Forestry, Animal Husbandry and Fishery	农业产值 Farming	林业产值 Forestry	牧业产值 Animal Husbandry	渔业产值 Fishery	农林牧渔服务业产值 Services for Farming, Forestry, Animal Husbandry and Fishery
1979	99.2	99.4	85.1	104.6	93.7	
1980	111.1	112.5	127.3	99.8	109.7	
1981	102.4	98.7	110.4	117.6	108.9	
1982	116.3	115.5	111.5	120.9	120.6	
1983	102.6	99.9	105.2	107.6	121.7	
1984	109.3	109.2	105.1	109.8	112.9	
1985	107.3	104.8	104.9	115.2	116.5	
1986	106.1	103.8	112.0	108.6	118.9	
1987	109.6	109.8	96.3	108.2	121.9	
1988	107.7	104.6	133.7	109.0	111.8	
1989	107.8	107.8	104.1	107.8	111.3	
1990	107.4	107.8	92.9	109.6	110.1	
1991	106.2	105.1	99.1	108.6	109.5	
1992	106.0	103.9	102.4	107.6	114.1	
1993	103.8	97.0	101.7	111.5	120.1	
1994	104.4	102.7	102.2	104.1	111.1	
1995	108.3	108.0	105.3	106.8	111.7	
1996	106.0	103.3	102.9	109.6	110.3	
1997	106.8	107.6	101.1	104.8	108.0	
1998	104.8	103.4	103.6	105.2	108.4	
1999	105.5	105.2	105.3	105.2	106.6	
2000	102.7	100.6	103.5	102.8	107.5	
2001	102.8	102.4	104.5	102.2	103.8	
2002	106.5	109.4	97.2	101.5	106.5	
2003	102.8	102.5	97.2	102.2	104.3	
2004	104.5	105.7	103.4	101.8	104.8	107.8
2005	104.8	103.4	102.9	105.5	105.7	111.8
2006	104.0	103.6	95.0	103.1	106.0	109.8
2007	103.3	102.7	103.7	103.0	104.1	108.2
2008	104.0	101.6	103.2	107.0	104.7	108.3
2009	105.0	105.6	107.7	103.8	105.1	105.3
2010	104.3	104.8	104.5	103.2	104.5	105.0
2011	103.9	105.5	108.1	98.9	105.2	105.5
2012	103.7	103.8	106.3	102.0	104.9	105.7
2013	102.2	102.9	105.6	98.2	104.0	106.3

注：1. 本表按可比价格计算。
2. 表中2007年数据为第二次全国农业普查后调整数。

Note: a) The indices are calculated at comparable prices.
b) Indices of 2007 in this table are adjusted according to the second national agricultural census.

11-12 各市农林牧渔业总产值（2013年）

Gross Output Value of Farming, Forestry, Animal Husbandry and Fishery by City (2013)

单位：亿元　　(100 million yuan)

市别	City	农林牧渔业总产值 Gross Output Value of Farming, Forestry, Animal Husbandry and Fishery	农业产值 Farming	林业产值 Forestry	牧业产值 Animal Husbandry	渔业产值 Fishery	农林牧渔服务业产值 Services for Farming, Forestry,Animal Husbandry and Fishery
广　州	Guangzhou	389.98	202.71	3.96	75.86	67.75	39.69
深　圳	Shenzhen	13.95	5.33	0.08	3.65	4.41	0.47
珠　海	Zhuhai	79.05	11.50	0.14	12.11	48.07	7.24
汕　头	Shantou	157.73	78.86	0.58	28.04	46.39	3.86
佛　山	Foshan	263.52	90.93	1.20	59.14	99.16	13.10
#顺　德	Shunde	85.09	19.05	0.01	9.76	52.24	4.03
韶　关	Shaoguan	214.12	148.24	17.32	38.46	6.84	3.25
河　源	Heyuan	132.73	76.25	17.35	30.86	3.87	4.41
梅　州	Meizhou	269.52	172.08	13.21	68.68	8.96	6.59
惠　州	Huizhou	217.77	146.01	4.65	44.92	18.33	3.86
汕　尾	Shanwei	173.67	74.75	3.91	26.50	60.95	7.56
东　莞	Dongguan	33.15	18.93	0.36	5.24	7.66	0.96
中　山	Zhongshan	110.00	36.59	0.05	9.13	63.00	1.22
江　门	Jiangmen	286.48	91.81	6.64	71.01	112.74	4.29
阳　江	Yangjiang	307.95	97.85	10.01	50.48	132.81	16.80
湛　江	Zhanjiang	640.53	349.51	19.03	98.62	159.45	13.92
茂　名	Maoming	567.58	296.74	30.82	161.03	60.88	18.11
肇　庆	Zhaoqing	385.71	184.63	52.73	104.78	40.00	3.57
清　远	Qingyuan	254.60	145.77	24.37	64.19	14.09	6.17
潮　州	Chaozhou	90.72	38.82	3.54	17.41	26.61	4.35
揭　阳	Jieyang	229.66	143.29	17.74	43.86	18.08	6.69
云　浮	Yunfu	210.35	85.11	26.16	85.27	9.38	4.43
按经济区域分	By Region						
珠三角	Pearl River Delta	1779.61	788.42	69.81	385.84	461.13	74.41
东　翼	Eastern Region	651.79	335.73	25.76	115.81	152.03	22.45
西　翼	Western Region	1516.06	744.10	59.87	310.13	353.13	48.82
山　区	Mountainous Region	1081.31	627.45	98.40	287.46	43.15	24.85

注：本表按当年价格计算。
Note: Data in this table are calculated at current prices.

11-13 各市农林牧渔业总产值指数（2013年）

Indices of Gross Output Value of Farming, Forestry, Animal Husbandry and Fishery by City (2013)

上年=100 (preceding year=100)

市 别	City	农林牧渔业总产值 Gross Output Value of Farming, Forestry, Animal Husbandry and Fishery	农业产值 Farming	林业产值 Forestry	牧业产值 Animal Husbandry	渔业产值 Fishery	农林牧渔服务业产值 Services for Farming, Forestry,Animal Husbandry and Fishery
广 州	Guangzhou	102.9	102.4	120.7	98.2	106.5	107.9
深 圳	Shenzhen	70.8	58.3	56.3	78.9	92.6	28.3
珠 海	Zhuhai	103.6	99.6	125.2	104.8	104.2	103.7
汕 头	Shantou	103.5	104.2	150.6	97.5	104.7	121.1
佛 山	Foshan	100.5	102.4	119.4	91.7	103.8	107.3
#顺 德	Shunde	100.3	102.7	50.6	79.1	104.4	106.5
韶 关	Shaoguan	103.8	104.3	108.9	99.4	102.9	113.0
河 源	Heyuan	103.9	104.4	109.1	99.4	103.0	109.4
梅 州	Meizhou	103.0	104.1	105.3	99.4	104.4	109.5
惠 州	Huizhou	103.0	104.5	96.3	99.8	101.1	108.3
汕 尾	Shanwei	102.9	101.6	120.5	99.1	104.7	109.0
东 莞	Dongguan	98.6	102.2	215.3	85.7	98.9	100.0
中 山	Zhongshan	100.7	103.9	81.1	88.6	100.9	107.4
江 门	Jiangmen	102.6	101.3	99.7	100.0	105.7	102.1
阳 江	Yangjiang	104.1	101.6	99.7	100.1	108.3	102.5
湛 江	Zhanjiang	103.9	105.1	100.6	99.1	104.8	106.3
茂 名	Maoming	101.8	102.9	107.0	97.9	103.8	105.7
肇 庆	Zhaoqing	103.8	104.5	106.2	100.7	105.9	107.9
清 远	Qingyuan	104.4	105.7	107.9	99.6	107.9	107.3
潮 州	Chaozhou	102.4	103.8	124.6	95.6	100.2	122.5
揭 阳	Jieyang	103.2	103.1	111.2	98.9	104.0	115.2
云 浮	Yunfu	102.5	101.9	120.9	98.7	100.5	106.0
按经济区域分	By Region						
珠三角	Pearl River Delta	102.1	102.8	105.9	97.8	104.2	105.1
东 翼	Eastern Region	103.1	103.1	114.9	98.1	103.8	115.3
西 翼	Western Region	103.1	103.8	103.7	98.7	105.9	104.8
山 区	Mountainous Region	103.5	104.2	111.1	99.2	104.3	108.7

注：本表按可比价格计算。

Note: The indices are calculated at comparable prices.

11-14 农作物播种面积

Total Sown Area of Farm Crops

单位：万亩 (10000 mu)

年份 Year	农作物总播种面积 Total Sown Area	一、粮食作物 Grain Crops	#稻谷 Rice	#薯类 Tubers	二、大豆 Soybean
1978	9962.46	7603.47	5790.39	873.02	163.71
1979	9492.62	7300.54	5691.88	845.65	185.91
1980	8954.84	6908.02	5596.10	800.67	198.18
1981	8567.83	6548.40	5450.29	767.07	199.33
1982	8539.77	6475.65	5373.51	778.51	218.52
1983	8364.03	6485.66	5406.97	780.98	197.43
1984	8313.00	6269.47	5272.01	765.51	193.21
1985	8036.82	5750.76	4815.81	730.83	175.22
1986	8037.18	5731.76	4804.77	745.48	177.59
1987	8064.78	5679.94	4750.06	743.22	174.25
1988	8063.89	5598.29	4678.26	726.61	172.60
1989	8322.71	5777.18	4768.32	743.93	173.64
1990	8507.35	5822.06	4763.67	751.70	172.44
1991	8489.09	5643.92	4596.92	746.74	163.30
1992	8231.36	5303.82	4313.79	710.56	157.48
1993	7718.41	4840.76	3944.83	681.66	160.54
1994	7807.99	4959.10	4005.47	747.93	157.12
1995	7957.19	5052.24	4052.13	775.96	155.84
1996	8156.22	5120.09	4066.33	778.70	155.04
1997	8267.25	5144.06	4055.92	772.52	149.14
1998	8310.73	5147.65	4029.10	768.09	146.06
1999	7894.24	4912.04	3836.30	697.22	144.52
2000	7735.35	4649.83	3619.05	640.15	145.46
2001	7868.21	4634.79	3638.28	661.15	132.19
2002	7207.37	4021.44	3151.22	582.81	102.14
2003	7294.58	4012.81	3144.56	578.14	114.54
2004	7211.96	4184.55	3208.50	581.55	120.60
2005	7223.06	4179.75	3206.40	579.75	125.70
2006	6573.85	3700.00	2912.90	468.40	96.90
2007	6544.56	3719.30	2908.50	476.40	92.00
2008	6606.46	3749.91	2920.35	479.15	93.00
2009	6714.06	3807.75	2939.55	491.74	96.85
2010	6786.77	3797.90	2929.12	493.67	95.38
2011	6858.04	3795.63	2911.39	498.93	95.55
2012	6944.40	3810.27	2924.07	495.81	93.05
2013	7047.13	3761.43	2863.19	501.75	93.70

注：1. 2004年起粮食播种面积含大豆。
2. 表中2006、2007年数据为第二次全国农业普查后调整数。

Note: a) Since 2004, the sown area of grain has included that of soybeans.
b) Data of 2006 and 2007 in this table are adjusted according to the second national agricultural census.

11-14 续表 continued

单位：万亩 (10000 mu)

年份 Year	三、经济作物 Economic Crops	#糖蔗 Sugarcane	#花生 Peanuts	#烟叶 Tobacco	四、其他作物 Other Crops	#蔬菜 Vegetables
1978	1277.28	258.96	486.62	69.19	918.00	
1979	1258.28	227.15	519.73	59.44	747.89	
1980	1213.98	218.57	553.24	38.62	634.66	
1981	1302.19	272.52	595.41	45.06	517.91	
1982	1327.84	331.53	588.01	48.73	517.76	
1983	1126.05	312.86	489.74	43.25	554.89	
1984	1213.32	341.02	523.56	39.06	637.00	
1985	1417.68	442.83	545.78	55.25	693.16	
1986	1334.07	405.07	560.80	41.87	793.76	
1987	1324.67	344.72	533.13	41.42	885.92	
1988	1318.08	354.90	497.82	61.39	974.92	
1989	1324.88	338.02	486.05	72.25	1047.01	
1990	1338.43	419.73	485.96	68.55	1174.42	776.00
1991	1374.36	453.90	472.15	81.93	1307.51	867.95
1992	1393.07	461.14	471.88	79.08	1376.99	946.88
1993	1295.77	353.65	499.78	73.92	1421.34	1057.02
1994	1224.21	325.62	505.35	53.15	1467.56	1147.53
1995	1185.17	320.18	499.60	44.33	1563.94	1244.96
1996	1202.15	329.28	497.42	45.10	1678.94	1348.64
1997	1211.80	334.02	499.70	55.45	1762.26	1416.62
1998	1185.21	325.59	510.83	50.30	1831.81	1484.82
1999	1071.27	261.47	468.50	42.72	1766.41	1441.85
2000	1093.04	239.60	496.61	46.64	1847.01	1515.15
2001	1088.71	215.25	511.57	53.48	2012.52	1685.69
2002	1068.46	222.66	472.49	46.27	2015.33	1692.00
2003	1055.55	198.29	488.66	44.86	2111.68	1792.29
2004	1008.72	193.45	462.20	47.42	2018.69	1720.01
2005	1001.56	188.08	464.11	47.47	2041.75	1744.08
2006	947.98	195.13	462.28	30.23	1925.87	1627.80
2007	944.03	206.46	453.71	29.39	1881.24	1597.50
2008	957.45	204.06	471.21	35.23	1899.11	1668.94
2009	979.23	203.72	483.22	37.11	1927.09	1707.65
2010	998.59	204.62	492.77	35.80	1990.28	1769.69
2011	1024.29	210.86	501.66	36.36	2038.12	1813.22
2012	1063.74	218.28	514.75	35.90	2070.39	1843.77
2013	1091.35	229.28	526.52	35.32	2194.35	1960.39

注：1. 2004年起粮食播种面积含大豆。
2. 表中2006、2007年数据为第二次全国农业普查后调整数。

Note: a) Since 2004, the sown area of grain has included that of soybeans.
b) Data of 2006 and 2007 in this table are adjusted according to the second national agricultural census.

11-15 农作物产量

Output of Farm Crops

单位：万吨 (10000 tons)

年份 Year	粮食作物 Grain Crops	#稻谷 Rice	#薯类 Tubers	大豆 Soybean	主要经济作物 Major Economic Crops 糖蔗 Sugarcane	花生 Peanuts	烟叶 Tobacco	蔬菜 Vegetables
1978	1509.51	1328.56	121.04	7.99	835.42	35.17	4.73	
1979	1605.36	1435.22	125.15	9.56	742.90	40.70	4.00	
1980	1681.91	1523.92	123.68	11.47	834.73	50.00	2.72	
1981	1521.00	1372.22	122.53	12.01	1235.50	57.39	3.68	
1982	1795.72	1627.37	138.98	14.44	1496.10	61.90	4.67	
1983	1817.48	1673.12	138.98	10.80	1159.83	48.08	3.41	
1984	1819.33	1666.08	130.21	11.90	1454.15	53.40	3.50	
1985	1604.37	1454.29	131.88	11.32	1831.40	57.07	4.89	
1986	1567.00	1421.55	128.01	12.27	1622.13	60.40	3.50	
1987	1701.81	1536.46	146.48	12.43	1338.60	53.50	4.05	
1988	1636.70	1472.95	143.42	12.32	1538.68	51.80	5.80	
1989	1817.21	1630.29	153.47	13.25	1681.34	55.38	7.15	
1990	1896.29	1687.00	167.05	13.87	2093.46	57.95	7.08	976.83
1991	1873.50	1651.65	176.59	12.60	2286.38	56.11	8.46	1106.19
1992	1810.40	1602.27	170.28	13.94	2271.06	60.30	8.62	1203.54
1993	1629.11	1425.81	169.20	15.28	1603.11	66.02	7.70	1367.22
1994	1662.66	1434.04	194.68	15.44	1397.22	63.71	5.30	1509.93
1995	1803.33	1553.90	209.40	16.50	1472.21	69.98	5.04	1703.86
1996	1891.43	1626.29	210.28	17.32	1392.00	73.05	5.29	1865.10
1997	1966.75	1669.33	228.35	17.61	1629.27	74.10	7.33	1995.99
1998	1884.13	1688.53	238.28	17.32	1616.94	69.38	6.61	2011.13
1999	1935.82	1630.13	214.38	17.91	1218.30	73.31	5.80	2109.68
2000	1822.33	1528.53	199.05	18.73	1137.59	77.68	6.21	2214.80
2001	1721.55	1441.35	198.15	17.36	1073.38	79.73	6.79	2377.60
2002	1484.16	1243.46	171.02	12.67	1136.45	75.19	6.08	2442.53
2003	1488.00	1250.38	166.77	14.92	952.87	80.73	6.00	2584.20
2004	1390.00	1123.13	180.28	18.10	940.77	76.47	6.27	2557.65
2005	1394.97	1116.99	185.48	18.87	946.02	75.86	6.30	2596.02
2006	1242.42	1015.90	150.48	14.92	1025.66	76.54	4.23	2380.56
2007	1284.70	1046.05	157.40	13.53	1096.87	76.66	4.18	2351.48
2008	1243.44	1003.30	154.56	13.86	1079.30	80.53	4.93	2431.43
2009	1314.50	1058.10	162.43	14.67	1116.11	83.63	5.36	2567.17
2010	1316.50	1060.60	162.32	14.70	1134.35	87.13	5.51	2718.59
2011	1360.95	1096.90	166.35	15.16	1202.69	90.85	5.63	2850.99
2012	1396.33	1126.57	167.35	15.26	1279.30	95.52	5.81	2982.71
2013	1315.90	1045.00	165.89	15.90	1358.77	99.85	5.70	3144.47

注：1. 2004年起粮食产量含大豆。
2. 表中2006、2007年数据为第二次全国农业普查后调整数。

Note: a) Since 2004, the output of grain has included that of soybeans.
b) Data of 2006 and 2007 in this table are adjusted according to the second national agricultural census.

11-16 主要农作物播种面积、亩产及总产量

Sown Area, Yield per Mu and Total Output of Major Farm Crops

单位：万亩、公斤、万吨 (10000 mu, kg, 10000 tons)

作物名称	Farm Crop	2010			2012			2013		
		播种面积 Sown Area	亩产 Yield per Mu	总产量 Total Output	播种面积 Sown Area	亩产 Yield per Mu	总产量 Total Output	播种面积 Sown Area	亩产 Yield per Mu	总产量 Total Output
农作物播种面积	**Total Sown Area**	**6786.77**			**6944.40**			**7047.13**		
粮食作物	**Grain Crops**	**3797.90**	**347**	**1316.50**	**3810.27**	**366**	**1396.33**	**3761.43**	**350**	**1315.90**
稻谷	Rice	2929.12	362	1060.60	2924.07	385	1126.57	2863.19	365	1045.00
早稻	Early Rice	1412.00	362	511.10	1403.33	381	534.33	1358.04	384	521.06
晚稻	Late Rice	1517.12	362	549.50	1520.74	389	592.24	1505.15	348	523.94
小麦	Wheat	1.31	188	0.25	1.40	214	0.30	1.40	229	0.32
旱粮	Upland Grain	278.43	282	78.63	295.94	293	86.85	301.39	295	88.79
#玉米	Corn	243.39	296	72.09	258.76	308	79.70	264.97	308	81.62
薯类	Tubers	493.67	329	162.32	495.81	338	167.35	501.75	331	165.89
大豆	Soybean	95.38	154	14.70	93.05	164	15.26	93.70	170	15.90
经济作物	**Economic Crops**	**998.59**			**1063.74**			**1091.35**		
甘蔗	Sugarcane and Fruit Cane	232.29	5597	1300.15	248.16	5920	1469.21	259.48	5986	1553.23
#糖蔗	Sugarcane	204.62	5544	1134.35	218.28	5861	1279.30	229.28	5926	1358.77
油料作物	Oil-bearing Crops	506.13	174	88.16	528.28	183	96.61	540.24	187	101.01
#花生	Peanuts	492.77	177	87.13	514.75	186	95.52	526.52	190	99.85
麻类	Fiber Crops	0.31	162	0.05	0.21	159	0.03	0.24	161	0.04
烟叶	Tobacco	35.80	154	5.51	35.90	162	5.81	35.32	161	5.70
木薯	Cassava	125.05	1236	154.57	122.50	1267	155.23	123.38	1295	159.78
药材	Medicinal Plants	16.70			23.52			26.92		
其他经济作物	Other Economic Crops	82.32			105.17			105.77		
其他作物	**Other Crops**	**1990.28**			**2070.39**			**2194.35**		
#蔬菜	Vegetables	1769.69	1536	2718.59	1843.77	1618	2982.71	1960.39	1604	3144.47

11-17 各市主要农作物播种面积、亩产及总产量（2013年）
Sown Area, Yield per Mu and Total Output of Major Farm Crops by City (2013)

单位：亩、公斤、吨 (mu, kg, ton)

市别	City	粮食作物 Grain Crops 播种面积 Sown Area	亩产 Yield per Mu	总产量 Total Output	#稻谷 Rice 播种面积 Sown Area	亩产 Yield per Mu	总产量 Total Output
广州	Guangzhou	1346234	324	435548	917765	331	303619
深圳	Shenzhen	155	381	59			
珠海	Zhuhai	107013	387	41383	74000	401	29663
汕头	Shantou	1069426	423	452866	737236	424	312800
佛山	Foshan	310139	317	98193	160883	349	56222
#顺德	Shunde	1841	296	545			
韶关	Shaoguan	2356163	365	860558	1862562	394	734316
河源	Heyuan	2456656	361	886208	2026123	388	786073
梅州	Meizhou	3220412	372	1199269	2586570	397	1025886
惠州	Huizhou	1749876	318	557041	1224660	310	379318
汕尾	Shanwei	1429413	292	417222	1046670	294	307460
东莞	Dongguan	41115	302	12435	17974	359	6450
中山	Zhongshan	224046	324	72686	90482	336	30367
江门	Jiangmen	2867304	323	926671	2592725	331	859396
阳江	Yangjiang	2187802	319	698220	1589006	341	541623
湛江	Zhanjiang	4320514	327	1413023	3202848	338	1081282
茂名	Maoming	3731273	381	1421427	2995364	397	1188846
肇庆	Zhaoqing	3029678	371	1122736	2498230	391	976296
清远	Qingyuan	2688106	283	759991	2003829	303	607062
潮州	Chaozhou	663990	401	266392	492757	418	205974
揭阳	Jieyang	2053386	405	832423	1173412	379	444691
云浮	Yunfu	1761599	389	684649	1338804	428	572656
按经济区域分	By Region						
珠三角	Pearl River Delta	9675560	338	3266752	7576719	349	2641331
东翼	Eastern Region	5216215	377	1968903	3450075	368	1270925
西翼	Western Region	10239589	345	3532670	7787218	361	2811751
山区	Mountainous Region	12482936	352	4390675	9817888	380	3725993

11-17 续表 1 continued

单位：亩、公斤、吨 (mu, kg, ton)

市别	City	大豆 Soybean 播种面积 Sown Area	大豆 Soybean 亩产 Yield per Mu	大豆 Soybean 总产量 Total Output	经济作物 Economic Crops 播种面积 Sown Area	#糖蔗 Sugarcane 播种面积 Sown Area	#糖蔗 Sugarcane 亩产 Yield per Mu	#糖蔗 Sugarcane 总产量 Total Output
广州	Guangzhou	24497	232	5678	487660	880	6456	5681
深圳	Shenzhen				8			
珠海	Zhuhai	965	342	330	49689	12091	6864	82987
汕头	Shantou	3813	137	521	22946			
佛山	Foshan	4380	182	798	216167	21	4476	94
#顺德	Shunde	10	100	1	48971	21	4476	94
韶关	Shaoguan	131977	201	26521	1031762	41073	5191	213230
河源	Heyuan	150376	167	25159	443291	5638	4247	23945
梅州	Meizhou	135144	163	22092	503655			
惠州	Huizhou	34305	132	4536	373301	13426	4992	67028
汕尾	Shanwei	29906	117	3505	224989	1000	4040	4040
东莞	Dongguan	1088	133	145	17549			
中山	Zhongshan	6403	306	1958	93350	496	3962	1965
江门	Jiangmen	34403	163	5595	386930	30956	5942	183938
阳江	Yangjiang	107772	140	15140	493480	16393	4002	65608
湛江	Zhanjiang	25819	184	4751	3233343	2048017	6012	12312860
茂名	Maoming	23911	202	4841	917072	62525	4818	301215
肇庆	Zhaoqing	30138	172	5184	803091	8094	4857	39316
清远	Qingyuan	73732	154	11323	842716	48432	5463	264572
潮州	Chaozhou	5448	137	748	39659	1126	8477	9545
揭阳	Jieyang	46322	162	7521	166340	1788	4910	8779
云浮	Yunfu	66601	190	12654	566490	836	3496	2923
按经济区域分	By Region							
珠三角	Pearl River Delta	136179	178	24224	2427745	65964	5776	381009
东翼	Eastern Region	85489	144	12295	453934	3914	5714	22364
西翼	Western Region	157502	157	24732	4643895	2126935	5961	12679683
山区	Mountainous Region	557830	175	97749	3387914	95979	5258	504670

11-17 续表 2 continued

单位：亩、公斤、吨 (mu, kg, ton)

市别	City	#花生 Peanuts 播种面积 Sown Area	亩产 Yield per Mu	总产量 Total Output	#烟叶 Tobacco 播种面积 Sown Area	亩产 Yield per Mu	总产量 Total Output
广州	Guangzhou	106067	178	18914	5	200	1
深圳	Shenzhen	8	750	6			
珠海	Zhuhai	3889	179	695			
汕头	Shantou	19829	177	3503			
佛山	Foshan	26867	198	5333			
#顺德	Shunde	10	500	5			
韶关	Shaoguan	581942	218	126947	208308	163	34041
河源	Heyuan	378729	195	73812			
梅州	Meizhou	222294	170	37856	77391	144	11155
惠州	Huizhou	338992	175	59194			
汕尾	Shanwei	181690	144	26099			
东莞	Dongguan	1025	235	241			
中山	Zhongshan	1714	253	434			
江门	Jiangmen	183731	157	28900	55	200	11
阳江	Yangjiang	375836	146	54822	712	167	119
湛江	Zhanjiang	812337	219	177663	7560	206	1557
茂名	Maoming	668935	198	132460	13884	202	2802
肇庆	Zhaoqing	379672	188	71471	22201	172	3823
清远	Qingyuan	555762	180	100161	20889	150	3133
潮州	Chaozhou	26297	156	4115			
揭阳	Jieyang	112637	206	23203	49	143	7
云浮	Yunfu	286930	184	52655	2149	146	314
按经济区域分	By Region						
珠三角	Pearl River Delta	1041965	178	185188	22261	172	3835
东翼	Eastern Region	340453	167	56920	49	143	7
西翼	Western Region	1857108	197	364945	22156	202	4478
山区	Mountainous Region	2025657	193	391431	308737	158	48643

11-17 续表 3 continued

单位：亩、公斤、吨 (mu, kg, ton)

市 别	City	其他作物 Other Crops						
		#木薯 Cassava				#蔬菜 Vegetables		
		播种面积 Sown Area	亩产 Yield per Mu	总产量 Total Output	播种面积 Sown Area	播种面积 Sown Area	亩产 Yield per Mu	总产量 Total Output
广 州	Guangzhou	1727	1255	2168	2154281	2100547	1634	3433166
深 圳	Shenzhen				81309	81057	1250	101324
珠 海	Zhuhai	586	123	72	122804	107459	1326	142506
汕 头	Shantou	480	3450	1656	733504	723717	2278	1648567
佛 山	Foshan	1364	1812	2471	1082443	895339	1579	1413950
#顺 德	Shunde				154720	81526	1216	99128
韶 关	Shaoguan	29576	1201	35511	1556086	1275793	1511	1927623
河 源	Heyuan	42743	916	39132	595508	529127	1215	642644
梅 州	Meizhou	143118	981	140430	1452182	1096194	1918	2102531
惠 州	Huizhou	1230	1493	1836	1723831	1657391	1467	2430981
汕 尾	Shanwei	20660	2261	46714	806511	746954	1452	1084558
东 莞	Dongguan				309144	303783	1279	388583
中 山	Zhongshan	330	994	328	369894	354909	1438	510436
江 门	Jiangmen	39021	1472	57423	1031338	882080	1438	1268674
阳 江	Yangjiang	62080	972	60339	959971	906507	1031	934284
湛 江	Zhanjiang	153084	1960	300029	2192410	2061747	1541	3176421
茂 名	Maoming	99921	1170	116946	1571170	1512056	1676	2534824
肇 庆	Zhaoqing	249232	1213	302355	1410073	1143599	1959	2239879
清 远	Qingyuan	130876	1137	148853	1962144	1665102	1488	2478043
潮 州	Chaozhou	3368	1251	4213	256586	214766	2138	459174
揭 阳	Jieyang	18909	1278	24166	1034449	967467	2129	2059284
云 浮	Yunfu	235482	1330	313110	537826	378342	1235	467263
按经济区域分	By Region							
珠 三 角	Pearl River Delta	293490	1249	366653	8285117	7526164	1585	11929499
东 翼	Eastern Region	43417	1768	76749	2831050	2652904	1980	5251583
西 翼	Western Region	315085	1515	477314	4723551	4480310	1483	6645529
山 区	Mountainous Region	581795	1164	677036	6103746	4944558	1541	7618104

11-18 造林面积及主要林产品产量

Area of Afforestation and Output of Major Forest Products

项 目	Item	1995	2000	2005	2010	2012	2013
当年荒山造林面积(万亩)	Total Afforested Area in Barren Mountains in Current Year (10000 mu)	31.02	25.76	27.50	142.72	161.27	178.62
人工造林	Afforestation by Manpower	31.02	25.76	27.50	137.93	142.38	178.50
年末实有育苗面积(万亩)	Actual Area of Seedlings Raising at the Year-end (10000 mu)	3.51	3.12	2.95	4.54	5.66	6.74
当年未林抚育实际面积	Area of Immature Forest Tending in Current Year (10000 mu)	584.33	333.37	219.69	259.94	287.50	
成林抚育面积	Area of Grown Forest Tending	411.00	432.00	183.00	273.09	412.52	
主要林产品产量	Output of Major Forest Products						
油桐籽 (吨)	Tung-oil Seeds (ton)	3536	3817	5193	6050	7563	7650
油茶籽 (吨)	Tea-oil Seeds (ton)	24997	26268	30470	82417	65239	83547
棕片 (吨)	Palm Pieces (ton)	606	663	1640	2536	2597	2714
松脂 (万吨)	Rosin (10000 tons)	11.46	11.31	15.46	18.11	19.63	21.61
竹笋干 (吨)	Dried Bamboo Shoots (ton)	9004	14132	17825	30291	34921	38220
板栗 (吨)	Chinese Chestnuts (ton)	3577	5440	8637	10616	11828	13274
松香类产品 (万吨)	Rosin Products (10000 tons)	11.11	9.61	7.38	12.91	9.76	11.03

注：2012年起，幼林抚育实际面积改为未成林抚育作业面积。
Note: Since 2012,area of young forest tending is changed to area of immature forest tending.

11-19 水产养殖面积和水产品产量

Area of Cultivation and Output of Aquatic Products

指 标	Item	1995	2000	2005	2010	2012	2013
水产品产量(万吨)	**Output of Aquatic Products(10000 tons)**	**354.34**	**593.19**	**695.23**	**729.03**	**789.50**	**816.13**
海水产品	Seawater Aquatic Products	197.21	360.45	397.95	401.50	432.34	442.40
捕捞	Catches	161.42	191.48	172.05	152.43	156.61	155.40
养殖	Artificially Cultured	35.79	168.97	225.90	249.07	275.73	287.00
淡水产品	Freshwater Aquatic Products	157.13	232.74	297.28	327.53	357.16	373.72
捕捞	Catches	7.36	13.52	13.03	12.86	13.06	12.98
养殖	Artificially Cultured	149.77	219.22	284.25	314.67	344.09	360.74
养殖面积 (万亩)	**Area of Cultivation (10000 mu)**	**668.73**	**846.76**	**906.97**	**845.12**	**862.81**	**855.21**
海水养殖	Seawater	174.23	292.33	336.60	298.89	302.75	295.80
淡水养殖	Freshwater	494.50	554.43	570.37	546.24	560.06	559.41

注：1998年起水产品产量按新标准计算。
Note: Since 1998, the outputs of aquatic products have been calculated in accordance with new criteria.

11-20 牲畜头数及肉类产量

Number of Livestock and Output of Meat

项　目	Item	1995	2000	2005	2010	2012	2013
牛年末存栏头数（万头）	**Number of Cattle and Buffaloes(at the year-end) (10000 heads)**	**471.53**	**420.64**	**372.25**	**229.18**	**232.77**	**238.19**
役用牛	Farming Cattle	336.89	295.20	262.76	118.96	119.20	114.66
肉用牛	Beef Cattle				104.86	107.83	117.75
奶牛	Milch Cows	2.56	3.72	4.83	5.36	5.74	5.78
牛奶产量（万吨）	**Output of Milk (10000 tons)**	**5.49**	**9.19**	**11.64**	**14.23**	**13.64**	**13.76**
山羊年末存栏只数(万只)	**Number of Goats on Hand at the Year-end (10000 heads)**	**27.30**	**29.33**	**39.20**	**37.01**	**40.18**	**39.34**
生猪年末存栏头数(万头)	**Number of Hogs at the Year-end (10000 heads)**	**2183.95**	**2034.79**	**2143.50**	**2253.29**	**2256.63**	**2282.58**
#能繁殖母猪	Number of Female Hogs with Fertility	137.25	143.75	162.77	252.73	250.51	253.59
肉猪出栏头数（万头）	**Number of Slaughtered Fattened Hogs (10000 heads)**	**2395.21**	**2954.98**	**3616.74**	**3732.02**	**3736.18**	**3744.79**
家禽年末存栏（亿只）	**Poultry at year-end (100 million heads)**		**3.89**	**3.48**	**3.84**	**3.56**	**3.23**
出售和自宰的家禽(亿只)	**Poultry sold or slaughtered (100 million heads)**	**7.76**	**9.29**	**10.10**	**11.37**	**11.31**	**10.41**
禽蛋产量（万吨）	**Poultry Eggs (10 000 tons)**	**31.11**	**33.08**	**33.19**	**34.41**	**31.81**	**32.31**
肉类产量（万吨）	**Output of Meat (10000 tons)**	**305.06**	**324.48**	**384.31**	**441.10**	**443.21**	**435.22**
#猪肉	Pork	188.75	206.85	256.28	275.46	276.39	277.77
牛肉	Beef	5.68	5.17	7.21	6.27	6.68	6.97
羊肉	Mutton	0.44	0.43	0.71	0.91	0.88	0.88
禽肉	Meat of Poultry	109.94	111.50	113.66	152.99	153.46	143.02
兔肉	Rabbit Meat	0.25	0.53	0.64	0.65	0.81	0.83

注：表中1995年的数据按原来口径计算。
Note: Data of 1995 are calculated in accordance with the original criteria.

11-21 各市造林面积、水产品产量、牲畜头数及猪肉产量（2013年）

Area of Afforestation, Output of Aquatic Products, Number of Livestock and Output of Pork by City (2013)

市别	City	荒山荒(沙)地造林面积(万亩) Area of Afforestation of Barren Mountains and Lands (10000 mu)	水产品产量(万吨) Output of Aquatic Products (10000 tons)	#淡水养殖 Freshwater	牛年末存栏头数(万头) Number of Cattles and Buffalos at the Year-end (10000 heads)	生猪年末存栏头数(万头) Number of Hogs at the Year-end (10000 heads)	肉猪出栏头数(万头) Number of Slaughtered Fattened Hogs (10000 heads)	猪肉产量(万吨) Output of Pork (10000 tons)
广州	Guangzhou		47.68	34.17	4.66	111.22	232.01	17.38
深圳	Shenzhen	10.70	4.22	0.08	0.55	5.88	12.18	0.86
珠海	Zhuhai	3.38	27.46	22.99	0.29	41.15	51.65	3.86
汕头	Shantou	1.60	42.70	7.45	1.01	46.30	87.12	6.46
佛山	Foshan	0.38	59.54	58.82	0.78	99.92	172.30	12.56
#顺德	Shunde	0.35	22.75	22.67	0.05	14.21	39.70	2.90
韶关	Shaoguan	17.28	7.74	7.47	12.80	106.98	161.09	11.91
河源	Heyuan	24.08	4.21	4.03	13.94	79.90	96.01	7.26
梅州	Meizhou	31.35	10.30	9.34	15.49	166.84	257.61	19.10
惠州	Huizhou	3.67	15.67	7.61	11.53	113.98	189.70	14.22
汕尾	Shanwei	23.87	59.81	4.81	11.03	43.22	80.02	5.94
东莞	Dongguan		7.45	5.84	0.04	6.60	23.25	1.70
中山	Zhongshan		35.42	33.08	0.06	20.65	38.76	2.74
江门	Jiangmen	4.17	72.75	38.01	5.39	163.16	265.22	19.62
阳江	Yangjiang	1.22	114.52	10.48	13.77	136.50	190.41	14.23
湛江	Zhanjiang	0.41	120.02	15.57	58.50	199.10	332.28	24.75
茂名	Maoming	6.14	86.75	24.71	35.06	321.08	574.54	43.06
肇庆	Zhaoqing	5.24	38.07	37.49	22.36	242.86	413.51	30.81
清远	Qingyuan	17.33	11.40	11.22	14.05	148.96	212.67	15.20
潮州	Chaozhou	6.97	18.83	4.96	1.79	40.34	58.81	4.37
揭阳	Jieyang	15.58	15.42	7.18	5.92	99.73	151.46	11.30
云浮	Yunfu	5.22	10.53	10.39	9.17	88.20	144.19	10.44
按经济区域分	By Region							
珠三角	Pearl River Delta	27.54	308.28	238.09	45.66	805.42	1398.58	103.75
东翼	Eastern Region	48.02	136.76	24.40	19.75	229.59	377.41	28.08
西翼	Western Region	7.76	321.29	50.77	107.33	656.68	1097.23	82.03
山区	Mountainous Region	95.26	44.18	42.45	65.45	590.89	871.57	63.92

11-22 茶叶、桑、水果面积及产量

Planted Area and Output of Tea, Mulberry and Fruits

指 标	Item	1995	2000	2005	2010	2012	2013
茶叶年末实有面积 (万亩)	Planted Area of Tea at the Year-end(10000 mu)	68.74	64.80	54.05	61.24	62.76	66.36
茶叶总产量 (万吨)	Output of Tea (10000 tons)	3.96	4.21	4.45	5.33	6.31	6.98
桑地年末实有面积 (万亩)	Planted Area of Mulberries at the Year-end (10000 mu)	37.76	26.89	43.64	47.73	49.50	51.56
蚕茧总产量 (万吨)	Output of silkworm cocoon (10000 tons)	3.32	3.09	6.52	9.14	9.73	10.20
水果年末实有面积 (万亩)	Planted Area of Fruits at the Year-end (10000 mu)	1103.46	1502.35	1495.37	1627.21	1650.36	1679.75
水果总产量 (万吨)	Gross Output of Fruits (10000 tons)	414.51	643.52	831.69	1128.73	1279.09	1368.73
#柑桔橙年末实有面积 (万亩)	Planted Area of Citruses at the Year-end (10000 mu)	169.84	123.34	249.03	375.06	382.06	389.06
柑桔橙总产量 (万吨)	Output of Citruses (10000 tons)	107.43	81.06	143.02	293.07	346.56	377.36
香(大)蕉年末实有面积 (万亩)	Planted Area of Bananas at the Year-end (10000 mu)	131.41	151.51	192.59	188.22	187.93	191.76
香(大)蕉总产量 (万吨)	Output of Bananas (10000 tons)	157.60	235.30	330.23	371.27	403.16	420.29
菠萝年末实有面积(万亩)	Planted Area of Pineapples at the Year-end (10000 mu)	38.60	44.58	40.70	41.27	44.64	51.97
菠萝总产量 (万吨)	Output of Pineapples (10000 tons)	26.30	47.53	52.10	67.55	82.10	88.95
荔枝年末实有面积(万亩)	Planted Area of Lychees at the Year-end (10000 mu)	294.17	474.83	417.21	409.67	410.29	409.22
荔枝总产量 (万吨)	Output of Lychees (10000 tons)	26.91	64.75	86.21	100.83	105.91	111.91
龙眼年末实有面积(万亩)	Planted Area of Longans at the Year-end (10000 mu)	113.50	236.31	186.63	190.91	191.30	190.48
龙眼总产量 (万吨)	Output of Longans (10000 tons)	7.60	34.68	46.40	60.70	67.49	70.15

11-23 各市水果面积及产量（2013年）

Planted Area and Output of Fruits by City (2013)

单位：万亩、万吨 (10000 mu，10000 tons)

市别	City	水果合计 Fruits 年末面积 Year-end Area	水果合计 Fruits 总产量 Total Output	#柑桔橙 Citrus 年末面积 Year-end Area	#柑桔橙 Citrus 总产量 Total Output	#香(大)蕉 Banana 年末面积 Year-end Area	#香(大)蕉 Banana 总产量 Total Output
广州	Guangzhou	92.62	41.06	4.95	5.33	6.98	15.27
深圳	Shenzhen	3.80	0.17	0.02	0.01	0.01	…
珠海	Zhuhai	9.33	6.90	0.25	0.33	2.30	4.11
汕头	Shantou	19.35	18.57	1.20	1.98	3.67	6.07
佛山	Foshan	4.33	5.00	0.35	0.28	1.92	3.97
#顺德	Shunde	0.48	0.95			0.46	0.94
韶关	Shaoguan	49.56	43.05	23.45	21.27	0.47	0.41
河源	Heyuan	54.91	35.02	13.65	10.14	1.42	1.16
梅州	Meizhou	123.46	127.11	13.76	17.46	6.52	7.47
惠州	Huizhou	86.36	66.93	36.97	39.36	7.45	10.28
汕尾	Shanwei	54.71	25.64	2.15	3.39	3.86	4.08
东莞	Dongguan	19.43	6.11	0.01	0.01	3.50	4.67
中山	Zhongshan	9.82	16.73	0.35	0.81	5.04	9.91
江门	Jiangmen	29.93	25.11	4.73	6.63	6.16	11.35
阳江	Yangjiang	122.21	60.48	35.03	34.22	5.19	5.98
湛江	Zhanjiang	150.91	262.18	3.65	2.64	54.32	147.90
茂名	Maoming	353.01	274.51	2.81	2.31	61.78	159.30
肇庆	Zhaoqing	122.04	130.65	98.11	107.30	7.03	9.83
清远	Qingyuan	98.14	77.05	71.62	61.09	0.95	1.42
潮州	Chaozhou	25.12	17.43	2.31	3.44	1.05	1.88
揭阳	Jieyang	126.64	53.59	5.36	6.79	6.54	9.57
云浮	Yunfu	124.07	75.42	68.35	52.57	5.61	5.66
按经济区域分	By Region						
珠三角	Pearl River Delta	377.66	298.67	145.74	160.06	40.37	69.38
东翼	Eastern Region	225.83	115.23	11.01	15.60	15.12	21.60
西翼	Western Region	626.13	597.17	41.49	39.17	121.29	313.18
山区	Mountainous Region	450.14	357.66	190.82	162.53	14.97	16.12

11-23 续表 continued

单位：万亩、万吨 (10000 mu，10000 tons)

市 别	City	#菠萝 Pineapple		#荔枝 Lychee		#龙眼 Longan	
		年末面积 Year-end Area	总产量 Total Output	年末面积 Year-end Area	总产量 Total Output	年末面积 Year-end Area	总产量 Total Output
广 州	Guangzhou	0.14	0.08	46.28	5.28	11.54	3.00
深 圳	Shenzhen	…	…	3.21	0.11	0.54	0.03
珠 海	Zhuhai	…	…	4.57	0.37	0.73	0.13
汕 头	Shantou	0.11	0.09	3.75	0.74	0.59	0.33
佛 山	Foshan	0.03	0.05	0.41	0.16	0.90	0.22
#顺 德	Shunde					0.01	…
韶 关	Shaoguan			…	0.01	0.32	0.13
河 源	Heyuan	0.10	0.04	6.61	0.59	1.97	0.62
梅 州	Meizhou	0.27	0.15	6.02	2.17	6.17	3.02
惠 州	Huizhou	0.55	0.43	24.32	7.66	10.47	4.71
汕 尾	Shanwei	2.30	0.98	24.12	9.42	4.76	2.85
东 莞	Dongguan			13.38	0.79	1.94	0.29
中 山	Zhongshan	0.30	0.25	1.08	0.65	0.84	0.40
江 门	Jiangmen	0.15	0.09	9.42	2.05	5.91	2.16
阳 江	Yangjiang	0.35	0.19	46.50	9.23	23.25	6.43
湛 江	Zhanjiang	40.37	79.32	25.56	10.21	11.73	5.08
茂 名	Maoming	0.35	0.32	140.43	46.90	77.93	29.88
肇 庆	Zhaoqing	0.60	0.41	2.66	2.20	3.18	1.72
清 远	Qingyuan	0.01	…	2.28	0.85	2.22	1.04
潮 州	Chaozhou	1.01	1.08	4.50	1.39	4.72	2.12
揭 阳	Jieyang	5.00	5.26	26.47	7.34	10.90	2.80
云 浮	Yunfu	0.33	0.21	17.65	3.79	9.88	3.20
按经济区域分	By Region						
珠 三 角	Pearl River Delta	1.77	1.32	105.33	19.28	36.04	12.66
东 翼	Eastern Region	8.41	7.40	58.85	18.88	20.97	8.09
西 翼	Western Region	41.07	79.83	212.48	66.34	112.91	41.39
山 区	Mountainous Region	0.71	0.41	32.56	7.41	20.57	8.00

11-24 主要农副产品产量与最高年份比较（2013年）

Output of Major Farm and Sideline Products in Comparison with Peak Year (2013)

指标	Item	2013	建国以来最高年 Peak Year since 1949		
			年份 Year	产量 Output	2013为建国以来最高年份% Percentage of 2013to Peak Year%
粮食总产量 （万吨）	**Total Output of Grain (10000 tons)**	**1315.90**	**1997**	**1966.75**	**66.9**
#稻谷	Output of Rice	1045.00	1998	1688.53	61.9
早稻	Early Rice	521.06	1983	862.25	60.4
晚稻	Late Rice	523.94	1998	866.51	60.5
薯类	Tubers	165.89	1998	238.28	69.6
经济作物 （万吨）	**Economic Crops (10000 tons)**				
甘蔗	Sugarcane and Fruit Canes	1553.23	1992	2376.62	65.4
#糖蔗	Sugarcane	1358.77	1992	2271.06	59.8
油料作物	Oil-bearing Crops	101.01	2012	96.61	104.6
#花生	Peanuts	99.85	2012	95.52	104.5
烟叶	Tobacco	5.70	1992	8.62	66.1
其他作物	**Other Crops**				
#蔬菜 (万吨)	Vegetables (10000 tons)	3144.47	2012	2982.71	105.4
水果 （万吨）	**Fruits (10000 tons)**	**1368.73**	**2012**	**1279.09**	**107.0**
水产品 （万吨）	**Aquatic Products (10000 tons)**	**816.13**	**2012**	**789.50**	**103.4**
生猪年末存栏量 （万头）	**Number of Hogs at the Year-end (10000 heads)**	**2282.58**	**2009**	**2392.28**	**95.4**
生猪出栏头数 （万头）	**Number of Slaughtered Fattened Hogs (10000 heads)**	**3744.79**	**2012**	**3736.18**	**100.2**
猪肉产量 （万吨）	**Output of Pork (10000 tons)**	**277.77**	**2012**	**276.39**	**100.5**
家禽年末存栏 （亿只）	**Poultry at year-end (100 million heads)**	**3.23**	**2010**	**3.84**	**84.1**
出售和自宰的家禽（亿只）	**Poultry sold or slaughtered(100 million heads)**	**10.41**	**2010**	**11.37**	**91.6**
禽肉产量 （万吨）	**Output of Poultry Meat (10 000 tons)**	**143.02**	**2012**	**153.46**	**93.2**

注：1. 1998年起水产品产量按新标准计算。
2. 1998年起主要农产品产量采用抽样调查数，其他年份均为全面统计数。
3. 2004年起粮食产量含大豆。

Notes: a) The outputs of aquatic products since 1998 have been calculated in accordance with new criteria.
b) Since 1998, the outputs of major agricultural products have been obtained from the sample surveys, while those of other years were obtained from complete enumeration.
c) Since 2004, the output of grain has included that of soybeans.

11-25 乡镇企业基本情况（2013年）

Basic Conditions on Township Enterprises (2013)

项　目	Item	企业个数（个） Number of Enterprises (unit)	从业人员年末人数（万人） Number of Employed Persons at the Year-end (10000 persons)	营业收入（亿元） Business Income (100 million yuan)	利润总额（亿元） Total Profits (100 million yuan)	上交税金（亿元） Taxes Paied (100 million yuan)
总　计	**Total**	**407782**	**1141.58**	**35206.38**	**2310.59**	**1065.46**
按登记注册类型分	Grouped by Status of Registration					
内资企业小计	Domestic-funded Enterprises	384515	777.72	23634.97	1633.20	683.86
集体企业	Collective-owned Enterprises	17171	55.24	1619.65	121.02	47.27
股份合作企业	Share-holding Cooperative Enterprises					
联营企业	Joint-operation Enterprises					
有限责任公司	Limited Liability Corporations					
股份有限公司	Share-holding Corporation Ltd.					
私营企业	Private Enterprises	332429	651.01	18926.60	1321.53	552.99
港、澳、台商投资企业	Enterprises with Investment from Hong Kong, Macao and Taiwan	17370	268.55	7891.59	475.71	261.16
外商投资企业	Enterprises with Foreign Investment	5897	95.31	3679.81	201.69	120.44
按国民经济行业分	Grouped by Sector					
农、林、牧、渔业	Farming, Forestry, Animal Husbandry and Fishery	7213	11.98	278.60	21.08	5.53
工业	Industry	191344	911.26	29387.76	1831.81	861.29
#采矿业	Mining					
制造业	Manufacture					
电力、燃气及水的生产和供应业	Production and Supply of Electricity, Gas and Water					
建筑业	Construction	10676	32.32	755.01	62.43	33.98
#资质等级企业	Enterprises under Qualification Criteria	813	7.18	218.25	15.41	7.74
交通运输仓储业	Transportion and Storage	16315	16.56	326.82	41.58	13.91
批发零售业	Wholesale and Retail Trades	102012	66.51	2679.53	143.12	64.25
住宿及餐饮业	Hotels and Catering Services	34879	47.71	691.23	111.11	39.44
#餐饮业	Catering Services	17699	24.20	307.14	34.35	15.79
社会服务业	Social Services	25411	32.43	607.66	55.00	21.57
其他	Others	19932	22.80	479.77	44.47	25.50

11-26 各市乡镇企业基本情况（2013年）

Basic Conditions of Township Enterprises by City (2013)

市别	City	企业单位数（个）Number of Enterprises (unit)	企业人数（万人）Number of Employed Persons (10000 persons)	现价总产值（亿元）Gross Output Value at Current Prices (100 million yuan)	利润总额（亿元）Total Profits (100 million yuan)	上交税金（亿元）Taxes Paid (100 million yuan)
广　州	Guangzhou	30230	83.75	2759.13	151.76	110.68
深　圳	Shenzhen					
珠　海	Zhuhai	9067	32.95	2133.13	71.58	35.33
汕　头	Shantou	18861	63.93	2462.61	129.73	55.08
佛　山	Foshan					
#顺　德	Shunde					
韶　关	Shaoguan	6818	4.70	30.25	4.23	1.32
河　源	Heyuan	6346	17.77	366.29	34.43	14.65
梅　州	Meizhou	7852	27.12	510.24	32.48	28.28
惠　州	Huizhou	16274	75.44	1523.79	103.64	34.32
汕　尾	Shanwei	3710	29.92	722.50	23.64	9.78
东　莞	Dongguan	78104	322.36	7169.37	459.19	242.27
中　山	Zhongshan	38298	118.94	4647.51	260.69	199.30
江　门	Jiangmen	37068	74.60	2797.58	132.44	108.25
阳　江	Yangjiang	26391	25.40	767.28	339.03	26.63
湛　江	Zhanjiang	10900	29.77	1062.67	63.22	26.30
茂　名	Maoming	25327	55.15	1151.28	97.31	23.51
肇　庆	Zhaoqing	14353	39.34	1873.22	101.56	42.69
清　远	Qingyuan	29381	31.69	729.99	83.93	19.41
潮　州	Chaozhou	16207	35.39	1125.38	63.93	34.13
揭　阳	Jieyang	11962	54.20	3580.71	121.98	43.39
云　浮	Yunfu	20633	19.16	421.03	35.83	10.15
按经济区域分	By Region					
珠三角	Pearl River Delta	223394	747.38	22903.73	1280.86	772.83
东　翼	Eastern Region	50740	183.45	7891.21	339.29	142.38
西　翼	Western Region	62618	110.33	2981.24	499.55	76.45
山　区	Mountainous Region	71030	100.42	2057.79	190.89	73.81

主要统计指标解释

农林牧渔业增加值 是指农、林、牧、渔及农林牧渔服务业在一定时期内生产货物或提供服务活动而增加的价值。它反映了农业生产经营活动的最终成果和对社会的贡献。

农业增加值的计算方法有两种：(1)生产法，是从生产角度进行计算的一种方法。即用农业总产出减去农业中间消耗求得。由于农户没有健全的核算记录，故农业增加值一般是采用生产法计算的。(2)分配法，是从分配角度进行计算的一种方法。是通过农业生产单位在生产经营和劳务活动过程中形成的不含中间消耗的各种收入来计算。具体包括农业劳动者收入、福利基金、利税、固定资产折旧及大修理和其他。

农林牧渔业总产值 是以货币表现的农林牧渔业的全部产品总量和对农林牧渔业生产活动进行的各种支持性服务活动的价值。它反映一定时期内农林牧渔业生产总规模和总成果，是观察农林牧渔业生产水平和发展速度，研究农林牧渔业内部比例关系、农林牧渔业与工业、农林牧渔业与国家建设、人民生活比例关系的重要指标，同时也是计算农林牧渔业劳动生产率和农林牧渔业增加值的基础资料。

农林牧渔业总产值的计算，一般采用“产品法”，即凡有产品产量的，都按单位产品价格乘产量的办法求得每种产品产量的产值，然后相加求得各业的产值，最后各业相加求出农林牧渔业总产值。

农作物播种面积 是指一定生产季节结束时实际播种或移植有农作物的面积。播种面积的大小，反映农作物的生产规模和耕地的利用程度。正确地核算播种面积，对于组织农业生产活动，计算农作物产量，研究农作物的种植结构和分布情况以及制定各项增产技术措施，都是非常必要的。

播种面积的统计年度，凡是能在本日历年度内（自 1 月 1 日至 12 月 31 日）收获的农作物（包括上年秋冬播和本年春播、夏播以及南方地区的晚秋播而在本年收获的全部作物）播种面积，都包括在内。

农作物总产量 是指在一定时期内（通常是一年）生产的各种农作物产品总产量。它是衡量农业生产成果，统筹安排城乡人民生活，研究生产、积累和消费比例关系及编制国民经济计划的基本数据。不论是种植在耕地上或非耕地上的农作物产量，都包括在内。有的农作物收割期较长，虽在当年冬季就开始收割，但需跨年延到来年春季才能收完的，仍计算为本年农作物总产量。

农作物总产量是指全社会的产量，包括国有农场等国有经济单位的产量、集体统一经营的和农户承包地的产量，还包括农民自留地、工矿企业职工农属办的农场和其他单位生产的农作物产量。

农作物总产量是统计晒干入库的产量。有些地区，粮食脱粒、晒干、入库比较迟，是按照折干比例折成晒干的粮食产量进行统计的。

农业机械总动力 是指主要用于农、林、牧、渔业的各种动力机械的动力总和。包括耕作机械、排灌机械、收获机械、农产品加工机械、运输机械、植保机械、牧业机械、林业机械、渔业机械和其他农业机械。内燃机按引擎马力计算，电动机功率折成马力计入。

Explanatory Notes on Main Statistical Indicators

Value-added of Farming, Forestry, Animal Husbandry and Fishery refers to the value-added of goods produced or services provided by farming, forestry, animal husbandry, fishery in a given period of time. It shows the final results of the activities of production and management of agriculture and its contributions to the society.

The value-added of agriculture is calculated with two approaches:

(1) Production approach is a method from the production angle, i.e. total output of agriculture minus intermediate consumption of agriculture. The value-added of agriculture is usually calculated with the production approach as no complete accounting records of the rural households are available;

(2) Distribution approach is a method from the distribution angle, i.e. various incomes from the activities of production and management of the productive units of agriculture without intermediate consumption, including incomes of the rural laborers, welfare funds, profit and tax, depreciation of fixed assets and major overhaul and others.

Gross Output Value of Agriculture refers to the total volume of products of farming, forestry, animal husbandry, and fishery and the value of various services supporting the production of farming, forestry, animal husbandry and fishery in monetary terms, which reflects the total scale and total results of farming, forestry, animal husbandry and fishery production during a given period of time. It is an important indicator to observe the production level and development speed of farming, forestry, animal husbandry and fishery, to study the internal structure of farming, forestry, animal husbandry and fishery, and to review the proportionate relationship of farming, forestry, animal husbandry and fishery to industry, to national construction and to people' s life. It is also the foundation for calculating the labor productivity and value-added of farming, forestry, animal husbandry and fishery.

Generally, the gross output value of farming, forestry, animal husbandry and fishery is calculated with the production approach. Where applicable, the gross output value of each single product is obtained by multiplying the output of each product by its price. These values are then summed up to obtain the output value of each sector. The sum of output values of all sectors is the gross output value of farming, forestry, animal husbandry and fishery.

Area of Regularly Cultivated Land refers to farmland among the total land resources which is exclusively used for farming and is under regular cultivation with harvest in normal years. Included are currently cultivated land, land that has been abandoned or put in idle for less than 3 years and is available for recultivation at any time, newly-claimed land that has been put into cultivation for more than 3 years, and ditches, trenches, roads, and ridges with a width of less than 1 meter. Excluded under this category are steep slope land over 25 degrees under temporary cultivation, stretches or scattered plots temporarily claimed along river bends, lake sides or banks of reservoirs, as well as land that has been designated under the "Green for Grain" programmes of the state and provincial governments but is still temporarily under cultivation. Regularly cultivated land is classified into basic farmland and odd pieces of land used for cultivation.

Sown Area of Crops refers to area of land sown or transplanted with crops at the end of a production season, which reflects the scale of crops and the use of cultivated area. It is imperative to calculate the sown area correctly in order to organize the production activities of agriculture, calculate the yield of crops, study the composition and distribution of crops and work out technical measures to increase production.

Sown area within a statistical year refers to area of sown land with a harvest of crops within the calender year (from Jan.1 to Dec.31), including all area sown in the autumn and winter of the preceding year, in the spring and summer of the current year, and in the late autumn in southern regions, provided that it is harvested within the current year.

Total Output of Crops refers to the total output of farm crops of various kinds during a given period of time (usually a year). It is the basic figure to examine the production results of agriculture, make overall arrangements in the life of urban and rural households, study the proportionate relationships between production, accumulation and consumption and work out a plan of national economy. It covers the output of crops in both cultivated and uncultivated area. Crops with an extensive reaping period beginning in the winter of the current year are included in the total output of crops of the current year, even if harvest is extended until the spring of the following year.

The total output of crops refers to the total output of the whole society, including the output from state-owned units (e.g. state-owned farms), collective-owned units and contracted land of rural households as well as plots for family use, farms owned by rural family members of staff and workers of industrial and mining enterprises and others.

The total output of crops is the output of dry crops in storage. In areas with delayed threshing, drying and storing, it is converted from the output of undried crops according to certain rates.

Total Power of Farm Machinery refers to total mechanical power of machinery used in farming, forestry, animal husbandry, and fishery, including ploughing, irrigation and drainage, harvesting, processing, transport, plant protection, stock breeding, forestry and fishery. The power of internal combustion engines is calculated in horsepower, whereas the power of electric motors is converted into horsepower.

十二、工业

INDUSTRY

十二 工业

简要说明

一、本篇主要包括如下资料：1.全省及各地市全部工业和规模以上工业生产主要指标总量及速度。2. 规模以上工业主要产品产量。3. 全省及各地市规模以上工业主要经济效益指标。4. 规模以上工业企业按主要经济类型和企业规模分组的主要财务指标。5. 规模以上工业中高技术制造业、先进制造业主要经济指标。6. 全省工业总产值、主营业务收入、固定资产净值 50 强企业排行版。

二、本篇资料由广东省统计局工业交通处整理提供。

三、本篇工业资料是根据国家统计局工业统计报表制度，经各市、县统计局收集、汇总整理的，其中 1995 年度资料通过第三次全国工业普查取得，2004 年数据根据 2004 年广东省第一次全国经济普查取得，2008 年数据根据 2008 年广东省第二次全国经济普查取得。

四、规模以上工业企业的统计范围。1998 年至 2006 年为全部国有和年主营业务收入 500 万元及以上的非国有工业企业；2007 至 2010 年为年主营业务收入 500 万元及以上的工业企业（即规模以上工业企业）；从 2011 年开始，为年主营业务收入 2000 万元及以上的工业企业（即规模以上工业企业）。

五、从 2011 年年报起，工业行业分类按 2011 年《国民经济行业分类标准》划分；企业规模划分按 2011 年《统计上大中小微型企业划分办法》标准执行，增加了微型企业分组。

六、本篇规模以上工业增加值从 2011 年起按收入法公布。

12 Industry

Brief Introduction

Ⅰ. This chapter covers the following data: (1) Principal aggregate indicators and growth rates of industrial production of total industry and industry above designated size of the province and cities, (2) Output of major products of industry above designated size, (3) Main indicators on economic benefits of industry above designated size of the province and cities, (4) Main financial indicators on industry above designated size grouped by sector and scale, (5) Main economic indicators on advanced manufacturing industries and hi-tech manufacturing industries above designated size, (6) Top 50 Industrial Enterprises of the Province in terms of gross industrial output value, principal business revenue, and net value of fixed assets.

Ⅱ. The data in this chapter are prepared and provided by the Division of Industry and Transport Statistics of Statistics Bureau of Guangdong Province.

Ⅲ. The data in this chapter are collected, tabulated and prepared by the municipal and county statistical bureaus mainly in accordance with the industrial statistical reporting scheme stipulated by the National Bureau of Statistics, of which the annual data of 1995 were collected in the Third National Industrial Census and the data of 2004 were collected in the First National Economic Census of Guangdong. The data of 2008 were collected in theSecond National Economic Census of Guangdong. Since the data of the Second National Economic Census of Guangdong has not yet been verified by the National Bureau of Statistics, some data in the Yearbook may be slightly different from the final data.

Ⅳ. Industrial enterprises above designated size refers to all State-owned industrial enterprises and non-State-owned industrial enterprises with revenue from principal business over 5 million yuan from 1998 to 2006. For 2007 to 2010, the scopes of industrial statistics were all industrial enterprises with revenue from principal business over 5 million yuan, (or the industrial enterprises above designated size). Since 2011, the scope is adjusted to all industrial enterprises with revenue from principal business above 20 million yuan (i.e. industrial enterprises above designated size).

Ⅴ. Industrial sectors since 2011 in this chapter has been categorized in accordance with the 2011 Industrial Classification of the National Economy and the sizes of industrial enterprises have been categorized in accordance with the 2011 Interim Regulations on Statistical Categorization of Large, Medium , Small and Micro Industrial Enterprises. Micro industrial enterprises are added

Ⅵ. The value-added of industrial enterprises above designated size in this chapter is calculated by income approach since 2011.

12-1 工业主要指标

Main Indicators of Industry

指 标	Item	2000	2005	2010	2012	2013	2013比2012增长(%) Growth Rate in 2013 over 2012 (%)
全部工业	**All Industrial Enterprises**						
企业单位数 (个)	Number of Enterprises (unit)	380231	445657	481022	490757	500487	
工业总产值 (亿元)	Gross Industrial Output Value (100 million yuan)	16904.47	41661.74	93462.97	105049.54	119139.72	12.2
工业增加值 (亿元)	Value-added of Industry (100 million yuan)	4463.06	10482.03	21462.72	25810.07	27426.26	8.0
规模以上工业	**Industrial Enterprises above Designated Size**						
企业单位数 (个)	Number of Enterprises (unit)	19695	35157	53418	37811	41205	
亏损企业数 (个)	Number of Loss-making Enterprises	4805	7487	6385	5133	5286	4.4
工业总产值 (亿元)	Gross Industrial Output Value (100 million yuan)	12480.93	35942.74	85824.64	95602.09	109673.07	12.8
工业增加值 (亿元)	Value-added of Industry (100 million yuan)	3422.60	9416.39	20338.34	22720.81	26540.01	8.7
工业销售产值 (亿元)	Sales Output Value of Industy(100 million yuan)	12156.19	35045.52	83646.51	93754.37	106853.68	12.1
出口交货值 (亿元)	Export Delivery Value (100 million yuan)	4634.44	14326.66	25919.08	28540.50	30205.44	4.3
主营业务收入 (亿元)	Main Business Revenue (100 million yuan)	12380.65	34781.58	84114.85	93821.73	106361.21	10.9
资产总计 (亿元)	Total Assets (100 million yuan)	14370.57	27076.08	62626.90	71343.84	79655.27	11.3
流动资产合计 (亿元)	Average Balance of Circulating Funds (100 million yuan)	6891.49	15132.34	34339.97	40764.19	46450.89	12.3
固定资产合计 (亿元)	Average Balance of Net Value of Fixed Assets (100 million yuan)	5884.78	9996.70	22407.53	21208.93	22385.82	5.6
负债总计 (亿元)	Total Liabilities (100 million yuan)	8272.36	15661.24	35073.74	41508.50	46283.08	10.0
所有者权益合计(亿元)	Total Creditors' Equity (100 million yuan)	6098.21	11414.84	27461.84	29610.21	33092.80	11.8
利润总额 (亿元)	Total Profits (100 million yuan)	564.75	1693.99	6239.64	5464.90	6496.42	23.0
亏损企业亏损额(亿元)	Loss Value of Loss-making Enterprises (100 million yuan)	156.03	222.16	227.26	455.79	379.15	-18.5
利税总额 (亿元)	Total Pre-tax Profits (100 million yuan)	1042.77	2877.81	9418.42	9383.63	11008.36	17.3
应交增值税 (亿元)	Value-added Tax Payable (100 million yuan)	360.83	956.53	2280.56	2866.35	3343.02	20.1
应交所得税 (亿元)	Incomne Tax Payable (100 million yuan)	62.79	222.95	820.89	837.12	1024.14	22.3
本年应付工资总额 (亿元)	Total Salary Payable in Current Year (100 million yuan)	676.06	1963.90	5747.72	6510.58	7339.46	12.8
从业人员平均人数 (万人)	Average Employed Persons (10000 persons)	572.79	1085.65	1568.00	1452.16	1455.81	0.3

注：1. 2011年统计口径从年主营业务收入500万元及以上调整为2000万元及以上，为反映可比口径速度，本表规模以上工业主要指标增速使用快报增速。

2. 表中全部工业增加值及增长速度是核算的年度数据，2010年及以后规模以上工业增加值按照收入法计算，与全社会工业增加值不可直接比对。

Notes: a) Since 2011,the annual principal business revenue of industrial enterprises above designated size is changed from 5 million yuan or above to 20 million yuan or above. Growth rates in this table are calculated at current price with flash statistics report in order to compare the rate.

b) The value-added and growth rates of all industries in this talbe are calculated figures of the year. The value-added of industry above designated size is calculated by income approach since 2010,and hence is not directly comparable with the value-added of all industries.

12-2 规模以上工业企业增加值和指数

Value-added of Industrial Enterprises above Designated Size and Their Indices

项目	Item	2000	2005	2010	2012	2013
工业增加值 (亿元)	**Value-added of Industry (100 million yuan)**	**3422.60**	**9416.39**	**20338.34**	**22720.81**	**26540.01**
按经济类型分	Grouped by Ownership					
#国有控股工业	Of the Total: State-holding Industry	1035.41	1690.01	3729.48	4274.71	5107.57
国有工业	State-owned Industry	574.73	563.00	1172.21	1475.61	484.56
集体工业	Collective-owned Industry	301.48	137.07	199.38	147.82	125.87
股份合作工业	Share-holding Cooperative Industry	29.15	27.22	42.23	37.10	22.12
股份制工业	Share-holding Industry	158.86	2443.57	7351.85	9062.94	13009.17
外商投资工业	Foreign-funded Industry	575.31	2659.82	5200.37	5379.78	6142.89
港澳台投资工业	Industry with Funds from Hong Kong, Macao and Taiwan	1290.47	3283.07	5393.80	5604.99	6139.72
按轻重工业分	Grouped by Light and Heavy Industries					
轻工业	Light Industry	1628.13	3937.55	8038.97	8924.66	10336.98
重工业	Heavy Industry	1794.47	5478.84	12299.37	13796.15	16203.03
按企业规模分	Grouped by Size of Enterprises					
大型企业	Large Enterprises	610.13	2989.39	6579.38	10688.64	11709.16
中型企业	Medium Enterprises	1513.26	3125.07	7107.28	6513.52	7176.83
小微型企业	Small and Micro Enterprises	1298.55	3301.94	6651.68	5518.65	7654.01
工业增加值指数(2000年=100)	**Indices of Value-added of Industry(2000=100)**	**100.0**	**283.1**	**592.4**	**723.0**	**785.9**
按经济类型分	Grouped by Ownership					
#国有控股工业	Of the Total: State-holding Industry	100.0	167.5	354.9	428.4	462.7
国有工业	State-owned Industry	100.0	100.5	226.2	269.0	284.3
集体工业	Collective-owned Industry	100.0	46.7	81.0	93.3	97.4
股份合作工业	Share-holding Cooperative Industry	100.0	95.8	188.0	213.8	252.3
股份制工业	Share-holding Industry	100.0	1578.7	4296.3	5666.4	6284.0
外商投资工业	Foreign-funded Industry	100.0	474.5	844.5	971.9	1049.6
港澳台投资工业	Industry with Funds from Hong Kong, Macao and Taiwan	100.0	261.1	468.8	541.2	574.2
按轻重工业分	Grouped by Light and Heavy Industries					
轻工业	Light Industry	100.0	253.9	532.0	653.0	703.3
重工业	Heavy Industry	100.0	321.7	653.6	795.5	869.5
按企业规模分	Grouped by Size of Enterprises					
大型企业	Large Enterprises	100.0	502.9	978.4	1185.6	1286.4
中型企业	Medium Enterprises	100.0	212.0	412.9	476.2	509.0
小微型企业	Small and Micro Enterprises	100.0	260.9	637.7	816.7	905.7

注：1. 本表统计口径从2011年起从年主营业务收入500万元及以上调整为2000万元及以上。
2. 本表工业增加值2010年以前采用生产法计算，2011年起采用收入法计算，按当年价格计算，速度为可比口径计算。
3. 企业规模划分：2003年以前是一个标准，2003-2010年是一个标准，2011年起采用新的标准，增加了微型企业。

Note: a) Since 2011, the annual principal business revenue of industrial enterprises above designated size is changed from 5 million yuan or above to 20 million yuan or above.
b) Data of value-added in this table prior to 2010 are calculated with production approach and since 2011 calculated with income approach.Data of value-added of industry are calculated at current prices and the growth rates are calculated at comparable coverage.
c) Size of Industrial enterprise categorization: The standard prior to 2003 is not the same as the period from 2003 to 2010.Since 2011, New standard is adopted and micro-enterprieses is added.

12-3 历年规模以上工业增加值增长速度

Growth Rates of Industrial Enterprises above Designated Size

单位：% (%)

年份 Year	工业增加值 Gross Industrial Output Value	按轻重工分 Grouped by Light & Heavy Industry		按规模分 Grouped by Size			按经济类型分 Grouped by Ownership	
		轻工业 Light Industry	重工业 Heavy Industry	大型企业 Large Enterprises	中型企业 Medium Enterprises	小微型企业 Small and Micro Enterprises	国有控股工业 Of the Total: State-holding Industry	外商及港澳台商投资工业 Industry with Investment from Fordeign Country , Hong Kong, Macao and Taiwan
2001	15.1	12.4	18.4				4.0	14.2
2002	20.0	20.4	19.7				14.7	15.9
2003	28.4	23.4	38.5				20.8	22.2
2004	28.0	26.0	31.1	30.8	26.8	27.4	20.8	23.9
2005	24.7	20.6	25.0	23.2	21.5	28.0	6.1	16.2
2006	23.4	18.2	24.2	15.5	19.3	32.4	19.4	14.8
2007	18.2	24.2	13.2	19.2	14.2	22.1	12.6	16.9
2008	12.8	14.2	12.2	14.2	9.1	16.3	7.8	10.9
2009	8.9	7.4	10.0	11.4	-0.1	17.5	7.0	4.1
2010	16.8	16.4	17.1	15.0	13.4	22.2	12.8	14.5
2011	12.6	12.4	12.8	12.1	8.8	17.7	12.5	8.4
2012	8.4	9.2	7.9	8.1	6.0	8.8	7.3	5.7
2013	8.7	7.7	9.3	8.5	6.9	10.9	8.0	7.1

注：本表按可比口径计算。
Note: Data in this table are caculated in comparable coverage.

12-4 规模以上分行业工业增加值和增长速度

Value-added and Growth Rates of Industry above Designated Size by Sector

行　业	Sector	工业增加值(亿元) Value-added of Industry (100 million yuan) 2013	2013比2012增长(%) Growth Rate in 2013 over 2012 (%)
总　计	**Total**	**26540.01**	**8.7**
煤炭开采和洗选业	Mining and Washing of Coal	1.14	249.3
石油和天然气开采业	Extraction of Petroleum and Natural Gas	530.33	5.2
黑色金属矿采选业	Mining and Dressing of Ferrous Metal Ores	73.32	5.9
有色金属矿采选业	Mining and Dressing of Nonferrous Metal Ores	45.28	11.9
非金属矿采选业	Mining and Dressing of Nonmetal Ores	84.65	10.3
开采辅助活动	Auxiliary Minning Operations	12.01	15.1
其他采矿业	Mining and Dressing of Other Ores		
农副食品加工业	Processing of Farm and Sideline Food	476.70	9.4
食品制造业	Manufacture of Food	557.60	9.9
酒、饮料和精制茶制造业	Manufacture of Wine, Beverage and Refined Tea	273.88	8.2
烟草制品业	Tobacco Products	309.05	5.6
纺织业	Textile Industry	580.79	9.8
纺织服装、服饰业	Manufacture of Textile Garments, Footwear and Headgear	1008.71	7.3
皮革、毛皮、羽毛及其制品和制鞋业	Leather, Fur, Feather, Down and Related Products	587.30	4.4
木材加工和木、竹、藤、棕、草制品业	Timber Processing, Bamboo, Cane, Palm Fiber & Straw Products	158.14	13.5
家具制造业	Manufacture of Furniture	380.21	8.5
造纸和纸制品业	Papermaking and Paper Products	372.20	8.4
印刷和记录媒介复制业	Printing and Record Medium Reproduction	293.65	13.3
文教、工美、体育和娱乐用品制造业	Manufacture of Cultural, Educational,Sports and Entertainment Articles	690.25	8.8
石油加工、炼焦和核燃料加工业	Petroleum Refining, Coking and Nuclear Fuel Processing	918.23	4.9
化学原料和化学制品制造业	Manufacture of Raw Chemical Materials and Chemical Products	1295.80	7.7
医药制造业	Manufacture of Medicines	384.55	9.2
化学纤维制造业	Manufacture of Chemical Fibers	33.15	2.8
橡胶和塑料制品业	Rubber and Plastic Products	997.24	8.0
非金属矿物制品业	Nonmetal Mineral Products	1046.96	11.7
黑色金属冶炼和压延加工业	Smelting and Pressing of Ferrous Metals	442.90	13.7
有色金属冶炼和压延加工业	Smelting and Pressing of Nonferrous Metals	489.80	19.9
金属制品业	Metal Products	1162.47	9.3
通用设备制造业	Manufacture of General-purpose Machinery	707.94	8.6
专用设备制造业	Manufacture of Special-purpose Machinery	534.73	8.0
汽车制造业	Manufacture of Automobile	1298.09	12.9
铁路、船舶、航空航天和其他运输设备制造业	Manufacture of Railway ,Ship,Aeronautics and Other Transport equipment	279.94	0.2
电气机械和器材制造业	Manufacture of Electrical Machinery and Equipment	2375.11	7.2
计算机、通信和其他电子设备制造业	Manufacture of Communication Equipment, Computers and Other Electronic Equipment	5743.03	9.9
仪器仪表制造业	Manufacture of Instruments and Meters	220.53	8.4
其他制造业	Other Manufactures	55.79	-1.5
废弃资源综合利用业	Comprehensive Utilization of Waste	189.28	5.5
金属制品、机械和设备修理业	Manufacture of Metal Products,Machinery and Equipment Maintenance	21.41	24.5
电力、热力生产和供应业	Production and Supply of Electric Power and Heat Power	1637.71	4.4
燃气生产和供应业	Production and Supply of Gas	136.36	13.1
水的生产和供应业	Production and Supply of Water	133.77	4.0

注:本表工业增加值按当年价格计算,增长速度按快报可比价格计算。

Note: Data of value-added of industry in this table are calculated at current prices by income approach according to 2002 industry classification, whereas their growth rates are calculated at constant prices in accordance with flash reports.

12-5 规模以上工业企业单位数和产值

Number of Industrial Enterprises above Designated Size and Their Gross Output Values

项 目	Item	2000	2005	2010	2012	2013
工业企业单位数（个）	**Total Number of Industrial Enterprises (unit)**	**19695**	**35157**	**53418**	**37811**	**41205**
按经济类型分	Grouped by Ownership					
#国有控股工业	Of the Total: State-holding Industry	3320	1806	1279	1033	1054
国有工业	State-owned Industry	2383	1033	567	399	263
集体工业	Collective-owned Industry	4158	1272	872	375	290
股份合作工业	Share-holding Cooperative Industry	299	331	223	124	83
股份制工业	Share-holding Industry	1875	12753	25490	18762	23551
外商投资工业	Foreign-funded Industry	1682	4416	5790	4595	4726
港澳台投资工业	Industry with Funds from Hong Kong, Macao and Taiwan	6731	11292	13151	9436	9784
按轻重工业分	Grouped by Light and Heavy Industries					
轻工业	Light Industry	12255	20201	29678	20379	21840
重工业	Heavy Industry	7440	14956	23740	17432	19365
按企业规模分	Grouped by Size of Enterprises					
大型企业	Large Enterprises	823	288	524	1383	1480
中型企业	Medium Enterprises	1228	4189	6968	9102	9243
小微型企业	Small and Micro Enterprises	17644	30680	45926	27326	30482
工业总产值 （亿元）	**Gross Industrial Output Value (100 million yuan)**	**12480.93**	**35942.74**	**85824.64**	**95602.09**	**109673.07**
按经济类型分	Grouped by Ownership					
#国有控股工业	Of the Total: State-holding Industry	3126.12	6375.54	13166.37	15529.16	17525.16
国有工业	State-owned Industry	1450.86	2068.75	4595.82	5935.25	1242.18
集体工业	Collective-owned Industry	1202.49	468.56	767.03	515.91	442.55
股份合作工业	Share-holding Cooperative Industry	106.87	103.72	175.69	167.13	89.01
股份制工业	Share-holding Industry	1780.64	9256.47	30626.84	37018.42	52649.00
外商投资工业	Foreign-funded Industry	2527.06	11167.53	23705.89	25308.97	28073.94
港澳台投资工业	Industry with Funds from Hong Kong, Macao and Taiwan	4747.30	11708.00	21813.34	22390.99	24603.71
按轻重工业分	Grouped by Light and Heavy Industries					
轻工业	Light Industry	6607.84	14506.76	32867.30	35817.39	41669.48
重工业	Heavy Industry	5873.09	21435.97	52957.34	59784.70	68003.59
按企业规模分	Grouped by Size of Enterprises					
大型企业	Large Enterprises	4523.92	12558.39	28306.79	43400.30	47329.39
中型企业	Medium Enterprises	1427.65	11853.06	28566.98	26777.97	29088.43
小微型企业	Small and Micro Enterprises	6529.37	11531.28	28950.88	25423.82	33255.25

注：1. 本表统计口径从2011年起从年主营业务收入500万元及以上调整为2000万元及以上。

2. 企业规模划分：2003年以前是一个标准，2003-2010年是一个标准，2011年起采用新的标准，增加了微型企业.

Note: a) Since 2011, the annual principal business revenue of industrial enterprises above designated size is changed from 5 million yuan or above to 20 million yuan or above.

b) Size of Industrial enterprise categorization: The standard prior to 2003 is not the same as the period from 2003 to 2010. Since 2011, New standard is adopted and micro enterprises is added.

12-6 全部工业总产值和指数

Gross Industrial Output Value of All Industrial Enterprises and Theirs Indices

年份 Year	绝对数（亿元） Absolute Figures (100 million yuan)			指数（1978年＝100） Indices(1978=100)	
	全部工业总产值 Gross Industrial Output Value	#国有控股工业 State-holding Industry	#国有工业 State-owned Industry	全部工业总产值 Gross Industrial Output Value	#国有工业 State-owned Industry
1978	206.56		131.83	100.0	100.0
1979	221.46		142.64	107.5	106.1
1980	248.68		146.95	117.4	109.2
1981	282.95		165.53	134.5	120.3
1982	313.76		178.78	145.7	129.5
1983	356.91		204.68	163.4	144.1
1984	433.40		240.19	196.4	164.0
1985	534.72		298.42	249.6	194.0
1986	632.89		334.59	288.3	209.7
1987	878.29		427.10	384.6	255.4
1988	1318.90		594.98	519.3	316.7
1989	1647.24		714.93	603.9	335.8
1990	1902.25		765.43	707.1	366.9
1991	2524.12		973.59	909.6	442.1
1992	3479.39		1202.46	1243.0	532.5
1993	5237.37		1445.38	1731.0	552.4
1994	7273.95		1562.24	2305.9	536.8
1995	9720.54		1709.89	2880.8	539.8
1995(新规定) (New Stipulations)	8849.90		1465.82		
1996	10530.93		1544.58	3404.9	549.8
1997	12372.69		1574.39	4040.7	590.0
1998	13799.16		1453.79	4708.5	526.3
1999	15303.33	3025.68	1427.42	5385.9	487.2
2000	16904.47	3126.12	1536.50	6376.7	472.1
2001	18909.91	3309.51	1186.24	7428.9	374.8
2002	21788.71	3369.50	1217.66	8847.8	392.4
2003	27375.56	4017.54	979.19	11281.8	379.3
2004	34443.48	6039.24	1862.55	13958.7	709.5
2005	41661.74	6375.54	2068.75	16634.5	776.4
2006	51131.94	7253.17	2923.76	20137.8	1082.3
2007	62759.92	8603.94	2791.73	24399.0	1267.4
2008	74414.31	11144.50	2877.31	27636.7	1267.0
2009	75886.62	10790.11	3654.86	29405.4	1280.4
2010	93462.97	13166.37	4595.82	35110.0	1554.0
2011	103493.35	13927.70	5102.02	39358.3	1765.3
2012	105049.54	15529.16	5938.25	43490.9	1899.5
2013	119139.72	17525.16	1242.18	48796.8	2076.2

注：1. 工业总产值按当年价计算，2008年根据经普结果进行调整，指数按可比价计算。
2. 2000年起全部工业总产值中规模以下部分为抽样调查数。

Notes: a) Gross industrial output values are calculated at current prices, whereas their indices have been adjusted in accordance with the national economic census in 2008 and are calculated at constant prices.
b) Since 2000, data of the industrial enterprises below designated size in the gross industrial output value have been obtained from sample surveys.

12-7 规模以上工业总产值和指数

Gross Output Value of Industrial Enterprises above Designated Size and Their Indices

单位:亿元 (100 million yuan)

年份 Year	工业总产值 Gross Industrial Output Value	轻工业 Light Industry	重工业 Heavy Industry	#大中型工业 Large and Medium-sized Industry	指数(1978年=100) Indices (1978=100)	轻工业 Light Industry	重工业 Heavy Industry	#大中型工业 Large and Medium-sized Industry
1978	180.73	102.32	78.41	49.34	100.0	100.0	100.0	100.0
1979	194.64	110.28	84.36	54.91	105.8	105.3	106.4	109.5
1980	212.69	128.17	84.52	56.33	115.8	127.7	100.7	103.1
1981	241.93	152.97	88.96	66.89	128.7	151.3	102.1	133.0
1982	263.02	164.17	98.85	75.37	139.9	164.2	111.2	148.5
1983	293.70	180.60	113.10	92.78	157.1	184.5	124.7	181.5
1984	359.87	223.29	136.58	110.63	188.1	226.1	142.8	209.9
1985	471.83	289.68	182.15	166.11	236.0	279.6	179.8	302.0
1986	550.49	344.70	205.79	210.27	269.5	327.7	194.7	379.7
1987	747.47	472.45	275.02	299.19	350.1	426.5	252.2	522.3
1988	1118.00	718.03	399.97	459.74	472.5	582.1	332.2	720.2
1989	1399.45	893.20	506.25	622.42	543.2	594.3	389.2	863.6
1990	1605.80	1057.02	548.78	734.35	637.6	795.5	435.8	1042.2
1991	2144.93	1371.46	773.47	1057.02	820.0	1009.7	622.1	1476.1
1992	2884.93	1796.12	1088.23	1408.48	1096.0	1331.0	854.4	1980.5
1993	4252.70	2515.77	1736.93	1891.29	1470.7	1751.6	1188.8	2412.8
1994	5565.48	3224.69	2340.79	2563.27	1819.1	2135.9	1507.6	2863.3
1995(原规定) (Original Stipulations)	7189.24	4148.78	3040.46	3227.59	2274.1	2581.8	1993.2	3519.7
1995(新规定) (New Stipulations)	6502.97	3776.94	2726.03	2824.61				
1996	7490.49	4344.25	3146.24	3470.81	2625.4	2989.5	2290.2	4253.6
1997	8442.32	4914.09	3528.23	3950.86	3045.3	3470.5	2652.8	5176.4
1998	9738.56	5765.51	3973.05	4169.16	3508.2	3866.1	3228.5	5927.0
1999	10538.17	6011.06	4527.11	4711.94	4016.9	4299.1	3861.3	7070.9
2000	12480.93	6607.84	5873.09	5951.56	4757.4	4737.6	5027.4	8590.8
2001	14035.35	7165.90	6869.44	7534.70	5637.5	5400.9	6234.0	12181.8
2002	16378.60	8161.63	8216.97	8755.02	6787.6	6313.7	7742.6	14472.0
2003	21513.46	9959.51	11553.95	14353.53	9051.9	7845.4	11063.4	19955.4
2004	29554.92	12146.01	17408.91	19799.88	12228.7	9549.6	15380.9	27054.8
2005	35942.74	14506.76	21435.97	24403.13	14652.0	11434.3	17914.1	32852.0
2006	44674.75	17148.09	27526.65	30828.93	17963.7	13549.8	21927.5	40937.6
2007	55252.86	21221.12	34031.74	37718.60	21931.9	16667.6	26370.0	49436.3
2008	65424.61	25035.86	40388.76	43866.65	25188.6	19373.2	29468.8	55765.6
2009	68275.77	26685.86	41589.91	44755.10	27430.4	20806.8	32415.7	57494.3
2010	85824.64	32867.30	52957.34	56873.77	33437.7	25200.5	39064.6	70824.4
2011	94871.68	36005.33	58866.35	67492.96	38954.9	29333.4	45549.3	79606.6
2012	95602.09	35817.39	59784.70	70178.27	43162.0	32032.1	49147.7	86134.3
2013	109673.07	41669.48	68003.59	76417.82	48686.7	36420.5	55192.9	95695.2

注：1. 工业总产值按当年价格计算，指数按可比价计算。

2. 1997年以前为乡及乡以上工业，2011年起规模以上统计口径从年主营业务收入500万元及以上调整为2000万元及以上。

Notes: a) Gross industrial output values are calculated at current prices, whereas their indices are calculated at constant prices.

b) Data prior to 1997 refer to the industrial enterprises at or above the township level.Since 2011, the annual principal business revenue of industrial enterprises above designated size is changed from 5 million yuan or above to 20 milliom yuan.

12-8 规模以上工业产品产量

Output of Industrial Products of Enterprises above Designated Size

产品名称		Item		2000	2005	2010	2012	2013
化学纤维	(万吨)	Chemical Fiber	(10000 tons)	45.00	46.50	44.54	57.11	55.95
#合成纤维	(万吨)	Synthetic Fiber	(10000 tons)	45.00	40.28	42.45	53.03	52.34
纱	(万吨)	Yarn	(10000 tons)	16.99	36.64	45.16	40.86	36.86
布	(亿米)	Cloth	(100 million m)	16.99	24.82	28.27	23.54	27.53
#纯棉布	(亿米)	Pure Cotton Cloth	(100 million m)	7.49	17.75	19.54	14.11	19.58
丝	(万吨)	Silk	(10000 tons)	0.05	0.11	0.17	0.15	0.17
呢绒	(万米)	Woolen Piece Goods	(10000 m)	676.00	947.17	13.00	492.00	238.00
服装	(万件)	Clothing	(10000 piece)	219886	381148	702623	537184	559840
皮革鞋靴	(万双)	Leather Shoes and Boots	(10000 pair)	90492	91183	121778	79184	75858
机制纸及纸板	(万吨)	Machine-made Paper and Paperboard	(10000 tons)	260.30	690.61	1434.68	1581.84	1911.14
家用电冰箱	(万台)	Household Refrigerators	(10000 sets)	320.70	601.51	1457.76	1654.97	1946.02
冷柜	(万台)	Freezers	(10000 sets)		79.80	180.14	239.17	258.84
家用洗衣机	(万台)	Household Washing Machines	(10000 sets)	244.18	266.41	467.83	606.96	665.24
吸尘器	(万台)	Vacuum Cleaners	(10000 sets)	251.80	1163.05	2626.67	2858.67	2438.44
电风扇	(万台)	Electric Fans	(10000 sets)	6759.02	10174.90	14813.38	13352.95	12489.89
房间空气调节器	(万台)	House Air Conditioners	(10000 sets)	697.91	3441.69	5477.85	5342.08	5168.63
排油烟机	(万台)	Smoke Absorbers	(10000 sets)	43.39	312.78	1324.67	1451.74	1767.95
微波炉	(万台)	Microwave Ovens	(10000 sets)	906.51	2874.37	5341.00	5501.58	5731.37
电话单机	(万部)	Telephone Sets	(10000 sets)	7700.05	15062.47	14766.80	11175.68	10854.89
移动通信手持机(手机)	(万台)	Mobile Communication Handset	(10000 units)	1001.30	5965.69	48626.59	57599.27	77818.03
传真机	(万部)	Fax Machines	(10000 sets)	109.57	402.04	176.61	245.49	157.24
微型电子计算设备	(万台)	Micro-computers	(10000 units)	169.74	1664.12	3581.11	5382.47	3613.96
集成电路	(亿块)	Semiconductor Integrated Circuit	(100 million pieces)	11.76	56.37	161.01	172.07	181.80
彩色电视机	(万部)	Color TV Sets	(10000 sets)	1531.53	4089.62	4494.78	5810.12	6691.07
数字激光音、视盘机	(万台)	Laser Digital Audio,Video Disc Machine	(10000sets)	637.69	7524.42	7589.01	19737.02	17020.14
组合音响	(万部)	Hi-fi Stereo Component System	(10000 sets)	2344.58	5249.07	9713.01	11265.00	10386.22
照相机	(万架)	Cameras	(10000 sets)	3545.88	4726.47	3798.93	3125.57	2667.49
表	(万只)	Watches	(10000 units)	19123.23	9958.44	11892.26	12182.03	11545.06
日用玻璃制品	(万吨)	Daily Use Glassware	(10000 tons)	51.46	106.73	150.93	31.32	38.46
合成洗涤剂	(万吨)	Synthetic Detergents	(10000 tons)	26.31	149.20	224.61	274.78	359.18
精制食用植物油	(万吨)	Refined Edible Vegetablc oil	(100000tons)	7.87	145.87	244.21	583.87	648.33
成品糖	(万吨)	Refined Sugar	(10000 tons)	91.30	119.43	91.66	147.60	140.21
卷烟	(万箱)	Cigarettes	(10000 units)	177.30	210.71	260.69	274.17	278.38
罐头	(万吨)	Canned Food	(10000 tons)	7.11	13.81	30.18	29.87	38.25
饮料酒(混合量)	(万千升)	Alcoholic Beverages (mixed weight)	(10000 kiloliter)	178.66	263.35	415.80	491.37	497.10
#白酒	(万千升)	Spirits	(10000 kiloliter)	17.88	7.61	10.27	11.02	11.88
啤酒	(万千升)	Beer	(10000 kiloliter)	158.89	253.69	401.40	474.24	480.79
乳制品	(万吨)	Dairy Products	(10000 tons)	1.29	19.55	58.12	56.62	88.85
中成药	(万吨)	Traditional Chinese Patent Medicine	(10000 tons)	6.05	9.03	19.01	19.13	21.82
化学原料药	(万吨)	Chemical Medicine	(10000 tons)	1.94	2.82	4.78	5.62	7.87

12-8 续表 continued

产 品 名 称		Item		2000	2005	2010	2012	2013
农用化肥	(万吨)	Chemical Fertilizer	(10000 tons)	34.65	36.47	62.15	48.64	53.92
#氮肥	(万吨)	Nitrogen Fertilizer	(10000 tons)	15.98	3.04	11.49	1.94	0.23
磷肥	(万吨)	Phosphate Fertilizer	(10000 tons)	18.67	31.48	50.66	39.62	44.66
化学农药	(万吨)	Chemical Pesticide	(10000 tons)	0.84	1.19	0.86	1.75	2.31
乙烯	(万吨)	Ethylene	(10000 tons)	54.85	56.17	203.96	234.74	238.26
合成橡胶	(万吨)	Synthetic Rubber	(10000 tons)	5.45	7.85	38.36	33.69	45.15
轮胎外胎	(万条)	Tires	(10000 pieces)	359.13	833.02	6907.25	5676.03	6049.96
交流电动机	(万千瓦)	Alternating Current Motors	(10000 kw)	236.21	405.62	753.39	1221.27	844.42
汽车	(万辆)	Motor Vehicles	(10000 units)	3.94	41.36	156.29	159.66	254.26
#载货汽车	(万辆)	Trucks	(10000 units)	0.53	0.51	0.34	0.55	0.43
客车	(万辆)	Buses	(10000 units)	0.18	0.11	0.20	0.16	0.09
轿车	(万辆)	Cars	(10000 units)	3.22	40.74	132.67	120.56	206.17
摩托车	(万辆)	Motorcycles	(10000 units)	146.31	455.82	917.60	790.12	859.43
自行车	(万辆)	Bicycles	(10000 units)	1038.00	1760.58	788.75	942.45	959.65
生铁	(万吨)	Pig Iron	(10000 tons)	201.57	464.69	806.68	842.00	1149.88
粗钢	(万吨)	Crude Steel	(10000 tons)	286.99	757.07	1239.34	1228.53	1735.22
成品钢材	(万吨)	Rolled Steel Products	(10000 tons)	406.28	1365.77	2918.89	2992.96	3384.52
十钟有色金属	(万吨)	Ten Kinds of Nonferrous Metas	(10000 tons)		33.60	45.31	20.04	44.76
铝材	(万吨)	Aluminum	(10000 tons)		144.92	496.85	376.59	510.72
水泥	(万吨)	Cement	(10000 tons)	5872.00	8031.74	11536.67	11384.25	13394.93
平板玻璃	(万重量箱)	Plate Glass	(10000 wt.cases)	632.59	2328.82	7821.07	7982.16	8586.64
日用玻璃制品	(万吨)	Glass Products for Daily Use	(10000 tons)		106.73	150.93	61.37	38.46
硫酸	(万吨)	Sulphuric Acid	(10000 tons)	138.75	172.64	236.74	260.20	282.87
纯碱	(万吨)	Soda Ash	(10000 tons)	24.28	31.91	40.01	48.27	60.73
烧碱	(万吨)	Caustic Soda	(10000 tons)	16.43	22.77	27.62	30.93	32.39
合成氨	(万吨)	Synthetic Ammonia	(10000 tons)	23.43	4.39	6.88	6.02	6.30

注：1. 纱包括纯棉纱、棉混纺纱、纯化纤纱，不包括棉线、代用纤维纱和手工纺纱。
2. 布包括纯棉布、棉混纺布、纯化纤布，不包括代用纤维布、手工织布。
3. 农用化肥按有效成分100%计算。
4. 成品钢材已剔除重复加工的钢材。

Notes: a) Yarn includes pure and blended cotton yarn, pure chemical fiber yarn, but excludes cotton thread, substitute fiber yarn and handmade yarn.
b) Cloth includes pure and blended cotton cloth,pure chemical fiber cloth and canvas,but excludes substitute fiber cloth,hand-woven cloth and cord fabric.
c) The output of chemical fertilizers is calculated on the basis of 100 percent effective content equivalent.
d) The output of rolled steel products excludes the steel products reprocessed.

12-9 各市规模以上工业企业单位数和工业总产值

Number and Gross Output Value of Industrial Enterprises above Designated Size by City

市别	City	工业企业单位数(个) Number of Industrial Enterprises (unit)							
		2000	2005	2008	2009	2010	2011	2012	2013
广州	Guangzhou	4531	5240	7442	7023	6969	4438	4373	4811
深圳	Shenzhen	1834	5214	8930	8413	8249	5692	5835	6523
珠海	Zhuhai	771	992	1395	1386	1347	893	927	1054
汕头	Shantou	794	1490	2339	2403	2580	1877	1880	1845
佛山	Foshan	2180	5148	7997	7807	7684	6318	5950	6163
#顺德	Shunde	513	1558	2843	2709	2676	1914	1761	1874
韶关	Shaoguan	406	392	507	515	559	408	482	556
河源	Heyuan	148	226	419	411	440	361	383	436
梅州	Meizhou	371	392	454	489	521	340	326	368
惠州	Huizhou	689	1243	1875	1870	1853	1428	1430	1702
汕尾	Shanwei	94	179	277	347	452	243	257	251
东莞	Dongguan	1663	4504	5954	5801	5899	4243	4526	5361
中山	Zhongshan	1074	3291	5078	5036	5063	3170	3192	2973
江门	Jiangmen	1599	2365	3164	3246	3246	2766	1851	2007
阳江	Yangjiang	250	498	623	604	596	521	527	569
湛江	Zhanjiang	458	578	798	832	850	651	695	772
茂名	Maoming	447	590	737	737	792	628	675	844
肇庆	Zhaoqing	981	684	1035	1065	1131	1054	1046	1086
清远	Qingyuan	304	426	774	770	813	635	497	514
潮州	Chaozhou	326	727	1008	1140	1245	726	768	865
揭阳	Jieyang	455	714	1416	1833	2525	1511	1731	1884
云浮	Yunfu	320	264	381	489	604	401	460	621
按经济区域分	By Region								
珠三角	Pearl River Delta	15322	28681	42870	41647	41441	30002	29130	31680
东翼	Eastern Region	1669	3110	5040	5723	6802	4357	4636	4845
西翼	Western Region	1155	1666	2158	2173	2238	1800	1897	2185
山区	Mountainous Region	1549	1700	2535	2674	2937	2145	2148	2495

注：本表统计口径从2011年起从年主营业务收入500万元及以上调整为2000万元及以上。

Note: Since 2011, the annual principal business revenue of industrial enterprises above designated size is changed from 5 million yuan or above to 20 million yuan or above.

12-9 续表 continued

市别	City	工业总产值(亿元) Gross Industrial Output Value (100 million yuan) 2000	2005	2008	2009	2010	2011	2012	2013
广州	Guangzhou	2568.57	6032.05	10514.91	11376.76	13831.25	15712.72	14857.09	17192.88
深圳	Shenzhen	2566.93	9867.55	15854.28	15416.24	18526.82	20432.12	21363.05	23095.21
珠海	Zhuhai	630.17	1569.56	2496.68	2405.04	2976.18	3377.25	3072.56	3460.86
汕头	Shantou	344.34	761.37	1330.51	1531.10	1897.57	1892.26	2111.54	2481.80
佛山	Foshan	1560.55	4780.88	10658.47	11711.28	14527.47	14425.03	14653.96	17121.88
#顺德	Shunde	640.38	1820.30	3689.48	4019.99	4785.24	4808.53	4914.61	5353.32
韶关	Shaoguan	151.01	393.36	670.43	599.23	773.37	917.86	1000.18	1160.59
河源	Heyuan	35.81	182.10	519.56	604.68	832.73	1041.39	953.66	1140.14
梅州	Meizhou	81.81	206.98	333.56	351.11	455.97	546.78	502.91	567.99
惠州	Huizhou	657.83	1428.66	2600.26	3005.14	3905.17	4765.03	5477.28	6605.29
汕尾	Shanwei	30.08	113.45	257.81	319.60	432.42	579.41	760.63	968.72
东莞	Dongguan	914.64	3940.11	6632.82	6071.11	7739.09	8469.69	9492.55	11023.45
中山	Zhongshan	532.95	2221.45	3766.54	4057.97	5023.63	5746.84	5702.16	5673.75
江门	Jiangmen	871.15	1453.25	2709.55	2933.26	3828.91	4671.20	2519.47	3107.86
阳江	Yangjiang	66.17	213.82	448.05	504.56	693.46	964.52	1197.42	1564.09
湛江	Zhanjiang	269.10	644.27	1139.85	1028.79	1404.95	1752.66	1717.67	2041.37
茂名	Maoming	373.22	702.04	1199.78	1098.13	1360.15	1703.91	1775.52	2146.12
肇庆	Zhaoqing	392.04	321.20	964.05	1179.01	1744.19	2468.96	2816.44	3410.29
清远	Qingyuan	77.51	364.34	1646.06	2024.06	2887.04	1752.20	1334.44	1432.42
潮州	Chaozhou	73.88	293.72	521.38	581.07	723.12	840.22	891.63	1088.31
揭阳	Jieyang	136.46	298.82	885.66	1153.29	1794.82	2298.98	2828.79	3604.19
云浮	Yunfu	146.71	153.77	274.41	324.32	466.34	512.63	573.13	785.87
按经济区域分	By Region								
珠三角	Pearl River Delta	10694.83	31614.71	56197.57	58155.82	72102.70	80068.84	79954.57	90691.47
东翼	Eastern Region	584.76	1467.36	2995.35	3585.06	4847.93	5610.88	6592.59	8143.02
西翼	Western Region	708.49	1560.13	2787.68	2631.48	3458.56	4421.10	4690.61	5751.58
山区	Mountainous Region	492.85	1300.55	3444.02	3903.40	5415.45	4770.86	4364.33	5087.01

注：本表产值按当年价格计算。
Note: Data of gross industrial output value in this table are calculated at current prices.

12-10 各市规模以上工业增加值和指数

Value-added and Indices of Industry above Designated Size by City

市 别	City	工业增加值(亿元) Value-add of Industry (100 million yuan)							
		2000	2005	2008	2009	2010	2011	2012	2013
广 州	Guangzhou	708.40	1654.03	2987.65	3241.76	4073.35	4008.38	3945.18	4446.93
深 圳	Shenzhen	706.85	2571.95	4207.20	4014.36	5015.33	4769.43	5107.24	5794.50
珠 海	Zhuhai	156.16	328.74	516.56	569.84	683.98	675.48	664.93	783.68
汕 头	Shantou	88.56	190.30	350.05	389.59	483.20	416.86	510.21	599.23
佛 山	Foshan	401.78	1303.31	3027.33	3234.43	3915.12	2991.38	3302.10	3872.79
#顺 德	Shunde	145.21	492.95	1057.46	1137.79	1288.00	1035.45	1111.20	1226.58
韶 关	Shaoguan	50.72	108.63	181.47	181.84	219.25	241.88	264.21	310.91
河 源	Heyuan	10.66	57.78	181.33	189.59	312.36	265.44	245.41	318.41
梅 州	Meizhou	29.46	72.49	125.30	134.35	166.00	161.71	160.17	188.42
惠 州	Huizhou	129.08	315.32	614.67	674.76	881.16	1013.54	1173.97	1423.20
汕 尾	Shanwei	8.74	29.17	73.78	88.55	112.34	183.10	185.74	222.14
东 莞	Dongguan	259.44	1060.49	1688.98	1453.37	1760.02	1642.45	1978.13	2425.62
中 山	Zhongshan	136.16	551.20	953.96	1012.28	1263.08	1234.73	1227.06	1195.97
江 门	Jiangmen	189.49	355.10	712.54	796.08	1053.39	1069.84	576.13	696.94
阳 江	Yangjiang	21.55	66.26	123.05	137.96	184.14	224.86	294.86	390.31
湛 江	Zhanjiang	99.80	229.87	438.53	387.78	528.83	517.50	557.52	684.86
茂 名	Maoming	78.44	165.28	299.59	325.44	362.29	426.18	498.04	666.70
肇 庆	Zhaoqing	36.36	76.86	244.76	288.81	434.51	570.95	664.99	807.02
清 远	Qingyuan	21.22	90.83	408.17	557.00	686.02	362.99	290.92	320.27
潮 州	Chaozhou	20.19	69.46	143.00	152.41	194.91	215.79	241.49	301.41
揭 阳	Jieyang	39.09	77.62	236.92	307.48	512.46	547.05	685.73	878.55
云 浮	Yunfu	22.37	41.70	77.22	97.53	146.58	123.77	146.78	212.16
按经济区域分	By Region								
珠三角	Pearl River Delta	2723.72	8217.00	14953.65	15285.69	19079.95	17976.18	18639.71	21446.65
东 翼	Eastern Region	156.58	366.55	803.75	938.03	1302.91	1362.80	1623.17	2001.33
西 翼	Western Region	199.79	461.41	861.17	851.18	1075.26	1168.54	1350.43	1741.87
山 区	Mountainous Region	134.43	371.44	973.49	1160.31	1530.20	1155.78	1107.49	1350.17

注：1. 本表统计口径从2011年起从年主营业务收入500万元及以上调整为2000万元及以上。
2. 本表增加值2010年及以前用生产法计算，2011年起用收入法计算。

Note:a) Since 2011, the annual principal business revenue of industrial enterprises above designated size is changed from 5 million yuan or above to 20 million yuan or above.

b) The value-added in this table in 2010 and prior to are calculated with production approach and since 2011 calculated with income approach.

12-10 续表 continued

市 别	City	指数(2000年=100) Indices (2000=100)							
		2000	2005	2008	2009	2010	2011	2012	2013
广 州	Guangzhou	100.0	223.8	357.0	391.6	455.8	510.5	566.2	623.9
深 圳	Shenzhen	100.0	391.6	584.7	635.6	723.3	814.5	873.9	957.8
珠 海	Zhuhai	100.0	229.9	356.3	360.5	426.1	492.2	523.2	581.8
汕 头	Shantou	100.0	183.0	300.6	346.9	407.9	481.4	551.1	628.3
佛 山	Foshan	100.0	312.0	625.4	713.0	851.3	977.3	1093.6	1232.5
#顺 德	Shunde	100.0	242.1	425.4	476.0	565.0	637.9	700.4	785.1
韶 关	Shaoguan	100.0	159.8	270.1	286.3	332.4	383.9	428.4	504.7
河 源	Heyuan	100.0	460.0	1306.0	1488.9	1844.7	2215.5	2618.8	3071.8
梅 州	Meizhou	100.0	210.7	329.0	355.6	422.1	511.2	587.4	669.6
惠 州	Huizhou	100.0	215.2	391.1	457.3	582.5	700.2	830.5	977.4
汕 尾	Shanwei	100.0	367.4	958.5	1169.4	1541.3	2017.5	2588.5	3233.0
东 莞	Dongguan	100.0	327.6	459.6	430.2	512.0	550.4	581.2	646.9
中 山	Zhongshan	100.0	494.0	787.1	869.0	1026.2	1182.2	1365.5	1504.8
江 门	Jiangmen	100.0	207.7	378.0	424.5	525.1	625.4	701.1	799.9
阳 江	Yangjiang	100.0	266.8	441.3	530.5	705.0	927.8	1156.1	1516.7
湛 江	Zhanjiang	100.0	183.7	261.4	287.8	340.2	389.5	436.6	501.7
茂 名	Maoming	100.0	163.6	231.0	242.3	276.9	319.8	390.2	456.9
肇 庆	Zhaoqing	100.0	211.8	580.7	712.5	952.6	1218.4	1464.5	1729.5
清 远	Qingyuan	100.0	353.0	1351.4	1716.2	2310.0	2848.3	2888.2	3136.5
潮 州	Chaozhou	100.0	321.1	583.9	663.3	796.0	968.0	1129.6	1316.0
揭 阳	Jieyang	100.0	188.3	499.5	633.4	879.7	1142.8	1394.2	1726.0
云 浮	Yunfu	100.0	174.7	355.8	393.1	517.4	709.8	895.1	1127.8
按经济区域分	By Region								
珠三角	Pearl River Delta	100.0	205.0	317.3	343.0	399.6	444.8	480.8	522.7
东 翼	Eastern Region	100.0	208.4	365.3	430.3	532.7	639.2	757.5	873.4
西 翼	Western Region	100.0	199.8	296.2	318.1	373.3	428.5	500.5	573.6
山 区	Mountainous Region	100.0	207.5	432.1	507.7	638.6	763.1	845.5	934.3

注：本表工业增加值按当年价格计算,指数按可比价格计算。
Note: Data of value-added of industry in this table are calculated at current prices, whereas their indices are calculated at constant prices.

12-11 各市规模以上工业企业单位数（2013年）

单位：个

项　目	Item	全省 Provincial Total	广州 Guangzhou
全省总计	**Provincial Total**	**41205**	**4811**
按经济类型分	Grouped by Ownership		
在总计中：国有控股工业	Of the Total:State-holding Industry	1054	263
国有工业	State-owned Industry	263	51
集体工业	Collective-owned Industry	290	34
股份合作工业	Share-holding Cooperative Industry	83	27
股份制工业	Share-holding Industry	23551	2685
外商投资工业	Foreign-funded Industry	4726	770
港澳台投资工业	Industry with Funds from Hong Kong, Macao and Taiwan	9784	988
按轻重工业分	Grouped by Light and Heavy Industries		
轻工业	Light Industry	21840	2772
重工业	Heavy Industry	19365	2039
按企业规模分	Grouped by Size of Enterprises		
大型企业	Large Enterprises	1480	184
中型企业	Medium Enterprises	9243	850
小微型企业	Small and Micro Enterprises	30482	3777
按行业分	Grouped by Sector		
煤炭开采和洗选业	Mining and Washing of Coal	1	
石油和天然气开采业	Extraction of Petroleum and Natural Gas	3	1
黑色金属矿采选业	Mining and Dressing of Ferrous Metal Ores	61	
有色金属矿采选业	Mining and Dressing of Nonferrous Metal Ores	38	
非金属矿采选业	Mining and Dressing of Nonmetal Ores	219	3
开采辅助活动	Auxiliary Minning Operations	6	
其他采矿业	Mining and Dressing of Other Ores		
农副食品加工业	Processing of Farm and Sideline Food	906	95
食品制造业	Manufacture of Food	646	125
酒、饮料和精制茶制造业	Manufacture of Wine, Beverage and Refined Tea	249	30
烟草制品业	Tobacco Products	11	1
纺织业	Textile Industry	1643	234
纺织服装、服饰业	Manufacture of Textile Garments, Footwear and Headgear	3077	587
皮革、毛皮、羽毛及其制品和制鞋业	Leather, Fur, Feather, Down and Related Products	1773	319
木材加工和木、竹、藤、棕、草制品业	Timber Processing, Bamboo, Cane, Palm Fiber & Straw Products	540	35
家具制造业	Manufacture of Furniture	1205	95
造纸和纸制品业	Papermaking and Paper Products	1148	96
印刷和记录媒介复制业	Printing and Record Medium Reproduction	892	106
文教、工美、体育和娱乐用品制造业	Manufacture of Cultural, Educational,Sports and Entertainment Articles	1601	177
石油加工、炼焦和核燃料加工业	Petroleum Refining, Coking and Nuclear Fuel Processing	92	12
化学原料和化学制品制造业	Manufacture of Raw Chemical Materials and Chemical Products	2163	407
医药制造业	Manufacture of Medicines	382	80
化学纤维制造业	Manufacture of Chemical Fibers	61	5
橡胶和塑料制品业	Rubber and Plastic Products	3328	317
非金属矿物制品业	Nonmetal Mineral Products	2448	173
黑色金属冶炼和压延加工业	Smelting and Pressing of Ferrous Metals	534	47
有色金属冶炼和压延加工业	Smelting and Pressing of Nonferrous Metals	660	60
金属制品业	Metal Products	3320	255
通用设备制造业	Manufacture of General-purpose Machinery	1467	222
专用设备制造业	Manufacture of Special-purpose Machinery	1319	146
汽车制造业	Manufacture of Automobile	620	244
铁路、船舶、航空航天和其他运输设备制造业	Manufacture of Railway ,Ship,Aeronautics and Other Transport equipment	422	105
电气机械和器材制造业	Manufacture of Electrical Machinery and Equipment	4153	318
计算机、通信和其他电子设备制造业	Manufacture of Communication Equipment, Computers and Other Electronic Equipment	4621	367
仪器仪表制造业	Manufacture of Instruments and Meters	453	49
其他制造业	Other Manufactures	228	18
废弃资源综合利用业	Comprehensive Utilization of Waste	255	8
金属制品、机械和设备修理业	Manufacture of Metal Products,Machinery and Equipment Maintenance	44	14
电力、热力生产和供应业	Production and Supply of Electric Power and Heat Power	308	21
燃气生产和供应业	Production and Supply of Gas	77	13
水的生产和供应业	Production and Supply of Water	231	26

Number of Industrial Enterprises above Designated Size by City (2013)

(unit)

深圳 Shenzhen	珠海 Zhuhai	汕头 Shantou	佛山 Foshan	#顺德 Shunde	韶关 Shaoguan	河源 Heyuan	梅州 Meizhou	惠州 Huizhou	汕尾 Shanwei
6523	**1054**	**1845**	**6163**	**1874**	**556**	**436**	**368**	**1702**	**251**
167	40	31	64	3	80	14	29	47	11
15	1	10	16	1	25	7	13	14	7
24	5	12	38	4	6	3	3	13	13
		16	20		2	1	1		
3510	462	1335	4128	1208	421	243	246	692	145
795	215	97	503	162	21	29	23	241	3
2139	368	181	878	386	59	130	54	700	65
2634	420	1486	2949	973	177	210	152	857	178
3889	634	359	3214	901	379	226	216	845	73
373	49	19	161	54	13	17	9	91	38
1860	271	321	891	274	92	104	83	432	121
4290	734	1505	5111	1546	451	315	276	1179	92
					1				
1									
					7	9	8	2	
					11	4	3	2	
		1	4		23	26	4	8	
3		1							
37	20	43	83	40	15	20	13	30	15
43	14	51	37	12	6	8	5	9	9
17	6	8	31	6	9	9	9	6	3
1		2			3		2		
56	17	172	383	69	15	18	8	39	21
216	51	452	274	143	8	25	9	86	29
77	10	23	183	24	7	14	4	147	9
26	8	2	57	15	24	9	5	23	3
154	6	14	312	125	5	3	18	67	
163	30	70	155	44	7	7	1	34	5
148	25	84	124	30	2	6	4	28	3
305	19	273	121	26	17	28	24	73	42
7	6		14	2				3	
174	86	90	354	96	98	9	7	111	6
45	25	21	27	9	5	10	6	10	
5	3	3	7	2		2	1	1	
552	89	228	511	184	17	19	6	160	36
142	38	18	453	52	44	38	65	58	13
18	6	2	182	30	32	20	11	12	
63	12	7	217	37	17	9	8	16	
391	58	34	772	224	24	12	10	86	13
275	57	31	294	81	19	5	10	44	2
331	51	37	245	75	26	9	5	35	1
45	17	13	119	39	9		14	24	
66	13	4	62	21		1	3	15	3
1004	142	54	739	353	22	34	16	145	5
1863	193	40	252	110	15	42	60	357	11
184	27	5	34	6	3	10	1	16	
52	2	10	12	3	1	8		15	1
2	4	23	54	2	18	2	2	13	4
11	4	3			1				2
18	8	15	12	4	38	15	22	14	10
1	4	2	5		3	3	1	2	
27	3	9	34	10	4	2	3	11	5

12-11 续表

单位：个

项　目	Item	东莞 Dongguan	中山 Zhongshan
全省总计	**Provincial Total**	**5361**	**2973**
按经济类型分	Grouped by Ownership		
在总计中：国有控股工业	Of the Total:State-holding Industry	30	27
国有工业	State-owned Industry	4	
集体工业	Collective-owned Industry	39	28
股份合作工业	Share-holding Cooperative Industry		1
股份制工业	Share-holding Industry	2121	1670
外商投资工业	Foreign-funded Industry	1133	367
港澳台投资工业	Industry with Funds from Hong Kong, Macao and Taiwan	1990	698
按轻重工业分	Grouped by Light and Heavy Industries		
轻工业	Light Industry	2828	1876
重工业	Heavy Industry	2533	1097
按企业规模分	Grouped by Size of Enterprises		
大型企业	Large Enterprises	244	95
中型企业	Medium Enterprises	1812	620
小微型企业	Small and Micro Enterprises	3305	2258
按行业分	Grouped by Sector		
煤炭开采和洗选业	Mining and Washing of Coal		
石油和天然气开采业	Extraction of Petroleum and Natural Gas		
黑色金属矿采选业	Mining and Dressing of Ferrous Metal Ores		
有色金属矿采选业	Mining and Dressing of Nonferrous Metal Ores		
非金属矿采选业	Mining and Dressing of Nonmetal Ores		3
开采辅助活动	Auxiliary Minning Operations		
其他采矿业	Mining and Dressing of Other Ores		
农副食品加工业	Processing of Farm and Sideline Food	46	30
食品制造业	Manufacture of Food	31	35
酒、饮料和精制茶制造业	Manufacture of Wine, Beverage and Refined Tea	14	17
烟草制品业	Tobacco Products		
纺织业	Textile Industry	150	133
纺织服装、服饰业	Manufacture of Textile Garments, Footwear and Headgear	419	345
皮革、毛皮、羽毛及其制品和制鞋业	Leather, Fur, Feather, Down and Related Products	334	100
木材加工和木、竹、藤、棕、草制品业	Timber Processing, Bamboo, Cane, Palm Fiber & Straw Products	37	19
家具制造业	Manufacture of Furniture	270	114
造纸和纸制品业	Papermaking and Paper Products	235	98
印刷和记录媒介复制业	Printing and Record Medium Reproduction	106	58
文教、工美、体育和娱乐用品制造业	Manufacture of Cultural, Educational,Sports and Entertainment Articles	235	89
石油加工、炼焦和核燃料加工业	Petroleum Refining, Coking and Nuclear Fuel Processing	4	3
化学原料和化学制品制造业	Manufacture of Raw Chemical Materials and Chemical Products	178	144
医药制造业	Manufacture of Medicines	10	24
化学纤维制造业	Manufacture of Chemical Fibers	10	3
橡胶和塑料制品业	Rubber and Plastic Products	544	265
非金属矿物制品业	Nonmetal Mineral Products	112	72
黑色金属冶炼和压延加工业	Smelting and Pressing of Ferrous Metals	32	16
有色金属冶炼和压延加工业	Smelting and Pressing of Nonferrous Metals	73	40
金属制品业	Metal Products	310	260
通用设备制造业	Manufacture of General-purpose Machinery	226	133
专用设备制造业	Manufacture of Special-purpose Machinery	185	90
汽车制造业	Manufacture of Automobile	49	30
铁路、船舶、航空航天和其他运输设备制造业	Manufacture of Railway ,Ship,Aeronautics and Other Transport equipment	21	15
电气机械和器材制造业	Manufacture of Electrical Machinery and Equipment	577	590
计算机、通信和其他电子设备制造业	Manufacture of Communication Equipment, Computers and Other Electronic Equipment	962	164
仪器仪表制造业	Manufacture of Instruments and Meters	83	24
其他制造业	Other Manufactures	52	23
废弃资源综合利用业	Comprehensive Utilization of Waste	2	2
金属制品、机械和设备修理业	Manufacture of Metal Products,Machinery and Equipment Maintenance	1	
电力、热力生产和供应业	Production and Supply of Electric Power and Heat Power	14	9
燃气生产和供应业	Production and Supply of Gas	6	5
水的生产和供应业	Production and Supply of Water	33	20

12-11 continued

(unit)

江门 Jiangmen	阳江 Yangjiang	湛江 Zhanjiang	茂名 Maoming	肇庆 Zhaoqing	清远 Qingyuan	潮州 Chaozhou	揭阳 Jieyang	云浮 Yunfu
2007	**569**	**772**	**844**	**1086**	**514**	**865**	**1884**	**621**
28	21	67	30	32	24	10	23	16
2	8	30	19	9	9	6	14	3
8	1	4	17	4	3	3	25	7
			3	1	1	9		1
1052	409	579	600	674	309	510	1321	439
204	25	36	18	92	39	50	48	17
606	69	54	61	211	137	123	177	96
1116	372	465	459	424	176	655	1389	245
891	197	307	385	662	338	210	495	376
44	10	17	8	35	21	9	29	14
344	135	102	79	288	154	246	357	81
1619	424	653	757	763	339	610	1498	526
		1						
		2	6	19	5			3
		3	6	2	5		1	1
14	2	17	43	31	8		4	28
		2						
46	39	118	102	18	20	25	70	21
37	7	26	24	9	4	43	114	9
6	2	21	13	9	3	8	20	8
	1	1						
107	5	22	24	44	27	7	151	10
139	18	3	11	22	13	41	297	32
92	9	35	60	41	28	61	190	30
24	28	83	89	39	5	1	12	11
50	16	17	15	21	4	3	15	6
59	12	33	13	36	12	29	38	15
36	10	18	2	15	6	58	50	3
32	1	6	23	29	17	17	67	6
3	1	2	34	2			1	
131	10	27	97	92	35	21	38	48
10	4	18	23	12	6	7	29	10
9				4			8	
157	24	51	51	60	38	22	156	25
127	34	53	96	119	94	339	134	226
31	21	1	10	12	18	5	58	
27	5	5	1	41	34	6	14	5
333	230	21	21	173	10	95	172	40
49	11	6	12	34	11	7	7	12
30	9	25	9	26	6	7	39	7
21	5	4		14	7		4	1
87	3	4	1	4	4		8	3
197	13	107	12	38	17	17	89	17
111	7	8	20	50	15	12	54	18
2	1		1	4	2	2	5	
18	2	1		3	1	1	4	4
2	20	9	2	34	34	2	16	2
		1	1	2			3	1
9	10	9	13	16	21	8	11	15
	3	6	1	3		19		
11	6	6	8	8	4	2	5	4

12-12 各市规模以上工业总产值（2013年）

单位：亿元

项　目	Item	全省 Provincial Total	广州 Guangzhou
全省总计	**Provincial Total**	**109673.07**	**17192.88**
按经济类型分	Grouped by Ownership		
在总计中：国有控股工业	Of the Total:State-holding Industry	17525.16	4719.92
国有工业	State-owned Industry	1242.18	502.85
集体工业	Collective-owned Industry	442.55	53.39
股份合作工业	Share-holding Cooperative Industry	89.01	20.63
股份制工业	Share-holding Industry	52649.00	5805.35
外商投资工业	Foreign-funded Industry	28073.94	7451.82
港澳台投资工业	Industry with Funds from Hong Kong, Macao and Taiwan	24603.71	3148.22
按轻重工业分	Grouped by Light and Heavy Industries		
轻工业	Light Industry	41669.48	6139.23
重工业	Heavy Industry	68003.59	11053.65
按企业规模分	Grouped by Size of Enterprises		
大型企业	Large Enterprises	47329.39	9534.30
中型企业	Medium Enterprises	29088.43	3483.23
小微型企业	Small and Micro Enterprises	33255.25	4175.34
按行业分	Grouped by Sector		
煤炭开采和洗选业	Mining and Washing of Coal	3.28	
石油和天然气开采业	Extraction of Petroleum and Natural Gas	631.09	0.03
黑色金属矿采选业	Mining and Dressing of Ferrous Metal Ores	174.52	
有色金属矿采选业	Mining and Dressing of Nonferrous Metal Ores	137.97	
非金属矿采选业	Mining and Dressing of Nonmetal Ores	274.42	1.73
开采辅助活动	Auxiliary Minning Operations	38.36	
其他采矿业	Mining and Dressing of Other Ores		
农副食品加工业	Processing of Farm and Sideline Food	2835.51	468.34
食品制造业	Manufacture of Food	1644.03	459.66
酒、饮料和精制茶制造业	Manufacture of Wine, Beverage and Refined Tea	992.72	291.87
烟草制品业	Tobacco Products	423.20	201.53
纺织业	Textile Industry	2456.08	298.95
纺织服装、服饰业	Manufacture of Textile Garments, Footwear and Headgear	3478.72	540.69
皮革、毛皮、羽毛及其制品和制鞋业	Leather, Fur, Feather, Down and Related Products	2051.12	277.99
木材加工和木、竹、藤、棕、草制品业	Timber Processing, Bamboo, Cane, Palm Fiber & Straw Products	636.41	28.50
家具制造业	Manufacture of Furniture	1516.78	146.07
造纸和纸制品业	Papermaking and Paper Products	1734.25	144.05
印刷和记录媒介复制业	Printing and Record Medium Reproduction	1074.69	125.62
文教、工美、体育和娱乐用品制造业	Manufacture of Cultural, Educational,Sports and Entertainment Articles	3752.54	261.21
石油加工、炼焦和核燃料加工业	Petroleum Refining, Coking and Nuclear Fuel Processing	3652.02	748.49
化学原料和化学制品制造业	Manufacture of Raw Chemical Materials and Chemical Products	5461.28	1839.31
医药制造业	Manufacture of Medicines	1222.46	239.70
化学纤维制造业	Manufacture of Chemical Fibers	134.90	7.21
橡胶和塑料制品业	Rubber and Plastic Products	4207.98	374.12
非金属矿物制品业	Nonmetal Mineral Products	4033.36	176.20
黑色金属冶炼和压延加工业	Smelting and Pressing of Ferrous Metals	2587.43	540.83
有色金属冶炼和压延加工业	Smelting and Pressing of Nonferrous Metals	3023.90	469.48
金属制品业	Metal Products	4918.96	376.21
通用设备制造业	Manufacture of General-purpose Machinery	3237.58	646.58
专用设备制造业	Manufacture of Special-purpose Machinery	1856.66	183.83
汽车制造业	Manufacture of Automobile	4707.60	3318.28
铁路、船舶、航空航天和其他运输设备制造业	Manufacture of Railway ,Ship,Aeronautics and Other Transport equipment	1224.23	552.68
电气机械和器材制造业	Manufacture of Electrical Machinery and Equipment	10895.32	911.66
计算机、通信和其他电子设备制造业	Manufacture of Communication Equipment, Computers and Other Electronic Equipment	25835.51	1949.02
仪器仪表制造业	Manufacture of Instruments and Meters	762.25	77.74
其他制造业	Other Manufactures	220.00	16.82
废弃资源综合利用业	Comprehensive Utilization of Waste	954.71	52.32
金属制品、机械和设备修理业	Manufacture of Metal Products,Machinery and Equipment Maintenance	91.37	24.30
电力、热力生产和供应业	Production and Supply of Electric Power and Heat Power	5862.80	1182.73
燃气生产和供应业	Production and Supply of Gas	615.19	210.16
水的生产和供应业	Production and Supply of Water	311.87	48.96

注：本表产值按当年价格计算。

Gross Output Value of Industry above Designated Size by City (2013)

(100 million yuan)

深 圳 Shenzhen	珠 海 Zhuhai	汕 头 Shantou	佛 山 Foshan	#顺 德 Shunde	韶 关 Shaoguan	河 源 Heyuan	梅 州 Meizhou	惠 州 Huizhou	汕 尾 Shanwei
23095.21	**3460.86**	**2481.80**	**17121.88**	**5353.32**	**1160.59**	**1140.14**	**567.99**	**6605.29**	**968.72**
3493.53	951.83	342.50	805.51	6.05	543.27	112.69	159.73	1655.21	95.57
23.27	0.21	63.05	46.12	1.04	97.39	17.62	95.18	54.26	15.84
46.16	4.33	12.22	71.52	1.16	5.26	1.14	3.33	11.50	71.58
		10.59	38.91		0.70	0.69	0.96		
10933.20	1410.22	1634.99	10783.28	3404.86	840.67	669.52	333.07	2259.44	447.96
6459.04	1282.56	297.94	2441.46	519.22	58.08	161.78	46.37	2591.44	50.90
5564.69	762.54	235.05	3101.14	1335.95	137.22	264.77	72.63	1617.91	327.67
6202.38	1338.33	1710.77	7944.67	3687.45	276.17	298.02	192.22	1449.00	529.97
16892.82	2122.53	771.02	9177.21	1665.87	884.42	842.11	375.77	5156.30	438.75
11634.39	1752.82	418.91	6005.30	3289.92	435.25	379.93	138.76	4102.02	524.20
5375.34	868.13	796.56	4041.91	911.37	296.45	397.48	238.18	1231.48	379.86
6085.48	839.91	1266.32	7074.68	1152.03	428.90	362.73	191.05	1271.79	64.66
					3.28				
379.08									
					19.30	44.82	5.47	3.20	
					30.75	23.99	7.67	0.58	
		0.03	2.97		28.11	37.85	1.43	13.20	
30.66		0.80							
165.86	52.56	93.78	264.57	76.34	18.02	24.54	14.11	55.42	27.90
59.96	31.48	47.57	235.84	29.43	4.08	13.27	2.49	16.49	11.52
102.39	15.42	8.34	187.95	7.83	8.02	21.72	5.01	30.40	2.56
58.83		11.23			60.76		71.35		
67.55	20.33	166.33	672.87	84.57	21.22	20.50	1.83	46.26	114.92
240.39	49.19	414.69	419.95	117.62	4.26	28.74	6.37	95.92	68.50
137.54	17.60	16.72	248.59	17.26	5.86	22.94	14.15	129.16	24.06
13.60	8.00	0.19	135.68	37.35	32.40	8.96	1.78	36.78	4.62
146.31	11.44	91.00	390.38	86.88	4.11	0.85	13.67	131.27	
134.11	47.72	60.32	242.49	33.55	4.30	3.36	0.50	27.83	6.38
182.77	11.43	103.07	155.47	22.35	3.23	6.38	2.41	37.30	4.37
1534.05	18.43	339.15	550.26	319.46	57.37	26.13	10.77	58.13	177.11
52.81	97.04		230.05	0.69				948.82	
230.71	244.41	151.59	733.60	163.35	111.88	12.56	4.13	483.56	28.13
189.47	117.30	32.75	76.62	13.51	9.28	22.73	5.75	12.52	
4.99	32.03	1.00	17.86	1.70		0.62	5.08	1.48	
697.47	89.88	283.34	930.33	253.27	14.83	13.67	16.43	178.26	98.66
274.90	34.65	25.26	1181.95	41.05	58.22	50.48	68.90	131.39	35.15
58.59	139.82	0.76	571.26	143.61	268.49	183.30	16.20	71.46	
292.28	8.36	16.05	967.34	80.82	71.84	15.53	19.64	17.19	
464.75	74.60	32.10	1404.71	375.96	33.96	13.32	7.28	140.29	37.75
652.06	142.14	29.51	689.39	149.53	17.73	7.97	3.96	60.11	1.26
531.03	87.55	37.79	484.73	170.29	19.80	35.65	1.69	29.72	1.84
292.25	41.25	44.16	465.68	164.95	9.14		22.39	141.52	
101.70	36.66	2.91	97.64	26.67		6.85	1.71	11.65	1.17
2012.55	862.61	87.19	3731.82	2705.11	34.49	66.75	23.19	331.81	8.01
12715.80	831.52	53.30	922.30	197.41	29.44	315.61	91.59	3025.56	215.31
306.11	32.48	4.69	81.47	2.20	4.76	6.86	1.68	12.59	
47.43	0.71	6.84	15.91	1.72	0.22	3.71		8.27	0.33
0.84	6.09	18.57	385.28	1.12	19.60	1.35	1.12	17.66	5.57
11.16	33.98	3.41			0.56				0.62
740.00	202.90	287.96	520.67	20.49	147.71	97.23	116.11	286.14	91.36
64.47	52.98	2.59	63.18		2.00	1.13	0.32	4.09	
100.72	8.30	6.77	43.09	7.22	1.56	0.73	1.83	9.27	1.62

Note: Data in this table are calculated at current prices.

12-12 续表

单位：亿元

项　　目	Item	东 莞 Dongguan	中 山 Zhongshan
全省总计	**Provincial Total**	**11023.45**	**5673.75**
按经济类型分	Grouped by Ownership		
在总计中：国有控股工业	Of the Total:State-holding Industry	736.10	447.38
国有工业	State-owned Industry	1.35	
集体工业	Collective-owned Industry	32.31	31.80
股份合作工业	Share-holding Cooperative Industry		0.14
股份制工业	Share-holding Industry	3407.46	2199.05
外商投资工业	Foreign-funded Industry	3446.88	1815.25
港澳台投资工业	Industry with Funds from Hong Kong, Macao and Taiwan	4086.11	1508.28
按轻重工业分	Grouped by Light and Heavy Industries		
轻工业	Light Industry	4297.27	2910.65
重工业	Heavy Industry	6726.18	2763.10
按企业规模分	Grouped by Size of Enterprises		
大型企业	Large Enterprises	5168.16	2172.07
中型企业	Medium Enterprises	3428.83	1820.98
小微型企业	Smal and Micro Enterprises	2426.46	1680.69
按行业分	Grouped by Sector		
煤炭开采和洗选业	Mining and Washing of Coal		
石油和天然气开采业	Extraction of Petroleum and Natural Gas		
黑色金属矿采选业	Mining and Dressing of Ferrous Metal Ores		
有色金属矿采选业	Mining and Dressing of Nonferrous Metal Ores		
非金属矿采选业	Mining and Dressing of Nonmetal Ores		2.16
开采辅助活动	Auxiliary Minning Operations		
其他采矿业	Mining and Dressing of Other Ores		
农副食品加工业	Processing of Farm and Sideline Food	367.05	54.89
食品制造业	Manufacture of Food	89.04	154.25
酒、饮料和精制茶制造业	Manufacture of Wine, Beverage and Refined Tea	119.17	77.25
烟草制品业	Tobacco Products		
纺织业	Textile Industry	181.03	157.44
纺织服装、服饰业	Manufacture of Textile Garments, Footwear and Headgear	513.02	304.94
皮革、毛皮、羽毛及其制品和制鞋业	Leather, Fur, Feather, Down and Related Products	342.01	132.25
木材加工和木、竹、藤、棕、草制品业	Timber Processing, Bamboo, Cane, Palm Fiber & Straw Products	20.02	24.10
家具制造业	Manufacture of Furniture	234.57	112.62
造纸和纸制品业	Papermaking and Paper Products	498.21	129.32
印刷和记录媒介复制业	Printing and Record Medium Reproduction	134.22	72.20
文教、工美、体育和娱乐用品制造业	Manufacture of Cultural, Educational,Sports and Entertainment Articles	334.87	118.37
石油加工、炼焦和核燃料加工业	Petroleum Refining, Coking and Nuclear Fuel Processing	19.98	48.14
化学原料和化学制品制造业	Manufacture of Raw Chemical Materials and Chemical Products	295.37	224.95
医药制造业	Manufacture of Medicines	15.59	167.46
化学纤维制造业	Manufacture of Chemical Fibers	7.81	1.48
橡胶和塑料制品业	Rubber and Plastic Products	512.68	311.19
非金属矿物制品业	Nonmetal Mineral Products	146.35	116.21
黑色金属冶炼和压延加工业	Smelting and Pressing of Ferrous Metals	45.56	40.78
有色金属冶炼和压延加工业	Smelting and Pressing of Nonferrous Metals	99.34	167.74
金属制品业	Metal Products	288.58	283.70
通用设备制造业	Manufacture of General-purpose Machinery	508.08	271.00
专用设备制造业	Manufacture of Special-purpose Machinery	140.56	107.64
汽车制造业	Manufacture of Automobile	123.37	122.61
铁路、船舶、航空航天和其他运输设备制造业	Manufacture of Railway ,Ship,Aeronautics and Other Transport equipment	58.15	52.47
电气机械和器材制造业	Manufacture of Electrical Machinery and Equipment	904.85	1144.82
计算机、通信和其他电子设备制造业	Manufacture of Communication Equipment, Computers and Other Electronic Equipment	4132.71	882.91
仪器仪表制造业	Manufacture of Instruments and Meters	171.66	40.40
其他制造业	Other Manufactures	44.16	39.74
废弃资源综合利用业	Comprehensive Utilization of Waste	2.13	4.40
金属制品、机械和设备修理业	Manufacture of Metal Products,Machinery and Equipment Maintenance	0.42	
电力、热力生产和供应业	Production and Supply of Electric Power and Heat Power	608.37	212.19
燃气生产和供应业	Production and Supply of Gas	35.23	70.86
水的生产和供应业	Production and Supply of Water	29.31	23.27

12-12 continued

(100 million yuan)

江 门 Jiangmen	阳 江 Yangjiang	湛 江 Zhanjiang	茂 名 Maoming	肇 庆 Zhaoqing	清 远 Qingyuan	潮 州 Chaozhou	揭 阳 Jieyang	云 浮 Yunfu
3107.86	**1564.09**	**2041.37**	**2146.12**	**3410.29**	**1432.42**	**1088.31**	**3604.19**	**785.87**
320.23	302.62	718.59	1148.33	278.53	202.88	165.42	223.03	102.31
0.80	21.75	122.55	31.76	22.55	34.28	37.30	53.30	0.74
20.51	2.86	5.03	8.48	7.66	1.53	4.51	42.86	4.56
			1.87	1.27	0.34	11.84		1.08
1402.18	1076.46	1074.39	1923.56	1947.43	862.09	660.90	2436.97	540.79
453.07	180.43	391.72	29.84	525.51	101.17	92.78	167.79	28.10
1152.39	198.18	385.52	49.94	753.50	417.59	169.83	463.61	186.92
1512.40	767.50	981.27	482.30	958.70	297.21	617.92	2475.05	288.45
1595.46	796.59	1060.10	1663.83	2451.59	1135.21	470.39	1129.14	497.42
952.56	395.24	538.16	1198.18	732.75	371.20	230.15	489.45	155.61
982.12	512.88	848.62	221.00	1476.65	665.76	402.67	1406.25	214.04
1173.18	655.97	654.58	726.94	1200.89	395.46	455.49	1708.49	416.22
		251.97						
		0.70	6.21	92.75	1.25			0.82
		1.15	6.29	60.41	2.13		1.76	3.23
7.85	0.87	24.05	30.32	69.51	18.63		6.16	29.54
		6.90						
107.03	158.56	491.11	198.64	38.23	57.72	26.01	102.17	48.99
199.06	25.40	16.84	20.85	28.70	12.36	67.96	141.01	6.20
18.88	6.72	21.29	8.85	24.81	11.19	7.63	20.44	2.79
	0.91	18.59						
111.94	6.97	16.80	17.58	92.25	33.87	7.95	381.97	17.50
91.21	43.29	5.10	11.85	55.67	10.05	36.36	515.87	22.66
69.62	17.00	27.01	31.69	137.36	78.18	55.10	258.60	7.70
24.22	59.80	67.94	66.70	85.03	5.05	0.57	7.06	5.42
55.98	32.79	56.89	16.18	44.56	2.61	2.25	20.52	2.69
124.46	14.47	114.21	8.42	60.30	20.88	22.86	54.23	15.83
49.34	10.91	9.41	0.92	39.21	16.55	40.03	68.15	1.69
20.60	0.25	3.35	26.15	66.76	17.05	10.40	116.36	5.78
27.95	1.65	333.16	1140.57	2.97			0.39	
249.17	17.50	58.94	248.91	293.07	56.56	16.66	88.92	71.35
14.98	19.04	17.54	17.46	45.85	5.58	9.34	185.55	17.96
31.67				5.54			18.12	
127.58	36.08	31.32	34.65	94.14	50.83	34.77	261.85	15.90
190.51	63.69	65.74	69.14	394.19	252.22	329.09	140.03	229.09
69.21	165.48	0.21	17.49	29.25	71.40	8.90	288.45	
42.94	180.73	12.26	0.78	383.15	206.26	24.70	17.18	11.09
355.98	434.26	16.91	13.62	454.91	10.19	61.82	317.08	96.96
57.02	20.64	10.81	9.19	39.36	28.37	9.99	13.37	19.05
21.54	15.88	29.17	16.49	38.37	4.45	7.17	50.71	11.02
44.59	7.40	2.01		56.19	7.64		6.94	2.17
243.41	1.43	15.66	0.42	11.44	1.35		26.19	0.75
263.58	27.08	147.93	7.96	67.03	65.54	27.49	142.82	26.15
184.00	9.71	3.43	15.96	277.80	27.56	32.13	85.37	34.48
1.35	2.99		0.46	6.11	0.90	0.98	9.00	
9.24	10.08	0.22		7.70	1.01	0.66	5.09	1.85
3.77	55.50	5.11	1.03	156.15	191.43	0.46	24.40	1.94
		0.39		3.89			12.23	0.41
282.50	104.07	144.72	93.94	133.40	161.88	164.20	211.43	73.28
	7.71	9.25	3.09	6.78		81.35		
6.69	5.22	3.27	4.32	7.45	1.74	1.47	4.74	1.56

12-13 各市规模以上工业增加值（2013年）

单位：亿元

项目	Item	全省 Provincial Total	广州 Guangzhou
全省总计	**Provincial Total**	**26540.01**	**4446.93**
按经济类型分	Grouped by Ownership		
在总计中：国有控股工业	Of the Total:State-holding Industry	5107.57	1309.64
国有工业	State-owned Industry	484.56	191.30
集体工业	Collective-owned Industry	125.87	28.17
股份合作工业	Share-holding Cooperative Industry	22.12	5.51
股份制工业	Share-holding Industry	13009.17	1407.27
外商投资工业	Foreign-funded Industry	6142.89	1989.01
港澳台投资工业	Industry with Funds from Hong Kong, Macao and Taiwan	6139.72	771.31
按轻重工业分	Grouped by Light and Heavy Industries		
轻工业	Light Industry	10336.98	1951.49
重工业	Heavy Industry	16203.03	2495.44
按企业规模分	Grouped by Size of Enterprises		
大型企业	Large Enterprises	11709.16	2683.70
中型企业	Medium Enterprises	7176.83	890.46
小微型企业	Small and Micro Enterprises	7654.02	872.77
按行业分	Grouped by Sector		
煤炭开采和洗选业	Mining and Washing of Coal	1.14	
石油和天然气开采业	Extraction of Petroleum and Natural Gas	530.33	0.64
黑色金属矿采选业	Mining and Dressing of Ferrous Metal Ores	73.32	
有色金属矿采选业	Mining and Dressing of Nonferrous Metal Ores	45.28	
非金属矿采选业	Mining and Dressing of Nonmetal Ores	84.65	0.50
开采辅助活动	Auxiliary Minning Operations	12.01	
其他采矿业	Mining and Dressing of Other Ores		
农副食品加工业	Processing of Farm and Sideline Food	476.70	87.32
食品制造业	Manufacture of Food	557.60	180.41
酒、饮料和精制茶制造业	Manufacture of Wine, Beverage and Refined Tea	273.88	94.50
烟草制品业	Tobacco Products	309.05	148.08
纺织业	Textile Industry	580.79	69.29
纺织服装、服饰业	Manufacture of Textile Garments, Footwear and Headgear	1008.71	175.98
皮革、毛皮、羽毛及其制品和制鞋业	Leather, Fur, Feather, Down and Related Products	587.30	87.35
木材加工和木、竹、藤、棕、草制品业	Timber Processing, Bamboo, Cane, Palm Fiber & Straw	158.14	5.29
家具制造业	Manufacture of Furniture	380.21	47.17
造纸和纸制品业	Papermaking and Paper Products	372.20	33.41
印刷和记录媒介复制业	Printing and Record Medium Reproduction	293.65	27.49
文教、工美、体育和娱乐用品制造业	Manufacture of Cultural, Educational and Sports Articles	690.25	99.35
石油加工、炼焦和核燃料加工业	Petroleum Refining, Coking and Nuclear Fuel Processing	918.23	140.72
化学原料和化学制品制造业	Manufacture of Raw Chemical Materials and Chemical Products	1295.80	575.30
医药制造业	Manufacture of Medicines	384.55	84.65
化学纤维制造业	Manufacture of Chemical Fibers	33.15	2.11
橡胶和塑料制品业	Rubber and Plastic Products	997.24	85.18
非金属矿物制品业	Nonmetal Mineral Products	1046.96	49.49
黑色金属冶炼和压延加工业	Smelting and Pressing of Ferrous Metals	442.90	36.86
有色金属冶炼和压延加工业	Smelting and Pressing of Nonferrous Metals	489.80	44.18
金属制品业	Metal Products	1162.47	88.20
通用设备制造业	Manufacture of General-purpose Equipment	707.94	168.01
专用设备制造业	Manufacture of Special-purpose Equipment	534.73	49.00
汽车制造业	Manufacture of Transport Equipment	1298.09	945.24
铁路、船舶、航空航天和其他运输设备制造业	Manufacture of Railway ,Ship,Aeronautics and Other Transport equipment	279.94	128.57
电气机械和器材制造业	Manufacture of Electrical Machinery and Equipment	2375.11	190.53
计算机、通信和其他电子设备制造业	Manufacture of Communication Equipment, Computers and Other Electronic Equipment	5743.03	384.62
仪器仪表制造业	Manufacture of Instruments and Meters	220.53	24.63
其他制造业	Other Manufactures	55.79	3.32
废弃资源综合利用业	Comprehensive Utilization of Waste	189.28	-3.78
金属制品、机械和设备修理业	Manufacture of Metal Products,Machinery and Equipment Maintenance	21.41	6.15
电力、热力生产和供应业	Production and Supply of Electric Power and Heat Power	1637.71	305.62
燃气生产和供应业	Production and Supply of Gas	136.36	56.83
水的生产和供应业	Production and Supply of Water	133.77	24.70

注：本表工业增加值按收入法、当年价格计算。

Value-added of Industry above Designated Size by City (2013)

(100 million yuan)

深 圳 Shenzhen	珠 海 Zhuhai	汕 头 Shantou	佛 山 Foshan	#顺 德 Shunde	韶 关 Shaoguan	河 源 Heyuan	梅 州 Meizhou	惠 州 Huizhou	汕 尾 Shanwei
5794.50	**783.68**	**599.23**	**3872.79**	**1226.58**	**310.91**	**318.41**	**188.42**	**1423.20**	**222.14**
1341.39	255.77	106.40	168.76	1.28	152.60	35.13	75.77	383.40	29.26
10.78	0.04	14.79	7.38	0.32	59.35	6.02	59.60	21.58	3.54
11.00	3.13	3.17	15.43	0.43	1.92	0.26	0.92	3.22	14.41
		2.50	8.86		0.19	0.26	0.26		
3176.94	344.26	374.01	2415.47	784.50	195.47	200.24	90.12	524.70	109.49
1147.76	235.73	91.71	577.71	124.03	12.14	25.05	14.12	481.31	6.79
1436.00	200.32	58.03	705.36	297.79	36.14	78.76	19.00	375.83	75.32
1205.46	351.91	405.77	1897.53	873.88	98.65	83.47	86.84	323.64	119.28
4589.04	431.77	193.46	1975.27	352.70	212.26	234.94	101.58	1099.56	102.86
2931.82	378.05	92.74	1419.44	786.25	89.28	76.52	70.19	844.47	120.35
1230.18	242.16	221.04	940.37	215.24	114.29	139.63	71.02	301.99	88.90
1632.49	163.47	285.44	1512.98	225.10	107.34	102.26	47.22	276.73	12.89
					1.14				
332.81									
					10.67	22.80	5.22	1.13	
					23.60	8.84	3.00	0.37	
		0.01	0.72		11.35	12.04	0.41	6.16	
7.78		0.19							
23.33	4.33	11.22	36.35	6.98	1.81	4.59	1.27	10.96	4.73
16.69	14.00	9.95	74.32	6.10	1.19	4.14	0.56	3.14	2.97
19.66	4.21	1.18	56.31	3.79	2.13	4.87	1.31	7.61	0.44
49.14		1.64			43.76		52.61		
18.65	4.08	40.04	158.39	20.66	4.95	5.87	0.43	10.62	25.70
92.43	17.63	108.83	115.74	30.38	1.26	8.28	1.74	25.67	17.27
45.40	7.44	4.21	60.65	4.76	1.77	7.46	6.28	38.27	3.63
2.27	1.15	0.04	28.13	7.68	8.47	2.34	0.40	9.24	1.03
33.94	3.87	23.04	89.50	19.20	0.98	0.21	3.92	32.75	
30.40	7.63	13.63	53.83	6.80	0.92	0.75	0.10	5.39	1.06
64.61	4.38	26.35	37.51	5.77	0.77	1.73	0.73	8.30	1.06
107.66	4.76	81.16	115.53	67.73	14.98	8.01	4.09	17.44	39.59
20.82	15.95		28.71	0.09				213.47	
48.90	27.78	26.34	156.97	30.34	29.54	2.94	0.89	88.04	1.93
75.15	38.01	9.38	25.76	6.30	3.94	7.95	1.81	4.21	
1.84	9.79	0.24	5.39	0.50		0.16	1.04	0.32	
179.08	17.32	64.36	200.80	52.33	3.77	4.71	3.13	46.68	24.17
87.80	7.50	5.13	283.61	9.55	15.65	13.40	17.46	40.19	7.86
4.72	33.19	0.12	108.51	18.75	36.79	64.62	3.45	14.94	
24.17	2.70	2.77	176.57	12.21	5.39	2.46	2.59	3.37	
124.56	18.79	7.25	301.07	81.15	8.03	3.43	1.73	33.51	5.67
120.42	35.48	5.58	154.67	26.30	4.56	2.13	0.88	13.80	0.28
182.34	23.49	11.69	121.75	44.57	4.55	11.58	0.48	7.32	0.40
78.68	13.35	7.80	111.28	37.19	2.91		4.67	38.58	
27.66	8.80	0.48	25.26	6.84		1.42	0.42	4.26	0.26
374.41	218.43	16.79	881.81	661.61	9.53	20.03	4.42	67.18	2.15
3192.58	150.46	13.05	219.64	51.21	8.06	57.15	22.06	572.73	52.06
84.33	12.74	0.99	22.80	0.54	2.56	2.35	0.70	3.48	
13.72	0.27	1.46	3.67	0.35	0.05	0.84		2.19	0.08
0.17	0.57	4.47	76.77	0.28	3.43	0.37	0.23	3.73	0.98
3.40	6.33	0.95			0.21				0.12
231.45	60.07	95.51	115.05	3.68	40.84	30.38	39.78	83.03	28.14
23.80	4.22	0.57	10.99		0.43	0.25	0.07	0.83	
49.74	4.96	2.79	14.74	2.95	0.93	0.31	0.52	4.29	0.57

Note: Data of value-added of industry in this table are calculated with income approach and at current prices.

12-13 续表

单位：亿元

项　目	Item	东 莞 Dongguan	中 山 Zhongshan
全省总计	**Provincial Total**	**2425.62**	**1195.97**
按经济类型分	Grouped by Ownership		
在总计中：国有控股工业	Of the Total:State-holding Industry	165.25	80.89
国有工业	State-owned Industry	0.31	
集体工业	Collective-owned Industry	12.33	8.72
股份合作工业	Share-holding Cooperative Industry		0.03
股份制工业	Share-holding Industry	703.37	451.82
外商投资工业	Foreign-funded Industry	715.14	361.97
港澳台投资工业	Industry with Funds from Hong Kong, Macao and Taiwan	983.76	346.86
按轻重工业分	Grouped by Light and Heavy Industries		
轻工业	Light Industry	1052.23	672.54
重工业	Heavy Industry	1373.38	523.44
按企业规模分	Grouped by Size of Enterprises		
大型企业	Large Enterprises	1067.41	464.17
中型企业	Medium Enterprises	852.98	404.49
小微型企业	Small and Micro Enterprises	505.23	327.31
按行业分	Grouped by Sector		
煤炭开采和洗选业	Mining and Washing of Coal		
石油和天然气开采业	Extraction of Petroleum and Natural Gas		
黑色金属矿采选业	Mining and Dressing of Ferrous Metal Ores		
有色金属矿采选业	Mining and Dressing of Nonferrous Metal Ores		
非金属矿采选业	Mining and Dressing of Nonmetal Ores		0.53
开采辅助活动	Auxiliary Minning Operations		
其他采矿业	Mining and Dressing of Other Ores		
农副食品加工业	Processing of Farm and Sideline Food	33.96	5.95
食品制造业	Manufacture of Food	31.24	73.94
酒、饮料和精制茶制造业	Manufacture of Wine, Beverage and Refined Tea	18.69	25.00
烟草制品业	Tobacco Products		
纺织业	Textile Industry	49.00	31.89
纺织服装、服饰业	Manufacture of Textile Garments, Footwear and Headgear	143.58	85.08
皮革、毛皮、羽毛及其制品和制鞋业	Leather, Fur, Feather, Down and Related Products	118.44	37.05
木材加工和木、竹、藤、棕、草制品业	Timber Processing, Bamboo, Cane, Palm Fiber & Straw Products	4.53	7.09
家具制造业	Manufacture of Furniture	60.86	23.12
造纸和纸制品业	Papermaking and Paper Products	99.46	21.40
印刷和记录媒介复制业	Printing and Record Medium Reproduction	46.99	8.04
文教、工美、体育和娱乐用品制造业	Manufacture of Cultural, Educational and Sports Articles	96.26	33.19
石油加工、炼焦和核燃料加工业	Petroleum Refining, Coking and Nuclear Fuel Processing	4.86	11.86
化学原料和化学制品制造业	Manufacture of Raw Chemical Materials and Chemical Products	48.40	57.87
医药制造业	Manufacture of Medicines	6.48	37.68
化学纤维制造业	Manufacture of Chemical Fibers	1.17	0.32
橡胶和塑料制品业	Rubber and Plastic Products	137.42	59.46
非金属矿物制品业	Nonmetal Mineral Products	37.98	26.54
黑色金属冶炼和压延加工业	Smelting and Pressing of Ferrous Metals	7.79	2.92
有色金属冶炼和压延加工业	Smelting and Pressing of Nonferrous Metals	16.35	34.91
金属制品业	Metal Products	83.64	55.33
通用设备制造业	Manufacture of General-purpose Machinery	86.57	68.33
专用设备制造业	Manufacture of Special-purpose Machinery	44.69	23.28
汽车制造业	Manufacture of Automobile	29.05	34.68
铁路、船舶、航空航天和其他运输设备制造业	Manufacture of Railway ,Ship,Aeronautics and Other Transport equipment	14.48	9.31
电气机械和器材制造业	Manufacture of Electrical Machinery and Equipment	207.49	205.18
计算机、通信和其他电子设备制造业	Manufacture of Communication Equipment, Computers and Other Electronic Equipment	769.22	138.61
仪器仪表制造业	Manufacture of Instruments and Meters	49.11	10.74
其他制造业	Other Manufactures	13.00	9.15
废弃资源综合利用业	Comprehensive Utilization of Waste	0.44	0.20
金属制品、机械和设备修理业	Manufacture of Metal Products,Machinery and Equipment Maintenance		
电力、热力生产和供应业	Production and Supply of Electric Power and Heat Power	147.17	45.55
燃气生产和供应业	Production and Supply of Gas	6.79	8.32
水的生产和供应业	Production and Supply of Water	10.52	3.47

12-13 continued

(100 million yuan)

江 门 Jiangmen	阳 江 Yangjiang	湛 江 Zhanjiang	茂 名 Maoming	肇 庆 Zhaoqing	清 远 Qingyuan	潮 州 Chaozhou	揭 阳 Jieyang	云 浮 Yunfu
696.94	**390.31**	**684.86**	**666.70**	**807.02**	**320.27**	**301.41**	**878.55**	**212.16**
96.05	54.88	228.53	376.08	51.94	50.34	51.46	66.70	27.33
0.25	6.08	48.83	12.86	5.43	8.26	13.67	14.22	0.25
2.84	0.69	1.54	2.81	2.85	0.47	0.72	9.83	1.43
			0.95	0.31	0.27	2.65		0.33
306.67	259.46	278.80	595.54	454.60	185.00	185.64	604.67	145.63
99.48	42.22	117.48	7.22	127.44	19.06	22.98	41.59	7.00
270.33	58.25	221.56	17.11	176.91	103.26	45.35	109.32	50.94
338.62	198.90	247.77	148.20	223.72	74.71	170.82	610.16	75.26
358.31	191.42	437.09	518.50	583.30	245.55	130.59	268.38	136.89
245.29	86.12	269.08	381.18	173.77	81.82	73.39	117.16	43.20
216.60	141.53	241.33	66.43	338.56	151.83	106.89	363.49	52.66
235.04	162.66	174.45	219.09	294.69	86.63	121.14	397.89	116.30
		196.88						
		0.25	2.15	30.36	0.43			0.29
		0.72	3.95	1.73	0.84		1.10	1.12
2.27	0.25	7.01	12.22	16.27	4.33		0.21	10.36
		4.03						
8.47	34.75	97.44	51.28	8.78	10.46	6.37	24.90	8.43
60.40	5.90	5.02	6.19	6.10	2.60	19.11	37.79	1.92
8.73	1.13	5.98	2.41	6.17	5.18	2.06	5.59	0.75
	0.16	13.66						
24.58	2.07	3.53	6.05	19.68	6.98	2.15	92.78	4.08
27.67	12.17	1.53	3.65	13.95	3.05	11.70	132.99	8.51
12.43	4.23	7.31	12.00	31.19	21.35	15.66	61.98	3.21
4.68	15.66	18.11	23.92	21.26	1.37	0.14	1.56	1.46
11.19	8.89	17.50	6.30	10.40	0.75	0.58	4.57	0.63
25.11	3.80	34.95	2.21	13.65	3.93	5.07	12.40	3.12
18.11	3.18	2.10	0.26	9.86	4.16	10.28	17.27	0.47
6.12	0.03	0.43	9.24	14.61	4.76	2.91	28.57	1.57
6.05	0.40	110.00	364.58	0.72			0.10	
37.06	3.57	9.96	59.06	68.97	8.08	4.31	18.18	21.70
5.31	5.24	5.62	6.08	9.61	1.52	3.31	45.82	7.01
4.84				0.71			5.23	
28.60	10.08	7.67	12.32	23.54	12.36	8.25	64.40	3.95
42.36	18.17	18.41	18.82	101.85	72.38	90.37	29.72	62.27
13.46	30.99	0.05	5.59	6.35	7.95	0.57	64.04	
7.11	40.14	2.66	0.13	79.01	34.48	4.50	4.16	2.15
78.45	117.61	4.23	3.54	107.39	2.85	16.55	76.03	24.60
12.26	5.26	3.10	2.93	9.15	4.44	3.17	2.41	4.51
8.27	4.08	7.95	4.69	7.96	1.15	2.28	15.22	2.58
8.95	2.00	0.63		15.56	2.37		1.80	0.54
44.08	0.32	5.67	0.09	3.42	0.30		4.94	0.17
56.30	7.93	41.74	1.95	16.88	10.32	7.36	28.81	5.86
37.70	3.10	0.82	6.57	66.49	7.36	14.37	17.33	9.05
0.43	0.93		0.16	1.22	0.45	0.37	2.55	
1.85	3.17	0.03		0.81	0.26	0.15	1.29	0.48
0.82	13.84	1.11	0.23	37.50	41.74	0.11	5.94	0.44
		0.08		0.80			3.31	0.08
89.68	27.56	45.68	35.40	41.28	41.08	50.53	63.74	20.18
	1.68	1.23	0.67	1.47		18.21		
3.62	2.01	1.77	2.07	2.32	1.00	0.99	1.81	0.66

12-14 规模以上工业企业主要经济指标
Main Indicators of Industrial Enterprises above Designated Size

年份 Year	全部从业人员平均人数(万人) Annual Average Number of Employed Persons (10000 persons)	总产值(亿元) Gross Output Value of Industry (100 million yuan)	固定资产原价(亿元) Original Value of Fixed Assets (100 million yuan)	主营业务收入(亿元) Principal Business Revenue (100 million yuan)	利税总额(亿元) Total Pre-tax Profits (100 million yuan)	百元固定资产实现利税(元) Pre-tax Profits per 100 yuan of Original Value of Fixed Assets (yuan)	总资产贡献率 Ratio of Total Assets to Industrial Output Value	产值利税率(%) Ratio of Pre-tax Profits to Gross Output Value (%)	百元主营业务收入实现利税(元) Pre-tax Profits per 100 yuan of Main Business Revenue (yuan)	全员劳动生产率(元/人) Overall Labor Productivity (yuan/person)
1978	170.51	168.91	111.42		32.91	29.54		19.48		9906
1979	171.76	181.96	129.09	170.09	34.48	26.71		18.45	20.27	10594
1980	182.39	198.83	136.59	189.97	38.51	28.19		19.37	20.27	10902
1981	189.08	226.26	152.58	215.09	42.12	27.60		18.61	19.58	11966
1982	194.33	245.54	172.00	231.20	44.62	25.94		18.17	19.30	12635
1983	197.50	275.25	226.58	226.91	48.59	21.45		17.65	21.42	13937
1984	241.42	336.45	221.46	313.33	56.83	25.66		16.89	18.14	13937
1985	298.66	438.91	269.13	412.77	75.99	29.23		17.31	18.41	14696
1986	323.16	522.35	335.19	498.80	80.90	24.14		15.49	16.22	16164
1987	353.95	711.04	433.95	692.47	102.24	23.56		14.38	14.76	20089
1988	382.19	1056.47	540.37	1016.20	140.65	26.03		13.31	13.84	27643
1989	387.90	1321.33	700.66	1222.20	138.71	19.80		10.50	11.35	34064
1990	390.28	1379.98	843.88	1287.91	121.50	14.40		8.80	9.43	35359
1991	433.18	2018.62	1339.04	1875.02	188.08	14.05		9.32	10.03	46600
1992	450.99	2696.47	1485.36	2537.84	248.78	22.32		9.23	9.80	59790
1993	478.39	4085.35	2099.09	3920.98	397.40	18.93		9.73	10.14	85379
1994	537.57	5325.35	3309.63	4826.68	478.41	14.46		8.89	9.91	99063
1995	537.83	6325.19	4298.15	6195.84	445.53	10.37		7.04	7.19	117606
1996	529.13	7308.51	5066.23	6808.08	489.26	9.66		6.69	7.19	36094
1997	522.94	8201.71	5904.95	7767.79	617.90	10.46	7.54	7.53	7.95	40040
1998	548.59	9738.56	6968.36	9243.42	622.82	8.94	7.37	6.40	6.74	44553
1999	537.77	10538.17	7399.10	10208.99	778.94	10.53	7.62	7.39	7.63	50307
2000	572.89	12480.93	8005.77	12380.65	1042.77	13.03	8.86	8.35	8.42	58836
2001	578.94	14035.35	8655.82	13891.46	1139.98	13.17	8.70	8.12	8.21	67012
2002	644.39	16378.60	9550.47	16247.73	1380.24	14.45	9.17	8.43	8.50	58940
2003	741.17	21513.46	10768.77	21566.93	1850.90	17.19	10.42	8.60	8.56	77150
2004	996.44	29554.92	12713.34	28998.45	2329.79	18.33	10.52	7.90	8.03	74661
2005	1085.65	35942.74	14453.16	34781.58	2877.81	19.91	11.29	8.01	8.27	86735
2006	1203.58	44674.75	17824.33	43550.87	3907.10	21.92	12.24	8.75	8.97	97882
2007	1307.40	55252.86	19763.42	53927.94	5105.93	25.83	13.59	9.24	9.46	107880
2008	1493.38	65424.61	24529.17	63371.65	6136.69	25.02	14.32	9.38	9.68	117940
2009	1436.02	68275.77	26293.23	66117.81	6793.59	25.84	14.18	9.95	10.27	126984
2010	1568.00	85824.64	33489.49	84114.85	9418.42	28.12	15.63	10.97	11.20	129709
2011	1463.86	94871.68	33244.26	92996.88	9608.33	28.90	14.98	10.13	10.33	147987
2012	1452.16	95602.09	35983.70	93821.74	9383.63	26.08	13.94	9.82	10.00	156463
2013	1455.81	109673.07	39339.68	106361.21	11008.36	27.98	14.53	10.04	10.35	182303

注：1. 利税总额包括增值税。
2. 全员劳动生产率1996年后按工业增加值计算。
3. 1997年以前为独立核算工业企业，1998年起统计口径改为年主营业务收入500万元及以上的规模以上工业，2011年调整为年主营业务收入2000万元及以上工业企业。

Note:a) Total pre-tax profits include value-added tax.
b) Since 1996, figures of overall labor productivity have been calculated by value-added of industry.
c) From 1998 to 2010, data are statistics of industrial enterprises above designated size with annual principal business revenue of over 5 million yuan, while data prior to 1997 are statistics of industrial enterprises with independent accounting systems. Since 2011, data are statistics of legal person industrial enterprises with annual principal business revenue of over 20 million yuan.

12-15 规模以上国有控股工业企业主要经济指标

Main Indicators of State-owned and State-holding Industrial Enterprises above Designated Size

年份 Year	全部从业人员平均人数（万人） Annual Average Number of Employed Persons (10000 persons)	总产值（亿元） Gross Output Value of Industry (100 million yuan)	固定资产原价（亿元） Original Value of Fixed Assets (100 million yuan)	主营业务收入（亿元） Principal Business Revenue (100 million yuan)	利税总额（亿元） Total Pre-tax Profits (100 million yuan)	百元固定资产实现利税(元) Pre-tax Profits per 100 yuan of Original Value of Fixed Assets (yuan)	总资产贡献率 Ratio of Total Assets to Industrial Output Value	产值利税率(%) Ratio of Pre-tax Profits to Gross Output Value (%)	百元主营业务收入实现利税(元) Pre-tax Profits per 100 yuan of Main Business Revenue (yuan)	全员劳动生产率（元/人） Overall Labor Productivity (yuan/person)
1978	120.35	122.28	96.06		26.09	27.16		21.34		10159
1979	121.97	132.30	103.51	126.87	26.89	25.96		20.31	21.18	10847
1980	126.09	136.30	107.27	127.97	28.33	25.90		20.57	22.19	10829
1981	132.60	153.54	118.82	147.85	31.18	26.24		20.31	21.09	11579
1982	139.90	165.82	131.82	158.43	33.29	25.26		20.08	21.01	11853
1983	142.18	188.09	147.53	178.04	38.18	25.88		20.30	21.45	13228
1984	143.08	222.35	162.13	205.73	44.02	27.15		19.80	21.39	15540
1985	144.14	277.87	203.80	265.05	56.34	27.64		20.28	21.26	19278
1986	150.14	312.74	235.47	305.42	59.70	25.36		19.09	19.55	20829
1987	156.48	400.55	294.46	402.63	72.44	24.60		18.09	17.99	25598
1988	162.43	555.41	328.58	545.00	91.05	27.71		16.39	16.71	34194
1989	162.85	670.95	404.50	631.61	94.11	23.26		14.93	14.90	41200
1990	163.80	713.88	488.36	689.83	84.35	17.27		11.82	12.23	43582
1991	173.85	906.72	612.24	853.62	116.26	18.99		12.82	13.62	52155
1992	171.60	1118.86	751.42	1073.94	131.24	17.47		11.73	12.22	65202
1993	153.26	1371.58	856.85	1372.66	169.40	19.77		12.35	12.34	89494
1994	152.25	1498.80	1076.47	1400.87	176.81	16.42		11.80	12.62	98443
1995	142.83	1396.35	1315.16	1499.25	160.57	12.21		11.50	10.71	97763
1996	137.50	1476.12	1599.77	1555.28	139.01	8.69		9.42	8.94	34057
1997	124.71	1505.06	1794.89	1657.79	160.92	8.97		10.69	9.71	36596
1998	102.67	1453.79	1790.91	1616.64	163.10	9.11		11.22	10.09	47019
1999	128.16	3025.68	3520.17	3153.04	376.11	10.68	8.63	12.34	11.93	72606
2000	104.39	3126.12	3513.50	3583.55	433.35	12.33	9.09	13.86	12.09	91413
2001	91.77	3236.65	3982.54	3757.95	486.46	12.21	9.53	15.03	12.94	112515
2002	83.25	3264.46	3942.57	3800.38	483.25	12.26	9.34	14.80	12.72	132894
2003	75.20	3949.03	4603.66	4717.48	623.49	13.54	10.88	15.79	13.22	191590
2004	72.53	6039.24	4913.92	6031.47	779.41	15.86	12.39	12.91	12.92	213941
2005	69.42	6375.54	5153.83	6261.70	800.26	15.53	13.03	12.55	12.78	243447
2006	60.80	7253.17	6557.86	6887.69	1213.73	18.50	14.89	16.73	17.62	391250
2007	60.86	8603.94	6702.65	8258.85	1603.72	23.92	17.68	18.63	19.41	464322
2008	77.84	11144.50	8327.10	11045.88	1676.74	20.14	15.49	15.05	15.18	430063
2009	75.33	10790.11	9249.22	10637.39	1747.60	18.89	14.73	16.20	16.43	457743
2010	78.89	13166.37	10456.03	13418.41	2398.44	22.94	17.21	18.22	17.87	518203
2011	82.98	13927.70	10891.43	13871.28	1963.69	18.03	13.54	14.10	14.16	441471
2012	82.87	15529.16	12395.46	15602.52	2172.26	17.52	14.03	13.99	13.92	515822
2013	81.67	17525.16	13124.26	17095.26	2800.64	21.34	16.57	15.98	16.38	625429

注：1998年以前为国有工业，1999年起为国有及国有控股工业,2007年起改为国有控股工业。

Note: Data prior to 1998 are statistics of state-owned industrial enterprises,data since 1999 are statistics of state-owned and state-holding industrial enterprises, and data since 2007 are statistics of state-holding industrial enterprises.

12-16 规模以上工业企业主要经济指标（2013年）

单位：亿元

项　目	Item	企业单位数（个） Number of Enterprises (unit)	工业总产值（当年价） Gross Industrial Output Value (at current prices)
全省总计	**Provincial Total**	**41205**	**109673.07**
按经济类型分	Grouped by Ownership		
在总计中：国有控股工业	Of the Total: State-holding Industry	1054	17525.16
国有工业	State-owned Industry	263	1242.18
集体工业	Collective-owned Industry	290	442.55
股份合作工业	Share-holding Cooperative Industry	83	89.01
股份制工业	Share-holding Industry	23551	52649.00
外商投资工业	Foreign-funded Industry	4726	28073.94
港澳台投资工业	Industry with Funds from Hong Kong, Macao and Taiwan	9784	24603.71
按轻重工业分	Grouped by Light and Heavy Industries		
轻工业	Light Industry	21840	41669.48
重工业	Heavy Industry	19365	68003.59
按企业规模分	Grouped by Size of Enterprises		
大型企业	Large Enterprises	1480	47329.39
中型企业	Medium Enterprises	9243	29088.43
小微型企业	Small and Mciro Enterprises	30482	33255.25
按行业分	Grouped by Sector		
煤炭开采和洗选业	Mining and Washing of Coal	1	3.28
石油和天然气开采业	Extraction of Petroleum and Natural Gas	3	631.09
黑色金属矿采选业	Mining and Dressing of Ferrous Metal Ores	61	174.52
有色金属矿采选业	Mining and Dressing of Nonferrous Metal Ores	38	137.97
非金属矿采选业	Mining and Dressing of Nonmetal Ores	219	274.42
开采辅助活动	Auxiliary Minning Operations	6	38.36
其他采矿业	Mining and Dressing of Other Ores		
农副食品加工业	Processing of Farm and Sideline Food	906	2835.51
食品制造业	Manufacture of Food	646	1644.03
酒、饮料和精制茶制造业	Manufacture of Wine, Beverage and Refined Tea	249	992.72
烟草制品业	Tobacco Products	11	423.20
纺织业	Textile Industry	1643	2456.08
纺织服装、服饰业	Manufacture of Textile Garments, Footwear and Headgear	3077	3478.72
皮革、毛皮、羽毛及其制品和制鞋业	Leather, Fur, Feather, Down and Related Products	1773	2051.12
木材加工和木、竹、藤、棕、草制品业	Timber Processing, Bamboo, Cane, Palm Fiber & Straw Products	540	636.41
家具制造业	Manufacture of Furniture	1205	1516.78
造纸和纸制品业	Papermaking and Paper Products	1148	1734.25
印刷和记录媒介复制业	Printing and Record Medium Reproduction	892	1074.69
文教、工美、体育和娱乐用品制造业	Manufacture of Cultural, Educational,Sports and Entertainment Articles	1601	3752.54
石油加工、炼焦和核燃料加工业	Petroleum Refining, Coking and Nuclear Fuel Processing	92	3652.02
化学原料和化学制品制造业	Manufacture of Raw Chemical Materials and Chemical Products	2163	5461.28
医药制造业	Manufacture of Medicines	382	1222.46
化学纤维制造业	Manufacture of Chemical Fibers	61	134.90
橡胶和塑料制品业	Rubber and Plastic Products	3328	4207.98
非金属矿物制品业	Nonmetal Mineral Products	2448	4033.36
黑色金属冶炼和压延加工业	Smelting and Pressing of Ferrous Metals	534	2587.43
有色金属冶炼和压延加工业	Smelting and Pressing of Nonferrous Metals	660	3023.90
金属制品业	Metal Products	3320	4918.96
通用设备制造业	Manufacture of General-purpose Machinery	1467	3237.58
专用设备制造业	Manufacture of Special-purpose Machinery	1319	1856.66
汽车制造业	Manufacture of Automobile	620	4707.60
铁路、船舶、航空航天和其他运输设备制造业	Manufacture of Railway ,Ship,Aeronautics and Other Transport equipment	422	1224.23
电气机械和器材制造业	Manufacture of Electrical Machinery and Equipment	4153	10895.32
计算机、通信和其他电子设备制造业	Manufacture of Communication Equipment, Computers and Other Electronic Equipment	4621	25835.51
仪器仪表制造业	Manufacture of Instruments and Meters	453	762.25
其他制造业	Other Manufactures	228	220.00
废弃资源综合利用业	Comprehensive Utilization of Waste	255	954.71
金属制品、机械和设备修理业	Manufacture of Metal Products,Machinery and Equipment Maintenance	44	91.37
电力、热力生产和供应业	Production and Supply of Electric Power and Heat Power	308	5862.80
燃气生产和供应业	Production and Supply of Gas	77	615.19
水的生产和供应业	Production and Supply of Water	231	311.87

Main Economic Indicators of Industrial Enterprises above Designated Size (2013)

(100 million yuan)

工业增加值 Value-added of Industry	年末资产总计 Total Assets at the Year-end	流动资产合计 Total Working Capital	固定资产合计 Toatal Fixed Assets	主营业务收入 Principal Business Revenue	主营业务税金及附加 Tax and Extra Charges on Main Business	利润总额 Total Profits	利税总额 Total Pre-tax Profits	本年应交增值税 Value-added Tax Payable in Current Year	全部从业人员年平均人数(万人) Annual Average Number of Employed Persons (10000 persons)
26540.01	**79655.27**	**46450.89**	**22385.82**	**106361.21**	**1160.99**	**6496.42**	**11008.36**	**3343.02**	**1455.81**
5107.57	18186.67	7157.49	7710.06	17095.26	680.43	1105.50	2800.64	1011.95	81.67
484.56	1410.17	602.41	625.71	1205.59	166.65	67.94	300.24	65.59	10.75
125.87	195.02	91.18	71.97	430.77	2.11	21.84	30.43	6.46	15.58
22.12	37.13	24.12	9.52	84.78	0.67	4.00	7.22	2.54	1.35
13009.17	40358.81	21820.41	11696.03	50963.54	550.52	3250.88	5610.71	1804.73	584.36
6142.89	17938.45	11502.05	4861.55	27424.94	273.21	1653.91	2751.83	822.94	307.77
6139.72	18847.19	11944.44	4837.35	23755.20	152.43	1330.16	2069.94	586.02	502.64
10336.98	28101.64	18234.74	6404.62	40721.00	403.49	2537.94	4131.47	1187.06	754.71
16203.03	51553.63	28216.15	15981.20	65640.21	757.50	3958.48	6876.89	2155.96	701.11
11709.16	35766.41	19640.55	10687.19	45939.04	737.15	2897.62	5347.81	1709.40	508.55
7176.83	22476.41	13156.90	6677.72	27996.40	248.45	1802.71	2866.23	813.28	569.23
7654.02	21412.45	13653.44	5020.91	32425.76	175.40	1796.09	2794.32	820.34	378.03
1.14	4.92	3.83	0.87	3.28		0.20	0.23	0.03	0.02
530.33	712.90	49.64	292.50	676.64	50.57	215.49	302.04	35.95	0.44
73.32	127.08	66.27	37.20	156.17	2.75	26.69	41.17	11.74	0.99
45.28	69.48	38.37	18.20	128.70	1.49	16.04	23.98	6.44	0.89
84.65	120.95	53.42	37.99	254.00	4.15	24.80	38.33	9.38	2.46
12.01	31.05	25.76	4.68	38.43	0.98	8.50	9.53	0.05	0.14
476.70	1621.62	1176.99	280.42	2747.35	6.71	134.12	184.58	43.71	17.21
557.60	1128.06	703.25	285.22	1664.78	12.84	238.75	348.01	96.39	19.91
273.88	716.27	385.41	228.88	942.66	21.12	73.81	141.29	45.88	8.66
309.05	485.15	355.75	68.44	399.51	192.91	45.65	280.06	41.49	0.82
580.79	1343.32	748.74	467.48	2375.58	9.90	140.31	201.84	51.50	43.76
1008.71	1701.43	1151.98	419.85	3352.80	18.29	186.84	287.75	82.42	100.92
587.30	1058.88	755.63	210.24	2004.49	10.10	83.23	142.02	48.57	82.96
158.14	413.56	225.82	109.74	611.30	4.03	50.87	73.97	19.05	8.91
380.21	912.91	581.20	187.67	1487.73	7.43	74.07	123.63	42.04	34.15
372.20	1719.33	861.79	683.83	1633.30	5.35	70.05	114.87	39.42	23.43
293.65	910.14	551.76	233.02	1030.43	5.22	70.32	105.46	29.89	24.14
690.25	2003.98	1542.16	279.58	3708.34	10.64	112.83	175.91	52.34	82.45
918.23	1289.39	625.89	499.18	3626.49	323.68	83.75	751.13	343.62	2.61
1295.80	3611.66	2125.70	1025.15	5292.94	29.53	401.07	627.43	196.23	34.33
384.55	1376.48	823.72	269.83	1144.59	7.45	150.13	212.97	55.23	11.81
33.15	119.26	60.05	43.21	130.32	0.60	9.62	13.97	3.75	1.43
997.24	2824.96	1664.47	802.97	4111.50	20.13	215.33	325.29	89.65	85.46
1046.96	2944.00	1453.50	1104.17	3825.19	22.01	270.44	408.34	115.53	59.16
442.90	1550.91	707.03	638.44	2437.64	7.31	104.67	162.73	50.55	11.71
489.80	1762.63	1005.42	604.99	2910.44	5.47	99.07	159.78	55.23	16.30
1162.47	2764.45	1650.65	760.89	4730.51	24.28	311.66	458.15	122.01	80.05
707.94	2312.42	1647.14	427.03	3127.16	14.30	177.35	265.34	73.62	46.38
534.73	1856.60	1183.09	416.19	1783.19	9.79	137.73	196.43	48.71	33.92
1298.09	3520.90	2220.24	851.51	4714.55	137.42	433.17	750.07	178.06	32.57
279.94	1409.31	828.23	275.60	1159.66	9.85	41.81	76.03	24.23	15.74
2375.11	8507.63	5899.13	1475.51	10783.39	45.99	657.85	997.15	292.49	180.15
5743.03	17072.40	12373.02	3014.95	24668.39	97.28	1105.92	1925.67	721.22	330.90
220.53	624.92	433.78	111.40	731.80	3.81	53.48	74.31	16.99	22.37
55.79	141.80	88.26	34.94	213.99	0.87	7.59	13.67	5.20	5.93
189.28	412.21	251.58	62.37	949.63	3.14	80.87	98.51	14.50	4.19
21.41	97.74	60.91	31.31	89.20	0.61	5.54	7.41	1.25	1.10
1637.71	8683.53	1566.52	5328.28	5817.27	28.47	490.22	774.71	255.28	21.13
136.36	475.88	154.90	223.14	594.42	1.65	50.70	64.24	11.82	1.40
133.77	1215.15	349.89	538.95	303.44	2.84	35.88	50.38	11.55	4.95

12-17 规模以上国有控股工业企业主要经济指标（2013年）

单位：亿元

项　　目	Item	企业单位数（个）Number of Enterprises (unit)	工业总产值（当年价）Gross Industrial Output Value (at current prices)
全省总计	**Provincial Total**	**1054**	**17525.16**
按轻重工业分	Grouped by Light and Heavy Industries		
轻工业	Light Industry	358	2467.59
重工业	Heavy Industry	696	15057.57
按企业规模分	Grouped by Size of Enterprises		
大型企业	Large Enterprises	132	13086.77
中型企业	Medium Enterprises	329	2772.42
小微型企业	Small and Mciro Enterprises	593	1665.97
按行业分	Grouped by Sector		
煤炭开采和洗选业	Mining and Washing of Coal	1	3.28
石油和天然气开采业	Extraction of Petroleum and Natural Gas	1	0.03
黑色金属矿采选业	Mining and Dressing of Ferrous Metal Ores	3	8.69
有色金属矿采选业	Mining and Dressing of Nonferrous Metal Ores	14	95.52
非金属矿采选业	Mining and Dressing of Nonmetal Ores	9	34.83
开采辅助活动	Auxiliary Minning Operations	3	33.68
其他采矿业	Mining and Dressing of Other Ores		
农副食品加工业	Processing of Farm and Sideline Food	49	242.92
食品制造业	Manufacture of Food	20	65.97
酒、饮料和精制茶制造业	Manufacture of Wine, Beverage and Refined Tea	22	150.57
烟草制品业	Tobacco Products	7	409.22
纺织业	Textile Industry	23	26.77
纺织服装、服饰业	Manufacture of Textile Garments, Footwear and Headgear	9	7.39
皮革、毛皮、羽毛及其制品和制鞋业	Leather, Fur, Feather, Down and Related Products	4	2.05
木材加工和木、竹、藤、棕、草制品业	Timber Processing, Bamboo, Cane, Palm Fiber & Straw Products	8	9.23
家具制造业	Manufacture of Furniture	1	1.58
造纸和纸制品业	Papermaking and Paper Products	16	79.55
印刷和记录媒介复制业	Printing and Record Medium Reproduction	30	29.30
文教、工美、体育和娱乐用品制造业	Manufacture of Cultural, Educational,Sports and Entertainment Articles	18	30.04
石油加工、炼焦和核燃料加工业	Petroleum Refining, Coking and Nuclear Fuel Processing	12	3046.06
化学原料和化学制品制造业	Manufacture of Raw Chemical Materials and Chemical	55	422.38
	Products	32	193.88
医药制造业	Manufacture of Medicines	1	13.76
化学纤维制造业	Manufacture of Chemical Fibers		
橡胶和塑料制品业	Rubber and Plastic Products	28	101.00
非金属矿物制品业	Nonmetal Mineral Products	45	133.80
黑色金属冶炼和压延加工业	Smelting and Pressing of Ferrous Metals	17	387.76
有色金属冶炼和压延加工业	Smelting and Pressing of Nonferrous Metals	24	479.26
金属制品业	Metal Products	37	119.50
通用设备制造业	Manufacture of General-purpose Machinery	26	141.82
专用设备制造业	Manufacture of Special-purpose Machinery	18	32.73
汽车制造业	Manufacture of Automobile	20	1435.00
铁路、船舶、航空航天和其他运输设备制造业	Manufacture of Railway ,Ship,Aeronautics and Other Transport equipment	35	381.41
电气机械和器材制造业	Manufacture of Electrical Machinery and Equipment	54	865.49
计算机、通信和其他电子设备制造业	Manufacture of Communication Equipment, Computers and Other Electronic Equipment	89	2513.94
仪器仪表制造业	Manufacture of Instruments and Meters	9	21.13
其他制造业	Other Manufactures	1	2.44
废弃资源综合利用业	Comprehensive Utilization of Waste	8	8.46
金属制品、机械和设备修理业	Manufacture of Metal Products,Machinery and Equipment Maintenance	11	22.57
电力、热力生产和供应业	Production and Supply of Electric Power and Heat Power	194	5561.77
燃气生产和供应业	Production and Supply of Gas	16	256.86
水的生产和供应业	Production and Supply of Water	84	153.50

Main Economic Indicators of State-holding Industrial Enterprises above Designated Size (2013)

(100 million yuan)

工业增加值 Value-added of Industry	年末资产总计 Total Assets at the Year-end	流动资产合计 Total Working Capital	固定资产合计 Total Fixed Assets	主营业务收入 Principal Business Revenue	主营业务税金及附加 Tax and Other Charges on Principal Business	利润总额 Total Profits	利税总额 Total Pre-tax Profits	本年应交增值税 Value-added Tax Payable in Current Year	全部从业人员年平均人数(万人) Annual Average Number of Employed Persons (10000 persons)
5107.57	**18186.67**	**7157.49**	**7710.06**	**17095.26**	**680.43**	**1105.50**	**2800.64**	**1011.95**	**81.67**
864.96	3457.76	2190.45	688.13	2893.52	211.94	251.47	607.53	143.16	21.56
4242.61	14728.91	4967.04	7021.93	14201.74	468.48	854.03	2193.10	868.79	60.11
3811.92	12625.84	5009.44	5115.99	12783.22	534.10	709.47	2029.82	784.29	53.26
931.70	3792.23	1381.24	1880.93	2658.28	123.28	282.79	582.39	175.77	20.54
363.94	1768.60	766.82	713.14	1653.76	23.05	113.24	188.43	51.89	7.87
1.14	4.92	3.83	0.87	3.28		0.20	0.23	0.03	0.02
0.64	20.32	2.82	1.24	0.03	0.01	-0.07	-0.03		0.01
5.01	20.79	6.51	14.28	7.13	0.24	0.53	1.58	0.82	0.22
25.99	53.96	28.50	14.13	89.18	0.97	11.34	16.32	4.01	0.65
11.25	12.56	8.31	2.19	32.53	0.27	3.09	4.57	1.21	0.15
9.23	26.51	23.26	2.74	33.68	0.85	6.81	7.67	0.02	0.10
43.91	79.95	55.66	18.22	238.39	0.23	5.47	7.59	1.88	1.11
18.01	40.78	22.53	10.98	67.06	0.33	4.94	7.96	2.69	0.97
52.67	117.09	58.97	32.71	129.71	4.43	5.37	17.40	7.56	1.41
306.93	461.55	343.33	60.03	384.31	192.85	44.90	278.84	41.09	0.66
7.46	23.39	15.34	6.73	27.90	0.18	1.56	2.53	0.78	0.96
1.94	5.80	3.99	1.31	7.16	0.05	0.14	0.45	0.26	0.18
0.85	0.83	0.45	0.38	1.98	0.03	0.25	0.40	0.12	0.08
2.77	6.35	1.81	2.76	8.96	0.06	0.70	1.05	0.29	0.15
0.46	0.65	0.07	0.58	1.54	0.01	0.14	0.21	0.07	0.03
12.78	188.38	89.32	65.84	79.62	0.29	2.78	6.05	2.98	1.16
9.86	42.57	25.97	13.68	30.05	0.27	2.35	3.89	1.26	0.68
9.08	36.97	21.00	6.92	32.17	0.18	2.49	3.69	1.02	0.74
789.31	896.25	388.71	407.99	3010.95	316.29	50.11	693.96	327.54	1.75
82.18	411.77	126.33	253.73	427.94	1.22	22.81	44.12	19.92	1.32
72.38	241.14	129.96	47.35	186.47	1.68	23.41	40.24	15.01	2.42
5.29	9.02	7.25	1.36	13.64	0.09	3.69	4.53	0.75	0.03
28.24	189.06	93.20	60.30	106.44	0.56	5.69	10.95	4.65	1.94
38.56	168.08	60.84	91.39	130.26	0.72	15.80	22.60	6.07	1.13
41.51	368.83	126.34	181.41	352.40	0.83	3.32	12.79	8.64	1.93
51.69	200.46	104.70	69.00	464.90	0.25	3.46	13.67	9.96	1.07
29.85	152.88	83.31	36.99	117.59	0.65	7.90	10.66	2.10	1.55
38.60	234.76	160.09	35.59	136.02	0.86	19.30	25.91	5.75	1.76
9.57	37.59	24.89	8.58	32.36	0.32	1.81	2.94	0.81	0.80
438.49	615.24	434.17	124.42	1434.50	101.95	116.49	287.16	67.67	2.85
96.78	822.31	430.68	169.77	360.97	2.48	6.91	16.02	6.55	4.07
198.70	1427.73	1171.03	67.90	1336.24	7.58	139.99	195.74	47.68	5.68
994.38	2290.18	1501.55	472.58	1841.77	14.76	102.53	283.72	166.41	19.55
5.62	21.03	18.30	2.26	20.77	0.15	1.95	2.89	0.79	0.40
1.42	0.87	0.38	0.49	2.41	0.01	0.61	0.74	0.12	0.12
1.61	7.14	2.73	3.75	8.13	0.06	1.14	1.52	0.32	0.06
5.76	53.04	26.23	23.91	21.61	0.04	-1.25	-1.01	0.20	0.49
1524.38	7887.35	1305.67	4897.12	5524.02	26.39	447.88	715.63	240.92	19.80
61.15	288.80	62.71	147.79	244.42	0.83	28.60	36.12	6.63	0.57
72.11	719.78	186.76	350.79	146.76	1.46	10.35	19.32	7.41	3.10

12-18 规模以上集体工业企业主要经济指标（2013年）

单位：亿元

项　　目	Item	企业单位数（个） Number of Enterprises (unit)	工业总产值（当年价） Gross Industrial Output Value (at current prices)
全省总计	**Provincial Total**	**290**	**442.55**
按轻重工业分	Grouped by Light and Heavy Industries		
轻工业	Light Industry	182	328.80
重工业	Heavy Industry	108	113.75
按企业规模分	Grouped by Size of Enterprises		
大型企业	Large Enterprises	10	151.05
中型企业	Medium Enterprises	65	118.66
小微型企业	Small and Mciro Enterprises	215	172.84
按行业分	Grouped by Sector		
煤炭开采和洗选业	Mining and Washing of Coal		
石油和天然气开采业	Extraction of Petroleum and Natural Gas		
黑色金属矿采选业	Mining and Dressing of Ferrous Metal Ores		
有色金属矿采选业	Mining and Dressing of Nonferrous Metal Ores		
非金属矿采选业	Mining and Dressing of Nonmetal Ores	10	12.30
开采辅助活动	Auxiliary Minning Operations		
其他采矿业	Mining and Dressing of Other Ores		
农副食品加工业	Processing of Farm and Sideline Food	9	13.78
食品制造业	Manufacture of Food	5	5.17
酒、饮料和精制茶制造业	Manufacture of Wine, Beverage and Refined Tea		
烟草制品业	Tobacco Products		
纺织业	Textile Industry	14	57.09
纺织服装、服饰业	Manufacture of Textile Garments, Footwear and Headgear	14	17.03
皮革、毛皮、羽毛及其制品和制鞋业	Leather, Fur, Feather, Down and Related Products	14	16.50
木材加工和木、竹、藤、棕、草制品业	Timber Processing, Bamboo, Cane, Palm Fiber & Straw Products	4	8.04
家具制造业	Manufacture of Furniture	2	1.78
造纸和纸制品业	Papermaking and Paper Products	16	15.84
印刷和记录媒介复制业	Printing and Record Medium Reproduction	5	3.66
文教、工美、体育和娱乐用品制造业	Manufacture of Cultural, Educational,Sports and Entertainment Articles	20	80.67
石油加工、炼焦和核燃料加工业	Petroleum Refining, Coking and Nuclear Fuel Processing		
化学原料和化学制品制造业	Manufacture of Raw Chemical Materials and Chemical Products	8	5.44
医药制造业	Manufacture of Medicines	1	1.88
化学纤维制造业	Manufacture of Chemical Fibers		
橡胶和塑料制品业	Rubber and Plastic Products	23	38.80
非金属矿物制品业	Nonmetal Mineral Products	15	25.65
黑色金属冶炼和压延加工业	Smelting and Pressing of Ferrous Metals	3	2.72
有色金属冶炼和压延加工业	Smelting and Pressing of Nonferrous Metals	8	7.55
金属制品业	Metal Products	16	9.11
通用设备制造业	Manufacture of General-purpose Machinery	5	11.38
专用设备制造业	Manufacture of Special-purpose Machinery	3	0.97
汽车制造业	Manufacture of Automobile		
铁路、船舶、航空航天和其他运输设备制造业	Manufacture of Railway ,Ship,Aeronautics and Other Transport equipment	7	6.11
电气机械和器材制造业	Manufacture of Electrical Machinery and Equipment	13	24.85
计算机、通信和其他电子设备制造业	Manufacture of Communication Equipment, Computers and Other Electronic Equipment	17	31.34
仪器仪表制造业	Manufacture of Instruments and Meters	3	2.62
其他制造业	Other Manufactures	1	1.89
废弃资源综合利用业	Comprehensive Utilization of Waste		
金属制品、机械和设备修理业	Manufacture of Metal Products,Machinery and Equipment Maintenance		
电力、热力生产和供应业	Production and Supply of Electric Power and Heat Power	7	5.73
燃气生产和供应业	Production and Supply of Gas	1	0.84
水的生产和供应业	Production and Supply of Water	46	33.82

Main Economic Indicators of Collective-owned Industrial Enterprises above Designated Size (2013)

(100 million yuan)

工业增加值 Value-added of Industry	年末资产总计 Total Assets at the Year-end	流动资产合计 Total Working Capital	固定资产合计 Total Fixed Assets	主营业务收入 Principal Business Revenue	主营业务税金及附加 Tax and Other Charges on Principal Business	利润总额 Total Profits	利税总额 Total Pre-tax Profits	本年应交增值税 Value-added Tax Payable in Current Year	全部从业人员年平均人数(万人) Annual Average Number of Employed Persons (10000 persons)
125.87	**195.02**	**91.18**	**71.97**	**430.77**	**2.11**	**21.84**	**30.43**	**6.46**	**15.58**
92.06	152.25	66.19	60.43	321.97	1.20	16.96	22.58	4.41	12.65
33.81	42.77	24.99	11.55	108.80	0.91	4.88	7.84	2.04	2.93
39.98	27.87	13.83	10.32	152.94	0.21	7.98	8.52	0.34	5.49
38.73	46.32	22.32	13.41	109.59	0.43	4.60	6.88	1.84	7.97
47.16	120.83	55.02	48.24	168.24	1.48	9.26	15.03	4.28	2.11
4.09	2.81	0.42	1.89	11.36	0.36	1.47	2.31	0.48	0.15
2.76	2.83	1.03	0.67	13.39	0.04	1.41	1.80	0.35	0.07
1.28	1.04	0.50	0.49	5.16	0.01	0.25	0.39	0.12	0.06
11.95	9.86	2.11	5.67	56.58	0.16	2.67	3.48	0.64	0.99
5.62	4.93	2.67	1.75	16.84	0.06	0.61	1.02	0.34	1.17
9.88	5.00	4.38	0.62	17.03		0.84	0.90	0.06	2.73
1.69	1.40	0.69	0.70	7.54	0.03	0.61	0.81	0.17	0.07
0.41	0.18	0.09	0.01	1.72		0.01	0.03	0.01	0.03
3.12	6.27	2.55	2.65	15.89	0.04	0.80	1.08	0.24	0.30
0.96	1.62	0.66	0.76	3.62	0.12	0.35	0.61	0.14	0.02
18.64	14.59	8.90	2.42	82.54	0.11	5.00	5.77	0.65	3.20
1.30	3.49	2.60	0.22	5.34	0.02	0.47	0.74	0.25	0.06
0.52	1.73	1.04	0.24	1.83	0.01	0.11	0.21	0.09	0.05
10.20	9.53	5.93	2.19	38.34	0.15	0.78	1.24	0.31	1.19
4.11	19.07	11.92	4.19	24.72	0.18	0.58	1.15	0.40	0.32
0.75	0.65	0.48	0.17	2.75	0.01	0.04	0.06	0.02	0.02
1.25	2.14	1.45	0.65	7.31	0.02	0.21	0.31	0.08	0.11
1.95	2.06	1.27	0.57	8.70	0.11	0.25	0.53	0.16	0.13
4.58	1.73	1.10	0.21	11.16	0.05	0.53	0.69	0.11	0.23
0.22	0.39	0.22	0.16	0.93		0.09	0.13	0.03	0.04
1.12	0.69	0.49	0.11	6.15	0.04	0.17	0.28	0.07	0.03
3.30	17.81	7.62	2.85	17.28	0.04	0.42	0.55	0.10	0.94
21.36	8.50	4.24	3.51	31.41	0.02	2.15	2.21	0.04	2.86
0.98	0.46	0.44		2.60		0.03	0.03		0.17
0.60	0.51	0.36		1.92		-0.03	-0.03		
2.55	4.03	1.54	1.37	5.52	0.07	0.30	0.62	0.25	0.06
0.18	0.39	0.35	0.04	0.84		0.08	0.12	0.03	
10.48	71.32	26.13	37.86	32.29	0.45	1.64	3.40	1.31	0.57

12-19 规模以上股份合作工业企业主要经济指标(2013年)

单位：亿元

项　目	Item	企业单位数(个) Number of Enterprises (unit)	工业总产值(当年价) Gross Industrial Output Value (at current prices)
全省总计	**Provincial Total**	**83**	**89.01**
按轻重工业分	Grouped by Light & Heavy Industries		
轻工业	Light Industry	43	40.06
重工业	Heavy Industry	40	48.95
按企业规模分	Grouped by Size of Enterprises		
大型企业	Large Enterprises		
中型企业	Medium Enterprises	9	17.06
小微型企业	Small and Micro Enterprises	74	71.95
按行业分	Grouped by Sector		
煤炭开采和洗选业	Mining and Washing of Coal		
石油和天然气开采业	Extraction of Petroleum and Natural Gas		
黑色金属矿采选业	Mining and Dressing of Ferrous Metal Ores		
有色金属矿采选业	Mining and Dressing of Nonferrous Metal Ores	1	1.36
非金属矿采选业	Mining and Dressing of Nonmetal Ores		
开采辅助活动	Auxiliary Minning Operations		
其他采矿业	Mining and Dressing of Other Ores		
农副食品加工业	Processing of Farm and Sideline Food	2	1.82
食品制造业	Manufacture of Food		
酒、饮料和精制茶制造业	Manufacture of Wine, Beverage and Refined Tea		
烟草制品业	Tobacco Products		
纺织业	Textile Industry	6	5.04
纺织服装、服饰业	Manufacture of Textile Garments, Footwear and Headgear	4	2.59
皮革、毛皮、羽毛及其制品和制鞋业	Leather, Fur, Feather, Down and Related Products	1	0.75
木材加工和木、竹、藤、棕、草制品业	Timber Processing, Bamboo, Cane, Palm Fiber & Straw Products		
家具制造业	Manufacture of Furniture		
造纸和纸制品业	Papermaking and Paper Products	3	1.26
印刷和记录媒介复制业	Printing and Record Medium Reproduction	5	5.07
文教、工美、体育和娱乐用品制造业	Manufacture of Cultural, Educational,Sports and Entertainment Articles	3	1.77
石油加工、炼焦和核燃料加工业	Petroleum Refining, Coking and Nuclear Fuel Processing		
化学原料和化学制品制造业	Manufacture of Raw Chemical Materials and Chemical Products	10	12.74
医药制造业	Manufacture of Medicines		
化学纤维制造业	Manufacture of Chemical Fibers		
橡胶和塑料制品业	Rubber and Plastic Products	7	5.34
非金属矿物制品业	Nonmetal Mineral Products	6	14.31
黑色金属冶炼和压延加工业	Smelting and Pressing of Ferrous Metals	1	0.76
有色金属冶炼和压延加工业	Smelting and Pressing of Nonferrous Metals	2	5.81
金属制品业	Metal Products	6	5.05
通用设备制造业	Manufacture of General-purpose Machinery	4	2.05
专用设备制造业	Manufacture of Special-purpose Machinery	1	0.51
汽车制造业	Manufacture of Automobile		
铁路、船舶、航空航天和其他运输设备制造业	Manufacture of Railway ,Ship,Aeronautics and Other Transport equipment	2	0.41
电气机械和器材制造业	Manufacture of Electrical Machinery and Equipment	9	11.99
计算机、通信和其他电子设备制造业	Manufacture of Communication Equipment, Computers and Other Electronic Equipment	2	3.03
仪器仪表制造业	Manufacture of Instruments and Meters	3	3.17
其他制造业	Other Manufactures	1	0.57
废弃资源综合利用业	Comprehensive Utilization of Waste		
金属制品、机械和设备修理业	Manufacture of Metal Products,Machinery and Equipment Maintenance		
电力、热力生产和供应业	Production and Supply of Electric Power and Heat Power	2	0.34
燃气生产和供应业	Production and Supply of Gas	2	3.27
水的生产和供应业	Production and Supply of Water		

Main Economic Indicators of Share-holding Cooperative Industrial Enterprises above Designated Size (2013)

(100 million yuan)

工业增加值 Value-added of Industry	年末资产总计 Total Assets at the Year-end	流动资产合计 Total Working Capital	固定资产合计 Total Fixed Assets	主营业务收入 Principal Business Revenue	主营业务税金及附加 Tax and Other Charges on Principal Business	利润总额 Total Profits	利税总额 Total Pre-tax Profits	本年应交增值税 Value-added Tax Payable in Current Year	全部从业人员年平均人数(万人) Annual Average Number of Employed Persons (10000 persons)
22.12	**37.13**	**24.12**	**9.52**	**84.78**	**0.67**	**4.00**	**7.22**	**2.54**	**1.35**
10.12	16.41	11.53	3.57	39.23	0.26	1.56	3.06	1.24	0.97
12.00	20.72	12.60	5.95	45.55	0.42	2.44	4.16	1.30	0.38
4.14	7.00	4.29	2.21	17.15	0.09	0.93	1.55	0.53	0.61
17.98	30.13	19.83	7.31	67.63	0.58	3.07	5.67	2.01	0.74
0.85	0.59	0.57	0.01	1.36					0.01
0.47	1.16	0.39	0.54	1.83	0.01	0.19	0.27	0.07	0.02
1.27	1.31	0.48	0.63	4.81	0.03	0.10	0.18	0.05	0.09
0.77	1.23	0.84	0.39	2.73	0.03	0.13	0.24	0.08	0.05
0.22	0.33	0.32	0.01	0.76			0.03	0.02	0.03
0.29	0.57	0.41	0.13	1.48		0.10	0.13	0.02	0.03
1.28	1.91	1.52	0.37	4.81	0.05	0.12	0.41	0.23	0.06
0.77	0.25	0.19	0.06	1.76		0.10	0.11	0.01	0.28
2.97	9.43	7.99	0.55	11.36	0.08	0.62	1.18	0.47	0.15
1.28	0.88	0.57	0.22	5.02	0.04	0.16	0.36	0.16	0.07
3.58	6.74	2.75	3.70	12.22	0.09	0.83	1.35	0.42	0.19
0.14	0.12	0.05	0.02	0.76			0.01	0.01	
1.08	0.71	0.55	0.14	5.71	0.03	0.06	0.15	0.06	0.02
1.06	2.09	0.83	0.29	4.99	0.10	0.43	0.64	0.11	0.11
0.35	0.83	0.67	0.16	1.94	0.02	0.09	0.19	0.08	0.03
0.10	0.44	0.20	0.24	0.49		0.07	0.09	0.02	0.02
0.09	0.89	0.56	0.10	0.41		0.02	0.05	0.02	0.02
2.71	3.66	2.90	0.70	12.34	0.13	0.45	1.09	0.50	0.09
0.70	0.46	0.44	0.02	2.91	0.01	0.01	0.04	0.02	0.01
1.08	0.66	0.55	0.02	2.94	0.03	0.15	0.29	0.11	0.04
0.10	0.56	0.19	0.37	0.33		-0.03	-0.02	0.01	0.01
0.27	1.32	0.71	0.30	0.53	0.01	0.24	0.29	0.04	0.01
0.71	1.00	0.45	0.56	3.27		0.13	0.14	0.01	0.01

12-20 规模以上股份制工业企业主要经济指标（2013年）

单位：亿元

项　　目	Item	企业单位数（个） Number of Enterprises (unit)	工业总产值（当年价） Gross Industrial Output Value (at current prices)
全省总计	**Provincial Total**	**23551**	**52649.00**
按轻重工业分	Grouped by Light and Heavy Industries		
轻工业	Light Industry	12338	20335.61
重工业	Heavy Industry	11213	32313.39
按企业规模分	Grouped by Size of Enterprises		
大型企业	Large Enterprises	466	18534.88
中型企业	Medium Enterprises	3979	13507.24
小微型企业	Small and Mciro Enterprises	19106	20606.88
按行业分	Grouped by Sector		
煤炭开采和洗选业	Mining and Washing of Coal	1	3.28
石油和天然气开采业	Extraction of Petroleum and Natural Gas	1	0.03
黑色金属矿采选业	Mining and Dressing of Ferrous Metal Ores	47	125.33
有色金属矿采选业	Mining and Dressing of Nonferrous Metal Ores	33	133.71
非金属矿采选业	Mining and Dressing of Nonmetal Ores	126	174.88
开采辅助活动	Auxiliary Minning Operations	3	28.56
其他采矿业	Mining and Dressing of Other Ores		
农副食品加工业	Processing of Farm and Sideline Food	621	1810.29
食品制造业	Manufacture of Food	393	635.70
酒、饮料和精制茶制造业	Manufacture of Wine, Beverage and Refined Tea	148	288.59
烟草制品业	Tobacco Products	7	74.55
纺织业	Textile Industry	848	1085.22
纺织服装、服饰业	Manufacture of Textile Garments, Footwear and Headgear	1789	1893.44
皮革、毛皮、羽毛及其制品和制鞋业	Leather, Fur, Feather, Down and Related Products	909	793.61
木材加工和木、竹、藤、棕、草制品业	Timber Processing, Bamboo, Cane, Palm Fiber & Straw Products	356	417.23
家具制造业	Manufacture of Furniture	752	912.59
造纸和纸制品业	Papermaking and Paper Products	704	844.34
印刷和记录媒介复制业	Printing and Record Medium Reproduction	543	513.01
文教、工美、体育和娱乐用品制造业	Manufacture of Cultural, Educational,Sports and Entertainment Articles	723	1710.12
石油加工、炼焦和核燃料加工业	Petroleum Refining, Coking and Nuclear Fuel Processing	66	3125.94
化学原料和化学制品制造业	Manufacture of Raw Chemical Materials and Chemical Products	1357	2176.81
医药制造业	Manufacture of Medicines	252	730.44
化学纤维制造业	Manufacture of Chemical Fibers	34	51.24
橡胶和塑料制品业	Rubber and Plastic Products	1750	1832.20
非金属矿物制品业	Nonmetal Mineral Products	1694	2633.58
黑色金属冶炼和压延加工业	Smelting and Pressing of Ferrous Metals	347	1441.37
有色金属冶炼和压延加工业	Smelting and Pressing of Nonferrous Metals	413	1595.54
金属制品业	Metal Products	1964	2656.72
通用设备制造业	Manufacture of General-purpose Machinery	809	1040.02
专用设备制造业	Manufacture of Special-purpose Machinery	768	1013.41
汽车制造业	Manufacture of Automobile	220	409.71
铁路、船舶、航空航天和其他运输设备制造业	Manufacture of Railway ,Ship,Aeronautics and Other Transport equipment	234	608.05
电气机械和器材制造业	Manufacture of Electrical Machinery and Equipment	2479	6357.80
计算机、通信和其他电子设备制造业	Manufacture of Communication Equipment, Computers and Other Electronic Equipment	2310	9156.57
仪器仪表制造业	Manufacture of Instruments and Meters	190	246.35
其他制造业	Other Manufactures	99	106.33
废弃资源综合利用业	Comprehensive Utilization of Waste	206	794.95
金属制品、机械和设备修理业	Manufacture of Metal Products,Machinery and Equipment Maintenance	25	27.10
电力、热力生产和供应业	Production and Supply of Electric Power and Heat Power	162	4896.06
燃气生产和供应业	Production and Supply of Gas	38	169.97
水的生产和供应业	Production and Supply of Water	130	134.36

Main Economic Indicators of Share-holding Industrial Enterprises above Designated Size (2013)

(100 million yuan)

工业增加值 Value-added of Industry	年末资产总计 Total Assets at the Year-end	流动资产合计 Total Working Capital	固定资产合计 Total Fixed Assets	主营业务收入 Principal Business Revenue	主营业务税金及附加 Tax and Other Charges on Principal Business	利润总额 Total Profits	利税总额 Total Pre-tax Profits	本年应交增值税 Value-added Tax Payable in Current Year	全部从业人员年平均人数(万人) Annual Average Number of Employed Persons (10000 persons)
13009.17	**40358.81**	**21820.41**	**11696.03**	**50963.54**	**550.52**	**3250.88**	**5610.71**	**1804.73**	**584.36**
4761.59	13817.98	8885.98	2901.22	20031.30	135.59	1293.48	1981.18	550.57	307.49
8247.58	26540.83	12934.43	8794.81	30932.24	414.93	1957.40	3629.53	1254.16	276.87
4788.14	16950.63	7821.21	5685.52	17738.53	334.97	1070.79	2283.96	876.13	147.52
3227.19	10545.17	5742.70	3220.99	13030.77	102.84	971.70	1447.85	372.41	212.53
4993.84	12863.02	8256.50	2789.51	20194.24	112.71	1208.39	1878.90	556.19	224.31
1.14	4.92	3.83	0.87	3.28		0.20	0.23	0.03	0.02
0.64	20.32	2.82	1.24	0.03	0.01	-0.07	-0.03		0.01
55.20	99.40	56.66	19.19	111.24	2.10	20.65	31.41	8.66	0.66
42.85	60.95	32.37	16.97	124.56	1.45	16.29	24.06	6.32	0.81
53.86	88.11	37.00	25.76	160.56	2.55	15.43	23.83	5.85	1.68
5.97	23.15	21.00	1.68	28.63	0.72	4.73	5.47	0.02	0.05
303.19	1066.65	762.08	191.64	1733.76	4.23	78.64	102.43	19.52	11.63
173.08	378.05	208.14	108.12	614.21	3.18	62.08	87.78	22.50	8.50
96.61	208.89	99.05	68.90	260.70	10.34	18.64	42.23	13.23	3.53
52.88	77.27	55.50	18.39	74.83	30.58	9.84	48.31	7.88	0.30
260.46	511.09	254.63	195.69	1053.13	5.45	70.44	101.53	25.60	17.12
523.91	843.85	572.11	198.97	1813.48	10.34	104.91	161.13	45.78	45.94
215.61	328.44	230.57	74.34	779.52	3.73	27.15	49.44	18.53	22.22
105.78	247.43	111.62	71.37	402.97	2.79	36.46	52.47	13.21	5.39
226.08	512.26	316.90	89.94	894.88	4.70	47.98	80.34	27.60	17.72
184.15	664.38	352.29	239.39	787.23	2.73	36.01	57.35	18.60	12.14
138.21	410.45	224.06	110.00	502.19	2.74	36.77	53.79	14.27	9.67
213.39	936.03	722.32	100.73	1699.87	4.11	48.28	72.41	19.98	19.36
767.41	991.71	444.65	427.22	3085.66	269.54	65.18	620.89	286.12	2.23
466.66	1467.15	848.59	358.71	2143.59	11.19	141.83	204.16	50.74	17.59
232.85	917.56	558.93	166.61	697.42	4.52	91.94	130.08	33.54	7.37
11.76	30.04	15.95	11.13	49.19	0.19	1.95	3.42	1.27	0.79
431.72	1167.53	641.92	342.55	1795.30	9.63	115.40	168.29	43.14	28.99
659.54	1715.88	831.41	609.61	2490.93	14.54	172.70	259.71	72.14	35.33
281.93	798.93	334.25	333.49	1368.11	5.13	70.98	107.00	30.74	7.70
267.68	875.73	482.52	279.90	1560.41	2.61	72.98	107.76	32.16	9.11
617.03	1334.18	737.94	387.15	2560.55	14.61	178.87	260.18	66.55	39.19
258.94	921.55	625.30	164.77	993.27	5.79	79.33	114.02	28.87	17.10
298.53	994.37	614.59	185.72	970.98	5.88	91.93	127.07	29.14	16.64
93.79	376.94	221.47	81.84	402.04	5.67	19.86	38.21	11.63	5.75
131.48	794.96	406.25	149.55	567.50	3.80	12.46	26.76	10.42	6.95
1441.45	5310.37	3627.08	857.98	6435.92	29.84	480.28	712.69	201.94	87.64
2764.12	7591.00	5660.72	931.64	8465.51	46.79	536.00	982.94	399.81	95.62
64.26	263.09	189.21	27.59	241.98	1.28	20.18	29.37	7.90	5.10
25.19	70.58	39.71	17.64	102.72	0.42	5.07	7.84	2.35	2.02
170.67	349.68	210.52	51.02	791.83	2.57	76.70	92.35	13.08	3.53
6.65	8.03	5.12	2.55	26.50	0.44	2.24	3.61	0.92	0.38
1278.59	7181.60	1061.71	4495.90	4867.27	22.98	352.27	580.92	205.24	15.88
34.25	189.45	29.54	90.35	170.06	0.52	12.79	17.50	4.13	0.70
51.69	526.84	170.08	189.95	131.72	0.83	15.50	21.73	5.30	2.02

12-21 规模以上“三资”工业企业主要经济指标（2013年）

单位：亿元

项目	Item	企业单位数（个） Number of Enterprises (unit)	工业总产值（当年价） Gross Industrial Output Value (at current prices)
全省总计	**Provincial Total**	**14510**	**52677.65**
按经济类型分	Grouped by Ownership		
外商投资工业	Foreign-funded Industry	4726	28073.94
港澳台投资工业	Industry with Funds from Hong Kong, Macao and Taiwan	9784	24603.71
按轻重工业分	Grouped by Light and Heavy Industries		
轻工业	Light Industry	7665	18984.90
重工业	Heavy Industry	6845	33692.75
按企业规模分	Grouped by Size of Enterprises		
大型企业	Large Enterprises	981	28124.01
中型企业	Medium Enterprises	4877	14529.46
小微型企业	Small and Micro Enterprises	8652	10024.19
按行业分	Grouped by Sector		
煤炭开采和洗选业	Mining and Washing of Coal		
石油和天然气开采业	Extraction of Petroleum and Natural Gas	2	631.05
黑色金属矿采选业	Mining and Dressing of Ferrous Metal Ores	1	8.62
有色金属矿采选业	Mining and Dressing of Nonferrous Metal Ores		
非金属矿采选业	Mining and Dressing of Nonmetal Ores	11	3.80
开采辅助活动	Auxiliary Minning Operations	2	3.88
其他采矿业	Mining and Dressing of Other Ores		
农副食品加工业	Processing of Farm and Sideline Food	175	861.79
食品制造业	Manufacture of Food	193	951.25
酒、饮料和精制茶制造业	Manufacture of Wine, Beverage and Refined Tea	86	686.52
烟草制品业	Tobacco Products		
纺织业	Textile Industry	585	1079.30
纺织服装、服饰业	Manufacture of Textile Garments, Footwear and Headgear	1015	1294.35
皮革、毛皮、羽毛及其制品和制鞋业	Leather, Fur, Feather, Down and Related Products	761	1170.26
木材加工和木、竹、藤、棕、草制品业	Timber Processing, Bamboo, Cane, Palm Fiber & Straw Products	108	158.24
家具制造业	Manufacture of Furniture	394	563.95
造纸和纸制品业	Papermaking and Paper Products	311	773.85
印刷和记录媒介复制业	Printing and Record Medium Reproduction	243	481.34
文教、工美、体育和娱乐用品制造业	Manufacture of Cultural, Educational,Sports and Entertainment Articles	772	1884.43
石油加工、炼焦和核燃料加工业	Petroleum Refining, Coking and Nuclear Fuel Processing	24	523.33
化学原料和化学制品制造业	Manufacture of Raw Chemical Materials and Chemical Products	705	3200.26
医药制造业	Manufacture of Medicines	115	470.26
化学纤维制造业	Manufacture of Chemical Fibers	26	82.34
橡胶和塑料制品业	Rubber and Plastic Products	1296	2086.54
非金属矿物制品业	Nonmetal Mineral Products	494	1130.36
黑色金属冶炼和压延加工业	Smelting and Pressing of Ferrous Metals	134	1035.77
有色金属冶炼和压延加工业	Smelting and Pressing of Nonferrous Metals	188	1176.83
金属制品业	Metal Products	1018	1904.77
通用设备制造业	Manufacture of General-purpose Machinery	574	2116.65
专用设备制造业	Manufacture of Special-purpose Machinery	516	814.92
汽车制造业	Manufacture of Automobile	390	4291.19
铁路、船舶、航空航天和其他运输设备制造业	Manufacture of Railway ,Ship,Aeronautics and Other Transport equipment	147	568.74
电气机械和器材制造业	Manufacture of Electrical Machinery and Equipment	1503	4358.00
计算机、通信和其他电子设备制造业	Manufacture of Communication Equipment, Computers and Other Electronic Equipment	2205	16534.24
仪器仪表制造业	Manufacture of Instruments and Meters	248	495.62
其他制造业	Other Manufactures	120	104.84
废弃资源综合利用业	Comprehensive Utilization of Waste	26	122.93
金属制品、机械和设备修理业	Manufacture of Metal Products,Machinery and Equipment Maintenance	13	56.65
电力、热力生产和供应业	Production and Supply of Electric Power and Heat Power	61	563.71
燃气生产和供应业	Production and Supply of Gas	30	408.90
水的生产和供应业	Production and Supply of Water	18	78.18

Main Economic Indicators of Foreign-funded Industrial Enterprises above Designated Size (2013)

(100 million yuan)

工业增加值 Value-added of Industry	年末资产总计 Total Assets at the Year-end	流动资产合计 Total Working Capital	固定资产合计 Total Fixed Assets	主营业务收入 Principal Business Revenue	主营业务税金及附加 Tax and Other Charges on Principal Business	利润总额 Total Profits	利税总额 Total Pre-tax Profits	本年应交增值税 Value-added Tax Payable in Current Year	全部从业人员年平均人数(万人) Annual Average Number of Employed Persons (10000 persons)
12282.61	**36785.64**	**23446.48**	**9698.90**	**51180.14**	**425.64**	**2984.07**	**4821.77**	**1408.96**	**810.40**
6142.89	17938.45	11502.05	4861.55	27424.94	273.21	1653.91	2751.83	822.94	307.77
6139.72	18847.19	11944.44	4837.35	23755.20	152.43	1330.16	2069.94	586.02	502.64
4797.43	12892.45	8633.12	3008.09	18404.41	93.89	1092.95	1750.45	562.37	406.68
7485.18	23893.19	14813.37	6690.82	32775.73	331.75	1891.12	3071.32	846.59	403.73
6608.73	18132.23	11468.76	4739.84	27548.13	273.62	1776.72	2849.87	797.97	351.88
3619.91	11177.99	7106.65	3088.95	13939.12	113.20	775.91	1293.64	403.69	331.52
2053.97	7475.41	4871.08	1870.12	9692.89	38.82	431.44	678.26	207.30	127.01
529.69	692.59	46.82	291.26	676.61	50.56	215.56	302.07	35.95	0.43
2.84	1.61	0.44	1.17	8.20	0.08	1.24	1.81	0.49	0.02
1.11	4.55	2.51	1.72	3.53	0.03	0.18	0.30	0.09	0.07
2.59	3.75	1.88	1.85	3.88	0.13	1.65	1.79	0.01	0.03
138.12	514.44	394.34	72.49	850.30	1.50	44.54	67.12	21.08	4.33
369.61	727.25	483.76	168.98	985.46	9.21	172.24	253.84	72.37	10.53
173.18	500.56	282.98	157.74	663.68	10.61	53.75	96.94	32.14	4.97
254.78	746.44	448.75	239.44	1039.46	3.27	52.75	77.35	21.25	22.68
406.90	771.43	533.85	188.45	1249.09	6.29	64.70	102.89	31.81	48.74
343.30	707.52	508.59	130.76	1139.56	5.75	52.21	86.05	28.02	56.69
36.58	149.73	105.80	32.24	148.37	0.86	10.55	15.81	4.39	2.74
144.27	387.30	257.83	93.73	554.27	2.57	24.02	40.07	13.46	15.70
163.78	1006.37	480.71	429.39	736.55	2.10	28.98	50.06	18.97	9.70
134.98	457.13	300.00	112.22	449.01	1.94	28.17	43.62	13.51	13.43
436.92	1033.35	800.19	170.19	1850.40	5.94	55.52	91.70	30.19	57.73
150.00	297.17	180.81	71.92	538.14	54.13	18.12	129.75	57.47	0.38
808.64	2107.90	1254.11	659.05	3068.53	17.93	253.78	415.32	143.45	15.89
146.60	447.06	257.86	99.44	426.88	2.85	57.14	81.12	21.07	4.13
20.99	88.77	43.91	31.82	79.80	0.40	7.66	10.53	2.47	0.63
495.76	1536.54	972.68	405.81	2033.11	8.53	82.77	133.25	41.90	51.31
322.90	1134.68	574.16	461.10	1079.78	5.23	83.44	125.59	36.91	20.33
138.07	733.99	362.02	299.10	964.04	1.88	25.77	44.82	17.14	3.45
203.78	850.69	496.60	318.27	1110.78	2.74	23.94	44.47	17.78	6.64
460.53	1302.23	849.91	331.11	1817.93	8.15	102.38	158.32	47.74	36.59
428.00	1352.92	999.85	256.38	2057.33	8.08	93.55	144.69	43.02	28.18
228.37	848.95	561.74	227.02	784.83	3.83	43.39	66.13	18.84	16.89
1202.51	3139.16	1995.39	768.81	4305.72	131.71	412.93	711.19	166.19	26.60
137.38	566.38	394.44	110.19	546.54	5.82	28.17	47.42	13.40	8.07
896.71	3112.19	2219.76	596.99	4180.43	15.24	169.69	272.44	87.35	89.29
2934.57	9386.21	6640.67	2073.28	16060.57	50.03	562.33	933.27	320.00	230.72
149.60	354.22	239.31	81.80	471.36	2.28	32.36	43.28	8.63	16.72
27.56	66.97	46.19	15.59	102.98	0.39	1.65	4.63	2.58	3.69
9.96	47.36	36.11	7.68	120.70	0.30	1.70	3.15	1.15	0.36
12.81	69.14	41.50	22.89	54.84	0.17	2.90	3.37	0.30	0.52
234.66	1028.86	404.85	518.14	549.60	3.33	120.64	153.18	28.91	1.06
97.42	266.79	120.33	123.00	389.19	1.09	35.74	44.29	7.46	0.62
37.17	343.43	105.83	127.90	78.66	0.72	17.95	20.15	1.48	0.52

12-22 规模以上私营工业企业主要经济指标（2013年）

单位：亿元

项目	Item	企业单位数（个） Number of Enterprises (unit)	工业总产值（当年价） Gross Industrial Output Value (at current prices)
全省总计	**Provincial Total**	**15883**	**21297.13**
按轻重工业分	Grouped by Light & Heavy Industries		
轻工业	Light Industry	8713	10484.66
重工业	Heavy Industry	7170	10812.47
按企业规模分	Grouped by Size of Enterprises		
大型企业	Large Enterprises	175	2455.47
中型企业	Medium Enterprises	2483	7124.80
小微型企业	Small and Micro Enterprises	13225	11716.87
按行业分	Grouped by Sector		
煤炭开采和洗选业	Mining and Washing of Coal		
石油和天然气开采业	Extraction of Petroleum and Natural Gas		
黑色金属矿采选业	Mining and Dressing of Ferrous Metal Ores	33	91.06
有色金属矿采选业	Mining and Dressing of Nonferrous Metal Ores	7	5.02
非金属矿采选业	Mining and Dressing of Nonmetal Ores	113	134.63
开采辅助活动	Auxiliary Minning Operations	1	0.80
其他采矿业	Mining and Dressing of Other Ores		
农副食品加工业	Processing of Farm and Sideline Food	331	641.00
食品制造业	Manufacture of Food	248	273.54
酒、饮料和精制茶制造业	Manufacture of Wine, Beverage and Refined Tea	76	102.06
烟草制品业	Tobacco Products	2	11.23
纺织业	Textile Industry	671	883.82
纺织服装、服饰业	Manufacture of Textile Garments, Footwear and Headgear	1439	1602.70
皮革、毛皮、羽毛及其制品和制鞋业	Leather, Fur, Feather, Down and Related Products	679	570.07
木材加工和木、竹、藤、棕、草制品业	Timber Processing, Bamboo, Cane, Palm Fiber & Straw Products	269	239.45
家具制造业	Manufacture of Furniture	504	539.57
造纸和纸制品业	Papermaking and Paper Products	522	504.77
印刷和记录媒介复制业	Printing and Record Medium Reproduction	387	308.47
文教、工美、体育和娱乐用品制造业	Manufacture of Cultural, Educational,Sports and Entertainment Articles	564	1321.17
石油加工、炼焦和核燃料加工业	Petroleum Refining, Coking and Nuclear Fuel Processing	19	258.74
化学原料和化学制品制造业	Manufacture of Raw Chemical Materials and Chemical Products	802	1104.82
医药制造业	Manufacture of Medicines	90	129.39
化学纤维制造业	Manufacture of Chemical Fibers	23	30.35
橡胶和塑料制品业	Rubber and Plastic Products	1237	1274.50
非金属矿物制品业	Nonmetal Mineral Products	1013	1436.60
黑色金属冶炼和压延加工业	Smelting and Pressing of Ferrous Metals	213	662.42
有色金属冶炼和压延加工业	Smelting and Pressing of Nonferrous Metals	275	831.61
金属制品业	Metal Products	1487	1762.04
通用设备制造业	Manufacture of General-purpose Machinery	520	529.52
专用设备制造业	Manufacture of Special-purpose Machinery	486	511.15
汽车制造业	Manufacture of Automobile	130	123.19
铁路、船舶、航空航天和其他运输设备制造业	Manufacture of Railway ,Ship,Aeronautics and Other Transport equipment	154	314.61
电气机械和器材制造业	Manufacture of Electrical Machinery and Equipment	1584	1845.70
计算机、通信和其他电子设备制造业	Manufacture of Communication Equipment, Computers and Other Electronic Equipment	1636	2568.05
仪器仪表制造业	Manufacture of Instruments and Meters	117	127.40
其他制造业	Other Manufactures	75	64.64
废弃资源综合利用业	Comprehensive Utilization of Waste	114	414.50
金属制品、机械和设备修理业	Manufacture of Metal Products,Machinery and Equipment Maintenance	12	18.92
电力、热力生产和供应业	Production and Supply of Electric Power and Heat Power	19	27.82
燃气生产和供应业	Production and Supply of Gas	14	20.87
水的生产和供应业	Production and Supply of Water	17	10.94

Main Economic Indicators of Private Industrial Enterprises above Designated Size (2013)

(100 million yuan)

工业增加值 Value-added of Industry	年末资产总计 Total Assets at the Year-end	流动资产合计 Total working Capital	固定资产合计 Total Fixed Assets	主营业务收入 Principal Business Revenue	主营业务税金及附加 Tax and Other Charges on Principal Business	利润总额 Total Profits	利税总额 Total Pre-tax Profits	本年应交增值税 Value-added Tax Payable in Current Year	全部从业人员年平均人数(万人) Annual Average Number of Employed Persons (10000 persons)
4823.57	**11773.89**	**7398.04**	**2885.49**	**20638.29**	**95.70**	**1155.77**	**1699.42**	**446.87**	**318.63**
2380.07	5171.65	3362.35	1242.20	10186.78	51.36	528.99	796.98	216.12	179.03
2443.51	6602.24	4035.69	1643.29	10451.51	44.34	626.78	902.44	230.76	139.60
578.29	1788.92	1138.07	387.37	2339.28	8.55	153.51	208.86	46.78	37.15
1609.30	4086.90	2540.19	1069.04	6879.92	32.86	438.74	633.02	161.14	128.29
2635.98	5898.07	3719.79	1429.07	11419.08	54.29	563.52	857.54	238.96	153.19
35.09	38.38	25.36	10.73	84.54	1.13	9.99	16.45	5.33	0.40
3.15	2.79	1.96	0.76	4.82	0.11	0.41	0.62	0.10	0.04
38.57	44.12	18.59	16.06	124.10	1.54	11.40	16.56	3.62	0.99
0.19	0.78	0.62	0.09	0.87		0.04	0.07	0.02	0.01
116.79	383.00	259.98	77.85	600.04	2.10	32.73	41.95	7.10	5.31
68.04	101.88	57.19	30.83	272.32	1.49	20.57	29.52	7.45	4.15
30.04	56.34	26.31	18.86	98.34	2.50	9.68	16.03	3.85	1.42
1.64	20.80	10.51	7.55	12.61	0.05	0.49	0.80	0.27	0.12
210.05	354.01	174.69	141.36	856.90	4.40	56.45	80.45	19.57	12.38
443.23	586.61	394.37	148.50	1541.94	8.60	85.47	127.63	33.46	36.56
150.85	209.33	144.11	51.32	561.85	2.69	17.64	32.39	12.04	14.66
61.18	120.94	55.57	35.38	233.16	1.65	18.55	26.69	6.49	3.54
135.79	271.83	171.00	57.91	523.27	2.22	21.27	35.91	12.39	11.14
106.62	271.10	168.53	68.90	489.90	1.90	21.13	33.96	10.90	7.68
81.40	195.60	118.34	58.03	302.71	1.48	17.97	26.93	7.48	5.94
150.06	663.42	517.27	70.55	1309.10	3.15	28.82	44.78	12.77	13.99
50.41	133.38	78.66	44.01	253.38	0.10	5.86	10.02	4.06	0.21
246.39	681.98	408.36	171.86	1062.44	4.93	70.15	98.71	23.53	9.19
39.32	195.11	144.08	26.89	119.73	0.85	13.35	17.69	3.49	1.47
8.52	16.38	10.22	4.38	29.79	0.14	2.24	3.07	0.69	0.55
298.53	667.14	358.03	242.33	1242.96	6.99	82.76	115.80	26.00	20.61
354.45	729.66	371.48	266.35	1367.20	7.89	86.99	131.55	36.39	19.84
149.86	227.25	94.80	102.48	642.55	1.99	38.60	51.81	11.20	3.55
144.01	470.07	259.31	148.74	816.89	1.57	45.56	67.34	20.21	5.28
415.57	791.84	433.28	236.42	1695.34	8.76	114.95	166.47	42.68	27.09
124.99	357.49	236.78	70.88	504.83	2.61	34.35	49.89	12.93	8.71
138.14	358.82	231.84	86.12	500.89	2.54	34.82	50.71	13.29	8.90
31.81	98.59	57.64	26.03	121.63	0.46	7.00	10.40	2.94	2.13
65.70	177.32	131.83	24.03	288.94	2.62	8.19	17.49	6.67	3.44
397.44	1152.10	793.97	215.75	1783.05	7.31	86.10	131.32	37.85	33.79
558.76	1903.80	1376.72	315.55	2505.03	9.03	102.51	159.03	47.36	48.27
34.23	135.74	91.52	16.17	126.13	0.77	10.55	14.50	3.18	3.07
15.45	33.06	22.04	8.08	61.59	0.28	3.21	4.66	1.17	1.37
92.02	226.25	112.42	38.69	421.51	1.41	50.36	59.29	7.53	2.12
4.70	4.63	2.30	1.97	18.68	0.08	1.56	2.28	0.64	0.22
12.98	64.25	24.62	34.22	27.21	0.28	2.20	4.24	1.75	0.15
4.37	7.23	3.62	2.78	20.74	0.04	1.10	1.27	0.14	0.20
3.23	20.88	10.12	7.08	11.29	0.04	0.78	1.12	0.30	0.16

12-23 规模以上大中型工业企业主要经济指标（2013年）

单位：亿元

项　目	Item	企业单位数（个） Number of Enterprises (unit)	工业总产值（当年价） Gross Industrial Output Value (at current prices)
全省总计	**Provincial Total**	**10723**	**76417.82**
按轻重工业分	Grouped by Light & Heavy Industry		
轻工业	Light Industry	5908	27693.59
重工业	Heavy Industry	4815	48724.23
按企业规模分	Grouped by Size of Enterprises		
大型企业	Large	1480	47329.39
中型企业	Medium	9243	29088.43
按行业分	Grouped by Sector		
煤炭开采和洗选业	Mining and Washing of Coal		
石油和天然气开采业	Extraction of Petroleum and Natural Gas	2	631.05
黑色金属矿采选业	Mining and Dressing of Ferrous Metal Ores	6	67.35
有色金属矿采选业	Mining and Dressing of Nonferrous Metal Ores	11	111.21
非金属矿采选业	Mining and Dressing of Nonmetal Ores	13	48.60
开采辅助活动	Auxiliary Minning Operations	1	5.92
其他采矿业	Mining and Dressing of Other Ores		
农副食品加工业	Processing of Farm and Sideline Food	159	1345.93
食品制造业	Manufacture of Food	147	1181.50
酒、饮料和精制茶制造业	Manufacture of Wine, Beverage and Refined Tea	65	751.01
烟草制品业	Tobacco Products	7	397.33
纺织业	Textile Industry	359	1320.21
纺织服装、服饰业	Manufacture of Textile Garments, Footwear and Headgear	912	1914.61
皮革、毛皮、羽毛及其制品和制鞋业	Leather, Fur, Feather, Down and Related Products	599	1326.72
木材加工和木、竹、藤、棕、草制品业	Timber Processing, Bamboo, Cane, Palm Fiber & Straw Products	70	211.67
家具制造业	Manufacture of Furniture	315	936.13
造纸和纸制品业	Papermaking and Paper Products	186	910.70
印刷和记录媒介复制业	Printing and Record Medium Reproduction	190	585.64
文教、工美、体育和娱乐用品制造业	Manufacture of Cultural, Educational,Sports and Entertainment Articles	661	2638.93
石油加工、炼焦和核燃料加工业	Petroleum Refining, Coking and Nuclear Fuel Processing	13	3080.31
化学原料和化学制品制造业	Manufacture of Raw Chemical Materials and Chemical Products	214	2615.00
医药制造业	Manufacture of Medicines	116	819.17
化学纤维制造业	Manufacture of Chemical Fibers	13	84.10
橡胶和塑料制品业	Rubber and Plastic Products	659	2022.43
非金属矿物制品业	Nonmetal Mineral Products	518	2169.39
黑色金属冶炼和压延加工业	Smelting and Pressing of Ferrous Metals	98	1546.49
有色金属冶炼和压延加工业	Smelting and Pressing of Nonferrous Metals	114	1894.59
金属制品业	Metal Products	695	2540.51
通用设备制造业	Manufacture of General-purpose Machinery	328	2293.53
专用设备制造业	Manufacture of Special-purpose Machinery	285	1019.21
汽车制造业	Manufacture of Automobile	230	4206.79
铁路、船舶、航空航天和其他运输设备制造业	Manufacture of Railway ,Ship,Aeronautics and Other Transport equipment	125	919.27
电气机械和器材制造业	Manufacture of Electrical Machinery and Equipment	1218	8578.83
计算机、通信和其他电子设备制造业	Manufacture of Communication Equipment, Computers and Other Electronic Equipment	1946	21337.45
仪器仪表制造业	Manufacture of Instruments and Meters	180	556.05
其他制造业	Other Manufactures	60	116.12
废弃资源综合利用业	Comprehensive Utilization of Waste	31	337.84
金属制品、机械和设备修理业	Manufacture of Metal Products,Machinery and Equipment Maintenance	11	72.01
电力、热力生产和供应业	Production and Supply of Electric Power and Heat Power	116	5389.10
燃气生产和供应业	Production and Supply of Gas	11	259.12
水的生产和供应业	Production and Supply of Water	39	176.00

Main Economic Indicators of Large and Medium-sized Industrial Enterprises above Designated Size (2013)

(100 million yuan)

工业增加值 Value-added of Industry	年末资产总计 Total Assets at the Year-end	流动资产合计 Total Working Capital	固定资产合计 Total Fixed Assets	主营业务收入 Principal Business Revenue	主营业务税金及附加 Tax and Extra Charges on Main Business	利润总额 Total Profits	利税总额 Total Pre-tax Profits	本年应交增值税 Value-added Tax Payable in Current Year	全部从业人员年平均人数(万人) Annual Average Number of Employed Persons (10000 persons)
18885.99	**58242.83**	**32797.45**	**17364.91**	**73935.44**	**985.59**	**4700.33**	**8214.04**	**2522.68**	**1077.79**
7183.13	20179.75	13177.28	4478.81	27066.56	328.35	1874.44	3096.90	892.02	548.47
11702.86	38063.08	19620.17	12886.09	46868.88	657.24	2825.89	5117.14	1630.67	529.32
11709.16	35766.41	19640.55	10687.19	45939.04	737.15	2897.62	5347.81	1709.40	508.55
7176.83	22476.41	13156.90	6677.72	27996.40	248.45	1802.71	2866.23	813.28	569.23
529.69	692.59	46.82	291.26	676.61	50.56	215.56	302.07	35.95	0.43
31.77	76.84	41.66	22.59	56.46	1.37	15.52	22.79	5.90	0.44
31.43	55.95	29.58	15.10	104.37	0.94	13.73	19.71	5.03	0.66
17.22	40.24	16.00	8.20	43.29	0.57	5.14	7.95	2.24	0.83
3.45	4.14	2.89	1.15	5.92	0.13	2.13	2.27	0.02	0.06
249.19	955.82	735.07	134.05	1276.15	2.22	68.81	98.51	27.46	9.42
436.11	857.92	538.29	214.07	1225.72	10.42	203.24	296.90	83.23	13.66
222.71	539.22	294.53	166.48	707.36	17.35	64.83	121.99	39.37	6.48
294.31	444.51	331.30	57.89	374.12	184.23	43.06	266.86	39.57	0.73
317.88	754.93	441.32	261.02	1276.37	4.89	81.11	114.46	28.41	27.55
586.24	1016.78	703.20	237.14	1842.24	9.98	117.34	178.12	50.67	68.97
393.44	764.65	547.47	148.19	1297.00	6.84	58.18	99.95	34.85	66.37
50.10	163.98	89.98	41.43	201.26	1.23	18.18	27.10	7.68	3.49
247.22	634.66	391.56	129.30	920.63	4.46	48.37	80.40	27.54	22.70
201.75	1193.20	528.46	539.22	833.10	2.47	39.01	63.24	21.75	12.29
173.95	556.78	324.16	144.45	553.17	2.51	45.40	65.53	17.61	16.01
523.91	1317.75	1018.32	201.03	2574.68	7.18	83.54	129.37	38.60	68.31
803.52	1020.05	461.79	428.56	3041.06	312.65	49.52	689.21	327.00	2.04
717.80	1779.62	1018.05	539.03	2525.54	16.83	231.26	377.46	129.04	15.59
261.90	1065.97	636.43	202.74	760.39	5.27	112.47	158.53	40.68	8.37
22.40	86.66	40.86	33.67	81.97	0.38	7.65	10.31	2.27	0.87
515.42	1453.23	843.56	447.33	1977.40	10.19	115.35	169.65	44.03	54.01
582.15	1865.32	868.05	755.72	2042.78	11.24	157.48	234.79	66.02	38.55
269.36	1161.91	468.65	537.38	1478.56	4.76	60.15	98.35	33.43	7.33
341.63	1281.57	661.79	519.93	1827.29	3.88	73.46	121.83	44.49	10.85
629.43	1548.64	902.96	465.13	2431.88	14.47	179.42	260.20	66.19	48.08
496.43	1644.41	1193.36	301.58	2212.17	9.82	129.84	190.61	50.91	32.13
313.36	1171.91	708.04	284.36	964.13	5.58	90.78	122.38	25.89	20.67
1188.74	3122.43	1985.43	742.23	4213.82	134.80	402.82	703.03	164.20	27.26
218.63	1186.15	686.11	234.64	872.49	7.95	34.46	60.85	18.32	12.19
1912.78	7020.62	4804.48	1239.69	8537.28	36.56	573.54	856.57	245.78	142.51
4396.99	13412.69	9497.69	2657.22	20171.99	71.67	793.14	1401.13	535.39	291.60
163.89	470.23	318.85	86.92	528.72	2.77	40.82	55.24	11.65	18.37
31.45	64.61	38.02	18.62	112.23	0.49	5.78	9.55	3.28	3.75
79.78	126.70	68.77	36.39	337.51	0.90	35.67	42.85	6.27	1.85
16.60	83.34	50.69	28.45	70.20	0.15	3.81	4.46	0.50	0.73
1454.62	7506.52	1173.90	4696.21	5356.25	24.99	420.73	674.08	227.70	19.13
73.81	296.95	75.01	146.67	254.70	1.06	35.58	44.12	7.45	0.70
84.91	803.36	214.34	349.88	168.63	1.80	23.45	31.62	6.32	2.77

12-24 规模以上高技术制造业主要经济指标（2013年）

单位：亿元

项目	Item	企业单位数（个） Number of Enterprises (unit)	工业总产值（当年价） Gross Industrial Output Value (at current prices)
高技术制造业合计	**Total**	**5850**	**29283.54**
一、信息化学品制造	Manufacture of Information Chemical Products	48	133.47
二、医药制造业	Manufacture of Medicines	382	1222.46
#化学药品制造	Manufacture of Chemical Medicines	112	594.53
中成药生产	Manufacture of Traditional Chinese Patent Medicines	93	279.30
生物药品制造	Manufacture of Biological and Biochemical Products	56	147.92
三、航空航天器及设备制造	Manufacture of Aircraft and Spacecraft	11	78.84
1. 飞机制造	Manufacture of Aircraft	2	10.37
2. 航天器制造	Manufacture of Spacecraft		
3. 航空、航天相关设备制造	Manufacture of Aircraft and Spacecraft related products	3	27.27
4. 其他飞行器制造	Manufacture of Air Vehicle	3	4.44
5. 航空航天器修理	Repair of Aircraft and Spacecraft	3	36.75
四、电子及通信设备制造业	Manufacture of Electronic and Communication Equipment	4347	21068.61
1. 通信设备制造	Manufacture of Communication Equipment	512	8307.90
#通信系统设备制造	Manufacture of Communication Transmission Equipment	187	4477.20
通信终端设备制造	Manufacture of Communication Exchange Equipment	325	3830.70
2. 广播电视设备制造	Manufacture of Broadcasting and Television Equipment	162	332.38
3. 雷达及配套设备制造	Manufacture of Radar Equipment	12	13.86
4. 视听设备制造	Manufacture of Audio-visual Equipment	594	2298.50
5. 电子器件制造	Manufacture of Electronic Parts	714	4388.84
电子真空器件制造	Manufacture of Electronic Vacuum Devices	12	63.99
半导体分立器件制造	Manufacture of Semiconductor Discrete Devices	37	111.20
集成电路制造	Manufacture of Integrated Circuits	124	821.86
光电子器件及其他电子器件制造	Manufacture of Optical and Other Electronic Devices and Other Electronic Equipment	541	3391.80
6. 电子元件制造	Manufacture of Electronic Parts	1701	4360.86
7. 电子工业专用设备制造	Equipment for Electronic Industry	101	187.63
8. 光纤、光缆制造	Optical Fiber,Cable Manufacturing	31	59.47
9. 锂离子电池制造	Lithium Ion Battery Manufacturing	174	393.17
10.其他电子设备制造	Manufacture of Electronic Devices	346	726.01
五、电子计算机及办公设备制造业	Manufacture of Computers and Office Equipment	654	6013.66
1. 计算机整机制造	Manufacture of Complete Computers	61	1272.94
2. 计算机零部件制造	Manufacture of Computer part Equipment	239	2700.73
3. 计算机外围设备制造	Manufacture of Computer Peripheral Equipment	211	1211.75
4. 其他计算机制造	Other computer equipment	69	221.74
5. 办公设备制造	Manufacture of Office Equipment	74	606.49
六、医疗设备及仪器仪表制造业	Manufacture of Medical Equipment, Instruments and Meters	408	766.50
1. 医疗设备及器械制造	Manufacture of Medical Equipment and Appliances	142	276.21
2. 仪器仪表制造	Manufacture of Instruments and Meters	266	490.29

Main Indicators on High-tech Manufacturingl Enterprises above Designated Size (2013)

(100 million yuan)

工业增加值 Value-added of Industry	年末资产总计 Total Assets at the Year-end	流动资产合计 Total Working Capital	固定资产 Fixed Assets	主营业务收入 Principal Business Revenue	主营业务税金及附加 Tax and Extra Charges on Main Business	利润总额 Total Profits	利税总额 Total Pre-tax Profits	本年应交增值税 Value-added Tax Payable in Current Year	全部从业人员年平均人数(万人) Annual Average Number of Employed Persons (10000 persons)
6654.38	**20644.55**	**14629.64**	**3677.27**	**27999.37**	**114.50**	**1401.75**	**2345.08**	**827.35**	**381.79**
29.57	131.49	78.82	35.30	128.28	0.60	13.13	16.35	2.62	1.41
384.55	1376.48	823.72	269.83	1144.59	7.45	150.13	212.97	55.23	11.81
167.71	647.46	376.63	133.58	552.73	3.16	71.97	100.28	25.08	4.69
92.15	317.44	178.14	60.88	259.98	2.14	34.12	53.78	17.46	3.48
61.10	251.37	174.15	39.10	140.93	1.11	22.99	30.16	6.06	1.08
25.40	234.74	70.28	18.90	80.22	0.44	7.07	9.48	1.97	1.09
3.33	171.41	25.27	8.37	12.83		0.41	0.42	0.01	0.18
13.36	29.74	16.85	6.52	26.47	0.28	2.06	3.97	1.64	0.74
1.38	3.54	3.00	0.43	4.67	0.06	0.74	0.86	0.07	0.07
7.33	30.05	25.17	3.58	36.26	0.11	3.86	4.23	0.26	0.11
5130.08	14752.79	10609.52	2735.85	20008.88	90.22	996.47	1744.63	656.74	275.16
2468.75	5839.80	4720.42	530.05	7615.64	38.98	448.22	912.07	424.36	45.66
1809.85	3813.01	3098.29	328.46	3861.86	31.36	317.63	646.69	297.63	17.72
658.90	2026.79	1622.14	201.59	3753.78	7.63	130.59	265.38	126.73	27.94
57.70	270.05	199.98	35.27	321.44	1.15	14.17	20.65	5.33	6.12
2.37	7.34	6.12	0.87	13.05	0.05	0.54	1.11	0.52	0.32
417.31	1420.44	1091.89	169.39	2264.58	6.58	65.08	121.02	49.25	35.78
843.26	2889.58	1749.45	870.90	4165.24	21.60	247.88	332.40	62.83	53.97
9.07	26.39	21.64	2.77	64.10	0.20	6.03	7.59	1.35	0.33
28.02	96.17	45.42	45.83	107.63	0.25	3.73	5.21	1.23	2.30
146.72	497.01	321.00	139.93	796.76	1.73	32.95	47.67	12.95	10.37
659.45	2270.01	1361.39	682.37	3196.74	19.42	205.16	271.92	47.30	40.97
1032.77	3177.56	2033.15	870.27	4277.13	16.40	172.87	275.61	85.98	106.21
52.23	209.33	106.30	89.16	180.61	0.86	1.89	6.26	3.51	3.37
9.70	60.24	39.53	10.91	60.63	0.17	2.29	3.67	1.17	0.74
92.91	471.99	345.54	89.63	398.30	1.70	16.49	26.88	8.69	10.45
153.08	406.47	317.15	69.40	712.28	2.73	27.06	44.96	15.09	12.54
857.56	3362.21	2501.83	503.53	5896.75	11.32	157.84	259.97	90.74	76.83
144.59	750.87	531.55	94.28	1275.00	1.73	25.92	39.49	11.84	10.53
413.56	1554.82	1157.51	256.59	2671.93	5.15	61.32	109.55	43.05	41.58
179.71	577.32	432.59	97.60	1131.10	2.30	34.32	56.73	20.05	15.34
29.93	178.16	133.22	20.34	221.02	0.61	8.56	12.09	2.91	2.86
89.78	301.04	246.97	34.72	597.71	1.53	27.72	42.12	12.87	6.52
227.21	786.84	545.45	113.85	740.65	4.47	77.11	101.67	20.06	15.50
101.85	332.17	226.41	45.20	268.27	2.00	41.68	51.62	7.93	5.42
125.36	454.67	319.05	68.66	472.39	2.48	35.43	50.05	12.13	10.08

12-25 规模以上先进制造业主要经济指标（2013年）

单位：亿元

项　　目	Item	企业单位数（个） Number of Enterprises (unit)	工业总产值（当年价） Gross Industrial Output Value (at current prices)
合　计	**Total**	**14881**	**53041.61**
一、装备制造业	Equipment Manufacturing	11813	40437.06
#汽车制造	Automobile	620	4707.60
船舶制造	Ship	120	457.66
#金属船舶制造	Metal ship	56	331.72
飞机制造及修理业	Airplane manufacturing and maintenance	8	74.39
环境污染防治专用设备制造	Special equipment for Environmental pollution prevention	32	32.18
二、钢铁冶炼及加工	Steel and Iron and Processing	431	2464.76
#炼铁	Iron smelting	4	15.34
炼钢	Steel smelting	21	69.82
钢材加工	Steel processing	402	2337.42
铁合金冶炼	Iron alloy smelting	4	42.18
三、石油及化学	Petroleum and Chemical Industry	2637	10139.79
1. 石油和天然气开采业	Oil and Natural Gas Extraction	3	631.09
2. 石油加工、炼焦及核燃料加工业	Petroleum Refining, Coking and Nuclear Fuel Processing	92	3652.02
3. 化学原料及化学制品制造业	Raw Chemical Materials and Chemical Products	2163	5461.28
4. 橡胶制品业	Rubber products	379	395.41

Main Indicators on Advanced Manufacturing Enterprises above Designated Size (2013)

(100 million yuan)

工业增加值 Value-added of Industry	年末资产总计 Total Assets at the Year-end	流动资产合计 Total Working Capital	固定资产合计 Total Fixed Assets	主营业务收入 Principal Business Revenue	主营业务税金及附加 Tax and Extra Charges on Main Business	利润总额 Total Profits	利税总额 Total Pre-tax Profits	本年应交增值税 Value-added Tax Payable in Current Year	全部从业人员年平均人数(万人) Annual Average Number of Employed Persons (10000 persons)
12714.98	**36399.59**	**23474.63**	**8353.04**	**51094.11**	**696.87**	**2990.67**	**5441.47**	**1749.83**	**581.03**
9448.47	28988.91	19838.55	5822.01	38784.33	283.98	2172.13	3575.97	1116.67	524.73
1298.09	3520.90	2220.24	851.51	4714.55	137.42	433.17	750.07	178.06	32.57
110.36	773.09	471.12	206.28	416.77	1.32	2.96	10.21	5.84	5.07
75.44	596.48	373.31	147.39	299.39	0.71	2.31	6.69	3.59	3.19
24.02	231.20	67.29	18.47	75.55	0.39	6.33	8.62	1.90	1.02
10.57	51.08	41.46	4.47	30.94	0.23	4.23	5.18	0.72	0.56
416.41	1480.11	665.78	616.09	2321.66	6.79	98.82	153.27	47.47	9.72
4.42	4.19	3.20	0.65	15.18	0.06	2.06	3.25	1.13	0.05
18.33	17.09	9.28	6.77	66.28	0.16	5.91	6.96	0.89	0.35
387.55	1382.71	626.16	562.09	2203.47	6.57	90.59	141.86	44.51	9.23
6.11	76.12	27.14	46.58	36.73		0.25	1.20	0.94	0.10
2850.11	5930.58	2970.30	1914.94	9988.13	406.10	719.72	1712.24	585.70	46.58
530.33	712.90	49.64	292.50	676.64	50.57	215.49	302.04	35.95	0.44
918.23	1289.39	625.89	499.18	3626.49	323.68	83.75	751.13	343.62	2.61
1295.80	3611.66	2125.70	1025.15	5292.94	29.53	401.07	627.43	196.23	34.33
105.74	316.62	169.07	98.11	392.06	2.32	19.41	31.65	9.89	9.20

12-26 规模以上工业企业主要经济效益指标（2013年）

项　目	Item
全省总计	**Provincial Total**
按经济类型分	Grouped by Ownership
在总计中：国有控股工业	Of the Total: State-holding Industry
国有工业	State-owned Industry
集体工业	Collective-owned Industry
股份合作工业	Share-holding Cooperative Industry
股份制工业	Share-holding Industry
外商投资工业	Foreign-funded Industry
港澳台投资工业	Industry with Funds from Hong Kong, Macao and Taiwan
按轻重工业分	Grouped by Light and Heavy Industries
轻工业	Light Industry
重工业	Heavy Industry
按企业规模分	Grouped by Size of Enterprises
大型企业	Large Enterprises
中型企业	Medium Enterprises
小微型企业	Small and Micro Enterprises
按行业分	Grouped by Sector
煤炭开采和洗选业	Mining and Washing of Coal
石油和天然气开采业	Extraction of Petroleum and Natural Gas
黑色金属矿采选业	Mining and Dressing of Ferrous Metal Ores
有色金属矿采选业	Mining and Dressing of Nonferrous Metal Ores
非金属矿采选业	Mining and Dressing of Nonmetal Ores
开采辅助活动	Auxiliary Minning Operations
其他采矿业	Mining and Dressing of Other Ores
农副食品加工业	Processing of Farm and Sideline Food
食品制造业	Manufacture of Food
酒、饮料和精制茶制造业	Manufacture of Wine, Beverage and Refined Tea
烟草制品业	Tobacco Products
纺织业	Textile Industry
纺织服装、服饰业	Manufacture of Textile Garments, Footwear and Headgear
皮革、毛皮、羽毛及其制品和制鞋业	Leather, Fur, Feather, Down and Related Products
木材加工和木、竹、藤、棕、草制品业	Timber Processing, Bamboo, Cane, Palm Fiber & Straw Products
家具制造业	Manufacture of Furniture
造纸和纸制品业	Papermaking and Paper Products
印刷和记录媒介复制业	Printing and Record Medium Reproduction
文教、工美、体育和娱乐用品制造业	Manufacture of Cultural, Educational,Sports and Entertainment Articles
石油加工、炼焦和核燃料加工业	Petroleum Refining, Coking and Nuclear Fuel Processing
化学原料和化学制品制造业	Manufacture of Raw Chemical Materials and Chemical Products
医药制造业	Manufacture of Medicines
化学纤维制造业	Manufacture of Chemical Fibers
橡胶和塑料制品业	Rubber and Plastic Products
非金属矿物制品业	Nonmetal Mineral Products
黑色金属冶炼和压延加工业	Smelting and Pressing of Ferrous Metals
有色金属冶炼和压延加工业	Smelting and Pressing of Nonferrous Metals
金属制品业	Metal Products
通用设备制造业	Manufacture of General-purpose Machinery
专用设备制造业	Manufacture of Special-purpose Machinery
汽车制造业设备制造业	Manufacture of Automobile
铁路、船舶、航空航天和其他运输	Manufacture of Railway ,Ship,Aeronautics and Other Transport equipment
电气机械和器材制造业	Manufacture of Electrical Machinery and Equipment
计算机、通信和其他电子设备制造业	Manufacture of Communication Equipment, Computers and Other Electronic Equipment
仪器仪表制造业	Manufacture of Instruments and Meters
其他制造业	Other Manufactures
废弃资源综合利用业	Comprehensive Utilization of Waste
金属制品、机械和设备修理业	Manufacture of Metal Products,Machinery and Equipment Maintenance
电力、热力生产和供应业	Production and Supply of Electric Power and Heat Power
燃气生产和供应业	Production and Supply of Gas
水的生产和供应业	Production and Supply of Water

Main Indicators on Economic Benefit of Industrial Enterprises above Designated Size (2013)

总资产贡献率(%) Ratio of Total Assets to Industrial Output Value (%)	资产负债率(%) Assets-Liability Ratio (%)	成本费用利润率(%) Ratio of Profits to Industrial Costs (%)	全员劳动生产率(元/人) Overall Labor Productivity (yuan/person)	产品销售率(%) Proportion of Products Sold (%)
14.53	**58.10**	**6.46**	**182303**	**97.43**
16.57	58.31	6.91	625429	96.85
22.44	49.26	6.01	450880	106.50
16.66	71.25	5.45	80803	98.80
19.83	51.90	5.03	163791	96.35
14.84	59.36	6.77	222624	96.67
15.73	56.51	6.38	199594	98.58
11.48	57.89	5.84	122150	97.22
15.24	56.16	6.57	136966	97.35
14.15	59.17	6.39	231107	97.48
15.51	58.01	6.66	230244	97.31
13.69	56.65	6.83	126079	97.04
13.79	59.78	5.85	202472	97.94
24.37	87.00	4.51	507438	96.95
42.35	97.15	52.29	12141324	99.83
33.71	47.46	20.95	744017	93.31
35.17	62.81	14.53	509003	94.02
32.54	37.66	11.02	344414	94.85
30.62	45.96	28.78	870743	100.16
12.31	68.68	5.03	276981	95.40
30.70	44.13	16.67	280037	102.28
20.16	51.86	8.43	316148	97.79
57.95	31.98	15.49	3757438	124.21
15.73	52.65	6.28	132724	97.40
17.52	51.41	5.95	99952	97.37
13.89	53.81	4.31	70789	98.18
19.22	56.20	9.14	177542	96.66
14.30	53.50	5.24	111350	98.09
7.91	57.42	4.38	158879	96.57
12.22	51.45	7.30	121643	97.38
9.47	60.58	3.11	83716	96.93
58.95	71.98	2.57	3511659	98.98
17.97	50.18	8.17	377510	97.06
15.90	40.83	15.10	325733	94.63
12.72	49.91	7.91	232031	97.35
12.09	53.50	5.51	116696	97.72
14.74	57.80	7.58	176986	96.31
12.06	69.86	4.37	378366	98.19
10.35	69.73	3.47	300468	97.49
17.22	53.34	7.01	145210	97.66
11.75	55.71	5.87	152639	97.21
11.12	53.28	8.25	157653	96.45
21.66	57.75	10.24	398592	98.89
5.74	64.21	3.69	177822	97.12
12.12	62.30	6.33	131844	96.60
11.62	62.08	4.63	173559	96.68
12.19	47.84	7.77	98590	95.89
10.58	64.03	3.69	94034	97.01
24.56	62.35	9.06	451493	98.50
8.81	64.51	6.51	195158	99.82
10.76	52.50	8.90	775094	99.17
14.45	60.55	9.18	976606	100.38
6.30	58.28	12.56	270359	98.05

12-27 规模以上制造业工业企业主要经济指标

Main Economic Indicators of Manufacturing Enterprises above Designated Size

项 目	Item	2000	2005	2010	2012	2013	2013比2012增长(%) Growth Rate of 2013 over 2012(%)
企业单位数 (个)	Number of Enterprises (unit)	18571	34123	52102	36915	40261	
工业总产值 (亿元)	Gross Industrial Output Value (100 million yuan)	11352.62	32719.04	79504.12	88066.29	101623.58	13.3
工业增加值 (亿元)	Value-added of Industry (100 million yuan)	2768.88	8156.04	18317.74	20396.03	23885.44	9.2
主营业务收入 (亿元)	Main Business Revenue (100 million yuan)	10865.66	31768.01	77730.85	86352.00	98388.86	11.3
资产总计 (亿元)	Total Assets (100 million yuan)	11653.11	22687.34	52734.31	60337.56	68214.34	12.7
流动资产合计 (亿元)	Total Liquid Assets (100 million yuan)			32414.52	38597.80	44142.30	12.5
固定资产合计 (亿元)	Total Fixed Assets (100 million yuan)			16420.14	15097.49	15904.00	5.3
负债总计 (亿元)	Total Liabilities (100 million yuan)	6950.47	13350.07	29407.47	35215.36	39867.48	11.4
所有者权益合计 (亿元)	Total Creditors' Equity (100 million yuan)	4576.24	9337.27	23243.24	24901.20	28081.20	14.4
利润总额 (亿元)	Total Profits (100 million yuan)	348.92	1295.53	5313.74	4732.53	5627.89	24.0
亏损企业亏损额 (亿元)	Loss Value of Loss-making Enterprises (100 million yuan)	131.89	196.09	195.53	420.25	357.30	-17.3
利税总额 (亿元)	Total Pre-tax Profits (100 million yuan)	729.92	2273.57	8150.46	8218.79	9703.75	21.9
应交增值税 (亿元)	Value-added Tax Payable(100 million yuan)	277.66	777.85	2003.07	2525.95	3000.78	23.2
从业人员平均人数(万人)	Average Employed Persons (10000 persons)	546.03	1062.06	1533.72	1419.97	1423.41	2.4

注：本表总产值和增加值绝对数按当年价格计算，增加值2009年及以前用生产法计算，2010年起用收入法计算，2011年统计口径从年业务收入500万元及以上调整为2000万元及以上。为反映可比口径，本表中增速使用快报数据。

Note: Gross industrial output values and value-added are calculated at current prices.Value-added is calculated by production approach in 2009 and prior to and since 2010 by income approach.Growth rates in this table are calculated at constant prices with the coverage of over 20 million yuan.

12-28 各市规模以上工业企业主要经济指标（2013年）

Main Economic Indicators of Industrial Enterprises above Designated Size by City (2013)

单位：亿元 (100 million yuan)

市 别	City	主营业务收入 Main Business Revenue	资产合计 Total Assets	负债合计 Total Liabilities	利润总额 Total Profits	利税总额 Total Pre-tax Profits	从业人员平均人数(万人) Average Number of Employed Persons (10000 persons)
广 州	Guangzhou	16500.36	13545.09	7353.92	1105.69	1990.94	150.56
深 圳	Shenzhen	22309.68	20210.17	12450.87	1277.62	2147.18	328.74
珠 海	Zhuhai	3878.08	4210.92	2630.27	249.89	376.42	45.35
汕 头	Shantou	2420.28	1880.38	735.33	190.54	269.48	41.02
佛 山	Foshan	16424.68	10128.47	5700.42	1285.29	1791.65	168.72
#顺 德	Shunde	4925.12	3528.24	2104.12	368.26	548.84	65.97
韶 关	Shaoguan	1104.43	1203.00	777.27	67.47	146.29	16.52
河 源	Heyuan	1062.09	761.18	435.85	77.87	115.92	15.08
梅 州	Meizhou	522.41	619.57	329.56	38.81	102.11	10.53
惠 州	Huizhou	6477.20	3797.70	2238.39	279.93	641.56	72.41
汕 尾	Shanwei	954.17	458.86	218.54	36.78	53.80	25.52
东 莞	Dongguan	10830.33	8103.32	4823.75	313.75	596.95	266.20
中 山	Zhongshan	5372.01	3359.73	2024.41	274.48	472.83	94.83
江 门	Jiangmen	2902.08	2620.56	1531.46	156.08	256.90	48.40
阳 江	Yangjiang	1505.64	806.34	519.77	173.58	235.43	15.54
湛 江	Zhanjiang	1917.20	1673.44	1340.94	100.57	277.14	13.95
茂 名	Maoming	2138.82	857.50	447.61	143.03	473.14	13.97
肇 庆	Zhaoqing	3265.33	1624.67	814.39	218.17	337.36	32.59
清 远	Qingyuan	1381.13	1229.15	726.07	75.80	121.41	20.93
潮 州	Chaozhou	1075.88	629.81	280.92	100.91	147.73	23.39
揭 阳	Jieyang	3573.59	1406.45	612.10	278.36	372.84	39.65
云 浮	Yunfu	745.83	528.95	291.24	51.82	81.26	11.92
按经济区域分	By Region						
珠 三 角	Pearl River Delta	87959.75	67600.64	39567.88	5160.90	8611.79	1207.80
东 翼	Eastern Region	8023.92	4375.50	1846.89	606.59	843.85	129.58
西 翼	Western Region	5561.66	3337.28	2308.32	417.18	985.71	43.46
山 区	Mountainous Region	4815.89	4341.85	2559.99	311.77	566.99	74.98

12-29 各市私营工业企业主要经济指标（2013年）
Main Economic Indicators of Private Industrial Enterprises by City (2013)

单位：亿元　(100 million yuan)

市别	City	主营业务收入 Main Business Revenue	资产合计 Total Assets	负债合计 Total Liabilities	利润总额 Total Profits	利税总额 Total Pre-tax Profits	从业人员平均人数(万人) Average Number of Employed Persons (10000 persons)
广　州	Guangzhou	2434.41	1514.78	917.05	74.70	129.30	38.78
深　圳	Shenzhen	3928.06	3116.51	2029.47	146.60	239.10	72.91
珠　海	Zhuhai	296.31	225.76	152.40	11.75	20.78	5.22
汕　头	Shantou	1012.41	546.32	196.14	79.05	100.73	19.14
佛　山	Foshan	4306.12	2242.70	1277.94	309.61	410.69	40.87
#顺　德	Shunde	427.38	216.69	147.81	28.65	40.42	6.36
韶　关	Shaoguan	120.07	70.72	51.39	9.55	14.26	1.30
河　源	Heyuan	233.61	175.20	111.20	18.67	26.59	1.80
梅　州	Meizhou	85.90	66.41	37.39	3.23	6.78	2.04
惠　州	Huizhou	488.30	230.57	164.20	16.30	27.74	7.27
汕　尾	Shanwei	333.12	116.67	55.16	14.30	19.41	9.01
东　莞	Dongguan	1255.43	989.68	741.96	28.84	61.09	30.63
中　山	Zhongshan	909.37	479.93	351.39	32.83	59.18	19.04
江　门	Jiangmen	471.46	324.05	232.44	15.61	29.11	9.27
阳　江	Yangjiang	549.63	153.30	81.44	68.30	91.97	7.50
湛　江	Zhanjiang	342.49	171.86	136.95	5.61	11.19	3.93
茂　名	Maoming	293.44	119.16	51.55	41.34	59.11	5.02
肇　庆	Zhaoqing	1012.75	324.77	145.35	89.75	133.25	9.47
清　远	Qingyuan	326.14	258.58	166.32	28.86	36.90	3.39
潮　州	Chaozhou	407.37	182.60	69.18	33.88	49.32	11.41
揭　阳	Jieyang	1708.04	411.28	163.80	117.86	159.36	18.89
云　浮	Yunfu	123.86	53.04	27.61	9.12	13.56	1.74
按经济区域分	By Region						
珠三角	Pearl River Delta	15102.21	9448.75	6012.20	725.99	1110.24	233.46
东　翼	Eastern Region	3460.94	1256.87	484.28	245.09	328.82	58.45
西　翼	Western Region	1185.56	444.32	269.94	115.25	162.27	16.45
山　区	Mountainous Region	889.58	623.95	393.91	69.43	98.09	10.27

12-30 各市工业企业主要经济效益指标（2013年）
Main Indicators on Economic Benefit of Industrial Enterprises by City (2013)

市 别	City	总资产贡献率(%) Ratio of Total Assets to Industrial Output Value (%)	资 产 负债率 (%) Assets-Liability Ratio (%)	成本费用利润率(%) Ratio of Profits to Industrial Costs (%)	全员劳动生产率 (元/人) Overall Labor Productivity (yuan/person)	产品销售率 (%) Proportion of Products Sold (%)
全省合计	**Provincial Total**	**14.53**	**58.10**	**6.46**	**182303**	**97.43**
广 州	Guangzhou	15.35	54.29	7.11	295368	98.39
深 圳	Shenzhen	11.24	61.61	6.03	176264	96.54
珠 海	Zhuhai	9.07	62.46	6.51	172805	97.04
汕 头	Shantou	15.13	39.11	8.60	146074	95.46
佛 山	Foshan	18.37	56.28	8.36	229533	97.45
#顺 德	Shunde	16.30	59.64	7.90	185920	97.26
韶 关	Shaoguan	13.56	64.61	6.42	188148	99.58
河 源	Heyuan	16.14	57.26	7.86	211081	95.65
梅 州	Meizhou	17.76	53.19	7.98	178973	98.68
惠 州	Huizhou	17.50	58.94	4.45	196550	98.39
汕 尾	Shanwei	13.18	47.63	4.02	87049	98.28
东 莞	Dongguan	7.80	59.53	2.96	91121	98.36
中 山	Zhongshan	14.77	60.26	5.38	126114	96.31
江 门	Jiangmen	10.83	58.44	5.63	144008	95.32
阳 江	Yangjiang	30.99	64.46	12.83	251164	96.85
湛 江	Zhanjiang	17.74	80.13	5.76	490850	95.52
茂 名	Maoming	56.37	52.20	7.61	477237	98.33
肇 庆	Zhaoqing	22.01	50.13	7.16	247658	97.49
清 远	Qingyuan	11.02	59.07	5.75	153038	96.97
潮 州	Chaozhou	24.73	44.60	10.41	128847	99.12
揭 阳	Jieyang	28.40	43.52	8.58	221597	99.26
云 浮	Yunfu	16.54	55.06	7.53	178047	96.43

12-30 续表 continued

市别	City	总资产贡献率比去年增长百分点 Percentage Gain in Ratio of Total Assets to Industrial Output Value over Preceding Year	资产负债率比去年增长百分点 Percentage Gain in Assets-Liability Ratio over Preceding Year	成本费用利润率比去年增长百分点 Percentage Gain in Ratio of Profits to Industrial Costs over Preceding Year	全员劳动生产率比去年增长(%) Growth in Overall Labor Productivity over Preceding Year (%)	产品销售率比去年增长百分点 Percentage Gain in Proportion of Products Sold over Preceding Year
全省合计	**Provincial Total**	**0.59**	**-0.08**	**0.33**	**16.52**	**-0.64**
广　州	Guangzhou	1.46	1.27	1.18	12.30	-0.16
深　圳	Shenzhen	0.22	-0.04	0.39	19.04	-1.26
珠　海	Zhuhai	1.68	1.76	1.69	17.87	-0.97
汕　头	Shantou	1.06	-2.89	-0.11	12.72	-1.58
佛　山	Foshan	-0.35	-4.46	-0.37	17.31	-0.02
#顺　德	Shunde	-2.25	-2.86	-0.69	16.46	-0.89
韶　关	Shaoguan	1.59	-1.05	3.11	13.15	-0.44
河　源	Heyuan	0.74	1.34	1.27	22.15	-0.10
梅　州	Meizhou	0.57	1.94	1.92	15.91	-2.51
惠　州	Huizhou	0.20	-2.05	0.31	11.80	-1.10
汕　尾	Shanwei	4.34	0.87	-0.46	2.30	0.51
东　莞	Dongguan	0.06	1.39	-0.14	17.32	-1.97
中　山	Zhongshan	-0.80	1.77	-0.36	12.48	1.00
江　门	Jiangmen	0.18	-1.13	0.22	22.62	-1.95
阳　江	Yangjiang	-0.66	2.28	-0.39	24.87	-0.65
湛　江	Zhanjiang	-1.52	1.75	-1.91	19.87	-1.08
茂　名	Maoming	10.74	2.87	1.41	17.36	0.15
肇　庆	Zhaoqing	-0.08	2.41	-0.42	20.10	-0.73
清　远	Qingyuan	-0.70	4.57	-0.32	16.40	-0.19
潮　州	Chaozhou	2.60	-0.93	0.61	4.41	0.05
揭　阳	Jieyang	-1.33	-4.01	-0.61	17.12	0.92
云　浮	Yunfu	1.84	-0.47	-0.3	31.00	-0.35

12-31 各市规模以上国有控股工业企业主要经济效益指标（2013年）

Main Indicators on Economic Benefit of State-holding Industrial Enterprises above Designated Size by City (2013)

市 别	City	总资产贡献率(%) Ratio of Total Assets to Industrial Output Value (%)	资产负债率(%) Assets-Liability Ratio (%)	成本费用利润率(%) Ratio of Profits to Industrial Costs (%)	全员劳动生产率(元/人) Overall Labor Productivity (yuan/person)	产品销售率(%) Proportion of Products Sold (%)
全省合计	**Provincial Total**	**16.57**	**58.31**	**6.90**	**625391**	**96.85**
广 州	Guangzhou	14.73	51.67	7.22	710217	100.50
深 圳	Shenzhen	14.77	60.52	9.11	637543	87.00
珠 海	Zhuhai	11.36	67.64	10.83	465883	96.86
汕 头	Shantou	16.92	44.66	13.46	565957	90.38
佛 山	Foshan	10.20	59.06	4.37	403732	99.71
#顺 德	Shunde	3.07	119.02	0.10	160000	94.82
韶 关	Shaoguan	11.67	71.46	4.31	307661	102.37
河 源	Heyuan	12.71	57.57	5.94	462237	96.79
梅 州	Meizhou	29.26	45.41	5.51	561259	107.74
惠 州	Huizhou	28.57	61.71	4.81	1151351	98.20
汕 尾	Shanwei	11.52	63.85	8.69	471935	99.88
东 莞	Dongguan	11.42	56.10	5.11	503811	98.70
中 山	Zhongshan	11.76	58.15	4.02	341308	97.77
江 门	Jiangmen	16.34	54.20	13.09	667014	98.72
阳 江	Yangjiang	14.68	68.62	5.62	383776	98.82
湛 江	Zhanjiang	32.98	71.21	3.01	739579	98.60
茂 名	Maoming	66.47	55.70	2.06	1861782	99.70
肇 庆	Zhaoqing	9.90	48.97	4.93	222918	98.19
清 远	Qingyuan	10.29	57.94	3.59	409268	99.22
潮 州	Chaozhou	18.99	60.80	13.22	651392	100.00
揭 阳	Jieyang	14.84	60.31	9.55	595536	99.77
云 浮	Yunfu	14.52	66.01	8.74	525577	98.87

12-32 各市按经济类型分的工业企业资产（2013年）

Total Assets of Industrial Enterprises by Ownership and by City (2013)

单位：亿元 (100 million yuan)

市别	City	资产合计 Total Assets	#国有控股工业 State-holding Industry	集体工业 Collective-owned Industry	股份合作制工业 Share-holding Cooperative Industry	股份制工业 Share-holding Industry	外商投资工业 Foreign-funded Industry	港澳台投资工业 Industry with Funds from Hong Kong, Macao and Taiwan
广州	Guangzhou	13545.09	5527.30	22.84	15.54	6195.28	4342.81	2354.00
深圳	Shenzhen	20210.17	3841.52	14.36		10463.93	4884.52	4739.68
珠海	Zhuhai	4210.92	1881.88	1.64		2408.23	1019.22	780.53
汕头	Shantou	1880.38	391.09	4.85	4.98	1173.32	315.24	216.07
佛山	Foshan	10128.47	769.26	32.47	6.67	6459.57	1634.21	1719.31
#顺德	Shunde	3528.24	13.23	3.10		2339.95	381.53	768.84
韶关	Shaoguan	1203.00	761.71	2.52	0.52	887.10	43.78	96.75
河源	Heyuan	761.18	114.27	0.46	0.06	456.79	62.42	216.52
梅州	Meizhou	619.57	183.03	1.61	0.73	409.13	38.29	45.83
惠州	Huizhou	3797.70	1029.51	4.74		1181.36	1234.13	1277.00
汕尾	Shanwei	458.86	147.99	9.83		271.40	9.06	136.15
东莞	Dongguan	8103.32	679.89	46.94		2605.23	2052.29	3369.51
中山	Zhongshan	3359.73	329.14	8.10	0.11	1228.76	1088.10	990.18
江门	Jiangmen	2620.56	376.87	13.07		1106.59	405.40	1050.28
阳江	Yangjiang	806.34	222.80	0.49		572.30	112.28	83.56
湛江	Zhanjiang	1673.44	464.41	14.75		842.66	152.80	509.55
茂名	Maoming	857.50	459.49	2.22	1.09	749.12	20.48	23.41
肇庆	Zhaoqing	1624.67	248.66	2.31	0.82	801.84	346.54	424.29
清远	Qingyuan	1229.15	203.44	0.34	1.26	698.99	78.59	407.83
潮州	Chaozhou	629.81	178.80	1.56	5.11	428.91	28.70	104.08
揭阳	Jieyang	1406.45	262.20	7.57		1080.93	38.66	153.41
云浮	Yunfu	528.95	113.40	2.36	0.23	337.37	30.92	149.27
按经济区域分	By Region							
珠三角	Pearl River Delta	67600.64	14684.02	146.47	23.15	32450.79	17007.22	16704.78
东翼	Eastern Region	4375.50	980.09	23.80	10.08	2954.56	391.66	609.70
西翼	Western Region	3337.28	1146.71	17.46	1.09	2164.08	285.57	616.51
山区	Mountainous Region	4341.85	1375.86	7.29	2.80	2789.39	254.00	916.20

12-33 各市规模以上大中型工业企业产值资产（2013年）
Gross Output Value and Total Assets of Large and Medium-sized Industrial Enterprises above Designated Size by City (2013)

单位：亿元 (100 million yuan)

市 别	City	企业个数(个) Number of Enterprises (unit)	#大型 Large-sized	工业总产值（当年价格） Gross Industrial Output Value (at current prices)	#大型 Large-sized	资产总计 Total Assets	#大型 Large-sized
全省合计	**Provincial Total**	**10723**	**1480**	**76417.82**	**47329.39**	**58242.83**	**35766.41**
广 州	Guangzhou	1034	184	13017.54	9534.30	10739.09	8023.33
深 圳	Shenzhen	2233	373	17009.72	11634.39	14730.61	9195.47
珠 海	Zhuhai	320	49	2620.95	1752.82	3236.41	2294.05
汕 头	Shantou	340	19	1215.47	418.91	1093.23	352.74
佛 山	Foshan	1052	161	10047.21	6005.30	6668.84	4059.40
#顺 德	Shunde	328	54	4201.29	3289.92	2799.26	2102.88
韶 关	Shaoguan	105	13	731.69	435.25	833.65	488.58
河 源	Heyuan	121	17	777.40	379.93	559.30	241.17
梅 州	Meizhou	92	9	376.94	138.76	389.57	133.52
惠 州	Huizhou	523	91	5333.51	4102.02	3076.01	2115.97
汕 尾	Shanwei	159	38	904.06	524.20	407.98	195.74
东 莞	Dongguan	2056	244	8596.99	5168.16	6152.32	3487.96
中 山	Zhongshan	715	95	3993.05	2172.07	2412.94	1299.63
江 门	Jiangmen	388	44	1934.67	952.56	1770.53	843.68
阳 江	Yangjiang	145	10	908.11	395.24	603.18	278.25
湛 江	Zhanjiang	119	17	1386.78	538.16	1334.56	700.26
茂 名	Maoming	87	8	1419.18	1198.18	568.63	420.54
肇 庆	Zhaoqing	323	35	2209.40	732.75	1137.25	596.86
清 远	Qingyuan	175	21	1036.96	371.20	825.73	320.46
潮 州	Chaozhou	255	9	632.82	230.15	449.25	227.53
揭 阳	Jieyang	386	29	1895.70	489.45	938.51	367.90
云 浮	Yunfu	95	14	369.65	155.61	315.25	123.36
按经济区域分	By Region						
珠 三 角	Pearl River Delta	8644	1276	64763.04	42054.36	49923.99	31916.36
东 翼	Eastern Region	1140	95	4648.06	1662.71	2888.97	1143.91
西 翼	Western Region	351	35	3714.07	2131.58	2506.36	1399.06
山 区	Mountainous Region	588	74	3292.65	1480.74	2923.50	1307.09

12-34 各市现代产业增加值及比重（2013年）
Value Added and Ratio of Modern Industries by City (2013)

市别	City	先进制造业增加值（亿元） Value Added of Advanced Manufacturing Industry (100 Million yuan)	先进制造业增加值占规模以上工业比重(%) Ratio of the Value Added to that of Industry (%)	高技术制造业增加值（亿元） Added of High-tech Industry (100 Million yuan)	高技术制造业增加值占规模以上工业比重(%) Ratio of the Value Added to that of Industry (%)
全省合计	**Provincial Total**	**12714.98**	**47.9**	**6654.38**	**25.1**
广　州	Guangzhou	2449.37	55.1	532.32	12.0
深　圳	Shenzhen	4134.90	71.4	3491.79	60.3
珠　海	Zhuhai	358.05	45.7	220.28	28.1
汕　头	Shantou	82.21	13.7	32.08	5.4
佛　山	Foshan	1254.10	32.4	283.01	7.3
#顺　德	Shunde	319.00	26.0	63.87	5.2
韶　关	Shaoguan	98.22	31.6	12.52	4.0
河　源	Heyuan	140.98	44.3	68.94	21.7
梅　州	Meizhou	36.40	19.3	24.27	12.9
惠　州	Huizhou	943.67	66.3	594.71	41.8
汕　尾	Shanwei	61.80	27.8	52.06	23.4
东　莞	Dongguan	1119.98	46.2	864.23	35.6
中　山	Zhongshan	414.33	34.6	194.94	16.3
江　门	Jiangmen	218.80	31.4	47.63	6.8
阳　江	Yangjiang	78.64	20.1	11.57	3.0
湛　江	Zhanjiang	340.40	49.7	6.84	1.0
茂　名	Maoming	448.63	67.3	18.48	2.8
肇　庆	Zhaoqing	269.52	33.4	81.24	10.1
清　远	Qingyuan	40.84	12.8	9.03	2.8
潮　州	Chaozhou	26.90	8.9	20.93	6.9
揭　阳	Jieyang	154.89	17.6	70.60	8.0
云　浮	Yunfu	42.35	20.0	16.92	8.0
按经济区域分	By Region				
珠三角	Pearl River Delta	11162.72	52.0	6310.15	29.4
东　翼	Eastern Region	325.80	16.3	175.67	8.8
西　翼	Western Region	867.67	49.8	36.89	2.1
山　区	Mountainous Region	358.79	26.6	131.68	9.8

注：本表现代产业增加值按年报收入法计算；高技术制造业增加值采用新的国家统计局高技术产业(制造业)分类(2013)。
Note: Value Added of modern industries in this table is calculated in accordance with the income method of the annual report.

12-35 全省工业总产值最大的50家工业企业（2013年）

Top 50 Industrial Enterprises of the Province in Terms of Gross Industrial Output Value (2013)

序号 Rank	企业名称	Name of Enterprises
1	广东电网公司	GUANGDONG POWER GRID CORPORATION
2	华为技术有限公司	HUAWEI TECHNOLOGIES CO., LTD
3	中兴通讯股份有限公司	ZTE CORPORATION
4	富泰华工业(深圳)有限公司	FUTAIHUA INDUSTRY (SHENZHEN) CO., LTD
5	美的集团股份有限公司	GUANGDONG MD HOLDING CO., LTD
6	惠州三星电子有限公司	HUIZHOU SAMSUNG ELECTRONICS CO.,LTD
7	中国石油化工股份有限公司茂名分公司	SINOPEC MAOMING COMPANY
8	东风汽车有限公司东风日产乘用车公司	DONGFENG MOTOR CO. LTD. PASSENGER VEHICLE COMPANY
9	中海石油炼化有限责任公司惠州炼化分公司	CNOOC OIL & PETROCHEMICALS CO.,LTD HUIZHOU COMPANY
10	中国石油化工股份有限公司广州分公司	SINOPEC GUANGZHOU COMPANY
11	中国南方电网有限责任公司	CHINA SOUTHERN POWER GRID CO., LTD
12	广汽本田汽车有限公司	GUANGQI HONDA AUTOMOBILE CO., LTD
13	珠海格力电器股份有限公司	GREE ELECTRIC APPLIANCES, INC. OF ZHUHAI
14	广汽丰田汽车有限公司	GAC TOYOTA MOTOR CO.,LTD
15	深圳供电局有限公司	SHENZHEN POWER SUPPLY BUREAU CO.,LTD
16	鸿富锦精密工业(深圳)有限公司	HONG FU JIN PRECISION (SHENZHEN) CO., LTD
17	乐金显示(广州)有限公司	LG DISPLAY (GUANGZHOU)CO.,LTD
18	广州供电局有限公司	GUANGZHOU POWER SUPPLY BUREAU CO.,LTD
19	中海石油(中国)有限公司深圳分公司	CNOOC (CHINA) LIMITED SHENZHEN BRANCH
20	广东格兰仕集团有限公司	GUANGDONG GALANZ GROUP CO., LTD
21	广东中烟工业有限责任公司	GUANGDONG CHINA TOBACCO INDUSTRIAL CO., LTD
22	安利(中国)日用品有限公司	AMWAY (CHINA) CO., LTD
23	东莞三星视界有限公司	SAMSUNG MOBILE DISPLAY
24	中国石化湛江东兴石油化工有限公司	SINOPEC ZHANJIANG DONGXING PETROLEUM ENTERPRISE CO., LTD
25	伟创力制造(珠海)有限公司	FLEXTRONICS MANUFACTURING (ZHUHAI) CO., LTD
26	中海壳牌石油化工有限公司	CNOOC AND SHELL PETROCHEMICALS COMPANY LIMITED
27	海信科龙电器股份有限公司	HISENSE KELON ELECTRICAL HOLDINGS CO., LTD
28	比亚迪股份有限公司	BYD CO., LTD
29	深圳创维-RGB电子有限公司	SHENZHEN SKYWORTH-RGB ELECTRONICS CO., LTD
30	中海石油(中国)有限公司公司湛江分公司	CNOOC (CHINA) LIMITED ZHANJIANG BRANCH
31	广州宝洁有限公司	PROCTER & GAMBLE (GUANGZHOU) CO., LTD
32	南海奇美电子有限公司	NANHAI CHIMEI OPTOELECTRONICS LTD
33	纬创资通(中山)有限公司	WISTRON INFOCOMM (ZHONGSHAN) CORPORATION
34	联想信息产品(深圳)有限公司	LENOVO INFORMATION PRODUCTS (SHENZHEN)CO., LTD
35	周大福珠宝金行(深圳)有限公司	CHOW TAI FOOK JEWELLERY(SHENZHEN) CO.,LTD.
36	联众(广州)不锈钢有限公司	LIANZHONG STAINLESS STEEL CORPORATION
37	宝钢集团广东韶关钢铁有限公司	BAOSTEEL GROUP GUANGDONG SHAOGUAN IRON & STEEL CO., LTD.
38	宇龙计算机通信科技(深圳)有限公司	YULONG COMPUTER TELECOMMUNICATION SCIENTIFIC
39	康佳集团股份有限公司	KONKA GROUP CO., LTD
40	东风本田发动机有限公司	DONGFENG HONDA ENGINE CO., LTD
41	广州江铜铜材有限公司	GUANGZHOU JCC COPPER PRODUCTS CO.,LTD
42	日立电梯(中国)有限公司	HITACHI ELEVATOR (CHINA) CO.,LTD
43	华为机器有限公司	HUAWEI MACHINE CO., LTD
44	比亚迪汽车工业有限公司	BYD AUTO INDUSTRY CO.,LTD
45	捷普电子(广州)有限公司	JABIL CIRCUIT (GUANGZHOU) CO., LTD
46	深圳市华星光电技术有限公司	SHENZHEN CHINA STAR OPTOELECTRONICS TECHNOLOGY CO., LTD.
47	广东欧珀移动通信有限公司	GUANGDONG OPPO MOBILE TELECOMMUNICATIONS CORP., LTD
48	深圳长城开发科技股份有限公司	SHENZHEN KAIFA TECHNOLOGY CO.,LTD
49	东莞宇龙通信科技有限公司	DONGGUAN YULONG TELECOMMUNICATION TECH CO. , LTD.
50	广州金发科技股份有限公司	KINGFA SCI.& TECH.CO.,LTD

12-36 全省主营业务收入最大的50家工业企业（2013年）

Top 50 Industrial Enterprises of the Province in Terms of Principal Business Revenue (2013)

序号 Rank	企业名称	Name of Enterprises
1	广东电网公司	GUANGDONG POWER GRID CORPORATION
2	华为技术有限公司	HUAWEI TECHNOLOGIES CO., LTD
3	富泰华工业(深圳)有限公司	FUTAIHUA INDUSTRY (SHENZHEN) CO., LTD
4	惠州三星电子有限公司	HUIZHOU SAMSUNG ELECTRONICS CO.,LTD
5	美的集团股份有限公司	GUANGDONG MD HOLDING CO., LTD
6	珠海格力电器股份有限公司	GREE ELECTRIC APPLIANCES, INC. OF ZHUHAI
7	中国石油化工股份有限公司茂名分公司	SINOPEC MAOMING COMPANY
8	东风汽车有限公司东风日产乘用车公司	DONGFENG MOTOR CO. LTD. PASSENGER VEHICLE COMPANY
9	中兴通讯股份有限公司	ZTE CORPORATION
10	中海石油炼化有限责任公司惠州炼化分公司	CNOOC OIL & PETROCHEMICALS CO.,LTD HUIZHOU COMPANY
11	中国石油化工股份有限公司广州分公司	SINOPEC GUANGZHOU COMPANY
12	广汽本田汽车有限公司	GUANGQI HONDA AUTOMOBILE CO., LTD
13	广汽丰田汽车有限公司	GAC TOYOTA MOTOR CO.,LTD
14	中国南方电网有限责任公司	CHINA SOUTHERN POWER GRID CO., LTD
15	深圳供电局有限公司	SHENZHEN POWER SUPPLY BUREAU CO.,LTD
16	鸿富锦精密工业(深圳)有限公司	HONG FU JIN PRECISION (SHENZHEN) CO., LTD
17	广州供电局有限公司	GUANGZHOU POWER SUPPLY BUREAU CO.,LTD
18	中海石油(中国)有限公司深圳分公司	CNOOC (CHINA) LIMITED SHENZHEN BRANCH
19	乐金显示(广州)有限公司	LG DISPLAY (GUANGZHOU)CO.,LTD
20	广东格兰仕集团有限公司	GUANGDONG GALANZ GROUP CO., LTD
21	广东中烟工业有限责任公司	GUANGDONG CHINA TOBACCO INDUSTRIAL CO., LTD
22	伟创力制造(珠海)有限公司	FLEXTRONICS MANUFACTURING (ZHUHAI) CO., LTD
23	东莞三星视界有限公司	SAMSUNG MOBILE DISPLAY
24	中国石化湛江东兴石油化工有限公司	SINOPEC ZHANJIANG DONGXING PETROLEUM ENTERPRISE CO., LTD
25	安利(中国)日用品有限公司	AMWAY (CHINA) CO., LTD
26	中海壳牌石油化工有限公司	CNOOC AND SHELL PETROCHEMICALS COMPANY LIMITED
27	比亚迪股份有限公司	BYD CO., LTD
28	深圳创维-RGB电子有限公司	SHENZHEN SKYWORTH-RGB ELECTRONICS CO., LTD
29	中海石油(中国)有限公司公司湛江分公司	CNOOC (CHINA) LIMITED ZHANJIANG BRANCH
30	广州宝洁有限公司	PROCTER & GAMBLE (GUANGZHOU) CO., LTD
31	纬创资通(中山)有限公司	WISTRON INFOCOMM (ZHONGSHAN) CORPORATION
32	海信科龙电器股份有限公司	HISENSE KELON ELECTRICAL HOLDINGS CO., LTD
33	联想信息产品(深圳)有限公司	LENOVO INFORMATION PRODUCTS (SHENZHEN)CO., LTD
34	周大福珠宝金行(深圳)有限公司	CHOW TAI FOOK JEWELLERY(SHENZHEN) CO.,LTD.
35	南海奇美电子有限公司	NANHAI CHIMEI OPTOELECTRONICS LTD
36	联众(广州)不锈钢有限公司	LIANZHONG STAINLESS STEEL CORPORATION
37	康佳集团股份有限公司	KONKA GROUP CO., LTD
38	宝钢集团广东韶关钢铁有限公司	BAOSTEEL GROUP GUANGDONG SHAOGUAN IRON & STEEL CO., LTD.
39	东风本田发动机有限公司	DONGFENG HONDA ENGINE CO., LTD
40	日立电梯(中国)有限公司	HITACHI ELEVATOR (CHINA) CO.,LTD
41	华为机器有限公司	HUAWEI MACHINE CO., LTD
42	宇龙计算机通信科技(深圳)有限公司	YULONG COMPUTER TELECOMMUNICATION SCIENTIFIC
43	比亚迪汽车工业有限公司	BYD AUTO INDUSTRY CO.,LTD
44	捷普电子(广州)有限公司	JABIL CIRCUIT (GUANGZHOU) CO., LTD
45	广州江铜铜材有限公司	GUANGZHOU JCC COPPER PRODUCTS CO.,LTD
46	深圳市华星光电技术有限公司	SHENZHEN CHINA STAR OPTOELECTRONICS TECHNOLOGY CO., LTD.
47	广东欧珀移动通信有限公司	GUANGDONG OPPO MOBILE TELECOMMUNICATIONS CORP., LTD
48	深圳长城开发科技股份有限公司	SHENZHEN KAIFA TECHNOLOGY CO.,LTD
49	东莞宇龙通信科技有限公司	DONGGUAN YULONG TELECOMMUNICATION TECH CO. , LTD.
50	中海石油开氏石化有限责任公司	CNOOC AND KINGS PETROCHEMICALS CO.,LTD

12-37 全省固定资产合计最大的50家工业企业（2013年）
Top 50 Industrial Enterprises of the Province in Terms of Net Value of Fixed Assets (2013)

序号 Rank	企业名称	Name of Enterprises
1	广东电网公司	GUANGDONG POWER GRID CORPORATION
2	中国南方电网有限责任公司	CHINA SOUTHERN POWER GRID CO., LTD
3	深圳供电局有限公司	SHENZHEN POWER SUPPLY BUREAU CO.,LTD
4	美的集团股份有限公司	GUANGDONG MD HOLDING CO., LTD
5	广州供电局有限公司	GUANGZHOU POWER SUPPLY BUREAU CO.,LTD
6	中海石油(中国)有限公司深圳分公司	CNOOC (CHINA) LIMITED SHENZHEN BRANCH
7	岭东核电有限公司	LING DONG NUCLEAR POWER CO., LTD
8	中海壳牌石油化工有限公司	CNOOC AND SHELL PETROCHEMICALS COMPANY LIMITED
9	深圳市华星光电技术有限公司	SHENZHEN CHINA STAR OPTOELECTRONICS TECHNOLOGY CO., LTD.
10	岭澳核电有限公司	LING'AO NUCLEAR POWER CO., LTD
11	中兴通讯股份有限公司	ZTE CORPORATION
12	宝钢集团广东韶关钢铁有限公司	BAOSTEEL GROUP GUANGDONG SHAOGUAN IRON & STEEL CO., LTD.
13	富泰华工业(深圳)有限公司	FUTAIHUA INDUSTRY (SHENZHEN) CO., LTD
14	广东国华粤电台山发电有限公司	GUANGDONG GUOHUA YUEDIAN TAISHAN POWER GENERATION CO.,LTD
15	东莞玖龙纸业有限公司	DONGGUAN NINE DRAGONS PAPER INDUSTRIES CO.，LTD.
16	中国石油化工股份有限公司茂名分公司	SINOPEC MAOMING COMPANY
17	广州市自来水公司	GUANGZHOU WATER SUPPLY COMPANY
18	华能国际电力股份有限公司海门电厂	HUANENG HAIMEN POWER PLANT
19	中海石油炼化有限责任公司惠州炼化分公司	CNOOC OIL & PETROCHEMICALS CO.,LTD HUIZHOU COMPANY
20	广东粤电靖海发电有限公司	GUANGDONG YUEDIAN JINGHAI POWER GENERATION CO., LTD
21	阳西县海滨电力发展有限公司	YANGXI HARBOR ELECTRIC POWER DEVELOPMENT CO.,LTD
22	华为技术有限公司	HUAWEI TECHNOLOGIES CO., LTD
23	亚洲铝业(中国)有限公司	ASIA ALUMINUM(CHINA) CO., LTD
24	中国石油化工股份有限公司广州分公司	SINOPEC GUANGZHOU COMPANY
25	广东红海湾发电有限公司	GUANGDONG RED BAY POWER GENERATION CO., LTD
26	广东大唐国际潮州发电有限责任公司	GUANDDONG DATANG INTERNATIONAL CHAOZHOU POWER GENERATION CO., LTD
27	湛江晨鸣浆纸有限公司	ZHANJIANG CHENMING PULP & PAPER CO., LTD
28	联众(广州)不锈钢有限公司	LIANZHONG STAINLESS STEEL CORPORATION
29	伯恩光学(惠州)有限公司	BIEL CRYSTAL MANUFACTORY(HUIZHOU) LIMITED
30	比亚迪汽车工业有限公司	BYD AUTO INDUSTRY CO.,LTD
31	深超光电(深圳)有限公司	CENTURY TECHNOLOGY SHENZHEN CORPORATION.LTD
32	广东粤港供水有限公司	GUANGDONG YUE GANG WATER SUPPLY COMPANY LIMITED
33	肇庆亚洲铝厂有限公司	ZHAOQING ASIA ALUMINUM FACTORY CO., LTD
34	广东惠州平海发电厂有限公司	GUANGDONG HUIZHOU PINGHAI POWER STATION CO., LTD
35	佛山津西金兰冷轧板有限公司	FOSHAN JIN XI JIN LAN COLD ROLLED SHEET CO.,LTD
36	天生桥一级水电开发有限责任公司	TIANSHENGQIAO HYDROPOWER DEVELOPMENT CO., LTD
37	广州中船龙穴造船有限公司	CSSC GUANGZHOU LONGXUE SHIPBUILDING CO.,LTD
38	鸿富锦精密工业(深圳)有限公司	HONG FU JIN PRECISION (SHENZHEN) CO., LTD
39	广东理文造纸有限公司	LEE & MAN PAPER MANUFACTURING LTD.
40	亚太森博(广东)纸业有限公司	ASIA SYMBOL(GUANGDONG) PAPER CO.,LTD
41	广东中烟工业有限责任公司	GUANGDONG CHINA TOBACCO INDUSTRIAL CO., LTD
42	广汽丰田汽车有限公司	GAC TOYOTA MOTOR CO.,LTD
43	广东大鹏液化天然气有限公司	GUANGDONG DAPENG LNG CO., LTD
44	广铝集团有限公司	GALUMINIUM GROUP CO.,LTD
45	广州JFE钢板有限公司	GUANGZHOU JFE STEEL PLATE CO., LTD.
46	佛山恒益发电有限公司	FOSHAN EVER PROFIT POWER GENERATION CO., LTD
47	湛江中粤能源有限公司	ZHANJIANG ZHONGYUE ENERGY CO., LTD
48	广东宝丽华电力有限公司	GUANGDONG BAOLIHUA ELECTRIC POWER CO.,LTD.
49	珠海粤裕丰钢铁有限公司	ZHUHAI YUEYUFENG IRON &STEEL CO.,LTD
50	东莞时力科技电子厂	SAE MAGNETICS(HONG KONG) LIMITED - CHANGAN PLANT

主要统计指标解释

工业 指从事自然资源的开采，对采掘品和农产品进行加工和再加工的物质生产部门。具体包括：(1)对自然资源的开采，如采矿、晒盐、森林采伐等（但不包括禽兽捕猎和水产捕捞）；(2)对农副产品的加工、再加工，如粮油加工、食品加工、轧花、缫丝、纺织、制革等；(3)对采掘品的加工、再加工，如炼铁、炼钢、化工生产、石油加工、机器制造、木材加工等，以及电力、自来水、煤气的生产和供应等；(4)对工业品的修理、翻新，如机器设备的修理、交通运输工具（包括小卧车）的修理等。

1984年以前农村的村及村以下办工业归属农业，1984年以后划归工业。

工业统计调查单位 工业统计调查单位分为两类：独立核算法人工业企业和工业生产活动单位。

(1)独立核算法人工业企业 是指从事工业生产经营活动的单位。独立核算法人工业企业应同时具备以下条件：①依法成立，有自己的名称、组织机构和场所，能够承担民事责任；②独立拥有和使用资产，承担负债，有权与其他单位签订合同；③独立核算盈亏，并能够编制资产负债表。

(2)工业生产活动单位 是指在一个场所从事一种或主要从事一种工业生产活动的经济单位。它包括独立核算工业企业按主营业务活动(即工业生产活动)划分的主营业务活动单位和非工业企业所属的工业生产活动单位（即原非独立核算工业生产单位）。工业生产活动单位，一般应同时具备以下三个条件：①具有一个场所，从事一种或主要从事一种工业活动；②单独组织工业生产、经营或业务活动；③单独核算收入和支出。

轻工业 指主要提供生活消费品和制作手工工具的工业。按其所使用的原料不同，可分为两大类：(1)以农产品为原料的轻工业，是指直接或间接以农产品为基本原料的轻工业。主要包括食品制造、饮料制造、烟草加工、纺织、缝纫、皮革和毛皮制作、造纸以及印刷等工业；(2)以非农产品为原料的轻工业，是指以工业品为原料的轻工业。主要包括文教体育用品、化学药品制造、合成纤维制造、日用化学制品、日用玻璃制品、日用金属制品、手工工具制造、医疗器械制造、文化和办公用机械制造等工业。

重工业 是指为国民经济各部门提供物质技术基础的主要生产资料的工业。按其生产性质和产品用途，可分为下列三类：(1)采掘（伐）工业，是指对自然资源的开采，包括石油开采、煤炭开采、金属矿开采、非金属矿开采和木材采伐等工业；(2)原材料工业，指向国民经济各部门提供基本材料、动力和燃料的工业。包括金属冶炼及加工、炼焦及焦炭化学、化工原料、水泥、人造板以及电力、石油和煤炭加工等工业；(3)加工工业，是指对工业原材料进行再加工制造的工业。包括装备国民经济各部门的机械设备制造工业、金属结构、水泥制品等工业，以及为农业提供的生产资料如化肥、农药等工业。

根据上述划分原则，修理业中以重工业产品为修理作业对象的划为重工业，反之划为轻工业。

工业总产值 是以货币表现的工业企业在一定时期内生产的已出售或可供出售工业产品总量，它反映一定时间内工业生产的总规模和总水平。它包括：在本企业内不再进行加工，经检验、包装入库（规定不需包装的产品除外）的成品价值，对外加工费收入，自制半成品、在产品期末期初差额价值。工业总产值采用“工厂法”计算，即以工业企业作为一个整体，按企业工业生产活动的最终成果来计算，企业内部不允许重复计算，不能把企业内部各个车间（分厂）生产的成果相加。但在企业之间、行业之间、地区之间存在着重复计算。

轻重工业总产值的划分也是按“工厂法”计算的，即一个工业企业在正常情况下生产的主要产品的性质属于轻工业，则该企业的全部总产值作为轻工业总产值；一个工业企业生产的主要产品的性质属于重工业，则该企业的全部总产值作为重工业总产值。

工业销售产值（当年价格） 是以货币形式表现的，工业企业在本年内销售的本企业生产的工业产品或提供工业性劳务价值的总价值量。工业销售产值包括的内容为：

1. 销售成品价值：指企业在报告期内实际销售（包括本期生产和非本期生产）的全部成品、半成品的总价值，即按报告期产品的实际销售数量乘以不含增值税（销项税额）的产品实际销售平均单价计算。销售成品价值中包括企业生产的自制设备及提供给本企业在建工程、其他非工业部门和生活福利部门等单位使用的成品价值，但不包括用订货者来料加工，并且只收取加工费的成品（半成品）价值。

2. 对外加工费收入：指企业在报告期内完成的对外承接的工业品加工（包括用定货者来料加工的产品）的加工费收入；对外工业品修理作业可收取的加工费收入和对内非工业部门提供的加工修理、设备安装等收入。对外加工费收入按不含增值税（销项税额）的价格计算。

对于以对外加工生产为主，对外加工费收入所占比重较大的企业，如果对外加工费收入出现跨年度支付的情况，为保证总产值生产口径计算的准确性，则应将对外加工费收入按实际情况调整，记录本年应实际收取的对外加工费收入。

出口交货值 指工业企业交给外贸部门或自营（委托）出口（包括销往香港、澳门、台湾），用外汇价格结算的产品价值，以及外商来样、来料加工、来件装配和补偿贸易等生产的产品价值。在计算出口交货值时，要把外汇价格按交易时的汇率折成人民币计算。

工业增加值 是指工业行业在报告期内以货币表现的工业生产活动的最终成果，是企业全部生产活动的总成果扣除了在生产过程中消耗或转移的物质产品和劳务价值后的余额，是企业生产过程中新增加的价值。

计算工业增加值通常采用两种方法。

一是“生产法”，即从工业生产过程中产品和劳务价值形成的角度入手，剔除生产环节中间投入的价值，从而得到新增价值的方法。公式为：

工业增加值＝工业总产值－工业中间投入＋本期应交增值税

二是“收入法”，即从工业生产过程中创造的原始收入初次分配的角度，对工业生产活动最终成果进行核算的一种方法，其计算公式为：

工业增加值＝固定资产折旧＋劳动者报酬＋生产税净额＋营业盈余

流动资产 指企业可以在一年内或者超过一年的一个生产周期内变现或者耗用的资产，包括现金及各种存款、短期投资，应收及预付款项、存货等。根据会计“资产负债表”中“流动资产合计”项的期末数填列。

应收账款 指企业因销售商品、产品、提供劳务等，应向购货单位或接受劳务单位收取款项。该指标根据会计“资产负债表”中“应收账款”项的年末数填报。

存货 指企业在生产经营过程中为销售或耗用而储备的各种资产，包括原材料、周转材料、包装物、低值易耗品、在产品、自制半成品、产成品等。

产成品 指企业报告期末已经加工生产并完成全部生产过程，可以对外销售的制成产品。

固定资产 指企业使用期限超过一年的房屋、建筑物、机器、机械、运输工具以及其他与生产、经营有关的设备、器具、工具等。不属于生产经营主要设备的物品，单位价值在2000元以上，并且使用年限超过2年的，也应当作为固定资产。

固定资产原价 指企业在建造、购置、安装、改建、扩建、技术改造某项固定资产时所支出的全部货币总额。

固定资产折旧 指对固定资产由于磨损和损耗而转移到产品中去的那一部分价值的补偿。一般根据固定资产原价(选用双倍余额递减法计提折旧的企业，为固定资产帐面净值)和确定的折旧率计算。“累计折旧”：指企业在报告期末提取的历年固定资产折旧累计数。

固定资产净值 固定资产净值指固定资产原价减去累计折旧后的净额。

资产总计 指企业拥有或控制的能以货币计量的经济资源，包括各种财产、债权和其他权利。资产按其流动性(即资产的变现能力和支付能力)划分为：流动资产、长期投资、固定资产、无形资产、递延资产和其他资产。

无形资产 指企业长期使用而没有实物形态的资产。包括专利权、非专利技术、商标权、著作权、土地使用权、商誉等。

负债合计 指企业所承担的能以货币计量，将以资产或劳务偿付的债务，偿还形式包括货币、资产或提供劳务。负债一般按偿还期长短分为流动负债和长期负债。

流动负债合计 指企业在一年内或超过一年的一个营业周期内需要偿还的债务，包括短期借款、应付票据、应付帐款、预收帐款、应付工资、应交税金、应付利润、预提费用等。

长期负债合计 指企业偿还期在一年以上或者超过一年的一个营业周期以上的债务，包括长期借款、长期应付款、应付债券等。

所有者权益合计 指企业投资人对企业净资产的所有权。企业净资产为企业全部资产与企业全部负债的差额，包括实收资本、资本公积、盈余公积、未分配利润等。

实收资本 指企业投资者实际投入的资本(或股本)，包括货币、实物、无形资产等各种形式的投入。实收资本按投资主体可分为国家资本、集体资本、法人资本、个人资本、港澳台资本和外商资本。

国家资本 指有权代表国家投资的政府部门或机构、直属事业单位对企业形成的资本金。

集体资本 指由本企业职工等自然人集体投资或各种机构对企业进行扶持形成的集体性质的资本金。

法人资本 指法人以其依法可支配的资产投入企业形成的资本金。

个人资本 指自然人实际投入企业的资本金。

港澳台资本 指我国香港、澳门和台湾地区投资者实际投入企业的资本金。

外商资本 指外国投资者实际投入企业的资本金。

营业收入 是指企业在销售产品（商品）或提供劳务等经营业务中实现的收入。一般可分为主营业务收入（或基本业务收入）和其他业务收入（或附营业务收入）两部分。

主营业务收入 是企业销售产品的销售收入和提供劳务等经营业务取得的业务收入。

主营业务税金及附加 是指企业销售产品和提供劳务等主要经营业务应负担的城市维护建设税、消费税、资源税和教育费附加。

主营业务成本 是指企业销售产品和提供劳务等主要经济业务的实际成本。

主营业务利润 指企业销售产品和提供工业性劳务等主要经营业务收入扣除其成本、费用、税金后的利润。

营业费用 指企业在销售商品过程中发生的各项费用以及为销售本企业商品而专设的销售机构（含销售网点、售后服务网点等）的经营费用。包括运输费、装卸费、包装费、保险费、广告费、业务费、差旅费、招待费、社保费等。

管理费用 指企业为组织和管理企业生产经营所发生的管理费用，包括企业的董事会和行政管理部门在企业经营管理中发生的，或者应当由企业统一负担的各项管理费用。包括行政管理部门职工工资、福利费、差旅费、办公费、会议费、印刷费、水电费、社保肥、招待费、技术转让费等。

财务费用 指企业为筹集生产经营所需资金而发生的费用，包括企业生产经营期间发生的利息支出（减利息收入）、汇兑损失（减汇兑收益）以及相关的手续费等。

营业利润 指企业从事生产经营活动所产生的利润，即主营业务利润加其他业务利润扣除管理费用、财务费用后的净额。

利润总额 指企业在生产经营过程中各种收入扣除各种耗费后的盈余，反映企业在报告期内实现的亏盈总额，包括营业利润、补贴收入、投资净收益和营业外收支净额。

本年应交增值税 指企业按税法规定，从事货物销售或提供加工、修理修配劳务等增加货物价值的活动本期应交纳的税金。计算公式为：

本年应交增值税=销项税额－（进项税额－进项税额转出）－出口抵减内销产品应纳税额
－减免税款+出口退税

本年进项税额：指工业企业在报告期内购入货物或接受应税劳务而支付的、准予从销项税额中抵扣的增值税额。

本年销项税额：指工业企业在报告期内销售货物或提供应税劳务应收取的增值税额。

利税总额 指企业利润总额、产品销售税金及附加和应交增值税之和。

工业经济效益综合指数 是指现行综合评价工业经济效益总体水平及工业经济运行质量的指数。它是用工业产品销售率、总资产贡献率、资本保值增值率、资产负债率、流动资金周转率、成本费用利润率、全员劳动生产率等七项代表性经济效益指标，分别除以各项指标的标准值，再乘以各自的权数，加总后除以总权数求得。其计算公式为：

$$工业经济效益综合指数=\sum(\frac{某项经济效益指标报告期数值}{该项指标标准值}\times 权数)\div 总权数$$

上式总权数为100。

总资产贡献率 是指企业一定时期内全部资产获利能力，是企业经营业绩和管理水平的集中体现，是评价和考核企业盈利能力的核心指标。计算公式为：

$$总资产贡献率（\%）=\frac{利润总额+税金总额+利息支出}{平均资产总额}\times 100\%$$

税金总额为产品销售税金及附加与应交增值税之和，平均资产总额为期初、期末资产总计的算术平均值 。

资本保值增值率 是反映企业净资产变动状况的一个重要指标，是企业发展能力的集中体现。它是指期末所有者权益总额与上年同期期末所有者权益总额的比率。计算公式为：

$$资本保值增值率（\%）=\frac{报告期期末所有者权益}{上年同期期末所有者权益}\times 100\%$$

所有者权益等于资产总计减负债总计。

资产负债率 是指反映企业经营风险的大小，反映企业利用债权人提供的资金从事经营活动的能力。计算公式为：

$$资产负债率（\%）=\frac{负债总计}{资产总计}\times 100\%$$

资产及负债均为报告期末数。

流动资金周转率 是指一定时期内流动资产完成的周转次数，反映投入工业企业流动资金的周转速度，一般以一年时间内周转多少次表示。计算公式为：

$$流动资产周转率（次）=\frac{主营业务收入}{流动资产平均余额}$$

成本费用利润率 是指工业企业投入生产成本及费用的经济效益，同时也反映企业降低成本所取得的经济效益。计算公式为：

$$成本费用利润率（\%）=\frac{利润总额}{成本费用总额}\times 100\%$$

成本费用总额为主营业务成本和营业费用、管理费用、财务费用三项期间费用。

全员劳动生产率 是指反映企业的生产效率和劳动投入的经济效益。一般用平均每人一年创造的工业增加值表示。计算公式为：

$$全员劳动生产率（元/人）=\frac{工业增加值}{全部职工平均人数}\times 100\%$$

全部职工平均人数为企业在报告期内全部从业人员的平均人数，计算公式为：

$$全部从业人员年平均人数=\frac{1至12月各月全部从业人员平均人数之和}{12}$$

或：

$$全部从业人员年平均人数=\frac{1至12月各月月初、月末全部从业人员之和}{24}$$

工业产品销售率 是指反映工业产品已实现销售的程度，是分析工业产销衔接情况、研究工业产品满足社会需求的指标。计算公式为：

$$产品销售率（\%）=\frac{现价工业销售产值}{现价工业总产值}\times 100\%$$

Explanatory Notes on Main Statistical Indicators

Industry refers to the material production sector which is engaged in extraction of natural resources and processing and reprocessing of minerals and agricultural products, including (1) extraction of natural resources, such as mining, salt production, and logging (but excluding hunting and fishing); (2) processing and reprocessing of farm and sideline produces, such as rice husking, flour milling, wine making, oil pressing, cotton ginning, silk reeling, spinning and weaving, and leather making; (3) manufacture of industrial products, such as steel making, iron smelting, chemicals manufacturing, petroleum processing, machine building, timber processing; and production and supply of electricity, water and gas; (4) repair and renovation of industrial products, such as the repair of machinery and means of transport (including cars).

Prior to 1984, industrial enterprises run by villages and cooperative organizations under village were classified into agriculture. Since 1984, these enterprises have been grouped into industry.

Units of Industrial Statistics Survey These are classified into two categories: corporate industrial enterprises with independent accounting system and industrial establishments.

(1) Corporate industrial enterprises with independent accounting system refer to enterprises engaging in industrial production activities which simultaneously meet the following requirements: ①They are established legally, having their own names, organizations, location, able to take civil liability; ②They possess and use their assets independently, assume liabilities, and are entitled to sign contracts with other units; ③They are financially independent and compile their own balance sheets.

(2) Industrial establishments refer to economic units located in one single place and engaged entirely or primarily in one kind of industrial production activity, including units engaged in main business activities (industrial production activities) under industrial enterprises with independent accounting system and units engaged in industrial production activities under non-industrial enterprises (formerly industrial establishments with dependent accounting system). Industrial establishments generally meet the following requirements simultaneously: ① They have each one location and are engaged entirely or primarily in one kind of industrial activity each; ② They operate and manage their industrial production activities separately; ③ They have accounts of income and expenditure separately.

Light Industry refers to the industry that produces consumer goods and hand tools. It consists of two categories, depending on the materials used:

(1) Industries using farm products as raw materials. These are branches of light industry which directly or indirectly use farm products as basic raw materials, including the manufacture of food and beverages, tobacco processing, textile, clothing, fur and leather manufacturing, paper making, printing, etc.

(2) Industries using non-farm products as raw materials. These are branches of light industry which use manufactured goods as raw materials, including the manufacture of cultural, educational and sports articles, chemicals, synthetic fiber, chemical products for daily use, glass products for daily use, metal products for daily use, hand tools, medical apparatus and instruments, and the manufacture of cultural and clerical machinery.

Heavy Industry refers to the industry which produces capital goods and provides various sectors of the national economy with necessary material and technical basis. It consists of the following three branches according to the purpose of production or the use of products:

(1) Mining, quarrying and logging industry refers to the industry that extracts natural resources, including extraction of petroleum, coal, metal and non-metal ores, and logging.

(2) Raw materials industry refers to the industry that provides various sectors of the national economy with raw materials, fuels and power. It includes smelting and processing of metals, coking and coke chemistry, chemical

materials and building materials such as cement, plywood, and power, petroleum refining and coal dressing.

(3) Manufacturing industry refers to the industry that processes raw materials. It includes machine-building industry which equips sectors of the national economy, industries of metal structure and cement products, industries producing means of agricultural production, such as chemical fertilizers and pesticides.

According to the above principle of classification, repairing trades engaged primarily in repairing products of heavy industry are classified into heavy industry, while those engaged in repairing products of light industry are classified into light industry.

Gross Industrial Output Value refers to the total volume of industrial products sold or available for sale in monetary terms during a given period, which reflects the total achievements and overall scale of industrial production during a given period. It includes the value of the finished products in the enterprises, which are not to be further processed and have been inspected, packed and put in storage (where applicable), the income from external processing and the value gain of semi-finished products at the end of the reference period over the beginning. The gross industrial output value is calculated by the factory approach, i.e. the whole industrial enterprise is regarded as the basic accounting unit in calculating the gross industrial output value. No double calculations are to be made within the same enterprise and the output value of different workshops (branch factories) should not be added. However, this approach does not exclude the possibility of double calculations between enterprises, sectors and regions.

Output value of light and heavy industries is also classified by the factory approach. Under normal conditions, if the major products of an industrial enterprise belong to light industry products, the gross output value of that enterprise is classified wholly into light industry; the same principle applies to heavy industry.

Sales Value of Industry (Current Price) refers to refers to the total value of industrial products sold or industrial services provided in monetary terms within the current year. It includes:

(1) Sales Value of Finished Products. Sale value of finished products refers to the total value of finished and semi-finished products sold within the reporting period (including those produced within and outside the period). It equals the actual sales volume of products sold within the reporting period timing the actual average sales price (excluding value added or sales tax). It includes the equipment made by the enterprise itself, as well as the finished products provided to the projects under construction, non-industrial departments and welfare department, and excludes the value of finished or semi-finished products of external processing with supplied materials that produces only processing charges.

(2) Income from External Processing: refers to income from contracted external processing of industrial products (including processing of industrial products using materials from the clients), and the income from industrial repairing work provided to other units. Income from external processing is calculated using information from the item "products sales income" in the enterprise accounting at the prices excluding value-added tax.

For an enterprise whose main business is external processing and the charges of external processing constitute a large proportion of its income, in case of cross-year payment, the income of external processing charges shall be adjusted and the actual income of external processing charges of the current year shall be recorded to ensure the accuracy of the coverage of gross industrial output.

Export Delivery Value refers to the value of the products that an industrial enterprises have delivered to export units or have exported on its own or per procurationem (including those sold to Hong Kong, Macaw and Taiwan), and the value of the products from processing and compensation trades(processing with given materials or samples, assembling supplied components). In calculating the export delivery value, the foreign exchanges shall be converted into yuan at current exchange rates.

Value-added of Industry refers to the final results of industrial production of industrial enterprises in monetary terms during the reference period. It equals to the total achievements of all industrial production minus the goods and services consumed or transferred during the industrial production of enterprises, in other terms the newly added value during the industrial production of enterprises. It is calculated by the following two approaches:

a) The production approach. The value added is calculated by taking the value of industrial intermediate input out of the final value of products and labor services that comes from industrial production. The formula used is:

Value-added of industry = gross industrial output—industrial intermediate input + value-added tax

b) The income approach. It is calculation of the final value of industrial activities by approaching the primary distribution of the primary income of industrial production. The formula used is:

Value-added of industry = depreciation of fixed assets + remuneration of laborers + net production tax+ operating surplus

Working Capital refers to capital that an enterprise can cash or use during one year or one production cycle that may exceed one year, including cash and savings deposits of various forms, short-term investment,money receivable and prepaid money, inventories, etc. It is recorded at the item of "Total Working Capital" of the "Balance Sheet".

Account Receivable: refers to accounts receivable from purchasers or receivers due to the delivery of goods, products or services. The index is recorded in accordance with the year-end figure of Account Receivable of the balance sheet.

Inventory: refers to various assets stored by an enterprise during production and operation for the purpose of sale or use, including raw materials, circulation materials, wrappages, low-value consumables, work-in-process, self-made semi-finished products and finished products.

Finished Products: refers to the products that have completed the entire production process at the end of the reference period and are ready or sale.

Fixed Assets: refers to houses, buildings machines, vehicles and other equipment, appliances and tools related to production and operation that have been used for more than one year. It also includes articles that are not major equipment of production or operation, but the value of which exceeds 2000 yuan and the service period of which exceeds 2 years.

Depreciation of Fixed Assets: refers to the value that has been transferred to products as a result of the depletion of fixed assets. In general, it is calculated in accordance with the original price of the fixed assets (or the book value of the fixed assets in case of calculation by the double declining balance method) and the depreciation rate. "Accumulated Depreciation" refers to the accumulated depreciation of fixed assets over the years calculated by an enterprise at the end of the reference period.

Net Value of Fixed Assets: refers to original value of fixed assets minus accumulated depreciation.

Total Assets refer to all economic resources, in monetary terms, that is owned or controlled by enterprises, including properties, creditors' equity and other economic rights of all forms. Classified by the degree of equitability, total assets include circulating assets, long-term investment, fixed assets, intangible assets and deferred assets, and other assets.

Intangible Assets refer to the assets without material form used by enterprises over a long time, including patents, non-patent technologies, trade marks, copyright, land use right and business reputation, etc.

Total Liabilities refer to payable liabilities of enterprises that have to be repaid in terms of money, assets or labor services. In terms of payment, it can be classified as liquid liabilities, long-term liabilities and deferred taxes,etc.

Total Liquid Liabilities refer to total debt payable by enterprises within an operating cycle of one year or over one year, including short-term loans, payables and advance payments, wages payable, taxes payable and profits payable, etc.

Total Long-term Liabilities refer to total debt payable by enterprises within an operation cycle of one year or over one year, including long-term loans, payable liabilities and long-term payables, etc.

Creditors' Equity refers to investors' ownership of net assets of the enterprise. It is equal to the total assets of the enterprise minus its total liabilities, including the primary input from investors, capital accumulation fund, surplus accumulation fund and undistributed profit.

Paid-in Capital refers to the capital (or share) actually invested by the investors of an enterprise, including currency, goods, intangible assets, etc. Classified by the investing bodies, paid-in capital includes state capital, collective capital, corporate capital, individual capital, Hong Kong, Macaw and Taiwan capital and foreign capital.

State Capital refers to the investment in an enterprises made by government departments or agencies under government's jurisdiction on behalf of state.

Collective Capital refers to the collective capital contributed by work staff or other institutions to support an enterprise.

Corporate Capital refers to the investment in an enterprise made by a corporate body out of its legal disposable assets.

Individual Capital refers to the capital actually invested in an enterprise by an individual.

Hong Kong, Macaw and Taiwan Capital refers to the capital actually invested in an enterprises by investors from Hong Kong, Macaw and Taiwan.

Foreign Capital refers to the capital actually invested in an enterprise by a foreign investor.

Business Revenue refers to the revenue from the sales of products (or commodities) and from rendering of industrial services by industrial enterprises. It is classified into two categories: principal business revenue (or basic business revenue) and other business revenue (or additional business revenue).

Principal Business Revenue refers to the revenue from the principal business, including the sales of products and from rendering of industrial services by industrial enterprises.

Principal Business Cost refers to the actual cost of products sold and industrial services provided by industrial enterprises.

Tax and Extra Charges on Principal Business refer to the tax on city maintenance and construction, consumption tax, resources tax and extra charges for education, which should be borne by the enterprises in selling products and providing industrial services.

Principal Business Profits refer to the main business revenue of the enterprises from the sales of products and from rendering of industrial services minus cost, charges, and taxes.

Business Cost refers to the costs from sales of commodities and the operational costs of sales agencies (including sales stores and service centers, etc.), including the costs of transport, loading, packaging, advertising, business operation, travelling, reception, social security, etc..

Management Cost refers to the costs of organizing and managing enterprise operation, including the operational cost of the board of directors and the executive body in management that shall be borne by the enterprise. Management costs include staff wages, welfare, the costs of administration, meeting, printing, water and electricity, social security, reception, technology transfer, etc.

Financial Cost refers to the cost from raising fund for production and operation, including expenditure of interests, loss of momentary exchange and related charges.

Business Profits refers to the profits from production and operation. It equals to principal business profits plus other business profits minus management costs and financial costs.

Total Profits refer to the profits gained by the enterprises.

Value-added Tax Payable refers to the amount of the value-added tax which should be paid by the enterprises according to tax laws during the reference period of selling goods or providing such services as processing, repairing or assembling that add value to goods. The formula used is:

Value-added Tax Payable=Output Tax－(Input Tax－Input Tax Returns)

－Export Deduct Domestic Sales Goods Tax－Tax Deduction+ Export Tax Refund

Amount of Input Tax at Current Year refers to the VAT an industrial enterprise pays for purchasing goods or receiving taxable services within the reference period, which is allowed to be deducted from the amount of output tax.

Amount of Output Tax at Current Year refers to the VAT an industrial enterprise pays for selling goods or providing taxable services within the reference period.

Total Pre-Tax Profits refers to the sum of total profits, sales tax as well as additional and payable value-added taxes.

Comprehensive Index on Economic Benefit of Industry refers to the current comprehensive evaluation of the general level of economic benefit of industry and the performance of industrial economy. It is calculated by a selection of representative indicators on economic benefit divided by the standard value of each indicator respectively, multiplied by the weight of each indicator, summed and divided by total weight. The formula used is:

$$\text{Comprehensive Index on Economic Benefit of Industry} = \left(\frac{\text{Value of an Indicator on Economic Benefit in the Reference Period}}{\text{Standard Value of the Indicator}} \times \text{Weight}\right) \div \text{Total Weight where Total Weight} = 100$$

Ratio of Total Assets to Industrial Output Value refers to the profit-making capability of all assets of the enterprise. As a core indicator for the evaluation and assessment of the profit-making potential of the enterprise, it is a focused reflection of the performance and management efficiency of the enterprise. This ratio is calculated as follows:

$$\text{Ratio of Total Assets to Industrial Output Value (\%)} = \left(\frac{\text{Total Profits + Total Taxes + Interest Expenditure}}{\text{Average Assets}}\right) \times 100\% \times \left(\frac{12}{\text{cumulative number of months}}\right)$$

where Total Taxes are the sum of tax and extra charges on the sales of products and value-added tax payable; and Average Assets are the arithmetic mean of beginning assets and ending assets.

Ratio of Capital Maintenance and Appreciation is an important indicator of the changes of net assets of an enterprise and a focused reflection of the development capability of enterprises. It is the ratio of total creditors' equity at the end of the reference period to that of the same period of the previous year, calculated as follows:

$$\text{Ratio of Capital Maintenance and Appreciation (\%)} = \left(\frac{\text{Total Creditors' Equity at the End of the Reference Period}}{\text{Total Creditors' Equity of the Same Period of the Previous Year}}\right) \times 100\%$$

where Creditors' equity is equal to the total assets of the enterprise minus its total liabilities.

Assets-Liability Ratio reflects both the operation risk and the capability of the enterprise in making use of the capital from the creditors. It is calculated as follows:

$$\text{Assets-Liability Ratio(\%)} = \left(\frac{\text{Total Debts}}{\text{Total Assets}}\right) \times 100\%$$

where both assets and debts are figures at the end of the reference period.

Number of Times of Turnover of Circulating Funds refers to the number of times in which turnover of circulating funds is completed in a given period of time, which reflects the speed of the turnover of circulating funds. It is expressed as times of turnover within a year and is calculated as follows:

$$\text{Number of Times of Turnover of Circulating Funds} = \left(\frac{\text{Sales Revenue of Products}}{\text{Average Balance of Total Number of Times of Turnover of Circulating Funds}}\right) \times \left(\frac{12\%}{\text{Cumulative Number of Months}}\right)$$

Ratio of Profits to Industrial Costs refers to the ratio of profits realized in a given period to the total production costs of industrial enterprises in the same period, which also reflects the economic benefit attained by the enterprises from reduced costs. This ratio is calculated as follows:

$$\text{Ratio of Profits to Industrial Costs (\%)} = \left(\frac{\text{Total Profits}}{\text{Total Costs}}\right) \times 100\%$$

where Total costs are the sum of cost of products sold, marketing cost, management cost and financial cost.

Value-added Labor Productivity reflects the production efficiency of the enterprise and economic benefit of its labor input. It is usually expressed as the industrial value-added created by an average member of an industrial enterprise in a year. The formula used is:

$$\text{Value-added Labor Productivity (yuan/person)} = \left(\frac{\text{Value-added of Industry}}{\text{Average Number of Staff and Workers}}\right) \times \left(\frac{12}{\text{Cumulative Number of Months}}\right)$$

Average Number of Staff and Workers refers to the average number of all employed persons by an industrial enterprise within the reference period. The formula used is:

$$\text{Average Number of Staff and Workers} = \frac{\text{Sum of Average Monthly Numbers from January to December}}{12}$$

Or

$$\text{Average Number of Staff and Workers} = \frac{\text{Sum of Average Numbers at the Beginning and End of Each Month from January to December}}{24}$$

Proportion of Products Sold refers to the sales of industrial products to the gross industrial output value, and is used to analyze the linkage between production and sales and the extent to which the needs of the society are met by the supply of industrial products. It is calculated as follows:

$$\text{Proportion of Products Sold (\%)} = \left(\frac{\text{Value of Industrial Sales at Current Prices}}{\text{Gross Industrial Output Value at Current Prices}}\right) \times 100\%$$

十三、建筑业

CONSTRUCTION

十三　建筑业

简要说明

一、本篇资料反映广东省建筑业发展的基本情况。主要内容包括全省和各市建筑业企业生产经营的情况，主要指标有企业个数、从业人员数、建筑业总产值、房屋建筑面积、建筑业企业房屋建筑施工新开工面积、利润总额、利税总额等。

二、本篇资料由广东省统计局固定资产投资统计处整理提供。

三、本篇资料是根据国家统计局制定的《建筑业统计报表制度》整理汇总的。统计范围包括：广东境内具有法人资格的独立核算建筑业企业和辖区内建筑业法人所属的产业活动单位。

四、从2004年开始，统计范围为具有建筑业资质的独立核算建筑业企业。

13 Construction

Brief Introduction

Ⅰ. The data in this chapter show the development of the construction industry in Guangdong Province. They cover mainly the statistics of production and management of the enterprises of construction of the whole province and its cities, including the number of enterprises, the number of employed persons, gross output value of construction, floor space of buildings, value-added of construction, total profits and total pre-tax profits, etc.

Ⅱ. The data in this chapter are prepared and provided by the Division of Investment and Construction Statistics of Statistics Bureau of Guangdong Province.

Ⅲ. The data in this chapter are collected in accordance with the Reporting Scheme of Construction Statistics stipulated by the National Bureau of Statistics. The coverage of construction statistics includes construction enterprises with legal person qualifications and independent accounting system and industrial establishments affiliated with corporate construction enterprises under the jurisdiction of Guangdong Province.

Ⅳ. The data since 2004 include all construction enterprises with construction qualifications and independent accounting system.

13-1 建筑业企业生产情况

Production Conditions of Construction Enterprises

项目	Item	2012 合计 Total of 2012	2012 #国有及国有控股企业 State-owned and State-holding	2013 合计 Total of 2013	2013 #国有及国有控股企业 State-owned and State-holding
企业个数 (个)	**Number of Construction Enterprises (unit)**	**4637**	**527**	**4977**	**520**
建筑业合同情况	**Contracts of Construction**				
签订的合同额 (亿元)	Value of Contracts Signed (100 million yuan)	**16088.31**	**8106.38**	**17913.75**	**9415.51**
上年结转合同额(亿元)	Value of Contracts Carried-over from the Previous Year (100 million yuan)	7657.96	3720.85	7853.53	4564.30
本年新签合同额(亿元)	Value of Newly-signed Contracts in Current Year (100 million yuan)	8430.37	4385.56	10060.22	4851.21
承包工程完成情况	**Contracted Projects Completed**				
直接从建设单位承揽工程完成产值 (亿元)	Completed Output Value of Contracted Projects Directly from Construction Units (100 million yuan)	**6838.34**	**3034.34**	**8247.12**	**3552.67**
自行完成施工产值 (亿元)	Output Value of Self-completed Projects (100 million yuan)	6274.90	2569.92	7549.18	3074.53
分包出去工程的产值 (亿元)	Output Value of Outsourcing Projects (100 million yuan)	613.22	474.63	697.93	478.14
从建设单位以外承揽工程完成产值 (亿元)	Completed Output Value of Contracted Projects outside Construction Units (100 million yuan)	289.47	101.73	314.62	140.33
建筑业总产值 (亿元)	**Gross Output Value of Construction (100 million yuan)**	**6564.37**	**2671.65**	**7927.13**	**3218.10**
#装饰装修产值 (亿元)	Output Value of Decoration Projects (100 million yuan)	1069.65	167.72	1251.52	192.59
在外省完成的产值 (亿元)	Output Value Completed in Other Provinces (100 million yuan)	1610.22	802.74	2054.84	1151.52
建筑工程产值 (亿元)	Output Value of Construction Projects (100 million yuan)	5735.27	2470.31	6905.13	2950.05
安装工程产值 (亿元)	Output Value of Installation Projects (100 million yuan)	635.79	149.94	804.22	206.46
其他产值 (亿元)	Other Output Values (100 million yuan)	193.31	51.40	217.77	61.59
竣工产值 (亿元)	**Output Value Completed (100 million yuan)**	**3537.64**	**1238.60**	**4044.70**	**1434.24**
房屋建筑施工面积 (万平方米)	**Floor Space of Buildings under Construction (10000 sq.m)**	**42431.74**	**17833.69**	**52397.21**	**25608.26**
#新开工面积 (万平方米)	Floor Space of Newly-started Buildings (10000 sq.m)	16118.27	6085.22	21604.60	9206.59
#实行投标承包面积 (万平方米)	Floor Space of Contracted Projects through Bidding (10000 sq.m)	25523.38	14027.62	30375.73	17895.81
#新开工面积 (万平方米)	Floor Space of Newly-started Buildings (10000 sq.m)	10471.26	5097.09	13495.93	6927.74
劳动人员情况	**Labor Force**				
从事主营业务活动的从业人员平均人数 (万人)	Average Number of Employed Persons in the main business activities (10000 persons)	**187.65**	**59.79**	**218.68**	**69.76**
期末从业人数 (万人)	Number of Employed Persons at the Year-end (10000 persons)	**198.31**	**55.26**	**204.79**	**62.76**
#工程技术人员 (万人)	Number of Engineering Technical Personnel (10000 persons)	25.79	6.78	30.17	7.79

13-2 建筑业企业主要指标

Main Indicators on Construction Enterprises

年份 Year	建筑业企业单位数(个) Number of Construction Enterprises (unit)	建筑业企业总产值(亿元) Gross Output Value of Construction Enterprises (100 million yuan)	建筑业企业增加值(亿元) Value-added of Construction Enterprises (100 million yuan)	建筑业企业利税总额(亿元) Total Pre-tax Profits of Construction Enterprises (100 million yuan)	建筑业企业从业人员(万人) Number of Employed Persons of Construction Enterprises (10000 persons)
1978	178	5.47		0.20	14.78
1979	188	6.32		0.23	16.27
1980	204	8.88		0.32	19.45
1981	224	13.44		0.49	24.29
1982	246	19.66		0.72	29.94
1983	269	24.51		0.90	36.23
1984	357	36.83		1.31	47.12
1985	462	50.45		1.54	54.47
1986	448	57.14		1.28	58.24
1987	492	65.96		1.56	59.08
1988	596	86.74		2.74	66.56
1989	646	125.65		3.62	71.88
1990	686	113.40		3.12	67.22
1991	705	137.30		4.33	67.71
1992	910	216.56		9.65	84.80
1993	1766	459.95		23.03	144.12
1994	1587	535.75		31.29	150.05
1995	1618	635.83		39.47	135.56
1996	2031	632.16	182.74	35.74	146.56
1997	2399	732.97	170.13	38.26	143.89
1998	2961	800.00	176.70	43.11	142.82
1999	3283	954.44	199.50	53.06	144.78
2000	4593	944.61	205.89	58.24	141.46
2001	3699	1179.03	266.00	84.51	147.07
2002	4019	1418.41	363.65	88.95	150.12
2003	4488	1702.87	364.20	127.48	161.48
2004	4166	1901.86	794.88	143.75	152.10
2005	4182	2200.58	855.87	164.38	166.78
2006	4172	2594.04	930.40	191.62	169.33
2007	4326	3005.32	1029.08	256.59	179.13
2008	4601	3282.55	1197.41	289.23	172.54
2009	4508	3826.83	1324.14	329.00	179.34
2010	4551	4742.09	1551.81	393.87	196.32
2011	4589	5804.21	1797.78	470.75	190.28
2012	4637	6564.37	1888.10	517.82	198.31
2013	4977	7927.13	2001.23	753.70	204.79

13-3 各市建筑业企业个数

Number of Construction Enterprises by City

单位：个 (unit)

市别	City	2000	2005	2007	2008	2009	2010	2011	2012	2013
全省总计	**Provincial Total**	**4593**	**4182**	**4326**	**4601**	**4508**	**4551**	**4589**	**4637**	**4977**
广州	Guangzhou	757	764	755	801	804	779	781	786	882
深圳	Shenzhen	447	604	746	812	801	808	814	822	898
珠海	Zhuhai	143	165	163	156	161	144	151	170	309
汕头	Shantou	271	199	193	218	209	212	197	191	186
佛山	Foshan	248	502	464	508	496	497	452	443	424
#顺德	Shunde	70	243	227	268	252	262	234	233	224
韶关	Shaoguan	110	66	72	74	76	76	93	99	101
河源	Heyuan	117	82	86	99	94	85	103	102	104
梅州	Meizhou	154	111	120	135	130	146	149	155	153
惠州	Huizhou	241	124	119	120	115	111	118	112	121
汕尾	Shanwei	100	43	43	39	37	38	37	37	36
东莞	Dongguan	183	361	438	414	404	444	448	473	502
中山	Zhongshan	385	273	264	295	304	314	315	315	327
江门	Jiangmen	342	156	150	168	160	165	165	158	160
阳江	Yangjiang	122	91	90	95	94	95	111	123	117
湛江	Zhanjiang	238	125	96	113	106	106	108	122	128
茂名	Maoming	146	100	99	115	100	97	114	118	125
肇庆	Zhaoqing	136	122	131	127	120	119	122	101	98
清远	Qingyuan	136	74	74	74	68	80	71	69	72
潮州	Chaozhou	139	90	90	90	87	83	82	80	77
揭阳	Jieyang	121	84	90	101	96	107	114	117	112
云浮	Yunfu	57	46	43	47	46	45	44	44	45
按经济区域分	By Region									
珠三角	Pearl River Delta	2882	3071	3230	3401	3365	3381	3366	3380	3721
东翼	Eastern Region	631	416	416	448	429	440	430	425	411
西翼	Western Region	506	316	285	323	300	298	333	363	370
山区	Mountainous Region	574	379	395	429	414	432	460	469	475

13-4 各市建筑业企业总产值

Gross Output Value of Construction Enterprises by City

单位：亿元 (100 million yuan)

市 别	City	2000	2005	2007	2008	2009	2010	2011	2012	2013
全省总计	**Provincial Total**	**944.61**	**2200.58**	**3005.32**	**3282.55**	**3826.83**	**4742.09**	**5804.21**	**6564.37**	**7927.13**
广 州	Guangzhou	256.13	633.99	753.16	879.04	1023.66	1296.19	1578.38	1763.21	2216.18
深 圳	Shenzhen	153.02	545.62	857.64	923.35	1184.47	1460.99	1858.96	2103.05	2422.26
珠 海	Zhuhai	33.11	52.48	67.71	83.58	80.70	100.81	121.64	184.47	291.45
汕 头	Shantou	80.67	127.78	159.78	173.33	188.66	219.12	252.49	292.37	361.31
佛 山	Foshan	73.08	154.68	209.77	254.55	262.38	315.42	350.60	338.54	403.17
#顺 德	Shunde	30.62	59.42	88.12	107.55	115.31	159.18	145.50	135.57	173.42
韶 关	Shaoguan	24.14	29.25	48.98	57.11	69.28	102.76	130.15	166.07	213.94
河 源	Heyuan	5.74	17.01	23.49	18.40	18.26	20.68	30.88	33.90	39.37
梅 州	Meizhou	15.14	54.81	76.81	96.02	100.91	125.91	158.32	169.66	185.37
惠 州	Huizhou	20.35	46.94	54.23	51.89	52.87	69.83	86.93	93.74	103.28
汕 尾	Shanwei	5.49	6.95	15.25	9.58	12.20	15.44	15.08	11.54	9.64
东 莞	Dongguan	40.45	84.35	112.94	108.94	99.40	122.06	131.71	157.57	187.90
中 山	Zhongshan	26.20	73.41	87.08	97.19	118.10	133.70	141.81	160.08	160.84
江 门	Jiangmen	47.18	56.06	66.37	73.66	90.29	119.18	171.60	173.33	203.59
阳 江	Yangjiang	18.80	32.97	42.62	47.61	53.35	66.18	72.41	81.60	115.08
湛 江	Zhanjiang	45.61	75.96	109.21	123.34	146.67	168.08	203.88	248.75	334.52
茂 名	Maoming	39.05	92.14	141.73	93.79	104.75	134.67	185.74	271.70	325.38
肇 庆	Zhaoqing	15.40	39.99	63.51	65.76	78.58	99.40	101.04	103.71	108.58
清 远	Qingyuan	11.49	20.19	39.52	37.31	39.97	52.78	66.70	64.83	73.35
潮 州	Chaozhou	12.71	18.99	19.24	23.56	23.99	25.98	30.61	30.75	34.70
揭 阳	Jieyang	12.24	21.78	39.31	51.74	61.18	75.06	92.89	91.36	107.11
云 浮	Yunfu	8.61	15.20	16.95	12.78	17.16	17.85	22.40	24.13	30.10
按经济区域分	By Region									
珠三角	Pearl River Delta	664.92	1687.53	2272.42	2537.97	2990.45	3717.58	4542.68	5077.70	6097.24
东 翼	Eastern Region	111.11	175.50	233.58	258.21	286.03	335.60	391.07	426.03	512.76
西 翼	Western Region	103.46	201.08	293.56	264.74	304.77	368.93	462.03	602.04	774.99
山 区	Mountainous Region	65.12	136.47	205.75	221.62	245.58	319.98	408.44	458.59	542.14

13-5 各市建筑业企业利税总额

Total Pre-tax Profits of Construction Enterprises by City

单位：亿元 (100 million yuan)

市别	City	2000	2005	2007	2008	2009	2010	2011	2012	2013
全省总计	**Provincial Total**	**58.24**	**164.38**	**256.59**	**289.23**	**329.00**	**393.87**	**470.75**	**517.82**	**653.70**
广州	Guangzhou	15.17	45.42	69.52	85.98	93.25	118.16	123.81	129.12	154.74
深圳	Shenzhen	13.79	39.76	68.15	61.80	80.35	105.09	141.93	166.61	183.80
珠海	Zhuhai	1.43	4.16	5.46	8.20	7.20	7.44	9.03	12.31	20.35
汕头	Shantou	4.14	9.86	13.63	13.99	17.30	17.64	21.39	22.11	28.86
佛山	Foshan	4.70	14.31	27.34	26.16	24.95	30.47	26.19	24.65	47.72
#顺德	Shunde	2.17	5.17	17.91	12.57	13.70	17.48	14.22	11.77	20.39
韶关	Shaoguan	2.00	1.57	3.27	3.92	5.37	6.66	8.76	12.35	16.95
河源	Heyuan	0.53	1.23	2.62	2.02	1.78	2.08	2.39	3.67	5.53
梅州	Meizhou	0.81	6.47	8.86	14.87	18.13	13.70	24.70	24.71	24.68
惠州	Huizhou	1.02	3.63	4.47	3.59	4.61	4.96	6.06	5.56	7.53
汕尾	Shanwei	0.58	0.58	1.03	0.90	0.93	1.43	1.40	0.77	0.58
东莞	Dongguan	2.25	6.36	8.14	7.46	9.99	9.80	9.77	10.74	16.56
中山	Zhongshan	1.53	6.09	6.85	7.92	12.89	13.71	14.25	13.91	14.87
江门	Jiangmen	2.37	3.79	4.30	7.26	8.41	9.61	15.69	14.23	16.10
阳江	Yangjiang	1.15	3.24	5.03	6.10	5.01	6.26	6.30	7.87	10.32
湛江	Zhanjiang	1.69	3.80	7.45	10.87	10.96	10.69	12.03	14.40	16.26
茂名	Maoming	1.82	5.97	7.48	8.69	8.17	10.01	17.67	28.34	45.53
肇庆	Zhaoqing	0.77	2.55	3.80	3.99	5.08	6.32	6.71	6.23	8.45
清远	Qingyuan	0.40	1.20	2.93	5.32	3.70	6.24	5.38	5.48	5.18
潮州	Chaozhou	0.66	1.17	1.35	1.79	2.05	2.12	2.94	2.50	4.09
揭阳	Jieyang	0.73	2.09	3.53	7.46	7.23	9.48	12.16	9.69	22.43
云浮	Yunfu	0.70	1.13	1.36	0.94	1.64	1.98	2.17	2.55	3.19
按经济区域分	By Region									
珠三角	Pearl River Delta	43.03	126.06	198.04	212.35	246.73	305.57	353.45	383.36	470.12
东翼	Eastern Region	6.11	13.70	19.54	24.14	27.52	30.68	37.90	35.08	55.95
西翼	Western Region	4.66	13.01	19.97	25.67	24.14	26.96	36.00	50.62	72.11
山区	Mountainous Region	4.44	11.61	19.05	27.07	30.61	30.66	43.39	48.76	55.52

13-6 各市建筑业企业利润总额

Total Profits of Construction Enterprises by City

单位：亿元 (100 million yuan)

市别	City	2000	2005	2007	2008	2009	2010	2011	2012	2013
全省总计	**Provincial Total**	**22.73**	**70.53**	**138.87**	**145.43**	**173.42**	**205.47**	**252.73**	**283.88**	**363.20**
广州	Guangzhou	5.20	18.64	37.71	45.84	48.67	65.51	67.09	70.58	87.81
深圳	Shenzhen	7.57	15.65	37.29	23.77	38.04	50.44	73.43	92.97	101.55
珠海	Zhuhai	0.37	1.98	2.90	4.85	3.72	3.47	4.33	6.45	10.12
汕头	Shantou	1.36	3.74	6.37	6.60	8.34	8.23	9.90	9.89	14.99
佛山	Foshan	2.00	6.54	19.00	15.68	14.67	19.27	15.43	14.57	27.11
#顺德	Shunde	0.92	2.84	14.31	8.24	9.43	12.09	9.15	6.98	14.51
韶关	Shaoguan	0.23	0.43	1.21	1.77	2.52	2.95	3.84	6.04	9.15
河源	Heyuan	0.29	0.48	1.38	0.93	0.79	0.95	0.99	2.29	3.92
梅州	Meizhou	0.21	4.56	6.08	10.43	13.81	8.44	18.98	18.70	16.23
惠州	Huizhou	0.35	1.02	1.66	0.91	1.79	1.68	2.93	2.14	3.61
汕尾	Shanwei	0.22	0.18	0.19	0.22	0.38	0.56	0.57	0.30	0.17
东莞	Dongguan	1.14	3.81	4.57	3.39	6.15	5.78	4.98	5.64	9.79
中山	Zhongshan	0.78	3.63	4.37	4.57	8.88	7.46	9.04	8.54	8.86
江门	Jiangmen	0.34	1.55	1.61	4.07	4.56	4.88	8.55	7.46	8.40
阳江	Yangjiang	0.61	1.38	2.96	3.67	2.63	3.59	3.47	4.46	5.55
湛江	Zhanjiang	0.28	1.19	2.17	5.64	4.71	3.76	4.25	5.22	6.14
茂名	Maoming	0.77	2.49	3.52	4.16	3.91	4.43	9.17	15.50	23.03
肇庆	Zhaoqing	0.09	0.65	1.51	1.45	1.77	2.51	2.92	2.22	3.96
清远	Qingyuan	0.01	0.46	1.15	2.28	1.70	3.44	2.72	2.83	2.88
潮州	Chaozhou	0.28	0.49	0.62	0.76	0.80	1.12	1.82	1.38	2.52
揭阳	Jieyang	0.26	1.22	1.87	4.15	4.77	5.90	7.14	5.18	15.55
云浮	Yunfu	0.37	0.43	0.73	0.31	0.81	1.10	1.18	1.51	1.85
按经济区域分	By Region									
珠三角	Pearl River Delta	17.84	53.48	110.61	104.52	128.25	161.00	188.70	210.59	261.22
东翼	Eastern Region	2.12	5.62	9.06	11.72	14.30	15.81	19.43	16.75	33.23
西翼	Western Region	1.66	5.06	8.64	13.47	11.25	11.78	16.89	25.18	34.72
山区	Mountainous Region	1.11	6.36	10.56	15.72	19.63	16.87	27.70	31.37	34.03

13-7 各市建筑业企业房屋建筑施工面积
Floor Space of Buildings under Construction by Construction Enterprises by City

单位：万平方米 (10000 sq.m)

市别	City	2000	2005	2007	2008	2009	2010	2011	2012	2013
全省总计	**Provincial Total**	**16333.82**	**26886.00**	**32631.10**	**30295.65**	**30126.96**	**33140.39**	**38604.41**	**42431.74**	**52397.21**
广州	Guangzhou	3161.25	5311.14	5951.92	6156.62	6190.86	7135.48	8439.12	9119.66	15055.70
深圳	Shenzhen	1999.65	4800.07	5875.60	5263.99	5690.62	5980.34	7505.14	9731.89	11502.80
珠海	Zhuhai	733.57	625.51	647.47	730.49	728.52	877.39	980.71	1004.81	1270.67
汕头	Shantou	1477.16	2176.29	2433.69	2355.81	2243.67	2381.63	2697.29	3016.58	3478.43
佛山	Foshan	1763.57	2782.45	3394.09	3348.91	3225.96	3335.62	3405.59	3240.44	3288.92
#顺德	Shunde	652.00	809.73	1368.11	1305.96	1442.69	1248.00	1271.10	1136.34	989.82
韶关	Shaoguan	362.44	424.57	772.22	723.08	751.88	781.78	950.89	1031.84	1145.51
河源	Heyuan	79.80	294.41	303.54	222.38	217.42	218.83	265.33	247.43	252.72
梅州	Meizhou	273.56	776.23	853.93	1052.29	1146.44	1315.80	1239.34	1299.41	1340.77
惠州	Huizhou	366.05	772.13	1059.76	988.51	839.73	942.90	1010.97	1073.02	1410.92
汕尾	Shanwei	127.42	114.77	165.79	166.72	149.15	175.11	168.34	127.50	92.78
东莞	Dongguan	1217.56	1234.98	1298.63	964.27	739.73	733.44	756.01	777.57	790.43
中山	Zhongshan	400.99	945.60	824.34	707.94	640.83	601.02	704.94	757.35	573.77
江门	Jiangmen	1329.02	1585.95	1376.90	1326.39	1377.80	1640.13	1917.19	1713.24	2119.12
阳江	Yangjiang	270.81	525.95	618.21	678.88	699.48	825.31	761.45	820.89	1109.02
湛江	Zhanjiang	857.19	1399.47	1557.29	1709.60	1724.16	1943.66	2427.94	2971.01	3187.28
茂名	Maoming	734.43	1395.55	2827.31	1607.76	1458.04	1770.78	1898.70	2840.62	2933.13
肇庆	Zhaoqing	386.93	531.11	828.16	690.83	696.23	728.47	773.93	760.58	772.31
清远	Qingyuan	249.02	466.45	871.33	576.95	572.66	632.87	727.12	645.76	613.31
潮州	Chaozhou	217.15	206.67	347.85	351.78	356.79	373.12	460.99	531.09	629.79
揭阳	Jieyang	193.91	277.75	411.33	515.74	488.99	559.41	572.49	526.15	595.67
云浮	Yunfu	132.34	238.96	211.73	156.71	187.99	187.29	213.27	194.90	234.18
按经济区域分	By Region									
珠三角	Pearl River Delta	11358.59	18588.94	21256.88	20177.94	20130.30	21974.80	25493.61	28178.56	36784.63
东翼	Eastern Region	2015.64	2775.47	3358.67	3390.05	3238.61	3489.27	3899.10	4201.31	4796.66
西翼	Western Region	1862.43	3320.97	5002.81	3996.24	3881.67	4539.75	5088.09	6632.53	7229.42
山区	Mountainous Region	1097.16	2200.62	3012.74	2731.41	2876.39	3136.57	3395.96	3419.34	3586.49

13-8 各市建筑业企业房屋建筑施工新开工面积

Floor Space of Buildings under Construction by Construction Enterprises by City

单位：万平方米 (10000 sq.m)

市 别	City	2000	2005	2007	2008	2009	2010	2011	2012	2013
全省总计	**Provincial Total**	**6423.16**	**11879.41**	**14894.41**	**12277.78**	**11995.73**	**14529.68**	**15889.34**	**16118.27**	**21604.60**
广 州	Guangzhou	1153.97	2313.48	2319.58	2195.96	2236.24	2995.47	3119.47	2543.37	5768.19
深 圳	Shenzhen	791.59	1933.19	2441.48	2067.04	2046.14	2443.02	3016.70	3833.09	4015.85
珠 海	Zhuhai	236.23	298.50	397.94	262.63	276.09	476.92	303.37	322.40	469.98
汕 头	Shantou	576.48	942.72	983.23	978.75	783.18	1129.55	1060.91	1073.15	1355.32
佛 山	Foshan	943.98	1230.74	1329.29	898.19	1389.33	931.63	945.76	1127.34	1397.99
#顺 德	Shunde	410.99	414.65	457.54	366.02	674.97	479.60	262.90	329.86	496.55
韶 关	Shaoguan	160.10	196.57	415.95	320.06	331.29	360.77	380.87	532.82	567.55
河 源	Heyuan	40.48	151.18	177.43	133.13	113.02	126.65	174.15	108.93	146.65
梅 州	Meizhou	124.38	323.52	525.00	595.24	576.51	655.48	642.42	490.15	672.79
惠 州	Huizhou	185.75	380.49	503.11	342.26	236.38	444.14	275.72	279.39	480.66
汕 尾	Shanwei	84.60	50.11	83.19	76.90	64.93	122.07	110.30	46.22	50.42
东 莞	Dongguan		589.95	750.55	404.06	259.75	345.07	415.59	345.91	427.39
中 山	Zhongshan	200.38	503.83	439.28	324.93	277.66	287.82	339.35	277.53	271.99
江 门	Jiangmen	668.83	631.55	672.77	642.59	682.75	833.99	1032.47	596.56	896.52
阳 江	Yangjiang	354.20	249.55	314.04	327.94	346.54	369.70	355.32	322.04	450.81
湛 江	Zhanjiang	290.52	639.64	740.18	778.49	657.25	922.67	1325.28	1426.14	1714.57
茂 名	Maoming	138.54	600.67	1365.87	828.25	699.29	848.76	1139.95	1617.99	1640.95
肇 庆	Zhaoqing	115.93	248.72	493.69	286.22	268.86	298.32	279.41	270.24	289.45
清 远	Qingyuan	97.89	235.35	436.86	304.32	256.27	318.47	309.58	303.68	276.63
潮 州	Chaozhou	99.95	96.79	155.93	147.23	133.54	134.94	121.82	118.48	161.57
揭 阳	Jieyang	108.93	147.23	250.03	286.85	267.66	388.76	424.99	367.03	426.31
云 浮	Yunfu	50.43	115.64	99.01	76.75	93.03	95.48	115.91	115.82	123.02
按经济区域分	By Region									
珠三角	Pearl River Delta	4296.66	8130.45	9347.69	7423.88	7673.20	9056.38	9727.84	9595.83	14018.02
东 翼	Eastern Region	869.96	1236.84	1472.38	1489.72	1249.31	1775.32	1718.02	1604.88	1993.62
西 翼	Western Region	783.26	1489.86	2420.09	1934.68	1703.09	2141.14	2820.55	3366.17	3806.33
山 区	Mountainous Region	473.28	1022.26	1654.25	1429.50	1370.13	1556.84	1622.93	1551.39	1786.63

13-9 各市建筑业企业期末从业人员

Number of Employed Persons of Construction Enterprises at the Year-end by City

单位：万人 (10000 persons)

市 别	City	2000	2005	2007	2008	2009	2010	2011	2012	2013
全省总计	**Provincial Total**	**141.46**	**166.78**	**179.13**	**172.54**	**179.34**	**196.32**	**190.28**	**198.31**	**204.79**
广 州	Guangzhou	26.40	30.80	33.16	35.04	38.30	39.65	39.14	40.25	37.56
深 圳	Shenzhen	20.15	26.85	37.09	33.18	36.91	45.59	44.55	52.26	47.76
珠 海	Zhuhai	3.55	3.24	3.54	4.20	3.84	4.36	2.90	3.46	9.45
汕 头	Shantou	14.29	12.63	13.25	12.78	13.06	14.35	13.02	13.02	15.47
佛 山	Foshan	8.62	13.71	12.22	11.87	12.29	11.02	10.34	11.66	8.71
#顺 德	Shunde	3.14	7.12	5.85	5.51	6.16	5.33	4.34	3.83	3.39
韶 关	Shaoguan	4.46	3.69	4.82	4.49	6.08	5.71	5.92	7.10	9.04
河 源	Heyuan	1.74	2.09	2.30	1.80	1.69	1.72	1.86	1.69	1.77
梅 州	Meizhou	3.58	7.27	6.88	8.06	7.63	9.13	7.78	7.01	7.90
惠 州	Huizhou	3.33	3.94	3.88	3.23	3.12	3.24	2.96	3.34	3.61
汕 尾	Shanwei	1.25	1.28	1.24	1.09	1.12	1.31	0.95	0.78	0.72
东 莞	Dongguan	6.65	7.78	7.84	6.18	5.38	5.73	6.07	6.35	6.40
中 山	Zhongshan	3.71	5.75	4.71	4.77	4.90	5.32	5.45	5.06	5.50
江 门	Jiangmen	10.26	10.58	7.98	7.20	7.43	8.50	11.29	7.26	6.89
阳 江	Yangjiang	3.54	4.54	4.85	5.34	5.37	5.49	5.22	5.23	6.45
湛 江	Zhanjiang	8.03	7.87	7.86	9.00	9.63	10.29	8.92	9.79	10.62
茂 名	Maoming	8.92	10.44	11.56	8.56	7.86	8.27	8.68	10.00	11.88
肇 庆	Zhaoqing	3.61	3.70	4.56	3.96	4.06	4.12	2.78	3.05	3.40
清 远	Qingyuan	2.74	2.46	3.30	3.15	2.59	3.43	2.88	2.48	3.18
潮 州	Chaozhou	2.10	2.17	1.92	1.79	1.37	1.46	1.49	1.45	1.57
揭 阳	Jieyang	2.88	3.86	3.88	4.84	4.65	5.75	6.26	5.42	5.13
云 浮	Yunfu	1.65	2.13	2.29	2.00	2.09	1.85	1.84	1.65	1.78
按经济区域分	By Region									
珠 三 角	Pearl River Delta	86.28	106.35	114.98	109.63	116.21	127.54	125.47	132.68	129.26
东 翼	Eastern Region	20.52	19.94	20.28	20.51	20.20	22.88	21.73	20.67	22.90
西 翼	Western Region	20.49	22.86	24.27	22.89	22.86	24.06	22.82	25.02	28.96
山 区	Mountainous Region	14.17	17.64	19.59	19.51	20.07	21.84	20.27	19.93	23.68

13-10 各市建筑业企业劳动生产率
Labor Productivity of Construction Enterprises by City

单位：元/人 (yuan/person)

市别	City	2000	2005	2007	2008	2009	2010	2011	2012	2013
全省总计	**Provincial Total**	**66780**	**132049**	**166377**	**187538**	**212420**	**239595**	**290806**	**356696**	**362507**
广州	Guangzhou	91086	204454	226900	249920	271428	315033	357975	506773	542086
深圳	Shenzhen	107549	183515	223577	266221	291311	300502	365620	350511	340574
珠海	Zhuhai	85936	162503	182939	185645	203730	228342	351646	656863	358547
汕头	Shantou	56057	99266	125230	136651	147170	159623	199497	253241	261516
佛山	Foshan	86795	115051	163044	213343	226936	285616	368172	417531	492072
#顺德	Shunde	97509	84095	137153	191715	214870	301529	327837	435826	590269
韶关	Shaoguan	57743	83704	107603	122454	130287	189045	212203	328545	326916
河源	Heyuan	33395	82741	103738	103593	110034	121383	175090	230341	239005
梅州	Meizhou	44258	78866	114178	115770	135454	141903	211947	275983	259046
惠州	Huizhou	60374	119974	142800	158081	174962	217933	279815	357245	332841
汕尾	Shanwei	46496	51367	115186	89504	115906	116927	175038	170432	174520
东莞	Dongguan	64176	108136	146017	173813	184034	218052	208933	309757	285850
中山	Zhongshan	73597	119772	156854	194817	223833	249502	271956	380332	312868
江门	Jiangmen	49612	64418	81276	95319	118329	147038	197196	259535	347379
阳江	Yangjiang	59689	78360	92475	101186	110279	123368	111674	189791	230866
湛江	Zhanjiang	57160	98452	140362	138348	156933	173336	226382	262224	311805
茂名	Maoming	46992	90457	124612	114007	136748	170522	224550	343345	309067
肇庆	Zhaoqing	46380	107435	147678	179047	211363	257334	344042	306971	307105
清远	Qingyuan	42073	90596	129029	126604	156001	158598	221388	268486	250075
潮州	Chaozhou	57817	91838	93579	114444	146613	146120	170587	261483	261170
揭阳	Jieyang	40672	57368	95972	97677	125337	131884	148945	190814	246950
云浮	Yunfu	49773	74640	71930	59042	86311	101721	130305	198521	190725
按经济区域分	By Region									
珠三角	Pearl River Delta	82426	156714	193115	226140	251417	283028	338546	397550	399713
东翼	Eastern Region	53458	87357	115435	122316	140285	149042	181481	234253	255941
西翼	Western Region	55234	90945	123536	121179	139523	160692	194444	277491	295332
山区	Mountainous Region	47252	81395	108503	111672	129410	151686	203225	281286	272995

主要统计指标解释

建筑业总产值 是以货币表现的建筑业企业在一定时期内生产的建筑业产品和服务的总和。建筑业总产值包括三部分内容：

⑴建筑工程产值：指列入建筑工程预算内的各种工程价值。

⑵设备安装工程产值：指设备安装工程价值，但不包括设备本身的价值。

⑶其他产值：建筑业总产值中除建筑工程、安装工程以外的产值。包括房屋构筑物修理产值、非标准设备制造产值、总包企业向分包企业收取的管理费以及不能明确划分的施工活动所完成的产值。

①房屋构筑物修理产值：指房屋和构筑物的修理所完成的价值，但不包括被修理房屋构筑物的本身价值和生产设备的修理价值。

②非标准设备制造产值：指加工制造没有定型的非标准生产设备的加工费和原材料价值以及附属加工厂为本企业承建工程制作的非标准设备的价值。

竣工产值 一般是以单位工程为对象，当该工程按照设计所规定的工程内容全部完成，达到了设计规定的交工条件，经有关部门检查验收鉴定合格的单位工程价值，即为竣工产值。

房屋施工面积 指在报告期内施工的全部房屋建筑面积，它包括本期新开工的房屋面积、上期跨入本期继续施工的房屋面积、上期停缓建在本期恢复施工的房屋面积、本期竣工的房屋面积以及本期施工后又停缓建的房屋面积。

房屋新开工面积 指在报告期内新开工的各个房屋单位工程的建筑面积之和。它不包括在上期开工跨入报告期继续施工的房屋建筑面积和上期停缓建而在本期复工的建筑面积。新开工面积用于反映报告期内投入施工的房屋建筑规模，为科学组织施工提供依据。

计算建筑业劳动生产率的平均人数 指建筑业企业(或单位)报告期实际拥有的、与建筑施工活动有关的人员的平均人数，包括参加本企业(或单位)建筑施工活动的非本企业(或单位)人员，但不包括企业内部社会服务性机构的人员以及由本企业支付工资但所从事的工作与本企业生产基本无关的人员。

年末从业人员中工程技术人员 指负担工程技术和工程技术管理工作，并具有工程技术工作能力的人员。

利润总额 指企业在生产经营过程中各种收入扣除各种耗费后的盈余，反映企业在报告期内实现的亏盈总额，包括营业利润、补贴收入、投资净收益和营业外收支净额。

工程结算税金及附加 指因从事建筑业生产活动，取得工程价款结算收入而按规定应该交纳的营业税、城市维护建设税等以及随同营业税金一并计算交纳的教育费附加等。

管理费用中税金 指企业按规定从管理费用中支付的各种税金,包括房产税、土地使用税、车船使用税、印花税等。

利税总额=工程结算税金及附加+管理费用中税金+利润总额

建筑业全员劳动生产率=建筑业总产值÷计算建筑业劳动生产率的平均人数

Explanatory Notes on Main Statistical Indicators

Gross Output Value of Construction refers to the sum in monetary terms of construction products and services completed by construction enterprises during a given period of time. It includes:

(1) Output value of construction projects, which is the value of various projects covered by the project budgets;

(2)Output value of equipment installation projects refers to the value of the installation of equipment. It does not include the value of the equipment itself.

(3) Other output values, which are output values other than output value of construction projects and output value of installation projects, including output value of house and building repair, output value of non-standard equipment manufacture, management expenses received by overall contractor enterprises from subcontractor enterprises and output value completed in unclassified construction activities.

①Output value of house and building repair is the value created through the repairs of houses and buildings, excluding the value of houses or buildings being repaired and the value of the repair of production equipment.

②Output value of non-standard equipment manufacture is the value of non-standard production equipment with unique specifications (including raw materials and manufacturing costs), and equipment manufactured by subsidiary workshops for construction projects contracted by construction enterprises.

Output Value Completed refers to the value of unit project completed, which has come up to the designed standards for putting into use and has been checked and accepted as qualified project by related departments.

Floor Space of Buildings under Construction refers to the floor space of buildings under construction during the reference period, including newly started buildings, buildings started earlier and continued into the reference period, buildings suspended in preceding periods but resumed during the reference period, buildings completed during the reference period, and buildings started and then suspended during the reference period.

Average Number of Persons for Labor Productivity Calculation of the Construction Industry refers to the average number of persons actually employed in the construction enterprises (units) and engaged in related activities of construction in the reference period, including non-staff personnel engaged in the construction activities of the enterprises (units), but excluding personnel employed in social service institutions of the enterprises and those receiving remunerations therefrom but engaged in activities basically irrelevant to the production of the enterprises.

Number of Engineering Technical Personnel Employed at the Year-end refers to personnel capable of and engaged in engineering technical work and related management.

Total Profits refer to the surplus of various incomes in the production and operation of the enterprises after deducting all expenses. This reflects the total profits or losses realized by the enterprises in the reference period, including profits from operation, income from subsidies, net investment earnings and net income from activities other than operations.

Taxes and Extra Charges on Project Settlement Accounts refer to business tax, city maintenance and construction tax and extra charges for education calculated and paid with business tax, which should be borne by the enterprises obtaining project settlement incomes from the production activities of construction.

Taxes from Management Expenses refer to the taxes which should be borne by the enterprises from management expenses, including property tax, land use tax, vehicle and vessel use tax, and stamp tax.

Total Pre-tax Profits = Taxes and Extra Charges on Project Settlement Accounts + Taxes from Management Expenses + Total Profits

Overall Labor Productivity of Construction = Gross Output Value of Construction ÷ Average Number of Persons for Labor Productivity Calculation

十四、运输、邮电

TRANSPORTATION, POSTAL AND TELECOMMUNICATION SERVICES

十四 运输、邮电

简要说明

一、本篇资料反映广东运输和邮电通信业发展的基本状况。

交通运输业资料主要包括：运输线路里程、运输设备拥有量、货物运输量和旅客运输量、港口设备和吞吐量、航站吞吐量等。

邮电通信业资料主要包括：邮电通信主要工具及设备情况，主要邮电业务完成情况，邮电通信发展水平等。

二、资料调查范围和统计单位

1. 铁路资料：包括国家铁路、地方铁路和合资铁路运营情况，不含军用铁路及由厂矿企事业单位自建的铁路专用线和专用铁道。

2. 公路、水路、港口资料：(1)公路和水路线路里程为年末通车和通航里程数。公路里程、桥梁、渡口统计从 2006 年起包括农村公路。(2)民用汽车拥有量，根据公安交通管理局所属车管部门登记注册的车辆资料整理；(3)民用运输船舶拥有量，不含渔船、水上施工作业船，根据水上航运管理部门登记注册的船舶资料整理；(4)公路、水路客货运输量资料，包括在广东公路水路运输管理部门注册登记或审批备案的、从事营业性公路、水路客、货运输的营业性运输工具(包括个体联户)所完成的运输量。此部分数据 2005 年之前由统计局收集整理，2005 年起改由省交通运输厅通过抽样调查方法负责收集整理。2009 年起，按国家交通运输部统一部署改用新调查方法收集整理。由于新调查方法对统计对象、城乡地域等重新明确和界定，导致数据与以往不可比，使用时敬请注意。(5)港口设备及吞吐量，根据各地港务管理部门注册的港口企业和从事港口生产活动单位的资料整理。

3. 管道运输资料：包括输原油、输成品油、输天然气、输其他气体的管线长度、输送能力及完成的运输量。数据主要来源于中国石油天然气集团公司和中国石油化工集团公司所属的本地各管道运输单位。

4. 民航运输资料：统计对象为在广东境内注册、从事民用航空运输飞行和通用飞行的航空运输企业和民用航空机场，不包括在境内运输飞行的国内其他航空公司及外国航空公司。统计范围为各航空公司从事国内运输、港澳台运输、国际运输的定期航班航线条数及里程、运输量及期末飞机在册架数、民用航空机场航班起降架次和客货吞吐量等。

5. 邮电通信资料：包括全省电信和邮政运营企业为社会公众提供的各类电信和邮政服务，不含专用网业务资料。资料主要来源于省通信管理局、邮政管理局以及邮政、电信、移动、联通和铁通等运营单位。

三、本篇资料由广东省统计局服务业统计处整理、编辑。资料主要来源于省内民航、铁路、公路、水运、港口、公安、邮政、通信等行业主管部门以及各有关单位。

14 Transportation,Postal and Telecommunication Services

Brief Introduction

Ⅰ. The data in this chapter cover mainly the basic conditions of the development of transport, postal and telecommunication services in Guangdong Province.

The data on transport cover mainly the route length of five means of transportation, the possession of transport equipment, the freight and passenger traffic the possession of port equipment and the volume of freight handled in ports, the passenger and freight throughput of airports, etc.

The data on postal and telecommunication services cover mainly major means and equipment of post and telecommunications, achievements of main businesses of postal and telecommunication services, and the level of development of postal and telecommunication services, etc.

Ⅱ. Coverage and Statistical Units

1. Data on railway transportation: including the operation and management of the national, local and joint-venture railways, but excluding the railways for military purpose, lines built by factories, mines, enterprises and institutions for exclusive use, and special railways.

2. Data on highways, waterways and ports: (1) The length of highways and waterways refer to the length open to traffic or navigation at the end of the year. The Statistical of leng of highways,bridges,ferries from 2006 include rural highway. (2) The data on the possession of civil motor vehicles are compiled according to registration data of vehicles at the divisions of vehicle management under the traffic management departments of public security authorities. (3) The data on the possession of civil vessels exclusive of fishing boats and engineering ships over water are compiled according to registration data of vessels at the authorities of navigation and port management. (4) The data on the volume of transportation by highways and waterways, including all enterprises, institutions, and individuals (or individual partnerships) registered in Guangdong for passenger and freight transportation by highways and waterways, were collected and prepared by the Bureau of Statistics before 2005. Since 2005, the data were collected and prepared by the Department of Transport of Guangdong through sample survey. Since 2009, the data are collected and prepared in accordance with the new survey method stipulated by the Ministry of Transport. Since the new survey method has new criteria for survey target and urban-rural division, the data are not comparable with those of the previous years. (5) The data on possession of port equipment and production capacity and handling capacity of ports are compiled according to registration data of port enterprises and production units at local port authorities.

3. Data on pipeline transport: The data on pipeline transport cover the length, transport capacity and the volume transported of pipelines of petroleum (crude oil), petroleum products, natural gas and other gases. The data are mainly provided by enterprises engaged in the pipeline transport subordinate to the China National Petroleum Corporation and China Petrochemical Corporation.

4. Data on civil aviation transport: Data on civil aviation transport include air transport enterprises and civil airports registered for civil aviation transport and general aviation, excluding other domestic aviation companies and foreign aviation companies engaged in air transport within Chinese territory. The statistics cover regular flights of domestic transport, transport between the mainland of China and Hong Kong, Macao and Taiwan, and international transport managed by various aviation companies, concerning the number of lines, length, transport volume, number of registered aircrafts at the end of the reference period, sorties at civil airports, and volumes of passenger and freight handled at civil airports.

5. Data on post and telecommunications: Data in this category include telecommunications and postal services rendered to the public by telecommunications and postal enterprises of the whole province, but exclude services provided through dedicated networks. Statistics are mainly provided by Guangdong Communications Administration and corresponding enterprises, including China Post, China Telecom, China Mobile, China Unicom, China TieTong, and China Netcom.

Ⅲ. The data in this chapter are prepared and compiled by the Division of Service Industry Statistics of Statistics Bureau of Guangdong Province. Raw data are mainly provided by authorities and related enterprises and institutions within the province of civil aviation, railways, highways, waterways, ports, public securities, and post and telecommunications.

14-1 运输邮电主要指标

Main Indicators on Transport, Postal and Telecommunication Services

指 标	Item	2000	2010	2012	2013	2013 比 2012增长% Growth Rate in 2013over 2012 (%)
铁路营业里程 (公里)	Length of Railways in Operation (km)	1942	2297	2577	3203	24.3
公路通车里程 (公里)	Length of Highways (km)	102606	190144	194943	202915	4.1
内河通航里程 (公里)	Length of Navigable Inland Waterways (km)	13696	13596	13780	12096	-12.2
民航航线里程 (万公里)	Length of Civil Aviation Routes (10000 km)	50.03	180.74	185.10	214.06	15.6
管道输油(气)里程 (公里)	Length of Petroleum and Gas Pipelines (km)	1535.57	6033.62	6448.01	6470.39	0.3
港口码头泊位 (个)	Number of Berths in Coastal Ports (unit)	3191	3082	3125	3128	0.1
#万吨级泊位	Berths at 10000 Ton Class	126	245	265	273	3.0
码头泊位长度 (米)	Length of Quay Line (m)	180238	252762	261368	264769	1.3
公路桥梁 (座)	Number of Highway Bridges (unit)	19668	42330	44468	45501	2.3
#永久式	Permanent	19656	42233	44385	45417	2.3
民用汽车 (万辆)	Number of Civil Motor Vehicles (10000 units)	172.91	783.50	1038.51	1178.51	13.5
机动船舶数 (艘)	Number of Motor Vessels (unit)	21733	8793	8545	8474	-0.8
吨位数 (万净载重吨)	Tonnage (10000 dead weight ton)	526.88	1140.71	2255.17	2401.37	6.5
民用运输飞机 (架)	Number of Civil Aircrafts (unit)	106	441	496	560	12.9
长途电话交换机容量 (万路端)	Capacity of Automatic Long-distance Telephone Exchanges (10000 lines)	70.34	269.11	261.81	261.81	0.0
本地交换设备容量 (万门)	Capacity of Local Telephone Exchanges (10000 lines)	1939.45	5383.59	4360.56	4086.51	-6.3
移动电话交换机容量 (万户)	Capacity of Mobile Telephone Exchanges (10000 subscribers)	1825.40	14766.90	20305.60	21147.70	4.1
本地电话用户 (万户)	Subscribers of Local Fixed Telephones (10000 subscribers)	1414.94	3169.14	3135.81	3099.89	-1.1
移动电话用户 (万户)	Subscribers of Mobile Telephones (10000 subscribers)	1357.26	9710.09	12467.99	14706.06	18.0
客运量 (万人)	Passenger Traffic (10000 persons)	164791	467049	586299	636816	8.6
旅客周转量 (亿人公里)	Passenger-kilometers (100 million passenger-km)	1218.59	3342.23	4372.06	4852.41	11.0
货运量 (万吨)	Freight Traffic (10000 tons)	119216	205034	266359	305833	14.8
货物周转量 (亿吨公里)	Freight Ton-kilometers (100 million ton-km)	3064.51	5933.88	9780.56	12495.93	27.8
港口货物吞吐量 (万吨)	Volume of Freight Handled in Ports (10000 tons)	31649	122258	140776	156373	11.1
港口旅客吞吐量 (万人)	Volume of Passengers Handled in Ports(10000 persons)	1670.32	2483.21	2869.27	3045.42	6.1
航站旅客吞吐量 (万人)	Volume of Passengers Handled at Airports (10000 persons)	2142.84	7188.64	8282.59	9123.66	10.2
邮电业务总量 (亿元)	Business Volume of Postal and Telecommunication Services (100 million yuan)	602.31	4832.94	2174.67	2507.99	15.3
邮政 (亿元)	Postal Service (100 million yuan)	40.09	118.57	395.18	592.00	49.8
通信 (亿元)	Telecommunication Service (100 million yuan)	562.22	4714.37	1779.49	1915.99	7.7

注：1.邮电业务总量从2011年起按2010年不变价格计算，之前年份按2000年不变价格计算。增长速度按可比价格计算。

Note: a)Since 2011,total business volume of postal and telecommunication services is calculated at 2010 constant price,and those of the previous years are calculated at 2000 constant price. The growth rate is calculated at constant price.

14-2 全社会旅客运输量

Total Passenger Traffic

年份 Year	客运量(万人) Passenger Traffic (10000 persons)					旅客周转量（亿人公里）Passenger-kilometers (100 million passenger-km)				
	合计 Total	铁路 Railways	公路 Highways	水路 Waterways	民航 Civil Aviation	合计 Total	铁路 Railways	公路 Highways	水路 Waterways	民航 Civil Aviation
1985	49848	3357	41826	4427	238	270.23	50.41	178.27	20.46	21.09
1986	126890	3742	113561	9295	292	450.35	56.70	346.81	19.82	27.02
1987	158715	4129	144684	9557	345	796.86	66.98	678.04	21.20	30.64
1988	218915	4828	204278	9420	389	402.34	82.53	261.18	22.43	36.20
1989	66727	4882	58110	3377	358	447.62	84.38	309.25	20.50	33.49
1990	78046	4467	70681	2428	470	453.21	82.56	307.40	19.68	43.57
1991	83460	5004	75570	2317	569	526.66	102.11	348.85	20.89	54.81
1992	93678	6243	83128	3503	804	624.55	131.99	385.76	25.75	81.05
1993	95468	6835	84708	3078	847	696.92	161.04	422.88	25.60	87.40
1994	125036	6920	111447	5636	1033	929.48	164.11	619.52	33.21	112.64
1995	130998	6283	118406	5146	1163	936.29	163.11	613.07	31.13	128.98
1996	128831	5593	117815	4232	1191	938.65	153.86	626.60	20.65	137.54
1997	123649	6201	113259	3032	1157	957.20	177.61	616.48	17.21	145.90
1998	132462	6743	121795	2729	1195	994.84	194.16	630.65	13.87	156.16
1999	148636	7553	137324	2605	1154	1082.14	212.13	700.74	13.62	155.65
2000	164791	12165	148945	2363	1318	1218.59	241.51	780.74	11.65	184.69
2001	178676	12783	161967	2382	1544	1342.12	252.37	858.86	11.40	219.49
2002	188657	13310	171191	2347	1809	1490.34	273.19	945.16	11.31	260.68
2003	191202	12935	174288	2208	1771	1505.83	267.14	983.67	11.41	243.61
2004	202414	15142	183012	1827	2433	1738.21	308.38	1076.06	10.17	343.60
2005	212104	16106	189881	2062	4055	2122.14	327.74	1190.73	9.54	594.13
2005(调整) (Adjusted)	161357	16106	139158	2038	4055	2043.23	327.74	1111.57	9.79	594.13
2006	197314	15109	175567	2073	4565	2245.37	347.60	1212.76	12.14	672.87
2007	211215	16762	186835	2071	5548	2626.71	387.61	1410.72	10.98	817.40
2007(调整) (Adjusted)	206504	12050	186835	2071	5548	2626.71	387.61	1410.72	10.98	817.40
2008	238375	13739	216902	1902	5832	2844.79	420.12	1566.73	9.80	848.14
2008(调整) (Adjusted)	484161	13739	462997	1593	5832	2551.92	420.12	1276.12	7.54	848.14
2009	428705	13394	406704	1873	6734	2853.30	407.72	1470.06	7.06	968.46
2010	467049	14956	442224	2241	7628	3342.23	456.46	1736.34	8.36	1141.07
2011	522095	17902	493618	2594	7981	3851.84	505.16	2082.68	9.63	1254.37
2012	586299	18528	556510	2725	8535	4372.06	514.88	2470.11	10.01	1377.06
2013	636816	20459	604934	2426	8997	4852.41	565.91	2776.08	10.23	1500.19

14-3 旅客运输量指数
Indices of Passenger Traffic

上年=100 (preceding year=100)

年份 Year	客运量 Passenger Traffic					旅客周转量 Passenger-kilometers				
	合计 Total	铁路 Railways	公路 Highways	水路 Waterways	民航 Civil Aviation	合计 Total	铁路 Railways	公路 Highways	水路 Waterways	民航 Civil Aviation
1978	107.9	105.6	109.0	104.8	144.8	110.4	112.8	109.8	102.3	151.9
1979	114.9	115.5	116.0	109.2	144.2	123.5	129.1	119.8	117.1	165.2
1980	117.3	101.0	125.2	97.7	118.6	121.2	120.4	128.0	109.3	97.4
1981	107.4	100.0	110.0	99.1	125.1	110.9	109.0	112.2	106.0	121.0
1982	119.7	95.7	126.6	99.9	122.4	111.8	102.6	117.1	102.4	125.4
1983	107.2	107.2	108.6	96.4	89.6	111.9	117.8	114.0	99.7	94.6
1984	119.7	109.2	124.4	87.3	142.9	125.6	115.3	130.4	98.3	183.2
1985	109.2	112.6	109.1	103.6	131.6	118.1	121.3	116.1	101.0	148.7
1986	90.0	102.8	88.2	91.7	125.2	95.0	106.7	86.0	91.4	130.8
1987	125.1	110.3	127.4	102.8	118.2	176.9	118.1	195.5	107.0	113.4
1988	137.9	116.9	141.2	98.6	112.8	50.5	123.2	38.5	105.8	118.1
1989	30.5	101.1	28.4	35.8	92.0	111.3	102.2	118.4	91.4	92.5
1990	117.0	91.5	121.6	71.9	131.3	101.2	97.8	99.4	96.0	130.1
1991	106.9	112.0	106.9	95.4	121.1	116.2	123.7	113.5	106.1	125.8
1992	112.2	124.8	110.0	151.2	141.3	118.6	129.3	110.6	123.3	147.9
1993	101.9	109.5	101.9	87.9	105.3	111.6	122.0	109.6	99.4	107.8
1994	131.0	101.2	131.6	183.1	122.0	133.4	101.9	146.5	129.7	128.9
1995	104.8	90.8	106.2	91.3	112.6	100.7	99.4	99.0	93.7	114.5
1996	98.3	89.0	99.5	82.2	102.4	100.3	94.3	102.2	66.3	106.6
1997	96.0	110.9	96.1	71.6	97.1	102.0	115.4	98.4	83.3	106.1
1998	107.1	108.7	107.5	90.0	103.3	103.9	109.3	102.3	80.6	107.0
1999	112.2	112.0	112.8	95.5	96.6	108.8	109.3	111.1	98.2	99.7
2000	108.4	111.9	108.5	90.7	114.2	112.6	113.8	111.4	85.5	118.7
2001	108.4	105.1	108.7	100.8	117.1	110.1	104.5	110.0	97.9	118.8
2002	105.6	104.1	105.7	98.5	117.2	111.0	108.2	110.0	99.2	118.8
2003	101.3	97.2	101.8	94.1	97.9	101.0	97.8	104.1	100.9	93.5
2004	105.9	117.1	105.0	82.7	137.4	115.4	115.4	109.4	89.1	141.0
2005	104.8	106.4	103.8	112.9	166.7	122.1	106.3	110.7	93.8	172.9
2006	122.3	93.8	126.2	101.7	112.6	109.9	106.1	109.1	124.0	113.3
2007	107.0	110.9	106.4	99.9	121.5	117.0	111.5	116.3	90.4	121.5
2008	115.4	114.0	116.1	91.8	105.1	108.3	108.4	111.1	89.3	103.8
2009	88.5	97.5	87.8	117.6	115.4	111.8	97.0	115.2	93.6	114.2
2010	108.9	111.7	108.7	119.6	113.3	117.1	112.0	118.1	118.4	117.8
2011	111.8	119.7	111.6	115.8	104.6	115.2	110.7	119.9	115.2	109.9
2012	112.3	103.5	112.7	105.1	106.9	113.5	101.9	118.6	103.9	109.8
2013	108.6	110.4	108.7	89.0	105.4	111.0	109.9	112.4	102.2	108.9

14-4 各市客运量

Passenger Traffic by City

单位: 万人 (10000 persons)

市 别	City	2005	2007	2008	2008(调整) (Adjusted)	2009	2010	2011	2012	2013
总 计	**Total**	**161357**	**206504**	**238375**	**484161**	**428705**	**467049**	**522095**	**586299**	**636816**
广 州	Guangzhou	22583	39272	42613	43546	43995	47872	51186	62142	70891
深 圳	Shenzhen	9500	11852	12027	150413	141992	151404	163376	179724	195998
珠 海	Zhuhai	4874	6018	6200	17127	16858	19078	22547	26645	28642
汕 头	Shantou	1991	2289	2300	2191	2302	2539	2925	3406	3794
佛 山	Foshan	11472	17646	18620	18867	21041	25166	34881	42935	49146
#顺 德	Shunde	5661	6127	6189	6259	6326	6997	9660	13331	16304
韶 关	Shaoguan	2280	2813	3218	7841	8861	10200	11878	15451	17144
河 源	Heyuan	1969	2445	2556	2873	3025	3294	3878	4653	5575
梅 州	Meizhou	3550	3966	4186	3681	3891	4399	5055	5803	6415
惠 州	Huizhou	5049	5410	5591	11166	11657	12763	13008	16026	16673
汕 尾	Shanwei	3800	5201	5438	3582	5014	7250	9524	11883	12636
东 莞	Dongguan	30951	37182	56046	122468	73324	77446	80337	79739	78113
中 山	Zhongshan	9200	10852	11375	20469	12009	13258	21083	28044	33903
江 门	Jiangmen	8249	8094	8136	16976	17607	18096	19052	19578	20102
阳 江	Yangjiang	1585	3292	3537	3553	3749	4111	4285	4324	4315
湛 江	Zhanjiang	6413	6958	7116	11238	12019	12745	13892	14712	15643
茂 名	Maoming	5079	5656	5838	6053	6398	6830	7427	8175	8672
肇 庆	Zhaoqing	4436	5715	6498	5472	6045	6388	7322	7571	7674
清 远	Qingyuan	1959	6724	7916	8239	8618	9874	11061	12691	14354
潮 州	Chaozhou	733	962	1082	1473	1670	2056	2717	3389	3762
揭 阳	Jieyang	3014	3689	4487	3785	4216	4789	5380	5886	6216
云 浮	Yunfu	2509	2870	4024	3577	4286	4907	5398	6458	7693
不分地区	Unclassified	20161	17598	19571	19571	20128	22584	25883	27064	29456
按经济区域分	By Region									
珠 三 角	Pearl River Delta	126475	159639	186677	426075	364656	394055	438675	489468	530597
东 翼	Eastern Region	9538	12141	13307	11031	13202	16634	20546	24564	26408
西 翼	Western Region	13077	15906	16491	20844	22166	23686	25604	27211	28630
山 区	Mountainous Region	12267	18818	21900	26211	28681	32674	37270	45056	51181

注：分市数据仅含公路和水路运输，铁路和民航运输在“不分地区”反映。下表同。

Note: Data by city only include the figures of highway and waterway transportation, whereas data of railway and civil aviation transportation are reflected in the category "Unclassified by Region". The same applies to the following table.

14-5 各市旅客周转量

Passenger-kilometers by City

单位：亿人公里 (100 million passenger-km)

市别	City	2005	2007	2008	2008(调整) (Adjusted)	2009	2010	2011	2012	2013
总计	**Total**	**2043.23**	**2626.71**	**2844.79**	**2551.92**	**2853.30**	**3342.23**	**3851.84**	**4372.06**	**4852.41**
广州	Guangzhou	193.24	318.27	374.17	175.96	394.17	461.34	516.84	607.61	698.67
深圳	Shenzhen	71.42	83.47	85.32	208.78	207.82	242.13	286.18	320.76	357.20
珠海	Zhuhai	41.69	61.68	65.70	58.04	57.57	68.90	73.20	81.40	80.42
汕头	Shantou	21.08	23.66	24.35	42.59	45.42	51.67	61.80	73.48	84.87
佛山	Foshan	50.94	58.58	63.40	54.16	67.39	82.76	105.10	117.54	125.27
#顺德	Shunde	10.12	11.32	12.67	10.77	17.09	24.95	34.27	37.61	39.00
韶关	Shaoguan	14.17	18.85	22.18	29.59	34.21	40.41	48.54	63.12	70.74
河源	Heyuan	36.97	41.58	44.41	33.54	34.75	38.18	44.11	53.41	63.91
梅州	Meizhou	41.73	45.67	49.68	39.01	42.98	51.79	63.70	78.66	88.14
惠州	Huizhou	35.97	56.31	66.66	36.30	38.78	49.46	73.05	116.48	124.59
汕尾	Shanwei	26.90	43.19	46.53	23.06	33.43	52.98	71.80	93.34	106.96
东莞	Dongguan	158.53	126.50	137.86	224.85	105.35	129.07	145.88	156.88	155.99
中山	Zhongshan	48.84	69.25	72.52	48.72	75.95	88.99	155.82	216.61	277.03
江门	Jiangmen	60.30	92.01	92.91	51.61	54.09	58.99	60.55	64.46	67.31
阳江	Yangjiang	26.29	39.59	42.65	16.71	18.98	21.80	28.98	30.03	31.14
湛江	Zhanjiang	62.10	68.73	74.25	60.77	71.33	82.45	94.29	103.00	114.06
茂名	Maoming	64.83	73.38	77.32	52.27	55.19	61.47	70.58	80.05	87.22
肇庆	Zhaoqing	25.40	33.56	38.57	27.15	29.34	33.22	39.53	41.85	42.72
清远	Qingyuan	35.45	46.46	51.24	31.80	33.58	38.68	43.98	51.19	57.68
潮州	Chaozhou	19.37	17.02	18.86	17.20	19.78	23.93	31.07	38.84	43.13
揭阳	Jieyang	67.53	83.01	100.36	28.09	32.06	37.28	45.40	53.20	60.70
云浮	Yunfu	18.62	20.93	27.59	23.46	24.95	29.21	31.92	38.21	48.55
不分地区	Unclassified	921.87	1205.01	1268.26	1268.26	1376.18	1597.53	1759.53	1891.94	2066.10
按经济区域分	By Region									
珠三角	Pearl River Delta	1608.20	2104.64	2265.37	2153.83	2406.66	2812.37	3215.67	3615.53	3995.29
东翼	Eastern Region	134.87	166.87	190.09	110.94	130.68	165.86	210.07	258.86	295.67
西翼	Western Region	153.23	181.70	194.23	129.75	145.49	165.72	193.85	213.08	232.43
山区	Mountainous Region	146.93	173.50	195.10	157.40	170.47	198.27	232.25	284.59	329.02

14-6 全社会货物运输量

Total Freight Traffic

年份 Year	货运量(万吨) Freight Traffic (10000 tons)						货物周转量(亿吨公里) Freight Ton-kilometers (100 million ton-km)					
	合计 Total	铁路 Railways	公路 Highways	水路 Waterways	民航 Civil Aviation	管道 Pipelines	合计 Total	铁路 Railways	公路 Highways	水路 Waterways	民航 Civil Aviation	管道 Pipelines
1985	58726	3000	42813	12045	4	864	1767.86	102.29	156.45	1503.47	0.38	5.27
1986	65078	4269	49030	10831	4	944	1845.33	130.02	127.28	1581.60	0.45	5.98
1987	74571	4493	57393	11664	5	1016	1982.59	142.56	179.41	1653.81	0.54	6.27
1988	79811	4504	57717	16583	6	1001	2209.11	151.55	216.22	1834.41	0.67	6.26
1989	85054	4888	63254	15820	6	1086	2419.57	168.39	301.16	1942.79	0.71	6.52
1990	85809	4803	63709	16198	8	1091	2598.88	179.54	346.27	2065.69	0.90	6.48
1991	94136	5347	69784	17718	10	1277	3181.83	206.18	386.49	2580.79	1.06	7.31
1992	113119	6089	84181	21346	12	1491	3560.59	239.34	583.36	2727.97	1.41	8.51
1993	125273	6595	87567	29660	14	1437	3797.09	261.91	428.17	3097.19	1.70	8.12
1994	119901	6971	81361	30165	20	1384	4326.09	280.31	443.54	3592.35	2.39	7.50
1995	111063	7634	68884	32952	21	1572	4642.91	290.78	352.45	3990.19	2.75	6.74
1996	95598	8138	60131	25699	24	1606	3761.09	294.12	327.81	3129.27	3.27	6.62
1997	99763	8430	62728	26873	25	1707	3837.78	294.45	341.08	3185.26	3.99	13.00
1998	101933	8288	65682	25669	28	2266	3453.92	290.65	371.08	2750.19	4.90	37.10
1999	106334	8150	70626	24857	31	2670	2980.69	282.68	426.70	2223.75	5.45	42.11
2000	119216	15172	75365	25696	31	2952	3064.51	295.97	472.49	2247.86	6.45	41.74
2001	131621	15435	86555	26434	35	3162	3221.47	296.79	522.89	2350.73	7.54	43.52
2002	137032	14790	92736	26263	42	3201	3229.39	277.87	576.35	2323.27	9.94	41.96
2003	143964	15375	97806	27412	42	3329	3666.83	285.02	614.01	2719.83	11.76	36.21
2004	156094	19495	102843	29783	49	3924	4148.54	341.26	657.49	3091.39	13.22	45.18
2005	158470	18647	105581	30179	73	3989	4359.97	319.68	781.41	3195.85	17.45	45.58
2005(调整) (adjusted)	133992	18647	84861	26422	73	3989	3917.43	319.68	646.55	2888.17	17.45	45.58
2006	145911	16170	97461	27503	79	4698	4162.77	333.12	742.67	2964.89	18.70	103.39
2007	165426	16480	112611	30893	87	5355	4430.93	337.31	906.84	3043.53	20.14	123.11
2007(调整) (adjusted)	160455	11285	112611	30893	87	5578	4489.69	337.31	906.84	3043.53	20.14	181.87
2008	176279	11545	126068	32318	85	6263	4520.12	344.96	1064.55	2878.85	18.38	213.38
2008(调整) (adjusted)	153256	11545	101428	33935	85	6263	4591.22	344.96	1225.30	2853.92	18.38	148.66
2009	179722	11254	125433	36623	90	6322	4942.83	309.55	1518.43	2937.94	18.83	158.08
2010	205034	12170	142389	43092	116	7267	5933.88	329.49	1753.40	3642.22	32.98	175.79
2011	234978	12034	166567	48856	118	7403	7113.29	322.25	2150.04	4427.64	37.00	176.36
2012	266359	12002	189034	57737	128	7458	9780.56	306.04	2434.95	6820.29	42.40	176.89
2013	305833	12042	217630	68378	131	7652	12495.93	301.55	2875.68	9104.57	44.20	169.94

14-7 货物运输量指数
Indices of Freight Traffic

上年=100 (preceding year=100)

年份 Year	货运量 Freight Traffic						货物周转量 Freight Ton-kilometers					
	合计 Total	铁路 Railways	公路 Highways	水路 Waterways	民航 Civil Aviation	管道 Pipelines	合计 Total	铁路 Railways	公路 Highways	水路 Waterways	民航 Civil Aviation	管道 Pipelines
1978	96.3	109.2	74.9	104.5	126.6		110.9	110.9	93.0	111.1	140.0	
1979	92.1	103.5	88.9	87.2	100.0	197.2	138.4	103.5	96.6	141.9	142.9	192.9
1980	101.4	93.8	85.3	111.3	151.0	151.4	98.2	99.1	90.7	98.1	100.0	596.3
1981	92.2	84.8	87.0	93.1	102.6	165.3	84.3	92.7	93.8	83.5	100.0	280.7
1982	104.6	107.8	98.1	105.7	125.8	105.7	104.9	105.4	105.3	104.9	130.0	103.8
1983	100.4	104.9	92.4	100.5	118.5	108.7	110.1	108.8	87.6	110.3	123.1	109.8
1984	100.0	108.6	92.6	98.4	133.8	105.3	98.8	112.2	84.7	97.9	162.5	101.9
1985	177.1	105.5	225.5	115.1	133.3	101.2	109.2	111.8	206.5	104.0	146.2	100.4
1986	110.8	142.3	114.5	89.9	100.0	109.3	104.4	127.1	81.4	105.2	118.4	113.5
1987	114.6	105.2	117.1	107.7	125.0	107.6	107.4	109.6	141.0	104.6	120.0	104.8
1988	107.0	100.2	100.6	142.2	120.0	98.5	111.4	106.3	120.5	110.9	124.1	99.8
1989	106.6	108.5	109.6	95.4	100.0	108.5	109.5	111.1	139.3	105.9	106.0	104.2
1990	100.9	98.3	100.7	102.4	133.3	100.5	107.4	106.6	115.0	106.3	126.8	99.4
1991	109.7	111.3	109.5	109.4	125.0	117.0	122.4	114.8	111.6	124.9	117.8	112.8
1992	120.2	113.9	120.6	120.5	120.0	116.8	111.9	116.1	150.9	105.7	133.0	116.4
1993	110.7	108.3	104.0	138.9	116.7	96.4	106.6	109.4	73.4	113.5	120.6	95.4
1994	95.7	105.7	92.9	101.7	142.9	96.3	113.9	107.0	103.6	116.0	140.6	92.4
1995	92.6	109.5	84.7	109.2	105.0	113.6	107.3	103.7	79.5	111.1	115.1	89.9
1996	86.1	106.6	87.3	78.0	114.3	102.2	81.0	101.1	93.0	78.4	118.9	98.2
1997	104.4	103.6	104.3	104.6	104.2	106.3	102.0	100.1	104.0	101.8	122.0	196.4
1998	102.2	98.3	104.7	95.5	112.0	132.7	90.0	98.7	108.8	86.3	122.8	285.4
1999	104.3	98.3	107.5	96.8	110.7	117.8	86.3	97.3	115.0	80.9	111.2	113.5
2000	106.0	106.0	106.7	103.4	100.0	110.6	102.8	104.7	110.7	101.1	118.3	99.1
2001	110.4	101.7	114.8	102.9	112.9	107.1	105.1	100.3	110.7	104.6	116.9	104.3
2002	104.1	95.8	107.1	99.4	120.0	101.2	100.2	93.6	110.2	98.8	131.8	96.4
2003	105.1	104.0	105.5	104.4	100.0	104.0	113.5	102.6	106.5	117.1	118.3	86.3
2004	108.4	126.8	105.1	108.6	116.7	117.9	113.1	119.7	107.1	113.7	112.4	124.8
2005	101.5	95.7	102.7	101.3	149.0	101.7	105.1	93.7	118.8	103.4	132.0	100.9
2006	108.9	86.7	114.8	104.1	108.1	117.8	106.3	104.2	114.9	102.7	107.2	226.8
2007	113.4	101.9	115.5	112.3	110.5	114.0	106.4	101.3	122.1	102.7	107.7	119.1
2008	109.9	102.3	111.9	104.6	97.1	112.3	100.7	102.3	117.4	94.6	91.3	117.3
2009	117.3	97.5	123.7	107.9	106.8	101.0	107.7	89.7	123.9	102.9	102.4	106.3
2010	114.1	108.1	113.5	117.7	128.1	114.9	120.1	106.4	115.5	124.0	175.1	111.2
2011	114.6	98.9	117.0	113.4	102.4	101.9	119.9	97.8	122.6	121.6	112.2	100.3
2012	111.5	99.7	113.5	109.1	107.9	100.7	116.0	95.0	113.3	119.5	114.6	100.3
2013	114.8	100.3	115.1	118.4	102.7	102.6	127.8	98.5	118.1	133.5	104.2	96.1

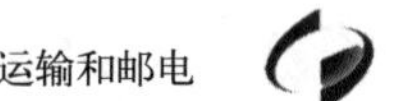

14-8 各市货运量

Freight Traffic by City

单位：万吨 (10000 tons)

市别	City	2005	2007	2008	2008(调整) (Adjusted)	2009	2010	2011	2012	2013
总计	**Total**	**133992**	**160455**	**176279**	**153256**	**179722**	**205034**	**234978**	**266359**	**305833**
广州	Guangzhou	28026	37603	41458	29586	45251	51335	56585	67678	82052
深圳	Shenzhen	7837	13402	14452	19126	21834	25706	28408	28217	29226
珠海	Zhuhai	2225	3374	3230	7524	6682	7038	6887	7581	8457
汕头	Shantou	1703	2050	2228	2489	2782	3087	3576	4078	4628
佛山	Foshan	17354	22401	24197	15121	17649	19153	23496	24757	27206
#顺德	Shunde	4096	4539	4588	2709	4310	5381	7458	7887	8696
韶关	Shaoguan	3251	3905	4411	3924	5483	6364	7056	9738	12184
河源	Heyuan	986	1145	1237	1959	2025	2244	2698	3296	3995
梅州	Meizhou	3751	4015	4145	3143	3501	4092	4747	5608	6325
惠州	Huizhou	4786	5695	7240	6672	8413	11104	14224	17111	19063
汕尾	Shanwei	1106	1682	1898	615	860	1232	1596	1765	1934
东莞	Dongguan	5127	5676	5971	9273	8733	9312	10165	11191	12863
中山	Zhongshan	5985	6652	6991	6793	7167	7820	11439	14770	16719
江门	Jiangmen	5626	5697	6099	6500	6691	7458	8180	8996	9999
阳江	Yangjiang	417	1971	2265	1293	1422	1752	2980	4173	7672
湛江	Zhanjiang	5016	6211	5949	5167	5549	6808	8847	9530	10590
茂名	Maoming	4388	5027	5799	3226	3660	4365	5202	6157	7123
肇庆	Zhaoqing	3689	4958	6490	2428	2647	2869	3342	3681	4472
清远	Qingyuan	3200	4583	5013	5803	6171	7155	8038	9238	10363
潮州	Chaozhou	1310	1475	1141	1555	1860	2339	2970	3541	3944
揭阳	Jieyang	2213	2030	3189	1318	1591	1945	2280	2559	2784
云浮	Yunfu	3286	3952	4983	1848	2085	2303	2707	3106	4410
不分地区	Unclassified	22710	16950	17893	17893	17666	19553	19555	19588	19825
按经济区域分	By Region									
珠三角	Pearl River Delta	103365	122408	134021	120916	142733	161348	182281	203570	229882
东翼	Eastern Region	6332	7237	8456	5977	7093	8603	10422	11943	13290
西翼	Western Region	9821	13209	14013	9686	10631	12925	17029	19860	25385
山区	Mountainous Region	14474	17600	19789	16677	19265	22158	25246	30986	37277

注：分市数据仅含公路和水路运输，铁路、民航和管道运输在“不分地区”反映。下表同。

Note: Data by city only include the figures of highway and waterway transportation, whereas data of railway, civil aviation and pipeline transportation are reflected in the category “Unclassified by Region”. The same applies to the following table.

14-9 各市货物周转量
Freight Ton-kilometers by City

单位：亿吨公里 (100 million ton-km)

市别	City	2005	2007	2008	2008(调整) (Adjusted)	2009	2010	2011	2012	2013
总计	**Total**	**3917.43**	**4489.69**	**4520.12**	**4591.22**	**4942.83**	**5933.88**	**7113.29**	**9780.56**	**12495.93**
广州	Guangzhou	2431.16	2179.90	2154.63	1604.62	1865.01	2032.86	2436.53	4570.28	6563.75
深圳	Shenzhen	317.28	842.55	730.40	1078.75	1118.37	1627.56	1931.80	1969.89	2090.03
珠海	Zhuhai	84.89	117.46	121.46	132.73	148.49	168.12	101.02	115.17	133.39
汕头	Shantou	38.41	45.95	52.54	62.88	79.66	101.79	133.88	161.12	183.93
佛山	Foshan	182.11	151.80	165.95	156.71	167.94	152.08	199.45	215.99	240.72
#顺德	Shunde	115.50	61.83	67.01	62.49	65.81	40.67	56.53	60.42	69.42
韶关	Shaoguan	26.97	34.54	40.03	75.54	97.74	118.91	143.07	206.87	255.05
河源	Heyuan	8.48	10.07	10.97	29.90	30.52	34.02	40.74	50.39	60.47
梅州	Meizhou	45.95	50.75	55.22	54.95	59.99	73.69	92.39	115.02	133.26
惠州	Huizhou	40.29	49.08	67.17	112.31	125.41	152.97	217.17	287.86	336.30
汕尾	Shanwei	8.60	18.52	20.69	6.21	9.01	13.44	17.56	22.97	26.07
东莞	Dongguan	32.94	35.67	37.44	174.75	101.65	109.03	187.48	296.71	432.27
中山	Zhongshan	43.03	53.26	57.30	60.48	58.65	64.81	94.28	122.05	146.55
江门	Jiangmen	70.96	71.33	75.41	72.63	75.69	112.55	107.19	115.29	135.07
阳江	Yangjiang	2.98	12.01	14.20	15.78	28.59	39.93	64.88	95.35	152.64
湛江	Zhanjiang	57.47	78.79	80.40	119.65	136.13	177.54	300.77	301.27	388.21
茂名	Maoming	23.78	32.35	43.72	67.64	78.75	92.42	118.35	140.43	162.06
肇庆	Zhaoqing	24.87	35.96	47.76	29.92	33.11	38.56	45.36	50.73	60.39
清远	Qingyuan	29.37	47.55	73.95	95.45	100.82	118.19	136.96	158.39	179.57
潮州	Chaozhou	25.27	38.15	15.73	75.97	85.73	103.37	130.88	163.68	175.63
揭阳	Jieyang	22.64	20.05	31.24	18.99	20.86	26.93	34.08	42.34	51.18
云浮	Yunfu	17.26	24.65	47.20	33.36	34.25	36.83	43.85	53.44	73.72
不分地区	Unclassified	382.72	539.32	576.72	512.00	486.46	538.26	535.61	525.33	515.69
按经济区域分	By Region									
珠三角	Pearl River Delta	3610.25	4076.30	4034.24	3934.90	4180.77	4996.80	5855.88	8269.29	10654.14
东翼	Eastern Region	94.92	122.67	120.19	164.04	195.26	245.54	316.40	390.11	436.81
西翼	Western Region	84.22	123.15	138.32	203.08	243.46	309.90	484.00	537.05	702.91
山区	Mountainous Region	128.04	167.56	227.37	289.20	323.34	381.64	457.01	584.11	702.07

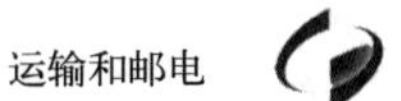

14-10 运输工具和线路拥有量

Number of Means of Transport and Length of Transport Routes

项 目	Item	2000	2005	2010	2011	2012	2013
铁 路	**Railways**						
铁路机车 (台)	Number of Locomotives (unit)	538	470	448	396	395	356
铁路营业里程 (公里)	Length of Railways in Operation (km)	1942	1924	2297	2555	2577	3203
中央铁路	National Railways	694	693	629	631	629	629
地方铁路	Local Railways	1248	1231	1668	1924	1948	2574
公 路	**Highways**						
公路通车里程 (公里)	Length of Highways (km)	102606	115337	190144	190724	194943	202915
民用汽车 (万辆)	Civil Motor Vehicles (10000 units)	172.91	377.29	783.50	912.10	1038.51	1178.51
载客汽车 (万辆)	Passenger Vehicles (10000 units)	85.34	247.44	629.30	745.35	861.60	992.39
(万客位)	Passenger Vehicle Seats (10000 seats)	796.92	2104.62	4148.85	4810.70	5429.96	565.60
私人轿车 (万辆)	Private Vehicles (10000 units)	25.39	119.38	380.46	456.59	531.88	669.36
载货汽车 (万辆)	Freight Vehicles (10000 units)	84.38	118.84	147.53	159.92	169.86	178.89
(万吨位)	Tonnage of Freight Vehicles (10000 tonnages)	351.75	262.11	268.23	296.26	316.00	340.11
水 运	**Waterways**						
内河通航里程 (公里)	Length of Navigable Inland Waterways (km)	13696	13596	13596	13596	13780	12096
机动船 (艘)	Number of Motor Vessels (unit)	21733	16208	8793	8657	8545	8474
(万净载重吨位)	Tonnage of Motor Vessels(dead weight tonnage)	526.88	735.97	1140.71	1529.14	2255.17	2401.37
(客位)	Number of Motor Vessel Seats (seat)	149004	70794	65960	72935	78953	78700
(总功率万千瓦)	Total Power (10000 kws)		422.27	420.54	448.50	606.90	632.26
驳 船 (艘)	Number of Barges (unit)	1076	110	23	21	18	20
(净载重吨位)	Tonnage of Barges (dead weight tonnage)	274836	60211	29318	33083	29872	33208
(客位)	Number of Barge Seats (seat)	395	48				
民 航	**Civil Aviation**						
民用航空航线条数 (条)	Number of Civil Aviation Routes (line)	329	557	815	768	826	886
民用航空航线里程(万公里)	Length of Civil Aviation Routes (10000 kms)	50.03	108.07	180.74	167.11	185.10	214.06
民用运输飞机 (架)	Number of Civil Aircrafts (unit)	106	241	441	454	496	560
管 道	**Pipelines**						
条 数 (条)	Number of Pipelines (line)	45	63	105	106	109	107
输油(气)里程 (公里)	Length of Petroleum and Gas Pipelines (km)	1535.57	1813.26	6033.62	6436.91	6448.01	6470.39

注：1. 2006年起，公路通车里程含农村公路。
2. 2006年起，船舶统计使用广东省交通厅数据。

Notes: a) Length of highways since 2006 includes data of rural highways.
b) Data of vessels since 2006 are provided by Guangdong Provincial Department of Transportation.

14-11 各市民用汽车拥有量（2013年）

Possession of Civil Vehicles by City (2013)

单位：辆 (unit)

市别	City	民用汽车总计 Total	载客汽车 Passenger Vehicles	#轿车 Sedan Cars	按车型分 By Vehicle Type 大型 Large	中型 Medium	小型 Small	微型 Minibuses
总计	**Total**	**11785076**	**9923947**	**6693628**	**156160**	**168761**	**9476881**	**122145**
广州	Guangzhou	2148053	1859693	1160842	35982	49877	1755672	18162
深圳	Shenzhen	2583869	2254157	1565881	36167	32249	2169717	16024
珠海	Zhuhai	312196	268300	192590	6155	4008	257944	193
汕头	Shantou	408481	338963	243236	3311	2875	326563	6214
佛山	Foshan	1358359	1153773	793204	10777	14070	1113099	15827
#顺德	Shunde	434565	361085	258860	3135	4415	349194	4341
韶关	Shaoguan	153291	125532	84162	1936	2086	119612	1898
河源	Heyuan	123456	92620	61509	2248	1940	87422	1010
梅州	Meizhou	185191	143111	101825	1614	2681	134787	4029
惠州	Huizhou	414021	348794	250200	6521	4713	333359	4201
汕尾	Shanwei	50134	38532	24542	1742	1105	35088	597
东莞	Dongguan	1389103	1225695	813640	18854	12848	1185672	8321
中山	Zhongshan	554767	445553	294543	4886	5167	423902	11598
江门	Jiangmen	410631	327947	225428	3852	6298	310696	7101
阳江	Yangjiang	154244	123990	94280	1389	1711	119265	1625
湛江	Zhanjiang	245060	186259	132691	4131	3898	175707	2523
茂名	Maoming	268634	199100	144834	3168	3267	187564	5101
肇庆	Zhaoqing	236077	171877	111098	3265	4251	161500	2861
清远	Qingyuan	231923	171125	103631	3266	4092	160933	2834
潮州	Chaozhou	166831	138270	93767	844	973	130030	6423
揭阳	Jieyang	218563	175728	124571	2538	1855	168057	3278
云浮	Yunfu	126264	96791	64508	1507	2830	90164	2290
不分地区	Unclassified	45928	38137	12646	2007	5967	30128	35
按经济区域分	By Region							
珠三角	Pearl River Delta	9453004	8093926	5420072	128466	139448	7741689	84323
东翼	Eastern Region	844009	691493	486116	8435	6808	659738	16512
西翼	Western Region	667938	509349	371805	8688	8876	482536	9249
山区	Mountainous Region	820125	629179	415635	10571	13629	592918	12061

14-11 续表 continued

单位：辆 (unit)

市 别	City	载货汽车 Freight Vehicles	按车型分 By Vehicle Type 重型 Heavy	中型 Medium	轻型 Light	微型 Mini Trucks	其他汽车 Others
总 计	**Total**	**1788884**	**232000**	**177412**	**1345658**	**33814**	**72245**
广 州	Guangzhou	275704	37529	32595	200477	5103	12656
深 圳	Shenzhen	316104	61711	26425	227455	513	13608
珠 海	Zhuhai	41932	5471	2695	33760	6	1964
汕 头	Shantou	67946	6213	3940	48589	9204	1572
佛 山	Foshan	199525	20235	21102	156716	1472	5061
#顺 德	Shunde	71776	6521	8935	55549	771	1704
韶 关	Shaoguan	26506	3024	1335	21676	471	1253
河 源	Heyuan	26340	3074	3046	19733	487	4496
梅 州	Meizhou	40040	5208	3729	30279	824	2040
惠 州	Huizhou	61838	7034	5651	48669	484	3389
汕 尾	Shanwei	10888	1504	1964	7110	310	714
东 莞	Dongguan	158298	16905	19141	121757	495	5110
中 山	Zhongshan	106583	7236	9548	88747	1052	2631
江 门	Jiangmen	80530	8468	9274	61589	1199	2154
阳 江	Yangjiang	29153	4378	2786	21573	416	1101
湛 江	Zhanjiang	56499	8631	8197	38839	832	2302
茂 名	Maoming	66170	7383	5324	50630	2833	3364
肇 庆	Zhaoqing	63006	8889	7366	46607	144	1194
清 远	Qingyuan	58541	10673	5913	41659	296	2257
潮 州	Chaozhou	26195	1189	1565	20774	2667	2366
揭 阳	Jieyang	42043	4276	3808	32694	1265	792
云 浮	Yunfu	28545	2902	1832	20077	3734	928
不分地区	Unclassified	6498	67	176	6248	7	1293
按经济区域分	By Region						
珠 三 角	Pearl River Delta	1310018	173545	133973	992025	10475	49060
东 翼	Eastern Region	147072	13182	11277	109167	13446	5444
西 翼	Western Region	151822	20392	16307	111042	4081	6767
山 区	Mountainous Region	179972	24881	15855	133424	5812	10974

14-12 各市私人汽车拥有量（2013年）
Possession of Private Vehicles by City (2013)

单位：辆 (unit)

市别	City	汽车总计 Total	载客汽车 Passenger Vehicles	#轿车 Sedan Cars	载货汽车 Freight Vehicles	其它汽车 Others
总计	**Total**	**9968597**	**8815600**	**6196892**	**1125548**	**27449**
广州	Guangzhou	1726966	1593485	1036731	128510	4971
深圳	Shenzhen	2123761	1999638	1445731	120733	3390
珠海	Zhuhai	253146	229002	173997	23702	442
汕头	Shantou	359275	309052	227354	49939	284
佛山	Foshan	1224299	1071341	756370	151121	1837
#顺德	Shunde	392439	336661	247095	55191	587
韶关	Shaoguan	130238	110510	78156	19381	347
河源	Heyuan	104075	78628	55298	21956	3491
梅州	Meizhou	162369	128153	95667	33072	1144
惠州	Huizhou	360883	315224	236495	44788	871
汕尾	Shanwei	39742	30549	21182	8804	389
东莞	Dongguan	1195220	1116536	767739	77750	934
中山	Zhongshan	492585	410004	278392	81768	813
江门	Jiangmen	351326	292983	210279	57618	725
阳江	Yangjiang	138132	113344	89360	24353	435
湛江	Zhanjiang	206663	160479	121796	44915	1269
茂名	Maoming	237007	181095	137189	53425	2487
肇庆	Zhaoqing	202795	149782	102304	52429	584
清远	Qingyuan	202068	151537	96910	49403	1128
潮州	Chaozhou	150383	128710	89223	20736	937
揭阳	Jieyang	196420	159462	116720	36532	426
云浮	Yunfu	111243	86085	59999	24613	545
按经济区域分	By Region					
珠三角	Pearl River Delta	7930982	7177996	5008038	738419	14567
东翼	Eastern Region	745820	627773	454479	116011	2036
西翼	Western Region	581802	454918	348345	122693	4191
山区	Mountainous Region	709993	554913	386030	148425	6655

14-13 各市公路基本情况（2013年）

Basic Conditions of Highways by City (2013)

单位：公里 (km)

市别	City	通车里程 Length of Highways	按等级分 By Class 等级路 Expres-sways and Class I to IV Highways	按等级分 By Class 等外路 Highways below Class IV	按路面分 By Pavement 有铺装路面 Paved Highways	按路面分 By Pavement 简易铺装路面 Simply-paved Highways	按路面分 By Pavement 未铺装路面 Unpaved Highways	桥梁 Bridges 座 Number (unit)	桥梁 Bridges 米 Span (meter)
总计	**Total**	**202915**	**186357**	**16558**	**139115**	**4972**	**58828**	**45501**	**3019570**
广州	Guangzhou	9004	7870	1134	7677	82	1246	3022	469998
深圳	Shenzhen	1680	1680		1680			906	124714
珠海	Zhuhai	1447	1421	26	1260	35	151	499	119726
汕头	Shantou	3802	3791	11	2728	11	1063	1043	52079
佛山	Foshan	5204	5204		5198	6		2531	380720
#顺德	Shunde	1803	1424	380	1803			682	54578
韶关	Shaoguan	15273	14852	421	10401	341	4530	2184	103726
河源	Heyuan	15346	14603	743	10321	74	4951	3297	105092
梅州	Meizhou	16961	15026	1936	13285		3676	3606	134526
惠州	Huizhou	11234	10703	531	8070	177	2988	3039	160679
汕尾	Shanwei	5470	5234	236	3622	76	1772	1276	41016
东莞	Dongguan	5002	4896	106	4937	8	58	1547	267780
中山	Zhongshan	2589	2545	44	2481	6	101	1211	153464
江门	Jiangmen	10012	8144	1868	6679	70	3262	2641	132004
阳江	Yangjiang	7473	6622	851	4635	469	2368	2147	80420
湛江	Zhanjiang	21800	15145	6655	10316	1982	9502	2312	89947
茂名	Maoming	15642	14795	846	8883	562	6196	3833	110334
肇庆	Zhaoqing	13382	13377	5	9919	331	3132	2335	134917
清远	Qingyuan	21746	21607	140	12440	571	8735	3437	136789
潮州	Chaozhou	5048	4974	74	3941	1	1105	1023	37393
揭阳	Jieyang	7210	7077	134	4891	6	2313	1978	81414
云浮	Yunfu	7588	6791	797	5748	163	1677	1634	102833
按经济区域分	By Region								
珠三角	Pearl River Delta	59555	55840	3715	47901	715	10939	17731	1944002
东翼	Eastern Region	21531	21077	455	15183	95	6253	5320	211902
西翼	Western Region	44914	36562	8352	23835	3013	18066	8292	280700
山区	Mountainous Region	76914	72878	4036	52196	1149	23569	14158	582966

14-14 公路通车里程和桥梁数

Length of Highways and Number of Bridges

项 目	Item	2000	2005	2010	2011	2012	2013
通车里程 （公里）	**Length of Highways (km)**	**102606**	**115337**	**190144**	**190724**	**194943**	**202915**
按等级分	By Class						
等级路	Expressways and Class Ⅰ to Ⅳ Highways	93695	106476	170144	172382	177204	186357
高速公路	Expressways	1186	3140	4839	5049	5524	5703
一 级	First Class	5391	7301	10126	10339	10544	10621
二 级	Second Class	13397	17146	19082	19044	19042	19125
三 级	Third Class	9156	12461	16089	16996	17210	17364
四 级	Fourth Class	64565	66428	120008	120955	124884	133544
等外公路	Highways below Class Ⅳ	8911	8861	19999	18342	17740	16558
按路面分	By Pavement						
有铺装路面	Paved Highways			123784	129440	134808	139115
简易铺装路面	Simply-paved Highways			5721	5272	4892	4972
未铺装路面	Unpaved Highways			60638	56013	55244	58828
桥 梁 （座）	**Number of Bridges (unit)**	**19668**	**23948**	**42330**	**43769**	**44468**	**45501**
（米）	Span of Bridges (m)	819770	1260600	2340261	2660957	2801751	3019570
#永久式 （座）	Number of Permanent Bridges (unit)	19656	23944	42233	43686	44385	45417
（米）	Span of Permanent Bridges (m)	819502	1260514	2337490	2658574	2799398	3017251
半永久式 （座）	Number of Semi-permanent Bridges (unit)	12	4	52	39	40	42
（米）	Span of Semi-permanent Bridges (m)	268	86	1391	1023	1032	1020
渡 口 （个）	**Number of Ferries (unit)**	**33**	**25**	**71**	**72**	**80**	**80**

14-15 输油(气)管道长度和运输量

Length and Traffic of Petroleum and Gas Pipelines

项目	Item	2000	2005	2009	2010	2011	2012	2013
总计	**Total**							
条数 (条)	Number of Pipelines (line)	45	63	81	105	106	109	107
输送里程 (公里)	Length of Pipelines (km)	1535.57	1813.26	5347.96	6033.62	6436.91	6448.01	6470.39
输油(气)量 (万吨)	Pipeline Traffic (10000 tons)	2952	3989	6322	7267	7403	7458	7652
输油(气)周转量(万吨公里)	Ton-kilometers (10000 ton-km)	417432	455853	1580795	1757891	1763644	1768918	1699404
原油管道	**Crude Oil Pipelines**							
条数 (条)	Number of Pipelines (line)	7	5	5	17	17	17	42
输送里程 (公里)	Length of Pipelines (km)	352.67	377.67	475.97	634.18	603.88	603.88	906.18
输油量 (万吨)	Pipeline Traffic (10000 tons)	1912	2434	3008	3364	3640	3366	3919
输油周转量 (万吨公里)	Ton-kilometers (10000 ton-km)	189623	219479	323812	352764	359526	354884	365214
成品油管道	**Refined Oil Pipelines**							
条数 (条)	Number of Pipelines (line)	27	42	55	62	61	63	35
输送里程 (公里)	Length of Pipelines (km)	211.00	295.22	3604.23	3925.88	4384.17	4382.77	4091.06
输油量 (万吨)	Pipeline Traffic (10000 tons)	663	931	2545	3015	2889	3366	3036
输油周转量 (万吨公里)	Ton-kilometers (10000 ton-km)	13250	14277	1045845	1153210	1164877	1206717	1178405
其他管道	**Other Pipelines**							
条数 (条)	Number of Pipelines (line)	11	16	21	26	28	29	30
输送里程 (公里)	Length of Pipelines (km)	971.90	1140.37	1267.76	1473.56	1448.86	1461.36	1473.15
输气量 (万吨)	Pipeline Traffic (10000 tons)	377	624	769	887	874	726	697
输气周转量 (万吨公里)	Ton-kilometers(10000 ton-km)	214559	222097	211138	251917	239241	207317	155784

14-16 民航航站吞吐量

Throughput of Civil Aviation Airports

年份 Year	合计 Total			进港 In-port			出港 Out-port		
	架次(万次) Sorties (10000 sorties)	旅客(万人) Passenger Traffic (10000 persons)	货物(万吨) Freight Traffic (10000 tons)	架次(万次) Sorties (10000 sorties)	旅客(万人) Passenger Traffic (10000 persons)	货物(万吨) Freight Traffic (10000 tons)	架次(万次) Sorties (10000 sorties)	旅客(万人) Passenger Traffic (10000 persons)	货物(万吨) Freight Traffic (10000 tons)
1980	1.60	161	2.90	0.80	81	1.40	0.80	80	1.50
1985	4.00	318	6.20	2.00	160	3.00	2.00	158	3.20
1990	6.20	687	13.50	3.10	343	5.90	3.10	344	7.60
1995	17.70	1963	39.50	8.80	963	14.10	8.90	1000	25.40
1996	18.20	2025	45.60	9.10	993	15.90	9.10	1032	29.70
1997	19.00	1981	49.00	9.50	974	16.70	9.50	1007	32.30
1998	20.80	2010	55.80	10.40	986	20.80	10.40	1024	35.00
1999	22.20	1929	63.70	11.10	942	25.60	11.10	987	38.10
2000	23.60	2143	73.00	11.80	1044	30.90	11.80	1099	42.10
2001	25.10	2344	81.00	12.50	1136	33.90	12.60	1208	47.10
2002	28.00	2731	95.70	14.00	1340	40.40	14.00	1391	55.30
2003	28.10	2751	82.40	14.10	1351	34.90	14.00	1400	47.50
2004	34.70	3661	115.80	17.30	1801	50.80	17.40	1860	65.00
2005	38.40	4100	133.00	19.20	2023	58.60	19.20	2077	74.40
2006	42.36	4599	151.13	21.18	2262	64.40	21.18	2337	86.70
2007	46.61	5407	133.20	23.30	2614	53.00	23.31	2793	80.20
2008	49.33	5738	130.47	24.60	2756	52.70	24.60	2982	77.78
2009	54.20	6462	158.50	27.10	3150	65.30	27.10	3312	93.20
2010	58.56	7189	198.40	29.30	3533	83.00	29.30	3655	115.50
2011	61.18	7768	203.96	30.59	3837	84.56	30.59	3931	119.40
2012	65.60	8283	213.59	32.79	4090	86.81	32.81	4193	126.78
2013	70.83	9124	226.75	35.41	4502	91.96	35.42	4622	134.79

注：从2007年起，货物吞吐量不含行李。
Note: Since 2007, freight traffic handled excludes luggage traffic.

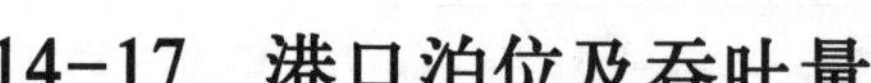

14-17 港口泊位及吞吐量

Berth and Throughput of Coastal Ports

项　目	Item	2000	2005	2010	2012	2013
码头泊位合计　（个）	**Number of Berths (unit)**	**3191**	**2926**	**3082**	**3125**	**3128**
沿海港口	**Coastal Ports**	**1373**	**1334**	**1884**	**1963**	**1980**
#广州港	Guangzhou Port	141	617	633	657	568
湛江港	Zhanjiang Port	41	142	184	184	177
汕头港	Shantou Port	28	88	91	91	92
深圳港	Shenzhen Port	121	142	172	172	159
内河港口	**Ports of Inland Rivers**	**1818**	**1592**	**1198**	**1162**	**1148**
万吨级码头泊位合计　（个）	**Berths at 10000 Ton Class (unit)**	**126**	**191**	**245**	**265**	**273**
沿海港口	**Coastal Ports**	**126**	**191**	**245**	**265**	**273**
#广州港	Guangzhou Port	32	51	62	68	68
湛江港	Zhanjiang Port	24	31	31	31	30
汕头港	Shantou Port	6	16	18	18	19
深圳港	Shenzhen Port	34	56	69	69	67
内河港口	**Ports of Inland Rivers**					
码头泊位长度　（米）	**Length of Quay Line (m)**	**180238**	**190788**	**252762**	**261368**	**264769**
沿海港口	**Coastal Ports**	**105193**	**120307**	**176753**	**187593**	**192302**
#广州港	Guangzhou Port	13496	46553	51673	55675	49273
湛江港	Zhanjiang Port	6635	13411	17458	17458	17243
汕头港	Shantou Port	3152	8917	9715	9715	9898
深圳港	Shenzhen Port	17150	24026	31377	31461	30790
内河港口	**Ports of Inland Rivers**	**75045**	**70481**	**76009**	**73775**	**72467**
货物吞吐量合计　（万吨）	**Total Volume of Freight Handled (10000 tons)**	**31649**	**70926**	**122258**	**140776**	**156373**
沿海港口	**Coastal Ports**	**25495**	**59273**	**105300**	**121266**	**130831**
#广州港	Guangzhou Port	11128	25036	42526	43517	45517
湛江港	Zhanjiang Port	2038	6620	13638	17092	18006
汕头港	Shantou Port	1284	1736	3509	4563	5038
深圳港	Shenzhen Port	4224	15351	22097	22807	23398
内河港口	**Ports of Inland Rivers**	**6154**	**11653**	**16958**	**19510**	**25542**
集装箱吞吐量合计（万TEU）	**Total Volume of Containers Handled (10000 TEUS)**	**862.68**	**2644.87**	**4360.14**	**4763.00**	**4951.07**
沿海港口	**Coastal Ports**	**655.15**	**2378.21**	**3867.77**	**4256.20**	**4420.12**
#广州港	Guangzhou Port	142.98	468.26	1270.00	1454.74	1531.11
湛江港	Zhanjiang Port	7.48	17.78	32.01	41.21	45.18
汕头港	Shantou Port	11.44	36.83	93.50	125.02	128.80
深圳港	Shenzhen Port	395.84	1619.67	2250.96	2294.13	2327.85
内河港口	**Ports of Inland Rivers**	**207.53**	**266.66**	**492.37**	**506.79**	**530.95**
旅客吞吐量合计　（万人）	**Total Volume of Passengers Handled(10000 persons)**	**1670.32**	**2095.12**	**2483.21**	**2869.27**	**3045.42**
沿海港口	**Coastal Ports**	**1330.81**	**1753.55**	**2109.39**	**2457.39**	**2597.65**
#广州港	Guangzhou Port	15.00	94.98	79.01	74.89	77.02
湛江港	Zhanjiang Port	29.60	596.68	1051.41	1215.23	1235.34
汕头港	Shantou Port	5.50	0.24			
深圳港	Shenzhen Port	203.36	368.66	333.88	432.57	490.20
内河港口	**Ports of Inland Rivers**	**339.51**	**341.57**	**373.82**	**411.88**	**447.77**

14-18 各市港口货物吞吐量

Freight Throughput of Ports by City

单位：万吨 (10000 tons)

项 目	Item	2000	2005	2009	2010	2011	2012	2013
总 计	**Total**	**31649**	**70926**	**102761**	**122258**	**133704**	**140776**	**156373**
广 州	Guangzhou	12455	27283	37549	42526	44770	45125	47200
深 圳	Shenzhen	5697	15351	19365	22098	22325	22807	23398
珠 海	Zhuhai	1770	3557	4407	6056	7170	7745	10023
汕 头	Shantou	1284	1736	3102	3509	4005	5253	5038
佛 山	Foshan	2033	3951	5099	5410	5423	4563	5474
#顺 德	Shunde	263	695	1229	1237	1231	988	967
韶 关	Shaoguan	131	118	33	40	53	82	53
河 源	Heyuan	45	49					
梅 州	Meizhou	145	306	142	132	135	128	125
惠 州	Huizhou	825	1515	3811	4673	5170	5257	8045
汕 尾	Shanwei	25	107	460	489	564	772	628
东 莞	Dongguan	746	2280	3530	5657	6848	9228	11187
中 山	Zhongshan	635	2072	3401	4798	5485	5153	6876
江 门	Jiangmen	879	2438	4170	4965	5914	6211	6737
阳 江	Yangjiang	68	222	331	799	1121	1605	2055
湛 江	Zhanjiang	2688	6620	11838	13638	15539	17092	18006
茂 名	Maoming	1104	1360	2122	2284	2307	2390	2370
肇 庆	Zhaoqing	189	520	1124	1597	2489	2729	2954
清 远	Qingyuan	193	461	499	639	697	729	1008
潮 州	Chaozhou	60	80	348	635	936	951	1051
揭 阳	Jieyang	266	248	744	1290	1547	1601	2510
云 浮	Yunfu	411	654	686	1023	1206	1355	1635
按经济区域分	By Region							
珠 三 角	Pearl River Delta	25229	58966	82457	97779	105594	108818	121895
东 翼	Eastern Region	1635	2171	4654	5924	7051	8577	9226
西 翼	Western Region	3860	8202	14291	16721	18967	21087	22431
山 区	Mountainous Region	925	1588	1359	1834	2092	2294	2821

14-19 各市城市公共交通情况（2013年）

Basic Statistics on Public Transportation in Cities by City (2013)

市别	City	公共汽电车 Public Bus and Trolly Bus				出租汽车 Taxi	
		运营车辆（辆） Number of Vehicles under Operation (unit)	公共汽车 Bus	运营线路网长度(公里) Length under Operation (Km)	客运量（万人） Passenger Traffic (10000 persons)	运营车辆（辆） Number of Vehicles in Operation (unit)	客运量（万人） Passangers Transported (10000 persons)
总计	**Total**	**53556**	**53282**	**92544**	**754858**	**67362**	**207894**
广州	Guangzhou	13288	13014	17099	269104	21853	77253
深圳	Shenzhen	14617	14617	19087	220178	15973	43230
珠海	Zhuhai	1938	1938	3399	33195	2165	7319
汕头	Shantou	1167	1167	2101	12122	1384	2896
佛山	Foshan	5467	5467	13170	58165	3425	8771
#顺德	Shunde	1636	1636	2880	2880	1083	1803
韶关	Shaoguan	482	482	1139	6157	1010	3804
河源	Heyuan	282	282	409	3662	780	2156
梅州	Meizhou	464	464	841	1877	688	1421
惠州	Huizhou	1783	1783	3217	24649	1730	5748
汕尾	Shanwei	331	331	724	1559	746	1018
东莞	Dongguan	5766	5766	14963	48541	7691	23930
中山	Zhongshan	2363	2363	3152	24173	1581	4277
江门	Jiangmen	1372	1372	3628	13452	1057	4084
阳江	Yangjiang	183	183	276	1885	641	746
湛江	Zhanjiang	977	977	1481	12351	1652	8947
茂名	Maoming	563	563	1238	4639	524	987
肇庆	Zhaoqing	636	636	1704	7961	1232	4823
清远	Qingyuan	949	949	2710	6879	1049	3471
潮州	Chaozhou	229	229	460	1212	862	829
揭阳	Jieyang	310	310	522	1161	913	1254
云浮	Yunfu	389	389	1225	1937	406	930
按经济区域分	By Region						
珠三角	Pearl River Delta	47230	46956	79420	699419	56707	179435
东翼	Eastern Region	2037	2037	3806	16053	3905	5996
西翼	Western Region	1723	1723	2995	18875	2817	10681
山区	Mountainous Region	2566	2566	6324	20511	3933	11783

14-19 续表 continued

市别	City	轨道交通 Subway, Light Rail and Streetcar 运营车数（辆）Number of Vehicles under Operation (unit)	运营线路长度（公里）Length under Operation (km)	客运量（万人）Passangers Transported (10000 persons)	客运轮渡 Passanger Ferryboat 运营船舶（艘）Number of Vehicles under Operation (unit)	客运量（万人）Passangers Transported (10000 persons)
总计	**Total**	**2470**	**437**	**297111**	**70**	**2567**
广州	Guangzhou	1398	260	205396	41	2072
深圳	Shenzhen	1072	177	91715		
珠海	Zhuhai					
汕头	Shantou				9	305
佛山	Foshan				2	34
#顺德	Shunde					
韶关	Shaoguan					
河源	Heyuan					
梅州	Meizhou					
惠州	Huizhou					
汕尾	Shanwei				9	29
东莞	Dongguan					
中山	Zhongshan					
江门	Jiangmen				1	22
阳江	Yangjiang					
湛江	Zhanjiang				8	106
茂名	Maoming					
肇庆	Zhaoqing					
清远	Qingyuan					
潮州	Chaozhou					
揭阳	Jieyang					
云浮	Yunfu					
按经济区域分	By Region					
珠三角	Pearl River Delta	2470	437	297111	44	2128
东翼	Eastern Region				18	334
西翼	Western Region				8	106
山区	Mountainous Region					

14-20 邮电业务总量和指数

Business Volume of Postal and Telecommunication Services and Their Indices

年份 Year	邮电业务总量(亿元) Business Volume of Postal and Telecommunication Services (100million yuan)			指数(上年=100) Indices (preceding year=100)		
	合计 Total	邮政 Postal Services	通信 Telecommunication Services	合计 Total	邮政 Postal Services	通信 Telecommunication Services
1978	0.90			103.4		
1979	0.96			106.7		
1980	1.05			109.4		
1981	1.15			109.5		
1982	1.17			101.7		
1983	1.31			112.0		
1984	1.56			119.1		
1985	2.05			131.4		
1986	2.54			123.9		
1987	3.49			137.4		
1988	5.11			146.4		
1989	10.33	0.75	9.58	135.9	90.4	141.5
1990	26.30	3.91	22.39	254.6	521.3	233.7
1991	38.89	4.60	34.29	147.9	117.6	153.1
1992	57.06	5.59	51.47	146.7	121.5	150.1
1993	94.25	7.10	87.15	165.2	127.0	169.3
1994	142.78	8.32	134.46	151.5	117.2	154.3
1995	204.93	9.63	202.60	143.5	115.7	150.7
1996	265.56	10.92	254.64	129.6	113.4	125.7
1997	330.38	11.44	318.94	124.4	104.8	125.3
1998	418.18	15.20	402.98	126.6	132.9	126.3
1999	542.65	19.72	522.93	129.8	129.8	129.8
2000	757.22	50.40	706.82	139.5	255.5	135.2
2001	782.67	42.13	740.54	129.9	105.1	131.7
2002	917.87	48.36	869.51	117.3	114.8	117.4
2003	1202.52	54.33	1148.19	131.0	112.3	132.1
2004	1781.78	55.12	1726.66	148.2	101.5	150.4
2005	2121.94	59.82	2062.12	119.1	108.5	119.4
2006	2540.54	69.48	2471.06	119.7	116.1	119.8
2007	3070.55	77.30	2993.25	120.9	111.3	121.1
2008	3564.85	87.97	3476.88	116.1	113.8	116.2
2009	3938.15	101.16	3837.00	110.5	115.0	110.4
2010	4832.94	118.57	4714.37	122.7	117.2	124.4
2011	1918.01	291.36	1626.65	116.4	129.9	114.3
2012	2174.67	395.18	1779.49	113.4	135.6	109.4
2013	2507.99	592.00	1915.99	115.3	149.8	107.7

注：1. 邮电业务总量1988年及以前按1980年不变价格计算，1989-2000年按1990年不变价格计算，2001-2010年按2000年不变价格计算，2011年起按2010年不变价格计算。
2. 指数按可比价格计算。
3. 统计范围是辖区内全社会所有从事电信运营企业和国家邮政企业,以及获得快递业务经营许可的快递服务企业。

Notes: a) The business volume of postal and telecommunication services in and before 1988 was calculated at 1980 constant prices, that from 1989 to 2000 was calculated at 1990 constant prices, that from 2001 to 2010 was calculated at 2000 constant prices, and that from 2011 on was calculated at 2010 constant prices.
b) The indices are calculated at constant prices.
c) The statistical coverages of business volume of postal and Telecommunication services are all telecom enter prises, the national postal enterprises and express mail enterprises with express license.

14-21 各市邮电业务总量

Business Volume of Postal and Telecommunication Services by City

单位：亿元 (100 million yuan)

市别	City	2000	2005	2009	2010	2011	2012	2013
总计	**Total**	**757.22**	**2121.94**	**3938.15**	**4832.94**	**1918.01**	**2174.67**	**2507.99**
广州	Guangzhou	168.26	484.79	864.78	1051.65	525.32	495.88	568.74
深圳	Shenzhen	154.20	471.53	854.42	1031.26	404.40	463.95	598.10
珠海	Zhuhai	22.31	61.48	107.99	137.61	43.85	49.11	54.39
汕头	Shantou	36.61	76.95	144.63	173.81	60.13	68.82	75.39
佛山	Foshan	66.29	177.20	347.17	428.72	134.57	148.78	165.35
#顺德	Shunde	25.91	46.85	88.77	35.13	41.70	43.82	46.58
韶关	Shaoguan	11.11	27.42	55.79	69.58	21.68	25.59	27.49
河源	Heyuan	6.26	16.17	35.13	46.33	19.36	23.75	26.36
梅州	Meizhou	12.87	23.24	43.16	52.48	35.69	43.17	46.72
惠州	Huizhou	27.19	80.00	161.25	201.02	65.92	80.05	86.44
汕尾	Shanwei	11.10	19.38	38.58	48.01	17.59	20.73	23.05
东莞	Dongguan	74.05	313.97	563.47	674.09	218.36	250.47	254.73
中山	Zhongshan	30.10	83.16	152.56	194.98	69.35	80.22	87.33
江门	Jiangmen	32.02	61.13	109.37	135.08	50.34	56.64	60.07
阳江	Yangjiang	8.60	19.58	39.32	50.67	21.36	25.25	28.09
湛江	Zhanjiang	19.38	40.48	89.38	116.85	56.98	68.72	76.45
茂名	Maoming	13.21	32.97	67.63	87.27	39.23	48.50	53.53
肇庆	Zhaoqing	13.22	37.97	75.86	95.05	32.28	37.48	41.13
清远	Qingyuan	9.96	21.27	45.35	56.06	28.14	33.50	36.86
潮州	Chaozhou	12.78	25.13	42.84	54.52	21.70	24.70	27.26
揭阳	Jieyang	20.81	34.67	73.36	94.01	35.57	41.29	45.36
云浮	Yunfu	6.89	13.47	26.11	33.91	16.18	20.34	21.53
不分地区	Unclassified						67.74	103.62
按经济区域分	By Region							
珠三角	Pearl River Delta	587.64	1771.22	3236.87	3949.45	1544.39	1730.31	2019.89
东翼	Eastern Region	81.31	156.12	299.41	370.35	134.99	155.53	171.07
西翼	Western Region	41.19	93.03	196.33	254.79	117.58	142.47	158.07
山区	Mountainous Region	47.09	101.57	205.54	258.35	121.05	146.36	158.96

注：1. 2000年的邮电业务总量按1990年不变价格计算，2011年起按2010年不变价格计算，其余年份按2000年不变价格计算。
2. 统计范围是辖区内全社会所有从事电信运营企业和国家邮政企业,以及获得快递业务经营许可的快递服务企业。

Note: a) Business volume of postal and telecommunication services of 2000 is calculated at 1990 constant prices, business volumes after 2011 is calculated at 2010 constant prices, business volumes of other years are calculated at 2000 constant prices.
b) Statistics coverage in this table refers to all telecom operation enterprise, the national postal enterprises and express mail enterprises with express license.

14-22 各市邮电业务情况（2013年）

Conditions of Postal and Telecommunication Services by City (2013)

市别	City	业务总量(亿元) Business Volume of Postal and Telecom-munication Services (100million yuan)	#通信 Business Volume of Telecom-munications	函件(万件) Number of Letters (10000 pcs)	报刊累计数(万份) Newspaper and Magazine Issue (10000 copies)	快递(万件) Pieces of Express Mail Services (10000 pcs)	移动电话用户(万户) Subscribers of Mobile Telephones (10000 subscribers)	城市电话用户(万户) Telephone Subscribers in Urban Areas (10000 subscribers)	乡村电话用户(万户) Telephone Subscribers in Rural Areas (10000 subscribers)
总计	**Total**	**2507.99**	**1915.99**	**70115.06**	**102716.93**	**210670.28**	**14706.06**	**2265.73**	**834.16**
广州	Guangzhou	568.74	387.02	22064.80	16329.22	79337.37	2795.79	526.39	49.15
深圳	Shenzhen	598.10	371.47	14612.31	11808.87	65511.56	2921.53	549.57	18.29
珠海	Zhuhai	54.39	44.92	4820.56	2554.64	4012.36	350.54	63.40	18.83
汕头	Shantou	75.39	64.26	1590.02	3707.38	4428.37	587.49	78.94	55.52
佛山	Foshan	165.35	140.54	5500.85	12206.05	9699.17	1238.51	267.68	22.35
#顺德	Shunde	46.58	45.28	1548.31	3553.37	2934.62	440.33	81.67	6.68
韶关	Shaoguan	27.49	24.60	1081.89	2323.40	523.69	231.19	41.60	18.25
河源	Heyuan	26.36	24.33	335.39	3726.80	500.87	167.36	25.24	25.22
梅州	Meizhou	46.72	42.84	1048.60	3381.96	867.75	258.40	35.56	31.84
惠州	Huizhou	86.44	76.59	790.82	4659.52	3457.45	573.05	85.59	44.67
汕尾	Shanwei	23.05	21.37	77.11	1064.18	486.36	184.85	16.37	23.73
东莞	Dongguan	254.73	187.71	4479.17	5800.04	27593.14	1926.67	142.60	172.65
中山	Zhongshan	87.33	71.61	2071.36	3640.99	6026.53	626.02	53.96	61.48
江门	Jiangmen	60.07	52.40	3647.95	6730.74	2288.20	479.09	82.67	53.99
阳江	Yangjiang	28.09	25.32	1023.51	1812.05	536.54	187.90	28.77	20.15
湛江	Zhanjiang	76.45	70.55	1337.63	3641.88	1003.15	477.45	47.12	27.58
茂名	Maoming	53.53	49.21	797.01	3435.64	733.18	341.66	36.12	40.67
肇庆	Zhaoqing	41.13	37.32	475.19	2775.81	1023.33	317.16	46.70	28.97
清远	Qingyuan	36.86	34.35	916.02	3539.40	569.05	292.51	33.72	19.90
潮州	Chaozhou	27.26	24.39	626.74	1909.38	845.93	240.15	38.21	31.00
揭阳	Jieyang	45.36	41.87	432.03	1989.38	1045.18	362.05	47.66	46.11
云浮	Yunfu	21.53	19.71	940.31	1602.32	181.12	146.66	17.89	23.82
不分地区	Unclassified	103.62	104	1445.79	4077.28				
按经济区域分	By Region								
珠三角	Pearl River Delta	2019.89	1473.19	59908.81	70583.16	198949.10	11228.38	1818.57	470.37
东翼	Eastern Region	171.07	151.90	2725.89	8670.32	6805.84	1374.54	181.17	156.36
西翼	Western Region	158.07	145.08	3158.15	8889.57	2272.87	1007.01	112.01	88.40
山区	Mountainous Region	158.96	145.83	4322.21	14573.88	2642.47	1096.13	153.99	119.03

注：1. 邮电业务总量按2010年不变价格计算。

2. 统计范围是辖区内全社会所有从事电信运营企业和国家邮政企业，以及获得快递业务经营许可的快递服务企业。

Note: a) The business volume of postal and telecommunication services is calculated at 2010 constant prices.

b) The statistics coverage in this table refers to all telecom operation enterprises, national postal enterprises and express mail service enterprises with express license.

14-23 邮政通信业基本情况

Basic Conditions of Postal and Telecommunication Services

项　目	Item	2000	2005	2010	2012	2013
邮运汽车 (辆)	Number of Postal Vehicles (unit)	1154	1170	1155	1067	1057
邮路长度 (公里)	Length of Postal Routes (km)	180724	369332	137740	110345	121579
农村投递路线 (公里)	Length of Rural Delivery Routes (km)	185223	206151	214877	215842	222384
长途光缆线路长度 (公里)	Length of Long-distance Optical Cable Routes (km)		40846	46289	46530	47357
长途电话交换机容量 (万路端)	Capacity of Long-distance Telephone Exchanges (10000 lines)	70.34	206.02	269.11	261.81	261.81
本地交换设备容量 (万门)	Capacity of Local Telephone Exchanges (10000 lines)	1939.45	4616.57	5383.59	4360.56	4086.51
移动电话交换机容量(万户)	Capacity of Mobile Telephone Exchanges (10000 subscribers)	1825.40	7925.00	14766.90	20305.60	21147.70
本地电话用户 (万户)	Number of Subscribers of Local Telephones (10000 subscribers)	1414.94	3442.53	3169.14	3135.81	3099.89
#城市电话	Urban Subscribers	916.03	2700.89	2236.05	2220.87	2265.73
移动电话用户 (万户)	Number of Mobile Telephones Subscribers (10000 subscribers)	1357.26	6406.61	9710.09	12467.99	14706.06
国际互联网用户 (万户)	Number of Internet Subscribers (10000 subscribers)	216.41	1006.36	1523.22	1975.39	2154.28
互联网用户使用时长 (亿分钟)	Duration of Internet Use by Subscribers (100million minutes)	90.06	3190.52	19871.15	30835.73	44314.07
函件 (万件)	Number of Letters (10000 pcs)	106603	91267	76204	80390	70115
快递 (万件)	Pieces of Express Mail Services (10000 pcs)	1328	3328	59108	133770	210670
报刊累计数 (万份)	Newspaper and Magazine Circulation (10000 copies)	107755	113009	87895	105321	102717
全省平均每人每年发函件数 (件)	Annual Number of Per Capita Letter Mailed (pcs)	13.80	11.30	8.31	9.45	8.73
全省平均每百人每年订报刊数 (份)	Annual Average Number of Newspapers and Magazines Subscribed per 100 Persons (copies)	15.10	12.07	8.21	12.00	10.58
本地电话普及率 (户/百人)	Popularization Rate of Local Telephones (subscribers/100 persons)	18.40	37.44	30.38	29.60	29.12
移动电话普及率 (户/百人)	Popularization Rate of Mobile Telephones (subscribers/100 persons)	17.61	69.68	93.09	117.69	138.16

注：从2010年起,由于速递物流和邮政储蓄从国家邮政业分离,因此邮路、邮运汽车等数据与往年不可比。

Note: Since 2010, Since express logistics and postal savings have been seperated from national postal services, data on length of postal routes and number of postal vehicles are not comparable with the previous years.

主要统计指标解释

铁路营业里程 又称营业长度(包括正式营业和临时营业里程)，指办理客货运输业务的铁路正线总长度。凡是全线或部分建成双线及以上的线路，以第一线的实际长度计算；复线、站线、段管线、岔线和特殊用途线以及不计算运费的联络线都不计算营业里程。该指标可以反映铁路运输业基础设施的发展水平，也是计算客货周转量、运输密度和机车车辆运用效率等指标的基础资料。

公路通车里程 指在一定时期内实际达到《公路工程技术标准 JTJ01-88》规定的等级公路，并经公路主管部门正式验收交付使用的公路里程数。包括大中城市的郊区公路以及通过小城镇街道部分的公路里程和桥梁、渡口的长度，不包括大中城市的街道、厂矿、林区生产用道和农业生产用道的里程。两条或多条公路共同经由同一路段，只计算一次，不得重复计算里程长度。该指标可以反映公路建设的发展规模，也是计算运输网密度等指标的基础资料。

内河航道里程 也称内河通航里程，指在一定时期内，能通航运输船舶及排筏的天然河流、湖泊水库、运河及通航渠道的长度。包括全年季节性通航累计三个月以上的航道，不包括仅供零散流放竹、木排的河道。该指标可以反映内河水运网的规模、水平和发展情况。

民用航空航线里程 指民航运输定期班机飞行的航线长度的总和。航线长度按机场之间的距离计算，通常有两种计算方法：一是将每条航线长度相加称为重复计算航线里程；一是将两线或两条以上航线经过同一区段里程，只计算一次航线长度称为不重复计算航线里程。一般常用的是后者，该指标可以确切反映民航运输网的规模，是表明民航事业为国民经济服务和方便人民生活程度的主要指标。

输油(气)管道里程 指油品(或天然气)的实际输送距离，一般按输油(气)管道的单线长度计算。若包括复线和备用线长度则称为输油(气)管道延展长度，是指管道铺设的实际长度。我们通常使用的是不包括复线的“输油(气)管道里程”，该指标可以反映管道运输的发展规模和水平。

货(客)运量 指在一定时期内，各种运输工具实际运送的货物(旅客)数量。该指标是反映运输业为国民经济和人民生活服务的数量指标，也是制定和检查运输生产计划、研究运输发展规模和速度的重要指标。货运按吨计算，客运按人计算。货物不论运输距离长短、货物类别，均按实际重量统计。旅客不论行程远近或票价多少，均按一人一次客运量统计；半价票、小孩票也按一人统计。

货物(旅客)周转量 指在一定时期内，由各种运输工具运送的货物(旅客)数量与其相应运输距离的乘积之总和。该指标可以反映运输业生产的总成果，也是编制和检查运输生产计划，计算运输效率、劳动生产率以及核算运输单位成本的主要基础资料。计算货物(旅客)周转量通常按发出站与到达站之间的最短距离，也就是计费距离计算。计算公式为：

货物（旅客）周转量=Σ（货物（旅客）运输量×运输距离）

港口货物吞吐量 指经水运进出港区范围，并经过装卸的货物数量，包括邮件及办理托运手续的行李、包裹以及补给运输船舶的燃料、物料和淡水。货物吞吐量按货物流向分为进口、出口吞吐量，按货物交流性质分为外贸货物吞吐量和国内贸易货物吞吐量。货物吞吐量的货类构成及其流向，是衡量港口生产能力大小的重要指标。

民用汽车 指报告期末，在公安交通管理部门按照《机动车注册登记工作规范》，已注册登记领有民用车辆牌照的全部汽车数量。汽车统计的主要分类：根据汽车结构分为载客汽车、载货汽车及其他汽车；根据汽车所有者不同分为个人(私人)汽车、单位汽车；根据汽车的使用性质分为营运汽车、非营运汽车；根据汽车大小规格不同载客汽车分为大型、中型、小型和微型，载货汽车分为重型、中型、轻型和微型。

机动船 又称自航船，指装有各种发动机推进装置，以机械动力行驶的船舶。

驳船 指本身无动力装置，或只设简易动力装置，依靠拖船或推船带动的平底船。

船舶净载重量 指报告期末所拥有船舶的总载重量减去燃（物）料、淡水、粮食及供应品、人员及其行李等的重量及船舶常数后，能够装载货物的实际重量。

沿海港口 指位于海沿岸，具有一定设施和条件，供船舶停靠、旅客上下、货物装卸、生活物料供应等作业的港口。

内河港口 指位于江、河、湖沿岸，具有一定设施和条件，供船舶停靠、旅客上下、货物装卸、生活物料供应等作业的港口。

民用航空航线条数 民用航空航线指出于商业的目的，运输飞机从地球表面一点(起飞)飞到另一点(终点)的航行线路。应同时具备三个条件：一是有运输飞机定期飞行，二是有足以保证运输飞机飞行和起降所需要的机场及地面设施，三是经过批准并在一个航季中正常执行。计算条数时，来回程计为一条。分为国内航线、国际航线和地区航线。

民航运输飞机 从事公共航空运输的民用飞机。分为大中型飞机和小型飞机，大中型飞机指 100 座及以上的运输飞机，小型飞机指 100 座以下的运输飞机。

城市公共交通 指城市中供公众乘用的、经济方便的各种交通方式的总称。包括公共汽车、电车、轨道交通（地铁、轻轨、有轨电车、磁悬浮、索道、缆车等）、出租汽车、公共轮渡等客运交通设施。

运营线路网长度 指公共交通线路所通过的运营线路净长度。计算公式：运营线路网长度=运营线路总长度－Σ重复的线路长度

运营线路总长度 指全部运营线路长度之和。计算公式：运营线路长度=Σ各条运营线路长度=Σ〔1/2（上行起点至终点里程+下行起点至终点里程+上下行终点掉头里程〕。单向行驶的环行线路长度等于起点至终点里程与终点下客站至起点里程之和的一半，不包括折返、试车、联络线等非运营线路。

运营车辆数 指城市中用于公共交通运营业务的全部车辆数。地铁和轻轨在统计时一自然节为一辆。出租汽车指已经领取出租汽车专用牌照的运营车辆，包括技术完好的、在修的、长期行驶的以及拟报废尚未经上级机关批准的车辆。

轮渡运营船舶数 指用于城市客渡运营业务的全部船舶数。不含旅游客轮（长途旅游、市内供游人游览江、河、湖泊的船只）。

城市公共交通客运总量 指报告期内城市公共交通各种运输方式运送乘客的总人次。

邮电业务总量 指以价值量形式表现的邮电通信企业为社会提供各类邮电通信服务的总数量。邮电业务量按专业分类包括函件、包件、汇票、报刊发行、邮政快件、特快专递、邮政储蓄、集邮、公众电报、用户电报、传真、长途电话、出租电路、无线寻呼、移动电话、分组交换数据通信、出租代维等。计算方法为各类产品乘以相应的平均单价(不变价)之和，再加上出租电路和设备、代用户维护电话交换机和线路等的服务收入。该指标综合反映了一定时期邮电业务发展的总成果，是研究邮电业务量构成和发展趋势的重要指标。计算公式为：

邮电业务总量=Σ（各类邮电业务量×不变单价）+出租代维及其他业务收入

=邮政业务总量+通信业务总量

移动电话用户 指通过移动电话交换机进入移动电话网、占用移动电话号码的各类电话用户。包括签约用户和智能网预付费用户。一个移动电话号码统计为一户。

本地电话用户 指接入本地电信运营商固定电话网上的电话用户。包括：住宅用户、单位用户、公用电话用户等。按电话用户位置又分为城市电话用户和乡村电话用户。按通信手段又分为固定电话用户和无线市话用户。1997 年以前，“城市（内）电话用户”是指接入县城及县以上城市的电话网上的电话用户；“乡（农）村电话用户”是指接入县邮电局农话台及县以下农村电话交换点，以县城为中心(除市话用户外)联通县、乡(镇)、行政村、村民小组的用户。从 1997 年起，电话用户数分组调整为以用户所在区域划分为“城市电话用户”和“乡村电话用户”，与过去的按市内电话和农村电话划分方法不同。

城市电话用户 指直辖市、省辖市、地级市、县级市的市区、市郊区及县城(包括县人民政府所在地的县城关区或行政建制相当于县人民政府所在地的镇)范围内接入局用交换机的电话用户数，包括分布在农村地区的独立工矿区、林区、驻军等电话用户数。

乡村电话用户 指按行政区划属于城市范围以外的乡(镇)、村的电话用户数。

国际互联网用户 包括互联网窄带拨号用户和互联网宽带接入用户。互联网窄带拨号用户又分为互联网注册拨号用户、互联网主叫电话记费用户、互联网上网卡用户等几种。互联网注册拨号用户指由基础电信运营商用户提供的，使用固定帐号上网的一种方式，由用户到运营商的营业厅或业务代理商处申请办理，获得拨号上网帐号及密码，用户根据该帐号及密码拨叫上网特服号，通过认证获得动态 IP 地址接入宽带互联网。互联网主叫电话记费用户指用户不需要到运营商的营业厅或业务代理商处申请办理，只需要拨打某一运营商已经开通的主叫特服号码即可上网，上网费用随主叫电话收取。互联网上网卡用户指使用上网卡

上的帐号和密码认证，通过 PSTN、N-ISDN 等方式接入宽带互联网的用户。互联网宽带接入用户指采用分组交换网、DDN 网、帧中继/ATM 网以及模拟专线、数字专线等方式，不经过基础电信运营商的宽带 IP 城域网，直接接入宽带互联网节点的用户，不含 XDSL、专线和 LAN 专线用户。

长途电话交换机容量 指用于接入长途电话网的电话交换机设备的额定容量，包括国际电话交换机容量。

本地交换设备容量 指安装在电信运营企业内用于接续本地固定电话的电话交换机容量，包括现用和备用的人工或自动交换机的全部容量。包括局用交换机容量、接入网设备容量（含无线市话）和用户交换机容量。

移动电话交换机容量 指移动电话交换机根据一定话务模型和交换机处理能力计算出来的最大同时服务用户的数量。

Explanatory Notes on Main Statistical Indicators

Length of Railways in Operation refers to the total length of the trunk line under passenger and freight transportation (including both regular operations and temporary operations). In the case of wholly or partially double- or multi-track railways, calculation is based on the actual length of the first track, regardless of other tracks, station sidings, tracks under the charge of stations, branch lines, special-purpose lines and non-payable connecting lines. The length of railways in operation is an important indicator of the development of infrastructure for railway transport, as well as the foundation for the calculation of passenger-kilometers and freight ton-kilometers, traffic density and utilization efficiency of locomotives and carriages.

Length of Highways refers to the length of highways built in conformity with the grades specified by the Technical Standards JTJ01-88 for Highway Engineering, formally checked and accepted by highway authorities and put into use. The length of highways includes that of suburban highways at large and medium-sized cities and highways passing through streets at small cities and towns, as well as the span of bridges and ferries. However, it does not include the length of streets in large and medium-sized cities and highways built for production purposes at factories, mines, forest areas and agricultural areas. If two or more highways share the same segment, the length of the shared segment is only calculated for once and no duplication is allowed. The length of highways is an important indicator of the scale of development of highway construction, as well as the foundation for the calculation of transport network density and other indicators.

Length of Navigable Inland Waterways refers to the length of natural rivers, lakes, reservoirs, canals, and ditches open to navigation during a given period, which enables the transport by ships and rafts. This includes channels open to seasonal navigation for an accumulative period of over 3 months in a year, but excludes river courses used exclusively for wood or bamboo rafts on an irregular basis. This indicator reflects the scale, level and development situation of the inland waterway network.

Length of Civil Aviation Routes refers to the length of all routes for regular civil aviation flights. Calculation of route lengths is based on the distance between airports, usually in either of the following ways: duplicated calculation of route lengths, which directly sums up the length of every single air route; or singular calculation of route lengths, which calculates the same segments of aviation routes shared by two or more routes only once. In general practice, the latter is used, as it can precisely reflect the size of the civil aviation network and indicate the extent to which civil aviation serves the national economy and the needs of the people.

Length of Petroleum and Gas Pipelines refers to the actual transport distance of oil or gas products, generally calculated as the length of single pipelines. Inclusion of double pipelines and alternate pipeline in the calculation is termed the extension length of petroleum and gas pipelines, which indicates the actual length of the pipelines built. In general practice, the "Length of Petroleum and Gas Pipelines" exclusive of double pipelines is used, which reflects the scale and degree of development in pipeline transport.

Freight (Passenger) Traffic refers to the volume of freight (passengers) transported with various means. This indicator provides a quantitative measure of how the transport industry serves the national economy and the needs of the people, as well as an important reference for drafting and checking production plans in the transport industry and for studying the scale and speed of development in the transport industry. Freight transport is calculated in tons and passenger traffic is calculated in the number of persons. Freight transport is calculated in the actual weight of goods regardless of traveling distances and types of freight; while passenger traffic is calculated as the number of individuals traveling once, regardless of traveling distances, ticket prices, whether the passengers are traveling with half-price tickets or child tickets.

Freight Ton-kilometers (Passenger-kilometers) refer to the sum of the products of the volume of transported cargo (passengers) multiplied by the transport distance. These are important indicators of the total achievements of the transport industry, as well as the major foundation for drafting and checking production plans in the transport industry and for calculating the efficiency, labor productivity and the cost of transport enterprises. Normally, the shortest distance between the departure station and the destination station (i.e. the payable distance) is the basis to calculate the freight ton-kilometers and passenger-kilometers on. These indicators are calculated as follows:

Freight Ton-kilometers (Passenger-kilometers) = Σ (Freight (Passenger) Traffic $\times$ Transport Distance)

Volume of Freight Handled in Ports refers to the volume of cargo passing in and out of the harbor area that undergoes the loading and unloading processes, including mails, checked baggage and bales, as well as fuel, material and fresh water supplies to ships. The volume of freight handled may be classified by direction of flow as import volume and export volume, or by nature of cargo as volume of freight for domestic trade and volume of freight for foreign trade. The classification of volume of freight handled and its direction of flow are important indicators of the production capacity of ports.

Possession of Civil Motor Vehicles refers to the total number of vehicles that are registered at transport management offices under the public security authorities and provided with civil vehicle licenses and tags according to the Work Standard for Motor Vehicles Registration at the end of the reference period. Major categories of vehicle are: passenger vehicles, freight vehicles and other vehicles in terms of structure; private vehicles and organization-owned vehicles in terms of ownership; commercial vehicles and non-commercial vehicles in terms of use; large, medium, small and mini passenger vehicles, and heavy, medium, light and mini trucks in terms of size.

Motor Vessels refer to vessels installed with power units and propelled by mechanical power. It is also known as self-propelled vessels.

Barges refer to flat-bottomed vessels driven by drawers or propellers. It has no power units or has only simple power units.

Dead Weight Tonnage of Vessels refers to the actual tonnage all the vessels within the reference period are capable of carrying. It equals the tonnage of all the vessels minus that of fuel, material and fresh water, foods, supplies, persons and luggages on vessels.

Coastal Seaports refer to seaports located alongside the coasts that have the right facilities and conditions for vessel mooning, passenger boarding and alighting, cargo loading and disloading, and supply of daily life materials.

Inland Ports refer to ports located along rivers and lakes that have the right facilities and conditions for vessel mooning, passenger boarding and alighting, cargo loading and disloading, and supply of daily life materials.

Number of Civil Aviation Routes refers to the number of all routes of commercial civil aviation flights from one point of the earth to another. Civil aviation routes shall meet three conditions. First, there shall be regular flights. Second, there shall be adequate airport and ground facilities to ensure the flight, takeoff and landing. Third, the flights are approved and carried out normally during the flight season. Singular calculation is used in calculating the number of routes. Civil aviation routes are divided into domestic routes, international routes and regional routes.

Civil Aviation Aircraft refer to aircraft used in public civil aero transport. They are divided into large and medium-sized aircraft and small-sized aircraft. The former refer to those with 100 seats and above, and the latter refer to those with less than 100 seats.

Urban Public Transportation refers to all the economical transport taken by the public in cities. It includes buse, trolley bus, rail transport (subway, light rail, streetcar, magnetically levitated trains, cableway, telpher, etc.), taxi, ferry boast, etc.

Length of Public Transportation Network refers to the net length covered by the public transportation routes. The following formula is used:

Length of Public Transportation Network=Length of Public Transportation under Operation - ΣLength of Repeated Routes

Length of Public Transportation under Operation refers to the sum of all public transportation routes under operation. The following formula is used:

Length of Public Transportation under Operation= -Σ(1/2 (length from starting station to terminal of forward trip+length from terminal to beginning station of backward trip+length of take-turning of both trips)

Number of Vehicles under Operation refers to the total number of vehicles under operation in public transportation in cities. For subway and light rail, each compartment is calculated as one unit. Taxi refers to all those with special operation license, including those in good condition, under maintenance, in long-term operation and with pending approval for writing-off.

Number of Ferry Boats refer to the total number of boats for ferry operation., excluding the long-distance or intra-city cruiser.

Total Passenger Traffic in Cities refers to the total number of persons transported by public transportation in cities.

Business Volume of Postal and Telecommunication Services refers to the total amount of postal and telecommunication services, expressed in value terms, provided by postal and telecommunication enterprises for the society. Postal and telecommunication services can be classified as letters, parcels, remittance, delivery of newspapers and magazines, fast mail service, express mail service, savings deposits, stamps for collection, public and individual telegraph service, facsimiles, long-distance telephone service, leasing of telephone lines, urban paging service, mobile telephone service, data communication through packet networks, network elements lease and maintenance, etc. To calculate the volume, the business volume of each product is multiplied by its average unit price (at constant prices), summed, and added to income from other services such as leasing of telephone lines and equipment, maintenance of telephone switchboards and lines on behalf of customers. This indicator reflects the overall achievements of postal and telecommunication services during a given period, and is an important reference for studying the composition of business volume and the development trend of postal and telecommunication services. This volume is calculated as follows:

Business Volume of Postal and Telecommunication Services = Σ(Business Volume of Each Product× Constant Unit Price) + Income from Leasing, Maintenance, and Other Services = Business Volume of Postal Services + Business Volume of Telecommunication Services

Mobile Telephone Subscribers refer to persons who own mobile telephone numbers and are connected with the mobile telephone communication network through mobile telephone switchboards, including contracted subscribers and pre-paid subscribers for intelligent network. One mobile telephone number is calculated as one subscriber.

Local Telephone Subscribers refer to subscribers that are connected to the local telecommunication service provider through fix line network, including household subscribers, institutional subscribers and public telephones. They are also classified as urban subscribers and rural subscribers according to locations, or fixed-line subscribers and wireless subscribers according to the means of telecommunication. Before 1997, urban subscribers referred to those connected to urban telephone networks in county towns and cities, while rural subscribers referred to those connected to rural telephone stations at or below the county level, clustered around the county town (excluding urban subscribers), and further connected to the county, towns and townships, administrative villages and villagers' groups. Since 1997, the classification of telephone subscribers into urban telephone subscribers and rural telephone subscribers was modified on the basis of geographical location of the subscribers, which is different from the previous distinction between urban telephones and rural telephones.

Urban Telephone Subscribers refer to the number of telephone subscribers located at municipalities under the jurisdiction of the central government, cities under the jurisdiction of provinces, cities at prefecture level, downtown and suburb of cities at county level and county towns (including county towns where the county governments are located, and towns where the governments of other administrative regions at county level are located), that are connected to the public line telephone network, including the number of telephone subscribers in independent mining areas, forest areas, and military zones located in rural areas.

Rural Telephone Subscribers refer to telephone subscribers located at townships, towns and villages outside the range of cities according to administrative jurisdiction.

Wireless Local Telephone Subscribers refer to the number of subscribers who own wireless local telephone terminals connected to the public telephone network through PHS, SCDMA, and CDMA450 systems based on base stations and access network equipment.

Number of Internet Subscribers include both narrow-band dial-up users and broad-band access users of the internet. Narrow-band dial-up users are further classified into registered dial-up users, pay-per-calling users, and pre-pay card users. Registered dial-up service enables internet access through fixed accounts provided by basic telecommunication operators. Users of this service apply to the operators or their agents for accounts and passwords, with which they dial special numbers for internet connection and acquire dynamic IP addresses through authentification to gain access to the broad-band internet. Pay-per-calling service implies that instead of applying to the operators or their agents, users only need to dial a certain operator's special numbers to gain access to the internet and pay internet fees together with their calling fees. Pre-pay card users refer to those connected to the broad-band internet through PSTN and N-ISDN networks with accounts and passwords provided by the pre-pay cards. Broad-band access users (exclusive of XDSL and LAN users) refer to users directly connected to broad-band internet nodes through packet networks, DDN networks, frame relay/ATM networks, and special analog or digital lines, bypassing the broad-band IP MAN provided by basic telecommunication operators.

Capacity of Long Distance Telephone Exchanges refers to the rated capacity of telephone exchanges connected to long distance telephone networks, including capacity of international telephone exchanges.

Capacity of Local Telephone Exchanges refers to the capacity of telephone exchanges installed in the offices of telecommunication service providers for communication between fixed telephones. It includes the capacity of both manual and automatic exchanges in use and for stand-by purpose. It consists of the capacity of office telephone exchanges, access network equipment(including wireless city call) and subscriber exchanges.

Capacity of Mobile Telephone Exchanges refers to the maximum number of subscribers that can be served simultaneously, calculated according to a certain calling model and the handling capacity of the mobile telephone exchanges.

十五、批发和零售业

WHOLESALE AND RETAIL TRADES

十五　批发零售业

简要说明

一、本篇资料反映包括批发零售业商品流通情况、社会消费品零售总额等。

二、本篇资料主要根据国家统计局《批发和零售业统计报表制度》进行搜集和加工整理。资料中限额以上批发和零售业采用全面调查的方法自下而上逐级综合汇总而得，限额以下企业及个体户资料采用抽样调查方法推算而得。

三、各表的调查范围：

限额以上批发和零售业统计限额标准：批发业年销售额2000万元及以上；零售业年销售额500万元及以上。

商品购、销、存总额表为各种经济类型的限额以上和限额以下批发零售业法人及产业活动单位和个体户。

社会消费品零售总额表为各种经济类型的法人及产业活动单位、个体户对城乡居民和社会集团的零售。

四、根据第二次全国经济普查资料对2005-2008年社会消费品零售额及相关销售额数据进行了调整。

五、本篇资料由广东省统计局贸易外经处整理提供。

15 Wholesale and Retail Trades

Brief Introduction

Ⅰ. The date in this chapter show the development of Guangdong's domestic market，including mainly the circulation of commodities in the wholesale and retail trades and the total retail sales of consumer goods，etc.

Ⅱ. The data are collected and processed in accordance with the Statistical Reporting Scheme on Wholesale and Retail Trades stipulated by the National Bureau of Statistics. Data on basic conditions for all corporate enterprises of wholesale, retail above the designated size are collected through comprehensive reporting systems and data are reported level by level in a bottom-up manner. Data on small-size enterprises and individual enterprises below the designated size are collected through sample surveys.

Ⅲ. The statistical coverage in this chapter comes as follows:

Criteria for wholesale and retail sale trades above designated size is defined as follows：wholesale trade with annual sales of 20 million yuan or above, retail sale trade with annual sales of 5 million yuan or above.

The table of total purchases，sales and inventory include corporate units, establishments and individuals of various types of ownership both above and below designated size by category of commodities.

The table of total retail sales of consumer goods includes the retail sales of corporate units, establishments and individuals of various types of ownership to urban and rural residents and institutions.

Ⅳ. Data of 2005 to 2008 on retail sales volume of consumer goods and related sales figures have been adjusted in accordance with the figures from the second national economic census.

Ⅴ. The data in this chapter are prepared and provided by the Division of Trade and External Economic Relations Statistics of Statistics Bureau of Guangdong Province.

15-1 批发零售业主要指标

Main Indicators on Domestic Trade

指标	Item	2000	2005	2010	2012	2013	2013比2012增长(%) Growth Rate in 2013 over 2012 (%)
社会消费品零售总额（亿元）	**Total Retail Sales of Consumer Goods (100 million yuan)**	**4379.81**	**7915.51**	**17414.66**	**22677.11**	**25453.93**	**12.2**
按行业分	By Sector						
批发零售业	Wholesale and Retail Trades	3625.37	6773.37	15521.26	20231.14	22819.70	12.8
限额以上	Above Designated Size	885.95	2091.87	5747.82	8467.42	10552.17	15.5
限额以下	Below Designated Size	2739.42	4681.50	9773.44	11763.72	12267.53	10.6
住宿餐饮业	Hotels and Catering Services	655.94	1016.63	1893.40	2445.97	2634.23	7.7
限额以上	Above Designated Size		284.83	671.58	991.35	1124.9	3.9
限额以下	Below Designated Size		731.80	1221.82	1454.62	1509.34	10.7
其他行业	Others	98.50	125.51				
按城乡分	By Urban and Rural Area						
城镇	Urban Areas	3290.33	5967.71	14853.20	19767.95	22282.42	12.4
乡村	Rural Areas	1089.48	1947.80	2561.46	2909.16	3171.51	10.9
批发零售业商品销售总额（亿元）	**Total Sales in Wholesale and Retail Trades (100 million yuan)**	**10316.88**	**20403.87**	**47217.39**	**70296.24**	**84907.30**	**20.8**
批发额	Wholesale Value	6691.51	13630.50	31727.96	50053.25	62111.38	24.1
零售额	Retail Value	3625.37	6773.37	15489.43	20242.99	22795.92	12.6
按行业分	By Sector						
批发业销售额	Sales in Wholesale Trade	7053.14	13720.54	30173.58	48461.02	62694.58	23.7
批发额	Wholesale Value	6247.11	12597.16	28849.48	46327.41	60180.23	21.2
零售额	Retail Value	806.03	1123.38	1324.10	2133.61	2514.35	23.8
零售业销售额	Sales in Retail Trade	3263.74	6683.33	17043.81	21835.22	22212.72	13.6
批发额	Wholesale Value	444.40	1033.34	2878.48	3725.84	1931.15	11.1
零售额	Retail Value	2819.34	5649.99	14165.33	18109.38	20281.57	13.9
按规模分	By Size						
限额以上销售额	Sales above Designated Size	4922.10	11298.82	30316.84	48000.92	66179.50	28.3
批发额	Wholesale Value	4036.15	9206.95	24600.85	39540.46	55656.30	30.1
零售额	Retail Value	885.95	2091.87	5715.99	8460.46	10523.20	19.7
限额以下销售额	Sales below Designated Size	5394.78	9105.05	16900.55	22295.32	18727.80	1.4
批发额	Wholesale Value	2655.36	4423.55	7127.11	10512.79	6455.08	-11.2
零售额	Retail Value	2739.42	4681.50	9773.44	11782.53	12272.72	10.6
限额以上连锁总店数（个）	**Number of General Chain Stores above Designated Size (unit)**		**142**	**206**	**273**	**308**	**12.8**
限额以上连锁门店数（个）	**Number of Branch Chain Stores above Designated Size (unit)**		**10170**	**23096**	**22216**	**24546**	**10.5**
限额以上连锁店销售总额（亿元）	**Total Sales of Chain Stores above Designated Size(100 million yuan)**		**1582.19**	**3502.08**	**4908.62**	**5244.13**	**6.8**
#零售额	Retail Value		1312.67	2980.36	3515.86	3817.63	8.6
亿元以上商品交易市场成交额（亿元）	**Transaction Value of Commodity Markets above 100 Million Yuan (100 million yuan)**		**1948.95**	**4828.13**	**5506.48**	**5418.15**	**-1.6**

注：1. 2005-2008年有关数据根据第二次经济普查资料有所调整。
2. 2010年指标口径和统计范围有些调整。

Notes: a) Data of 2005 to 2008 have been adjusted in accordance with the figures from the second national economic census.
b)The indicators and statistical coverage of 2010 have been adjusted.

15-2 按行业及城乡分社会消费品零售总额

Total Retail Sales of Consumer Goods by Sector and by Urban and Rural Area

单位：亿元 (100 million yuan)

年份 Year	社会消费品零售总额 Total Retail Sales of Consumer Goods	按行业分 By Sector			按城乡分 By Urban and Rural Area	
		批发零售业 Wholesale and Retail Trades	住宿餐饮业 Hotels and Catering Services	其他行业 Others	城镇 Urban Areas	乡村 Rural Areas
1978	79.86	66.92	5.39	7.55	38.42	41.44
1979	92.69	76.76	6.09	9.84	43.25	49.44
1980	117.67	94.52	7.30	15.85	66.72	50.95
1981	142.38	114.56	8.85	18.97	71.19	71.19
1982	164.23	131.86	10.19	22.18	82.77	81.46
1983	183.62	144.88	11.58	27.16	97.32	86.30
1984	226.13	170.06	16.04	40.03	131.61	94.52
1985	289.23	209.38	26.74	53.11	178.45	110.78
1986	327.02	235.59	28.68	62.75	172.67	154.35
1987	405.19	294.17	37.83	73.19	214.34	190.85
1988	568.07	414.30	50.79	102.98	306.19	261.88
1989	636.15	451.24	65.69	119.22	345.43	290.72
1990	667.36	463.92	71.11	132.33	457.34	210.02
1991	786.64	535.40	87.87	163.37	531.57	255.07
1992	1109.55	951.21	128.60	29.74	809.96	299.59
1993	1518.31	1309.60	168.75	39.96	1137.80	380.51
1994	1991.33	1705.13	234.42	51.78	1511.03	480.30
1995	2478.35	2121.16	300.24	56.95	1864.90	613.45
1996	2772.83	2358.28	356.23	58.32	2093.18	679.65
1997	3139.32	2653.90	409.95	75.47	2362.67	776.65
1998	3567.01	2962.27	505.56	99.18	2688.64	878.37
1999	3932.44	3268.96	569.18	94.30	2960.30	972.14
2000	4379.81	3625.37	655.94	98.50	3290.33	1089.48
2001	4856.65	3996.92	751.32	108.41	3638.52	1218.13
2002	5392.64	4443.64	843.82	105.18	4044.52	1348.12
2003	6029.86	5021.81	897.26	110.79	4540.94	1488.92
2004	6852.03	5734.94	953.84	163.25	5177.13	1674.90
2005	7915.51	6773.37	1016.63	125.51	5967.71	1947.80
2006	9194.29	7944.17	1155.39	94.73	6913.19	2281.10
2007	10731.28	9373.42	1298.31	59.55	8064.08	2667.20
2008	12986.60	11423.07	1498.91	64.62	9754.30	3232.30
2009	14891.78	13228.45	1656.30	7.03	11278.66	3613.12
2010	17414.66	15521.26	1893.40		14853.20	2561.46
2011	20246.72	18059.41	2187.31		17348.90	2897.82
2012	22677.11	20231.14	2445.97		19767.95	2909.16
2013	25453.93	22819.70	2634.23		22282.42	3171.51

注：1. 本表1992-2004年数据根据广东省第一次全国经济普查资料进行了调整。
2. 本表2005-2008年数据根据广东省第二次全国经济普查资料进行了调整。

Note: a) Data of 1992 to 2004 in this table have been adjusted in accordance with the figures from the first national economic census of Guangdong Province.
b) Data of 2005 to 2008 in this table have been adjusted in accordance with the figures from the second national economic census of Guangdong Province.

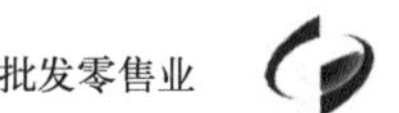

15-3 各市社会消费品零售总额（2013年）

Total Retail Sales of Consumer Goods by City (2013)

单位：亿元 (100 million yuan)

市别	City	社会消费品零售总额 Total Retail Sales of Consumer Goods	按行业分 By Sector		按城乡分 By Urban and Rural Area	
			批发和零售业 Wholesale and Retail Trades	住宿和餐饮业 Hotels and Catering Services	城镇 Urban Area	乡村 Rural Area
广州	Guangzhou	6882.85	5992.81	890.04	6819.44	63.41
深圳	Shenzhen	4433.59	3954.53	479.06	4433.59	
珠海	Zhuhai	720.52	639.19	81.33	693.73	26.79
汕头	Shantou	1158.92	1085.92	73.00	824.16	334.76
佛山	Foshan	2264.10	1973.99	290.11	1699.85	564.25
#顺德	Shunde	730.25	644.05	86.20	436.80	293.45
韶关	Shaoguan	471.11	423.87	47.24	438.10	33.01
河源	Heyuan	236.61	221.62	14.99	186.25	50.36
梅州	Meizhou	450.18	417.27	32.91	315.33	134.85
惠州	Huizhou	857.91	781.88	76.03	707.47	150.44
汕尾	Shanwei	473.56	422.93	50.63	336.87	136.69
东莞	Dongguan	1486.66	1364.67	121.99	1389.21	97.45
中山	Zhongshan	890.55	801.56	88.99	815.08	75.47
江门	Jiangmen	903.70	801.75	101.95	650.37	253.33
阳江	Yangjiang	527.29	479.05	48.24	416.51	110.78
湛江	Zhanjiang	1010.70	884.74	125.96	904.88	105.82
茂名	Maoming	1008.79	915.65	93.14	604.51	404.28
肇庆	Zhaoqing	493.12	440.69	52.43	349.79	143.33
清远	Qingyuan	508.96	467.73	41.23	400.42	108.54
潮州	Chaozhou	354.14	324.11	30.03	264.10	90.04
揭阳	Jieyang	657.66	631.18	26.48	460.36	197.30
云浮	Yunfu	204.02	184.23	19.79	192.55	11.47
按经济区域分	By Region					
珠三角	Pearl River Delta	18933.00	16751.07	2181.93	17558.53	1374.47
东翼	Eastern Region	2644.28	2464.14	180.14	1885.49	758.79
西翼	Western Region	2546.78	2279.44	267.34	1925.90	620.88
山区	Mountainous Region	1870.88	1714.72	156.16	1532.65	338.23

15-4 各市社会消费品零售总额

Total Retail Sales of Consumer Goods by City

单位：亿元 (100 million yuan)

市别	City	2000	2005	2008	2010	2011	2012	2013
广州	Guangzhou	1121.13	1905.84	3187.39	4500.28	5243.02	5977.27	6882.85
深圳	Shenzhen	735.02	1441.61	2276.59	3000.76	3520.87	4008.78	4433.59
珠海	Zhuhai	121.17	220.19	360.10	486.03	567.86	635.20	720.52
汕头	Shantou	218.99	345.23	572.01	830.41	972.21	1029.82	1158.92
佛山	Foshan	337.55	650.18	1195.75	1687.13	1931.41	2019.50	2264.10
#顺德	Shunde	93.18	212.27	392.34	539.71	617.99	652.01	730.25
韶关	Shaoguan	85.40	141.67	241.57	329.78	383.99	409.59	471.11
河源	Heyuan	37.12	73.02	124.46	163.07	188.04	209.37	236.61
梅州	Meizhou	67.28	131.85	228.94	319.05	372.79	403.5	450.18
惠州	Huizhou	126.48	252.01	426.75	582.53	684.72	754.15	857.91
汕尾	Shanwei	69.84	130.45	233.14	352.06	414.59	424.32	473.56
东莞	Dongguan	235.16	506.29	881.15	1108.06	1266.31	1354.58	1486.66
中山	Zhongshan	141.81	277.08	480.29	648.11	756.07	809.33	890.55
江门	Jiangmen	177.03	310.44	493.26	655.86	759.15	807.21	903.70
阳江	Yangjiang	86.46	159.22	266.71	370.58	440.11	467.01	527.29
湛江	Zhanjiang	156.59	269.98	472.85	679.79	805.59	861.33	1010.70
茂名	Maoming	158.11	287.96	504.59	704.97	842.86	902.20	1008.79
肇庆	Zhaoqing	77.31	142.99	238.49	332.89	389.71	433.39	493.12
清远	Qingyuan	72.27	130.03	252.75	370.50	433.69	459.63	508.96
潮州	Chaozhou	60.57	103.32	172.85	245.47	287.73	317.04	354.14
揭阳	Jieyang	82.38	144.76	275.90	446.62	573.45	521.05	657.66
云浮	Yunfu	31.30	59.71	101.07	136.97	167.58	180.31	204.02
按经济区域分	By Region							
珠三角	Pearl River Delta	3204.99	5878.70	9539.76	12613.24	14575.57	16552.69	18933.00
东翼	Eastern Region	450.38	745.58	1253.90	1818.56	2167.17	2258.56	2644.28
西翼	Western Region	418.44	738.78	1244.15	1702.90	2013.47	2197.78	2546.78
山区	Mountainous Region	306.00	552.45	948.79	1279.96	1490.51	1668.08	1870.88

注：本表2005-2008年数据根据广东省第二次全国经济普查资料进行了调整。

Notes: Data of 2005 to 2008 have been adjusted in accordance with the figures from the second national economic census of Guangdong Province.

15-5 批发零售业商品销售总额

Total Sales of Commodities in Wholesale and Retail Trades

单位：亿元 (100 million yuan)

项　目	Item	2000	2005	2010	2012	2013
合　计	**Total**	**10316.88**	**20403.87**	**47217.39**	**70296.24**	**84907.30**
按行业分组	By sector					
批发业	Wholesale Trade	7053.14	13720.54	30173.58	48461.02	62694.58
零售业	Retail Trade	3263.74	6683.33	17043.81	21835.22	22212.72
按规模分组	By Size of Enterprises					
限额以上企业和个体户	**Enterprises above Designated Size and Individuals**	**4922.10**	**11298.82**	**30316.84**	**48000.92**	**66179.50**
食品、饮料、烟酒类	Food, Beverages, Tobacco and Liquor	843.07	1464.98	2635.17	3837.14	4818.73
粮油类	Grain and Edible Oil	17.02	132.42	366.51	610.04	655.79
肉禽蛋类	Meat, Poultry and Eggs	110.80	136.73	230.13	339.09	505.51
饮料类	Beverages	24.27	65.16	192.76	286.04	456.41
烟酒类	Tobacco and Liquor	464.74	840.88	1175.56	1510.41	1619.14
其它食品类	Other Food	226.24	289.79	670.21	1091.56	1581.87
服装鞋帽、针纺织品类	Garments,Footwear,Headgear,Knitwear and Textiles	437.67	631.70	1869.06	3208.98	4716.05
服装类	Garments	277.69	424.29	1133.19	2043.03	3160.31
鞋帽类	Footwear and Headgear	49.29	73.12	206.49	376.38	539.44
针、纺织品类	Knitwear and Textiles	110.69	134.29	529.38	789.57	1016.31
化妆品类	Cosmetics	20.12	42.58	138.83	217.34	254.91
金银珠宝类	Gold, Silver and Jewelry	26.10	36.06	221.13	643.05	916.55
日用品类	Daily-use Articles	206.22	344.39	762.55	1386.86	1741.22
#洗涤用品类	Detergents	22.54	85.05	232.11	333.36	413.35
儿童玩具类	Toys for Children	15.33	17.78	32.61	53.34	67.04
五金、电料类	Hardware and Electrical Appliances	50.65	120.13	266.24	323.55	426.43
体育、娱乐用品类	Sports and Recreational Articles	22.79	53.08	153.92	134.10	152.21
书报杂志类	Newspapers and Magazines	43.41	49.36	77.67	79.16	102.84
电子出版物及音像制品类	E-journals and Video Products	6.67	14.15	23.12	19.64	24.07
家用电器和音像器材类	Household Appliances and Video Appliances	329.32	551.66	1221.85	1462.82	1755.18
中西药品类	Traditional Chinese and Western Medicines	275.71	522.45	1248.10	1752.11	2231.66
#西药	Western Medicines	170.09	375.73	848.37	1167.40	1488.40
中草药及中成药	Traditional Chinese Medicines	70.92	117.22	256.71	400.91	523.11
文化办公用品类	Articles for Cultural and Office Use	55.91	192.41	637.27	2487.36	5302.74
家具类	Furniture	31.98	71.01	189.07	258.49	361.21
通讯器材类	Communication Appliances	70.47	366.54	719.27	1602.19	2896.48
煤炭及制品类	Coal and Related Products	82.94	333.03	1144.17	1649.43	1829.58
木材及制品类	Timber and Related Products	10.08	25.30	60.20	136.48	166.79
石油及制品类	Petroleum and Related Products	1176.36	2818.57	7779.83	10230.60	15206.60
化工材料及制品类	Chemical Materials and Products	172.79	531.74	1566.66	2911.36	3511.56
金属材料类	Metal Materials	324.60	1301.79	4380.16	7041.13	8855.71
建筑及装潢材料类	Construction and Decoration Materials	36.43	152.18	432.07	598.39	928.78
机电产品及设备类	Mechanical and Electrical Products and Equipment	119.99	458.83	1235.24	3023.97	3071.61
汽车类	Motor Vehicles	213.08	661.73	2773.14	3141.70	4205.26
种子饲料类	Seeds and Feedstuff	22.64	18.39	53.57	147.04	123.31
棉麻类	Cotton and Hemp	6.52	8.32	20.81	55.53	101.79
其它类	Others	336.58	528.44	707.74	1652.50	2478.22
限额以下企业和个体户	**Enterprises below Designated Size and Individuals**	**5394.78**	**9105.05**	**16900.55**	**22295.32**	**18727.80**

注：1.本表2000—2004年数据根据广东省第一次全国经济普查资料进行了调整。
2.本表2005年—2008年数据根据第二次全国经济普查资料有所调整。

Note: a) Data of 2000 to 2004 in this table have been adjusted in accordance with the figures from the first national economic census of Guangdong Province.

b) Data of 2005 to 2008 in this table have been adjusted in accordance with the figures from the second national economic census of Guangdong Province.

15-6 批发零售业商品批发额

Total Wholesale Value of Commodities in Wholesale and Retail Trades

单位：亿元 (100 million yuan)

项　目	Item	2000	2005	2010	2012	2013
合　计	**Total**	**6691.51**	**13630.50**	**31727.96**	**50053.25**	**62111.38**
按行业分组	By sector					
批发业	Wholesale Trade	6247.11	12597.16	28849.48	46327.41	60180.23
零售业	Retail Trade	444.40	1033.34	2878.48	3725.84	1931.15
按规模分组	By Size of Enterprises					
限额以上企业和个体户	**Enterprises above Designated Size and Individuals**	**4036.15**	**9206.95**	**24600.85**	**39540.46**	**55656.30**
食品、饮料、烟酒类	Food, Beverages, Tobacco and Liquor	677.15	1190.67	2067.13	3025.7	3883.02
粮油类	Grain and Edible Oil	6.87	107.31	279.88	450.35	474.22
肉禽蛋类	Meat, Poultry and Eggs	94.01	99.91	168.66	250.08	383.77
饮料类	Beverages	13.88	38.48	134.29	198.27	357.55
烟酒类	Tobacco and Liquor	418.34	780.01	1065.75	1367.25	1466.39
其它食品类	Other Food	144.05	164.96	418.55	759.75	1201.07
服装鞋帽、针纺织品类	Garments,Footwear,Headgear,Knitwear and Textiles	344.17	472.44	1385.88	2425.29	3597.74
服装类	Garments	210.88	313.32	786.06	1495.53	2369.23
鞋帽类	Footwear and Headgear	35.16	41.52	117.36	225.35	318.15
针、纺织品类	Knitwear and Textiles	98.13	117.60	482.46	704.41	910.38
化妆品类	Cosmetics	5.45	13.35	56.22	97.05	107.88
金银珠宝类	Gold, Silver and Jewelry	12.37	15.45	151.49	463.38	669.16
日用品类	Daily-use Articles	147.50	262.51	569.53	1015.47	1306.11
#洗涤用品类	Detergents	11.35	56.02	166.98	231.26	305.81
儿童玩具类	Toys for Children	12.05	12.45	19.52	33.65	44.96
五金、电料类	Hardware and Electrical Appliances	44.79	111.09	241.86	280.47	356.15
体育、娱乐用品类	Sports and Recreational Articles	15.68	41.08	131.35	94.48	108.60
书报杂志类	Newspapers and Magazines	29.11	29.74	50.89	52.85	68.80
电子出版物及音像制品类	E-journals and Video Products	2.42	8.75	16.38	13.51	12.19
家用电器和音像器材类	Household Appliances and Video Appliances	255.61	394.85	790.44	990.94	1174.63
中西药品类	Traditional Chinese and Western Medicines	217.40	408.38	957.64	1368.67	1802.79
#西药	Western Medicines	136.84	282.30	651.83	910.19	1189.88
中草药及中成药	Traditional Chinese Medicines	55.80	99.23	216.34	342.12	455.30
文化办公用品类	Articles for Cultural and Office Use	41.13	160.47	570.14	2203.73	4895.43
家具类	Furniture	23.41	55.59	156.89	202.38	228.99
通讯器材类	Communication Appliances	65.29	325.41	639.96	1386.22	2572.11
煤炭及制品类	Coal and Related Products	82.62	332.44	1137.75	1632.34	1808.95
木材及制品类	Timber and Related Products	9.73	24.41	60.2	136.48	166.79
石油及制品类	Petroleum and Related Products	1043.57	2309.33	6488.12	8390.66	13123.70
化工材料及制品类	Chemical Materials and Products	169.88	521.99	1566.66	2911.36	3511.56
金属材料类	Metal Materials	322.33	1297.92	4380.16	7041.13	8855.71
建筑及装潢材料类	Construction and Decoration Materials	33.07	133.56	392.48	531.96	807.11
机电产品及设备类	Mechanical and Electrical Products and Equipment	102.51	423.93	1200.2	2816.41	2880.22
汽车类	Motor Vehicles	100.37	183.44	920.6	926.93	1402.54
种子饲料类	Seeds and Feedstuff	22.64	18.39	53.57	147.04	123.31
棉麻类	Cotton and Hemp	6.52	8.32	20.81	55.44	101.50
其它类	Others	261.43	463.44	594.5	1330.57	2091.30
限额以下企业和个体户	**Enterprises below Designated Size and Individuals**	**2655.36**	**4423.55**	**7127.11**	**10512.79**	**6455.08**

 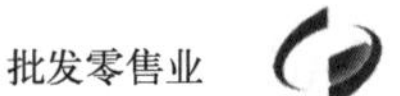

15-7 批发零售业商品零售额

Total Retail Value of Commodities in Wholesale and Retail Trades

单位：亿元 (100 million yuan)

项 目	Item	2000	2005	2010	2012	2013
合 计	**Total**	**3625.37**	**6773.37**	**15489.43**	**20242.99**	**22795.92**
按行业分组	By sector					
批发业	Wholesale Trade	806.03	1123.38	1324.10	2133.61	2514.35
零售业	Retail Trade	2819.34	5649.99	14165.33	18109.38	20281.57
按规模分组	By Size of Enterprises					
限额以上企业和个体户	**Enterprises above Designated Size and Individuals**	**885.95**	**2091.87**	**5715.99**	**8460.46**	**10523.20**
食品、饮料、烟酒类	Food, Beverages, Tobacco and Liquor	165.92	274.31	568.04	811.44	935.71
粮油类	Grain and Edible Oil	10.15	25.11	86.63	159.69	181.57
肉禽蛋类	Meat, Poultry and Eggs	16.79	36.82	61.47	89.01	121.74
饮料类	Beverages	10.39	26.68	58.47	87.77	98.86
烟酒类	Tobacco and Liquor	46.40	60.87	109.81	143.16	152.75
其它食品类	Other Food	82.19	124.83	251.66	331.81	380.8
服装鞋帽、针纺织品类	Garments,Footwear,Headgear,Knitwear and Textiles	93.50	159.26	483.18	783.69	1118.31
服装类	Garments	66.81	110.97	347.13	547.5	791.08
鞋帽类	Footwear and Headgear	14.13	31.60	89.13	151.03	221.29
针、纺织品类	Knitwear and Textiles	12.56	16.69	46.92	85.16	105.93
化妆品类	Cosmetics	14.67	29.23	82.61	120.29	147.03
金银珠宝类	Gold, Silver and Jewelry	13.73	20.61	69.64	179.67	247.39
日用品类	Daily-use Articles	58.72	81.88	193.02	371.39	435.11
#洗涤用品类	Detergents	11.19	29.03	65.13	102.1	107.54
儿童玩具类	Toys for Children	3.28	5.33	13.09	19.69	22.08
五金、电料类	Hardware and Electrical Appliances	5.86	9.04	24.38	43.08	70.28
体育、娱乐用品类	Sports and Recreational Articles	7.11	12.00	22.57	39.62	43.61
书报杂志类	Newspapers and Magazines	14.30	19.62	26.78	26.31	34.04
电子出版物及音像制品类	E-journals and Video Products	4.25	5.40	6.74	6.13	11.88
家用电器和音像器材类	Household Appliances and Video Appliances	73.71	156.81	431.41	471.88	580.55
中西药品类	Traditional Chinese and Western Medicines	58.31	114.07	290.46	383.44	428.87
#西药	Western Medicines	33.25	93.43	196.54	257.21	298.52
中草药及中成药	Traditional Chinese Medicines	15.12	17.99	40.37	58.79	67.81
文化办公用品类	Articles for Cultural and Office Use	14.78	31.94	67.13	283.63	407.31
家具类	Furniture	8.57	15.42	32.18	56.11	132.22
通讯器材类	Communication Appliances	5.18	41.13	79.31	215.97	324.37
煤炭及制品类	Coal and Related Products	0.32	0.59	6.42	17.09	20.63
木材及制品类	Timber and Related Products	0.35	0.89			
石油及制品类	Petroleum and Related Products	132.79	509.24	1291.71	1839.94	2082.90
化工材料及制品类	Chemical Materials and Products	2.91	9.75			
金属材料类	Metal Materials	2.27	3.87			
建筑及装潢材料类	Construction and Decoration Materials	3.36	18.62	39.59	66.43	121.67
机电产品及设备类	Mechanical and Electrical Products and Equipment	17.48	34.90	35.04	207.56	191.39
汽车类	Motor Vehicles	112.71	478.29	1852.54	2214.77	2802.72
种子饲料类	Seeds and Feedstuff					
棉麻类	Cotton and Hemp				0.09	0.29
其它类	Others	75.15	65.00	113.24	321.93	386.92
限额以下企业和个体户	**Enterprises below Designated Size and Individuals**	**2739.42**	**4681.5**	**9773.44**	**11782.53**	**12272.72**

注：1.本表2000-2004年数据根据广东省第一次全国经济普查资料进行了调整。
2.本表2005年-2008年数据根据第二次全国经济普查资料有所调整。

Note: a) Data of 2000 to 2004 in this table have been adjusted in accordance with the figures from the first national economic census of Guangdong Province.
b) Data of 2005 to 2008 in this table have been adjusted in accordance with the figures from the second national economic census of Guangdong Province.

15-8 各市批发零售业商品销售总额

Total Sales of Enterprises in Wholesale and Retail Trades by City

单位：亿元 (100 million yuan)

市别	City	2012 销售总额 Total Sales	2012 批发 Wholesale Trade	2012 零售 Retail Trade	2013 销售总额 Total Sales	2013 批发 Wholesale Trade	2013 零售 Retail Trade
广州	Guangzhou	31800.33	26641.13	5159.20	41334.90	35357.58	5977.32
深圳	Shenzhen	14657.78	11134.06	3523.72	19393.34	15361.65	4031.69
珠海	Zhuhai	2080.12	1520.96	559.16	2517.17	1946.64	570.53
汕头	Shantou	1853.37	891.32	962.05	2213.60	1126.91	1086.69
佛山	Foshan	6083.83	4334.11	1749.72	7065.59	4876.47	2189.12
#顺德	Shunde	2320.56	1746.23	574.33	2675.70	1961.92	713.78
韶关	Shaoguan	604.51	236.24	368.27	718.32	277.28	441.05
河源	Heyuan	278.72	87.72	191.00	327.72	94.00	233.72
梅州	Meizhou	626.67	254.39	372.28	703.75	242.40	461.35
惠州	Huizhou	1251.78	571.44	680.34	1484.39	676.12	808.27
汕尾	Shanwei	553.18	174.10	379.08	634.43	84.58	549.85
东莞	Dongguan	2522.89	1288.80	1234.09	3390.96	2027.86	1363.10
中山	Zhongshan	2117.53	1393.09	724.44	2353.38	1473.77	879.61
江门	Jiangmen	1370.90	660.51	710.39	1497.51	619.77	877.74
阳江	Yangjiang	710.52	286.03	424.49	820.79	341.51	479.28
湛江	Zhanjiang	1528.96	783.48	745.48	2138.06	1264.18	873.88
茂名	Maoming	1607.61	789.03	818.58	2328.03	1310.98	1017.05
肇庆	Zhaoqing	763.27	377.59	385.68	908.13	406.26	501.87
清远	Qingyuan	594.60	174.62	419.98	646.49	192.30	454.19
潮州	Chaozhou	639.26	365.68	273.58	738.25	380.94	357.31
揭阳	Jieyang	1081.70	587.49	494.21	1323.18	743.14	580.04
云浮	Yunfu	313.24	150.92	162.32	398.90	203.54	195.36
按经济区域分	By Region						
珠三角	Pearl River Delta	60294.39	45636.49	14657.90	79945.37	62746.12	17199.25
东翼	Eastern Region	3972.43	1873.36	2099.07	4909.46	2335.57	2573.89
西翼	Western Region	3702.53	1723.28	1979.25	5286.88	2916.67	2370.21
山区	Mountainous Region	2326.89	820.12	1506.77	2795.18	1009.52	1785.67

15-9 限额以上批发企业商品购、销、存总额（2013年）
Total Purchases, Sales and Inventory of Enterprises above Designated Size in Wholesale Trade (2013)

单位：亿元 (100 million yuan)

项　目	Item	企业单位数(个) Number of Enterprises (unit)	购进总额 Total Purchases	#进口 Imports	商品销售总额 Total Sales of Commodities
批发业合计	**Total Wholesale Trade**	**12463**	**49351.52**	**4694.14**	**52623.15**
#国有控股	State-owned and State-controlled Enterprises	810	18426.14	1120.31	19350.72
按登记注册类型分组	By Status of Registration				
内资企业	Domestic-funded Enterprises	11551	43758.97	3294.20	46466.76
国有企业	State-owned Enterprises	310	7011.68	135.13	8509.81
集体企业	Collective-owned Enterprises	86	66.49	1.35	71.66
股份合作企业	Share-holding Cooperative Enterprises	28	22.59	1.48	23.55
联营企业	Joint-operation Enterprises	10	16.51	1.47	19.82
国有联营企业	State-owned Joint-operation Enterprises	3	2.93		4.97
集体联营企业	Collective Joint-operation Enterprises	3	8.16		8.30
国有与集体联营企业	State-collective Joint-operation Enterprises	1	1.04		1.29
其他联营企业	Other Joint-operation Enterprises	3	4.38	1.47	5.26
有限责任公司	Limited Liability Corporations	4244	21041.28	1860.64	21969.79
国有独资企业	State Sole Investment Enterprises	119	1610.44	81.03	1861.54
其他有限责任公司	Other Limited Liability Companies	4125	19430.84	1779.61	20108.26
股份有限公司	Share-holding Corporations Ltd.	218	3798.65	190.32	3102.49
私营企业	Private Enterprises	6592	11740.25	1101.23	12700.71
私营独资企业	Private Sole Investment Enterprises	56	52.70	0.81	56.23
私营合伙企业	Private Partnership Enterprises	14	15.46	0.19	15.28
私营有限责任公司	Private Limited Liability Corporations	6372	11339.38	1071.71	12272.12
私营股份有限公司	Private Share-holding Corporations Ltd.	150	332.71	28.52	357.08
其他企业	Other Enterprises	63	61.52	2.58	68.93
港、澳、台商投资企业	Enterprises with Investment from Hong Kong, Macao and Taiwan	558	2510.76	963.87	2828.18
合资经营企业	Joint Ventures	75	393.06	35.05	442.68
合作经营企业	Cooperative Enterprises	6	13.49	0.37	15.41
独资经营企业	Sole Investment Enterprises	466	2086.24	927.68	2349.04
投资股份有限公司	Share-holding Corporations Ltd.	10	9.94	0.77	13.43
其他港、澳、台商投资企业	Others	1	8.03		7.62
外商投资企业	Enterprises with Foreign Investment	354	3081.79	436.07	3328.21
中外合资经营企业	Sino-foreign Joint Ventures	72	1031.26	91.97	1131.25
中外合作经营企业	Sino-foreign Cooperative Enterprises	7	23.85	4.00	30.66
外资企业	Foreign-funded Enterprises	263	1707.99	338.81	1890.54
外商投资股份有限公司	Share-holding Corporations Ltd.	10	313.91	1.29	270.80
其他外商投资企业	Others	2	4.78		4.96
按国民经济行业分组	By Economic Sector				
农畜产品批发业	Wholesale of Farm and Livestock Products	211	417.19	66.89	449.47
食品、饮料及烟草制品批发业	Wholesale of Food, Beverages and Tobacco Products	1135	3612.25	152.81	4093.51
#米、面制品及食用油批发业	Wholesale of Rice, Flour Products and Edible Oil	155	415.98	44.84	418.40
烟草制品批发业	Wholesale of Tobacco Products	55	953.75	0.14	1238.50
纺织、服装及日用品批发业	Wholesale of Textiles, Garments and Daily-use Products	1976	4511.46	329.85	5325.08
#服装批发业	Wholesale of Garments	491	1451.18	42.63	1697.59
家用电器批发	Wholesale of Household Appliance	348	1138.15	159.54	1301.17
文化、体育用品及器材批发业	Wholesale of Cultural and Sports Articles and Appliances	550	1125.95	70.24	1243.07
医药及医疗器材批发业	Wholesale of Medicines and Medical Appliances and Chemical Products	946	1836.35	118.62	2028.52
矿产品、建材及化工产品批发	Wholesale of Mineral Products, Building Materials	4753	29383.00	2125.37	30477.43
#煤炭及制品批发业	Wholesale of Coal and Related Products	269	2030.74	250.39	2117.13
石油及制品批发业	Wholesale of Petroleum and Related Products	731	13709.86	1072.46	14145.07
金属及金属矿批发业	Wholesale of Metal and Related Products	1289	7873.09	390.37	8148.70
建材批发业	Wholesale of Building Materials	529	1895.01	73.67	2004.24
化肥批发业	Wholesale of Chemical Fertilizers	100	242.60	34.58	245.07
机械设备、五金交电及电子产品批发业	Wholesale of Machinery, Hardware, Electric and Electronic Products	2072	5674.68	810.40	6024.31
#汽车批发	Wholesale of Motor Vehicles	64	632.34	13.07	672.97
汽车、摩托车及零配件批发业	Wholesale of Motor Vehicles, Motorcycles and Parts	172	487.19	33.97	531.79
计算机、软件及辅助设备批发业	Wholesale of Computers, Software and Assistant Equipments	238	583.77	47.75	642.83
贸易经纪与代理	Trade Broker and Agency	275	1202.40	152.48	1280.01
其他批发业	Other Wholesale Trades	545	1588.24	867.48	1701.75

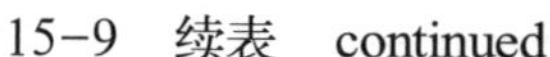

15-9 续表 continued

单位：亿元 (100 million yuan)

项目	Item	批发 Wholesale Trade	#出口 Exports	零售 Retail Trade	年末库存总额 Inventory at the Year-end
批发业合计	**Total Wholesale Trade**	**51045.84**	**5007.42**	**1577.31**	**3074.33**
#国有控股	State-owned and State-controlled Enterprises	18695.15	1329.48	655.58	904.66
按登记注册类型分组	By Status of Registration				
内资企业	Domestic-funded Enterprises	45175.54	3948.89	1291.22	2645.58
国有企业	State-owned Enterprises	8467.51	336.78	42.30	228.53
集体企业	Collective-owned Enterprises	67.92	11.72	3.74	4.39
股份合作企业	Share-holding Cooperative Enterprises	22.83	2.19	0.71	1.62
联营企业	Joint-operation Enterprises	16.57	0.85	3.25	4.80
国有联营企业	State-owned Joint-operation Enterprises	4.43	0.85	0.54	0.43
集体联营企业	Collective Joint-operation Enterprises	5.68		2.62	0.36
国有与集体联营企业	State-collective Joint-operation Enterprises	1.29			3.31
其他联营企业	Other Joint-operation Enterprises	5.17		0.09	0.71
有限责任公司	Limited Liability Corporations	21499.77	1867.81	470.04	1288.99
国有独资企业	State Sole Investment Enterprises	1832.38	166.32	29.15	92.19
其他有限责任公司	Other Limited Liability Companies	19667.37	1701.49	440.89	1196.80
股份有限公司	Share-holding Corporations Ltd.	2657.77	477.03	444.72	215.69
私营企业	Private Enterprises	12379.88	1251.60	320.83	892.60
私营独资企业	Private Sole Investment Enterprises	53.33	0.59	2.90	1.46
私营合伙企业	Private Partnership Enterprises	14.58	3.84	0.70	0.85
私营有限责任公司	Private Limited Liability Corporations	11967.65	1222.04	304.47	864.38
私营股份有限公司	Private Share-holding Corporations Ltd.	344.33	25.13	12.75	25.91
其他企业	Other Enterprises	63.29	0.91	5.63	8.96
港、澳、台商投资企业	Enterprises with Investment from Hong Kong, Macao and Taiwan	2687.02	772.72	141.16	232.23
合资经营企业	Joint Ventures	428.84	17.42	13.84	19.45
合作经营企业	Cooperative Enterprises	15.14	0.19	0.26	0.25
独资经营企业	Sole Investment Enterprises	2221.99	755.11	127.06	210.18
投资股份有限公司	Share-holding Corporations Ltd.	13.43			0.85
其他港、澳、台商投资企业	Others	7.62			1.50
外商投资企业	Enterprises with Foreign Investment	3183.28	285.81	144.93	196.52
中外合资经营企业	Sino-foreign Joint Ventures	1022.86	45.58	108.40	59.72
中外合作经营企业	Sino-foreign Cooperative Enterprises	27.45		3.20	1.55
外资企业	Foreign-funded Enterprises	1862.41	240.00	28.13	103.84
外商投资股份有限公司	Share-holding Corporations Ltd.	265.60	0.23	5.20	30.36
其他外商投资企业	Others	4.96			1.05
按国民经济行业分组	By Economic Sector				
农畜产品批发业	Wholesale of Farm and Livestock Products	441.22	18.06	8.25	50.52
食品、饮料及烟草制品批发业	Wholesale of Food, Beverages and Tobacco Products	4022.29	150.74	71.22	277.51
#米、面制品及食用油批发业	Wholesale of Rice, Flour Products and Edible Oil	407.74	42.59	10.66	61.95
烟草制品批发业	Wholesale of Tobacco Products	1236.14	0.07	2.36	54.61
纺织、服装及日用品批发业	Wholesale of Textiles, Garments and Daily-use Products	5120.71	1554.02	204.37	367.66
#服装批发业	Wholesale of Garments	1576.37	370.80	121.22	114.44
家用电器批发	Wholesale of Household Appliance	1280.47	259.67	20.69	136.17
文化、体育用品及器材批发业	Wholesale of Cultural and Sports Articles and Appliances	1203.60	141.82	39.47	192.14
医药及医疗器材批发业	Wholesale of Medicines and Medical Appliances and Chemical Products	1771.67	18.41	256.85	200.34
矿产品、建材及化工产品批发	Wholesale of Mineral Products, Building Materials	29675.61	753.49	801.83	1401.57
#煤炭及制品批发业	Wholesale of Coal and Related Products	2111.08	20.08	6.05	131.84
石油及制品批发业	Wholesale of Petroleum and Related Products	13569.72	316.81	575.35	505.39
金属及金属矿批发业	Wholesale of Metal and Related Products	8107.82	189.63	40.88	365.96
建材批发业	Wholesale of Building Materials	1915.14	110.90	89.10	82.57
化肥批发业	Wholesale of Chemical Fertilizers	231.88	1.50	13.19	24.79
机械设备、五金交电及电子产品批发业	Wholesale of Machinery, Hardware, Electric and Electronic Products	5866.70	1026.54	157.61	437.84
#汽车批发	Wholesale of Motor Vehicles	630.32	0.87	42.65	11.14
汽车、摩托车及零配件批发业	Wholesale of Motor Vehicles, Motorcycles and Parts	524.08	23.79	7.71	27.59
计算机、软件及辅助设备批发业	Wholesale of Computers, Software and Assistant Equipments	601.72	64.97	41.11	75.35
贸易经纪与代理	Trade Broker and Agency	1269.99	444.95	10.02	60.73
其他批发业	Other Wholesale Trades	1674.05	899.39	27.69	86.02

15-10 限额以上零售企业商品购、销、存总额（2013年）
Total Purchases, Sales and Inventory of Enterprises above Designated Size in Retail Trade (2013)

单位：亿元 (100 million yuan)

项目	Item	企业单位数(个) Number of Enterprises (unit)	购进总额 Total Purchases	#进口 Imports	商品销售总额 Total Sales of Commodities
零售业合计	**Total Retail Trade**	**6730**	**8148.50**	**406.03**	**9465.01**
#国有控股	State-owned and State-controlled Enterprises	422	1587.53	43.47	2208.11
按登记注册类型分组	By Status of Registration				
内资企业	Domestic-funded Enterprises	6353	6480.43	288.96	7564.54
国有企业	State-owned Enterprises	124	171.58		178.69
集体企业	Collective-owned Enterprises	183	132.95	0.31	154.81
股份合作企业	Share-holding Cooperative Enterprises	36	9.32		10.16
联营企业	Joint-operation Enterprises	30	13.37	0.34	15.95
国有联营企业	State-owned Joint-operation Enterprises	9	5.58		7.64
集体联营企业	Collective Joint-operation Enterprises	9	2.24	0.34	2.56
国有与集体联营企业	State-collective Joint-operation Enterprises	3	1.75		1.84
其他联营企业	Other Joint-operation Enterprises	9	3.80		3.92
有限责任公司	Limited Liability Corporations	2704	2886.31	169.71	3197.11
国有独资企业	State Sole Investment Enterprises	37	122.96	20.24	130.60
其他有限责任公司	Other Limited Liability Companies	2667	2763.34	149.48	3066.50
股份有限公司	Share-holding Corporations Ltd.	145	973.43	8.40	1521.95
私营企业	Private Enterprises	3046	2235.14	110.17	2421.33
私营独资企业	Private Sole Investment Enterprises	321	77.80	3.85	85.63
私营合伙企业	Private Partnership Enterprises	37	12.28		13.14
私营有限责任公司	Private Limited Liability Corporations	2607	1957.04	99.70	2101.15
私营股份有限公司	Private Share-holding Corporations Ltd.	81	188.03	6.62	221.41
其他企业	Other Enterprises	85	58.33	0.03	64.54
港、澳、台商投资企业	Enterprises with Investment from Hong Kong, Macao and Taiwan	207	773.67	98.71	915.63
合资经营企业	Joint Ventures	42	339.12	13.80	417.05
合作经营企业	Cooperative Enterprises	15	10.33		12.90
独资经营企业	Sole Investment Enterprises	144	418.45	84.36	476.26
投资股份有限公司	Share-holding Corporations Ltd.	6	5.77	0.55	9.42
其他港澳台投资企业	Others				
外商投资企业	Enterprises with Foreign Investment	170	894.40	18.36	984.84
中外合资经营企业	Sino-foreign Joint Ventures	71	405.77	6.97	430.56
中外合作经营企业	Sino-foreign Cooperative Enterprises	10	80.97	1.20	89.06
外资企业	Foreign-funded Enterprises	82	395.78	10.19	450.60
外商投资股份有限公司	Share-holding Corporations Ltd.	5	7.06		7.80
其他外商投资企业	Other Foreign Enterprises	2	4.82		6.82
按国民经济行业分组	By Economic Sector				
综合零售业	Comprehensive Retail Trade	726	1519.38	13.72	1803.60
#百货零售业	Retail of General Merchandise	328	737.26	9.92	927.49
超级市场零售业	Retail in Supermarkets	312	722.38	3.48	811.72
食品、饮料及烟草制品专门零售业	Retail of Food, Beverages and Tobacco Products	405	126.22	15.64	164.39
纺织、服装及日用品专门零售业	Retail of Textiles, Garments and Daily-use Products	518	371.07	11.13	523.23
#服装零售业	Retail of Garments	230	258.03	8.33	347.17
文化、体育用品及器材专门零售业	Retail of Cultural and Sports Articles and Appliances	311	323.23	0.46	352.43
#体育用品零售业	Retail of Sports Articles and Appliances	23	100.85	0.01	99.01
图书零售业	Retail of Books	105	42.63		48.07
医药及医疗器材专门零售业	Retail of Medicines and Medical Appliances	374	234.47	2.20	299.32
#药品零售业	Retail of Medicines	272	205.54	0.02	262.33
汽车、摩托车、燃料及零配件零售业	Retail of Motor Vehicles, Motorcycles and Parts	2657	4367.23	347.96	4983.88
#汽车零售业	Retail of Motor Vehicles	1645	3166.67	346.25	3234.81
机动车燃料零售业	Retail of Motor Vehicle Fuels	755	1124.08	0.64	1666.73
家用电器及电子产品专门零售业	Retail of Household Appliances and Electronic Products	804	709.97	2.27	775.91
#家用电器零售业	Retail of Household Appliances	377	387.83	0.52	436.05
计算机、软件及辅助设备零售业	Retail of Computers, Software and Assistant Equipments	224	46.49	0.38	52.05
通讯设备零售业	Retail of Communication Equipments	95	241.69	0.08	247.77
五金、家具及室内装修材料专门零售业	Retail of Hardware, Furniture and Interior Decoration Materials	466	151.02	2.39	177.54
无店铺及其他零售业	Non-shop and Other Retails	469	345.91	10.26	384.71

15-10 续表 continued

单位：亿元 (100 million yuan)

项 目	Item	批发 Wholesale Trade	#出口 Exports	零售 Retail Trade	年末库存总额 Inventory at the Year-end
零售业合计	**Total Retail Trade**	**1238.96**	**13.81**	**8226.04**	**946.49**
#国有控股	State-owned and State-controlled Enterprises	389.81	6.87	1818.30	110.51
按登记注册类型分组	By Status of Registration				
内资企业	Domestic-funded Enterprises	1044.73	12.54	6519.81	781.41
国有企业	State-owned Enterprises	22.45		156.24	12.43
集体企业	Collective-owned Enterprises	50.62	0.11	104.19	8.19
股份合作企业	Share-holding Cooperative Enterprises	1.99		8.17	1.06
联营企业	Joint-operation Enterprises	0.75		15.20	0.43
国有联营企业	State-owned Joint-operation Enterprises	0.31		7.33	0.18
集体联营企业	Collective Joint-operation Enterprises	0.33		2.22	0.02
国有与集体联营企业	State-collective Joint-operation Enterprises	0.01		1.82	0.07
其他联营企业	Other Joint-operation Enterprises	0.10		3.82	0.15
有限责任公司	Limited Liability Corporations	285.61	1.32	2911.50	421.82
国有独资企业	State Sole Investment Enterprises	21.41		109.19	17.42
其他有限责任公司	Other Limited Liability Companies	264.19	1.31	2802.31	404.40
股份有限公司	Share-holding Corporations Ltd.	352.18	6.46	1169.77	55.06
私营企业	Private Enterprises	324.30	4.65	2097.03	276.70
私营独资企业	Private Sole Investment Enterprises	3.37		82.27	4.72
私营合伙企业	Private Partnership Enterprises	0.67		12.48	1.34
私营有限责任公司	Private Limited Liability Corporations	299.82	4.65	1801.33	259.14
私营股份有限公司	Private Share-holding Corporations Ltd.	20.45		200.96	11.51
其他企业	Other Enterprises	6.83		57.71	5.72
港、澳、台商投资企业	Enterprises with Investment from Hong Kong, Macao and Taiwan	151.42	0.08	764.20	102.14
合资经营企业	Joint Ventures	25.56		391.49	36.07
合作经营企业	Cooperative Enterprises	0.44		12.46	0.60
独资经营企业	Sole Investment Enterprises	122.22	0.08	354.04	61.53
投资股份有限公司	Share-holding Corporations Ltd.	3.20		6.21	3.94
其他港澳台投资企业	Others				
外商投资企业	Enterprises with Foreign Investment	42.81	1.19	942.03	62.94
中外合资经营企业	Sino-foreign Joint Ventures	10.38	1.19	420.18	22.55
中外合作经营企业	Sino-foreign Cooperative Enterprises	28.90		60.16	7.39
外资企业	Foreign-funded Enterprises	3.30		447.30	31.74
外商投资股份有限公司	Share-holding Corporations Ltd.	0.23		7.57	0.55
其他外商投资企业	Other Foreign Enterprises			6.82	0.71
按国民经济行业分组	By Economic Sector				
综合零售业	Comprehensive Retail Trade	74.82	0.11	1728.78	161.53
#百货零售业	Retail of General Merchandise	14.96		912.54	58.22
超级市场零售业	Retail in Supermarkets	53.86		757.86	90.58
食品、饮料及烟草制品专门零售业	Retail of Food, Beverages and Tobacco Products	32.02	0.64	132.37	26.78
纺织、服装及日用品专门零售业	Retail of Textiles, Garments and Daily-use Products	74.26	2.00	448.97	106.18
#服装零售业	Retail of Garments	49.51	0.32	297.66	54.43
文化、体育用品及器材专门零售业	Retail of Cultural and Sports Articles and Appliances	126.45	1.05	225.98	55.86
#体育用品零售业	Retail of Sports Articles and Appliances	60.13		38.88	12.35
图书零售业	Retail of Books	7.42		40.64	17.20
医药及医疗器材专门零售业	Retail of Medicines and Medical Appliances	90.60		208.72	34.91
#药品零售业	Retail of Medicines	81.52		180.82	31.49
汽车、摩托车、燃料及零配件零售业	Retail of Motor Vehicles, Motorcycles and Parts	568.86	7.28	4415.01	453.59
#汽车零售业	Retail of Motor Vehicles	341.65	6.45	2893.16	379.34
机动车燃料零售业	Retail of Motor Vehicle Fuels	214.04		1452.69	62.84
家用电器及电子产品专门零售业	Retail of Household Appliances and Electronic Products	206.09	0.44	569.82	61.73
#家用电器零售业	Retail of Household Appliances	43.71		392.34	32.09
计算机、软件及辅助设备零售业	Retail of Computers, Software and Assistant Equipments	13.38	0.43	38.67	4.85
通讯设备零售业	Retail of Communication Equipments	138.59		109.19	20.93
五金、家具及室内装修材料专门零售业	Retail of Hardware, Furniture and Interior Decoration Materials	16.86	1.92	160.68	22.24
无店铺及其他零售业	Non-shop and Other Retails	49.0	0.4	335.7	23.7

15-11 各市限额以上批发零售企业商品购、销、存总额（2013年）

Total Purchases, Sales and Inventory of Enterprises above Designated Size in Wholesale and Retail Trades by City (2013)

单位：万元　　　　(10000 yuan)

市 别	City	商品购进总额 Total Purchases	#进口 Imports	商品销售总额 Total Sales	批发 Wholesale Trade	#出口 Exports	零售 Retail Trade	年末库存总额 Inventory at the Year-end
合 计	**Total**	**575000160**	**51001776**	**620881552**	**522847989**	**50212373**	**98033564**	**40208276**
批发业	**Wholesale Trade**	**493515179**	**46941448**	**526231498**	**510458375**	**50074235**	**15773125**	**30743327**
广 州	Guangzhou	245095911	13462660	259812432	254204517	13807106	5607915	11701771
深 圳	Shenzhen	101310830	21395402	108111250	103275165	21819109	4836086	6528941
珠 海	Zhuhai	24690783	5679436	24507290	24136451	470829	370839	4140425
汕 头	Shantou	7086452	528587	7924951	7392758	303874	532193	679149
佛 山	Foshan	33465938	1433399	37255767	36262471	4432307	993296	2542444
#顺 德	Shunde	10323367	494598	11432468	11359019	1303668	73449	1410409
韶 关	Shaoguan	2044043	286	2187914	1660434	34472	527480	151058
河 源	Heyuan	342207	1487	444340	443738		603	14504
梅 州	Meizhou	983440	14849	1104698	1019294	52683	85405	24794
惠 州	Huizhou	5178918	43090	6150819	5907960	347688	242859	233561
汕 尾	Shanwei	560560		691915	676489		15426	28324
东 莞	Dongguan	19599738	1438146	20986164	20670388	3132172	315777	1972403
中 山	Zhongshan	10374363	317585	10795186	10729791	2915152	65395	699442
江 门	Jiangmen	5982413	726391	6511928	6410749	1461633	101179	521662
阳 江	Yangjiang	501565	3	590833	567193	217595	23639	27735
湛 江	Zhanjiang	9849321	214325	10507249	9955569	155840	551680	356719
茂 名	Maoming	13220529	81307	13584589	13351320	11084	233269	323658
肇 庆	Zhaoqing	3005238	972454	3628230	3559020	759754	69210	183318
清 远	Qingyuan	1146650	11367	1282097	814349	41325	467747	66371
潮 州	Chaozhou	1824276	526040	1949134	1864582	91702	84552	164556
揭 阳	Jieyang	5252079	22118	6110902	5475811	15527	635091	210063
云 浮	Yunfu	1999925	72516	2093810	2080326	4383	13484	172429
零售业	**Retail Trade**	**81484981**	**4060328**	**94650054**	**12389614**	**138138**	**82260439**	**9464949**
广 州	Guangzhou	30034828	1675362	32349853	5970692	106118	26379160	2590753
深 圳	Shenzhen	18908268	1018535	21753261	1689968	24728	20063293	2664982
珠 海	Zhuhai	2085233	291963	2497784	247452	4	2250332	285991
汕 头	Shantou	1419539	111652	1620629	95036		1525593	173935
佛 山	Foshan	5531569	243638	6044742	698755	282	5345987	842701
#顺 德	Shunde	2686835	106395	2902438	333250	282	2569189	511760
韶 关	Shaoguan	442471	68	473805	4260		469545	58383
河 源	Heyuan	342542	3868	767900	44710		723190	75244
梅 州	Meizhou	565103	6	893480	66693		826787	87121
惠 州	Huizhou	2108569	100057	3134047	398419		2735628	240721
汕 尾	Shanwei	151429	5833	325739	44317		281422	15038
东 莞	Dongguan	7098768	433452	8383228	900099	613	7483129	1217051
中 山	Zhongshan	2818134	112139	3577226	189937	1249	3387290	297781
江 门	Jiangmen	2303244	4063	2480244	248931	1088	2231314	292642
阳 江	Yangjiang	331709		704643	111947		592696	29950
湛 江	Zhanjiang	1064537	855	1831394	409639		1421754	152248
茂 名	Maoming	1121790	24903	1860577	400210		1460367	129454
肇 庆	Zhaoqing	1790406	13210	1997887	487304	336	1510583	86418
清 远	Qingyuan	459344	18241	489917	22650		467267	73752
潮 州	Chaozhou	354061		434780	11499		423280	34420
揭 阳	Jieyang	2180587	2331	2437384	305703	3720	2131681	74980
云 浮	Yunfu	372850	152	591534	41393		550141	41384

15-12 限额以上批发零售业个体户商品购、销、存总额（2013年）

Total Purchases, Sales and Inventory of Enterprises above Designated Size in Wholesale and Retail Trade Individuals(2013)

单位：万元 (10000 yuan)

项目	Item	单位数(个) Number of Enterprises (unit)	购进总额 Total Purchases	商品销售总额 Total Sales of Commodities
合计	**Total**	**5837**	**40941012**	**47190980**
批发业	**Wholesale Trade**	**2734**	**35502369**	**40002204**
农畜产品批发业	Wholesale of Farm and Livestock Products	48	309495	345912
食品、饮料及烟草制品批发业	Wholesale of Food, Beverages and Tobacco Products	560	3407352	3727086
纺织、服装及日用品批发业	Wholesale of Textiles, Garments and Daily-use Products	1143	8728303	10538021
纺织品、针织品及原料批发	Wholesale of Textiles,Knitwear and Raw Material	118	2298044	2573938
服装批发	Wholesale of Garments	505	1504064	2498766
灯具、装饰物品批发	Wholesale of Lamps and Lanterns,Decorative Items	256	2320104	2694826
文化、体育用品及器材批发业	Wholesale of Cultural and Sports Articles and Appliances	251	1607997	2928961
首饰、工艺品及收藏品批发	Wholesale of Jewelry,Art Work and Collector	221	1462056	2772965
医药及医疗器材批发业	Wholesale of Medicines and Medical Appliances and Chemical Products	87	722237	744285
中药批发	Wholesale of Traditional Chinese Medicine	87	722237	744285
矿产品、建材及化工产品批发	Wholesale of Mineral Products, Building Materials	86	519929	527236
机械设备、五金交电及电子产品批发业	Wholesale of Machinery, Hardware, Electric and Electronic Products	549	20179095	21159510
电气设备批发	Wholesale of Electric Apparatus	69	5966806	6423390
计算机、软件及辅助设备批发	Wholesale of Computers, Software and Assistant Equipments	152	5042690	5733314
通讯及广播电视设备批发	Wholesale of Communications and Broadcasting Equipment	166	8735802	8432367
其他批发业	Other Wholesale Trades	10	27962	31191
零售业	**Retail Trade**	**3103**	**5438643**	**7188777**
综合零售业	Comprehensive Retail Trade	421	370485	408276
百货零售	Retail of General Merchandise	185	140513	159320
超级市场零售	Retail in Supermarkets	143	150288	165935
食品、饮料及烟草制品专门零售业	Retail of Food, Beverages and Tobacco Products	392	403831	456115
纺织、服装及日用品专门零售业	Retail of Textiles, Garments and Daily-use Products	400	761341	1282994
纺织品及针织品零售	Retail of Textiles and Knitwear	50	27001	31238
服装零售	Retail of Garments	57	48317	54445
鞋帽零售	Retail of Footwear and Headgear	49	285770	334910
文化、体育用品及器材专门零售业	Retail of Cultural and Sports Articles and	577	1259335	2147197
珠宝首饰零售	Retail of Bijouterie	142	300604	479980
工艺美术品及收藏品零售	Retail of Art Work and Collector	380	879121	1579335
医药及医疗器材专门零售业	Retail of Medicines and Medical Appliances	83	58739	80783
药品零售	Retail of Medicines	83	58739	80783
汽车、摩托车、燃料及零配件零售业	Retail of Motor Vehicles, Motorcycles and Parts	224	232604	253227
家用电器及电子产品专门零售业	Retail of Household Appliances and and Electronic Products	469	1809954	1861805
计算机、软件及辅助设备零售	Retail of Computers, Software and Assistant Equipments	233	365432	472543
通信设备零售	Retail of Communication Equipments	90	1293513	1209657
五金、家具及室内装修材料专门	Retail of Hardware, Furniture and Interior	488	484863	630444
无店铺及其他零售业	Non-shop and Other Retails	49	57491	67937

15-12 续表 continued

单位：万元 (10000 yuan)

项目	Item	批发 Wholesale Trade	零售 Retail Trade	年末库存总额 Inventory at the Year-end
合计	**Total**	**38557044**	**8633937**	**1535131**
批发业	**Wholesale Trade**	**37440264**	**2561940**	**1122032**
农畜产品批发业	Wholesale of Farm and Livestock Products	340285	5628	7979
食品、饮料及烟草制品批发业	Wholesale of Food, Beverages and Tobacco Products	3600737	126349	81803
纺织、服装及日用品批发业	Wholesale of Textiles, Garments and Daily-use Products	9959590	578431	134423
纺织品、针织品及原料批发	Wholesale of Textiles,Knitwear and Raw Material	2568523	5415	31873
服装批发	Wholesale of Garments	2168903	329863	51793
灯具、装饰物品批发	Wholesale of Lamps and Lanterns,Decorative Items	2511726	183100	4803
文化、体育用品及器材批发业	Wholesale of Cultural and Sports Articles and Appliances	2789477	139484	78032
首饰、工艺品及收藏品批发	Wholesale of Jewelry,Art Work and Collector	2636278	136687	76458
医药及医疗器材批发业	Wholesale of Medicines and Medical Appliances and Chemical Products	744285		25470
中药批发	Wholesale of Traditional Chinese Medicine	744285		25470
矿产品、建材及化工产品批发	Wholesale of Mineral Products, Building Materials	454044	73192	35006
机械设备、五金交电及电子产品批发业	Wholesale of Machinery, Hardware, Electric and Electronic Products	19522133	1637377	758823
电气设备批发	Wholesale of Electric Apparatus	5920522	502868	165440
计算机、软件及辅助设备批发	Wholesale of Computers, Software and Assistant Equipments	5223262	510052	114959
通讯及广播电视设备批发	Wholesale of Communications and Broadcasting Equipment	7916022	516346	461285
其他批发业	Other Wholesale Trades	29713	1479	497
零售业	**Retail Trade**	**1116780**	**6071997**	**413099**
综合零售业	Comprehensive Retail Trade	14402	393874	38403
百货零售	Retail of General Merchandise	5756	153564	17970
超级市场零售	Retail in Supermarkets	3062	162873	15055
食品、饮料及烟草制品专门零售业	Retail of Food, Beverages and Tobacco Products	41342	414772	30333
纺织、服装及日用品专门零售业	Retail of Textiles, Garments and Daily-use Products	23894	1259100	36533
纺织品及针织品零售	Retail of Textiles and Knitwear	1168	30070	2181
服装零售	Retail of Garments	3127	51318	5743
鞋帽零售	Retail of Footwear and Headgear	14526	320384	2675
文化、体育用品及器材专门零售业	Retail of Cultural and Sports Articles and	6866	2140331	77502
珠宝首饰零售	Retail of Bijouterie	5775	474205	21092
工艺美术品及收藏品零售	Retail of Art Work and Collector		1579335	53042
医药及医疗器材专门零售业	Retail of Medicines and Medical Appliances	6814	73969	3776
药品零售	Retail of Medicines	6814	73969	3776
汽车、摩托车、燃料及零配件零售业	Retail of Motor Vehicles, Motorcycles and Parts	4252	248975	35424
家用电器及电子产品专门零售业	Retail of Household Appliances and and Electronic Products	1001706	860099	129926
计算机、软件及辅助设备零售	Retail of Computers, Software and Assistant Equipments	11916	460627	12988
通信设备零售	Retail of Communication Equipments	980819	228838	105622
五金、家具及室内装修材料专门	Retail of Hardware, Furniture and Interior	11964	618479	57142
无店铺及其他零售业	Non-shop and Other Retails	5539	62398	4061

15-13 限额以上连锁批发零售业经营情况（2013年）

Business of Chain Stores above Designated Size in Wholesale and Retail Trade (2013)

项　目	Item	连锁总店数(个) Number of General Chain Stores (unit)	销售总额(万元) Total Sales Revenue) (10000 yuan)	#零售额(万元) Retail Sales (10000 yuan)	营业面积(平方米) Operational Area (sq.m)
批发零售业合计	**Wholesale and Retail Trade**	**308**	**52441283**	**38176271**	**24296604**
按注册登记类型分	By Status of Registration				
内资企业	Domestic-funded Enterprises	243	42165807	28984966	19605508
国有企业	State-owned Enterprises	9	6000232	429358	205150
集体企业	Collective-owned Enterprises	1	12391	12391	1041
股份合作企业	Share-holding Cooperative Enterprises				
联营企业	Joint-operation Enterprises				
有限责任公司	Limited Liability Corporations	121	6368144	5507053	4466991
股份有限公司	Share-holding Corporations Ltd.	32	27826601	21591731	13926432
私营企业	Private Enterprises	79	1937253	1423246	994394
其他企业	Other Enterprises	1	21187	21187	11500
港、澳、台商投资企业	Enterprises with Investment from Hong Kong, Macao and Taiwan	33	4241732	3898720	1654884
合资经营企业(港或澳、台资)	Joint Ventures	10	3224190	3010339	1119718
合作经营企业(港或澳、台资)	Cooperative Enterprises	3	63553	61198	7445
港、澳、台商独资经营企业	Sole Investment Enterprises	18	885034	781318	502894
港、澳、台商投资股份有限公	Share-holding Corporations Ltd.	2	68955	45864	24827
外商投资企业	Enterprises with Foreign Investment	32	6033744	5292585	3036212
中外合资经营企业	Sino-foreign Joint Ventures	18	3068192	2903507	1543049
中外合作经营企业	Sino-foreign Cooperative Enterprises	4	953809	707775	441421
外资企业	Foreign-funded Enterprises	10	2011743	1681304	1051742
外商投资股份有限公司	Others				
按零售业态分	By Type of Operation				
便利店	Convenience Store	16	761605	710610	370709
超市	Supermarket	17	334997	334083	503656
大型超市	HyperMarket	39	5861652	5273615	3763031
百货商店	Department Store	19	5032777	4782277	2445019
专业店	Specialty Store	116	15214664	11373299	4966768
专卖店	Franchised Store	55	2606991	2311138	2386484
家居建材店	Building Material Store	3	55768	43225	141707
其他	Others	3	189587	189587	69326

15-13 续表 continued

项 目	Item	从业人数(人) Number of Employed Persons (person)	连锁门店数(个) Number of Branch Chain Stores (unit)	直营店(个) Under Direct Management (unit)	加盟店(个) Through License Arrangement (unit)
批发零售业合计	**Retail Trade**	**272795**	**24546**	**16395**	**8151**
按注册登记类型分	By Status of Registration				
内资企业	Domestic-funded Enterprises	175149	16350	13345	3005
国有企业	State-owned Enterprises	16457	737	723	14
集体企业	Collective-owned Enterprises	153	7	7	
股份合作企业	Share-holding Cooperative Enterprises				
联营企业	Joint-operation Enterprises				
有限责任公司	Limited Liability Corporations	72959	7262	4675	2587
股份有限公司	Share-holding Corporations Ltd.	56195	5744	5733	11
私营企业	Private Enterprises	27902	2577	2206	371
其他企业	Other Enterprises	1483	23	1	22
港、澳、台商投资企业	Enterprises with Investment from Hong Kong, Macao and Taiwan	42513	3277	2086	1191
合资经营企业(港或澳、台资)	Joint Ventures	24824	1349	1313	36
合作经营企业(港或澳、台资)	Cooperative Enterprises	592	86	86	
港、澳、台商独资经营企业	Sole Investment Enterprises	16353	1616	461	1155
港、澳、台商投资股份有限公司	Share-holding Corporations Ltd.	744	226	226	
外商投资企业	Enterprises with Foreign Investment	55133	4919	964	3955
中外合资经营企业	Sino-foreign Joint Ventures	17352	583	530	53
中外合作经营企业	Sino-foreign Cooperative Enterprises	11914	608	74	534
外资企业	Foreign-funded Enterprises	25867	3728	360	3368
外商投资股份有限公司	Share-holding corporations				
按零售业态分	By Type of Operation				
便利店	Convenience Store	11512	1965	1835	130
超市	Supermarket	6789	309	308	1
大型超市	HyperMarket	66757	934	906	28
百货商店	Department Store	32103	932	908	24
专业店	Specialty Store	69094	7773	6283	1490
专卖店	Franchised Store	33285	7019	2177	4842
家居建材店	Building Material Store	816	20	20	
其他	Others	3525	461	123	338

15-14 亿元以上商品交易市场成交额
Turnover of Commodity Exchange Markets with Transaction Value over 100 Million Yuan

单位：亿元 (100 million yuan)

项　　目	Item	2005	2010	2011	2012	2013
合　计	**Total**	**1948.95**	**4828.13**	**5106.46**	**5506.48**	**5418.15**
食品、饮料、烟酒类	Food, Beverages, Tobacco and Liquor	853.12	1591.87	1783.72	1828.69	1844.52
#粮油类	Grain and Edible Oil	136.45	192.61	230.45	245.15	172.69
服装鞋帽、针、纺织品类	Garments,Footwear,Headgear,Knitwear and Textiles	457.60	1028.01	1062.79	1090.39	1086.16
化妆品类	Cosmetics	8.18	15.69	15.43	15.33	19.17
金银珠宝类	Gold, Silver and Jewelry	1.14	47.17	37.20	36.11	26.92
日用品类	Daily-use Articles	42.93	209.48	249.25	275.06	271.20
五金、电料类	Hardware and Electrical Appliances	19.07	121.51	103.15	138.41	143.03
体育、娱乐用品类	Sports and Recreational Articles	5.09	7.44	6.81	14.21	13.15
书报杂志类	Newspapers and Magazines	2.37	4.75	3.92	4.21	3.20
电子出版物及音像制品类	E-journals and Video Products	2.22	5.84	4.63	2.23	7.50
家用电器和音像器材类	Household Appliances and Video Appliances	15.20	33.88	33.75	33.15	28.59
中西药品类	Traditional Chinese and Western Medicines	13.24	12.49	12.47	13.71	13.92
#中草药及中成药类	Chinese Herbal Medicines and Chinese Patent Medicines	12.52	11.76	11.77	12.87	13.09
文化办公用品类	Articles for Cultural and Office Use	62.63	66.35	50.24	61.32	56.68
家具类	Furniture	3.03	9.05	7.64	8.46	8.27
通讯器材类	Communication Appliances	2.24	52.00	43.58	55.68	62.99
煤炭及制品类	Coal and Related Products					
木材及制品类	Timber and Related Products	34.84	45.27	51.65	90.56	107.74
化工材料及制品类	Chemical Materials and Products	5.11	388.17	439.28	474.4	401.25
金属材料类	Metal Materials	82.11	485.52	481.03	604.94	562.23
建筑及装潢材料类	Construction and Decoration Materials	43.93	73.64	80.70	83.07	87.02
机电产品及设备类	Mechanical and Electrical Products and Equipments	17.68	28.11	42.37	32.12	35.30
汽车类	Motor Vehicles	175.68	531.59	504.62	509.39	513.61
种子饲料类	Seeds and Feedstuff		0.07	0.08	0.08	0.10
棉麻类	Cotton and Hemp					
其他类	Others	101.54	70.23	92.15	134.96	125.60

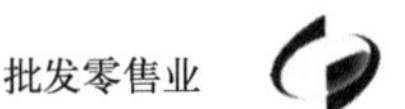

15-15　限额以上批发零售企业财务状况（2013年）

Financial Indicators of Enterprises above Designated Size in Wholesale and Retail Trades Services (2013)

单位：万元　　　　(10000 yuan)

项　目	Item	批发零售业合计 Wholesale and Retail Trades	批发业 Wholesale Trade	零售业 Retail Trade
企业数　(个)	Number of Enterprises　(unit)	19243	12499	6744
年初存货	Inventory at the Year-beginning	31160916	23996908	7164008
流动资产合计	Circulating Assets	202010523	169968975	32041548
#存货	Inventory	34533285	26547076	7986209
固定资产原价	Original Value of Fixed Assets	24205057	16443324	7761733
累计折旧	Accumulated Depreciation	9460092	5968242	3491850
#本年折旧	Depreciation Drawn in Current Year	1560494	1097167	463327
资产合计	Total Assets	249341046	204761304	44579742
负债合计	Total Liabilities	191980281	161200287	30779994
所有者权益合计	Total Creditors' Equity	57417592	43614514	13803078
实收资本	Paid-up Capital	31856022	25085496	6770526
#国家资本	State Capital	5241919	4167134	1074785
集体资本	Collective Capital	402851	289797	113054
法人资本	Legal Person Capital	13640499	10850263	2790236
个人资本	Personal Capital	7850841	6444477	1406364
港澳台资本	Capital from Hong Kong, Macao and Taiwan	3116966	2231532	885434
外商资本	Foreign Capital	1602946	1102292	500654
营业收入	Business Revenue	565730948	479145298	86585650
#主营业务收入	Main Business Revenue	562363764	477234793	85128971
营业成本	Business Costs	527320198	452008468	75311730
#主营业务成本	Main Business Costs	520299257	445569857	74729400
营业税金及附加	Tax and Extra Charges on Business	1632949	1267560	365389
#主营业务税金及附加	Tax and Extra Charges on Main Business	1546774	1196472	350302
其它业务利润	Profits from Other Businesses	1583940	700764	883176
销售费用	Marketing Expenses	15403234	9584866	5818368
管理费用	Management Expenses	8615618	6157655	2457963
#税　金	Taxes	372980	275103	97877
财务费用	Financial Expenses	2396363	1924441	471922
#利息支出	Interests	2297118	1978447	318671
营业利润	Business Profits	11532946	9051402	2481544
营业外收入	Non-operating Revenue	1077839	815673	262166
利润总额	Total Profits	11917209	9338581	2578628
应交所得税	Income Taxes Payable	1933052	1523599	409453
本年应付职工薪酬	Total Wages Payable in Current Year	7795395	4693525	3101870
本年应交增值税	Value-added Tax Payable in Current Year	7744111	5677536	2066575

15-16 限额以上批发企业财务状况（2013年）

单位:万元

项目	Item	企业数(个) Number of Enterprises	年初库存 Beginning Inventory	流动资产合计 Circulating Assets
批发业合计	**Total Wholesale Trade**	**12499**	**23996908**	**169968975**
#国有及国有控股	State-owned and State-controlled Enterprises	809	7940944	38680718
按登记注册类型分	By Status of Registration			
内资企业	Domestic-funded Enterprises	11585	20432902	147760655
国有企业	State-owned Enterprises	310	2336403	9465912
集体企业	Collective-owned Enterprises	87	50518	236142
股份合作企业	Share-holding Cooperative Enterprises	28	8566	62376
联营企业	Joint-operation Enterprises	10	13609	58841
国有联营企业	State-owned Joint-operation Enterprises	3	4709	14683
集体联营企业	Collective Joint-operation Enterprises	3	1109	12777
国有与集体联营企业	State-collective Joint-operation Enterprises	1	2226	3022
其他联营企业	Other Joint-operation Enterprises	3	5564	28359
有限责任公司	Limited Liability Corporations	4262	9348744	73871608
国有独资企业	State Sole Investment Enterprises	119	635465	5008375
其他有限责任公司	Other Limited Liability Companies	4143	8713281	68863235
股份有限公司	Share-holding Corporations Ltd.	217	1735180	10599360
私营企业	Private Enterprises	6608	6904646	53193628
私营独资企业	Private Sole Investment Enterprises	56	25370	145271
私营合伙企业	Private Partnership Enterprises	15	9671	35694
私营有限责任公司	Private Limited Liability Corporations	6387	6685039	51855700
私营股份有限公司	Private Share-holding Corporations Ltd.	150	184566	1156963
其他企业	Other Enterprises	63	35236	272788
港、澳、台商投资企业	Enterprises with Investment from Hong Kong, Macao and Taiwan	559	1915671	11750817
合资经营企业	Joint Ventures	76	170952	1226144
合作经营企业	Cooperative Enterprises	6	4188	27886
独资经营企业	Sole Investment Enterprises	466	1722696	10350155
投资股份有限公司	Share-holding Corporations Ltd.	10	6859	68393
其它港澳台商投资企业	Others	1	10976	78239
外商投资企业	Enterprises with Foreign Investment	355	1648335	10457503
中外合资经营企业	Sino-foreign Joint Ventures	72	755666	3265759
中外合作经营企业	Sino-foreign Cooperative Enterprises	7	16108	87526
外资企业	Foreign-funded Enterprises	264	806843	6885710
外商投资股份有限公司	Share-holding Corporations Ltd.	10	69704	181069
其它外商投资企业	Others	2	14	37439
按国民经济行业分	By Economic Sector			
农林牧产品批发业	Wholesale of Farm and Livestock Products	211	451233	1666469
食品、饮料及烟草制品批发业	Wholesale of Food, Beverages and Tobacco Products	1137	1854318	13579803
#米、面制品及食用油批发业	Wholesale of Rice, Flour Products and Edible Oil	155	523094	2016455
烟草制品批发业	Wholesale of Tobacco Products	54	296154	2590799
纺织、服装及日用品批发业	Wholesale of Textiles, Garments and Daily-use Products	1982	3425249	18121673
#服装批发业	Wholesale of Garments	495	815526	5027572
文化、体育用品及器材批发业	Wholesale of Cultural and Sports Articles and Appliances	551	1451152	6545911
医药及医疗器材批发业	Wholesale of Medicines and Medical Appliances	946	1385538	8247974
矿产品、建材及化工产品批发	Wholesale of Mineral Products, Building Materials and Chemical Products	4775	11432519	80310989
#煤炭及制品批发业	Wholesale of Coal and Related Products	270	923995	7326354
石油及制品批发业	Wholesale of Petroleum and Related Products	732	4454037	26221753
金属及金属矿批发业	Wholesale of Metal and Related Products	1297	3375086	27239737
建材批发业	Wholesale of Building Materials	530	823039	9162150
化肥批发业	Wholesale of Chemical Fertilizers	101	186708	866188
机械设备、五金交电及电子产品批发业	Wholesale of Machinery, Hardware, Electric and Electronic Products	2075	2790614	29674482
#汽车批发业	Wholesale of Motor Vehicles	64	98371	6891608
汽车零配件批发业	Wholesale of Motor Vehicles, Motorcycles and Parts	157	217320	1519582
计算机、软件及辅助设备批发业	Wholesale of Computers, Software and Assistant Equipments	239	438976	2523806
贸易经纪与代理	Trade Broker and Agency	277	595860	7051887
其他批发业	Other Wholesale Trades	545	610425	4769786

Financial Indicators of Enterprises above Designated Size in Wholesale Trade (2013)

(10000 yuan)

固定资产原价 Original Value of Fixed Assets	累计折旧 Accumulated Depreciation	本年折旧 Depreciation Drawn in Current Year	资产合计 Total Assets	负债合计 Total Liabilities	所有者权益合计 Total Creditors' Equity	实收资本 Paid-up Capital	营业收入 Business Revenue	主营业务收入 Main Business Revenue	营业成本 Business Costs
16443324	**5968242**	**1097167**	**204761304**	**161200287**	**43614514**	**25085496**	**479145298**	**477234793**	**452008468**
8632970	3191547	444116	52865088	37364797	15554018	6573866	173744388	173083741	166345057
14787538	5285743	921526	177799864	142740655	35112706	20863686	422284095	420896386	400047033
3840949	1212280	233482	14263866	9937300	4326566	1104902	74411377	74053623	71517552
44017	19472	1756	294506	227715	66792	30849	701224	689922	631946
11934	5418	398	79835	55697	24139	12808	215756	214207	199063
6452	2950	443	68227	46405	21822	14846	201076	200939	183301
2611	1170	305	16607	5470	11136	2751	49712	49589	45363
1866	466	8	17092	12914	4178	4445	87624	87624	83013
347	251	26	3745	2771	974	150	11030	11030	10405
1628	1064	105	30783	25250	5533	7500	52710	52697	44519
4110303	1693833	207064	84362843	70910693	13451918	6626243	200080395	199492856	191165713
445837	172055	14066	6599203	4558839	2040363	571951	16659619	16614812	16006807
3664468	1521777	192998	77763640	66351854	11411556	6054293	183420776	182878045	175158906
3675254	1314662	197894	17022301	10736832	6339197	3111279	29017742	28830561	26906124
3078599	1032542	279210	61369858	50562528	10807329	9931612	117015703	116776039	108875187
45482	3879	1874	201650	139397	62253	16537	570577	570577	483858
2790	1244	218	40519	23691	16827	4335	151329	151329	128721
2940929	1000438	270811	59758094	49374810	10383284	9731517	113074608	112844089	105273878
89398	26982	6307	1369595	1024630	344966	179223	3219189	3210043	2988730
20030	4586	1279	338428	263485	74943	31147	640822	638239	568147
676959	244194	46968	14324068	9955993	4368075	2289178	26803518	26412547	24244224
124757	49850	5769	1472801	1090353	382448	241311	4208003	3929990	3923091
11587	3216	616	48417	30704	17713	10624	151568	151568	137947
534100	189033	40184	12624224	8688968	3935256	2023726	22250831	22137875	20027982
5907	1831	275	94155	65908	28247	8517	116916	116914	90058
608	264	124	84471	80060	4411	5000	76200	76200	65146
978827	438305	128673	12637372	8503639	4133733	1932632	30057685	29925860	27717211
337155	182571	19731	3974846	2850802	1124044	802523	10195008	10151221	9540215
4613	3126	453	95342	55084	40257	13121	270507	269770	212261
412059	150292	97348	7987314	5356550	2630764	918708	17196009	17112903	15811056
224414	102048	11073	541978	206567	335411	188159	2340603	2340559	2110949
586	268	68	37892	34636	3257	10121	55558	51407	42730
206602	65982	11672	2054751	1577976	476775	244573	4208493	4196475	3915316
2224633	765386	198425	17541749	11319196	6222553	1513440	36953753	36801685	32232463
242036	78692	12439	2495348	2094506	400842	220268	3923622	3912071	3701984
401267	179940	27759	3026584	626045	2400540	57764	10728925	10713068	8465541
2801618	842281	163321	22082059	16177519	5904540	2370781	48100686	47711511	42598066
478737	207712	38585	6166727	4170082	1996645	895200	15326486	15296810	13168044
357195	163464	35394	7320304	5420826	1899478	1052685	12163470	12141184	11034122
468641	219371	33917	9658234	7230383	2427852	1107650	18287392	18212645	16339080
8844475	3395596	543537	99547157	81504774	18095880	14823143	276094285	275247496	267617611
271189	71155	17385	8436099	7454589	981510	936872	19305909	19293833	18457011
6134451	2274155	381543	36083200	28013031	8123666	4804924	125984036	125469417	122285951
1515672	681309	79211	31415563	28142867	3272697	5687088	74842562	74640856	73397321
319449	129224	27629	11113217	8761310	2351906	1255048	18138558	18111684	17291245
48507	16907	2454	979990	808072	171918	96813	2440786	2440083	2360917
1065580	376176	74306	32909647	26353494	6556153	2730232	54671663	54314976	50765573
43433	10836	3249	7140018	6635843	504175	186360	5853450	5839469	5318990
56680	22855	4397	1929055	1276705	652350	230375	3899252	3885032	3618891
113478	35093	7354	2833039	2188062	644977	413742	6180289	6140379	5624933
154086	51567	9501	8037734	6852603	1185131	649144	12405110	12364041	12042477
320494	88419	27095	5609669	4763517	846152	593849	16260447	16244779	15463763

15-16 续表

单位:万元

项目	Item	主营业务成本 Main Business Costs	营业税金及附加 Tax and Extra Charges on Business	主营业务税金及附加 Tax and Extra Charges on Main Business
批发业合计	**Total Wholesale Trade**	**445569857**	**1267560**	**1196472**
#国有及国有控股	State-owned and State-controlled Enterprises	160873311	677865	662696
按登记注册类型分	By Status of Registration			
内资企业	Domestic-funded Enterprises	394010079	1157217	1095310
国有企业	State-owned Enterprises	66322039	274841	261843
集体企业	Collective-owned Enterprises	622454	3402	3387
股份合作企业	Share-holding Cooperative Enterprises	198741	500	492
联营企业	Joint-operation Enterprises	170718	495	389
国有联营企业	State-owned Joint-operation Enterprises	45245	117	11
集体联营企业	Collective Joint-operation Enterprises	83013	223	223
国有与集体联营企业	State-collective Joint-operation Enterprises	10405	12	12
其他联营企业	Other Joint-operation Enterprises	32054	143	143
有限责任公司	Limited Liability Corporations	190678931	509998	505625
国有独资企业	State Sole Investment Enterprises	15983143	32873	32149
其他有限责任公司	Other Limited Liability Companies	174695788	477126	473476
股份有限公司	Share-holding Corporations Ltd.	26746679	71442	71061
私营企业	Private Enterprises	108709825	294992	251291
私营独资企业	Private Sole Investment Enterprises	483849	3404	3391
私营合伙企业	Private Partnership Enterprises	128719	346	346
私营有限责任公司	Private Limited Liability Corporations	105113823	283320	239694
私营股份有限公司	Private Share-holding Corporations Ltd.	2983434	7922	7860
其他企业	Other Enterprises	560692	1547	1222
港、澳、台商投资企业	Enterprises with Investment from Hong Kong, Macao and Taiwan	23931244	61429	53024
合资经营企业	Joint Ventures	3651552	6582	6456
合作经营企业	Cooperative Enterprises	137947	195	189
独资经营企业	Sole Investment Enterprises	19986541	54100	45827
投资股份有限公司	Share-holding Corporations Ltd.	90058	369	369
其它港澳台商投资企业	Others	65146	183	183
外商投资企业	Enterprises with Foreign Investment	27628534	48914	48138
中外合资经营企业	Sino-foreign Joint Ventures	9506565	15383	15327
中外合作经营企业	Sino-foreign Cooperative Enterprises	211369	953	953
外资企业	Foreign-funded Enterprises	15758236	28042	27322
外商投资股份有限公司	Share-holding Corporations Ltd.	2110949	4245	4245
其它外商投资企业	Others	41415	291	291
按国民经济行业分	By Economic Sector			
农林牧产品批发业	Wholesale of Farm and Livestock Products	3899366	7041	7009
食品、饮料及烟草制品批发业	Wholesale of Food, Beverages and Tobacco Products	32075260	619662	609480
#米、面制品及食用油批发业	Wholesale of Rice, Flour Products and Edible Oil	3698430	4792	4711
烟草制品批发业	Wholesale of Tobacco Products	8388120	550539	541494
纺织、服装及日用品批发业	Wholesale of Textiles, Garments and Daily-use Products	42176213	188081	167414
#服装批发业	Wholesale of Garments	13145556	92581	91755
文化、体育用品及器材批发业	Wholesale of Cultural and Sports Articles and Appliances	10998727	32423	30541
医药及医疗器材批发业	Wholesale of Medicines and Medical Appliances	16328603	43886	43349
矿产品、建材及化工产品批发	Wholesale of Mineral Products, Building Materials and Chemical Products	262135837	244482	217086
#煤炭及制品批发业	Wholesale of Coal and Related Products	18446243	19895	19609
石油及制品批发业	Wholesale of Petroleum and Related Products	117119113	89946	72000
金属及金属矿批发业	Wholesale of Metal and Related Products	73208753	55985	55042
建材批发业	Wholesale of Building Materials	17267387	26154	25830
化肥批发业	Wholesale of Chemical Fertilizers	2358755	3557	3557
机械设备、五金交电及电子产品批发业	Wholesale of Machinery, Hardware, Electric and Electronic Products	50521839	99151	90670
#汽车批发业	Wholesale of Motor Vehicles	5316327	7223	7149
汽车零配件批发业	Wholesale of Motor Vehicles, Motorcycles and Parts	3605312	5476	5407
计算机、软件及辅助设备批发业	Wholesale of Computers, Software and Assistant Equipments	5615551	11717	11687
贸易经纪与代理	Trade Broker and Agency	11981525	7320	5764
其他批发业	Other Wholesale Trades	15452487	25514	25160

15-16 continued

(10000 yuan)

其他业务利润 Profits from Other Businesses	销售费用 Marketing Expenses	管理费用 Manag-ement Expenses	财务费用 Financial Expenses	营业利润 Business Profits	营业外收入 Non-operating revenue	利润总额 Total Profits	应交所得税 Income Taxes Payable	本年应付职工薪酬 Staff Salary Payable in Current Year	本年应交增值税 Value-added Tax Payable in Current Year
700764	**9584866**	**6157655**	**1924441**	**9051402**	**815673**	**9338581**	**1523599**	**4693525**	**5677536**
239299	1899724	1370687	287656	3450373	342281	3459387	733435	1340349	1744843
546517	7260001	5109640	1676738	7389504	715564	7598878	1277313	3535515	4733781
66079	735861	383154	103329	1441274	69023	1350900	295903	368872	521762
2690	14416	14776	2867	34601	1836	34276	1319	12372	10316
637	6081	7006	1907	1630	902	2507	254	3179	1362
89	1688	2101	-431	13649	205	11721	1331	3070	2470
	736	939	18	2594	2	2595	655	1357	1398
	322	728	127	3212	203	1093		1364	36
	10	41		270		377		20	3
89	621	393	-576	7573		7656	676	330	1032
309754	2829755	1862066	712630	3161549	389540	3300237	635426	1458616	2220334
110778	177606	140081	21552	352266	54138	402197	80804	124205	197012
198975	2652148	1721985	691077	2809283	335402	2898040	554623	1334412	2023321
30704	651077	497371	207453	811806	71688	849010	72342	417798	305017
133423	3001670	2330324	646348	1884406	181901	2010849	270010	1262248	1667578
124	28397	16934	4399	32888	53	34809	2576	8657	29591
	5618	3021	81	4696	35	4695	877	3033	3554
128955	2881253	2249036	619772	1792092	173995	1921201	258298	1211613	1607598
4344	86402	61334	22097	54731	7818	50145	8259	38945	26836
3141	19453	12842	2635	40589	469	39378	728	9360	4942
120259	1269198	510660	192147	948018	42323	906790	115674	665656	309258
18843	167341	65640	4008	52301	3697	54722	11983	82354	46221
190	7597	1526	684	3793	143	4028	120	2391	10554
92292	1065334	431868	187944	888140	37901	843891	103067	567856	248232
2430	15633	7877	-531	3492	519	3939	504	8243	3001
6504	13293	3749	42	292	63	210		4812	1250
33988	1055667	537355	55556	713880	57786	832913	130612	492354	634497
9803	336787	101217	26185	172581	6773	174313	43255	125289	144240
1	29509	5786	-875	22943	18	28943	6595	12187	7610
23515	541113	412152	24325	451941	47556	560688	76342	299245	452624
431	138532	14761	5661	66655	3401	69173	4263	51143	29365
238	9726	3439	260	-240	38	-204	157	4490	658
9765	137872	77597	21226	54486	35138	86659	5342	54492	18782
113416	1293301	992986	226289	1840658	182697	2093019	406821	831599	988920
13304	121499	77879	48934	14992	51953	142273	8854	50588	19732
3753	154654	373555	-39560	1323665	14143	1331992	327832	284680	444541
116184	2188028	1372808	109341	1671570	57306	1668742	259006	980917	1333062
34625	512061	709593	30475	799438	13154	744348	116126	267211	476533
18213	442999	256478	68089	357187	10720	359448	51336	231256	167144
69629	911548	438284	96899	536494	19099	509620	79986	374020	505460
253020	2855039	1627087	988404	3123579	360483	3056785	469603	1192505	1605931
5736	345582	108223	130518	166830	13151	218868	17142	46717	232309
156106	1118746	540079	296492	1612442	77578	1425131	270861	478226	528748
27190	413097	350582	336982	334754	182670	372990	78349	291906	276594
16725	290531	196998	122587	608508	27247	625447	29075	103300	296394
791	36800	22966	6914	10486	7092	11731	2566	18716	3419
97952	1411022	1104017	161787	1150788	131495	1236941	198569	839223	684301
9595	189840	152540	17779	173205	51747	224322	56594	42670	116194
5077	94145	61259	4754	157232	1902	157361	11137	56989	36833
8021	188013	163443	14425	190303	8150	199466	28550	113647	82520
10702	124452	118140	42038	121538	6955	121821	20291	55856	137199
11883	220606	170259	210369	195103	11782	205547	32647	133657	236738

15-17 限额以上零售企业财务状况（2013年）

单位:万元

项　目	Item	企业数（个） Number of Enterprises (unit)	年初库存 Beginning Inventory	流动资产合计 Circulating Assets
零售业合计	**Total Retail Trade**	**6744**	**7164008**	**32041548**
#国有及国有控股	State-owned and State-controlled Enterprises	423	953481	6255850
按登记注册类型分	By Status of Registration			
内资企业	Domestic-funded Enterprises	6364	5668372	25298280
国有企业	State-owned Enterprises	124	123442	444489
集体企业	Collective-owned Enterprises	183	33416	160991
股份合作企业	Share-holding Cooperative Enterprises	36	17208	20303
联营企业	Joint-operation Enterprises	30	3608	22391
国有联营企业	State-owned Joint-operation Enterprises	9	1767	11722
集体联营企业	Collective Joint-operation Enterprises	9	422	2919
国有与集体联营企业	State-collective Joint-operation Enterprises	3	553	1378
其他联营企业	Other Joint-operation Enterprises	9	865	6373
有限责任公司	Limited Liability Corporations	2710	2892802	11616119
国有独资企业	State Sole Investment Enterprises	37	150619	468732
其他有限责任公司	Other Limited Liability Companies	2673	2742185	11147386
股份有限公司	Share-holding Corporations Ltd.	145	486753	4572545
私营企业	Private Enterprises	3051	2029196	8234942
私营独资企业	Private Sole Investment Enterprises	321	38040	168042
私营合伙企业	Private Partnership Enterprises	37	13614	20357
私营有限责任公司	Private Limited Liability Corporations	2612	1910033	7422419
私营股份有限公司	Private Share-holding Corporations Ltd.	81	67509	624124
其他企业	Other Enterprises	85	81947	226500
港、澳、台商投资企业	Enterprises with Investment from Hong Kong, Macao and Taiwan	209	867059	4291999
合资经营企业	Joint Ventures	42	264993	2239762
合作经营企业	Cooperative Enterprises	15	6993	30766
独资经营企业	Sole Investment Enterprises	146	555448	1806698
投资股份有限公司	Share-holding Corporations Ltd.	6	39625	214773
其他港澳台商投资企业	Others			
外商投资企业	Enterprises with Foreign Investment	171	628577	2451269
中外合资经营企业	Sino-foreign Joint Ventures	71	206826	1109626
中外合作经营企业	Sino-foreign Cooperative Enterprises	10	74577	353235
外资企业	Foreign-funded Enterprises	83	336778	961807
外商投资股份有限公司	Share-holding Corporations Ltd.	5	4236	15274
其它外商投资企业	Others	2	6160	11327
按国民经济行业分	By Economic Sector			
综合零售业	Comprehensive Retail	728	1201937	7579334
#百货零售业	Retail of General Merchandise	329	449000	4958113
超级市场零售业	Retail in Supermarkets	313	705262	2476348
食品、饮料及烟草制品专门零售业	Retail of Food, Beverages and Tobacco Products	408	294569	1022501
纺织、服装及日用品专门零售业	Retail of Textiles, Garments and Daily-use Products	520	1013634	2833598
#服装零售业	Retail of Garments	233	545533	1900010
文化、体育用品及器材专门零售业	Retail of Cultural and Sports Articles and Appliances	312	364733	1047170
#体育用品零售业	Retail of Sports Articles and Appliances	23	98146	329767
图书零售业	Retail of Books	105	96548	356800
医药及医疗器材专门零售业	Retail of Medicines and Medical Appliances	376	319578	1239708
#药品零售业	Retail of Medicines	273	291231	1074922
汽车、摩托车、燃料及零配件专门零售业	Retail of Motor Vehicles, Motorcycles and Parts	2659	3056494	13669240
#汽车零售业	Retail of Motor Vehicles	1644	2716452	9938552
机动车燃料零售业	Retail of Motor Vehicle Fuels	758	249006	3457265
家用电器及电子产品专门零售业	Retail of Household Appliances and Electronic Products	806	497053	3096600
#家用电器零售业	Retail of Household Appliances	377	260961	1862903
计算机、软件及辅助设备零售业	Retail of Computers, Software and Assistant Equipments	226	47442	263266
通讯设备零售业	Retail of Communication Equipments	95	161419	787478
五金、家具及室内装修材料专门零售业	Retail of Hardware, Furniture and Interior Decoration Materials	466	198629	725864
无店铺及其他零售业	Non-shop and Other Retails	469	217381	827533
#邮购及电子销售业	Mail Order and E-commerce	4	5989	25223

Financial Indicators of Enterprises above Designated Size in Retail Trade (2013)

(10000 yuan)

固定资产原价 Original Value of Fixed Assets	累计折旧 Accumulated Depreciation	本年折旧 Depreciation Drawn in Current Year	资产合计 Total Assets	负债合计 Total Liabilities	所有者权益合计 Total Creditors' Equity	实收资本 Paid-up Capital	营业收入 Business Revenue	主营业务收入 Main Business Revenue	营业成本 Business Costs
7761733	**3491850**	**463327**	**44579742**	**30779994**	**13803078**	**6770526**	**86585650**	**85128971**	**75311730**
1919220	764041	92220	11231551	5554374	5677176	1382170	20176182	19744646	17899769
4855912	1844582	333832	35239448	24278677	10964100	4658299	69652774	68460334	61309589
396680	178366	19297	1357142	569716	787426	503365	1855836	1804267	1520382
59360	24276	2930	242819	140614	102205	33205	1470001	1465864	1350380
7071	3424	501	30682	25128	5554	6908	92635	92368	80052
12423	7764	519	29458	19030	10428	10389	147422	147400	128391
7871	5063	320	15873	11282	4591	6646	70631	70626	61725
1521	1016	48	3661	1483	2178	1796	23646	23646	20282
1073	620	38	2159	1381	778	343	16731	16712	14703
1958	1064	113	7765	4885	2881	1605	36415	36415	31681
1922185	714940	145916	15060689	11354248	3706440	1973581	30047435	29504417	26390623
108205	41208	5348	798774	279219	519555	97807	1422907	1398622	1232884
1813980	673732	140569	14261915	11075029	3186886	1875774	28624527	28105796	25157739
1227924	464437	61122	8039084	4073672	3965412	636228	13497048	13177852	12149800
1199812	441027	101540	10225586	7914715	2314201	1472652	21839969	21570419	19074689
60226	17784	4441	233497	155912	77585	55562	841855	834412	707629
7984	2504	607	30092	21168	8924	7135	119365	117485	103939
1062477	401671	91902	9226336	7151019	2078646	1326094	18892824	18663199	16558738
69125	19068	4590	735661	586615	149046	83862	1985925	1955323	1704383
30457	10348	2007	253988	181554	72434	21971	702428	697747	615272
1826317	1258610	56788	5818903	3985982	1832922	1106959	8258152	8081359	6673913
339703	144094	21499	2974012	1968334	1005679	455539	3723698	3617889	2885686
11575	8307	1147	37027	23971	13056	30863	117619	115759	98348
413897	136680	33801	2350628	1694743	655885	575956	4314672	4256205	3642094
1061142	969529	341	457236	298934	158302	44601	102163	91506	47785
1079504	388658	72707	3521391	2515335	1006056	1005268	8674724	8587278	7328228
295405	100698	14971	1458996	1203479	255516	250320	3914520	3883607	3458246
89386	55067	8048	416725	341900	74826	79186	821958	792532	675616
656035	220625	49052	1580290	902825	677465	649733	3793571	3766595	3084521
7691	3434	617	22682	31682	-9000	9012	76347	76314	62673
30987	8834	19	42698	35449	7249	17017	68328	68230	47172
2272352	868412	129100	10774167	7850309	2923858	1862732	16283877	15788528	13083142
1049215	439776	54030	6800783	4665826	2134957	1013719	8242907	7954404	6477796
1157384	404896	68854	3741022	2960757	780265	765908	7419401	7221131	6099159
165548	51774	11851	1446700	766491	680209	212400	1571091	1547228	1185627
221846	82661	25182	3334793	2217908	1120214	515464	4675331	4615524	3259668
120175	39132	10065	2210548	1419738	794140	261062	3065203	3021685	2126855
428531	186540	17624	1561521	906830	654691	354220	2878911	2842615	2478130
36406	11659	2965	399833	271113	128721	128708	870639	869685	791819
354630	160055	12107	645007	303774	341232	112165	629829	603624	460392
145330	48723	10222	1536169	1135002	401167	179162	2835056	2791210	2298481
118025	43084	8472	1336955	1008119	328836	148237	2485177	2444654	2026829
2817244	1047667	209578	20089514	13586322	6503192	2710352	46101480	45542804	42458372
1536175	541827	141404	12577565	10127158	2450407	1693187	30044532	29629329	27823035
1246069	492505	65915	7196566	3225434	3971132	965277	15166873	15028681	13826767
205635	83131	20638	3495549	2673636	821913	420745	7018296	6831371	6077894
129268	49124	11035	2105807	1631779	474028	191578	3842117	3740558	3301777
24203	11949	2734	295428	152846	142582	108483	513102	507998	424223
38824	15859	5441	888165	748762	139403	84434	2266805	2188421	2030009
1210068	1031580	21504	1153856	805412	348444	190871	1705876	1677389	1371856
295179	91362	17628	1187473	838084	349390	324580	3515732	3492302	3098560
3105	1818	254	27313	18191	9122	14002	44821	44821	31470

15-17 续表

单位:万元

项　　目	Item	主营业务成本 Main Business Costs	营业税金及附加 Tax and Extra Charges on Business	主营业务税金及附加 Tax and Extra Charges on Main Business
零售业合计	**Total Retail Trade**	**74729400**	**365389**	**350302**
#国有及国有控股	State-owned and State-controlled Enterprises	17629666	69376	63386
按登记注册类型分	By Status of Registration			
内资企业	Domestic-funded Enterprises	60783127	282079	268527
国有企业	State-owned Enterprises	1507871	12020	10879
集体企业	Collective-owned Enterprises	1340959	4449	4374
股份合作企业	Share-holding Cooperative Enterprises	80047	259	259
联营企业	Joint-operation Enterprises	128386	1743	1734
国有联营企业	State-owned Joint-operation Enterprises	61721	776	767
集体联营企业	Collective Joint-operation Enterprises	20282	550	550
国有与集体联营企业	State-collective Joint-operation Enterprises	14702	39	39
其他联营企业	Other Joint-operation Enterprises	31681	378	378
有限责任公司	Limited Liability Corporations	26220523	124911	119441
国有独资企业	State Sole Investment Enterprises	1231090	3255	3137
其他有限责任公司	Other Limited Liability Companies	24989433	121657	116305
股份有限公司	Share-holding Corporations Ltd.	11922580	35903	32300
私营企业	Private Enterprises	18970018	97712	94643
私营独资企业	Private Sole Investment Enterprises	698563	13528	13340
私营合伙企业	Private Partnership Enterprises	103692	451	451
私营有限责任公司	Private Limited Liability Corporations	16468361	75943	73062
私营股份有限公司	Private Share-holding Corporations Ltd.	1699402	7790	7790
其他企业	Other Enterprises	612743	5082	4897
港、澳、台商投资企业	Enterprises with Investment from Hong Kong, Macao and Taiwan	6654462	46243	44915
合资经营企业	Joint Ventures	2879810	24565	23951
合作经营企业	Cooperative Enterprises	97658	438	438
独资经营企业	Sole Investment Enterprises	3632285	19202	18488
投资股份有限公司	Share-holding Corporations Ltd.	44709	2038	2038
其他港澳台商投资企业	Others			
外商投资企业	Enterprises with Foreign Investment	7291811	37067	36860
中外合资经营企业	Sino-foreign Joint Ventures	3447214	11253	11212
中外合作经营企业	Sino-foreign Cooperative Enterprises	675500	4392	4392
外资企业	Foreign-funded Enterprises	3059278	20447	20281
外商投资股份有限公司	Share-holding Corporations Ltd.	62673	333	333
其它外商投资企业	Others	47146	642	642
按国民经济行业分	By Economic Sector			
综合零售业	Comprehensive Retail	13043132	122097	116180
#百货零售业	Retail of General Merchandise	6446714	72732	67940
超级市场零售业	Retail in Supermarkets	6093687	46113	45046
食品、饮料及烟草制品专门零售业	Retail of Food, Beverages and Tobacco Products	1177155	18037	17877
纺织、服装及日用品专门零售业	Retail of Textiles, Garments and Daily-use Products	3244698	30880	30437
#服装零售业	Retail of Garments	2124295	20677	20248
文化、体育用品及器材专门零售业	Retail of Cultural and Sports Articles and Appliances	2468225	16264	15298
#体育用品零售业	Retail of Sports Articles and Appliances	791699	2863	2862
图书零售业	Retail of Books	454527	5933	5101
医药及医疗器材专门零售业	Retail of Medicines and Medical Appliances	2265994	13405	13238
#药品零售业	Retail of Medicines	1998887	11340	11175
汽车、摩托车、燃料及零配件专门零售业	Retail of Motor Vehicles, Motorcycles and Parts	42072522	100790	95204
#汽车零售业	Retail of Motor Vehicles	27575892	63302	59021
机动车燃料零售业	Retail of Motor Vehicle Fuels	13690827	33881	32717
家用电器及电子产品专门零售业	Retail of Household Appliances and Electronic Products	6033022	26589	25165
#家用电器零售业	Retail of Household Appliances	3288466	14160	12908
计算机、软件及辅助设备零售业	Retail of Computers, Software and Assistant Equipments	421045	2957	2943
通讯设备零售业	Retail of Communication Equipments	2002962	6356	6252
五金、家具及室内装修材料专门零售业	Retail of Hardware, Furniture and Interior Decoration Materials	1355142	19831	19599
无店铺及其他零售业	Non-shop and Other Retails	3069510	17496	17304
邮购及电子销售业	Mail Order and E-commerce	31470	363	363

15-17 continued

(10000 yuan)

其它业务利润 Profits from Other Businesses	销售费用 Marketing Expenses	管理费用 Manag-ement Expenses	财务费用 Financial Expenses	营业利润 Business Profits	营业外收入 Non-operating revenue	利润总额 Total Profits	应交所得税 Income Taxes Payable	本年应付职工薪酬 Staff Salary Payable in Current Year	本年应交增值税 Value-added Tax Payable in Current Year
883176	**5818368**	**2457963**	**471922**	**2481544**	**262166**	**2578628**	**409453**	**3101870**	**2066575**
159469	920839	342036	43696	942790	35646	975273	104037	608820	408491
638603	3990471	1897995	393718	1947970	161836	1952244	278268	2317687	1622231
38119	58350	89553	781	187267	5780	188220	3946	146958	23372
1456	35859	24296	1368	55278	1636	53826	4820	21048	18440
828	6233	4181	122	2419	642	2983	-49	3186	1828
62	4749	4658	168	7165	3881	8383	2092	10985	2166
3	1956	3275	25	2874	35	2882	1033	9326	963
35	873	408	55	1475	21	1521	179	593	288
23	445	252	-1	1316	3821	1310	336	373	245
1	1476	723	89	1500	4	2671	544	693	670
334505	1975475	812592	186516	670185	79691	684590	148506	1079366	758475
22911	43407	33994	-1164	119303	7875	127000	29640	38836	49362
311594	1932068	778598	187681	550881	71818	557589	118866	1040531	709115
83063	626488	193095	42699	469720	8907	479933	29598	307073	237272
178468	1249872	746475	156629	535385	60633	506295	87264	731131	523951
2360	37211	30024	4157	49951	2285	42501	3140	28537	12538
37	8206	2697	450	3811	158	3473	688	4935	2057
174587	1034555	662159	145223	434311	55322	411031	75091	652261	441558
1484	169900	51595	6799	47311	2867	49291	8345	45398	67797
2102	33445	23145	5435	20551	666	28014	2091	17940	56727
126942	986696	300760	51280	307354	79678	365144	77043	413887	234884
80966	493175	114252	26986	272150	61145	302476	55601	191408	114970
2289	11831	4034	154	3016	9237	3262	1539	4537	4799
43670	454985	173450	10620	19646	9152	44019	17799	207578	108304
17	26705	9024	13520	12542	144	15387	2104	10364	6811
117631	841201	259208	26924	226220	20652	261240	54142	370296	209460
49549	269327	61965	5662	110048	6069	127220	21298	124771	72949
32432	100496	24592	3028	17425	1402	20061	3348	38005	33095
35521	452148	162879	15961	96125	12999	111159	29323	200481	94769
33	9872	2006	737	767	121	876	172	4781	6519
96	9358	7766	1536	1855	61	1924	1	2258	2128
392875	2039737	536155	58708	591873	101878	654421	144644	831507	378149
212376	1070804	232420	31786	450616	18271	460664	108089	407914	236465
173080	881360	271370	24035	146537	80214	197652	34914	376925	132121
20398	148259	84716	1356	159290	19141	174607	28568	89910	72387
23131	842543	339068	17026	200635	27841	201964	51236	409264	262899
15168	584952	182242	5948	146460	22322	138592	30071	233202	162948
24958	133379	161046	2699	91947	13945	74148	7880	208717	62692
926	27109	38670	-1876	12237	1232	12824	4089	23583	23857
18459	37131	85228	-839	44266	2772	46758	2280	139754	19214
23920	302215	107672	31339	104352	24843	109164	21952	188778	68977
23519	273405	87159	29872	79091	24357	85180	16413	172467	56136
276415	1453354	856906	298937	996793	57393	1037207	107717	934120	965495
225493	986833	640122	269521	309631	30965	349547	66411	694671	642544
48051	434777	190197	23973	671337	25726	675822	39296	213110	261651
105493	543196	194312	26944	162351	12129	163404	25614	272881	163807
46050	388355	96716	9647	37760	7826	44488	7517	153364	57802
3306	30378	35915	2997	17308	1520	17856	2888	37590	12274
54476	109212	45513	13266	67870	2692	61533	13476	69740	79513
6022	128163	80843	27171	93986	953	86003	8490	61713	45246
9964	227522	97245	7742	80317	4043	77710	13352	104980	46923
	9097	2647	70	1034	23	1016	1	4759	2210

15-18 各市限额以上批发零售企业财务状况（2013年）

单位:万元

市别	City	企业数（个）Number of Enterprises (unit)	年初库存 Beginning Inventory	流动资产合计 Circulating Assets	固定资产原价 Original Value of Fixed Assets	累计折旧 Accumulated Depreciation
批发零售业合计	**Total Wholesale and Retail Trades**	**19243**	**31160916**	**202010523**	**24205057**	**9460092**
批发业	**Wholesale Trade**	**12499**	**23996908**	**169968975**	**16443324**	**5968242**
广　州	Guangzhou	4448	9631507	66982439	7015122	2741637
深　圳	Shenzhen	2322	5339589	49696444	3105220	1139991
珠　海	Zhuhai	611	2354568	11417566	2227416	612942
汕　头	Shantou	385	398704	1926094	312599	138401
佛　山	Foshan	1264	2197720	14143785	675467	251887
#顺　德	shunde	571	1161527	5713268	152988	59103
韶　关	Shaoguan	121	98216	514408	113240	36932
河　源	Heyuan	20	34916	105353	10541	4073
梅　州	Meizhou	49	23271	250739	40946	13747
惠　州	Huizhou	220	490370	1609676	220946	60345
汕　尾	Shanwei	18	31271	95973	35561	19029
东　莞	Dongguan	773	1101886	8076225	656269	284258
中　山	Zhongshan	441	757222	3509845	173109	72434
江　门	Jiangmen	337	258506	2239846	172300	68333
阳　江	Yangjiang	56	32680	158078	30908	10648
湛　江	Zhanjiang	312	328579	3290556	729881	193055
茂　名	Maoming	549	204671	1611728	192476	55888
肇　庆	Zhaoqing	107	220879	1202913	89948	24327
清　远	Qingyuan	44	66907	300624	136396	35659
潮　州	Chaozhou	49	154149	484677	95183	34031
揭　阳	Jieyang	331	187227	1346901	149147	55300
云　浮	Yunfu	42	84070	1005105	260649	115325
零售业	**Retail Trade**	**6744**	**7164008**	**32041548**	**7761733**	**3491850**
广　州	Guangzhou	1673	2198110	11070016	1565904	619272
深　圳	Shenzhen	781	2081566	9642902	2720836	1652386
珠　海	Zhuhai	249	230191	1132033	267502	105319
汕　头	Shantou	237	122679	457349	109595	46844
佛　山	Foshan	392	643600	2448084	586962	189095
#顺　德	shunde	140	382015	1193686	324993	100067
韶　关	Shaoguan	147	37337	144381	45073	14972
河　源	Heyuan	93	42275	188083	64975	20872
梅　州	Meizhou	73	52073	194945	92599	27277
惠　州	Huizhou	223	162374	933416	270516	99096
汕　尾	Shanwei	42	12308	34267	50094	15692
东　莞	Dongguan	517	650865	2398407	629344	244908
中　山	Zhongshan	394	340629	850966	207512	84369
江　门	Jiangmen	252	137880	504351	255173	88151
阳　江	Yangjiang	76	29195	111828	75622	28215
湛　江	Zhanjiang	216	82498	385973	169841	63270
茂　名	Maoming	293	115956	428239	192009	47210
肇　庆	Zhaoqing	119	65867	365705	155871	51878
清　远	Qingyuan	123	35763	161559	45495	12929
潮　州	Chaozhou	103	40057	91928	35925	12598
揭　阳	Jieyang	592	49702	336641	170251	53192
云　浮	Yunfu	149	33083	160475	50634	14305

Financial Indicators of Enterprises above Designated Size in Wholesale and Retail Trades by City (2013)

(10000 yuan)

#本年折旧 Depreciation Drawn in Current Year	资产合计 Total Assets	负债合计 Total Liabilities	所有者权益合计 Total Creditors' Equity	实收资本 Paid-up Capital	营业收入 Business Revenue	主营业务收入 Main Business Revenue	营业成本 Business Costs
1560494	**249341046**	**191980281**	**57417592**	**31856022**	**565730948**	**562363764**	**527320198**
1097167	**204761304**	**161200287**	**43614514**	**25085496**	**479145298**	**477234793**	**452008468**
445226	80956349	64234470	16721875	11981735	230500037	229817453	217869377
180864	59211310	45540128	13671182	6116064	102665548	102240610	96771698
157899	14524085	10236499	4287587	1651851	23463305	23200867	22149198
12415	3013962	1561683	1452279	1071253	7259523	7244907	6795582
48210	15617559	14148340	1469220	1186186	34584297	34444133	33324624
12189	6075225	5642848	432377	510230	10370654	10366672	10023979
6956	693748	460803	232945	61890	1905710	1891972	1622886
752	120433	58095	62338	18408	392973	392918	315603
2215	295308	182274	113034	36677	1088305	1086276	948195
13378	2036146	1680077	356070	225197	5526497	5427906	5031317
3459	127245	54995	72250	18332	435227	434148	356307
33446	9388696	8082074	1306392	803517	19124157	19071133	18039220
12291	3862803	3427922	434881	286944	9705313	9674210	9228677
9201	2596040	2097981	498059	379543	5915737	5908618	5578321
1718	214945	158135	56810	27933	621968	619100	544823
81960	4224413	3480602	743811	456573	9374280	9308261	8995608
8146	1855732	1561867	293865	201481	11983842	11934169	11506104
9479	1371723	1290368	81355	78295	3397532	3394953	3124598
5246	931356	454367	476989	52347	1150199	1143703	1014068
7734	661787	638664	76851	58475	1960199	1956508	1692879
11114	1770234	958680	811554	237566	6040189	6038825	5183083
45458	1287430	892263	395167	135229	2050460	2004123	1916300
463327	**44579742**	**30779994**	**13803078**	**6770526**	**86585650**	**85128971**	**75311730**
132427	13864953	10155639	3709315	1767629	29016450	28528262	25109555
93110	12275496	8340590	3938235	2045963	19725928	19240506	16631437
16684	1715811	1100983	614828	256750	2369424	2338616	2027337
8812	619976	434534	185442	138857	1432194	1421238	1308864
38143	3297772	2586880	710892	344780	6102639	6048133	5464733
16544	1644243	1314276	329967	157467	2980095	2953571	2683880
3466	196204	141299	54906	51968	455276	450865	395472
5691	308985	248058	60927	41801	694712	689951	626081
5786	303321	173542	129779	94340	850650	838992	772938
16643	1300029	1179366	120662	169485	2727181	2665859	2460961
3351	99737	62121	37617	28888	296477	292861	268437
56285	4630870	3073522	1557349	422153	7686215	7553901	6910916
12293	1227395	562444	664951	153544	3161331	3111540	2817606
18597	876247	271144	605102	176667	2221189	2191815	2006835
2611	193510	254088	-60578	41026	654470	649441	590255
11035	611647	438994	172653	102360	1627830	1593928	1468325
11457	649683	450113	199570	119940	1677489	1666452	1479688
12168	1116718	620335	496383	452666	1944258	1928104	1735017
2768	219791	172878	46913	33818	501783	492892	444005
2464	126573	69193	57379	43562	432642	429810	356933
6706	583861	197205	386656	203579	2451475	2445446	1938764
2830	361163	247066	114097	80750	556037	550359	497571

15-18 续表

单位:万元

市别	City	主营业务成本 Main Business Costs	营业税金及附加 Tax and Extra Charges on Business	主营业务税金及附加 Tax and Extra Charges on Main Business	其它业务利润 Profits from Other Businesses	销售费用 Marketing Expenses
批发零售业合计	**Total Wholesale and Retail Trades**	**520299257**	**1632949**	**1546774**	**1583940**	**15403234**
批发业	**Wholesale Trade**	**445569857**	**1267560**	**1196472**	**700764**	**9584866**
广　州	Guangzhou	212666168	426373	406423	327910	4479153
深　圳	Shenzhen	96464782	205144	175834	204862	2373523
珠　海	Zhuhai	21792869	52453	50418	20920	346390
汕　头	Shantou	6779968	45249	45032	6824	128130
佛　山	Foshan	33187451	65691	64863	27696	472906
#顺　德	shunde	10016157	6431	6243	10514	172330
韶　关	Shaoguan	1614204	18652	18282	2257	46883
河　源	Heyuan	313881	16078	16078	74	9204
梅　州	Meizhou	945901	22039	22027	373	30274
惠　州	Huizhou	4944966	32128	32108	14635	236089
汕　尾	Shanwei	349745	17401	17394	2706	12484
东　莞	Dongguan	17953886	64245	63942	53793	493941
中　山	Zhongshan	9169274	29485	29461	15004	189286
江　门	Jiangmen	5573571	48483	32050	5388	145567
阳　江	Yangjiang	544093	12920	12900	125	16988
湛　江	Zhanjiang	8936323	38775	38658	6038	153802
茂　名	Maoming	11461258	23877	23813	4315	90687
肇　庆	Zhaoqing	3120242	27337	27322	1855	57572
清　远	Qingyuan	1008946	18992	18982	382	38529
潮　州	Chaozhou	1690934	17515	16195	1570	62370
揭　阳	Jieyang	5180944	72624	72595	3765	178715
云　浮	Yunfu	1870451	12099	12095	272	22373
零售业	**Retail Trade**	**74729400**	**365389**	**350302**	**883176**	**5818368**
广　州	Guangzhou	24872923	114558	108713	305756	2126849
深　圳	Shenzhen	16506792	85762	81633	222480	1735142
珠　海	Zhuhai	2014799	10604	10435	43581	132452
汕　头	Shantou	1303444	5784	5712	11500	53799
佛　山	Foshan	5443753	27313	26986	67903	305144
#顺　德	shunde	2676132	16831	16830	36848	134032
韶　关	Shaoguan	394368	1587	1531	3665	30906
河　源	Heyuan	622538	1737	1694	1941	29196
梅　州	Meizhou	758920	1707	1685	1543	28183
惠　州	Huizhou	2415230	8551	8231	28806	172333
汕　尾	Shanwei	266274	800	757	3350	18888
东　莞	Dongguan	6880923	20257	19451	97027	441329
中　山	Zhongshan	2806311	8005	7713	23003	193844
江　门	Jiangmen	1995384	6529	6418	25863	124909
阳　江	Yangjiang	586159	1841	1760	1157	26602
湛　江	Zhanjiang	1439215	5525	5406	19436	73759
茂　名	Maoming	1471207	5312	5273	4609	57645
肇　庆	Zhaoqing	1724746	3133	2809	5710	61288
清　远	Qingyuan	440839	1653	1632	7406	30761
潮　州	Chaozhou	355820	6283	4419	2977	17421
揭　阳	Jieyang	1936459	46121	45765	2251	131173
云　浮	Yunfu	493296	2327	2279	3212	26745

15-18 continued

(10000 yuan)

管理费用 Management Expenses	财务费用 Financial Expenses	营业利润 Business Profits	营业外收入 Non-operating revenue	利润总额 Total Profits	应交所得税 Income Taxes Payable	本年应付职工薪酬 Staff Salary Payable in Current Year	本年应交增值税 Value-added Tax Payable in Current Year
8615618	**2396363**	**11532946**	**1077839**	**11917209**	**1933052**	**7795395**	**7744111**
6157655	**1924441**	**9051402**	**815673**	**9338581**	**1523599**	**4693525**	**5677536**
2795129	722366	4377133	373167	4459442	720502	2029864	2639445
1618326	523219	1794867	244147	1943094	290347	1397655	1147042
247264	96997	581059	33133	621929	122934	128017	435437
101595	21052	169111	2453	157473	34783	57212	73730
270119	205602	273885	21186	372535	51521	172905	230359
71915	95968	10434	4629	22322	11395	50709	73661
46867	6347	165089	9033	173494	19905	42238	35704
16782	2774	34273	180	34077	8447	15553	15409
30720	1930	55490	3505	58790	11123	30272	58318
87038	19380	113097	9683	82380	16228	109741	71217
18474	1519	36324	1682	37635	9082	13503	12693
225755	119151	265097	26789	323531	58745	190366	256897
117626	24264	126699	10876	143227	35425	99957	277110
68475	25584	72825	22421	79662	22767	45412	74708
17933	1416	28604	2417	29435	5935	18519	16416
90237	66684	14288	27088	7154	19389	47476	79147
59830	14691	288691	5519	144140	31036	51941	58126
73374	28571	85910	8818	94010	12942	39426	28560
28829	4557	45234	5305	49868	9744	30078	25683
27911	16322	56326	2150	56023	8513	11943	13562
169877	18762	412210	1505	412667	27244	121846	116069
45494	3253	55190	4616	58015	6987	39601	11904
2457963	**471922**	**2481544**	**262166**	**2578628**	**409453**	**3101870**	**2066575**
893141	111622	722319	72736	780924	134277	975490	688031
626460	137355	621761	101172	650742	144388	1008500	552675
83011	18518	119390	6562	124295	31315	87709	48010
33600	6045	27972	4399	25215	3591	30548	55885
157130	52376	135499	6661	141270	21397	162254	113548
73348	27402	63042	5022	68186	13092	72164	52271
18079	3657	6221	429	6445	1271	20265	6269
12569	3841	22259	301	21174	161	20311	7596
15601	4374	28055	456	26415	1739	22693	27993
55522	20760	22587	3209	28672	4743	74266	48102
9419	172	743	565	18932	71	9015	5508
150154	48583	126058	34541	135586	24946	229782	176244
74866	16656	55009	7097	70443	9149	116200	67708
44503	9317	49078	10877	42298	4235	66106	81909
10436	3606	22226	93	18484	4810	16773	2435
44818	5112	31301	3743	27057	2698	44447	30843
53201	5555	80231	31	67425	6967	52315	25565
21343	6401	136271	1727	136871	2585	32384	29266
16605	3228	5488	1691	7293	2654	19649	20485
9701	1104	41218	769	39315	1090	9689	2952
114175	11917	210635	4826	194012	6301	88847	68203
13629	1723	17223	281	15760	1065	14627	7348

主要统计指标解释

社会消费品零售总额 指各种经济类型的批发零售业、住宿餐饮业和其他行业的企业（单位）或个体户，售予城乡居民用于生活消费和社会集团用于公共消费的商品金额的总和。

批发零售业商品购进总额 指从本企业以外的单位和个人购进（包括从国外直接进口）作为转卖或加工后转卖的商品金额。本指标由“从生产者购进额”、“从批发零售业购进额”、“进口额”和“其他购进”组成。 这个指标反映批发零售企业从国内、国外市场上购进商品的总量。

批发零售业商品销售总额 指售予本企业以外的单位和个人的商品金额（包括对国（境）外直接出口及售给本单位消费用的商品）。本指标由“对生产经营单位批发额”、“对批发零售业批发额”、“出口额”和“对居民和社会集团商品零售额”项目组成。这个指标反映批发零售业在国内市场上销售商品以及出口商品的总量。

批发 指除零售以外的一切商品销售活动。包括对生产经营单位批发、对批发零售业批发和出口。

对生产经营单位批发 指售给国民经济和社会各部门作为生产或经营使用的商品。

零售 指出售城乡居民用于生活消费商品和社会集团直接用于公用消费商品的活动。

批发零售业年末库存总额 指批发零售企业已取得所有权的全部商品。这个指标反映批发零售贸易企业的商品库存情况，对市场商品供应的保证程度。

批发零售业住宿餐饮业法人单位 指各种经济类型独立核算法人批发零售企业、住宿餐饮企业的单位个数。法人单位应同时具备以下条件：1. 依法成立，有自己的名称、组织机构和场所，能够独立承担民事责任；2. 独立拥有和使用资产，承担负债，有权与其他单位签订合同；3. 独立核算盈亏，并能够编制资产负债表。

批发业 是指从工农业生产者或从商品流通企业单位和个体户购进商品，转卖给工业、农业、建筑业、运输邮电业、住宿餐饮业、服务业等生产经营单位作为生产经营用，以及将商品转卖给其他批发企业或零售企业的商品流通企业(单位)和个体户。

零售业 是指从工农业生产者、批发业或居民购进商品，转卖给城乡居民作为生活消费和售给社会集团作为公共消费的商品流通企业(单位)和个体户。

Explanatory Notes on Main Statistical Indicators

Total Retail Sales of Consumer Goods refer to the sum of retail sales of consumer goods sold by enterprises (establishments) or individuals in wholesale, retail trade, accommodations, catering services and other industries of various types of ownership to urban and rural households for living consumption and to social institutions for public consumption.

Total Purchases of Commodities by Wholesale and Retail Trades refer to the purchases of commodities from other establishments or individuals (including direct import from abroad) for the purpose of reselling, either with or without further processing of the commodities purchased This indicator includes the purchases from producers, the purchases from wholesale and retail trades, imports and other purchases It is used to show the total value of purchases of commodities by wholesale and retail establishments from domestic and overseas markets.

Total Sales of Commodities by Wholesale and Retail Trades refer to the value of commodities sold to other establishments and individuals (including direct export and commodities sold to the sellers themselves for consumption). This indicator includes the value of wholesale to production and operation units, the value of wholesale to wholesale and retail trades, exports and retail sales to urban and rural households and social institutions It is an indicator of the total value of sales of commodities at domestic markets and export.

Wholesale refers to all selling activities of commodities except retail trade, including wholesale to production and operation units, wholesale to wholesale and retail trades and export.

Wholesale to Production and Operation Units refers to commodities sold to departments of national economy and social departments for their production and operation.

Retail Sale refers to the selling of commodities to urban and rural households for living consumption and to social institutions for direct public consumption.

Total Inventory of Wholesale and Retail Trades at the Year-end refers to the total commodities possessed by wholesale and retail enterprises, which reflects the commodity stock level of various wholesale and retail enterprises and the potential for market supply.

Corporate Units in Wholesale and Retail Trades, Accommodations and Catering Services refer to the number of corporate enterprises of various types of ownership in the wholesale and retail trades, accommodations and catering services with independent accounting systems An enterprise can be called a corporate enterprise only when it simultaneously meets the following requirements:(1)It is established according to law, with its own name, organization and location for business operation, as well as the capability to independently assume civil responsibility (2)It owns and uses its assets independently, assumes liabilities and is entitled to sign contracts with other units (3)It has an independent accounting system and is able to compile balance sheets.

Wholesale Trade refers to the commodity circulation enterprises (establishments) and individuals which purchase commodities from producers in industry and agriculture or from commodity circulation enterprises and individuals for the purpose of reselling them to establishments in industry, agriculture, construction, transportation, postal and telecommunications services, accommodations and catering services and other services for their production and operation as well as reselling them to other wholesale or retail enterprises.

Retail Trade refers to the commodity circulation enterprises (establishments) and individuals which purchase commodities from producers in industry and agriculture, wholesale trade or residents for the purpose of reselling them to urban and rural households for living consumption and to social institutions for public consumption.

十六、住宿餐饮业和旅游

HOTELS，CATERING SERVICES AND TOURISM

十六　住宿餐饮业和旅游

简要说明

一、本篇资料主要反映住宿和餐饮业的基本情况、经营情况和旅游产业的发展情况。主要内容包括：限额以上住宿和餐饮业基本情况、经营情况、财务情况；连锁餐饮业经营情况；经广东口岸入境游客人数（港澳台和外国人）、城市接待国内外旅游人数、旅行社组织接待人数、以及旅游收入等基本情况。

二、本篇资料由广东省统计局贸易外经处整理、编辑。

三、本篇资料来源

本篇资料中住宿和餐饮业主要根据国家统计局《住宿和餐饮业统计报表制度》进行搜集和加工整理；旅游资料主要由广东省旅游局提供。入境游客人数由广州、深圳、珠海、汕头出入境边防检查站，武警广东省边防总队所报资料汇总而得。

四、本篇资料的统计范围

限额以上住宿和餐饮业的企业、个体户；住宿餐饮连锁企业；旅行社、星级饭店和旅游者。住宿和餐饮业限额以上标准：年营业额200万元及以上。

五、本篇的调查方法

限额以上住宿和餐饮业资料采用全面调查的方法自下而上逐级综合汇总而得，限额以下企业及个体户资料采用抽样调查方法推算而得。旅游部门基本情况、住宿设施接待人数、旅行社接待人数由各基层企业上报汇总，城市接待旅游人数、国内外旅游收入根据抽样调查资料测算。

16 Hotels,Catering Services and Tourism

Brief Introduction

Ⅰ. Data in this chapter reflect the development of hotel and catering services and tourism in China. They mainly include: the basic conditions, operating and financial status of hotel and catering services above the designated size; the operating status of chain catering services; number of international tourists entering China through ports in Guangdong (including foreigners, Chinese compatriots from Hong Kong, Macao and Taiwan), number of domestic and international tourists received by cities, number of tourists received by travel agencies, and earnings from tourism, etc.

Ⅱ. The data in this chapter are prepared and edited by the Division of Trade and External Economic Relations Statistics of Statistics Bureau of Guangdong Province.

Ⅲ. Data sources :

The data are collected and processed in accordance with the Statistical Reporting Scheme on Accommodations and Catering Services stipulated by the National Bureau of Statistics. The data in this chapter are provided by Guangdong Provincial Tourism Administration. Number of international tourists entering China through ports in Guangdong is a summary of data provided by the frontier inspection posts of Guangzhou, Shenzhen, Zhuhai, and Shantou, as well as the Guangdong Provincial Command of the Chinese People's Armed Police Force.

Ⅳ.The statistical coverage in this chapter comes as follows:

Data in this chapter cover the enterprises of hotel and catering services above the designated size, self-employed households of hotel and catering services; chain catering services, travel agencies, star-rated hotels and tourists; The statistical unit of the enterpryes of hotel and catering services above the designated size is the annual inome of main business at and over 2 million yuan.

Ⅴ. The statistical coverage in this chapter comes as follows:

Data on basic conditions for all corporate enterprises of accommodations and catering services above the designated size are collected through comprehensive reporting systems and data are reported level by level in a bottom-up manner. Data on small-size enterprises and individual enterprises below the designated size are collected through sample surveys. Basic statistics on tourist agencies, the number of tourists received by lodging facilities, and the number of tourists received by travel agencies are summaries of reports from various enterprises, whereas the number of tourists received by cities and earnings from domestic and international tourism are estimates from sample surveys.

16-1 住宿、餐饮业和旅游主要指标

Main Indicators on Hotels, Catering Services and Tourism

指　　标	Item	2000	2005	2010	2012	2013
限额以上住宿餐饮业营业额　（亿元）	**Business Revenue from Hotels and Catering Services above Designated Size (100 million yuan)**		**399.95**	**901.95**	**1278.825**	**1443.67**
#客房收入	Revenue from Accommodations		89.35	189.48	231.14	277.16
餐费收入	Revenue from Restaurants		271.25	645.66	963.9	1069.14
商品销售收入	Revenue from Sales of Commodities (100 million yuan)		6.26	15.17	18.8	21.3
旅行社数　（个）	**Number of Travel Agencies (unit)**	**504**	**884**	**1292**	**1624**	**1810**
旅行社从业人员　（人）	**Engaged Persons of Travel Agencies (person)**		**24162**	**37841**	**47260**	**52418**
星级宾馆(酒店)数　（个）	**Number of Star-rated Hotels (unit)**	**750**	**1128**	**1209**	**1092**	**1083**
入境旅游人数　（万人次）	**Number of Overseas Visitor Arrivals (10000 person-times)**	**6729.18**	**9579.12**	**10485.82**	**10794.72**	**10110.60**
外国人	Foreigners	283.59	537.27	652.72	764.72	746.20
香港同胞	Chinese Compatriots from Hong Kong	5202.98	6358.78	7328.39	7723.28	7108.70
澳门同胞	Chinese Compatriots from Macao	1051.40	2467.90	2297.81	2109.97	2066.30
台湾同胞	Chinese Compatriots from Taiwan	191.21	215.17	206.90	196.75	189.40
城市接待旅游人数（万人次）	**Number of Visitors Received by Cities (10000 person-times)**	**7662.95**	**11566.61**	**21283.05**	**27412.20**	**30151.01**
入境游客	Overseas Visitor Arrivals	1198.94	1792.97	3141.09	3500.65	3397.89
外国人	Foreigners	212.85	463.91	733.28	774.51	760.49
港澳同胞	Chinese Compatriots from Hong Kong and Macao	813.84	1106.20	2091.07	2414.91	2352.15
台湾同胞	Chinese Compatriots from Taiwan	172.25	222.86	316.74	311.23	285.25
国内游客	Domestic Visitors	6464.01	9773.64	18141.96	23911.55	26753.13
旅行社组织接待人数（万人）	**Number of Visitors Received by Travel Agencies (10000 persons)**	**653.41**	**1538.49**	**2409.36**	**2865.92**	**2604.98**
入境游客	Overseas Visitor Arrivals	264.22	368.79	448.74	481.81	406.84
国内游客	Domestic Visitors	389.19	1169.70	1960.62	2384.11	2198.14
团体出境旅游人数　（万人）	**Number of Outbound Visitors in Group Tours (10000 persons)**	**116.20**	**196.28**	**426.52**	**663.20**	**774.19**
港澳游	Visits to Hong Kong and Macao	86.07	137.16	276.74	420.29	462.74
其他	Others	30.13	59.12	149.78	242.91	311.45
旅游收入　（亿元）	**Earnings from Tourism (100 million yuan)**	**1149.95**	**1882.60**	**3809.44**	**5794.74**	**6716.69**
旅游外汇收入	Foreign Exchange Earnings	340.08	529.06	844.85	986.88	1008.05
国内旅游收入	Domestic Tourism Earnings	809.87	1353.54	2964.59	4807.86	5708.64

注：2000年香港同胞包括澳门同胞。
Note: In 2000, data of Chinese compatriots from Hong Kong include those from Macao.

16-2　限额以上住宿业经营情况（2013年）

Business of Hotels above Designated Size (2013)

单位：万元　　(10000 yuan)

项　目	Item	企业数(个) Number of Enterprises (unit)	营业额合计 Business Revenue	#客房收入 Revenue from Hotels	#餐费收入 Revenue from Restaurants	#商品销售收入 Revenue from Sales of Commodities
住宿业合计	**Total Accommodations**	**2299**	**5032410**	**2541588**	**1780861**	**88695**
#国有及国有控股	State-owned and State-controlled Enterprises	251	921980	453073	308404	6897
按登记注册类型分组	By Status of Registration					
内资企业	Domestic-funded Enterprises	1754	3440222	1649659	1271376	62421
国有企业	State-owned Enterprises	145	424488	205625	144174	4585
集体企业	Collective-owned Enterprises	51	36125	15445	13927	222
股份合作企业	Share-holding Cooperative Enterprises	8	5845	2110	3066	392
联营企业	Joint-operation Enterprises	9	7450	4670	1560	116
国有联营企业	State-owned Joint-operation Enterprises	4	4899	3058	987	116
集体联营企业	Collective Joint-operation Enterprises	4	2055	1157	573	
国有与集体联营企业	State-collective Joint-operation Enterprises	1	497	454		
其他联营企业	Other Joint-operation Enterprises					
有限责任公司	Limited Liability Corporations	628	1539022	707519	596404	34382
国有独资企业	State Sole Investment Enterprises	29	97734	53139	33647	415
其他有限责任公司	Other Limited Liability Companies	599	1441288	654381	562756	33967
股份有限公司	Share-holding Corporations Ltd.	41	115606	46269	47243	1154
私营企业	Private Enterprises	821	1245230	635018	439140	20108
私营独资企业	Private Sole Investment Enterprises	173	179060	88710	69207	3312
私营合伙企业	Private Partnership Enterprises	46	50814	25876	18781	516
私营有限责任公司	Private Limited Liability Corporations	578	984747	505657	340126	15761
私营股份有限公司	Private Share-holding Corporations Ltd.	24	30609	14775	11026	519
其他企业	Other Enterprises	51	66456	33002	25863	1462
港、澳、台商投资企业	Enterprises with Investment from Hong Kong,Macao and Taiwan	149	709396	365010	237517	14769
合资经营企业	Joint Ventures	51	190400	87609	74179	4611
合作经营企业	Cooperative Enterprises	35	209698	96140	80723	4188
独资经营企业	Sole Investment Enterprises	55	293757	172591	79568	5895
投资股份有限公司	Share-holding Corporations Ltd.	7	14933	8501	2637	76
其他港澳台投资企业	Others	1	608	169	409	
外商投资企业	Enterprises with Foreign Investment	87	655362	367875	211762	9195
中外合资经营企业	Sino-foreign Joint Ventures	29	199445	103610	68491	1496
中外合作经营企业	Sino-foreign Cooperative Enterprises	19	75796	29924	33213	2974
外资企业	Foreign-funded Enterprises	34	360386	227031	101149	4632
外商投资股份有限公司	Share-holding Corporations Ltd.	3	10049	5186	2129	94
其他外商投资企业	Others	2	9687	2125	6780	
个体工商户	Self-employed Individuals	309	227430	159044	60207	2310
按国民经济行业分组	By Economic Sector					
旅游饭店	Tourist Hotels	1454	4216714	1954176	1634582	77185
一般旅馆	General Hotels	768	740778	544132	125857	10874
其它住宿服务	Others	77	74919	43280	20422	636

16-3 限额以上餐饮业经营情况（2013年）

Business of Catering Services Enterprises above Designated Size (2013)

单位：万元 (10000 yuan)

项　　目	Item	企业数（个） Number of Enterprises (unit)	营业额 Business Revenue	#客房收入 Revenue from Hotels	#餐费收入 Revenue from Restaurants	#商品销售收入 Revenue from Sales of Commodities
餐饮业合计	**Total Catering Services**	**5989**	**9404258**	**229966**	**8910565**	**124344**
#国有及国有控股	State-owned and State-controlled Enterprises	57	273151	26336	184370	22576
按登记注册类型分	By Status of Registration					
内资企业	Domestic-funded Enterprises	2561	3825302	199085	3431218	84842
国有企业	State-owned Enterprises	30	71756	16210	48646	841
集体企业	Collective-owned Enterprises	39	53078	7838	37929	1476
股份合作企业	Share-holding Cooperative Enterprises	38	42829	251	42444	79
联营企业	Joint-operation Enterprises					
国有联营企业	State-owned Joint-operation Enterprises					
集体联营企业	Collective Joint-operation Enterprises					
国有与集体联营企业	State-collective Joint-operation Enterprises					
其他联营企业	Other Joint-operation Enterprises					
有限责任公司	Limited Liability Corporations	529	1113191	68956	963465	37252
国有独资企业	State Sole Investment Enterprises	7	46011	1051	33196	6639
其他有限责任公司	Other Limited Liability Companies	522	1067179	67905	930269	30613
股份有限公司	Share-holding Corporations Ltd.	23	88118	5530	63077	13951
私营企业	Private Enterprises	1794	2351744	95717	2179039	29412
私营独资企业	Private Sole Investment Enterprises	605	521419	16780	492097	8523
私营合伙企业	Private Partnership Enterprises	108	94816	1929	90787	1030
私营有限责任公司	Private Limited Liability Corporations	1028	1672687	71323	1540803	19370
私营股份有限公司	Private Share-holding Corporations Ltd.	53	62822	5685	55353	490
其他企业	Other Enterprises	108	104586	4584	96617	1832
港、澳、台商投资企业	Enterprises with Investment from Hong Kong, Macao and Taiwan	195	847682	13629	808168	19460
合资经营企业	Joint Ventures	33	96338	1882	92879	543
合作经营企业	Cooperative Enterprises	14	85413	2981	73473	8083
独资经营企业	Sole Investment Enterprises	146	657421	8766	633306	10834
投资股份有限公司	Share-holding Corporations Ltd.	2	8511		8511	
外商投资企业	Enterprises with Foreign Investment	88	1367582	2877	1348364	1147
中外合资经营企业	Sino-foreign Joint Ventures	20	330552	2178	313381	1002
中外合作经营企业	Sino-foreign Cooperative Enterprises	4	3388	696	1579	139
外资企业	Foreign-funded Enterprises	59	1010760	3	1010523	6
外商投资股份有限公司	Share-holding Corporations Ltd.	4	21952		21952	
其他外商投资企业	Others	1	930		930	
个体工商户	Self-employed Individuals	3145	3363692	14376	3322815	18896
按国民经济行业分	By Economic Sector					
正餐服务业	Restaurant Service	5591	7198013	227762	6760234	97552
快餐服务业	Fast Food Service	224	1865404	79	1839691	6555
饮料及冷饮服务业	Beverage and Cold Drink Service	57	150885	94	145599	4645
其他餐饮服务业	Other Services	117	189957	2031	165040	15592

16-4 各市限额以上住宿餐饮业经营情况（2013年）

Business of Enterprises above Designated Size of Hotels and Catering Services by City (2013)

单位：万元 (10000 yuan)

市 别	Item	企业(单位)数(个) Number of Enterprises (unit)	营业额 Business Revenue	客房收入 Revenue from Hotels	餐费收入 Revenue from Restaurants	商品销售收入 Revenue from Sales of Commodities
合 计	**Total**	**8288**	**14436668**	**2771554**	**10691426**	**213039**
住宿业	**Accommodation**	**2299**	**5032410**	**2541588**	**1780861**	**88695**
广 州	Guangzhou	602	1647506	942722	468378	13102
深 圳	Shenzhen	285	998993	556552	325837	3384
珠 海	Zhuhai	104	208518	112473	59728	7887
汕 头	Shantou	79	102408	50527	37269	1528
佛 山	Foshan	120	267789	108146	125104	10090
#顺 德	Shunde	32	58154	23116	27324	901
韶 关	Shaoguan	63	78003	35335	33137	3496
河 源	Heyuan	42	50230	26295	17002	4486
梅 州	Meizhou	44	68155	22531	34026	3169
惠 州	Huizhou	110	226045	111010	75541	10024
汕 尾	Shanwei	21	17879	10343	6248	177
东 莞	Dongguan	213	524168	192319	251900	2959
中 山	Zhongshan	107	187601	67918	90605	1159
江 门	Jiangmen	71	153218	49511	66337	9056
阳 江	Yangjiang	38	45586	27026	15793	422
湛 江	Zhanjiang	84	107738	43911	55633	1783
茂 名	Maoming	61	47077	26259	17838	1026
肇 庆	Zhaoqing	76	73515	43359	23450	2373
清 远	Qingyuan	54	86087	38869	31074	2663
潮 州	Chaozhou	30	22430	10882	9114	7
揭 阳	Jieyang	40	85671	44749	27701	9192
云 浮	Yunfu	55	33795	20851	9145	712
餐饮业	**Catering Service**	**5989**	**9404258**	**229966**	**8910565**	**124344**
广 州	Guangzhou	1731	3173895	48433	3015497	65782
深 圳	Shenzhen	897	3419377	39054	3313214	17982
珠 海	Zhuhai	198	182738	1706	180600	307
汕 头	Shantou	139	114383	681	112897	248
佛 山	Foshan	246	391059	25867	353372	1660
#顺 德	Shunde	60	86691	7448	75747	966
韶 关	Shaoguan	141	71406	7419	61975	1242
河 源	Heyuan	51	32400	4696	25325	782
梅 州	Meizhou	59	35493	3609	30714	1089
惠 州	Huizhou	211	180040	12542	159851	3067
汕 尾	Shanwei	68	43287	2351	39514	128
东 莞	Dongguan	368	414269	4748	402721	3455
中 山	Zhongshan	243	231127	502	229001	250
江 门	Jiangmen	235	153958	2796	148696	615
阳 江	Yangjiang	166	156993	10340	140823	1696
湛 江	Zhanjiang	319	230623	14830	206363	7045
茂 名	Maoming	244	131666	7075	122759	1126
肇 庆	Zhaoqing	235	154276	9819	135849	4984
清 远	Qingyuan	79	47481	5159	39846	1300
潮 州	Chaozhou	135	48484	2032	42646	1631
揭 阳	Jieyang	85	125745	23773	89068	7504
云 浮	Yunfu	139	65560	2533	59834	2452

16-5 限额以上连锁住宿餐饮业经营情况（2013年）

Business of Chain Stores above Designated Size in Hotels and Catering Services (2013)

项　　目	Item	连锁总店数(个) Number of General Chain Stores (unit)	营业收入(万元) Total Business Revenue (10000 yuan)	#零售额(万元) Retail Sales (10000 yuan)	营业面积(平方米) Operational Area (sq.m)
住宿餐饮业合计	**Catering Service**	**93**	**2295742**	**2081910**	**968091**
按注册登记类型分	By Status of Registration				
内资企业	Domestic-funded Enterprises	56	595240	519428	394642
国有企业	State-owned Enterprises	1	13824	917	1146
集体企业	Collective-owned Enterprises	2	13122	12449	12669
股份合作企业	Cooperative Enterprises	1	930	930	1040
有限责任公司	Limited Liability Corporations	14	255234	220398	149149
股份有限公司	Share-holding Enterprises	1	57375	57375	43200
私营企业	Private Enterprises	37	254755	227359	187438
其他企业	Other Enterprises				
港、澳、台商投资企业	Enterprises with Investment from Hong Kong, Macao and Taiwan	21	378334	378324	140323
合资经营企业(港或澳、台资)	Joint Ventures	3	14336	14336	1568
合作经营企业(港或澳、台资)	Cooperative Enterprises	2	22652	22641	19276
港、澳、台商独资经营企业	Sole Investment Enterprises	16	341346	341346	119479
港、澳、台商投资股份有限公司	Share-holding Corporations Ltd.				
外商投资企业	Enterprises with Foreign Investment	16	1322167	1184159	433126
中外合资经营企业	Sino-foreign Joint Ventures	3	291819	267696	44614
中外合作经营企业	Sino-foreign Cooperative Enterprises				
外资企业	Foreign-funded Enterprises	12	1013931	900046	381662
其他外商投资企业	Others	1	16417	16417	6850
按行业分	By Sector				
旅游饭店	Tour Hotel	4	62868	2339	2321
一般旅馆	General Hotel	5	154292	3272	5786
正餐服务	Restaurant	43	321142	320231	257449
快餐服务	Fast Food	33	1625207	1623836	648649
饮料及冷饮服务	Beverages and Cold Drinks	5	112104	112104	45270
其他餐饮服务	Others	3	20129	20129	8616

16-5 续表 continued

项 目	Item	从业人数(人) Number of Employed Persons (person)	连锁门店数(个) Number of Branch Chain Stores (unit)	直营店(个) Under Direct Management (unit)	加盟店(个) Through License Arrangement (unit)
住宿餐饮业合计	**Catering Service**	**129756**	**3531**	**3370**	**161**
按注册登记类型分	By Status of Registration				
内资企业	Domestic-funded Enterprises	34906	1214	1138	76
国有企业	State-owned Enterprises	550	16	16	
集体企业	Collective-owned Enterprises	680	12	8	4
股份合作企业	Share-holding Cooperative Enterprises	83	2	2	
联营企业	Joint-operation Enterprises				
有限责任公司	Limited Liability Corporations	13604	499	499	
股份有限公司	Share-holding Corporations Ltd.	2363	14	12	2
私营企业	Private Enterprises	17626	671	601	70
其他企业	Other Enterprises				
港、澳、台商投资企业	Enterprises with Investment from Hong Kong, Macao and Taiwan	14188	529	523	6
合资经营企业(港或澳、台资)	Joint Ventures	1133	16	16	
合作经营企业(港或澳、台资)	Cooperative Enterprises	722	8	8	
港、澳、台商独资经营企业	Sole Investment Enterprises	12333	505	499	6
港、澳、台商投资股份有限公司	Share-holding Corporations Ltd.				
外商投资企业	Enterprises with Foreign Investment	80662	1788	1709	79
中外合资经营企业	Sino-foreign Joint Ventures	5484	386	386	
中外合作经营企业	Sino-foreign Cooperative Enterprises				
外资企业	Foreign-funded Enterprises	74345	1380	1301	79
其他外商投资企业	Others	833	22	22	
按行业分	By Sector				
旅游饭店	Tourist Hotel	2261	44	44	
一般旅馆	General Hotel	5243	271	192	79
正餐服务	Restaurant	18290	358	286	72
快餐服务	Fast Food	98903	2372	2368	4
饮料及冷饮服务	Beverages and Cold Drinks	4320	434	432	2
其他餐饮服务	Others	739	52	48	4

16-6 限额以上住宿餐饮企业财务状况（2013年）

Financial Indicators of Enterprises above Designated Size in Hotels and Catering Services (2013)

单位：万元 (10000 yuan)

项 目	Item	住宿和餐饮业合计 Total Hotels and Catering Services	住宿业 Hotels Services	餐饮业 Catering Services
企业数 (个)	Number of Enterprises (unit)	4822	1986	2836
年初存货	Inventory at the Year-beginning	376064	187687	188377
流动资产合计	Circulating Assets	6943703	5029377	1914326
#存货	Inventory	378474	210267	168207
固定资产原价	Original Value of Fixed Assets	10355861	8335710	2020151
累计折旧	Accumulated Depreciation	4540449	3703942	836507
#本年折旧	Depreciation Drawn in Current Year	628222	474909	153313
资产合计	Total Assets	17832509	13579723	4252786
负债合计	Total Liabilities	13381398	10344154	3037244
所有者权益合计	Total Creditors' Equity	4451839	3236305	1215534
实收资本	Paid-up Capital	5008398	3948788	1059610
#国家资本	State Capital	718058	673292	44766
集体资本	Collective Capital	100581	85039	15542
法人资本	Legal Person Capital	1669102	1263067	406035
个人资本	Personal Capital	832262	546663	285599
港澳台资本	Capital from Hong Kong, Macao and Taiwan	1093880	895187	198693
外商资本	Foreign Capital	594514	485540	108974
营业收入	Business Revenue	10777320	4778875	5998445
#主营业务收入	Main Business Revenue	10687314	4714990	5972324
营业成本	Business Costs	4684012	1684475	2999537
#主营业务成本	Main Business Costs	4611105	1659827	2951278
营业税金及附加	Tax and Extra Charges on Business	593763	268693	325070
#主营业务税金及附加	Tax and Extra Charges on Main Business	583382	263275	320107
其它业务利润	Profits from Other Businesses	121745	66666	55079
销售费用	Marketing Expenses	3345522	1454983	1890539
管理费用	Management Expenses	1866012	1210337	655675
#税 金	Taxes	54027	37282	16745
财务费用	Financial Expenses	276909	210412	66497
#利息支出	Interests	183775	144460	39315
营业利润	Business Profits	89260	-25343	114603
营业外收入	Non-operating Revenue	56651	42672	13979
利润总额	Total Profits	114250	-404	114654
应交所得税	Income Taxes Payable	100980	47541	53439
本年应付职工薪酬	Total Wages Payable in Current Year	2356524	1186104	1170420

16-7 限额以上住宿企业财务状况（2013年）

单位:万元

项　目	Item	企业数(个) Number of Enterprises (unit)	年初库存 Beginning Inventory	流动资产合计 Circulating Assets	固定资产原价 Original Value of Fixed Assets
住宿业合计	**Total Hotels**	**1986**	**187687**	**5029377**	**8335710**
#国有及国有控股	State-owned and State-controlled Enterprises	255	27013	795149	2086384
按登记注册类型分	By Status of Registration				
内资企业	Domestic-funded Enterprises	1750	127444	3437267	5116355
国有企业	State-owned Enterprises	145	12387	285855	855057
集体企业	Collective-owned Enterprises	51	1022	25183	96119
股份合作企业	Share-holding Cooperative Enterprises	8	265	1273	6147
联营企业	Joint-operation Enterprises	9	131	9614	29998
国有联营企业	State-owned Joint-operation Enterprises	4	74	6303	22863
集体联营企业	Collective Joint-operation Enterprises	4	57	3066	5202
国有与集体联营企业	State-collective Joint-operation Enterprises	1		245	1932
其他联营企业	Other Joint-operation Enterprises				
有限责任公司	Limited Liability Corporations	626	64393	1915019	2379206
国有独资企业	State Sole Investment Enterprises	29	2429	80845	241045
其他有限责任公司	Other Limited Liability Companies	597	61963	1834174	2138161
股份有限公司	Share-holding Corporations Ltd.	41	4020	103018	215617
私营企业	Private Enterprises	819	42816	1074964	1482570
私营独资企业	Private Sole Investment Enterprises	172	4639	81054	227807
私营合伙企业	Private Partnership Enterprises	46	1001	24367	68797
私营有限责任公司	Private Limited Liability Corporations	577	36511	940479	1139802
私营股份有限公司	Private Share-holding Corporations Ltd.	24	665	29065	46165
其他企业	Other Enterprises	51	2410	22341	51641
港、澳、台商投资企业	Enterprises with Investment from Hong Kong, Macao and Taiwan	149	37649	926784	1889739
合资经营企业	Joint Ventures	51	6517	253690	505481
合作经营企业	Cooperative Enterprises	35	7081	302226	653530
独资经营企业	Sole Investment Enterprises	55	19647	358448	704965
投资股份有限公司	Share-holding Corporations Ltd.	7	4146	11499	25252
其他港澳台商投资企业	Others	1	258	921	511
外商投资企业	Enterprises with Foreign Investment	87	22594	665326	1329616
中外合资经营企业	Sino-foreign Joint Ventures	29	10474	311219	269998
中外合作经营企业	Sino-foreign Cooperative Enterprises	19	3203	113693	147117
外资企业	Foreign-funded Enterprises	34	8311	232002	684762
外商投资股份有限公司	Share-holding Corporations Ltd.	3	334	4211	220317
其它外商投资企业	Others	2	272	4201	7422
按国民经济行业分	By Economic Sector				
旅游饭店	Tourist Hotels	1372	168743	4544856	7439212
一般旅馆	General Hotels	540	17469	454130	778434
其它住宿服务	Others	74	1475	30391	118064
按控股情况分组	By Holdings				
国有控股	State Holdings	255	27013	795149	2086384
集体控股	Collective Holdings	75	3161	47828	160694
私人控股	Private Holdings	1159	79571	2043106	2388621
港澳台商控股	Hongkong,Macaw and Taiwan Holdings	122	33566	738339	1498488
外商控股	Foreign Holdings	55	16208	344492	1082947
其他	Others	320	28168	1060463	1118576
按星级分组	By sStar Rating				
五星	Five Star	136	63386	1733234	3144306
四星	Four Star	214	28571	953056	1524237
三星	Three Star	443	21385	553669	960745
二星	Two Star	79	3082	54000	67479
一星	One Star	10	247	1276	4595
其他	Others	1104	71016	1734142	2634348

Financial Indicators of Hotels above Designated Size (2013)

(10000 yuan)

累计折旧 Accumulated Depreciation	本年折旧 Depreciation Drawn in Current Year	资产合计 Total Assets	负债合计 Total Liabilities	所有者权益合计 Total Creditors' Equity	实收资本 Paid-up Capital	营业收入 Business Revenue	主营业务收入 Main Business Revenue	营业成本 Business Costs
3703942	**474909**	**13579723**	**10344154**	**3236305**	**3948788**	**4778875**	**4714990**	**1684475**
988794	82380	2586070	1333204	1252866	926980	929869	913641	275450
2251022	315546	9201291	7316575	1885452	2176934	3430004	3393843	1247383
431978	35456	962286	491853	470432	378535	426941	421906	117515
63150	5554	71132	55222	15910	37768	37104	35946	15258
3705	1403	6585	3338	3247	805	5802	5787	2818
16481	940	30430	10203	20227	21865	7321	7279	2529
11978	904	23555	8486	15069	17108	4770	4770	2219
2660	11	6079	1527	4552	3370	2055	2055	294
1844	25	796	190	606	1387	497	454	16
973816	135375	5237064	4274943	962121	1101288	1544996	1529437	564079
84703	8234	322230	178296	143934	64279	96296	94796	35901
889112	127141	4914833	4096646	818187	1037011	1448702	1434642	528179
100984	18677	268310	178336	89974	80541	114735	113709	36003
629587	107401	2565153	2260911	304242	537282	1227276	1214005	482326
99255	14196	250533	213835	36698	92174	177740	175012	77348
20779	4252	84433	59165	25269	25872	50580	50163	22881
491125	86772	2163171	1944884	218287	396008	969495	959557	370221
18428	2182	67016	43028	23989	23228	29462	29273	11876
31321	10740	60331	41769	19299	18850	65829	65774	26855
946632	100287	2446966	1808821	638145	1079672	690410	674151	183606
304774	27802	627851	359964	267887	291049	193076	190385	59146
295855	25327	816817	724206	92612	285179	209527	201344	60776
342359	46162	928444	673718	254726	460841	271610	266225	56045
3606	996	70653	48283	22370	42053	15699	15699	7345
38		3201	2650	550	550	498	498	294
506288	59076	1931466	1218758	712708	692182	658461	646996	253486
122838	14188	569358	344653	224705	164765	199070	196381	40338
97287	2289	203785	186868	16917	85093	77078	75602	26267
261656	34566	926806	394966	531840	420976	362577	355302	182592
20178	7786	221145	282573	-61428	1769	10049	10049	1105
4329	247	10372	9698	674	19579	9687	9662	3184
3360749	402948	12124141	9404902	2719239	3478503	4078325	4027014	1369387
298446	65551	1317036	853166	464606	429075	628578	616316	290176
44747	6410	138546	86086	52460	41210	71972	71660	24912
988794	82380	2586070	1333204	1252866	926980	929869	913641	275450
93155	8014	148762	123102	25660	52665	81060	79126	38501
976650	179314	5344834	4742421	603149	1050207	1862243	1842768	733618
774095	85482	1934332	1517063	417269	910540	597998	589560	159769
367305	52256	1382058	834520	547538	502360	472962	464451	207095
503943	67463	2183667	1793844	389823	506036	834743	825444	270042
1488152	157144	4379058	3285605	1093453	1296356	1435571	1419517	422160
709603	99065	2429104	1920759	508345	616899	800306	794102	277720
508122	42615	1261388	849365	412023	575391	677559	661304	268481
38354	2569	106804	66800	40004	52377	73980	72951	32668
1228	210	5056	1066	3990	2109	6156	6156	3489
958483	173306	5398313	4220559	1178490	1405656	1785303	1760960	679957

16-7 续表

单位:万元

项　目	Item	主营业务成本 Main Business Costs	营业税金及附加 Tax and Extra Charges on Business	主营业务税金及附加 Tax and Extra Charges on Main Business
住宿业合计	**Total Hotels**	**1659827**	**268693**	**263275**
#国有及国有控股	State-owned and State-controlled Enterprises	267142	51754	50394
按登记注册类型分	By Status of Registration			
内资企业	Domestic-funded Enterprises	1229649	197128	194369
国有企业	State-owned Enterprises	114829	23210	22946
集体企业	Collective-owned Enterprises	15168	2537	2514
股份合作企业	Share-holding Cooperative Enterprises	2818	350	350
联营企业	Joint-operation Enterprises	2380	425	423
国有联营企业	State-owned Joint-operation Enterprises	2070	275	275
集体联营企业	Collective Joint-operation Enterprises	294	122	122
国有与集体联营企业	State-collective Joint-operation Enterprises	16	28	25
其他联营企业	Other Joint-operation Enterprises			
有限责任公司	Limited Liability Corporations	555876	86768	86279
国有独资企业	State Sole Investment Enterprises	35619	5261	5190
其他有限责任公司	Other Limited Liability Companies	520258	81509	81089
股份有限公司	Share-holding Corporations Ltd.	35890	6943	6943
私营企业	Private Enterprises	475942	73320	71345
私营独资企业	Private Sole Investment Enterprises	76689	10003	9920
私营合伙企业	Private Partnership Enterprises	22871	3415	3383
私营有限责任公司	Private Limited Liability Corporations	364515	58344	56487
私营股份有限公司	Private Share-holding Corporations Ltd.	11867	1558	1555
其他企业	Other Enterprises	26746	3575	3569
港、澳、台商投资企业	Enterprises with Investment from Hong Kong, Macao and Taiwan	178700	37309	34743
合资经营企业	Joint Ventures	58436	10564	10499
合作经营企业	Cooperative Enterprises	56660	11280	10323
独资经营企业	Sole Investment Enterprises	55965	14650	13106
投资股份有限公司	Share-holding Corporations Ltd.	7345	802	802
其他港澳台商投资企业	Others	294	13	13
外商投资企业	Enterprises with Foreign Investment	251478	34256	34163
中外合资经营企业	Sino-foreign Joint Ventures	40318	11507	11452
中外合作经营企业	Sino-foreign Cooperative Enterprises	26210	4184	4184
外资企业	Foreign-funded Enterprises	180661	17742	17706
外商投资股份有限公司	Share-holding Corporations Ltd.	1105	244	244
其它外商投资企业	Others	3184	579	577
按国民经济行业分	By Economic Sector			
旅游饭店	Tourist Hotels	1350292	230412	226462
一般旅馆	Ordinary Hotels	284687	33714	32246
其它住宿服务	Others	24848	4567	4567
按控股情况分组	By Holdings			
国有控股	State Holdings	267142	51754	50394
集体控股	Collective Holdings	38349	4619	4524
私人控股	Private Holdings	725283	108575	106471
港澳台商控股	Hongkong,Macaw and Taiwan Holdings	158703	32031	30404
外商控股	Foreign Holdings	205108	23637	23599
其他	Others	265242	48077	47883
按星级分组	By Star Rating			
五星	Five Star	421128	80703	78911
四星	Four Star	271632	46015	45733
三星	Three Star	261299	38106	35982
二星	Two Star	32136	4456	4444
一星	One Star	3378	396	396
其他	Others	670254	99017	97809

16-7 continued

(10000 yuan)

其它业务利润 Profits from Other Businesses	销售费用 Marketing Expenses	管理费用 Management Expenses	财务费用 Financial Expenses	营业利润 Business Profits	营业外收入 Non-operating revenue	利润总额 Total Profits	应交所得税 Income Taxes Payable	本年应付职工薪酬 Staff Salary Payable in Current Year
66666	**1454983**	**1210337**	**210412**	**-25343**	**42672**	**-404**	**47541**	**1186104**
5579	304471	276168	20112	9503	18114	20172	14720	288482
49963	1099728	833758	161055	-84323	40207	-58566	34087	880223
2200	157672	134494	5770	-9871	14439	3725	4277	142297
1192	12889	7416	870	-1528	264	-1763	369	10992
	1289	1379	78	-64		-72	31	1353
	2523	2180	60	-259	307	68	125	2408
	1809	1139	51	-574	307	-247	38	1617
	427	946	7	246		246	70	612
	287	95	2	69		69	17	179
28431	485783	374268	72050	-29151	17720	-32069	14379	384440
1117	34163	25176	478	-8016	764	-11683	1620	29067
27314	451619	349092	71573	-21135	16957	-20386	12760	355375
627	35038	34012	4190	-158	1023	154	2291	30424
14721	381448	269271	74420	-41351	6329	-27274	11771	291658
315	49058	32428	8769	-777	398	-1284	1638	44367
222	12301	9420	1976	528	415	984	364	9893
11632	312039	221169	62269	-42569	5183	-28518	9275	230635
2553	8051	6255	1406	1466	332	1544	494	6763
2792	23086	10738	3617	-1941	125	-1335	844	16651
6016	200506	235581	31040	-87	799	-857	9072	159515
1068	51576	63579	7669	-2148	778	-1996	2631	50249
815	53941	75708	18561	-10728	-2346	-13899	2465	44424
3927	93230	92045	2821	12993	2050	15004	3964	61589
206	1649	4128	1784	41	317	279	6	3084
	110	121	205	-245		-245	6	169
10687	154749	140998	18317	59067	1666	59019	4382	146366
6727	68406	66593	11959	1161	398	2761	743	47651
	24386	19521	868	1833	61	1733	805	20189
3960	51030	48635	5000	59116	509	56908	2827	69852
	6957	4045	-28	-2274	688	-1613	7	6145
	3970	2204	518	-769	10	-770		2529
50959	1287096	1064389	192346	-48559	38522	-27049	42444	1018430
13597	144353	121494	16540	30144	2704	29417	4699	146398
2110	23534	24454	1526	-6928	1446	-2772	398	21276
5579	304471	276168	20112	9503	18114	20172	14720	288482
1923	22275	17083	2029	-3113	1040	-312	883	19819
23918	571045	419727	104803	-60997	8421	-54018	16545	446453
9321	188403	194769	30161	-7334	795	-6360	5489	133490
4079	83644	89393	13237	51401	1533	50108	2921	100992
21846	285145	213197	40070	-14803	12769	-9994	6983	196868
19861	435088	403803	74726	25188	8969	28782	17792	345200
5959	256811	205460	50495	-23570	4253	-26673	5907	193692
13765	203263	139156	19515	9728	4053	8733	7053	171680
2976	20273	10854	821	9880	172	9340	1312	17278
	981	1139	29	123	43	92	194	1229
24105	538567	449925	64826	-46692	25182	-20678	15283	457025

16-8 限额以上餐饮企业财务状况（2013年）

单位:万元

项　　目	Item	企业数（个）Number of Enterprises (unit)	年初库存 Beginning Inventory	流动资产合计 Circulating Assets	固定资产原价 Original Value of Fixed Assets
餐饮业合计	**Total Catering Services**	**2836**	**188377**	**1914326**	**2020151**
#国有及国有控股	State-owned and State-controlled Enterprises	57	6548	99315	228683
按登记注册类型分	By Status of Registration				
内资企业	Domestic-funded Enterprises	2553	126508	1433666	1360574
国有企业	State-owned Enterprises	30	3276	30966	82523
集体企业	Collective-owned Enterprises	39	1362	22192	13027
股份合作企业	Share-holding Cooperative Enterprises	38	365	9384	4313
联营企业	Joint-operation Enterprises				
国有联营企业	State-owned Joint-operation Enterprises				
集体联营企业	Collective Joint-operation Enterprises				
国有与集体联营企业	State-collective Joint-operation Enterprises				
其他联营企业	Other Joint-operation Enterprises				
有限责任公司	Limited Liability Corporations	528	38809	573492	518546
国有独资企业	State Sole Investment Enterprises	7	288	5188	8926
其他有限责任公司	Other Limited Liability Companies	521	38523	568302	509621
股份有限公司	Share-holding Corporations Ltd.	23	1557	39263	23988
私营企业	Private Enterprises	1788	78458	739723	689150
私营独资企业	Private Sole Investment Enterprises	603	10684	97981	147163
私营合伙企业	Private Partnership Enterprises	108	1845	17386	22782
私营有限责任公司	Private Limited Liability Corporations	1024	65008	601598	495371
私营股份有限公司	Private Share-holding Corporations Ltd.	53	920	22759	23834
其他企业	Other Enterprises	107	2681	18646	29027
港、澳、台商投资企业	Enterprises with Investment from Hong Kong, Macao and Taiwan	195	22494	359557	342031
合资经营企业	Joint Ventures	33	3509	51119	35483
合作经营企业	Cooperative Enterprises	14	5241	31616	35462
独资经营企业	Sole Investment Enterprises	146	13682	272483	269515
投资股份有限公司	Share-holding Corporations Ltd.	2	62	4339	1571
外商投资企业	Enterprises with Foreign Investment	88	39375	121103	317546
中外合资经营企业	Sino-foreign Joint Ventures	20	6108	39273	140382
中外合作经营企业	Sino-foreign Cooperative Enterprises	4	4	1358	1075
外资企业	Foreign-funded Enterprises	59	32956	77754	168885
外商投资股份有限公司	Share-holding Corporations Ltd.	4	265	2490	7204
其它外商投资企业	Others	1	42	228	
按国民经济行业分	By Economic Sector				
正餐服务业	Dinner Service	2607	140154	1394721	1568530
快餐服务业	Fast Food Service	116	42415	415021	404878
饮料及冷饮服务业	Beverage and Cold Drink Service	36	2335	37726	20522
其他餐饮服务业	Other Services	77	3473	66858	26221
按控股情况分组	By Holdings				
国有控股	State Holdings	57	6548	99315	228683
集体控股	Collective Holdings	63	2069	33477	27232
私人控股	Private Holdings	2221	100501	1104759	989749
港澳台商控股	Hongkong,Macaw and Taiwan Holdings	190	23753	351814	335771
外商控股	Foreign Holdings	67	37179	108481	308164
其他	Others	238	18327	216480	130552
按经营形式分组	By Type of Operation				
独立门店	Independent Stores	2476	126641	1191004	1448152
连锁总店	Main Chain Stores	80	42484	460868	365090
连锁门店	Chain Stores	74	6006	61661	38587
其他	Others	206	13246	200793	168322

Financial Indicators of Catering Services Enterprises above Designated Size (2013)

(10000 yuan)

累计折旧 Accumulated Depreciation	本年折旧 Depreciation Drawn in Current Year	资产合计 Total Assets	负债合计 Total Liabilities	所有者权益合计 Total Creditors' Equity	实收资本 Paid-up Capital	营业收入 Business Revenue	主营业务收入 Main Business Revenue	营业成本 Business Costs
836507	**153313**	**4252786**	**3037244**	**1215534**	**1059610**	**5998445**	**5972324**	**2999537**
84788	20956	295260	231710	63550	64317	270703	258275	144943
517739	110245	2955081	2287479	667594	651217	3769291	3753173	2010798
46921	3139	88487	49173	39314	22190	71739	71359	33319
9651	720	28488	15412	13077	7448	53018	52651	32778
3000	283	14644	13891	753	2252	42777	42751	22395
185362	45087	1229631	1037135	192495	218700	1113261	1105959	578505
3569	313	11684	6705	4978	941	45371	45300	33184
181794	44774	1217949	1030430	187519	217760	1067891	1060659	545322
10472	942	77318	29004	48314	23730	85767	83417	40897
250189	58225	1473050	1117396	355646	364687	2299238	2293955	1244168
56090	11351	249245	136695	112550	92257	525317	524655	305270
8532	2007	35955	17486	18469	16659	94028	93763	51576
177529	42146	1133895	909033	224854	246978	1617490	1613515	855018
8038	2722	53955	54182	-227	8792	62403	62021	32303
12144	1849	43463	25468	17995	12210	103491	103081	58736
167906	27628	711938	424927	287011	243613	860796	860243	355582
								38899
17770	2912	85053	41382	43672	46944	96536	96516	42010
21870	3185	56624	39172	17452	25875	85116	85114	271007
127307	21326	564608	342954	221653	169069	670633	670102	3666
959	205	5653	1419	4234	1725	8511	8511	
150862	15440	585767	324838	260929	164780	1368358	1358908	633157
64254	7104	192414	107035	85379	52548	331093	321741	138028
437	40	3079	641	2437	1074	3388	3388	1647
82913	7735	379634	216054	163579	107874	1010995	1010898	483887
3259	562	10413	1078	9335	3085	21952	21952	8780
-1	-1	227	30	199	199	930	929	815
636387	132168	3033028	2348483	684538	809599	3892545	3879867	2006606
177634	17798	1051912	614200	437712	202947	1802721	1791418	851146
8640	790	72329	32085	40244	17244	139581	139581	47430
13846	2557	95517	42476	53040	29820	163598	161458	94355
84788	20956	295260	231710	63550	64317	270703	258275	144943
17528	1733	52661	41257	11403	14692	98171	97381	52681
362942	79851	2187455	1706861	480586	499631	3066712	3056197	1644478
163184	26310	697682	414383	283299	237141	846962	846408	351713
146659	14472	562801	313845	248956	151730	1298376	1298183	594196
61406	9991	456927	329188	127740	92099	417521	415880	211526
591718	123560	2653180	2110426	542746	716231	3383919	3372505	1750145
163305	17665	1067562	597200	470362	200902	1755534	1751592	803499
17918	3955	117735	72132	45603	54254	224519	224337	98592
63566	8133	414309	257486	156823	88223	634473	623890	347301

16-8 续表

单位：万元

项　　目	Item	主营业务成本 Main Business Costs	营业税金及附加 Tax and Extra Charges on Business	主营业务税金及附加 Tax and Extra Charges on Main Business
餐饮业合计	**Total Catering Services**	**2951278**	**325070**	**320107**
#国有及国有控股	State-owned and State-controlled Enterprises	134782	12670	12121
按登记注册类型分	By Status of Registration			
内资企业	Domestic-funded Enterprises	1991005	206268	202368
国有企业	State-owned Enterprises	32710	3498	3469
集体企业	Collective-owned Enterprises	32727	2496	2494
股份合作企业	Share-holding Cooperative Enterprises	22203	2322	2301
联营企业	Joint-operation Enterprises			
国有联营企业	State-owned Joint-operation Enterprises			
集体联营企业	Collective Joint-operation Enterprises			
国有与集体联营企业	State-collective Joint-operation Enterprises			
其他联营企业	Other Joint-operation Enterprises			
有限责任公司	Limited Liability Corporations	566648	60609	59828
国有独资企业	State Sole Investment Enterprises	33184	2165	2165
其他有限责任公司	Other Limited Liability Companies	533465	58446	57665
股份有限公司	Share-holding Corporations Ltd.	40559	3699	3699
私营企业	Private Enterprises	1237748	127415	124362
私营独资企业	Private Sole Investment Enterprises	303216	28617	28273
私营合伙企业	Private Partnership Enterprises	51353	5190	5189
私营有限责任公司	Private Limited Liability Corporations	851111	90732	88067
私营股份有限公司	Private Share-holding Corporations Ltd.	32068	2875	2834
其他企业	Other Enterprises	58410	6229	6215
港、澳、台商投资企业	Enterprises with Investment from Hong Kong,Macao and Taiwan	345490	45281	45273
合资经营企业	Joint Ventures	38899	5189	5184
合作经营企业	Cooperative Enterprises	42010	3530	3530
独资经营企业	Sole Investment Enterprises	260916	36086	36083
投资股份有限公司	Share-holding Corporations Ltd.	3665	476	476
外商投资企业	Enterprises with Foreign Investment	614783	73521	72466
中外合资经营企业	Sino-foreign Joint Ventures	120057	16762	16243
中外合作经营企业	Sino-foreign Cooperative Enterprises	1647	129	129
外资企业	Foreign-funded Enterprises	483485	55432	54896
外商投资股份有限公司	Share-holding Corporations Ltd.	8780	1151	1151
其它外商投资企业	Others	814	47	47
按国民经济行业分	By Economic Sector			
正餐服务业	Dinner Service	1978074	212249	209124
快餐服务业	Fast Food Service	832428	97428	95704
饮料及冷饮服务业	Beverage and Cold Drink Service	46975	7643	7643
其他餐饮服务业	Other Services	93801	7750	7636
按控股情况分组	By Holdings			
国有控股	State Holdings	134782	12670	12121
集体控股	Collective Holdings	52491	5026	5004
私人控股	Private Holdings	1628011	169889	166144
港澳台商控股	Hongkong,Macaw and Taiwan Holdings	341621	45288	45284
外商控股	Foreign Holdings	585260	69840	69304
其他	Others	209113	22357	22250
按经营形式分组	By Type of Operation			
独立门店	Independent Stores	1730428	184167	180339
连锁总店	Main Chain Stores	785475	94601	94600
连锁门店	Chain Stores	98501	12419	11884
其他	Others	336874	33883	33284

16-8 continued

(10000 yuan)

其它业务利润 Profits from Other Businesses	销售费用 Marketing Expenses	管理费用 Management Expenses	财务费用 Financial Expenses	营业利润 Business Profits	营业外收入 Non-operating revenue	利润总额 Total Profits	应交所得税 Income Taxes Payable	本年应付职工薪酬 Staff Salary Payable in Current Year
55079	**1890539**	**655675**	**66497**	**114603**	**13979**	**114654**	**53439**	**1170420**
4138	65334	43086	5331	15590	1768	18246	2213	77019
47156	992183	474922	63240	56028	11647	59542	37364	764427
1464	24758	11324	1288	-2249	659	-521	423	17936
1447	7959	5185	371	4482	18	4198	918	12364
127	12153	4066	651	1346	17	1416	614	7949
7646	326234	140201	29227	-11293	5250	-3644	10940	232721
77	3804	3374	135	2709	26	2622	151	8504
7569	322431	136826	29092	-14002	5225	-6266	10791	224218
2032	21655	11086	364	23601	1106	24423	1776	20224
31766	576021	293032	30114	36133	4497	28670	21862	453796
2237	98654	56188	4141	35029	726	29567	6086	92776
372	23006	11696	808	1833	43	1680	943	17641
28844	442026	213123	23633	-2084	3707	-3595	14007	331002
314	12336	12025	1532	1356	21	1018	825	12376
2674	23403	10028	1225	4008	100	5000	831	19437
3813	367161	81395	2411	20145	625	17863	9895	147298
40	39468	10981	565	1247	96	2156	609	19388
308	25389	15851	278	-1610	63	-2372	1081	18053
3465	298779	53968	1543	20282	464	17856	8198	108208
	3525	595	25	226	2	223	7	1649
4110	531195	99358	846	38430	1707	37249	6180	258695
515	161016	15197	17	7033	3	6058	3002	61952
	223	977	45	367		367	29	831
2726	360911	82396	984	27705	1703	27803	2536	191717
590	8866	772	-200	3173	1	3021	611	3968
279	179	16		152			2	227
46905	1117740	489418	64478	42246	11650	45138	39536	796119
7583	687015	131038	1422	47587	1999	44709	8577	321400
	58496	9596	200	16231	179	16160	3401	20541
591	27288	25623	397	8539	151	8647	1925	32360
4138	65334	43086	5331	15590	1768	18246	2213	77019
2755	25348	10261	666	4552	317	5442	1553	23129
39028	788456	385429	50353	44102	6610	39238	30719	606837
4144	370956	71444	2544	16511	574	15056	9343	141151
3267	506846	95676	546	38458	1689	36886	5727	243209
1747	133599	49779	7057	-4610	3021	-214	3884	79075
43699	929377	442680	59079	34226	8914	33438	35945	676067
6282	671410	132151	2282	84027	2640	83798	13527	320638
1123	97211	22088	1221	-5766	1878	-4059	1583	45116
3975	192541	58756	3915	2116	547	1477	2384	128599

16-9 各市限额以上住宿和餐饮企业财务状况（2013年）

单位：万元

市别	City	企业数（个）Number of Enterprises (unit)	年初库存 Beginning Inventory	流动资产合计 Circulating Assets	固定资产原价 Original Value of Fixed Assets	累计折旧 Accumulated Depreciation
住宿餐饮业合计	**Total Hotels and Catering Services**	**4822**	**376064**	**6943703**	**10355861**	**4540449**
住宿业	**Hotels**	**1986**	**187687**	**5029377**	**8335710**	**3703942**
广 州	Guangzhou	536	35584	1429939	2244564	1079162
深 圳	Shenzhen	282	26721	940306	1547719	734647
珠 海	Zhuhai	100	9192	450305	667956	355085
汕 头	Shantou	78	4707	99512	300668	138992
佛 山	Foshan	120	19413	221094	460155	208481
#顺 德	shunde	32	11182	70149	97479	45815
韶 关	Shaoguan	62	4220	53447	110371	32653
河 源	Heyuan	36	1951	82913	98843	32910
梅 州	Meizhou	32	4757	55301	115781	34272
惠 州	Huizhou	92	18080	240423	364744	139274
汕 尾	Shanwei	16	832	11702	47198	14339
东 莞	Dongguan	207	27543	556375	966077	456514
中 山	Zhongshan	103	6931	199077	380775	99839
江 门	Jiangmen	54	10686	143625	274272	105608
阳 江	Yangjiang	20	1038	27890	61299	26215
湛 江	Zhanjiang	48	4032	138884	149222	40119
茂 名	Maoming	27	758	69338	32440	9550
肇 庆	Zhaoqing	45	2521	112973	116182	32258
清 远	Qingyuan	50	4762	128124	234963	105626
潮 州	Chaozhou	19	508	13812	38310	9293
揭 阳	Jieyang	39	2657	33027	73935	34238
云 浮	Yunfu	20	794	21310	50236	14867
餐饮业	**Catering Services**	**2836**	**188377**	**1914326**	**2020151**	**836507**
广 州	Guangzhou	947	74446	585312	669178	302187
深 圳	Shenzhen	482	54673	601803	463255	196449
珠 海	Zhuhai	92	3561	37212	18425	10493
汕 头	Shantou	73	2860	17853	14949	8275
佛 山	Foshan	215	9921	118639	173253	75707
#顺 德	shunde	54	2418	30392	39798	16548
韶 关	Shaoguan	124	5495	31236	36273	8386
河 源	Heyuan	23	616	27720	21156	12460
梅 州	Meizhou	16	997	3665	24883	8372
惠 州	Huizhou	91	2559	54760	57404	22095
汕 尾	Shanwei	18	722	9054	11683	4448
东 莞	Dongguan	159	9615	146709	116904	54047
中 山	Zhongshan	159	4133	44643	37127	17590
江 门	Jiangmen	71	3753	27847	42740	22206
阳 江	Yangjiang	67	3420	39700	65093	17531
湛 江	Zhanjiang	70	5024	38019	93327	22259
茂 名	Maoming	48	1203	11107	28083	7688
肇 庆	Zhaoqing	47	2095	45730	39721	12626
清 远	Qingyuan	22	916	36843	45415	7564
潮 州	Chaozhou	31	543	4870	18517	7404
揭 阳	Jieyang	62	1152	20821	28828	12284
云 浮	Yunfu	19	673	10783	13937	6436

Financial Indicators of Enterprises above Designated Size of Hotels and Catering Services by City (2013)

(10000 yuan)

#本年折旧 Depreciation Drawn in Current Year	资产合计 Total Assets	负债合计 Total Liabilities	所有者权益合计 Total Creditors' Equity	实收资本 Paid-up Capital	营业收入 Business Revenue	主营业务收入 Main Business Revenue	营业成本 Business Costs
628222	**17832509**	**13381398**	**4451839**	**5008398**	**10777320**	**10687314**	**4684012**
474909	**13579723**	**10344154**	**3236305**	**3948788**	**4778875**	**4714990**	**1684475**
113955	3548361	2456824	1091533	1020942	1512504	1490254	497380
80978	2249144	1445758	803386	786389	998012	979351	324672
45518	1732611	1534621	197991	407478	202071	199294	62827
12774	327518	238791	88727	183715	98955	98344	38934
17003	623634	424099	199535	220964	272339	270871	106139
3893	137501	93781	43720	67722	58264	58262	17356
8945	168211	131689	36522	54042	78532	77988	36436
6636	171875	103683	68192	65919	48285	47517	17972
4164	189752	135515	54237	59303	58893	58012	26207
33530	639618	482175	158179	165072	211570	209520	80401
2361	58973	20972	38001	47995	16401	16375	6960
60148	1403402	1296413	106989	260554	519131	513941	175381
21627	662300	590441	71859	196136	185987	184424	61877
27934	404772	314635	90137	154410	144937	141921	48809
3634	68189	33168	35022	34817	38753	37812	17802
5356	371474	358612	12863	51036	95483	94847	43730
2218	105380	97704	7676	11590	33239	32269	14060
6043	226180	182334	43847	55286	52164	51665	19848
13123	331286	343652	-12366	87821	83241	82348	27125
1605	46972	13512	33461	22186	19489	19489	8554
5726	133072	79459	53612	41538	87119	87119	61354
1631	116999	60097	56902	21595	21770	21629	8007
153313	**4252786**	**3037244**	**1215534**	**1059610**	**5998445**	**5972324**	**2999537**
58379	1406999	1072429	334572	322462	2419408	2412404	1122947
29530	1112705	759888	352817	299866	1762915	1749162	898195
2784	55979	37266	18713	17389	107699	107592	54633
902	28646	18147	10499	6989	78349	78228	49179
11314	291697	202679	89018	71900	364329	362105	193794
2483	72827	63505	9322	14383	79961	78233	41663
3046	109118	54475	54644	28331	63614	63550	35592
3961	41526	28468	13057	14485	22078	22031	9790
3048	26011	25779	232	7537	13501	13494	7796
5033	114214	89562	24651	38590	98610	98467	50200
682	20248	4360	15889	14449	17617	17444	11160
7673	285192	170021	115170	77853	305448	304902	159729
2316	88474	65630	22836	16297	186074	186019	97499
3117	71581	52664	18917	25332	85914	85881	40124
3731	97514	59185	38329	17895	96686	96468	52546
8133	161566	149524	12041	26350	101761	101267	50741
1724	43673	21185	22488	9984	41414	40920	22698
2684	123857	104811	19047	18461	60886	60446	33359
2949	88769	90836	-2067	12456	23702	23602	8819
676	17883	8923	8960	4290	16969	16923	10460
649	46603	6335	40267	25354	112657	112648	81338
982	20531	15077	5454	3340	18814	18771	8938

16-9 续表

单位: 万元

市 别	City	主营业务成本 Main Business Costs	营业税金及附加 Tax and Extra Charges on Business	主营业务税金及附加 Tax and Extra Charges on Main Business	其它业务利润 Profits from Other Businesses
住宿餐饮业合计	**Total Hotels and Catering Services**	**4611105**	**593763**	**583382**	**121745**
住宿业	**Hotels**	**1659827**	**268693**	**263275**	**66666**
广 州	Guangzhou	486411	78833	76499	20847
深 圳	Shenzhen	319227	57370	57060	9137
珠 海	Zhuhai	62142	10942	9376	2787
汕 头	Shantou	38849	5820	5722	22
佛 山	Foshan	106025	16416	15821	3942
#顺 德	shunde	17355	3438	3438	261
韶 关	Shaoguan	35273	4284	4258	384
河 源	Heyuan	17675	3215	3178	76
梅 州	Meizhou	25419	2767	2765	198
惠 州	Huizhou	78536	11056	11008	1890
汕 尾	Shanwei	6917	1324	1324	270
东 莞	Dongguan	173855	33280	33030	12018
中 山	Zhongshan	61604	11549	11508	4135
江 门	Jiangmen	48550	8974	8923	5640
阳 江	Yangjiang	17800	2228	2228	497
湛 江	Zhanjiang	43175	5685	5673	976
茂 名	Maoming	14012	2096	2091	892
肇 庆	Zhaoqing	19632	3214	3198	1089
清 远	Qingyuan	26908	5121	5121	208
潮 州	Chaozhou	8554	1307	1282	
揭 阳	Jieyang	61353	2071	2071	7
云 浮	Yunfu	7910	1141	1139	1651
餐饮业	**Catering Services**	**2951278**	**325070**	**320107**	**55079**
广 州	Guangzhou	1117730	129037	128737	17097
深 圳	Shenzhen	861175	95892	94618	16718
珠 海	Zhuhai	54633	6132	6114	509
汕 头	Shantou	48720	4877	4391	6420
佛 山	Foshan	193114	20794	19990	893
#顺 德	shunde	41479	4618	4445	409
韶 关	Shaoguan	35501	3331	3304	35
河 源	Heyuan	9780	1340	1327	7
梅 州	Meizhou	7792	599	599	357
惠 州	Huizhou	50096	5733	5593	1317
汕 尾	Shanwei	10900	1137	1089	350
东 莞	Dongguan	157091	17320	16744	3278
中 山	Zhongshan	96987	10266	10204	275
江 门	Jiangmen	39746	4876	4756	1615
阳 江	Yangjiang	52395	4296	3968	2931
湛 江	Zhanjiang	50564	5927	5901	268
茂 名	Maoming	22307	2128	2118	28
肇 庆	Zhaoqing	33359	3494	3466	449
清 远	Qingyuan	8819	1633	1633	34
潮 州	Chaozhou	10415	1032	1005	
揭 阳	Jieyang	81314	4038	3365	149
云 浮	Yunfu	8840	1188	1185	2349

16-9 continued

(10000 yuan)

销售费用 Marketing Expenses	管理费用 Management Expenses	财务费用 Financial Expenses	营业利润 Business Profits	营业外收入 Non-operating revenue	利润总额 Total Profits	应交所得税 Income Taxes Payable	本年应付职工薪酬 Staff Salary Payable in Current Year
3345522	**1866012**	**276909**	**89260**	**56651**	**114250**	**100980**	**2356524**
1454983	**1210337**	**210412**	**-25343**	**42672**	**-404**	**47541**	**1186104**
422449	375743	55357	94859	17143	109336	20821	384615
285704	284079	42314	16397	8060	6516	7869	244405
72027	81259	2126	-28511	2031	-26478	1379	67906
33947	23398	-109	-2959	649	-3039	1057	20643
80651	61357	9643	-2400	4543	-261	4919	59130
24316	13555	1388	-1657	115	-1786	75	13541
23578	15919	1898	-2495	684	-1969	295	18997
14018	11038	1839	257	99	559	418	14476
18544	15426	3723	-7614	2360	855	552	11803
54790	42877	12526	10775	667	9844	3309	46381
6557	3090	332	-1863	8	-2424	39	4596
188615	132643	32046	-44322	3645	-35047	3029	134363
82168	44218	7024	-20832	420	-20120	818	50902
53979	39215	9495	-15712	695	-13295	361	32234
9589	6203	1464	1025	30	980	165	5273
29110	15958	8166	-6439	425	-7095	1000	22044
10269	3820	878	2128	16	-466	105	9291
16500	13267	7731	-7241	407	-7107	319	13153
32960	24424	10325	-16752	342	-16543	558	22456
4459	4847	377	-55	3	-51	219	3858
8082	7025	2012	6510	19	6043	86	13467
6987	4531	1245	-99	426	-642	223	6111
1890539	**655675**	**66497**	**114603**	**13979**	**114654**	**53439**	**1170420**
811735	272054	19132	81577	4211	81736	24262	469536
598592	186228	11565	-1722	3252	1207	9453	356589
32987	13510	831	-140	477	-935	1143	22047
13396	6865	493	3670	13	2289	1007	8414
94972	38956	7758	8086	1446	9658	5629	63568
20806	9583	1287	2065	55	288	762	17153
9396	7798	604	6986	233	6114	896	12875
5852	2330	1700	1064	57	907	183	4887
2877	1348	198	947	244	199	75	3063
29424	12483	2665	-693	355	1356	941	19829
3605	1155	90	713	13	-127	143	4705
99965	31020	95	1435	2802	690	1213	63450
58958	14290	984	4094	159	3715	2409	37481
32361	10717	1157	286	107	-341	1217	16465
20585	8987	1520	8870	44	6752	1281	18365
24758	19814	8226	-7703	432	-6135	1429	20278
7267	4803	1086	3389	-111	2635	504	8074
15828	6932	2602	-1491	117	-2143	424	13524
12515	6879	4435	-10577	39	-7103	193	7375
2080	1439	333	1644	19	1669	173	2463
7412	6050	590	13962	20	12336	805	13430
5974	2017	433	206	50	175	59	4002

16-10 旅游部门基本情况

Basic Statistics on Tourism-related Agencies

指 标	Item	2000	2005	2010	2012	2013
宾馆(酒店) (家)	**Number of Hotels (unit)**	**2655**	**3837**	**9179**	**10733**	**15368**
按星级分: 五星	By Star Rating: Five Star	19	41	94	107	115
四星	Four Star	61	140	194	187	187
三星	Three Star	283	496	661	630	629
二星	Two Star	339	412	246	160	145
一星	One Star	48	39	14	8	7
未评星级	Unrated	1905	2709	7970	9641	14285
宾馆(酒店)接待能力	**Reception Capability of Hotels**					
客房 (间)	Number of Guest Rooms (unit)	202277	279302	565582	666807	884942
床位 (张)	Number of Beds (unit)	401718	512582	938389	1106792	1361127
客房出租率 (%)	Room Occupancy (%)	58.0	61.4	59.9	59.6	56.5
旅行社 (家)	Number of Travel Agencies(unit)	504	884	1292	1624	1810

16-11 城市接待外国游客人数

Number of the Reception of Foreign Visitors to the City

单位：人次 (person-time)

国 别	Country	1995	2000	2005	2010	2011	2012	2013
总计	**Total**	**1173919**	**2128501**	**4639133**	**7322478**	**7282262**	**7745127**	**7604935**
日本	Japan	288978	413833	962727	1077329	1129635	1156694	1120847
韩国	Republic of Korea	25172	71841	239213	418115	393164	419950	454828
菲律宾	Philippines	10312	20793	30847	47184	54109	56831	75391
新加坡	Singapore	60760	93762	179559	284832	302893	304594	338151
泰国	Thailand	51185	48341	150502	134313	130521	139158	167255
印度尼西亚	Indonesia	40583	63159	128428	158879	153201	198305	219302
马来西亚	Malaysia	70639	110384	220598	421556	414101	432150	494279
美国	United States	129238	196362	361224	645783	651946	664836	645703
加拿大	Canada	24908	35968	67844	133138	120147	115997	129464
英国	United Kingdom	41020	59123	105238	138353	140467	146587	169879
法国	France	29728	43578	99158	119850	129307	132017	156752
德国	Germany	32864	44707	87158	118332	130290	127784	139769
意大利	Italy	19187	19792	56071	86454	89220	89949	95340
俄罗斯	Russia	1937	10407	26692	58568	68729	82878	121327
澳大利亚	Australia	28789	34595	73346	149780	151006	137042	162316
新西兰	New Zealand	4133	5835	15702	24119	24415	26866	31130
其他	Others	314486	856021	1834826	3305893	3199111	3513489	3083202

16-12 各市旅游宾馆(酒店)住宿设施（2013年）
Lodging Facilities of Tourist Hotels by City (2013)

市 别	City	宾馆(酒店) (个) Number of Hotels (unit)	五星级 Five Star	四星级 Four Star	三星级 Three Star	二星级 Two Star	一星级 One Star	客房(间) Number of Rooms (unit)	床位(张) Number of Beds (bed)	客房出租率(%) Room Occupancy (%)
全省合计	**Total**	**15368**	**115**	**187**	**629**	**145**	**7**	**884942**	**1361127**	**56.5**
广 州	Guangzhou	3007	23	39	132	34		199180	304820	64.0
深 圳	Shenzhen	806	20	27	66	21		82114	120654	64.1
珠 海	Zhuhai	496	8	8	61	4		42797	65444	58.5
汕 头	Shantou	529	3	7	20	4	1	35161	48907	51.2
佛 山	Foshan	439	10	17	44	15	1	29628	45217	56.5
#顺 德	Shunde	352	2	10	7	7	1	12195	21146	56.9
韶 关	Shaoguan	871	1	4	44	7	1	31512	55049	54.0
河 源	Heyuan	670	1	2	14	6		26796	51773	48.2
梅 州	Meizhou	545	2	5	22	7		19956	35842	59.7
惠 州	Huizhou	697	5	10	43	4		31547	57954	54.9
汕 尾	Shanwei	258	1	2	13			16385	30216	58.0
东 莞	Dongguan	1531	22	24	30	13	1	107522	126350	56.9
中 山	Zhongshan	528	3	5	17	3	2	34459	50282	44.4
江 门	Jiangmen	491	6	2	16	2		35390	61030	62.2
阳 江	Yangjiang	533	3	2	18	5		25602	45012	52.3
湛 江	Zhanjiang	687	2	8	21	4		37301	58076	60.7
茂 名	Maoming	503	2	3	7			22862	34337	30.5
肇 庆	Zhaoqing	990	1	1	16	7	1	34156	54355	59.6
清 远	Qingyuan	907	1	4	27	2		36815	56878	48.5
潮 州	Chaozhou	144		7	4	3		4079	6526	54.6
揭 阳	Jieyang	392	1	6	7	1		17317	27437	69.5
云 浮	Yunfu	344		4	7	3		14363	24968	77.0
按经济区域分	By Region									
珠三角	Pearl River Delta	8985	97	133	425	103	5	596793	886106	
东 翼	Eastern Region	1323	5	22	44	8	1	72942	113086	
西 翼	Western Region	1723	7	13	46	9		85765	137425	
山 区	Mountainous Region	3337	5	19	114	25	1	129442	224510	

注:本表星级宾馆(酒店)指2010年底止已得到国家旅游局或广东省旅游局批准的，不包已报未批部分。

Note: Star-rated hotels in this table refer to those approved by the National Tourism Administration or Guangdong Provincial Tourism Administration by the end of 2010, excluding hotels under examination.

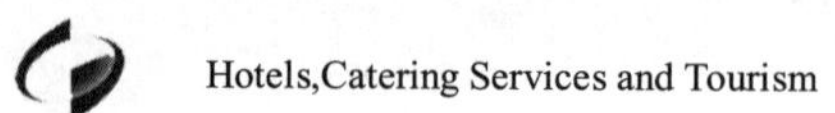

16-13 各市接待过夜旅游者人数
Number of Overnight Tourists by City

单位：万人次 (10000 person-times)

市别	City	2012 合计 Total	2012 入境游客 Overseas Tourist Arrivals	2012 国内游客 Domestic Tourists	2013 合计 Total	2013 入境游客 Overseas Tourist Arrivals	2013 国内游客 Domestic Tourists
全省合计	**Provincial Total**	**27412.21**	**3500.66**	**23911.55**	**30151.01**	**3397.89**	**26753.13**
广州	Guangzhou	4809.57	792.21	4017.36	5041.92	768.20	4273.72
深圳	Shenzhen	4147.74	1206.45	2941.29	4566.67	1214.89	3351.78
珠海	Zhuhai	1596.37	297.58	1298.79	1572.14	263.23	1308.90
汕头	Shantou	1040.94	14.78	1026.16	1155.86	15.52	1140.34
佛山	Foshan	1045.22	133.21	912.01	1118.77	134.56	984.20
#顺德	Shunde	276.00	43.60	232.40	284.62	43.74	240.88
韶关	Shaoguan	1000.68	8.79	991.89	1157.82	10.74	1147.08
河源	Heyuan	783.27	5.78	777.50	896.83	6.22	890.61
梅州	Meizhou	969.56	12.77	956.79	1209.79	13.45	1196.34
惠州	Huizhou	1312.84	190.59	1122.25	1501.63	207.01	1294.62
汕尾	Shanwei	522.79	4.37	518.42	585.26	3.63	581.63
东莞	Dongguan	1735.39	303.34	1432.05	1795.25	314.39	1480.86
中山	Zhongshan	800.25	55.86	744.40	861.42	53.77	807.65
江门	Jiangmen	1284.65	165.09	1119.55	1409.98	169.59	1240.38
阳江	Yangjiang	578.13	5.70	572.43	705.07	4.62	700.45
湛江	Zhanjiang	1265.25	17.95	1247.30	1410.55	19.03	1391.52
茂名	Maoming	400.96	2.50	398.47	428.50	2.46	426.04
肇庆	Zhaoqing	1392.22	171.68	1220.54	1385.91	93.89	1292.02
清远	Qingyuan	845.45	38.58	806.86	900.50	22.63	877.86
潮州	Chaozhou	491.60	54.14	437.46	590.41	60.95	529.46
揭阳	Jieyang	543.67	8.17	535.50	815.47	5.84	809.63
云浮	Yunfu	845.63	11.13	834.51	1041.27	13.23	1028.04
按经济区域分	By Region						
珠三角	Pearl River Delta	18124.26	3316.00	14808.26	19253.68	3219.54	16034.14
东翼	Eastern Region	2599.00	81.46	2517.54	3147.00	85.95	3061.05
西翼	Western Region	2244.35	26.15	2218.20	2544.12	26.12	2518.01
山区	Mountainous Region	4444.60	77.05	4367.55	5206.21	66.28	5139.93

16-14 各市旅行社组团出境游人数（2013年）
Number of Outbound Visitors in Group Tours by City (2013)

单位：人 (person)

市别	City	合计 Total	香港 Hong Kong	澳门 Macao	其它 Others
全省合计	**Provincial Total**	**7741884**	**3496099**	**1131342**	**3114443**
广州	Guangzhou	2463966	657616	496634	1309716
深圳	Shenzhen	3672494	2135168	199827	1337499
珠海	Zhuhai	383651	153981	119977	109693
汕头	Shantou	39410	14360	6405	18645
佛山	Foshan	484473	238567	112782	133124
#顺德	Shunde	252087	117884	41808	92395
韶关	Shaoguan	4040	660	252	3128
河源	Heyuan	917	355	46	516
梅州	Meizhou	7160	3794	1582	1784
惠州	Huizhou	44480	19654	8017	16809
汕尾	Shanwei	609	187	189	233
东莞	Dongguan	175604	53697	45042	76865
中山	Zhongshan	252773	149527	36445	66801
江门	Jiangmen	129022	33358	77764	17900
阳江	Yangjiang	1168	446	156	566
湛江	Zhanjiang	8320	3778	1461	3081
茂名	Maoming	8727	2960	3514	2253
肇庆	Zhaoqing	33501	15578	11055	6868
清远	Qingyuan	15741	7818	7820	103
潮州	Chaozhou	13428	3884	2202	7342
揭阳	Jieyang	1168	279	150	739
云浮	Yunfu	1232	432	22	778
按经济区域分	By Region				
珠三角	Pearl River Delta	7639964	3457146	1107543	3075275
东翼	Eastern Region	54615	18710	8946	26959
西翼	Western Region	18215	7184	5131	5900
山区	Mountainous Region	29090	13059	9722	6309

16-15　各市旅游业收入

Tourism Earnings by City

单位：亿元　　(100 million yuan)

市　别	City	收入合计 Total Earnings		旅游外汇收入 Foreign Exchange Earnings		国内旅游收入 Domestic Tourism Earnings	
		2012	2013	2012	2013	2012	2013
全省合计	**Provincial Total**	**5794.74**	**6716.69**	**986.88**	**1008.05**	**4807.86**	**5708.64**
广　州	Guangzhou	1911.09	2202.38	324.98	320.09	1586.11	1882.29
深　圳	Shenzhen	839.97	955.98	273.45	280.59	566.52	675.39
珠　海	Zhuhai	235.83	241.79	60.04	51.87	175.79	189.92
汕　头	Shantou	123.87	147.01	3.27	3.36	120.60	143.65
佛　山	Foshan	365.72	431.09	76.42	78.64	289.30	352.45
#顺　德	Shunde	92.24	105.47	23.64	24.68	68.60	80.79
韶　关	Shaoguan	155.87	187.20	1.96	2.31	153.91	184.89
河　源	Heyuan	132.43	152.78	0.59	0.68	131.84	152.10
梅　州	Meizhou	150.12	200.33	2.58	2.61	147.54	197.73
惠　州	Huizhou	184.15	212.65	42.82	47.71	141.33	164.94
汕　尾	Shanwei	72.50	82.04	0.89	0.73	71.61	81.31
东　莞	Dongguan	306.35	346.43	80.18	89.78	226.17	256.65
中　山	Zhongshan	180.69	198.00	13.88	14.79	166.81	183.21
江　门	Jiangmen	185.29	223.28	44.17	49.41	141.12	173.88
阳　江	Yangjiang	86.49	114.23	1.41	1.24	85.08	112.99
湛　江	Zhanjiang	127.13	155.46	3.04	3.62	124.09	151.84
茂　名	Maoming	93.14	101.09	0.83	0.86	92.31	100.23
肇　庆	Zhaoqing	179.50	205.87	30.76	34.33	148.74	171.54
清　远	Qingyuan	178.71	195.72	9.11	8.41	169.60	187.31
潮　州	Chaozhou	74.76	89.86	13.46	13.48	61.30	76.38
揭　阳	Jieyang	86.19	115.53	1.12	1.31	85.07	114.22
云　浮	Yunfu	124.94	157.95	1.92	2.23	123.02	155.72
按经济区域分	By Region						
珠三角	Pearl River Delta	4388.59	5017.50	946.70	967.21	3441.89	4050.27
东　翼	Eastern Region	357.32	434.43	18.74	18.88	338.58	415.56
西　翼	Western Region	306.76	370.78	5.28	5.72	301.48	365.06
山　区	Mountainous Region	742.07	893.98	16.16	16.24	725.91	877.75

16-16 国际旅游外汇收入
Foreign Exchange Earnings from International Tourism

单位：万美元 (USD 10000)

指　标	Item	2000	2005	2010	2011	2012	2013
全省总计	**Provincial Total**	**411221**	**639739**	**1243154**	**1390619**	**1562257**	**1627808**
商品性收入	**Commodity Earnings**	**87837**	**159295**	**300843**	**328186**	**373379**	**418347**
商品销售收入	Shopping	40834	104917	203877	230843	226527	284866
饮食销售收入	Food and Beverage	47003	54378	96966	97343	146852	133480
劳务性收入	**Service Earnings**	**323384**	**480444**	**942311**	**1062433**	**1188877**	**1209461**
景区游览费	Sightseeing	14804	16633	44754	45890	62490	56973
宿费	Accommodation	59216	78048	159124	175218	221840	208359
长途交通费	Long Distance Transportation	173535	246939	493532	603529	640525	579499
民航	Civil Aviation	113086	143302	361758	492279	499922	421602
铁路	Railway	43589	67173	44754	40328	59366	61857
轮船	Waterway	6991	23031	45997	40328	34370	35812
汽车	Highway	9869	13435	41024	30594	46868	60229
市内交通费	Local Transportation	7813	11515	26106	26422	28121	35812
邮政电讯费	Postal and Communication Services	9458	21111	19890	20859	21872	161153
文化娱乐费	Cultural and Recreational Services	37010	46701	94480	87609	112482	29301
其他	Others	21548	59496	104425	102906	101547	138364

16-17 各市国际旅游外汇收入

Foreign Exchange Earnings from International Tourism by City

单位：万美元 (USD 10000)

市 别	City	2000	2004	2005	2008	2009	2010	2011	2012	2013
全 省	**Provincial Total**	**411221**	**538039**	**639739**	**917760**	**1002813**	**1243154**	**1390619**	**1562257**	**1627808**
广 州	Guangzhou	150580	189665	229400	313035	362396	468858	485306	514458	516884
深 圳	Shenzhen	141669	178672	200869	270800	276026	318058	374474	432882	453102
珠 海	Zhuhai	39395	56258	70148	94823	102670	122339	106685	95045	83767
汕 头	Shantou	11705	6574	5950	6491	4910	5016	5071	5175	5431
佛 山	Foshan	15973	25606	34485	58176	65194	72896	97283	120984	126984
#顺 德	Shunde	9572	18210	21101	33848	32823	35615	36760	38130	40706
韶 关	Shaoguan	351	1238	2782	2159	2112	10309	6430	3110	3730
河 源	Heyuan	798	808	850	931	1267	1389	839	926	1097
梅 州	Meizhou	1487	2611	1975	3028	2624	2962	3455	4086	4204
惠 州	Huizhou	5333	8628	16549	33091	40107	50168	57652	67786	77039
汕 尾	Shanwei	387	389	455	511	511	1175	1076	1418	1180
东 莞	Dongguan	7618	23437	28189	45614	51756	67592	90975	126924	144981
中 山	Zhongshan	14692	20688	21027	22702	20434	27591	24717	21979	23891
江 门	Jiangmen	8295	9254	10521	39129	40891	47657	60167	69917	79768
阳 江	Yangjiang	230	794	852	1537	1412	1876	2110	2226	2008
湛 江	Zhanjiang	1004	1071	1483	1891	2237	2716	3630	4816	5845
茂 名	Maoming	169	558	676	1099	981	1198	1264	1315	1395
肇 庆	Zhaoqing	6264	4594	4718	6685	8089	12440	32731	48689	55441
清 远	Qingyuan	834	1321	2051	4446	4511	11062	11737	14417	13579
潮 州	Chaozhou	3071	4614	5264	8774	11072	13207	19773	21303	21770
揭 阳	Jieyang	701	545	587	862	1481	2150	2679	1768	2109
云 浮	Yunfu	665	714	907	1975	2132	2499	2563	3033	3602
按经济区域分	By Region									
珠 三 角	Pearl River Delta	389819	516802	615907	884056	967563	1187597	1329991	1498663	1561857
东 翼	Eastern Region	15864	12122	12256	16637	17974	21547	28599	29664	30490
西 翼	Western Region	1403	2423	3012	4527	4629	5790	7004	8357	9248
山 区	Mountainous Region	4135	6692	8564	12539	12647	28220	25025	25573	26212

注：本表数为广东省旅游局抽样调查测算数。

Note: Data in this table are obtained from the sample surveys of Guangdong Provincial Tourism Administration.

主要统计指标解释

住宿业 是指为顾客提供临时住宿服务的企业(单位)和个体户。

餐饮业 是指从事食品的烹饪、调制并直接售给居民和社会集团的企业(单位)和个体户。

入境旅游人数 指来我国参观、访问、旅行、探亲、访友、休养 、考察、参加会议和从事经济、科技、文化、教育、体育、宗教等活动的外国人、华侨、港澳台同胞的人数。不包括外国在我国的常驻机构，如使领馆、通讯社、企业办事处的工作人员；来我国常驻的外国专家、留学生以及在岸逗留不过夜人员。

国际旅游外汇收入 指入境旅游的外国人、华侨、港澳台同胞在中国大陆旅游过程中发生的一切旅游支出，对于国家来说就是国际旅游外汇收入。

Explanatory Notes on Main Statistical Indicators

Hotel Services refers to the enterprises (establishments) and individuals engaged in providing temporary accommodation to customers.

Catering Services refer to the enterprises (establishments) and individuals engaged in food cooking, seasoning and selling food directly to households and social institutions.

Number of Overseas Visitor Arrivals refers to the number of foreigners, overseas Chinese, Chinese compatriots from Hong Kong, Macao and Taiwan coming to China for sight-seeing, visits, tours, family reunions, gatherings of friends, recuperation, inspection, conferences and other activities in the nature of business, science and technology, culture, education, sports, and religion. The statistics excludes representatives and employees of resident institutions of foreign countries in China such as embassies, consulates, news agencies and offices of foreign companies and organizations, as well as long-term foreign experts or students residing in China, and persons in transition without staying overnight in China.

Foreign Exchange Earnings from International Tourism refer to the total expenditures of foreigners, overseas Chinese, Chinese compatriots from Hong Kong, Macao and Taiwan during their stay in the mainland of China, or earnings of foreign exchange from international tourism in terms of national economy.

十七、教育和科技

EDUCATION AND TECHNOLOGY

十七　教育和科技

简要说明

一、本篇资料主要反映广东教育、科学技术活动基本情况。

二、本篇资料主要包括：

1. 高、中、初等教育，幼儿教育和各种类型的各级成人教育，指标主要包括各级各类的学校数、在校生数、招生数、毕业生数、教职工数和专任教师数等。

2. 科技成果奖励和技术市场情况，专利申请受理量和批准量，研究与开发机构基本情况，高校研究与发展人员及经费，科协系统科技活动情况等数据。

三、本篇资料由广东省统计局社会和科技统计处负责整理、编辑。

四、统计资料来源：

教育统计资料是根据广东省教育厅、广东省人力资源和社会保障厅提供的统计年报加工整理。科技统计资料是根据广东省科技厅、广东省人力资源和社会保障厅、广东省教育厅、广东省科协等部门提供的统计年报加工整理。

17 Education and Technology

Brief Introduction

Ⅰ. The data in this chapter show the basic conditions on the development Guangdong’s education, science and technology.

Ⅱ. The data in this chapter mainly include:

(1) The data on tertiary, secondary, primary, and kindergarten education and various types of adult education at all levels, including the number of schools, the number of students enrolled, the number of new enrollments, the number of graduates, the number of staff and workers, and the number of full-time teachers of various levels and categories.

(2) The data on scientific and technological achievements and prizes, conditions of technological markets, numbers of patent applications accepted and granted, basic conditions of R&D institutions, R&D personnel and funds in universities and colleges, and scientific and technological activities of associations of science and technology, etc.

Ⅲ. The data are prepared and edited by the Division of Social, Scientific and Technological Statistics of Statistics Bureau of Guangdong Province.

Ⅳ. Data sources:

Data on education are processed and prepared in accordance with the annual statistical reports provided by Guangdong Provincial Department of Education and Guangdong Provincial Department of human resources and social security. Data on science and technology are processed and prepared in accordance with the annual statistical reports provided by Guangdong Provincial Department of Science and Technology, Guangdong Provincial Department of human resources and social security，Guangdong Provincial Department of Education, Guangdong Provincial Department of Personnel and Guangdong Provincial Association of Science and Technology.

17-1 教育、科技主要指标

Main Indicators on Education, Science and Technology and Culture

指 标	Item	2000	2005	2010	2012	2013
在校学生数 (万人)	Number of Total Enrollment (10000 persons)					
普通本专科	Regular Institutions of Higher Education	29.95	87.47	142.66	161.69	170.99
成人本专科	Institutions of Higher Education for Adults	20.14	29.56	46.40	48.90	53.44
中等学校	Secondary Schools	541.72	715.52	939.23	906.49	853.74
#普通中学	Regular Secondary Schools	460.69	611.69	709.05	668.40	625.24
高等教育毛入学率 (%)	Gross Enrollment Rate of High Education (%)	11.4	22.0	28.0	28.2	30.5
高中毛入学率 (%)	Gross Enrollment Rate of Senior Secondary Schools (%)	38.7	57.5	86.2	95.0	96.0
小学毕业生升学率 (%)	Percentage of Graduates of Primary School Entering Junior Secondary School (%)	96.2	97.2	95.5	93.5	94.9
学龄儿童入学率 (%)	Percentage of School-age Children Enrolled (%)	99.7	99.7	100.0	99.94	99.97
每万人口普通高校在校学生数 (人)	Number of Students Enrolled in Regular Institutions of Higher Education per 10000 Population (person)	41.19	105.00	148.02	153.91	161.40
各级学会及研究会 (个)	Number of Learned Societies and Research Societies (unit)	3780	2901	2371	2301	2358
专业技术人员数 (万人)	Professional and Technical Personnel (10000 persons)	129.78	139.90	145.80	145.90	145.56
各级学会及农技协会员 (万人)	Number of Members of Learned Societies and Agricultural Technological Associations at Various Levels(10000 persons)	70.41	72.97	39.37	57.05	56.66
科技研究机构数 (个)	Number of R&D Institutions (unit)			4452	4756	5030
研究与实验发展(R&D)人员(万人)	Number of R&D Personnel (10000 persons)			44.66	62.91	65.24
研究与实验发展(R&D)经费内部支出 (亿元)	R&D Expenditure Internal Experndituree (100 million yuan)	107.12	249.60	808.75	1236.15	1443.45
占本省生产总值比例 (%)	Percentage of Research and Development Expenditure in Provincial GDP (%)	1.11	1.12	1.76	2.17	2.32
研究与实验发展(R&D)课题(项目)数 (个)	Number of R&D Programs/Projects (item)			72747	93179	107453
省级及以上科技奖励成果 (项)	Number of Achievements in Science and Technology Awarded by Provincial-level and Higher Agencies (item)	289	303	296	306	290
技术合同成交额 (亿元)	Transaction Value of Technological Contracts (100 million yuan)	48.21	112.47	242.5	369.75	535.86
专利申请受理量 (件)	Number of Patent Applications Examined (item)	21123	72220	152907	229514	264265
专利申请批准量 (件)	Number of Patent Applications Granted (item)	15799	36894	119346	153598	170430

注：1. 科技活动有关指标1995年及以前只包括四大科技主体，从2000年起为全社会口径。
2. 2000年开始报纸出版统计不包校报、院报。
3. 全省小学毕业生升学率，按照教育部统一口径，根据教育统计报表，当年本省初中招生数除以小学毕业生数计算，不考虑学生跨省流动。

Note: a) In 1995 and prior to it,only four scientific and technological principals are included in the indicators on scientific and technological activities, whereas the data have referred to the statistical coverage of the whole society since 2000.
b) Since 2000, the number of newspaper published does not include that of college or institute newspaper.
c) According to the Ministry of Eduucation,the percentage of graduates of primary schools entering junior secondary schools is calculated as the number of new enrollments of local junior secondary schools divided by the number of graduates from local primary schools and the trans-provincial flow of students are without consideration.

17-2 各级各类学校在校学生数

Number of Total Enrollment by Level and Type of School

单位：万人 (10000 persons)

年份 Year	高等学校 Institutions of Higher Education	中等学校 Secondary Schools			小学 Primary Schools
		中等职业教育学校 Vocational Secondary Schools	技工学校 Technical Schools	普通中学 Regular Secondary Schools	
1978	3.07	3.64		313.32	743.02
1979	3.79	4.51	0.71	268.73	743.81
1980	4.10	6.28	1.61	252.11	748.86
1981	4.47	6.12	1.39	218.71	734.78
1982	4.09	6.51	0.99	200.19	723.03
1983	4.56	9.96	0.92	199.59	705.34
1984	5.47	12.99	1.01	220.69	692.73
1985	6.99	18.01	1.45	236.45	671.25
1986	7.83	28.22	1.45	249.93	670.62
1987	8.63	34.26	2.63	252.60	677.37
1988	9.72	37.63	3.40	244.23	688.72
1989	10.04	42.09	3.93	235.73	715.15
1990	9.59	45.27	5.22	234.03	747.29
1991	9.27	44.74	5.63	238.28	788.93
1992	9.74	46.29	6.58	255.02	808.98
1993	11.70	50.24	7.68	277.19	832.14
1994	13.75	55.89	9.57	307.38	862.21
1995	15.18	66.67	11.10	339.46	883.19
1996	16.40	67.30	12.28	373.19	897.64
1997	17.47	72.70	13.29	400.85	911.34
1998	18.50	70.50	14.50	423.61	918.02
1999	22.08	69.50	23.00	443.91	920.96
2000	29.95	65.57	15.46	460.69	929.93
2001	38.19	62.00	16.67	489.70	952.98
2002	46.78	61.20	17.82	513.40	979.61
2003	58.78	63.08	23.90	545.91	1025.37
2004	72.69	65.54	28.11	580.86	1049.62
2005	87.47	71.02	32.81	611.69	1067.03
2006	100.86	80.84	38.16	639.29	1056.99
2007	111.97	90.76	45.81	655.38	1017.62
2008	121.64	100.08	53.54	679.65	956.47
2009	133.41	120.46	64.11	696.11	887.65
2010	142.66	154.78	75.56	709.05	848.55
2011	152.73	152.05	85.13	699.47	822.06
2012	161.68	149.57	88.52	668.40	808.24
2013	170.99	140.89	87.62	625.24	807.94

注：1. 高等学校人数指普通本、专科人数，下同。
2. 1986年后中等职业教育学校包括普通中专、成人中专、职业高中，1986年前缺成人中专数据。

Notes: a) Number of students in institutions of higher education refers to the number of students in regular universities with full undergraduate courses and colleges with specialized courses. The same applies to the following tables.
b) Since 1986, vocational secondary schools have included regular specialized secondary schools, specialized secondary schools for adults and vocational senior secondary schools. Prior to 1986, no data of specialized secondary schools for adults are available.

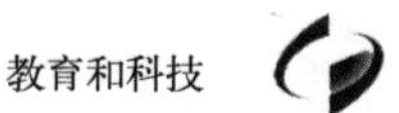

17-3 各级各类学校情况

Statistics on Various Levels and Types of Schools

项　目	Item	1995	2000	2005	2010	2012	2013
高等学校	**Institutions of Higher Education**						
学校数　（所）	Number of Schools (unit)	42	52	111	131	138	138
毕业生数（万人）	Number of Graduates (10000 persons)	3.48	5.00	15.71	33.42	40.40	41.23
本科	Universities with Full Undergraduate Courses	1.47	2.40	6.11	15.29	18.13	20.05
专科	Colleges with Specialized Courses	2.01	2.60	9.60	18.13	22.27	21.18
招生数　（万人）	Number of New Enrollments (10000 persons)	4.94	12.08	30.70	44.02	51.08	52.62
本科	Universities with Full Undergraduate Courses	2.13	5.01	13.65	21.70	24.53	25.81
专科	Colleges with Specialized Courses	2.81	7.07	17.05	22.31	26.55	26.81
在校学生数(万人)	Number of Enrolled Students (10000 persons)	15.18	29.95	87.47	142.66	161.69	170.99
本科	Universities with Full Undergraduate Courses	7.68	15.03	42.86	77.86	90.04	94.96
专科	Colleges with Specialized Courses	7.50	14.92	44.61	64.8	71.65	76.03
教职工数（万人）	Number of Teachers and Staff (10000 persons)	4.15	4.68	9.08	11.4	12.4	12.82
#专任教师	Full-time Teachers	1.66	2.04	5.43	7.86	8.74	9.11
中等职业教育	**Vocational Secondary Schools**						
学校数　（所）	Number of Schools (unit)	744	658	641	566	522	502
毕业生数（万人）	Number of Graduates (10000 persons)	18.13	21.54	18.91	33.17	41.92	48.83
招生数　（万人）	Number of New Enrollment (10000 persons)	27.99	21.10	27.93	74.13	49.58	47.49
在校学生数(万人)	Number of Total Enrollment (10000 persons)	66.67	65.57	71.02	154.78	149.57	140.89
教职工数（万人）	Number of Teachers and Staff (10000 persons)	5.34	5.70	4.91	5.86	6.08	5.89
#专任教师	Full-time Teachers	3.20	3.70	3.37	4.35	4.62	4.54
技工学校	**Technical Schools**						
学校数　（所）	Number of Schools (unit)	171	186	192	246	243	243
毕业生数（万人）	Number of Graduates (10000 persons)	2.83	4.28	7.06	12.80	14.12	12.71
招生数　（万人）	Number of New Enrollments (10000 persons)	4.69	5.84	12.92	28.2	30.13	27.30
在校学生数(万人)	Number of Total Enrollment (10000 persons)	11.10	14.46	32.81	75.56	88.52	87.62
教职工数（万人）	Number of Teachers and Staff (10000 persons)	1.24	1.07	1.46	2.78	2.84	2.85
#专任教师	Full-time Teachers	0.61	0.68	1.03	1.98	2.08	1.98
普通中学	**Regular Secondary Schools**						
学校数　（所）	Number of Schools (unit)	3845	3964	4282	4334	4326	4366
毕业生数（万人）	Number of Graduates (10000 persons)	85.82	131.82	174.33	210.23	230.83	224.02
招生数　（万人）	Number of New Enrollments (10000 persons)	131.18	171.16	219.64	241.96	217.57	203.06
在校学生数(万人)	Number of Total Enrollment (10000 persons)	339.46	460.69	611.69	709.05	668.40	625.24
教职工数（万人）	Number of Teachers and Staff (10000 persons)	22.31	27.57	36.03	44.53	46.69	47.03
#专任教师	Full-time Teachers	17.57	22.86	30.73	39.15	41.53	42.15

注：普通高等学校数包含独立学院数。

Note: The number of regular schools (institutions) of higher education includes independent colleges.

17-3 续表 continued

项 目	Item	1995	2000	2005	2010	2012	2013
小学	**Primary Schools**						
学校数 (万所)	Number of Schools (10000 units)	2.46	2.42	2.12	1.68	1.34	1.18
毕业生数 (万人)	Number of Graduates (10000 persons)	121.56	148.48	167.43	174.19	149.96	137.04
招生数 (万人)	Number of New Enrollments (10000 persons)	151.55	155.73	164.16	135.92	145.30	150.05
在校学生数 (万人)	Number of Students Enrolled (10000 persons)	883.19	929.93	1067.03	848.55	808.24	807.94
教职工数 (万人)	Number of Teachers and Staff (10000 persons)	37.68	42.08	46.37	48.78	48.60	48.61
#专任教师	Full-time Teachers	32.14	36.41	40.38	43.07	43.24	43.75
学龄儿童	**School-age Children**						
学龄儿童总数 (万人)	Total number (10000 persons)	832.40	905.39	1026.90	801.82	764.20	768.33
已入学学龄儿童数(万人)	Primary School Enrollment number (10000 persons)	829.99	902.65	1023.60	801.45	763.76	768.10
学龄儿童入学率 (%)	Enrollment Rate (%)	99.71	99.70	99.68	99.95	99.94	99.97
小学毕业生	**Primary School Graduates**						
小学毕业生人数 (万人)	Number of Graduates (10000 persons)	121.56	148.48	167.43	174.19	149.96	137.04
已升学人数 (万人)	Number of Students Entering into Junior Secondary Schools (10000 persons)	115.62	142.77	162.66	166.37	140.25	129.99
小学毕业生升学率 (%)	Promotion Rate from Primary Schools to Junior Secondary Schools (%)	95.38	96.15	97.15	95.51	93.52	94.85
幼儿园	**Kindergartens**						
幼儿园数 (所)	Number of Kindergartens (unit)	7923	12027	10359	11161	12720	13793
在园幼儿数 (万人)	Number of Children in Kindergartens(10000 persons)	200.01	214.18	213.92	227.23	330.72	354.58
教职工数 (万人)	Number of Teachers and Staff (10000 persons)	9.09	12.91	15.90	23.68	30.40	33.67
#专任教师	Full-time Teachers	5.93	8.36	9.18	13.63	16.88	18.82
特殊教育学校	**Special Schools**						
特殊教育学校数 (所)	Number of Schools (unit)	42	61	67	75	94	99
招生数 (人)	Number of New Enrollments (persons)	5143	2000	3363	3666	4632	3862
在校学生数 (人)	Number of Total Enrollment (persons)	29377	27507	25752	26064	24485	21799

注：1. 2003年起中等职业教育学校包括：普通中等专业学校、成人中等专业学校、职业高中数据。
2. 特殊教育学校是指独立设置招收盲哑和智残儿童，以及其他特殊需要的儿童、青少年进行普通或职业初、中等教育的教学机构。

Notes: a) Since 2003 , vocational secondary schools have included regular specialized secondary schools , specialized secondary schools for adults and vocational senior secondary schools.

b) Special schools refer to separate institutions providing regular or vocational primary and secondary education for blinded, dumb or mentally-retarded children, or other children and adolescents in need of special care in education.

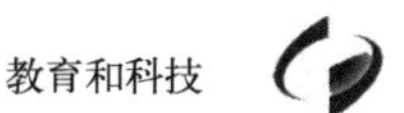

17-4 研究生教育情况

Statistics on Postgraduate Education

项　目	Item	1995	2000	2005	2010	2011	2012	2013
培养单位数（个）	**Number of Institutions of Postgraduate Education (unit)**	**23**	**26**	**29**	**31**	**31**	**32**	**32**
高等学校	Institutions of Higher Education	15	18	21	23	23	24	24
科研单位	Research Institutions	8	8	8	8	8	8	8
招生数（人）	**Number of New Enrollments (person)**	**1922**	**5672**	**17054**	**25798**	**26919**	**28073**	**29255**
攻读博士学位	For Doctor Degree	407	1053	2802	3307	3379	3459	3566
高等学校	Institutions of Higher Education	387	1001	2599	3117	3184	3261	3368
科研单位	Research Institutions	20	52	203	190	195	198	198
攻读硕士学位	For Master Degree	1515	4619	14252	22491	23540	24614	25689
高等学校	Institutions of Higher Education	1442	4510	13953	22135	23209	24274	25342
科研单位	Research Institutions	73	109	299	356	331	340	347
在校学生数（人）	**Number of Enrolled Students (person)**	**5405**	**13023**	**43942**	**72455**	**77579**	**81459**	**85180**
攻读博士学位	For Doctor Degree	935	2558	9049	12341	12991	13438	14351
高等学校	Institutions of Higher Education	894	2445	8406	11706	12327	12756	13659
科研单位	Research Institutions	41	113	643	635	664	682	692
攻读硕士学位	For Master Degree	4470	10405	34893	60114	64588	68021	70829
高等学校	Institutions of Higher Education	4308	10161	34066	59159	63650	67069	69863
科研单位	Research Institutions	162	244	827	955	938	952	966
毕业生数（人）	**Number of Graduates (person)**	**1265**	**2182**	**9489**	**17862**	**20538**	**23220**	**24353**
攻读博士学位	For Doctor Degree	154	417	1342	2436	2589	2803	2907
高等学校	Institutions of Higher Education	147	387	1241	2288	2413	2620	2732
科研单位	Research Institutions	7	30	101	148	176	183	175
攻读硕士学位	For Master Degree	1111	1765	8147	15426	17949	20417	21446
高等学校	Institutions of Higher Education	1074	1692	7941	15158	17696	20156	21170
科研单位	Research Institutions	37	73	206	268	253	261	276

17-5 各级各类成人教育在校学生数

Number of Total Enrollment by Level and Type of Adult School

单位：人 (person)

项　目	Item	1990	1995	2000	2005	2010	2012	2013
成人高等教育	**Higher Education for Adults**	**87850**	**135053**	**201410**	**295618**	**463987**	**408541**	**534376**
成人高等学校	Institutions of Higher Education for Adults	59787	86757	84057	30081	22025	18437	16803
广播电视大学	Radio and TV Universities	17090	38822	34242	10740	10980	10856	9196
职工高等学校	Schools of Higher Education for Staff and Workers	14712	16445	17147	6865	6344	5961	5498
管理干部学院	Colleges for Management Cadres	5488	13342	20142	2686	4398		
教育学院	Teachers' Colleges	22497	18148	12526	9790	303	1620	2109
普通高校附设	Departments Run by Institutions of Higher Education	28063	48296	117353	265537	441962	390104	517573
函授部	Correspondence Divisions	15878	20929	51028	100260	173761	174105	185880
夜大学	Evening Universities	11488	15215	43063	141532	265713	215837	331693
成人脱产班	Full-time Courses for Adults	697	12152	23262	23745	2488	162	
成人中等教育	**Secondary Education for Adults**				**129682**	**29105**	**31719**	**30763**
成人中专学校	Specialized Secondary Schools for Adults				85385	27327	27134	29544
成人中学	Secondary Schools for Adults	50574	67888	44006	44297	5358	4585	1219
成人初等教育	**Primary Education for Adults**	**1041748**	**342318**	**235926**	**10714**			
职工初等教育	Primary Schools for Staff and Workers	21836	20522	10825	927			
农民初等教育	Primary School for Farmers	1019912	321796	225101	9787	1778		
#扫盲班	Literacy Courses	99396	7483	2389	2800	1778		

17-6 高等学校情况（2013年）

Statistics on Institutions of Higher Education (2013)

项　目	Item	学校数（所）Number of Schools (unit)	毕业生数（人）Number of Graduates (person)	招生数（人）Number of New Enrollments (person)	在校学生数（人）Number of Total Enrollment (person)	教职工数（人）Number of Teachers and Staff (person)	#专任教师 Full-time Teachers
总　计	**Total**	**138**	**412315**	**526162**	**1709881**	**128161**	**91099**
#女性	Female		209077	276722	888119	60347	42199
按隶属关系分	**Grouped by Relation of Leadership**	**138**	**412315**	**526162**	**1709881**	**128161**	**91099**
中央属	Under Central Government	4	20767	22940	87696	13476	8577
地方属	Under Local Government	134	391548	503222	1622185	114685	82522
按学校类别分	**Grouped by Type of Institution**	**138**	**412315**	**526162**	**1709881**	**128161**	**91099**
综合大学	University	67	195722	257801	814445	59546	41744
理工院校	Science and Engineering College	29	94202	125653	389239	27302	19906
农业院校	Agriculture College	3	18536	21549	82541	5840	4143
医药院校	Medicine College	7	21139	23153	91693	10277	7654
师范院校	Teacher Education College	5	23963	29525	101706	7930	5630
语文院校	Language and Literature College	2	7232	7209	28668	2760	1764
财经院校	Economics and Finance College	14	42431	49978	163066	10369	7679
政法院校	Politics and Law College	2	2239	2626	11082	760	458
体育院校	Physical Culture College	3	2656	3115	10449	1303	712
艺术院校	Art College	6	4195	5553	16992	2074	1409
其他	Others						
总计中:职业技术学院	Vocational Technological College	77	171137	235428	658730	43350	30960

17-7 中等学校情况（2013年）

Statistics on Secondary Schools (2013)

项　目	Item	学校数（所）Number of Schools (unit)	毕业生数（人）Number of Graduates (person)	招生数（人）Number of New Enrollments (person)	在校学生数（人）Number of Total Enrollment (person)	教职工数（人）Number of Teachers and Staff (person)	#专任教师 Full-time Teachers
中等职业教育	**Vocational Secondary Education**	**502**	**488286**	**474927**	**1408894**	**58927**	**45443**
调整后中等职业学校	Vocational Secondary Schools after Adjustment	321	330534	319959	969070	38102	29036
普通中专	General Secondary Schools	63	55830	63850	175986	7225	5165
成人中等专业学校	Specialized Secondary Schools for Adults	13	10788	4255	15935	639	498
职业高中学校	Vocational Senior Secondary Schools	105	81875	78633	221677	11813	9910
其他机构	Other Institutions	40	7955	6189	20464	1148	834
附设中职班	Affiliated Vocational Class	18	1304	2041	5762		
技工学校	**Technical Schools**	**243**	**127105**	**272962**	**876154**	**28491**	**19839**
普通中学	**Regular Secondary Schools**	**4366**	**2240211**	**2030640**	**6252379**	**470314**	**421533**
#高中	Senior Schools	1015	723659	730784	2204473	163112	144756

注：2011年起增加附设中职班。其他机构和附设中职班不计学校数。普通中专包括中等技术学校和中等师范学校。

Note: Since 2011, the item of Affiliated Vocational Class is added. The number of schools of other institutions and affiliated secondary vocational classes is not included in the total number schools of vocational secondary education. The general secondary schools include the secondary technical schools and secondary normal schools.

17-8 各市普通中学情况（2013年）
Statistics on Regular Secondary Schools by City (2013)

市别	City	学校数（所）Number of Schools (unit)	毕业生数（人）Number of Graduates (person)	高中 Senior Secondary Schools	初中 Junior Secondary Schools	招生数（人）Number of New Enrollments (person)
广州	Guangzhou	494	179258	59080	120178	182627
深圳	Shenzhen	314	109616	34062	75554	131160
珠海	Zhuhai	65	29759	9326	20433	30287
汕头	Shantou	280	150104	49072	101032	142933
佛山	Foshan	191	102530	36852	65678	105386
#顺德	Shunde	61	35324	12280	23044	37814
韶关	Shaoguan	153	61979	20044	41935	54109
河源	Heyuan	183	73270	24784	48486	62869
梅州	Meizhou	233	121114	45093	76021	88522
惠州	Huizhou	221	98685	29719	68966	95644
汕尾	Shanwei	172	96867	28206	68661	76708
东莞	Dongguan	207	78364	24341	54023	100170
中山	Zhongshan	100	49303	14715	34588	50034
江门	Jiangmen	184	79866	26321	53545	77648
阳江	Yangjiang	112	61246	23072	38174	47664
湛江	Zhanjiang	328	230530	67634	162896	185421
茂名	Maoming	277	212764	70713	142051	180857
肇庆	Zhaoqing	171	104509	28360	76149	91742
清远	Qingyuan	174	83862	27145	56717	69457
潮州	Chaozhou	126	70605	27342	43263	55454
揭阳	Jieyang	277	180593	58513	122080	151664
云浮	Yunfu	104	65387	19265	46122	50284
按经济区域分	By Region					
珠三角	Pearl River Delta	1947	831890	262776	569114	864698
东翼	Eastern Region	855	498169	163133	335036	426759
西翼	Western Region	717	504540	161419	343121	413942
山区	Mountainous Region	847	405612	136331	269281	325241

17-8 续表 continued

市 别	City	在校学生数 (人) Number of Total Enrollment (person)	高中 Senior Secondary Schools	初中 Junior Secondary Schools	教职工数 (人) Number of Teachers and Staff (person)	#专任教师 Full-time Teachers
广 州	Guangzhou	546941	177227	369714	55809	48160
深 圳	Shenzhen	371735	113639	258096	50332	40560
珠 海	Zhuhai	93886	31430	62456	8048	7172
汕 头	Shantou	438736	161614	277122	32850	28117
佛 山	Foshan	315613	113746	201867	26015	23347
#顺 德	Shunde	112399	39154	73245	9009	8639
韶 关	Shaoguan	167054	64125	102929	16341	14778
河 源	Heyuan	195729	73345	122384	19032	17052
梅 州	Meizhou	289684	124487	165197	26800	24446
惠 州	Huizhou	287317	96918	190399	26005	22945
汕 尾	Shanwei	245669	86886	158783	18412	16506
东 莞	Dongguan	278289	77045	201244	29084	24841
中 山	Zhongshan	152635	46733	105902	14592	13174
江 门	Jiangmen	234284	84532	149752	20008	18540
阳 江	Yangjiang	153238	63587	89651	14210	12840
湛 江	Zhanjiang	588613	198448	390165	38353	34958
茂 名	Maoming	566498	218544	347954	38964	37166
肇 庆	Zhaoqing	285696	88210	197486	23225	21517
清 远	Qingyuan	218189	79605	138584	20678	18745
潮 州	Chaozhou	180977	77779	103198	13135	11831
揭 阳	Jieyang	480527	168633	311894	34379	30199
云 浮	Yunfu	161069	57940	103129	12909	12025
按经济区域分	By Region					
珠 三 角	Pearl River Delta	2566396	829480	1736916	253118	220256
东 翼	Eastern Region	1345909	494912	850997	98776	86653
西 翼	Western Region	1308349	480579	827770	91527	84964
山 区	Mountainous Region	1031725	399502	632223	95760	87046

注：2011年起，普通中学教职工数和专任教师数含初级中学、九年一贯制学校、职业初中、完全中学、高级中学、十二年一贯制学校数据，不含九年一贯制学校、十二年一贯制学校小学部数据。

Note: Since 2011 Number of teachers and staff and full-time teachers in regular secondary school include junior middle schools,nine-year and twelve-year primary-secondary schools, professional middle schools, senior middle schools and full middle schools.

17-9 各市中等职业教育基本情况（2013年）

Basic Statistics on Vocational Secondary Education by City (2013)

市 别	City	学校数（所）Number of Schools (unit)	毕业生数（人）Number of Graduates (person)	招生数（人）Number of New Enrollments (person)	在校学生数（人）Number of Total Enrollment (person)	教职工数（人）Number of Teachers and Staff (person)	#专任教师 Full-time Teachers
广 州	Guangzhou	85	74136	86776	241321	11310	7768
深 圳	Shenzhen	15	8937	12076	33618	2790	2070
珠 海	Zhuhai	8	6636	7073	21734	1159	902
汕 头	Shantou	22	21547	29699	109853	2064	1542
佛 山	Foshan	36	24737	25180	77497	4891	3970
#顺 德	Shunde	13	9942	9582	28949	1985	1810
韶 关	Shaoguan	22	13601	9983	35083	2244	1712
河 源	Heyuan	14	15027	9557	32715	1524	1217
梅 州	Meizhou	29	30512	20208	63255	2616	2057
惠 州	Huizhou	24	21743	22082	64998	3173	2384
汕 尾	Shanwei	13	20872	10663	42521	969	845
东 莞	Dongguan	22	14234	17618	47910	2814	2219
中 山	Zhongshan	11	6980	9529	24739	1608	1465
江 门	Jiangmen	23	16511	17655	49780	2617	2299
阳 江	Yangjiang	7	11243	7462	22240	732	615
湛 江	Zhanjiang	54	46701	45619	116154	4668	3359
茂 名	Maoming	35	48110	30648	96954	3317	2574
肇 庆	Zhaoqing	20	19394	22932	67243	3304	2617
清 远	Qingyuan	14	19654	17450	45000	1995	1648
潮 州	Chaozhou	13	10857	6634	25554	1030	790
揭 阳	Jieyang	20	42390	51476	150572	2800	2281
云 浮	Yunfu	15	14464	14607	40153	1302	1109
按经济区域分	By Region						
珠三角	Pearl River Delta	244	193308	220921	628840	33666	25694
东 翼	Eastern Region	68	95666	98472	328500	6863	5458
西 翼	Western Region	96	106054	83729	235348	8717	6548
山 区	Mountainous Region	94	93258	71805	216206	9681	7743

17-10 各市小学情况（2013年）

Statistics on Primary Schools by City (2013)

市别	City	学校数（所）Number of Schools (unit)	毕业生数（人）Number of Graduates (person)	升学率(%) Percentage of Graduates of Primary Schools Entering Junior Secondary Schools (%)	招生数（人）Number of New Enrollments (person)	在校学生数（人）Number of Total Enrollment (person)	教职工数（人）Number of Teachers and Staff (person)	#专任教师 Full-time Teachers
广州	Guangzhou	936	131947	97.56	167919	859263	41711	37706
深圳	Shenzhen	335	98650	99.84	147097	730232	25476	22034
珠海	Zhuhai	114	21209	98.01	25299	131577	5784	5247
汕头	Shantou	768	90412	99.82	84428	485143	23985	21555
佛山	Foshan	408	71135	99.54	84423	463667	21631	19819
#顺德	Shunde	150	25207	98.83	28781	165702	7933	7768
韶关	Shaoguan	182	32432	100.00	36084	206775	12090	11398
河源	Heyuan	585	39099	99.74	49628	247677	16138	14816
梅州	Meizhou	538	47505	100.00	53005	289871	19732	18694
惠州	Huizhou	460	62148	100.00	89068	445608	20071	18628
汕尾	Shanwei	741	56968	99.46	41497	247257	16199	14108
东莞	Dongguan	321	84641	99.27	127237	659138	21108	18262
中山	Zhongshan	208	37393	100.00	47295	257539	9979	9327
江门	Jiangmen	315	49322	100.00	52693	295745	15020	14573
阳江	Yangjiang	136	28705	99.89	35559	181498	11470	10649
湛江	Zhanjiang	1270	130947	99.27	96596	550561	37493	33526
茂名	Maoming	1751	112996	97.07	97251	568011	33465	31376
肇庆	Zhaoqing	223	63198	100.00	58402	327739	17379	16700
清远	Qingyuan	307	43431	99.87	51532	269770	15061	14091
潮州	Chaozhou	648	31630	97.43	35277	184134	11140	9669
揭阳	Jieyang	1275	105146	99.78	84921	492418	30455	26977
云浮	Yunfu	303	31497	97.06	35262	185758	11802	10991
按经济区域分	By Region							
珠三角	Pearl River Delta	3320	619643	99.24	799433	4170508	178159	162296
东翼	Eastern Region	3432	284156	99.47	246123	1408952	81779	72309
西翼	Western Region	3157	272648	98.42	229406	1300070	82428	75551
山区	Mountainous Region	1915	193964	99.44	225511	1199851	74823	69990

注：1. 各地市小学毕业生升学率，由于跨地市流动学生较多，如按教育部口径计算将与实际差异较大，因此采用各地填报的小学升上本地及外地高一级学校(包括普通初中、职业初中等)就读的学生数除以小学毕业生进行计算。

2. 2011年起小学教职工、专任教师数包含小学、教学点，不含九年一贯制和十二年一贯制学校小学部的教职工和专任教师数。

Note: a) Due to the large number of mobile students,the percentage of graduates of primary schools entering junior secondary schools by city would be greatlly different from the real situation if calculated as the method by the Ministry of Education. Thus the percentage of graduates of primary schools entering junior secondary schools by city in this table is calculated as the number of new enrollments of local junior and outside secondary Schools(ordinary secondary schools and professional secondary schools are incluede) from local primary school divided by the umber of graduates from local primary schools

b) Since 2011,the data of of the number of teachers and staff and of full-time teachers include primary schools and sub-campuses, but exclude the primary education section of the nine-year and twelve-year primary-secondary schools.

17-11 各市学龄儿童入学情况

Statistics on School-age Children Enrolled in Schools by City

市 别	City	2012			2013		
		学龄儿童人数(人) Number of School-age Children (person)	已入学人数(人) Number of School-age Children Enrolled in Schools (person)	入学率(%) Enrollment Rate (%)	学龄儿童人数(人) Number of School-age Children (person)	已入学人数(人) Number of School-age Children Enrolled in Schools (person)	入学率(%) Enrollment Rate (%)
广 州	Guangzhou	785938	785938	100.0	834764	834219	99.9
深 圳	Shenzhen	661183	661183	100.0	714656	714656	100.0
珠 海	Zhuhai	119043	118944	99.9	124032	123764	99.8
汕 头	Shantou	455153	455153	100.0	447813	447813	100.0
佛 山	Foshan	435473	435473	100.0	450260	450260	100.0
#顺 德	Shunde				165702	165702	100.0
韶 关	Shaoguan	193042	192155	99.5	195247	195247	100.0
河 源	Heyuan	223449	223036	99.8	224766	224744	100.0
梅 州	Meizhou	286878	286878	100.0	283326	283301	100.0
惠 州	Huizhou	409732	409732	100.0	441726	441726	100.0
汕 尾	Shanwei	294578	294443	100.0	230026	230019	100.0
东 莞	Dongguan	567799	567799	100.0	629097	629097	100.0
中 山	Zhongshan	209728	209728	100.0	214524	214524	100.0
江 门	Jiangmen	264094	264094	100.0	269944	269944	100.0
阳 江	Yangjiang	170974	170877	99.9	177225	177157	100.0
湛 江	Zhanjiang	571356	571330	100.0	514887	514638	100.0
茂 名	Maoming	594861	594695	100.0	568057	566907	99.8
肇 庆	Zhaoqing	312339	312339	100.0	308148	308148	100.0
清 远	Qingyuan	239275	238035	99.5	245977	245977	100.0
潮 州	Chaozhou	166331	166331	100.0	164252	164252	100.0
揭 阳	Jieyang	502526	502526	100.0	464919	464919	100.0
云 浮	Yunfu	178297	176861	99.2	179660	179654	100.0
按经济区域分	By Region						
珠 三 角	Pearl River Delta	3765329	3765230		3987151	3986338	
东 翼	Eastern Region	1418588	1418453		1307010	1307003	
西 翼	Western Region	1337191	1336902		1260169	1258702	
山 区	Mountainous Region	1120941	1116965		1128976	1128923	

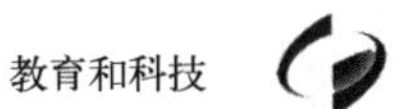

17-12 研究与试验发展(R&D)基本情况

Basic Statistics on Research and Development (R&D)

指　　标	Item	2010	2012	2013
研究机构数　（个）	**Number of R&D Institutions　(units)**	**4452**	**4756**	**5030**
科学研究与技术开发机构	Scientific Research and Technological Development Institutions	186	184	186
全日制普通高等学校	Full-time Regular Institutions of Higher Education	450	600	652
工业企业	Industiral Enterprises	3309	3455	3700
其他	Others	507	517	492
研究与试验发展(R&D)活动人员（人）	**Number of R&D Personnel　(persons)**	**446579**	**629055**	**652405**
科学研究与技术开发机构	Scientific Research and Technological Development Institutions	9488	14595	14868
全日制普通高等学校	Full-time Regular Institutions of Higher Education	33865	40557	44051
工业企业	Industrial Enterprises	359476	519212	530551
其他	Others	43750	54691	62935
研究与试验发展(R&D)经费内部支出（万元）	**Internal Expenditure on R&D　(10000 yuan)**	**8087477.6**	**12361500.8**	**14434527.4**
科学研究与技术开发机构	Scientific Research and Technological Development Institutions	213527.0	391155.9	447985.8
全日制普通高等学校	Full-time Regular Institutions of Higher Education	285790.3	440081.7	458299.8
工业企业	Industrial Enterprises	7036807.5	10778634.0	12374791.2
其他	Others	551352.8	751629.2	1153450.6
研究与试验发展(R&D)活动课题(项目)数（个）	**Number of R&D Programs/Projects　(item)**	**72747**	**93179**	**107639**
科学研究与技术开发机构	Scientific Research and Technological Development Institutions	3499	4884	5047
全日制普通高等学校	Full-time Regular Institutions of Higher Education	35749	44800	50119
工业企业	Industrial Enterprises	28423	37460	46948
其他	Others	5076	6035	5525

注：2009年以后只对研究与试验发展(R&D)情况进行统计。

Notes: After 2009, statics cover R&D conditions only.

17-13 国有企业、事业单位专业技术人员年末人数
Number of Professional and Technical Personnel in State-owned Enterprises and Institutions at the Year-end

单位:人 (person)

年 份 Year	专业技术人员 Professional and Technical Personnel	#工程技术人员 Engineering	#农业技术人员 Agriculture	#科学技术人员 Scientific Research	#卫生技术人员 Health Care	#教学人员 Teaching
1978	211149	48836	16017	7852	53068	80287
1979	211117	48641	16975	7277	53155	79748
1980	291939	56144	18176	7356	61445	86192
1981	303892	60071	19017	6763	63536	97109
1982	328455	70699	19431	7822	69056	102178
1983	547038	85327	21636	5744	74183	109210
1984	579740	89348	22505	5573	79806	120016
1985	642542	102506	23030	6431	86174	133013
1986	656380	108210	23854	6368	89545	313009
1987	664085	118601	23553	6231	93553	333245
1988	674085	119167	19478	4904	85092	313419
1989	810130	137803	20644	5986	90751	364965
1990	838403	145535	21194	5731	92912	379894
1991	814651	140906	13050	4810	93141	398276
1992	883821	149916	13749	4566	104334	412681
1993	957725	163440	14246	4388	117959	434036
1994	1017804	174960	14670	4118	128079	460702
1995	1077848	180530	15219	4425	134586	511418
1996	1167583	186156	15449	4610	147155	573934
1997	1223897	191954	15779	4443	156889	613121
1998	1262343	190486	15703	4413	165721	649873
1999	1291078	184304	15660	4585	171461	677110
2000	1297804	180223	15083	4705	175521	696005
2001	1285708	168354	14151	4467	181703	710967
2002	1274140	160458	13386	4425	184192	721719
2003	1264983	135621	12575	4918	202548	734721
2004	1374679	149214	17321	5253	238886	774022
2005	1399042	146411	17407	5434	248547	791255
2006	1375416	137802	16999	5163	246679	805397
2007	1391934	140828	17311	5711	246480	824462
2008	1419852	144941	16701	5745	260940	837059
2009	1462861	153563	15805	5984	268796	856665
2010	1458044	149724	14084	4551	259131	885446
2011	1448011	151700	13475	5260	253992	879621
2012	1459018	151998	12256	5021	264976	861104
2013	1455605	139807	12538	3813	269147	888962

注：本表未包中央单位专业技术人员数。
Note:Data in this table do not include professional and technical personnel from the central units stationed in Guangdong.

17-14 高层次人才情况

Statistics on High-level Talents

单位：人 (person)

项 目	Item	2000	2005	2009	2010	2011	2012	2013
院士人数	Number of Academicians	41	68	75	98	99	105	4
享受国家津贴新增人数	Number of Persons Granted State Allowances	164			137		151	
高级职称批准人数	Number of Persons with Senior Professional Titles	6111	19336	19249	19031	20219	23000	22000
博士后招收人数	Number of Persons in Working Stations for Post-doctoral Research	163	380	507	560	594	679	746
博士生情况	Status of Doctorate Students							
招生数	Number of New Enrollments	1053	2802	3182	3307	3379	3459	3566
在校生	Number of Enrolled Students	2558	9049	11672	12341	12991	13438	14351
毕业生	Number of Graduates	417	1342	2482	2436	2589	2803	2907

注：1. 享受国家津贴的人数从2003年起逢双年评比一次。

2. 院士人数在2012年前按双聘院士口径统计，从2013年起只统计长期在粤工作的院士。

Note: a) The number of persons granted state allowances has been appraised every double-digital year since 2003.

b) The coverage of academicians refered to double employed academicians before 2012, and since 2013 it refers to academicians who work in Guangdong in the long term.

17-15 科技成果项数

Number of Achievements for Scientific and Technological Research

单位：项 (item)

项 目	Item	1995	2000	2005	2009	2010	2011	2012	2013
国家级科技奖励成果	**National Prizes for Scientific and Technological Research Achievements**	**27**	**24**	**15**	**26**	**36**	**34**	**26**	**28**
国家发明奖	National Invention Prize	3		1	1	2	5	5	10
国家自然科学奖	National Prize for Natural Sciences	4		1	2	1	1	3	4
国家科技进步奖	National Prize for Progress in Science and Technology	20	24	13	23	33	23	18	14
省级重大科技成果	**Major Provincial Scientific and Technological Achievements**	**323**	**746**	**588**	**504**	**431**	**482**	**573**	**486**
基础理论成果	Achievements in Fundamental Theory		93	54	29	30	35	44	42
应用技术成果	Achievements in Applied Technology		630	522	468	398	440	522	435
软科学成果	Achievements in Soft Sciences		23	12	7	3	7	7	9
省级科技奖励成果	**Provincial Prizes for Scientific and Technological Achievements**	**236**	**265**	**288**	**271**	**260**	**272**	**280**	**262**
省科技进步奖	Provincial Prize for Progress in Science and Technology	213	265	288	271	260	272	280	262
农业方面	Agriculture	40	46	51	41	31	33	45	43
工业方面	Industry	101	113	117	142	145	154	138	132
医药卫生方面	Medicine and Health Care	41	72	68	75	65	65	53	58
其他	Others	31	34	52	13	19	20	44	29

17-16 县级以上政府部门属研究与开发机构基本情况
Basic Statistics on Research and Development Institutions under Government Departments at and above County Level

项　目	Item	1995	2000	2005	2010	2012	2013
总　计	**Total**						
机构数　(个)	Number of Institutions (unit)	298	296	192	181	179	181
职工总数　(人)	Number of Staff and Workers (person)	27367	24926	14216	16922	20293	21181
科技活动人员　(人)	Scientists and Engineers				12819	16207	16886
经费收入　(万元)	Funds (10000 yuan)	201834	358844	384866	665228	708689	724265
#政府拨款	Government Appropriations	35364	98386	153946	332815	525644	550238
经费支出　(万元)	Expenditures (10000 yuan)	190944	330098	363973	674994	1050343	1151356
科技经费支出(万元)	Expenditures on Purchase of Assets(10000 yuan)				408216	692213	711572
自然科学及技术领域	**Natural Sciences and Technology**						
机构数　(个)	Number of Institutions (unit)	271	263	163	156	153	156
职工总数　(人)	Number of Staff and Workers (person)	26234	23623	13026	15601	18781	19671
科技活动人员　(人)	Scientists and Engineers				11738	14971	15647
经费收入　(万元)	Funds (10000 yuan)	196728	345582	360334	626119	996536	1102749
#政府拨款	Government Appropriations	32083	89595	137906	306735	535752	564875
经费支出　(万元)	Expenditures (10000 yuan)	186095	317219	341823	634843	994745	1098374
科技经费支出(万元)	Expenditures on Purchase of Assets(10000 yuan)				378555	649311	670022
社会及人文科学领域	**Social Sciences and Humanities**						
机构数　(个)	Number of Institutions (unit)	13	16	13	10	10	9
职工总数　(人)	Number of Staff and Workers (person)	692	780	655	645	646	620
科技活动人员　(人)	Scientists and Engineers				567	577	555
经费收入　(万元)	Funds (10000 yuan)	2372	6906	10914	18906	27827	25773
#政府拨款	Government Appropriations	2137	5908	9370	14003	23154	20238
经费支出　(万元)	Expenditures (10000 yuan)	2332	6897	10207	17585	28188	24404
科技经费支出(万元)	Expenditures on Purchase of Assets(10000 yuan)				14334	21312	18250
科技情报和文献机构	**Scientific-Technological Information and Literature Institutions**						
机构数　(个)	Number of Institutions (unit)	14	17	16	15	16	16
职工总数　(人)	Number of Staff and Workers (person)	441	523	535	676	866	890
科技活动人员　(人)	Scientists and Engineers				514	659	684
经费收入　(万元)	Funds (10000 yuan)	2734	6356	13619	20203	27284	34215
#政府拨款	Government Appropriations	1144	2883	6670	12078	13773	20563
经费支出　(万元)	Expenditures (10000 yuan)	2517	5982	11944	22566	27411	28578
科技经费支出(万元)	Expenditures on Purchase of Assets(10000 yuan)				15327	21590	23300

17-17 县级政府部门属研究与开发机构基本情况
Basic Statistics on Research and Development Institutions under Government Departments at County Level

项　目	Item	1995	2000	2005	2009	2010	2011	2012	2013
机构数　(个)	Number of Institutions (unit)	192	183	166	149	143	142	133	131
职工总数　(人)	Number of Staff and Workers(person)	5234	4379	3433	2891	2798	2789	2433	2362
科技活动人员(人)	Scientists and Engineers (person)				1521	1390	1457	1250	1270
经费收入　(万元)	Funds (10000 yuan)	11976	13409	12229	17192	16592	24740	24435	23708
#来自政府的经费	Government Funds	3149	5426	5187	8392	9605	12572	12543	11937

 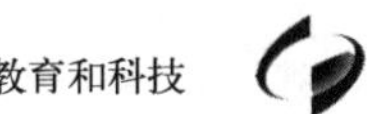

17-18 各市县级及以上政府部门属研究与开发机构基本情况(2012年-2013年)

Basic Statistics on Research and Development Institutions under Government Departments at and above County Level by City (2012-2013)

市别	City	2012 机构数(个) Number of Institutions (unit)	从业人员(人) Number of Employed Persons (person)	#科技活动人员(人) R&D Personnel (person)	经费收入(万元) Funds (10000 yuan)	#政府拨款 Government Appropr-iations	经费支出(万元) Expenditures (10000 yuan)	科技经费支出(万元) R&D Expenditure (100 million yuan)
全省合计	**Provincial Total**	**312**	**22726**	**17457**	**1076083**	**585222**	**1072400**	**703871**
广州	Guangzhou	93	16024	12603	953850	492082	950997	608034
深圳	Shenzhen	1	970	970	32568	31402	35180	35180
珠海	Zhuhai	4	203	161	2758	2218	2765	1143
汕头	Shantou	14	627	415	9411	4617	9014	5521
佛山	Foshan	6	211	160	5895	4642	6076	4267
韶关	Shaoguan	23	427	291	7347	4055	7155	5369
河源	Heyuan	16	294	133	1680	1113	1555	1066
梅州	Meizhou	15	367	270	4203	2913	3742	2959
惠州	Huizhou	24	594	376	6909	5004	6714	4979
汕尾	Shanwei	6	113	54	605	602	603	327
东莞	Dongguan	8	486	393	15016	11399	13461	11818
中山	Zhongshan	3	103	72	3973	1831	3660	1275
江门	Jiangmen	10	214	146	3841	2502	3825	2864
阳江	Yangjiang	3	99	61	1025	867	819	671
湛江	Zhanjiang	21	914	611	16731	12370	16659	10843
茂名	Maoming	17	316	231	4116	2743	4029	2981
肇庆	Zhaoqing	17	201	156	2518	1968	2529	1934
清远	Qingyuan	12	103	58	522	237	606	281
潮州	Chaozhou	4	136	111	1049	946	1034	838
揭阳	Jieyang	9	261	151	1425	1322	1415	1109
云浮	Yunfu	6	63	34	641	390	563	413

17-18 续表 continued

市 别	City	2013 机构数(个) Number of Institutions (unit)	从业人员(人) Number of Employed Persons (person)	#科技活动人员(人) R&D Personnel (person)	经费收入(万元) Funds (10000 yuan)	#政府拨款 Government Appropr-iations	经费支出(万元) Expenditures (10000 yuan)	科技经费支出(万元) R&D Expenditure (100 million yuan)
全省合计	**Provincial Total**	**312**	**23543**	**18156**	**1186444**	**617614**	**1174788**	**723392**
广 州	Guangzhou	96	17013	13425	1065975	522587	1055359	629049
深 圳	Shenzhen	1	1035	1035	32244	29878	31687	31639
珠 海	Zhuhai	4	209	162	2776	2120	2764	1809
汕 头	Shantou	11	473	305	7064	4660	6708	4740
佛 山	Foshan	6	183	137	7379	5299	7363	4890
韶 关	Shaoguan	22	411	285	9651	5871	9851	7531
河 源	Heyuan	16	280	131	1892	1381	1830	1233
梅 州	Meizhou	15	349	279	4278	3985	4919	3870
惠 州	Huizhou	24	573	371	8135	6425	7843	5117
汕 尾	Shanwei	6	107	54	897	897	895	571
东 莞	Dongguan	8	448	346	9390	6343	9351	7569
中 山	Zhongshan	3	109	77	3813	2256	3821	1171
江 门	Jiangmen	10	186	128	3555	2478	3514	2544
阳 江	Yangjiang	3	93	55	1079	874	817	671
湛 江	Zhanjiang	22	986	661	17548	13873	17446	12920
茂 名	Maoming	17	325	201	3607	3036	3554	2836
肇 庆	Zhaoqing	17	207	158	2892	2338	2917	2136
清 远	Qingyuan	12	95	54	629	371	672	413
潮 州	Chaozhou	4	129	105	1155	1040	1160	823
揭 阳	Jieyang	9	257	149	1759	1581	1641	1374
云 浮	Yunfu	6	75	38	729	323	678	487

注：本表统计范围不含已转制的科研机构。

Note: The statistical coverage of this table excludes scientific research institutions which have undergone changes in ownership and/or mode of operation.

17-19 三种专利申请受理量与批准量

Three Types of Patent Application Accepted and Granted

单位：件 (item)

项 目	Item	1995	2000	2005	2010	2012	2013
受理量	**Number of Patent Application Accepted**	**7729**	**21123**	**72220**	**152907**	**229514**	**264265**
发明	Inventions	463	1760	12887	40866	60448	68990
实用新型	Utility Models	2367	6033	18951	47706	78731	93592
外观设计	Designs	4899	13330	40382	64335	90335	101683
批准量	**Number of Patent Application Granted**	**4611**	**15799**	**36894**	**119346**	**153598**	**170430**
发明	Inventions	56	261	1876	13691	22153	20084
实用新型	Utility Models	1447	4797	11017	43901	65946	77503
外观设计	Designs	3108	10741	24001	61754	65499	72843

17-20 各类技术合同签订情况

Statistics on Technical Contracts Signed by Type

项 目	Item	1995	2000	2005	2010	2012	2013
技术合同项目数(项)	**Number of Technical Contracts (item)**	**5098**	**5464**	**14432**	**17558**	**19663**	**20267**
技术开发合同	Technical Development Contracts	547	921	5983	11629	15759	15282
技术咨询合同	Technical Consultation Contracts	299	572	1279	1649	1188	1219
技术转让合同	Technical Transfer Contracts	515	297	639	868	830	1125
技术服务合同	Technical Service Contracts	3737	3674	6531	3412	1886	2641
技术合同金额(万元)	**Value of Technical Contracts(10000 yuan)**	**125972**	**482104**	**1124740**	**2425045**	**3697534**	**5356814**
技术开发合同	Technical Development Contracts	46820	142107	571458	1961788	2728447	2643184
技术咨询合同	Technical Consultation Contracts	9109	12530	31696	48539	40725	39690
技术转让合同	Technical Transfer Contracts	18396	110279	288881	344264	602066	1789164
技术服务合同	Technical Service Contracts	51647	217188	232705	70454	326296	884776

17-21 工业企业研究与试验发展情况

Conditions of Research and Development of Industrial Enterprises

项目	Item	2010	2012	2013
有研究机构的企业数(个)	Number of Enterprises with Research Institusties (unit)	2557	2601	2690
占工业企业的比重 (%)	Percentage of all Industrial Enterprises (%)	4.79	6.88	6.53
研究机构数 (个)	Number of Research Institutes (unit)	3309	3455	3698
企业R&D人员 (人)	R&D Personnel (persons)	359476	519212	530551
R&D经费 (万元)	R&D Investment (10000 yuan)	7036808	10778634.0	12374791.2
R&D项目 (项)	R&D Projects (items)	28423	37460	46948
新产品开发经费 (万元)	Investment in Developing New Products(10000 yuan)	6896433	11865618.2	13979516.8

注：个别指标计量单位调整为与国家反馈的科技综合年报单位一致。
Notes: Measure of some indictors are adjusted in order to be consistent with national science and technology comprehensive annual report.

17-22 分市工业企业R&D活动人员和经费

R&D Personnel and Expenditure of Industrial Enterprises by City

市别	City	R&D活动人员(人) Number of R&D Personnel (person)		R&D经费内部支出(万元) Internal Expenditure on R&D(10000 yuan)	
		2012	2013	2012	2013
全省	**Provincial Total**	**519212**	**530551**	**10778634**	**12374791**
广州	Guangzhou	64621	74008	1582281	1710177
深圳	Shenzhen	196202	187045	4618655	5329402
珠海	Zhuhai	16409	15814	312434	345668
汕头	Shantou	7302	7298	102883	110694
佛山	Foshan	71576	75852	1468785	1612186
韶关	Shaoguan	5050	4908	118257	108226
河源	Heyuan	949	1822	12712	20368
梅州	Meizhou	1815	2173	23536	30578
惠州	Huizhou	19055	18678	435405	518729
汕尾	Shanwei	2248	2008	31024	46626
东莞	Dongguan	51386	53258	748347	983720
中山	Zhongshan	34269	37857	531454	611855
江门	Jiangmen	15684	16033	277983	318046
阳江	Yangjiang	2016	1885	42954	68216
湛江	Zhanjiang	3205	3295	45810	55836
茂名	Maoming	4355	4508	89235	101341
肇庆	Zhaoqing	10267	10568	123820	154060
清远	Qingyuan	4125	3944	65042	67862
潮州	Chaozhou	2867	3402	49249	56176
揭阳	Jieyang	4072	4189	72635	93783
云浮	Yunfu	1739	2006	26133	31244
按经济区域分	By Region				
珠三角	Pearl River Delta	479469	489113	10099164	11583840
东翼	Eastern Region	16489	16897	255791	307280
西翼	Western Region	9576	9688	177999	225394
山区	Mountainous Region	13678	14853	245680	258278

注:本表统计范围是规模以上工业企业。
Note: Data in this table refer to industrial enterprises above designated size.

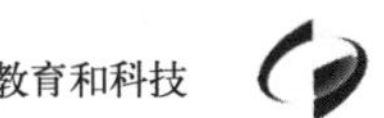

17-23 分市工业企业新产品产出情况

Production of New Products by Industrial Enterprises by City

单位：万元 (10000 yuan)

市 别	City	2012 新产品产值 Output Value of New Products	2012 新产品销售收入 Sales Revenue of New Products	2012 #出口 Exports	2013 新产品产值 Output Value of New Products	2013 新产品销售收入 Sales Revenue of New Products	2013 #出口 Exports
全 省	**Provincial Total**	**157144526.2**	**154028477.8**	**59795804.9**	**179812044.5**	**180137410.4**	**60393855.2**
广 州	Guangzhou	22383772.1	22184517.3	2143724.2	26467064.2	26788946.0	2446495.1
深 圳	Shenzhen	62226473.7	62076796.8	39983188.6	65858036.9	67704277.0	39109408.6
珠 海	Zhuhai	7279123.3	7346628.0	2219361.6	8691920.8	7961479.4	2183064.0
汕 头	Shantou	1399445.5	1371004.7	352789.4	1438240.4	1473237.2	249181.6
佛 山	Foshan	19092900.9	18510536.8	4118888.9	21791830.9	21619617.8	5685970.6
韶 关	Shaoguan	1647323.3	1643151.2	34902.5	1816473.9	1799285.6	38600.1
河 源	Heyuan	188563.7	184459.0	122791.7	137244.6	171328.2	40007.1
梅 州	Meizhou	292608.7	284329.9	22058.7	130525.0	210458.4	4736.4
惠 州	Huizhou	15475059.1	15469048.2	3593460.8	21942998.8	21661816.7	3127926.8
汕 尾	Shanwei	1053763.1	1053563.0	468265.3	1601246.8	1600725.7	396344.1
东 莞	Dongguan	8643848.4	8385864.4	3466739.0	11744373.6	11951808.3	3786174.2
中 山	Zhongshan	8123430.6	6535057.8	1386357.3	7527604.5	6981541.1	1696895.5
江 门	Jiangmen	3237543.1	3232719.0	1057388.2	3890700.6	3587045.8	920615.4
阳 江	Yangjiang	155762.1	154169.1	61104.6	183801.7	178568.4	43626.1
湛 江	Zhanjiang	436685.3	435082.1	90482.6	446317.9	433008.1	52949.5
茂 名	Maoming	1104835.2	1010145.5	8138.3	909220.1	862077.1	44341.8
肇 庆	Zhaoqing	1606512.3	1474536.0	244204.8	2012780.3	1926057.3	266441.3
清 远	Qingyuan	1127397.7	1053649.2	204937.8	1258667.7	1292444.5	131512.2
潮 州	Chaozhou	626462.9	600874.3	94181.6	413463.4	405498.3	93593.7
揭 阳	Jieyang	924155.9	916281.6	114378.1	1447459.1	1430614.3	66378.1
云 浮	Yunfu	118859.3	106063.9	8460.9	102073.3	97575.2	9593.0
按经济区域分	By Region						
珠 三 角	Pearl River Delta	148068663.5	145215704.3	58213313.4	169927310.6	170182589.4	59222991.5
东 翼	Eastern Region	4003827.4	3941723.6	1029614.4	4900409.7	4910075.5	805497.5
西 翼	Western Region	1697282.6	1599396.7	159725.5	1539339.7	1473653.6	140917.4
山 区	Mountainous Region	3374752.7	3271653.2	393151.6	3444984.5	3571091.9	224448.8

注:本表统计范围是规模以上工业企业。
Note: Data in this table refer to industrial enterprises above designated size.

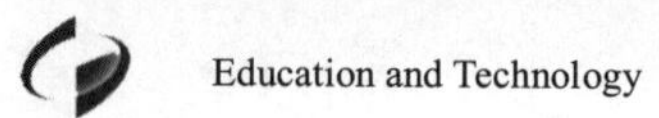

17-24 科协机构及活动情况

Statistics on Associations for Science and Technology and Their Activities

项目	Item	2000	2005	2010	2011	2012	2013
科协机构 （个）	**Number of Associations for Science and Technology (unit)**	**357**	**196**	**1026**	**1066**	**1143**	**143**
省科协	Provincial Associations	1	1	1	1	1	1
市科协	City Associations	21	21	21	21	21	21
县(市、区)科协	County (County-level City, District) Associations	123	120	121	121	121	121
厂矿科协	Factory and Mine Associations	212	54	883	923	1000	
各级学会及农技协 （个）	**Number of Learned Societies and Research Societies at Various Levels (unit)**	**3780**	**2901**	**2371**	**2630**	**3977**	**3732**
省级学会	Provincial Learned Societies	146	151	151	153	154	154
市级学会	City Learned Societies	734	802	780	770	754	795
县级学会	County Learned Societies					1393	1409
农村专业技术协会	Rural Specialized Technological Societies	2900	1948	1440	1707	1676	1374
各级学会及农技协会员(人)	**Number of Members of Learned Societies and Rural Specialized Technological Societies at Various Levels (person)**	**704094**	**729671**	**393734**	**413207**	**570547**	**566641**
省级学会会员	Members of Provincial Learned Societies	203861	205212	265046	282517	444518	448331
#学会从业人员	Personnel in Learned Societies			574	664	1744	870
农村专业技术协会会员	Members of Rural Specialized Technological Societies	223687	112200	128688	130026	126029	118610
科协活动开展情况	**Activities of Associations for Science and Technology**						
举办各类学术交流会(次)	Number of Academic Meetings Held	4769	1232	677	883	1153	1282
举办科技科普展览 （次）	Number of Scientific and Technological Popularization Exhibitions Lectures (time)	2258	2319	3582	3361	1313	1236
青少年科技竞赛 （次）	Number of Scientific and Technological Competitions for Adolescents (time)	1286	760	407	370	312	271
参加科协各类活动人次 （人次）	**Number of Participants in Activities Organized by Associations for Science and Technology (person-time)**	**8367629**	**8716871**	**11164480**	**9954211**	**7082802**	**8311742**
参加各类学术交流会	Number of Participants in Academic Meetings	505235	169988	295009	345147	196318	235619
参加各类科技培训	Number of Participants in Training Programs	654742	469514	251993	564944	662880	780265
参加各类科普活动	Number of Participants in Scientific and Technological Popularization Activities	7207652	8077369	10617478	9044120	6223604	7295858
主办科技期刊 （种）	**Publications of Academic Journals and Scientific and Technological Popularization Readings (kind)**	**582**	**216**	**611**	**371**	**264**	**74**
科技期刊总印数 （万册、万份）	Number of Academic Journals and Scientific and Technological Popularization Readings Issued (10000 copies)	562	522	513	574	956	367

注：1. 2013年，科协机构数不包括厂矿科协，各级学会及农技协会员为省级学会会员和各级农技协会员之和。
2. 2013年起,主办科技期刊只统计在新闻出版机构注册登记，有正式刊号或内部准印证并由本单位直接主办、负责编辑的期刊。

Note: a) In 2013, factory and mice associations are not included in number of associations for science and technology. Number of members of learned societies and rural specialized technological societies at various levels of 2013 refers to members of provincial learned societies and members of rural specialized technological societies only.

b) From 2013,publications of academic journals and scientific and technological popularization readings refer only to those with official numbrs registered by press and publicaton or those with internal permit directly edited by the unit

主要统计指标解释

普通高等学校 指按照国家规定的设置标准和审批程序批准举办，通过国家统一招生考试，收高中毕业生为主要培养对象，实施高等教育的全日制大学、独立设置的学院和高等专科学校，高等职业学校和其他机构。

成人高等学校 指按照国家有关规定审批、招收通过全国成人高教统一招生考试的具有高中毕业或同等学历的在职从业人员利用脱产、半脱产、业余或函授等多种形式对其实施高等学历教育，培养高等教育专科或本科毕业水平的专门人才，修业年限、课程设置和总学时的数按高等学历教育要求付诸实施的学校。包括广播电视大学、职工高等学校、农民高等学校、管理干部学院、教育学院、独立设置的函授学院等。

小学学龄儿童入学率 指调查范围内已入小学学习的学龄儿童占校内外学龄儿童总数（包括弱智儿童在内，但不包括盲聋哑儿童）的比重。

科技活动 是指在所有科学技术领域内，即自然科学、农业科学、医学科学、工程与技术科学、人文科学与社会科学中，与科技知识的产生、发展、传播和应用密切相关的全部的、有组织的、系统的科技活动。所谓有组织的、系统的科技活动，是指在一个机构的范围之内，并列入这一机构的工作计算，由这一机构的人员有计划地进行的科技活动。目前，我们统计的科技活动，是指调查范围内有组织有系统开展的科技活动。它包括三类活动(1)研究与试验发展活动；(2)研究与试验发展成果应用活动；(3)科技服务活动。

研究与发展活动 指为增进知识，及利用这些知识去开创新的用途而进行的系统的创造性工作。它具备四种基本因素：(1)创造性的因素；(2)新颖性或创新的因素；(3)科学方法的运用；(4)新知识的产生。它包括三种类：(1)基础研究；(2)应用研究；(3)实验发展。

科技活动统计单位 指制度调查范围内的调查单位个数，对于自然科学领域、社会与人文科学领域的科学研究与技术开发机构（含县属研究与开发机构）、科学技术情报与文献机构是以一个机构为一个调查单位；对于高等学校，是以一个学校为一个调查单位；对于企业是以一个企业为一个调查单位。

科技活动机构 是指调查范围内有建制的从事科技活动科研机构。包括国有独立核算的科学研究与技术开发机构自然科学领域、社会与人文科学领域）(含机构、大中型工业企业附属的技术开发机构。全日制附属科技活动机构，是指经学校及上级主管部门正式批准的以科技活动为主，相对稳定的开展科技活动机构；大中型工业企业附属的技术开发机构是指企业自办、或与外单位合办、管理上同生产系统相对独立的，或单独核算的专门技术开发机构（如企业办研究所或开发中心开发部等专门技术开发机构）。

从事科技活动人员 指报告期内调查单位中从事科技活动的人员。调查单位中从事科技活动人员为直接从事科技活动和科技活动提供直接服务，累计时间占全年工作时间10%以上的人员。

科学家和工程师 具有大学本科以及以上学历的和不具备上述学历但有高、中级职称的人员。

技术员 指具有大、中专学历和不具备大、中专学历，但有初级职称的人员。

研究与发展人员 指报告期内从事研究与发展活动的人员。调查单位直接从事研究与发展课题活动以及院、所等从事科技行政管理、科技服务等工作为研究与发展课题活动服务，累计时间占全年工作时间10%以上的人员。人员数为全时人员数加非全时人员数之和。

科技活动经费筹集总额 指报告期内调查单位从各种渠道筹集到的科技活动经费（含科研基建费）。包括政府资金、自筹资金、银行贷款、其他经费。

科技活动经费使用总额(内部支出) 指报告期内调查单位用于科技活动的实际支出。包括劳务费、科研业务费、科研管理费、非基建投资购建的固定资产、科研、基建支出以及其他用于科技活动的支出。但不包括生产性活动支出、归还贷款支出及转拨外单位支出。

研究与发展经费支出 指报告期内用于研究与发展课题活动（基础研究、应用研究、试验发展）的全部实际支出。包括用于研究与发展课题活动的直接支出，还包括间接用于研究与发展活动的一切支出（院、所管理费，维持院、所正常运转的必需费用和与研究发展有关的基本建设支出）。

省级以上获奖成果 指科技活动单位在本年度内从省以上政府科技管理部门获得的各种科技成果奖。

由于几个单位合作获得的科技成果奖，为防止重复，仅由第一完成单位填报，多次获奖的成果只填一个。获奖成果包括：国家级奖、省部级奖和地市级奖。国家级奖：指国家自然科学奖、国家发明奖、国家科技进步奖、国家星火奖等。省、部级奖：指以国务院各部门和省、自治区、直辖市名义颁发的重大科技成果奖和科技进步奖。

科技机构内课题(项目)个数 指调查单位列入科研计划或已为本单位科研管理部门认可，可作为本单位科研工作任务，并在当年开展活动的研究与发展、研究与发展成果应用、科技服务课题（项目）数。包括当年新开课题和上年尚未完成，在统计年度内继续进行的课题。

Explanatory Notes on Main Statistical Indicators

Regular Institutions of Higher Education refer to educational establishments set up according to government standards and evaluation and approval procedures, mainly enrolling graduates from senior secondary schools through uniform national matriculation examinations and providing higher education. Such institutions include full-time universities, independent colleges, technical colleges, professional colleges, and other institutions.

Institutions of Higher Learning for Adults refer to educational establishments approved according to relevant government rules, enrolling staff and workers with senior secondary or equivalent education through uniform national matriculation examinations, and providing them with regular higher education in various forms such as full-time, part-time, spare-time and correspondence courses in accordance with requirements of regular higher education in years of education, curricula, and total learning hours, so that they meet the standards for graduation of universities or junior colleges Institutions of higher learning for adults include radio and TV universities, colleges for staff and workers, colleges for farmers, colleges for management cadres, teachers' colleges, and independent correspondence colleges.

Enrollment Rate of Primary School-age Children refers to the proportion of school-age children enrolled at primary schools in the total number of school-age children both in and outside schools (including retarded children, but excluding blind, deaf and dumb children).

Scientific and Technological Activities refer to all those organized and systematic activities of science and technology which are closely connected with the emergence, development, diffusion and application of scientific and technological knowledge in all scientific and technological fields, such as natural sciences, agricultural science, medical science, engineering and technical science, humanities and social sciences. Organized and systematic activities refer to activities within the range of an institution, regarded as regular work of the institution and organized in a planned way by the personnel of the institution. At present, scientific and technological activities include activities in an organized and systematic way within the survey coverage, classified into three categories: (1) activities of research and development; (2) applied activities of research and development; (3) service activities of science and technology.

Activities of Research and Development refer to the systematic and creative work with the aim of widening knowledge and creating new uses for knowledge They entail four basic factors: (1) creative factor; (2) novel or innovative factor; (3) application of scientific methods; (4) emergence of new knowledge. They include three types: (1) basic research; (2) applied research; (3) experiments and development.

Surveyed Units of Scientific and Technological Activities refer to the number of survey units within the survey coverage. As for research and development institutions (including those under county administration) and scientific and technological information and literature institutions in natural sciences, social sciences and humanities, one institution constitutes a survey unit; as for institutions of higher education, one university or college accounts for a survey unit; as for enterprises, one enterprise is a survey unit.

Institutions of Scientific and Technological Activities refer to organic institutions engaged in scientific and technological activities within the survey coverage, including state-owned research and development institutions with independent accounting system (in the field of natural sciences, social sciences and humanities), including technological development institutions affiliated to institutions and large and medium-sized industrial enterprises. Full-time affiliated institutions of scientific and technological activities refer to those mainly and relatively stably engaged in technological activities with formal ratification of educational institutions and higher authorities. Technological development institutions affiliated to large and medium-sized industrial enterprises refer to special development institutions solely run by enterprises or jointly run with other units but keeping relatively independent administration from production system, or having their independent accounting system (such as research institutions or development departments of development centers run by enterprises).

Personnel Engaged in Scientific and Technological Activities refer to all the persons in the survey units engaged in scientific and technological activities during the reference period, i.e. those who are directly engaged in such activities or provide direct services to such activities with over 10% of their annual working hours devoted to scientific and technological activities.

Scientists and Engineers refer to persons who have completed regular undergraduate or higher level education and persons with senior or medium professional titles but without the aforesaid educational background.

Other Technical Personnel refer to persons involved in science and technology with secondary specialized education or junior college education and persons with junior professional titles but without the aforesaid educational background.

Personnel of Research and Development refer to persons who are engaged in research and development activities during the reference period, i.e. those in the survey units who are directly engaged in R & D activities or provide services to R & D activities in such forms as administration and technical services with over 10% of their annual working hours devoted to such activities It is the sum of full-time personnel and non-full-time personnel.

Total Funds for Scientific and Technological Activities refer to the funds for scientific and technological activities (including capital construction funds for scientific research) raised by the survey units from various channels during the reference period, including government funds, self-raised funds, bank loans and other funds.

Total Expenditure for Scientific and Technological Activities (Internal Expenditure) refers to the actual expenditure made for scientific and technological activities by the survey units during the reference period, including service expenses, operating expenses for scientific research, management expenses for scientific research, purchases of fixed assets with investment in non-capital construction, capital construction expenditure for scientific research and others, but excluding expenditure for productive activities, expenditure for return of loans and expenditure transferred to other units.

Total Expenditure on Research and Development refers to all actual expenditure made for R & D (basic research, applied research and experimental development) in the reference period, including direct expenditure on R & D activities and indirect expenditure on R & D activities such as management expenses, administrative expenses and investment in capital construction related to R & D.

Number of Prizes Won at and above Provincial Level refers to the number of various prizes in scientific and technological research won by the units engaged in scientific and technological activities from administrative departments for science and technology in provincial or central governments in the current year. If a prize is won in a cooperative way, it is reported only by the first listed unit so as to avoid duplication. As for achievements that have won several prizes, only one prize is reported Prizes won by achievements include all those at state level, provincial level and city (prefecture) level. State-level prizes are National Prize for Natural Sciences, National Invention Prize, National Prize for Progress in Science and Technology and National Spark Prize Prizes at provincial and ministerial level refer to major achievements and progress in science and technology awarded by the departments of the state council, provinces, autonomous regions and municipalities directly under the central government.

Number of Research Tasks (Projects) of Scientific and Technological Institutions refers to the number of research tasks (projects) on R & D, application of R & D and scientific and technological services, which are listed in the plans of scientific research or approved by administrative departments of the survey units and launched in the current year. It includes those newly started and those uncompleted in the preceding year but continued into the current statistical year.

十八、文化与体育

CULTURE AND SPORTS

十八 文化与体育

简要说明

一、本篇资料主要反映文化事业和体育的基本情况。

二、本篇资料主要包括：

1. 文化艺术、文物、图书馆、新闻出版、广播、电影、电视等文化事业的机构、人员及业务活动开展情况等。

2、体育系统职工人数、群众体育活动开展情况及运动竞技成绩等。

三、本篇资料由广东省统计局社会和科技统计处负责整理、编辑。

四、统计资料来源：

文化、体育统计资料是根据广东省文化厅、广东省新闻出版广电局、广东省体育局及广东省档案局等有关部门提供的统计年报加工整理。

18 Culture and Sports

Brief Introduction

Ⅰ. The data in this chapter show the basic conditions on the development Guangdong's cultural undertakings. as well as Sports.

Ⅱ. The data in this chapter mainly include:

(1) The data on institutions, personnel and business activities of culture and arts, cultural relics, libraries, news and publication, radio, film and television, etc.

(2) the number of staff and workers in sports departments， mass sports and athletics sports， etc.

Ⅲ. The data are prepared and edited by the Division of Social, Scientific and Technological Statistics of Statistics Bureau of Guangdong Province.

Ⅳ. Data sources:

The data on culture and sport are processed and prepared in accordance with the annual statistical reports provided by Guangdong Provincial Department of Culture, Guangdong Provincial Administration of Press ,Publication, Radio, Film and Television, Guangdong Provincial Bureau of Sports, Guangdong Provincial Bureau of Archives and the related departments.

18-1 文化、体育主要指标
Main Indicators on Culture and Education

指标	Item	2000	2005	2010	2012	2013
电影放映单位 (个)	Number of Film Projection Units (unit)	1626	720	1392	1419	1506
艺术表演团体 (个)	Number of Art Performance Troupes (unit)	138	139	133	61	75
文化馆 (个)	Number of Cultural Centers (unit)	118	117	129	137	147
公共图书馆 (个)	Number of Public Libraries (unit)	125	129	133	137	137
公共图书馆藏量 (万册、件)	Holdings of Public Libraries (10000 volumes)	2330	3119	4615	5403	6101
博物馆（含美术馆） (个)	Number of Museums (including arts museum) (unit)	131	146	169	168	191
博物馆藏品数(含美术馆)(万件)	Holdings of Museums (including arts museum) (10000 pieces)	49.09	66.22	84.46	98.22	105.46
档案馆 (个)	Number of Archives (unit)	161	185	205	209	204
利用档案 (万卷次)	Archives Utilized (10000 volume-times)	36.32	67.45	301.00	236.00	337.00
图书出版量 (万册)	Number of Books Published (10000 copies)	26978	22600	23134	29622	33022
杂志出版量 (万册)	Number of Magazines Published (10000 copies)	26299	20371	21201	18572	17460
报纸出版量 (亿份)	Number of Newspapers Published(100 million copies)	34.63	39.82	45.59	45.32	43.60
广播电台 (座)	Number of Radio Stations (unit)	106	22	22	22	22
电视台 (座)	Number of TV Stations (unit)	67	24	24	24	24
广播综合人口覆盖率 (%)	Overall Population Coverage Rate of Radio (%)	96.0	96.1	98.0	99.9	99.9
电视综合人口覆盖率 (%)	Overall Population Coverage Rate of Television (%)	96.4	96.4	98.0	99.9	99.9
举办全民健身活动次数 (次)	Number of National Body-building Activities Held (time)		7838	9477	8654	4231

注：1. 由于统计口径出现变化，已对2012年全省公共图书馆藏量数进行了调整。
2. 由于文化部门改制，2012年只统计事业单位和省直企业中的文化部门艺术表演团体。自2013年起，艺术表演团体口径进行调整，分为公有制艺术表演团体(事业)和公有制艺术表演团体(企业)。

Note: a)Data of 2012 of holdings of public libraries have been adjusted due to the change of coverage.
b)Due to institutional restructuring of cultural departments, the data of art performance troupes in 2012 only covers those of institutional organizations and directly under provincial jurisdiction.The coverage of art performance troupes has been adjusted to include public ownership art performance troupes(Institution) and public ownershipart performance troupes(Enterprises).

18-2 文化艺术、文物事业机构数

Number of Institutions of Culture, Arts and Cultural Relics

单位：个 (unit)

年份 Year	电影放映单位 Film Projection Units	艺术表演团体 Arts Performance Troupes	文化馆 Cultural Centers	公共图书馆 Public Libraries	博物馆 Museums	档案馆 Archives
1978	6346	172	124	76	30	
1980	7375	195	113	97	26	
1985	6037	171	123	117	106	
1990	4024	130	113	103	106	138
1991	4041	122	110	104	107	147
1992	3917	125	113	108	108	150
1993	3974	126	115	110	108	148
1994	3750	132	116	111	111	156
1995	3668	134	115	114	113	155
1996	3670	136	115	115	114	157
1997	3463	138	117	119	117	157
1998	3621	139	117	120	122	157
1999	2938	140	117	121	128	162
2000	1626	138	118	125	131	161
2001	1794	139	118	129	140	175
2002	904	141	120	131	140	185
2003	840	144	117	129	144	185
2004	684	140	119	128	143	185
2005	720	139	117	129	146	185
2006	1542	138	120	129	147	186
2007	1844	128	122	130	153	186
2008	1450	130	121	132	152	188
2009	1265	127	128	133	160	197
2010	1306	133	129	133	169	205
2011	1357	100	134	134	161	209
2012	1419	61	137	137	168	209
2013	1506	75	147	137	191	214

注：由于全国文化文物统计制度统计口径的改变，2009年以后博物馆包含美术馆，其他年份博物馆不含美术馆。

Note: Due to the change in statistical coverage in national culture and cultural relics survey, the number of museums after 2009 includes arts museum, and that of other years does not include arts museum.

18-3 文化部门艺术表演团体演出基本情况（2013年）

Basic Statistics on Performances of Art Troupes under(of) Cultural Departments (2013)

项目	Item	剧团数(个) Number of Troupes (unit)	国内演出场次(万场) Number of Domestic Performances (10000 shows)	#到农村演出 Shows in Rural Areas	国内演出观众人次(万人次) Number of Domestic Spectators (10000 person-times)
合　计	**Total**	**75**	**0.86**	**0.56**	**1255.57**
公有制艺术表演团体(事业)	Public Ownership Arts Performance Troupes (Institution)	43	0.48	0.36	768.16
国有	State-owned	43	0.48	0.36	768.16
集体	Collective-owned				
其他	Others				
公有制艺术表演团体(企业)	Public Ownership Arts Performance Troupes (Enterprises)	32	0.39	0.20	487.41
国有	State-owned	28	0.39	0.18	448.48
集体	Collective-owned				
其他	Others	4	…	0.02	38.93
按剧种分	**By Type of Art Performance Troupe**				
话剧、儿童剧、滑稽剧类	Modern Drama, Children Drama, Farce Drama	3	0.03	0.01	39.71
歌舞、音乐类	Dance, Music	21	0.14	0.03	234.27
京剧、昆曲类	Beijing Opera, Kunqu Opera				
地方戏曲类	Local Opera	38	0.58	0.46	794.03
杂技、魔术、马戏类	Magic, Acrobatics, Circus	3	0.04	0.01	59.00
曲艺类	Chinese Folk Art	6	0.09	0.01	62.56
乌兰牧骑	Nei Monggol Cultural Troupe Mounted on Horseback				
综合性艺术表演团体	Comprehensive Art Troupes	4	0.06	0.05	65.99

18-4 文化、文物机构及人员数（2013年）

Number of Institutions and Personnel in Culture and Cultural Relics (2013)

项目	Item	合计 Total		文化部门 Cultural Departments		其他部门 Others	
		机构数（个） Number of Institutions (unit)	人数（人） Number of Personnel (person)	机构数（个） Number of Institutions (unit)	人数（人） Number of Personnel (person)	机构数（个） Number of Institutions (unit)	人数（人） Number of Personnel (person)
总　计	**Total**	**18929**	**203819**	**2541**	**32496**	**16388**	**171323**
文化合计	Culture	18323	186621	2010	21511		
艺术事业	Arts	453	14901	114	5597	339	9304
图书馆事业	Libraries	137	4147	137	4147		
群众文化事业	Mass Culture	1746	10914	1746	10914		
艺术教育业	Art Education	6	762	6	762		
文化市场经营机构(不含非公有制艺术表演团体)	Cultural Market Operating Units	15974	155806			15974	155806
文艺科研	Scientific Research on Arts	7	91	7	91		
文物合计	Cultural Relics	270	4186	260	4025	10	161
文物科研机构	Institutions for Cultural Relics	4	188				
文物保护管理机构	Agencies of Cultural Relics Preservation	35	321				
博物馆	Museums	175	3396				
文物商店	Cultural Relics Stores	4	95				
其他文物机构	Other Agencies	52	186				
其他	Others	336	13012	271	6960	65	6052

18-5 公共图书馆、群众文化事业机构及人员数（2013年）

Number of Institutions and Personnel in Public Libraries and Mass Culture (2013)

项目	Item	合计 Total		文化部门 Cultural Departments		其他部门 Others	
		机构数（个） Number of Institutions (unit)	人数（人） Number of Personnel (person)	机构数（个） Number of Institutions (unit)	人数（人） Number of Personnel (person)	机构数（个） Number of Institutions (unit)	人数（人） Number of Personnel (person)
图书馆事业	**Libraries**	**137**	**4147**	**137**	**4147**		
#少儿图书馆	Children's Libraries	4	156	4	156		
群众文化事业	**Mass Culture**	**1746**	**10914**	**1746**	**10914**		
群众艺术馆、文化馆	Mass Art Centers	147	2660	147	2660		
文化站	Cultural Stations	1599	8254	1599	8254		

18-6 各市文化、文物事业机构数（2013年）

Number of Institutions in Culture and Cultural Relics by City (2013)

单位：个 (unit)

市别	City	艺术表演团体 Art Troupes	文化馆 Cultural Centers	公共图书馆 Public Libraries	博物馆(含美术馆) Museums (including art museums)	档案馆 Archives
广州	Guangzhou	7	13	14	30	17
深圳	Shenzhen	2	8	11	26	8
珠海	Zhuhai	3	4	3	3	6
汕头	Shantou	6	8	8	5	11
佛山	Foshan	2	7	6	16	13
#顺德	Shunde		1	1	3	1
韶关	Shaoguan	4	11	9	9	12
河源	Heyuan	4	7	7	6	7
梅州	Meizhou	5	9	10	10	11
惠州	Huizhou	1	6	5	6	9
汕尾	Shanwei	4	6	4	5	6
东莞	Dongguan		1	1	7	4
中山	Zhongshan		1	1	6	4
江门	Jiangmen	2	8	7	10	11
阳江	Yangjiang	1	5	4	4	8
湛江	Zhanjiang	8	11	8	6	13
茂名	Maoming	5	7	5	6	8
肇庆	Zhaoqing	2	9	9	7	11
清远	Qingyuan	2	9	9	11	11
潮州	Chaozhou	2	4	4	4	4
揭阳	Jieyang	5	6	6	6	6
云浮	Yunfu		6	5	5	9
省直属单位	Units Directly under Provincial Government	10	1	1	3	15
按经济区域分	By Region					
珠三角	Pearl River Delta	19	57	57	111	82
东翼	Eastern Region	17	24	22	20	32
西翼	Western Region	14	23	17	16	29
山区	Mountainous Region	15	42	40	41	56

注：各区域不包省直单位部分。

Note: By Region does not include agenies directly under provincial jurisdiction.

18-7 各市文化、文物事业机构的人员数（2013年）
Number of Personnel in Culture and Cultural Relics by City (2013)

单位：人 (person)

市别	City	艺术表演团体 Art Troupes	文化馆 Cultural Centers	公共图书馆 Public Libraries	博物馆(含美术馆) Museums (including art museums)	档案馆 Archives
广州	Guangzhou	762	234	578	670	134
深圳	Shenzhen	221	596	1073	269	45
珠海	Zhuhai	62	44	81	51	15
汕头	Shantou	203	113	121	50	71
佛山	Foshan	92	145	333	525	89
#顺德	Shunde		52	113	146	41
韶关	Shaoguan	108	165	107	118	87
河源	Heyuan	145	74	70	76	29
梅州	Meizhou	136	138	137	138	76
惠州	Huizhou	122	114	158	166	89
汕尾	Shanwei	207	71	57	60	24
东莞	Dongguan		75	184	309	21
中山	Zhongshan		25	58	104	36
江门	Jiangmen	43	93	107	93	80
阳江	Yangjiang	40	55	80	81	70
湛江	Zhanjiang	377	113	95	94	88
茂名	Maoming	135	90	150	80	78
肇庆	Zhaoqing	79	120	123	116	77
清远	Qingyuan	85	92	91	80	49
潮州	Chaozhou	116	62	41	59	30
揭阳	Jieyang	300	119	143	77	25
云浮	Yunfu		77	57	49	41
省直属单位	Units Directly under Provincial Government	1161	45	303	147	89
按经济区域分	By Region					
珠三角	Pearl River Delta	1381	1446	2695	2303	586
东翼	Eastern Region	826	365	362	246	150
西翼	Western Region	552	258	325	255	236
山区	Mountainous Region	474	546	462	461	282

注：各区域不包省直单位部分。
Note: "By Region" does not include agencies directly under provincial jurisdiction.

18-8 图书、杂志、报纸出版数量

Number of Books, Magazines and Newspapers Published

项 目	Item	1995	2000	2005	2010	2012	2013
图书出版	**Books Published**						
种数 (种)	Number of Publications (kind)	2510	4374	5908	6354	9851	10355
总印数 (万册)	Total Printed Copies(10000 copies)	36911	26978	22600	23134	29622	33022
总印张数(千印张)	Total Printed Sheets (1000 sheets)	1800632	1482942	1514191	1597301	2228062	2524984
杂志出版	**Magazines Published**						
种数 (种)	Number of Publications (kind)	329	337	366	380	381	381
总印数 (万册)	Total Printed Copies(10000 copies)	22740	26299	20371	21201	18572	17460
总印张数(千印张)	Total Printed Sheets (1000 sheets)	674634	919514	1116814	1251752	1121048	1080031
报纸出版	**Newspapers Published**						
种数 (种)	Number of Publications (kind)	130	101	102	100	101	101
总印数 (万份)	Total Printed Copies(10000 copies)	226441	346268	398152	455912	453166	436021
总印张数(千印张)	Total Printed Sheets (1000 sheets)	4747000	17669099	28996964	43788152	41319185	38654745

注：2000年开始报纸出版统计不包校报、院报。
Note: Since 2000, the number of newspaper published does not include that of college or institute newspaper.

18-9 图书出版情况（2013年）

Statistics on Books Published (2013)

门 类	Category	本版图书种数(种) Number of Publications (kind)	#新出 New Public-ations	总印数 (万册) Total Printed Copies (10000 copies)	总印张数 (千印张) Total Printed Sheets (1000 sheets)
合 计	**Total**	**10355**	**6866**	**33022**	**2524984**
马克思主义、列宁主义、毛泽东思想	Marxism, Leninism and Mao Zedong Thought	2	1	1	141
哲学	Philosophy	137	93	78	11290
社会科学总论	General Social Sciences	86	53	28	4794
政治、法律	Politics and Law	240	186	88	16078
经济	Economy	696	515	258	40411
军事	Military Affairs	22	18	18	2483
文化、科学、教育、体育	Culture, Science, Education and Sports	6065	3643	29863	2216009
语言、文字	Language, Philology	295	177	196	24550
文学	Literature	927	768	755	76342
艺术	Arts	657	570	1148	64902
历史、地理	History and Geography	397	285	176	22624
自然科学总论	General Natural Sciences	5	3	12	506
数理科学、化学	Mathematics, Physics and Chemistry	38	21	8	1228
天文学、地理科学	Astronomy and Geology	21	12	4	579
生物科学	Biological Science	17	11	6	541
医药、卫生	Medicine and Health Care	266	191	180	20355
农业科学	Agricultural Science	43	23	17	1401
工业技术	Industrial Technology	318	214	123	16314
交通运输	Transportation	26	20	10	1121
环境科学	Environmental Science	28	26	18	1332
航空、航天	Aeronautics and Aerospace	0	0	0	0
综合性图书	General Books	69	36	34	1984

注:本表图书种数、总印数和总印张不包含非“中国标准书号”部分。
Notes: Total Printed Copies and Total Printed Sheets does not include publications without “China International Standard Book Number”.

18-10 杂志出版情况（2013年）

Statistics on Magazines Published (2013)

项目	Item	种数（种）Number of Publications (kind)	平均期印数（万册）Average Printed Copies per Issue (10000 copies)	总印数（万册）Total Printed Copies (10000 copies)	总印张数（千印张）Total Printed Sheets (1000 sheets)
合　计	**Total**	**381**	**834**	**17460**	**1080031**
综　合	General	28	31	536	39960
哲学、社会科学	Philosophy, Social Sciences	98	360	8186	468781
自然科学、技术	Natural Sciences, Technology	180	248	5231	269861
文化、教育	Culture, Education	45	163	3017	251247
文学、艺术	Literature, Arts	30	30	490	50181

18-11 报纸出版情况（2013年）

Statistics on Newspapers Published (2013)

项　目	Item	种数(种) Number of Publications (kind)	平均期印数(万册) Average Printed Copies per Issue (10000 copies)	总印数(万册) Total Printed Copies (10000 copies)	总印张数(千印张) Total Printed Sheets (1000 sheets)
合　计	**Total**	**101**	**1734**	**436021**	**38654745**
按类型分	**By Type**				
综合报	General Newspapers	45	1058	350230	34799128
专业报	Specialized Newspapers	56	676	85791	3855617
按范围分	**By Region**				
省　级	Provincial-level Newspapers	34	845	206323	19582734
市　级	City-level Newspapers	67	889	229698	19072011

注：报纸出版情况统计表中，不含校报、院报数据。
Note: The number of newspaper does not include that of college or institute newspaper.

18-12　广播、电视事业发展情况
Statistics on Radio and Television Stations

项　　目	Item	1990	1995	2000	2005	2010	2012	2013
广播电台　　　　（座）	Number of Radio Stations	87	96	106	22	22	22	22
中波广播发射台和转播台　　（座）	Number of Medium Wave Radio Transmission Stations and Relaying Stations	12	13	10	16	21	21	27
电视台　　　　（座）	Number of Television Stations	38	56	67	24	24	24	24
1000瓦及以上电视发射台和转播台　（座）	Number of Television Transmission and Relaying Stations at 1000 W and above	23	41	49	40	83	83	83
县、市广播电视台(座)	Number of Radio and Television Stations in Counties and Cities	93	67	83	78	79	79	79
有线广播电视用户　（万户）	Number of Subscribers to Cable Radio and Television　(10000 subscribers)				1121.90	1701.53	1913.01	1980.27
数字电视用户　（万户）	Number of Subscribers to Digital Television　(10000 subscribers)				100.60	950.45	1432.87	1571.11

注：1000瓦及以上电视发射台和转播台，从2006年起改为100瓦以上(含100瓦)电视发射台和转播台。

Note: Television transmission and relaying stations at 1000 W and above since 2006 have been replaced by television transmission and relaying stations at 100W and above.

18-13　广播电台宣传基本情况（2013年）
Basic Statistics on Radio Stations (2013)

项　目	Item	广播电台（座）Number of Radio Stations (unit)	节目套数（套）Number of Programs (unit)	平均每日播音时间（小时）Average Daily Broadcasting Hours (hour)	#自办节目时间 Self-produced Programs	#新闻节目 News Programs	#专题节目 Special Subject Programs	#文艺节目 Programs of Entertainment
合　计	**Total**	**22**	**129**	**2103**	**1591**	**388**	**383**	**451**
省　级	Provincial Level	1	9	214	210	18	31	24
市　级	City Level	21	53	932	807	161	200	193
县　级	County Level		67	957	574	209	152	234

18-14 电视台宣传基本情况（2013年）
Basic Statistics on Television Stations (2013)

项目	Item	电视台（座） Television Stations (unit)	节目套数（套） Number of Programs (unit)	平均每日播出音时间(小时) Average Daily Broadcasting Hours (hour)	#自办节目时间 Self-produced Programs	#新闻节目 News Programs	#专题节目 Special Subject Programs	#文艺节目 Entertainment Programs
合　计	**Total**	**24**	**134**	**1927**	**579**	**321**	**225**	**32**
省　级	Provincial Level	2	14	312	102	57	37	7
市　级	City Level	22	61	1071	320	145	136	17
县　级	County Level		59	544	157	119	52	8

18-15 各市广播、电视事业机构数（2013年）
Number of Institutions of Radio and Television by City (2013)

单位：座　　(unit)

市别	City	广播电台 Number of Radio Stations	中波广播发射台和转播台 Number of Medium Wave Radio Transmission Stations and Relaying Stations	电视台 Number of Television Stations	100瓦及以上电视发射台和转播台 Number of Television Transmission and Relaying Stations at 100 W and above	县、市广播电视台 Number of Radio and Television Stations in Counties and Cities
广　州	Guangzhou	1	2	1	3	7
深　圳	Shenzhen	1	2	2	2	3
珠　海	Zhuhai	1		1	1	2
汕　头	Shantou	1	1	1	6	
韶　关	Shaoguan	1	1	1	8	8
河　源	Heyuan	1		1	2	5
梅　州	Meizhou	1	1	1	8	7
惠　州	Huizhou	1	1	1	6	4
汕　尾	Shanwei	1		1	2	3
东　莞	Dongguan	1		1	1	
中　山	Zhongshan	1		1	1	
江　门	Jiangmen	1		1	6	5
佛　山	Foshan	1		1		
阳　江	Yangjiang	1		1	3	3
湛　江	Zhanjiang	1	1	1	5	5
茂　名	Maoming	1	1	1	4	4
肇　庆	Zhaoqing	1		1	3	6
清　远	Qingyuan	1		1	5	7
潮　州	Chaozhou	1		1	1	2
揭　阳	Jieyang	1		1	5	4
云　浮	Yunfu	1		1	5	4
省直属单位	Units Directly under Provincial Government	1	17	2	6	

18-16 体育事业情况
Statistics on Sports

指　标	Item	1995	2000	2005	2010	2012	2013
体育系统年末职工人数(人)	**Number of Staff and Workers in Sports Departments at the Year-end (person)**	**8730**	**9635**	**8762**	**9405**	**10057**	**11795**
运动员	Athletes	1043	1462	1695	1036	1427	3160
专职教练员	Full-time Coaches	1464	1469	1568	1094	1352	1628
专职文化教师	Full-time Teachers for Literacy Classes	644	785	722	918	785	900
科技人员	Scientific and Technological Personnel	76	90	85	113	58	109
宣传出版人员	Publicity and Publishing Personnel	17	5				
医务人员	Medical Personnel	163	196	141	97	101	80
管理人员	Administrative Personnel	2743	3131	2241	3328	3610	3793
其他人员	Others	2580	2497	2310	2819	2724	2125
体育比赛成绩	**Achievements in Sports Tournament**						
破世界纪录 (项)	Number of World Records Chalked Up(item)	3	5		1	1	2
获世界冠军 (个)	Number of World Championships Won(unit)	31	36	26	27	25	25
破亚洲纪录 (项)	Number of Asian Records Chalked Up(item)	3	4	2	2	2	0
破全国纪录 (项次)	Number of National Records Chalked Up (item-time)	10	6	8	5	5	3
获得全国冠军 (项次)	Number of National Championships Won (item-time)	113	156	133	132	136	235
体育活动开展情况	**Sports Meets and Activities**						
举办全民健身活动次数(次)	Number of National Body-building Activities Held (time)			7838	9477	8654	4231

注：2009-2012年口径为正式运动员，2013年口径除正式运动员外，还包含集训、实训、职业过渡期运动员。

Note: The number of athletes from 2009 to 2012 refers to formal athletes only.Since 2013, the number of athletes includes trainer athletes and occupation transition athletes besides formal athletes.

主要统计指标解释

文化事业机构　指从事专业文化工作和为专业文化工作服务的独立建制的单独核算的单位。不包括这些单位另外举办独立核算的其他机构和各部门的业余文化组织。

艺术表演团体　指由文化部门主办或者实行行业管理（经文化行政部门审批并领取营业性演出许可证），专门从事表演艺术等活动的各类专业艺术表演团体，含民间职业剧团（不包括群众业余文艺表演团体）。

电影放映单位　指具有放映机器设备、固定或不固定的放映场所与专职或兼职的放映技术人员，经有关部门登记批准，经常为一定的观众对象放映电影的机构。包括经批准对外开放进行营业，并与电影发行放映管理机构分帐的专用放映单位和军委系统租片单位。

艺术表演观众人数(人次)　指售票、包场等有演出收入的场次和政府采纳的公益性演出场次及参加汇演、 等无演出收入的公开演出场次，不包括彩排审查和内部观摩演出的观看人次数。

Explanatory Notes on Main Statistical Indicators

Cultural Institutions refer to units which have their own organizational system and independent accounting system and specialize in or serve cultural development. They exclude other establishments with independent accounting system run by these cultural institutions and amateur cultural groups established by various departments.

Arts Performance Troupes refer to the various professional performing arts groups, which sponsored by the cultural sectors or guided by the cultural society (approved by the cultural administration authority, or registered and permitted with the relative certificate), including non-governmental troupes. The mass amateur arts performance troupes are not included.

Film Projection Units refer to units with film projection equipment, full or part-time projectionists, permanent or non-permanent cinemas, approved by and registered with related administrative departments to show films regularly for certain groups of audience, including film projection units which have been approved to give commercial shows and share profits with administrative agencies of film circulation and projection, as well as film renting units of the military system.

Number of Spectators at Art Performance (person-time) refers to the number of attendants at commercial shows, completely booked shows or free shows given in minority national areas, excluding the number of spectators at rehearsals for examination and internal shows for study.

十九、卫生、
社会福利、社会保障和其他

PUBLIC HEALTH, SOCIAL WELFARE, SOCIAL INSURANCE AND OTHERS

十九 卫生、社会福利、社会保障和其他

简要说明

一、本篇资料主要反映广东卫生、社会福利、社会保险、安全生产及其他事业的发展情况。

二、本篇资料由广东省统计局社会科技统计处负责整理、编辑。

三、卫生部分主要包括卫生事业机构、床位及人员数等，资料由广东省卫计委提供。

四、社会福利部分主要包括各种社会福利事业的机构数、收养救济人数、城乡基层社会保障情况、婚姻登记状况等，资料由广东省民政厅提供。

五、社会保险部分主要包括社会基本养老、失业保险基金征缴额和征缴率、社会保险参保人数等，资料由广东省人力资源和社会保障厅提供。

六、亿元生产总值安全生产事故死亡率数据由广东省安全生产监督管理局提供。

七、其他部分主要包括司法工作开展情况和交通、火灾事故发生情况等，资料由广东省司法厅 、广东省公安厅提供。

19 Public Health,Social Welfare,Social Insurance and Others

Brief Introduction

Ⅰ. The data in this chapter mainly show the development of Guangdong's public health，social welfare，social security, safe production and other undertakings.

Ⅱ. The data are prepared by the Division of Population，Social，Scientific and Technological Statistics , Energy of Statistics Bureau of Guangdong Province.

Ⅲ. The data on public health mainly include the number of health institutions，hospital beds and personnel，etc. The data are provided by Health Depart ment of Guangdong Province.

Ⅳ. The data on social welfare mainly include the number of institutions，the number of persons receiving social welfare relief funds，grassroots social security in urban and rural areas and marriage registration status，etc. The data are provided by Guangdong Provincial Department of Civil Affairs.

Ⅴ.The data on social security mainly include the amount collected and percentage of Collection of Basic Retirement Security Insurance and Unemployment Insurance, the number of persons participating in Social Insurance, etc. The data is provided by Guangdong Provincial Department of Human Resources and Social Security.

VI. The rate of death from work safety accidents per 100 million yuan of GDP is provided by Guangdong Provincial Bureau of Work Safety.

Ⅶ. Other data mainly include judicial conditions and basic statistics on traffic and fire accidents，etc. The data are provided by Guangdong Provincial Department of Justice and Guangdong Provincial Department of Public Security.

19-1 卫生、社会福利和其他主要指标

Main Indicators of Sports, Public Health, Social Welfare, Environmental Protection and Others

指标	Item	2000	2005	2010	2012	2013
卫生事业机构数 (个)	Number of Health Institutions (unit)	8984	16318	16541	17470	19088
#医院、卫生院	Hospitals	2426	2428	2444	2437	2447
卫生事业机构床位数 (万张)	Number of Beds in Health Institutions(10000 units)	16.81	20.97	30.01	35.53	37.84
#医院、卫生院床位	Hospital Beds	15.72	19.26	27.71	32.47	34.65
卫生技术人员数 (万人)	Number of Medical Technical Personnel (10000 persons)	26.5	29.73	44.65	51.03	54.56
#医生	Doctors	11.12	11.80	16.85	19.21	20.37
平均每千户籍人口医院、卫生院床位数 (张)	Number of Hospital Beds per 1000 Population(bed)	2.12	2.44	3.25	3.76	3.96
平均每千户籍人口有卫生技术人员数 (人)	Number of Medical Technical Personnel per 1000 Population (person)	3.57	3.76	5.35	6.02	6.34
#医生	Doctors	1.50	1.49	2.05	2.31	2.41
优抚收养性单位收养人数 (人次)	Number of Persons Adopted by Special Care Units (person)	1785	2600	3179	3836	3647
社会救济总人数 (万人)	Number of Persons Receiving Relief Funds (10000 persons)	154.70	262.28	288.00	293.32	249.00
准予登记结婚对数 (对)	Registered Marriages (couple)	562118	589408	857146	870741	866498
#涉外婚姻	Marriages with Foreigners	11730	10905	6698	8558	8225
离婚总数 (对)	Total Divorces (couple)	47521	80873	127048	155446	176976
执业律师人数 (人)	Number of Full-time Lawyers (person)	7292	12020	20228	23209	25093
公证人员数 (人)	Number of Notarial Personnel (person)	1380	1527	1694	1995	2116
人民调解委员会调解人员数 (人)	Number of Mediators of People's Mediation Committees (person)	250117	163459	190775	183963	183188
亿元生产总值生产安全事故死亡率	Rate of Death from Work Safety Accidents per 100 Million Yuan of Gross Regional Product	1.08	0.51	0.15	0.11	0.10
交通事故发生数 (起)	Number of Traffic Accidents (unit)	66072	67756	30480	25719	25416
交通事故损失折款 (万元)	Losses from Traffic Accidents Converted into Cash (10000 yuan)	27526	20883	8051	7915	8011
火灾事故发生数 (起)	Number of Fire Accidents (unit)	8622	3176	6065	8101	21100
火灾事故损失折款 (万元)	Losses from Fire Accidents Converted into Cash (10000 yuan)	10065	7629	17500	21798	37800

注：2010年起每千人口医师、护士、卫生技术人员含村卫生室医生、护士数。
Note: Since 2010, Number of Medical Technical Personnel per 1000 Population includes the number of doctors and nurses of village clinics.

19-2 卫生事业机构、床位及人员数

Number of Health Institutions, Beds and Personnel

年份 Year	机构（个）Health Institutions (unit)	#医院及卫生院 Hospitals	床位（张）Beds (bed)	#医院及卫生院床位 Hospital Beds	卫生工作人员（人）Medical Personnel (person)	#卫生技术人员 Medical Technical Personnel
1978	6949	1968	90645	84120	159583	126606
1979	7304	1974	91955	85144	171703	136568
1980	7649	1988	92506	84999	181480	144537
1981	8045	2002	94794	87010	191370	151971
1982	8331	2014	97441	88688	202162	160710
1983	8443	2037	100042	90851	208506	166543
1984	8525	2042	103231	93770	213193	170495
1985	8479	1853	107702	98231	220593	175337
1986	8713	1860	110022	99632	225526	180045
1987	8705	1880	114773	104932	230444	184126
1988	8820	1906	119328	109280	234807	187307
1989	8948	1886	122055	111816	240581	192147
1990	8989	1885	124015	114056	244039	194771
1991	9032	1906	129774	119079	249717	199051
1992	8989	1943	135527	124835	257043	205110
1993	8572	1968	139812	129317	267432	211874
1994	8720	2231	144865	134334	277398	220153
1995	8848	2267	148825	137756	288715	229894
1996	8921	2319	151553	141221	196108	237623
1997	8942	2348	155313	144496	305562	245862
1998	8805	2373	158351	147604	313737	252213
1999	8699	2415	162398	151367	320432	258591
2000	8984	2426	168143	157164	327065	264990
2001	8638	2444	172735	162197	330418	268347
2002	15500	2415	180791	165498	323294	262633
2003	15409	2410	188543	172981	336175	273620
2004	15744	2391	200056	183107	348203	283351
2005	16318	2428	209741	192551	364520	297334
2006	16953	2433	221886	204071	408972	332829
2007	16490	2435	234179	216951	452080	360674
2008	15821	2428	250497	231583	479462	383876
2009	16238	2442	271972	250364	513997	413444
2010	16541	2444	300083	277126	550269	446456
2011	16962	2411	325038	298070	582244	476446
2012	17470	2437	355274	324744	620173	510288
2013	19088	2447	378367	346478	667072	545562

注：从2002年开始，机构数中包含个体诊所机构数；人员、总计中不含乡村医疗点。

Note: Since 2002, the number of institutions has included the number of individual clinics, but has excluded the number of rural medical stations;the number of personnel has excluded the number of certified (assistant) doctors in rural medical stations.

19-3 卫生事业机构、床位和人员数（2013年）
Number of Health Institutions, Beds and Personnel (2013)

机构类别	Type of Institution	机构（个）Number of Institutions (unit)	床位数（张）Beds (bed)	人员数（人）Personnel (person)	#卫生技术人员 Medical Technical Personnel	#执业(助理)医师 Certified (Assistant) Doctors
合　计	**Total**	**19088**	**378367**	**667072**	**545562**	**203673**
医　院	Hospitals	1222	294219	415044	337768	112207
卫生院	Health Centers	1225	52259	80412	66978	29256
疗养院	Sanatoriums	14	1869	1457	816	314
社区卫生服务中心	Community Health Service Centers	1036	7316	38649	32913	14632
社区卫生服务站	Community Health Service Stations	1453	21	7207	6484	2759
门诊部、诊所、卫生所等	Outpatient Departments and Clinics	11989	284	50511	45054	24934
#诊所	Outpatient Departments	7522		19758	18509	11368
卫生所(医务室)	Clinics (Medical Stations)	2369		6733	6389	3867
急救中心(站)	Emergency Centers (Stations)	16		405	219	54
采供血机构	Blood Taking and Supply Agencies	42		2203	1584	253
妇幼保健院(所、站)	Maternity and Child Care Centers	128	17438	33985	28333	9295
专科疾病防治院(所、站)	Specialized Prevention and Treatment Stations	141	4961	8238	6360	2656
疾病预防控制中心(防疫站)	Disease Prevention and Control Centers (Antiepidemic Stations)	137		10680	7808	4053
卫生监督所	Sanitation Supervision Stations	141		4394	3342	
卫生监督检验(监测、检测)所(站)	Sanitation Supervision Quarantine Stations	1			4	
医学科学研究机构	Research Institutions of Medical Science	17		91	51	25
医学在职培训机构	On-the-job Medical Training Institutions	17		868	297	143
健康教育所(站、中心)	Health Education Stations (Centers)	33		276	129	67
其他卫生机构	Other Health Agencies	1476		12652	7422	3025
乡村医疗点	**Rural Medical Stations**	**28767**				**7388**

注：2008年起,门诊部、诊所、卫生所等含护理站；总数中不含乡村医疗点数。
Note: Since 2008, the number of outpatient departments and clinics include that of nurse stations.

19-4 各市卫生事业机构、床位和人员数（2013年）

Number of Health Institutions, Beds and Personnel by City (2013)

市别	City	机构（个）Number of Institutions (unit)	#医院 Hospitals	床位数（张）Beds (bed)	#医院床位 Hospital Beds	卫生工作人员（人）Medical Personnel (person)	#卫生技术人员 Medical Technical Personnel	执业(助理)医师（人）Certified Doctors (person)
全省总计	**Provincial Total**	**19088**	**1222**	**378367**	**294219**	**667072**	**545562**	**203673**
广　州	Guangzhou	2639	222	73301	64864	139831	114322	39342
深　圳	Shenzhen	2885	121	29296	27141	83335	66624	25715
珠　海	Zhuhai	518	37	7510	6251	15690	13138	4941
汕　头	Shantou	618	38	14667	12027	23159	18966	8171
佛　山	Foshan	1194	89	27073	23845	47904	39714	14179
#顺　德	Shunde	408	30	8312	7904	15532	12545	4514
韶　关	Shaoguan	657	61	14730	10845	20603	16835	6229
河　源	Heyuan	385	28	10280	4661	14344	12001	4309
梅　州	Meizhou	1042	32	14079	9065	23284	19400	7915
惠　州	Huizhou	1096	63	19155	12714	30093	24933	9154
汕　尾	Shanwei	376	25	7089	4627	11552	9073	4525
东　莞	Dongguan	1106	103	25736	25026	49378	40074	13770
中　山	Zhongshan	502	47	12225	12102	21514	18082	6013
江　门	Jiangmen	775	39	16795	12476	26200	21815	7723
阳　江	Yangjiang	434	37	8569	6048	13747	11259	4006
湛　江	Zhanjiang	1190	79	26402	17894	35357	28368	10331
茂　名	Maoming	456	48	21458	12954	28063	23570	9834
肇　庆	Zhaoqing	880	50	12688	9340	23678	18452	5827
清　远	Qingyuan	822	40	13003	7849	20095	17175	6632
潮　州	Chaozhou	793	20	5732	3524	9438	7415	3712
揭　阳	Jieyang	347	26	11597	6768	18334	14886	7842
云　浮	Yunfu	373	17	6982	4198	11473	9460	3503
按经济区域分	By Region							
珠三角	Pearl River Delta	11595	771	223779	193759	437623	357154	126664
东　翼	Eastern Region	2134	109	39085	26946	62483	50340	24250
西　翼	Western Region	2080	164	56429	36896	77167	63197	24171
山　区	Mountainous Region	3279	178	59074	36618	89799	74871	28588

19-5 各类卫生事业机构、床位和人员数

Number of Health Institutions, Beds and Personnel by Type

指　　标	Item	1995	2000	2005	2010	2012	2013
机构数　（个）	**Number of Institutions　(unit)**	**8848**	**8984**	**16318**	**16541**	**17470**	**19088**
医院	Hospitals	665	746	965	1088	1185	1222
卫生院	Health Centers	1602	1680	1463	1356	1252	1225
门诊部、诊所、卫生所(所)	Clinics, Health Stations and Community Health	5737	5710	12675	11056	11903	11989
专科防治机构	Specialized Prevention and Treatment Stations	165	158	157	147	147	141
疾病预防控制机构	Sanitation and Anti-epidemic Institutions	177	171	134	134	138	137
妇幼保健机构	Maternity and Child Care Centers	67	31	125	126	127	128
医学科学研究机构	Research Institutions of Medical Science	20	20	20	18	18	17
其他卫生机构	Other Health Care Institutions	415	468	779	2616	2700	5332
床位数　（张）	**Number of Beds　(unit)**	**148825**	**168143**	**209741**	**300083**	**355274**	**378367**
人员数　（人）	**Number of Personnel　(person)**	**288715**	**327065**	**364520**	**550269**	**620173**	**667072**
卫生技术人员	Medical Technical Personnel	229894	264990	297334	446456	510288	545562
#医生	Doctors	98877	111172	118023	168486	192107	203673
注册护士	Nurses	64504	83198	98791	165589	197256	215326
其他技术人员	Other Technical Personnel	6728	8910	16596	20325	21220	23249
管理人员	Administrative Personnel	22944	24320	21600	29541	27619	30250
工勤人员	Logistics Personnel	29149	28845	28990	53947	61046	68011

注：从2002年开始，机构数中包含个体诊所机构数；门诊部(所)含门诊部、诊所、卫生所、医务室、护理站等；妇幼保健院归入妇幼保健机构统计；医生指执业(助理)医师。2008年起，门诊部(所)含护理站，不含社区卫生服务站(纳入其他卫生机构)。

Note: Since 2002, the number of institutions has included the number of individual clinics, covered in the category of outpatient departments (clinics); maternity and child care centers have been included in the number of maternity and child care institutions; doctors have referred to certified (assistant) doctors; and Since 2008, clinics include nurse stations, but excludce community health stations, which is listed as Other Healthcare Institutions.

19-6 各市社会基本养老、失业保险基金征缴额和征缴率（2013年）

Amount Collected and Percentage of Collection of Basic Retirement Security Insurance and Unemployment Insurance by City (2013)

市别	City	城镇职工基本养老保险 Basic Retirement Security Insurance		失业保险 Unemployment Insurance	
		基金征缴额 (万元) Amount Collected (10000 yuan)	基金征缴率 (%) Percentage of Collection (%)	基金征缴额 (万元) Amount Collected (10000 yuan)	基金征缴率 (%) Percentage of Collection (%)
合　计	**Total**	**17477823**	**99.1**	**1192134**	**99.4**
广　州	Guangzhou	3252917	100.0	305995	100.0
深　圳	Shenzhen	4751820	99.9	512940	99.6
珠　海	Zhuhai	603533	99.7	46043	99.9
汕　头	Shantou	324657	100.0	25801	100.0
佛　山	Foshan	1392568	100.0	59784	100.0
韶　关	Shaoguan	214027	99.4	16829	93.7
河　源	Heyuan	128775	98.2	8735	95.8
梅　州	Meizhou	212655	100.0	5732	100.0
惠　州	Huizhou	438096	99.3	13682	100.0
汕　尾	Shanwei	86778	55.2	4822	66.1
东　莞	Dongguan	1553632	99.7	39879	99.6
中　山	Zhongshan	616209	100.0	28743	100.0
江　门	Jiangmen	555756	97.1	28627	98.5
阳　江	Yangjiang	112334	95.6	6658	97.6
湛　江	Zhanjiang	316569	97.6	15541	98.9
茂　名	Maoming	256701	95.9	18106	97.1
肇　庆	Zhaoqing	247003	100.0	18599	100.0
清　远	Qingyuan	227491	99.9	15208	99.9
潮　州	Chaozhou	150629	96.9	8831	99.7
揭　阳	Jieyang	196787	88.2	5076	99.0
云　浮	Yunfu	98562	98.4	6504	99.6
省　直	Directly under Provincial Government	1740322	100.0		
按经济区域分	By Region				
珠三角	Pearl River Delta	13411534	99.8	1054292	99.7
东　翼	Eastern Region	758851	88.2	44530	94.7
西　翼	Western Region	685604	96.6	40305	97.9
山　区	Mountainous Region	881510	99.4	53008	97.2

注：各区域不包省直单位部分。

Note: “By Region” does not include agencies directly under provincial jurisdiction.

19-7 各市社会保险参保人数（2013年）

Number of Persons Participating in Social Insurance by City (2013)

单位：万人 (10000 persons)

市别	City	城镇职工基本养老保险参保人数 Number of Persons Participating in Basic Retirement Security Program	失业保险参保人数 Number of Persons Participating in Unemployment Insurance	医疗保险参保人数 Number of Persons Participating in Health Care Program	工伤保险参保人数 Number of Persons Participating in Industrial Accident Insurance	生育保险参保人数 Number of Persons Participating in Child-bearing Insurance
合计	**Total**	**4183.04**	**2705.09**	**9179.75**	**3057.25**	**2711.59**
广州	Guangzhou	602.93	413.23	803.89	415.39	319.42
深圳	Shenzhen	834.91	930.45	1157.65	987.96	580.46
珠海	Zhuhai	107.80	87.42	151.98	88.39	87.82
汕头	Shantou	127.88	69.77	501.27	67.65	65.62
佛山	Foshan	351.98	208.83	464.27	218.13	210.39
韶关	Shaoguan	61.75	28.03	90.04	40.05	16.91
河源	Heyuan	44.93	26.91	65.04	27.04	20.55
梅州	Meizhou	91.79	23.50	476.40	24.77	24.71
惠州	Huizhou	206.80	127.38	414.06	142.48	159.30
汕尾	Shanwei	45.27	15.03	293.06	16.01	13.01
东莞	Dongguan	529.26	322.44	618.09	496.03	618.09
中山	Zhongshan	217.00	149.42	255.90	151.11	255.90
江门	Jiangmen	181.20	71.24	385.31	73.86	70.93
阳江	Yangjiang	52.95	19.70	251.74	22.00	17.62
湛江	Zhanjiang	99.28	36.38	694.31	36.94	37.04
茂名	Maoming	87.92	26.13	648.71	31.24	25.78
肇庆	Zhaoqing	72.07	41.05	400.05	43.14	40.41
清远	Qingyuan	75.34	35.58	404.02	40.42	36.02
潮州	Chaozhou	62.24	36.62	258.43	36.44	26.46
揭阳	Jieyang	93.38	19.22	577.44	19.02	21.25
云浮	Yunfu	34.70	16.77	268.07	17.21	12.74
省直	Directly under Provincial Government	201.65			61.97	51.14
按经济区域分	By Region					
珠三角	Pearl River Delta	3103.95	2351.45	4651.21	2616.48	2342.72
东翼	Eastern Region	328.77	140.64	1630.21	139.13	126.33
西翼	Western Region	240.15	82.21	1594.76	90.18	80.45
山区	Mountainous Region	308.51	130.79	1303.57	149.50	110.95

注：各区域不包省直单位部分。

Note: "By Region" does not include agencies directly under provincial jurisdiction.

19-8 优抚、社会救济和福利事业情况

Statistics on Preferential Treatment and Resettlement, Social Relief and Welfare

项　目	Item	1995	2000	2005	2010	2012	2013
优抚事业	**Preferential Treatment and Resettlement**						
优抚收养性事业单位数(个)	Number of Institutions for Preferential Treatment and Resettlement (unit)	58	63	81	81	81	79
编制登记	Registered with State Office for Public Sector Reform				57	57	50
工商登记	Registered with Industry and Commerce Administration						
民政登记	Registered with Civil Affairs Administration				21	19	6
未登记	Unregistered				3	5	23
优抚收养性单位收养人数 (人次)	Number of Persons Adopted byPreferential Treatment and Resettlement Institutions (person-time)	1918	1785	2600	3179	3836	3647
编制登记	Registered with State Office for Public Sector Reform				2896	3552	3271
工商登记	Registered with Industry and Commerce Administration						
民政登记	Registered with Civil Affairs Administration				177	167	22
未登记	Unregistered				106	117	354
优抚事业费用 (万元)	Expenses onPreferential Treatment and Resettlement (10000 yuan)	30749	57759	132738	181099	261777	314419
民政部门支出	Expenses by Civil Administration Departments	16003	31503	132738	181099	261777	314419
群众优待	Mass Preferential Treatment and Resettlement	14746	26256				
社会救济	**Social Relief**						
社会救济总人数 (万人)	Total Number under Social Relief (10000 persons)	337.80	154.70	262.28	288.00	293.3	249.0
#农村传统救济对象人数	Number of People Receiving Traditional Social Relief in Rural Areas	244.30	87.10	18.22	31.40	31.2	17.5
城乡居民最低生活保障人数 (万人)	Number of Urban and Rural Residents Receiving Minimum Income Relief (10000 persons)		38.00	167.59	224.70	215.0	197.2
城镇	Urban Areas		14.90	42.16	40.70	37.2	34.0
农村	Rural Areas		23.10	125.43	184.00	177.8	163.2
城乡居民最低生活保障家庭户数 (万户)	Number of Urban and Rural Households Receiving Minimum Income Relief (10000 households)		15.00	64.19	91.80	95.0	88.3
城镇	Urban Areas		5.50	15.01	17.30	16.5	16.1
农村	Rural Areas		9.50	49.18	74.50	78.5	72.1
城乡居民最低生活保障金支出 (万元)	Expenditures on Minimum Income Relief for Urban and Rural Residents (10000 yuan)		19334	81255	244490	399793	470565
城镇	Urban Areas		11460	39206	79665	105925	130450
农村	Rural Areas		7874	42049	164825	293868	340114

19-8 续表 continued

项　目	Item	1995	2000	2005	2010	2012	2013
社会救济福利事业费 (万元)	Expenses on Social Relief and Welfare (10000 yuan)	18975	61538	120143	478211	873889	1029894
自然灾害救济费 (万元)	Relief Funds for Natural Calamities (10000 yuan)	10356	8456	35257	45995	30013	68784
社会福利	**Social Welfare**						
提供住宿的社会服务机构(个)	Number of Social Welfare Institutions with Accomodations (unit)	1887	2086	2070	2514	2488	1913
编制登记	Registered with State Office for Scopsr				256	291	429
工商登记	Registered with Industry and Commerce Administration				27	30	30
民政登记	Registered with Civil Affairs Administration				1791	1786	566
未登记	Unregistered				440	381	888
提供住宿的社会服务机构年末在院人数 (人)	Number of People Taken in by Social Welfare Institutions with Accomodations at the year-end (person)	37364	51085	63256	92224	91606	89894
编制登记	Registered with State Office for Scopsr				26402	28336	32786
工商登记	Registered with Industry and Commerce Administration				3188	3566	3780
民政登记	Registered with Civil Affairs Administration				51516	52221	35088
未登记	Unregistered				11118	7483	18240
社会福利企业单位 (个)	Number of Social Welfare Enterprises (unit)	4440	517	251	172	157	154
安排"四残"人员就业数 (人)	Number of "Four Kinds of Disabled Persons" Arranged for Employment (person)	20365	8165	6266	4818	5618	5987
编制登记	Registered with State Office for Scopsr				75	148	139
工商登记	Registered with Industry and Commerce Administration				4743	5470	5848
城乡基层社会保障	**Urban and Rural Social Security**						
农村建立社会保障网络乡镇数 (个)	Number of Townships with Rural Social Security Network (unit)	1223	1536	1156			
城镇社区服务设施数 (个)	Number of Urban Community Service Facilities (unit)	2505	4983	9044	15960	34284	45233
社区服务中心数	Community Service Centers				1366	1707	2523
社区服务站数	Community Service Stations		787	665	1632	8194	12381
其它社区服务设施数	Others				12962	24383	30329

注：2013年起，社会福利收养性事业单位数和社会福利收养性事业单位收养人数指标分别修改为提供住宿的社会服务机构数和提供住宿的社会服务机构年末在院人数。

Note: Since 2013, the indicator of number of social welfare institutions and number of people taken in by social welfare institutions are amended as the indicator of social welfare institutions with accomodations and number of people taken in by social welfare institutions with accomodations at year-end respectively.

19-9 婚姻登记情况

Statistics on Marriage Registration

项　目	Item	1995	2000	2005	2010	2012	2013
国内结婚登记	**Domestic Marriage Registration**						
准予登记结婚　(对)	Registered Marriages　(couple)	583852	550388	578503	850448	862183	866498
#恢复结婚	Resumption of Marriages	753	1515	3421	12764	13666	16918
初婚人数　(人)	Number of First Marriages　(person)	1143110	1058051	1115700	1583025	1597762	1594855
再婚人数　(人)	Number of Remarriages　(person)	24594	42725	63116	131267	143720	154591
男性	Male	13682	25251	37314	73731	78597	84160
女性	Female	10912	17474	25802	57536	65123	70431
涉外结婚登记	**Marriage Registration with Foreigners, Overseas Chinese and Citizens of Hong Kong, Macao and Taiwan**						
准予登记结婚　(对)	Registered Marriages　(couple)	12837	11730	10905	6698	8558	8225
准予登记结婚人数(人)	Number of Persons Registered　(person)	25674	23460	21810	13396	17116	16450
国内公民	Domestic Citizens	12837	11608	10901	6676	8519	8163
男性	Male	1272	1932	4851	1435	3151	2238
女性	Female	11565	9676	6050	5241	5368	5925
港澳同胞	Compatriots from Hong Kong and Macao	8060	5247	4698	2317	3775	3434
台湾同胞	Compatriots from Taiwan	652	1409	1172	770	961	947
华侨	Overseas Chinese	2032	1848	1584	1069	1693	1781
外国人	Foreigners	2093	3348	3455	2564	2168	2125
离婚	**Divorce**						
离婚总数　(对)	Total Number of Registered Divorces　(couple)	34175	47521	80873	127048	155446	176976
民政部门办理离婚	Divorces Handled through Civil Affairs Departments	13181	19786	58589	100759	129733	150631
#涉外、华侨、港澳台婚姻	Divorces from Foreigners, Overseas Chinese and Citizens of Hong Kong, Macao and Taiwan	299	249	1165	1223	1214	1374
法院调解离婚	Divorces through Law Court Mediation	13101	15973	11834	17644	17844	17331
法院判决离婚	Divorces through Law Court Judgment	7893	11762	10450	8645	7869	9014

19-10 律师、公证、基层司法及法学教育基本情况

Basic Statistics on Lawyers, Notarization, Grassroots Judicial Work and Law Education

项目	Item	1995	2000	2005	2012	2013
律师工作	**Lawyers**					
律师事务所 (个)	Number of Law Offices (unit)	564	822	1107	1950	2065
执业律师 (人)	Number of Full-time Lawyers (person)	5692	7292	12020	23209	25093
担任常年法律顾问 (家)	Number of Units as Permanent Legal Advisors (unit)	16414	15759	19157	39342	40672
民事代理 (件)	Agent of Civil Cases (case)	17460	29769	68621	146482	156992
非诉讼法律事务 (件)	Agent of Non-litigious Legal Affairs (case)	33579	50795	183082	120913	187310
刑事辩护 (件)	Defender of Criminal Cases (case)	8755	13364	23409	22256	21657
涉外法律事务 (件)	Agent of Foreign-related Legal Affairs (case)	4515	6541	13907		
#涉外及港澳台经济法律事务	Agent of Foreign-related and Hong Kong, Macao and Taiwan Related Economic Legal Affairs	312	725	2640		
解答法律询问 (件)	Agent of Legal Advisory Services (case)	74691	101104	197069	344893	346325
公证工作	**Notarization**					
公证处 (个)	Number of Notary Offices (unit)	142	146	145	143	143
公证人员 (人)	Number of Notarial Personnel (person)	1210	1380	1527	1995	2116
办结公证总数 (件)	Number of Notarized Documents (case)	705022	1189475	2017640	1362427	1411234
国内公证	Domestic Notary				896256	943587
#国内民事公证	Domestic Civil Case Notarization	209053	326921	336540		
国内经济公证	Domestic Economic Notarization	192569	373505	291932		
涉外及港澳台民事经济公证	Foreign-related and Hong Kong, Macao and Taiwan Related Civil Economic Notarization	303400	489049	1389168	466171	467647
协助调入非贸易外汇 (万元)	Assisting in Inward Transfer of Non-trade Foreign Exchange (10000 yuan)	12834	5599		240	247
基层司法工作	**Grassroots Judicial Work**					
法律服务所 (个)	Number of Law Service Offices (unit)	1899	1916	1357	1132	1244
法律服务所人员 (人)	Number of Personnel Working in Law Service Offices (person)	5974	5992	3869	2420	2256
担任法律顾问 (家)	Number of Units with Legal Advisors	30292	28723	17694	8579	10291
民事诉讼代理 (件)	Agent of Civil Cases (case)	12444	16668	11793	4014	4895
非诉讼代理 (件)	Agent of Non-litigious Legal Affairs (case)	80212	66132	30694	10150	15209
避免、挽回经济损失 (万元)	Avoiding and Retrieving Economic Losses (10000 yuan)	106835	139935	69136	26122	47011
人民调解委员会 (个)	Number of People's Mediation Committees (unit)	31811	29548	28923	33058	33436
调解人员 (人)	Number of Mediators (person)	285288	250117	163459	183963	183188
调解纠纷总数 (件)	Number of Disputes Mediated (case)	170165	136598	169991	341963	350477
法学教育	**Law Education**					
普通成人高等法学教育(人)	Regular Higher Law Education for Adults (person)					
招生数	Number of New Enrollments	4698	5184	1860	16	
在校生数	Number of Students Enrolled	11445	12442	4623	382	416
毕业生数	Number of Graduates	1306	1350	1271	169	278
普通成人中等法学教育(人)	Regular Secondary Law Education for Adults(person)					
招生数	Number of New Enrollments	2110	1940	2083		
在校生数	Number of Students Enrolled	5127	5691	6227		
毕业生数	Number of Graduates	1054	1780	2043		

注：司法部2012年对公证统计表格进行了修改，不再区分国内民事公证和国内经济公证，统称为国内公证。

Note: Because the Justice Department modified the form of notarization tables in 2012,the items of “domestic civil case notarization” and “domestic economic notary” are both referred to as “the domestic notary”.

19-11 交通事故发生情况（2013年）
Statistics on Traffic Accidents (2013)

项　目	Item	合计 Total	按道路横断面位置分 By Cross-section Location of Roads				按事故发生道路类型分 By Type of Roads Where Accidents Occurs			
			机动车道 Roads for Motored Vehicles	非机动车道 Roads for Non-motored Vehicles	混合道 Mixed Roads	其他道 Others	高速公路 Express Highways	等级公路 Classified Highways	城市道路 Urban Roads	其他路 Others
发生　(起)	Number of Traffic Accidents (case)	25416	19046	690	4872	808	926	10820	9904	3754
死亡　(人)	Number of Deaths (person)	5646	4351	127	925	243	560	2706	1721	658
受伤　(人)	Number of Injuries (person)	28459	21184	813	5700	762	1185	12283	10666	4308
损失折款　(万元)	Losses Converted into Cash (10000 yuan)	8011	6840	109	716	345	2544	2162	2715	587
平均每起事故损失　(元)	Average Loss per Traffic Accident (yuan)	3152	3591	1586	1470	4272	27476	1998	2742	1563

注：1．等级公路分为一至四级公路和等外公路；
2．城市道路包括城市快速路和一般城市道路；
3．其他路包括单位小区自建路、公共停车场、公共广场、乡道、村道、田间地头、农垦区等区域。

Notes: a) Classified highways refer to highways of Class I to IV and Unclassified Highway.
b) Urban roads include express roads and normal roads in urban areas.
c) Other roads include roads within residential neighborhoods, public parking lots, squares, country roads, village roads, farm roads and reclaimed areas.

19-12 火灾事故发生情况（2013年）
Statistics on Fire Accidents (2013)

项　目	Item	合计 Total	特大 Extraordinarily Serious Accidents	重大 Serious Accidents	较大 Relatively Serious Accidents	一般 Ordinary Accidents
发生　(起)	Number of Traffic Accidents (case)	21100		1	14	21085
死亡　(人)	Number of Deaths (person)	177		16	62	99
受伤　(人)	Number of Injuries (person)	137		5	12	120
损失折款　(万元)	Losses Converted into Cash(10000 yuan)	37800		187	4322	33291
平均每起事故损失(元)	Average Loss per Traffic Accident(yuan)	17915		1870000	3087143	15789

19-13 各市亿元生产总值生产安全事故死亡率

Rate of Death from Work Safety Accidents per 100 Million Yuan of Gross Domestic Product by City

单位：% (%)

市别	City	2000	2005	2006	2007	2008	2009	2010	2011	2012	2013
全　省	**Provincial Rate**	**1.08**	**0.51**	**0.38**	**0.29**	**0.23**	**0.19**	**0.15**	**0.13**	**0.11**	**0.10**
广　州	Guangzhou	0.77	0.37	0.27	0.22	0.16	0.13	0.10	0.08	0.07	0.06
深　圳	Shenzhen	0.32	0.23	0.18	0.14	0.11	0.09	0.07	0.05	0.04	0.04
珠　海	Zhuhai	0.56	0.33	0.23	0.17	0.13	0.13	0.11	0.09	0.09	0.08
汕　头	Shantou		0.53	0.41	0.31	0.24	0.22	0.18	0.15	0.15	0.13
佛　山	Foshan	1.15	0.42	0.32	0.25	0.19	0.15	0.13	0.11	0.10	0.07
#顺　德	Shunde								0.09	0.08	0.07
韶　关	Shaoguan		1.18	0.85	0.59	0.52	0.43	0.36	0.28	0.26	0.22
河　源	Heyuan		0.90	0.60	0.42	0.28	0.30	0.26	0.22	0.20	0.18
梅　州	Meizhou		1.58	0.81	0.57	0.44	0.39	0.29	0.23	0.22	0.21
惠　州	Huizhou	1.51	0.91	0.68	0.50	0.38	0.26	0.20	0.16	0.13	0.11
汕　尾	Shanwei	2.01	1.15	0.86	0.64	0.52	0.40	0.30	0.25	0.19	0.23
东　莞	Dongguan	1.21	0.44	0.31	0.23	0.17	0.15	0.14	0.11	0.10	0.10
中　山	Zhongshan	1.64	0.60	0.44	0.34	0.26	0.22	0.19	0.15	0.13	0.12
江　门	Jiangmen	1.46	0.74	0.57	0.43	0.35	0.29	0.26	0.22	0.20	0.20
阳　江	Yangjiang	1.82	0.87	0.76	0.57	0.40	0.36	0.28	0.21	0.18	0.16
湛　江	Zhanjiang	0.86	0.43	0.33	0.29	0.24	0.21	0.17	0.14	0.11	0.11
茂　名	Maoming		0.48	0.37	0.30	0.27	0.24	0.19	0.15	0.12	0.12
肇　庆	Zhaoqing	1.91	0.80	0.63	0.47	0.38	0.30	0.24	0.18	0.16	0.15
清　远	Qingyuan		1.19	0.78	0.45	0.33	0.26	0.20	0.17	0.22	0.18
潮　州	Chaozhou	0.98	0.56	0.37	0.30	0.24	0.20	0.17	0.13	0.13	0.11
揭　阳	Jieyang	1.27	0.79	0.65	0.46	0.33	0.25	0.21	0.16	0.13	0.11
云　浮	Yunfu	1.38	2.14	2.45	0.58	0.55	0.42	0.38	0.24	0.22	0.20

注：2005-2013年全省生产安全事故包括工矿商贸、道路交通、火灾、铁路路外、水上交通及渔业船舶 死亡人数；各市生产安全事故只包括工矿商贸、道路交通、火灾事故死亡人数。

Note: Work safery accidents from 2005 to 2013 of the Province include the number of deaths related to industry, mining, traffic、fire, railway, water traffic and fishing boats accidents, and work safety accidents of each city include the number of deaths related to mining, traffic and fire accidents.

主要统计指标解释

卫生技术人员 指卫生事业机构支付工资的全部固定职工和合同制职工，现任职务为卫生技术工作的专业人员。包括中医师、西医师、中西医结合高级医师、护师、中药师、西药师、检验师、其他技师、中医士、西医士、护士、助产士、中药剂士、西药剂士、检验士、其他技士、其他中医、护理员、中药剂员、西药剂员、检验员，其他初级卫生技术人员。

医生 指经卫生部门审查合格，具有执业资格的医疗专业人员。

提供住宿的社会服务活动机构 根据《2014年社会服务业统计制度》，提供住宿的社会服务活动机构包括：为老年人与残疾人提供收留抚养服务的机构、为智障与精神病人提供收留抚养服务的机构、为儿童提供收留抚养和救助服务机构以及其他提供住宿的服务机构。

律师 指受聘参加法律顾问处工作，提任法律顾问、刑（民）事代理人、刑事辩护人，办理非诉讼事件、解答法律询问，代写法律事务文书等主要从事律师事务的司法人员。

公证人员 指在国家公证机关依法办理公证事务的司法人员。包括公证员、助理公证员和在公证处工作的其他人员。

办理公证文书 指公证处在一定时期内办结的公证文书件数。公证文书是按司法部规定或批准的格式制作。包括国内公证和涉外公证两部分。其中国内公证分为经济合同公证和民事法律关系公证两大类。

调解人员 在人民调解委员会担负调解民间一般民事纠纷和轻微违法行为所引起的纠纷的工作人员。包括调解委员会的委员和调解小组的调解员。

调解民间纠纷 指调解委员会依照法律规定，根据自愿原则，用说服教育的方法调解民间发生的有关民事权利和义务的争执，促成当事双方达到协议和谅解，解决纠纷。包括婚烟家庭纠纷，财产权益纠纷等，不包括法院受理调解的民事案件数。

亿元生产总值生产安全事故死亡率 指一定时期内，每生产亿元生产总值，因各类生产安全事故造成的死亡人数。

Explanatory Notes on Main Statistical Indicators

Medical Technical Personnel refer to all permanent and contract medical staff and workers employed by medical institutions, including doctors of Chinese and Western medicine, senior doctors who integrate traditional Chinese therapeutics with Western therapeutics in practice, senior nurses, pharmacists of Chinese and Western medicine, laboratory specialists, other specialists, paramedics of Chinese and Western medicine, nurses, midwives, druggists in Chinese and Western medicine, laboratory technicians, other technicians, other practitioners of Chinese medicine, nursing attendants, pharmacological workers of Chinese and Western medicine, laboratory workers, and other primary medical personnel.

Doctors refer to qualified medical professionals approved to practice by public health departments.

Social Welfare Institutions with Accomodations In accordance with Statistical System of Social Service in 2014, Social Welfare Institutions with Accomodations includes: Institutions taking care of old people and handicapped people, institutions taking care of retarded people and mental patients, institutions adopting and salving children and other social welfare institutions with accomodations. That is, from 1995 to 2012 the caliber is Number of Social Welfare Institutions (unit); since 2013, due to the change of system in Ministry of Civil Affairs, the caliber changes to Social Welfare Institutions with Accomodations .

Lawyers refer to legal workers who are employed by legal counseling firms to act as legal advisers, agents in criminal or civil lawsuits, or defenders in criminal lawsuits, or to handle non litigious legal affairs, to advise on matters of law or to write legal papers for others.

Notary Personnel refer to judicial workers of the state notary offices handling notarization work according to law They include notaries, assistant notaries, and other people working for notary offices.

Notarized Documents refer to documents settled by notary offices in a year The notarial documents are drawn up in formats stipulated or approved by the Ministry of Justice, including domestic documents and foreign-re-lated documents Domestic documents are divided into two major categories: documents on economic contracts and documents on civil legal relations.

Mediators refer to workers on people' s mediation committees responsible for mediating in civil disputes and cases of slight infraction of the law They include members of the mediation committees and mediators of mediation groups.

Mediation of Civil Disputes refers to mediation committees' work in mediating in civil disputes concerning civil rights and duties through persuasion and education in accordance with the provisions of law on a voluntary basis, so as to solve disputes by helping the parties involved come to an agreement and understanding These disputes include divorce cases and disputes over property ownership, but exclude the civil cases to be handled by the court.

Rate of Death from Work Safety Accidents per 100 Million Yuan of Gross Domestic Product refers to the number of deaths due to various work safety accidents in the production process of every 100 million yuan of gross domestic product within a certain period.

二十、区域经济主要指标

MAJOR ECONOMIC REGIONS

二十　区域主要经济指标

简要说明

一、本篇主要反映广东境内主要区域社会经济发展的基本情况，内容主要包括：珠江三角洲、广州和深圳、东西两翼、山区县以及少数民族县等经济区域的主要统计指标数据。

二、本篇资料分别由广东省统计局各有关专业处整理提供，综合处负责编辑。

三、本篇资料根据国家统计局制定的各有关专业统计报表制度，由全省 21 个地级市统计局填报汇总而成。

四、本篇各项指标数据为各经济区域汇总数，由于各市生产总值等指标汇总数不等于全省数，因此仅适合反映该地区发展变化情况。

五、2006-2009 年年末常住人口根据 2010 年第六次全国人口普查快速汇总数进行平滑调整。

20 Major Economic Regions

Brief Introduction

Ⅰ. The data in this chapter mainly reflect the basic conditions of social and economic development of main economic regions in Guangdong, including the main indicators on the cities of the Pearl River Delta, Guangzhou and Shenzhen, the East and West Wings, counties in mountainous areas and minority counties.

Ⅱ. The data in this chapter are prepared and provided by the related specialized divisions and compiled by the Division of Comprehensive Statistics of Statistics Bureau of Guangdong Province.

Ⅲ. The data in this chapter are tabulated and reported by the 21 prefectural statistical bureaus of Guangdong Province in accordance with the various statistical reporting schemes stipulated by the National Bureau of Statistics.

Ⅳ. The indicators in this chapter are overall figures of various economic regions that only reflect the status of development of the corresponding regions, as the provincial total is not equal to the sum of indicators of various cities, such as gross domestic product.

Ⅴ. The year-end population from 2006 to 2009 has been adjusted in accordance with the fast sum data of the 6th National Population Census.

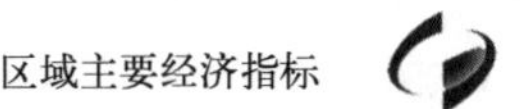

20-1 区域主要经济指标

Main Indicators on Regional Economies

指标	Item	2012 珠江三角洲 Pearl River Delta	东翼 East Wing	西翼 West Wing	山区 Mountainous Areas
土地面积 (平方公里)	Land Area (sq.km.)	54754	15462	32644	76751
年末常住人口 (万人)	Permanent Population at the Year-end (10000 persons)	5689.64	1709.69	1556.85	1637.82
#城镇人口 (万人)	Urban Population (10000 persons)	4770.19	1009.57	618.38	741.93
年末从业人员 (万人)	Employed Persons at the Year-end (10000 persons)	3638.83	765.42	741.92	819.78
地区生产总值 (亿元)	Gross Domestic Product (100 million yuan)	47779.56	4138.87	4683.43	3821.81
第一产业	Primary Industry	983.24	369.37	905.11	636.80
第二产业	Secondary Industry	22084.62	2272.48	1921.58	1585.65
第三产业	Tertiary Industry	24711.70	1497.02	1856.74	1599.37
人均生产总值 (元)	Per Capita GDP (yuan)	84355	24315	30271	23467
地区生产总值指数(上年=100)	Index of Gross Domestic Product (preceding year=100)	108.1	110.2	110.0	108.6
第一产业	Primary Industry	103.3	104.9	104.6	105.2
第二产业	Secondary Industry	106.7	112.6	112.4	109.5
第三产业	Tertiary Industry	109.7	107.8	109.9	109.0
人均生产总值指数(上年=100)	Index of Per Capita Gross Domestic Product (preceding year=100)	107.5	109.6	108.9	107.8
规模以上工业增加值 (亿元)	Value-added of Industry above Designated Size(100 million yuan)	18639.71	1623.17	1350.43	1107.49
固定资产投资总额 (亿元)	Investment in Fixed Assets (100 million yuan)	13974.24	1891.15	1483.32	1958.82
社会消费品零售总额 (亿元)	Total Retail Sales of Consumer Goods (100 million yuan)				
出口总额 (亿美元)	Total Exports (USD 100 million)	5477.09	141.38	48.02	74.09
进口总额 (亿美元)	Total Imports (USD 100 million)	3956.56	60.13	31.62	50.57
实际外商直接投资 (亿美元)	Foreign Direct Investment Actually Utilized (USD 100 million)	215.23	8.09	3.20	8.96
地方公共财政预算收入 (亿元)	Local Public Budgetary Revenue (100 million yuan)	4129.09	226.07	213.33	279.02
中外资金融机构本外币储蓄存款 (亿元)	Savings Deposits in Renminbi and Foreign Currencies inAll Financial Institutions (100 million yuan)	37059.20	3386.80	2733.86	3085.72

20-1 续表 continued

指 标	Item	2013 珠江三角洲 Pearl River Delta	东 翼 East Wing	西 翼 West Wing	山 区 Mountainous Areas
土地面积 (平方公里)	Land Area (sq.km.)	54754	15462	32644	76751
年末常住人口 (万人)	Permanent Population at the Year-end (10000 persons)	5715.19	1717.21	1565.92	1645.68
#城镇人口 (万人)	Urban Population (10000 persons)	4802.55	1019.75	633.46	756.63
年末从业人员 (万人)	Employed Persons at the Year-end (10000 persons)	3784.09	764.01	745.88	823.70
地区生产总值 (亿元)	Gross Domestic Product (100 million yuan)	53060.48	4623.35	5260.01	4185.76
第一产业	Primary Industry	1061.10	404.77	987.51	682.02
第二产业	Secondary Industry	24050.94	2583.18	2221.46	1745.29
第三产业	Tertiary Industry	27948.44	1635.41	2051.04	1758.45
人均生产总值 (元)	Per Capita GDP (yuan)	93114	27002	33712	25513
地区生产总值指数(上年=100)	Index of Gross Domestic Product (preceding year=100)	109.4	110.5	112.0	108.4
第一产业	Primary Industry	102.4	104.0	104.6	104.8
第二产业	Secondary Industry	107.6	113.2	114.1	109.0
第三产业	Tertiary Industry	111.5	107.7	113.0	109.3
人均生产总值指数(上年=100)	Index of Per Capita Gross Domestic Product (preceding year=100)	108.8	109.9	111.0	107.7
规模以上工业增加值 (亿元)	Value-added of Industry above Designated Size(100 million yuan)	21446.65	2001.33	1741.87	1350.17
固定资产投资总额 (亿元)	Investment in Fixed Assets (100 million yuan)	16030.78	2326.01	2054.77	2417.10
社会消费品零售总额 (亿元)	Total Amount of Retail Sales of Consumer Goods (100 million yuan)	18933.00	2644.28	2546.78	1870.88
出口总额 (亿美元)	Total Exports (USD 100 million)	6070.93	157.17	55.21	80.33
进口总额 (亿美元)	Total Imports (USD 100 million)	4403.38	63.01	35.95	52.24
实际外商直接投资 (亿美元)	Foreign Direct Investment Actually Utilized (USD 100 million)	230.62	6.22	4.12	8.56
地方公共财政预算收入 (亿元)	Local Public Budgetary Revenue (100 million yuan)	4669.16	264.04	250.00	328.52
中外资金融机构本外币储蓄存款 (亿元)	Savings Deposits in Renminbi and Foreign Currencies in All Financial Institutions (100 million yuan)	40218.90	3795.95	3107.18	3516.61

注：1. 珠江三角洲包括：广州、深圳、珠海、佛山、江门、东莞、中山、惠州和肇庆。东翼指汕头、汕尾、潮州和揭阳。西翼指湛江、茂名和阳江。山区指韶关、河源、梅州、清远和云浮。

2. 本表地区生产总值、工业增加值绝对数按当年价格计算，增长速度按可比价格计算，下表同。

3. 2013年地区生产总值为初步核算数，下表同。

Notes: a) The pearl river delta include Guangzhou, Shenzhen, Zhuhai, Foshan, Jiangmen, Dongguan, Zhongshan, Huizhou and Zhaoqing. The East Wing includes Shantou, Shanwei, Chaozhou and Jieyang. The West Wing includes Zhanjiang, Maoming and Yangjiang.The mountainous areas include Shaoguan, Heyuan, Meizhou, Qingyuan and Yunfu.

b) The figures in value terms on GDP and value-added of industry are calculated at current prices, whereas the growth rates are calculated at comparable prices.The same applies to the following tables.

c) The domestic GDP in 2013 are preliminary accounting numbers,the same applies to the following tables.

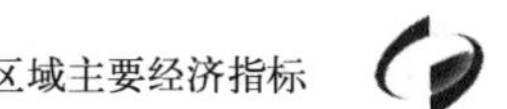

20-2 区域主要经济指标占全省比重

Percentage of Main Regional Economic Indicators to the Provincial Total

单位：% (%)

指　标	Item	2012 珠江三角洲占全省比重 Percentage of Pearl River Delta to the Whole Province	东翼占全省比重 Percentage of East Wing to the Whole Province	西翼占全省比重 Percentage of West Wing to the Whole Province	山区占全省比重 Percentage of Mountainous Areas to the Whole Province
土地面积	Land Area	30.5	8.6	18.2	42.7
年末常住人口	Permanent Population at the Year-end	53.7	16.1	14.7	15.5
#城镇人口	Urban Population	66.8	14.1	8.7	10.4
年末从业人员	Employed Persons at the Year-end	61.0	12.8	12.4	13.8
地区生产总值	Gross Domestic Product	79.1	6.8	7.8	6.3
第一产业	Primary Industry	34.0	12.8	31.3	22.0
第二产业	Secondary Industry	79.3	8.2	6.9	5.7
第三产业	Tertiary Industry	83.3	5.0	6.3	5.4
规模以上工业增加值	Value-added of Industry above Designated Size	82.0	7.1	5.9	4.9
固定资产投资总额	Investment in Fixed Assets	72.4	9.8	7.7	10.1
社会消费品零售总额	Total Retail Sales of Consumer Goods	73.0	10.0	9.7	7.4
出口总额	Total Exports	95.4	2.5	0.8	1.3
进口总额	Total Imports	96.5	1.5	0.8	1.2
实际外商直接投资	Foreign Direct Investment Actually Utilized	91.4	3.4	1.4	3.8
地方公共财政预算收入	Local Public Budgetary Revenue	66.3	3.6	3.4	4.5
中外资金融机构本外币储蓄存款	Savings Deposits in Renminbi and Foreign Currencies in All Financial Institutions	80.1	7.3	5.9	6.7

20-2 续表 continued

单位：% (%)

指 标	Item	2013 珠江三角洲占全省比重 Percentage of Pearl River Delta to the Whole Province	东翼占全省比重 Percentage of East Wing to the Whole Province	西翼占全省比重 Percentage of West Wing to the Whole Province	山区占全省比重 Percentage of Mountainous Areas to the Whole Province
土地面积	Land Area	30.5	8.6	18.2	42.7
年末常住人口	Permanent Population at the Year-end	53.7	16.1	14.7	15.5
#城镇人口	Urban Population	66.6	14.1	8.8	10.5
年末从业人员	Employed Persons at the Year-end	61.9	12.5	12.2	13.5
地区生产总值	Gross Domestic Product	79.0	6.9	7.8	6.2
第一产业	Primary Industry	33.8	12.9	31.5	21.8
第二产业	Secondary Industry	78.6	8.4	7.3	5.7
第三产业	Tertiary Industry	83.7	4.9	6.1	5.3
规模以上工业增加值	Value-added of Industry above Designated Size	80.8	7.5	6.6	5.1
固定资产投资总额	Investment in Fixed Assets	70.2	10.2	9.0	10.6
社会消费品零售总额	Total Retail Sales of Consumer Goods	72.8	10.2	9.8	7.2
出口总额	Total Exports	95.4	2.5	0.9	1.3
进口总额	Total Imports	96.7	1.4	0.8	1.1
实际外商直接投资	Foreign Direct Investment Actually Utilized	92.4	2.5	1.7	3.4
地方公共财政预算收入	Local Public Budgetary Revenue	65.9	3.7	3.5	4.6
中外资金融机构本外币储蓄存款	Savings Deposits in Renminbi and Foreign Currencies in All Financial Institutions	79.4	7.5	6.1	6.9

注：地区生产总值在计算分区域占全省比重时，分母为21个市相加的合计数。

Notes: While calaulating the percentage of GDP of Pearl River Delta, East Wing, West Wing and Mountainous Areas to the whole province, the denominator is the sum of 21 cities.

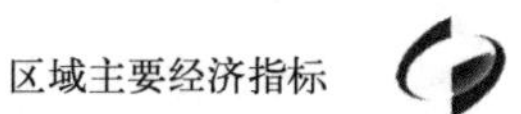

20-3 珠江三角洲主要经济指标
Main Economic Indicators of the Pearl River Delta Economic Zone

年份 Year	年末常住人口(万人) Permanent Population at the Year-end (10000 persons)	#城镇人口 Urban Population	年末户籍总人口(万人) Total Population with Residence Registration at the Year-end (10000 persons)	年末从业人员(万人) Employed Persons at the Year-end (10000 persons)	#城镇单位从业人员 Employed Persons in Urban Areas
1990	2369.93	1696.63	2371.57		
1995	3292.03		2372.76		
2000	4289.78	2981.23	2563.60	1902.93	495.46
2001	4376.10		2595.24	1947.10	480.97
2002	4414.68		2595.24	2034.09	498.78
2003	4463.55		2660.46	2250.43	523.34
2004	4516.50		2714.08	2492.27	570.64
2005	4547.14	3516.06	2763.32	2822.60	636.10
2006	4735.47	3771.33	2821.27	2963.93	675.38
2007	4930.68	3919.89	2872.47	3107.38	718.88
2008	5138.48	4119.52	2920.82	3232.88	724.38
2009	5361.72	4375.17	2967.02	3412.10	767.05
2010	5616.39	4645.88	3024.57	3572.01	823.67
2011	5646.51	4687.17	3073.87	3630.21	927.40
2012	5689.64	4770.19	3105.01	3638.83	969.59
2013	5715.19	4802.55	3156.02	3784.09	1552.80

20-3 续表 1 continued

年份 Year	地区生产总值(亿元) Gross Domestic Product (100 million yuan)	第一产业 Primary Industry	第二产业 Secondary Industry	#工业 Industry	第三产业 Tertiary Industry
1990	1006.88	153.78	441.65	388.89	411.45
1995	4076.16	346.42	1983.39	1710.30	1746.35
2000	8422.24	458.30	4009.14	3618.01	3954.80
2001	9560.64	475.94	4500.11	4094.73	4584.59
2002	10956.75	496.63	5133.78	4705.82	5326.34
2003	12960.09	511.32	6263.90	5758.61	6184.87
2004	15488.13	556.37	7650.42	7080.88	7281.34
2005	18279.63	557.96	9266.58	8664.74	8455.09
2006	21686.34	561.77	11137.08	10481.75	9987.49
2007	25759.83	624.99	13015.56	12301.40	12119.28
2008	29945.66	722.86	14932.71	14123.72	14290.09
2009	32147.00	723.62	15427.46	14518.51	15995.92
2010	37673.26	809.78	18313.49	17223.20	18549.99
2011	43720.86	924.09	20952.91	19674.73	21843.86
2012	47779.56	983.24	22084.62	20731.70	24711.70
2013	53060.48	1061.10	24050.94	22628.17	27948.44

20-3 续表 2 continued

年份 Year	人均生产总值(元) Per Capita Gross Domestic Product(yuan)	地区生产总值指数(上年=100) Index of Gross Domestic Product (preceding year=100)	第一产业 Primary Industry	第二产业 Secondary Industry	#工业 Industry	第三产业 Tertiary Industry
1990	4295	117.5	107.2	119.9	121.5	119.0
1995	12676	120.4	108.2	122.4	124.6	120.0
2000	20280	113.7	104.3	114.4	115.1	113.9
2001	22065	113.3	104.9	113.6	114.5	114.0
2002	24928	114.4	105.9	115.5	116.5	114.1
2003	29195	116.9	101.7	122.0	122.7	113.3
2004	34495	116.8	102.6	120.1	121.4	114.4
2005	40336	115.7	103.5	118.2	119.0	113.7
2006	46725	116.8	98.8	118.8	119.6	115.7
2007	53299	116.3	101.6	116.0	116.7	117.5
2008	59480	112.8	103.8	111.8	112.4	114.3
2009	61231	109.4	103.9	108.6	108.4	110.5
2010	68633	112.2	104.2	114.1	114.2	110.4
2011	77637	109.9	103.5	110.4	110.5	109.7
2012	84355	108.1	103.3	106.7	107.0	109.7
2013	93114	109.4	102.4	107.6	107.9	111.5

20-3 续表 3 continued

年份 Year	人均生产总值指数(上年=100) Index of Per Capita Gross Domestic Product (preceding year=100)	公路通车里程(公里) Total Length of Highways in Operation (km)	邮电业务总量(亿元) Total Business Volume of Postal and Telecommunication Services (100 million yuan)	本地电话年末用户(万户) Number of Subscribers of Local Telephones at the Year-end (10000 subscribers)	移动电话年末用户 (万户) Number of Subscribers of Mobile Telephones at the Year-end (10000 subscribers)	固定资产投资额(亿元) Investment in Fixed Assets (100 million yuan)
1990	115.2					264.34
1995	112.9	20323	152.60			1515.82
2000	107.2	29029	587.64			2364.71
2001	108.6	29792	614.33	1069.79	1867.67	2612.88
2002	112.7	30354	728.24	1253.95	2508.32	2945.74
2003	115.8	30919	967.45	1663.32	3118.25	3749.51
2004	115.5	31582	1446.30	1915.25	4502.45	4515.27
2005	114.6	32312	1738.94	2355.10	5317.71	5328.37
2006	114.0	52139	2068.19	2559.62	5497.75	5964.60
2007	111.7	53106	2348.22	2651.33	6075.36	6909.74
2008	108.3	53418	2754.77	2529.77	6463.22	7829.03
2009	104.9	54261	2983.47	2400.25	6867.61	9603.55
2010	107.3	55848	3949.45	2269.84	7457.64	11355.80
2011	107.1	56380	1544.39	2284.31	8285.85	12366.76
2012	107.5	58590	1730.31	2295.29	9573.16	13974.24
2013	108.8	59555	2019.89	2288.94	11228.38	16030.78

20-3 续表 4 continued

年份 Year	城镇 Urban Area	#房地产开发投资 Investment in Real Estate Development	农村 Rural Area	社会消费品零售总额（亿元） Total Retail Sales of Consumer Goods (100 million yuan)	出口总额（亿美元） Total Exports (USD 100 million)	进口总额（亿美元） Total Imports (USD 100 million)
1990				424.35	222.21	196.77
1995				1694.60	513.31	429.29
2000				3204.99	847.77	743.15
2001				3581.35	908.29	776.32
2002				3996.23	1126.08	992.57
2003				4497.21	1450.56	1262.47
2004				5106.86	1824.44	1596.44
2005				5878.70	2273.18	1837.58
2006				6810.19	2887.45	2181.97
2007				7919.89	3540.85	2560.28
2008				9539.76	3872.08	2697.61
2009	7783.61	2583.17	1819.95	10834.73	3417.77	2430.46
2010	9452.12	3118.66	1903.68	12613.24	4318.02	3195.01
2011	10509.63	4022.87	1857.13	14575.57	5064.89	3678.00
2012	11708.00	4483.67	2266.25	16552.69	5477.09	3956.56
2013	13325.86	5362.75	2704.92	18933.00	6070.93	4403.38

20-3 续表 5 continued

年份 Year	实际外商直接投资额（亿美元） Foreign Direct Investment Actually Utilized (USD 100 million)	地方公共财政预算收入（亿元） Local Public General Budgetary Revenue (100 million yuan)	地方公共财政预算支出（亿元） Local Public General Budgetary Expenditure (100 million yuan)	城乡居民储蓄存款余额（亿元） Savings Deposits by Urban and Rural Residents (100 million yuan)	中外资金融机构本外币存款（亿元） Deposits in Renminbi and Foreign Currencies in All Financial Institutions (100 million yuan)	中外资金融机构本外币贷款（亿元） Loans in Renminbi and Foreign Currencies in All Financial Institutions (100 million yuan)
1990	12.36	97.98	80.03			
1995	79.47	275.26	322.81			
2000	103.87	599.06	690.64	6699.12	16118.10	11061.27
2001	114.96	749.65	832.94	7733.33	18562.11	12447.65
2002	116.17	772.97	976.78	9309.45	21881.50	14689.30
2003	137.41	867.88	1113.18	11146.36	25574.00	17772.73
2004	90.16	930.99	1234.13	12860.44	28704.24	19642.60
2005	113.34	1218.48	1567.23	15257.09	32962.25	21073.93
2006	130.86	1460.77	1714.73	17287.90	37367.68	23613.32
2007	151.88	1882.01	2145.82	17738.02	42555.31	27982.87
2008	169.21	2248.16	2550.77	21991.67	48512.14	31044.80
2009	175.08	2522.29	2882.33	25168.89	60618.78	40608.44
2010	183.47	3139.58	3654.91	29064.60	71294.51	47159.74
2011	195.29	3674.70	4444.97	31725.18	79575.13	53133.57
2012	215.53	4129.09	4798.40	35646.70	91585.24	60568.45
2013	230.62	4669.16	5240.59	38918.70	104255.28	67988.65

注：1.珠江三角洲包括广州、深圳、珠海、佛山、江门、东莞、中山、惠州、肇庆九市。
2.城乡居民储蓄存款余额为中资金融机构人民币储蓄存款。

Notes: a) The Pearl River Delta Economic Zone covers the areas of 13 cities and counties (districts), including Guangzhou, Shenzhen, Zhuhai, Foshan, Jiangmen, Dongguan, Zhongshan, urban districts of Huizhou, Huidong County, Boluo County, urban districts of Zhaoqing, Gaoyao County-level City and Sihui County-level City. The data on banking refer to the sum of the nine cities in the Pearl River Delta, including Guangzhou, Shenzhen, Zhuhai, Foshan, Jiangmen, Dongguan, Zhongshan, Huizhou and Zhaoqing.

b) Savings deposits by urban and rural residents are savings deposits in Renminbi in domestic-funded financial institutions.

20-4 珠江三角洲工业企业主要指标（2013年）

单位：亿元

项　目	Item	企业单位数（个）Number of Enterprises (unit)	#亏损企业 Loss-making Enterprises
总　计	**Total**	**31680**	**4566**
按经济类型分	Grouped by Ownership		
在总计中：国有控股经济	Of the Total: State-controlled Economy	698	133
国有经济	State-owned Economy	112	18
集体经济	Collective-owned Economy	193	42
股份合作经济	Share-holding Cooperative Economy	49	3
股份制经济	Share-holding Economy	16994	1821
外商投资经济	Economy with Foreign Investment	4320	823
港澳台投资经济	Economy with Investment from Hong Kong, Macao and Taiwan	8578	1762
按轻重工业分	Grouped by Light and Heavy Industry		
轻工业	Light Industry	15876	2325
重工业	Heavy Industry	15804	2241
按企业规模分	Grouped by Size of Enterprise		
大型企业	Large	1276	95
中型企业	Medium	7368	1042
小微型企业	Small and Micro	23036	3429
按行业分	Grouped by Sector		
煤炭开采和洗选业	Mining and Washing of Coal		
石油和天然气开采业	Extraction of Petroleum and Natural Gas	2	1
黑色金属矿采选业	Mining and Dressing of Ferrous Metal Ores	21	
有色金属矿采选业	Mining and Dressing of Nonferrous Metal Ores	4	2
非金属矿采选业	Mining and Dressing of Nonmetal Ores	63	4
开采辅助活动	Auxiliary Minning Operations	3	
其他采矿业	Mining and Dressing of Other Ores		
农副食品加工业	Processing of Farm and Sideline Food	405	66
食品制造业	Manufacture of Food	340	43
酒、饮料和精制茶制造业	Manufacture of Beverage	136	30
烟草制品业	Tobacco Products	2	
纺织业	Textile Industry	1163	167
纺织服装、服饰业	Manufacture of Textile Garments, Footwear and Headgear	2139	265
皮革、毛皮、羽毛及其制品和制鞋业	Leather, Fur, Feather, Down and Related Products	1303	204
木材加工和木、竹、藤、棕、草制品业	Timber Processing, Bamboo, Cane, Palm Fiber & Straw Products	268	35
家具制造业	Manufacture of Furniture	1089	156
造纸和纸制品业	Papermaking and Paper Products	906	107
印刷和记录媒介复制业	Printing and Record Medium Reproduction	646	101
文教、工美、体育和娱乐用品制造业	Manufacture of Cultural, Educational and Sports Articles	1080	189
石油加工、炼焦和核燃料加工业	Petroleum Refining, Coking and Nuclear Fuel Processing	54	12
化学原料和化学制品制造业	Manufacture of Raw Chemical Materials and Chemical Products	1677	180
医药制造业	Manufacture of Medicines	243	31
化学纤维制造业	Manufacture of Chemical Fibers	47	6
橡胶和塑料制品业	Plastic Products	2655	406
非金属矿物制品业	Nonmetal Mineral Products	1294	169
黑色金属冶炼和压延加工业	Smelting and Pressing of Ferrous Metals	356	59
有色金属冶炼和压延加工业	Smelting and Pressing of Nonferrous Metals	549	79
金属制品业	Metal Products	2638	326
通用设备制造业	Manufacture of General-purpose Machinery	1334	169
专用设备制造业	Manufacture of Special-purpose Machinery	1139	148
汽车制造业	Manufacture of Automobile	563	65
铁路、船舶、航空航天和其他运输设备制造业	Manufacture of Railway ,Ship,Aeronautics and Other Transport equipment	388	71
电气机械和器材制造业	Manufacture of Electrical Machinery and Equipment	3750	551
计算机、通信和其他电子设备制造业	Manufacture of Communication Equipment, Computers and Other Electronic Equipment	4319	760
仪器仪表制造业	Manufacture of Instruments and Meters	423	65
其他制造业	Other Manufactures	195	32
废弃资源综合利用业	Comprehensive Utilization of Waste	121	16
金属制品、机械和设备修理业	Manufacture of Metal Products,Machinery and Equipment Maintenance	32	3
电力、热力生产和供应业	Production and Supply of Electric Power and Heat Power	121	12
燃气生产和供应业	Production and Supply of Gas	39	4
水的生产和供应业	Production and Supply of Water	173	32

注：本表统计范围为年主营业务收入2000万元及以上的工业法人企业。

Main Indicators of Industrial Enterprises of the Pearl River Delta (2013)

(100 million yuan)

工业总产值(当年价) Gross Industrial Output Value (at current prices)	工业增加值(收入法) Value-added of Industry (by production approach)	年末资产总计 Total Assets at the Year-end	#产成品 Finished Products	流动资产合计 Total Current Asserts	固定资产合计 Net Value of Fixed Assets	年末负债合计 Total Liabilities at the Year-end
90691.47	**21446.64**	**67600.64**	**3319.09**	**40976.16**	**17518.48**	**39567.89**
13408.23	3853.09	14684.02	307.44	6151.34	5630.20	8442.21
651.40	237.09	752.70	17.63	356.45	297.89	349.78
279.17	87.69	146.47	3.39	72.23	52.09	108.57
60.94	14.71	23.15	1.65	15.81	5.44	13.74
40147.61	9785.11	32450.79	1543.49	18328.09	8342.16	19474.58
26467.03	5735.55	17007.22	787.02	11027.28	4458.26	9605.38
21694.77	5266.67	16704.78	938.09	10852.90	4254.30	9707.53
32752.63	8017.14	23477.10	1606.73	15600.41	4931.35	13525.43
57938.84	13429.50	44123.55	1712.36	25375.74	12587.12	26042.47
42054.36	10208.13	31916.36	1350.74	18094.37	9133.96	18462.00
22708.68	5417.79	18007.64	992.53	11103.49	4712.27	10234.39
25928.43	5820.72	17676.65	975.82	11778.29	3672.25	10871.50
379.11	333.45	387.88	4.24	34.80	292.06	367.54
95.95	31.50	25.98	0.83	12.34	10.59	7.22
60.99	2.10	6.21	0.60	3.41	0.47	3.84
97.41	26.45	29.91	3.16	16.73	9.05	11.25
30.66	7.78	25.54		21.98	3.14	9.05
1573.95	219.46	818.16	52.01	592.27	131.50	521.74
1274.47	460.25	939.46	41.80	600.75	234.48	425.17
868.15	240.87	613.01	19.37	342.87	176.62	319.54
260.36	197.22	286.54	7.07	215.21	37.51	81.02
1648.63	386.18	1023.16	60.26	583.52	330.64	558.26
2310.98	697.73	1248.90	122.34	916.48	224.57	722.79
1492.11	438.22	849.68	51.94	629.37	140.75	461.42
375.93	83.64	275.72	16.09	161.29	62.60	155.72
1273.20	312.82	778.63	55.22	503.20	167.37	432.05
1408.49	290.28	1433.49	58.28	724.71	562.14	817.98
807.57	225.28	726.97	25.24	453.24	183.71	383.30
2962.68	494.91	1697.28	299.47	1360.85	193.22	1110.59
2176.24	443.15	863.15	33.37	422.78	335.37	628.72
4594.15	1109.28	3136.63	150.59	1889.70	848.65	1584.70
879.47	286.86	991.80	60.64	599.98	190.54	415.61
110.08	26.49	106.11	6.05	53.54	38.62	53.20
3315.64	778.07	2402.83	130.23	1492.46	591.44	1345.47
2646.34	677.32	1980.91	110.58	985.25	689.24	1166.88
1566.75	228.74	983.77	54.90	488.28	373.79	692.84
2447.83	388.38	1320.82	65.51	728.39	488.90	903.47
3843.71	890.94	2429.29	120.46	1479.94	626.95	1304.01
3065.74	668.69	2208.58	137.53	1579.56	398.57	1234.93
1624.99	468.10	1662.48	86.50	1063.90	365.62	894.95
4605.74	1275.36	3445.31	112.66	2172.88	831.85	1985.49
1165.81	265.86	1366.82	29.99	804.24	263.10	883.31
10230.72	2218.20	8066.32	544.06	5643.93	1372.65	5065.12
24921.63	5532.05	16508.45	785.32	12047.55	2833.62	10319.07
729.92	209.48	612.44	38.57	427.57	105.94	294.34
189.99	47.98	125.86	7.61	80.27	28.20	84.09
628.63	116.40	270.56	15.97	174.29	19.44	175.29
73.74	16.67	87.91	1.26	55.38	27.27	57.68
4168.90	1118.89	6320.36	3.80	1147.54	3642.44	3181.83
507.76	113.25	429.65	3.70	135.78	201.68	261.39
277.04	118.36	1114.03	1.89	329.96	484.19	647.03

Notes: The statistical coverage of industry refers to the legal person industrial enterprises with annual main business revenue over 20 million yuan.

20-4 续表

单位：亿元

项　目	Item	年末所有者权益合计 Total Creditors' Equity at the Year-end
总　计	**Total**	**27821.05**
按经济类型分	Grouped by Ownership	
在总计中：国有控股经济	Of the Total: State-controlled Economy	6230.58
国有经济	State-owned Economy	398.18
集体经济	Collective-owned Economy	32.19
股份合作经济	Share-holding Cooperative Economy	9.26
股份制经济	Share-holding Economy	12887.65
外商投资经济	Economy with Foreign Investment	7369.76
港澳台投资经济	Economy with Investment from Hong Kong, Macao and Taiwan	6929.44
按轻重工业分	Grouped by Light and Heavy Industry	
轻工业	Light Industry	9871.15
重工业	Heavy Industry	17949.90
按企业规模分	Grouped by Size of Enterprise	
大型企业	Large	13418.29
中型企业	Medium	7740.69
小微型企业	Small and Micro	6662.07
按行业分	Grouped by Sector	
煤炭开采和洗选业	Mining and Washing of Coal	
石油和天然气开采业	Extraction of Petroleum and Natural Gas	20.33
黑色金属矿采选业	Mining and Dressing of Ferrous Metal Ores	16.86
有色金属矿采选业	Mining and Dressing of Nonferrous Metal Ores	2.37
非金属矿采选业	Mining and Dressing of Nonmetal Ores	15.67
开采辅助活动	Auxiliary Minning Operations	16.48
其他采矿业	Mining and Dressing of Other Ores	
农副食品加工业	Processing of Farm and Sideline Food	294.33
食品制造业	Manufacture of Food	513.51
酒、饮料和精制茶制造业	Manufacture of Beverage	290.94
烟草制品业	Tobacco Products	205.52
纺织业	Textile Industry	453.53
纺织服装、服饰业	Manufacture of Textile Garments, Footwear and Headgear	517.70
皮革、毛皮、羽毛及其制品和制鞋业	Leather, Fur, Feather, Down and Related Products	384.45
木材加工和木、竹、藤、棕、草制品业	Timber Processing, Bamboo, Cane, Palm Fiber & Straw Products	117.58
家具制造业	Manufacture of Furniture	343.13
造纸和纸制品业	Papermaking and Paper Products	613.86
印刷和记录媒介复制业	Printing and Record Medium Reproduction	339.96
文教、工美、体育和娱乐用品制造业	Manufacture of Cultural, Educational and Sports Articles	583.27
石油加工、炼焦和核燃料加工业	Petroleum Refining, Coking and Nuclear Fuel Processing	234.43
化学原料和化学制品制造业	Manufacture of Raw Chemical Materials and Chemical Products	1543.32
医药制造业	Manufacture of Medicines	575.91
化学纤维制造业	Manufacture of Chemical Fibers	52.86
橡胶和塑料制品业	Plastic Products	1050.20
非金属矿物制品业	Nonmetal Mineral Products	807.64
黑色金属冶炼和压延加工业	Smelting and Pressing of Ferrous Metals	286.53
有色金属冶炼和压延加工业	Smelting and Pressing of Nonferrous Metals	412.50
金属制品业	Metal Products	1096.65
通用设备制造业	Manufacture of General-purpose Machinery	950.50
专用设备制造业	Manufacture of Special-purpose Machinery	765.09
汽车制造业	Manufacture of Automobile	1457.23
铁路、船舶、航空航天和其他运输设备制造业	Manufacture of Railway ,Ship,Aeronautics and Other Transport equipment	481.23
电气机械和器材制造业	Manufacture of Electrical Machinery and Equipment	2981.78
计算机、通信和其他电子设备制造业	Manufacture of Communication Equipment, Computers and Other Electronic Equipment	6143.54
仪器仪表制造业	Manufacture of Instruments and Meters	316.80
其他制造业	Other Manufactures	40.97
废弃资源综合利用业	Comprehensive Utilization of Waste	91.17
金属制品、机械和设备修理业	Manufacture of Metal Products,Machinery and Equipment Maintenance	30.18
电力、热力生产和供应业	Production and Supply of Electric Power and Heat Power	3137.86
燃气生产和供应业	Production and Supply of Gas	167.70
水的生产和供应业	Production and Supply of Water	467.46

20-4 continued

(100 million yuan)

主营业务收入 Principal Business Revenue	主营业务税金及附加 Tax and Extra Charges on Principal Business	利润总额 Total Profits		利税总额 Total Pretax Profits	本年应交增值税 Value-added Tax Payable in Current Year	全部从业人员年平均人数（万人） Annual Average Number of Employed Persons (10000 persons)
			#亏损总额 Total Losses			
87959.75	**813.90**	**5160.89**	**330.55**	**8611.80**	**2629.84**	**1207.79**
13036.17	437.88	911.07	33.16	2018.67	667.11	61.90
629.16	95.71	38.93	2.81	165.59	30.90	3.74
270.53	0.95	12.80	1.20	17.47	3.73	12.05
57.09	0.43	2.11	0.03	4.40	1.86	0.70
38842.66	369.27	2393.52	93.20	4084.56	1317.72	442.07
25884.02	220.49	1547.22	115.90	2508.37	738.89	289.65
20945.65	120.91	1089.44	116.51	1717.59	506.01	443.18
32083.14	285.64	1892.87	107.77	3152.60	971.39	590.46
55876.61	528.26	3268.02	222.78	5459.20	1658.45	617.33
40792.58	557.30	2588.23	94.63	4555.06	1406.07	454.32
21821.84	142.05	1285.81	92.57	2016.94	587.43	462.07
25345.33	114.55	1286.86	143.36	2039.80	636.35	291.40
432.62	29.24	154.33	0.07	207.26	23.66	0.25
90.81	0.99	13.12		19.42	5.30	0.25
59.90	0.09	0.12	0.14	0.25	0.04	0.09
89.92	0.98	7.87		11.90	3.05	0.60
30.66	0.81	6.07		6.89	0.01	0.06
1542.77	1.90	67.59	3.53	94.04	24.52	6.20
1300.96	10.85	209.02	2.27	303.86	83.97	14.26
823.29	18.59	64.06	6.97	125.22	42.09	7.09
245.79	124.33	29.66		180.66	26.67	0.36
1578.45	6.20	86.17	4.80	131.76	39.27	27.76
2191.34	10.51	94.06	6.41	163.35	58.60	73.39
1458.12	7.39	56.20	4.79	99.46	35.76	67.33
362.73	2.13	29.94	1.78	42.52	10.44	4.65
1248.01	5.71	56.17	4.47	93.75	31.78	30.71
1356.40	4.17	47.10	5.85	84.09	32.77	19.58
778.52	3.72	49.70	3.17	76.37	22.91	19.45
2947.68	7.08	70.97	6.80	118.13	40.00	57.62
2151.91	162.34	57.74	8.75	341.80	121.69	1.42
4448.19	23.62	333.32	24.87	530.42	173.06	27.53
816.76	5.88	100.35	2.90	151.13	44.75	8.72
106.60	0.49	7.04	1.22	10.37	2.83	1.14
3232.45	13.72	150.32	17.36	237.78	73.58	70.87
2503.00	12.50	174.12	8.35	256.92	70.03	37.35
1471.03	4.12	50.45	4.99	83.02	28.26	6.41
2364.50	4.14	73.50	8.43	118.54	40.89	13.27
3679.34	18.35	216.05	11.16	321.16	86.57	62.67
2967.65	13.35	164.23	11.38	246.34	68.70	43.86
1562.03	8.42	120.74	11.20	171.87	42.54	30.16
4618.59	136.99	430.57	21.43	745.24	176.27	30.33
1103.35	9.47	37.75	8.32	69.83	22.49	14.90
10158.33	43.03	621.53	30.16	944.01	278.69	169.43
23787.10	93.50	1050.30	86.81	1848.73	703.75	314.21
700.16	3.49	50.56	3.32	70.24	16.16	21.30
184.99	0.70	5.50	1.67	10.34	4.13	5.22
626.93	2.02	47.63	6.48	58.77	9.12	2.01
72.24	0.24	3.70	1.77	4.73	0.79	0.85
4109.54	18.79	350.13	4.27	534.44	164.88	12.04
487.99	1.41	39.29	1.02	50.33	9.56	0.92
269.10	2.60	33.94	3.60	46.89	10.25	3.52

20-5 广州、深圳主要经济指标（2013年）

Main Economic Indicators of Guangzhou and Shenzhen (2013)

指标	Item	合计 Total	广州市 Guangzhou	深圳市 Shenzhen
土地面积 (平方公里)	Land Area (sq.km)	9246	7249	1997
年末常住人口 (万人)	Permanent Population at the Year-end (10000 persons)	2355.57	1292.68	1062.89
#城镇人口	Urban Population	2165.16	1102.27	1062.89
年末户籍总人口 (万人)	Total Population with Residence Registration at the Year-end (10000 persons)	1156.63	832.31	324.32
年末从业人员 (万人)	Employed Persons at the Year-end (10000 persons)	1659.13	759.93	899.20
#城镇单位从业人员	Employed Persons in Urban Areas	781.99	324.59	457.41
地区生产总值 (亿元)	Gross Domestic Product (100 million yuan)	29920.37	15420.14	14500.23
第一产业	Primary Industry	234.11	228.87	5.25
第二产业	Secondary Industry	11524.22	5227.38	6296.85
#工业	Industry	10643.90	4754.85	5889.05
第三产业	Tertiary Industry	18162.04	9963.90	8198.14
人均生产总值 (元)	Per Capita Gross Domestic Product (yuan)	127020	119695	136948
地区生产总值指数(上年=100)	Index of Gross Domestic Product (preceding year=100)	111.1	111.6	110.5
第一产业	Primary Industry	102.0	102.7	80.2
第二产业	Secondary Industry	109.1	109.2	109.0
#工业	Industry	109.6	109.9	109.3
第三产业	Tertiary Industry	112.6	113.3	111.7
人均生产总值指数(上年=100)	Index of Per Capita Gross Domestic Product(preceding year=100)	110.3	110.9	109.6
公路通车里程 (公里)	Total Length of Highways in Operation (km)	10684.91	9004.46	1680.45
民用汽车拥有量 (万辆)	Number of Civil Vehicles Owned (100 million unit)	473.19	214.81	258.39
#私人汽车拥有量	Number of Private Vehicles Owned	385.07	172.70	212.38
邮电业务总量 (亿元) (按2010年不变价计算)	Total Business Volume of Postal and Telecommunication Services (calculated at 2010 constant Prices) (100 million yuan)	1167	569	598
本地电话年末用户 (万户)	Number of Subscribers of Local Telephones at the Year-end (10000 subscribers)	1143.41	575.55	567.86
#城市	Subscribers in Urban Areas	1075.97	526.39	549.57
移动电话年末用户 (万户)	Number of Subscribers of Mobile Telephones at the Year-end (10000 subscribers)	5717.32	2795.79	2921.53
固定资产投资额 (亿元)	Investment in Fixed Assets (100 million yuan)	6937.50	4447.30	2490.20
城镇 (亿元)	Urban Area (100 million yuan)	6738.22	4248.02	2490.20
#房地产开发投资 (亿元)	Investment in Real Estate Development (100 million yuan)	2449.33	1572.43	876.90
农村 (亿元)	Rural Area (100 million yuan)	199.28	199.28	
社会消费品零售总额 (亿元)	Total Retail Sales of Consumer Good (100 million yuan)	11316.44	6882.85	4433.59
出口总额 (亿美元)	Total Exports (USD 100 million)	3685.09	628.07	3057.02
进口总额 (亿美元)	Total Imports (USD 100 million)	2878.62	560.89	2317.73
实际外商直接投资额 (亿美元)	Foreign Direct Investment Actually Utilized (USD 100 million)	102.72	48.04	54.68
地方公共财政预算收入 (亿元)	Local Public Budgetary Revenue (100 million yuan)	2873.07	1141.80	1731.26
地方公共财政预算支出 (亿元)	Local Public Budgetary Expenditure (100 million yuan)	3076.96	1386.13	1690.83
中外资金融机构本外币存款 (亿元)	Deposits in Renminbi and Foreign Currencies in All Financial Institutions (100 million yuan)	67781.35	33838.20	33943.15
中外资金融机构本外币储蓄存款 (亿元)	Savings Deposits in Renminbi and Foreign Currencies in All Financial Institutions (100 million yuan)	22186.97	12496.69	9690.28
中外资金融机构本外币贷款 (亿元)	Loans in Renminbi and Foreign Currencies in All Financial Institutions (100 million yuan)	46696.26	22016.18	24680.07
城镇居民人均可支配收入(元)	Per Capita Annual Disposable Income of Urban Residents (yuan)	86702	42049	44653
农村居民人均纯收入 (元)	Per Capita Annual Net Income of Rural Residents (yuan)		18887	

20-6 东西两翼主要经济指标（2013年）

Main Economic Indicators of the East and West Wings (2013)

指　　标	Item	东西翼合计 Total	东翼 East Wing	西翼 West Wing
土地面积 (平方公里)	Land Area (sq.km)	48106	15462	32644
年末常住人口 (万人)	Permanent Population at the Year-end (10000 persons)	3283.13	1717.21	1565.92
#城镇人口	Urban Population	1653.21	1019.75	633.46
年末户籍总人口 (万人)	Total Population with Residence Registration at the Year-end (10000 persons)	3689.42	1842.37	1847.05
年末从业人员 (万人)	Employed Persons at the Year-end (10000 persons)	1509.89	764.01	745.88
#城镇单位从业人员	Employed Persons in Urban Areas	260.23	140.62	119.61
地区生产总值 (亿元)	Gross Domestic Product (100 million yuan)	9883.37	4623.35	5260.01
第一产业	Primary Industry	1392.27	404.77	987.51
第二产业	Secondary Industry	4804.64	2583.18	2221.46
#工业	Industry	4428.83	2418.41	2010.42
第三产业	Tertiary Industry	3686.45	1635.41	2051.04
人均地区生产总值 (元)	Per Capita Gross Domestic Product (yuan)	30201	27002	33712
地区生产总值指数(上年=100)	Index of Gross Domestic Product (preceding year=100)	111.3	110.5	112.0
第一产业	Primary Industry	104.4	104.0	104.6
第二产业	Secondary Industry	113.6	113.2	114.1
#工业	Industry	114.1	113.8	114.3
第三产业	Tertiary Industry	110.6	107.7	113.0
人均生产总值指数(上年=100)	Index of Per Capita Gross Domestic Product(preceding year=100)	110.5	109.9	111.0
公路通车里程 (公里)	Total Length of Highways in Operation (km)	66445	21531	44914
邮电业务总量 (亿元) (按2010年不变价计算)	Total Business Volume of Postal and Telecommunication Services (clculated at 2010 constant Prices) (100 million yuan)	329.14	171.07	158.07
本地电话年末用户 (万户)	Number of Subscribers of Local Telephones at the Year-end (10000 subscribers)	537.93	337.53	200.41
移动电话年末用户 (万户)	Number of Subscribers of Mobile Telephones at the Year-end (10000 subscribers)	2381.55	1374.54	1007.01
固定资产投资额 (亿元)	Investment in Fixed Assets (100 million yuan)	4380.78	2326.01	2054.77
城镇 (亿元)	Urban Area (100 million yuan)	3426.96	1878.11	1548.85
#房地产开发投资 (亿元)	Investment in Real Estate Development (100 million yuan)	583.74	262.64	321.10
农村 (亿元)	Rural Area (100 million yuan)	953.82	447.90	505.92
社会消费品零售总额 (亿元)	Total Retail Sales of Consumer Goods (100 million yuan)	5191.06	2644.28	2546.78
出口总额 (亿美元)	Total Exports (USD 100 million)	212.38	157.17	55.21
进口总额 (亿美元)	Total Imports (USD 100 million)	98.96	63.01	35.95
实际外商直接投资额 (亿美元)	Foreign Direct Investment Actually Utilized (USD 100 million)	10.34	6.22	4.12
地方公共财政预算收入 (亿元)	Local Public Budgetary Revenue (100 million yuan)	514.04	264.04	250.00
地方公共财政预算支出 (亿元)	Local Public Budgetary Expenditure (100 million yuan)	1144.87	546.54	598.33
中外资金融机构本外币存款 (亿元)	Deposits in Renminbi and Foreign Currencies in All Financial Institutions (100 million yuan)	10028.43	5466.56	4561.87
中外资金融机构本外币储蓄存款 (亿元)	Savings Deposits in Renminbi and Foreign Currencies in All Financial Institutions (100 million yuan)	6903.13	3795.95	3107.18
中外资金融机构本外币贷款 (亿元)	Loans in Renminbi and Foreign Currencies in All Financial Institutions (100 million yuan)	4648.24	2241.28	2406.96
农村居民人均纯收入 (元)	Per Capita Annual Net Income of Rural Residents (yuan)		9558	10634

注：东翼指汕头、汕尾、潮州和揭阳四个市。西翼指湛江、茂名和阳江三个市。

Notes: The East Wing includes the four cities of Shantou, Shanwei, Chaozhou and Jieyang. The West Wing includes the three cities of Zhanjiang, Maoming and Yangjiang.

20-7 东翼主要经济指标

Main Economic Indicators of the East Wing

指标	Item	2012	2013	2013比2012增长% Growth Rate in 2013 over 2012
土地面积 (平方公里)	Land Area (sq.km)	15462	15462	
年末常住人口 (万人)	Permanent Population at the Year-end (10000 persons)	1709.69	1717.21	0.4
#城镇人口	Urban Population	1009.57	1019.75	1.0
年末户籍总人口 (万人)	Total Population with Residence Registration at the Year-end (10000 persons)	1818.78	1842.37	1.3
年末从业人员 (万人)	Employed Persons at the Year-end (10000 persons)	765.42	764.01	-0.2
#城镇单位从业人员	Employed Persons in Urban Areas	106.66	140.62	31.8
地区生产总值 (亿元)	Gross Domestic Product (100 million yuan)	4138.87	4623.35	10.5
第一产业	Primary Industry	369.37	404.77	4.0
第二产业	Secondary Industry	2272.48	2583.18	13.2
#工业	Industry	2119.07	2418.41	13.8
第三产业	Tertiary Industry	1497.02	1635.41	7.7
人均生产总值 (元)	Per Capita Gross Domestic Product (yuan)	24315	27002	9.9
地区生产总值指数 (上年=100)	Index of Gross Domestic Product (preceding year=100)	110.2	110.5	10.5
第一产业	Primary Industry	104.9	104.0	4.0
第二产业	Secondary Industry	112.6	113.2	13.2
#工业	Industry	113.4	113.8	13.8
第三产业	Tertiary Industry	107.8	107.7	7.7
人均生产总值指数 (上年=100)	Index of Per Capita Gross Domestic Product (preceding year=100)	109.6	109.9	9.9
公路通车里程 (公里)	Total Length of Highways in Operation (km)	20067	21531	7.3
邮电业务总量 (亿元) (按2010年不变价计算)	Total Business Volume of Postal and Telecommunication Services (calculated at 2010 constant Prices) (100 million yuan)	155.53	171.07	10.0
本地电话年末用户 (万户)	Number of Subscribers of Local Telephones at the Year-end (10000 subscribers)	347.19	337.53	-2.8
移动电话年末用户 (万户)	Number of Subscribers of Mobile Telephones at the Year-end (10000 subscribers)	1161.56	1374.54	18.3
固定资产投资额 (亿元)	Investment in Fixed Assets (100 million yuan)	1891.15	2326.01	23.0
城镇 (亿元)	Urban Area (100 million yuan)	1489.56	1878.11	26.1
#房地产开发投资 (亿元)	Investment in Real Estate Development (100 million yuan)	184.42	262.64	42.4
农村 (亿元)	Rural Area (100 million yuan)	401.58	447.90	11.5
社会消费品零售总额 (亿元)	Total Retail Sales of Consumer Goods (100 million yuan)	2258.56	2644.28	12.7
出口总额 (亿美元)	Total Exports (USD 100 million)	141.38	157.17	11.2
进口总额 (亿美元)	Total Imports (USD 100 million)	60.13	63.01	4.8
实际外商直接投资额 (亿美元)	Foreign Direct Investment Actually Utilized (USD 100 million)	8.09	6.22	-23.1
地方公共财政预算收入 (亿元)	Local Public Budgetary Revenue (100 million yuan)	226.07	264.04	16.8
地方公共财政预算支出 (亿元)	Local Public Budgetary Expenditure (100 million yuan)	488.21	546.54	11.9
中外资金融机构本外币存款 (亿元)	Deposits in Renminbi and Foreign Currencies in All Financial Institutions (100 million yuan)	4855.70	5466.56	12.6
中外资金融机构本外币储蓄存款 (亿元)	Savings Deposits in Renminbi and Foreign Currencies in All Financial Institutions (100 million yuan)	3386.80	3795.95	12.1
中外资金融机构本外币贷款 (亿元)	Loans in Renminbi and Foreign Currencies in All Financial Institutions (100 million yuan)	1908.56	2241.28	17.4
农村居民人均纯收入 (元)	Per Capita Annual Net Income of Rural Residents (yuan)	8544	9558	11.9

20-8 西翼主要经济指标

Main Economic Indicators of the West Wing

指标	Item	2012	2013	2013比2012增长% Growth Rate in 2013 over 2012
土地面积 (平方公里)	Land Area (sq.km)	32644	32644	
年末常住人口 (万人)	Permanent Population at the Year-end (10000 persons)	1556.85	1565.92	0.6
#城镇人口	Urban Population	618.38	633.46	2.4
年末户籍总人口 (万人)	Total Population with Residence Registration at the Year-end (10000 persons)	1816.57	1847.05	1.7
年末从业人员 (万人)	Employed Persons at the Year-end (10000 persons)	741.92	745.88	0.5
#城镇单位从业人员	Employed Persons in Urban Areas	101.11	119.61	18.3
经济总量指标	Aggregate Indicators on Economy			
地区生产总值 (亿元)	Gross Domestic Product (100 million yuan)	4683.43	5260.01	12.0
第一产业	Primary Industry	905.11	987.51	4.6
第二产业	Secondary Industry	1921.58	2221.46	14.1
#工业	Industry	1735.41	2010.42	14.3
第三产业	Tertiary Industry	1856.74	2051.04	13.0
人均生产总值 (元)	Per Capita Gross Domestic Product (yuan)	30271	33712	11.0
地区生产总值指数(上年=100)	Index of Gross Domestic Product (preceding year=100)	110.0	112.0	12.0
第一产业	Primary Industry	104.6	104.6	4.6
第二产业	Secondary Industry	112.4	114.1	14.1
#工业	Industry	112.5	114.3	14.3
第三产业	Tertiary Industry	109.9	113.0	13.0
人均生产总值指数(上年=100)	Index of Per Capita Gross Domestic Product(preceding year=100)	108.9	111.0	11.0
公路通车里程 (公里)	Total Length of Highways in Operation (km)	44592	44914	0.7
邮电业务总量 (亿元) (按2010年不变价计算)	Total Business Volume of Postal and Telecommunication Services (calculated at 2010 constant Prices) (100 million yuan)	142.47	158.07	10.9
本地电话年末用户 (万户)	Number of Subscribers of Local Telephones at the Year-end (10000 subscribers)	210.23	200.41	-4.7
移动电话年末用户 (万户)	Number of Subscribers of Mobile Telephones at the Year-end (10000 subscribers)	821.28	1007.01	22.6
固定资产投资额 (亿元)	Investment in Fixed Assets (100 million yuan)	1483.32	2054.77	38.5
城镇 (亿元)	Urban Area (100 million yuan)	1041.18	1548.85	48.8
#房地产开发投资 (亿元)	Investment in Real Estate Development (100 million yuan)	266.10	321.10	20.7
农村 (亿元)	Rural Area (100 million yuan)	442.14	505.92	14.4
社会消费品零售总额 (亿元)	Total Retail Sales of Consumer Goods (100 million yuan)	2197.78	2546.78	13.1
出口总额 (亿美元)	Total Exports (USD 100 million)	48.02	55.21	15.0
进口总额 (亿美元)	Total Imports (USD 100 million)	31.62	35.95	13.7
实际外商直接投资额 (亿美元)	Foreign Direct Investment Actually Utilized (USD 100 million)	3.20	4.12	28.6
地方公共财政预算收入 (亿元)	Local Public Budgetary Revenue (100 million yuan)	213.33	250.00	17.2
地方公共财政预算支出 (亿元)	Local Public Budgetary Expenditure (100 million yuan)	513.42	598.33	16.5
中外资金融机构本外币存款 (亿元)	Deposits in Renminbi and Foreign Currencies in All Financial Institutions (100 million yuan)	3964.12	4561.87	15.1
中外资金融机构本外币储蓄存款 (亿元)	Savings Deposits in Renminbi and Foreign Currencies in All Financial Institutions (100 million yuan)	2733.86	3107.18	13.7
中外资金融机构本外币贷款 (亿元)	Loans in Renminbi and Foreign Currencies in All Financial Institutions (100 million yuan)	2053.91	2406.96	17.2
农村居民人均纯收入 (元)	Per Capita Annual Net Income of Rural Residents (yuan)	9480	10634	12.2

20-9 山区主要经济指标

Main Economic Indicators of Mountainous Areas

指 标	Item	2012	2013	2013比2012增长% Growth Rate in 2013 over 2012
土地面积 (平方公里)	Land Area (sq.km)	76751	76751	
年末常住人口 (万人)	Permanent Population at the Year-end (10000 persons)	1637.82	1645.68	0.5
#城镇人口	Urban Population	741.93	756.63	2.0
年末户籍总人口 (万人)	Total Population with Residence Registration at the Year-end (10000 persons)	1895.54	1914.04	1.0
年末从业人员 (万人)	Employed Persons at the Year-end (10000 persons)	819.78	823.70	0.5
#城镇单位从业人员	Employed Persons in Urban Areas	126.62	143.27	13.1
地区生产总值 (亿元)	Gross Domestic Product (100 million yuan)	3821.81	4185.76	8.4
第一产业	Primary Industry	636.80	682.02	4.8
第二产业	Secondary Industry	1585.65	1745.29	9.0
#工业	Industry	1390.17	1530.66	9.0
第三产业	Tertiary Industry	1599.37	1758.45	9.3
人均生产总值 (元)	Per Capita Gross Domestic Product (yuan)	23467	25513	7.7
地区生产总值指数 (上年=100)	Index of Gross Domestic Product (preceding year=100)	108.6	108.4	8.4
第一产业	Primary Industry	105.2	104.8	4.8
第二产业	Secondary Industry	109.5	109.0	9.0
#工业	Industry	109.9	109.0	9.0
第三产业	Tertiary Industry	109.0	109.3	9.3
人均生产总值指数 (上年=100)	Index of Per Capita Gross Domestic Product (preceding year=100)	107.8	107.7	7.7
公路通车里程 (公里)	Total Length of Highways in Operation (km)	71695	78397	9.3
邮电业务总量 (亿元) (按2010年不变价计算)	Total Business Volume of Postal and Telecommunication Services (calculated at 2010 constant Prices) (100 million yuan)	146.36	158.96	8.6
本地电话年末用户 (万户)	Number of Subscribers of Local Telephones at the Year-end (10000 subscribers)	283.09	273.02	-3.6
移动电话年末用户 (万户)	Number of Subscribers of Mobile Telephones at the Year-end (10000 subscribers)	911.98	1096.13	20.2
固定资产投资额 (亿元)	Investment in Fixed Assets (100 million yuan)	1958.82	2417.10	23.4
城镇 (亿元)	Urban Area (100 million yuan)	1698.61	2124.65	25.1
#房地产开发投资 (亿元)	Investment in Real Estate Development (100 million yuan)	418.60	543.11	29.7
农村 (亿元)	Rural Area (100 million yuan)	260.21	292.45	12.4
社会消费品零售总额 (亿元)	Total Retail Sales of Consumer Goods (100 million yuan)	1668.08	1870.88	12.2
出口总额 (亿美元)	Total Exports (USD 100 million)	74.09	80.33	8.4
进口总额 (亿美元)	Total Imports (USD 100 million)	50.57	52.24	3.3
实际外商直接投资额 (亿美元)	Foreign Direct Investment Actually Utilized (USD 100 million)	8.96	8.56	-4.5
地方公共财政预算收入 (亿元)	Local Public Budgetary Revenue (100 million yuan)	279.02	328.52	17.7
地方公共财政预算支出 (亿元)	Local Public Budgetary Expenditure (100 million yuan)	725.20	839.08	15.7
中外资金融机构本外币存款 (亿元)	Deposits in Renminbi and Foreign Currencies in All Financial Institutions (100 million yuan)	4694.49	5401.45	15.1
中外资金融机构本外币储蓄存款 (亿元)	Savings Deposits in Renminbi and Foreign Currencies in All Financial Institutions (100 million yuan)	3085.72	3516.61	14.0
中外资金融机构本外币贷款 (亿元)	Loans in Renminbi and Foreign Currencies in All Financial Institutions (100 million yuan)	2546.17	3027.27	18.9
农村居民人均纯收入 (元)	Per Capita Annual Net Income of Rural Residents (yuan)	8632	9686	12.2

20-10 山区县(市、区)主要经济指标
Main Economic Indicators of Counties (County-level Cities and Districts) in Mountainous Areas

指标	Item	2012	2013	2013比2012增长% Growth Rate in 2013 over 2012(%)
土地面积 (平方公里)	Land Area (sq.km)			
常用耕地面积 (公顷)	Area of Regularly Cultivated Land (ha.)			
年末户籍总人口 (万人)	Total Population with Residence Registration at the Year-end (10000 persons)	3329.58	3345.79	0.5
年末从业人员 (万人)	Employed Persons at the Year-end (10000 persons)	1489.7	1530.7	2.8
地区生产总值 (亿元)	Gross Domestic Product (100 million yuan)	6599.9	7442.1	12.7
第一产业	Primary Industry	1224.8	1338.3	5.0
第二产业	Secondary Industry	2890.0	3321.4	17.5
第三产业	Tertiary Industry	2485.1	2782.3	10.0
人均生产总值 (元)	Per Capita Gross Domestic Product (yuan)	23591	27199	11.9
地区生产总值指数(上年=100)	Index of Gross Domestic Product (preceding year=100)	111.3	112.7	12.7
第一产业	Primary Industry	105.0	105.0	5.0
第二产业	Secondary Industry	115.1	117.5	17.5
第三产业	Tertiary Industry	109.8	110.0	10.0
人均生产总值指数(上年=100)	Index of Per Capita Gross Domestic Product(preceding year=100)	110.5	111.9	11.9
固定资产投资额 (亿元)	Investment in Fixed Assets (100 million yuan)	2815.6	3870.21	37.5
城镇 (亿元)	Urban Area (100 million yuan)	2005.38	2935.16	46.4
#房地产开发投资 (亿元)	Investment in Real Estate Development (100 million yuan)	431.96	591.35	36.9
农村 (亿元)	Rural (100 million yuan)	808.73	935.05	15.6
社会消费品零售总额 (亿元)	Total Retail Sales of Consumer Goods (100 million yuan)	2676.42	3009.40	12.4
出口总额 (亿美元)	Total Exports (USD 100 million)	115.65	129.04	11.6
实际外商直接投资额 (亿美元)	Foreign Direct Investment Actually Utilized (USD 100 million)			
地方公共财政预算收入 (亿元)	Local Public Budgetary Revenue (100 million yuan)	322.40	385.35	19.5
地方公共财政预算支出 (亿元)	Local Public Budgetary Expenditure (100 million yuan)	926.51	1072.41	15.7
农村居民人均纯收入 (元)	Per Capita Net Income of Rural Residents (yuan)	8858	9964	12.5

注：50个山区县(市、区)包括:从化市、南澳县、曲江区、仁化县、南雄市、始兴县、翁源县、新丰县、乳源县、乐昌市、东源县、和平县、龙川县、紫金县、连平县、梅江区、梅县、蕉岭县、大埔县、丰顺县、五华县、兴宁市、平远县、惠东县、龙门县、海丰县、陆河县、阳春市、高州市、信宜市、高要市、广宁县、德庆县、封开县、怀集县、清新区、英德市、佛冈县、连山县、连南县、连州市、阳山县、饶平县、潮安县、普宁市、揭西县、新兴县、罗定市、郁南县、云安县。

Notes: Counties (county-level cities and districts) in mountainous areas total 50, including Conghua City, Nan'ao County, Qujiang District, Renhua County, Nanxiong City, Shixing County, Wengyuan County, Xinfeng County, Qujiang District, Ruyuan County, Lechang City, Dongyuan County, Heping County, Longchuan County,Zijin County,Lianping County, Meijiang District,Meixian County,Jiaoling County, Dabu County, Fengshun County,Wuhua County,Xingning City,Pingyuan County,Huidong County,Longmen County,Haifeng County,Luhe County,Yangchun City, Gaozhou City,Xinyi City,Gaoyao City,Guangning County,Deqing County, Fengkai County,Huaiji County,Qingxin County,Yingde City, Fogang County, Lianshan County, Liannan County, Lianzhou City, Yangshan County, Raoping County Chao'an County, Puning City, Jiexi County,Xinxing County, Luoding City, Yunan County, and Yun'an County.

20-11 少数民族县主要经济指标（2013年）

Main Economic Indicators of Minority Counties (2013)

指标	Item	合计 Total	连南县 Liannan County	连山县 Lianshan County	乳源县 Ruyuan County
土地面积 (平方公里)	Land Area (sq.km)	4758	1241	1219	2299
年末户籍总人口 (万人)	Total Population with Residence Registration at the Year-end (10000 persons)	49.87	16.35	11.83	21.69
少数民族人口 (万人)	Population of Minority Nationalities (10000 persons)	18.58	8.94	7.39	2.25
年末从业人员 (万人)	Employed Persons at the Year-end (10000 persons)	21.93	7.40	4.87	9.66
地区生产总值 (亿元)	Gross Domestic Product (100 million yuan)	113.73	29.76	25.80	58.17
第一产业	Primary Industry	17.56	4.92	6.07	6.57
第二产业	Secondary Industry	49.96	11.39	9.29	29.27
第三产业	Tertiary Industry	46.21	13.45	10.43	22.33
人均生产总值 (元)	Per Capita Gross Domestic Product (yuan)	28046	22520	27861	32182
地区生产总值指数 (上年=100)	Index of Gross Domestic Product (preceding year=100)	110.3	108.9	106.0	113.1
第一产业	Primary Industry	105.2	105.7	105.3	104.7
第二产业	Secondary Industry	112.1	107.0	105.4	117.0
第三产业	Tertiary Industry	110.3	112.3	107.0	110.8
人均生产总值指数 (上年=100)	Index of Per Capita Gross Domestic Product(preceding year=100)	108.6	108.2	105.1	112.2
公路通车里程 (公里)	Total Length of Highways in Operation (km)	4831	1662	991	2178
本地电话年末用户 (户)	Number of Subscribers of Local Telephones at the Year-end (subscriber)	54609	15664	14437	24508
#乡村	Subscribers in Rural Areas	21051	5963	5759	9329
移动电话年末用户 (户)	Number of Subscribers of Mobile Telephones at the Year-end (subscriber)	309463	85575	72288	151600
邮电业务总量 (万元)	Total Business Volume of Postal and Telecommunication Services (10000 yuan)	29725	9460	7918	12347
固定资产投资额 (亿元)	Investment in Fixed Assets (100 million yuan)	49.89	3.36	1.41	45.12
城镇 (亿元)	Urban Area (100 million yuan)	47.69	2.62	0.54	44.53
#房地产开发投资 (亿元)	Investment in Real Estate Development (100 million yuan)	6.17	1.52		4.65
农村 (亿元)	Rural Area (100 million yuan)	2.20	0.74	0.87	0.59
社会消费品零售总额 (亿元)	Total Retail Sales of Consumer Goods (100 million yuan)	25.51	5.62	4.38	15.51
地方公共财政预算收入 (亿元)	Local Public Budgetary Revenue (100 million yuan)	7.11	1.57	1.22	4.32
地方公共财政预算支出 (亿元)	Local Public Budgetary Expenditure (100 million yuan)	26.57	8.11	6.14	12.32
城镇单位在岗职工年平均工资(元)	Annual Average Wage of Staff and Workers (yuan)		46735	42296	41324
农村居民人均纯收入 (元)	Per Capita Net Income of Rural Residents (yuan)	7687	6260	7681	8393
普通中学 (所)	Number of Regular Secondary Schools (unit)	29	11	9	9
在校学生数 (人)	Number of Students Enrolled in Regular Secondary Schools (person)	23397	8404	5323	9670
小学 (所)	Number of Primary Schools (unit)	97	32	8	57
在校学生数 (人)	Number of Students Enrolled in Primary Schools (person)	31683	11254	5980	14449

二十一、县（市）区主要经济指标

COUNTIES AND DISTRICTS UNDER CITY ADMINISTRATION

二十一　县(市)区主要经济指标

简要说明

一、本篇资料反映广东县(市)区经济发展基本情况，主要包括：各县(市)区的地区生产总值、工农业总产值、主要农产品产量、固定资产投资、消费品零售总额、在岗职工人数和职工工资、财政收支以及居民储蓄存款等内容。

二、本篇资料由广东省统计局各有关专业处整理提供，综合处负责编辑。

三、本篇资料依据国家统计局制定的各有关专业年度报表制度，由 21 个地级市统计局填报汇总而成。

四、本篇各县(市)区生产总值、产值、金融、财政类指标数据汇总数不等于全省数。

21　Counties and Districts Under City Administration

Brief Introduction

Ⅰ. The data in this chapter show the basic conditions of the economic development of counties and districts under city administration in Guangdong Province, mainly including gross domestic product, gross output value of industry and agriculture, output of major farm products, investment in fixed assets, total retail sales of consumer goods, number and wages of fully employed staff and workers, local government budgetary revenue and expenditure and savings deposits by urban and rural residents, etc.

Ⅱ. The data in this chapter are prepared and provided by the related specialized divisions and compiled by the Division of Comprehensive Statistics of Statistics Bureau of Guangdong Province.

Ⅲ. The data in this chapter are compiled on the basis of data reported "y the bureaus of statistics of 21 cities at or above prefectural level in accordance with related specialized annual report schemes formulated by the National Bureau of Statistics.

Ⅳ. The tabulated data on gross domestic product, gross output value, banking and government finance of the counties and districts in this chapter do not sum up to the provincial total.

21-1 各县(市)区地区生产总值（2013年）

Gross Domestic Product by County (County-level City) and District (2013)

单位：万元 (10000 yuan)

县(市)区	County (County-level City) and District	地区生产总值 Gross Domestic Product	第一产业 Primary Industry	第二产业 Secondary Industry	第三产业 Tertiary Industry
广州市	Guangzhou				
从化市	Conghua City	2841460	225526	1325516	1290418
增城市	Zengcheng City	9894494	534674	5997243	3362577
深圳市	Shenzhen	145002302	52451	62968455	81981396
珠海市	Zhuhai	16623757	431110	8490502	7702145
汕头市	Shantou				
南澳县	Nanao County	133255	37367	57266	38622
佛山市	Foshan	70101725	1390525	43403598	25307602
韶关市	Shaoguan				
乐昌市	Lechang City	953802	197827	323256	432719
南雄市	Nanxiong City	1007886	236275	370096	401515
仁化县	Renhua County	848699	168543	392244	287912
始兴县	Shixing County	586455	152445	246065	187945
翁源县	Wengyuan County	715255	193649	254421	267185
新丰县	Xinfeng County	530141	100359	247567	182215
乳源县	Ruyuan County	581698	65699	292680	223319
河源市	Heyuan				
东源县	Dongyuan County	863663	138309	429415	295939
和平县	Heping County	672710	129651	303172	239887
龙川县	Longchuan County	1158811	223467	470635	464709
紫金县	Zijin County	934450	229293	328756	376401
连平县	Lianping County	940916	85423	646112	209381
梅州市	Meizhou				
兴宁市	Xingning City	1324355	370779	381725	571851
平远县	Pingyuan County	600715	112536	321846	166333
蕉岭县	Jiaoling County	531909	108108	219391	204410
大埔县	Dabu County	585193	173290	203168	208735
丰顺县	Fengshun County	756213	211341	340810	204062
五华县	Wuhua County	1008099	286661	208735	512703
惠州市	Huizhou				
惠东县	Huidong County	3833174	386684	1861814	1584676
博罗县	Boluo County	4453407	423546	2336448	1693413
龙门县	Longmen County	1157072	184760	455395	516918
汕尾市	Shanwei				
陆丰市	Lufeng City	2011779	451394	923367	637018
海丰县	Haifeng County	2216746	333160	1000341	883245
陆河县	Luhe County	408629	96036	72437	240156
东莞市	Dongguan	54900207	200855	25188763	29510589
中山市	Zhongshan	26389329	668732	14637079	11083518
江门市	Jiangmen				
台山市	Taishan City	3134068	508349	1780648	845071
开平市	Kaiping City	2602329	259650	1313365	1029314
鹤山市	Heshan City	2175886	166785	1188413	820688
恩平市	Enping City	1332464	190020	446063	696381

21-1 续表 continued

单位：万元 (10000 yuan)

县(市)区	County (County-level City) and District	地区生产总值 Gross Domestic Product	第一产业 Primary Industry	第二产业 Secondary Industry	第三产业 Tertiary Industry
阳江市	Yangjiang				
阳春市	Yangchun City	3030186	645170	1412594	972422
阳东县	Yangdong County	2305365	398904	1323505	582956
阳西县	Yangxi County	1405450	500722	533262	371466
湛江市	Zhanjiang				
雷州市	Leizhou City	2009854	869098	308843	831913
廉江市	Lianjiang City	3055674	873909	1266056	915709
吴川市	Wuchuan City	1758671	254291	769251	735129
遂溪县	Suixi County	2316570	898520	717145	700905
徐闻县	Xuwen County	1314554	648721	164189	501644
茂名市	Maoming				
信宜市	Xinyi City	3289409	776717	1140611	1372081
高州市	Gaozhou City	4088661	980541	1242041	1866079
化州市	Huazhou City	3553475	755954	1177280	1620241
电白县	Dianbai County	3454742	760183	1209807	1484752
肇庆市	Zhaoqing				
四会市	Sihui City	4572248	433628	2915866	1222754
高要市	Gaoyao City	3460829	632259	1992339	836231
广宁县	Guangning County	1117389	273983	369081	474325
德庆县	Deqing County	1033998	240551	390817	402630
封开县	Fengkai County	1150175	335476	378587	436112
怀集县	Huaiji County	1919199	576695	559811	782693
清远市	Qingyuan				
英德市	Yingde City	2001425	458040	639747	903638
连州市	Lianzhou City	1091304	268420	271424	551460
佛冈县	Fogang County	843249	93161	386143	363945
连山县	Lianshan County	257990	60726	92933	104331
连南县	Liannan County	297596	49159	113941	134496
阳山县	Yangshan County	751144	239178	166792	345174
潮州市	Chaozhou				
饶平县	Raoping County	1902598	343593	857676	701329
揭阳市	Jieyang				
普宁市	Puning City	5047625	330245	3377844	1339536
揭西县	Jiexi County	1835438	299035	1010442	525961
惠来县	Huilai County	2110129	469380	1203448	437301
云浮市	Yunfu				
罗定市	Luoding City	1341424	347924	459969	533530
新兴县	Xinxing County	1920362	481892	843289	595181
郁南县	Yunan County	833268	246915	262743	323610
云安县	Yun'an County	662152	162808	342225	157119

注：1. 本表按当年价格计算。
2. 本表数据为初步核算数。
3. 2013年起，梅县、清新县、潮安县和揭东县撤县设区，下表同。

Note: a) The data in this table are calculated at current prices.
b) Data in this table are preliminary accounting numbers.
c) Since 2013, Meixian County , Qingxin County, Chaoan County and Jiedong County has been changed into cities.The same applies to the following tables.

21-2 各县(市)区地区生产总值增长速度（2013年）

Growth Rates of Gross Domestic Product by County (County-level City) and District (2013)

单位：% (%)

县(市)区	County (County-level City) and District	地区生产总值 Gross Domestic Product	第一产业 Primary Industry	第二产业 Secondary Industry	第三产业 Tertiary Industry
广州市	Guangzhou				
从化市	Conghua City	12.0	2.8	13.4	12.2
增城市	Zengcheng City	12.9	4.4	13.1	13.9
深圳市	Shenzhen	10.5	-19.8	9.0	11.7
珠海市	Zhuhai	10.5	5.4	11.8	9.2
汕头市	Shantou				
南澳县	Nan'ao County	9.0	4.3	10.9	10.7
佛山市	Foshan	10.0	2.8	11.4	7.6
韶关市	Shaoguan				
乐昌市	Lechang City	12.6	5.5	15.4	13.4
南雄市	Nanxiong City	12.7	4.8	20.6	10.3
仁化县	Renhua County	12.4	6.0	15.5	11.0
始兴县	Shixing County	12.4	4.5	17.3	12.6
翁源县	Wengyuan County	14.2	4.8	24.1	11.7
新丰县	Xinfeng County	16.2	4.5	24.7	11.5
乳源县	Ruyuan County	13.1	4.7	17.0	10.8
河源市	Heyuan				
东源县	Dongyuan County	13.0	5.0	18.6	8.5
和平县	Heping County	12.5	6.3	20.5	7.1
龙川县	Longchuan County	12.1	6.6	16.3	9.8
紫金县	Zijin County	12.5	5.5	20.3	9.7
连平县	Lianping County	12.2	6.7	14.5	7.0
梅州市	Meizhou				
兴宁市	Xingning City	10.9	5.7	12.7	12.3
平远县	Pingyuan County	13.4	5.5	19.1	8.7
蕉岭县	Jiaoling County	12.8	5.6	17.0	10.0
大埔县	Dabu County	12.8	5.8	18.5	9.9
丰顺县	Fengshun County	13.8	5.6	18.6	10.6
五华县	Wuhua County	11.2	5.8	17.6	10.9
惠州市	Huizhou				
惠东县	Huidong County	14.3	6.2	17.8	11.2
博罗县	Boluo County	12.5	3.8	15.5	10.0
龙门县	Longmen County	14.3	5.3	20.5	11.9
汕尾市	Shanwei				
陆丰市	Lufeng City	12.4	3.8	20.6	5.8
海丰县	Haifeng County	13.1	4.0	20.5	6.6
陆河县	Luhe County	11.0	3.7	14.3	11.5
东莞市	Dongguan	9.8	-0.3	10.3	9.4
中山市	Zhongshan	10.0	2.2	10.9	9.0
江门市	Jiangmen				
台山市	Taishan City	10.1	4.0	14.9	0.8
开平市	Kaiping City	10.2	1.9	15.2	5.2
鹤山市	Heshan City	9.5	3.0	12.2	6.7
恩平市	Enping City	9.8	6.1	13.3	8.4

21-2 续表 continued

单位：% (%)

县(市)区	County (County-level City) and District	地区生产总值 Gross Domestic Product	第一产业 Primary Industry	第二产业 Secondary Industry	第三产业 Tertiary Industry
阳江市	Yangjiang				
阳春市	Yangchun City	15.3	4.5	20.3	14.9
阳东县	Yangdong County	14.6	5.2	18.7	12.3
阳西县	Yangxi County	15.3	6.6	25.4	12.6
湛江市	Zhanjiang				
雷州市	Leizhou City	8.5	6.4	6.8	11.1
廉江市	Lianjiang City	16.5	6.6	28.8	10.2
吴川市	Wuchuan City	15.5	6.1	20.5	13.6
遂溪县	Suixi County	12.0	6.5	18.1	12.7
徐闻县	Xuwen County	10.0	6.6	5.0	15.8
茂名市	Maoming				
信宜市	Xinyi City	13.6	3.7	21.1	13.0
高州市	Gaozhou City	12.5	3.3	12.2	15.2
化州市	Huazhou City	13.3	3.7	23.0	10.7
电白县	Dianbai County	13.1	3.6	17.5	14.3
肇庆市	Zhaoqing				
四会市	Sihui City	16.6	5.0	21.1	10.8
高要市	Gaoyao City	13.8	3.0	20.6	6.7
广宁县	Guangning County	12.1	7.6	20.5	8.3
德庆县	Deqing County	12.4	6.6	18.2	10.3
封开县	Fengkai County	13.1	6.8	20.1	12.0
怀集县	Huaiji County	12.0	8.0	21.6	8.4
清远市	Qingyuan				
英德市	Yingde City	9.1	5.7	15.5	5.6
连州市	Lianzhou City	8.0	5.8	9.4	8.3
佛冈县	Fogang County	8.1	5.3	10.8	5.6
连山县	Lianshan County	6.0	5.3	5.4	7.0
连南县	Liannan County	8.9	5.7	7.0	12.3
阳山县	Yangshan County	6.5	4.8	14.2	3.5
潮州市	Chaozhou				
饶平县	Raoping County	11.2	7.1	14.7	8.7
揭阳市	Jieyang				
普宁市	Puning City	16.1	3.7	20.5	9.0
揭西县	Jiexi County	14.2	4.9	19.7	9.4
惠来县	Huilai County	15.1	4.2	22.3	8.1
云浮市	Yunfu				
罗定市	Luoding City	15.3	4.2	27.7	9.7
新兴县	Xinxing County	15.1	4.0	21.2	15.0
郁南县	Yunan County	12.7	4.0	23.4	7.9
云安县	Yun'an County	15.1	3.8	24.5	4.0

注：1. 本表增长速度按可比价格计算。
2. 本表数据为初步核算数。

Note: a) The data in this table are calculated at comparable prices.
b) Data in this table are preliminary accounting numbers.

21-3 各县(市)区人均地区生产总值及增长速度

Per Capita Gross Domestic Product and Growth Rates by County (County-level City) and District

县(市)区	County (County-level City) and District	绝对数（元/人） Absolute Figure (yuan/person)		增长速度（%） Growth Rate (%)	
		2012	2013	2012	2013
广州市	Guangzhou				
从化市	Conghua City	41005	46800	12.0	10.7
增城市	Zengcheng City	81342	94188	12.3	12.3
深圳市	Shenzhen	123247	136948	9.0	9.6
珠海市	Zhuhai	95471	104786	6.3	9.7
汕头市	Shantou				
南澳县	Nan'ao County	20336	21827	4.3	8.3
佛山市	Foshan	91259	96310	7.7	9.5
韶关市	Shaoguan				
乐昌市	Lechang City	20661	23559	7.7	11.9
南雄市	Nanxiong City	27177	31050	13.8	11.8
仁化县	Renhua County	38032	41521	8.3	11.4
始兴县	Shixing County	24223	28080	13.1	11.6
翁源县	Wengyuan County	18734	21224	18.2	13.4
新丰县	Xinfeng County	21715	25251	18.3	15.4
乳源县	Ruyuan County	27646	32182	4.9	12.2
河源市	Heyuan				
东源县	Dongyuan County	17196	19152	11.7	12.0
和平县	Heping County	15678	17534	10.2	11.5
龙川县	Longchuan County	14697	16265	9.5	11.0
紫金县	Zijin County	12800	14258	10.3	11.5
连平县	Lianping County	24736	27253	10.2	11.2
梅州市	Meizhou				
兴宁市	Xingning City	12704	13556	9.7	10.3
梅　县	Meixian County	26282		9.9	
平远县	Pingyuan County	24208	25882	14.8	13.0
蕉岭县	Jiaoling County	23838	25543	10.1	12.4
大埔县	Dabu County	14313	15461	11.6	12.4
丰顺县	Fengshun County	14315	15604	10.2	13.3
五华县	Wuhua County	8690	9426	9.6	10.6
惠州市	Huizhou				
惠东县	Huidong County	35563	41545	13.3	13.6
博罗县	Boluo County	38107	42196	13.0	11.9
龙门县	Longmen County	32275	36902	15.4	13.2
汕尾市	Shanwei				
陆丰市	Lufeng City	12960	14668	11.4	11.7
海丰县	Haifeng County	25109	27513	12.9	12.4
陆河县	Luhe County	13461	14383	12.7	10.4
东莞市	Dongguan	60557	66109	5.7	9.4
中山市	Zhongshan	77527	83393	10.5	9.4
江门市	Jiangmen				
台山市	Taishan City	32151	33081	7.7	9.9
开平市	Kaiping City	34362	37039	9.9	9.9
鹤山市	Heshan City	39874	43592	7.9	9.1
恩平市	Enping City	24652	26832	8.7	9.5

21-3 续表 continued

县(市)区	County (County-level City) and District	绝对数(元/人) Absolute Figure (yuan/person) 2012	2013	增长速度(%) Growth Rate (%) 2012	2013
阳江市	Yangjiang				
阳春市	Yangchun City	30860	35078	12.1	14.8
阳东县	Yangdong County	44090	51111	12.1	14.0
阳西县	Yangxi County	26585	30580	11.8	14.9
湛江市	Zhanjiang				
雷州市	Leizhou City	12634	13796	11.9	7.8
廉江市	Lianjiang City	17675	20763	11.1	15.8
吴川市	Wuchuan City	16129	18565	12.8	14.7
遂溪县	Suixi County	23146	25587	11.8	11.2
徐闻县	Xuwen County	16343	18458	11.3	9.3
茂名市	Maoming				
信宜市	Xinyi City	32028	34753	12.8	12.0
高州市	Gaozhou City	28345	30669	10.3	11.0
化州市	Huazhou City	27012	29477	14.1	13.3
电白县	Dianbai County	24474	27815	13.6	12.6
肇庆市	Zhaoqing				
四会市	Sihui City	70516	81486	13.1	14.6
高要市	Gaoyao City	39447	44952	10.3	12.7
广宁县	Guangning County	22826	25874	10.1	11.4
德庆县	Deqing County	26446	29725	8.1	11.6
封开县	Fengkai County	24258	28369	9.8	12.4
怀集县	Huaiji County	20369	23100	10.7	11.2
清远市	Qingyuan				
英德市	Yingde City	19256	20796	4.4	8.4
连州市	Lianzhou City	26818	29028	1.5	7.2
佛冈县	Fogang County	25064	27250	5.9	7.3
清新县	Qingxin County	24022		3.3	
连山县	Lianshan County	26302	27861	4.8	5.1
连南县	Liannan County	20509	22520	5.5	8.2
阳山县	Yangshan County	19690	20641	3.4	5.7
潮州市	Chaozhou				
饶平县	Raoping County	19170	21248	10.0	10.5
潮安县	Chao'an County	31641		11.0	
揭阳市	Jieyang				
普宁市	Puning City	20700	24155	11.8	15.4
揭东县	Jiedong County	27975		11.6	
揭西县	Jiexi County	18734	21873	8.3	13.4
惠来县	Huilai County	16572	18895	10.6	14.3
云浮市	Yunfu				
罗定市	Luoding City	11941	13623	13.6	14.1
新兴县	Xinxing County	38227	43694	13.6	14.0
郁南县	Yunan County	18692	20884	11.3	11.6
云安县	Yun'an County	21088	23913	11.1	13.9

注：1. 本表绝对数按当年价格计算，增长速度按可比价格计算。
2. 2013年地区生产总值为初步核算数。
Note: a)The figures in value terms in this table are calculated at current prices, whereas the growth rates are calculated at comparable prices.
b) The domestic GDP in 2013 are preliminary accounting numbers.

21-4 各县(市)区工、农业总产值

Gross Output Value of Industry and Agriculture by County (County-level City) and District

单位：万元 (10000 yuan)

县(市)区	County (County-level City) and District	工业总产值 Gross Output Value of Industry		农业总产值 Gross Output Value of Agriculture	
		2012	2013	2012	2013
广州市	Guangzhou				
市　区	Urban District	131654162	151146403	2451744	2589972
从化市	Conghua City	4695626	5885978	357600	384550
增城市	Zengcheng City	12221071	14896439	858559	925241
深圳市	Shenzhen	213630523	230952085	148572	139479
珠海市	Zhuhai	30725614	34608578	695721	790506
汕头市	Shantou				
市　区	Urban District	21090871	24794134	1319677	1410228
南澳县	Nanao County	24548	23824	137449	148256
佛山市	Foshan	146539639	171218835	2580243	2635249
韶关市	Shaoguan				
市　区	Urban District	5791588	6380617	383839	411962
乐昌市	Lechang City	613006	718261	286714	300576
南雄市	Nanxiong City	678364	950078	354983	374871
仁化县	Renhua County	561170	716835	242835	258071
始兴县	Shixing County	522682	610883	222746	241473
翁源县	Wengyuan County	537437	718798	279934	300086
新丰县	Xinfeng County	471555	638728	144012	156562
乳源县	Ruyuan County	825987	871732	95487	103294
河源市	Heyuan				
市　区	Urban District	4909615	5800189	43825	46122
东源县	Dongyuan County	985195	1148592	214703	221003
和平县	Heping County	809051	1062323	191255	205184
龙川县	Longchuan County	620701	700874	337220	349322
紫金县	Zijin County	783073	1058777	339768	360418
连平县	Lianping County	1428996	1630598	127985	145297
梅州市	Meizhou				
市　区	Urban District	1650439	3150534	104183	737499
兴宁市	Xingning City	362138	428596	538080	576881
梅　县	Meixian County	1402231		596658	
平远县	Pingyuan County	347062	427015	165497	169878
蕉岭县	Jiaoling County	270651	348914	163672	173257
大埔县	Dabu County	203833	266657	246062	260295
丰顺县	Fengshun County	503729	676433	323704	341856
五华县	Wuhua County	289048	381798	433166	455924
惠州市	Huizhou				
市　区	Urban District	44582830	53411823	565605	602641
惠东县	Huidong County	2679453	3588030	555786	610303
博罗县	Boluo County	6614059	7895707	644367	688787
龙门县	Longmen County	896451	1157383	252205	275993
汕尾市	Shanwei				
市　区	Urban District	3584952	4322372	283883	307006
陆丰市	Lufeng City	1776478	2411697	689943	738312
海丰县	Haifeng County	2156854	2846299	495377	533636
陆河县	Luhe County	87982	106833	147162	157735
东莞市	Dongguan	94925533	110234490	320083	331545
中山市	Zhongshan	57021597	56737453	1057954	1099956
江门市	Jiangmen				
市　区	Urban District	14622958	17560175	830415	844377
台山市	Taishan City	3683296	4688270	851617	931962
开平市	Kaiping City	2448398	3473798	449433	466785
鹤山市	Heshan City	3469067	4098598	289350	300324
恩平市	Enping City	970995	1257727	306502	321332

21-4 续表 continued

单位：万元 (10000 yuan)

县(市)区	County (County-level City) and District	工业总产值 Gross Output Value of Industry 2012	2013	农业总产值 Gross Output Value of Agriculture 2012	2013
阳江市	Yangjiang				
市　区	Urban District	4521629	6561618	584529	634735
阳春市	Yangchun City	3357129	3863391	992193	1039204
阳东县	Yangdong County	3249534	4113340	584880	638224
阳西县	Yangxi County	845934	1102506	700193	767112
湛江市	Zhanjiang				
市　区	Urban District	11340422	13030782	974286	996696
雷州市	Leizhou City	652705	804513	1235249	1307524
廉江市	Lianjiang County	2189490	3034044	1279604	1367626
吴川市	Wuchuan City	1016401	1325308	385375	406327
遂溪县	Suixi County	1705886	1932255	1321689	1396762
徐闻县	Xuwen County	271815	286753	870031	929958
茂名市	Maoming				
市　区	Urban District	13574863	15531467	624330	647510
信宜市	Xinyi City	902732	1454928	1128255	1167255
高州市	Gaozhou City	1087876	1316764	1385335	1469142
化州市	Huazhou City	799273	1331693	1105077	1171384
电白县	Dianbai County	1390424	1826393	1151235	1203135
肇庆市	Zhaoqing				
市　区	Urban District	5426614	6123484	242630	250844
四会市	Sihui City	10276121	12782090	650942	674142
高要市	Gaoyao City	7341374	8881994	896630	929433
广宁县	Guangning County	1158930	1468871	336950	363512
德庆县	Deqing County	1705719	2019284	332975	354206
封开县	Fengkai County	896547	1141478	468739	508609
怀集县	Huaiji County	1359084	1671270	711724	776356
清远市	Qingyuan				
市　区	Urban District	7683390	9970819	347236	811801
英德市	Yingde City	1606107	2006504	625227	674658
连州市	Lianzhou City	461521	479318	368946	403047
佛冈县	Fogang County	1263103	1442425	124455	132503
清新县	Qingxin County	1983697		419116	
连山县	Lianshan County	112665	119625	85328	90484
连南县	Liannan County	102617	102893	65303	71961
阳山县	Yangshan County	131298	202621	335298	362485
潮州市	Chaozhou				
市　区	Urban District	1526811	8523256	22891	315955
饶平县	Raoping County	1965107	2359884	552554	591281
潮安县	Chaoan County	5424393		272922	
揭阳市	Jieyang				
市　区	Urban District	5965087	17425034	52419	677421
普宁市	Puning City	9236247	11915336	486738	521829
揭东县	Jiedong County	7702583		580753	
揭西县	Jiexi County	1192575	1585769	417141	451178
惠来县	Huilai County	4191397	5115760	615638	663805
云浮市	Yunfu				
市　区	Urban District	1549495	1948415	165363	170738
罗定市	Luoding City	652757	941460	495024	528136
新兴县	Xinxing County	2165627	2866658	772865	802791
郁南县	Yunan County	591525	887961	344987	365154
云安县	Yunan County	771903	1214158	225803	236682

注：本表按当年价格计算，工业总产值为规模以上工业数据。
Note: Data in this table are calculated at current prices and the output of industry refers to that of industry above designated size.

21-5 各县(市)区粮食产量

Output of Grain by County (County-level City) and District

单位: 吨 (ton)

县(市)区别	County (County-level City) and District	粮食 Grain 2012	粮食 Grain 2013	#稻谷 Rice 2012	#稻谷 Rice 2013
广州市	Guangzhou				
市 区	Urban District	173432	167115	81256	74927
从化市	Conghua City	119428	116037	106836	103162
增城市	Zengcheng City	156809	152396	130318	125530
深圳市	Shenzhen	5	59		
珠海市	Zhuhai	44349	41383	31173	29663
汕头市	Shantou				
市 区	Urban District	474893	448727	336419	310550
南澳县	Nan'ao County	4300	4139	2249	2250
佛山市	Foshan	97331	98193	62938	56222
韶关市	Shaoguan				
市 区	Urban District	143178	133700	131774	121251
乐昌市	Lechang City	124863	119238	93705	89008
南雄市	Nanxiong City	228566	212170	205200	187854
仁化县	Renhua County	106157	100025	87162	82120
始兴县	Shixing County	88479	85820	78464	76508
翁源县	Wengyuan County	108013	100015	98908	90581
新丰县	Xinfeng County	57797	53070	47154	41546
乳源县	Ruyuan County	59530	56520	49142	45448
河源市	Heyuan				
市 区	Urban District	13034	12291	11383	10790
东源县	Dongyuan County	173916	166042	156465	149328
和平县	Heping County	135721	131062	115005	109790
龙川县	Longchuan County	274363	266727	250609	244009
紫金县	Zijin County	231815	210239	207571	185503
连平县	Lianping County	104862	99847	93762	86653
梅州市	Meizhou				
市 区	Urban District	15312	209126	12674	176929
兴宁市	Xingning City	337304	321605	290042	269478
梅 县	Meixian County	206729		177539	
平远县	Pingyuan County	89425	87503	77635	73536
蕉岭县	Jiaoling County	66045	63506	59322	57394
大埔县	Dabu County	99014	96605	86927	82198
丰顺县	Fengshun County	124998	122003	97048	91769
五华县	Wuhua County	320253	298921	293425	274582
惠州市	Huizhou				
市 区	Urban District	157916	134492	96699	76020
惠东县	Huidong County	203133	180170	144001	120605
博罗县	Boluo County	165261	150478	114548	98706
龙门县	Longmen County	100260	91901	93075	83987
汕尾市	Shanwei				
市 区	Urban District	27694	24622	20076	17379
陆丰市	Lufeng City	210915	184446	143862	119817
海丰县	Haifeng County	183285	152948	162548	132900
陆河县	Luhe County	62866	55206	45216	37364
东莞市	Dongguan	12476	12435	8357	6450
中山市	Zhongshan	77468	72686	33684	30367
江门市	Jiangmen				
市 区	Urban District	164805	157616	151674	140945
台山市	Taishan City	357217	338205	340765	325458
开平市	Kaiping City	229510	217232	211957	202014
鹤山市	Heshan City	85054	80022	75495	69806
恩平市	Enping City	132601	133596	120379	121173

21-5 续表 continued

单位：吨 (ton)

县(市)区	County (County-level City) and District	粮食 Grain 2012	粮食 Grain 2013	#稻谷 Rice 2012	#稻谷 Rice 2013
阳江市	Yangjiang				
市　区	Urban District	113380	107591	97560	91005
阳春市	Yangchun City	307322	292807	236735	221701
阳东县	Yangdong County	158725	155180	121888	118723
阳西县	Yangxi County	149401	142642	116015	110194
湛江市	Zhanjiang				
市　区	Urban District	176318	162677	136583	122525
雷州市	Leizhou City	352664	330427	315168	291511
廉江市	Lianjiang County	437688	410198	347373	317220
吴川市	Wuchuan City	170297	149944	143333	123305
遂溪县	Suixi County	249286	233647	176210	161104
徐闻县	Xuwen County	139504	126130	78447	65617
茂名市	Maoming				
市　区	Urban District	187038	173724	154775	140904
信宜市	Xinyi City	330307	313790	245519	229933
高州市	Gaozhou City	394450	369633	366971	341852
化州市	Huazhou City	341526	316782	290921	266408
电白县	Dianbai County	266132	247498	228491	209749
肇庆市	Zhaoqing				
市　区	Urban District	44661	42126	39428	36515
四会市	Sihui City	123052	120672	101469	99818
高要市	Gaoyao City	233324	235411	202691	206319
广宁县	Guangning County	152748	153549	128418	129809
德庆县	Deqing County	125821	116166	115397	104891
封开县	Fengkai County	206170	191065	179939	164229
怀集县	Huaiji County	265369	263747	235461	234715
清远市	Qingyuan				
市　区	Urban District	75024	196748	71033	182096
英德市	Yingde City	221686	203261	183011	164785
连州市	Lianzhou City	126385	120732	99169	93428
佛冈县	Fogang County	61697	56662	55369	51850
清新县	Qingxin County	136584		126021	
连山县	Lianshan County	42053	41644	36288	35597
连南县	Liannan County	36710	35114	21642	19363
阳山县	Yangshan County	111173	105830	65913	59943
潮州市	Chaozhou				
市　区	Urban District	4923	129332	4502	100000
饶平县	Raoping County	150967	137060	117116	105974
潮安县	Chao'an County	133657		103042	
揭阳市	Jieyang				
市　区	Urban District	12098	257238	166853	249067
普宁市	Puning City	218168	206660	126109	113499
揭东县	Jiedong County	260098		156692	
揭西县	Jiexi County	179567	169594	102896	92559
惠来县	Huilai County	208848	198931	97707	87872
云浮市	Yunfu				
市　区	Urban District	57320	54390	51203	48447
罗定市	Luoding City	259512	253461	226048	220149
新兴县	Xinxing County	146247	142652	131808	128089
郁南县	Yunan County	147135	141049	119567	113366
云安县	Yun'an County	97883	93097	67170	62605

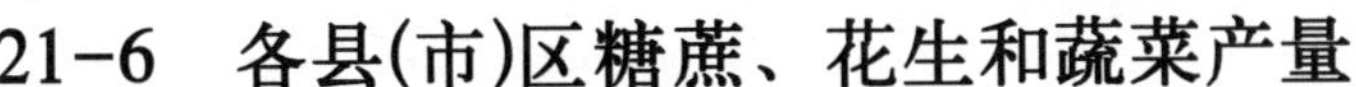

21-6 各县(市)区糖蔗、花生和蔬菜产量

Output of Sugarcane,Peanut and Vegetable by County (County-level City) and District

单位：吨 (ton)

县(市)区	County (County-level City) and District	糖蔗 Sugarcane		花生 Peanuts		蔬菜 Vegetable	
		2012	2013	2012	2013	2012	2013
广州市	Guangzhou						
市　区	Urban District	5981	5681	5300	5184	1922472	1947169
从化市	Conghua City			8526	8630	316975	323534
增城市	Zengcheng City			4898	5100	1109511	1162463
深圳市	Shenzhen			4	6	103941	101324
珠海市	Zhuhai	74063	82987	971	695	140184	142506
汕头市	Shantou						
市　区	Urban District			3161	3400	1561639	1631675
南澳县	Nan'ao County			104	103	16501	16892
佛山市	Foshan	2668	94	5174	5333	1478908	1413950
韶关市	Shaoguan						
市　区	Urban District			26830	28964	421924	447903
乐昌市	Lechang City	2792	2792	8246	8674	278463	293581
南雄市	Nanxiong City			23479	24165	187721	203502
仁化县	Renhua County			28655	29822	176204	189779
始兴县	Shixing County			10140	10539	204430	218377
翁源县	Wengyuan County	190975	209538	15596	15698	277755	294004
新丰县	Xinfeng County	966	900	4760	5121	195110	206613
乳源县	Ruyuan County			3831	3964	69263	73864
河源市	Heyuan						
市　区	Urban District	2640	2634	2193	2496	30947	34111
东源县	Dongyuan County	13407	13427	18934	19114	79402	81156
和平县	Heping County			5079	5797	106941	126167
龙川县	Longchuan County			12162	12425	107283	122474
紫金县	Zijin County	5816	7884	16573	17871	175521	206710
连平县	Lianping County			14237	16109	60679	72026
梅州市	Meizhou						
市　区	Urban District			703	11182	572302	1040682
兴宁市	Xingning City			4208	4263	553032	621603
梅　县	Meixian County			9948		461656	
平远县	Pingyuan County			3924	3482	67968	68744
蕉岭县	Jiaoling County			3983	3892	84625	101171
大埔县	Dabu County			2824	2802	162771	171194
丰顺县	Fengshun County			4931	5877	202411	218965
五华县	Wuhua County			6164	6358	307396	326485
惠州市	Huizhou						
市　区	Urban District	1105	64301	17958	34087	780665	1398367
惠东县	Huidong County	885	902	16646	17335	599549	668830
博罗县	Boluo County	69561	63399	16180	16752	676734	729537
龙门县	Longmen County	1739	1570	5356	6526	179371	196501
汕尾市	Shanwei						
市　区	Urban District			1807	1788	67239	68954
陆丰市	Lufeng City			15460	15074	461995	499894
海丰县	Haifeng County	5080	4040	5590	5442	415374	445964
陆河县	Luhe County			3669	3795	60566	69746
东莞市	Dongguan			281	241	391147	388583
中山市	Zhongshan	1727	1965	350	434	501044	510436
江门市	Jiangmen						
市　区	Urban District	3375	3134	1186	1241	263746	282987
台山市	Taishan City	84538	79741	11395	11037	315924	255055
开平市	Kaiping City	9136	7161	5992	5876	275760	287549
鹤山市	Heshan City	639		4955	5208	268391	300259
恩平市	Enping City	92113	93902	5647	5538	120499	142824

21-6 续表 continued

单位：吨 (ton)

县(市)区	County (County-level City) and District	糖蔗 Sugarcane 2012	糖蔗 Sugarcane 2013	花生 Peanuts 2012	花生 Peanuts 2013	蔬菜 Vegetable 2012	蔬菜 Vegetable 2013
阳江市	Yangjiang						
市　区	Urban District	34500	200	4872	4980	112457	116112
阳春市	Yangchun City	29248	28828	23437	23763	376840	382295
阳东县	Yangdong County	35312	36580	14966	15012	201161	202285
阳西县	Yangxi County			10141	11067	228280	233592
湛江市	Zhanjiang						
市　区	Urban District	456441	467001	10831	11438	226496	236398
雷州市	Leizhou City	4297852	4592521	44278	50165	603135	642597
廉江市	Lianjiang County	497473	542909	40612	44729	830485	901118
吴川市	Wuchuan City	24423	26303	22073	23407	108763	122997
遂溪县	Suixi County	4622421	4954618	33472	34620	590466	645202
徐闻县	Xuwen County	1606357	1729508	11052	13304	585441	628109
茂名市	Maoming						
市　区	Urban District	16286	15621	23429	24034	456849	473609
信宜市	Xinyi City			14727	15347	339181	357828
高州市	Gaozhou City	6221	6294	23075	24299	628464	658160
化州市	Huazhou City	256976	275627	29621	31555	472482	498679
电白县	Dianbai County	3179	3673	36452	37225	526945	546548
肇庆市	Zhaoqing						
市　区	Urban District			1244	1298	113603	123994
四会市	Sihui City			13145	13114	245276	255393
高要市	Gaoyao City			12893	12620	797932	818799
广宁县	Guangning County			6437	6462	157863	158119
德庆县	Deqing County			9377	9562	159855	172034
封开县	Fengkai County	30273	32674	17112	17560	238877	249178
怀集县	Huaiji County	19147	6642	10809	10855	426629	462362
清远市	Qingyuan						
市　区	Urban District			12131	26201	276222	656255
英德市	Yingde City	259281	259281	31112	32009	561798	617100
连州市	Lianzhou City			14714	14472	539744	605136
佛冈县	Fogang County			2891	2963	52495	66234
清新县	Qingxin County	4520	5020	12625		324112	
连山县	Lianshan County			3785	4054	68322	72219
连南县	Liannan County			3173	3747	33972	38059
阳山县	Yangshan County	269	271	16124	16715	413853	423040
潮州市	Chaozhou						
市　区	Urban District			5	1110	32480	235320
饶平县	Raoping County	8925	9545	3138	3005	216673	223854
潮安县	Chao'an County	5250		1069		187100	
揭阳市	Jieyang						
市　区	Urban District			3	10614	20049	802857
普宁市	Puning City			1350	1413	404646	459643
揭东县	Jiedong County	6053	6041	10612		731049	
揭西县	Jiexi County	2609	2738	2481	2778	254917	281891
惠来县	Huilai County			8348	8398	487780	514893
云浮市	Yunfu						
市　区	Urban District	782	834	2960	3038	33016	36129
罗定市	Luoding City			19610	20320	94443	98056
新兴县	Xinxing County			7727	8480	216590	229744
郁南县	Yunan County			11915	13294	43187	45674
云安县	Yun'an County		2089	7371	7523	56856	57660

21-7 各县(市)区生猪年末存栏头数、肉猪出栏头数和猪肉产量

Number of Hogs on Hand at the Year-end, Slaughtered Fattened Hogs and Output of Pork by County (County-level City) and District

县(市)区	County (County-level City) and District	生猪年末存栏头数(万头) Number of Hogs on Hand at the Year-end (10000 heads)		肉猪出栏头数(万头) Slaughtered Fattened Hogs (10000 heads)		猪肉产量(万吨) Output of Pork (10000 tons)	
		2012	2013	2012	2013	2012	2013
广州市	Guangzhou						
市 区	Urban District	60.86	64.15	107.47	117.44	8.03	8.80
从化市	Conghua City	24.91	29.80	37.45	42.62	2.80	3.19
增城市	Zengcheng City	36.20	17.27	84.61	71.95	6.32	5.39
深圳市	Shenzhen	6.49	5.88	18.47	12.18	1.24	0.86
珠海市	Zhuhai	32.92	41.15	47.96	51.65	3.58	3.86
汕头市	Shantou						
市 区	Urban District	43.26	44.25	81.91	82.68	6.04	6.12
南澳县	Nan'ao County	2.04	2.05	4.19	4.43	0.32	0.34
佛山市	Foshan	101.30	99.92	195.92	172.30	14.05	12.56
韶关市	Shaoguan						
市 区	Urban District	27.14	27.82	41.65	41.88	3.08	3.10
乐昌市	Lechang City	15.55	15.95	26.90	27.04	1.99	2.00
南雄市	Nanxiong City	22.54	23.11	36.21	36.41	2.68	2.69
仁化县	Renhua County	10.54	10.80	16.51	16.59	1.22	1.23
始兴县	Shixing County	6.48	6.64	12.60	12.66	0.93	0.93
翁源县	Wengyuan County	7.92	8.13	11.07	11.13	0.82	0.82
新丰县	Xinfeng County	6.37	6.53	8.11	8.16	0.60	0.60
乳源县	Ruyuan County	7.80	8.00	7.18	7.22	0.53	0.53
河源市	Heyuan						
市 区	Urban District	7.26	7.34	6.55	6.82	0.49	0.51
东源县	Dongyuan County	8.89	8.89	16.05	15.25	1.27	1.20
和平县	Heping County	5.18	5.61	13.63	14.97	1.07	1.18
龙川县	Longchuan County	24.81	24.83	26.12	26.16	2.09	2.09
紫金县	Zijin County	13.07	12.44	19.46	18.48	1.41	1.35
连平县	Lianping County	21.33	20.80	13.21	14.33	0.85	0.93
梅州市	Meizhou						
市 区	Urban District	5.21	28.72	15.62	58.01	1.30	4.35
兴宁市	Xingning City	35.03	35.59	56.50	57.20	4.20	4.26
梅 县	Meixian County	23.05		41.63		2.99	
平远县	Pingyuan County	10.68	10.84	14.29	14.47	1.12	1.13
蕉岭县	Jiaoling County	11.25	11.43	23.27	23.56	1.76	1.79
大埔县	Dabu County	12.86	13.07	21.31	21.58	1.51	1.54
丰顺县	Fengshun County	19.01	19.29	26.26	26.55	1.82	1.85
五华县	Wuhua County	46.97	47.91	55.03	56.25	4.10	4.19
惠州市	Huizhou						
市 区	Urban District	26.57	25.25	52.08	53.66	3.95	4.09
惠东县	Huidong County	28.98	30.14	39.83	40.58	2.99	3.04
博罗县	Boluo County	51.64	51.32	86.05	86.67	6.39	6.42
龙门县	Longmen County	7.09	7.27	8.30	8.78	0.62	0.67
汕尾市	Shanwei						
市 区	Urban District	4.23	4.29	8.13	8.23	0.60	0.61
陆丰市	Lufeng City	21.92	22.22	41.51	41.99	3.02	3.07
海丰县	Haifeng County	8.31	8.42	14.79	14.96	1.09	1.11
陆河县	Luhe County	8.18	8.29	14.67	14.84	1.13	1.15
东莞市	Dongguan	14.25	6.60	28.63	23.25	1.96	1.70
中山市	Zhongshan	23.63	20.65	43.32	38.76	3.21	2.74
江门市	Jiangmen						
市 区	Urban District	53.83	64.92	93.90	98.42	7.10	7.59
台山市	Taishan City	18.71	19.08	30.59	32.85	2.14	2.20
开平市	Kaiping City	23.28	24.12	48.05	48.88	3.69	3.75
鹤山市	Heshan City	38.11	38.71	62.14	62.83	4.29	4.31
恩平市	Enping City	15.48	16.33	21.45	22.24	1.71	1.77

21-7 续表 continued

县(市)区	County (County-level City) and District	生猪年末存栏头数(万头) Number of Hogs on Hand at the Year-end (10000 heads)		肉猪出栏头数(万头) Slaughtered Fattened Hogs (10000 heads)		猪肉产量(万吨) Output of Pork (10000 tons)	
		2012	2013	2012	2013	2012	2013
阳江市	Yangjiang						
市　区	Urban District	9.61	9.78	18.09	18.03	1.25	1.27
阳春市	Yangchun City	72.69	73.80	107.36	108.17	8.07	8.13
阳东县	Yangdong County	34.22	34.68	36.51	36.68	2.75	2.76
阳西县	Yangxi County	18.01	18.23	27.47	27.54	2.07	2.08
湛江市	Zhanjiang						
市　区	Urban District	24.91	25.37	44.97	45.45	3.33	3.32
雷州市	Leizhou City	25.90	26.14	35.28	32.72	2.59	2.43
廉江市	Lianjiang County	71.68	72.94	128.78	128.14	9.61	9.67
吴川市	Wuchuan City	18.16	18.66	25.21	26.90	1.88	1.96
遂溪县	Suixi County	40.58	42.87	77.72	80.91	5.79	6.07
徐闻县	Xuwen County	13.06	13.11	17.11	18.17	1.28	1.30
茂名市	Maoming						
市　区	Urban District	48.22	48.30	78.21	79.06	5.88	5.97
信宜市	Xinyi City	49.92	50.51	91.88	92.32	6.88	6.93
高州市	Gaozhou City	76.17	77.01	145.06	145.54	10.85	10.92
化州市	Huazhou City	78.24	79.04	144.59	144.74	10.79	10.79
电白县	Dianbai County	65.26	66.22	111.41	112.87	8.34	8.45
肇庆市	Zhaoqing						
市　区	Urban District	33.26	33.50	56.64	55.62	4.32	4.27
四会市	Sihui City	79.01	78.32	127.36	126.46	9.77	9.79
高要市	Gaoyao City	32.30	33.50	77.20	78.04	5.97	6.01
广宁县	Guangning County	20.25	20.43	18.98	20.76	1.39	1.49
德庆县	Deqing County	11.05	11.16	12.27	13.50	0.81	0.88
封开县	Fengkai County	18.81	18.92	19.51	20.58	1.45	1.53
怀集县	Huaiji County	44.89	47.04	98.57	98.55	6.84	6.83
清远市	Qingyuan						
市　区	Urban District	11.82	34.43	17.75	55.27	1.33	4.15
英德市	Yingde City	32.99	33.00	34.01	34.12	2.54	2.55
连州市	Lianzhou City	33.06	35.55	60.42	60.43	3.86	3.95
佛冈县	Fogang County	7.93	7.93	7.19	7.20	0.54	0.55
清新县	Qingxin County	22.60		37.50		2.82	
连山县	Lianshan County	2.60	2.70	5.63	5.68	0.50	0.50
连南县	Liannan County	2.27	2.27	3.45	3.46	0.26	0.26
阳山县	Yangshan County	31.81	33.09	42.65	46.51	3.02	3.24
潮州市	Chaozhou						
市　区	Urban District	1.08	14.43	1.83	18.00	0.18	1.39
饶平县	Raoping County	25.53	25.91	39.53	40.82	2.91	2.99
潮安县	Chao'an County	13.18		18.56		1.32	
揭阳市	Jieyang						
市　区	Urban District	4.21	16.50	7.30	33.29	0.50	2.47
普宁市	Puning City	29.51	29.68	44.40	44.38	3.45	3.45
揭东县	Jiedong County	12.17		25.76		1.94	
揭西县	Jiexi County	25.83	26.04	41.06	42.63	2.99	3.09
惠来县	Huilai County	27.32	27.51	30.69	31.16	2.26	2.30
云浮市	Yunfu						
市　区	Urban District	15.86	16.43	20.70	21.46	1.51	1.54
罗定市	Luoding City	13.66	14.32	23.60	25.32	1.47	1.60
新兴县	Xinxing County	40.17	41.32	73.77	77.10	5.54	5.81
郁南县	Yunan County	7.08	7.36	8.95	9.22	0.66	0.72
云安县	Yun'an County	8.65	8.76	10.65	11.09	0.77	0.78

21-8 各县(市)区固定资产投资（2013年）

Investment in Fixed Assets by County (County-level City) and District (2013)

单位：万元 (10000 yuan)

县(市)区	County (County-level City) and District	总计 Total		城镇 Urban Area		#房地产投资 Investment in Real Estate Development	
		投资完成额 Completed Investment	新增固定资产 Newly Increased Fixed Assets	投资完成额 Completed Investment	新增固定资产 Newly Increased Fixed Assets	投资完成额 Completed Investment	新增固定资产 Newly Increased Fixed Assets
广州市	Guangzhou						
市　区	Urban District	38844898	31976501	36852123	30206427	14670054	5524320
从化市	Conghua City	4497446	3783664	4497446	3783664	523803	106066
增城市	Zengcheng City	1130655	716102	1130655	716102	530432	166968
深圳市	Shenzhen	24901970	27735539	24901970	27735539	8769002	3959178
珠海市	Zhuhai	9608944	7264649	9476397	7114261	2725782	1899914
汕头市	Shantou						
市　区	Urban District	7674706	6945947	7107823	6403851	1335994	421748
南澳县	Nan'ao County	11168	133318	11168	38698	4734	134288
佛山市	Foshan	23755991	17301845	12342284	8356419	7373232	3326322
韶关市	Shaoguan						
市　区	Urban District	2885136	2169758	2728635	2035785	704769	385435
乐昌市	Lechang City	751858	754710	729404	735223	206797	150640
南雄市	Nanxiong City	819721	656260	819721	656260	58598	43467
仁化县	Renhua County	431063	319218	423004	313784	38071	16634
始兴县	Shixing County	489056	334120	471544	319158	82103	5677
翁源县	Wengyuan County	448620	316614	433740	303614	58302	50692
新丰县	Xinfeng County	368520	163122	347559	153876	41299	20074
乳源县	Ruyuan County	451201	271046	445341	265186	46457	10395
河源市	Heyuan						
市　区	Urban District	1175196	873799	1159805	863121	488254	297278
东源县	Dongyuan County	571838	418859	277199	292434	137961	47877
和平县	Heping County	252692	300299	169783	267008	70343	119020
龙川县	Longchuan County	606575	278766	542916	262556	102129	25875
紫金县	Zijin County	470145	224642	392649	197382	72242	25230
连平县	Lianping County	350859	149385	315844	121535	20872	44752
梅州市	Meizhou						
市　区	Urban District	1388056	1433388	1203992	1304502	416319	259102
兴宁市	Xingning City	358713	161735	277864	132005	93501	38493
平远县	Pingyuan County	157718	167299	149700	159339	26450	17808
蕉岭县	Jiaoling County	118767	132669	110791	124693	49560	32256
大埔县	Dabu County	210279	114125	184558	93736	73004	44128
丰顺县	Fengshun County	270234	141415	220868	123939	45175	16137
五华县	Wuhua County	301255	153683	285255	153683	66167	28601
惠州市	Huizhou						
市　区	Urban District	9191521	5653516	8631342	5299927	3935104	1376507
惠东县	Huidong County	1932333	2036782	1448440	1669708	804728	567944
博罗县	Boluo County	1937471	1390653	1737501	1215877	814565	276316
龙门县	Longmen County	951715	684774	618026	334099	380309	22120
汕尾市	Shanwei						
市　区	Urban District	691140	402180	629433	373209	56907	39066
陆丰市	Lufeng City	1546470	1554193	1309087	1317242	4173	
海丰县	Haifeng County	2239329	1822001	2043773	1610066	92023	87458
陆河县	Luhe County	143970	156279	80794	93333	13506	13106
东莞市	Dongguan	13839352	8170243	11410617	6303237	4976593	1597959
中山市	Zhongshan	9629280	7709832	6974205	5883377	3991156	1807022
江门市	Jiangmen						
市　区	Urban District	4650665	3004586	3415437	2179117	1532384	700084
台山市	Taishan City	1967225	1111364	1649535	839485	203315	195149
开平市	Kaiping City	1454104	1653546	905129	1011542	251124	90734
鹤山市	Heshan City	1167756	663261	1161898	656433	315997	127159
恩平市	Enping City	768668	481329	349523	263370	115054	33469

注：2011年起固定资产投资项目统计起点由50万元提高至500万元，且不包含农村农户投资。

Note: Since 2011, the cut-off point of investment statistics is changed from a minimum of 500,000 yuan to a minimum of 5,000,000 yuan, and the data do not include the investment made by rural households.

21-8 续表 continued

单位：万元 (10000 yuan)

县(市)区	County (County-level City) and District	总计 Total		城镇 Urban Area		#房地产投资 Investment in Real Estate Development	
		投资完成额 Completed Investment	新增固定资产 Newly Increased Fixed Assets	投资完成额 Completed Investment	新增固定资产 Newly Increased Fixed Assets	投资完成额 Completed Investment	新增固定资产 Newly Increased Fixed Assets
阳江市	Yangjiang						
市　区	Urban District	1925148	1034510	1809011	983654	556829	117154
阳春市	Yangchun City	1170179	311560	831599	255869	102746	65145
阳东县	Yangdong County	2320265	2145703	2100528	1943055	152531	21047
阳西县	Yangxi County	571052	172665	508525	129622	77453	36405
湛江市	Zhanjiang						
市　区	Urban District	3497764	1766703	3126662	1738234	1033779	474409
雷州市	Leizhou City	409374	389295	211923	209181	69770	38233
廉江市	Lianjiang City	1778201	1555236	800961	688661	234661	74330
吴川市	Wuchuan City	947204	680494	529373	481143	100036	112436
遂溪县	Suixi County	937484	813869	372796	329127	49541	34229
徐闻县	Xuwen County	385736	299720	168928	165711	60059	40302
茂名市	Maoming						
市　区	Urban District	2420347	1172271	2170632	990141	254231	190393
信宜市	Xinyi City	1141992	1040920	1046020	971670	97733	46741
高州市	Gaozhou City	1047893	902604	384093	361177	107069	42821
化州市	Huazhou City	1003797	955246	824663	804746	94834	43489
电白县	Dianbai County	991250	844533	602811	494652	219708	47955
肇庆市	Zhaoqing						
市　区	Urban District	2350266	2201413	2035026	1886266	861010	531042
四会市	Sihui City	3420636	2982440	2000624	1756268	369212	155876
高要市	Gaoyao City	1984522	1796895	491389	439171	206417	98553
广宁县	Guangning County	486635	462875	209410	197038	95570	55269
德庆县	Deqing County	730983	702121	180294	151432	23615	15482
封开县	Fengkai County	565889	555538	300471	290120	65345	25697
怀集县	Huaiji County	538847	235321	538847	235321	93647	43117
清远市	Qingyuan						
市　区	Urban District	2732936	2001724	2374026	1872731	1352838	625288
英德市	Yingde City	1474399	517217	1100187	244367	244226	35261
连州市	Lianzhou City	406812	93050	328009	54611	53793	7805
佛冈县	Fogang County	279431	288881	175962	262687	168680	125832
连山县	Lianshan County	14096	31728	14096	31728	8658	15864
连南县	Liannan County	33559	47596	26182	40524	15182	15943
阳山县	Yangshan County	118429	131669	83492	97748	34940	29151
潮州市	Chaozhou						
市　区	Urban District	2105993	1876452	1154720	890752	395886	164885
饶平县	Raoping County	430285	424389	279634	304347	23197	16355
揭阳市	Jieyang						
市　区	Urban District	3865806	3923191	3067882	3203965	417454	335122
普宁市	Puning City	2312701	2002273	1012807	875000	76225	33611
揭西县	Jiexi County	591553	618049	478153	505869	69310	48028
惠来县	Huilai County	1523848	1066541	1482678	1021554	7457	17141
云浮市	Yunfu						
市　区	Urban District	2405329	1513044	2154495	1355114	273544	103510
罗定市	Luoding City	1052175	460192	921810	385949	153859	29367
新兴县	Xinxing County	1174488	718498	1039956	649413	153645	121012
郁南县	Yunan County	458033	389324	373728	318577	65671	6550
云安县	Yun'an County	1143775	701568	964335	615661	7661	

21-9 各县(市)区社会消费品零售总额

Total Retail Sales of Consumer Goods by County (County-level City)and District

单位：万元 (10000 yuan)

县(市)区	County (County-level City) and District	社会消费品零售总额 Total Retail Sales of Consumer Goods			#批发零售贸易业零售额 Total Retail Sales of Wholesale and Retail Trades		
		2012	2013	2013比2012增长(%) Growth Rate in 2013 over 2012 (%)	2012	2013	2013比2012增长(%) Growth Rate in 2013 over 2012 (%)
广州市	Guangzhou						
市　区	Urban District	56520342	65048918	15.1	49059097	56833688	15.8
从化市	Conghua City	901756	1050546	16.5	739236	852776	15.4
增城市	Zengcheng City	2350568	2729009	16.1	1887378	2172253	15.1
深圳市	Shenzhen	40087824	44335936	10.6	35262892	39545385	12.1
珠海市	Zhuhai	6351964	7205234	13.5	5591637	6392681	14.3
汕头市	Shantou						
市　区	Urban District	10147232	11418991	12.5	9490653	10712589	12.9
南澳县	Nan'ao County	150975	170246	12.8	129811	146615	12.9
佛山市	Foshan	20195045	22641007	12.1	17549246	19743629	12.5
韶关市	Shaoguan						
市　区	Urban District	2594411	3018983	16.4	2327519	2713263	16.6
乐昌市	Lechang City	391404	435190	11.2	355295	396610	11.6
南雄市	Nanxiong City	309127	355926	15.1	275603	315028	14.3
仁化县	Renhua County	184223	206875	12.3	158498	177888	12.2
始兴县	Shixing County	115322	129356	12.2	105110	117463	11.8
翁源县	Wengyuan County	220750	247479	12.1	206626	232017	12.3
新丰县	Xinfeng County	141205	162174	14.9	131483	149464	13.7
乳源县	Ruyuan County	139415	155094	11.2	122560	136959	11.7
河源市	Heyuan						
市　区	Urban District	969521	1087456	12.3	903481	1019313	13.0
东源县	Dongyuan County	191814	217960	13.0	179331	199703	12.6
和平县	Heping County	104697	119953	14.8	92916	106149	14.1
龙川县	Longchuan County	480756	545857	13.2	452340	530183	13.3
紫金县	Zijin County	252887	285795	14.7	234032	255878	14.8
连平县	Lianping County	93989	109079	13.1	75524	94074	14.4
梅州市	Meizhou						
市　区	Urban District	933030	2013009		875658	1824387	
兴宁市	Xingning City	603944	677463	12.2	577611	648682	12.3
梅　县	Meixian County	866044			743179		
平远县	Pingyuan County	159171	181772	14.2	145111	166720	14.9
蕉岭县	Jiaoling County	243970	262898	7.8	227170	244411	7.6
大埔县	Dabu County	326827	364446	11.5	300905	334996	11.3
丰顺县	Fengshun County	300941	335063	11.3	279797	312117	11.6
五华县	Wuhua County	601096	667181	11.0	573254	637495	11.2
惠州市	Huizhou						
市　区	Urban District	4605954	5281460	14.7	4193201	4858053	15.8
惠东县	Huidong County	1469093	1657916	13.2	1309267	1485014	13.6
博罗县	Boluo County	1120410	1242772	12.2	1040366	1156273	10.7
龙门县	Longmen County	346071	396931	15.0	283189	319419	12.8
汕尾市	Shanwei						
市　区	Urban District	846988	928778	9.7	751331	821970	9.4
陆丰市	Lufeng City	1365104	1528710	12.0	1251090	1401221	12.0
海丰县	Haifeng County	1770920	1982952	12.0	1542866	1727647	12.0
陆河县	Luhe County	260182	295153	13.4	245474	278598	13.5
东莞市	Dongguan	13545787	14866589	9.8	12340867	13631012	10.4
中山市	Zhongshan	8093293	8905506	10.4	7249019	8015641	10.9
江门市	Jiangmen						
市　区	Urban District	3456623	3899687	12.8	3117230	3537962	13.5
台山市	Taishan City	1470689	1650931	12.3	1291190	1458519	13.0
开平市	Kaiping City	1312567	1451056	10.6	1159158	1279692	10.4
鹤山市	Heshan City	1183605	1313905	11.0	989817	1099147	11.0
恩平市	Enping City	648879	721406	11.2	571747	632823	10.7

21-9 续表 continued

单位：万元 (10000 yuan)

县(市)区	County (County-level City) and District	社会消费品零售总额 Total Retail Sales of Consumer Goods			#批发零售贸易业零售额 Total Retail Sales of Wholesale and Retail Trades		
		2012	2013	2013比2012增长(%) Growth Rate in 2013 over 2012 (%)	2012	2013	2013比2012增长(%) Growth Rate in 2013 over 2012 (%)
阳江市	Yangjiang						
市　区	Urban District	2054244	2328379	13.3	1858053	2112929	13.7
阳春市	Yangchun City	1636695	1844228	12.7	1539109	1730502	12.4
阳东县	Yangdong County	504161	568489	12.8	443965	499569	12.5
阳西县	Yangxi County	475014	531797	12.0	403779	449775	11.4
湛江市	Zhanjiang						
市　区	Urban District	4785623	5710640	19.3	4180505	5067618	21.2
雷州市	Leizhou City	885536	1017939	15.0	757877	869310	14.7
廉江市	Lianjiang City	1037155	1187599	14.5	885599	1015763	14.7
吴川市	Wuchuan City	693071	794215	14.6	601647	688498	14.4
遂溪县	Suixi County	677509	766919	13.2	584355	663409	13.5
徐闻县	Xuwen County	539130	629730	16.8	461240	542798	17.7
茂名市	Maoming						
市　区	Urban District	3875169	4294677	10.9	3549099	3933918	10.9
信宜市	Xinyi City	1363839	1535685	12.6	1243948	1399720	12.5
高州市	Gaozhou City	1332318	1505528	12.9	1187229	1343351	13.0
化州市	Huazhou City	1301265	1468758	12.8	1174980	1326165	12.8
电白县	Dianbai County	1149361	1283229	11.7	1030554	1153294	11.9
肇庆市	Zhaoqing						
市　区	Urban District	1620675	1837231	13.4	1422960	1623028	14.1
四会市	Sihui City	797836	920636	16.7	746622	871330	16.7
高要市	Gaoyao City	676278	763717	12.9	595460	675128	13.4
广宁县	Guangning County	302053	342126	13.3	275666	310744	12.7
德庆县	Deqing County	281383	316947	12.6	242456	276616	14.1
封开县	Fengkai County	231784	262148	13.1	199622	226190	13.3
怀集县	Huaiji County	423863	488371	15.2	373968	429753	14.9
清远市	Qingyuan						
市　区	Urban District	1961512	2650972		1845895	2494324	11.5
英德市	Yingde City	1046688	1165978	11.4	976242	1090128	11.7
连州市	Lianzhou City	457658	508155	11.0	396366	441268	11.3
佛冈县	Fogang County	343241	372857	8.6	287592	314315	9.3
清新县	Qingxin County	432824			390670		
连山县	Lianshan County	40843	43806	7.3	33330	36367	9.1
连南县	Liannan County	50822	56200	10.6	45231	50869	12.5
阳山县	Yangshan County	262740	291654	11.0	224431	250015	11.4
潮州市	Chaozhou						
市　区	Urban District	846340	2785214		799800	1036512	
潮安县	Chao'an County	1649082			1482426		
饶平县	Raoping County	674964	756144	12.0	612917	686981	12.1
揭阳市	Jieyang						
市　区	Urban District	1183113	2730347		1135879	2620376	
普宁市	Puning City	1638612	2191235	19.2	1588005	2102979	19.3
揭东县	Jiedong County	1038630			1002682		
揭西县	Jiexi County	711486	853780	12.1	641929	819392	12.2
惠来县	Huilai County	638662	801218	16.3	604015	768947	16.4
云浮市	Yunfu						
市　区	Urban District	565480	623823	10.3	515147	572474	11.1
罗定市	Luoding City	496261	570538	15	460418	530319	15.1
新兴县	Xinxing County	348594	397105	13.9	301708	343564	13.9
郁南县	Yunan County	293448	336294	14.6	256417	294872	15.0
云安县	Yun'an County	99329	112421	13.2	89495	101085	13.0

21-10 各县(市)区年末在岗职工人数（2013年）

Number of Fully Employed Staff and Workers by County (County-Level City) and District (2013)

单位：人 (person)

县(市)区	County (County-level City) and District	在岗职工人数 Number of Fully Employed Staff and Workers	国有经济 State-owned Units	城镇集体经济 Urban Collective-owned Units	其他各种经济 Units of Other Types of Ownership
广州市	Guangzhou				
市　区	Urban District	2894662	640258	95466	2158938
从化市	Conghua City	70408	24251	1313	44844
增城市	Zengcheng City	134403	41812	2802	89789
深圳市	Shenzhen	4458439	486039	40232	3932168
珠海市	Zhuhai	711309	98869	17131	595309
汕头市	Shantou				
市　区	Urban District	525362	208655	32689	284018
南澳县	Nan'ao County	4858	3977	224	657
佛山市	Foshan	1715215	200926	27973	1486316
韶关市	Shaoguan				
市　区	Urban District	185916	69260	6070	110586
乐昌市	Lechang City	24551	14462	2332	7757
南雄市	Nanxiong City	27754	12710	6272	8772
仁化县	Renhua County	17352	8739	565	8048
始兴县	Shixing County	22782	7480	572	14730
翁源县	Wengyuan County	17697	11927	500	5270
新丰县	Xinfeng County	14844	8811	2206	3827
乳源县	Ruyuan County	16933	8971	3073	4889
河源市	Heyuan				
市　区	Urban District	124562	30223	2311	92028
东源县	Dongyuan County	21644	13406	716	7522
和平县	Heping County	21865	13520	1201	7144
龙川县	Longchuan County	36493	21987	1795	12711
紫金县	Zijin County	28135	19055	438	8642
连平县	Lianping County	16805	11871	346	4588
梅州市	Meizhou				
市　区	Urban District	108755	53806	3418	51531
兴宁市	Xingning City	53567	33474	2324	17769
平远县	Pingyuan County	15483	10480	1551	3452
蕉岭县	Jiaoling County	14693	9932	752	4009
大埔县	Dabu County	16429	12626	1398	2405
丰顺县	Fengshun County	30661	14499	3796	12366
五华县	Wuhua County	42624	25536	3454	13634
惠州市	Huizhou				
市　区	Urban District	619569	104212	12697	502660
惠东县	Huidong County	56732	30232	1825	24675
博罗县	Boluo County	143696	29989	3378	110329
龙门县	Longmen County	19134	13578	1194	4362
汕尾市	Shanwei				
市　区	Urban District	80431	22378	12039	46014
陆丰市	Lufeng City	76405	29271	11226	35908
海丰县	Haifeng County	74682	26543	2271	45868
陆河县	Luhe County	11742	9880	530	1332
东莞市	Dongguan	2398215	151894	57342	2188979
中山市	Zhongshan	886215	76691	24212	785312
江门市	Jiangmen				
市　区	Urban District	296641	57580	5088	233973
台山市	Taishan City	75006	24979	10319	39708
开平市	Kaiping City	78496	18553	2025	57918
鹤山市	Heshan City	76076	13441	2058	60577
恩平市	Enping City	40199	14041	1024	25134

21-10 续表 continued

单位：人 (person)

县(市)区	County (County-level City) and District	在岗职工人数 Number of Fully Employed Staff and Workers	国有经济 State-owned Units	城镇集体经济 Urban Collective-owned Units	其他各种经济 Units of Other Types of Ownership
阳江市	Yangjiang				
市　区	Urban District	79175	33920	3891	41364
阳春市	Yangchun City	60826	27886	7691	25249
阳东县	Yangdong County	51713	19896	4155	27662
阳西县	Yangxi County	38912	15540	9078	14294
湛江市	Zhanjiang				
市　区	Urban District	223353	107598	5533	110222
雷州市	Leizhou City	54079	41586	4540	7953
廉江市	Lianjiang City	73773	37579	6239	29955
吴川市	Wuchuan City	60177	37680	1630	20867
遂溪县	Suixi County	40701	27438	3211	10052
徐闻县	Xuwen County	37485	27435	3769	6281
茂名市	Maoming				
市　区	Urban District	144932	53081	1796	90055
信宜市	Xinyi City	52497	30663	3834	18000
高州市	Gaozhou City	75825	45294	8330	22201
化州市	Huazhou City	79413	45359	9887	24167
电白县	Dianbai County	73764	38216	7557	27991
肇庆市	Zhaoqing				
市　区	Urban District	185205	45538	1873	137794
四会市	Sihui City	46471	16305	3388	26778
高要市	Gaoyao City	64474	18077	2487	43910
广宁县	Guangning County	17806	12913	591	4302
德庆县	Deqing County	21416	10435	1329	9652
封开县	Fengkai County	20856	13451	609	6796
怀集县	Huaiji County	32118	24275	2616	5227
清远市	Qingyuan				
市　区	Urban District	183312	47111	2790	133411
英德市	Yingde City	46930	28133	1522	17275
连州市	Lianzhou City	17743	11730	386	5627
佛冈县	Fogang County	29084	9665	362	19057
连山县	Lianshan County	6184	4952	392	840
连南县	Liannan County	7831	6337	366	1128
阳山县	Yangshan County	18488	12997	442	5049
潮州市	Chaozhou				
市　区	Urban District	168201	54576	9438	104187
饶平县	Raoping County	35446	23601	1204	10641
揭阳市	Jieyang				
市　区	Urban District	153989	57645	8600	87744
普宁市	Puning City	138850	51008	6472	81370
揭西县	Jiexi County	33437	19209	11189	3039
惠来县	Huilai County	56504	29504	3144	23856
云浮市	Yunfu				
市　区	Urban District	48221	18614	1287	28320
罗定市	Luoding City	60445	31125	5577	23743
新兴县	Xinxing County	62525	15593	57	46875
郁南县	Yunan County	22490	12485	651	9354
云安县	Yun'an County	12682	6168	116	6398

21-11 各县(市)区年末在岗职工工资总额及平均工资（2013年）

Total Wages and Average Wage of Fully Employed Staff and Workers by County (County-level City) and District (2013)

县(市)区	County (County-levelCity) and District	合计 Total		国有经济单位 State-owned Units		城镇集体经济单位 Urban Collective-owned Units		其他各种经济单位 Units of Other Types of Ownership	
		工资总额（万元）Total Wages (10000yuan)	平均工资（元）Average Wage(yuan)	工资总额（万元）Total Wages (10000yuan)	平均工资（元）Average Wage (yuan)	工资总额（万元）Total Wages (10000yuan)	平均工资（元）Average Wage (yuan)	工资总额（万元）Total Wages (10000yuan)	平均工资（元）Average Wage (yuan)
广州市	Guangzhou								
市　区	Urban District	20062723	71068	5127712	87479	396338	40961	14538673	68058
从化市	Conghua City	337894	47656	158261	49636	3400	26295	176233	38188
增城市	Zengcheng City	707166	52461	250352	60259	8572	29796	448241	49597
深圳市	Shenzhen	28135080	62619	4310481	90393	125999	30207	23698600	59627
珠海市	Zhuhai	3985022	55985	760702	77504	81916	48112	3142405	52670
汕头市	Shantou								
市　区	Urban District	2209171	42694	1025104	49685	83124	25998	1100943	39440
南澳县	Nanao County	18259	37470	15453	38642	763	34826	2044	31202
佛山市	Foshan	8588605	50356	1370990	67968	129869	46528	7087747	48021
韶关市	Shaoguan								
市　区	Urban District	922312	49228	412289	60796	29879	50850	480143	42242
乐昌市	Lechang City	97395	40082	64526	44850	9016	41416	23852	30836
南雄市	Nanxiong City	113093	39765	55481	42800	17949	26365	39663	45752
仁化县	Renhua County	76368	43852	37511	42679	2112	37388	36744	45583
始兴县	Shixing County	75343	33277	32397	43364	1954	34530	40991	28068
翁源县	Wengyuan County	73628	41894	54646	45832	1536	31471	17447	33785
新丰县	Xinfeng County	51263	34479	32294	36610	6563	30341	12406	31942
乳源县	Ruyuan County	68329	41324	40725	45779	10753	43569	16852	32588
河源市	Heyuan								
市　区	Urban District	581457	46409	178243	59791	7689	39817	395525	42280
东源县	Dongyuan County	77530	35318	48131	35737	2102	29352	27297	35140
和平县	Heping County	76271	35554	55658	41274	3196	27600	17417	25580
龙川县	Longchuan County	125637	35253	85429	39028	3994	26896	36215	29527
紫金县	Zijin County	103455	37100	75145	39535	1190	27236	27119	32128
连平县	Lianping County	58909	35144	44392	37311	968	21420	13549	30709
梅州市	Meizhou								
市　区	Urban District	548294	51449	332584	62183	10002	36772	205708	40843
兴宁市	Xingning City	160082	29840	104232	31492	6602	29085	49248	26944
平远县	Pingyuan County	53439	35695	38303	36926	3912	27090	11224	35587
蕉岭县	Jiaoling County	51366	35276	36604	37090	1927	25729	12835	32550
大埔县	Dapu County	56955	34564	44933	35574	4717	34279	7305	29563
丰顺县	Fengshun County	118260	39211	56112	38759	8896	23342	53252	44855
五华县	Wuhua County	124164	29164	79335	31014	8224	23743	36605	27055
惠州市	Huizhou								
市　区	Urban District	3060436	49297	736154	72633	47734	36231	2276547	44959
惠东县	Huidong County	229855	40946	136267	45407	6577	38104	87011	35660
博罗县	Boluo County	641354	41978	165777	55412	9704	29877	465873	38946
龙门县	Longmen County	69341	36001	54699	39958	3802	31843	10841	24762
汕尾市	Shanwei								
市　区	Urban District	381022	46173	101842	45657	46798	35076	232382	49578
陆丰市	Lufeng City	268823	35085	102042	35205	30781	29228	136000	36653
海丰县	Haifeng County	262807	35458	93468	35302	7611	34394	161728	35602
陆河县	Luhe County	37257	31722	31906	32323	1397	26399	3955	29402
东莞市	Dongguan	10499782	42870	1138596	75846	218818	38409	9142369	40776
中山市	Zhongshan	4356112	48449	629917	83424	85534	35269	3640661	45545
江门市	Jiangmen								
市　区	Urban District	1409049	47291	365169	63419	33546	66717	1010334	42930
台山市	Taishan City	247772	32865	89817	36871	34303	32678	123653	30507
开平市	Kaiping City	330384	42349	111906	60460	8284	45166	210194	36447
鹤山市	Heshan City	315815	40763	71111	53017	6150	31653	238553	38402
恩平市	Enping City	137659	33795	55906	39867	1915	18612	79837	31088

21-11 续表 continued

县(市)区	County (County-levelCity) and District	合计 Total		国有经济单位 State-owned Units		城镇集体经济单位 Urban Collective-owned Units		其他各种经济单位 Units of Other Types of Ownership	
		工资总额 (万元) Total Wages (10000yuan)	平均工资 (元) Average Wage (yuan)	工资总额 (万元) Total Wages (10000yuan)	平均工资 (元) Average Wage(yuan)	工资总额 (万元) Total Wages (10000yuan)	平均工资 (元) Average Wage (yuan)	工资总额 (万元) Total Wages (10000yuan)	平均工资 (元) Average Wage(yuan)
阳江市	Yangjiang								
市　区	Urban District	349335	44842	161767	47789	14020	33398	173547	43545
阳春市	Yangchun City	216189	36536	114821	41107	16488	24402	84879	34669
阳东县	Yangdong County	203113	40362	80474	40792	10525	29547	112115	41473
阳西县	Yangxi County	123717	36850	50431	32222	13663	34970	59624	42543
湛江市	Zhanjiang								
市　区	Urban District	1134164	50806	605719	55545	15776	27750	512668	47251
雷州市	Leizhou City	134552	25179	108074	25963	10599	23243	15878	21901
廉江市	Lianjiang City	257829	35200	139939	37359	22623	37313	95267	32048
吴川市	Wuchuan City	191558	32727	125779	33824	3533	22405	62246	31487
遂溪县	Suixi County	132178	33108	97029	35287	9625	30107	25524	27656
徐闻县	Xuwen County	116032	31588	87834	32145	10035	28307	18163	30973
茂名市	Maoming								
市　区	Urban District	716487	50550	276935	53234	7461	44674	432091	49076
信宜市	Xinyi City	225262	42519	135135	43695	16602	43429	73525	40334
高州市	Gaozhou City	298534	39807	189230	42316	29653	35978	79651	36147
化州市	Huazhou City	302981	38323	172641	38154	32099	32811	98241	40888
电白县	Dianbai County	259760	36267	141688	38145	24685	33385	93387	34477
肇庆市	Zhaoqing								
市　区	Urban District	858940	45585	316577	70358	7102	38642	535261	37803
四会市	Sihui City	211136	46784	102361	63488	10864	32487	97911	38153
高要市	Gaoyao City	336554	52650	118720	65919	10548	42824	207286	47707
广宁县	Guangning County	66520	37415	52682	40741	1740	29334	12098	28432
德庆县	Deqing County	76979	33491	42472	36156	2575	19520	31933	32193
封开县	Fengkai County	73870	35380	49662	36869	2681	44166	21527	31648
怀集县	Huaiji County	118053	38147	94995	41184	6874	30633	16184	28710
清远市	Qingyuan								
市　区	Urban District	877758	47526	352888	74405	11529	47798	513341	38068
英德市	Yingde City	238130	51227	172371	61904	9685	63756	56075	32752
连州市	Lianzhou City	82891	46631	62705	54417	1619	42148	18568	31637
佛冈县	Fogang County	121894	42217	55095	57111	1794	50824	65005	34443
连山县	Lianshan County	26122	42296	21073	42649	1836	47085	3213	38025
连南县	Liannan County	36729	46735	30859	48960	2737	75397	3133	26259
阳山县	Yangshan County	80668	43526	64868	49949	1514	33795	14285	28021
潮州市	Chaozhou								
市　区	Urban District	669890	40144	298219	55110	27033	28664	344638	33354
饶平县	Raoping County	102712	28026	66561	26813	2067	17312	34084	32060
揭阳市	Jieyang								
市　区	Urban District	601140	39548	273070	47470	27508	31994	300563	34999
普宁市	Puning City	733681	52431	194187	38826	25483	38646	514011	61689
揭西县	Jiexi County	111907	33817	73594	38320	27862	25640	10451	34594
惠来县	Huilai County	150837	27489	76459	25913	12049	38336	62328	26733
云浮市	Yunfu								
市　区	Urban District	236591	49556	107648	58501	3675	31911	125268	44533
罗定市	Luoding City	219507	35150	133918	43462	13156	23577	72433	27799
新兴县	Xinxing County	241365	39923	77638	49413	187	32737	163540	36595
郁南县	Yunan County	82492	36891	50392	40547	3619	58274	28481	30585
云安县	Yunan County	43666	35053	23256	38062	359	31735	20051	32164

21-12　各县(市)区财政收支及城乡居民储蓄存款余额

Local Government Budgetary Revenue and Expenditure and Savings Deposits by Urban and Rural Residents by County (County-level City) and District

单位：万元　(10000 yuan)

县(市)区	County (County-level City) and District	地方公共财政预算收入 Local Government Budgetary Revenue		地方公共财政预算支出 Local Government Budgetary Expenditure		城乡居民储蓄存款余额 Savings Deposits by Urban and Rural Residents	
		2012	2013	2012	2013	2012	2013
广州市	Guangzhou						
本　级	Prefectural-city Level	5110334	4857791	5768831	6072517		
市　区	Urban District	5122540	5633585	6597829	6716016	105137131	114327535
从化市	Conghua City	261777	296720	396412	385216	1624146	1849054
增城市	Zengcheng City	529310	629948	673379	687600	4985528	5609250
深圳市	Shenzhen						
本　级	Prefectural-city Level	8790168	10483258	8746470	9393365		
市　区	Urban District	6030632	6829360	6943601	7514915	81321557	89261029
珠海市	Zhuhai						
本　级	Prefectural-city Level	1106302	1352947	1513616	1872433		
市　区	Urban District	519695	589034	608407	647867	11962702	13311430
汕头市	Shantou						
本　级	Prefectural-city Level	369809	409331	435578	472405		
市　区	Urban District	580658	695374	1198400	1375779	15138121	16453223
南澳县	Nanao County	12980	16358	95349	64465	143103	158845
佛山市	Foshan						
本　级	Prefectural-city Level	247823	346887	503760	768548		
市　区	Urban District	3592980	4035241	3835790	4115405	51550143	55483200
韶关市	Shaoguan						
本　级	Prefectural-city Level	261885	295039	484100	481593		
市　区	Urban District	112040	135239	220051	270584	3554206	3920389
乐昌市	Lechang City	44560	52654	148408	178164	768251	854018
南雄市	Nanxiong City	40018	47568	145566	162590	598615	696286
仁化县	Renhua County	45348	52557	98919	119543	423147	475208
始兴县	Shixing County	25025	30151	89482	108577	432669	493658
翁源县	Wengyuan County	26881	32601	107780	131808	591187	693471
新丰县	Xinfeng County	23020	28803	82738	107131	325352	381770
乳源县	Ruyuan County	35988	43192	103313	123232	292336	334255
河源市	Heyuan						
本　级	Prefectural-city Level	129520	175918	284492	377455		
市　区	Urban District	54755	70427	119289	136450	1366348	1536402
东源县	Dongyuan County	47406	60272	188765	231619	456014	532945
和平县	Heping County	26328	32932	154860	197236	427485	496092
龙川县	Longchuan County	36250	44261	236402	311883	908244	1053476
紫金县	Zijin County	36618	45872	209038	257698	580505	694233
连平县	Lianping County	45526	58190	151885	184870	416594	479797
梅州市	Meizhou						
本　级	Prefectural-city Level	189638	218624	337334	376043		
市　区	Urban District	39473	201809	87060	392172	1783478	3546397
兴宁市	Xingning City	44962	57130	278187	328760	1399907	1641126
梅　县	Meixian County	116805		236824		1242734	
平远县	Pingyuan County	34119	41825	105951	123737	371853	419248
蕉岭县	Jiaoling County	35152	45302	96176	114388	406400	461988
大埔县	Dapu County	41033	51296	150777	191503	577820	667948
丰顺县	Fengshun County	34817	44011	173501	204520	759853	887296
五华县	Wuhua County	26702	33726	289443	331860	1034677	1230620
惠州市	Huizhou						
本　级	Prefectural-city Level	1112949	1367909	1280153	1527602		
市　区	Urban District	442894	550705	595806	737079	8786547	9965773
惠东县	Huidong County	172029	232642	343302	414017	1831705	2069300
博罗县	Boluo County	220340	273250	358257	423490	2373075	2711816
龙门县	Longmen County	60550	77215	163313	180725	500981	583200
汕尾市	Shanwei						
本　级	Prefectural-city Level	108466	125080	174899	212596		
市　区	Urban District	45886	52223	95258	102508	786457	898479
陆丰市	Lufeng City	116670	140011	308220	391506	820396	917294
海丰县	Haifeng County	113459	132107	197107	227856	1079933	1226232
陆河县	Luhe County	26438	32125	104388	118611	276146	329419
东莞市	Dongguan	3563245	4092897	3855844	4446589	41876833	44676006
中山市	Zhongshan	2018859	2254150	2153155	2372403	17478955	19307890
江门市	Jiangmen						
本　级	Prefectural-city Level	271504	317155	332134	389346		
市　区	Urban District	507810	598402	641668	714701	9439524	10308479
台山市	Taishan City	176125	203256	302815	355162	2927244	3219278
开平市	Kaiping City	164891	188469	255379	266357	2950681	3225156
鹤山市	Heshan City	159483	188757	182198	217056	1784018	1995448
恩平市	Enping City	70528	84286	166956	183463	1423303	1547130

21-12 续表 continued

单位：万元 (10000 yuan)

县(市)区	County (County-level City) and District	地方公共财政预算收入 Local Government General Budgetary Revenue		地方公共财政预算支出 Local Government General Budgetary Expenditure		城乡居民储蓄存款余额 Savings Deposits by Urban and Rural Residents	
		2012	2013	2012	2013	2012	2013
阳江市	Yangjiang						
本级	Prefectural-city Level	188383	234075	305502	319587		
市区	Urban District	34889	50197	134828	125712	2182728	2419366
阳春市	Yangchun City	83542	100349	273662	300392	1429313	1613928
阳东县	Yangdong County	85301	101161	164831	204198	754751	875239
阳西县	Yangxi County	39106	51388	150200	193103	579080	660955
湛江市	Zhanjiang						
本级	Prefectural-city Level	514150	589935	701363	841289		
市区	Urban District	152958	183786	318686	373836	6377970	7052635
雷州市	Leizhou City	53210	53393	272855	340839	1260824	1431770
廉江市	Lianjiang City	67338	81608	289688	404300	1628179	1867373
吴川市	Wuchuan City	46188	53326	210251	228014	1232148	1449034
遂溪县	Suixi County	52230	58193	225853	249188	1090428	1243154
徐闻县	Xuwen County	34792	38977	163750	216957	867020	1000921
茂名市	Maoming						
本级	Prefectural-city Level	350159	379263	513127	524136		
市区	Urban District	93203	117553	215474	255219	2978364	3364416
信宜市	Xinyi City	62600	75462	261856	334374	1487565	1736027
高州市	Gaozhou City	93071	108421	342569	385601	2161069	2558131
化州市	Huazhou City	80746	96952	286401	320849	1514658	1756564
电白县	Dianbai County	101450	125918	303255	365747	1698694	1937203
肇庆市	Zhaoqing						
本级	Prefectural-city Level	258865	277736	393856	423250		
市区	Urban District	144847	173560	197700	231571	3260330	3617613
四会市	Sihui City	172995	210598	233554	274255	1438235	1654238
高要市	Gaoyao City	192203	230460	275738	326612	1496271	1737813
广宁县	Guangning County	58367	69083	141999	163642	597133	689305
德庆县	Deqing County	64427	75271	153857	156811	542452	632840
封开县	Fengkai County	56307	66016	136356	166344	521052	622129
怀集县	Huaiji County	90077	105012	231837	261555	657413	782063
清远市	Qingyuan						
本级	Prefectural-city Level	259589	278745	320850	347706		
市区	Urban District	140774	269156	248678	520336	2774445	4163206
英德市	Yingde City	153976	166380	343374	386044	1522660	1714329
连州市	Lianzhou City	55615	58448	150230	158321	794912	904560
佛冈县	Fogang County	80413	82841	141875	142302	562788	638278
清新县	Qingxin County	110027		252016		916207	
连山县	Lianshan County	11288	12205	50061	61398	132018	150341
连南县	Liannan County	14837	15653	77730	81081	180126	191646
阳山县	Yangshan County	42203	44748	135288	159317	536716	611105
潮州市	Chaozhou						
本级	Prefectural-city Level	155995	172124	220670	252349		
市区	Urban District	27842	141668	58062	348844	2785797	5202078
饶平县	Raoping County	40474	57095	240627	260986	1078916	1238977
潮安县	Chaoan County	95026		258766		1994503	
揭阳市	Jieyang						
本级	Prefectural-city Level	183153	212297	344573	294724		
市区	Urban District	54899	184414	91964	381572	2557276	4615484
普宁市	Puning City	150302	179365	379635	455234	3297324	3757260
揭东县	Jiedong County	103201		253483		1549152	
揭西县	Jiexi County	33395	39491	198685	235291	1267023	1870770
惠来县	Huilai County	42000	51374	226436	270634	809015	1011972
云浮市	Yunfu						
本级	Prefectural-city Level	98893	122545	183009	167191		
市区	Urban District	41548	51831	85387	98613	1405150	1514183
罗定市	Luoding City	66625	85586	268980	337931	1267140	1479311
新兴县	Xinxing County	88211	110579	180136	216646	987885	1113016
郁南县	Yunan County	39253	49484	136565	166568	662736	745284
云安县	Yunan County	33083	37605	97463	103894	280942	323347

注：1. 本级财政收支指市本级地方公共财政预算收支。
2. 城乡居民储蓄存款余额为中资金融机构人民币储蓄存款。

Note: a) The local government revenue and expenditure at the prefectural-city level refer to the budgetary revenue and expenditure directly collected and spent by the same-level local governments.
b)Savings deposits by urban and rural residents are savings deposits in Renminbi in domestic-funded financial institutions.

附录

APPENDIX

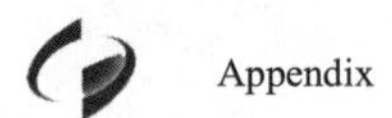

附　录

简要说明

一、本篇资料包括部分省市社会经济主要指标、中国香港特别行政区、中国澳门特别行政区、中国台湾省主要统计指标及国际主要统计指标。

二、附录 A、附录 B、附录 C 资料来源于国家统计局编辑、中国统计出版社出版的《中国统计年鉴》和《中国统计摘要》。附录 D 资料来源于国家统计局编辑、中国统计出版社出版的《国际统计年鉴——2013》。

三、一些国际组织及其组成成员：

西方七国（G7）：包括美国、日本、英国、德国、法国、意大利和加拿大。

经济合作与发展组织（经合组织，OECD）：成员国有 30 个：澳大利亚 (1971)、 奥地利、比利时、冰岛、丹麦、德国、法国、芬兰 (1969)、加拿大、荷兰、卢森堡、美国、葡萄牙、日本 (1964)、挪威、瑞典、瑞士、爱尔兰、西班牙、希腊、意大利、新西兰 (1973)、土耳其、英国、墨西哥 (1994.3.24)、捷克 (1995.11.28)、匈牙利 (1996.3.29)、波兰(1996.7.11)、韩国 (1996.10.11)、斯洛伐克（2000.9）。

欧洲联盟（简称欧盟，EU）：成员国共 27 个：法国、德国、意大利、荷兰、比利时、卢森堡（1951 年）、丹麦、爱尔兰、英国（1973 年）、希腊（1981 年）、西班牙、葡萄牙（1986 年）、奥地利、芬兰、瑞典（1995 年）、塞浦路斯、捷克、爱沙尼亚、匈牙利、拉脱维亚、立陶宛、马耳他、波兰、斯洛伐克、斯洛文尼亚(2004 年)、保加利亚和罗马尼亚（2007 年）。

欧洲货币联盟（欧元区，Euro Area）:成员国共 13 个：德国、比利时、奥地利、荷兰、法国、意大利、西班牙、葡萄牙、卢森堡、爱尔兰、芬兰、希腊、斯洛文尼亚。1999 年 1 月 1 日欧元启动起，各成员国与欧元汇率锁定，1 欧元分别相当于 1.95583 德国马克、40.3399 比利时法郎、40.3399 卢森堡法郎、166.386 西班牙比塞塔、6.55967 法国法郎、0.787564 爱尔兰镑、1936.27 意大利里拉、2.20371 荷兰盾、13.7603 奥地利先令、200.482 葡萄牙埃斯库多和 5.94873 芬兰马克。2001 年 1 月 1 日，希腊加入欧元区，其原货币德拉克马与欧元汇率锁定为 1 欧元兑换 340.7502 德拉克马。2002 年 1 月 1 日起，欧元现钞正式取代各成员国原货币全面流通。

北美自由贸易区（NAFTA）：成立于 1994 年 1 月 1 日，至今始终有三个成员国，即加拿大、墨西哥和美国。

东南亚国家联盟（东盟，ASEAN）：成员国共有 10 个：菲律宾、马来西亚、泰国、新加坡、印度尼西亚、文莱（1984 年）、越南（1995 年）、缅甸（1997 年）、老挝（1997 年）和柬埔寨（1999 年）。

四、一些国家(含地区)分类含义：

按收入分组国家：按照世界银行分组标准，高收入国家指 2005 年人均国民总收入 10726 美元及以上国家，上中等收入国家指 2005 年人均国民总收入 3466 美元至 10725 美元的国家，下中等收入国家指 2005 年人均国民总收入 876 美元至 3465 美元的国家，低收入国家指 2005 年人均国民总收入 875 美元及以下的国家。

发达国家与发展中国家：按照联合国分组标准，发达国家具体包括加拿大、美国、原欧盟成员国、澳大利亚、新西兰、日本、以色列和南非，发展中国家则指其他国家。

五、2013 年各省市资料中，除广东为正式年报数外，其余各省市资料均为快速年报数。

六、本篇资料由广东省统计局综合处负责整理、编辑。

Appendix

Brief Introduction

I. The data in this chapter include main social and economic indicators of some provinces and municipalities,main statistical indicators of Hong Kong and Macao Special Administrative Regions and Taiwan Province of the People's Republic of China, as well as main international statistical indicators.

II. Data in Appendices A, B, C come from China Statistical Yearbook and China Statistical Abstract compiled by National Bureau of Statistics and published by China Statistics Press. Data in Appendix D come from International Statistical Yearbook compiled by National Bureau of Statistics and published by China Statistics Press.

III. International organizations and their members included are as follows:

G7 includes the United States, Japan, the United Kingdom, Germany, France, Italy and Canada. Organization for Economic Co-operation and Development (OECD) has 30 members, i.e. Australia (1971), Austria, Belgium, Iceland, Denmark, Germany, France, Finland (1969), Canada, the Netherlands, Luxembourg, the United States, Portugal, Japan (1964), Norway, Sweden, Switzerland, Ireland, Spain, Greece, Italy, New Zealand (1973), Turkey, the United Kingdom, Mexico (Mar. 24, 1994), Czech Republic (Nov. 28, 1995), Hungary (Mar. 29, 1996), Poland (Jul. 11, 1996), the Republic of Korea (Oct. 11, 1996) and Slovakia (Sep，2000).

European Union (EU) has 27 members, i.e. France, Germany, Italy, the Netherlands, Belgium, Luxembourg (1951), Denmark, Ireland, the United Kingdom (1973), Greece (1981), Spain, Portugal (1986), Austria, Finland, Sweden (1995), Cyprus, the Czech Republic, Estonia, Hungary, Latvia, Lithuania, Malta, Poland, Slovakia, Slovenia (2004), Bulgaria and Romania (2007).

European Monetary Union (Euro Area) has 13 member countries: Germany, Belgium, Austria, the Netherlands, France, Italy, Spain, Portugal, Luxembourg, Ireland, Finland, Greece and Slovenia. Since the launch of the euro on Jan. 1, 1999, the central rates have been fixed between the euro and the currencies of the member countries. One euro equals to 1.95583 Deutsch Mark, 40.3399 Belgium Francs, 40.3399 Luxembourg Francs, 166.386 Spanish Pesetas, 6.55967 French Francs, 0.787564 Irish Pounds, 1936.27 Italian Lire, 2.2037 Dutch Guilders, 13.7603 Austrian Schillings, 200.482 Portugal Escudos and 5.94873 Finnish Mark respectively. Greece joined Euro Area on January 1, 2001, adopting the euro as its currency, with a conversion factor of 340.750 drachmas per euro. Since January 1, 2002, the euro has formally substituted the former local currencies of the member countries.

North American Free Trade Area (NAFTA) was founded on January 1, 1994, with members unchanged hitherto, i.e. Canada, Mexico and the United States.

Association of Southeast Asian Countries (ASEAN) has 10 members, i.e. the Philippines, Malaysia, Thailand, Singapore, Indonesia, Brunei Darussalam (1984), Viet Nam (1995), Myanmar (1997), Lao People's Democratic Republic (1997) and Cambodia (1999).

IV. Countries (territories) are classified as follows:

Countries by income group: According to the criteria by the World Bank, countries and territories (referred to as economies) are classified into high income (higher than $10726), higher middle income (between $3466 and $10725), lower middle income (between $876 and $3465) and low income ($875 and below) groups by their per capita GNI in the year 2005.

Developed and developing countries: According to the classification standard of the United Nations, developed countries include Canada, the United States, the member countries of the former European Union, Australia, New Zealand, Japan, Israel and South Africa while others are developing countries.

V. Among the data of various provinces and municipalities in 2012, all come from flash annual reports except the data of Guangdong, which come from formal annual reports.

VI. The data in this chapter are prepared and compiled by the Division of Comprehensive Statistics of Guangdong Provincial Bureau of Statistics.

附录A 部分省(市)主要统计指标

Appendix A Main Statistical Indicators of Some Provinces and Municipalities

省、市 名称 Province or Municipality	年末常住人口（万人） Permanent Population at the Year-end (10000 persons)			国内(地区)生产总值（亿元） Gross Domestic Product (100 million yuan)		
	2012	2013	2013比2012 增长(%) Growth Rate in 2013 over 2012(%)	2012	2013	2013比2012 增长(%) Growth Rate in 2013 over 2012(%)
全 国 National Total	**135404**	**136072**	**0.5**	**519470.1**	**568845.2**	**7.7**
辽 宁 Liaoning	4389	4390	0.0	24846.4	27077.7	8.7
上 海 Shanghai	2380	2415	1.5	20181.7	21602.1	7.7
江 苏 Jiangsu	7920	7939	0.2	54058.2	59161.8	9.6
浙 江 Zhejiang	5477	5498	0.4	34665.3	37568.5	8.2
安 徽 Anhui	5988	6030	0.7	17212.1	19038.9	10.4
福 建 Fujian	3748	3774	0.7	19701.8	21759.6	11.0
山 东 Shandong	9685	9733	0.5	50013.2	54684.3	9.6
河 南 Henan	9406	9413	0.1	29599.3	32155.9	9.0
湖 北 Hubei	5779	5799	0.3	22250.5	24668.5	10.1
湖 南 Hunan	6639	6691	0.8	22154.2	24501.7	10.1
广 东 Guangdong	10594	10644	0.5	57067.9	62164.0	8.5
四 川 Sichuan	8076	8107	0.4	23872.8	26260.8	10.0

附录A 续表 1 continued

省、市 名称 Province or Municipality	全部工业增加值(亿元) Value-added of Industry (100 million yuan)			第三产业增加值(亿元) Value-added of the Tertiary Industry (100 million yuan)		
	2012	2013	2013比2012 增长(%) Growth Rate in 2013 over 2012 (%)	2012	2013	2013比2012 增长(%) Growth Rate in 2013 over 2012(%)
全 国 National Total	**199670.7**	**210689.4**	**7.6**	**231934.5**	**262203.8**	**8.3**
辽 宁 Liaoning	11605.1	12510.3	9.0	9460.1	10486.6	9.2
上 海 Shanghai	7097.8	7236.7	-4.4	12199.2	13445.1	8.8
江 苏 Jiangsu	23908.5	25612.2	10.3	23518.0	26421.6	9.8
浙 江 Zhejiang	15338.0	16368.4		15681.1	17337.2	8.7
安 徽 Anhui	8025.8	8928.0	13.3	5628.5	6286.8	9.5
福 建 Fujian	8541.9	9455.3	12.8	7737.1	8508.0	9.6
山 东 Shandong	22798.3	24222.2	10.9	19995.8	22519.2	9.2
河 南 Henan	15017.6	15960.6	9.9	9157.6	10290.5	8.8
湖 北 Hubei	9735.2	10531.4		8208.6	9398.8	10.0
湖 南 Hunan	9138.5	10001.0	11.1	8643.6	9885.1	11.4
广 东 Guangdong	25810.1	27426.3	8.0	26519.7	29689.0	9.9
四 川 Sichuan	10550.5	11578.6	11.0	8242.3	9256.1	9.9

注：1. 国内(地区)生产总值、农林牧渔业总产值和工业增加值绝对数按当年价格计算,增长速度按可比价格计算。
2. 2013年地区生产总值为初步核算数，下表同。

Notes: a) The figures in value terms on gross domestic product， gross output value of farming,forestry,animal husbandry and fishery and value-added of industry are calculated at current prices, whereas the growth rates are calculated at comparable prices.

b) The domestic GDP in 2013 are preliminary accounting numbers,the same applies to the following tables.

附录A 续表 2 continued

省、市名称 Province or Municipality	人均国内(地区)生产总值(元) Per Capita Gross Domestic Product (yuan)			农林牧渔业总产值(亿元) Gross Output Value of Farming, Forestry, Animal Husbandry and Fishery (100 million yuan)		
	2012	2013	2013比2012增长(%) Growth Rate in 2013 over 2012 (%)	2012	2013	2013比2012增长(%) Growth Rate in 2013 over 2012 (%)
全 国 National Total	**38459**	**41908**	**7.1**	**89453.0**	**96995.3**	**4.0**
辽 宁 Liaoning	56649	61868	8.6	4062.4	4349.7	4.1
上 海 Shanghai	85373	90092	6.1	321.7	323.5	-2.9
江 苏 Jiangsu	68347	74607	9.3	5808.8	6158.0	2.6
浙 江 Zhejiang	63374	68462	7.8	2658.7	2837.4	0.4
安 徽 Anhui	28792	31684	9.8	3728.3	4009.2	3.4
福 建 Fujian	52763	57856	10.2	3007.4	3282.0	4.5
山 东 Shandong	51768	56323	9.0	7945.8	8750.0	3.8
河 南 Henan	31499	34174	8.9	6679.0	7198.1	4.4
湖 北 Hubei	38572	42613	9.7	4732.1	5160.6	5.6
湖 南 Hunan	33480	36763	9.3	4904.1	5043.6	2.7
广 东 Guangdong	54095	58540	7.8	4656.8	4946.8	2.2
四 川 Sichuan	29608	32454	9.6	5433.1	5620.3	3.5

附录A 续表 3 continued

省、市名称 Province or Municipality	粮食产量(万吨) Output of Grain (10000 tons)			油料产量(万吨) Output of Oil-bearing Crops (10000 tons)		
	2012	2013	2013比2012增长(%) Growth Rate in 2013 over 2012 (%)	2012	2013	2013比2012增长(%) Growth Rate in 2013 over 2012 (%)
全 国 National Total	**58958.0**	**60193.8**	**2.1**	**3436.8**	**3517.0**	**2.3**
辽 宁 Liaoning	2070.5	2195.6	6.0	120.9	113.6	-6.0
上 海 Shanghai	122.4	114.2	-6.7	1.7	1.5	-11.8
江 苏 Jiangsu	3372.5	3423.0	1.5	146.9	150.4	2.4
浙 江 Zhejiang	769.8	734.0	-4.7	38.3	37.8	-1.3
安 徽 Anhui	3289.1	3279.6	-0.3	227.7	225.4	-1.0
福 建 Fujian	659.3	664.4	0.8	28.1	28.8	2.5
山 东 Shandong	4511.4	4528.2	0.4	351.0	349.6	-0.4
河 南 Henan	5638.6	5713.7	1.3	569.5	589.1	3.4
湖 北 Hubei	2441.8	2501.3	2.4	319.7	333.2	4.2
湖 南 Hunan	3006.5	2925.7	-2.7	207.8	224.4	8.0
广 东 Guangdong	1396.3	1315.9	-5.8	96.6	101.0	4.6
四 川 Sichuan	3315.0	3387.1	2.2	287.8	290.4	0.9

附录A 续表 4 continued

省、市名称 Province or Municipality		肉类总产量(万吨) Total Output of Meat (10000 tons)			水果总产量(万吨) Output of Aquatic Products (10000 tons)		
		2012	2013	2013比2012增长(%) Growth Rate in 2013 over 2012 (%)	2012	2013	2013比2012增长(%) Growth Rate in 2013 over 2012 (%)
全 国	**National Total**	**8387.2**	**8535.0**	**1.8**	**24056.8**	**25093.0**	**4.3**
辽 宁	Liaoning	418.7	420.1	0.3	894.3	944.7	5.6
上 海	Shanghai	25.8	23.8	-7.8	87.2	74.7	-14.3
江 苏	Jiangsu	396.5	383.2	-3.4	796.0	814.2	2.3
浙 江	Zhejiang	180.8	174.3	-3.6	703.8	715.7	1.7
安 徽	Anhui	397.7	403.8	1.5	885.4	905.1	2.2
福 建	Fujian	200.8	211.2	5.2	708.8	744.3	5.0
山 东	Shandong	764.2	774.8	1.4	2924.5	3028.8	3.6
河 南	Henan	677.4	699.1	3.2	2535.0	2599.7	2.6
湖 北	Hubei	412.3	430.1	4.3	885.7	920.5	3.9
湖 南	Hunan	515.3	519.2	0.8	909.2	879.4	-3.3
广 东	Guangdong	443.2	435.2	-1.8	1390.1	1485.4	6.9
四 川	Sichuan	670.2	690.4	3.0	821.6	840.1	2.2

注:本表水果产量含瓜果产量。
Note: The output of fruits includes melons in this table

附录A 续表 5 continued

省、市名称 Province or Municipality		汽车产量(万辆) Output of Motor Vehicles (10000 vehicles)			发电量(亿千瓦小时) Output of Electricity (100 million kwh)		
		2012	2013	2013比2012增长(%) Growth Rate in 2013 over 2012 (%)	2012	2013	2013比2012增长(%) Growth Rate in 2013 over 2012 (%)
全 国	**National Total**	**1927.6**	**2211.7**	**14.7**	**50210.4**	**53975.9**	**7.5**
辽 宁	Liaoning	83.6	108.0	29.1	1420.0	1544.3	8.8
上 海	Shanghai	202.4	226.9	12.1	886.2	959.5	8.3
江 苏	Jiangsu	88.7	107.2	20.9	3928.5	4289.4	9.2
浙 江	Zhejiang	32.7	30.6	-6.5	2773.9	2939.3	6.0
安 徽	Anhui	104.2	100.7	-3.3	1767.5	1965.8	11.2
福 建	Fujian	18.3	20.6	12.4	1622.6	1767.7	8.9
山 东	Shandong	90.3	104.4	15.7	3195.2	3510.9	9.9
河 南	Henan	37.6	40.6	8.1	2643.0	2861.8	8.3
湖 北	Hubei	118.9	158.7	33.5	2204.1	2158.2	-2.1
湖 南	Hunan	17.3	32.1	85.9	1318.7	1347.0	2.1
广 东	Guangdong	159.7	254.3	59.2	3593.2	3796.3	5.7
四 川	Sichuan	39.7	80.5	102.8	2152.4	2597.3	20.7

附录A 续表 6 continued

省、市名称 Province or Municipality		钢材(万吨) Steel (10000 tons)			固定资产投资总额(亿元) Investment in Fixed Assets (100 million yuan)		
		2012	2013	2013比2012增长(%) Growth Rate in 2013 over 2012 (%)	2012	2013	2013比2012增长(%) Growth Rate in 2013 over 2012 (%)
全 国	**National Total**	**95577.8**	**106762.2**	**11.7**	**364854.2**	**436527.7**	**19.6**
辽 宁	Liaoning	5916.1	6863.0	16.0	21535.4	24791.4	15.1
上 海	Shanghai	2340.8	2322.8	-0.8	5114.6	5644.1	10.4
江 苏	Jiangsu	10989.2	12398.0	12.8	30427.2	35983.0	18.3
浙 江	Zhejiang	3361.3	3823.4	13.7	17001.0	20189.1	18.8
安 徽	Anhui	2765.4	3138.6	13.5	14902.3	18090.9	21.4
福 建	Fujian	2034.4	2782.8	36.8	12165.6	15045.8	23.7
山 东	Shandong	7817.9	8109.1	3.7	30319.8	35875.9	18.3
河 南	Henan	3481.4	4255.2	22.2	20870.2	25321.5	21.3
湖 北	Hubei	3558.4	3344.9	-6.0	15162.2	18796.9	24.0
湖 南	Hunan	1847.5	1977.9	7.1	13966.3	17230.1	23.4
广 东	Guangdong	2993.0	3384.5	13.1	18248.0	21795.0	19.4
四 川	Sichuan	2281.6	2785.2	22.1	16526.9	19754.4	19.5

注：各地固定资产投资不含跨省投资。
Note: Trans-provincial investments are not included in the investment in fixed assets of various province.

附录A 续表 7 continued

省、市名称 Province or Municipality		城镇居民人均可支配收入(元) Per Capita Disposable Income of Urban Residents (yuan)			农村居民人均纯收入(元) Per Capita Net Income of Rural Residents (yuan)		
		2012	2013	2013比2012增长(%) Growth Rate in 2013 over 2012 (%)	2012	2013	2013比2012增长(%) Growth Rate in 2013 over 2012 (%)
全 国	**National Total**	**24565**	**26955**	**9.7**	**7917**	**8896**	**12.4**
辽 宁	Liaoning	23223	25578	10.1	9384	10523	12.1
上 海	Shanghai	40188	43851	9.1	17804	19595	10.1
江 苏	Jiangsu	29677	32538	9.6	12202	13598	11.4
浙 江	Zhejiang	34550	37851	9.6	14552	16106	10.7
安 徽	Anhui	21024	23114	9.9	7160	8098	13.1
福 建	Fujian	28055	30816	9.8	9967	11184	12.2
山 东	Shandong	25755	28264	9.7	9447	10620	12.4
河 南	Henan	20443	22398	9.6	7525	8475	12.6
湖 北	Hubei	20840	22906	9.9	7852	8867	12.9
湖 南	Hunan	21319	23414	9.8	7440	8372	12.5
广 东	Guangdong	30227	33090	9.5	10543	11669	10.7
四 川	Sichuan	20307	22368	10.1	7001	7895	12.8

附录A　续表 8　continued

省、市名称 Province or Municipality		社会消费品零售总额(亿元) Total Retail Sales of Consumer Goods (100 million yuan)			地方公共财政预算收入(亿元) Local Government Budgetary Revenue (100 million yuan)		
		2012	2013	2013比2012增长(%) Growth Rate in 2013 over 2012 (%)	2012	2013	2013比2012增长(%) Growth Rate in 2013 over 2012 (%)
全　国	**National Total**	**210307.0**	**237809.9**	**13.1**	**61077.3**	**68969.1**	**12.9**
辽　宁	Liaoning	9304.2	10581.4	13.7	3105.4	3341.8	7.6
上　海	Shanghai	7412.3	8052.0	8.6	3743.7	4109.5	9.8
江　苏	Jiangsu	18331.3	20796.5	13.4	5860.7	6568.5	12.1
浙　江	Zhejiang	13588.3	15225.5	12.0	3441.2	3797.0	10.3
安　徽	Anhui	5736.6	6542.4	14.0	1792.7	2075.1	15.8
福　建	Fujian	7256.5	8275.3	14.0	1776.2	2118.7	19.3
山　东	Shandong	19651.9	22294.8	13.4	4059.4	4560.0	12.3
河　南	Henan	10915.6	12426.6	13.8	2040.3	2413.1	18.3
湖　北	Hubei	9562.5	10885.9	13.8	1823.1	2190.0	20.1
湖　南	Hunan	7921.9	9018.6	13.8	1782.2	2023.6	13.5
广　东	Guangdong	22677.1	25453.9	12.2	6229.2	7075.5	13.6
四　川	Sichuan	9268.6	10561.4	13.9	2421.3	2784.1	15.0

附录A　续表 9　continued

省、市名称 Province or Municipality		外贸进出口总额(亿美元) Total Imports and Exports (USD 100 million)			外贸出口总额(亿美元) Total Exports (USD 100 million)		
		2012	2013	2013比2012增长(%) Growth Rate in 2013 over 2012 (%)	2012	2013	2013比2012增长(%) Growth Rate in 2013 over 2012 (%)
全　国	**National Total**	**38671.2**	**41596.9**	**7.6**	**20487.1**	**22093.7**	**7.8**
辽　宁	Liaoning	1040.9	1144.9	10.0	579.5	645.4	11.4
上　海	Shanghai	4365.9	4412.2	1.1	2067.4	2041.8	-1.2
江　苏	Jiangsu	5479.6	5508.1	0.5	3285.4	3288.1	0.1
浙　江	Zhejiang	3124.0	3357.9	7.5	2245.7	2487.5	10.8
安　徽	Anhui	392.8	455.6	16.0	267.5	282.5	5.6
福　建	Fujian	1559.4	1693.3	8.6	978.4	1064.8	8.8
山　东	Shandong	2455.4	2665.6	8.6	1287.3	1341.9	4.2
河　南	Henan	517.4	599.5	15.9	296.8	359.9	21.3
湖　北	Hubei	319.6	363.8	13.8	194.0	228.4	17.7
湖　南	Hunan	219.5	251.7	14.7	126.0	148.2	17.6
广　东	Guangdong	9840.2	10915.9	10.9	5740.6	6363.7	10.9
四　川	Sichuan	591.4	645.7	9.2	384.6	419.5	9.1

附录A 续表 10 continued

省、市名称 Province or Municipality		居民消费价格指数(%) Consumer Price Index (%)			普通高等学校在校学生数(万人) Number of Enrolled Students in Institutions of Higher Education (10000 persons)		
		2012	2013	2013比2012增长(%) Growth Rate in 2013 over 2012 (%)	2012	2013	2013比2012增长(%) Growth Rate in 2013 over 2012 (%)
全 国	**National Total**	**102.6**	**102.6**	**0.0**	**2391.3**	**2468.1**	**3.2**
辽 宁	Liaoning	102.8	102.4	-0.4	93.4	96.8	3.6
上 海	Shanghai	102.8	102.3	-0.5	50.7	50.5	-0.4
江 苏	Jiangsu	102.6	102.3	-0.3	167.1	168.5	0.8
浙 江	Zhejiang	102.2	102.3	0.1	93.2	96.0	2.9
安 徽	Anhui	102.3	102.4	0.1	102.3	105.2	2.8
福 建	Fujian	102.4	102.5	0.1	70.1	73.1	4.1
山 东	Shandong	102.1	102.2	0.1	165.9	169.9	2.4
河 南	Henan	102.5	102.9	0.4	155.9	161.8	3.8
湖 北	Hubei	102.9	102.8	-0.1	138.6	142.1	2.5
湖 南	Hunan	102.0	102.5	0.5	108.2	110.1	1.7
广 东	Guangdong	102.8	102.5	-0.3	161.7	171.0	5.8
四 川	Sichuan	102.5	102.8	0.3	122.4	127.1	3.8

附录A 续表 11 continued

省、市名称 Province or Municipality		单位地区生产总值能耗(吨标准煤/万元) Energy Consumption per Unit of GDP (ton of SCE/10000 yuan)		万元规模以上单位工业增加值能耗上升或下降(±%) Energy Consumption per Unit of Industrial Value-added above Designated Size Changes(±%)	万元地区生产总值电耗上升或下降(±%) Energy Consumption per Unit of Electricity Power (ton of SCE/10000 yuan)
		2012	上升或下降(±%) Changes(±%)	2012	2012
全 国	**National Total**		**-3.60**		
辽 宁	Liaoning				
上 海	Shanghai	0.570	-7.77		
江 苏	Jiangsu	0.570	-4.98		
浙 江	Zhejiang	0.550	-6.10	-7.30	-4.60
安 徽	Anhui	0.722	-4.15	-9.56	-0.57
福 建	Fujian	0.607	-5.70	-14.11	-6.42
山 东	Shandong	0.820	-4.55	-8.23	-4.89
河 南	Henan	0.831	-7.14	-14.75	-6.42
湖 北	Hubei	0.870	-4.30		
湖 南	Hunan	0.830	-6.87		
广 东	Guangdong	0.532	-5.38	-11.18	-2.90
四 川	Sichuan	1.133			

附录B-1 中国香港特别行政区主要社会经济指标
Main Statistical Indicators of Hong Kong Special Administrative Region

指标	Item	1990	2000	2010	2012	2013
本地生产总值	**Gross Domestic Product (GDP)**					
按2011年环比物量计算①	At 2009 Link Ratios①					
本地生产总值年增长率 (%)	Annual Growth Rate (%)	3.8	7.7	6.8	1.5	2.9
本地生产总值 (亿港元)	GDP (HKD 100 million)	8406	12386	18461	19644	20222
人均本地生产总值 (港元)	Per Capita GDP (HKD)	147363	185836	262817	274567	281355
按当年价格计算	At Current Prices					
本地生产总值年增长率 (%)	Annual Growth Rate (%)	11.7	4.0	7.1	5.3	4.2
本地生产总值 (亿港元)	GDP (HKD 100 million)	5993	13375	17763	20372	21225
人均本地生产总值 (港元)	Per Capita GDP (HKD)	105050	200675	252887	284735	295303
人口及生命统计	**Population and Vital Events**					
年中人口 (万人)	Mid-year Population (10000 persons)	570.4	666.5	702.4	715.5	718.8
粗出生率 (‰)	Crude Birth Rate (‰)	12.0	8.1	12.6	12.8	7.9
粗死亡率 (‰)	Crude Death Rate (‰)	5.2	5.1	6.0	6.1	5.9
劳动、就业 ②	**Labor and Employment ②**					
劳动人口 (万人)	Labor Force (10000 persons)	274.8	337.4	363.1	378.5	385.9
失业率 (%)	Unemployment Rate (%)	1.3	4.9	4.3	3.3	3.4
实际工资指数③(1992年9月=100)	Real Wage Index③ (September 1992=100)	100.2	112.5	113.5	118.9	118.7
政府收支、货币、金融 (亿港元)	**Public Accounts, Money and Finance (HKD 100 million)**					
政府收入总额④	Total Government Revenue④	895	2251	3765	4422	4478
政府支出总额④	Total Government Expenditure④	856	2329	3014	3773	4358
货币供应量M3	Money Supply M3	12880	36928	71563	89704	100832
居民消费物价指数 (2009年10月至2010年9月=100)	**Consumer Price Index** (Oct. 2009 to Sep. 2010 = 100)					
综合消费物价指数	Composite Consumer Price Index	57.3	96.5	100.7	110.3	115.1
工业生产	**Industrial Production**					
工业生产指数⑤ (2008年=100)	Index of Industrial Production⑤ (2008=100)			95.0	94.9	95.0
工业电力消费量 (万亿焦耳)	Industrial Electricity Consumption (terajoules)	24934	17769	11080	11282	11190
工业煤气消费量 (万亿焦耳)	Industrial Gas Consumption (terajoules)	583	982	917	1331	1612
运输、旅游	**Transport and Tourism**					
进出香港货运车辆 (万辆)	Inward/Outward Movement of Goods Vehicles	473.35	940.22	834.57	767.14	755.99
集装箱吞吐量⑥ (万标准集装箱单位)	Volume of Containers Handled ⑥ (10000 TEUs)	510	1810	2370	2312	2235
访港旅客⑦ (万人次)	Visitor Arrivals⑦ (10000 person-times)	658	1306	3603	4862	5430
酒店入住率 (%)	Hotel Room Occupancy Rate (%)	79	83	87	89	89
对外商品贸易	**External Merchandise Trade**					
港产品出口 (亿港元)	Domestic Exports (HKD 100 million)	2259	1810	695	588	544
转口 (亿港元)	Re-exports (HKD 100 million)	4140	13917	29615	33755	35053
进口 (亿港元)	Imports (HKD 100 million)	6425	16580	33648	39122	40607
教育	**Education**					
小学学生人数 (人)	Student Enrolment in Primary Schools (person)	526720	493979	331112	317442	320918
中学学生人数 (人)	Student Enrolment in Secondary Schools (person)	453423	466710	452581	420723	397215

注：本表数据由香港特别行政区政府统计处提供，国家统计局整理编辑。1996年及以前年份数据均指原香港地区。
①按环比物量计算的本地生产总值及其组成部分的参照年，已由2009年重订为2011年。
②数字已就2011年人口普查的结果作出修订。2011年人口普查的结果提供了一个基准，用作修订自2006年中期人口统计以来编制的人口数字。
③自2004年以后工资统计数字采用《香港标准行业分类2.0版》编制。
④财政年度数字。指当年4月1日至第二年3月31日。
⑤自2005年统计年度开始，所有工业生产指数均按《香港标准行业分类2.0版》编制。
⑥1998年起，采用一系列新的集装箱吞吐量数字，与1998年以前的数字不可比。
⑦1996年及以后的数字包括澳门访港的非澳门居民旅客人数。

Notes: Data in this table are provided by the Census and Statistics Department of the Government of Hong Kong Special Administrative Region, and further prepared and edited by the National Bureau of Statistics. Data of 1996 and prior to it refer to the original Hong Kong.
① The chain volume measures of GDP and its components have been re-referenced from 2009 to 2011.
② Figures have been revised in accordance with the 6th National Population Census. Figures of population since mid 2006 have been revised according to the census results.
③Since 2004, statistics on wages are compiled based on the Hong Kong Standard Industrial Classification (HSIC)Version 2.0.
④Figures are as at end of the financial year. Financial year is from 1 April to 31 March of the next year,unless otherwise specified.
⑤Since 2005, all indices of industrial production are compiled based on the Hong Kong Standard Industrial Classification (HSIC) Version 2.0.
⑥Since 1998,new figures of container throughput are adopted,and therefore not comparable with the previous years.
⑦Figures of 1996 and after include arrival of non-Macao residents via Macao.

附录B-2 中国澳门特别行政区主要社会经济指标

Main Statistical Indicators of Macao Special Administrative Region

指 标	Item	1990	2000	2010	2012	2013
本地生产总值①	**Gross Domestic Product① (GDP)**					
以2011年环比物量计算	At 2009 Link Ratios					
本地生产总值实际增长率（支出法） (%)	Real Growth Rate of GDP by Expenditure	8.0	5.7	27.5	9.1	11.9
本地生产总值 (亿澳门元)	GDP (100 million MOP)	610.4	794.6	2421.8	3205.9	3587.0
人均本地生产总值(万澳门元)	Per Capita GDP (10000 MOP)	18.2	18.5	45.1	56.3	60.5
按当年价格计算	At Current Prices					
本地生产总值名义增长率（支出法） (%)	Nominal Growth Rate of GDP by Expenditure	20.4	2.7	33.4	16.9	20.4
本地生产总值 (亿澳门元)	GDP (100 million MOP)	254.6	516.3	2269.4	3434.2	4134.7
人均本地生产总值(万澳门元)	Per Capita GDP (10000 MOP)	7.6	12.0	42.3	60.3	69.8
人口及生命统计	**Population and Vital Events**					
年中人口 (万人)	Mid-year Estimates of Population (10000 persons)	33.5	43.1	53.7	56.8	59.2
出生率 (‰)	Crude Birth Rate (‰)	20.5	8.9	9.5	12.9	11.1
死亡率 (‰)	Crude Death Rate (‰)	4.4	3.1	3.3	3.2	3.2
劳动、就业②	**Labor②**					
劳动人口 (万人)	Labor Force (10000 persons)	16.9	20.9	32.4	35.0	36.8
失业率 (%)	Unemployment Rate (%)	3.2	6.8	2.8	2.0	1.8
对外贸易	**External Trade**					
出口 (亿澳门元)	Exports (100 million MOP)	136.4	203.8	69.6	81.6	90.9
本地产品出口 (亿澳门元)	Domestic Exports (100 million MOP)		170.8	23.9	22.8	20.1
转口 (亿澳门元)	Re-exports (100 million MOP)		33.0	45.7	58.7	70.8
进口 (亿澳门元)	Imports (100 million MOP)	123.4	181.0	441.2	709.3	810.1
工业生产	**Industrial Production**					
工业电力消耗量 (亿千瓦小时)	Industrial Electricity Consumption (100 million kwh)		1.6	1.6	1.8	1.8
运输、旅游	**Transport and Tourism**					
进出澳门货运车辆数目③(万辆)	Lorries Entering and Departing Macao③(10000 times)	26.4	45.4	35.8	32.5	31.1
访澳旅客④ (万人次)	Visitor Arrivals④ (10000 person-times)	594.2	916.2	2496.5	2808.2	2932.5
酒店入住率 (%)	Hotel Room Occupancy Rate (%)	69	58	80	84	83
政府收支、货币、金融(亿澳门元)	**Government Accounts, Money and Finance (100 million MOP)**					
政府总收入①	Total Government Revenue①	60.2	153.4	884.9	1449.9	1555.1
政府总开支①	Total Government Expenditure①	55.1	150.2	383.9	540.1	592.5
货币供应（广义货币供应量M2)	Money Supply (M2)	307.4	849.2	2430.5	3749.3	4413.6
消费价格指数	**Consumer Price Index**					
(2008年4月至2009年3月=100)	(Jul. 2004 to Jun. 2005 = 100)					
综合消费价格指数	Composite Consumer Price Index		83.95	104.25	117.04	123.48
教育	**Education**					
小学生 (人)	Students in Primary Education (person)	34972	45474	23785	22646	22231
中学生 (人)	Students in Secondary Education (person)	17601	38156	37224	35726	33921
高等教育学生 (人)	Students in Higher Education (person)	7425	8358	25539	26217	27776

注：本表数据由澳门特别行政区政府统计暨普查局提供,国家统计局整理编辑。1998年及以前数据均指原澳门地区。
①数字在日后得到更多资料时会作出修订。
②自2009年起，劳动人口的年龄下限由14岁调升至16岁。
③自2000年开始包括进出关闸及路(氹)城边检站的数字。而自2007年开始亦包括进出跨境工业区边检站的数字。
④自2008年开始，访澳旅客不包括外地雇员及学生等。

Notes: Data in this table are provided by the Statistics and Census Services of the Government of Macao Special Administrative Region, and further prepared and edited by the National Bureau of Statistics. Data of 1998 and prior to it refer to the original Macao."r" indicates rectified figures.
① Figures of are subject to revision as more data become available.
② Starting from 2009, the minimum age of labor population has been changed from 14 to 16.
③Starting from 2000,data include the figures via inspection stations.Starting from 2007,data include those via inspection stations of the cross-border industrial zone.are also included.
④Starting from 2008,foreign employees and students are not included in Macao Visitor arrivals.

附录C　中国台湾省主要社会经济指标

Main Statistical Indicators of Taiwan Province

指　　标	Item	1995	2000	2010	2012	2013
国民经济核算	**National Accounts**					
本地居民生产总值(新台币亿元)	Gross National Product (NT$ 100 million)	71291	101716	139817	145313	149804
本地生产总值　(新台币亿元)	Gross Domestic Product (NT$ 100 million)	70179	100320	135521	140771	145642
经济增长率　(%)	Economic Growth Rate (%)	6.4	5.8	10.8	1.5	2.1
农业	Agriculture, Forestry, Hunting and Fishery	2.9	1.2	1.8	-1.6	0.2
工业	Industry	5.1	5.8	23.1	1.7	1.8
服务业	Services	7.4	5.9	5.5	1.0	1.7
产业结构　(%)	Industrial Structure (%)					
农业	Agriculture, Forestry, Hunting and Fishery	3.5	2.0	1.6	1.8	1.7
工业	Industry	36.4	29.1	31.1	29.1	30.0
服务业	Services	60.1	68.9	67.4	69.1	68.3
人均本地居民生产总值	Per Capita Gross National Product					
新台币元	NT$	336042	459729	604199	624455	641696
美元	USD	12686	14721	19090	21082	21557
人口	**Population**					
户籍登记人口数①　(万人)	Year-end Population① (10000 persons)	2136	2228	2316	2332	2337
人口自然增加率　(‰)	Natural Population Growth Rate (‰)	9.90	8.08	0.91	3.23	1.85
人口密度　(人/平方公里)	Population Density (persons/sq.km)	590	616	640	644	646
劳动、就业	**Labor and Employment**					
劳动力人口　(万人)	Labor Force (10000 persons)	921	978	1107	1134	1145
失业率　(%)	Unemployment Rate (%)	1.8	3.0	5.2	4.2	4.2
工业	**Industry**					
受雇者劳动生产力指数 (2006年＝100)	Productivity Index (%) (2001=100)			124.0	127.2	125.1
工业生产指数　(2011年＝100)	Index of Industrial Production (2006=100)			95.8	99.8	100.4
工业生产总值　(新台币亿元)	Gross Industry Product (NT$ 100 million)	71609	91425	149384	150615	149453
对外贸易	**Foreign Trade**					
贸易额　(亿美元)	Total Value of Imports and Exports (USD 100 million)					
出口	Exports	1117	1520	2746	3011	3055
进口	Imports	1036	1407	2512	2705	2701
运输、旅游	**Transportation and Tourism**					
航空　(万人)	Airway (10000 persons)					
省内	Domestic	2874	2665	973	1068	1055
国际	Non-domestic	1499	1978	2774	3287	3618
高速公路通行车辆数(万辆次)	Vehicles for Motorway Transportation(10000 unit-times)	36815	45381	55506	57351	58978
每百人机动车辆数①　(辆)	Vehicles per 100 Persons① (unit)	61.8	76.4	93.8	95.8	92.3
港埠货物装卸量　(万收费吨)	Inward and Outward Movements Cargo (10000 tons)	42017	56695	65540	69080	70575
观光　(万人次)	Tourism (10000 person-times)					
出岛旅客	Outbound Tourists	519	733	942	1024	1105
来台湾旅客	Inbound Tourists	233	262	557	731	802
财政、金融	**Public Accounts and Finance**					
赋税实征净额②　(新台币亿元)	Revenue② (NT$ 100 million)	12323	19298	16222	17967	18341
货币供应量M2①　(新台币亿元)	Money Supply M2① (NT$ 100 million)	128054	188978	309544	335744	355184
年增长率　(%)	Average Annual Growth Rate (%)	9.4	6.5	5.4	3.5	5.8
存款①　(新台币亿元)	Deposits① (NT$ 100 million)	131309	193087	310063	333004	350626
物价年增率(2006年=100)　(%)	**Price Indices Annual Growth Rate (2006=100) (%)**					
批发	Wholesale Trade Price		1.82	5.46	-1.16	-2.43
消费者	Consumer Price		1.26	0.96	1.93	0.79

注：①年底数。

②为年度资料，如2000年度指1999年下半年及2000年度。

Notes: ① Year-end data.

② Annual data, of which year of 2000 refers to the second half year of 1999 and year of 2000.

附录D-1 部分国家和地区主要经济指标（2011年）

Main Economic Indicators of Some Countries and Territories (2011)

国家和地区	Country or Territory	国内生产总值（亿美元）Gross Domestic Product (USD 100 million)	人均国民总收入（美元）Per Capita Gross National Income (USD)	国内生产总值增长率(%) Growth Rate of GDP (%)	对GDP增长贡献率(%) Contribution Share in GDP Growth (%)		
					消费支出 Final Consumption Expenditure	资本形成总额 Gross Capital Formation	净出口 Net Exports
世 界	World	699937	9491	2.73			
发达国家①	Developed Countries①	466435	39783	1.54			
发展中国家①	Developing Countries①	229755	4125	6.33			
西方七国	G 7						
欧元区	Euro Area						
北美自由贸易区	NAFTA						
东南亚国家联盟	ASEAN						
中 国	China	73185	4940	9.30	55.5	48.8	-4.3
美 国	United States of America	150940	48450	1.70			
日 本	Japan	58672	45180	-0.70	5.0②	62.7②	32.4②
加 拿 大	Canada	17361	45560	2.46	439.4③	48.7③	-388.1③
德 国	Germany	35706	43980	3.00	32.9	45.0	22.1
英 国	United Kingdom	24316	37780	0.66			
法 国	France	27730	42420	1.70			
意 大 利	Italy	21948	35330	0.43	13.7②	64.5②	21.9②
墨 西 哥	Mexico	11553	9420	3.94			
印度尼西亚	Indonesia	8648	2940	6.46	40.8	32.9	26.3
马来西亚	Malaysia	2787	8420	5.14			
泰 国	Thailand	3456	4420	0.05	64.2	10.6	25.3
新 加 坡	Singapore	2397	42930	4.89	32.9	43.1	24.0
韩 国	Korea, Rep.	11162	20870	3.63	46.0④	51.6④	2.4④
印 度	India	18480	1410	6.86			
巴 西	Brazil	24767	10720	2.73	94.4③	64.0③	-58.4③
俄罗斯联邦	Russian Federation	18578	10400	4.30	-366.1④	-911.1④	1377.2④

附录D-1　续表　continued

国家和地区	Country or Territory	GDP产业构成(%) Structure of GDP by Production Approach (%) 农业增加值占GDP比重 Agriculture	工业增加值占GDP比重 Industry	服务业增加值占GDP比重 Service Industry	能源生产量(2010年，万吨标准油当量) Energy Production(2010, 10000 tons of SOE)	能源最终消费量(2010年，万吨标准油当量) Total Energy Consumption(2010, 10000 tons of SOE)	货物进出口贸易总额(亿美元) Total Merchandise Imports and Exports (USD 100 million)	货物出口总额(亿美元) Merchandise Exports (USD 100 million)	货物进口总额(亿美元) Merchandise Imports (USD 100 million)
世　界	World	2.8④	26.3④	70.9④	1284006	868196	366930	182550	184380
发达国家①	Developed Countries①	1.3④	24.4④	74.3④					
发展中国家①	Developing Countries①	9.7	34.7	55.6					
西方七国	G 7								
欧元区	Euro Area								
北美自由贸易区	NAFTA								
东南亚国家联盟	ASEAN								
中　国	China	10.0	46.6	43.3	225245	151356	36419	18984	17435
美　国	United States	1.2④	20.0④	78.8④	172451	150018	37463	14804	22659
日　本	Japan	1.2④	27.4④	71.5④	9679	32458	16776	8226	8550
加拿大	Canada	1.9③	32.0③	66.1③	39783	19598	9151	4524	4626
德　国	Germany	0.9④	28.2④	71.0④	13135	22675	27262	14723	12539
英　国	United Kingdom	0.7④	21.7④	77.6④	14877	13791	11110	4732	6378
法　国	France	1.8②	19.1②	79.2②	13557	16281	13099	5961	7139
意大利	Italy	1.9④	25.2④	72.9④	2979	12977	10807	5232	5575
墨西哥	Mexico	3.7	34.1	62.2	22636	11345	7106	3496	3611
印度尼西亚	Indonesia	16.9	44.9	38.3	38145	15645	3775	2006	1769
马来西亚	Malaysia	10.6④	44.4④	45.0④	8588	4333	4147	2270	1877
泰　国	Thailand	12.4	43.5	44.1	7056		4573	2288	2285
新加坡	Singapore		26.6	73.4	40	2372	7753	4095	3658
韩　国	Korea, Rep.	2.6④	39.3④	58.2④	4492	15744	10796	5552	5244
印　度	India	17.2	26.4	56.4	51867	45749	7672	3046	4626
巴　西	Brazil	5.5	27.5	67.0	24637	21061	4929	2560	2369
俄罗斯联邦	Russian Federation	4.0④	36.7④	59.3④	129305	44576	8458	5220	3238

注：①除“经济增长”外，发达国家均指高收入国家，发展中国家均指中低收入国家。②2009年数据。③2008年数据。④2010年数据。

Notes: ① Except for “Economic Growth”,“Developed Countries”refer to high-income countries, and“Developing Countries”refer to mid-income and low-income countries. ②Data of 2009.③Data of 2008. ④Data of 2010.

附录D-2 部分国家和地区国内生产总值

Gross Domestic Product of Some Countries and Territories

单位：亿美元 (USD 100 million)

国家和地区	Country or Territory	1990	2000	2005	2009	2010	2011
世界总计	**World**	**219769**	**323293**	**456753**	**578767**	**631360**	**699937**
低收入国家	Low Income Countries	1452	1667	2412	3915	4251	4744
中等收入国家	Middle Income Countries	35622	57201	95212	163003	196554	229755
中下等收入国家	Lower Middle Income Countries	8682	12640	20715	34676	41813	47533
中上等收入国家	Upper Middle Income Countries	36933	44560	74487	128303	154712	182215
中、低收入国家	Low and Middle Income Countries	37029	58886	97690	167057	201014	234763
高收入国家	High Income Countries	182734	264422	359145	411975	431195	466435
经合组织成员国	OECD Countries						
欧元区	Euro Area						
中国	China	3569	11985	22569	49913	59305	73185
中国香港	Hong Kong, China	769	1691	1778	2093	2245	2437
中国澳门	Macao, China	30	61	118	213	283	364
阿根廷	Argentina	1414	2842	1832	3071	3687	4460
澳大利亚	Australia	3141	4169	6965	9242	11316	13718
孟加拉国	Bangladesh	301	471	603	894	1004	1106
白俄罗斯	Belarus	174	127	302	493	552	551
巴西	Brazil	4620	6447	8822	16217	21430	24767
保加利亚	Bulgaria	207	129	289	486	477	535
加拿大	Canada	5827	7249	11338	13376	15770	17361
捷克	Czech Republic	387	588	1301	1962	1977	2152
埃及	Egypt	431	998	897	1890	2189	2295
法国①	France①	12442	13263	21366	26197	25490	27730
德国	Germany	17145	18864	27663	32986	32589	35706
印度	India	3266	4747	8342	13611	16843	18480
印度尼西亚	Indonesia	1144	1650	2859	5396	7080	8468
伊朗	Iran	1160	1013	1920	3310		
以色列	Israel	525	1249	1340	1949	2174	2429
意大利	Italy	11334	11040	17863	21111	20436	21948
日本	Japan	31037	47312	45719	50351	54884	58672
哈萨克斯坦	Kazakhstan	269	183	571	1153	1480	1862
韩国	Korea, Rep.	2638	5334	8449	8341	10149	11162
马来西亚	Malaysia	440	938	1380	1929	2378	2787
墨西哥	Mexico	2627	5814	8489	8824	10359	11553
蒙古	Mongolia	26	11	25	46	62	86
荷兰	Netherlands	2949	3851	6385	7934	7742	8363
新西兰	New Zealand	445	516	1131	1174	1425	
尼日利亚	Nigeria	285	460	1122	1686	1968	2359
巴基斯坦	Pakistan	400	740	1096	1618	1769	2111
菲律宾	Philippines	443	810	1031	1683	1996	2248
波兰	Poland	645	1713	3039	4309	4698	5145
罗马尼亚	Romania	383	371	989	1611	1616	1798
俄罗斯联邦	Russian Federation	5168	2597	7640	12226	14875	18578
新加坡	Singapore	361	959	1235	1759	2132	2397
南非	South Africa	1120	1329	2471	2830	3635	4082
西班牙	Spain	5210	5803	11308	14556	13833	14908
斯里兰卡	Sri Lanka	80	163	244	421	496	592
泰国	Thailand	853	1227	1764	2635	3189	3456
土耳其	Turkey	1507	2666	4830	6146	7311	7731
乌克兰	Ukraine	815	313	861	1172	1364	1652
英国	United Kingdom	10126	14772	22805	21714	22519	24316
美国	United States of America	57508	98988	125643	138636	144471	150940
委内瑞拉	Venezuela	470	1171	1455	3294	3938	3165
越南	Viet Nam	65	312	529	972	1064	1240

注：①包括法属圭亚那、瓜德罗普、马提尼克和留尼汪。

Notes: ① Including French Guiana, Guadeloupe, Martinique and Réunion.

附录D-3 部分国家和地区国内生产总值增长率

Growth Rates of GDP of Some Countries and Territories

单位：% (%)

国家和地区	Country or Territory	1990	2000	2005	2009	2010	2011
世界①	**World ①**	**2.95**	**4.20**	**3.46**	**-2.24**	**4.34**	**2.73**
发达国家	Developed Countries	3.15	3.93	2.53	-3.75	3.28	1.54
主要发达国家	Major Developed Countries						
亚洲新兴工业化国家	Newly Industrialized Asian Countries						
新兴和发展中国家	Developing Countries						
亚洲发展中国家	Developing Asian Countries						
东盟5国②	ASEAN-5②						
中　国	China	3.80	8.40	11.30	9.20	10.40	9.30
中国香港	Hong Kong, China	3.90	7.95	7.08	-2.66	6.97	5.16
阿根廷	Argentina	-2.40	-0.79	9.18	0.85	9.16	8.87
澳大利亚	Australia	3.58	3.95	2.96	1.45	2.26	1.85
孟加拉国	Bangladesh	5.94	5.95	5.96	5.74	6.07	6.66
白俄罗斯	Belarus		5.80	9.44	0.16	7.70	5.30
巴　西	Brazil	-4.30	4.31	3.16	-0.33	7.53	2.73
保加利亚	Bulgaria	-9.12	5.73	6.36	-5.50	0.40	1.70
加拿大	Canada	0.19	5.23	3.02	-2.77	3.22	2.46
捷　克	Czech Republi		4.19	6.75	-4.69	2.74	1.66
埃　及	Egypt	5.70	5.37	4.47	4.69	5.15	1.80
法　国	France	2.62	3.68	1.83	-3.15	1.66	1.70
德　国	Germany	5.26	3.06	0.69	-5.13	3.69	3.00
印　度	India	5.53	3.98	9.29	8.24	9.55	6.86
印度尼西亚	Indonesia	9.00	4.92	5.69	4.63	6.20	6.46
伊　朗	Iran	13.69	5.14	4.62	1.80		
以色列	Israel	6.84	9.26	4.94	0.84	4.85	4.71
意大利	Italy	2.05	3.65	0.93	-5.49	1.80	0.43
日　本	Japan	5.20	2.26	1.30	-5.53	4.43	-0.70
哈萨克斯坦	Kazakhstan		9.80	9.70	1.20	7.30	7.50
韩　国	Korea，Rep.	9.15	8.49	3.96	0.32	6.32	3.63
马来西亚	Malaysia	9.01	8.86	5.33	-1.64	7.19	5.14
墨西哥	Mexico	5.07	6.60	3.21	-6.24	5.52	3.94
蒙　古	Mongolia	-3.18	1.15	7.25	-1.27	6.37	17.26
缅　甸	Myanmar	2.82	13.75	13.49	10.58	10.42	
荷　兰	Netherlands						
新西兰	New Zealand	0.04	2.62	3.30	-0.47	1.90	
尼日利亚	Nigeria	8.20	5.40	5.40	7.00	7.82	6.67
巴基斯坦	Pakistan	4.46	4.26	7.67	3.60	4.14	2.36
菲律宾	Philippines	3.04	4.41	4.78	1.15	7.63	3.72
波　兰	Poland		4.26	3.62	1.63	3.90	4.35
罗马尼亚	Romania	-5.60	2.10	4.17	-8.50	0.95	-0.37
俄罗斯联邦	Russian Federation	-3.00	10.00	6.38	-7.83	4.30	4.30
新加坡	Singapore	10.11	9.04	7.37	-0.98	14.76	4.89
南　非	South Africa	-0.32	4.16	5.28	-1.54	2.89	3.12
西班牙	Spain	3.78	5.05	3.58	-3.74	-0.07	0.71
斯里兰卡	Sri Lanka	6.40	6.00	6.24	3.54	8.02	8.25
泰　国	Thailand	11.17	4.75	4.61	-2.33	7.81	0.05
土耳其	Turkey	9.27	6.77	8.40	-4.83	9.16	8.49
乌克兰	Ukraine	-6.34	5.90	2.70	-14.80	4.10	5.20
英　国	United Kingdom	0.78	4.46	2.09	-4.37	2.09	0.66
美　国	United States of America	1.86	4.17	3.08	-3.53	3.02	1.70
委内瑞拉	Venezuela	6.47	3.69	10.32	-3.20	-1.49	4.18
越　南	Viet Nam	5.10	6.79	8.44	5.32	6.78	5.89

注：①指国际货币基金组织世界经济展望数据库的180个国家和地区。
②印度尼西亚、马来西亚、菲律宾、泰国和越南。

Notes: ① Refer to the 180 countries and territories listed in the IMF World Economic Outlook database.
②Composed of Indonesia,Malaysia,Philippines,Thailand.and Viet Nam.

附录D-4 部分国家和地区人均国民总收入

Per Capita Gross National Income of Some Countries and Territories

单位：美元 (USD)

国家和地区	Country or Territory	1990	2000	2005	2009	2010	2011
世界总计	**World**	**4080**	**5278**	**7104**	**8674**	**9067**	**9491**
低收入国家	Low Income Countries	287	267	343	496	534	567
中等收入国家	Middle Income Countries	892	1252	1921	3349	3722	4125
下中等收入国家	Lower Middle Income Countries	520	575	897	1462	1596	1760
上中等收入国家	Upper Middle Income Countries	1207	1881	2912	5233	5865	6530
中、低收入国家	Low and Middle Income Countries	820	1127	1712	2959	3283	3631
高收入国家	High Income Countries	18375	25324	34000	37800	38765	39783
非经合组织成员国	Non-OECD Countries	8538	13895	18474	22890	23782	25372
经合组织成员国	OECD Countries	19059	26218	35292	39150	40142	41144
中 国	China	330	930	1740	3620	4240	4940
中国香港	Hong Kong, China	12660	26570	28150	31410	32780	35160
阿根廷	Argentina	3180	7460	4480	7580	8620	9740
澳大利亚	Australia	20080	26000	37210	46630	46920	48300
孟加拉国	Bangladesh	290	380	480	640	700	770
白俄罗斯	Belarus		1380	2780	5590	5990	5830
巴 西	Brazil	2700	3860	3960	8150	9540	10720
保加利亚	Bulgaria	2260	1620	3640	6080	6320	6550
加拿大	Canada	20150	22130	33110	41890	43250	45560
捷 克	Czech Republic		5800	11890	17860	18490	18520
埃 及	Egypt	750	1440	1250	2160	2420	2600
法 国①	France①	20160	24270	34850	42380	42190	42420
德 国	Germany	20630	25300	34780	42400	42970	43980
印 度	India	390	450	730	1150	1260	1410
印度尼西亚	Indonesia	600	560	1220	2160	2500	2940
伊 朗	Iran	2450	1630	2550	4520		
以色列	Israel	10860	17830	20180	25510	27270	28930
意大利	Italy	17900	21010	30880	35570	35530	35330
日 本	Japan	27090	35040	39140	37580	42050	45180
哈萨克斯坦	Kazakhstan		1260	2950	6780	7500	8220
韩 国	Korea, Rep.	6000	9910	16900	19650	19720	20870
马来西亚	Malaysia	2370	3420	5110	7230	7760	8420
墨西哥	Mexico	2790	5010	7820	8670	8930	9240
蒙 古	Mongolia	1430	460	890	1760	1870	2320
荷 兰	Netherlands	18810	26580	39880	48530	48920	49730
新西兰	New Zealand	12970	13760	24990	28740	29350	
尼日利亚	Nigeria	260	270	630	1160	1170	1200
巴基斯坦	Pakistan	410	470	710	990	1050	1120
菲律宾	Philippines	730	1050	1210	1870	2060	2210
波 兰	Poland		4600	7270	12190	12450	12480
罗马尼亚	Romania	1710	1690	3920	8320	7850	7910
俄罗斯联邦	Russian Federation		1710	4460	9290	9880	10400
新加坡	Singapore	11450	24500	27240	36030	39410	42930
南 非	South Africa	3390	3050	4850	5730	6090	6960
西班牙	Spain	11890	15420	25450	32020	31460	30990
斯里兰卡	Sri Lanka	460	860	1210	1970	2260	2580
泰 国	Thailand	1480	1930	2560	3720	4150	4420
土耳其	Turkey	2300	4170	6480	9060	9890	10410
乌克兰	Ukraine	1610	700	1540	2840	2990	3120
英 国	United Kingdom	16600	26010	38850	40970	38140	37780
美 国	United States of America	23260	34890	44670	46080	47350	48450
委内瑞拉	Venezuela	2570	4100	4950	10230	11660	11920
越 南	Viet Nam	130	390	630	1030	1160	1260

注：①包括法属圭亚那、瓜德罗普、马提尼克和留尼汪。
Notes: ①Including French Guiana, Guadeloupe, Martinique and Réunion.

附录D-5 部分国家和地区人均国内生产总值增长率
Growth Rates of Per Capita GDP of Some Countries and Territories

单位：% (%)

国家和地区	Country or Territory	1990	2000	2005	2009	2010	2011
世　界	**World**	**1.25**	**2.84**	**2.24**	**-3.37**	**3.15**	**1.56**
低收入国家	Low Income Countries	0.25	1.16	4.74	2.52	3.86	3.77
中等收入国家	Middle Income Countries	0.11	4.04	6.01	1.50	6.52	5.16
下中等收入国家	Lower Middle Income Countries	1.57	2.27	5.12	3.54	5.67	3.90
上中等收入国家	Upper Middle Income Countries	-0.10	4.81	6.57	1.24	7.09	5.85
中、低收入国家	Low and Middle Income Countries	0.04	3.87	5.86	1.41	6.34	5.00
高收入国家	High Income Countries	2.36	3.27	1.79	-4.43	2.62	0.91
非经合组织成员国	Non-OECD Countries	5.20	5.02	3.19	-3.61	5.18	3.94
经合组织成员国	OECD Countries	2.31	3.22	1.78	-4.42	2.53	0.78
中　国	China	2.29	7.55	10.65	8.65	9.87	8.79
中国香港	Hong Kong, China	3.57	7.00	6.62	-3.02	6.00	5.11
中国澳门	Macao, China	4.62	3.85	6.00	-0.71	24.12	18.12
孟加拉国	Bangladesh	3.35	4.00	4.48	4.63	4.88	5.39
印　度	India	3.35	2.24	7.65	6.73	8.04	5.40
印度尼西亚	Indonesia	7.14	3.55	4.44	3.54	5.11	5.38
伊　朗	Iran	10.72	3.43	3.37	0.62		
以色列	Israel	3.58	6.41	3.11	-1.54	2.95	2.79
日　本	Japan	4.84	2.08	1.29	-5.42	4.52	-0.98
哈萨克斯坦	Kazakhstan		10.13	8.73	-1.44	5.79	5.97
韩　国	Korea, Rep.	7.91	7.58	3.74	-0.16	5.83	2.87
马来西亚	Malaysia	5.99	6.32	3.28	-3.21	5.49	3.47
蒙　古	Mongolia	-5.11	0.20	5.87	-2.88	4.65	15.42
缅　甸	Myanmar	1.23	12.58	12.88	9.77	9.58	
巴基斯坦	Pakistan	1.45	1.91	5.78	1.74	2.29	0.53
菲律宾	Philippines	0.49	2.20	2.81	-0.54	5.84	1.98
新加坡	Singapore	5.92	7.17	4.88	-3.92	12.75	2.72
斯里兰卡	Sri Lanka	5.09	5.75	5.11	2.36	6.95	7.13
泰　国	Thailand	9.63	3.51	3.60	-2.95	7.16	-0.52
土耳其	Turkey	7.39	5.21	6.96	-6.05	7.80	7.18
越　南	Viet Nam	3.12	5.37	7.18	4.22	5.68	4.79
埃　及	Egypt	3.52	3.51	2.56	2.86	3.33	0.05
尼日利亚	Nigeria	5.51	2.93	2.82	4.35	5.15	4.02
南　非	South Africa	-2.33	1.61	4.09	-2.59	1.51	1.91
加拿大	Canada	-1.29	4.31	2.01	-3.95	2.02	1.40
墨西哥	Mexico	3.02	5.06	1.94	-7.42	4.23	2.70
美　国	United States of America	0.71	3.02	2.13	-4.37	2.16	0.97
阿根廷	Argentina	-3.76	-1.84	8.22	-0.03	8.22	7.93
巴　西	Brazil	-5.94	2.82	1.99	-1.21	6.60	1.84
委内瑞拉	Venezuela	4.01	1.79	8.45	-4.73	-3.03	2.60
白俄罗斯	Belarus		6.12	9.99	1.16	7.89	5.49
保加利亚	Bulgaria	-7.46	6.25	6.93	-5.02	1.08	2.49
捷　克	Czech Republic		4.30	6.55	-5.27	2.42	1.40
法　国	France	2.11	2.97	1.06	-3.67	1.11	1.14
德　国	Germany	4.35	2.92	0.74	-4.89	3.85	3.06
意大利	Italy	1.97	3.61	0.19	-6.06	1.32	-0.04
荷　兰	Netherlands						
波　兰	Poland		4.81	3.66	1.56	3.81	4.26
罗马尼亚	Romania	-5.76	2.23	4.42	-8.36	1.15	-0.14
俄罗斯联邦	Russian Federation	-3.37	10.01	6.90	-7.81	4.29	4.29
西班牙	Spain	3.62	4.17	1.90	-4.48	-0.42	0.35
乌克兰	Ukraine	-6.56	6.97	3.46	-14.42	4.51	5.58
英　国	United Kingdom	0.48	4.09	1.48	-5.02	1.40	
澳大利亚	Australia	3.38	3.42	1.71	-4.14	2.02	2.75
新西兰	New Zealand	-1.41	2.02	2.14	-1.55	0.69	

主要统计指标解释

国民总收入 国内生产总值减去生产税和进口税净额，减去支付给国外的雇员报酬和财产收入，加来自国外的雇员报酬和财产收入（即国内生产总值减去支付给非常住单位的初次收入，加上收到的非常住单位的初次收入)。按市场价格计算国民总收入的另一种方法是各部门所有初次收入的总和。国民总收入即国民生产总值，国民生产总值是以往国民核算中使用的概念。

按购买力平价计算的人均国民总收入 根据购买力平价计算的人均国民总收入。购买力平价国民总收入是用购买力平价比率、以国际元计算的国民总收入。国民总收入中一国际元的购买力等于美国一美元购买力。

香港居民消费价格指数 《香港统计年刊》中称为“消费物价指数”。香港特别行政区政府统计处编制不同的居民消费价格指数数列，以反映消费价格变动对不同开支范围的住户的影响。甲类、乙类及丙类消费价格指数分别根据较低、中等及较高开支范围的住户消费模式编制而成。而综合消费价格指数是根据上述住户的整体开支模式而编制，反映消费价格转变对全体住户的影响。

Explanatory Notes on Main Statistical Indicators

Gross National Income is gross domestic product (GDP) minus net taxes on production and imports, minus remuneration and property income for employees abroad, plus the corresponding items from employees abroad (in other words, GDP minus primary incomes payable to non- resident units plus primary incomes receivable from non-resident units). An alternative approach to measuring GNI at market prices is the sum of gross primary incomes from all sectors. Gross national income is identical to gross national product (GNP), as previously used in national accounts.

Per Capita GNI in PPP is per capita GNI based on purchasing power parity (PPP). PPP GNI is gross national income (GNI) converted to international dollars using purchasing power parity rates. An international dollar has the same purchasing power over GNI as a U.S. dollar has in the United States of America.

Consumer Price Index by Residents in Hong Kong refers to a series of consumer price indices reflected in Hong Kong Annual Digest of Statistics. The series of consumer price indices (CPIs) are compiled by the Census and Statistics Department of Hong Kong Special Administrative Region to reflect the impact of consumer price changes on households in different expenditure ranges. The CPI(A), CPI(B) and CPI(C) are compiled based on the expenditure patterns of households in the relatively low, medium and relatively high expenditure ranges. By aggregating the expenditure patterns of all households covered by the above three indices, a composite CPI is also compiled to reflect the impact of consumer price changes on the household sector as a whole.

中国统计出版社最新图书简目

（仅供参考，以最后出书为准）

统计资料

综合类：中国统计年鉴　中国统计摘要　中国发展报告

国际资料类：国际统计年鉴　金砖国家联合统计手册　世界能源资源年鉴

区域资料类：中国区域经济统计年鉴　中国县域统计年鉴　中国城市统计年鉴　中国农村统计年鉴　中国地区经济监测报告

经贸与投资类：中国贸易外经统计年鉴　中国对外直接投资统计公报　中国商品交易市场统计年鉴　大中型批发零售和住宿餐饮企业统计年鉴　中国零售和餐饮连锁企业统计年鉴

住户与物价类：中国住户调查年鉴　中国价格统计年鉴　中国农产品价格调查年鉴　全国农产品成本收益资料汇编

资源与环境类：中国环境统计年鉴　中国能源统计年鉴

产业类：中国工业统计年鉴　中国建筑业统计年鉴　中国房地产统计年鉴　中国第三产业统计年鉴　中国证券期货统计年鉴

科技类：中国科技统计年鉴　中国高技术产业统计年鉴　工业企业科技活动资料

人口与就业类：中国劳动统计年鉴　中国人口和就业统计年鉴　中国人才资源统计报告

社会与文化类：中国社会统计年鉴　中国文化及相关产业统计年鉴

公共管理类：中国民政统计年鉴　中国民族统计年鉴　中国乡镇街道行政区域简册

省级综合统计年鉴系列

北京 天津 河北 山西 内蒙古 辽宁 吉林 黑龙江 上海 江苏 浙江 安徽 福建 江西 山东 河南 湖北 湖南 广东 广西 海南 重庆 四川 贵州 云南 西藏 陕西 甘肃 青海 宁夏 新疆 新疆生产建设兵团

市（县）级综合统计年鉴系列

天津滨海新区 石家庄 唐山 邯郸 太原 大同 阳泉 长治 晋城 朔州 晋中 运城 忻州 临汾 呼和浩特 鄂尔多斯 包头 沈阳 大连 长春 吉林市 四平 哈尔滨 黑龙江垦区 上海浦东新区 南京 无锡 徐州 常州 苏州 南通 连云港 淮安 盐城 扬州 镇江 泰州 宿迁 江阴 丹阳 杭州 宁波 温州 嘉兴 绍兴 金华 衢州 舟山 台州 丽水 合肥 福州 厦门 宁德 福州经济技术开发区 南昌 济南 青岛 郑州 洛阳 平顶山 三门峡 南阳 武汉 十堰 荆州 宜昌 荆门 咸宁 长沙 广州 深圳 惠州 东莞 南宁 柳州 桂林 来宾 海口 三亚 成都 贵阳 昆明 西安 兰州 庆阳 银川 乌鲁木齐 兵团一师 兵团十师

调查年鉴系列

山西 内蒙古 吉林 辽宁 上海 福建 湖北 广西 重庆 四川 云南 甘肃 宁夏 新疆 南宁 桂林

“十二五”规划教材

统计学（经济管理类专业本科适用，单薇 等）　抽样调查理论与方法（冯士雍 等）

贝叶斯统计（茆诗松 等）　统计学（黄良文 等）　试验设计（茆诗松 等）

统计学：从数据到结论（吴喜之）　医学统计学（于浩）　统计学（经济、管理类专业基础教材，张小斐）

概率论与数理统计三十三讲（魏振军）　概率论与数理统计三十三：学习指导与习题解答（魏振军）

非参数统计（吴喜之 等）　统计学：经济与管理中的数据分析（李慧云 等）

卫生管理统计学（新编医学院校基础课教材，尚磊）　医院统计学（新编医学院校基础课教材，徐天和 等）

社会统计学（蒋萍 等）　现代金融投资统计分析（李腊生 等）

国民经济核算初级教程（经济类、统计类、管理类专业适用，蒋萍 等）

重点图书

新中国65年　新编英汉汉英统计大词典　中华医学统计百科全书

挑大学选专业2014—考研择校指南　挑大学选专业2014—高考志愿填报指南